Index to 1860 Federal Census of South Carolina

Compiled by
Jonnie P. Arnold

HERITAGE BOOKS
2011

HERITAGE BOOKS
AN IMPRINT OF HERITAGE BOOKS, INC.

Books, CDs, and more—Worldwide

For our listing of thousands of titles see our website
at
www.HeritageBooks.com

Published 2011 by
HERITAGE BOOKS, INC.
Publishing Division
100 Railroad Ave. #104
Westminster, Maryland 21157

Copyright © 1982 Jonnie P. Arnold

Reprinted 2002 with permission by
SCMAR
PO Box 21766
Columbia, SC 29221

All rights reserved. No part of this book may be reproduced or transmitted in any form or by any means, electronic or mechanical, including photocopying, recording or by any information storage and retrieval system without written permission from the author, except for the inclusion of brief quotations in a review.

International Standard Book Numbers
Paperbound: 978-0-7884-5272-7
Clothbound: 978-0-7884-8594-7

PREFACE

This index is taken from a microfilm copy of the 1860 Federal Census of South Carolina. It contains every surname shown in the census (80,909) and gives the name, district, and page number where the name can be found. Since district boundaries were not always observed by the enumerators, a thorough check will be necessary to locate all entries for a single locality.

The reseacher should be aware of the fact that the manuscript schdeules are handwritten on printed forms and are often difficult to read. Many enumerators spelled phonetically, and every possible spelling variation of a name should be checked. Page numbers apply to two consecutive pages and are found printed in bold black type in the upper right hand corner of the page.

There are three categories of listings in this index. These are Head of Household; one person with surname different from surname of the Head of Household; and two or more persons with same surnames, different from surname of the Head of Household, ONLY ONE OF WHICH IS INDEXED. The asterisk has been used to distinguish these listings; i.e.:

John Doe	Head of Household
Jane Roe*	One person with surname different from surname of the Head of Household
Jack Arnold**	Two or more persons with same surnames, different from surname of the Head of Household, ONLY ONE OF WHICH IS INDEXED

A four letter abbreviation for each district has been used, and these abbreviations are shown below.

ABVL	ABBEVILLE	KRSW	KERSHAW
ADSN	ANDERSON	LCTR	LANCASTER
BNWL	BARNWELL	LRNS	LAURENS
BUFT	BEAUFORT	LXTN	LEXINGTON
CHTN	CHARLESTON	MARN	MARION
CHFD	CHESTERFIELD	MRBO	MARLBORO
CHTR	CHESTER	NWBY	NEWBERRY
CLDN	CLARENDON	ORBG	ORANGEBURG
COTN	COLLETON	PKNS	PICKENS
DLTN	DARLINGTON	RHLD	RICHLAND
EDFD	EDGEFIELD	SPBG	SPARTANBURG
FAFD	FAIRFIELD	SMTR	SUMTER
GETN	GEORGETOWN	UNON	UNION
GRVL	GREENVILLE	WMBG	WILLIAMSBURG
HORY	HORRY	YORK	YORK

My thanks to Carol Holcomb Stribling (Mrs John) for help in typing this index and to Gil Pollitt of Computer Connection, Inc. for his unwavering patience during the computer learning process.

Jonnie Peeler Arnold (Mrs. John L)

Clarkesville, Georgia 30523

INDEX TO 1860 FEDERAL CENSUS OF SOUTH CAROLINA

Name	Loc	Pg	Name	Loc	Pg	Name	Loc	Pg
Aarant, Christian	ORBG	343	Abney, Jerrot	EDFD	18	Adams, Ambrose	DLTN	475
Aarant, David	ORBG	322	Abney, John K	EDFD	149	Adams, Anderson	RHLD	85
Aarant, Henry*	ORBG	340	Abney, John P	EDFD	156	Adams, Andrew	MRBO	195
Aarant, Jacob*	ORBG	331	Abney, Joseph	EDFD	111	Adams, Ann	PKNS	68
Aarant, James*	ORBG	315	Abney, Martha	EDFD	159	Adams, Anney	RHLD	83
Aarant, John	ORBG	340	Abney, Mrs. Dempsy	NWBY	250	Adams, Archy	LRNS	233
Aarant, John	ORBG	335	Abney, Permelia*	EDFD	54	Adams, Benhn P	COTN	260
Aarant, John	ORBG	313	Abney, Tabitha	EDFD	161	Adams, Benjamin	COTN	317
Aarant, Joseph*	ORBG	336	Abney, William H*	EDFD	194	Adams, Benjamin W	COTN	301
Aarant, M	ORBG	322	Abney, Wilson	EDFD	161	Adams, Benjeman	ABVL	103
Aarant, Richard	CHFD	164	Abott, Isaac	FAFD	239	Adams, Bynahm	LCTR	204
Aaron, Barbara*	ORBG	379	Abraham, S	CLDN	235	Adams, Catherine*	CHFD	118
Aaron, Barbara*	ORBG	383	Abrahams, A H	CHTN	269	Adams, Charles C D	CHTN	434
Aaron, Bates	PKNS	27	Abrahams, John	LRNS	320	Adams, Charlott	MARN	32
Aaron, John	BNWL	478	Abrahams, Jos	LRNS	310	Adams, Cornelia**	PKNS	128
Aaron, John J	BNWL	478	Abrahams, Jos	LRNS	320	Adams, Cornelious*	CHTN	513
Aarons, James	RHLD	88	Abrahams, Lewis	CLDN	200	Adams, Creero	EDFD	111
Abbeny, John S S*	SPBG	341	Abrahams, Lydia	LRNS	321	Adams, D E	WMBG	315
Abbiers, Fred	PKNS	75	Abrahams, Thomas*	NWBY	242	Adams, D J*	EDFD	117
Abbot, Henry	SPBG	309	Abrahams, Thos*	LRNS	320	Adams, D L	EDFD	84
Abbot, John	RHLD	75	Abram, J*	DLTN	412	Adams, Daniel	NWBY	259
Abbot, Joseph	RHLD	67	Abrams, A F W**	CHTN	489	Adams, David A	YORK	421
Abbot, Wesley*	RHLD	76	Abrams, A**	CHTN	314	Adams, Dr J F	EDFD	66
Abbott, Ansel*	RHLD	82	Abrams, Benjn*	NWBY	285	Adams, Dr Wm	YORK	421
Abbott, Bird	PKNS	30	Abrams, J M	COTN	333	Adams, E L	CHTN	363
Abbott, Dr H J*	CHTN	129	Abrams, J N*	NWBY	267	Adams, Elisabeth*	LCTR	200
Abbott, G W	DLTN	387	Abrams, John A	NWBY	287	Adams, Eliza	RHLD	85
Abbott, Henry J	SMTR	159	Abrams, Joseph**	NWBY	286	Adams, Eliza A*	ABVL	29
Abbott, J B*	PKNS	34	Abrams, Joseph*	NWBY	286	Adams, Elizabeth	LCTR	159
Abbott, J T*	PKNS	35	Abrams, Mary	NWBY	285	Adams, Elizabeth	UNON	223
Abbott, James	PKNS	51	Abrams, R T B	WMBG	319	Adams, Elizabeth*	CHTN	435
Abbott, Jas M	SPBG	209	Abrams, Saml	NWBY	264	Adams, F*	CHFD	156
Abbott, Jeptha	PKNS	72	Abrams, Thomas P	NWBY	275	Adams, F C Walker*	RHLD	28
Abbott, Lewis	PKNS	75	Abrams, William	FAFD	222	Adams, Frances	PKNS	68
Abbott, M E**	DLTN	379	Abrams, Wilson*	NWBY	265	Adams, Frank	ABVL	42
Abbott, Mary	PKNS	73	Abrams, Wm J	HORY	58	Adams, Franklin	ADSN	246
Abbott, Mrs	CHTN	303	Abrey, William*	GRVL	337	Adams, G P	CHTN	243
Abbott, Norman	SPBG	308	Abshar, Joseph	YORK	389	Adams, Georgia*	ADSN	260
Abbott, Sarah	PKNS	73	Abstence, Hugh	BNWL	366	Adams, Grace**	CHTN	209
Abbott, Sarah C	PKNS	73	Abstence, Susan	BNWL	383	Adams, Harmon	EDFD	137
Abbott, Simpson	PKNS	37	Abstence, William	BNWL	366	Adams, Henry	EDFD	149
Abbrick, George	CHTN	107	Accock, J M	UNON	275	Adams, Henry	NWBY	276
Abel, Jno	ABVL	36	Acher, Wm B*	ABVL	141	Adams, Hilmon	DLTN	379
Abell, C E	CHTR	73	Acheson, Archbd*	CHTN	316	Adams, Hiram	EDFD	61
Abell, E H	CHTR	71	Acker, Amos	ADSN	178	Adams, Hugh	CHTN	476
Aben, William	CHTN	385	Acker, C A	GRVL	428	Adams, Isaac	ADSN	216
Abercrombee, Jesse	LRNS	272	Acker, C P N	GRVL	423	Adams, J H	EDFD	144
Abercrombee, Jno	LRNS	280	Acker, Holbert	ADSN	194	Adams, J H	YORK	367
Abercrombee, R A	LRNS	280	Acker, J J	ADSN	178	Adams, J H**	LCTR	159
Abercrombie, B	LRNS	299	Acker, J S	ADSN	188	Adams, J Leander	YORK	422
Abercrombie, Elizh	LRNS	278	Acker, Mariah	ADSN	210	Adams, J M	PKNS	78
Abercrombie, Harris	LRNS	271	Acker, Peter G	ADSN	165	Adams, J M	ADSN	249
Abercrombie, Isaa*	LRNS	335	Acker, Rebecca	ADSN	308	Adams, J P	LRNS	264
Abercrombie, John	LRNS	271	Acker, Robt	ADSN	178	Adams, J Q	EDFD	86
Abercrombie, John	LRNS	278	Acker, Wm H	ADSN	194	Adams, J R	ADSN	178
Abercrombie, John	LRNS	279	Ackerman, Augt*	CHTN	202	Adams, J S	LCTR	158
Abercrombie, L	LRNS	266	Ackerman, David	COTN	317	Adams, J T	EDFD	86
Abercrombie, L	LRNS	280	Ackerman, Ed M	COTN	314	Adams, J W	UNON	227
Abercrombie, Lewis	LRNS	264	Ackerman, Eliza	COTN	315	Adams, J W	EDFD	144
Abercrombie, Sarah	LRNS	266	Ackerman, Frank*	CHTN	202	Adams, J W T	LCTR	158
Abercrombie, Sind*	LRNS	266	Ackerman, Hy W	COTN	313	Adams, Jackson	MRBO	198
Abercromby, Lewis	ADSN	263	Ackerman, James S*	COTN	295	Adams, James	ABVL	145
Abernathy, Alexander	ADSN	178	Ackerman, John G	COTN	315	Adams, James	CHTR	3
Abernathy, Alfred	SPBG	223	Ackerman, Lorenzo	COTN	317	Adams, James	ADSN	205
Abernathy, C Mary	SPBG	349	Ackerman, Mary	COTN	315	Adams, James	COTN	268
Abernathy, Elizabeth**	SPBG	349	Ackerman, R W	COTN	350	Adams, James	MRBO	185
Abernathy, Harver	YORK	459	Ackerman, S O	COTN	315	Adams, James	NWBY	278
Abernathy, J C	SPBG	350	Ackerman, Sylvester	COTN	313	Adams, James	FAFD	245
Abernathy, Jebetha*	SPBG	227	Ackers, Louisa*	CHTN	242	Adams, James H	RHLD	84
Abernathy, Leonard	YORK	391	Acock, James	CHTN	141	Adams, James L	EDFD	129
Abernathy, M W	YORK	391	Acock, Jane	YORK	402	Adams, James M	LCTR	196
Abernathy, Michael	SPBG	223	Acock, John C	YORK	386	Adams, James P	RHLD	23
Abernathy, Milton*	CHTR	67	Acock, Joseph	UNON	232	Adams, James U	RHLD	92
Abet, Simeon*	MARN	101	Acock, Mary*	BUFT	39	Adams, Jane	CHFD	131
Abett, John	MARN	102	Actepie, C B*	CHTN	491	Adams, Jas	LRNS	275
Abett, Sarah	MARN	108	Acton, Ann*	CHTN	391	Adams, Jas	YORK	420
Able, A R*	EDFD	152	Acton, J K	EDFD	130	Adams, Jas C	ADSN	246
Able, Anytis*	EDFD	58	Acton, Nancy*	EDFD	123	Adams, Jas H	DLTN	418
Able, Ariel	EDFD	180	Acton, T W	EDFD	132	Adams, Jas J	ABVL	76
Able, Carson	LXTN	466	Adair, Alfred	PKNS	74	Adams, Jasper	PKNS	78
Able, J G	LXTN	437	Adair, B A	GRVL	352	Adams, Jeff	CHFD	113
Able, Jno J	LXTN	443	Adair, Edmund	LRNS	341	Adams, Jeptha	MRBO	195
Able, John	ADSN	240	Adair, H	LRNS	339	Adams, Jessee	ADSN	249
Able, John R	FAFD	248	Adair, Isaac	LRNS	325	Adams, Jno D	ABVL	51
Able, Perasby	EDFD	165	Adair, Isaac J	LRNS	339	Adams, Jno G*	ABVL	68
Able, Priscilla	LXTN	443	Adair, Jas	LRNS	339	Adams, Jno O	LRNS	264
Ables, A R	ORBG	393	Adair, John	PKNS	74	Adams, Joel	UNON	232
Ables, Berk	ORBG	397	Adair, Q Q	LRNS	307	Adams, Joel*	ADSN	178
Ables, Clark	PKNS	104	Adair, Robt	LRNS	339	Adams, John	BUFT	91
Ables, Joseph	CHTN	452	Adair, Thomas	PKNS	22	Adams, John	ADSN	218
Ables, Mary*	EDFD	194	Adair, Wm	PKNS	75	Adams, John	CHFD	130
Ables, P M	PKNS	102	Adam, Elijah*	MRBO	180	Adams, John	EDFD	87
Abmire, Frederick	PKNS	74	Adam, Nancy*	PKNS	68	Adams, John	GRVL	404
Abnatia, Lidia*	GRVL	488	Adams, A	EDFD	64	Adams, John R**	RHLD	94
Abney, A	EDFD	156	Adams, A B	EDFD	135	Adams, John*	LCTR	163
Abney, Abijah	EDFD	38	Adams, A Jackson	MRBO	192	Adams, John	FAFD	246
Abney, Dr M W	EDFD	110	Adams, Aaron	LCTR	199	Adams, John	LCTR	217
Abney, Elizb*	ABVL	11	Adams, Abner	COTN	343	Adams, John B	YORK	431
Abney, G P	EDFD	164	Adams, Adolphus*	CHTN	280	Adams, John J**	MRBO	156
Abney, J B**	EDFD	149	Adams, Agness T*	LCTR	143	Adams, John P	RHLD	92
Abney, J M	EDFD	159	Adams, Alexander	CHTR	67	Adams, John Q	RHLD	39
Abney, J P	EDFD	166	Adams, Amanda R	YORK	420	Adams, Jos	EDFD	54

Name	Loc	Pg	Name	Loc	Pg	Name	Loc	Pg
Adams, Joseph*	MARN	113	Adcock, Riley	ADSN	322	Adkins, Richd**	SPBG	421
Adams, Joseph	YORK	385	Adcock, Wesley V	ADSN	169	Adkins, Simeon**	CHTN	213
Adams, Joseph	ADSN	159	Addams, Frank	BNWL	360	Adkins, Stephen	CHTN	150
Adams, Julia*	BNWL	352	Addams, Martha*	WMBG	303	Adkins, Susan	SPBG	297
Adams, L A	EDFD	84	Addams, Wm	CHFD	158	Adkins, Thomas*	NWBY	237
Adams, Laura*	COTN	270	Addams, Mary	WMBG	299	Adkins, Wm	YORK	383
Adams, Lavinia*	LRNS	295	Addelp, Margaret*	GRVL	407	Adkins, Wm	YORK	381
Adams, Letitia*	CHTR	62	Adden, John	ORBG	405	Adkinson, Aaron	PKNS	158
Adams, Levi	EDFD	144	Adden, Lewis	ORBG	405	Adkinson, B	CHFD	174
Adams, M C*	BUFT	17	Adderhold, Milly*	ADSN	271	Adkinson, C S*	CHTN	492
Adams, Malichi	LCTR	201	Addice, James	UNON	222	Adkinson, E	MARN	1
Adams, Malinda	LCTR	201	Addice, Willian	UNON	223	Adkinson, H	CHFD	148
Adams, Margaret E	YORK	421	Addicks, F	CHTN	311	Adkinson, Hugh	MARN	138
Adams, Margret	LCTR	143	Addis, Catherine*	CHTN	513	Adkinson, J**	WMBG	354
Adams, Margt A L*	BUFT	16	Addis, Joseph	UNON	226	Adkinson, J	CHTN	121
Adams, Martha	CHTN	198	Addis, Mary	PKNS	109	Adkinson, James	MARN	139
Adams, Martha E	CHTR	46	Addis, Mary*	ADSN	267	Adkinson, John	MARN	138
Adams, Mary	EDFE	120	Addison, AlexB	BUFT	55	Adkinson, Mary*	SMTR	127
Adams, Mary**	MARN	136	Addison, Charles*	ORBG	408	Adkinson, Peter	MARN	124
Adams, Mary	MRBO	195	Addison, Edward	CHTN	417	Adkinson, Richd	CHFD	175
Adams, Mary Ann	MRBO	211	Addison, G A	EDFD	109	Adkinson, Richd	CHFD	102
Adams, Mary E*	EDFD	94	Addison, George**	CHTN	432	Adkinson, W J	MARN	42
Adams, Mary G	RHLD	92	Addison, George	CHTN	501	Adkinson, Walter	CHFD	148
Adams, Mary H*	SMTR	118	Addison, H B*	LXTN	431	Adler, Isador*	SPBG	304
Adams, Mary J	CHTN	435	Addison, H W*	EDFD	107	Admers, J L	YORK	466
Adams, Mason*	ABVL	29	Addison, J L	EDFD	38	Adocks, H F	YORK	365
Adams, Melvin	NWBY	266	Addison, J M	EDFD	65	Adox, A M*	RHLD	55
Adams, Mrs E*	EDFD	87	Addison, James D	COTN	315	Aegoe, Mary C*	ORBG	363
Adams, Mrs M A	CHTN	228	Addison, James D Jr	COTN	315	Agar, Joseph**	CHTN	246
Adams, Mrs N	EDFD	86	Addison, Jas R	CHTN	238	Ager, Joseph	CHTN	277
Adams, Mrs. Julia	MRBO	154	Addison, Jno A	EDFD	42	Ager, Mary	CHTR	22
Adams, Mrs. Sarah	MRBO	154	Addison, John	CHTN	440	Ager, Zabdel E	SPBG	346
Adams, N B	COTN	361	Addison, John B*	RHLD	92	Agers, Jno	CHTN	323
Adams, N N	PKNS	72	Addison, Joseph	RHLD	94	Agertow, Franklin*	CHFD	150
Adams, Nancy*	PKNS	94	Addison, Joseph	CHTN	99	Agnew, Alexr M	ABVL	89
Adams, Peter	LRNS	290	Addison, L	ORBG	341	Agnew, Andrew	ABVL	88
Adams, Pickens*	EDFD	122	Addison, Mrs P	EDFD	113	Agnew, James*	BNWL	339
Adams, Placidia	PKNS	29	Addison, R L	COTN	315	Agnew, Jno*	CHTR	56
Adams, Preston S	ADSN	221	Addison, Saml S	RHLD	91	Agnew, Jno S	CHTR	59
Adams, R A	EDFD	53	Addison, Samuel	RHLD	90	Agnew, John	ABVL	14
Adams, R J	YORK	393	Addison, Sarah**	CHTN	377	Agnew, John	RHLD	16
Adams, R L	PKNS	79	Addison, W H*	CHTN	377	Agnew, Lucy*	ABVL	37
Adams, R R	UNON	213	Addison, Washington	CHTR	60	Agnew, Luther*	ABVL	139
Adams, Ransom	RHLD	85	Addison, William	KRSW	126	Agnew, R	CHTR	68
Adams, Rebecca F	CHTN	155	Addison, William H	RHLD	84	Agnew, S White	ABVL	151
Adams, Rev	YORK	368	Addock, Caroline*	CHTN	427	Agnew, Saml	ABVL	39
Adams, Rhoda	LCTR	201	Addricks, Henry*	COTN	329	Agnew, Saml	ABVL	150
Adams, Richd	LRNS	320	Addy, Catharine*	LXTN	415	Agnew, William	ABVL	150
Adams, Robert	UNON	227	Addy, David	EDFD	177	Agnew, Wm G	YORK	474
Adams, Robert	RHLD	92	Addy, E H	EDFD	160	Agurs, Jno*	CHTR	70
Adams, Robert	GRVL	363	Addy, F**	LRNS	324	Agurs, Wm	YORK	460
Adams, Robeson	MRBO	195	Addy, George	EDFD	175	Agutu, Alford	CHFD	142
Adams, Robt	LRNS	306	Addy, J M	LXTN	399	Agutu, Jon	CHFD	142
Adams, Robt	ADSN	195	Addy, Jacob B	LXTN	381	Ahrens, C	CHTN	301
Adams, Robt E	YORK	420	Addy, John S	LXTN	424	Ahrens, D A	PKNS	34
Adams, S D	EDFD	144	Addy, R J	LXTN	415	Ahrens, H	CHTN	224
Adams, S*	EDFD	131	Addy, Rachel	LXTN	380	Ahrens, Henry W*	CHTN	367
Adams, Saml	LCTR	159	Addy, Susanna**	CHTN	384	Ahrens, Jno	CHTN	239
Adams, Saml L	YORK	422	Addy, Thomas**	CHTN	294	Ahrens, John***	CHTN	369
Adams, Saml.*	ABVL	29	Addy, W L	LXTN	372	Ahrens, Minnie**	CHTN	239
Adams, Samuel J	PKNS	126	Ademon, Philip*	CHTN	110	Ahrens, Wm	PKNS	34
Adams, Sarah*	BUFT	6	Adger, J B	ADSN	256	Aichel, Oscar*	ABVL	83
Adams, Sarah	DLTN	475	Adger, J E	ADSN	264	Aiken, D Waytt	ABVL	75
Adams, Starlin	DLTN	472	Adger, James	CHTN	187	Aiken, David	FAFD	204
Adams, Stella*	LCTR	202	Adger, John	FAFD	235	Aiken, David M*	FAFD	261
Adams, Susan*	EDFD	149	Adger, John B	RHLD	23	Aiken, Dr W E	FAFD	204
Adams, T Jefferson*	MRBO	152	Adger, Mary	CHTN	466	Aiken, Eunice	RHLD	83
Adams, T S*	GRVL	420	Adger, Mary**	FAFD	205	Aiken, Gilbert*	YORK	410
Adams, Tabitha*	PKNS	75	Adger, Robert	CHTN	168	Aiken, Henry R**	CHTN	453
Adams, Thomas	CHTR	59	Adger, Robt*	CHTN	243	Aiken, Hester A*	PKNS	112
Adams, Thomas	NWBY	276	Adger, Susan*	RHLD	47	Aiken, Huldah**	PKNS	110
Adams, Thomas F	CHTN	419	Adhins, Allen	ADSN	278	Aiken, J W	CHTR	38
Adams, Thos	NWBY	245	Adhrens, Henry	CHTN	484	Aiken, James	FAFD	266
Adams, Thos	PKNS	80	Adice, Richard	UNON	217	Aiken, James	ADSN	279
Adams, Thos C	CHFD	125	Adis, Eunice	PKNS	89	Aiken, James	CHTR	72
Adams, Thos H	NWBY	229	Adison, Benjamin	LCTR	170	Aiken, James R	FAFD	202
Adams, Thos H	ABVL	77	Adkin, David	NWBY	226	Aiken, Jas D*	YORK	410
Adams, Thos J*	BUFT	16	Adkins, A	EDFD	152	Aiken, John	SPBG	320
Adams, Thos M	LCTR	147	Adkins, Alb	YORK	383	Aiken, John	SPBG	334
Adams, W C	KRSW	75	Adkins, Allen	ADSN	278	Aiken, John	FAFD	267
Adams, W D	LXTN	438	Adkins, Andrew	SPBG	421	Aiken, Margaret	FAFD	267
Adams, W D	DLTN	377	Adkins, Archibald*	HORY	65	Aiken, Mr *	CHTN	310
Adams, W H W	EDFD	140	Adkins, Danl	SPBG	425	Aiken, Robert	FAFD	264
Adams, W J	EDFD	144	Adkins, Frances**	YORK	402	Aiken, Robt S*	FAFD	277
Adams, W L	MRBO	181	Adkins, Green*	GRVL	394	Aiken, Thos	SPBG	335
Adams, W M	LCTR	158	Adkins, Harvey	YORK	390	Aiken, William	CHTN	403
Adams, W P	EDFD	136	Adkins, J	SPBG	416	Aiken, Wm	FAFD	259
Adams, W W	EDFD	110	Adkins, J Brunson	CHTN	150	Aiken, Wm	FAFD	267
Adams, Watson	CHTR	58	Adkins, J P	SPBG	425	Aiken, Wm	FAFD	275
Adams, Watson*	CHTR	78	Adkins, James*	SMTR	116	Aikins, Daniel	ADSN	267
Adams, Wiley	LRNS	275	Adkins, James	LCTR	171	Aileywine, George	GRVL	451
Adams, William**	CHTR	59	Adkins, Jane	SMTR	116	Aimar, C P	CHTN	365
Adams, William	EDFD	140	Adkins, Jas	SPBG	425	Aimar, C*	BUFT	26
Adams, William	BUFT	96	Adkins, Jas S	YORK	405	Aimar, L	CHTN	307
Adams, William H	LCTR	144	Adkins, Jasper	SPBG	425	Aimar, Mrs Adele E	BUFT	3
Adams, William W	COTN	317	Adkins, Jno**	YORK	480	Ainger, Joseph M	CHTN	413
Adams, Wm	LRNS	221	Adkins, Kessiah	YORK	377	Airhart, Cath*	LXTN	429
Adams, Wm	LRNS	317	Adkins, Martha**	YORK	390	Airhart, Henry	LXTN	448
Adams, Wm	LXTN	393	Adkins, Mary*	CHTN	128	Airhart, J W	LXTN	431
Adams, Wm	CHTR	87	Adkins, Milton	LRNS	312	Airhart, Joseph	LXTN	448
Adams, Wm	EDFD	84	Adkins, N F	SPBG	416	Airhart, Z*	EDFD	173
Adams, Wm	YORK	420	Adkins, Nancy	GRVL	413	Airich, Lee D*	FAFD	225
Adams, Wm F**	CHTR	77	Adkins, Nancy*	SPBG	424	Airs, John	ORBG	350
Adamson, E E	KRSW	81	Adkins, Pinkeny	SPBG	425	Airs, John	ORBG	350
Adamson, Jno B	ABVL	39	Adkins, Polly*	GRVL	467	Airs, John Sr	GETN	312
Adcock, R Jas	CLDN	198	Adkins, Randolph	CHFD	145	Airs, Samuel*	ORBG	336

Name	Code	No.
Airs, William	ORBG	351
Airs, Wm	GETN	312
Airs, Wm S	CHTR	81
Aisquith, Virginia*	FAFD	248
Aken, Bella	CHTN	193
Aken, James N*	UNON	275
Akerman, A	GETN	302
Akerman, Ann	GETN	303
Akerman, Jas	GETN	303
Akerman, Wm	GETN	302
Akin, Mary*	CHTN	496
Akin, William	GRVL	462
Akins, David	GRVL	392
Akins, Elijah	YORK	504
Akis, Richard	CHTN	413
Alaxander, Rachel*	UNON	298
Alaxandrine, Ross	UNON	191
Alaywine, Jacob	ABVL	118
Albachet, Lewis	CHTN	497
Albbritton, M*	NWBY	304
Albergotie, Mrs	CHTN	323
Albergotie, W*	CHTN	323
Albergottie, Eleaner	BUFT	12
Albers, C F	CHTN	462
Albers, Frederick**	CHTN	460
Albers, H T	CHTN	325
Albers, John H**	CHTN	227
Alberson, Elijah	LRNS	247
Alberson, Jackson	PKNS	82
Alberson, James	GRVL	369
Alberson, M	GRVL	369
Alberson, Perry	GRVL	369
Alberson, Sarah	YORK	445
Albert, Burrell	KRSW	107
Albert, Jas	KRSW	125
Albert, John	KRSW	110
Alberton, Joseph	EDFD	173
Albery, Jane**	CHTN	338
Albricht, Dora**	CHTN	193
Albright, A J	CHTR	72
Albright, Calvin*	MARN	120
Albright, Jno L	CHTR	68
Albright, Judson D*	CHTR	73
Albritton, James*	RHLD	45
Albritton, Lou**	RHLD	9
Alburn, Charly	CHTN	108
Alce, Phebe	SPBG	366
Alchisio, Sarah*	CHTN	199
Alcorn, Elizaeth	YORK	416
Alden, Geo O	KRSW	135
Alderson, Jas B	YORK	398
Alderson, John F	CHTN	497
Aldert, Benj	CHTN	199
Aldert, Jos E	CHTN	207
Aldert, Mary**	CHTN	199
Aldredge, Thos	FAFD	232
Aldrich, A P	BNWL	480
Aldrich, Alfred	RHLD	51
Aldrich, David	BNWL	371
Aldrich, Elizabeth	KRSW	78
Aldrich, Ira	BNWL	466
Aldrich, J T	BNWL	467
Aldrich, John	BNWL	366
Aldrich, Julia C	CHTN	114
Aldrich, M	CHTR	68
Aldrich, N.	NWBY	293
Aldrich, S*	RHLD	21
Aldrich, Susan	KRSW	78
Aldrich, T R	CHTN	493
Aldrich, Thomas	BNWL	370
Aldridge, Jensey	FAFD	228
Aldridge, Susan*	PKNS	100
Aldridge, Wm	LCTR	180
Alen, C L	UNON	271
Alen, John	UNON	286
Alen, William H	BNWL	369
Alender, B R**	CHTN	506
Alenwine, John D	ABVL	103
Alewain, John C*	ABVL	106
Alewine, Geo W	ABVL	109
Alewine, Abraham	ABVL	110
Alewine, Chesley	LXTN	416
Alewine, Daniel	LXTN	417
Alewine, David**	LXTN	437
Alewine, Eliza	ABVL	103
Alewine, Ephraim	ADSN	208
Alewine, Ephraim	LXTN	370
Alewine, Geo	LXTN	455
Alewine, Henry	LXTN	400
Alewine, Isaac Jr	LXTN	417
Alewine, Isaac Sr	LXTN	417
Alewine, Jacob	ADSN	207
Alewine, James A	LXTN	370
Alewine, Joseph	ABVL	108
Alewine, Lemuel	LXTN	426
Alewine, Mathew	ABVL	110
Alewine, Michael	ADSN	208
Alewine, Philip	NWBY	280
Alewine, Sally**	ABVL	131
Alewine, Susan*	LXTN	411
Alewine, Thos H	NWBY	281
Alewine, W W	LXTN	417
Alexander, A	SPBG	323
Alexander, A	LCTR	173
Alexander, Abigah E	SMTR	97
Alexander, Abner	SMTR	97
Alexander, Andrew	PKNS	76
Alexander, Ann*	ADSN	241
Alexander, Ann	CHTN	444
Alexander, Ann E*	ABVL	28
Alexander, B F**	MRBO	144
Alexander, Benj	BNWL	446
Alexander, Benj	DLTN	451
Alexander, Daniel	PKNS	127
Alexander, Daniel	PKNS	108
Alexander, Danl	COTN	343
Alexander, David	PKNS	23
Alexander, David A	PKNS	111
Alexander, E B	PKNS	193
Alexander, E E	PKNS	49
Alexander, Elias*	GRVL	402
Alexander, Elias	PKNS	12
Alexander, Elijah	PKNS	107
Alexander, Elijah	ADSN	252
Alexander, Elijah	GRVL	372
Alexander, Elisha	PKNS	127
Alexander, Elisha	PKNS	109
Alexander, Elisha	PKNS	194
Alexander, G Jefferson	SMTR	97
Alexander, H A	YORK	437
Alexander, H D	CHTN	321
Alexander, Hannah**	CHTN	423
Alexander, Isaac	PKNS	23
Alexander, J	PKNS	9
Alexander, J B	KRSW	137
Alexander, J F	SPBG	414
Alexander, J M	PKNS	83
Alexander, J M	SPBG	389
Alexander, Jacob N	PKNS	113
Alexander, James	PKNS	75
Alexander, James	UNON	277
Alexander, James	BNWL	435
Alexander, Jane	PKNS	76
Alexander, Jasper	PKNS	115
Alexander, Jefferson	PKNS	115
Alexander, Jesse	UNON	251
Alexander, John*	LRNS	272
Alexander, John	RHLD	15
Alexander, John D	CHTN	454
Alexander, John J*	PKNS	9
Alexander, John R	YORK	365
Alexander, Jordan	PKNS	13
Alexander, Jos G	YORK	450
Alexander, Joseph	SPBG	308
Alexander, Levina	PKNS	13
Alexander, Licena	PKNS	49
Alexander, Louiza*	YORK	384
Alexander, Lousia J*	SMTR	148
Alexander, M	PKNS	70
Alexander, M*	PKNS	70
Alexander, M*	YORK	368
Alexander, Martin*	SPBG	305
Alexander, Mary	SPBG	357
Alexander, Mary*	CHTN	371
Alexander, Mary	PKNS	127
Alexander, Mathew	BNWL	445
Alexander, Micajah	PKNS	115
Alexander, Miss*	CHTN	299
Alexander, N*	CHTN	371
Alexander, Newton	RHLD	51
Alexander, Penelope	SPBG	357
Alexander, Prior	PKNS	193
Alexander, Prior	PKNS	194
Alexander, R C M	CHTR	92
Alexander, Rachel*	GRVL	351
Alexander, Reuben	BNWL	446
Alexander, Robt	ADSN	247
Alexander, Robt B	YORK	471
Alexander, S	CHTR	92
Alexander, S B*	CHTN	218
Alexander, S B	CHTN	364
Alexander, S B	CHTR	77
Alexander, S**	GETN	290
Alexander, Saml	CHTN	353
Alexander, Saml*	COTN	362
Alexander, Samuel J*	SMTR	135
Alexander, Thomas	PKNS	194
Alexander, Thomas	GRVL	372
Alexander, William	PKNS	108
Alexander, William	PKNS	107
Alexander, William A*	PKNS	129
Alexander, William**	GRVL	367
Alexander, Willian	UNON	295
Alexander, Wilson	SPBG	348
Alexander, Wm O	ADSN	196
Alford, James	MRBO	178
Alford, A	HORY	26
Alford, B W	GETN	312
Alford, Benj L	MARN	92
Alford, Clarky	HORY	53
Alford, Clarky	HORY	24
Alford, D W	HORY	35
Alford, Elizabeth	MARN	26
Alford, G F**	CHTN	312
Alford, George	MARN	82
Alford, H H	GETN	312
Alford, Harrison*	HORY	52
Alford, J C D*	MRBO	167
Alford, J T	HORY	42
Alford, James L	MARN	96
Alford, Jem*	BUFT	17
Alford, Jesse	HORY	59
Alford, Joel	MARN	82
Alford, John	MARN	38
Alford, John C	MARN	42
Alford, Levi	HORY	9
Alford, Loderick B	MARN	105
Alford, M	HORY	13
Alford, M N	MRBO	179
Alford, Margaret**	SMTR	105
Alford, Margaret	MARN	38
Alford, Mary	HORY	59
Alford, Meredith	HORY	56
Alford, Moses	MARN	51
Alford, Neill	MARN	106
Alford, Paisely	MARN	93
Alford, S H	MRBO	160
Alford, W B	MRBO	177
Alford, Warren L	MARN	105
Alford, William	MARN	27
Alford, Wm	MARN	25
Alford, Wm	MARN	43
Alford, Wm McD	MARN	97
Alford, Wm N	MARN	86
Alfred, R A*	BNWL	444
Algary, Mrs. Elizabeth	ABVL	89
Alin, Drury	WMBG	338
Alison, J B*	CHTN	370
Alison, P	YORK	440
Alison, S L	BNWL	463
Alison, Thomas	YORK	426
All, Abram*	BNWL	492
All, Adam	BNWL	488
All, Daniel	BNWL	506
All, Florence A E*	BUFT	15
All, G W	COTN	310
All, J L	NWBY	253
All, J M	BNWL	484
All, J W	BNWL	486
All, John A	BUFT	16
All, Sarah	BNWL	496
All, W A	BNWL	484
Allan, E S	SPBG	385
Allan, Jesse	CHFD	148
Allan, William*	CHTN	375
Allason, Oney	CHTN	474
Allbright, Matthew	ORBG	406
Allemany, A H	CHTN	233
Allen, Alden	BUFT	6
Allen, Alex G	CHFD	188
Allen, Alexander	CHTN	491
Allen, Allen*	PKNS	100
Allen, Alston	ABVL	28
Allen, Andrew T	SMTR	181
Allen, Ann*	MARN	70
Allen, Augustus	BNWL	454
Allen, Banister	ABVL	102
Allen, Barbary*	EDFD	179
Allen, Betty	CHTN	411
Allen, C A*	WMBG	346
Allen, Calvin	HORY	35
Allen, Charles	CHTR	12
Allen, Charles	SPBG	216
Allen, Chas P	ABVL	135
Allen, D*	HORY	12
Allen, Delias**	CHTN	453
Allen, Didmus*	HORY	52
Allen, E L*	PKNS	193
Allen, Edward*	FAFD	270
Allen, Edwd*	ABVL	84
Allen, Eli	CHFD	149
Allen, Elijah G**	BNWL	363
Allen, Elizabeth	MARN	87
Allen, Elizabeth	KRSW	127
Allen, Elizabeth	CHTR	12
Allen, Elizabeth	PKNS	33
Allen, Elizabeth*	GRVL	501
Allen, Emmuel	SPBG	353
Allen, Enoch	HORY	25
Allen, G W	GRVL	333
Allen, Geo A	ABVL	82
Allen, George*	CHTR	72
Allen, George	BUFT	17
Allen, George	CHTN	105
Allen, Hannah	EDFD	123
Allen, Hariet*	YORK	459
Allen, Harvey	CHTR	86
Allen, Henry	PKNS	4
Allen, Henry	ABVL	20
Allen, Henry*	RHLD	38
Allen, Howell	ADSN	184
Allen, Irvan	HORY	18
Allen, Isaac	YORK	458
Allen, J D	BNWL	490
Allen, J E	DLTN	432
Allen, J Hamilton	EDFD	120
Allen, J L	YORK	370
Allen, J R	CHTR	69
Allen, J W	BNWL	453
Allen, James	CHTN	408
Allen, James C	GRVL	464
Allen, James**	CHTN	201
Allen, James J L	SMTR	149
Allen, James M	GRVL	408
Allen, James T	ABVL	116
Allen, Jas A	ABVL	20
Allen, Jas F	CHFD	148
Allen, Jesse	SPBG	363
Allen, Jesse	CHFD	141
Allen, Jesse	MARN	73

3

Name	Loc	Pg	Name	Loc	Pg	Name	Loc	Pg
Allen, Joel	CLDN	233	Allison, Jasper	LRNS	286	Altman, Nancy*	LXTN	357
Allen, Joel	MARN	97	Allison, R E	LCTR	218	Altman, Rufus	LXTN	442
Allen, John*	ADSN	213	Allison, Rachael	MARN	123	Altman, S	MARN	73
Allen, John	MARN	27	Allison, Robert	YORK	510	Altman, Sarah**	HORY	17
Allen, John	RHLD	30	Allison, Robert T	YORK	507	Altman, Soloman Jr	LXTN	443
Allen, John	CHTR	12	Allison, Thos	CHTN	311	Altman, Solomon	LXTN	468
Allen, John	EDFD	48	Allison, Vincent*	CHTN	232	Altman, Stephen	MARN	20
Allen, John	PKNS	94	Allison, William	GRVL	430	Altman, Thomas	WMBG	349
Allen, John C	ABVL	83	Allman, Able	PKNS	61	Altman, Thomas	LXTN	444
Allen, John M	RHLD	13	Allman, John R	BNWL	416	Altman, W	WMBG	332
Allen, John*	ABVL	25	Allright, Fred	RHLD	1	Altman, W J	MARN	9
Allen, John	SPBG	219	Allright, Geo A	CHTR	89	Altman, W J	WMBG	311
Allen, John	RHLD	44	Allright, Wm A	CHTR	89	Altman, Wm	MARN	6
Allen, John	SPBG	415	Allsbroocks, Jos W	CLDN	212	Altman, Wm	LXTN	358
Allen, Julia A	HORY	14	Allsbrook, Briton	SMTR	165	Altman, Wm E	BUFT	89
Allen, Lucius*	CHTN	195	Allsbrook, Jas	CLDN	218	Altmon, Frances**	ORBG	397
Allen, Lucy	RHLD	21	Allsbrook, Mariah	SMTR	166	Altmon, Pruda*	ORBG	395
Allen, Luther	HORY	26	Allsbrooks, J H	CLDN	221	Altom, J A	GRVL	326
Allen, M	SPBG	259	Allsbrooks, Jesse	MRBO	180	Alton, Amanda	GRVL	461
Allen, Marian*	ADSN	276	Allsbrooks, Joseph	SMTR	170	Alton, Lydia*	GRVL	378
Allen, Marie	CHTN	108	Allston, Benjn F*	ABVL	3	Altum, W C	SPBG	411
Allen, Martha*	CHTR	53	Allston, Charles Jr	GETN	322	Alums, Mary	PKNS	179
Allen, Martha A	GRVL	346	Allston, Chas*	ABVL	2	Alveren, Zera	SPBG	241
Allen, Mary	CHTN	104	Allston, E F	CHTN	143	Alveron, Elijah	SPBG	246
Allen, Mary	GRVL	344	Allston, Eliza M	FAFD	207	Alveron, Pleasant	SPBG	246
Allen, Mary	PKNS	92	Allston, Fanny	GETN	322	Alverson, Benjamin	SPBG	264
Allen, Mary	BUFT	93	Allston, J B	GETN	321	Alverson, Bery	UNON	224
Allen, Mary A*	YORK	461	Allston, J Motte	RHLD	33	Alverson, J C	GRVL	498
Allen, Mary C	ADSN	173	Allston, Jos*	CHTN	243	Alverson, James	PKNS	182
Allen, Mary E**	YORK	395	Allston, Jos B*	CHTN	243	Alverson, Pleasant	SPBG	203
Allen, Mary T	GETN	300	Allston, Mrs Adele**	CHTN	244	Alwin, Wm	LRNS	325
Allen, Matilda	CHTN	80	Allston, Mrs J H*	COTN	361	Amail, Martha**	CHTN	271
Allen, Mrs H	EDFD	46	Allston, Philip*	ABVL	3	Aman, Elizabeth	BNWL	393
Allen, Mrs Lucy	EDFD	48	Allston, R F W	CHTN	244	Ambler, James H	PKNS	137
Allen, Mrs. Jane	ABVL	35	Allston, R F W	GETN	320	Ambrose, James W	RHLD	95
Allen, Mtilda*	ABVL	89	Allston, W Allan	GETN	322	Amcker, John	EDFD	189
Allen, N	HORY	12	Allsy, Jas A	SPBG	309	Amerson, Jno	DLTN	457
Allen, O D	BNWL	492	Allums, Mary A**	PKNS	179	Amerson, Middleton	SMTR	107
Allen, O W	EDFD	119	Allworden, George V	RHLD	44	Amerson, Noah	DLTN	452
Allen, P H	BNWL	453	Ally, M L*	CHTN	325	Amholten, F W*	CHTN	251
Allen, Paul C	BNWL	339	Alman, Ann	BNWL	492	Amick, Adam	LXTN	405
Allen, Petiney	BNWL	455	Almans, Charles*	BUFT	29	Amick, Anderson	LXTN	378
Allen, Reachel	CHTN	514	Almens, John*	CHTN	193	Amick, Danl**	LXTN	398
Allen, Rebeca	CHFD	98	Almers, Louis F**	CHTN	481	Amick, Geo	LXTN	380
Allen, Rebecca	YORK	387	Almon, Jane	BNWL	477	Amick, J W	LXTN	406
Allen, Rebecca*	RHLD	83	Almon, William	UNON	232	Amick, J W	LXTN	407
Allen, Rheobe*	CHTN	472	Almonds, Joshua	HORY	24	Amick, Jas J	LXTN	407
Allen, Richard	RHLD	5	Alque, James	CHTN	99	Amick, Jesse	LXTN	405
Allen, Richard	CHTR	17	Alred, Calvin J	MARN	114	Amick, Jno G	LXTN	407
Allen, Robert	HORY	33	Alsabrook, Elizabeth	CHFD	142	Amick, Jno H	LXTN	417
Allen, Sabrinia**	MARN	124	Alsabrook, L H	CHFD	135	Amick, Jno H	LXTN	405
Allen, Saml	YORK	476	Alsabrook, T L	CHFD	142	Amick, John D	LXTN	378
Allen, Sarah	CHTR	22	Alsbrook, Thomas	SMTR	183	Amick, John J	LXTN	407
Allen, Sarah	SMTR	147	Alsby, Henry	CHFD	98	Amick, Levi	LXTN	406
Allen, Sarah A	SPBG	423	Alsion, W B	YORK	408	Amick, Luther	LXTN	408
Allen, Sarah W	SMTR	149	Alson, H E	CHTN	270	Amick, N R	LXTN	398
Allen, Stephen*	ABVL	78	Alston, B P**	YORK	403	Amick, Soloman	LXTN	405
Allen, Stephen H*	ABVL	77	Alston, C	CHTN	335	Anick, Wm	LXTN	380
Allen, T W	PKNS	87	Alston, Charles**	CHTN	206	Amicks, Frances*	ADSN	278
Allen, Tady**	BNWL	412	Alston, Charles M	CHTN	458	Amme, C	CHTN	366
Allen, Tebitha	SPBG	251	Alston, Charles Sr	GETN	323	Amme, D A	CHTN	301
Allen, Thomas*	CHTR	23	Alston, Esther**	CHTN	348	Ammons, A R	MARN	12
Allen, Thomas	PKNS	151	Alston, Hatty*	CHTN	190	Ammons, Allen	MRBO	177
Allen, Thomas	CHTR	23	Alston, Joseph A	CHTN	431	Ammons, Asa	MARN	96
Allen, Thomas	CHTN	275	Alston, Joseph*	CHTN	435	Ammons, Danl*	MARN	76
Allen, Thompson W	MRBO	171	Alston, Martha*	COTN	323	Ammons, Ervin	MARN	11
Allen, Thos	YORK	446	Alston, Robert B*	RHLD	47	Ammons, Joel	SPBG	366
Allen, Thos G	BUFT	93	Alston, Thos	CHTN	502	Ammons, John	MARN	19
Allen, Thos P	CHTN	169	Alston, W A	GETN	323	Ammons, Joshua	MARN	17
Allen, Thrashley	CHTR	24	Alston, W J	FAFD	274	Ammons, M	MARN	19
Allen, Thrashly	CHTR	5	Alston, William A	CHTN	454	Ammons, Martha	MARN	132
Allen, W M*	BNWL	456	Altee, John	RHLD	7	Ammons, Matthew	MARN	136
Allen, W P	HORY	54	Altee, John H	RHLD	7	Ammons, Nancy	MRBO	186
Allen, W P	HORY	16	Altman, A E	COTN	293	Ammons, Phillip	MARN	94
Allen, W T	KRSW	112	Altman, Agnes	WMBG	326	Ammons, Rachael	MARN	18
Allen, Wade	SPBG	329	Altman, Burrell	LXTN	464	Ammons, Silas*	MRBO	161
Allen, Washington	SMTR	154	Altman, C	WMBG	331	Ammons, Silas	MARN	21
Allen, Wiley	PKNS	59	Altman, Caroline*	COTN	252	Ammons, Solomon	HORY	37
Allen, William	ABVL	148	Altman, Cleland	MARN	123	Amons, Richard	SMTR	125
Allen, William	ADSN	320	Altman, Dat	MARN	125	Amons, Washington	SMTR	125
Allen, William	ABVL	77	Altman, Dempsey	LXTN	468	Amos, Augusta D*	SPBG	285
Allen, William	PKNS	175	Altman, Elisabeth	MARN	133	Amos, Charles	SPBG	293
Allen, William	PKNS	134	Altman, Evander*	MARN	70	Amos, Charles	SPBG	283
Allen, Willis	GRVL	417	Altman, Hamilton*	MARN	132	Amos, Marion	SPBG	299
Allen, Willis	ADSN	320	Altman, J D	WMBG	312	Amos, Marion	SPBG	554
Allen, Willis	SPBG	253	Altman, J G	WMBG	311	Amos, Mary*	SPBG	293
Allen, Wm	PKNS	56	Altman, J G*	WMBG	326	Amos, T E*	CHTR	73
Allen, Wm	DLTN	446	Altman, J Nelson	BUFT	84	Amos, Tempy*	SPBG	294
Allen, Wm Gaston	BUFT	17	Altman, James E	BUFT	86	Amy*	CHTN	221
Allen, Wm*	CHFD	149	Altman, James*	EDFD	8	Amyst, E J	MARN	128
Allen, Woodward	SPBG	325	Altman, James	BUFT	85	Anciel, M H**	CHTN	245
Allen, Z	SPBG	349	Altman, James	GETN	300	Ancron, J H*	FAFD	207
Allen, Zeceprah	BNWL	453	Altman, Jas	WMBG	327	Ancrum, Diana	CHTN	198
Allender, B R	GRVL	393	Altman, Jas	MARN	6	Ancrum, Harriet H**	CHTN	456
Allens, Jane	CHTN	398	Altman, Jas B	MARN	135	Ancrum, J H	CHTN	229
Alley, Henry	SPBG	212	Altman, Jas**	MARN	131	Ancrum, John	CHTN	241
Alley, J B P	CHTN	237	Altman, Jess S*	HORY	8	Ancrum, John L*	CHTN	257
Alley, Thos	ABVL	152	Altman, John	BUFT	86	Ancrum, W A	KRSW	140
Alley, Thos*	SPBG	255	Altman, John Ed	BUFT	81	Anderon, Ann E	GRVL	410
Allgood, Alexander	PKNS	131	Altman, John W	GETN	314	Anders, Benjamin*	GRVL	441
Allgood, Barnet H	PKNS	185	Altman, Levicy A*	COTN	258	Anders, D A	GRVL	336
Allgood, William B	PKNS	167	Altman, Lydia S*	GETN	301	Anders, D K	GRVL	383
Allison, A J	GRVL	490	Altman, M**	MARN	78	Anders, George	GRVL	383
Allison, Dr J B*	YORK	372	Altman, M L	WMBG	311	Anders, J	GRVL	461
Allison, E A*	MRBO	175	Altman, Mary**	HORY	12	Anders, Lem C Sr	YORK	433
Allison, Geo	CHTN	200	Altman, Mary*	MARN	70	Anders, Martha	YORK	398
Allison, James H	MARN	123	Altman, N T	WMBG	311	Anders, Tempy	GRVL	337

Name	Loc	Pg	Name	Loc	Pg	Name	Loc	Pg
Anders, William	SPBG	269	Anderson, Jas	ABVL	65	Anderson, Thos	ADSN	237
Anders, Lem C Jr	YORK	433	Anderson, Jas	EDFD	83	Anderson, Tranton L	SPBG	378
Anderson, A	DLTN	445	Anderson, Jefferson	HORY	55	Anderson, Vincent	CHTN	146
Anderson, A F	CHTR	16	Anderson, Jesse	DLTN	474	Anderson, W	KRSW	135
Anderson, A J	CHTN	184	Anderson, Jimy	CHFD	149	Anderson, W C	COTN	327
Anderson, A J	EDFD	87	Anderson, Jno	ABVL	75	Anderson, W D	KRSW	135
Anderson, Abe	GRVL	462	Anderson, Jno	ABVL	56	Anderson, W H	BUFT	20
Anderson, Abijah	LXTN	386	Anderson, Jno	LRNS	266	Anderson, W H	SMTR	121
Anderson, Alex T	CHTR	17	Anderson, Jno W	LRNS	249	Anderson, W H	CHTR	70
Anderson, Alexr J	COTN	313	Anderson, Jno W**	DLTN	391	Anderson, W J*	YORK	413
Anderson, Amelia	CLDN	205	Anderson, Jno*	ABVL	71	Anderson, W L	EDFD	86
Anderson, Andrew J	PKNS	147	Anderson, Jno	CHTN	56	Anderson, W T	HORY	3
Anderson, Andrew*	ABVL	68	Anderson, Joel	LRNS	245	Anderson, W Y	LRNS	247
Anderson, Archibald	SMTR	176	Anderson, Joel	DLTN	393	Anderson, William	CHTN	166
Anderson, B	SPBG	258	Anderson, Johiel	LXTN	369	Anderson, William*	SPBG	204
Anderson, B	LRNS	247	Anderson, John	SPBG	386	Anderson, William	MRBO	159
Anderson, Ben	CLDN	208	Anderson, John*	ABVL	56	Anderson, William E*	SMTR	139
Anderson, Ben	BNWL	397	Anderson, John**	GRVL	403	Anderson, William G	RHLD	37
Anderson, Bent	DLTN	409	Anderson, John	UNON	244	Anderson, William H	PKNS	14
Anderson, Bige*	EDFD	198	Anderson, John*	YORK	455	Anderson, William M	SMTR	132
Anderson, C McKenzie	SMTR	156	Anderson, John*	CHTN	114	Anderson, William*	ABVL	74
Anderson, Chappel*	DLTN	393	Anderson, John	HORY	51	Anderson, Williams	MRBO	204
Anderson, Charles	UNON	217	Anderson, John	BUFT	89	Anderson, Wm	ADSN	162
Anderson, Charles*	GRVL	420	Anderson, John	CHTN	108	Anderson, Wm	CHTR	56
Anderson, Charles E	COTN	256	Anderson, John D	RHLD	52	Anderson, Wm*	HORY	32
Anderson, Charles*	GRVL	462	Anderson, John*	SPBG	356	Anderson, Wm	EDFD	179
Anderson, Chas	BUFT	65	Anderson, Joseph P	YORK	406	Anderson, Wm C	SPBG	312
Anderson, Cynthia	LCTR	194	Anderson, Josiah	LRNS	252	Anderson, Wm P*	ABVL	64
Anderson, D*	EDFD	117	Anderson, Larkin	LRNS	252	Anderson, Wm*	DLTN	447
Anderson, D B**	GRVL	351	Anderson, Laura*	EDFD	107	Anderson, Wm	GRVL	433
Anderson, D C	YORK	456	Anderson, Levi	HORY	54	Anderson, Wm	YORK	407
Anderson, D C	YORK	456	Anderson, Lewis	LRNS	351	Anderson, Wm	MARN	102
Anderson, D F	ADSN	204	Anderson, Lovinski*	NWBY	264	Anderson, Wm	DLTN	444
Anderson, D J	LCTR	160	Anderson, M**	EDFD	177	Anderson, Wm C	ABVL	60
Anderson, D R	HORY	49	Anderson, M	NWBY	237	Anderson, Wm D*	ABVL	77
Anderson, D W	LRNS	240	Anderson, M	ADSN	233	Andrahand, Ann H*	BUFT	71
Anderson, Daniel H	CHTN	443	Anderson, M A E*	EDFD	105	Andreas, August	GRVL	449
Anderson, Danl G	CHTR	83	Anderson, M H*	BNWL	479	Andreas, W M	GETN	290
Anderson, David*	ARVL	93	Anderson, M P*	BNWL	478	Andres, Eliza*	BUFT	63
Anderson, David	ADSN	261	Anderson, Margt*	CHFD	185	Andres, Wm*	DUFT	63
Anderson, David	LRNS	244	Anderson, Marshal J*	LRNS	241	Andress, James	BUFT	53
Anderson, David	SPBG	342	Anderson, Martha	RHLD	45	Andress, John	LCTR	167
Anderson, David	SMTR	116	Anderson, Mary D	ADSN	291	Andress, John D*	BUFT	33
Anderson, David H	YORK	407	Anderson, Mary E	CHTN	161	Andress, John W	BUFT	51
Anderson, Demarius*	ABVL	133	Anderson, Mary P*	YORK	413	Andress, Milton**	BUFT	35
Anderson, Denny	SPBG	378	Anderson, Mary W	SMTR	121	Andress, Nathl*	CHTN	472
Anderson, Dorcas*	YORK	433	Anderson, Mary*	ABVL	149	Andrew, Isabella*	DLTN	394
Anderson, Dr Wm L	ABVL	68	Anderson, Mary	BNWL	451	Andrews, A	ADSN	262
Anderson, E*	SPBG	259	Anderson, Mary*	YORK	473	Andrews, A B	LCTR	212
Anderson, Ed	LRNS	224	Anderson, Mary	GETN	312	Andrews, Alford	DLTN	447
Anderson, Edmund	ABVL	56	Anderson, Miles	DLTN	449	Andrews, Ann S*	DLTN	425
Anderson, Edwd	BUFT	65	Anderson, Miles*	DLTN	446	Andrews, Aris	ABVL	114
Anderson, Elbert	SPBG	379	Anderson, Mourning*	GRVL	409	Andrews, Benjn	CHTN	367
Anderson, Eliza	HORY	52	Anderson, Mrs E	EDFD	86	Andrews, C H	CHTN	447
Anderson, Elizabeth	FAFD	217	Anderson, Mrs E	EDFD	89	Andrews, Caleb H*	DLTN	429
Anderson, Elizabeth*	LXTN	372	Anderson, Mrs J	CHTN	331	Andrews, Chas	SMTR	111
Anderson, F J	DLTN	474	Anderson, N D	BNWL	442	Andrews, David	EDFD	130
Anderson, Frances	LRNS	245	Anderson, Nancy	CLDN	197	Andrews, E	CHTN	510
Anderson, Francis*	CHTN	170	Anderson, Nancy	DLTN	393	Andrews, Edward*	DLTN	425
Anderson, Francis	YORK	454	Anderson, Nathl	ABVL	63	Andrews, Elias B	ABVL	67
Anderson, Frank**	RHLD	51	Anderson, Nelson	CHTN	380	Andrews, F Wiston	CHTN	361
Anderson, G H	DLTN	391	Anderson, Pat	RHLD	78	Andrews, Fred*	GRVL	471
Anderson, G T	ADSN	255	Anderson, Phillip D*	HORY	11	Andrews, George	LRNS	306
Anderson, G W	LRNS	263	Anderson, R V*	BNWL	479	Andrews, H*	SPBG	242
Anderson, Geo*	CHTN	204	Anderson, R*	LXTN	421	Andrews, Henry*	CLDN	196
Anderson, Geo	LRNS	324	Anderson, R H	ADSN	312	Andrews, Hiram	CHTR	70
Anderson, Geo J	BNWL	451	Anderson, R H	DLTN	443	Andrews, J*	ORBG	352
Anderson, H D	BNWL	451	Anderson, R Q	ADSN	203	Andrews, James J	DLTN	447
Anderson, H P	BNWL	451	Anderson, R W	ABVL	75	Andrews, Jane	FAFD	261
Anderson, H Y*	CLDN	235	Anderson, Rachel	DLTN	460	Andrews, Jas	CHTN	241
Anderson, H*	DLTN	381	Anderson, Rachel*	BUFT	65	Andrews, Jas	DLTN	381
Anderson, Hugh F	SMTR	121	Anderson, Rebecca	ABVL	65	Andrews, Jno	PKNS	116
Anderson, Huldah**	PKNS	147	Anderson, Rev Munroe	YORK	374	Andrews, John	PKNS	130
Anderson, Isaac	PKNS	112	Anderson, Richard	RHLD	29	Andrews, John	CHTN	120
Anderson, Ivy	LXTN	426	Anderson, Robert	ABVL	82	Andrews, John E*	CHTN	226
Anderson, J B	GETN	285	Anderson, Robert C*	RHLD	10	Andrews, John R	CHTN	379
Anderson, J E	ABVL	112	Anderson, Robert H	BUFT	89	Andrews, Joseph	WMBG	302
Anderson, J G	SMTR	121	Anderson, Robert J	SMTR	139	Andrews, Lewis P	ABVL	67
Anderson, J H	BNWL	469	Anderson, Robert	PKNS	14	Andrews, Lucy*	LCTR	209
Anderson, J J	GETN	315	Anderson, Robert	RHLD	19	Andrews, Magnolia*	DLTN	415
Anderson, J J	GETN	290	Anderson, Robert	HORY	47	Andrews, Mary A	ABVL	27
Anderson, J L*	EDFD	87	Anderson, Robt	SPBG	356	Andrews, Mary*	DLTN	385
Anderson, J M	SPBG	378	Anderson, Robt	CHTN	187	Andrews, Reddin E	DLTN	425
Anderson, J P*	WMBG	346	Anderson, S H*	CLDN	205	Andrews, Robert*	EDFD	131
Anderson, J S	DLTN	391	Anderson, S H	DLTN	443	Andrews, Robt*	SPBG	352
Anderson, J S	COTN	248	Anderson, S P*	CHTN	264	Andrews, Robt W	SMTR	184
Anderson, Jackson*	LRNS	244	Anderson, Sam	LRNS	224	Andrews, Rosa*	CHTN	226
Anderson, Jacob	EDFD	179	Anderson, Saml	HORY	31	Andrews, Ruth**	DLTN	425
Anderson, James	GRVL	433	Anderson, Samuel*	ABVL	93	Andrews, S	WMBG	308
Anderson, James	CHTN	99	Anderson, Sarah	CHTN	184	Andrews, Sarah	CLDN	194
Anderson, James E	ABVL	85	Anderson, Silas	HORY	47	Andrews, Stephen J	MRBO	201
Anderson, James*	RHLD	35	Anderson, Sol	GETN	314	Andrews, Thad C	ORBG	405
Anderson, James**	HORY	22	Anderson, Steven	EDFD	179	Andrews, Thomas*	ABVL	1
Anderson, James*	GRVL	419	Anderson, Susan*	NWBY	293	Andrews, Thos	LRNS	280
Anderson, James	HORY	56	Anderson, Susanah	PKNS	123	Andrews, W S	EDFD	131
Anderson, James*	ABVL	151	Anderson, Susanna*	SMTR	119	Andrews, Walter	LRNS	320
Anderson, Jane	PKNS	90	Anderson, T F	ADSN	182	Andrews, William H*	CHTN	445
Anderson, Jane P*	ABVL	151	Anderson, T J	HORY	16	Andrews, Wm	CHTN	155
Anderson, Jane*	CHTN	355	Anderson, Tap	ABVL	74	Andros, George S*	CHTN	425
Anderson, Jas	LRNS	339	Anderson, Tapley	ADSN	233	Aney, Peter	GETN	292
Anderson, Jas	LRNS	263	Anderson, Thomas	CHTR	58	Angel, Augustus**	CHTN	373
Anderson, Jas	SPBG	380	Anderson, Thos	LRNS	328	Angel, Miss Martha	CHTN	230
Anderson, Jas	SPBG	378	Anderson, Thos	SPBG	308	Angier, Jane*	KRSW	119
Anderson, Jas	KRSW	100	Anderson, Thos*	LRNS	252	Angkel, Eugenia*	CHTN	319
Anderson, Jas	ABVL	76	Anderson, Thos			Angle, Hugh**	CHTN	440

Name	Loc	Pg
Angless, Thos*	CHTN	502
Angley, Andrew	BNWL	483
Angley, J D	BNWL	483
Angley, Jos J*	BNWL	483
Angling, Samuel	UNON	204
Anhust, James B*	SPBG	305
Anick, Elizabeth	ADSN	288
Anker, S	CHTN	347
Ankrum, Fanny*	CHTN	303
Annaly, Maria	CHTN	363
Anndo, Daniel**	CHTN	148
Anndo, Eliza*	CHTN	143
Anndo, Esther*	CHTN	181
Anndo, Esther*	CHTN	148
Anndo, Frederick*	CHTN	144
Anndo, Mary*	CHTN	112
Anndo, Patsey*	CHTN	144
Ansel, Fredk	CHTN	205
Ansel, John	PKNS	35
Ansley, D L	LRNS	309
Ansley, Isaac	CHFD	98
Ansley, James	CHFD	98
Ansley, Jno N L	CHFD	104
Ansley, Josiah*	PKNS	76
Ansley, Robt	CHFD	104
Ansly, James R	CHFD	104
Anson, N P*	CHTN	250
Anstell, Joseph	UNON	213
Anthony, Adaline	CHTN	266
Anthony, Daniel*	SPBG	257
Anthony, Henry J	PKNS	136
Anthony, Martha	FAFD	256
Anthony, S H	YORK	493
Antily, M Jane**	ORBG	308
Antily, Patrick P	ORBG	331
Antley, H	CHTN	108
Antly, Abraham	ORBG	378
Antly, William	ORBG	378
Anton, Alexr*	RHLD	9
Antonio, Manuel	RHLD	38
Antwrep, Garret V	RHLD	50
Apel, Wm	EDFD	107
Apell, John*	CHTN	477
Apher, Charles*	CHTN	110
Appeler, D	CHTN	465
Appeler, J F	CHTN	464
Appiarius, C*	CHTN	374
Appleby, D C	COTN	336
Appleby, Hiram**	ORBG	404
Appleby, J P	COTN	335
Appleby, M	COTN	335
Appleby, M T DR	COTN	335
Appleby, T M	COTN	335
Appleton, Frances*	CHTN	491
Appleton, Robt H*	ABVL	53
Appleton, Wm L*	ABVL	64
Arant, Alex	CHFD	160
Arant, Daniel	GETN	308
Arant, Henry*	ORBG	308
Arant, John	LCTR	197
Arant, John	CHFD	161
Arant, M G	GETN	297
Arant, Morgan	ORBG	306
Arant, Peter	CHFD	160
Arant, Sarah*	GETN	292
Arants, Wm	KRSW	112
Arawood, Rosana	YORK	486
Arch, Lucy**	FAFD	261
Archer, Alexander*	CHTR	77
Archer, Alfred	YORK	381
Archer, Charles	YORK	503
Archer, Clarissa	YORK	454
Archer, J B	SPBG	308
Archer, James	YORK	503
Archer, James*	CHTR	72
Archer, Jane**	YORK	378
Archer, Jas	CHTN	239
Archer, Jesse	CHTR	26
Archer, Jno*	CHTR	75
Archer, John	CHTR	52
Archer, Malinda	PKNS	155
Archer, Margaret**	YORK	380
Archer, Martha	CHTR	52
Archer, Milly	CHTR	80
Archer, Mrs	CHTN	327
Archer, Mrs S A**	ABVL	112
Archer, R C	ADSN	229
Archer, Reuben	CHTR	52
Archer, Robt A	ABVL	128
Archer, Suckey**	CHTR	64
Archer, Thomas	CHTR	51
Archer, Wilson	CHTR	51
Archer, Wm M	ADSN	229
Archy, Thomas	UNON	249
Ard, A*	MARN	59
Ard, Andrew	MARN	124
Ard, E H	DLTN	455
Ard, Edward	MARN	58
Ard, J J	WMBG	307
Ard, J J Jr	WMBG	305
Ard, James	WMBG	307
Ard, James	WMBG	363
Ard, James P	SMTR	182
Ard, Jos*	WMBG	305
Ard, R*	WMBG	363
Ard, S C	WMBG	306
Ard, S R	WMBG	330
Ard, S R	WMBG	306
Ard, Thomas	LRNS	340
Ard, Thomas	ABVL	9
Ard, Thos	WMBG	306
Ard, Wm	MARN	63
Ard, Wm	MARN	59
Ardis, Martha	EDFD	82
Ardis, Robert	SMTR	169
Ardis, William	SMTR	168
Ardist, Joseph S	SMTR	148
Arender, Lewis	EDFD	194
Arenom, T J	KRSW	125
Argoe, Edward	ORBG	403
Argoe, H B	ORBG	364
Argoe, Leven	ORBG	390
Argoe, Martin	ORBG	367
Argoe, Robert	ORBG	390
Argue, Mary A	ADSN	198
Arhens, Nicholas*	CHTN	409
Ariail, John	PKNS	163
Ariail, John	PKNS	163
Ariaril, Luke	PKNS	167
Arick, Lee D	CHTR	49
Arickson, Heddy*	ORBG	409
Arihant, Jacob	LXTN	369
Arin, James	SMTR	167
Arldredge, Isaac	FAFD	243
Arldredge, Mary J	FAFD	258
Arledge, J F	FAFD	252
Arledge, James M	BUFT	60
Arledge, Jane	FAFD	251
Arledge, Moses	FAFD	240
Arledge, T W	CLDN	212
Armand, Julia**	CHTN	231
Armand, M W	CHTN	231
Armfield, Margt M*	CHTR	24
Armfield, W C	LCTR	181
Armour, John C	YORK	390
Arms, Edward*	WMBG	303
Arms, Wm	CHTN	474
Armstrong, A S	ADSN	205
Armstrong, Alexr D**	CHTN	412
Armstrong, Archd	ADSN	204
Armstrong, Catherine*	CHTN	514
Armstrong, Demp	LRNS	271
Armstrong, Edw L*	CHTN	230
Armstrong, Emma	CHTN	275
Armstrong, Frank	YORK	430
Armstrong, George*	FAFD	233
Armstrong, George*	UNON	278
Armstrong, George	FAFD	262
Armstrong, Harriet	ADSN	231
Armstrong, Holbert	ADSN	203
Armstrong, Isc	LRNS	281
Armstrong, Isc Jr**	LRNS	281
Armstrong, J D**	GRVL	353
Armstrong, J R	ADSN	223
Armstrong, James	CHTN	257
Armstrong, James	BNWL	394
Armstrong, Jane W	YORK	423
Armstrong, Jas	EDFD	65
Armstrong, Jas	ADSN	202
Armstrong, Jas Sr	ADSN	204
Armstrong, Jno	DLTN	384
Armstrong, Jno	LRNS	275
Armstrong, John B	ADSN	202
Armstrong, John B	BNWL	404
Armstrong, John P	BNWL	387
Armstrong, Josiah L	BNWL	402
Armstrong, Leroy	YORK	396
Armstrong, Lizzie*	YORK	503
Armstrong, Luke	CHTN	231
Armstrong, M	PKNS	97
Armstrong, M	LRNS	282
Armstrong, Margaret	FAFD	212
Armstrong, Margt*	ABVL	109
Armstrong, Martha	BNWL	393
Armstrong, Martha	ADSN	277
Armstrong, Martin	YORK	384
Armstrong, Mary	CHTN	414
Armstrong, Mrs M R*	CHTN	227
Armstrong, N W**	CHTN	370
Armstrong, Nancy	YORK	394
Armstrong, Richard	BNWL	391
Armstrong, Sarah	ABVL	59
Armstrong, Susan	CHTN	280
Armstrong, Thomas	YORK	502
Armstrong, Toliver	PKNS	150
Armstrong, W E	BNWL	471
Armstrong, W H	YORK	395
Armstrong, William	CHTN	283
Armstrong, Wm	YORK	430
Armstrong, Wm	LRNS	282
Armstrong, Wm F	YORK	430
Armstrong, Wm*	ABVL	139
Armstrong, Wm	ABVL	109
Arnaker, Abram	ORBG	358
Arnaker, Adam	ORBG	362
Arnaker, Jacob*	RHLD	41
Arnaker, Jacob	ORBG	358
Arnaker, Joseph	ORBG	358
Arnau, Michael	CHTN	283
Arnau, Michall	CHTN	289
Arnau, William D	CHTN	402
Arndt, Julia*	CHTN	307
Arnett, Alex	MARN	119
Arnett, Amanda*	MARN	119
Arnett, Cade	MARN	120
Arnett, Lucinda*	SPBG	317
Arnett, Sallie	MARN	119
Arnheart, Malida**	PKNS	151
Arnhoter, William	CHTN	489
Arnick, John J	NWBY	294
Arnold, Aaron	SPBG	388
Arnold, Aaron	SPBG	389
Arnold, And M*	ABVL	52
Arnold, Ann*	ABVL	41
Arnold, Catharine	RHLD	3
Arnold, Catherine*	CHTN	427
Arnold, Clary	HORY	18
Arnold, David M*	ABVL	101
Arnold, Elias	SPBG	367
Arnold, Eliz*	ABVL	41
Arnold, Elizabeth**	PKNS	168
Arnold, Elizth*	BUFT	84
Arnold, Francis	ABVL	76
Arnold, H	LRNS	268
Arnold, H B	ADSN	259
Arnold, Hendrick	PKNS	153
Arnold, J W	LRNS	223
Arnold, James N	PKNS	192
Arnold, James*	ADSN	195
Arnold, Jas	SPBG	295
Arnold, Jas	SPBG	383
Arnold, Jas	SPBG	388
Arnold, Jefferson	PKNS	158
Arnold, Jno	LRNS	256
Arnold, Joel	ADSN	204
Arnold, John H	GRVL	459
Arnold, John*	CHTN	425
Arnold, Joseph*	GRVL	431
Arnold, Josh*	LRNS	256
Arnold, Judge	ABVL	103
Arnold, Lawson T	ADSN	154
Arnold, Lewis*	UNON	229
Arnold, Louisa	CHTN	353
Arnold, M A	GRVL	425
Arnold, Marion	ABVL	99
Arnold, Markus	PKNS	188
Arnold, Martin	LRNS	245
Arnold, Mary	CHTN	268
Arnold, Mary	LRNS	273
Arnold, Mary	UNON	258
Arnold, Mary E*	ABVL	46
Arnold, Nancy*	ABVL	139
Arnold, Nimrod	SPBG	389
Arnold, P	LRNS	255
Arnold, Richard	CHTN	372
Arnold, Robt	SPBG	279
Arnold, Ruben	PKNS	192
Arnold, Sarah*	ABVL	46
Arnold, Sarian	UNON	238
Arnold, Silas	PKNS	168
Arnold, Susan*	CHTN	280
Arnold, Thos	SPBG	388
Arnold, Thos	SPBG	388
Arnold, Wiley	SPBG	299
Arnold, William*	GRVL	431
Arnold, William	ABVL	78
Arnold, William H**	CHTN	409
Arnold, Wm**	CHTN	256
Arnold, Wm P	LRNS	255
Arnot, W M	ADSN	204
Arnwell, Garon	BUFT	10
Aron, Elijah	BNWL	392
Aront, Ransom**	LCTR	184
Arowwood, Jas	LCTR	184
Arrance, Robert H	YORK	464
Arrants, Harmon	SMTR	141
Arrants, J B*	KRSW	120
Arrants, J R	KRSW	128
Arrants, J W	KRSW	138
Arrants, Jos	KRSW	112
Arrants, Mrs. Gadsey*	KRSW	117
Arrants, N A	SMTR	173
Arrants, N B	KRSW	128
Arter, Adam*	KRSW	128
Arter, Eliza*	GRVL	503
Arter, Hally	GRVL	409
Arter, Jackson	GRVL	410
Arter, King*	PKNS	143
Arter, Malissa*	GRVL	411
Arter, Nancy	GRVL	512
Arter, Rebecca	GRVL	510
Arter, Solomon	PKNS	143
Arthers, Edward	GRVL	411
Arthers, Elizabeth	BNWL	416
Arthers, F M	BNWL	415
Arthers, Michael	BNWL	417
Arthers, R R	BNWL	415
Arthur, Ann	BNWL	419
Arthur, B F	LXTN	441
Arthur, Edward J	UNON	268
Arthur, Eliza M*	RHLD	14
Arthur, Gen Henry	RHLD	30
Arthur, H*	LXTN	441
Arthur, J W	EDFD	111
Arthur, Jas B	KRSW	123
Arthur, Jas M	SPBG	225
Arthur, Jesse	SPBG	401
	PKNS	133

Name	Loc	Pg	Name	Loc	Pg	Name	Loc	Pg
Arthur, Jno	DLTN	461	Ashly, Frank	LCTR	153	Atkinson, Thomas W	CHTN	509
Arthur, Jno H	LXTN	358	Ashly, John Sr	ADSN	204	Atkinson, Thos*	MARN	86
Arthur, Juriah	ORBG	309	Ashly, Lee	LCTR	153	Atkinson, Thos	DLTN	401
Arthur, Kezia	LXTN	441	Ashly, Martha*	PKNS	36	Atkinson, Thos	KRSW	128
Arthur, Mary B*	RHLD	75	Ashly, Nancy	ADSN	204	Atkinson, Valentine	CHTR	4
Arthur, Minnie**	LXTN	418	Ashly, Sarah*	SPBG	331	Atkinson, W H	KRSW	111
Arthur, Mrs Z	EDFD	28	Ashly, William	LCTR	153	Atkinson, W H	EDFD	10
Arthur, T S	GRVL	412	Ashmore, George E	PKNS	146	Atkinson, W R	KRSW	111
Arthur, Thomas	PKNS	133	Ashmore, H C*	SPBG	347	Atkinson, W T	MARN	87
Arthur, Thomas**	PKNS	186	Ashmore, J D	ADSN	292	Atkinson, William F	SMTR	141
Arthur, Wesley*	BNWL	474	Ashmore, J E	DLTN	448	Atkinson, William R*	RHLD	52
Arthur, William	CHTN	386	Ashmore, J S	GRVL	372	Atkinson, Willis*	COTN	357
Arthur, Wm A	EDFD	28	Ashmore, J S	GRVL	497	Atkinson, Wm	CHTN	500
Arthurs, Nancy	BNWL	416	Ashmore, James E	GRVL	372	Atkinson, Wm	BNWL	424
Artibery, Daniel D	BNWL	375	Ashmore, James H	GRVL	367	Atkinson, Wm H	DLTN	462
Artibury, Andrew	BNWL	364	Ashmore, Jas D	GRVL	370	Atkinson, Wm J	SMTR	158
Artis, James L	SMTR	155	Ashmore, John	GRVL	372	Atnhony, James C*	MARN	94
Artman, Jno	CHTN	303	Ashmore, Mary	GRVL	497	Attaway, C	EDFD	157
Artman, Miss**	CHTN	314	Ashmore, Thomas*	SPBG	222	Attaway, C	EDFD	62
Artope, George P	CHTN	204	Ashmore, William T	GRVL	490	Attaway, Kesiah*	BNWL	426
Artson, Louis	COTN	329	Ashmore, Wm H	GRVL	373	Attaway, Martha	EDFD	149
Aruitt, Boary A**	FAFD	276	Ashton, Alice*	CHTN	328	Attaway, Sem	EDFD	47
Arve, August	PKNS	22	Ashton, Mrs	CHTN	335	Attaway, Towles*	EDFD	148
Asbell, Alfred J	ABVL	98	Ashurst, John**	CHTN	417	Atterbury, W T	BNWL	360
Asbell, G W	LXTN	422	Ashworth, Jesse	GRVL	337	Attles, Paris*	CHTN	443
Asbell, H	LXTN	422	Ashworth, Joe	ABVL	97	Attway, Elizh*	LRNS	300
Asbell, Lloyd	LXTN	422	Ask, Jno	YORK	438	Attwood, J L*	LRNS	307
Asberry, Oscar*	CHTR	70	Askers, Susan R	SPBG	204	Attwood, Jno	LRNS	300
Asbill, A B	EDFD	2	Askew, N S D	UNON	250	Attwood, Jos	LRNS	299
Asbill, A W	EDFD	198	Askew, Sallie*	SPBG	316	Atwell, Annie*	CHTR	23
Asbill, Eldridge	EDFD	198	Askew, W N	UNON	269	Atwood, Judith	GRVL	420
Asbill, Elizabeth*	EDFD	11	Askins, Jno D	DLTN	443	Atwood, R F	NWBY	245
Asbill, Fannie	EDFD	198	Askins, R E	DLTN	442	Atwood, Sarah*	EDFD	142
Asbill, Jefferson	EDFD	3	Askins, R T	DLTN	443	Audre, Joseph	BNWL	422
Asbill, L M	EDFD	2	Askins, W P	DLTN	442	Auger, Francis	KRSW	135
Asbill, M B	EDFD	198	Askue, George N	MARN	36	Auger, Joseph W*	SPBG	306
Asbill, P B	EDFD	2	Askue, George N	BNWL	374	Aughtry, A R	UNON	185
Asbury, J F	CHTR	75	Asman, H*	NWBY	296	Aughtry, B	UNON	185
Asbury, William E*	RHLD	57	Asmond, E	UNON	278	Aughtry, Jesse	UNON	185
Aschern, Nicolaus	CHTN	283	Aspinall, Albert	CHTN	379	Aughtry, Susan*	UNON	185
Ash, Andrew	YORK	466	Assman, William	LXTN	455	August, Edward A**	CHTN	508
Ash, Charles	BNWL	403	Astle, Geo	CHTN	243	Augusteen, Jno**	EDFD	19
Ash, H	CHTN	302	Ataway, Elijah	EDFD	141	Augustine, Jesse	RHLD	79
Ash, James	YORK	378	Atchison, Lizzie*	NWBY	286	Augustine, Jesse	RHLD	74
Ash, John*	ORBG	379	Atchison, Marging	NWBY	263	Augustus, W*	CHTN	261
Ash, Lemora	YORK	442	Atchison, Robt	NWBY	241	Aulbright, A*	CHTN	516
Ash, Mary	ORBG	378	Atgen, John*	CHTN	219	Auld, Francis	CHTN	285
Ash, Richard C	BNWL	403	Athinson, Thos*	ORBG	355	Auld, Frederick*	BUFT	69
Ash, Robert	YORK	378	Atisson, M*	UNON	205	Auld, G M	LRNS	221
Ash, Saml	YORK	378	Atkins, Ann*	ABVL	50	Aulders, John**	ABVL	93
Ash, Uriah**	ORBG	364	Atkins, Danrel	ABVL	50	Aull, John P	NWBY	265
Ash, William	ORBG	378	Atkins, David	ABVL	50	Aull, Wm C	NWBY	218
Ash, Wm B	YORK	437	Atkins, E	EDFD	119	Aultman, J	CHTN	132
Ash, Wm M	YORK	443	Atkins, John*	EDFD	89	Aultner, Mrs M	EDFD	12
Ashbey, L P	CHTN	228	Atkins, Malissa	ADSN	331	Aunt Flora	SMTR	114
Ashbury, William	BNWL	366	Atkins, Mrs E A	EDFD	99	Ausbury, George	CHTN	492
Ashby, Frances	ADSN	170	Atkins, Mrs*	ABVL	47	Austell, Joseph	SPBG	257
Ashby, Harriett	CHTN	190	Atkins, Rachel*	LXTN	452	Austell, William	SPBG	261
Ashby, J H	GETN	288	Atkins, Robt W*	ABVL	47	Austen, A*	CHFD	177
Ashby, John H	ADSN	173	Atkins, Solomon	SPBG	239	Austen, Robt	LRNS	232
Ashby, Mrs. H*	CHTN	243	Atkins, Thomas	EDFD	119	Austen, Robt	LRNS	234
Ashby, Tho Jr	DLTN	387	Atkins, Thos Robt	YORK	493	Austin, Alexr	ABVL	142
Ashcraft, J J	CHTR	85	Atkinson, A**	CHTN	498	Austin, Artemus	CHTN	180
Ashcraft, Patsy	CHTR	85	Atkinson, B*	WMBG	305	Austin, B	FAFD	256
Ashcraft, Ruthy E**	YORK	381	Atkinson, C J	GETN	295	Austin, B*	SPBG	303
Ashcraft, Thos*	YORK	369	Atkinson, D J	EDFD	30	Austin, C*	UNON	287
Ashe, Isham**	ORBG	371	Atkinson, Daniel	KRSW	112	Austin, Cisley	UNON	206
Ashe, John S	CHTN	243	Atkinson, E M	CHTR	63	Austin, E	CHTN	247
Ashely, Jaushua	ABVL	124	Atkinson, E T**	CHTR	70	Austin, E A	ORBG	392
Ashely, Moses L	ABVL	106	Atkinson, Elijah**	SMTR	100	Austin, Eleanor*	CHTN	350
Ashely, Wm	ABVL	121	Atkinson, Elizabeth	KRSW	85	Austin, H C**	EDFD	198
Asher, A*	EDFD	117	Atkinson, Ezekiel	SMTR	141	Austin, J S	CHTN	370
Asher, H*	BNWL	476	Atkinson, G E	EDFD	24	Austin, Jacob*	ORBG	407
Ashford, Bennett**	FAFD	262	Atkinson, Henry	GRVL	479	Austin, James	FAFD	265
Ashford, George	NWBY	258	Atkinson, Henry W	SMTR	145	Austin, Jas	LRNS	230
Ashford, Harriet	FAFD	260	Atkinson, J C	KRSW	98	Austin, Jas	LRNS	233
Ashford, Jno*	CHTR	56	Atkinson, J H	MRBO	175	Austin, Jno	LRNS	233
Ashford, Joel W	FAFD	216	Atkinson, James	CHTR	4	Austin, John	UNON	240
Ashford, Nancy	FAFD	260	Atkinson, James	CHTR	67	Austin, L D*	GRVL	403
Ashford, Thos W	FAFD	218	Atkinson, James	SMTR	142	Austin, L S	LRNS	234
Ashley, --------	BNWL	388	Atkinson, James	SMTR	150	Austin, Louis*	FAFD	252
Ashley, Aaron	ABVL	123	Atkinson, Jane	COTN	306	Austin, M A	GRVL	350
Ashley, Alice	CHTN	304	Atkinson, Jesse	KRSW	112	Austin, Martha**	UNON	209
Ashley, Cathrine	ABVL	124	Atkinson, Jno	CHTR	13	Austin, Nancy	GRVL	362
Ashley, Charles	BNWL	394	Atkinson, Jno	CHTR	62	Austin, Natl	LRNS	273
Ashley, Ebenezer	ADSN	210	Atkinson, Jno L	EDFD	22	Austin, Nelson	GRVL	496
Ashley, Faustina**	BNWL	469	Atkinson, John	MARN	52	Austin, Philip	CHTN	219
Ashley, Jeush	ABVL	123	Atkinson, John H	CHTN	373	Austin, Saml	LRNS	292
Ashley, John	ADSN	208	Atkinson, John W	SMTR	173	Austin, Saml	LRNS	278
Ashley, John	ADSN	171	Atkinson, Lecretia*	CHTN	517	Austin, Saml	LRNS	240
Ashley, John T	ADSN	207	Atkinson, Martha	LCTR	143	Austin, T M*	GRVL	485
Ashley, Joseph	BNWL	445	Atkinson, Mary**	KRSW	116	Austin, Thomas C	GRVL	486
Ashley, Joshua	ADSN	206	Atkinson, Mrs	CHTN	316	Austin, Thos**	LRNS	230
Ashley, Joshua	BNWL	472	Atkinson, Mrs M	EDFD	81	Austin, Thos*	SPBG	303
Ashley, L A**	BNWL	448	Atkinson, Phereby	SMTR	141	Austin, V V A	ORBG	401
Ashley, L P	CHTN	219	Atkinson, R	KRSW	85	Austin, Vincent	GRVL	430
Ashley, Lawrence A*	RHLD	51	Atkinson, R G	DLTN	433	Austin, W A Jr	GRVL	363
Ashley, Moses	ABVL	124	Atkinson, Richard	KRSW	117	Austin, W H	GRVL	459
Ashley, N	BNWL	474	Atkinson, S H	BNWL	494	Austin, W H**	GRVL	485
Ashley, Perry	SPBG	384	Atkinson, S N	DLTN	396	Austin, W M	GRVL	486
Ashley, Robt*	BNWL	472	Atkinson, Saml T	GETN	290	Austin, Wesley**	ORBG	386
Ashley, Toliver	BNWL	471	Atkinson, Sarah*	CHFD	116	Austin, William	CHTN	155
Ashley, William	ABVL	124	Atkinson, Spencer	DLTN	468	Austin, William H	ABVL	149
Ashley, Wilson	ADSN	206	Atkinson, Stephen	SMTR	141	Austin, William S	UNON	207
Ashley, Wm	BNWL	443	Atkinson, Stephen W	SMTR	141	Austin, Wm	LRNS	236
Ashly, Edward	ADSN	207	Atkinson, Susan A**	GETN	291	Austin, Wm*	CHTN	356

Name	Loc	Pg	Name	Loc	Pg	Name	Loc	Pg
Auston, Robert	CHTN	520	Babb, Allston	LRNS	279	Bagwell, Josiah*	LRNS	256
Authur, Mary	CHTN	443	Babb, Jas	LRNS	280	Bagwell, Kelsey	LRNS	256
Autly, D D	BNWL	356	Babb, Jas	LRNS	279	Bagwell, L	EDFD	125
Autry, Benj	GRVL	459	Babb, Jno	LRNS	275	Bagwell, Leslie	SPBG	217
Autry, Benjamin*	ADSN	271	Babb, Jonathan	GRVL	361	Bagwell, Littleton	SPBG	217
Autry, Betsy**	EDFD	180	Babb, M	LRNS	264	Bagwell, Marian	ADSN	244
Autry, Charles	EDFD	178	Babb, Martha*	LRNS	260	Bagwell, Mariah	ADSN	223
Autry, F J	EDFD	178	Babb, Martin	LRNS	264	Bagwell, Mary*	EDFD	133
Autry, Jno	EDFD	12	Babb, Matilda	LRNS	302	Bagwell, Nancy	LRNS	254
Autry, Martha*	ADSN	271	Babb, Newton	GRVL	352	Bagwell, P W	SPBG	405
Autry, Mary	CHFD	147	Babb, Sampson	GRVL	444	Bagwell, Pleasant	ADSN	191
Autry, Robert	GRVL	459	Babb, Simpson	LRNS	297	Bagwell, Sandford	LRNS	256
Autry, Taylor*	ADSN	271	Babb, T M	LRNS	264	Bagwell, Simon	SPBG	371
Autry, William	GRVL	428	Babb, Thomas	GRVL	444	Bagwell, Simpson	SPBG	393
Autry, Wm	CHFD	132	Babb, William	GRVL	395	Bagwell, Thomas*	ADSN	155
Autry, R P**	ORBG	362	Babb, Wm	LRNS	275	Bagwell, Thos	SPBG	404
Avant, Abram*	MRBO	167	Babcock, E J**	CHTR	63	Bagwell, W W	SPBG	201
Avant, Ann	MARN	1	Babcock, S E	CHTR	69	Bagwell, Wiley	SPBG	395
Avant, Art	MARN	11	Baber, Ann	BNWL	505	Bagwell, Winny*	GRVL	426
Avant, Eli	MARN	135	Baber, Wm	ORBG	348	Bagwell, Wm*	LRNS	316
Avant, John	COTN	318	Babers, B J	BNWL	479	Bahange, Wm*	CHTN	252
Avant, John Sr	COTN	280	Baccheas, E M A	MARN	65	Bahatje, Friederich W	CHTN	290
Avant, L D	MARN	1	Baccomb, Geo*	CHTN	322	Bahlman, John	RHLD	24
Avant, M G*	MARN	140	Bachman, John	CHTN	450	Bahntge, George	CHTN	197
Avant, Margaret**	MARN	123	Bachte, Conrad	CHTN	464	Bahntge, Henry	PKNS	36
Avant, Mary*	DLTN	435	Back, John W	ABVL	121	Bahr, Catharine*	CHTN	427
Avant, Saml F	MARN	136	Backenbates, John*	RHLD	74	Bahr, Eliza	CHTN	427
Avant, Saml R	MARN	135	Backerby, Benjn	LRNS	306	Bahr, Francis*	CHTN	426
Avant, T G	MARN	55	Backman, William K**	RHLD	27	Bahr, Julia*	CHTN	427
Avant, Thos	MARN	132	Backsley, Joseph	HORY	14	Bahr, Rebecca*	CHTN	247
Avant, Virginia J	MARN	141	Backstrom, B F	CHTR	56	Bahr, William*	CHTN	426
Avant, W C	CHTN	161	Backstrom, Jno G	CHTR	59	Bailey, A C	KRSW	115
Aveilhe, Miss	CHTN	320	Backstrom, T Torbit	CHTR	56	Bailey, A O B	BNWL	445
Aveilhe, Peter	CHTN	201	Backus, Margaret*	CHTN	252	Bailey, Abba*	MARN	109
Averhart, M	ORBG	310	Bacon, Chas*	CHTN	318	Bailey, Adalade O	BNWL	496
Averill, C N	CHTN	375	Bacon, Edmund B	GRVL	414	Bailey, Alexr	RHLD	88
Avery, Alex	ADSN	249	Bacon, F	CHTN	307	Bailey, Allan P	LRNS	317
Avery, Asa	ADSN	280	Bacon, Mrs A**	BNWL	414	Bailey, Amanda	BUFT	70
Avery, Bann	LRNS	278	Bacon, Mrs E	EDFD	109	Bailey, Amanda*	ABVL	133
Avery, Chas*	LRNS	288	Bacon, Thos G**	EDFD	39	Bailey, Andrew J	CHTN	146
Avery, Cynthia*	LRNS	263	Bacot H H	DLTN	428	Bailey, B Margaret	GRVL	419
Avery, Dr E T	YORK	393	Bacot, Cyrus	DLTN	390	Bailey, Barr	ADSN	293
Avery, Edward	YORK	393	Bacot, Daniel D**	ADSN	253	Bailey, Benj Jr	MARN	50
Avery, Elizh	LRNS	278	Bacot, E L	DLTN	376	Bailey, Benjn	COTN	370
Avery, Elliott*	LRNS	297	Bacot, Elizabeth*	CHTN	436	Bailey, Bryant	RHLD	59
Avery, J W	YORK	368	Bacot, Julia**	CHTN	359	Bailey, C	MARN	61
Avery, Jos	LRNS	266	Bacot, Miss A W	CHTN	243	Bailey, C	MARN	28
Avery, L	CHTN	219	Bacot, P B	DLTN	381	Bailey, C F*	LRNS	225
Avery, Mary*	ADSN	192	Bacot, P S	DLTN	381	Bailey, Charles D	UNON	193
Avery, Matilda	LRNS	297	Bacot, P S A	DLTN	576	Bailey, Charles**	RHLD	41
Avery, Saml	LRNS	261	Bacot, R B	DLTN	446	Bailey, Christopher	COTN	279
Avery, Silas*	LRNS	300	Bacot, R R Sr	DLTN	405	Bailey, Clayton	MARN	128
Avinger, Augustus	ORBG	327	Bacot, R W	CHTN	240	Bailey, Constantine	COTN	321
Avinger, Calvin	ORBG	327	Bacot, W M	DLTN	374	Bailey, D	LRNS	286
Avinger, Daniel	ORBG	327	Bacrich, Albert*	GRVL	407	Bailey, Danel	LCTR	168
Avinger, Elizabeth*	ORBG	326	Badenhofe, H*	CHTN	264	Bailey, David	MARN	85
Avinger, James F*	CHTN	151	Badger, Benj M*	BNWL	503	Bailey, David	CHTN	104
Avinger, Laurence	ORBG	327	Badger, David E	CHTN	501	Bailey, David	SPBG	405
Avinger, P W	ORBG	326	Badger, Mary**	CHTR	506	Bailey, Duran	LCTR	165
Avinger, Pinckney	ORBG	329	Badgett, Thos	LRNS	332	Bailey, E B	COTN	279
Avinger, Thos	CHTN	460	Badoc, Nancy*	LRNS	308	Bailey, E C	COTN	322
Avinger, W	ORBG	325	Baggett, B H	CLDN	202	Bailey, E D	COTN	370
Axam, Wm*	CHFD	184	Baggett, J H	CHTN	205	Bailey, Ebe	SPBG	406
Axon, Ann	CHTN	243	Baggett, Jno	CLDN	221	Bailey, Edney*	ORBG	363
Axon, Charles H**	CHTN	221	Baggot, Elisha	LXTN	414	Bailey, Edward	NWBY	294
Axon, E R	ORBG	359	Baggot, J F	BNWL	493	Bailey, Elihah	UNON	192
Axon, George*	BNWL	480	Baggot, James*	BNWL	421	Bailey, Elijah	LRNS	307
Axon, W J**	CHTN	243	Baggott, John	LXTN	460	Bailey, Eliz A*	SPBG	316
Axon, Waren	CHTN	273	Baglay, Hollay*	CLDN	213	Bailey, Erwin	MARN	29
Axson, C H*	CHTN	103	Bagley, G L	FAFD	241	Bailey, G W	ORBG	366
Axson, James H	CHTN	151	Bagley, J A	FAFD	247	Bailey, Gaeb	MARN	29
Axson, John H	ORBG	366	Bagley, J S	FAFD	226	Bailey, George*	FAFD	278
Axson, John M	CHTN	150	Bagley, Jane	FAFD	254	Bailey, German	DLTN	391
Axson, Rev S E**	EDFD	81	Bagley, John	CHTN	243	Bailey, H J	GETN	310
Axson, Robert K	CHTN	150	Bagley, Nancy	CHTR	48	Bailey, H L	ORBG	393
Axson, Robert S	CHTN	150	Bagley, Thomas*	CHTR	50	Bailey, H M	LRNS	308
Axson, Thomas	ORBG	364	Bagnal, Jno B	CLDN	220	Bailey, Henry**	COTN	322
Axson, W A	ORBG	364	Bagnal, Jno C*	CLDN	213	Bailey, Hiram	PKNS	80
Aycock, B T	WMBG	363	Bagnall, Isaac	CLDN	225	Bailey, Isaac	BNWL	507
Ayecock, Fielding	ABVL	116	Bagnetta, Ann*	CHTN	482	Bailey, J D	KRSW	74
Ayer, F C	BNWL	341	Bagwell, Anderson	GRVL	433	Bailey, J H	NWBY	220
Ayer, Georga	COTN	281	Bagwell, Ann	LRNS	307	Bailey, J M	LCTR	171
Ayer, L M Sr	BNWL	383	Bagwell, Asberry*	LRNS	253	Bailey, J R	GRVL	356
Ayer, Sally Sr	FAFD	267	Bagwell, Barbary*	ADSN	291	Bailey, J S	GETN	315
Ayer, William H	BNWL	348	Bagwell, Darcus	SPBG	360	Bailey, Jackson	LCTR	162
Ayer, Zacheriah	BNWL	348	Bagwell, Eliza	ADSN	211	Bailey, James	SPBG	403
Ayers, A A*	YORK	390	Bagwell, Elizabeth*	SPBG	362	Bailey, James	RHLD	38
Ayers, A M	ADSN	154	Bagwell, Enoch	LRNS	254	Bailey, James	LCTR	210
Ayers, Daniel	CHTN	100	Bagwell, Enock*	LRNS	254	Bailey, James	ABVL	53
Ayers, Elizabeth*	ORBG	406	Bagwell, F	GRVL	425	Bailey, James E	LCTR	165
Ayers, Gabriel	ORBG	405	Bagwell, Fredrick*	ABVL	88	Bailey, James Sr	COTN	279
Ayers, James	BUFT	61	Bagwell, H J	SPBG	327	Bailey, James*	SPBG	311
Ayers, John J*	ORBG	347	Bagwell, Henderson	ADSN	170	Bailey, Jamima	LCTR	168
Ayers, Lewis M Jr	BNWL	403	Bagwell, Hiram J	SPBG	231	Bailey, Jane*	CHTR	35
Ayers, Mary	FAFD	223	Bagwell, J A S*	GRVL	426	Bailey, Jas a	ABVL	54
Ayers, Mary S A	COTN	360	Bagwell, J A S	GRVL	426	Bailey, Jas R	MARN	85
Ayers, Nathaniel	ADSN	166	Bagwell, James	ADSN	190	Bailey, Jas S	YORK	503
Ayers, Rev Wm	MARN	99	Bagwell, James W	SPBG	218	Bailey, Jeha	LCTR	158
Ayers, Thos W	MARN	99	Bagwell, Jane*	ADSN	291	Bailey, Jesse	UNON	194
Ayers, Wm B	BUFT	43	Bagwell, Jas	SPBG	215	Bailey, Jessee	EDFD	102
Ayres, Joseph	GRVL	470	Bagwell, Jas L	LRNS	252	Bailey, John	GRVL	449
Ayres, Simeon*	NWBY	232	Bagwell, Jasper	LRNS	255	Bailey, John	LRNS	312
Ayrick, Lee	FAFD	225	Bagwell, Jasper	LRNS	254	Bailey, John	CHTN	243
Azcock, James H	SMTR	111	Bagwell, John	GRVL	425	Bailey, John A	COTN	300
Babb, Abner	LRNS	271	Bagwell, John	ABVL	88	Bailey, John J	ABVL	127
Babb, Albert	LRNS	271	Bagwell, John J	SPBG	219	Bailey, John M*		

Name	Loc	Pg	Name	Loc	Pg	Name	Loc	Pg
Bailey, John*	GRVL	342	Bair, Valentine	ORBG	322	Baker, Peter	CHFD	153
Bailey, John	MARN	30	Baird, B	EDFD	116	Baker, R L	COTN	311
Bailey, John	MARN	30	Baird, Jas R	YORK	417	Baker, R L	CHTN	332
Bailey, John	LCTR	161	Baird, Jno W	CHTR	76	Baker, R S	CHTN	343
Bailey, John	COTN	279	Bais, Hanoria	ORBG	348	Baker, Rachel	LCTR	183
Bailey, John	ADSN	161	Bais, John	ORBG	348	Baker, Ralph W	SMTR	101
Bailey, John Sr	LCTR	166	Baity, R M	PKNS	59	Baker, Ralph W	SMTR	152
Bailey, Jonas	MARN	29	Baker, A	SMTR	131	Baker, Rebecca C	MARN	25
Bailey, Jordan	ADSN	272	Baker, A L	KRSW	117	Baker, Richard B	PKNS	134
Bailey, Joseph H	COTN	279	Baker, Addison	SMTR	130	Baker, S	CHFD	152
Bailey, Joseph G	UNON	197	Baker, Addison	SMTR	119	Baker, S C	HORY	26
Bailey, Judea	MARN	29	Baker, Alex	YORK	408	Baker, S Self	KRSW	126
Bailey, Julia E*	COTN	253	Baker, Alex	LCTR	183	Baker, S W**	CHTN	223
Bailey, K S	LCTR	161	Baker, Annis	MARN	25	Baker, Saml	EDFD	16
Bailey, Kenady	LCTR	214	Baker, Arter	LCTR	169	Baker, Saml S	ABVL	138
Bailey, Layton	MARN	26	Baker, B	WMBG	338	Baker, Serena*	KRSW	152
Bailey, Lewis	ADSN	271	Baker, B F	LCTR	163	Baker, Stephen	CHFD	149
Bailey, Louisa*	LRNS	230	Baker, Barbary	LCTR	197	Baker, T*	CHFD	188
Bailey, M H	COTN	320	Baker, Benjamin*	CHTN	203	Baker, Therdore G*	ABVL	138
Bailey, M S	LRNS	336	Baker, Betcy	YORK	389	Baker, Tho*	ABVL	112
Bailey, M W	LCTR	160	Baker, Binder*	NWBY	226	Baker, Thomas*	CHTN	295
Bailey, M W	COTN	370	Baker, C R	CLDN	235	Baker, Thomas*	CHFD	170
Bailey, Mary	GRVL	506	Baker, C Z*	SPBG	315	Baker, Thomas*	CHFD	164
Bailey, Mary H*	EDFD	63	Baker, Caroline*	LCTR	188	Baker, Thomas M	SMTR	181
Bailey, Mrs F	EDFD	102	Baker, Catharine	LXTN	393	Baker, Thos	MARN	117
Bailey, Nancy	MARN	68	Baker, Catherine	MARN	25	Baker, W B*	WMBG	322
Bailey, Naron*	HORY	40	Baker, Charles*	CHTN	380	Baker, W D	CHTN	146
Bailey, Osma	COTN	371	Baker, Chas	CHTN	361	Baker, W H	BNWL	346
Bailey, Pressley	SPBG	298	Baker, Cornelius*	CHTN	110	Baker, W H	LXTN	455
Bailey, R	LCTR	161	Baker, Daniel	HORY	32	Baker, W T W	CHTN	148
Bailey, R S	CHTN	101	Baker, Danl*	LRNS	233	Baker, Washn	CHFD	112
Bailey, R T	YORK	400	Baker, Darling	CHFD	165	Baker, William*	CHTN	379
Bailey, Rebecca	COTN	280	Baker, David	KRSW	121	Baker, William	LCTR	176
Bailey, Robert*	GRVL	333	Baker, E	BNWL	478	Baker, William D *	LCTR	152
Bailey, Robert	GRVL	446	Baker, E	CHTN	243	Baker, William R	PKNS	134
Bailey, S J	BNWL	446	Baker, E B	CHTN	331	Baker, Wm	LCTR	200
Bailey, S M	ADSN	158	Baker, E S	KRSW	126	Baker, Wm	KRSW	136
Bailey, S*	SPBG	259	Baker, E W	LCTR	176	Baker, Wm	LXTN	449
Bailey, S M	LRNS	308	Baker, Elizabeth	CHFD	103	Baker, Wm B	MARN	24
Bailey, Saml	BNWL	496	Baker, Emma*	KRSW	121	Baker, Wm M	SMTR	122
Bailey, Sarah*	ADSN	274	Baker, Ezekiel	DLTN	459	Baker, Wm McG	CHTR	39
Bailey, Sarah*	LRNS	308	Baker, Fisher Amos	ABVL	84	Bakham, Fredka	CHTN	187
Bailey, Sarah	SPBG	403	Baker, G W	EDFD	30	Bakill, John	UNON	295
Bailey, Smith	ADSN	293	Baker, George C*	LCTR	142	Balard, Elias P	ABVL	125
Bailey, Star H	RHLD	59	Baker, H J	LCTR	197	Balckez, Theodorea**	CHTN	445
Bailey, Susan G**	MARN	30	Baker, Harvey	SMTR	118	Baldin, Benjamin	UNON	198
Bailey, Theresa*	BNWL	496	Baker, Henry	LCTR	183	Baldwin, Berry	PKNS	32
Bailey, Thomas	UNON	193	Baker, Henry C**	CHTN	400	Baldwin, C*	CHTN	318
Bailey, Thomas	CHTR	53	Baker, Henry J*	SMTR	174	Baldwin, Charles	ADSN	305
Bailey, Thos	YORK	449	Baker, Henry*	WMBG	300	Baldwin, Cyrus H	RHLD	32
Bailey, Tobias	MARN	28	Baker, Isac	SMTR	143	Baldwin, D P*	BNWL	476
Bailey, Turner	UNON	261	Baker, J H	LRNS	221	Baldwin, Daniel	PKNS	114
Bailey, V M*	SPBG	315	Baker, J Jackson	HORY	26	Baldwin, David*	ADSN	309
Bailey, W A	YORK	428	Baker, J M	CLDN	239	Baldwin, Eli	GRVL	363
Bailey, W B	UNON	215	Baker, J T	HORY	33	Baldwin, Elijah	EDFD	46
Bailey, W C	COTN	371	Baker, J W	GRVL	364	Baldwin, Garrison	PKNS	4
Bailey, W G	LCTR	161	Baker, Jackson	SMTR	127	Baldwin, Henry	GRVL	497
Bailey, W M	BNWL	445	Baker, Jacob	CHTR	92	Baldwin, Isaac	PKNS	32
Bailey, William*	UNON	193	Baker, Jacob*	LXTN	375	Baldwin, James H**	RHLD	27
Bailey, William	COTN	280	Baker, Jacob L	PKNS	134	Baldwin, Jas	LRNS	267
Bailey, William C	GRVL	449	Baker, James	HORY	32	Baldwin, Jesse	BNWL	407
Bailey, Wm	MARN	55	Baker, James	HORY	25	Baldwin, John	BNWL	407
Bailey, Wm	COTN	312	Baker, Jane T	ABVL	10	Baldwin, John	UNON	201
Bailey, Wm	ADSN	161	Baker, Jas	CHTN	224	Baldwin, M L	ORBG	407
Bailey, Wm	SPBG	406	Baker, Jesse	MARN	100	Baldwin, P F	GRVL	490
Bailey, Wm	LRNS	305	Baker, Jessie	SMTR	109	Baldwin, S	LRNS	266
Bailey, Wm E	BUFT	70	Baker, Jessie H	SMTR	156	Baldwin, S B	LRNS	263
Bailey, Wm M	COTN	323	Baker, Jno	SMTR	105	Baldwin, S P	GRVL	350
Bailey, Zilpha*	MARN	29	Baker, Jno W	CLDN	230	Baldwin, Samuel	PKNS	31
Bailley, George	UNON	216	Baker, Joel	CHFD	120	Baldwin, Stepen	PKNS	33
Bailley, Jane	UNON	223	Baker, John	SMTR	132	Baldwin, Thomas H	ADSN	316
Bailley, Read	UNON	223	Baker, John*	SMTR	174	Baldwin, Vincent	LRNS	263
Bails, Margaret	ORBG	395	Baker, John J J	LXTN	393	Baldwin, W A	GRVL	374
Baily, A G*	CHTN	318	Baker, John M	BUFT	12	Baldwin, W W	GRVL	374
Baily, Albert	ORBG	359	Baker, John*	CHTN	142	Baldwin, Wesley*	ADSN	300
Baily, Colson	RHLD	62	Baker, John	HORY	33	Baldwin, Wm	LRNS	267
Baily, Elizh	LRNS	227	Baker, John	CHTN	435	Bale, James*	CHTN	263
Baily, Hampten	UNON	245	Baker, John P	HORY	33	Bale, John	CHTN	287
Baily, J B	UNON	225	Baker, John T	BUFT	8	Balenger, Edward	PKNS	91
Baily, J N	UNON	190	Baker, Joseph	NWBY	244	Balenger, Wm	PKNS	91
Baily, James	UNON	225	Baker, Joseph	MARN	112	Balentine, Jno	LRNS	257
Baily, Johnatham*	UNON	225	Baker, Joseph	LCTR	191	Balentine, Richard E	PKNS	161
Baily, L W	LCTR	162	Baker, Joseph T	ABVL	118	Balentine, William C*	PKNS	176
Baily, Margaret*	UNON	240	Baker, Lemuel M	PKNS	134	Bales, Eli	YORK	398
Baily, Thos*	LRNS	227	Baker, Letta	LCTR	213	Bales, Mary*	YORK	401
Baily, William	UNON	251	Baker, Lewis	LCTR	177	Bales, Mary J*	YORK	397
Baily, William	UNON	240	Baker, Lewis	KRSW	93	Bales, Nancy	YORK	397
Baily, William	UNON	223	Baker, Lovedy	MARN	92	Bales, Nancy	LCTR	157
Baily, William*	ABVL	55	Baker, M L**	GRVL	351	Bales, Wm A	YORK	397
Bain, Charlotte	SPBG	393	Baker, Malsey	KRSW	128	Balew, Alston	GRVL	389
Bain, Jordan	CHFD	99	Baker, Margaret	CHFD	124	Balew, Daniel	GRVL	398
Bain, Sarah	GRVL	517	Baker, Margaret	ADSN	238	Balew, Daniel	GRVL	389
Bain, William	EDFD	47	Baker, Margret	LCTR	197	Balew, Elizabeth	GRVL	391
Bainard, Amelia*	CHTN	190	Baker, Martha	CHFD	160	Balew, Ewell	GRVL	389
Bainard, Sally*	CHTN	190	Baker, Marthew	CHFD	110	Balew, Franklin	GRVL	392
Baine, David	GRVL	380	Baker, Mary*	GETN	294	Balew, George	GRVL	384
Baine, N*	CHTN	100	Baker, Mary	CLDN	239	Balew, Isaac	GRVL	384
Bains, Sarah	CHTN	423	Baker, Mary	MARN	47	Balew, Jacob	GRVL	508
Bair, Amos	ORBG	334	Baker, Mary A	HORY	26	Balew, Lucinda	GRVL	386
Bair, Jacob	ORBG	322	Baker, Mary Ann	BUFT	3	Balew, Matthew	GRVL	388
Bair, John*	ORBG	375	Baker, Michael	NWBY	244	Balew, Reason*	GRVL	443
Bair, John	ORBG	334	Baker, Miley	CHTN	304	Balew, Reuben	GRVL	392
Bair, Joshua	ORBG	341	Baker, Morgan	SMTR	127	Baley, Ann	CHTN	434
Bair, R C*	ORBG	321	Baker, Mrs A	CHTN	243	Baley, Lousinda*	LCTR	168
Bair, R F*	ORBG	314	Baker, Neal	MARN	92	Baley, Mrs E	EDFD	88
Bair, Samuel	ORBG	375	Baker, Newton	SMTR	122	Baley, Wm R	LCTR	169

Baliers, Danel	BNWL	380	Bambuy, Philopena	BNWL	340	Barber, John	YORK	510
Balinger, Mahaly	PKNS	69	Bamey, Henry*	GRVL	457	Barber, Joseph L*	CHTN	365
Balk, H	CHTN	259	Bamfield, James	RHLD	57	Barber, Julia*	ORBG	332
Balk, Theodore*	CHTN	259	Ban, Samuel C*	NWBY	256	Barber, Louis*	CHTN	253
Balke, Henry*	CHTN	393	Bancroft, J Jr	CHTN	328	Barber, M M	FAFD	254
Balker, W P	CHFD	112	Bandaham, Lou	SMTR	171	Barber, Margaret	YORK	508
Balkum, John	ADSN	194	Bandy, Jas	MARN	61	Barber, Mary Ann	ORBG	317
Balkum, Nicholas	ADSN	189	Bane, Jno**	CHTN	350	Barber, Mary J**	CHTR	54
Ball, B W	LRNS	221	Bane, Texanna C*	NWBY	256	Barber, Miss*	CHTN	320
Ball, Caroline	CHTN	419	Banenger, Mary	PKNS	90	Barber, N C	FAFD	246
Ball, Elise C	CHTN	293	Banes, Morgan	CHTR	58	Barber, Noah	MARN	116
Ball, Elizh**	LRNS	297	Banester, Thomas	ABVL	109	Barber, O	CHTR	91
Ball, H	LRNS	272	Banfield, L	CHTN	332	Barber, Ras**	ORBG	319
Ball, H	LRNS	238	Bangle, J H	NWBY	294	Barber, Richard**	CHTN	139
Ball, H H	LRNS	272	Banion, Wm	BNWL	425	Barber, Robert	UNON	287
Ball, Hannah	LRNS	273	Banister, Alta**	ORBG	337	Barber, Ruth	BUFT	69
Ball, John	YORK	403	Banister, James	ADSN	208	Barber, Ruth	BUFT	54
Ball, L G*	LRNS	222	Banister, Madison	ADSN	209	Barber, S*	FAFD	208
Ball, M L	CHTN	161	Banister, Peter	CHTN	139	Barber, Sarah	YORK	473
Ball, Minniard	ADSN	308	Banister, R	ORBG	327	Barber, Thomas	CHTR	54
Ball, Miss E*	CHTN	346	Banister, Rolly	ADSN	206	Barber, Turner	YORK	473
Ball, R S	CHTN	160	Banister, Rolly	ADSN	198	Barber, Wm	MARN	116
Ball, Reuben G	LRNS	302	Banister, Stephen	CHTN	180	Barber, Wm G	CHTR	45
Ball, William	CHTN	199	Banister, Wm	ADSN	206	Barberding, H	CHTN	314
Ball, Wm*	CHTN	312	Bankhead, J D**	ABVL	120	Barbor, Daniel G	CHTR	55
Ball, E N	CHTN	357	Bankhead, James	FAFD	217	Barbot, Mrs C	CHTN	221
Ballager, M S*	SPBG	366	Bankhead, Matthew	YORK	450	Barbot, P J	CHTN	363
Ballantine, Catharine*	CHTN	388	Bankhead, William	UNON	283	Barbour, J G*	SPBG	308
Ballantine, Wm	LRNS	253	Banks, A O	LXTN	435	Barbry, Benjamin	GRVL	450
Ballard, C C	LCTR	209	Banks, Barba**	DLTN	446	Barbry, James	GRVL	332
Ballard, Henry	GRVL	354	Banks, Bekie	KRSW	130	Barbry, Squire	GRVL	332
Ballard, Hugh**	GRVL	325	Banks, Charles*	LXTN	420	Barbry, Washington	GRVL	331
Ballard, James	LCTR	162	Banks, Christopher*	RHLD	57	Barbusse, Godfrey	CHTN	409
Ballard, Jane*	GRVL	418	Banks, Daphua**	ABVL	93	Barby, Squire	GRVL	332
Ballard, Jno W	CLDN	201	Banks, Darcus	FAFD	279	Barclay, John W	PKNS	155
Ballard, John R	CLDN	201	Banks, Drucilla	NWBY	218	Barclay, William R	RHLD	84
Ballard, L	GRVL	457	Banks, Elias	ABVL	109	Barcley, Ella S*	CHTN	421
Ballard, S D	LCTR	172	Banks, Elizb	ABVL	5	Barden, John	EDFD	98
Ballard, Solomon	SPBG	265	Banks, F M*	MARN	10	Barefield, Afred	FAFD	233
Ballard, Thos*	CHTR	73	Banks, G L	EDFD	175	Barefield, Charles	RHLD	75
Ballard, Thos P	LCTR	172	Banks, Geo	EDFD	95	Barefield, J	KRSW	98
Ballard, Unity	CLDN	199	Banks, George	EDFD	75	Barefield, S	KRSW	77
Ballenger, Dillingham	SPBG	417	Banks, George W	PKNS	143	Barefield, W	FAFD	238
Ballenger, E W	SPBG	428	Banks, H R	CHTN	343	Barefoot, Celia A	RHLD	66
Ballenger, Elizabeth	SPBG	399	Banks, Harriet	EDFD	184	Barefoot, Eliza**	KRSW	138
Ballenger, James A	PKNS	131	Banks, Henry	CHTR	37	Barefoot, Julia*	RHLD	7
Ballenger, John R*	SPBG	411	Banks, Henry H*	RHLD	48	Barefoot, Lun	KRSW	130
Ballenger, Jolley	SPBG	419	Banks, J W**	EDFD	184	Barefoot, Miles P	DLTN	467
Ballenger, Peyton	SPBG	413	Banks, James*	FAFD	205	Barefoot, Sion	KRSW	138
Ballenger, Pleasant	SPBG	330	Banks, James	ABVL	5	Barencan, Wm	CLDN	229
Ballenger, Tinsley	GRVL	509	Banks, Jas W*	ABVL	16	Barentine, A H	MRBO	151
Ballenger, W B**	SPBG	410	Banks, Joe*	EDFD	107	Barentine, Emely**	MRBO	189
Ballenger, Wm	SPBG	398	Banks, Julius	EDFD	164	Barentine, M*	EDFD	196
Ballentine, Adaline	CHTN	150	Banks, M L	COTN	266	Barentine, Mrs S D**	MRBO	146
Ballentine, Allen	LXTN	385	Banks, Miles	PKNS	115	Barentine, Peter	MRBO	194
Ballentine, E	CHTN	138	Banks, Orr*	ABVL	16	Barenton, Rebecca	MRBO	158
Ballentine, Eliza*	CHTN	138	Banks, Pleasant	ABVL	16	Baret, Jas	ADSN	232
Ballentine, Eliza*	CHTN	137	Banks, Ransom	PKNS	186	Barfield, Ann**	CLDN	218
Ballentine, F D	NWBY	255	Banks, Ransom P	PKNS	186	Barfield, Ben*	CLDN	242
Ballentine, G B	LXTN	385	Banks, Sarah*	KRSW	134	Barfield, Benet	MARN	103
Ballentine, Geo	LXTN	409	Banks, Susan	PKNS	143	Barfield, Benjamin H	CHTN	453
Ballentine, Geo W*	LXTN	408	Banks, Thomas	EDFD	183	Barfield, C*	CLDN	230
Ballentine, George*	CHTN	138	Banks, Thos	KRSW	93	Barfield, Dan	MRBO	162
Ballentine, George	ADSN	189	Banks, Thos	KRSW	101	Barfield, David	LCTR	203
Ballentine, George	CHTN	166	Banks, Thos	FAFD	218	Barfield, G W	CLDN	222
Ballentine, Isaac	CHTN	150	Banks, Thos Brook*	CHTN	310	Barfield, Harvy	CLDN	229
Ballentine, Jesse	ADSN	166	Banks, Virginia*	CHTN	360	Barfield, J C	MARN	38
Ballentine, Jno L	ABVL	143	Banks, W W	EDFD	94	Barfield, J K	GETN	302
Ballentine, John	BNWL	477	Banks, William	ABVL	5	Barfield, James**	DLTN	468
Ballentine, John	CHTN	123	Banks, Wm	YORK	388	Barfield, Jas H	CLDN	221
Ballentine, John	LXTN	385	Banks, Wm	CHTR	45	Barfield, John	LCTR	198
Ballentine, Joshua	CHTN	150	Banks, Wm A	FAFD	280	Barfield, L D	CLDN	227
Ballentine, L A**	LXTN	409	Bankston, Amanda*	SPBG	265	Barfield, Leonora J*	SMTR	133
Ballentine, Lidia	CHTN	126	Banni, Jacob	CHTN	246	Barfield, Levis*	CHFD	152
Ballentine, Mary*	CHTN	138	Bannon, Owen	CHTN	396	Barfield, M	SMTR	120
Ballentine, Patsy*	ADSN	185	Bannon, Patrick	CHTN	404	Barfield, Mary	SMTR	183
Ballentine, Rulany	CHTN	151	Banon, Samuel O	BNWL	427	Barfield, Miles	SMTR	133
Ballentine, S J	LXTN	385	Banoneaw, E	GETN	312	Barfield, Morgan	DLTN	457
Ballentine, Saml*	CHTN	138	Banoneaw, J P	GETN	292	Barfield, Peter	CHFD	103
Ballentine, Saml**	CHTN	136	Banonton, Austin	EDFD	38	Barfield, Richd	MARN	31
Ballentine, T E	LRNS	227	Banonton, Wade	EDFD	38	Barfield, Robert**	SMTR	122
Ballentine, W P	LXTN	385	Banows, Geo*	CHTN	341	Barfield, Sarah**	COTN	279
Ballentine, William	CHTN	166	Banton, J P*	WMBG	338	Barfield, Susan**	CHFD	155
Ballentine, Wm Jr	LXTN	410	Baptist, James*	CHTN	408	Barfield, T E	CLDN	218
Ballentine, Wm Sr	LXTN	385	Baptista, Felix**	CHTN	410	Barfield, W A	CLDN	212
Ballerd, Franklin M*	SMTR	124	Bar, Samuel	PKNS	157	Barfield, William	MRBO	179
Ballerd, John F	SMTR	158	Baraday, Thomas**	CHTN	287	Barfield, William	MRBO	179
Ballerd, Wm	SMTR	149	Barber, Ann	FAFD	244	Barfield, Wm	CLDN	178
Ballern, C J*	SPBG	420	Barber, Ann	BNWL	455	Bargan, John**	CHTN	507
Ballew, James S*	RHLD	27	Barber, Ann	ORBG	316	Barge, William	ORBG	318
Balley, R C	FAFD	251	Barber, Anna	BNWL	456	Barges, S H*	CHTN	243
Ballin, M*	HORY	57	Barber, Benj	COTN	313	Barin, Chals*	CHTN	514
Ballinger, Henry M	SPBG	245	Barber, Elisabeth*	BNWL	386	Barinan, Geo	CHTN	321
Ballinger, J C	SPBG	413	Barber, Elizabeth	CHTR	56	Barinean, B L	WMBG	321
Ballinger, Joel	SPBG	323	Barber, Emanuel*	ORBG	316	Barinean, B L	WMBG	300
Ballinger, Larkin	SPBG	245	Barber, G J	FAFD	246	Barinean, E	WMBG	304
Ballinger, Wm W	SPBG	245	Barber, George	YORK	510	Barinean, F E*	WMBG	319
Ballington, James	LXTN	355	Barber, George*	BNWL	456	Barinean, G	WMBG	303
Ballor, John	SPBG	270	Barber, George*	ORBG	321	Barinean, G W	WMBG	303
Ballot, F G	CHTN	378	Barber, Jacob	ORBG	321	Barinean, Henry*	WMBG	305
Baltzeggar, Catharine	ORBG	370	Barber, James	FAFD	254	Barinean, W J	WMBG	322
Baltzeggar, John	ORBG	372	Barber, James F	YORK	456	Baring, Diana**	CHTN	444
Baltzeggar, Moses	ORBG	370	Barber, James G	YORK	476	Baring, Joseph	CHTN	321
Baltzeggar, Uriah	ORBG	370	Barber, James W	ORBG	308	Baring, L*	COTN	319
Baly, Bedford*	CHTN	434	Barber, Jane	YORK	510	Barins, Marra*	CHTN	514
Bambuy, Genji W	BNWL	310	Barber, John F*	YORK	446	Barkaloo, William*	ABVL	20
Bambuy, J L	BNWL	340	Barber, John**	ORBG	306	Barker, A*	LRNS	302

Name	Loc	Pg	Name	Loc	Pg	Name	Loc	Pg	Name	Loc	Pg
Barker, B G	HORY	2	Barnes, G H	CHTR	11	Barnett, M C	SPBG	318
Barker, Chas	SPBG	371	Barnes, G W**	KRSW	78	Barnett, M R	WMBG	318
Barker, Elizabeth	CHTN	343	Barnes, G W	KRSW	134	Barnett, Mary*	ADSN	262
Barker, Ellen*	BNWL	484	Barnes, Gideon	BNWL	483	Barnett, Mary**	LXTN	386
Barker, G W	GRVL	442	Barnes, H	KRSW	85	Barnett, Mary	PKNS	142
Barker, Harleston	PKNS	48	Barnes, H A	KRSW	135	Barnett, Merida	GRVL	367
Barker, J H	BNWL	492	Barnes, H R	DLTN	380	Barnett, Miss E*	CHTN	355
Barker, J T	KRSW	99	Barnes, Harriet	BUFT	80	Barnett, N**	CHTN	327
Barker, James M	PKNS	44	Barnes, Henry*	DLTN	408	Barnett, Robt**	CHTN	335
Barker, John	FAFD	235	Barnes, J	ORBG	369	Barnett, T J	EDFD	134
Barker, John Sr	FAFD	213	Barnes, J F*	BNWL	481	Barnett, Thomas	GRVL	466
Barker, John**	LXTN	452	Barnes, J L	EDFD	163	Barnett, Thomas	PKNS	142
Barker, Joseph	BNWL	482	Barnes, J Thomas	BUFT	97	Barnett, Thos	GRVL	428
Barker, Joshua	PKNS	7	Barnes, Jacob	CHTN	163	Barnett, Thos G	SPBG	321
Barker, Mary	PKNS	47	Barnes, Jacob J	DLTN	451	Barnett, William	GRVL	391
Barker, Mary	PKNS	43	Barnes, James	SMTR	98	Barnett, William	SPBG	227
Barker, Owen W	BNWL	481	Barnes, James	ABVL	123	Barnett, Wm *	CHFD	189
Barker, Permelia*	BNWL	484	Barnes, James F	ABVL	111	Barnett, Wm P	SPBG	247
Barker, S G	CHTN	327	Barnes, Jane*	CHTR	38	Barnette, Benjamin	ADSN	188
Barker, S W	CHTN	158	Barnes, Joel	GETN	298	Barnette, Thomas	CHTR	6
Barker, Thinny**	HORY	2	Barnes, John	YORK	383	Barnhill, Alexr	HORY	1
Barker, Thos	SPBG	411	Barnes, John	BUFT	86	Barnhill, Daniel	HORY	57
Barker, W D	PKNS	43	Barnes, John	BUFT	41	Barnhill, Elizabeth*	HORY	40
Barker, W E**	BNWL	491	Barnes, Jos M**	CHTR	74	Barnhill, Isaac	HORY	41
Barker, W F	BNWL	498	Barnes, L	CHTR	74	Barnhill, James	HORY	18
Barker, W R	BNWL	481	Barnes, M A	KRSW	112	Barnhill, John	HORY	40
Barker, William H	PKNS	160	Barnes, M E*	RHLD	22	Barnhill, Josiah	HORY	39
Barker, Winny	LCTR	160	Barnes, Martha M*	DLTN	426	Barnhill, S	HORY	41
Barker, Wm*	BNWL	450	Barnes, Mary T*	LCTR	160	Barnhill, S D	HORY	30
Barker, Wm	SPBG	399	Barnes, Milly	ABVL	114	Barnhill, W T*	HORY	35
Barker, Wm R	PKNS	79	Barnes, Oliver B	BUFT	77	Barnhill, Winneford	HORY	19
Barker, Z W	SPBG	404	Barnes, Owen W	COTN	262	Barnick, John	RHLD	88
Barklay, B J**	CLDN	223	Barnes, Randol*	COTN	263	Barnnett, L M	SPBG	405
Barkley, Harriot	SMTR	183	Barnes, Robert	CHTR	63	Barns, Cath C*	BUFT	8
Barkley, Henry	GRVL	414	Barnes, Samuel T	SMTR	163	Barns, Darling	BNWL	340
Barkley, Henry R*	SMTR	169	Barnes, Sarah E**	BUFT	19	Barns, Elizabeth**	ABVL	106
Barkley, Margaret	FAFD	204	Barnes, Sarah*	GETN	298	Barns, James R	CLDN	221
Barkley, Mary	ADSN	182	Barnes, Sherod	SMTR	99	Barns, John	PKNS	88
Barkley, Richerd B	SMTR	168	Barnes, Simpson	SMTR	98	Barns, John O	YORK	407
Barkley, Saml G	FAFD	204	Barnes, Tabitha	SMTR	99	Barns, Jousha	ABVL	108
Barkley, Sarah	FAFD	251	Barnes, W C*	KRSW	131	Barns, Mary M	BNWL	360
Barkley, William**	RHLD	32	Barnes, William	EDFD	160	Barns, Saml	YORK	389
Barkley, Wm M	CHFD	144	Barnes, William*	UNON	288	Barns, Wiley*	GRVL	466
Barkley, Wm Sr	SMTR	183	Barnes, William	BNWL	360	Barnwell, A Smith	BUFT	40
Barkly, Josiah M	ADSN	164	Barnes, William G	BUFT	78	Barnwell, Elisa	CHTN	301
Barkly, Sarah*	ADSN	165	Barnes, Wm M*	BUFT	81	Barnwell, Gabriel H**	RHLD	52
Barksdale, Aaron*	GRVL	401	Barnes, Wm Ranson	BUFT	78	Barnwell, Hannah	CHTN	191
Barksdale, Alfred	LRNS	284	Barnes, Z V	ABVL	115	Barnwell, J L	CHTN	352
Barksdale, Allan	LRNS	289	Barnes, Zilpha A*	MARN	124	Barnwell, J N	YORK	243
Barksdale, Allen*	GRVL	404	Barnet, A A	YORK	418	Barnwell, Jas	YORK	429
Barksdale, Beverly	LRNS	297	Barnet, Alle	UNON	215	Barnwell, John G	BUFT	1
Barksdale, Cora*	GRVL	413	Barnet, Amzi	YORK	419	Barnwell, Martha	BUFT	13
Barksdale, Dale	ABVL	95	Barnet, Benjn	ADSN	172	Barnwell, Mrs Cath	BUFT	12
Barksdale, Downes**	LRNS	288	Barnet, Carry*	UNON	210	Barnwell, Mrs Jno G Sr	BUFT	12
Barksdale, Elizh**	LRNS	324	Barnet, Charles	UNON	214	Barnwell, Nathaniel H*	RHLD	51
Barksdale, H	LRNS	318	Barnet, D J	ADSN	167	Barnwell, Robt W	RHLD	52
Barksdale, J A	LRNS	224	Barnet, Danl	LRNS	324	Barnwell, Robt W	BUFT	5
Barksdale, Jno	LRNS	284	Barnet, David	RHLD	30	Barnwell, Robt**	YORK	418
Barksdale, Miss C*	NWBY	301	Barnet, Elisha*	CHTN	146	Barnwell, Rosetta**	CHTN	394
Barksdale, Mrs Chloe	ABVL	20	Barnet, Emeline	YORK	418	Barnwell, Sarah	CHTN	440
Barksdale, Mrs T*	CHTN	243	Barnet, Giles	UNON	211	Barnwell, Sarah	CHTN	302
Barksdale, Mrs T	CHTN	243	Barnet, Isaac	ADSN	286	Barnwell, Sarah C	BUFT	14
Barksdale, Nathan*	LRNS	288	Barnet, J J*	YORK	406	Barnwell, Sarah G	BUFT	13
Barksdale, Natl	LRNS	289	Barnet, Jane	UNON	215	Barnwell, Thos**	CHTN	209
Barksdale, Richd*	LRNS	347	Barnet, Jas A	YORK	414	Barnwell, Thos G	BUFT	7
Barksdale, Saml	LRNS	318	Barnet, Joel	YORK	393	Barnwell, Thos O	DUFT	7
Barksdale, Saml	LRNS	281	Barnet, John	UNON	249	Barnwell, Wesley*	LXTN	452
Barksdale, Thos*	ABVL	40	Barnet, John*	CHTN	146	Barnwell, Wm	CHTN	203
Barksdale, Wm	LRNS	338	Barnet, John	CHTN	181	Baron, Archibald	YORK	405
Barlett, Joseph A*	RHLD	28	Barnet, Joshua	CHTN	181	Baron, Miss E	CHTN	355
Barlett, R W	CLDN	192	Barnet, L*	UNON	240	Barr, Bartlett	DLTN	473
Barley, Susan**	MARN	25	Barnet, Marinda	ADSN	255	Barr, Ben F*	RHLD	48
Barlkew, John*	SPBG	312	Barnet, Martha*	CHTN	147	Barr, Caroline	CHTN	500
Barlow, Michael	CHTN	448	Barnet, Mary*	UNON	243	Barr, Danl T	LXTN	391
Barlow, Mr*	CHTN	314	Barnet, Mary*	CHTN	147	Barr, G D	ADSN	330
Darlow, Sarah*	CHTN	389	Barnet, Nancy*	RHLD	54	Barr, George	WMBG	335
Barmer, Wm	MRBO	202	Barnet, R G	YORK	392	Barr, Henry P	LXTN	420
Barmore, Larkin	ABVL	141	Barnet, S	UNON	215	Barr, J F	LCTR	159
Barmore, Sarah	ABVL	140	Barnet, T	UNON	212	Barr, J W	EDFD	59
Barmore, Wm E	ABVL	143	Barnet, Thomas	UNON	252	Barr, Jacob	LXTN	434
Barnaby, William*	RHLD	45	Barnet, Thomas**	PKNS	178	Barr, James	LCTR	145
Barnadore, Jacob	FAFD	260	Barnet, Warren*	UNON	214	Barr, James	CHTN	498
Barnadore, Jonathan	FAFD	272	Barnet, Wm S	YORK	412	Barr, James M	LXTN	420
Barnard, M*	SPBG	259	Barnet, Z	UNON	214	Barr, Jas W**	DLTN	460
Barne, H	CHTN	182	Barnett, Amelia	CHTN	402	Barr, John M	ADSN	325
Barnell, August*	ABVL	25	Barnett, Benj	SPBG	227	Barr, Leroy	ADSN	232
Barnes, A	UNON	279	Barnett, Benjamin J	SMTR	141	Barr, Margaret	WMBG	349
Barnes, A L	KRSW	111	Barnett, Cordelia*	GRVL	405	Barr, Mary	DLTN	385
Barnes, Amarillis*	SPBG	316	Barnett, David	GRVL	360	Barr, Mathias	NWBY	305
Barnes, Amos	KRSW	112	Barnett, Elijah	GRVL	466	Barr, Michael	LXTN	420
Barnes, Andrew J	RHLD	19	Barnett, Elizabeth	GRVL	398	Barr, P H	NWBY	260
Barnes, B	MARN	60	Barnett, Elizabeth	SPBG	321	Barr, Rebecca	ABVL	120
Barnes, C O	ABVL	111	Barnett, Fair R	GRVL	391	Barr, Robert	DLTN	377
Barnes, C V	ABVL	112	Barnett, Farebee	GRVL	467	Barr, Saml**	CHTN	186
Barnes, Caleb	CHTR	58	Barnett, J E	GRVL	360	Barr, W C	WMBG	335
Barnes, Clem R*	BUFT	83	Barnett, J R	GRVL	391	Barr, W F	ADSN	257
Barnes, David	KRSW	88	Barnett, James	SPBG	310	Barr, Wm J	LXTN	468
Barnes, Dixon	LCTR	162	Barnett, James	LRNS	259	Barratt, Gunnells	SPBG	419
Barnes, Edward	SMTR	169	Barnett, Jas	SPBG	321	Barratta, E*	CHTN	369
Barnes, Edwin	KRSW	111	Barnett, Jefferson M	SPBG	321	Barremean, W L*	WMBG	335
Barnes, Eliz*	DLTN	408	Barnett, Jessie	SPBG	321	Barren, Jane	YORK	372
Barnes, Elizabeth	UNON	197	Barnett, Jno J*	LRNS	236	Barrentine, Charlotte*	MARN	23
Barnes, Elizabeth*	BUFT	77	Barnett, John L	SPBG	321	Barrentine, Lucy	MARN	23
Barnes, Emily	BNWL	496	Barnett, Jos T	BUFT	11	Barrentine, Nelson	MARN	16
Barnes, F E*	BNWL	453	Barnett, Joseph	SPBG	239	Barret, Jacob	PKNS	191
Barnes, Franklin	UNON	195	Barnett, M C	SPBG	321			

Name	Loc	Pg	Name	Loc	Pg	Name	Loc	Pg
Barret, John*	BNWL	485	Bartels, Wm A*	BNWL	486	Barze, Daniel	ORBG	381
Barret, Mary	PKNS	124	Barter, B A	SPBG	405	Barze, David	ORBG	381
Barret, Charles	ADSN	233	Barter, John	SPBG	406	Barze, Mary**	ORBG	384
Barrett, A C	SMTR	159	Barter, M	SPBG	405	Bas, Spencer	WMBG	342
Barrett, Alice	SMTR	159	Barter, Mrs L	EDFD	85	Basar, Margaret**	EDFD	30
Barrett, B J	CLDN	246	Barter, W B	EDFD	83	Bascomb, Wally	CHTN	434
Barrett, B J	SMTR	122	Barter, Willis	SPBG	405	Basel, J W J	LCTR	163
Barrett, Benj	LXTN	382	Barth, F S	GETN	285	Basel, John M	BNWL	340
Barrett, Colbert	PKNS	154	Bartill, William A*	BNWL	347	Basely, Caharn	BNWL	406
Barrett, D E	CLDN	226	Bartin, Elizar	ORBG	384	Bash, H*	KRSW	132
Barrett, F**	CHTN	253	Bartless, Wm	CHTN	473	Basil, Sarah*	RHLD	50
Barrett, Frances	PKNS	148	Bartless, Wm H	CHTN	140	Basin, Eliz	MARN	124
Barrett, Henry W	ABVL	5	Bartlet, Emma P	SMTR	99	Basinger, George*	BNWL	351
Barrett, Jacob	CHTN	477	Bartlett, F L	SMTR	182	Baskin, Andrew G	RHLD	25
Barrett, James	CHTN	159	Bartlett, Hiram	CHTN	433	Baskin, Dr Jas T	ABVL	111
Barrett, James	SMTR	179	Bartlett, James	CLDN	192	Baskin, James H	ABVL	157
Barrett, Jno G	ABVL	68	Bartlett, Leonora	SMTR	155	Baskin, Jas W	RHLD	86
Barrett, John	LXTN	382	Bartlett, Rosalee**	BNWL	456	Baskin, Jno G*	ABVL	24
Barrett, Joseph	ADSN	327	Bartley, Andrew	EDFD	165	Baskin, Stewart W	ABVL	134
Barrett, Martha*	ABVL	26	Bartley, Charles*	CHTN	254	Baskin, Thomas	RHLD	81
Barrett, Martin	PKNS	133	Bartley, E H	ADSN	310	Baskin, William P*	RHLD	51
Barrett, Mary	PKNS	157	Bartley, E N	EDFD	58	Baskins, C J	KRSW	64
Barrett, Mary	PKNS	135	Bartley, Edward	MARN	30	Baskins, Catherine**	CHTR	64
Barrett, Nancy	SPBG	240	Bartley, Elizah*	GRVL	406	Baskins, James	LCTR	206
Barrett, Oliver	GRVL	507	Bartley, H T	EDFD	154	Baskins, R*	KRSW	97
Barrett, Peter	CHTN	253	Bartley, N L	EDFD	38	Baskins, Rosanna**	CHTR	65
Barrett, Rachel J	CHTN	457	Bartley, Rosa	HORY	60	Baskins, W J	LCTR	204
Barrett, Ruthy	PKNS	157	Bartley, T H	EDFD	154	Baskins, W W	LCTR	206
Barrett, Sarah**	LRNS	259	Bartley, Thomas	EDFD	154	Basmore, Sarah	ABVL	140
Barrett, Sophia	LXTN	382	Bartley, Wm	HORY	60	Bass, A*	RHLD	22
Barrett, Temperance	SMTR	166	Barton, Agnes	RHLD	62	Bass, Alexander	ABVL	60
Barrett, W P	SPBG	203	Barton, Agness H	LCTR	161	Bass, Amelia	ABVL	70
Barrett, William*	CHTN	255	Barton, Alpha	PKNS	112	Bass, Archd	BUFT	78
Barrie, J G	BNWL	491	Barton, Anna*	RHLD	24	Bass, Bob	MARN	50
Barrigan, Jane*	CHTN	356	Barton, Anthony G**	CHTN	413	Bass, C	COTN	350
Barrigan, Jno	CHTN	344	Barton, Asberry	PKNS	156	Bass, Calvin*	CHFD	122
Barrigan, Johanna*	CHTN	199	Barton, Ben	EDFD	49	Bass, Caroline	CHTN	500
Barrigan, Philip*	CHTN	199	Barton, Burgess**	EDFD	4	Bass, Cely	CHFD	170
Barrinean, C R*	WMBG	334	Barton, Celia	EDFD	29	Bass, Charles	SMTR	182
Barrinean, D	WMBG	316	Barton, D B	LCTR	164	Bass, D L	MARN	85
Barrinean, J E	WMBG	315	Barton, David	GRVL	326	Bass, Dick	CHFD	130
Barrinean, J T*	WMBG	316	Barton, Donald	ORBG	347	Bass, Eli	YORK	466
Barrinean, Mary*	WMBG	331	Barton, Donald R	ORBG	347	Bass, Eli	KRSW	80
Barrinean, S*	WMBG	317	Barton, E H	PKNS	49	Bass, Elizabeth*	KRSW	78
Barrintine, Peter	CHFD	106	Barton, Elizabeth	GRVL	340	Bass, Elizabeth**	MARN	41
Barrister, J M	CHFD	107	Barton, Emma	SMTR	111	Bass, H E*	CHTN	316
Barrlett, C H	BNWL	461	Barton, Francis	CHTN	246	Bass, H H*	CHTN	499
Barrnett, Wm	SPBG	425	Barton, Franklin	GRVL	390	Bass, H L	MARN	67
Barroe, Ann*	CHTN	376	Barton, G W	ORBG	384	Bass, Henry*	CHFD	109
Barron, D W	YORK	407	Barton, H M	PKNS	86	Bass, J W	SPBG	356
Barron, Dr A	YORK	365	Barton, Hannah*	PKNS	81	Bass, Jacob	MRBO	207
Barron, Greenhill O	BNWL	425	Barton, J M	LCTR	161	Bass, James*	CHTR	24
Barron, J P*	SMTR	122	Barton, James M	LCTR	164	Bass, Jane	CHFD	173
Barron, J T	PKNS	8	Barton, Jane W*	RHLD	46	Bass, Jas*	KRSW	80
Barron, Jamison*	ADSN	183	Barton, Jane	PKNS	126	Bass, Jas W	MARN	23
Barron, John Jr	YORK	390	Barton, Jared	EDFD	49	Bass, Jno*	CHFD	186
Barron, John Sr	YORK	390	Barton, Jefferson	GRVL	379	Bass, Jno*	DLTN	375
Barron, Joseph	CHTN	377	Barton, Jno	LRNS	288	Bass, John	MARN	88
Barron, Paul	CHTN	400	Barton, John	GRVL	441	Bass, John	MARN	100
Barron, W A	YORK	391	Barton, Joseph	GRVL	504	Bass, John	CHFD	104
Barron, W A*	PKNS	49	Barton, Joseph	GRVL	325	Bass, John C	MARN	67
Barron, W J**	WMBG	320	Barton, Joseph Jr	GRVL	508	Bass, John*	LRNS	221
Barrot, Jim	BNWL	434	Barton, Josephine*	CHTN	251	Bass, Jos D	MARN	15
Barrott, Louisa*	CHTN	104	Barton, Katy	BNWL	434	Bass, Josiah*	KRSW	130
Barrow, Abram	MRBO	144	Barton, L	EDFD	101	Bass, Josiah	DLTN	470
Barrow, David	CHTN	259	Barton, M	CHTN	298	Bass, Josiah	FAFD	242
Barrow, E	CHTN	307	Barton, Millington	GRVL	504	Bass, L**	DLTN	377
Barrow, Jno*	DLTN	373	Barton, Mrs M	EDFD	14	Bass, Lucy	MRBO	160
Barrow, Neighbor	CLDN	227	Barton, OHarrow	GRVL	397	Bass, M A	MARN	18
Barrow, Wiley	CLDN	227	Barton, P S	PKNS	72	Bass, Martha M*	BUFT	78
Barrows, Clestia*	RHLD	93	Barton, Pickens*	EDFD	76	Bass, Mary	MARN	38
Barrows, Julius	CHTN	163	Barton, Rebecca	GRVL	468	Bass, Mary M	FAFD	231
Barrs, Harriet*	LXTN	471	Barton, Robt	CHTN	363	Bass, Mary A	MARN	49
Barrs, Henry	LXTN	357	Barton, Rufus	GRVL	390	Bass, Mary Ann*	CHTN	436
Barrs, Jack	COTN	299	Barton, S J*	ORBG	341	Bass, Mary*	MRBO	160
Barrs, James	LXTN	358	Barton, Sarah	PKNS	47	Bass, Mary*	CHFD	106
Barrs, Lewis	LXTN	358	Barton, Shapleigh	GRVL	508	Bass, Mrs Mary	ABVL	60
Barrs, Patsy	LXTN	412	Barton, Shurly*	EDFD	97	Bass, Nancy	MRBO	203
Barrs, Sarah	LXTN	471	Barton, Thomas	GRVL	509	Bass, Sallie*	MRBO	143
Barry, Andrew	SPBG	336	Barton, Thos*	EDFD	36	Bass, Sarah*	CHTN	326
Barry, B B	COTN	350	Barton, Tim	EDFD	10	Bass, Selia	MRBO	149
Barry, Chas A	SPBG	336	Barton, W F	ORBG	334	Bass, Stephen	SPBG	356
Barry, E A S	YORK	391	Barton, W M	LCTR	203	Bass, T R	MARN	57
Barry, Ellen	CHTN	388	Barton, W M	LCTR	164	Bass, William*	BUFT	82
Barry, James	CHTN	366	Barton, William	GRVL	507	Bass, Wm	CHFD	104
Barry, James	COTN	350	Barton, William	GRVL	468	Basset, George**	EDFD	34
Barry, James**	CHTN	286	Barton, William	BNWL	415	Basset, Lazarus T	BNWL	485
Barry, John*	SPBG	396	Barton, William	PKNS	79	Basset, Mahala	BNWL	485
Barry, Mary*	LRNS	225	Barton, Wm	EDFD	98	Basset, Richard	BNWL	350
Barry, Richard**	RHLD	11	Barton, Wm	CHFD	103	Bassett, Eliza	BNWL	491
Barry, Wm R	YORK	472	Barton, Wm H	ORBG	384	Bassett, J M	EDFD	82
Barsh, Fred H	ORBG	346	Bartow, OHarrow	GRVL	390	Bassett, Oran	CHTN	330
Barsh, W*	ORBG	509	Barttell, Marsells**	CHTN	442	Bassett, Robert*	CHTN	480
Barson, C F	BNWL	425	Baruch, H**	KRSW	132	Baston, C B**	EDFD	105
Barson, L S	BNWL	425	Barur, Herman	CHTN	210	Baswell, J A	KRSW	134
Bart, C	CHTN	323	Barwick, Doctor*	ABVL	35	Batce, Clanden	ABVL	116
Bart, Chas*	CHTN	323	Barwick, G W***	CLDN	194	Batcher, Saml	ABVL	147
Bartee, Mrs Mary	EDFD	46	Barwick, James	ABVL	34	Batcher, Saml T	ABVL	146
Bartel, Lewis	EDFD	20	Barwick, James M	CLDN	200	Bateman, B*	EDFD	85
Bartell, Cora	MARN	125	Barwick, Jno	ABVL	38	Bateman, Briant	SMTR	99
Bartell, Hampton	MARN	124	Barwick, Jno	ABVL	53	Bateman, Charles D	CHTN	420
Bartell, Jasper	MARN	125	Barwick, Marten	CLDN	201	Bateman, E H	SMTR	165
Bartell, Louis	MARN	124	Barwick, Mary*	ABVL	35	Bateman, Francis*	SMTR	99
Bartell, Peter	MARN	124	Barwick, Newton L	CLDN	201	Bateman, James	DLTN	464
Bartell, Selvester	MARN	124	Barze, Benjamin	ORBG	381	Bateman, Jno	CLDN	191
Bartell, Wm	MARN	58				Bateman, John D	RHLD	13

Name	Loc	Pg	Name	Loc	Pg	Name	Loc	Pg
Bateman, Thos	DLTN	423	Batts, Jno G	ABVL	150	Bayne, James*	CHTN	384
Bates, A B	BNWL	406	Batts, Nancy	ABVL	100	Bayne, John	YORK	403
Bates, A D	EDFD	178	Batts, Thomas	ABVL	151	Bayne, William*	GRVL	403
Bates, A J	BNWL	439	Baty, John M	LCTR	216	Bayron, John	GRVL	362
Bates, Aaron	PKNS	28	Bauchman, Arch	LXTN	368	Baysen, Thomas	UNON	195
Bates, Agnes*	CHTN	189	Bauchman, John**	LXTN	439	Bazel, Charles	BNWL	344
Bates, Alba*	BNWL	427	Baugh, Abram	EDFD	90	Bazzel, Stephen	COTN	255
Bates, Chesley	BNWL	407	Baugh, Amacy*	EDFD	90	Beach, Abraham	COTN	308
Bates, Clark	COTN	257	Baugh, Mrs H	EDFD	67	Beach, Bedon	COTN	308
Bates, Daniel*	ADSN	278	Baugh, William	RHLD	30	Beach, Clancey S	COTN	307
Bates, David K	YORK	380	Baughman Hary	BNWL	442	Beach, Dianna	ORBG	408
Bates, E E*	RHLD	21	Baughman, Andrew J**	BNWL	397	Beach, E M	CHTN	221
Bates, Edmund**	CHTN	212	Baughman, H W	LXTN	459	Beach, Eli	LCTR	217
Bates, Elbert	BNWL	471	Baughman, Hardy**	BNWL	447	Beach, Hugh	GETN	294
Bates, Elisha*	ADSN	265	Baughman, Henry	LXTN	440	Beach, John	COTN	308
Bates, Elizabeth	UNON	218	Baughman, J A	BNWL	442	Beach, John H	BNWL	390
Bates, G B	UNON	210	Baughman, J H**	BNWL	451	Beach, Joseph	COTN	305
Bates, G W	DLTN	393	Baughman, J M	BNWL	442	Beach, Lewis	COTN	252
Bates, Gen B F	SPBG	225	Baughman, J W	LXTN	423	Beach, Lewis Jr	COTN	305
Bates, Greenway	GRVL	378	Baughman, John	ABVL	32	Beach, Westly	COTN	308
Bates, H E*	FAFD	220	Baughman, John	LXTN	459	Beacham, David S	ABVL	86
Bates, Harriet	GRVL	377	Baughman, Michael	BNWL	443	Beacham, John*	SPBG	347
Bates, J	YORK	381	Baughman, Mrs S	EDFD	95	Beacham, Thos J	ABVL	139
Bates, J S	BNWL	439	Baughman, S A	BNWL	442	Beacham, William	GRVL	408
Bates, James**	GETN	294	Baughman, W	BNWL	442	Beachum, Elihu	SPBG	385
Bates, James	BNWL	406	Baughman, Wm	LXTN	459	Beachum, Perry	SPBG	385
Bates, James	SPBG	232	Baukman, Francis M**	RHLD	35	Beaden, Eleanor	SPBG	371
Bates, James C	RHLD	84	Baum, E	HORY	57	Beader, John	UNON	213
Bates, James W	BNWL	480	Baum, H	KRSW	131	Beadle, H	LRNS	298
Bates, Jane	GRVL	468	Baum, M*	CHTR	72	Beadle, J B**	LRNS	347
Bates, Jas W	GRVL	379	Baumgardel, J C	PKNS	34	Beadle, R T	LRNS	299
Bates, John	GRVL	377	Bauranm, P	EDFD	170	Beagles, Elijah	ABVL	15
Bates, John	ORBG	367	Bauskett, John	RHLD	9	Beaks, W S	EDFD	78
Bates, John	RHLD	94	Baxler, Andrew	YORK	410	Beal, Andrew	SMTR	119
Bates, John	BNWL	441	Baxler, John	ORBG	407	Bealer, C J	BUFT	42
Bates, John	SPBG	379	Baxley, B H	BNWL	473	Bealer, G B	DLTN	375
Bates, Joseph	RHLD	86	Baxley, Barnabas	MARN	133	Bealer, Henrietta	BUFT	26
Bates, Joseph A	PKNS	121	Baxley, Daniel	GETN	299	Bealer, O Porter	BUFT	24
Bates, Joseph E	GRVL	468	Baxley, E	WMBG	327	Beam, Elizabeth	ADSN	209
Bates, Josiah	GRVL	511	Baxley, Henry S	BNWL	396	Beam, J W G	CLDN	197
Bates, Leonard	UNON	218	Baxley, J R	GETN	318	Beam, Jesse	CHTR	31
Bates, M A	BNWL	448	Baxley, J W	WMBG	327	Beam, Jesse	NWBY	280
Bates, Maria*	CHTN	189	Baxley, John	MARN	133	Beam, Jno	CHTR	30
Bates, Mary*	CHTN	107	Baxley, John D	BNWL	372	Beam, Kate*	NWBY	284
Bates, Mary	PKNS	175	Baxley, L D	WMBG	330	Beam, Peter	YORK	370
Bates, Moses	SPBG	388	Baxley, Martha	MARN	136	Beam, Rauben	GRVL	423
Bates, Mrs M	EDFD	29	Baxley, N D	KRSW	134	Beam, Rhoda	CHTR	21
Bates, Needham	BNWL	407	Baxley, O W	WMBG	327	Beam, Samuel	UNON	295
Bates, Noah	BNWL	388	Baxley, Patric	BNWL	451	Beam, Turner	CHTR	27
Bates, Noama	ADSN	279	Baxley, Philip	BNWL	490	Beamer, Eliza Lee	CHTN	423
Bates, Orlando B*	NWBY	297	Baxley, Rebecca	BNWL	396	Beamer, Jane	CHTN	419
Bates, Orlando Z	RHLD	10	Baxley, Reddin	CHTN	147	Beamer, Jno*	EDFD	36
Bates, P	SPBG	343	Baxley, Solomon	MARN	133	Beamer, Sarah	CHTN	423
Bates, Patsey*	SPBG	379	Baxley, W	WMBG	327	Beamguard, A	YORK	434
Bates, Perry	GRVL	435	Baxley, W J	WMBG	329	Beamguard, J H	YORK	430
Bates, Pinkney	SPBG	363	Baxley, William	MARN	133	Beamguard, J W	YORK	430
Bates, R R	BNWL	406	Baxley, William C	BNWL	370	Beamguard, S C	YORK	382
Bates, R W	ORBG	331	Baxley, Williamson	MARN	22	Beampley, William	ADSN	289
Bates, Robert*	RHLD	56	Baxley, Willis	MARN	133	Bean, James	EDFD	54
Bates, Shelvey	PKNS	175	Baxter, A C	ORBG	321	Bean, Jane	YORK	473
Bates, T S	EDFD	179	Baxter, A G	GETN	287	Bean, John	FAFD	268
Bates, Thadeus	YORK	380	Baxter, A H	ORBG	346	Beans, Daniel	ORBG	366
Bates, Thomas	UNON	231	Baxter, Amos	CHTN	468	Beans, Lewis	EDFD	120
Bates, Thomas	BNWL	434	Baxter, D P	COTN	348	Bear, B*	KRSW	132
Bates, Thomas	GRVL	379	Baxter, Daniel H	ORBG	343	Bear, Henry**	CHTN	517
Bates, Thomas	PKNS	180	Baxter, Danl P	CHTN	140	Beard, A F	CLDN	240
Bates, Thos	GETN	299	Baxter, E E**	CHTN	499	Beard, A M	YORK	371
Bates, V	ORBG	367	Baxter, Francis	ORBG	350	Beard, Barnwell	COTN	305
Bates, W J	CHTN	144	Baxter, James	ORBG	344	Beard, C S	SPBG	329
Bates, W P	BNWL	448	Baxter, James M	NWBY	295	Beard, C W*	COTN	286
Bates, W T	BNWL	433	Baxter, John T	ORBG	344	Beard, Caroline A**	RHLD	73
Bates, William	GRVL	340	Baxter, John W	LXTN	463	Beard, Carwile	NWBY	288
Bates, William	GRVL	504	Baxter, Joseph	BNWL	351	Beard, Clementine*	BUFT	84
Bates, William	BNWL	388	Baxter, Maria*	ORBG	344	Beard, Cresia**	BUFT	83
Bates, WilliamH*	NWBY	297	Baxter, Marion	YORK	405	Beard, Daniel*	SMTR	176
Bates, Williams	GRVL	487	Baxter, Samuel	ORBG	374	Beard, Elisabeth*	BNWL	345
Bates, Wm B*	ABVL	26	Baxter, Simon	YORK	383	Beard, Elizabeth**	KRSW	129
Bates, Z J	SPBG	317	Baxter, Susan*	CHTN	470	Beard, G W	BNWL	344
Batey, Mrs Dorinda	ABVL	43	Baxter, Thomas*	RHLD	48	Beard, H D	BNWL	344
Batey, W H	ORBG	388	Baxter, Wm	LRNS	237	Beard, Henry	RHLD	13
Bath, Ann	GETN	31	Bay, E H*	CHTN	435	Beard, Henry	ABVL	72
Bath, Thos	GETN	317	Bay, Gracia	CHTN	188	Beard, Henry	NWBY	249
Bathaney, John	UNON	213	Bay, Mary W	COTN	356	Beard, J M	FAFD	216
Bathens, Saml	PKNS	79	Baya, H*	CHTN	316	Beard, James	ADSN	273
Batson, Abner	GRVL	470	Bayan, R*	CHTN	248	Beard, James L	RHLD	76
Batson, Absolom	GRVL	513	Bayler, Jacob**	CHTN	155	Beard, Jarusha	BNWL	345
Batson, Alfred J	GRVL	473	Bayler, John	CHTN	165	Beard, Joel A	FAFD	219
Batson, Aquilla	GRVL	510	Bayler, Lewis	CHTN	165	Beard, John	ADSN	273
Batson, Asbel	GRVL	461	Bayler, Vainwright	CHTN	153	Beard, John	RHLD	36
Batson, B F	GRVL	348	Bayler, Wm	YORK	464	Beard, John	BNWL	398
Batson, David	CLDN	235	Bayles, Charles	YORK	398	Beard, John	BNWL	344
Batson, E	GRVL	472	Bayless, James	PKNS	4	Beard, Joseph	CLDN	240
Batson, H Y	GRVL	511	Baylis, Reuben*	GRVL	452	Beard, Nancy	ABVL	115
Batson, Hezekiah	GRVL	473	Baynard, A C	BUFT	13	Beard, Peter	COTN	329
Batson, John	GRVL	436	Baynard, Annie M*	CHTN	116	Beard, Rachel	CHTN	488
Batson, John W	GRVL	474	Baynard, E M	COTN	359	Beard, S Henry	ABVL	22
Batson, L H	GRVL	331	Baynard, Ed M	COTN	322	Beard, Samuel	RHLD	25
Batson, Lewis	GRVL	469	Baynard, Ephraim	BUFT	16	Beard, Spencer	NWBY	249
Batson, Mary E*	GRVL	474	Baynard, G A	COTN	359	Beard, Thomas	BNWL	345
Batson, Milus	GRVL	471	Baynard, Joseph S	BUFT	20	Beard, Thos*	CHTN	312
Batson, Moses	GRVL	513	Baynard, Josephine A	BUFT	22	Beard, W F**	LRNS	221
Batson, Nathan	GRVL	436	Baynard, Marth I	BUFT	6	Beard, William*	FAFD	250
Batson, Smith	GRVL	513	Baynard, T A	COTN	322	Beard, William	YORK	503
Batson, Zion*	GRVL	468	Baynard, Thos S	BUFT	2	Beard, Wm	CLDN	240
Battl, Elisha	CHFD	110	Baynard, W G	CHTN	360	Bearden, Alvin*	SPBG	340
Battl, Stephen	CHFD	103				Bearden, B D	UNON	253

Name	Loc	Pg	Name	Loc	Pg	Name	Loc	Pg
Bearden, Craften	PKNS	86	Beaty, Thos W	HORY	57	Bedsil, Jesse	UNON	193
Bearden, David T	LRNS	234	Beaty, W J	UNON	266	Bee, Benjamin C	CHTN	433
Bearden, E*	UNON	270	Beausy, Joshua	CHTN	270	Bee, James R	CHTN	394
Bearden, Eben	SPBG	324	Beaver, Anderson	LCTR	176	Bee, Jas M	CHTN	363
Bearden, Elias	LRNS	304	Beaver, Levi*	LCTR	180	Bee, John J	CHTN	493
Bearden, G W	LRNS	336	Beaver, Mary	DLTN	380	Bee, John S	CHTN	388
Bearden, Giles	SPBG	341	Beaver, Wm*	CHFD	163	Bee, Julia**	CHTN	416
Bearden, J C	SPBG	326	Beazeal, J M*	EDFD	120	Bee, M F*	CHTN	483
Bearden, James	SPBG	340	Beazley, Richard C	ABVL	102	Bee, Mary	CHTN	220
Bearden, Joseph	PKNS	99	Beazley, Vascom*	ABVL	102	Bee, Mary D	CHTN	358
Bearden, Rhoda	SPBG	332	Beburn, Hezekiah G	SMTR	147	Bee, Mary S	CHTN	448
Bearden, T M	LRNS	338	Becaise, Charles	CHTN	279	Bee, R R*	CHTN	243
Bearden, William	PKNS	103	Becaise, John	CHTN	472	Bee, Robt R	CHTN	219
Bearden, Winn	SPBG	339	Becham, Ruben*	LCTR	165	Bee, William J	CHTN	490
Beardon, Betsey*	ABVL	93	Bechtler, Christopher	SPBG	303	Beech, Nicholas	COTN	267
Beardon, Edwin*	LRNS	236	Beck, C M**	DLTN	410	Beecher, Chs F*	CHTN	205
Beardon, John*	ABVL	93	Beck, Charles	RHLD	23	Beekin, David*	CHFD	158
Beardon, Travis	ABVL	13	Beck, Elijah J	BNWL	397	Beeks, F	LRNS	264
Bears, Eliza*	CHTN	501	Beck, G A	BNWL	470	Beene, Anne	KRSW	127
Bearson, David	SPBG	391	Beck, J S	CLDN	215	Beesley, John*	COTN	344
Beaseley, Jas J	CHTN	216	Beck, Jacob	BNWL	399	Beesley, Matison*	EDFD	125
Beasley, ----------	MRBO	181	Beck, James	PKNS	11	Begg, James*	GRVL	404
Beasley, Absm Jr	DLTN	422	Beck, Jas K**	DLTN	475	Beggs, Cloa	GRVL	417
Beasley, Absm Sr	DLTN	422	Beck, Jedediah J *	BUFT	28	Beggs, Thomas	RHLD	19
Beasley, Allston	PKNS	113	Beck, Jeptha	PKNS	65	Beggs, Thos	BNWL	440
Beasley, B	LRNS	354	Beck, Laura E**	BUFT	25	Begley, John	CHTN	227
Beasley, B C	LRNS	316	Beck, Lucy**	BNWL	395	Beham, Mary*	ORBG	409
Beasley, Clark	LRNS	351	Beck, M*	SPBG	259	Behan, Thomas	CHTN	506
Beasley, Elijah	DLTN	407	Beck, Marion**	FAFD	201	Behela, Elizabeth**	YORK	483
Beasley, Eliz	DLTN	410	Beck, Marion	PKNS	10	Behling, E C	BNWL	357
Beasley, Elizabeth*	CHTR	29	Beck, Moses R	BNWL	397	Behling, E F	BUFT	6
Beasley, Henry	ABVL	93	Beck, Noah	BNWL	402	Behling, Henry	COTN	338
Beasley, Ivey	DLTN	422	Beck, Sarah	BNWL	450	Behn, Philip H	BUFT	25
Beasley, J J	DLTN	407	Beck, T	PKNS	11	Behn, Thomas S	BUFT	27
Beasley, Jackson	ABVL	17	Beck, William C	BNWL	398	Behnge, Joseph*	CHTN	199
Beasley, James	ABVL	17	Beck, Wm	DLTN	382	Behnge, Thos*	CHTN	199
Beasley, Jesse	DLTN	464	Becker, Wm	CHTN	351	Behr, John*	CHTN	374
Beasley, John*	CHTN	257	Becket, Ashley	BUFT	53	Behre, F G	COTN	253
Beasley, John	CHTN	241	Becket, Charles*	BUFT	52	Behrens, J*	CHTN	317
Beasley, Mary*	ABVL	17	Becket, Jackson	BUFT	52	Behrens, Louis	CHTN	285
Beasley, Mary	DLTN	410	Becket, Jemima	BUFT	52	Behrins, Julia*	CHTN	427
Beasley, Matthew	DLTN	463	Becket, Jeremiah	BUFT	54	Beildt, D	CHTN	346
Beasley, Mrs Ellen	CHTN	242	Becket, John	BUFT	53	Beiley, Andrew W	NWBY	278
Beasley, R	DLTN	377	Becket, M B	COTN	322	Beiley, Jno A	NWBY	288
Beasley, R	DLTN	409	Becket, Molly	CHFD	114	Beithers, H*	CHTN	305
Beasley, Robt	BNWL	496	Becket, Reuben	BUFT	53	Belcer, Gordon*	WMBG	299
Beasley, Sam	ABVL	5	Becket, Tarlton*	BUFT	52	Belcer, Gorgon*	WMBG	299
Beasley, Simpson	DLTN	406	Becket, William**	BUFT	52	Belcher, Edward*	ADSN	157
Beasley, Stephen	DLTN	409	Becket, William	BUFT	72	Belcher, Frances*	SPBG	225
Beasley, T P	EDFD	131	Beckett, T A	COTN	322	Belcher, Fredrick	SPBG	198
Beasley, Wm E	DLTN	410	Beckham, B S	LCTR	179	Belcher, Geo	SPBG	199
Beasly, Franklin	ABVL	55	Beckham, C O H	CHTR	80	Belcher, Henry	SPBG	223
Beasly, Jesse*	ABVL	126	Beckham, Columbus**	LCTR	167	Belcher, Henry C*	ABVL	36
Beasly, Martha*	MRBO	211	Beckham, Duran	LCTR	167	Belcher, Henry C*	ABVL	2
Beasly, Mary*	MRBO	161	Beckham, Elisabeth*	LCTR	162	Belcher, Isaac	SPBG	211
Beasly, Nancy	ABVL	56	Beckham, Elizabeth*	LXTN	451	Belcher, J Clinton*	ABVL	28
Beason, John	SPBG	382	Beckham, F M	SMTR	163	Belcher, Jas M	ABVL	35
Beeson, King**	CHFD	115	Beckham, James*	YORK	428	Belcher, Jas M*	ABVL	2
Beatenboy, Freelove	UNON	211	Beckham, Jane E	LCTR	212	Belcher, Jesse	SPBG	197
Beatenboy, Joseph	UNON	211	Beckham, John*	RHLD	84	Belcher, Jno H*	ABVL	60
Beatey, Samuel	UNON	209	Beckham, Martha*	RHLD	14	Belcher, John	SPBG	209
Beatie, Helena*	CHTN	445	Beckham, Mary A	YORK	461	Belcher, Joseph	SPBG	199
Beatie, J M*	LCTR	203	Beckham, N M	CHFD	160	Belcher, Manning	ADSN	221
Beaton, David	CLDN	235	Beckham, R S*	LCTR	212	Belcher, Mary A*	ABVL	60
Beatson, Danl	CLDN	192	Beckham, Rebecca*	LCTR	160	Belcher, Mike L*	RHLD	56
Beatson, Martha L	SMTR	167	Beckham, Richard	LCTR	167	Belcher, Nancy E*	ADSN	257
Beattenboy, John J	UNON	211	Beckham, Salina	CHTR	62	Belcher, Preston	ADSN	156
Beattie, Benj*	MARN	10	Beckham, Theodore E**	CHTR	80	Belcher, R C	SPBG	402
Beattie, Joseph*	CHTN	398	Beckham, William	RHLD	15	Belcher, Rebecca*	ABVL	101
Beattie, Margaret*	CHTN	398	Beckham, Willis	FAFD	210	Belcher, Robert	SPBG	210
Beattie, Richard*	CHTN	398	Beckman, A E	GETN	286	Belcher, Robt	SPBG	430
Beattie, T F	GRVL	505	Beckman, Christian	CHTN	414	Belcher, Robt	SPBG	330
Beattie, W I	MRBO	148	Beckman, Eliza**	CHTN	336	Belcher, Sarah J	CHTN	211
Beatty, James	CHTR	45	Beckman, J H	BNWL	457	Belcher, Warren P*	ABVL	60
Beatty, John	LXTN	454	Beckman, Jane S*	CHTN	400	Belcher, William W	ABVL	120
Beaty, A	FAFD	253	Beckman, John C	CHTN	392	Belcher, Wm	SPBG	244
Beaty, Andrew	YORK	401	Beckman, S*	FAFD	211	Belcher, Wm H*	ABVL	60
Beaty, B F	ADSN	229	Beckman, W J	FAFD	229	Belcher, Wm W*	ABVL	47
Beaty, Benjamin L*	RHLD	51	Beckman, William W	CHTN	420	Beldon, A J	LCTR	218
Beaty, Col*	UNON	285	Beckman, William*	CHTN	503	Belen, Charlotte*	GETN	321
Beaty, Col Wm C	YORK	370	Beckmann, Oswell**	CHTN	286	Beleu, John H**	RHLD	52
Beaty, David	ADSN	224	Becknel, Davner	UNON	216	Belew, Elizabeth	UNON	235
Beaty, Elizabeth	GETN	284	Becknel, John	UNON	217	Belew, John	UNON	227
Beaty, J*	CHTN	319	Becknell, William	UNON	216	Belew, Noah	UNON	228
Beaty, J C	HORY	46	Becknell, Joseph D	PKNS	161	Belew, Samuel	YORK	398
Beaty, J M	HORY	3	Becks, Danl	LRNS	250	Belew, Thomas	UNON	228
Beaty, James	HORY	37	Becks, Wm	LRNS	250	Belew, Thomas	UNON	227
Beaty, James S	HORY	9	Beckwith, L B	RHLD	80	Belflowers, Wm	MARN	64
Beaty, Jane	HORY	9	Beckwith, Lawrence B*	RHLD	51	Belherst, Ernest*	CHTN	257
Beaty, Jesse	UNON	187	Becnel, G W	UNON	216	Belin, Alleara H	CHTN	243
Beaty, John H	HORY	3	Beco, A	GRVL	406	Belin, C	WMBG	326
Beaty, John R	HORY	57	Bedell, Allen**	RHLD	44	Belin, Cleland Jr	MARN	122
Beaty, John W	ADSN	229	Bedell, Charles A	RHLD	28	Belin, Jacob H	MARN	122
Beaty, Joseph R*	ADSN	220	Bedenbaugh, A J	NWBY	255	Belin, James F	MARN	122
Beaty, Martha	UNON	210	Bedenbaugh, J A	EDFD	172	Belinger, Jane**	CHTN	314
Beaty, Martha A R	HORY	55	Bedford, Alex**	CHTN	206	Belinger, Lucious	BNWL	360
Beaty, Robert	UNON	186	Bedford, John	MARN	112	Belitzer, J	CHTN	312
Beaty, Robt	YORK	506	Beding, Chritian	CHTN	518	Belk, A N W	LCTR	152
Beaty, Robt M*	YORK	413	Bedingfield, Hamelton	GRVL	440	Belk, Calvan	LCTR	146
Beaty, Samuel S*	HORY	57	Bedon, J H	CHTN	131	Belk, Castus	SMTR	96
Beaty, Sarah	ADSN	251	Bedon, Lavinia*	CHTN	342	Belk, D D A	LCTR	174
Beaty, Susan*	CHTN	251	Bedon, Lucia*	CHTN	342	Belk, Ezra	SMTR	149
Beaty, Thos*	ADSN	251	Bedon, Mrs Jane*	COTN	331	Belk, H L	LCTR	162
Beaty, Thos E***	FAFD	254	Bedon, R S	COTN	331	Belk, H R W	LCTR	162
Beaty, Thos S	HORY	16	Bedon, Thos A	LRNS	280	Belk, Henry	LCTR	198
Beaty, Thos S	HORY	9	Bedow, J D	CHTN	131	Belk, Henry A	SMTR	146

Name	Loc	Pg	Name	Loc	Pg	Name	Loc	Pg	Name	Loc	Pg
Belk, J M D	LCTR	174	Bell, Noble P	ABVL	132	Bemmett, James S K	COTN	331
Belk, J T K	LCTR	216	Bell, Permelia	BNWL	388	Bemon, Van	UNON	271
Belk, Jane P*	LCTR	182	Bell, Permelia*	YORK	496	Bemur, Thos	BUFT	35
Belk, Jefferson	LCTR	142	Bell, Preston	BNWL	394	Benanhaile, Isabella	SMTR	150
Belk, John M	LCTR	177	Bell, Rachel*	CHTN	327	Benanhaile, Jocey	SMTR	149
Belk, John M	LCTR	187	Bell, Renty*	BUFT	22	Benanhaile, Mary O	SMTR	149
Belk, John W	LCTR	197	Bell, Rob W	DLTN	453	Benbow, John	GETN	311
Belk, John W	LCTR	178	Bell, Robert	EDFD	132	Benbow, M M	CLDN	205
Belk, L J	LCTR	144	Bell, Robert**	CHTR	47	Benbow, P G	CLDN	206
Belk, Milly *	LCTR	177	Bell, Robert	YORK	396	Benbow, Tabitha	SMTR	117
Belk, Nancy *	LCTR	174	Bell, Robt F	ABVL	132	Benbow, W W	CLDN	205
Belk, Robt	LCTR	145	Bell, Robt W	SMTR	123	Bench, Charles*	CHTN	425
Belk, Thomas M	LCTR	147	Bell, Saml	BNWL	477	Bench, J W*	CHTN	261
Belk, W L	LCTR	146	Bell, Saml*	YORK	407	Bendenbaugh, Abm	NWBY	222
Belk, William	LCTR	186	Bell, Saml	HORY	57	Bendenbaugh, J	NWBY	221
Bell, A J	YORK	458	Bell, Saml	COTN	328	Bendenbaugh, J A	NWBY	253
Bell, Abner*	LCTR	212	Bell, Saml	CHTN	221	Bendenbaugh, J B	NWBY	220
Bell, Allen T	ABVL	78	Bell, Samuel	BNWL	401	Bendenbaugh, J*	NWBY	222
Bell, C B*	DLTN	386	Bell, Sarah R	CLDN	212	Bendenbaugh, John	NWBY	228
Bell, Charles	BNWL	389	Bell, Sarah*	ADSN	182	Bendenbaugh, Jos	NWBY	220
Bell, Charles	CHTR	30	Bell, Sarah	ABVL	45	Bendenbaugh, L**	NWBY	222
Bell, Charlotte*	CHTN	354	Bell, T R	FAFD	256	Bendenbaugh, Pinck	NWBY	222
Bell, Chas	BUFT	12	Bell, Theo A	BUFT	6	Bendenbaugh, Polly	NWBY	221
Bell, Chas M	ABVL	98	Bell, Thos	YORK	495	Bendenbaugh, Simeon	NWBY	218
Bell, Conway*	KRSW	131	Bell, Thos G	YORK	373	Bendenbaugh, W	NWBY	221
Bell, D A J	EDFD	142	Bell, W E	LCTR	173	Bendenbaugh, Wm	NWBY	224
Bell, D R	COTN	345	Bell, W Jackson	SMTR	119	Bendenbaugh, Wm J	CHTN	261
Bell, Daniel	BNWL	391	Bell, W T	KRSW	74	Benedict, A*	CHTN	261
Bell, David	CHTN	398	Bell, W W	DLTN	409	Benedict, F*	SMTR	150
Bell, Ebenezer	ABVL	132	Bell, Wesley W	DLTN	424	Benenhaile, Ferdinand	SMTR	149
Bell, Eliza	SMTR	181	Bell, William	CHTN	397	Benenhaile, Sarah	YORK	427
Bell, Elizabeth	GRVL	413	Bell, Wm	CHTN	120	Benet, Andrew	YORK	382
Bell, Elizb	ABVL	133	Bell, Wm	HORY	33	Benet, Elizabeth	YORK	405
Bell, Ellen*	YORK	365	Bell, Wm	SPBG	392	Benet, Gincy	BNWL	363
Bell, Ernest A*	RHLD	51	Bell, Wm	LRNS	310	Benett W C	BNWL	449
Bell, Eva*	CHTN	168	Bell, Wm J	DLTN	452	Benett, Elizbeth	BNWL	363
Bell, Frederick*	PKNS	35	Bell, Wm M	ABVL	112	Benett, James M	YORK	368
Bell, Fredk	ABVL	150	Bell,----	SPBG	313	Benfield, Marcus*	YORK	416
Bell, G	EDFD	187	Bellame, Seth	HORY	67	Benfield, Noah	CHTN	199
Bell, G W	LCTR	172	Bellamy, Lorenzo D	HORY	64	Benford, Mary*	CHTN	346
Bell, George	COTN	347	Bellamy, Margaret**	HORY	63	Benge, Charles	SPBG	307
Bell, George S	PKNS	18	Bellemy, W G	HORY	17	Benings, A W	COTN	330
Bell, Giles	GRVL	358	Bellflowers, Jesse	GETN	319	Benjamin, Alfred A**	CHTN	361
Bell, Henry**	EDFD	59	Bellflowers, John	MARN	64	Benjamin, H J**	LRNS	352
Bell, Henry	DLTN	454	Bellinger, A	GRVL	348	Benjamin, J D	LRNS	324
Bell, Henry	CHTN	140	Bellinger, Calvin	GRVL	398	Benjamin, John	WMBG	301
Bell, Hollon*	CHTN	327	Bellinger, Columgia**	BNWL	467	Benjamin, Laura*	LRNS	316
Bell, J T	LCTR	173	Bellinger, Cotsworth*	RHLD	54	Benjamin, M	LRNS	353
Bell, J W	EDFD	56	Bellinger, D**	COTN	249	Benjamin, Matt	LRNS	307
Bell, Jacob	RHLD	23	Bellinger, E E	COTN	250	Benjamin, Saml	LRNS	352
Bell, James	RHLD	79	Bellinger, Elijah	GRVL	447	Benjamin, Wm*	BUFT	10
Bell, James	CHTN	511	Bellinger, Emmily**	CHTN	131	Benley, Dr J A	NWBY	271
Bell, James	ADSN	280	Bellinger, Eustice	COTN	319	Benmyer, Henry*	GRVL	404
Bell, James	PKNS	19	Bellinger, George	CHTN	421	Benner, James*	NWBY	268
Bell, James	LRNS	349	Bellinger, J A	BNWL	467	Bennet Wm	BNWL	504
Bell, James E G	ABVL	102	Bellinger, Jno	CHTN	332	Bennet, Abraham*	COTN	261
Bell, James M	CLDN	212	Bellinger, John	CHTN	504	Bennet, D P	YORK	396
Bell, James*	BNWL	479	Bellinger, Lucia**	RHLD	22	Bennet, Elizabeth	YORK	472
Bell, James	DLTN	442	Bellinger, Lucius	BUFT	75	Bennet, Hansford	BNWL	455
Bell, James	CHFD	171	Bellinger, M*	BNWL	445	Bennet, Hansford	BNWL	453
Bell, James	CHTR	47	Bellinger, Mary	GRVL	504	Bennet, James A*	BNWL	481
Bell, James	SMTR	183	Bellinger, Mary E*	COTN	259	Bennet, James W	BUFT	86
Bell, James P	YORK	509	Bellinger, Mary J*	SPBG	315	Bennet, Jas L	YORK	427
Bell, Jane	YORK	433	Bellinger, Miss*	CHTN	319	Bennet, John	BNWL	504
Bell, Jas A*	LXTN	367	Bellinger, Sam N	BNWL	467	Bennet, Joseph	BUFT	86
Bell, Jno Jr	CHTR	47	Bellinger, Sarah**	COTN	254	Bennet, Julia	CHTN	504
Bell, Jno L**	CLDN	215	Bellinger, Sarah	CHTN	376	Bennet, Laura*	GETN	292
Bell, Jno T*	BNWL	388	Bellinger, Sarah*	RHLD	22	Bennet, Lucinda	YORK	396
Bell, John	LCTR	168	Bellinger, Valentine**	ABVL	142	Bennet, Nancy*	COTN	270
Bell, John	BUFT	5	Bellinger, W C P	COTN	267	Bennet, Robert	COTN	305
Bell, John	CHTN	275	Bellinger, William	GRVL	450	Bennet, Simon	LCTR	166
Bell, John	BNWL	390	Bellings, Julia	CHTN	512	Bennet, Thos O	EDFD	70
Bell, John C	FAFD	256	Bellis, Rebecca*	SPBG	347	Bennet, Wm L	BUFT	23
Bell, John J	EDFD	132	Bellot, David H*	RHLD	52	Bennete, John	MRBO	202
Bell, John L	SMTR	161	Bellot, Ebenezer J*	ABVL	132	Bennett, A W	COTN	312
Bell, John P	FAFD	274	Bellot, Elizb J*	ABVL	4	Bennett, Alfred	LCTR	171
Bell, John Sr	LXTN	367	Bellot, John	ABVL	1	Bennett, Alvin	SPBG	383
Bell, John W	CHTN	521	Bellotte, John E	ADSN	255	Bennett, Ann	FAFD	242
Bell, Jos F	ABVL	132	Bellotte, Michael	ADSN	289	Bennett, Ann*	FAFD	241
Bell, Joseph	CHTR	38	Bellotte, Peter E	ADSN	289	Bennett, Benjn W	SPBG	369
Bell, Joseph*	ABVL	3	Bellotte, T D	ADSN	288	Bennett, C E	CHTN	399
Bell, Laura*	YORK	511	Bellune, James C	BUFT	39	Bennett, C P	LCTR	200
Bell, Lazarus	CLDN	212	Bellune, Jas T	GETN	322	Bennett, Caroline*	MRBO	208
Bell, Lemuel	ABVL	67	Bellune, Jas T	GETN	298	Bennett, Catharine*	CHTN	427
Bell, Lydia	BNWL	344	Bellune, John**	GETN	297	Bennett, Catharine**	CHTN	411
Bell, M	LRNS	310	Bellune, W S	GETN	305	Bennett, Charles E	COTN	311
Bell, M A*	KRSW	103	Belohn, Polly	SPBG	366	Bennett, Charles L*	BUFT	51
Bell, Macidonia	ABVL	102	Belot, Magdalen*	ABVL	1	Bennett, Chas E*	RHLD	46
Bell, Mahala	COTN	311	Belot, Wm	SPBG	361	Bennett, Denny	SPBG	380
Bell, Maj W	FAFD	259	Belott, Jas	SPBG	225	Bennett, Edward	YORK	371
Bell, Marion	ABVL	149	Belser, C M	CLDN	204	Bennett, Emily	SPBG	361
Bell, Martha	CLDN	192	Belser, E S	WMBG	308	Bennett, G*	CHTN	252
Bell, Martha	FAFD	274	Belser, Edward	BUFT	82	Bennett, G**	LCTR	219
Bell, Martha	COTN	338	Belser, J J	CLDN	200	Bennett, George	CHTN	249
Bell, Martha J*	YORK	457	Belser, Mrs Louisa*	CHTN	244	Bennett, George	SPBG	378
Bell, Martha	PKNS	36	Belser, St Julian*	CHTN	244	Bennett, H*	CHTN	302
Bell, Mary B	SMTR	183	Belt, Emily K*	SMTR	155	Bennett, Henrietta*	CHTN	427
Bell, Mary B	LRNS	319	Belt, Jas	SPBG	376	Bennett, Henry J	BUFT	71
Bell, Mary W*	RHLD	54	Beltin, Sallie H*	NWBY	232	Bennett, Hiram	SPBG	380
Bell, Mathew J*	SMTR	146	Belton, George	CHTN	200	Bennett, J B	CHTN	167
Bell, Mrs M*	CHTN	338	Belton, Jacob	CHTN	460	Bennett, J D	SPBG	380
Bell, Nancy	FAFD	245	Belton, James*	CHTN	426	Bennett, J K	LCTR	170
Bell, Nancy**	CHTN	46	Belton, Rebecca	BUFT	67	Bennett, J S K	CHTN	399
Bell, Nelson	LCTR	173	Belven, William	SMTR	130	Bennett, J T	GRVL	497
Bell, Noah	SPBG	223	Belvere, Mrs	SMTR	130	Bennett, J W	BNWL	498
			Bemer, John	CHTN	126			

Name	Loc	Pg	Name	Loc	Pg	Name	Loc	Pg
Bennett, Jane**	KRSW	115	Bentley, Ann	UNON	223	Berry, Henry	MARN	49
Bennett, Jas	SPBG	428	Bentley, Joseph	SMTR	126	Berry, J H W	KRSW	87
Bennett, Jas	SPBG	398	Bentley, L T	COTN	253	Berry, J M*	EDFD	72
Bennett, Jefferson	CHTN	364	Bentley, Wm	ADSN	181	Berry, J P	EDFD	194
Bennett, Jere	SPBG	378	Bently, Ann*	BNWL	450	Berry, Jacob	LXTN	362
Bennett, Jeremiah*	SPBG	335	Bently, Aquilla	UNON	233	Berry, James	ORBG	346
Bennett, Jno	CHTN	343	Bently, Caroline*	UNON	232	Berry, James	MARN	81
Bennett, John	FAFD	242	Bently, Jemima	PKNS	149	Berry, James J**	SMTR	163
Bennett, John	SPBG	405	Bently, Martha	ABVL	32	Berry, Jas	YORK	384
Bennett, John	SPBG	376	Bently, Mary	UNON	232	Berry, Jas	SPBG	206
Bennett, John C	BUFT	34	Bently, William	UNON	216	Berry, Jas D	YORK	431
Bennett, Joseph**	CHTR	91	Bently, William	ABVL	74	Berry, Jervel	BNWL	459
Bennett, Joseph	SPBG	334	Benton, Amalin	HORY	67	Berry, John*	YORK	408
Bennett, Margaret	CHTN	554	Benton, Ann	SPBG	358	Berry, John	EDFD	162
Bennett, Mark	SPBG	579	Benton, Archibald	COTN	273	Berry, John	LXTN	362
Bennett, Mrs. Lucy	MRBO	155	Benton, Arthur	HORY	64	Berry, John H	BNWL	363
Bennett, Mrs. Mgt	MRBO	155	Benton, Barbara*	COTN	272	Berry, John P	ORBG	348
Bennett, Philamon W	LCTR	217	Benton, Benjamin	COTN	275	Berry, John Sr	EDFD	99
Bennett, R	CHTR	91	Benton, E H	COTN	274	Berry, John W	LXTN	471
Bennett, Rebecca*	CHTN	412	Benton, E J	COTN	272	Berry, John W R	ORBG	348
Bennett, Rebecca	MRBO	208	Benton, Eleanor*	COTN	367	Berry, Joseph	EDFD	161
Bennett, Reuben	KRSW	103	Benton, Elijah	COTN	312	Berry, L*	SPBG	302
Bennett, Rosa	CHTN	331	Benton, Eliza	COTN	287	Berry, M G	ADSN	181
Bennett, Ruth*	ADSN	320	Benton, Elizabeth**	COTN	288	Berry, Margaret H*	YORK	411
Bennett, Saml	COTN	329	Benton, H M	DLTN	443	Berry, Martha*	EDFD	130
Bennett, Samuel**	CHTN	278	Benton, Henry	COTN	275	Berry, Mary	NWBY	229
Bennett, T C	BNWL	502	Benton, James	COTN	264	Berry, Mary*	CHTN	413
Bennett, Thomas	MRBO	155	Benton, James**	COTN	288	Berry, Mary A	BNWL	459
Bennett, Thos	CHTN	356	Benton, James	COTN	275	Berry, Mary**	CHTN	378
Bennett, W	EDFD	77	Benton, James F	COTN	291	Berry, Milo H	RHLD	47
Bennett, W C	SPBG	302	Benton, Jane**	COTN	252	Berry, Mrs Morris**	CHTN	227
Bennett, W J	CHTN	364	Benton, Jane	COTN	274	Berry, N T	MARN	90
Bennett, W R	LCTR	170	Benton, Joseph	COTN	360	Berry, O P	GRVL	458
Bennett, West	SPBG	428	Benton, Joseph	COTN	274	Berry, Obediah	EDFD	151
Bennett, William	CHTN	272	Benton, Joshua	COTN	272	Berry, R L	EDFD	151
Bennett, William	ADSN	320	Benton, Josiah	COTN	275	Berry, R S	YORK	464
Bennett, Wm	MRBO	157	Benton, L D	GETN	290	Berry, Richard E	ORBG	350
Bennett, Wm	SPBG	334	Benton, M D M	WMBG	357	Berry, Richard G	ORBG	349
Bennett, Wm A**	BNWL	501	Benton, Mary*	COTN	254	Berry, Richd	EDFD	57
Bennett, Wm B	MRBO	150	Benton, Ruth	COTN	273	Berry, Robt	SPBG	200
Bennett, Wm**	BUFT	13	Benton, S T	DLTN	442	Berry, Ruth	EDFD	162
Bennett, Zion	GRVL	474	Benton, Sarah*	COTN	279	Berry, S	LXTN	435
Bennette, John	CHTR	22	Benton, Sylvester	COTN	275	Berry, S F	MARN	90
Bennette, John	CHTR	57	Benton, T F*	CHTN	325	Berry, S N	ORBG	369
Bennette, Jordan	CHTR	76	Benton, Thomas	COTN	290	Berry, Sally*	GRVL	457
Bennette, Reuben*	CHTR	44	Benton, Thomas	COTN	290	Berry, Saml	MARN	84
Bennette, Wm	YORK	467	Benton, Thomas J	COTN	290	Berry, Sarah*	EDFD	39
Benot, John	COTN	313	Benton, W M	HORY	2	Berry, Stephen	MARN	90
Benot, Robert*	UNON	201	Benton, W R	COTN	273	Berry, T W	DLTN	379
Bense, John**	CHTN	393	Benton, W S*	CHFD	188	Berry, Theadolia	BNWL	462
Benson, A D	EDFD	82	Benton, Zilpha	COTN	275	Berry, Thomas	EDFD	195
Benson, A M	EDFD	117	Benty, C S*	SPBG	352	Berry, Thomas W	RHLD	19
Benson, Alex	BNWL	446	Benty, Lucinda*	UNON	239	Berry, Violet	YORK	394
Benson, Bailey	BNWL	446	Bentz, J H	COTN	325	Berry, W R	GRVL	459
Benson, Benj**	BNWL	438	Bequest, Adele*	CHTN	186	Berry, William	YORK	505
Benson, Byors	SPBG	253	Berchfield, E C	PKNS	93	Berry, William	YORK	505
Benson, Catharine	ADSN	260	Berdewicke, Claus*	CHTN	201	Berry, William	SPBG	206
Benson, Catharine	SPBG	338	Berdin, Columbus**	LRNS	340	Berry, William N	ORBG	346
Benson, Delila*	LCTR	162	Berdin, John	PKNS	18	Berry, William	NWBY	214
Benson, Doct D S	ABVL	21	Bereno, Issac	MARN	63	Berry, William	GRVL	445
Benson, Elizabeth	GRVL	514	Berg, Gustavus G***	RHLD	41	Berry, William	GRVL	445
Benson, Esther*	ADSN	259	Berg, Jacob	BUFT	27	Berry, William	BNWL	391
Benson, Harriet*	ABVL	95	Bergani, John	CHTN	412	Berry, William*	EDFD	169
Benson, Henry*	CHTN	489	Berger, Bridget	CHTN	228	Berry, Wilson*	YORK	159
Benson, J L	WMBG	354	Berger, Charlotte**	CHTN	454	Berry, Wm	YORK	408
Benson, Jacob	MARN	31	Berglika, Fritz**	CHTN	480	Berry, Wm E	CHTN	474
Benson, James	EDFD	82	Bergman, B	CHTN	492	Bertant, Sarah*	YORK	374
Benson, James	ABVL	78	Bergmann, Ambros	CHTN	516	Berton, N A**	EDFD	178
Benson, James W	LCTR	171	Bering, William	CHTN	457	Bery, Jacob*	UNON	275
Benson, Jane*	YORK	426	Berker, Sophia*	CHTN	415	Bery, Louis	UNON	259
Benson, Jas M	GRVL	418	Berkley, John	CHTN	498	Beshars, Lazarus*	GRVL	399
Benson, Jeremiah	HORY	38	Berkmeyer, Charles*	CHTN	415	Besinger, Absalom	BNWL	353
Benson, Jno	CHTR	62	Berksdale, C D*	CHTN	258	Besinger, Absalom	BNWL	365
Benson, John*	CHTR	16	Bermar, James	RHLD	33	Besinger, Addam	BNWL	353
Benson, John	GRVL	514	Bermet, Miss*	CHTN	320	Besinger, Wm	BNWL	352
Benson, John M*	SPBG	311	Bern, E W	BNWL	475	Bessair, Charles	CHTN	422
Benson, M B	EDFD	83	Bernard, Martha**	CHTN	205	Bessellew, Joseph	CHTN	411
Benson, Mary*	GRVL	475	Berne, Charles J	CHTN	211	Bessellier, T Edward**	BUFT	25
Benson, Mary J*	CHTR	67	Bernhard, R H**	LXTN	455	Bessellieu, H Thurston	BUFT	25
Benson, Mary*	GRVL	475	Bernstein, Marx	CHTN	464	Bessellieu, John H	BUFT	26
Benson, Nancy**	CHTR	48	Berree, E C**	CHTN	243	Bessent, Abram W	HORY	64
Benson, Nancy G	PKNS	158	Berrie, W J	BNWL	463	Bessent, Henry B*	HORY	63
Benson, Nancy J*	ABVL	95	Berrit, Joseph J	RHLD	39	Bessent, John P	HORY	64
Benson, P B	GRVL	516	Berry, A H	CHTN	497	Bessent, W A	HORY	64
Benson, Perrin,	GRVL	408	Berry, Alison A	SMTR	160	Bessons, Charles	CHTN	511
Benson, Peter*	CHTN	243	Berry, Andrew	ORBG	349	Best, B B	BNWL	454
Benson, Robert	GRVL	475	Berry, Andrew	MARN	90	Best, Elizabeth J	BNWL	502
Benson, Sally*	YORK	453	Berry, Ann	ORBG	349	Best, Geo	DLTN	412
Benson, Sampson	SPBG	360	Berry, Ann H	NWBY	268	Best, J A	BNWL	502
Benson, Sarah F*	GRVL	496	Berry, Benj F	BNWL	351	Best, J J	HORY	39
Benson, Silas	SPBG	396	Berry, Bright	MARN	97	Best, Margt	DLTN	412
Benson, Thomas	ADSN	334	Berry, C P*	GRVL	447	Best, N B	DLTN	379
Benson, Thos B	ADSN	255	Berry, Chas*	CHTN	318	Best, P H	BNWL	502
Benson, W A	SPBG	413	Berry, Christopher	MARN	83	Best, R D	DLTN	409
Benson, William B	CHTN	291	Berry, Clarissa	SPBG	266	Best, W R	BNWL	455
Benson, William*	CHTR	43	Berry, Clark**	LRNS	303	Best, William C*	BNWL	347
Benson, Willis	GRVL	500	Berry, Daniel	BNWL	450	Best, Wm	HORY	39
Benson, Wm A*	EDFD	118	Berry, David*	SPBG	429	Best, Wms	DLTN	412
Benson, Zackariah*	GRVL	475	Berry, Dennis	MARN	89	Betancourt, Augustin	CHTN	409
Bent, Julius*	CHTN	338	Berry, Elihue	MARN	24	Bethany, James	RHLD	64
Bent, Richd M*	CHTN	216	Berry, Elisabeth	BNWL	399	Bethany, Jeremiah	RHLD	64
Benter, J C	CHTN	352	Berry, Elizabeth	EDFD	183	Bethany, Redden	RHLD	64
Bentham, Eliza**	CHTN	353	Berry, Fanny*	MARN	87	Bethea, A J*	MARN	57
Bentham, Everline	CHTN	105	Berry, Francis C	BUFT	55	Bethea, A W	MARN	61
Bentham, Frances C	CHTN	438	Berry, Franklina	MARN	90	Bethea, Cade	MARN	92
Bentham, Julia*	CHTN	432	Berry, Gewood	MARN	23	Bethea, David W	MARN	113

Name	Loc	Pg
Bethea, E C	MARN	81
Bethea, Geo J	MARN	109
Bethea, Hanah*	MARN	61
Bethea, Henry*	MARN	66
Bethea, J H	MARN	90
Bethea, James R	MARN	16
Bethea, Jesse	MARN	105
Bethea, Jesse	MRBO	185
Bethea, John C	MARN	49
Bethea, John J	MARN	114
Bethea, John R	MARN	15
Bethea, John W	MARN	113
Bethea, Margaret	MARN	105
Bethea, Mary	MARN	62
Bethea, Mary A	MARN	109
Bethea, Mary A	MARN	92
Bethea, P W	MARN	81
Bethea, Parker	MARN	90
Bethea, Phillip	MARN	49
Bethea, Pickett	MARN	114
Bethea, Rebecca	MARN	109
Bethea, Saml J	MARN	62
Bethea, Sarah	MARN	113
Bethea, Tristram	MRBO	188
Bethea, Tristram	MRBO	180
Bethea, Wm C	MARN	114
Betheny, Jesse	UNON	264
Bethune, A	SPBG	315
Bethune, Ann E	CLDN	205
Bethune, Daniel	KRSW	121
Bethune, Jno C	CLDN	195
Bethune, M S**	SMTR	164
Bethune, R A	CLDN	245
Betsel, H	CHTN	351
Betsey*	CHTN	221
Bett, Rev C B	FAFD	202
Bettie, Ann*	CHTN	511
Bettie, Ann	CHTN	519
Bettinger, Harret	BNWL	363
Bettinger, Joseph	BNWL	362
Bettis, A	LRNS	337
Bettis, Benj	EDFD	40
Bettis, Lizzie*	CHTR	18
Bettis, M T	EDFD	86
Bettison, E	CHTN	324
Betts, C J	FAFD	211
Betts, Charles	GETN	321
Betts, J B	CHTN	351
Betts, M G*	MARN	18
Betts, Miss E*	FAFD	210
Betts, Philo	RHLD	45
Betz, John*	SMTR	179
Bevel, Frances*	UNON	219
Bevel, W H	UNON	218
Beverley, John	COTN	282
Beverlow, Sabina*	COTN	274
Beverly, Alexander	MRBO	198
Beverly, E	MARN	40
Beverly, F E*	RHLD	21
Beverly, Jas	MRBO	199
Beverly, John	MARN	132
Beverly, Maulsey*	MARN	133
Beverly, S W	HORY	11
Beverly, Silas	COTN	274
Beverly, William D	RHLD	93
Beverly, William D	RHLD	86
Beverson, Jno*	CHTN	308
Beviel, Saml**	CHTN	505
Bevill, Alex	CHFD	182
Bevings, Jas	SPDG	400
Bevins, John	COTN	365
Bevins, John R	CHTN	454
Bevis, William	UNON	230
Bevis, William	UNON	231
Bevitt, Joseph J**	CHTN	149
Bewley, W C**	ADSN	258
Bews, Henry	KRSW	138
Bexley, John	CHTN	139
Bextin, John	BNWL	362
Beyars, Benson	SPBG	207
Beylot, Francis	CHTN	388
Bezancon, Theo*	RHLD	33
Bezeley, James	ABVL	114
Bholer, J	CHTN	466
Bhurst, Jas	WMBG	312
Bianchi, A	CHTN	246
Biankey, Catherine	CHTN	490
Biankey, Joseph*	BUFT	71
Bias, A Davis	UNON	283
Bias, Jackson	UNON	276
Bias, James	UNON	279
Bias, John	UNON	282
Bias, Joseph	UNON	283
Bias, Sarah	UNON	207
Bibbs, Wm	PKNS	96
Bicaise, Benj P	CHTN	216
Bice, J H	CHTN	179
Bickett, Jane H	ABVL	38
Bickett, Jno	ABVL	38
Bickley, Catharine	LXTN	430
Bickley, Fredk	LXTN	396
Bickley, Henry	LXTN	396
Bickley, J M	LXTN	396
Bickley, Jacob	LXTN	404
Bickley, James A	LXTN	396
Bickley, James M	LXTN	430
Bickley, John	CHTN	439
Bickley, John*	CHTN	122
Bickley, Richd	LXTN	397
Bickley, Sampson	NWBY	228
Bickley, Thomas	LXTN	409
Bidault, A	COTN	354
Bidault, Alex**	COTN	326
Biddell, Isaac S	NWBY	269
Biddlecome, N**	CHTN	256
Bidwell, Cassius*	COTN	342
Bieman, Henry	PKNS	35
Biemann, D	PKNS	34
Bierfelder, S**	CHTN	305
Bierfield, Isaac	NWBY	269
Biers, Clarinda*	YORK	473
Bigby, Archy	BNWL	434
Bigby, B O*	ADSN	177
Bigby, Jas A	ABVL	143
Bigby, Jno W	ABVL	143
Bigby, Marshall	ABVL	146
Bigby, Mary A	ABVL	143
Bigelow, Deloney	MARN	135
Bigelow, Rose E*	MARN	137
Biger, Andrew J	YORK	431
Biggard, Susan	KRSW	74
Biggart, Wm H	LCTR	208
Bigger, A M	YORK	370
Bigger, Charles*	CHTN	426
Bigger, Ellen*	CHTN	427
Bigger, M A	YORK	412
Biggers, Amos	YORK	508
Biggers, Amzi	YORK	508
Biggers, J L	YORK	406
Biggers, James	YORK	508
Biggers, John G	YORK	384
Biggs, Richard	MARN	87
Biggs, Samuel	RHLD	67
Bigham, Elizabeth	MARN	28
Bigham, Edw*	MARN	33
Bigham, Francis	CHTR	52
Bigham, George	CHTR	45
Bigham, Hugh	CHTR	40
Bigham, J J	CHTR	52
Bigham, James L	CHTR	60
Bigham, James*	CHTR	60
Bigham, James	ABVL	89
Bigham, Joe*	ABVL	85
Bigham, John	CHTR	50
Bigham, John	CHTR	46
Bigham, John	CHTR	52
Bigham, Joseph	WMBG	323
Bigham, Joseph	CHTR	38
Bigham, Leonard S	MARN	121
Bigham, Margaret	YORK	463
Bigham, Margaret	CHTR	61
Bigham, Margt	CHTR	87
Bigham, Margt*	CHTR	48
Bigham, Nancy	CHTR	48
Bigham, Nathan	YORK	454
Bigham, Newton	CHTR	61
Bigham, Permelia**	YORK	463
Bigham, R A	CHTR	459
Bigham, Robert	CHTR	60
Bigham, Sarah**	MARN	72
Bigham, Thos G	CHTR	36
Bigham, W D	CHTR	47
Bigham, Will J	CHTR	1
Bigham, Wm	YORK	453
Bigley, C	CHTN	345
Bigley, Jas**	CHTN	323
Bignon, H A	BNWL	466
Bigot, Amelia*	CHTN	362
Biles, Isa	BNWL	448
Billew, J R	LCTR	157
Billey, Jesse	UNON	193
Billey, Jesse	UNON	193
Billings, C T *	KRSW	135
Billings, David	LCTR	216
Billings, K G	LCTR	218
Billings, Rutherford	SPBG	353
Billings, W M	KRSW	132
Billock, Mary	UNON	292
Billup, John	SPBG	359
Billups, Eliza C**	CLDN	206
Billups, R R**	CLDN	200
Billups, Sarah	SMTR	110
Bimmingham, M**	CHTN	313
Binck, Eliza	CHTN	331
Binder, Louis	CHTN	168
Bing, Betsy	COTN	319
Bing, Burton*	BUFT	71
Bing, Catharine	CHTN	397
Bing, Charles W	BUFT	50
Bing, Diana*	CHTN	376
Bing, Francis	BUFT	36
Bing, Hezekiah	BUFT	93
Bing, James*	BNWL	400
Bing, James	BUFT	49
Bing, Joe*	CHTN	278
Bing, John	CHTN	266
Bing, John	BUFT	53
Bing, John Jr	BUFT	53
Bing, Josiah G	BUFT	50
Bing, Jsne*	BNWL	399
Bing, Julia**	CHTN	432
Bing, Matthew	BUFT	37
Bing, Robert	CHTN	486
Bing, Telitha	CHTN	520
Bing, Tim	BNWL	437
Bing, Washington	BNWL	505
Bing, William	BNWL	400
Binge, Henry	CHTN	517
Bingley, Chas*	CHTN	307
Bingley, Ellen*	CHTN	293
Bingley, Mrs C	CHTN	224
Bingley, Patty	CHTN	266
Bingly, C W	CHTN	306
Bington, B B	SPBG	282
Bingy, Wm	CHTN	344
Binian, Mr J*	CHTN	341
Binke, Miss*	CHTN	320
Binks, Jack*	CHTN	200
Binnicker, C A	ORBG	380
Binnicker, G B	ORBG	380
Binnicker, G S	ORBG	381
Binns, Mary	CHTN	469
Bino, A	CHTN	335
Binton, Nathaniel	EDFD	198
Binum, Calvin	FAFD	239
Binum, Mrs C L*	FAFD	203
Binum, Robt	FAFD	239
Bionette, Neorny*	BNWL	505
Birchmore, Caleb	SMTR	110
Birchmore, E	ORBG	312
Bird, A*	UNON	274
Bird, Adeline	LRNS	322
Bird, Amos**	UNON	267
Bird, Amos	FAFD	222
Bird, Ann*	CHTN	107
Bird, C	WMBG	312
Bird, C K	GETN	293
Bird, Caroline*	GRVL	417
Bird, Caroline H*	RHLD	70
Bird, Cathe	LRNS	322
Bird, Charles	LCTR	190
Bird, E D**	LCTR	163
Bird, E W	EDFD	56
Bird, Edith*	CHTN	139
Bird, Eliza*	FAFD	209
Bird, Eliza Jane*	CHTN	107
Bird, Eliza*	FAFD	258
Bird, Ervin	MARN	9
Bird, Geo	KRSW	91
Bird, George*	YORK	440
Bird, George*	FAFD	201
Bird, George	ORBG	345
Bird, H G	MARN	83
Bird, Harriet	FAFD	201
Bird, Isreal**	FAFD	207
Bird, J A	LCTR	189
Bird, J D	WMBG	316
Bird, James	MARN	40
Bird, James	FAFD	256
Bird, James	FAFD	222
Bird, Jas*	MARN	83
Bird, Jess*	FAFD	213
Bird, Jno	CHFD	135
Bird, Jno	CHFD	105
Bird, Job*	MARN	82
Bird, John	ORBG	356
Bird, John	FAFD	264
Bird, John	FAFD	259
Bird, John A*	GETN	293
Bird, John E	BNWL	355
Bird, John F*	RHLD	53
Bird, John S	CHTN	296
Bird, Jonas*	CHTN	378
Bird, Jordan	MARN	81
Bird, Lucinda**	MARN	82
Bird, M C	CHTN	330
Bird, Mana	ORBG	345
Bird, Marcus	YORK	483
Bird, Martha	LRNS	322
Bird, Martin	ADSN	211
Bird, Michael	CHTN	391
Bird, Monroe	YORK	486
Bird, Nancy	CHFD	103
Bird, Nathaniel	ORBG	346
Bird, Peter*	GETN	312
Bird, Rebecca	CLDN	208
Bird, Robt	MARN	88
Bird, Rosa	CHTN	357
Bird, Sally*	FAFD	257
Bird, Samuel*	NWBY	257
Bird, Sarah	FAFD	222
Bird, Sarah F	CHTN	206
Bird, Smith	YORK	477
Bird, Stephen*	CHFD	102
Bird, W C**	CHTN	361
Bird, W L	LCTR	190
Bird, William	EDFD	61
Bird, William	ORBG	345
Bird, William	CHFD	104
Bird, Wm	KRSW	107
Birds, Mary	GRVL	473
Birdwell, Henry	CHTN	408
Birmingham, Henry Lease	CHTN	408
Birmingham, Mary	EDFD	111
Birmingham, Rev T	CHTN	395
Birney, Theresa*	CHTN	105
Birnie, William	GETN	311
Birum, Isaac	RHLD	80
Bisaner, Henry B		

Bischoff, A	CHTN	372	Biter, Jas	LRNS	289	Black, W E	LRNS	221
Bischoff, Jno*	CHTN	344	Bittle, James H	MRBO	202	Black, Wesley A	ABVL	105
Bischoff, N*	CHTN	300	Bittle, John	CHFD	119	Black, Wiley W L	BNWL	477
Bisenger, Joseph**	BNWL	344	Bitts, West*	LRNS	306	Black, William	LCTR	174
Bishoff, Fredrick	PKNS	21	Bivens, Joseph	COTN	363	Black, William	CHTR	10
Bishop, A P	SPBG	410	Bivings, Jas D	SPBG	401	Black, William	LCTR	174
Bishop, Aaron	GRVL	514	Bivins, John	COTN	365	Black, Wm	FAFD	204
Bishop, Abel	PKNS	151	Bize, Maria	CHTN	476	Black, Wm	YORK	470
Bishop, Abner	NWBY	273	Bize, Rodolph	CHTN	491	Black, Wm	EDFD	107
Bishop, Adam	BNWL	343	Black, A G	BNWL	448	Black, Wm S*	CHFD	188
Bishop, Alberry	SPBG	199	Black, A T	YORK	387	Black, Wm*	SPBG	309
Bishop, Alice A**	CHTN	170	Black, Abram	ADSN	322	Black, Wm	PKNS	80
Bishop, Amanda*	UNON	190	Black, Ann*	DLTN	381	Blackburn, Alex C	CHFD	150
Bishop, Barney*	SPBG	208	Black, Benjamin	COTN	289	Blackburn, B Z	ADSN	287
Bishop, Burrel T	CHTR	42	Black, C H*	MARN	13	Blackburn, Daniel	HORY	23
Bishop, C G	CHTN	102	Black, Clarendon	BNWL	371	Blackburn, E A**	LRNS	318
Bishop, Catherine	CHTR	43	Black, Cornelia*	UNON	225	Blackburn, Jesse*	ABVL	41
Bishop, Celia*	CHTR	53	Black, D B*	YORK	382	Blackburn, John*	CHTN	210
Bishop, Charles**	CHTN	515	Black, Daniel**	UNON	273	Blackburn, Mary	LRNS	322
Bishop, Cluff*	UNON	186	Black, Daniel W	PKNS	80	Blackburn, S	HORY	31
Bishop, Cyrus	NWBY	287	Black, David	CHTR	45	Blackburn, Thos	KRSW	93
Bishop, Dicey**	CHTR	48	Black, David	ADSN	326	Blacke, Geo	CHTN	317
Bishop, Dorcas*	SPBG	197	Black, David	LXTN	372	Blackely, Madison*	LRNS	318
Bishop, E	SPBG	344	Black, Eliza**	MARN	18	Blackenry, Wm M	CHFD	113
Bishop, Edmund P*	SPBG	232	Black, Elizabeth	YORK	469	Blacker, J M	EDFD	56
Bishop, Elijah*	SPBG	265	Black, Elizabeth	YORK	450	Blackford, R A*	RHLD	48
Bishop, Eliza	SPBG	265	Black, Elizabeth	YORK	467	Blackham, William	CHTN	497
Bishop, Elizabeth*	BNWL	408	Black, Ellen	SMTR	152	Blackley, Franklin	PKNS	153
Bishop, Elizabeth	BNWL	350	Black, Ellen M**	ABVL	133	Blacklock, R	BNWL	459
Bishop, Frances	SPBG	398	Black, F O	BNWL	370	Blackman, Amos	LCTR	178
Bishop, G W	SPBG	223	Black, Foster	CHTN	451	Blackman, Ben*	EDFD	50
Bishop, Gabril M	SPBG	206	Black, Francis C	CHTN	208	Blackman, Eliza*	MARN	51
Bishop, Geo B	SPBG	232	Black, Francis C	CHTN	197	Blackman, Emily	MARN	87
Bishop, George W	BNWL	349	Black, G C	EDFD	48	Blackman, Enoch	YORK	473
Bishop, H B	SPBG	243	Black, G W	CHTN	338	Blackman, G R	LCTR	200
Bishop, H J	SPBG	228	Black, Gaines*	CHTR	73	Blackman, Henry	DLTN	424
Bishop, Hamelton	SPBG	197	Black, Hansly	GRVL	372	Blackman, Henry	BNWL	432
Bishop, Hampton	GRVL	436	Black, Henry	EDFD	170	Blackman, Hy	DLTN	434
Bishop, Henry	GRVL	469	Black, J B*	COTN	362	Blackman, J D	LCTR	200
Bishop, Henry	SPBG	232	Black, J Benson	ABVL	90	Blackman, James*	ABVL	26
Bishop, Henry*	SPBG	227	Black, J D	COTN	475	Blackman, John	MARN	87
Bishop, Hezekiah	COTN	284	Black, J L	FAFD	234	Blackman, John	MARN	20
Bishop, Hilliard	NWBY	267	Black, J R	LXTN	372	Blackman, John	BNWL	430
Bishop, Isaac C	CHTN	170	Black, Jacob	GRVL	369	Blackman, Jos	CHTN	311
Bishop, Isadore*	CHTN	450	Black, James	GRVL	372	Blackman, Jos Z*	ABVL	26
Bishop, J W	BNWL	341	Black, James E*	SPBG	310	Blackman, Lee	BNWL	432
Bishop, J*	LRNS	323	Black, James W	ABVL	103	Blackman, Manly	ORBG	378
Bishop, J G	SPBG	410	Black, James*	CHTR	48	Blackman, Martha*	LCTR	169
Bishop, Jacob J	BNWL	341	Black, Jane	PKNS	80	Blackman, Mary	MARN	38
Bishop, James	SPBG	244	Black, Jasper	FAFD	252	Blackman, Mary*	LCTR	169
Bishop, Jane	ADSN	296	Black, Jno	LRNS	256	Blackman, Milly	CHFD	167
Bishop, Jas*	SPBG	418	Black, John	UNON	292	Blackman, Ranson	ABVL	82
Bishop, Jas A	SPBG	243	Black, John	UNON	285	Blackman, Robt*	MARN	40
Bishop, Jemina	FAFD	230	Black, John	GRVL	475	Blackman, S A	EDFD	46
Bishop, Jesse	UNON	252	Black, John	UNON	255	Blackman, Sarah*	ADSN	200
Bishop, Jno S	SPBG	239	Black, John	COTN	313	Blackman, T*	CHTN	252
Bishop, Joel	GRVL	359	Black, John	EDFD	170	Blackman, W	DLTN	376
Bishop, John	UNON	195	Black, John	BNWL	476	Blackman, Wade	DLTN	373
Bishop, John	GRVL	465	Black, John	ADSN	250	Blackman, Wesley	LCTR	169
Bishop, John U	NWBY	291	Black, John	PKNS	80	Blackman, William M	LCTR	200
Bishop, John W*	CHTN	173	Black, John A	EDFD	197	Blackman, Wright H	ABVL	89
Bishop, Joseph*	SPBG	261	Black, John B	RHLD	16	Blackmon, A B	LCTR	204
Bishop, Joshua	NWBY	258	Black, John C	YORK	407	Blackmon, Andrew	LCTR	200
Bishop, Kellistro	SPBG	429	Black, John T	PKNS	140	Blackmon, Bery	KRSW	74
Bishop, L A	SPBG	268	Black, Jos	CHTR	74	Blackmon, Bingham	LCTR	201
Bishop, Levi	SPBG	262	Black, Joseph R	ABVL	105	Blackmon, Britton	LCTR	178
Bishop, Lewis	GRVL	512	Black, Lenora	SMTR	157	Blackmon, Elenor	LCTR	207
Bishop, Lewis	GRVL	474	Black, Marene T*	SMTR	157	Blackmon, Elisha	LCTR	206
Bishop, Lewis	SPBG	414	Black, Margt**	CHTN	188	Blackmon, Esther	MARN	49
Bishop, Littleton	LXTN	452	Black, Mark	EDFD	161	Blackmon, J B	LCTR	187
Bishop, Martin	UNON	256	Black, Martha K	RHLD	88	Blackmon, Jack*	LCTR	203
Bishop, Mary A	COTN	287	Black, Mary	NWBY	242	Blackmon, James	LCTR	196
Bishop, Mary*	SPBG	428	Black, Mary**	LCTR	208	Blackmon, James A	LCTR	206
Bishop, Mitchell*	GRVL	396	Black, Mary	UNON	255	Blackmon, James A P	LCTR	206
Bishop, Nancy*	NWBY	280	Black, Mary	ABVL	115	Blackmon, John	LCTR	198
Bishop, Nancy	CHTR	44	Black, Miss Harriet*	MRBO	166	Blackmon, John A	LCTR	207
Bishop, Obediah	SPBG	207	Black, Nancy*	ADSN	287	Blackmon, John E	LCTR	204
Bishop, Oliver	BNWL	341	Black, Orlando	BNWL	371	Blackmon, Levi	LCTR	177
Bishop, Phoena**	CHTR	44	Black, R A	YORK	465	Blackmon, Milly**	LCTR	196
Bishop, Polly	SPBG	232	Black, R F	COTN	248	Blackmon, Nelly*	LCTR	207
Bishop, Rebecca	UNON	195	Black, R S	YORK	450	Blackmon, Sarah*	CHTR	71
Bishop, Robt I*	CHTN	170	Black, Rachel*	RHLD	55	Blackmon, Simpson	LCTR	178
Bishop, Samuel E	CHTN	170	Black, Rebecca*	COTN	262	Blackmon, T C	LCTR	196
Bishop, Sarah	RHLD	87	Black, Richard	COTN	262	Blackmon, W W	LCTR	201
Bishop, Simpson	GRVL	344	Black, Robert	COTN	262	Blackmon, Wm J	LCTR	196
Bishop, Soloman	GRVL	449	Black, Robert	CHTR	41	Blackmon, Wm J	LCTR	209
Bishop, Stephen C	CHTN	160	Black, Robt J*	ADSN	228	Blackmun, Jane**	LCTR	205
Bishop, Susan*	SPBG	429	Black, Rosa	CHTN	57	Blackmun, W L	LCTR	202
Bishop, Thomas	UNON	189	Black, Rufus W	YORK	472	Blacknedy, Bery	UNON	289
Bishop, Toliver	SPBG	235	Black, S E	YORK	479	Blackston, Rue	SPBG	353
Bishop, W P	SPBG	429	Black, S R	FAFD	211	Blackston, Thomas	PKNS	115
Bishop, W P	SPBG	201	Black, Sally**	LRNS	229	Blackstone, F*	EDFD	104
Bishop, William	NWBY	283	Black, Saml	YORK	464	Blackstone, Hiram	PKNS	127
Bishop, Wilson	GRVL	377	Black, Saml	LXTN	416	Blackstone, Mary	PKNS	127
Bishop, Wm	NWBY	291	Black, Saml R	RHLD	26	Blackwell, A*	SPBG	278
Bishop, Wm J	BNWL	486	Black, Sarah M	ABVL	105	Blackwell, Abner	CHFD	172
Bishop, Wm N A	MRBO	146	Black, Sarah*	LXTN	362	Blackwell, Alford*	YORK	503
Bishop, Wm P	GRVL	461	Black, Susan*	ADSN	280	Blackwell, Ann M*	DLTN	397
Bisse, Caroline	CHTN	344	Black, Susan A*	COTN	300	Blackwell, Charles	SPBG	291
Bissell, J B**	CHTN	332	Black, T F	LRNS	243	Blackwell, Chas	LXTN	358
Bissell, J D	COTN	312	Black, Templeton J	SPBG	322	Blackwell, Chesterfield	SPBG	277
Bissell, Lavinia R	CHTN	421	Black, Thomas	COTN	323	Blackwell, David	PKNS	170
Bissell, Miller	BUFT	10	Black, Thomas P*	RHLD	51	Blackwell, E D**	DLTN	404
Bissell, T L	CHTN	262	Black, Thos*	CHTN	338	Blackwell, Elizabeth	SPBG	290
Bissing, Joseph	CHTN	409	Black, Thos P	YORK	477	Blackwell, G J P*	EDFD	104
Bistow, Oliver H	MRBO	178	Black, W C	YORK	475	Blackwell, George	CHFD	152

Name	Loc	Pg
Blackwell, George	CHFD	172
Blackwell, George M**	SMTR	152
Blackwell, H	KRSW	90
Blackwell, Hardy	SPBG	277
Blackwell, J C*	DLTN	462
Blackwell, J C	CLDN	224
Blackwell, J D	NWBY	255
Blackwell, J L	KRSW	88
Blackwell, Jacin	SPBG	290
Blackwell, James	LCTR	190
Blackwell, James	CHFD	171
Blackwell, Jas	MARN	61
Blackwell, Jas	EDFD	36
Blackwell, Jas	DLTN	403
Blackwell, Jas H*	DLTN	374
Blackwell, Jno	DLTN	438
Blackwell, Jno H	DLTN	428
Blackwell, Joel	LRNS	277
Blackwell, John	CHFD	171
Blackwell, John*	KRSW	90
Blackwell, John	PKNS	66
Blackwell, Jos M	ABVL	121
Blackwell, Jos P	ABVL	85
Blackwell, Lena	SPBG	277
Blackwell, M	CHFD	172
Blackwell, M A	DLTN	379
Blackwell, Margaret	CHFD	172
Blackwell, Mary J**	CHFD	172
Blackwell, Micajah	DLTN	437
Blackwell, Michael J*	SMTR	137
Blackwell, Mrs S	EDFD	74
Blackwell, R A	BUFT	40
Blackwell, S B	BUFT	40
Blackwell, S J	DLTN	447
Blackwell, Saml	EDFD	74
Blackwell, Sarah E	NWBY	277
Blackwell, SimpsonA	SPBG	277
Blackwell, T J	CLDN	212
Blackwell, T L	GETN	286
Blackwell, Tench	SPBG	271
Blackwell, Uriah	DLTN	413
Blackwell, Wiley	DLTN	439
Blackwell, William	YORK	504
Blackwell, William	GRVL	487
Blackwell, Wm**	EDFD	106
Blackwell, Wm	DLTN	437
Blackwell, Wm	PKNS	95
Blackwell, Zack	PKNS	65
Blackwood, J C*	CHTN	168
Blackwood, M*	BNWL	480
Blackwood, Mary Esther**	CHTN	493
Blackwood, Mr W	CHTN	350
Blackwood, Mrs T	CHTN	528
Blackwood, Wm	SPBG	268
Bladen, Elizabeth*	UNON	205
Bladen, William*	EDFD	159
Bladon, T J	EDFD	150
Blain, Andrew	FAFD	249
Blain, David**	FAFD	267
Blain, Est J	FAFD	249
Blain, J A E	KRSW	137
Blain, Jas W	ABVL	140
Blain, Mis	CHTR	298
Blain, Richard*	CHTR	65
Blain, S W	CHTR	34
Blain, Thos	FAFD	267
Blair, A F*	FAFD	271
Blair, Arch M	CHTN	243
Blair, C L	EDFD	103
Blair, George	NWBY	278
Blair, Harriett*	PKNS	101
Blair, Hugh	PKNS	100
Blair, Isabella	CHTN	374
Blair, J H	CHFD	156
Blair, Jno*	CHTR	72
Blair, John	FAFD	271
Blair, John C	PKNS	101
Blair, Jos	YORK	445
Blair, Margaret*	UNON	221
Blair, Mary	PKNS	86
Blair, Mrs S	EDFD	103
Blair, Nancy	YORK	367
Blair, Richard*	CHTR	65
Blair, Robt	NWBY	283
Blair, S W R	KRSW	138
Blair, Saml	YORK	450
Blair, Sibela	NWBY	229
Blair, Wm	FAFD	261
Blair, Wm L*	PKNS	57
Blaise, C L	CHTN	249
Blake, Abiah M	ABVL	78
Blake, Andon*	CHTN	202
Blake, Anthony**	CHTN	267
Blake, Arthur	CHTN	148
Blake, B G	WMBG	92
Blake, Betsey	CHTN	101
Blake, Caleb A	ADSN	166
Blake, Caswell	HORY	1
Blake, Catharin	CHTN	147
Blake, Catharine*	CHTN	427
Blake, Charlotte*	CHTR	89
Blake, D R S	YORK	460
Blake, Daniel	COTN	291
Blake, E	CHTN	327
Blake, Edward G*	RHLD	35
Blake, Green A	YORK	460
Blake, J J	DLTN	433
Blake, Jane*	YORK	445
Blake, Jesse*	DLTN	457
Blake, Johanna*	CHTN	427
Blake, John*	EDFD	96
Blake, John	CHTN	476
Blake, Joseph	CHTN	421
Blake, Joshua	CHTR	88
Blake, Margt M**	CHTN	209
Blake, Mary M*	CHTN	190
Blake, Peter	CHTN	368
Blake, Peter	CHTN	471
Blake, Phoebe	CHTN	196
Blake, Sarah	CHTN	440
Blake, Sarah A	ABVL	98
Blake, Thomas S	ABVL	70
Blake, W S	SPBG	315
Blake, Walter	GRVL	429
Blake, William*	BUFT	97
Blake, William	RHLD	27
Blake, Wm K	SPBG	260
Blake, Wm N	ABVL	75
Blakeley, Eliza I*	ABVL	56
Blakeley, Elizh	CHTN	435
Blakeley, J J	LRNS	350
Blakeley, Jane	LRNS	348
Blakeley, Jas	LRNS	350
Blakeley, Pinckney	LRNS	350
Blakeley, Samuel	LRNS	334
Blakeley, Wm	LRNS	351
Blakely, David	LRNS	308
Blakely, E P	CHTN	111
Blakely, E S**	WMBG	334
Blakely, E T*	LRNS	336
Blakely, G W	GRVL	496
Blakely, Geo	LRNS	351
Blakely, J J	WMBG	310
Blakely, J L	WMBG	310
Blakely, James T	GRVL	448
Blakely, Jno	CLDN	214
Blakely, John	LRNS	332
Blakely, Jonothan N	CHTN	433
Blakely, L A**	GRVL	494
Blakely, Luder	LRNS	297
Blakely, M S*	LRNS	266
Blakely, Nancy	LRNS	304
Blakely, R F	CHTN	159
Blakely, R R	WMBG	313
Blakely, Sally	LRNS	251
Blakely, T E	WMBG	318
Blakely, W J	CHTN	102
Blakely, W J	WMBG	313
Blakely, W J	WMBG	310
Blakely, Wm	LRNS	310
Blakeney, Aaron	CHFD	163
Blakeney, E M*	KRSW	122
Blakeney, J W	CHFD	176
Blakeney, Leah	CHFD	165
Blakeney, Wm W	CHFD	143
Blakeny, Lewis	CHFD	159
Blakewood, B F	BUFT	44
Blakewood, Hannah	BUFT	42
Blakewood, John S	BUFT	42
Blakly, Robt	GRVL	486
Blakney, Jno	CHFD	144
Blakney, Sherred*	LCTR	182
Blalcok, Wm	YORK	426
Blalock, Jno	SPBG	201
Blalock, John	YORK	428
Blalock, Lavinia*	BNWL	459
Blalock, Mrs E***	EDFD	91
Blalock, Mrs R	EDFD	113
Blalock, P R	EDFD	43
Blalock, Peggy	BNWL	459
Blalock, Richd**	LRNS	319
Blalock, William	CHTN	172
Blamyer, Tracis	CHTN	284
Blanch, John	CHTN	475
Blanch, John Jr**	CHTN	475
Blanch, Mary	CHTN	475
Blanchard, Catharin	WMBG	303
Blanchard, Edward	CHTN	447
Blanchard, Staneslaus**	CHTN	442
Blanchet, Thos	ABVL	119
Blancken, C H*	CHTN	402
Bland, Dr E	EDFD	109
Bland, Frances	CHTN	307
Bland, G W	EDFD	99
Bland, Geo	DLTN	378
Bland, J A	EDFD	39
Bland, John	EDFD	33
Bland, John	CHTN	388
Bland, Mary	DLTN	381
Bland, P M	BNWL	445
Blanding, Henry W	BUFT	26
Blanding, James D	SMTR	184
Blanding, Thomas	COTN	363
Blaney, Adline	CHTN	434
Blanguard, William*	CHTN	425
Blank, J	CHTN	322
Blank, Sarah	CHTN	400
Blank, William	CHTN	436
Blanken, H*	CHTN	462
Blankensen, D*	BNWL	466
Blankenship, Frank	YORK	372
Blankenship, Newton*	YORK	470
Blankerstein, Catharine	RHLD	35
Blanks, Emily J	CHTR	77
Blanton, Ambros	UNON	285
Blanton, Amos*	HORY	22
Blanton, Charles	SPBG	299
Blanton, Claybourn**	SPBG	283
Blanton, D A	HORY	44
Blanton, D G	SPBG	287
Blanton, David	UNON	291
Blanton, David	HORY	23
Blanton, E J	SPBG	286
Blanton, Edward	UNON	286
Blanton, Franklin	SPBG	260
Blanton, James	UNON	286
Blanton, Jesse	YORK	475
Blanton, Jesse R	SPBG	291
Blanton, Lewis	SPBG	299
Blanton, Marion**	SPBG	253
Blanton, Martha	UNON	284
Blanton, Mary	CHTN	136
Blanton, Nancy	SPBG	299
Blanton, Nathaniel	UNON	285
Blanton, Vinson	UNON	284
Blanton, William T	BNWL	395
Blas, Martha*	EDFD	60
Blasengame, Mary**	PKNS	157
Blashfield, Mary*	PKNS	29
Blasingame, Nancy	UNON	297
Blaskett, N	CHTN	307
Blassengame, David	ADSN	335
Blassengame, Harrison	ADSN	334
Blassengame, Mary	ADSN	333
Blassengame, Sarah	ADSN	334
Blassengame, Thos	SPBG	312
Blassengame, Robert	ADSN	333
Blassingame, Bartholomew	PKNS	188
Blassinglime, Win G	PKNS	136
Blasswell, M D*	HRY	11
Blatchley, A K*	SPBG	258
Blats, Theresa	NWBY	304
Blaylock, James	UNON	189
Blaylock, James M*	LCTR	152
Blaylock, Lucy	UNON	186
Blaylock, Mary	UNON	187
Blaylock, William*	UNON	189
Bleachington, Hansford	BNWL	428
Bleachington, John	BNWL	448
Bleachington, Thos	BNWL	442
Blear, Adeline*	CHTN	517
Blease, Basil	NWBY	297
Blease, Bethany*	NWBY	297
Blease, H M	EDFD	44
Blease, Henry	NWBY	297
Blease, James H	NWBY	294
Blease, Thos W	NWBY	304
Blecher, Hariet**	CHTN	352
Bleckley, George W	PKNS	155
Bleckley, Sylvester	ADSN	155
Bleckly, Mariah	PKNS	162
Bledsoe, B	EDFD	154
Bledsoe, B W	EDFD	123
Bledsoe, E**	EDFD	121
Bledsoe, Elbert	EDFD	135
Bledsoe, John	EDFD	148
Bledsoe, Julius	EDFD	36
Bledsoe, L W	EDFD	155
Bledsoe, Lewis	EDFD	120
Bledsoe, Milley	EDFD	155
Bledsoe, V B	EDFD	155
Blein, L T*	CHTN	245
Bleven, John H	PKNS	30
Blewer, J Kinard	CHTN	154
Blewer, Jacob	CHTN	153
Blewer, W F	CHTN	164
Blichanton, William	BNWL	376
Blickwell, George M**	SMTR	152
Blickytin, John W	BNWL	339
Bligh, Mikel	CHTN	106
Blight, P	CHTN	367
Bliss, Henry	SPBG	328
Bliss, Miss J*	MRBO	145
Blitchington, Nancy*	BNWL	499
Blitckington, Maria	CHTN	456
Blizard, Eliza	FAFD	232
Blizard, V	FAFD	227
Blizzard, John	RHLD	63
Blizzard, John Y	RHLD	63
Block, H W	CHTN	505
Block, H*	CHTN	302
Blocker, A B*	COTN	249
Blocker, A D	COTN	256
Blocker, Alfred	COTN	316
Blocker, Alfred	COTN	294
Blocker, B	COTN	271
Blocker, B*	COTN	267
Blocker, Benjn	COTN	291
Blocker, Celia*	COTN	269
Blocker, Cenia	COTN	260
Blocker, Chas W	BUFT	96
Blocker, Edwin	COTN	274
Blocker, Gilbert*	COTN	281
Blocker, Henry*	COTN	266
Blocker, J W	COTN	289
Blocker, James R	COTN	274
Blocker, John	COTN	291

Name	Code	Page
Blocker, John	COTN	308
Blocker, Maj S B	EDFD	58
Blocker, Mary A**	COTN	264
Blocker, Morgan	COTN	308
Blocker, Mrs Nancy	EDFD	57
Blocker, Thomas	COTN	289
Blodget, S H*	KRSW	139
Blohme, J C**	CHTN	256
Blom, Beda	BNWL	402
Blondeau, E	CHTN	309
Bloodworth, Nancy*	LXTN	424
Bloodworth, Saml	LXTN	437
Bloom, Christian*	CHTN	256
Bloom, Darling	BNWL	403
Bloom, Gideon	ORBG	390
Bloom, J L	BNWL	406
Bloom, John	BNWL	381
Bloom, John	LXTN	410
Bloom, Louisa L*	BNWL	383
Bloom, Mary	CHTN	264
Bloomberg, Lewis	YORK	368
Bloome, C C	BNWL	481
Bloome, Darling	BNWL	379
Bloome, Darling B	BNWL	358
Bloome, George	BNWL	379
Bloome, Harriet	BNWL	378
Bloome, John H	BNWL	358
Blount, Benjn	COTN	251
Blount, Edwd A	BUFT	8
Blount, Margt	BUFT	59
Blount, Nancy*	LCTR	151
Blucher, John*	CHTN	197
Bludworth, J H	GETN	288
Blue, Alex	MARN	92
Blue, Archd	CHFD	94
Blue, Charles H	CHTN	410
Blue, Martha	MARN	91
Blue, Mary	MARN	92
Blue, Wm	MARN	92
Bluford, M	MARN	73
Bluford, Bird	ABVL	28
Bluford, John	LRNS	338
Bluford, Mary J*	ABVL	37
Bluford, Moses	ABVL	28
Bluford, William*	UNON	185
Bluite, Agusta**	CHTN	432
Blum, Est of J C	CHTN	459
Blum, Ester	CHTN	459
Blum, Frederick C	CHTN	414
Blum, J A*	CHTN	371
Blum, John A	CHTN	392
Blum, Louis	RHLD	17
Blum, Robert	CHTN	419
Blume, D S	BNWL	489
Blumingburg, Stewart	COTN	363
Blunt, John T**	CHTN	291
Blyden, Christopher	CHTN	373
Blyth, Andw A	ABVL	64
Blythe, A*	GRVL	420
Blythe, Absolem	GRVL	336
Blythe, David	GRVL	462
Blythe, Rosey J*	LCTR	157
Blyther, William Sr	SMTR	141
Blythewood, B R	BUFT	4
Bngman, Griffin	CHFD	103
Boag, E R	CHTN	237
Boag, Jacob	CHTN	184
Boag, Jonathan*	CHTN	182
Boag, Martha*	CHTN	183
Boag, Robenson*	CHTN	183
Boag, Theodore	CHTN	376
Boags, Margt**	ABVL	38
Boan, Daniel	CHFD	147
Boan, George	CHFD	167
Boan, Jesse	CHFD	170
Boan, John K*	NWBY	246
Board, S H	CHFD	120
Board, Wm H	DLTN	458
Boatenston, Elizabeth	BNWL	410
Boatman, Jason	UNON	215
Boatner, Helen	ADSN	181
Boatright, Abijah	MARN	140
Boatright, Eli	MARN	52
Boatright, J	MARN	51
Boatright, Jas	YORK	459
Boatright, Thos W	MARN	139
Boatright, W A	YORK	398
Boatwright, A	PKNS	65
Boatwright, B T	EDFD	2
Boatwright, Benj	RHLD	90
Boatwright, Dr*	BNWL	415
Boatwright, Elija	EDFD	12
Boatwright, Eliz	PKNS	65
Boatwright, Ellen	RHLD	42
Boatwright, Emily*	MARN	42
Boatwright, Foster*	FAFD	207
Boatwright, G R	CHFD	145
Boatwright, Geo	BNWL	437
Boatwright, Geo	LXTN	465
Boatwright, Geo	LXTN	423
Boatwright, J B	COTN	286
Boatwright, J C D	COTN	277
Boatwright, James	EDFD	190
Boatwright, Jas*	MARN	32
Boatwright, John	LXTN	438
Boatwright, John B	COTN	277
Boatwright, John H	RHLD	27
Boatwright, Lewis	CHFD	145
Boatwright, Martin	LXTN	438
Boatwright, N	GETN	319
Boatwright, Patience	LXTN	438
Boatwright, Samuel	CHFD	137
Boatwright, Sarah	BNWL	437
Boatwright, T	GETN	310
Boatwright, Thomas	LXTN	438
Boatwright, Wiley*	EDFD	198
Boatwright, William B	RHLD	64
Boatwright, Wm	KRSW	109
Boatwright, Wm	LXTN	464
Boatwright, Wm Sr	LXTN	464
Boazman, D C	NWBY	250
Bob, Cargal	UNON	215
Bob, Sarah	NWBY	249
Boba, Sampson	ADSN	238
Bobb, Frank*	NWBY	289
Bobit, Jas	YORK	425
Bobo, C B	SPBG	349
Bobo, C B	LRNS	338
Bobo, C D	UNON	267
Bobo, D T	UNON	192
Bobo, DeWitt C	NWBY	268
Bobo, Edwin	SPBG	324
Bobo, Elisa*	UNON	193
Bobo, Hampton**	LRNS	323
Bobo, Hiram	SPBG	350
Bobo, Iry*	UNON	248
Bobo, J S	UNON	192
Bobo, Jason	UNON	261
Bobo, John	UNON	192
Bobo, John	NWBY	263
Bobo, John W	SPBG	327
Bobo, Josephine H**	BNWL	390
Bobo, Kin	UNON	260
Bobo, Kin	UNON	192
Bobo, Louis	UNON	190
Bobo, Margaret**	ORBG	337
Bobo, Mary	UNON	192
Bobo, Murphy	UNON	260
Bobo, Nolen*	UNON	195
Bobo, Penny	ORBG	337
Bobo, R N	UNON	260
Bobo, Rebeca**	ORBG	335
Bobo, Robert*	UNON	191
Bobo, Robt W*	SPBG	352
Bobo, Simpson	SPBG	306
Bobo, Thomas	UNON	190
Bobo, William	UNON	195
Bobo, Young	UNON	260
Bochett, Amarentha*	CLDN	205
Bochett, B M	CLDN	204
Bochett, W H	CLDN	237
Bochett, W H	CLDN	204
Bock, Jos	CHTN	326
Boddie, Bina	EDFD	188
Bode, H	CHTN	513
Bodesa, Matilda*	CHTN	501
Bodie, Caroline**	EDFD	183
Bodie, D A	EDFD	34
Bodie, Dederick	CHTN	512
Bodie, F E	EDFD	177
Bodie, J P	EDFD	120
Bodie, James C	LXTN	420
Bodie, John	EDFD	17
Bodie, N A	EDFD	155
Bodie, Obediah	EDFD	197
Bodie, Obediah Jr	EDFD	197
Bodie, Sophia*	LXTN	421
Bodie, W S	EDFD	195
Bodiford, H M	COTN	288
Bodiford, Nelson	BNWL	387
Bodiford, Peggy	MRBO	177
Bodiford, Sarah	MRBO	162
Bodiford, Silas	DLTN	450
Body, Jas R	ABVL	17
Body, Mary	BNWL	419
Body, Michael	BNWL	419
Boechen, Charles*	RHLD	10
Bofill, Paul	RHLD	56
Bogacki, A P	BNWL	471
Bogan, Alsey	SPBG	248
Bogan, Holden	SPBG	254
Bogan, Isaac	SPBG	248
Bogan, J C	UNON	244
Bogan, Martha	UNON	244
Bogan, Nancy*	UNON	191
Bogan, R L	UNON	243
Bogan, William	SMTR	178
Bogers, M E	BNWL	459
Boggs, Aaron	PKNS	171
Boggs, Aaron	PKNS	29
Boggs, Aaron H	PKNS	188
Boggs, Adison	ADSN	299
Boggs, D Chalmers	PKNS	19
Boggs, Eliza	ADSN	179
Boggs, George W B	PKNS	180
Boggs, Henry G	PKNS	190
Boggs, James A	PKNS	171
Boggs, James M	PKNS	172
Boggs, John C	ADSN	301
Boggs, Joseph G	PKNS	185
Boggs, Joseph H	PKNS	185
Boggs, Leander	PKNS	172
Boggs, Martha	PKNS	169
Boggs, Martha J*	PKNS	183
Boggs, Nancy	PKNS	179
Boggs, Nelia	PKNS	79
Boggs, Rev G W	FAFD	206
Boggs, Saml G	FAFD	207
Boggs, Thomas G	PKNS	180
Boggs, Thomas H	PKNS	180
Boggs, W R	PKNS	3
Boggs, William E*	RHLD	48
Bogs, Caroline*	YORK	367
Bogs, R S	YORK	449
Bogs, T G	YORK	382
Bogs, Wm	YORK	382
Bogus, R*	LRNS	337
Bohannan, Sarah	ADSN	203
Bohlaber, Geo*	ORBG	408
Bohlen, Andrew	LRNS	239
Bohlen, Anna A*	CHTN	430
Bohles, Mary A	CHTN	511
Bohlin, J N	LRNS	266
Bohn, Joseph*	CHTN	479
Boice, Dempsey	SMTR	114
Boice, Robert*	UNON	273
Boid, Robt	ADSN	248
Boilan, Jane	CHTN	347
Boilan, P*	CHTN	247
Boiles, J R	FAFD	234
Boiles, Jefferson	BNWL	496
Boiles, Wm	FAFD	240
Boiles, Wm	FAFD	234
Boilston, Sarah	BNWL	410
Boineas, S H	COTN	290
Boinert, T S	NWBY	256
Boinest, Mrs M**	CHTN	346
Boings, Calvin*	HORY	43
Bokan, Mary**	CHTN	206
Bolam, Patrick	CHTN	192
Bolan, James	BUFT	24
Bolan, Richd*	CHTN	247
Bolan, Thos Y	BUFT	24
Boland, Elizabeth*	NWBY	276
Boland, Geo	NWBY	295
Boland, Hamilton	NWBY	269
Boland, Jno	NWBY	288
Boland, John A	NWBY	213
Boland, Joseph	NWBY	213
Boland, Levi	LXTN	408
Boland, Louisa*	LXTN	446
Boland, Lovinia	LXTN	405
Boland, Mark	NWBY	232
Boland, Micl	NWBY	213
Bolch, Alfred	CHTN	80
Bold, Charles M	BUFT	1
Bold, Howard E	BUFT	4
Bold, Jos Walker*	BUFT	4
Boldan, G W	BNWL	406
Boldin, Cinthy	BNWL	406
Bolding, J T	BNWL	406
Bole, James	ABVL	113
Bolen, Elizer	EDFD	86
Bolen, George*	SPBG	415
Bolen, Henry	ORBG	384
Bolen, Jacob	ORBG	382
Bolen, James**	ORBG	366
Bolen, Martin*	ORBG	363
Bolen, Mary	ORBG	381
Bolen, Mary	ORBG	366
Bolen, Squire	ORBG	382
Bolen, Wiatt	ORBG	366
Bolen, William	ORBG	366
Bolen, Wm	SPBG	424
Boles, Andrew**	CHTN	460
Boles, John**	NWBY	265
Boles, Maj J	EDFD	62
Boleton, Jacob*	ORBG	386
Boleyn, D L	MARN	75
Bolger, H H	CHTN	365
Bolger, John J	GETN	288
Bolger, Michael	CHTN	227
Bolger, W W	CHTN	366
Bolick, Cephas	CHTR	26
Bolick, Ellen L**	FAFD	264
Bolick, Est of Jane	FAFD	265
Bolick, L M	FAFD	255
Bolick, Wm A*	CHTR	31
Bolin, Allison	YORK	506
Bolin, Henry	LXTN	386
Bolin, John	YORK	506
Bolin, John L	YORK	432
Bolin, Joseph	YORK	506
Bolin, Lewis	YORK	497
Bolin, Riley	YORK	497
Bolin, Thadius	YORK	506
Bolin, Van Buren**	YORK	508
Boling, E S	EDFD	51
Boling, Isiah	SPBG	265
Boling, Jeremiah	GRVL	515
Bolinger, A B	YORK	400
Bolk, John K	PKNS	3
Bollens, Polly	SPBG	204
Boller, Saml F	LXTN	426
Bolles, Edward	ORBG	400
Bolles, Peter**	DLTN	384
Bolles, W D	ADSN	274

Name	Loc	Pg	Name	Loc	Pg	Name	Loc	Pg	Name	Loc	Pg
Bollin, Charles J	RHLD	29	Bone, Jackson	CHFD	154	Boone, J E*	WMBG	332			
Bolling, John W*	GRVL	378	Bone, Jacob	CHFD	95	Boone, J L	EDFD	129			
Bolling, Robert	GRVL	432	Bone, Jno	CHFD	98	Boone, M L*	RHLD	54			
Bolling, Thadius	GRVL	414	Bone, Jno L P	CHFD	107	Boone, Mary E*	KRSW	125			
Bollinger, William	RHLD	18	Bone, John	MARN	3	Boone, S F	EDFD	138			
Bollmann, William*	CHTN	415	Bone, K	CHFD	154	Boone, Sarah*	COTN	331			
Bollon, E L	LRNS	222	Bone, M A L*	WMBG	327	Boone, Sarah G*	RHLD	54			
Bollough, John	BHTN	99	Bone, M E*	WMBG	328	Boone, W J	COTN	326			
Bollough, Kesse	CHTN	99	Bone, M J	GETN	311	Boone, Waring*	CHTN	190			
Bolt, Abram	ADSN	285	Bone, Mary	CHFD	130	Boone, Z	KRSW	122			
Bolt, Asa	ADSN	285	Bone, N P	GETN	319	Boose, James*	CLDN	232			
Bolt, Barbara**	LRNS	266	Bone, Nancy	GETN	304	Boosy, Robert*	UNON	215			
Bolt, Charles	UNON	208	Bone, Nancy*	NWBY	295	Booth, Ann E	DLTN	473			
Bolt, D B	LRNS	265	Bone, Robt	MARN	3	Booth, Elizabeth*	MARN	49			
Bolt, Ed	LRNS	265	Bone, S	KRSW	98	Booth, Ellen M*	CHTN	284			
Bolt, Isham	PKNS	92	Bone, Samuel*	CHFD	120	Booth, J J	HORY	32			
Bolt, J D*	BUFT	29	Bone, Sarah*	FAFD	210	Booth, J N	HORY	53			
Bolt, Jas	LRNS	262	Bone, Sarah	GETN	297	Booth, James T	HORY	32			
Bolt, Jas B	LRNS	260	Bone, Tempe	LRNS	256	Booth, Jas	EDFD	16			
Bolt, Jas S	LRNS	265	Bone, Thos	GETN	304	Booth, John	GETN	316			
Bolt, Jason	LRNS	265	Bone, William	SPBG	214	Booth, Margaret	DLTN	473			
Bolt, Jno	LRNS	298	Boner, Normon*	UNON	192	Booth, Mary A	DLTN	446			
Bolt, Jno	LRNS	278	Bones, Elizabeth*	FAFD	229	Booth, R A	MARN	50			
Bolt, Jno	LRNS	265	Bones, John*	RHLD	48	Booth, Simeon	EDFD	16			
Bolt, Leah**	LRNS	259	Boney, Andrew	FAFD	14	Booth, Susy	DLTN	437			
Bolt, Mary*	LRNS	298	Boney, Arthur*	FAFD	202	Booth, Thos W	HORY	31			
Bolt, Robert	ADSN	294	Boney, Esenia*	FAFD	229	Boothe, Benj	EDFD	17			
Bolt, Saml	LRNS	282	Boney, J B	FAFD	229	Boothe, Julius	EDFD	79			
Bolt, Thomas	ADSN	281	Boney, John*	FAFD	264	Boothe, Sarah*	MARN	82			
Bolt, Thomas W*	ADSN	294	Boney, Nancy*	RHLD	54	Boothe, Thomas	COTN	275			
Bolt, W F	LRNS	250	Boney, Robt W	FAFD	203	Booza, Dr A P	ABVL	39			
Bolt, Wiley	LRNS	259	Boney, W A*	FAFD	264	Boozer, B F	NWBY	223			
Bolt, William**	ADSN	307	Boney, William	SPBG	250	Boozer, Caroline	NWBY	236			
Bolt, William	ADSN	252	Bonham, Hon M L	EDFD	44	Boozer, D T	NWBY	223			
Bolt, William	ADSN	285	Bonham, Ross	LRNS	269	Boozer, D W	NWBY	226			
Bolt, Wm	LRNS	299	Boniface, Louis	CHTN	266	Boozer, Daniel	NWBY	250			
Bolt, Wm	LRNS	286	Bonnan, G	CHTN	121	Boozer, Danl	NWBY	223			
Bolt, Wm	LRNS	262	Bonne, Mrs Ellen**	CHTN	333	Boozer, David N*	ABVL	52			
Bolt, Wm F*	LRNS	260	Bonneair, P P	CHTN	108	Boozer, Elizabeth C	NWBY	295			
Boltin, Evan	ORBG	380	Bonneau, A*	CHTN	312	Boozer, Eve	NWBY	220			
Boltin, Hilliard	ORBG	381	Bonneau, Arnold	CHTN	177	Boozer, F L	NWBY	261			
Bolton, Abner	EDFD	41	Bonneau, Francis M	CHTN	430	Boozer, F S	NWBY	294			
Bolton, Britton	MRBO	147	Bonneau, Francis*	CHTN	472	Boozer, Fred	NWBY	233			
Bolton, C P*	CHTN	371	Bonneau, Francis M**	CHTN	223	Boozer, Fred	NWBY	224			
Bolton, David*	LXTN	451	Bonneau, John E	CHTN	47	Boozer, G B	NWBY	245			
Bolton, Edmd	EDFD	53	Bonneau, Martha	CHTN	178	Boozer, Geo	NWBY	233			
Bolton, Eve	LXTN	449	Bonneau, Mary*	CHTN	412	Boozer, Geo H	NWBy	233			
Bolton, Jas H	MRBO	198	Bonneau, Matilda**	CHTN	414	Boozer, H A	NWBY	221			
Bolton, Joseph	EDFD	120	Bonneau, Mrs*	CHTN	315	Boozer, Henry*	NWBY	298			
Bolton, Robert	RHLD	37	Bonnell, John	CHTN	225	Boozer, Henry	NWBY	223			
Bolton, Sarah A**	LXTN	428	Bonner, Andrew	SPBG	289	Boozer, Henry	CHTN	386			
Bolton, Wm	EDFD	86	Bonner, Bryant	SPBG	289	Boozer, J D*	NWBY	305			
Boman, Clara	CHTN	442	Bonner, J*	SPBG	259	Boozer, J*	SPBG	258			
Boman, Elizabeth*	CHTN	427	Bonner, Jno J	ABVL	152	Boozer, J J	LRNS	229			
Boman, William S	CHTN	447	Bonner, Mrs	CHTN	314	Boozer, J N	LXTN	432			
Bomar, A C	SPBG	396	Bonner, Parmus	BNWL	437	Boozer, Jacob	NWBY	223			
Bomar, Alfred	SPBG	394	Bonnet, Artimus	BNWL	411	Boozer, Jacob H	NWBY	219			
Bomar, Catharine	SPBG	393	Bonnet, Caroline*	RHLD	55	Boozer, John C	NWBY	233			
Bomar, G W	CHTN	318	Bonnet, Charles*	ORBG	407	Boozer, John**	ABVL	52			
Bomar, Henriette*	CHTN	289	Bonnet, David	BNWL	411	Boozer, John A	NWBY	226			
Bomar, Isham F	SPBG	394	Bonnet, John	BNWL	411	Boozer, L H M	NWBY	227			
Bomar, John	GRVL	394	Bonnet, Mary V	ORBG	406	Boozer, L L	NWBY	205			
Bomar, John	CHTN	318	Bonnet, R W*	BNWL	456	Boozer, Lemuel	LXTN	433			
Bomar, John E	SPBG	312	Bonnett, Daniel	ORBG	376	Boozer, Margaret	NWBY	224			
Bomar, Thomas J	SPBG	225	Bonnett, George	ORBG	386	Boozer, Mary	ABVL	63			
Bomar, William	GRVL	444	Bonnett, H H	ORBG	402	Boozer, Mary**	RHLD	28			
Bomar, Wm B	SPBG	394	Bonnett, Henry	ORBG	389	Boozer, S P	NWBY	296			
Bomemann, Frederick W	CHTN	448	Bonnett, John	ORBG	389	Boozer, S P*	LRNS	232			
Bomers, John	SPBG	424	Bonnett, Sallie	ORBG	384	Boozer, S S	NWBY	223			
Bomkessel, Anna*	CHTN	101	Bonnett, Susan	ORBG	376	Boozer, S W	LXTN	435			
Bon, Lewis	BNWL	421	Bonney, E W	KRSW	135	Boozer, Susannah**	NWBY	296			
Bon, Martin*	BNWL	409	Bonny, Emma**	ORBG	349	Boozer, T	NWBY	298			
Bon, S W	BNWL	412	Bontosh, Nicholas*	CLDN	225	Boozer, Thomas N	NWBY	234			
Bon, Thos	BNWL	412	Bonum, John	CHTN	365	Boozer, Thos	NWBY	236			
Bon, W H	BNWL	418	Bonum, John	GRVL	386	Boozer, Washington	NWBY	222			
Bonabager, Philip	LXTN	433	Bonum, Land	GRVL	390	Boozer, Wm B	NWBY	222			
Bonchineau, Chas*	CHTN	325	Boogle, George	RHLD	36	Bopee, Louis	SPBG	312			
Bond, Dr J A	NWBY	270	Booie, Arthur	ADSN	233	Borcut, Edward	RHLD	40			
Bond, H J	MARN	14	Booie, Martin	ADSN	233	Bordeaux, H*	COTN	333			
Bond, Israel Sr	ABVL	47	Booken, J H	CHTN	260	Borders, Austin	YORK	420			
Bond, Jno P	ABVL	47	Booker, John	SPBG	411	Borders, Jno	YORK	483			
Bond, John**	CHTN	365	Booker, Thomas	UNON	186	Borders, S*	SPBG	258			
Bond, O J	MARN	18	Booker, Thos*	SPBG	417	Bordinare, Henry*	BUFT	32			
Bond, Saml L	ABVL	53	Bookhard, William	ORBG	311	Boretue, E	CHTN	257			
Bond, Wm T	HORY	56	Bookhards, L M	FAFD	225	Borgan, G*	CHTN	263			
Bonds, Elizb*	ABVL	2	Bookhart, J A	ORBG	313	Borgard, Elizabeth*	CHTN	504			
Bonds, H K	LRNS	317	Bookhart, M E	ORBG	312	Borgas, Henry	CHTN	515			
Bonds, Joel	BNWL	388	Bookhart, Samuel W	RHLD	71	Borger, J J	CHTN	381			
Bonds, Lemuel	UNON	251	Bookman, Ann J*	SPBG	306	Borne, James	PKNS	111			
Bonds, Moses W	ABVL	97	Bookman, David	LXTN	375	Borne, Miss*	CHTN	320			
Bonds, Rebecca*	LCTR	157	Bookman, J	FAFD	215	Borne, Sarah	PKNS	127			
Bonds, S J	EDFD	21	Bookman, John*	CHTN	197	Borneau, H	CHTN	313			
Bonds, William	BNWL	408	Bookman, Saml	LXTN	375	Borneman, H	CHTN	297			
Bonds, Wm	LCTR	157	Bookman, Sarah S	SPBG	306	Borneman, R	CHTN	321			
Bone, A	CHFD	184	Bookter, Martha P	RHLD	68	Bornemann, John H	CHTN	287			
Bone, Alfert	CHFD	107	Booling, E W	BNWL	496	Borner, F C	CHTN	300			
Bone, Capt John W	MRBO	206	Boomar, Booker	SPBG	263	Borner, Nancy J*	SPBG	215			
Bone, Charles	CHFD	138	Boon, Ben	CHTN	421	Borner, Seelus	CHTN	108			
Bone, Charles**	MRBO	208	Boon, Christopher	CHFD	99	Borner, Wm	CHTN	186			
Bone, Charles	CHFD	125	Boon, David	CHFD	95	Boroman, Jane*	CHTN	340			
Bone, Daniel	CHFD	136	Boon, Jno	CHFD	99	Boroughs, Elijah P	PKNS	168			
Bone, David	CHFD	95	Boon, L*	HORY	43	Boroughs, Jacob	PKNS	187			
Bone, E	CHFD	139	Boon, Lesette	CHTN	505	Borse, Christopher**	CHTN	23			
Bone, Godfrey*	LXTN	430	Boon, Sarah	PKNS	107	Borstell, F C V	ADSN	257			
Bone, Isaac S	LCTR	145	Boon, Z	KRSW	115	Borum, John	GETN	312			
Bone, J D	HORY	6	Boone, David	NWBY	281						

Name	Loc	Pg	Name	Loc	Pg	Name	Loc	Pg
Bosch, Jno F	CHTN	359	Bourhous, Louisa**	CHTN	104	Bowers, J M	BNWL	443
Bosdell, William	ABVL	43	Bouris, Wm W	ABVL	119	Bowers, J T	KRSW	93
Bose, Carston	COTN	329	Bourke, M*	CHTN	463	Bowers, Jacob A	NWBY	215
Boseman, W	DLTN	376	Bourkmeyer, John	CHTN	274	Bowers, Jacob S	NWBY	293
Boshers, M D	SPBG	416	Bourn, C G	ADSN	255	Bowers, Jane*	BUFT	88
Boshing, Sarah*	CHTN	207	Bourn, Mattison	PKNS	166	Bowers, John	NWBY	215
Bosier, Isaac	EDFD	163	Bourn, Moses	HORY	11	Bowers, John	BUFT	80
Bosier, Tom	CLDN	206	Bourne, Joseph	PKNS	114	Bowers, John	CHTN	417
Boss, Edney	EDFD	108	Bourne, William	PKNS	167	Bowers, John	BNWL	454
Bossard, Charlotte	SMTR	182	Bourn, Ephraim	SPBG	421	Bowers, Letha	BNWL	454
Bossard, Joseph S	SMTR	124	Bouryer, Mrs Jemima	MRBO	189	Bowers, Martha A*	BUFT	80
Bost, Harvey*	ABVL	152	Bouryer, Thos W	MRBO	146	Bowers, Mary*	GRVL	379
Bost, L M	SPBG	302	Bous, Elizh*	LRNS	320	Bowers, Mary	SPBG	366
Bostick, A J	MARN	64	Bous, Richd	LRNS	321	Bowers, Miss J	EDFD	52
Bostick, B J	GETN	295	Boutwell, Wm	BUFT	31	Bowers, Nathan**	LCTR	213
Bostick, B R	BUFT	70	Bowan, S*	CHTN	307	Bowers, Peter*	CHTN	199
Bostick, Banjn R Jr	BUFT	74	Bowden, A B	ADSN	254	Bowers, Robert C	BUFT	77
Bostick, Edward	BUFT	50	Bowden, James E***	MRBO	202	Bowers, Robert E	PKNS	153
Bostick, Eliza M	BUFT	70	Bowden, Jane*	FAFD	214	Bowers, Robt	LCTR	212
Bostick, J H	GETN	322	Bowden, Minena	LRNS	328	Bowers, Rora A	BUFT	80
Bostick, J M	CHFD	185	Bowden, Nancy*	GRVL	391	Bowers, Rosa*	CHTN	199
Bostick, Jacob A	BUFT	69	Bowden, R L	LRNS	318	Bowers, S E	EDFD	116
Bostick, Jane	MARN	125	Bowden, Ramsey	GRVL	396	Bowers, Samuel	NWBY	298
Bostick, Joel	RHLD	85	Bowden, Reben	GRVL	396	Bowers, Susan*	BUFT	88
Bostick, John S	BUFT	69	Bowen, Alexr C	ABVL	106	Bowers, W B	BNWL	454
Bostick, Levi T	DLTN	449	Bowen, Ann	KRSW	109	Bowers, William	GRVL	506
Bostick, Richard F**	BUFT	70	Bowen, Benjn**	COTN	362	Bowers, William	BUFT	80
Bostick, Sarah A*	BUFT	74	Bowen, E B	ADSN	178	Bowers, William A	BUFT	33
Bostick, T J*	GRVL	419	Bowen, Elizabeth	GRVL	500	Bowers, Wm	LCTR	207
Bostick, Thos J	MARN	64	Bowen, Elizabeth	ADSN	211	Bowers, Wm B L	BUFT	65
Bostick, W M	BNWL	456	Bowen, F E	GRVL	420	Bowers, Wm J**	LCTR	209
Bostick, Wm Mc R	BUFT	89	Bowen, Fred	KRSW	110	Bowick, Mary	CHTN	373
Bostwick, Edward*	RHLD	73	Bowen, Geo W	ABVL	105	Bowie, Acey	ABVL	125
Bostwick, Jas T	MARN	60	Bowen, Geo W	ABVL	138	Bowie, Arch S	MARN	43
Bostwick, John	RHLD	85	Bowen, J H	SPBG	391	Bowie, Catherine**	MARN	108
Bostwick, Susan	RHLD	10	Bowen, Jacob*	EDFD	180	Bowie, Doctor	ABVL	82
Bostwick, Susan*	SPBG	238	Bowen, James	ABVL	115	Bowie, Franklin	ABVL	61
Boswell, Benjamin	GRVL	338	Bowen, John	PKNS	153	Bowie, Franklin	ABVL	126
Boswell, C W	CLDN	198	Bowen, John C*	PKNS	150	Bowie, Henry B	ABVL	126
Boswell, Elizabeth*	HORY	56	Bowen, John G	PKNS	156	Bowie, J W**	ADSN	214
Boswell, Jesse	DLTN	468	Bowen, Jones	ADSN	219	Bowie, James P	ABVL	125
Boswell, Mahalda	SPBG	376	Bowen, Jones	ABVL	119	Bowie, Jane D	ABVL	151
Boswell, Maj G	EDFD	89	Bowen, Louisa A*	PKNS	150	Bowie, Jno*	ABVL	78
Boswell, S M	KRSW	140	Bowen, Lydia*	EDFD	180	Bowie, John	CHTN	272
Boswell, Wm	LRNS	258	Bowen, Margt W*	CHTN	190	Bowie, Langdon	CHTN	375
Bosworth, Robt	ABVL	19	Bowen, Martha	CHTN	510	Bowie, Miss Em A*	EDFD	41
Botenstone, Henry W	BNWL	390	Bowen, Martha A*	PKNS	125	Bowie, Nancy C	SPBG	306
Bottans, Elias	PKNS	60	Bowen, Mary	DLTN	440	Bowie, Robt*	ABVL	26
Bottoms, David	PKNS	60	Bowen, Mary	KRSW	127	Bowie, William J	ABVL	126
Bottoms, L L	CHFD	115	Bowen, Mary	PKNS	180	Bowin, Fairly	MRBO	193
Bottoms, R H	PKNS	21	Bowen, Mary A	KRSW	11	Bowin, Martha	MRBO	193
Bouchelle, J N*	EDFD	184	Bowen, Nancy	GRVL	329	Bowis, Jas*	YORK	374
Bouchelle, L B**	EDFD	152	Bowen, Penelope*	SMTR	140	Bowldin, Berry	PKNS	177
Boucher, T W	CHFD	188	Bowen, Phillip	KRSW	126	Bowldin, Mary	PKNS	177
Bouchette, C L	ORBG	323	Bowen, Reese	PKNS	141	Bowles, Elizabeth	NWBY	246
Bouchillow, Jane*	ABVL	1	Bowen, Rev W B	LXTN	455	Bowles, Ezekiah*	PKNS	168
Bouchillow, Joseph L	ABVL	4	Bowen, Robert	ADSN	334	Bowles, T T*	NWBY	300
Bouggeman, T W	CHTN	103	Bowen, Robt M	GRVL	328	Bowlin, Albert D	ADSN	164
Boughan, W	COTN	282	Bowen, Samuel L*	ADSN	254	Bowlin, Catherine**	PKNS	187
Bouhitt, Charles	ADSN	259	Bowen, Starting	ABVL	103	Bowlin, James M	PKNS	187
Bouknight, Caleb	RHLD	33	Bowen, Sterling	ABVL	137	Bowlin, John T	PKNS	179
Bouknight, Catharine	LXTN	394	Bowen, Stirling M	ABVL	105	Bowlin, Johnothin L	PKNS	187
Bouknight, Geo	LXTN	377	Bowen, Suaana	YORK	409	Bowlin, Sallie	SPBG	365
Bouknight, J*	NWBY	300	Bowen, Thos	CHTN	298	Bowling, Benjamin	GRVL	344
Bouknight, J F*	NWBY	296	Bowen, Thos M	ADSN	211	Bowling, Lawson	SPBG	265
Bouknight, J M	LXTN	374	Bowen, W R	PKNS	176	Bowman, A*	ORBG	409
Bouknight, James**	LXTN	373	Bowen, W W	KRSW	126	Bowman, A Z	ABVL	116
Bouknight, Jesse	LXTN	379	Bowen, William R	PKNS	157	Bowman, Caleb	ORBG	376
Bouknight, Joel	LXTN	377	Bowen, Wm	LRNS	330	Bowman, Caroline**	COTN	347
Bouknight, Joseph	LXTN	377	Bower, E W	LXTN	403	Bowman, D W	COTN	345
Bouknight, Josiah W	LXTN	377	Bower, G W	LXTN	406	Bowman, Daniel	ORBG	351
Bouknight, L	EDFD	176	Bower, George S	RHLD	13	Bowman, David	ORBG	350
Bouknight, M J	LXTN	378	Bower, Sarah A	LXTN	403	Bowman, Eliza	CHTN	105
Bouknight, Mary**	EDFD	155	Bowers, A M*	NWBY	304	Bowman, Elizabeth*	PKNS	90
Bouknight, Mary	EDFD	189	Bowers, Abram E	BUFT	80	Bowman, F	BNWL	467
Bouknight, R A	LXTN	376	Bowers, Alexander	GRVL	508	Bowman, G L	COTN	346
Bouknight, T W	LXTN	376	Bowers, Anderson	LCTR	213	Bowman, Geo A	CHTN	228
Bouknight, W J	EDFD	161	Bowers, Anderson	LCTR	205	Bowman, George	CHTN	136
Bouknight, W J	LXTN	377	Bowers, Anthony	GRVL	385	Bowman, J D W	COTN	352
Boulge, John**	CHTN	502	Bowers, B F	BNWL	444	Bowman, James	COTN	365
Boulten, Henenretta**	CHTN	501	Bowers, Charles N*	BUFT	80	Bowman, Jno*	CHTN	317
Boulward, Est B J	FAFD	254	Bowers, D U	BUFT	15	Bowman, John S	ORBG	344
Boulware, A E	FAFD	270	Bowers, David	NWBY	254	Bowman, John W	ORBG	350
Boulware, Coleman	FAFD	232	Bowers, Dianna	LCTR	197	Bowman, Julia**	CHTN	500
Boulware, D P*	FAFD	202	Bowers, Eaddy C*	BUFT	80	Bowman, Lizzie M*	SPBG	316
Boulware, George	FAFD	211	Bowers, Edward	LCTR	178	Bowman, Martha	ORBG	341
Boulware, Green F**	CHTR	34	Bowers, Elifus	GRVL	384	Bowman, Mis C*	BUFT	5
Boulware, H	EDFD	108	Bowers, Eliza H*	BUFT	80	Bowman, Mrs A	CHTN	228
Boulware, Hamilton*	NWBY	246	Bowers, Eliza**	BUFT	88	Bowman, Orin N	ORBG	344
Boulware, Hardy	EDFD	159	Bowers, Eliza**	BNWL	454	Bowman, Polly	BUFT	47
Boulware, J C	FAFD	230	Bowers, Elizabeth	BNWL	454	Bowman, Reddich	ORBG	341
Boulware, J R	NWBY	227	Bowers, F O*	NWBY	305	Bowman, Revd P G	COTN	361
Boulware, Miss E	FAFD	245	Bowers, Franklin*	CHTN	199	Bowman, S M C	LRNS	242
Boulware, O	FAFD	202	Bowers, Frederick	PKNS	23	Bowman, Samuel	BNWL	361
Boulware, Obadiah	FAFD	270	Bowers, G C	BNWL	495	Bowman, Sarah A	ORBG	335
Boulware, Osmund	FAFD	271	Bowers, G M	NWBY	213	Bowman, Susan	ORBG	341
Boulware, Regina	FAFD	270	Bowers, Geo C	ABVL	23	Bowman, Susan J*	CLDN	206
Boulware, Reuben B	FAFD	271	Bowers, George E*	BUFT	80	Bowman, T E D	ORBG	335
Boulware, Saml*	FAFD	241	Bowers, Giles E*	BUFT	80	Bowman, Thomas H	CHTN	292
Boulware, Sarah*	FAFD	205	Bowers, Glady*	COTN	364	Bowman, Virginia C	RHLD	58
Boulware, Thos*	FAFD	270	Bowers, H E	BNWL	444	Bowman, William	ADSN	273
Boulware, Thos	CHTR	90	Bowers, Hampton	COTN	266	Bowman, Wm	DLTN	468
Boulware, William*	EDFD	159	Bowers, Herrendine	BUFT	80	Bowmaro, C	COTN	339
Bounds, James	MRBO	249	Bowers, Hosea P*	BUFT	80	Bowne, E	CHFD	186
Bounetheau, L J	CHTN	263	Bowers, Isaac	COTN	267	Bowser, Judy	CHTR	21
Bourden, Buckner	CHTN	159	Bowers, J B	KRSW	97	Bowser, Lucinda**	CHTR	76

Name	Loc	Pg	Name	Loc	Pg	Name	Loc	Pg	Name	Loc	Pg
Bowser, Nathan*	CHTR	19	Boyd, John	FAFD	253	Boyl, John*	GETN	300
Bowshea, Edward	CHTN	501	Boyd, John H	SMTR	169	Boylan, Philip	CHTN	200
Bowyer, Elizabeth	COTN	341	Boyd, John H	YORK	412	Boylan, Thomas	CHTN	380
Box, Edwd W	BUFT	60	Boyd, John Sr	FAFD	216	Boyle, Allen D	CHTN	445
Box, Esther	BUFT	15	Boyd, John*	HORY	23	Boyle, Allston*	RHLD	76
Box, H R	BUFT	15	Boyd, John	FAFD	216	Boyle, Anna*	CHTN	322
Box, Jos	LRNS	288	Boyd, John	BNWL	438	Boyle, C R	COTN	368
Box, Kisson**	COTN	329	Boyd, Joseph	BNWL	430	Boyle, Col R	CHTN	132
Box, Lucy A*	BUFT	61	Boyd, Joseph	PKNS	17	Boyle, Cunningham	SMTR	116
Box, Rebecca**	CHTN	276	Boyd, Leroy*	CHTR	25	Boyle, Daniel*	ADSN	254
Boyce, Benjaman	SMTR	110	Boyd, Louisa*	HORY	52	Boyle, Edward V	RHLD	76
Boyce, Drenny	GRVL	458	Boyd, Lucy*	UNON	204	Boyle, Eleazer	SPBG	297
Boyce, Hampden	SMTR	117	Boyd, M A	BUFT	90	Boyle, Elizabeth	CHTN	132
Boyce, James P	GRVL	408	Boyd, M J	NWBY	248	Boyle, George	ADSN	263
Boyce, Jno L**	CHTR	79	Boyd, M M	NWBY	231	Boyle, Jno	LRNS	231
Boyce, John	GRVL	490	Boyd, Madison	BNWL	451	Boyle, Joannah	GRVL	415
Boyce, M L*	LRNS	231	Boyd, Margaret**	YORK	412	Boyle, John**	CHTN	218
Boyce, Margaret*	RHLD	22	Boyd, Margaret	NWBY	264	Boyle, John**	CHTN	210
Boyce, Maria	CHTN	263	Boyd, Margaret J	YORK	412	Boyle, Mary E J	COTN	331
Boyce, Mary	CHTN	382	Boyd, Margt	DLTN	439	Boyle, Michael	PKNS	44
Boyce, Mary	SMTR	113	Boyd, Martha E*	GRVL	416	Boyle, Pat*	RHLD	46
Boyce, Nancy E	LRNS	339	Boyd, Mary N	YORK	406	Boyles, Charles	BNWL	454
Boyce, Rev Jas	FAFD	274	Boyd, Mary*	FAFD	226	Boyles, Ellen	CHTR	46
Boyce, S S	EDFD	41	Boyd, Mary	YORK	457	Boyles, Henry	BNWL	490
Boyce, Silas*	GRVL	420	Boyd, Mary	CHTN	186	Boyles, Jackson	YORK	441
Boyce, Thomas L	GRVL	433	Boyd, Mary	FAFD	218	Boyles, James	BUFT	46
Boyce, W W	FAFD	282	Boyd, Mary A	YORK	459	Boyles, James H	BUFT	73
Boyce, William*	GRVL	460	Boyd, Mary F*	ABVL	149	Boyles, John	BUFT	70
Boyce, Wm	YORK	399	Boyd, Mary Gray*	ABVL	57	Boyles, M Carter	BUFT	73
Boyd, Alex W	FAFD	250	Boyd, Mary*	LRNS	318	Boyleston, Austin	BNWL	374
Boyd, Alex*	CHTR	40	Boyd, Moiners B*	ORBG	331	Boyleston, Samuel R	BNWL	374
Boyd, Amzo**	CHTR	67	Boyd, Mrs N	EDFD	59	Boylston, Henry	CHTN	383
Boyd, And B	ABVL	43	Boyd, Nancy	YORK	425	Boylston, J W	ORBG	402
Boyd, Andrew	YORK	376	Boyd, P M**	NWBY	34	Boylston, R B	FAFD	206
Boyd, B F	YORK	413	Boyd, Polly	ABVL	116	Boylston, S C*	CHTN	370
Boyd, B O*	NWBY	300	Boyd, R B	GETN	293	Boyne, Thomas	RHLD	31
Boyd, Ben**	YORK	369	Boyd, R W	WMBG	316	Boynton, Catherine	COTN	267
Boyd, Benj	BNWL	430	Boyd, R W*	LRNS	307	Boynton, James B*	BNWL	487
Boyd, Benj F	BUFT	25	Boyd, Richd S	BUFT	42	Boynton, Mary	COTN	290
Boyd, Bradford	LRNS	269	Boyd, Robert	CHTR	40	Boynton, Saml	BNWL	485
Boyd, C	WMBG	317	Boyd, Robert J	GETN	291	Boynton, Stephen E	COTN	254
Boyd, C W**	UNON	273	Boyd, Robt	CHTR	39	Boynton, Thomas E	COTN	267
Boyd, Calhoun F*	NWBY	262	Boyd, Robt	HORY	24	Boyt, William B	BNWL	380
Boyd, Calvin*	NWBY	265	Boyd, Robt	ADSN	227	Bozard, Absalom	ORBG	337
Boyd, Charles	RHLD	37	Boyd, Robt W*	ABVL	82	Bozard, Catharine	ORBG	351
Boyd, Chas	CHTR	67	Boyd, Sallie	ABVL	130	Bozard, Daniel	ORBG	334
Boyd, Cornelia**	RHLD	83	Boyd, Saml	LRNS	269	Bozard, David T**	ORBG	342
Boyd, D	GRVL	366	Boyd, Sandeford	LRNS	269	Bozard, Henry	ORBG	350
Boyd, D A	DLTN	431	Boyd, Sarah*	YORK	388	Bozard, Jacob S	ORBG	343
Boyd, Daniel	HORY	22	Boyd, Simon	HORY	23	Bozard, James D	ORBG	351
Boyd, Dar	LRNS	259	Boyd, Spencer*	NWBY	242	Bozard, John	ORBG	335
Boyd, David	CHTR	84	Boyd, Susan*	LRNS	225	Bozard, John	ORBG	336
Boyd, David P	YORK	425	Boyd, T L*	LRNS	244	Bozard, John L	ORBG	336
Boyd, David**	LRNS	317	Boyd, T M	YORK	412	Bozard, Joshua	ORBG	342
Boyd, Delilah	SMTR	155	Boyd, Tandy	EDFD	68	Bozard, Lewis	ORBG	350
Boyd, Dr J	FAFD	237	Boyd, Theophilus*	RHLD	34	Bozard, Martin	ORBG	342
Boyd, Dr J Thomas*	ABVL	97	Boyd, Thomas	LXTN	380	Bozard, Mary	ORBG	336
Boyd, E E	EDFD	175	Boyd, Thos	HORY	23	Bozard, Rollin	ORBG	343
Boyd, Elinor	FAFD	246	Boyd, W	HORY	2	Bozard, Samuel	ORBG	335
Boyd, Eliza*	ABVL	39	Boyd, W F	EDFD	189	Bozeman, David H	LRNS	236
Boyd, Elizabeth	YORK	400	Boyd, W H	LRNS	268	Bozeman, Dorcas	SMTR	99
Boyd, Elizabeth	CHTR	40	Boyd, W J S	CHTR	89	Bozeman, Henry	DLTN	381
Boyd, Elizabeth	BNWL	441	Boyd, W S	WMBG	302	Bozeman, Hetty	SMTR	99
Boyd, Elizh	LRNS	285	Boyd, William	ABVL	105	Bozeman, Jno	DLTN	381
Boyd, Emeline*	CHTR	87	Boyd, William	ABVL	130	Bozeman, Jno B	ABVL	73
Boyd, Emily	NWBY	247	Boyd, William	COTN	297	Bozeman, T L	GRVL	494
Boyd, Ezekael	BNWL	430	Boyd, William	LRNS	285	Bozeman, Tilman	ADSN	224
Boyd, Ezekeal Sr	BNWL	430	Boyd, Williamson	CHTN	190	Bozeman, Wm	LRNS	236
Boyd, F W	WMBG	319	Boyd, Wm*	CHTN	196	Bozer, Christene*	RHLD	73
Boyd, Faraby*	BNWL	438	Boyd, Wm	FAFD	217	Bozer, Thomas	RHLD	91
Boyd, Geo M	NWBY	228	Boyd, Wm	YORK	457	Bozier, Jacob*	EDFD	144
Boyd, Isaac	LRNS	284	Boyd, Wm	CHTR	39	Bozzard, J P	NWBy	235
Boyd, J B	LCTR	215	Boyd, Wm	BNWL	438	Bozzard, Joseph	ORBG	403
Boyd, J H	LRNS	283	Boyd, Wm	LRNS	306	Bozzle, Mary	YORK	442
Boyd, J J	SPBG	311	Boyd, Wm	LRNS	286	Brabham, Alekiah	BUFT	45
Boyd, J M	WMBG	317	Boyd, Wm	LRNS	259	Brabham, Alfrd	BNWL	486
Boyd, J M	NWBY	229	Boyd, Wm**	LRNS	234	Brabham, Berry J	BNWL	346
Boyd, J W	BNWL	437	Boyden, J J	CHTN	484	Brabham, Elisabeth	BNWL	348
Boyd, Jackson	CHTR	35	Boyed, John H	PKNS	139	Brabham, H M	BNWL	345
Boyd, James	UNON	241	Boyed, Warren	PKNS	186	Brabham, Hampton	BNWL	347
Boyd, James	CHTR	8	Boyer, Wesley	RHLD	76	Brabham, Henry	BUFT	46
Boyd, James	CHTR	40	Boyes, John H	CHTN	514	Brabham, J F*	BNWL	347
Boyd, James	EDFD	60	Boyier, Catharine*	BNWL	363	Brabham, J M	BNWL	348
Boyd, James C*	NWBy	243	Boykin, A H	KRSW	123	Brabham, James M	BUFT	45
Boyd, James L	YORK	380	Boykin, Alsey	SMTR	111	Brabham, James M	BNWL	487
Boyd, James L	PKNS	6	Boykin, B E	KRSW	122	Brabham, James M	BNWL	345
Boyd, Jane**	CHTN	436	Boykin, Burrell	SMTR	144	Brabham, John*	CHTN	153
Boyd, Jane	YORK	413	Boykin, Darcous	SMTR	96	Brabham, John	BUFT	45
Boyd, Jas	CHTR	34	Boykin, Drury	KRSW	116	Brabham, John L	BUFT	15
Boyd, Jas	LRNS	306	Boykin, Eliza	DLTN	408	Brabham, Joseph	BNWL	363
Boyd, Jas A*	NWBY	272	Boykin, H H	DLTN	424	Brabham, Joseph	BNWL	347
Boyd, Jas D	YORK	412	Boykin, Hiram	SMTR	141	Brabham, Josiah J	BNWL	346
Boyd, Jas D W	YORK	400	Boykin, James	SMTR	101	Brabham, Mary	CHTN	150
Boyd, Jas E	LRNS	308	Boykin, Jessie	SMTR	144	Brabham, Nathaniel*	CHTN	154
Boyd, Jas F	LRNS	271	Boykin, John	KRSW	120	Brabham, Robert C	BNWL	347
Boyd, Jas M	LRNS	223	Boykin, John	SMTR	144	Brabham, S J	BNWL	347
Boyd, Jesse*	HORY	57	Boykin, L	KRSW	120	Brabham, Thos	CHTN	153
Boyd, Jno	CHTR	40	Boykin, L W	KRSW	122	Braboy, Boykin*	CHFD	180
Boyd, Jno	LRNS	277	Boykin, Margaret	SMTR	141	Braboy, Charlotte*	CHFD	189
Boyd, Jno A	CHTR	61	Boykin, Mary E	SMTR	124	Braboy, Geo	BNWL	436
Boyd, Jno H	LRNS	291	Boykin, Mary E	KRSW	123	Braboy, James	BNWL	436
Boyd, Jno J	CLDN	200	Boykin, Moscow	SMTR	144	Braboy, John	BNWL	436
Boyd, Jno L	CHTR	57	Boykin, Stephen M	KRSW	120	Braboy, John	BNWL	401
Boyd, Jno Y	LRNS	267	Boykin, T L	SMTR	144	Braboy, M	WMBG	305
Boyd, Joachim S*	BUFT	26	Boykin, William	SMTR	148	Braboy, M M	WMBG	360
Boyd, John	UNON	241				Braboy, Mary	CHFD	185

Name	Loc	Pg	Name	Loc	Pg	Name	Loc	Pg
Braboy, Mary*	CHFD	183	Bradley, Henry**	EDFD	163	Brady, Mary*	PKNS	104
Braboy, Saml	CHFD	183	Bradley, Izena L	SMTR	144	Brady, Michael*	CHTN	472
Braboy, Stephen	BNWL	436	Bradley, J A**	CHTR	76	Brady, Nathaniel*	CHTN	104
Braboy, Thomas	CHFD	189	Bradley, J A*	CHTN	371	Brady, Nathl*	CHTN	259
Brace, Henry	KRSW	75	Bradley, J C	CHTN	168	Brady, Patrick	CHTN	271
Brace, Miss E*	CHTN	341	Bradley, J H	GRVL	469	Brady, Peter*	CHTR	79
Brace, T J*	KRSW	77	Bradley, J M	GRVL	355	Brady, Robt	RHLD	85
Bracey, Randolph	SMTR	158	Bradley, J M	BNWL	476	Brady, Sarah*	ADSN	264
Bracey, Washington	SMTR	124	Bradley, J W	BNWL	491	Brady, Sarah	ABVL	8
Brackenridge, James	ADSN	214	Bradley, James**	BNWL	491	Brady, Thos C	SPBG	358
Brackenridge, Robt	ADSN	213	Bradley, James*	GRVL	357	Brady, William*	CHTN	569
Brackenridge, T R	PKNS	49	Bradley, James	SMTR	121	Brady, Wm	PKNS	58
Brackens, Rachael*	GRVL	382	Bradley, James	WMBG	301	Braelford, Francis**	FAFD	236
Bracker, Martha	ADSN	315	Bradley, Jno	ABVL	33	Bragboy, Charity	CHFD	177
Bracker, Thomas*	ADSN	299	Bradley, Jno K	ABVL	39	Bragden, Thos	MARN	64
Bracker, William	ADSN	317	Bradley, Joel	PKNS	184	Bragdon, Mary*	MARN	98
Bracket, Gilbert R*	RHLD	49	Bradley, John	KRSW	119	Bragg, Catherine	SPBG	391
Bracket, Wm	SPSG	309	Bradley, John C*	CHTN	457	Bragg, D W	SPBG	198
Brackett, Miss*	CHTN	341	Bradley, John S	SMTR	159	Bragg, Daniel	SPBG	407
Brackfield, Sarah**	SPBG	413	Bradley, Laney	SMTR	125	Bragg, Jas**	SPBG	385
Brackins, Adeline*	GRVL	422	Bradley, Levi	KRSW	119	Bragg, Moore	SPBG	389
Brackins, John	PKNS	157	Bradley, M J**	EDFD	118	Bragg, Peter	SPBG	332
Bracknell, Jno*	EDFD	75	Bradley, M S*	RHLD	55	Bragg, Polly**	SPBG	382
Bracknell, R***	EDFD	95	Bradley, Mike*	COTN	346	Bragg, Willis	SPBG	362
Bracknell, Wm	ABVL	44	Bradley, Mitchel	YORK	413	Bragg, Wm P	SPBG	385
Bracy, J M	CLDN	213	Bradley, Molley	KRSW	129	Braham, Perry*	BNWL	484
Bracy, T W	KRSW	139	Bradley, Mrs	CHTN	300	Braid, A J	CHTN	495
Bradam, J	CHTN	139	Bradley, N C	KRSW	90	Brailsford, A M*	CHTN	371
Bradberry, William	ADSN	270	Bradley, Nelson*	LCTR	187	Brailsford, Alexander	SMTR	169
Bradburg, Anderson	ADSN	270	Bradley, Newton	PKNS	181	Brailsford, F	CHTN	301
Bradbury, John B	ABVL	111	Bradley, Pat H	ABVL	43	Brailsford, Jas	CLDN	201
Bradbury, Lilly A*	ADSN	270	Bradley, Pat H	ABVL	47	Brailsford, Julia S**	CLDN	201
Bradbury, Salathial	ADSN	270	Bradley, R D	CHTR	87	Brailsford, Julie*	CHTN	273
Bradchaw, Mally	WMBG	302	Bradley, R H	CHTR	83	Brailsford, Mrs A L	CHTN	234
Bradden, D A*	MARN	76	Bradley, R H	BNWL	491	Brailsford, N M Dr	COTN	326
Braddock, Ed	CHFD	103	Bradley, Reuben	KRSW	112	Brailsford, Peggy	BUFT	94
Braddock, Elizabeth	CHFD	103	Bradley, Robt	WMBG	363	Brailsford, R W	CHTN	397
Braddock, Jas	LRNS	323	Bradley, Robt	BNWL	491	Brailsford, Sarah*	CHTN	256
Braddock, John	CHFD	116	Bradley, S J	WMBG	301	Brailsford, T W	CLDN	201
Braddock, M	LRNS	326	Bradley, S*	UNON	186	Brailsford, W B	CHTN	243
Braddock, M S	LRNS	326	Bradley, Samuel J	SMTR	154	Brake, Conrad	CHTN	437
Braddock, Mary	CHFD	103	Bradley, Sarah*	LCTR	145	Brakefield, Alex	YORK	445
Braddy, J B	MARN	17	Bradley, Sarah	GRVL	469	Brakefield, Jane	YORK	504
Braddy, Martha*	MARN	93	Bradley, Sarah E	DLTN	429	Brakefield, Jas	YORK	451
Braddy, Mary	ORBG	310	Bradley, Silas	CHTR	51	Brakefield, John*	UNON	236
Braddy, Moses	ORBG	310	Bradley, Simeon	CHTR	60	Brakely, Hugh	YORK	449
Braddy, N N	MARN	69	Bradley, Susan	BUFT	82	Brambet, Newton	GRVL	361
Braddy, Robt B	MARN	95	Bradley, T*	CHTN	297	Bramblet, Jas W	GRVL	487
Braddy, Rufus	ORBG	310	Bradley, Thadius W	CHTN	461	Bramblet, Josiah	GRVL	486
Braddy, Tistram B	MARN	114	Bradley, W A	GRVL	404	Bramblet, Lewis	PKNS	148
Braddy, William	ORBG	310	Bradley, W D	PKNS	40	Bramblet, Martin	GRVL	368
Bradfield, Jas	EDFD	27	Bradley, W K	ABVL	33	Bramblet, Reuben	GRVL	485
Bradford, A*	CHTN	367	Bradley, W W	SMTR	120	Bramblet, Reuben E*	GRVL	486
Bradford, B F	COTN	251	Bradley, Wiley	KRSW	128	Bramblet, W B	GRVL	479
Bradford, Catharine**	CHTN	470	Bradley, William	GRVL	436	Bramblet, William	PKNS	142
Bradford, D H	BNWL	500	Bradly, A J	ADSN	179	Bramblet, Wm	GRVL	490
Bradford, Dr R	EDFD	80	Bradly, Betsy	BNWL	438	Bramblett, A T	GRVL	495
Bradford, Eliza	SMTR	157	Bradly, Chapman L	KRSW	120	Bramblett, A W*	NWBY	304
Bradford, Emanda M*	CHFD	113	Bradly, Eliza	BNWL	433	Bramblett, Elias	GRVL	367
Bradford, G W	SMTR	157	Bradly, Mary*	CLDN	201	Bramblett, J H**	GRVL	354
Bradford, H N	SMTR	157	Bradly, Mary*	BNWL	434	Bramblett, R H	GRVL	372
Bradford, J L*	COTN	323	Bradly, R S	NWBY	301	Bramblett, Talwin	GRVL	365
Bradford, James F	SMTR	148	Bradly, Wm A R	CHTN	493	Bramblett, William	GRVL	506
Bradford, Jane P	CHTR	58	Bradshaw, A R	WMBG	306	Bramlet, Chas	LRNS	291
Bradford, M E M*	WMBG	308	Bradshaw, Daniel	SMTR	164	Bramlet, Jackson	SMTR	95
Bradford, M E M	WMBG	308	Bradshaw, Daniel W	SMTR	160	Bramlet, Jane	SMTR	98
Bradford, Maggie*	CHTN	333	Bradshaw, Danl	MARN	92	Bramlet, Lewis	LRNS	293
Bradford, Mary Ann	SMTR	157	Bradshaw, Francis*	CLDN	208	Bramlet, Melmoth	LRNS	295
Bradford, Mary J	CHTR	59	Bradshaw, J R	WMBG	306	Bramlet, R S	PKNS	27
Bradford, Nathaniel	SMTR	170	Bradshaw, Jno*	DLTN	459	Bramlet, Reuben	LRNS	296
Bradford, R C*	LCTR	155	Bradshaw, Joseph*	WMBG	360	Bramlet, Sarah	LRNS	296
Bradford, Samuel J	SMTR	168	Bradshaw, M H*	WMBG	306	Bramlet, Susan*	LRNS	292
Bradford, William	ABVL	28	Bradshaw, Riley*	CLDN	219	Bramlet, W R	LRNS	291
Bradford, Wm	YORK	436	Bradshaw, S	WMBG	323	Bramlet, Wm	LRNS	314
Bradford, Wm	CHTN	121	Bradshaw, Sarah	YORK	466	Bramlett, J W	ADSN	323
Bradford, Wm W	SMTR	112	Bradshaw, Sarah	ABVL	115	Bramlett, James M	SMTR	101
Bradham, A H	ORBG	330	Bradshaw, Susan**	CLDN	190	Bramlett, William Jr	GRVL	507
Bradham, Edward M	SMTR	177	Bradwell, Ashberry	CHTN	175	Brampton, Mary*	CHTN	491
Bradham, G H	WMBG	324	Bradwell, Isaac	PKNS	38	Branch, A F	YORK	405
Bradham, J A	WMBG	303	Bradwell, John W	CHTN	149	Branch, D W	BUFT	11
Bradham, Len D	CLDN	198	Bradwell, R S	CLDN	216	Branch, Giles*	COTN	283
Bradham, Lenora	CLDN	222	Bradwell, Samuel	COTN	340	Branch, Isaac	BUFT	10
Bradham, Mary**	DLTN	411	Bradwill, Ann	CHTN	120	Branch, Isaac	ABVL	21
Bradham, T F	ORBG	311	Bradwin, George	SMTR	102	Branch, James	COTN	282
Bradham, Thos*	WMBG	305	Brady, Ann C*	CHTN	449	Branch, John D*	BUFT	21
Bradham, Thos A	CLDN	196	Brady, Benjamin H	RHLD	38	Branch, John L	CHTN	232
Bradham, W	COTN	282	Brady, Edmond	PKNS	104	Branch, Mr R*	CHTN	341
Bradham, Wm C	CLDN	224	Brady, Edward*	CHTN	110	Branch, Patsy*	YORK	470
Bradham, Liviny	WMBG	344	Brady, Ellen**	CHTN	390	Branch, Rebecca A*	RHLD	54
Bradhan, Wm	WMBG	303	Brady, F	CHTN	304	Branch, Wm J	YORK	470
Bradie, Frank	CHFD	102	Brady, Frances	ADSN	104	Branch, Wm J	BUFT	38
Bradie, Jno	CHFD	103	Brady, George	PKNS	104	Brand, Frans R	DLTN	389
Bradie, Thos	CHFD	103	Brady, George	PKNS	58	Brand, J	CLDN	238
Bradley, Andrew	ABVL	31	Brady, Henry*	RHLD	46	Brand, W	CLDN	238
Bradley, Annie E*	CHTR	87	Brady, James	RHLD	93	Brand, W S	CLDN	238
Bradley, Archd	ABVL	34	Brady, James**	CHTN	77	Brand, Wm	DLTN	474
Bradley, Asa	CHTR	87	Brady, James	CHTN	281	Brandas, Christopher	UNON	219
Bradley, Berrel	LCTR	205	Brady, Jeremiah	CHTR	369	Brandeburg, Pery F	ORBG	318
Bradley, Capt Jno A	CHTR	76	Brady, Jno	CHTR	84	Brandenburg, D S	ORBG	382
Bradley, Curtis	GRVL	340	Brady, John	GRVL	383	Brandenburg, Mary	ORBG	319
Bradley, D C	BNWL	491	Brady, Joseph*	CHTN	426	Brandenburg, Morgan	ORBG	382
Bradley, Elisia	CHTN	454	Brady, Josephine*	CHTN	216	Brandley, Beverly	CHTN	284
Bradley, Elizabeth J	SMTR	121	Brady, Katharine	CHTN	272	Brandon, B E	UNON	275
Bradley, Emma T	SMTR	154	Brady, Lucy	CHFD	167	Brandon, Elizabeth	UNON	202
Bradley, Harbard	KRSW	112	Brady, Mary*	CHTN	104	Brandon, George	UNON	275
Bradley, Haward	SMTR	125	Brady, Mary J*	CHTN	486	Brandon, Isabella	UNON	267

Name	Loc	Pg	Name	Loc	Pg	Name	Loc	Pg
Brandon, John	UNON	202	Brasel, John*	MARN	80	Breazeale, Perry	PKNS	164
Brandon, Julia*	GRVL	346	Brasel, Mariah*	MARN	76	Breazeale, Sarah*	PKNS	127
Brandon, Mary*	UNON	267	Brasher, H	GRVL	497	Breckenridge, J P	ADSN	216
Brandon, Mary**	CHTN	354	Brasington, Eliza**	CHFD	113	Breckenridge, R W*	EDFD	114
Brandt, C	PKNS	37	Brasington, J W**	WMBG	315	Brecker, Hyphenia**	CHTN	474
Brandt, Charles**	CHTN	287	Brasington, Mary K	KRSW	130	Breda, Frederick	ADSN	257
Brandt, H F	CHTN	315	Brasley, Paulina*	LRNS	324	Bredd, Sarah*	CHTN	146
Brandt, Henry*	CHTN	516	Brassel, John	CHTN	171	Bredeburgman, D D*	CHTN	501
Brandt, James L	CHTN	289	Brassel, William	CHTN	171	Breden, M*	ORBG	316
Brandt, John C	CHTN	478	Brassen, E	PKNS	34	Breden, M*	CHTN	375
Brandt, P N	CHTN	327	Brassfield, Benj	FAFD	233	Bredenann, William	CHTN	465
Brandt, R*	CHTR	70	Brasswell, Lacy	FAFD	231	Bredenbarg, John	CHTN	289
Brandt, Wm*	CHTN	460	Brasswell, M L	FAFD	228	Bredenberg, Luder	CHTN	423
Brandwater, S	EDFD	88	Brasswell, Mary J**	PKNS	152	Bredenburg, Henry	CHTN	233
Branford, C G	CHTN	366	Brasswell, Nancy**	FAFD	228	Breding, Neva	CHTN	212
Branford, Lawrence**	COTN	326	Brasswell, Ruthy	PKNS	143	Bredlerderry, John	SPBG	388
Brangon, John M G	ABVL	109	Brasswell, Wm	FAFD	247	Bredon, M C	SPBG	364
Branham Robt	KRSW	106	Braswell, D	EDFD	9	Bredwell, Elizabeth*	GRVL	464
Branham, Ben*	RHLD	35	Braswell, P C	GETN	296	Bredwell, Jno*	EDFD	43
Branham, Emily*	LXTN	390	Braswell, W T	GETN	298	Breeden, A J	MRBO	152
Branham, Hugh	KRSW	105	Bratcher, James	HORY	54	Breeden, J L	MRBO	154
Branham, Jane**	KRSW	104	Braten, Elizabeth*	YORK	463	Breeden, James B	MRBO	161
Branham, Jas	KRSW	106	Bratten, Martha*	UNON	271	Breeden, John A	MARN	109
Branham, John	KRSW	122	Bratten, Thomas	UNON	236	Breeden, John L	MRBO	152
Branham, John	KRSW	100	Bratton, Hariet	YORK	379	Breeden, Morgan	MRBO	158
Branham, Mary	KRSW	105	Bratton, Isabella J E	YORK	379	Breeden, Mrs. Alice	MRBO	152
Branham, Nancy	RHLD	57	Bratton, Jeferson	UNON	200	Breeden, Peter L*	MRBO	145
Branham, Rhomas	RHLD	85	Bratton, John	FAFD	225	Breeden, Robert T J	MRBO	188
Branham, Sallie	RHLD	2	Bratton, John	YORK	379	Breeden, Thos J	MRBO	205
Branham, Sarah	RHLD	59	Bratton, Martha	YORK	463	Breeden, W K	MRBO	156
Branham, Tabetha**	RHLD	7	Bratton, Newton	YORK	382	Breedwell, Jacob	SPBG	336
Branham, Thos	KRSW	106	Bratton, R G	YORK	469	Breeland, D M*	BNWL	348
Branhan, Wm	FAFD	242	Bratton, Rufus	YORK	374	Breeland, David E	BNWL	346
Branion, J J	ADSN	218	Bratton, Thos	YORK	463	Breeland, James M	BNWL	347
Branion, John A	ADSN	195	Bratton, Wm	FAFD	225	Breen, Mary	CHTN	471
Branion, Robt	ADSN	204	Brauer, Henry**	CHTN	466	Breese, William	CHTN	272
Branion, Thos	ADSN	204	Brauer, Wm A	CHTN	482	Breeze, Ellen*	COTN	329
Brannan, Elias	KRSW	121	Braush, Laura	CHTN	436	Breland, Abram	COTN	279
Brannan, Thomas**	CHTN	506	Brawley, Abram	SPBG	303	Breland, J C W	COTN	276
Brannon, A*	YORK	450	Brawley, H C*	CHTR	16	Breland, John	CHTN	130
Brannon, Alex	SPBG	198	Brawley, J M*	CHTN	325	Breland, Josiah	COTN	278
Brannon, Barney	YORK	449	Brawley, Mrs M**	CHTR	71	Breland, Josiah B	BUFT	56
Brannon, Edwin	YORK	406	Brawly, H C	CHTR	91	Breland, M D	RHLD	21
Brannon, Elizabeth*	FAFD	236	Brawly, William H*	RHLD	52	Breland, Mary Ann	CHTN	130
Brannon, H	FAFD	244	Braxton, Elizabeth	BNWL	470	Breland, Wm L	COTN	280
Brannon, Jas	KRSW	87	Braxton, James J	BNWL	363	Breland, Wm T*	BUFT	77
Brannon, John	YORK	414	Braxton, Mary**	BNWL	484	Brem, William J	SPBG	306
Brannon, John	SPBG	211	Braxton, Sarah	BNWL	484	Bremahan, Miss	CHTN	320
Brannon, Pressley	SPBG	234	Braxton, Susannah*	BNWL	486	Bremen, Z	CHTN	209
Brannon, Reubin	SPBG	306	Braxton, W W	BNWL	499	Bremer, George	CHTN	213
Brannon, William	SPBG	196	Bray, David*	SPBG	329	Bremer, Henry*	CHTN	210
Brannon, Williby	KRSW	104	Bray, Dr E*	EDFD	83	Bremer, Herman*	CHTN	341
Brannon, Willis	SPBG	261	Bray, Elizabeth*	PKNS	188	Bremer, J F	PKNS	39
Brannon, Wm	FAFD	233	Bray, Matilda	GRVL	374	Bremer, John	PKNS	34
Brannon, Wm H	SPBG	244	Bray, Perry	GRVL	372	Bremer, Mattie*	PKNS	36
Brannon, Wylie	KRSW	87	Bray, W T	GETN	321	Bremirus, Fredk	CHTN	502
Branon, Alansan	ADSN	202	Brayboy, Caroline*	CHFD	186	Brenake, A	PKNS	36
Branon, Elizabeth	ADSN	259	Brayboy, Robert**	CHFD	187	Brenan, Joseph**	CHTN	516
Branon, George	YORK	413	Brayboy, Sallie	MRBO	201	Brenerke, Henry*	RHLD	86
Branon, Hugh	YORK	412	Brazeal, G	PKNS	47	Brennan, Dr J E	NWBY	285
Branon, Joseph	YORK	420	Brazeale, David	ADSN	165	Brennan, Ellen R*	RHLD	16
Branon, Larkin P	YORK	419	Brazeale, E W	ADSN	174	Brennan, Francis*	CHTN	194
Branscombe, Edwd	ABVL	8	Brazeale, F M	ADSN	196	Brennan, Luke	CHTN	418
Branson, J Boyd	MARN	27	Brazeale, Griffin	ADSN	164	Brennan, Luke**	CHTN	195
Branson, Sarah*	EDFD	131	Brazeale, Kenon	ADSN	283	Brennan, Mary M	rhld	15
Branson, T M**	EDFD	131	Brazeale, Lucy	ADSN	165	Brennan, Mary*	CHTN	472
Brant, Charles	BNWL	486	Brazeale, Mary	ADSN	338	Brennan, Michael	RHLD	13
Brant, Emily C*	ABVL	124	Brazeale, Matthew	ADSN	165	Brennan, Pat*	RHLD	62
Brant, G W	BNWL	486	Brazeale, Nancy	ADSN	188	Brennan, Patrick*	CHTN	393
Brant, Gasaway	SPBG	222	Brazeale, S H**	ADSN	183	Brennan, Thomas**	CHTN	403
Brant, Harkanas	SPBG	222	Brazeale, Sally*	ADSN	300	Brenon, Mary S**	FAFD	240
Brant, Henry	BNWL	487	Brazeale, Williamson	ADSN	164	Brenson, Johanah**	CHTN	511
Brant, Jno F	BNWL	486	Brazel, Jacob	RHLD	69	Brenton, Silas	SPBG	354
Brant, Josiah	BNWL	486	Brazie, Margaret	KRSW	105	Breslaw, Poline*	GETN	287
Brant, Laurence	CHTN	516	Brazier, W H*	SPBG	306	Bressel, F	CHTN	314
Brant, Lucy	ABVL	68	Brazil, Benjamin	RHLD	81	Brester, Charles	CHTN	438
Brant, Margaret	BNWL	494	Brazil, Benjamin	RHLD	37	Brevard, Dicy	KRSW	136
Brant, Owen	BNWL	486	Brazil, Enoch	ABVL	6	Brevard, Kesiah G	RHLD	91
Brant, Patsey*	SPBG	227	Brazil, Jacob	YORK	403	Brevard, R**	CHTN	353
Brant, R H	COTN	286	Brazil, John	RHLD	7	Breviande, A	CHTN	365
Brant, Rebecca	BNWL	455	Brazil, John F	RHLD	69	Brewer, Asa	MARN	111
Brant, Reuben	SPBG	222	Brazil, John G	RHLD	90	Brewer, Asa L	MARN	111
Brant, Reuben	SPBG	222	Brazil, Louisa	ABVL	93	Brewer, Betsy*	YORK	367
Brant, Richd	BNWL	486	Brazil, Owen	RHLD	6	Brewer, Carlos	SMTR	180
Brant, Terrel C*	SPBG	223	Brazil, William	RHLD	63	Brewer, Caroline	CLDN	202
Brant, William	SPBG	221	Brazington, G C	LCTR	202	Brewer, D S	PKNS	88
Brant, Wm	SPBG	222	Brazington, J T	LCTR	192	Brewer, Daniel	PKNS	73
Brant, Wm A	BNWL	486	Brazington, W F	LCTR	200	Brewer, Daniel W.	SMTR	180
Brantley, John	CHFD	133	Breach, James	CHTN	178	Brewer, Elizabeth*	KRSW	129
Brantley, S J	ORBG	334	Breach, John	CHTN	177	Brewer, Elizabeth	PKNS	99
Brantley, Wm	CHFD	140	Breach, John	CHTN	163	Brewer, Henry	CHTN	186
Brantley, Wm P	CHFD	146	Breach, Peter	CHTN	177	Brewer, Henry C	MARN	103
Brantly, J J	NWBY	301	Breach, Peter	CHTN	162	Brewer, J P	EDFD	29
Branton, George	CHTN	144	Breaker, Charles*	CHTN	514	Brewer, Jno W	MARN	111
Branton, Hardy	MARN	39	Breaker, Charles	CHTN	288	Brewer, John	LCTR	150
Branton, James H	HORY	69	Breaker, D M	CHTN	176	Brewer, John	PKNS	74
Branton, John C	CHTN	143	Breaker, George	COTN	362	Brewer, John S	PKNS	170
Branton, Lee D	COTN	358	Breaker, J Manly C	RHLD	34	Brewer, Joseph	PKNS	99
Branton, Richard W	COTN	364	Breaker, John	COTN	366	Brewer, Joseph	PKNS	74
Branton, Samuel	HORY	5	Breakfield, J M	CHTR	8	Brewer, Levi	ADSN	298
Branyon, James	ABVL	148	Breakfield, Jno	CHTR	8	Brewer, Levi	PKNS	94
Branyon, Nancy E	ABVL	148	Breakfield, Wm	CHTR	4	Brewer, Martha*	SMTR	117
Branyon, Polly A*	ABVL	148	Brealer, L	BUFT	43	Brewer, Mary*	RHLD	54
Branyon, Saml T	ABVL	148	Breasley, James W*	RHLD	53	Brewer, Rebecca*	PKNS	62
Branyon, Thos W	ABVL	146	Breasly, Wm	DLTN	403	Brewer, Sarah	PKNS	50
Brasel, Jas	MARN	83	Breazeale, Lee S	PKNS	135	Brewer, Thos*	LCTR	150

Name	Loc	Pg	Name	Loc	Pg	Name	Loc	Pg
Brewer, William	PKNS	175	Bridges, S E	YORK	475	Brimer, Alex D	FAFD	261
Brewer, Wm	CLDN	201	Bridges, Thos	FRVL	515	Bringenath, W	CHTN	238
Brewer, Wm L	SMTR	112	Bridges, W A	FAFD	257	Brinhurst, Charles*	CHTN	110
Brewington, C M	KRSW	130	Bridges, W D	MRBO	188	Brinkle, Saml*	CHTN	199
Brewington, John	KRSW	129	Bridges, Wiley	NWBY	298	Brinkley, Deborah	ABVL	64
Brewnel, Isaac*	ABVL	98	Bridges, William	YORK	482	Brinkmeyer, A*	CHTN	351
Brews, Wm	BNWL	456	Bridges, William	NWBY	298	Brinsey, Jesse	GRVL	368
Brewster, C R	CHTN	168	Bridges, William	GRVL	500	Brinson, Catharin	CHTN	148
Brewster, Jas	LRNS	289	Bridges, Wm M	GRVL	515	Brinson, Henry	CHTN	172
Brewton, James	SPBG	330	Bridget*	CHTN	221	Brinson, Henry	CHTN	147
Brewton, Jas	SPBG	389	Bridget, Nancey	SMTR	117	Brinson, Isaac	CHTN	172
Brewton, Philip	SPBG	363	Bridgman, Catharine	GRVL	390	Brinson, Joseph	BNWL	447
Brewton, Simmon	SPBG	363	Bridgman, Joseph W	GRVL	390	Brinson, Mathew	CHTN	172
Brewton, W L	SPBG	363	Bridley, Elizabeth*	GRVL	517	Brinson, Mathew	CHTN	145
Brewton, Wm	SPBG	363	Bridley, Mary*	GRVL	513	Brinson, Nancy	CHTR	74
Brezeale, Manda	PKNS	140	Bridley, William*	GRVL	511	Brinson, Thomas	CHTN	146
Brian, Jno	CHTN	360	Bridwell, Edward	GRVL	342	Brintte, R J	ADSN	322
Briant, Alfred B	SPBG	206	Bridwell, Jacob	GRVL	342	Brisbane, Gen A H	CHTN	238
Briant, Alfred T	SPBG	250	Bridwell, James	GRVL	342	Brisbane, Louisa	CHTN	385
Briant, Dorcas*	GRVL	391	Bridwell, John**	GRVL	342	Brisbane, Maria	CHTN	442
Briant, Eli	SPBG	215	Bridwell, Matilda	GRVL	342	Brisbane, Miss C	CHTN	222
Briant, Granbery	SPBG	215	Brie, Albert*	UNON	271	Briscoe, Jno	ABVL	4
Briant, Isaac	BNWL	420	Brigg, Geiger	SPBG	373	Brisden, Kensey	CHTN	502
Briant, J B	UNON	286	Briggman, Robt	CHFD	162	Brishart, Samuel**	RHLD	33
Briant, James*	BNWL	432	Briggman, Willemena**	ORBG	406	Briskey, Geo	EDFD	83
Briant, James*	PKNS	11	Briggs, A J	EDFD	102	Briskey, John	EDFD	83
Briant, Joab	SPBG	212	Briggs, A S	FRVL	411	Briskey, P	EDFD	83
Briant, John	BNWL	418	Briggs, Charlotte*	CHTN	198	Brison, R	GRVL	354
Briant, Macon	BNWL	422	Briggs, David	CHTN	207	Brissey, Charles W*	PKNS	174
Briant, Margaret*	YORK	450	Briggs, E R*	GETN	288	Brissey, Parsons	PKNS	174
Briant, Pickins	BNWL	455	Briggs, Frances*	GETN	290	Brissone, Gertrude	CHTN	101
Briant, R A	BNWL	427	Briggs, Geo	EDFD	102	Brissy, Arlema*	GRVL	409
Briant, Richd	SPBG	211	Briggs, Henry C	PKNS	161	Brissy, Frances	GRVL	417
Briant, Warren	PKNS	11	Briggs, Jas	EDFD	106	Brissy, James A*	GRVL	412
Brice, C S	CHTR	75	Briggs, Jesse	RHLD	63	Brissy, Jesse	GRVL	412
Brice, Calvin	FAFD	248	Briggs, Lafarette**	SPBG	306	Bristed, Patrick	CHTN	192
Brice, Dr Walter	FAFD	278	Briggs, Mary*	CHTN	198	Brister, James*	ABVL	135
Brice, Franklin	ADSN	232	Briggs, Mrs E	EDFD	74	Bristol, T M	CHTN	318
Brice, J G	FAFD	277	Briggs, Richd R	CLDN	204	Bristow, A B	DLTN	394
Brice, J M	FAFD	223	Briggs, Robt P	LRNS	336	Bristow, A N	MRBO	142
Brice, James C	FAFD	223	Briggs, Russell	ADSN	334	Bristow, B K	MRBO	160
Brice, Jas A*	FAFD	278	Briggs, Sarah	BNWL	480	Bristow, Chesley*	MRBO	146
Brice, Jas G	FAFD	264	Briggs, T W	CLDN	204	Bristow, Daniel	MRBO	160
Brice, Jene A	FAFD	278	Briggs, Wiley	GRVL	426	Bristow, Edmond	MRBO	150
Brice, Jensey*	FAFD	264	Bright, Alvy	SPBG	293	Bristow, George M	MRBO	160
Brice, John	FAFD	278	Bright, Anna C*	LXTN	400	Bristow, H N	MRBO	210
Brice, John	FAFD	279	Bright, C*	SPBG	411	Bristow, Jas T	DLTN	392
Brice, John A	FAFD	280	Bright, Calvin	SPBG	371	Bristow, John	MRBO	158
Brice, John Sr	FAFD	278	Bright, Catherine**	CHTN	262	Bristow, John D*	MRBO	148
Brice, Mary E	FAFD	249	Bright, Ches*	SPBG	293	Bristow, Mrs Selia	MRBO	188
Brice, Nancy	CHTR	34	Bright, G H*	LXTN	381	Bristow, Pheobe	MRBO	160
Brice, Robert	CHTR	38	Bright, J R*	PKNS	82	Bristow, William M	MRBO	178
Brice, Robt Jr	SPBG	359	Bright, Jacob	SPBG	368	Bristow, Wm	MRBO	142
Brice, Robt	FAFD	278	Bright, James	GRVL	384	Briton, J F D	WMBG	332
Brice, Samuel	FAFD	279	Bright, James	SPBG	367	Britt, Elizabeth*	CHFD	125
Brice, Scott	FAFD	280	Bright, Manley	GRVL	448	Britt, Elizb	ABVL	14
Brice, Thomas K	GRVL	515	Bright, Martha*	CHFD	182	Britt, Hester	GETN	312
Brice, Wade	FAFD	280	Bright, Mary*	LXTN	373	Britt, Jacob	ABVL	14
Brice, William*	CHTN	257	Bright, Mary	LXTN	380	Britt, Jas P	GETN	297
Brice, Wm	FAFD	279	Bright, Oliver	SPBG	283	Britt, John	MARN	101
Brice, Wm M	FAFD	248	Bright, Robert*	GRVL	385	Britt, John**	LXTN	422
Bricen, John	YORK	442	Bright, Sarah	SPBG	415	Britt, Joseph S	ABVL	13
Brick, L*	CHTN	110	Bright, Sophia*	NWBY	225	Britt, Levi	EDFD	186
Brickel, F A**	ORBG	380	Bright, T W	CHFD	182	Britt, Mary	GETN	314
Brickel, Franklen	ORBG	384	Bright, W J	SPBG	367	Britt, Mary	DLTN	386
Brickel, John	ORBG	385	Bright, William	GRVL	448	Britt, McQueen	MARN	104
Brickel, Mary	ORBG	384	Bright, William	SPBG	293	Britt, Nathan	EDFD	171
Brickel, William E	ORBG	384	Bright, William	SPBG	283	Britt, P*	EDFD	186
Brickman, Henry	CHTN	461	Brightman, Mrs S A	COTN	359	Britt, Thomas J*	ABVL	13
Brickwedel, J H	CHTN	264	Brightman, W**	CHTN	565	Britt, Thos B	CHFD	106
Brickwell, P N	CHTN	509	Brigman, Alexander	MRBO	195	Britt, W L*	GETN	295
Bridden, James A	SMTR	104	Brigman, Archd	MARN	108	Britt, William	EDFD	196
Bride, Rebecca J*	RHLD	83	Brigman, Arthur*	MARN	101	Brittenham, J	FAFD	209
Bridge, Alfred	COTN	314	Brigman, Arthur*	MARN	43	Britton, D A	YORK	385
Bridge, Andrew	COTN	295	Brigman, C C	LXTN	450	Britton, E M	WMBG	322
Bridge, James	COTN	268	Brigman, C D	MRBO	172	Britton, Eliza**	EDFD	115
Bridge, John	COTN	295	Brigman, Eloise	LXTN	450	Britton, Ellen	GETN	309
Bridge, William	COTN	314	Brigman, Ervin*	MARN	101	Britton, F M	WMBG	335
Bridges, Aaron	GRVL	515	Brigman, Geo	MRBO	199	Britton, Francis	MARN	2
Bridges, Alexander	SPBG	293	Brigman, Isaac	MRBO	206	Britton, Geo*	CHTN	325
Bridges, Alexander	SPBG	283	Brigman, Isaac R	MARN	15	Britton, H	WMBG	328
Bridges, Ambrose	GRVL	377	Brigman, Jacob	MRBO	206	Britton, Henry	SMTR	180
Bridges, Andrew J	YORK	482	Brigman, Jacob	MRBO	202	Britton, Henry	SMTR	115
Bridges, Ann E	YORK	475	Brigman, Jane**	RHLD	7	Britton, J B	YORK	385
Bridges, Arthur D	GRVL	515	Brigman, Jane	MRBO	155	Britton, James H	SMTR	115
Bridges, B F	GRVL	373	Brigman, John	MRBO	205	Britton, James H	SMTR	180
Bridges, Benjamin	GRVL	468	Brigman, Lewis	MRBO	191	Britton, Jerry W	YORK	385
Bridges, C W	ADSN	320	Brigman, M E	RHLD	174	Britton, John*	COTN	249
Bridges, Charles**	CHTN	456	Brigman, Mary	RHLD	15	Britton, John*	SMTR	180
Bridges, Charly	NWBY	298	Brigman, Mary Sr	RHLD	15	Britton, Joseph	GETN	309
Bridges, Cynthia	LCTR	212	Brigman, Moses	MRBO	195	Britton, T N	WMBG	326
Bridges, Frances	GRVL	367	Brigman, Selia	MRBO	170	Britton, Thomas	WMBG	334
Bridges, Green H	SPBG	255	Brigman, Thos	MRBO	199	Britton, Thomas	SMTR	144
Bridges, James	YORK	482	Brigman, W S	DLTN	396	Britton, Thomas S	SMTR	128
Bridges, James	MRBO	177	Brigman, Washington	MRBO	201	Brizner, Margaret*	RHLD	27
Bridges, Jane	YORK	491	Brigman, William	MRBO	159	Broach, A P	CHTN	148
Bridges, Jno	YORK	482	Brigs, B F	YORK	370	Broach, Abner	MARN	65
Bridges, Jno H*	SPBG	257	Brigs, Drayton	UNON	215	Broach, Alfred	MARN	105
Bridges, John*	CHTN	211	Brigs, Franklin	UNON	194	Broach, J R	DLTN	387
Bridges, Jos C	HORY	58	Brigs, J	EDFD	102	Broach, Jas E	DLTN	395
Bridges, Lucinda	SPBG	288	Brigs, J M*	EDFD	87	Broach, John E	MARN	65
Bridges, M C	YORK	375	Brigs, Jesse	UNON	192	Broach, L E*	MARN	15
Bridges, Mary	SPBG	293	Brigs, Jesse	UNON	188	Broach, R E A	MARN	65
Bridges, Mary	SPBG	283	Brigs, W R	UNON	224	Broach, Reddin	MARN	66
Bridges, N P	UNON	273	Brill, Catharine*	ORBG	408	Broach, Saml	MARN	37
			Brill, Charles	RHLD	8	Broad, Sarah	CHTN	156
						Broadfoot, Jno	CHTN	209

Name	Loc	Pg	Name	Loc	Pg	Name	Loc	Pg
Broadhurst, W	EDFD	50	Brogdon, Ann**	MARN	105	Brooks, Wiley	CHTR	23
Broadus, John A	GRVL	407	Brogdon, J M	WMBG	305	Brooks, William	EDFD	162
Broadwater, A*	EDFD	39	Brogdon, Jno	CLDN	217	Brooks, William H*	RHLD	49
Broadwater, G W	EDFD	68	Brogdon, John	MARN	47	Brooks, Wm	SPBG	266
Broadwater, Guy	EDFD	68	Brogdon, Rebecca A	SMTR	110	Brooks, Wm H	ABVL	96
Broadwater, W C	COTN	256	Brome, Henderson	YORK	491	Brookshire, David	GRVL	463
Broadway, A E*	DLTN	375	Brome, Joseph	YORK	491	Brookshire, Joel	GRVL	383
Broadway, Elizabeth	SMTR	165	Brome, Wilham	YORK	491	Brookshire, John	GRVL	441
Broadway, G W	CLDN	235	Bromer, Elijah*	PKNS	59	Brookshire, Joseph	GRVL	470
Broadway, J J	CLDN	236	Bronson, B D	KRSW	131	Brookshire, Tillotson	SPBG	228
Broadway, J W*	CLDN	193	Bronson, D L	ORBG	377	Broom, A	LCTR	191
Broadway, Mary	SMTR	166	Bronson, F L	SMTR	111	Broom, Burrel	PKNS	81
Broadway, Mary Sr	SMTR	166	Bronson, Hiram C	RHLD	34	Broom, Charles	FAFD	211
Broadway, Wm A	SMTR	166	Bronson, Isac R	SMTR	109	Broom, Daniel	PKNS	38
Brock, A E	ADSN	175	Bronson, James B	SMTR	109	Broom, Delila	PKNS	79
Brock, A F	ADSN	201	Bronson, John	ORBG	368	Broom, Dr T	FAFD	211
Brock, A J	ADSN	175	Bronson, Mary	SMTR	109	Broom, E F	FAFD	226
Brock, Adaline*	CLDN	154	Bronson, Mary M	SMTR	109	Broom, J E	ADSN	184
Brock, Alex	CHFD	117	Bronson, Reuben A**	BUFT	64	Broom, J W	FAFD	226
Brock, Amaziah	ADSN	168	Bronsons, J G	BNWL	455	Broom, James*	ADSN	199
Brock, Anderson	ADSN	188	Brook, Samuel	NWBY	249	Broom, John	ADSN	154
Brock, Benj*	CHFD	116	Brooke, Jemina	BNWL	383	Broom, John	FAFD	226
Brock, Chesley	PKNS	170	Brooker, E L	CHTN	582	Broom, John	FAFD	226
Brock, Easten	ADSN	199	Brooker, J W*	EDFD	117	Broom, John B	FAFD	212
Brock, Elias	PKNS	58	Brooker, James P*	BUFT	23	Broom, Luca A*	FAFD	211
Brock, Elisa	UNON	274	Brooker, James	ORBG	343	Broom, S	LCTR	216
Brock, Eliza M	CLDN	202	Brooker, Jno J	LXTN	360	Broom, Sarah*	LXTN	374
Brock, Elizabeth*	GRVL	419	Brooker, John J	BNWL	383	Broom, Thomas	PKNS	75
Brock, Ellerson M	CLDN	202	Brooker, Joseph E	BUFT	41	Broom, Thomas H*	GRVL	403
Brock, Eveline D	PKNS	147	Brooker, Julia	BNWL	453	Broom, W J	ADSN	184
Brock, George	PKNS	170	Brooker, L	BNWL	475	Broom, W P	FAFD	214
Brock, H N	ADSN	200	Brooker, Rev Wm	LXTN	360	Broom, Walker B	RHLD	8
Brock, Harrit M**	CHFD	188	Brooker, W*	GRVL	412	Broom, Wm	FAFD	225
Brock, Headen	ADSN	200	Brooks, A V	ABVL	111	Broom, Wm	PKNS	80
Brock, Headen Jr	ADSN	201	Brooks, Adam	GRVL	399	Broome, Green E	YORK	475
Brock, Helen	ADSN	195	Brooks, Anna*	ADSN	260	Broomfield, P B	CHTN	220
Brock, Hugh	CHFD	117	Brooks, Asberry	ADSN	236	Brophy, Jno	CHTR	67
Brock, J	UNON	187	Brooks, C Elisha	AVBL	65	Bross, B	CHTN	461
Brock, James L	ADSN	177	Brooks, C W	GRVL	419	Brothers, C L	COTN	341
Brock, Jas H	ADSN	200	Brooks, Cerilla*	ADSN	260	Brothers, Charles	COTN	348
Brock, Jefferson	UNON	283	Brooks, D	EDFD	131	Brothers, George	CHTN	126
Brock, Jno O	CLDN	202	Brooks, D D	ABVL	31	Brothers, J W	ADSN	260
Brock, Joel	CHFD	117	Brooks, Daniel	ADSN	175	Brothers, Jacob	COTN	347
Brock, June*	CHFD	173	Brooks, David	LRNS	311	Brothers, John	COTN	348
Brock, Lucy	CHFD	183	Brooks, Elihu*	LRNS	324	Brothers, Louis	COTN	352
Brock, M H	ADSN	158	Brooks, Elizabeth G*	CHTN	423	Brothers, Sarah	COTN	347
Brock, Martha*	ADSN	195	Brooks, Francis M	ABVL	96	Brougblum, Christoph*	BNWL	406
Brock, Martha	NWBY	273	Brooks, G W	GRVL	419	Brough, Eveline	ABVL	9
Brock, Nancy	GRVL	498	Brooks, G W	GRVL	431	Brougher, F A*	NWBY	305
Brock, R B	ADSN	200	Brooks, H H	EDFD	24	Broughton, Geo Wash	BUFT	24
Brock, Reuben	ADSN	198	Brooks, Hariet*	CHTN	439	Broughton, Henry L	LCTR	207
Brock, Samuel	CHFD	118	Brooks, Henry*	NWBY	246	Broughton, J J	CLDN	200
Brock, Samuel*	CHFD	116	Brooks, Isabella*	ABVL	36	Broughton, Jane	RHLD	34
Brock, Squire	CHFD	118	Brooks, J H	EDFD	139	Broughton, Jessie W	BNWL	340
Brock, Stephen	CHFD	106	Brooks, J L	EDFD	80	Broughton, Jno	SPBG	332
Brock, Thomas	GRVL	488	Brooks, J M	NWBY	240	Broughton, S B**	CHTN	158
Brock, Thomas	ABVL	107	Brooks, J W*	EDFD	131	Broughton, Sarah	CLDN	201
Brock, William*	GRVL	451	Brooks, James	ABVL	89	Broughton, T N	CLDN	200
Brocke, C	PKNS	1	Brooks, James**	MRBO	203	Broughton, W A	CHTN	229
Brocke, Lottie**	PKNS	22	Brooks, James	PKNS	88	Broughton, Z M	KRSW	95
Brockeley, Hugh	YORK	449	Brooks, Jane*	PKNS	182	Broukbank, William	CHTN	492
Brockington, B F	WMBG	322	Brooks, Jas C	EDFD	38	Browder, B M	WMBG	336
Brockington, E S*	MARN	13	Brooks, Jason T	ABVL	29	Browder, D	WMBG	306
Brockington, J F	WMBG	301	Brooks, Jno*	EDFD	66	Browder, Gadson	WMBG	302
Brockington, J F	WMBG	322	Brooks, Jno S	LRNS	235	Browder, J J	WMBG	306
Brockington, S E	WMBG	322	Brooks, John	RHLD	44	Browder, J J	WMBG	305
Brockington, Sarah	WMBG	301	Brooks, John	SPBG	213	Browder, James	WMBG	302
Brockington, W R	WMBG	322	Brooks, John H*	RHLD	24	Browder, Josua	WMBG	302
Brockington, W Y	WMBG	323	Brooks, John W	ABVL	122	Browder, Martin	WMBG	302
Brockinton, B P	WMBG	320	Brooks, John*	ABVL	96	Browder, Mc	WMBG	306
Brockinton, J S	WMBG	316	Brooks, John	ADSN	287	Browder, S W	WMBG	305
Brockinton, R L	DLTN	428	Brooks, Lemuel	EDFD	133	Brower, A A*	LRNS	225
Brockman, B T	SPBG	375	Brooks, M A*	KRSW	93	Brower, Maria**	CHTN	191
Brockman, Jas F	SPBG	375	Brooks, M C	EDFD	141	Browing, Delila	GRVL	457
Brockman, Mary	GRVL	492	Brooks, M P	EDFD	139	Browman, Geore*	RHLD	10
Brockman, W T	SPBG	380	Brooks, Madison	NWBY	285	Brown, A	HORY	26
Brockmann, John*	CHTN	451	Brooks, Manima	LRNS	271	Brown, A	PKNS	4
Brockmton, Wm	DLTN	448	Brooks, Marion**	PKNS	174	Brown, A B	CHTR	83
Broderick, Patrick**	CHTN	403	Brooks, Mary	NWBY	247	Brown, A E	WMBG	325
Brodie, Alexander	RHLD	81	Brooks, Mary A	ABVL	129	Brown, A H	MARN	25
Brodie, Alexr*	RHLD	62	Brooks, Mrs	CHTN	322	Brown, A P	EDFD	52
Brodie, Augusta**	CHTN	437	Brooks, Mrs Ann	BUFT	3	Brown, A W	WMBG	330
Brodie, Edwin M	CHTN	440	Brooks, N P	LRNS	268	Brown, A*	CHFD	183
Brodie, John W	ORBG	399	Brooks, Nancy	ADSN	159	Brown, A E	CLDN	202
Brodie, John W Jr	ORBG	398	Brooks, Pamela	LRNS	354	Brown, A H	CHTN	116
Brodie, Joseph**	ORBG	396	Brooks, Preston*	COTN	295	Brown, Aaron	BNWL	457
Brodie, Mary Ann*	RHLD	55	Brooks, Preston**	BNWL	398	Brown, Abert	PKNS	168
Brodie, Oscar**	CHTN	381	Brooks, R R	MARN	56	Brown, Abm	DLTN	442
Brodie, R H	CHTN	331	Brooks, Rebecca*	EDFD	28	Brown, Abner	SMTR	110
Brodie, Robert*	CHTN	381	Brooks, Robt	EDFD	29	Brown, Abner	ADSN	214
Brodie, Robert	ORBG	398	Brooks, Robt	LRNS	271	Brown, Agnes*	DLTN	402
Brodie, Robt**	CHTN	329	Brooks, S*	EDFD	109	Brown, Agnes S*	CHTN	427
Brodie, Samuel	RHLD	39	Brooks, S	LRNS	223	Brown, Alex	KRSW	108
Brodie, Sarah	CHTN	381	Brooks, Sampson	SPBG	240	Brown, Alex	HORY	26
Brodie, William**	CHTN	436	Brooks, Silas	MARN	52	Brown, Alex	FAFD	248
Brogden, Jesse	LXTN	413	Brooks, Simon	NWBY	238	Brown, Alfred	GRVL	333
Brogden, John	EDFD	8	Brooks, Stanmore B	ADBL	68	Brown, Alfred**	CHTR	64
Brogden, John	EDFD	10	Brooks, Thomas	NWBY	229	Brown, Allice*	SPBG	380
Brogden, John B	SMTR	136	Brooks, Thos	ABVL	153	Brown, Amanda	LRNS	326
Brogden, Jonathan**	CHTN	470	Brooks, Thos	PKNS	32	Brown, Amanda C	MARN	27
Brogden, Moses	SMTR	151	Brooks, Thos L	ABVL	68	Brown, Ambros	ADSN	249
Brogden, Mrs E	EDFD	24	Brooks, W B	FAFD	257	Brown, Amelia	RHLD	42
Brogden, Mrs M	EDFD	83	Brooks, W Butler	ABVL	64	Brown, Amelia*	CHTN	206
Brogden, R	EDFD	179	Brooks, W J	LRNS	275	Brown, Anderson*	GRVL	515
Brogden, William T	SMTR	110	Brooks, Walker J	BNWL	403	Brown, Andrew	CHTN	431
Brogdon, Ann E**	CLDN	207	Brooks, Whitfield	EDFD	169	Brown, Andrew C	ABVL	38

27

Name	Loc	Pg	Name	Loc	Pg	Name	Loc	Pg
Brown, Ann	GRVL	465	Brown, Elizabeth	SPBG	342	Brown, James	SPBG	256
Brown, Ann	CHTN	387	Brown, Elmina	ADSN	237	Brown, James	SPBG	210
Brown, Ann L	NWBY	279	Brown, Emily	SMTR	164	Brown, James	LXTN	357
Brown, Ann*	PKNS	82	Brown, Emily	SMTR	112	Brown, James E**	ABVL	70
Brown, Arminda**	FAFD	212	Brown, Emma E*	CHTN	435	Brown, James R	ORBG	406
Brown, Asa N	HORY	62	Brown, Emma P*	CHTN	435	Brown, James*	ABVL	84
Brown, Asa*	MARN	128	Brown, Ervin A	SMTR	159	Brown, James	UNON	222
Brown, B F	BNWL	466	Brown, Evaline*	PKNS	92	Brown, James B	NWBY	282
Brown, B F	ADSN	156	Brown, F	HORY	25	Brown, James M	GETN	323
Brown, B G	YORK	413	Brown, F B	CLDN	226	Brown, James*	CHTN	440
Brown, B H	BNWL	466	Brown, F C	PKNS	103	Brown, James	FAFD	250
Brown, B M	KRSW	130	Brown, F E	CLDN	230	Brown, James	CHTR	4
Brown, B M	KRSW	130	Brown, F L*	YORK	395	Brown, James C	CHTN	144
Brown, B S	BNWL	434	Brown, F M	WMBG	363	Brown, James C	BNWL	489
Brown, Barrum	GRVL	454	Brown, F M	RHLD	21	Brown, James H	CHFD	122
Brown, Bartlett*	RHLD	55	Brown, Fanny*	CHTN	355	Brown, James*	ADSN	327
Brown, Benjn	ABVL	98	Brown, Flora	GETN	294	Brown, James	CHTN	150
Brown, Benjn	SPBG	377	Brown, Frances*	ADSN	180	Brown, James	BNWL	494
Brown, Bethel A	HORY	62	Brown, Francis A*	SMTR	102	Brown, James	ABVL	44
Brown, Betsy*	EDFD	85	Brown, Francis*	EDFD	193	Brown, James A	COTN	254
Brown, Burrel*	RHLD	2	Brown, Francis*	SMTR	101	Brown, James W	CHTN	265
Brown, Burrell	SPBG	414	Brown, Frederick*	BNWL	436	Brown, Jane*	ORBG	361
Brown, C B	MARN	13	Brown, Fulton	SPBG	220	Brown, Jane	MARN	78
Brown, C B*	ADSN	154	Brown, G L	BNWL	439	Brown, Jane D*	ADSN	286
Brown, C J	BNWL	449	Brown, G M	LRNS	258	Brown, Jane**	CHTN	376
Brown, C M	CHTR	45	Brown, G S	BNWL	468	Brown, Jane	CHFD	183
Brown, C W*	CHTN	515	Brown, G W	GRVL	468	Brown, Jane	CHFD	141
Brown, Caroline*	KRSW	134	Brown, G W	CHFD	135	Brown, Jane	FAFD	213
Brown, Caroline*	CHFD	123	Brown, G W Jr	SPBG	223	Brown, Jane E*	CHTN	514
Brown, Caroline*	SPBG	423	Brown, G Washington	SMTR	124	Brown, Jane*	CHTN	224
Brown, Carter	CHTR	8	Brown, Geo	NWBY	226	Brown, Janithe	WMBG	325
Brown, Chappel*	RHLD	2	Brown, Geo	KRSW	118	Brown, Jas	SPBG	425
Brown, Charles*	RHLD	48	Brown, Geo W**	CHTN	350	Brown, Jas	SPBG	373
Brown, Charles*	BUFT	91	Brown, Geo W	SPBG	251	Brown, Jas	LRNS	332
Brown, Charles	BNWL	495	Brown, George C	GRVL	482	Brown, Jas Alex	SPBG	197
Brown, Charles	ADSN	246	Brown, George W	CHTN	168	Brown, Jas B	CLDN	202
Brown, Charles	PKNS	6	Brown, George**	CHTN	258	Brown, Jasper	ADSN	214
Brown, Charley	NWBY	244	Brown, George	UNON	278	Brown, Jasper	SPBG	423
Brown, Cheney	CHTN	390	Brown, George	FAFD	213	Brown, Jefferson	SPBG	307
Brown, Chloe	MARN	128	Brown, George	CHTN	392	Brown, Jesse	CHFD	124
Brown, Christian	CHTN	488	Brown, George Sr	FAFD	213	Brown, Jesse	SMTR	99
Brown, Cindrilla	ADSN	283	Brown, Green	SPBG	251	Brown, Jesse	EDFD	190
Brown, Col J C S	NWBY	288	Brown, H H	ADSN	229	Brown, Jesse C	MARN	8
Brown, Columbus	SMTR	99	Brown, H M	DLTN	442	Brown, Jesse H	MARN	78
Brown, Cornelus	ADSN	251	Brown, H W*	CHTN	312	Brown, Jessee	SPBG	365
Brown, D H	LCTR	219	Brown, H*	CHTN	325	Brown, Jessie	SMTR	100
Brown, D R G	MARN	8	Brown, Hanah*	CHTN	516	Brown, Jessie	CHTN	187
Brown, D W	YORK	508	Brown, Handy	CHTN	143	Brown, Jno	SMTR	123
Brown, Daniel	GRVL	509	Brown, Harriet P*	ABVL	12	Brown, Jno L	ABVL	7
Brown, Daniel	CHFD	122	Brown, Harriett*	CLDN	240	Brown, Jno**	EDFD	14
Brown, Daniel B	GRVL	453	Brown, Harrison	PKNS	89	Brown, Jno*	ABVL	30
Brown, Daniel*	CHTN	196	Brown, Harvey*	CLDN	231	Brown, Jno Henry	DLTN	438
Brown, Daniel	HORY	26	Brown, Hasting*	RHLD	85	Brown, Jno R	CLDN	227
Brown, Daniel	ADSN	157	Brown, Heiglie*	CLDN	191	Brown, Jno*	ABVL	138
Brown, Daniel	HORY	71	Brown, Henrietta*	LXTN	365	Brown, Jno A	CLDN	197
Brown, Danl	LRNS	325	Brown, Henry	MARN	1	Brown, Jno W	SPBG	418
Brown, David	RHLD	42	Brown, Henry K*	RHLD	5	Brown, Joel	KRSW	76
Brown, David	FAFD	212	Brown, Henry*	BNWL	342	Brown, Joel	CHFD	135
Brown, David	MARN	78	Brown, Henry	GETN	287	Brown, Joel J	SMTR	156
Brown, David J	NWBY	281	Brown, Henry	ADSN	273	Brown, John P	CHFD	124
Brown, David L	ADSN	283	Brown, Henry J*	SMTR	180	Brown, John*	GRVL	397
Brown, Delila*	LXTN	417	Brown, Hugh*	YORK	437	Brown, John	WMBG	361
Brown, Don W*	ABVL	111	Brown, Ira	SMTR	100	Brown, John	SPBG	423
Brown, Dorcas	YORK	435	Brown, Isaac*	CHTN	243	Brown, John A	MARN	25
Brown, Dorcas*	CHTN	519	Brown, Isaac	HORY	59	Brown, John C	CHTR	45
Brown, Dorothy	GRVL	342	Brown, Isaac	DLTN	463	Brown, John*	CHTN	155
Brown, Douglas A*	RHLD	49	Brown, Isaac	CHTN	356	Brown, John	FAFD	231
Brown, E	HORY	26	Brown, Isaac	SPBG	220	Brown, John	MARN	78
Brown, E**	CLTN	385	Brown, Isaiah	MARN	132	Brown, John	GRVL	354
Brown, E	DLTN	594	Brown, J F	KRSW	131	Brown, John D	GRVL	340
Brown, E C*	BNWL	439	Brown, J H	NWBY	295	Brown, John W	CHTN	424
Brown, E G*	RHLD	21	Brown, J J	MARN	54	Brown, John W**	ABVL	117
Brown, E H	LRNS	338	Brown, J L*	YORK	427	Brown, John	CHTN	476
Brown, E M	ADSN	157	Brown, J L	WMBG	363	Brown, John**	CHTN	469
Brown, E P	SPBG	230	Brown, J R	WMBG	353	Brown, John*	EDFD	16
Brown, E S**	WMBG	321	Brown, J R	KRSW	81	Brown, John*	CHTN	128
Brown, E T	PKNS	85	Brown, J T	KRSW	122	Brown, John**	CHTN	269
Brown, E W	BNWL	362	Brown, J W	COTN	329	Brown, John P	ADSN	156
Brown, E W	ADSN	157	Brown, J Y**	WMBG	341	Brown, John Sr	EDFD	190
Brown, Eaddy	HORY	60	Brown, J**	HORY	5	Brown, John*	CHTN	245
Brown, Edward	UNON	276	Brown, J E	CHTN	317	Brown, John L**	ADSN	273
Brown, Edward	CHTN	475	Brown, J F	SMTR	174	Brown, John*	COTN	339
Brown, Edward	ADSN	239	Brown, J L	EDFD	52	Brown, John	EDFD	96
Brown, Edwd*	MARN	8	Brown, J L	CHTR	51	Brown, John E	SMTR	100
Brown, Edy	SMTR	99	Brown, J M	BNWL	466	Brown, John H T*	SMTR	115
Brown, Elenora	CHTN	384	Brown, J*	ADSN	214	Brown, John J	SMTR	123
Brown, Elias	ADSN	289	Brown, J W	DLTN	408	Brown, John Jr	SMTR	159
Brown, Elijah	ADSN	284	Brown, J W	EDFD	52	Brown, John R*	EDFD	190
Brown, Elisabeth	MARN	139	Brown, J W	COTN	281	Brown, John	RHLD	55
Brown, Elishu	CHFD	121	Brown, J B	CHTN	370	Brown, John	RHLD	27
Brown, Eliz	DLTN	406	Brown, J M Jr*	CHFD	183	Brown, John	SMTR	100
Brown, Eliza*	RHLD	17	Brown, J W	DLTN	375	Brown, John*	YORK	365
Brown, Eliza*	FAFD	248	Brown, J*	PKNS	84	Brown, John	RHLD	87
Brown, Eliza**	CHTN	486	Brown, Jackson	GRVL	483	Brown, John*	ORBG	391
Brown, Eliza	DLTN	401	Brown, Jackson	CHTR	1	Brown, John	CHTN	197
Brown, Eliza*	CHTN	243	Brown, James	SMTR	100	Brown, John	KRSW	75
Brown, Elizabeth**	ORBG	383	Brown, James*	WMBG	331	Brown, John	BNWL	441
Brown, Elizabeth	YORK	412	Brown, James	GRVL	359	Brown, John	ADSN	243
Brown, Elizabeth	UNON	279	Brown, James	COTN	356	Brown, John	CHTN	116
Brown, Elizabeth	CHTN	411	Brown, James	CHTR	42	Brown, John H*	ABVL	33
Brown, Elizabeth**	FAFD	251	Brown, James	CHTN	199	Brown, John H*	RHLD	29
Brown, Elizabeth	KRSW	139	Brown, James**	CHTN	254	Brown, John R*	HORY	62
Brown, Elizabeth	BNWL	439	Brown, James	RHLD	32	Brown, John W	NWBY	298
Brown, Elizabeth*	ADSN	179	Brown, James	NWBY	275	Brown, John*	ORBG	364
Brown, Elizabeth*	LXTN	362				Brown, John*	SPBG	363
Brown, Elizabeth	SPBG	357						

Name	Loc	Pg	Name	Loc	Pg	Name	Loc	Pg	Name	Loc	Pg
Brown, John	LRNS	353	Brown, Nathaniel	EDFD	281	Brown, T P	LCTR	160
Brown, John*	LRNS	336	Brown, Necey	DLTN	408	Brown, Tempy*	GRVL	475
Brown, John	SPBG	215	Brown, Needham	LXTN	363	Brown, Teresia A**	MARN	7
Brown, John	PKNS	91	Brown, Neil	CHFD	124	Brown, Thomas	COTN	338
Brown, John J*	SPBG	205	Brown, Nelson J	CLDN	200	Brown, Thomas	ORBG	372
Brown, John T	PKNS	138	Brown, Newton	PKNS	89	Brown, Thomas	RHLD	65
Brown, Jos*	MARN	41	Brown, Newton J	ADSN	161	Brown, Thomas	GRVL	501
Brown, Jos N*	LRNS	223	Brown, Nicklas*	EDFD	95	Brown, Thomas E	RHLD	72
Brown, Joseph	ABVL	15	Brown, Noble J	CHTR	7	Brown, Thomas*	CHTN	245
Brown, Joseph*	GRVL	392	Brown, O R	FAFD	204	Brown, Thomas R	RHLD	85
Brown, Joseph	SMTR	142	Brown, Permelia*	YORK	397	Brown, Thomas**	CHTN	470
Brown, Joseph	SPBG	414	Brown, Peter	ADSN	242	Brown, Thomas T	SPBG	304
Brown, Joseph	SPBG	378	Brown, Peter*	CHFD	139	Brown, Thompson	PKNS	86
Brown, Joseph	SPBG	214	Brown, Peter*	FAFD	210	Brown, Thos	BNWL	420
Brown, Joseph W*	RHLD	56	Brown, Philip J	SMTR	183	Brown, Thos	CHTN	335
Brown, Joseph*	GRVL	390	Brown, Pinckney	GRVL	332	Brown, Thos	CLDN	232
Brown, Joseph	MARN	5	Brown, Pressley	RHLD	78	Brown, Thos	MARN	78
Brown, Joseph	ORBG	395	Brown, Prudence	CHTR	5	Brown, Thos	LRNS	299
Brown, Joshua	FAFD	230	Brown, R	COTN	281	Brown, Thos Jr	FAFD	213
Brown, Joshua*	MARN	128	Brown, R B	SMTR	158	Brown, Thos*	ABVL	17
Brown, Josiah*	CHTN	509	Brown, R C**	CHTN	205	Brown, Thos	CHFD	135
Brown, Julius	MARN	14	Brown, R J	YORK	468	Brown, Thos Sr	FAFD	213
Brown, Kenzie	DLTN	463	Brown, R R	BUFT	61	Brown, Tresa*	ADSN	257
Brown, L C	PKNS	102	Brown, R W	WMBG	360	Brown, Turner**	RHLD	72
Brown, L H	YORK	390	Brown, Rachel*	DLTN	408	Brown, Ulmer J	BUFT	76
Brown, L S	HORY	7	Brown, Ralph*	RHLD	57	Brown, Uriah	ABVL	16
Brown, Land	GRVL	392	Brown, Ransen*	SPBG	305	Brown, V*	CHFD	114
Brown, Larkin	BNWL	392	Brown, Rebecca	CHFD	124	Brown, Vincent	BNWL	493
Brown, Larkin	ADSN	269	Brown, Rebecca	ADSN	289	Brown, Vincent C	CHTR	45
Brown, Laura**	LXTN	357	Brown, Rebecca*	CHTN	144	Brown, W A	MARN	70
Brown, Lavinia*	CHFD	173	Brown, Rebecca	CHTN	514	Brown, W C	ADSN	185
Brown, Lavinia	COTN	356	Brown, Rebecca	GRVL	469	Brown, W C	KRSW	79
Brown, Leander	LRNS	228	Brown, Red	ABVL	15	Brown, W E	BNWL	415
Brown, Lenard	SMTR	159	Brown, Reuben	BNWL	421	Brown, W F*	ORBG	363
Brown, Leonard	GRVL	341	Brown, Reuben J	CHTR	8	Brown, W H	SMTR	163
Brown, Leonard	GETN	291	Brown, Reuben K	BUFT	76	Brown, W H	WMBG	324
Brown, Leonard	GETN	285	Brown, Richard	KRSW	123	Brown, W J	WMBG	348
Brown, Lesie	LRNS	253	Brown, Richard	SMTR	99	Brown, W M	YORK	390
Brown, Leslie	LRNS	253	Brown, Richd*	MARN	128	Brown, W P	SPBG	247
Brown, Levenia*	ROBG	387	Brown, Ricky*	ORBG	409	Brown, W R*	CHTN	325
Brown, Levi	WMBG	338	Brown, Robert	YORK	502	Brown, W R*	GRVL	406
Brown, Lockly*	MARN	16	Brown, Robert	YORK	379	Brown, W S	CHTN	341
Brown, Logan	FAFD	205	Brown, Robert	CHTN	411	Brown, W S**	CHTN	485
Brown, Louis	MARN	140	Brown, Robert	LRNS	299	Brown, W W	CHTN	369
Brown, Louis Jr	MARN	140	Brown, Robt	LRNS	230	Brown, Wiley	SMTR	141
Brown, Louisa	ORBG	368	Brown, Robt E*	CHTN	211	Brown, William	CHTN	172
Brown, Louisa**	CHTN	205	Brown, Robt**	CHTN	207	Brown, William	ADSN	283
Brown, Louisa	CHTN	297	Brown, Robt*	FAFD	213	Brown, William	ABVL	70
Brown, Louisa**	CHTN	413	Brown, Robt	FAFD	280	Brown, William	ADSN	237
Brown, Louise*	CHTN	278	Brown, Robt	WMBG	361	Brown, William	ABVL	40
Brown, Lydia	BNWL	362	Brown, Robt	YORK	458	Brown, William	CHTN	492
Brown, M	WMBG	354	Brown, Roger	LRNS	326	Brown, William	PKNS	192
Brown, M C**	CHTN	399	Brown, Rosa	NWBY	292	Brown, William B	RHLD	79
Brown, M Eliza	BUFT	69	Brown, Rufus F	ABVL	117	Brown, William*	UNON	281
Brown, M F*	LRNS	221	Brown, Ruth	CHTR	72	Brown, William	RHLD	93
Brown, M J*	CLDN	231	Brown, S	BNWL	476	Brown, William H	NWBY	252
Brown, M L*	WMBG	334	Brown, S C**	GETN	284	Brown, William*	COTN	365
Brown, M N	KRSW	117	Brown, S F	ADSN	265	Brown, William	NWBY	292
Brown, M W**	LCTR	166	Brown, S K	CHTN	329	Brown, William	SMTR	98
Brown, M W*	WMBG	333	Brown, S T	HORY	26	Brown, William	RHLD	72
Brown, Malcomb	CHTN	423	Brown, Sallie	KRSW	127	Brown, William	SMTR	138
Brown, Manley	ABVL	18	Brown, Sally	SPBG	222	Brown, William	RHLD	6
Brown, Manning	SMTR	182	Brown, Saml	CHTR	35	Brown, William	ORBG	365
Brown, Marcus L	RHLD	5	Brown, Saml	HORY	61	Brown, William	GRVL	473
Brown, Margaret*	CHTN	245	Brown, Saml	DLTN	447	Brown, William	UNON	282
Brown, Margaret	WMBG	325	Brown, Saml	YORK	460	Brown, William	UNON	289
Brown, Margaret	YORK	502	Brown, Saml L	YORK	473	Brown, William C	ORBG	368
Brown, Margaret*	MARN	131	Brown, Saml*	CHTN	340	Brown, William M	ABVL	6
Brown, Margaret	CHFD	155	Brown, Saml	YORK	464	Brown, Willis	CHFD	138
Brown, Margt	CHTR	40	Brown, Saml E	ABVL	29	Brown, Willis	LRNS	236
Brown, Maria*	GRVL	417	Brown, Samuel	GETN	286	Brown, Willman	BNWL	392
Brown, Mary	LRNS	309	Brown, Samuel	HORY	70	Brown, Wilson	GRVL	416
Brown, Mary C*	CLDN	230	Brown, Samuel	PKNS	137	Brown, Wm	CLDN	234
Brown, Mary P	CHTN	476	Brown, Samuel E*	CHTN	435	Brown, Wm*	FAFD	282
Brown, Mary*	CHTR	36	Brown, Samuel*	ADSN	257	Brown, Wm	FAFD	232
Brown, Mary	MRBO	184	Brown, Samuel	FAFD	250	Brown, Wm	SMTR	123
Brown, Mary	YORK	413	Brown, Samuel	ADSN	284	Brown, Wm E	YORK	468
Brown, Mary	CHTN	421	Brown, Samuel	ADSN	161	Brown, Wm H*	CHTN	243
Brown, Mary*	BNWL	392	Brown, Samuel	ADSN	265	Brown, Wm D	YORK	376
Brown, Mary	DLTN	411	Brown, Samuel J	CHFD	169	Brown, Wm L	SMTR	125
Brown, Mary	CHTN	337	Brown, Sanford	GRVL	398	Brown, Wm**	YORK	470
Brown, Mary Ann*	CHTN	245	Brown, Sara E*	ORBG	347	Brown, Wm	CHTR	40
Brown, Mary Ann**	CHTN	470	Brown, Sarah	HORY	13	Brown, Wm	CLDN	239
Brown, Mary J	CHTN	197	Brown, Sarah	RHLD	9	Brown, Wm	MARN	132
Brown, Matthew	RHLD	15	Brown, Sarah	PKNS	43	Brown, Wm	MARN	79
Brown, Melissa*	SMTR	107	Brown, Sarah J*	CHTN	435	Brown, Wm D	SMTR	184
Brown, Melissa*	SPBG	230	Brown, Sarah*	GRVL	392	Brown, Wm F	BUFT	76
Brown, Michael	PKNS	75	Brown, Sarah	RHLD	6	Brown, Wm F	MARN	8
Brown, Molly*	KRSW	128	Brown, Sarah	CHTN	359	Brown, Wm H	DLTN	416
Brown, Morgan*	GRVL	516	Brown, Sarah A*	UNON	287	Brown, Wm M	MARN	50
Brown, Morris P*	BUFT	57	Brown, Scott*	CLDN	193	Brown, Wm	CHTN	365
Brown, Moses	BUFT	67	Brown, Sealey	ADSN	257	Brown, Wm	DLTN	389
Brown, Mrs E*	CHTN	236	Brown, Shelton	RHLD	65	Brown, Wm	CHTR	4
Brown, Mrs S F*	CHTN	243	Brown, Solomon	CHTN	19	Brown, Wm J	MARN	140
Brown, Mrs S T	CHTN	224	Brown, Sophranis	SMTR	100	Brown, Wm*	CHTN	230
Brown, Mrs*	CHTN	307	Brown, Spencer	SMTR	166	Brown, Wm*	LRNS	322
Brown, Mrs. Sarah	SMTR	173	Brown, Spencer	ADSN	264	Brown, Wm	SPBG	427
Brown, Nancy*	UNON	202	Brown, Spicy	SPBG	357	Brown, Wm	SPBG	360
Brown, Nancy*	DLTN	386	Brown, Susan M	MARN	137	Brown, Wm L	SPBG	221
Brown, Nancy	BNWL	495	Brown, Susan*	DLTN	416	Browne, Carol*	GRVL	467
Brown, Nancy*	GRVL	332	Brown, Susan*	CHTN	141	Browne, Gabriel	CHTN	275
Brown, Nancy*	SPBG	361	Brown, Susan**	RHLD	23	Browne, J P	COTN	276
Brown, Nancy**	SPBG	422	Brown, T F	YORK	502	Browne, James H*	RHLD	32
Brown, Nathan	ABVL	45	Brown, T M	MARN	129	Browne, John W*	RHLD	51
Brown, Nathan	FAFD	213	Brown, T M	WMBG	347	Browne, Mrs M	CHTN	340
Brown, Nathan B*	LXTN	422	Brown, T M	SMTR	174	Browne, S C**	CHTN	492

Name	Loc	Pg	Name	Loc	Pg	Name	Loc	Pg
Brownell, George*	CHTN	425	Bruckley, Miss*	CHTN	320	Bryan, A M	EDFD	151
Brownell, Nathaniel*	CHTN	425	Brudley, M J**	EDFD	118	Bryan, A*	SPBG	258
Brownen, Nancy*	PKNS	6	Bruenton, Robt*	KRSW	129	Bryan, B B	EDFD	144
Browney, Willis	BNWL	386	Bruer, William	CHTN	505	Bryan, B C	EDFD	107
Brownfield, J W	CHTN	106	Bruggeman, T W	CHTN	103	Bryan, B G W	COTN	278
Brownfield, John	CHTN	243	Bruggerman, D	CHTN	249	Bryan, B L	COTN	355
Brownfield, John W*	SMTR	149	Bruggerman, D*	CHTN	260	Bryan, Bradly	EDFD	85
Browning, A F	CHTN	234	Brum, H W	CHFD	115	Bryan, Charles	ADSN	312
Browning, C H	CHTN	338	Brumby, Alexr B	RHLD	33	Bryan, Charles E*	BNWL	361
Browning, G W	GRVL	457	Brumby, Elizabeth	SMTR	179	Bryan, E B	COTN	355
Browning, Henrietta	EDFD	50	Brumby, John W*	RHLD	53	Bryan, E E*	WMBG	309
Browning, J J	CHTN	141	Brumer, George*	ADSN	158	Bryan, Edward	COTN	278
Browning, James	ADSN	269	Brumer, Isaac*	ADSN	158	Bryan, Ester	COTN	278
Browning, James	ADSN	301	Brumer, Julia*	ADSN	158	Bryan, Frek J	BUFT	38
Browning, James	ADSN	327	Brumer, Pernie*	ADSN	158	Bryan, Geo L	CHTN	189
Browning, Jefferson	ADSN	279	Brumington, Elizabeth	UNON	263	Bryan, Goodwin*	EDFD	145
Browning, Jeheu	ADSN	301	Brumington, Kissa	UNON	263	Bryan, Henry*	CHTN	364
Browning, John*	CHTN	432	Brumington, Margaret*	UNON	263	Bryan, J J	GETN	293
Browning, John	CHTN	516	Brumington, Mary	UNON	263	Bryan, J M M	COTN	279
Browning, John	ADSN	327	Brumington, Scintha	UNON	263	Bryan, J R	WMBG	315
Browning, John T	CHTN	124	Brummer, Henry	CHTN	476	Bryan, Jas M	SPBG	269
Browning, Mary	GRVL	381	Brummett, F K*	LCTR	218	Bryan, John*	CHTN	278
Browning, R J	ORBG	313	Brunaher, Miss*	CHTN	320	Bryan, John M	CHTN	101
Browning, T B	EDFD	158	Bruner, Alex St*	CHTN	372	Bryan, John*	EDFD	107
Browning, T N*	EDFD	75	Bruner, Glenn	ORBG	332	Bryan, Jos J	GETN	296
Browning, Thos	RHLD	36	Bruner, J E	CHTN	155	Bryan, Lucien D*	HORY	65
Browning, W	ORBG	313	Brunges, Wm	CHTN	331	Bryan, M A	CHFD	181
Browning, William	UNON	191	Brunowitzch, Lawrence**	CHTN	279	Bryan, Mary**	BUFT	31
Browning, Wm	CHTN	123	Bruns, Henry	CHTN	187	Bryan, Mrs H H*	COTN	367
Browning, Wm	LRNS	262	Bruns, Henry	RHLD	38	Bryan, Nathan	SPBG	224
Brownlee, George W	ABVL	122	Bruns, John D	CHTN	381	Bryan, R D	EDFD	58
Brownlee, J J	LRNS	245	Brunson, Amos*	BUFT	70	Bryan, R D Exor A R Able*	EDFD	58
Brownlee, J P	CHTN	125	Brunson, Augustus W*	SPBG	347	Bryan, Richard L	RHLD	32
Brownlee, J T	LRNS	300	Brunson, B J	CHTN	159	Bryan, Robert	EDFD	140
Brownlee, James	CHTN	122	Brunson, C H	CHTN	234	Bryan, S*	SPBG	258
Brownlee, Jno	LRNS	293	Brunson, Charles*	CLDN	198	Bryan, Sarah A*	BNWL	469
Brownlee, John	ABVL	130	Brunson, Charles P*	CLDN	198	Bryan, Sarah	CHTN	273
Brownlee, John	COTN	346	Brunson, Chas E	BUFT	27	Bryan, T M**	CHFD	188
Brownlee, Noel	COTN	343	Brunson, D D	EDFD	68	Bryan, Thomas	SPBG	263
Brownlee, Robin	LRNS	275	Brunson, D O*	CLDN	218	Bryan, William H	SMTR	146
Brownlee, Robt	ABVL	146	Brunson, Daniel	SMTR	112	Bryan, Wm	EDFD	146
Brownlee, S E	COTN	333	Brunson, Dr S T	EDFD	60	Bryan, Wm D	BUFT	62
Brownlee, Saml R	ABVL	128	Brunson, E B	DLTN	440	Bryant, Ann	EDFD	21
Brownlee, Sarah M	COTN	333	Brunson, E B Jr	DLTN	440	Bryant, B F*	FAFD	245
Brownlee, Thomas	COTN	350	Brunson, E D*	CLDN	203	Bryant, B R	ADSN	311
Brownlee, William A	ADSN	274	Brunson, E*	DLTN	372	Bryant, Bethel*	MRBO	176
Brownwell, George*	GRVL	420	Brunson, E A	BNWL	506	Bryant, Calvin	CHTR	68
Broxton, James	CHTN	468	Brunson, Francis*	CLDN	214	Bryant, Caroline*	MARN	128
Broxton, William E	CHTN	467	Brunson, G W	BUFT	39	Bryant, Charity*	ADSN	315
Broxton, T G	COTN	282	Brunson, Harvy*	CLDN	246	Bryant, Col Ann E**	MARN	8
Broyce, W*	CHTN	370	Brunson, Henry N	CLDN	211	Bryant, Curtis	GRVL	504
Broydon, M A**	CLDN	205	Brunson, Isaac	CHTN	116	Bryant, Elias	CLDN	196
Broyles, J T	ADSN	180	Brunson, J A**	DLTN	374	Bryant, Eliz	DLTN	381
Broyles, O R	ADSN	158	Brunson, J C*	EDFD	101	Bryant, Evan	MRBO	173
Broynon, Alexr*	ABVL	110	Brunson, J H**	WMBG	309	Bryant, Fountin	EDFD	21
Brubaker, Garrett	KRSW	122	Brunson, J Nelson	BUFT	93	Bryant, Geo W	LRNS	292
Bruce, A*	EDFD	83	Brunson, Jacob	BNWL	481	Bryant, George	CHFD	123
Bruce, Asten	GRVL	417	Brunson, James Y	SMTR	183	Bryant, George W	CHTR	14
Bruce, Bailey	GRVL	388	Brunson, Jno	EDFD	68	Bryant, Gray	DLTN	381
Bruce, C C	DLTN	383	Brunson, Jno C	CLDN	208	Bryant, H K*	EDFD	50
Bruce, C M	ADSN	265	Brunson, Jno F*	CLDN	213	Bryant, Hardy*	ADSN	258
Bruce, C P	PKNS	55	Brunson, Jno P	CLDN	205	Bryant, Hardy	ADSN	307
Bruce, Charles	PKNS	59	Brunson, Johanah**	CHTN	511	Bryant, Harris	LRNS	290
Bruce, Chas	DLTN	407	Brunson, John F	SMTR	178	Bryant, Henry	MARN	68
Bruce, Daniel	GRVL	435	Brunson, John J	SMTR	176	Bryant, Isaac	EDFD	15
Bruce, David M	SPBG	400	Brunson, John W	BUFT	75	Bryant, J Harvey*	LRNS	233
Bruce, Edmond E*	ORBG	350	Brunson, John*	CHTN	479	Bryant, J T	DLTN	393
Bruce, Francis A**	ORBG	349	Brunson, Jos M*	BUFT	27	Bryant, J W	GRVL	352
Bruce, G W	ADSN	278	Brunson, Joseph**	SPBG	376	Bryant, James	YORK	429
Bruce, G W	GRVL	395	Brunson, Josiah	CLDN	221	Bryant, James F	FAFD	235
Bruce, H H	ADSN	266	Brunson, L G	CLDN	207	Bryant, Jas*	YORK	445
Bruce, Hugh*	CHTR	71	Brunson, L M**	SMTR	179	Bryant, Jas*	MARN	24
Bruce, J	KRSW	97	Brunson, Mary	SMTR	164	Bryant, Jeff	DLTN	381
Bruce, J C*	ADSN	179	Brunson, Mary L*	BUFT	64	Bryant, Jesse	DLTN	429
Bruce, J D	NWBY	297	Brunson, Mary*	SMTR	160	Bryant, Jesse	MARN	71
Bruce, J W	ADSN	224	Brunson, Mrs S M	EDFD	68	Bryant, Jno	EDFD	14
Bruce, Jackson*	GRVL	341	Brunson, N C	DLTN	380	Bryant, John	ADSN	301
Bruce, James	ABVL	116	Brunson, P A	DLTN	440	Bryant, John	ADSN	246
Bruce, James	GRVL	397	Brunson, Peter	BUFT	20	Bryant, John	MARN	69
Bruce, James R	ADSN	266	Brunson, Rachel	HORY	9	Bryant, John C	CHTN	515
Bruce, James*	ORBG	342	Brunson, S C	CLDN	204	Bryant, John M	MARN	88
Bruce, James	LCTR	167	Brunson, Saml C	BUFT	47	Bryant, L L**	BNWL	502
Bruce, John	ADSN	278	Brunson, Thayer A**	BNWL	502	Bryant, Leonard*	ADSN	314
Bruce, John	YORK	401	Brunson, U D	BNWL	496	Bryant, Mary	MARN	72
Bruce, John C*	ORBG	345	Brunson, W*	EDFD	111	Bryant, Mary**	MARN	131
Bruce, Jos G	KRSW	102	Brunson, W A	CHTN	518	Bryant, Mitchell	GRVL	440
Bruce, Julany	GRVL	385	Brunson, W A*	SPBG	309	Bryant, Needham	RHLD	85
Bruce, Julius	ADSN	278	Brunson, W D	CLDN	219	Bryant, Pinckney	MARN	80
Bruce, Lalotta*	ADSN	169	Brunson, W D*	SMTR	158	Bryant, Prudence**	DLTN	381
Bruce, Lucy	GRVL	444	Brunson, William A	BNWL	496	Bryant, Rena*	MARN	99
Bruce, Marion	GRVL	385	Brunson, William H	SMTR	175	Bryant, S D	MARN	75
Bruce, Martha*	ORBG	342	Brunson, William J**	SMTR	178	Bryant, Saml	MARN	8
Bruce, Nelly	LCTR	167	Brunson, Wm	CLDN	245	Bryant, Simon	ADSN	313
Bruce, Robert	GRVL	502	Brunson, Wm	ORBG	308	Bryant, Sol	MARN	24
Bruce, Samuel*	ORBG	350	Brunson, Wm Edgar	BUFT	74	Bryant, Terril	ADSN	313
Bruce, Silas	EDFD	196	Brunson, Wm H	SMTR	112	Bryant, Thomas	ABVL	146
Bruce, T W	ORBG	349	Brunson, Wm L	SMTR	115	Bryant, Thomas	COTN	337
Bruce, Thomas	GRVL	400	Brunt, Marcus	SPBG	227	Bryant, Tolbert	ADSN	327
Bruce, Thomas	ADSN	278	Brunton, H W	GETN	305	Bryant, W H	HORY	16
Bruce, W C*	CLDN	228	Brunton, J A	GETN	305	Bryant, William	ADSN	318
Bruce, W W	GRVL	447	Brush, B F	SPBG	428	Bryant, William O	BUFT	74
Bruce, William W*	CHTR	34	Brush, J A	SPBG	428	Bryant, Wm	CLDN	209
Bruce, Wm S*	CHFD	188	Bruton, Caroine L**	HORY	57	Bryant, Wm	DLTN	459
Bruce, Wm*	LRNS	277	Bruton, Jas B	MARN	19	Bryant, Wm F	HORY	52
Bruck, Ewd	CHTN	243	Bruxr, Josephine*	CHTN	273	Bryant, Wm m	DLTN	429
Brucker, Henry*	CHTN	462	Bry, Wesley*	SMTR	138			

Name	Loc	Pg	Name	Loc	Pg	Name	Loc	Pg	Name	Loc	Pg
Bryant, Wm**	SPBG	317	Buckin, James E	LCTR	178	Bull, David	ORBG	329
Bryants, W J	CHTN	367	Buckingham, J C	BNWL	466	Bull, Edmund	CHTN	296
Bryce, A Jr	PKNS	34	Buckle, Mrs E	BUFT	13	Bull, F D	ORBG	329
Bryce, Alex	PKNS	34	Bucklehoff, Mary*	BNWL	467	Bull, Geo P	CHTN	219
Bryce, Campbell R	RHLD	20	Buckles, John	WMBG	337	Bull, Henry	ORBG	408
Bryce, J G*	PKNS	54	Buckles, Mary	WMBG	360	Bull, John*	CHTN	152
Bryce, Jane	RHLD	20	Buckley, Alice*	CHTN	472	Bull, L A	CHTN	497
Bryce, Robert	RHLD	20	Buckley, Daniel	CHTN	103	Bull, M	ORBG	328
Bryce, Sarah	RHLD	20	Buckley, Danl**	CHTN	193	Bull, M A*	GETN	284
Bryed, Mark*	EDFD	8	Buckley, H	FAFD	219	Bull, M W	EDFD	122
Bryer, Ariana	YORK	485	Buckley, H*	CHTN	317	Bull, N A	ORBG	404
Bryer, T E*	CHTN	236	Buckley, Henry	CHTN	105	Bull, Patrick*	CHTN	219
Bryht, Wm	SPBG	366	Buckley, Henry*	CHTN	325	Bull, Thomas	RHLD	14
Brylaski, M*	ABVL	25	Buckley, James	CHTN	255	Bull, W	ORBG	326
Bryman, Thos	MARN	90	Buckley, John**	CHTN	254	Bull, W A	CHTN	128
Bryns, Jas B	SPBG	419	Buckls, J W	WMBG	338	Bull, W I	CHTN	240
Bryon, Rhody*	SPBG	207	Bucknell, James H	PKNS	161	Bull, William	GRVL	452
Bryson, H	LRNS	310	Buckner, A J*	CHTN	249	Bull, Wm J	CHTN	117
Bryson, J M*	GRVL	425	Buckner, A, Infant*	SMTR	132	Bull, Wm R	ORBG	408
Bryson, Jackson	LRNS	333	Buckner, B F	BUFT	57	Bullard, George	CHTN	373
Bryson, James	ADSN	282	Buckner, John M**	BUFT	32	Bullard, Henry*	CHTN	516
Bryson, Jane	LRNS	230	Buckner, M Adeline	BUFT	32	Bullard, Isham	MRBO	152
Bryson, Jas	LRNS	229	Buckner, Margaret	BUFT	71	Bullard, P B*	MARN	83
Bryson, Jno	LRNS	229	Buckner, Martha E*	BUFT	32	Bullard, Theressa*	CHTN	411
Bryson, John	LRNS	310	Buckner, Perry F	COTN	249	Bullard, Wm	MRBO	200
Bryson, John	LRNS	308	Buckner, R E P*	BUFT	16	Bullen, Amanda*	CHTN	427
Bryson, Louisa**	LXTN	369	Buckner, S Amanda	BUFT	32	Bullen, Caroline	SPBG	336
Bryson, M N	GRVL	421	Buckner, Thaddeus G	BUFT	29	Bullen, Catharine*	CHTN	427
Bryson, Margaret	ADSN	231	Buckner, Wm E*	BUFT	32	Buller, A P	EDFD	85
Bryson, Mary	LRNS	297	Bucky, Mary	CHTN	317	Bullington, B H	SPBG	247
Bryson, Mary*	LRNS	233	Bud, Jesse*	ADSN	260	Bullington, Caleb	SPBG	242
Bryson, Matt	LRNS	229	Budd, J*	WMBG	314	Bullington, Cyntha	SPBG	247
Bryson, Rufus A	SPBG	310	Budd, Thomas S	CHTN	450	Bullington, David	SPBG	226
Bryson, Saml**	LRNS	230	Budden, Alfred	BUFT	5	Bullington, Irena	SPBG	327
Bryson, Susan	PKNS	112	Budden, Christianna*	SMTR	107	Bullington, Synthia*	SPBG	203
Bryson, Thos	CHTN	260	Budden, James A	SMTR	104	Bullington, Wm	SPBG	330
Bryson, Wesley	LRNS	304	Budden, John D	SMTR	134	Bullington, Wm M	SPBG	330
Bryson, Wm	LRNS	297	Budden, William	SMTR	134	Bullman, A	SPBG	330
Bryson, Wm	LRNS	229	Buddin, W B	WMBG	339	Bullman, Hiram	SPBG	394
Brywon, Wm	LRNS	335	Budds, Jas D	CHTN	225	Bullman, William	ADSN	233
Buber, Christr*	CHTN	516	Buer, Eliza*	COTN	253	Bullock, Charles	HORY	49
Buccanan, Bery	CHFD	135	Buermeister, Williams*	CHTN	433	Bullock, D C	EDFD	134
Buchanan, A L	CHTR	74	Buff, Geo	LXTN	448	Bullock, Elisha	HORY	49
Buchanan, Andw M	ABVL	117	Buff, Henry	LXTN	436	Bullock, Frances	EDFD	134
Buchanan, C	UNON	186	Buff, Jesse*	LXTN	452	Bullock, Henry	CHTN	52
Buchanan, C N	CHTR	46	Buff, R	LXTN	451	Bullock, M L	LRNS	231
Buchanan, Colin*	CHTN	257	Buff, Rachel	LXTN	448	Bullock, Mary	ORBG	341
Buchanan, Diana	CHTN	262	Buffington, J	EDFD	182	Bullock, Noel*	MARN	111
Buchanan, Ephraim	ADSN	262	Buffkin, Alonzo**	COTN	289	Bullock, Noel	MARN	120
Buchanan, Frances A	ABVL	80	Buffkin, Bythel	HORY	48	Bullock, Richd	ABVL	70
Buchanan, Gen J	FAFD	209	Buffkin, Hugh**	DLTN	437	Bullock, W M	KRSW	135
Buchanan, Hugh**	CHFD	117	Buffkin, John	HORY	50	Bullock, Wm W	ABVL	93
Buchanan, Hugh	CHTN	210	Buffne, Mrs A*	CHTN	232	Bullock, Zadoc	HORY	48
Buchanan, James T	ABVL	80	Buford, Mary	BUFT	61	Bullwinkel, John D	CHTN	284
Buchanan, James W	ABVL	80	Buford, Mary*	ABVL	36	Bullwinkel, M	PKNS	34
Buchanan, Jno**	CHTR	74	Buford, Moses*	ABVL	98	Bullwinkle, H*	CHTN	250
Buchanan, Lemuel	ADSN	241	Buford, Moses*	ABVL	12	Bullwinkle, J	CHTN	236
Buchanan, M	CHFD	183	Buford, Rebecca	ABVL	12	Bullwinkle, John	CHTN	236
Buchanan, Martha*	ABVL	62	Bufort M*	CHTN	324	Bulon, Charles*	ABVL	2
Buchanan, Nancy*	ABVL	80	Bufort, Charles F**	CHTN	479	Bulon, Louis*	ABVL	2
Buchanan, Phillip	SPBG	378	Bufort, J C	NWBY	272	Buloux, Est J J	CHTN	116
Buchanan, R A	FAFD	209	Bug, Luke	ABVL	8	Bulow, Mrs M*	CHTN	222
Buchanan, Robert	ABVL	80	Bug, Martha**	ABVL	26	Bulward, Levi	UNON	224
Buchanan, Sarah	ABVL	79	Bug, Mary*	ABVL	5	Bulwinkle, Dedrick	CHTN	475
Buchanan, Sarah H	SMTR	182	Bug, Mary**	ABVL	26	Bulwinkle, E*	CHTN	247
Buchanan, William	ABVL	80	Bug, Mathew	ABVL	48	Bulwinkle, E	CHTN	298
Buchanan, Wm R	ABVL	25	Bugg, Amelia	RHLD	15	Bulwinkle, Geo*	CHTN	262
Buchannan, Andw	ABVL	117	Bugg, Charles	EDFD	156	Bulwinkle, George	CHTN	501
Buchannan, Eugene M**	ORBG	343	Bugg, Charles*	EDFD	165	Bulwinkle, Henry	CHTN	379
Buchannan, Mary	COTN	284	Bugg, Frank	NWBY	229	Bulwinkle, Henry	CHTN	434
Buchannon, Philander*	NWBY	262	Bugg, Judy	NWBY	269	Bulwinkle, Henry**	CHTN	475
Buchannon, Wm	ADSN	235	Bugg, Mark	EDFD	74	Bulwinkle, J H	CHTN	306
Buche, A A*	BUFT	39	Bugg, Martha**	NWBY	229	Bulwinkle, Jacob	CHTN	434
Buche, A D	BUFT	42	Bugg, Mary	LXTN	468	Bulwinkle, M	CHTN	307
Buche, B M*	BUFT	39	Bugg, Rebecca**	EDFD	73	Buly, Rev W	LXTN	433
Buche, Eliza*	BUFT	39	Buggel, John F*	CHTN	376	Bumide, Wm	LRNS	233
Bucheister, Andrew	CHTN	461	Buggle, Jno	CHTN	351	Bumpass, Alfred	SPBG	284
Bucheister, Mary Jane	CHTN	461	Buggman, F H W	ORBG	405	Bunce, Nelly	CHTN	329
Buchfield, Elizabeth*	SPBG	425	Buggman, Harman	ORBG	405	Bunch, Adam	CHTN	138
Buchheister, Edward	CHTN	480	Buggs, Hasetine*	ADSN	158	Bunch, Amy**	CHTN	129
Buchheitt, Phillip	CHTN	479	Bugheim, Peter*	CHTN	504	Bunch, Ann	BNWL	376
Buck, Augustus	COTN	343	Bugles, Wm	CHTN	324	Bunch, Arqullus	CHTN	155
Buck, George	FAFD	237	Buhre, Anton	CHTN	479	Bunch, Capers E	CHTN	156
Buck, H	CHTN	236	Buhre, Dedrick	CHTN	476	Bunch, Churchill C	BNWL	376
Buck, Henry	CHTN	522	Buhre, John H	CHTN	204	Bunch, D D	CHTN	237
Buck, Henry	HORY	5	Buhres, Miss	CHTN	304	Bunch, Daniel*	CHTN	156
Buck, J*	CHTN	243	Buice, Horatio	ADSN	167	Bunch, Elisa	CHTN	307
Buck, Jane*	LCTR	217	Buice, Joseph A	MRBO	172	Bunch, Frances	CHTN	128
Buck, John	CHTN	523	Buie, James*	CHFD	144	Bunch, Francis*	CHTN	129
Buck, John	CHTN	260	Buist, A	BNWL	477	Bunch, Franklin	YORK	401
Buck, John	LCTR	217	Buist, Charles S	BNWL	478	Bunch, Henry	CHTN	139
Buck, Lewis	CHTN	487	Buist, Ed H	RHLD	48	Bunch, Henry*	CHTN	165
Buck, Mary	LCTR	217	Buist, Ed T	LRNS	224	Bunch, Howard	YORK	401
Buck, W L*	HORY	4	Buist, Geo	CHTN	361	Bunch, J	COTN	368
Buck, Wm H	HORY	57	Buist, Henry	CHTN	354	Bunch, J L	EDFD	101
Buckanan, James B	COTN	318	Buker, Diana*	CHTN	384	Bunch, Jacob	CHTN	119
Bucken, John H	CHTN	512	Bukler, T P*	SPBG	316	Bunch, Jacob N*	CHTN	425
Buckester, J R	PKNS	13	Bulard, Wesley*	MARN	51	Bunch, James	CHTN	134
Buckfield, Matilda*	SPBG	424	Bulcken, John G	BUFT	16	Bunch, James	CHTN	461
Buckhalter, Bazel	BNWL	400	Bulger, Henry P	BUFT	80	Bunch, James	UNON	298
Buckhalter, J H	CHTN	131	Bulger, John F	BUFT	82	Bunch, Jas C	CHFD	137
Buckhalter, Miss E*	BNWL	462	Bulger, Thos W	CHTN	508	Bunch, John	CHTN	243
Buckhalter, Tandy	EDFD	69	Bulkley, A J	EDFD	107	Bunch, John	COTN	366
Buckham, Cath*	CHTN	517	Bulkley, Francis	RHLD	93	Bunch, John	CHTN	181
Buckhiester, John B	PKNS	193	Bull, Capers	ORBG	314	Bunch, John	CHTN	127
Buckholter, A L	CHTN	499	Bull, Charles S*	CHTN	454	Bunch, Jose*	CHTN	156
						Bunch, Josephine*	CHTN	149

Name	Loc	Pg	Name	Loc	Pg	Name	Loc	Pg
Bunch, Josh J	CHTN	156	Burdet, Hiram	ADSN	248	Burgess, Wm	LRNS	252
Bunch, Laura*	CHTN	156	Burdet, Jesse	GRVL	487	Burgh, Burnel	CHTN	243
Bunch, Level	CHTN	513	Burdet, John W	GRVL	487	Burgin, Jas	ABVL	121
Bunch, Lewis*	CHTN	149	Burdet, Samuel	ADSN	247	Burgiss, Samuel	PKNS	118
Bunch, Lewis	COTN	366	Burdett, Ailsey	LRNS	331	Burgiss, Sarah**	PKNS	121
Bunch, Lydia*	CHTN	156	Burdett, Dicey A*	ABVL	117	Burgus, John B	BNWL	387
Bunch, M	CHTN	129	Burdett, F	LRNS	329	Burk, Catharine*	CHTN	427
Bunch, Mary*	COTN	339	Burdett, George	ABVL	101	Burk, Elizabeth	SPBG	279
Bunch, Mesnach	CHTN	156	Burdett, George	ABVL	117	Burk, James	CHTN	250
Bunch, Moses	CHTN	175	Burdett, J H	EDFD	69	Burk, John R*	CHTN	408
Bunch, Mrs Mary A**	CHTN	236	Burdett, Jno	LRNS	282	Burk, Joseph	CHTN	408
Bunch, Mrs W	EDFD	101	Burdett, John F	LRNS	329	Burke, Ann*	CHTN	365
Bunch, P	ORBG	327	Burdett, John W	ABVL	103	Burke, Artemus	CHTN	189
Bunch, Peter	CHTN	134	Burdett, Jos T	LRNS	329	Burke, Artimus	CHTN	243
Bunch, Silas*	CHTN	425	Burdett, R T	LRNS	329	Burke, Bertha*	CHTN	263
Bunch, Sucky*	CHTN	119	Burdett, Reuben	LRNS	329	Burke, C E	BNWL	483
Bunch, William*	CHTN	149	Burdett, Robert	CHTN	452	Burke, Caroline	CHTN	301
Bunch, William	COTN	343	Burdett, T J	PKNS	99	Burke, Caroline*	ORBG	408
Bunch, Wm**	CHTN	128	Burdett, W	LRNS	331	Burke, E A	BNWL	357
Bunch, Wm**	CHTN	134	Burdine, Alexander*	ADSN	336	Burke, Edward	CHTN	106
Bunch, Wm	CHTN	302	Burdine, Harrison*	ADSN	335	Burke, Ellen*	CHTN	284
Buncy, Harris	MARN	113	Burdine, James*	ADSN	178	Burke, Ellen*	CHTN	245
Bundrick, Alfred W	NWBY	284	Burdine, James	PKNS	118	Burke, Geo William*	CHTN	245
Bundrick, C W	LXTN	401	Burdine, John	ADSN	330	Burke, Henry*	RHLD	78
Bundrick, David	NWBY	276	Burdine, John	PKNS	149	Burke, Hilliard	ORBG	353
Bundrick, Eli	LXTN	450	Burdine, John W	PKNS	165	Burke, Irvin	ORBG	403
Bundrick, J A	LXTN	401	Burdine, Martha S**	PKNS	149	Burke, Jas	CHTN	297
Bundrick, J J	LXTN	400	Burdine, Mary	PKNS	151	Burke, Jas H*	ABVL	70
Bundrick, James	LXTN	383	Burdine, Mason	PKNS	150	Burke, John H	CHTN	188
Bundrick, Jno A*	LXTN	400	Burdine, Richard	PKNS	151	Burke, John*	CHTN	272
Bundrick, Mary M	NWBY	285	Burdine, W C*	ADSN	178	Burke, John**	CHTN	295
Bundrick, Polly	NWBY	288	Burdine, William B	PKNS	150	Burke, Joseph	BNWL	340
Bundwick, Jno A*	LXTN	400	Burdis, Pat	CHTN	236	Burke, Joseph*	BNWL	378
Bundy, Asaph	MRBO	193	Burdishaw, Sim S	ABVL	46	Burke, Joseph*	BNWL	378
Bundy, Jno	MRBO	168	Burdishaw, William*	ABVL	46	Burke, Joseph*	ORBG	407
Bundy, Thos C	MRBO	193	Burditt, H A T	PKNS	99	Burke, Lewis	SMTR	169
Bundy, Washington	MRBO	144	Burditt, Henry K	ABVL	57	Burke, Margaret	BNWL	365
Bundy, Wm L*	MARN	114	Burditt, William	ABVL	31	Burke, Margaret*	CHTN	245
Bundy, Wm W	MRBO	193	Burditt, Wm H	PKNS	99	Burke, Michael*	CHTN	245
Bunger, B*	CHTN	323	Burditt, Zebudee	PKNS	99	Burke, Michael*	CHTN	471
Bunion, John	CHTN	144	Burdoc, James	CHTN	387	Burke, Michael	CHTN	277
Bunker, Catharine	CHTN	205	Burdoe, Chas*	KRSW	133	Burke, Miss*	CHTN	319
Bunker, Christr	CHTN	517	Burdoe, Jane	CHTN	376	Burke, Miss*	CHTN	320
Bunn, Danl	SPBG	396	Burdot, Joseph	CHTN	516	Burke, Miss*	CHTN	320
Bunn, H G*	FAFD	249	Burell, Jas F	ABVL	95	Burke, Morgan	ORBG	333
Bunn, J P	GRVL	407	Burell, Vasta	ABVL	94	Burke, O	CHTN	334
Bunton, Ed M	COTN	259	Buren, Amanda*	HORY	65	Burke, Patrick	ADSN	157
Bunton, Margt	ABVL	119	Burge, John S	NWBY	298	Burke, Sally	BUFT	14
Bunton, Owen	COTN	259	Burge, Julius*	GRVL	410	Burke, Saml	CHTN	206
Bunton, William*	SPBG	328	Burger, Charlotte**	CHTN	353	Burke, Sarah*	CHTN	189
Burbage, Alex	CHTN	140	Burges, Charles	NWBY	268	Burke, Thomas*	CHTN	371
Burbage, Daniel A*	CHTN	156	Burges, Elise L*	CHTN	289	Burke, V**	CHTN	257
Burbage, James	CHTN	140	Burges, Fevilla	CHTR	64	Burke, W	ORBG	306
Burbage, Jane	CHTN	142	Burges, J R	ADSN	315	Burke, William**	CHTN	395
Burbage, John	CHTN	125	Burges, J W	ADSN	315	Burke, Wm*	BNWL	481
Burbage, John N	CHTN	120	Burges, Wm	NWBY	268	Burket, Caroline	ORBG	318
Burbage, Margaret	CHTN	125	Burgess, Ana	UNON	219	Burket, Elizabeth	ORBG	319
Burbage, Margaret*	CHTN	126	Burgess, C	GETN	312	Burket, Ezekiel	PKNS	52
Burbage, Mary Ann	CHTN	140	Burgess, Clemintine	GETN	314	Burket, Jessie W	SMTR	123
Burbidge, Henry	GRVL	409	Burgess, Daniel	SPBG	250	Burket, Julia E*	RHLD	67
Burbidge, J W	COTN	251	Burgess, Ed*	LRNS	250	Burket, L E*	WMBG	363
Burbridge, Annie*	CHTN	116	Burgess, Edward	MRBO	209	Burket, Lewis	ORBG	319
Burbridge, Benjamin*	CHTN	116	Burgess, Emanuel	UNON	196	Burket, Linsey	ORBG	325
Burbridge, John*	COTN	363	Burgess, Ether*	GRVL	477	Burket, Mary	ORBG	307
Burbridge, Margaret*	CHTN	116	Burgess, Felix	UNON	230	Burket, Sarah	PKNS	52
Burbridge, Peter*	CHTN	116	Burgess, Francis J	CLDN	224	Burket, Steven	SMTR	130
Burch, C*	SPBG	318	Burgess, George B	PKNS	135	Burket, Wash	PKNS	52
Burch, Carter	SPBG	337	Burgess, Issaac	LRNS	267	Burket, Willis*	ADSN	269
Burch, E T	DLTN	381	Burgess, J H***	WMBG	364	Burket, Willis E	ADSN	266
Burch, Georgeanna	CHTN	408	Burgess, J H	LXTN	466	Burkett, Elizabeth	CLDN	213
Burch, J E	DLTN	399	Burgess, J M	WMBG	307	Burkett, G H	LXTN	377
Burch, Jesse	CHFD	131	Burgess, James	UNON	256	Burkett, H G	SMTR	112
Burch, Jno L	CHFD	176	Burgess, James*	UNON	230	Burkett, J J	KRSW	113
Burch, Joseph J	CHFD	131	Burgess, James L*	GRVL	488	Burkett, Levi	SMTR	157
Burch, Joseph T	CHFD	177	Burgess, Jno A	CLDN	227	Burkett, N W	DLTN	433
Burch, S J	DLTN	376	Burgess, John*	GETN	294	Burkett, O M	SMTR	113
Burch, Samuel F*	RHLD	20	Burgess, John	SPBG	370	Burkett, S B*	WMBG	355
Burch, W N	CHFD	132	Burgess, John D**	YORK	452	Burkett, Thomas	LXTN	378
Burch, Wm	CHFD	118	Burgess, Joshua	LXTN	466	Burkett, Thomas H	SMTR	123
Burchalter, Allen	BNWL	426	Burgess, Jospeh	ADSN	314	Burkett, Thos	MARN	98
Burchanan, M E*	ABVL	26	Burgess, M M	WMBG	363	Burkett, William	PKNS	89
Burchanan, Mary*	ABVL	62	Burgess, Margaret	GRVL	338	Burkett, Willis	PKNS	101
Burchel, Elizabeth	RHLD	18	Burgess, Martha**	GRVL	413	Burkhalter, C A*	BNWL	460
Burchmore, Elizabeth	CHFD	181	Burgess, Martha*	UNON	235	Burkhalter, Dr J E	EDFD	70
Burchmore, R	ORBG	315	Burgess, Mary	SPBG	250	Burkhalter, Harriet	BNWL	397
Burchmore, W T	CHFD	181	Burgess, Miss P*	CHTN	356	Burkhalter, John	BNWL	462
Burckhalter, Charles	BNWL	432	Burgess, N F	GRVL	406	Burkhalter, Mary	EDFD	143
Burckhalter, J D	BNWL	427	Burgess, N*	BNWL	457	Burkhalter, Owen	BNWL	391
Burckhalter, James	BNWL	415	Burgess, Richard	UNON	222	Burkhalter, R	EDFD	49
Burckhalter, Martin	BNWL	464	Burgess, S E**	CLDN	214	Burkhalter, Willis	BNWL	455
Burckhalter, S M	BNWL	417	Burgess, Saml A	CLDN	227	Burkhalter, Wyley	BNWL	390
Burckhalter, Wilson	BNWL	426	Burgess, Samuel M	SMTR	145	Burkmeyer, J C	CHTN	264
Burckhalter, Wm	BNWL	414	Burgess, Soloman	FAFD	222	Burleigh, William	CHTN	282
Burckmeyer, C L	CHTN	262	Burgess, T S	UNON	257	Burley, Adam	LRNS	320
Burckmeyer, Ellen	CHTN	382	Burgess, Thomas	UNON	231	Burley, Elizabeth	FAFD	267
Burckmyer, Jno G*	CHTN	325	Burgess, Thomas	UNON	252	Burley, H H	FAFD	253
Burdean, Mary	KRSW	110	Burgess, Thomas	SPBG	251	Burley, J	EDFD	117
Burdell, Ben	RHLD	64	Burgess, Thos	GRVL	477	Burley, Jas*	EDFD	116
Burdell, Edward	CHTN	285	Burgess, W J	WMBG	338	Burley, Noah	FAFD	276
Burdell, John*	RHLD	44	Burgess, W R	CLDN	214	Burley, Rachal	FAFD	267
Burdell, Thaddius S	CHTN	446	Burgess, W R	CLDN	243	Burley, Wm	FAFD	268
Burdell, Thos J	CHTN	362	Burgess, Warren H	SMTR	156	Burn, Adeline	CHTN	493
Burdell, William*	RHLD	66	Burgess, William	PKNS	10	Burn, C L*	CHFD	180
Burden, Mary	GRVL	328	Burgess, William S	SMTR	124	Burn, Charles	CHTN	420
Burdet, Ebenezar	PKNS	58	Burgess, Wm	GETN	313	Burn, Edward*	CHTN	448
Burdet, George	ADSN	249	Burgess, Wm	HORY	59	Burn, Edward	CHTN	445

Name	Loc	Pg	Name	Loc	Pg	Name	Loc	Pg
Burn, Geo W	CHTN	522	Burns, J P*	YORK	450	Burris, John	ADSN	236
Burn, H W	CHFD	115	Burns, J W	GRVL	443	Burris, Joshua	ADSN	228
Burn, J W	DLTN	384	Burns, James	CHTN	366	Burris, Levi	ADSN	243
Burn, Luther	CHTN	481	Burns, James*	CHTN	384	Burris, Mary	YORK	443
Burn, Margt L	CHTN	490	Burns, James	GRVL	468	Burris, Reuben	ADSN	243
Burn, R H	CHFD	101	Burns, James	PKNS	83	Burris, Sarah	ADSN	246
Burn, William C**	GRVL	402	Burns, James	SPBG	267	Burris, Sush	DLTN	385
Burne, Miss E*	CHTN	321	Burns, James L*	HORY	67	Burris, Thos	ADSN	236
Burnell, Melly	SPBG	243	Burns, Jane T**	GRVL	411	Burris, Thos	YORK	443
Burnes, Benjamin	ADSN	182	Burns, Jane*	GRVL	504	Burris, W R	ADSN	237
Burnes, Samuel	CHFD	155	Burns, Jno	CHTN	228	Burris, W R	YORK	439
Burnes, Thomas	RHLD	40	Burns, Jno	CHTN	337	Burris, William	ADSN	282
Burnet, James H*	ABVL	70	Burns, John	SPBG	420	Burris, Z D	YORK	443
Burnet, Joseph*	EDFD	22	Burns, John	CHTN	481	Burriss, Anna*	ADSN	260
Burnet, Mrs Andrew	CHTN	235	Burns, John*	CHTN	210	Burriss, Ben	DLTN	385
Burnet, Nancy	UNON	193	Burns, John**	CHTN	295	Burriss, Elizabeth*	ADSN	260
Burnet, Nancy	UNON	189	Burns, John	GRVL	375	Burriss, Katharine*	ADSN	260
Burnet, Ralph	ADSN	227	Burns, John	CHTN	207	Burriss, Levi	ADSN	290
Burnet, Richard R	COTN	301	Burns, John**	CHTN	275	Burriss, Lucinda*	ADSN	260
Burnet, W J	UNON	189	Burns, John	RHLD	3	Burriss, Milford	ADSN	203
Burnett, A J	CHTN	243	Burns, John	YORK	396	Burriss, Pinckney	ADSN	290
Burnett, Aaron	GRVL	390	Burns, John	YORK	465	Burriss, Westley	SPBG	396
Burnett, C	SPBG	407	Burns, John	LRNS	292	Burriss, William	ADSN	290
Burnett, Carter	EDFD	139	Burns, John	LRNS	299	Burrough, Frank G*	HORY	56
Burnett, Carter	SPBG	290	Burns, Jordan	ADSN	265	Burroughs, Eliza G**	RHLD	28
Burnett, Charles	EDFD	129	Burns, Joshua	CHFD	189	Burroughs, James E	HORY	58
Burnett, D S**	EDFD	141	Burns, Joshua	LRNS	289	Burrow, John F	GETN	290
Burnett, Dan	EDFD	147	Burns, Lainey*	SPBG	366	Burrows, Cyntha	SPBG	322
Burnett, David	LXTN	464	Burns, Laura*	LRNS	299	Burrows, Fred**	CHTN	359
Burnett, Elias	SPBG	290	Burns, Leah	ADSN	276	Burrows, G P	WMBG	360
Burnett, Elias**	SPBG	276	Burns, Lewis	LRNS	299	Burrows, G W	WMBG	355
Burnett, Eliza*	MARN	45	Burns, Lucinda	SPBG	420	Burrows, G J	WMBG	361
Burnett, Elizabeth	ABVL	103	Burns, M L	UNON	200	Burrows, John*	CHTN	201
Burnett, Henry	ABVL	34	Burns, M Y	CHTR	61	Burrows, Richard	YORK	404
Burnett, Hesikiah	EDFD	140	Burns, Margaret*	ADSN	278	Burrows, S L	CHTN	243
Burnett, Isaac	EDFD	130	Burns, Mary*	UNON	204	Burrows, Susan	YORK	442
Burnett, J P	EDFD	133	Burns, Mary*	CHTN	306	Burrows, Thomas	MARN	1
Burnett, J W	SPBG	278	Burns, Mast Jas*	CHTN	224	Burrows, W J*	WMBG	329
Burnett, Jarul	SPBG	342	Burns, Mast Pat*	CHTN	224	Burrows, William	SMTR	122
Burnett, Jeff	SPBG	272	Burns, Minarva	GRVL	339	Burrows, Wm	WMBG	346
Burnett, Jno P	SPBG	293	Burns, Nancy*	GRVL	472	Burrus, Wm	YORK	440
Burnett, John	ABVL	62	Burns, Nancy	LRNS	298	Burry, Charles	GRVL	471
Burnett, John	EDFD	147	Burns, Peggy*	GRVL	422	Burry, S L	LCTR	158
Burnett, John	ABVL	153	Burns, Phil	CHTN	252	Bursac, Luisa	GRVL	388
Burnett, John*	MARN	44	Burns, Pinckney	GRVL	345	Burse, Jane*	GETN	292
Burnett, John*	SPBG	417	Burns, R W	WMBG	315	Bursey, John*	GRVL	411
Burnett, John	SPBG	233	Burns, Robert M	ADSN	262	Bursh, Henry*	CHTN	202
Burnett, Jos	PKNS	16	Burns, S	SPBG	403	Bursh, J S	BNWL	459
Burnett, Joseph	SPBG	196	Burns, Sam	PKNS	54	Burt, A H	EDFD	66
Burnett, Luke	SPBG	272	Burns, Saml	YORK	417	Burt, Ambrose	PKNS	5
Burnett, Marcus C**	SPBG	200	Burns, Saml	SPBG	420	Burt, Armistead	ABVL	6
Burnett, Margt*	LRNS	323	Burns, Samuel	LCTR	217	Burt, Capt E	EDFD	38
Burnett, Mary**	COTN	267	Burns, Sarah	GRVL	515	Burt, Cornelius	BNWL	473
Burnett, Mary**	EDFD	63	Burns, Silas	GRVL	412	Burt, Darling	BNWL	473
Burnett, Mary	EDFD	144	Burns, Silas*	GRVL	341	Burt, Dr H	EDFD	41
Burnett, Mary	SPBG	268	Burns, Thomas	GRVL	409	Burt, Dr W M	EDFD	117
Burnett, Mortimer	EDFD	131	Burns, Thomas	UNON	201	Burt, John E	BNWL	473
Burnett, Pincky	LRNS	316	Burns, Thomas	UNON	296	Burt, Maj F W	EDFD	90
Burnett, S J	EDFD	133	Burns, Thos	CHTN	301	Burt, William	RHLD	14
Burnett, Sarah	ABVL	71	Burns, W H*	GRVL	422	Burt, Wilson	BNWL	473
Burnett, Starling	EDFD	31	Burns, William	GRVL	471	Burtain, Archer	SPBG	268
Burnett, T T	EDFD	143	Burns, William*	ABVL	145	Burten, Jas	EDFD	60
Burnett, Thos*	LRNS	323	Burns, Wm	SPBG	417	Burtis, Geo*	CHTN	247
Burnett, W H	EDFD	28	Burns, Wm A	GRVL	510	Burton, Andrew J	YORK	401
Burnett, William	SPBG	234	Burns, Wm**	CHTN	256	Burton, B B**	EDFD	60
Burnett, Willis	LXTN	461	Burnside, A W	LRNS	294	Burton, Benj	EDFD	37
Burnett, Willis	LXTN	464	Burnside, E J	LRNS	294	Burton, Beverly	EDFD	60
Burnett, Woodson	SPBG	207	Burnside, Geo	LRNS	241	Burton, Cleveland	SPBG	267
Burnett, Woodson	SPBG	201	Burnside, James	RHLD	17	Burton, D T	SPBG	403
Burnham, Mary	CHTN	189	Burnsides, Anne**	LRNS	309	Burton, David	EDFD	20
Burnham, R W	CHTN	313	Burnsides, Hiram	YORK	454	Burton, E C	YORK	390
Burnham, Richard	GRVL	405	Burnstine, N	CHTN	249	Burton, Edward*	GRVL	422
Burnie, C*	CHTN	301	Burnstone, H	GETN	319	Burton, Eliza A	ABVL	64
Burnie, Georgianna	CHTN	199	Burnum, Elise*	CHTN	292	Burton, Harper	YORK	419
Burnkhard, Jane**	CHTN	188	Burr, Louis	CHFD	99	Burton, Henry	NWBY	237
Burns, Alice	CHTN	369	Burr, Rachel**	CHFD	146	Burton, Hiram	LRNS	268
Burns, Allen	PKNS	59	Burr, Richd	CHFD	129	Burton, Hurry	ABVL	118
Burns, Amos	YORK	507	Burr, Richd	CHFD	144	Burton, James	ABVL	113
Burns, Andrew*	PKNS	4	Burrel, Rache*	UNON	234	Burton, James	ADSN	226
Burns, Ann*	CHTN	255	Burrel, Rachel	UNON	298	Burton, James F	ABVL	121
Burns, B F	LRNS	347	Burrell, Esquin H*	PKNS	51	Burton, James M	SPBG	311
Burns, B W	PKNS	88	Burrell, George	GRVL	383	Burton, Jane	ADSN	226
Burns, Barnard*	CHTN	245	Burrell, Hetta*	GRVL	440	Burton, Jasper N	ABVL	114
Burns, Baylis	GRVL	377	Burrell, Ira	GRVL	439	Burton, Jerman	ADSN	226
Burns, C	SPBG	427	Burrell, Jesse	GRVL	443	Burton, John	ADSN	209
Burns, C B**	KRSW	131	Burrell, Joseph	GRVL	384	Burton, John A	ABVL	107
Burns, Calvin	CHFD	114	Burrell, Louisa*	RHLD	54	Burton, Jos	LRNS	277
Burns, Camm*	SPBG	424	Burrell, Mark	PKNS	45	Burton, Joseph T*	ABVL	149
Burns, Chrisn	LRNS	288	Burrell, W*	EDFD	111	Burton, Maj G W	EDFD	61
Burns, Chs**	CHTN	194	Burrell, William	GRVL	401	Burton, Mary A*	ABVL	123
Burns, David M	CHTN	158	Burrell, William	GRVL	439	Burton, Mary J*	ADSN	214
Burns, Edward	CHTN	269	Burress, J F	EDFD	76	Burton, Melinda*	COTN	363
Burns, Elizabeth*	RHLD	54	Burress, Mrs E	EDFD	69	Burton, Mrs L	EDFD	43
Burns, Elizabeth	RHLD	12	Burrges, Nicholas	CHTN	513	Burton, P S	ADSN	226
Burns, Elizh**	LRNS	247	Burrill, Alvin	GRVL	389	Burton, Peter S	ABVL	107
Burns, Emeline*	CHFD	155	Burrill, Calvin	GRVL	385	Burton, Phina*	ABVL	112
Burns, Erisna	YORK	507	Burrill, J**	CHTN	310	Burton, Robert	NWBY	232
Burns, Eustena*	CHTN	242	Burrill, Jesse*	GRVL	346	Burton, Robt	ABVL	110
Burns, F C*	SPBG	258	Burris, Bryant	ADSN	244	Burton, Robt	EDFD	24
Burns, Francis*	GRVL	435	Burris, Edward*	YORK	439	Burton, Sarah C	ABVL	107
Burns, H A	CHTN	336	Burris, G W	YORK	439	Burton, Shedric	YORK	397
Burns, Honor	SPBG	297	Burris, J T	YORK	439	Burton, Sophia*	ABVL	123
Burns, J Douglas	CHTN	116	Burris, Jacob	ADSN	291	Burton, Thos H	SPBG	268
Burns, J F	EDFD	58	Burris, James	ADSN	291	Burton, Thos.	LRNS	268
Burns, J F	YORK	467	Burris, Jane L*	GRVL	413	Burton, Timothy*	GRVL	463
Burns, J H*	CHTN	370	Burris, Jno	YORK	439	Burton, William	RHLD	39

Name	Loc	Pg	Name	Loc	Pg	Name	Loc	Pg
Burton, Wm	ABVL	110	Bushby, Robert	ADSN	280	Butler, Thos*	ABVL	30
Burton, Wm	ABVL	121	Bushee, James G	BUFT	10	Butler, W F	CLDN	206
Burts, Michael	LRNS	243	Busnnell, A	EDFD	42	Butler, W W	GRVL	496
Burty, F	GRVL	404	Busnton, Sallie*	ADSN	260	Butler, William	CHTN	143
Busbay, James B*	UNON	265	Buskirk, H T	WMBG	316	Butler, William	ABVL	48
Busbay, Fanny*	NWBY	242	Buskirk, Robt	WMBG	364	Butler, Wm	MRBO	193
Busbee, Adeline	BUFT	54	Bussby, C	EDFD	159	Butler, Wm P	EDFD	108
Busbee, Amos	BUFT	37	Bussey, C D	EDFD	92	Butler, Wm*	LRNS	311
Busbee, Benjn	ABVL	75	Bussey, E	EDFD	91	Butler, Wm H	PKNS	75
Busbee, Edith	LXTN	422	Bussey, J C	EDFD	52	Butler, Y N	CLDN	237
Busbee, Jeremiah	BUFT	37	Bussey, J R**	EDFD	104	Butlin, Elizabeth*	BUFT	45
Busbee, Jesse	LXTN	422	Bussey, Joseph	EDFD	91	Butner, John*	FAFD	258
Busbee, Jessee	BUFT	54	Bussey, M A**	EDFD	65	Butt, Jacob	PKNS	67
Busbee, Jno Jr	EDFD	13	Busshart, R M	ABVL	55	Butterfield, Aruph**	CHTN	283
Busbee, Jno Sr	EDFD	13	Busshart, Wm*	ABVL	82	Butterfield, H L	CHTN	336
Busbee, John	BUFT	48	Bussle, Chas**	CHTN	261	Butterwicks, Catherine*	CHTN	418
Busbee, Lewis	ABVL	74	Bussy, D L	EDFD	91	Buttler, John	CHTN	248
Busbee, Mrs E	EDFD	13	Bussy, John*	CHTN	214	Button, D A	YORK	385
Busbee, Rachel*	BUFT	35	Bussy, M*	EDFD	102	Butts, John F	CHTN	369
Busbee, Thomas	LXTN	423	Bustclark, Lucinda	PKNS	18	Butts, Oliver J**	GETN	315
Busbee, Ulysses	BUFT	54	Bustclark, Sam	PKNS	18	Buycke, Peter A	ORBG	310
Busby, Benj C	NWBY	271	Butcken, Henry**	CHTN	422	Buzby, Creasey	NWBY	279
Busby, Clem	LXTN	378	Buthe, C L*	CHTN	243	Buze, John F	CHTN	368
Busby, Daniel W	LXTN	379	Butler, A P	LRNS	336	Buzhardt, B F*	NWBY	305
Busby, Elizabeth**	BNWL	478	Butler, Aaron	ABVL	62	Buzhardt, Michel*	NWBY	282
Busby, Frances	EDFD	15	Butler, Aaron I**	MARN	101	Buzzard, C	EDFD	122
Busby, J Wesley*	ADSN	280	Butler, Alfred W	MARN	43	Buzzard, D H	NWBY	247
Busby, Jackson	LXTN	362	Butler, Allen	GRVL	485	Buzzard, Daniel	NWBY	247
Busby, Jacob M	RHLD	70	Butler, Amos	MARN	116	Buzzard, David	ORBG	379
Busby, James	SPBG	416	Butler, Ann	EDFD	150	Buzzard, Henry	NWBY	258
Busby, Jane	LXTN	378	Butler, Aron	MRBO	178	Buzzard, Hope	NWBY	246
Busby, Jas	NWBY	251	Butler, Benj	NWBY	239	Buzzard, J T	EDFD	123
Busby, Jas	LXTN	366	Butler, Bery	MRBO	181	Buzzard, J W	EDFD	123
Busby, Jno	EDFD	32	Butler, Cary P	EDFD	148	Buzzard, Jasper	EDFD	177
Busby, Jno	LXTN	366	Butler, Danl	PKNS	84	Buzzard, Jef S	NWBY	235
Busby, Lena**	EDFD	32	Butler, David	EDFD	140	Buzzard, Josphine**	SMTR	212
Busby, Louis	LXTN	378	Butler, David*	EDFD	157	Buzzard, M P & W L	NWBY	230
Busby, Martha*	EDFD	23	Butler, E C*	PKNS	74	Buzzbee, William	ORBG	398
Busby, Mary*	NWBY	277	Butler, Elias	CHTN	143	Buzzby, Worender	EDFD	188
Busby, Mary	NWBY	276	Butler, Elias	CHTN	307	Byars, Annah	SPBG	294
Busby, Miles	LXTN	366	Butler, Eligah	MRBO	149	Byars, Catharine	SPBG	298
Busby, Nathan	EDFD	4	Butler, Eliza**	CHTN	461	Byars, D D	CLDN	203
Busby, Nathan	FAFD	223	Butler, Elizabeth G	NWBY	243	Byars, Delphy*	SPBG	292
Busby, Wade	LXTN	378	Butler, G L	EDFD	166	Byars, Jackson	SPBG	271
Busby, Wade*	LXTN	377	Butler, Gilbert*	MARN	91	Byars, John	SPBG	290
Busby, Wm	LXTN	453	Butler, Harriette*	BUFT	84	Byars, Perry H	SPBG	300
Busch, Chas*	CHTN	313	Butler, Henry	EDFD	150	Byars, Robt	SPBG	287
Busch, John	BNWL	462	Butler, Henry**	ORBG	405	Byer, Henry*	CHTN	409
Busch, Pachel	CHTN	202	Butler, Isham	MARN	91	Byers, Boliver*	YORK	372
Busching, Henry	CHTN	242	Butler, Isham*	MARN	95	Byers, D T	YORK	508
Busclark, Caroline*	PKNS	98	Butler, J D	HORY	71	Byers, David	SPBG	351
Bush, ---*	SPBG	311	Butler, J M	CLDN	203	Byers, Edward	YORK	464
Bush, A M	BNWL	443	Butler, J W	EDFD	81	Byers, Edward	YORK	382
Bush, Adeline**	CHTN	498	Butler, Jacob	LXTN	447	Byers, G W	YORK	383
Bush, Amos*	EDFD	4	Butler, James	CHTN	490	Byers, Mary	UNON	294
Bush, Anna	CHTN	498	Butler, James	MARN	107	Byers, Noah	YORK	483
Bush, Beverly	SPBG	203	Butler, James	MRBO	192	Byers, P R	YORK	488
Bush, Bibby	EDFD	22	Butler, Jane T	GRVL	412	Byers, Redin	PKNS	143
Bush, Cornelius*	SPBG	197	Butler, Jane*	LRNS	308	Byers, Sarah*	YORK	389
Bush, David	BNWL	444	Butler, Jeriah*	MARN	43	Byers, Wm	PKNS	139
Bush, David W	RHLD	73	Butler, Jima	MRBO	163	Byle, Bridget C	SMTR	181
Bush, E B	BNWL	435	Butler, Joel	ORBG	314	Bynum, Gilbert**	RHLD	51
Bush, E M	BNWL	435	Butler, John	ABVL	64	Bynum, James	YORK	384
Bush, Edward	EDFD	69	Butler, John*	CHTN	425	Bynum, Louisa*	RHLD	48
Bush, Elizabeth	BNWL	435	Butler, John	EDFD	139	Bynum, Nat	RHLD	92
Bush, Elizabeth**	LXTN	452	Butler, John**	MARN	116	Bynum, Sarah*	RHLD	32
Bush, G M	BNWL	437	Butler, John	MRBO	189	Bynum, Sarah*	RHLD	43
Bush, G P**	BNWL	437	Butler, John L*	MARN	116	Bynum, T J	RHLD	81
Bush, G W	BNWL	435	Butler, John T**	ORBG	344	Byram, J L	ADSN	230
Bush, G W	EDFD	189	Butler, Jordan	EDFD	140	Byran, Wm Henry	BUFT	41
Bush, Govan	SPBG	246	Butler, Kate	CHTN	117	Byrant, Jno M	ABVL	105
Bush, Green B	RHLD	43	Butler, Leonard	EDFD	81	Byrd, A C*	DLTN	403
Bush, Green B*	RHLD	93	Butler, Loe	GRVL	409	Byrd, Abraham	COTN	347
Bush, H D	BNWL	435	Butler, M C	EDFD	105	Byrd, Alex	DLTN	431
Bush, Henry	SPBG	376	Butler, Martha	CLDN	200	Byrd, Alex F	DLTN	468
Bush, Hugh	ADSN	295	Butler, Martha	LRNS	287	Byrd, Ben A	CHTN	144
Bush, Isaac	BNWL	445	Butler, Martin	NWBY	240	Byrd, Daniel	EDFD	133
Bush, Isaac	EDFD	98	Butler, Mary*	CHTN	377	Byrd, Danl	COTN	347
Bush, Isaiah	SPBG	209	Butler, Miles	MARN	120	Byrd, Dudley	ABVL	76
Bush, J P*	BNWL	440	Butler, Miss J	EDFD	150	Byrd, Eliza	ABVL	55
Bush, J W	FAFD	222	Butler, Mrs Elizb	ABVL	94	Byrd, Eliza	NWBY	279
Bush, Jacob	PKNS	39	Butler, Mrs Julia	EDFD	112	Byrd, Evan	DLTN	398
Bush, Jacob	LXTN	400	Butler, N F*	NWBY	242	Byrd, Evander Jr	DLTN	467
Bush, John D	CHTN	479	Butler, Orlando C*	NWBY	296	Byrd, Ezekiel	SMTR	153
Bush, John*	CHTN	484	Butler, P M	CLDN	203	Byrd, Geo W	DLTN	456
Bush, Mrs S**	EDFD	92	Butler, P*	EDFD	111	Byrd, George	LRNS	340
Bush, R O	GETN	287	Butler, Pinckney*	LRNS	304	Byrd, Hannah	DLTN	456
Bush, Rachel	CHTN	105	Butler, Preston	EDFD	150	Byrd, J D	LRNS	332
Bush, S C L	BNWL	434	Butler, Rhea	NWBY	240	Byrd, J H	WMBG	321
Bush, S S*	BNWL	436	Butler, Richard	CHTN	273	Byrd, James	SMTR	130
Bush, S S	BNWL	444	Butler, Robert	CHTN	384	Byrd, James E	DLTN	476
Bush, Sarah	BNWL	414	Butler, Robt J	EDFD	83	Byrd, Jas	DLTN	395
Bush, Sarah*	EDFD	103	Butler, S	EDFD	75	Byrd, Jno W	DLTN	427
Bush, Story	SPBG	419	Butler, Sallie*	CHTN	354	Byrd, John T	ADSN	330
Bush, Thos	BNWL	445	Butler, Sally**	SPBG	377	Byrd, Josephine**	NWBY	216
Bush, W	SPBG	235	Butler, Sarah R	BUFT	26	Byrd, Justin	NWBY	286
Bush, Warren	ADSN	295	Butler, Seth	EDFD	85	Byrd, Kesiah*	SMTR	133
Bush, William	ADSN	275	Butler, Silas	EDFD	147	Byrd, Leatha	NWBY	263
Bush, William L	SPBG	219	Butler, Solomon	MARN	43	Byrd, Louisa*	NWBY	287
Bush, Wm	EDFD	98	Butler, Stephen	MARN	91	Byrd, M	DLTN	429
Bush, Wm	SPBG	419	Butler, Susan	PKNS	75	Byrd, Marging*	NWBY	263
Bush, Wm B	EDFD	12	Butler, Susan	LRNS	310	Byrd, Margt**	DLTN	464
Bush, Zilph	BNWL	435	Butler, Thomas	CHTN	282	Byrd, Mary	COTN	334
Bushant, J L	LXTN	401	Butler, Thomas	CHTN	387	Byrd, Mary	WMBG	318
Bushby, A J	ADSN	280	Butler, Thos	EDFD	148	Byrd, P J	LRNS	332
Bushby, James	ADSN	280				Byrd, Peter	DLTN	470

Byrd, R P**	DLTN	417	Cain, Ramsey*	CHTN	110	Caldwell, Mary	NWBY	246
Byrd, Rosanna*	COTN	337	Cain, Rebecca	MARN	121	Caldwell, Mrs Jas	CHTN	342
Byrd, Sallie*	ABVL	76	Cain, Richard**	CHTN	258	Caldwell, Patrick C	SPBG	394
Byrd, Sarah J	SMTR	181	Cain, Richard	PKNS	104	Caldwell, R B	CHTR	37
Byrd, Thomas	CHTN	179	Cain, Richerd B	SMTR	163	Caldwell, Richd	CHTN	342
Byrd, Thomas	COTN	334	Cain, Thomas	CHTR	54	Caldwell, Richd	CHTR	43
Byrd, W A J	WMBG	318	Cain, W P	BNWL	406	Caldwell, Robert	ABVL	130
Byrd, W B*	LRNS	336	Cain, Wiley	MARN	9	Caldwell, Robt*	YORK	468
Byrd, Wm	DLTN	397	Cain, William	CHTN	154	Caldwell, Robt	YORK	511
Byrd, Wm D	LRNS	340	Cain, William	RHLD	1	Caldwell, Robt A	SPBG	391
Byrd, Wm E	DLTN	433	Cain, William	PKNS	104	Caldwell, S A	ABVL	90
Byrdick, Wm	WMBG	310	Cain, Wm	PKNS	103	Caldwell, Saml	ADSN	215
Byrne, M	COTN	292	Cain, Wm H	GETN	285	Caldwell, Sarah	SPBG	240
Byrnes, Ella A*	COTN	332	Cain, Wm H	CHTN	154	Caldwell, Sarah A*	PKNS	99
Byrnes, Garrett	CHTN	254	Cains, Richard**	GETN	295	Caldwell, Sophia	NWBY	253
Byrnes, John P	CHTN	115	Caisey, Lucinda	PKNS	33	Caldwell, Spencer*	NWBY	290
Byrnie, B M	CHTN	106	Calaham, Elisha	ADSN	207	Caldwell, Susan*	NWBY	288
Byrum, E W**	ADSN	259	Calahan, Celesta C*	ADSN	270	Caldwell, T W	SPBG	264
Byrum, Jas	SPBG	287	Calan, Miss*	CHTN	320	Caldwell, Tebetha*	COTN	303
Byrum, Peter	ADSN	271	Calaway, Thomas	GRVL	347	Caldwell, Thomas	SPBG	391
Byson, Martha**	CHTN	451	Calaway, William	GRVL	347	Caldwell, W A	SPBG	391
Bythewood, D H	BUFT	11	Calbite, Isabella*	CHTN	289	Caldwell, W A	SPBG	395
Bythwood, Mathew	CHTN	411	Calcutt, S B	GETN	323	Caldwell, W P	NWBY	247
Byun, Rodregus	CHTN	517	Calder, Alexander	CHTN	354	Caldwell, W S	ABVL	113
Caatles, Henry C	YORK	498	Calder, Arthur	MRBO	194	Caldwell, William	NWBY	246
Cabannar, Patk	CHTN	207	Calder, Daniel	WMBG	337	Caldwell, Willian	CHTR	90
Cabeen, Richard	FAFD	278	Calder, Dian	MRBO	194	Caldwell, Wm	CHTN	47
Cabeen, Sarah	FAFD	279	Calder, Duncan	MRBO	186	Caldwell, Wm	FAFD	207
Cabeen, W B	FAFD	265	Calder, E E**	CHTN	372	Caldwell, Wm	YORK	467
Cabert, L	SPBG	329	Calder, George*	CHTN	426	Caldwell, Wm	LRNS	268
Cabnel, Mabina*	CHTN	350	Calder, Gilbert	MRBO	184	Caldwell, Wm H	ABVL	113
Cadden, Richard**	COTN	360	Calder, H T	COTN	292	Caldwell, Wm N	SPBG	393
Cadden, Wm	COTN	362	Calder, Henry*	CHTN	420	Cale, William	CHTN	182
Caddin, Hamilton	COTN	360	Calder, J W	WMBG	351	Cales, Hannah A	CHTN	170
Caddin, John W	BUFT	67	Calder, James*	CHTN	426	Caley, Jeremiah	ABVL	389
Caddin, Redman	BNWL	440	Calder, Jane*	CHTN	187	Calham, Basil	ABVL	107
Cade, A F**	WMBG	348	Calder, Jeptha	MRBO	157	Calham, James*	CHTN	278
Cade, Henry L	CHTN	486	Calder, Malcom	MARN	85	Calhoun, A P	PKNS	29
Cade, J H	HORY	19	Calder, Margaret*	CHTN	425	Calhoun, Alexr	MRBO	184
Cade, J J	WMBG	364	Calder, Mary	MARN	85	Calhoun, Ann	ADVL	70
Cade, R C	WMBG	342	Calder, Nancy	MRBO	194	Calhoun, Barner*	UNON	194
Cade, Walter	CHTN	506	Calder, Nancy	MARN	88	Calhoun, C M	EDFD	76
Cadeau, Joseph	CHFD	184	Calder, Nias	MARN	88	Calhoun, Carre*	RHLD	83
Cadington, John**	GRVL	408	Calder, Peter	MARN	81	Calhoun, D L	EDFD	103
Cadion, Ellen*	CHTN	473	Calder, Peter	MRBO	179	Calhoun, Dougald	MRBO	186
Cadle, C W	WMBG	360	Calder, Washington	MRBO	155	Calhoun, E	EDFD	103
Cadle, Madison	ORBG	399	Calder, William*	CHTN	426	Calhoun, Edward	ABVL	1
Cadow, W*	CHTN	264	Calder, Wm	CHTN	357	Calhoun, Elijah	PKNS	24
Cadwell, Joseph	ADSN	236	Calder, Wm	MARN	88	Calhoun, Eliza*	ABVL	153
Cadworth, E M	CHTN	494	Calderbank, Nathan	BNWL	458	Calhoun, Ephraim R	ABVL	56
Caere, Mrs Charles	CHTN	169	Calderon, John*	CHTN	396	Calhoun, Floride	ADSN	256
Caggnis, Jane	SPBG	219	Caldwel, William	YORK	507	Calhoun, Frances A	ABVL	7
Cagle, Jacob*	GRVL	402	Caldwell, A	NWBY	293	Calhoun, Frances J*	ABVL	153
Cagle, John	BNWL	449	Caldwell, A P	SPBG	391	Calhoun, Frank R**	ABVL	54
Cagle, Wm	BNWL	451	Caldwell, Agnes**	RHLD	5	Calhoun, Geo W	ABVL	72
Cagney, C F	CHTN	366	Caldwell, Alexander**	CHTR	47	Calhoun, Henry D	PKNS	190
Cagney, Miss*	CHTN	320	Caldwell, Alexr	ABVL	76	Calhoun, I M	EDFD	105
Cagney, William*	CHTN	426	Caldwell, Andrew*	CHTN	243	Calhoun, Jas C	ABVL	20
Cahal, Lawrence	CHTN	391	Caldwell, Betty*	NWBY	300	Calhoun, Jas E Sr	ABVL	102
Caher, Thomas**	CHTN	400	Caldwell, C	PKNS	98	Calhoun, Jas M	PKNS	26
Cahil, John*	RHLD	50	Caldwell, Caroline A*	COTN	314	Calhoun, Jno F	ABVL	1
Cahil, Margaret*	RHLD	50	Caldwell, Chs	CHTR	199	Calhoun, Jno W	ABVL	72
Cahill, C G	CLDN	236	Caldwell, Cornelius	CHTR	46	Calhoun, John A	ABVL	36
Cahill, Hartwell	KRSW	138	Caldwell, David	PKNS	48	Calhoun, John*	MRBO	178
Cahill, James	CHTN	104	Caldwell, E	FAFD	249	Calhoun, John	MRBO	178
Cahill, John*	KRSW	128	Caldwell, E A	CHTN	110	Calhoun, John	PKNS	6
Cahill, Lant	CHTR	18	Caldwell, Edward	NWBY	279	Calhoun, Jos Y	BNWL	501
Cahill, Margaret S*	CHTN	335	Caldwell, Eleanor	SPBG	392	Calhoun, M M	BNWL	403
Cahill, Mary**	CHTN	520	Caldwell, Elizabeth	CHTR	48	Calhoun, M M	PKNS	106
Cahill, Miss*	CHTN	320	Caldwell, Elizabeth	NWBY	246	Calhoun, Nathan	ABVL	73
Cahill, W T	DLTN	373	Caldwell, F S*	NWBY	279	Calhoun, Nathan	ABVL	73
Cahill, William	CHTN	518	Caldwell, Fanny*	ADSN	155	Calhoun, Saml	BNWL	504
Cain, Alexander	CHTN	276	Caldwell, Geo R	ABVL	66	Calhoun, Sarah	ABVL	75
Cain, Aley A*	BNWL	406	Caldwell, George*	CHTN	418	Calhoun, Silas K	PKNS	24
Cain, Aron	PKNS	104	Caldwell, Gilbreth	YORK	467	Calhoun, T B	BNWL	503
Cain, B	MARN	65	Caldwell, H C*	NWBY	300	Calhoun, Thomas	PKNS	18
Cain, Bartley*	ADSN	218	Caldwell, Harriet**	RHLD	23	Calhoun, Thos	LRNS	235
Cain, C J	DLTN	387	Caldwell, Isaac	ABVL	40	Calhoun, W B	BNWL	503
Cain, Catherine*	CHTN	247	Caldwell, J A*	CHTN	371	Calhoun, Warren	PKNS	24
Cain, David	MARN	65	Caldwell, J A	NWBY	246	Califf, John	CHTN	521
Cain, Dennis	CHTN	242	Caldwell, J C	SPBG	391	Califf, John	CHTN	167
Cain, Dr D J	CHTN	261	Caldwell, J E	FAFD	254	Calk, Harriet*	LXTN	389
Cain, Edward*	ABVL	2	Caldwell, J W	CHTN	343	Calk, Mary A	LXTN	390
Cain, Elijah	MARN	64	Caldwell, James	NWBY	265	Calk, W L	LXTN	391
Cain, Elizabeth*	ADSN	218	Caldwell, James	YORK	497	Callaham, Andrew	ABVL	4
Cain, George	MARN	65	Caldwell, Jane*	CHTR	49	Callaham, Andw H	ABVL	105
Cain, J C*	WMBG	326	Caldwell, Jas A	ABVL	66	Callaham, Basil	ABVL	107
Cain, James*	RHLD	56	Caldwell, Jas F	GRVL	416	Callaham, David	ABVL	106
Cain, James	SMTR	149	Caldwell, Jas H*	ABVL	63	Callaham, David P	ABVL	106
Cain, Jane	ABVL	41	Caldwell, Jas S	NWBY	234	Callaham, Dempsey	ABVL	108
Cain, Jane**	YORK	463	Caldwell, Jno P	SPBG	394	Callaham, Henry*	ABVL	10
Cain, Jas M	YORK	468	Caldwell, John	NWBY	235	Callaham, James M	ABVL	108
Cain, John*	ABVL	38	Caldwell, John	RHLD	24	Callaham, Jim*	ABVL	8
Cain, John B	NWBY	294	Caldwell, John	SPBG	240	Callaham, Lucy	ABVL	5
Cain, John L*	RHLD	56	Caldwell, John M	YORK	472	Callaham, Mary	ORBG	387
Cain, Larry	MARN	65	Caldwell, Jos T	CHTN	342	Callaham, Nancy	ABVL	107
Cain, M P*	EDFD	139	Caldwell, Joseph	FAFD	252	Callaham, Samuel	ABVL	108
Cain, Marten	RHLD	12	Caldwell, Joseph	NWBY	279	Callaham, Shard W	ABVL	107
Cain, Michael*	RHLD	27	Caldwell, Josephine P*	NWBY	288	Callaham, Wash	ABVL	5
Cain, Miss	CHTN	320	Caldwell, Larkin*	PKNS	9	Callaham, Wm	ADSN	199
Cain, Morgian	BUFT	70	Caldwell, Lucinda	SPBG	240	Callaham, Wm M	ABVL	107
Cain, Moses	PKNS	105	Caldwell, Margaret*	NWBY	262	Callahan, Caroline	GRVL	441
Cain, Mrs Carrie E	ABVL	55	Caldwell, Margaret	SPBG	391	Callahan, Denis	CHTN	359
Cain, N P	ORBG	387	Caldwell, Mary	GRVL	418	Callahan, James*	CHTN	103
Cain, Nathan*	ABVL	41	Caldwell, Mary*	CHTN	199	Callahan, John W	PKNS	179
Cain, Nathaniel*	BNWL	485				Callahan, Wm	CHTN	205

Name	Loc	No
Callaher, Mike**	CHTN	391
Callary, Sarah A*	CHTN	507
Callaway, John A	GRVL	468
Callclazier, Mary*	BUFT	28
Callen, Miss*	CHTN	320
Callen, Richd**	ABVL	22
Callender, C*	SPBG	259
Callihan, Miss*	CHTN	319
Callis, Mattie D*	GRVL	406
Callisan, Capt J	EDFD	72
Callum, Marina A*	EDFD	7
Calmes, F F*	NWBY	294
Calmes, John F	NWBY	261
Calmes, John M	NWBY	265
Caln, Jane	YORK	463
Calrey, William**	CHTN	514
Calso, John P M	SPBG	312
Calton, J M	GRVL	338
Calton, Lucretia*	ADSN	328
Calvart, Thos H	CHTN	103
Calvert, Augustus*	SPBG	293
Calvert, E J	SPBG	362
Calvert, Ephraine	SPBG	364
Calvert, Frances M	ABVL	92
Calvert, James M	ABVL	192
Calvert, Jas	SPBG	379
Calvert, John*	ABVL	93
Calvert, John	EDFD	132
Calvert, John M**	CHTN	373
Calvert, Lucy F*	ABVL	128
Calvert, W W	SPBG	376
Calvert, Waddy	SPBG	288
Calvert, William	ABVL	62
Calverts, Carmelia*	CHTN	178
Calvet, Mortimer	CHTN	352
Calvin, Wm And*	YORK	377
Calvitt, Ellen**	CHTN	158
Calwell, William	EDFD	96
Cambell, Laura**	ORBG	351
Cambill, William T*	SMTR	95
Cambridge, C C	CHTN	482
Cambridge, Joseph	CHTN	436
Cambridge, Mrs*	CHTN	239
Camel, Eli	PKNS	102
Cameron, Anna	CHTN	391
Cameron, Caroline**	DLTN	374
Cameron, Duncan	CHTN	389
Cameron, Duncan W	ORBG	346
Cameron, E	WMBG	359
Cameron, G S*	CHTR	76
Cameron, H G*	WMBG	359
Cameron, Henry	WMBG	347
Cameron, Isaiah	CHTR	49
Cameron, James	CHTR	40
Cameron, James	WMBG	363
Cameron, Jane*	GRVL	415
Cameron, Jefferson*	BNWL	451
Cameron, John	FAFD	217
Cameron, Joseph	CHTR	33
Cameron, Julia*	FAFD	265
Cameron, Malinda	NWBY	246
Cameron, Mrs	CHTN	349
Cameron, Nancy J	CHTR	34
Cameron, R G	FAFD	249
Cameron, Robert*	SMTR	121
Cameron, Sarah*	FAFD	265
Cameron, Susan	MARN	32
Cameron, W D	EDFD	186
Cameron, W J	WMBG	347
Cameron, William	BNWL	397
Caminade, Frederick	CHTN	391
Caminade, J*	CHTN	317
Caminade, John C*	ADSN	275
Camlin, W S	WMBG	318
Cammanade, Henry	CHTN	474
Cammanade, Henry	CHTN	467
Cammanade, John G	CHTN	467
Cammer, Catherine*	CHTN	507
Cammer, Cornelius	CHTN	337
Cammer, Mary**	CHTN	360
Cammeron, Arch**	CHTN	256
Camoran, Agnes*	BUFT	50
Camp, C*	SPBG	259
Camp, Cornelia F	SPBG	313
Camp, F M	GRVL	445
Camp, J D**	SPBG	311
Camp, J S*	CHTN	264
Camp, Jas	SPBG	261
Camp, John*	SPBG	273
Camp, Joseph P F	SPBG	307
Camp, Louis	SPBG	304
Camp, Mary	YORK	480
Camp, Peter I	SPBG	286
Camp, Saul A	SPBG	286
Camp, Stanford	YORK	369
Camp, William C	SPBG	313
Campbell, A	LRNS	232
Campbell, A B	ADSN	179
Campbell, A C	ADSN	252
Campbell, A L	COTN	250
Campbell, A P	GRVL	456
Campbell, A P	YORK	431
Campbell, Absalom*	ABVL	93
Campbell, Alex	ADSN	231
Campbell, Alex	CHFD	170
Campbell, Alex*	KRSW	124
Campbell, Alex	MRBO	159
Campbell, Alex	MARN	107
Campbell, Alex	MARN	108
Campbell, Alexander*	ADSN	292
Campbell, Alexandrine	UNON	251
Campbell, Alexr	RHLD	81
Campbell, Alexr	RHLD	62
Campbell, Alfred	ADSN	162
Campbell, Alison*	CHFD	106
Campbell, Alsey*	GRVL	458
Campbell, Ann*	CHTN	386
Campbell, Ann	DLTN	471
Campbell, Ann	MRBO	166
Campbell, Anna	CHTN	499
Campbell, Archabald	CHTN	422
Campbell, Austin	ADSN	160
Campbell, B	KRSW	118
Campbell, B	KRSW	78
Campbell, B R*	LRNS	222
Campbell, Bailey	GRVL	472
Campbell, Basheba	MARN	126
Campbell, Benjamin	SPBG	241
Campbell, Benjm	GRVL	365
Campbell, Charles*	CHTN	426
Campbell, Charlotte	CHFD	169
Campbell, Charlotte	PKNS	32
Campbell, D B	HORY	52
Campbell, D C	MARN	46
Campbell, D H	MARN	1
Campbell, D J*	DLTN	465
Campbell, D J	KRSW	86
Campbell, D J	KRSW	86
Campbell, D L	CHFD	105
Campbell, D P*	CHTN	370
Campbell, Dalilah*	LRNS	346
Campbell, Daniel	MARN	104
Campbell, Daniel	MARN	43
Campbell, Danl	DLTN	458
Campbell, David	FAFD	203
Campbell, David	LCTR	144
Campbell, Duncan	CHFD	170
Campbell, E	CHTN	121
Campbell, Ebenezer	MARN	76
Campbell, Effie	CHFD	94
Campbell, Elihu	ADSN	193
Campbell, Elisha	BNWL	497
Campbell, Eliza	YORK	418
Campbell, Elizabeth	ADSN	189
Campbell, Elizabeth	GRVL	499
Campbell, Elizabeth*	CHTN	100
Campbell, Elizabeth	SMTR	155
Campbell, Elizabeth	MRBO	185
Campbell, Elizabeth	YORK	423
Campbell, Elizabeth*	SPBG	359
Campbell, Elizh*	GRVL	417
Campbell, Ellen	CHTN	186
Campbell, Ellen*	CHTN	427
Campbell, Ephm	LRNS	343
Campbell, Eugene*	CHTN	426
Campbell, Fergus*	ABVL	138
Campbell, Frances	ADSN	253
Campbell, G W	PKNS	52
Campbell, Gadi	MARN	75
Campbell, Geo	LXTN	387
Campbell, George	ADSN	231
Campbell, George	ADSN	231
Campbell, Gowan	LRNS	323
Campbell, H W	LCTR	150
Campbell, Hugh	DLTN	459
Campbell, I M	CHTN	239
Campbell, J B*	MARN	18
Campbell, J C	CHFD	170
Campbell, J C	DLTN	448
Campbell, J H	CHTN	494
Campbell, J J	KRSW	86
Campbell, J M	FAFD	249
Campbell, J W	FAFD	235
Campbell, J W	FAFD	231
Campbell, James*	CHTN	257
Campbell, James*	CHTN	426
Campbell, James*	ADSN	292
Campbell, James	CHTN	118
Campbell, James	FAFD	232
Campbell, James	RHLD	93
Campbell, James B	MARN	76
Campbell, James Jr	RHLD	94
Campbell, James*	RHLD	58
Campbell, James	RHLD	44
Campbell, James	MARN	92
Campbell, Jane*	ADSN	154
Campbell, Jane	CHFD	187
Campbell, Jane**	CHTN	253
Campbell, Jane	COTN	358
Campbell, Jane	DLTN	454
Campbell, Jas	ABVL	137
Campbell, Jas	LRNS	346
Campbell, Jas B	CHTN	360
Campbell, Jas C*	ABVL	138
Campbell, Jas L	PKNS	54
Campbell, Jasper	GRVL	439
Campbell, Jasper	ABVL	120
Campbell, Jeremiah	MARN	71
Campbell, Jermina	KRSW	121
Campbell, Jesse	COTN	310
Campbell, Jesse	SPBG	354
Campbell, Jesse F	ADSN	179
Campbell, Jno	ABVL	137
Campbell, Jno A*	MRBO	179
Campbell, Jno M	ABVL	29
Campbell, Jno P	ABVL	137
Campbell, John	MARN	103
Campbell, John C	COTN	330
Campbell, John*	GRVL	456
Campbell, John	KRSW	121
Campbell, John	GRVL	397
Campbell, John*	GRVL	389
Campbell, John	COTN	358
Campbell, John	COTN	265
Campbell, John*	CHTN	426
Campbell, John	CHTN	172
Campbell, John*	CHFD	111
Campbell, John	BNWL	371
Campbell, John A	GRVL	370
Campbell, John J	MARN	107
Campbell, John*	MARN	94
Campbell, John	YORK	387
Campbell, John	MARN	104
Campbell, John C	MARN	84
Campbell, Joseph	CHTN	508
Campbell, Judy*	GRVL	483
Campbell, Julius*	CHTN	426
Campbell, Laurens	CHTN	410
Campbell, Leonard	UNON	256
Campbell, Louisa*	ADSN	307
Campbell, M J*	CHFD	168
Campbell, Margaret	GRVL	437
Campbell, Margaret	CHTR	51
Campbell, Margret**	BNWL	386
Campbell, Maria P	COTN	259
Campbell, Maria*	YORK	398
Campbell, Marshal	YORK	423
Campbell, Martha J*	CHFD	122
Campbell, Martin	COTN	305
Campbell, Mary*	BNWL	417
Campbell, Mary	CHTN	306
Campbell, Mary	CHTN	486
Campbell, Mary	CHTN	374
Campbell, Mary	DLTN	465
Campbell, Mary	CHFD	129
Campbell, Mary A	BUFT	19
Campbell, Mary E	NWBY	243
Campbell, Mary M	CHFD	95
Campbell, Mary**	CHTN	351
Campbell, Mary S L*	YORK	383
Campbell, Mary*	SPBG	302
Campbell, Michael	MARN	127
Campbell, Milly	MARN	51
Campbell, Molsey*	MARN	119
Campbell, Nathan*	CHTN	191
Campbell, Neal M*	MARN	91
Campbell, Owen*	CHTN	426
Campbell, Peter	MARN	109
Campbell, Polly	LRNS	274
Campbell, R	CHFD	174
Campbell, R E	LRNS	232
Campbell, R H	MARN	62
Campbell, R H	MRBO	166
Campbell, Rev J B	CHTN	225
Campbell, Robert	DLTN	401
Campbell, Robt*	ADSN	208
Campbell, Robt	ADSN	162
Campbell, Robt D**	NWBY	279
Campbell, Robt*	YORK	413
Campbell, S	MARN	75
Campbell, S A	MARN	66
Campbell, S J*	LRNS	337
Campbell, Sallie	CHTR	51
Campbell, Sally**	LRNS	232
Campbell, Sam	LRNS	248
Campbell, Saml	GRVL	370
Campbell, Saml	CHTR	84
Campbell, Saml	YORK	417
Campbell, Saml	MARN	115
Campbell, Sarah	ADSN	246
Campbell, Sarah	BNWL	401
Campbell, Sarah	KRSW	111
Campbell, Sarah*	SPBG	260
Campbell, Sarah	SPBG	427
Campbell, Sophia	GRVL	456
Campbell, Stephen*	CHTN	394
Campbell, Susan*	CHTN	441
Campbell, Susan	YORK	416
Campbell, Susan**	SPBG	240
Campbell, T A	EDFD	162
Campbell, T T	GRVL	433
Campbell, Thomas	GRVL	399
Campbell, Thomas	PKNS	189
Campbell, Thompson*	ADSN	253
Campbell, Thos*	ADSN	247
Campbell, Thos	GRVL	424
Campbell, Thos	ADSN	246
Campbell, Thos	LRNS	344
Campbell, Thos A F*	ADSN	159
Campbell, Thos N	PKNS	32
Campbell, W B**	KRSW	140
Campbell, W C*	EDFD	115
Campbell, W C P	COTN	254
Campbell, W D	MARN	66
Campbell, W M	GRVL	491
Campbell, W M	CHTN	112
Campbell, W M	WMBG	309
Campbell, W P**	MARN	14

Name	Loc	Pg	Name	Loc	Pg	Name	Loc	Pg	Name	Loc	Pg
Campbell, W W	ADSN	303	Cannon, Eliza	FAFD	277	Cantrell, Hightower	SPBG	237
Campbell, Washington	SPBG	230	Cannon, Eliza*	LXTN	380	Cantrell, J R	SPBG	255
Campbell, Wickliffe*	GRVL	412	Cannon, Elizabeth*	ADSN	307	Cantrell, Jacob	SPBG	201
Campbell, William	GRVL	388	Cannon, Ellis	SPBG	228	Cantrell, James	SPBG	212
Campbell, William	ADSN	294	Cannon, Ellis	LRNS	238	Cantrell, James	PKNS	117
Campbell, William	COTN	264	Cannon, Emma	CHTN	206	Cantrell, Jane	SPBG	237
Campbell, William	RHLD	93	Cannon, Eugenia*	ADSN	307	Cantrell, John	GRVL	380
Campbell, William	PKNS	172	Cannon, Geo	SPBG	206	Cantrell, John	SPBG	206
Campbell, William L	COTN	249	Cannon, Geo Jr*	CHTN	243	Cantrell, John*	SPBG	277
Campbell, Wm	ADSN	226	Cannon, Geo S	NWBY	290	Cantrell, John T	PKNS	120
Campbell, Wm	ADSN	227	Cannon, George	CHTN	400	Cantrell, Moses	PKNS	23
Campbell, Wm	ABVL	138	Cannon, George W	HORY	6	Cantrell, Nancy*	SPBG	293
Campbell, Wm B	CHTN	238	Cannon, Gohine	SPBG	209	Cantrell, Nancy*	SPBG	283
Campbell, Wm L	ABVL	137	Cannon, Henry	HORY	7	Cantrell, Peggy	SPBG	237
Campbell, Wm P*	MARN	96	Cannon, Henry	COTN	267	Cantrell, Perry	GRVL	380
Campbell, Wm S	MARN	84	Cannon, Henry	ABVL	62	Cantrell, Reuben	SPBG	274
Campbell, Wm T M	ABVL	103	Cannon, Henry	SPBG	225	Cantrell, Rudsil	SPBG	212
Campbell, Wm*	SPBG	416	Cannon, Henry G	HORY	7	Cantrell, Turner	SPBG	207
Campell, Archd	CHFD	129	Cannon, Holman	SPBG	212	Cantrell, William	PKNS	117
Campet, George**	CHTN	285	Cannon, Isaac	HORY	41	Cantrell, Wilson	SPBG	207
Campfield, Wm E*	EDFD	95	Cannon, Izra	ORBG	340	Cantrell, Wm	SPBG	280
Camplin, Wm E*	ABVL	24	Cannon, J A M	CHTN	164	Cantrell, Wm	PKNS	12
Campsen, Benj*	CHTN	324	Cannon, J H	NWBY	257	Cantrell, Zebeon	SPBG	212
Campsen, Dennis	CHTN	215	Cannon, J L	UNON	272	Cantwell, D W	PKNS	79
Campsen, Fred*	CHTN	339	Cannon, J W Jr	GRVL	447	Cantwell, James	CHTN	134
Campsen, H	CHTN	311	Cannon, Jacob*	LXTN	404	Cantwell, James	CHTN	442
Campsen, H	CHTN	298	Cannon, James	ADSN	155	Cantwell, John C	PKNS	184
Campsen, J	CHTN	250	Cannon, James	CHTN	14	Cantwell, Laurence**	CHTN	200
Campton, Leander	CHTR	67	Cannon, James	ORBG	405	Cantwell, Mrs E	CHTN	330
Campton, R J*	YORK	374	Cannon, James	SPBG	225	Cantwell, Pat*	RHLD	29
Camsdy, John*	CHTN	110	Cannon, James	SPBG	196	Canty, Betsie	CLDN	206
Camtt, Lewis	GRVL	354	Cannon, Jas	LRNS	248	Canty, J A	BNWL	503
Can, Miss M*	CHTN	319	Cannon, Jeremiah**	CHTN	497	Canty, M A E	CLDN	221
Canada, James	GRVL	342	Cannon, Jesse	GRVL	447	Canty, Margaret	CHTN	252
Canaday, D S	COTN	295	Cannon, Jesse	ADSN	198	Canty, Rufus*	CLDN	206
Canaday, Jacob	COTN	317	Cannon, Jesse	HORY	40	Canty, Wm A*	CLDN	221
Canaday, O T	COTN	312	Cannon, Jesse	SPBG	211	Canup, Jas M*	SPBG	202
Canaday, S	COTN	349	Cannon, Jesse Jr	SPBG	211	Canup, Mary	ADSN	311
Canaday, S B	COTN	312	Cannon, Jno	LRNS	286	Canup, Wm B	SPBG	256
Canady, Caleb	SPBG	355	Cannon, Jno D	SPBG	225	Canwill, J T	ADSN	283
Canady, Catharine*	NWBY	265	Cannon, Jno J	DLTN	373	Capehart, James	ABVL	66
Canady, Charles*	COTN	328	Cannon, John	HORY	11	Capehart, John	PKNS	27
Canady, Daniel	COTN	341	Cannon, John	FAFD	276	Capehart, Leonard	PKNS	15
Canady, David	COTN	336	Cannon, John	HORY	41	Capehart, Mary A	PKNS	49
Canady, Elizabeth	NWBY	263	Cannon, John	PKNS	17	Capehart, Samuel	PKNS	7
Canady, Henry*	COTN	352	Cannon, John A	NWBY	271	Capell, J G	CLDN	236
Canady, J B	WMBG	352	Cannon, John H	ADSN	306	Capers, B F*	NWBY	304
Canady, James	COTN	335	Cannon, Josephene	ORBG	405	Capers, C B	BUFT	13
Canady, Jno Wesly	NWBY	263	Cannon, Kitty**	LRNS	303	Capers, Edwd M	BUFT	7
Canady, Jobe	PKNS	85	Cannon, Larkin	GRVL	506	Capers, Ellison**	CHTN	370
Canady, L L	COTN	337	Cannon, Lewis	CHTN	120	Capers, F T	BUFT	7
Canady, Leander*	LRNS	283	Cannon, Lucinda	SPBG	228	Capers, H W	KRSW	140
Canady, Lewis	COTN	342	Cannon, M	CHFD	189	Capers, M E*	CHTN	109
Canady, Lewis*	COTN	347	Cannon, Mary	ADSN	222	Capers, Mary M*	SMTR	122
Canady, Mary*	COTN	347	Cannon, Mary*	BNWL	444	Capers, Saml E	RHLD	17
Canady, Michael	PKNS	36	Cannon, Mary*	NWBY	267	Capers, Sydney W	RHLD	32
Canady, R	COTN	344	Cannon, Matty*	ADSN	159	Capers, Theo L*	SPBG	314
Canady, Rachel*	COTN	347	Cannon, Nathaniel	SPBG	213	Capers, Thos Farr	CHTN	235
Canady, W T	COTN	334	Cannon, Noah	SPBG	307	Capers, W G	BUFT	9
Canan, Polly	SPBG	364	Cannon, R	LRNS	276	Capers, Wm T**	GETN	283
Canby, John*	ADSN	167	Cannon, R J	CLDN	220	Capp, Geo	CHTN	243
Canby, W D*	ADSN	167	Cannon, Reddin	MARN	1	Capp, Geo*	CHTN	550
Candler, Mrs E*	CHTN	357	Cannon, Reden	CLDN	203	Capps, Ann	MARN	135
Cane, Adam*	CHTN	295	Cannon, Robt R	MARN	7	Capps, Betty	GRVL	463
Canedy, J M	WMBG	336	Cannon, Robt W*	EDFD	17	Capps, Harriet*	GRVL	465
Canedy, James	UNON	290	Cannon, Saml W	NWBY	272	Capps, James	MARN	135
Canedy, Jasper	BNWL	402	Cannon, Saml W	MARN	2	Capps, Jas J	GRVL	375
Canemore, Joab	PKNS	150	Cannon, Simend	SPBG	316	Capps, John W	MARN	68
Canemore, Rebecca	PKNS	150	Cannon, Simpson	SPBG	218	Capps, Joseph	HORY	14
Canemore, Riley	PKNS	174	Cannon, T J	DLTN	439	Capps, Mary A**	YORK	374
Canfell, Dunean D	CHFD	98	Cannon, Vincent	SPBG	212	Capps, Mary J	HORY	14
Canford, John*	CHTN	390	Cannon, W D	NWBY	242	Capps, Sampson	GRVL	465
Cann, Ann C	ABVL	137	Cannon, Warren	PKNS	17	Caprols, Gustus	SMTR	129
Cann, Jesse	ABVL	137	Cannon, William F	SPBG	225	Caprols, Wm H	SMTR	125
Cann, Luich O	ABVL	131	Cannon, Wm	HORY	41	Caprols, Wm H	SMTR	125
Cannaday, Francis	COTN	296	Cannon, Zachariah	SPBG	238	Caps, John	YORK	395
Cannady, Archy B*	NWBY	263	Cannons, Alias	RHLD	56	Caps, Stanmore	GRVL	382
Cannady, Edy*	NWBY	286	Cannor, Edward	CHTN	168	Car, William	ORBG	309
Cannady, Frank*	PKNS	6	Canoo, Timothy*	ADSN	262	Carabo, Henry	MRBO	171
Cannady, John J	GETN	295	Canop, John	ADSN	312	Caraday, Warren	CHFD	108
Cannady, John W	BNWL	394	Canover, Thomas	PKNS	43	Caradenc, A*	CHTN	383
Cannady, L*	LRNS	289	Cansetta, Lewis	CHFD	188	Caragan, John**	CHTN	258
Cannady, Thos	LRNS	344	Canter, D	CHTN	335	Caraghad, Thomas*	CHTN	387
Cannady, Wm	EDFD	46	Canter, John	KRSW	140	Caraway, Catie*	CLDN	230
Cannan, C A	CHTN	502	Canters, Henry	SPBG	359	Caraway, G W	CLDN	242
Cannedy, Elmore	BNWL	394	Cantey, Ann	COTN	269	Caraway, J M*	WMBG	316
Cannedy, James	CHTN	502	Cantey, Cantey*	CHTN	395	Caraway, J P	WMBG	357
Cannick, David	FAFD	214	Cantey, Gerard	CHTN	394	Caraway, Jas	CLDN	242
Cannick, Saml	FAFD	215	Cantey, Imegene*	ABVL	82	Caraway, Jas M	CLDN	242
Canning, Charles	CHTN	435	Cantey, Jno J	CLDN	225	Caraway, Mary	CLDN	242
Cannington, Wm	KRSW	88	Cantey, Mary*	ABVL	82	Caraway, Thos	CLDN	233
Cannon, Aaron	SPBG	266	Cantey, Richard	CHTN	394	Carberry, John	CHTN	394
Cannon, Bowman	LRNS	245	Cantey, Zack	KRSW	137	Carbonnier, Seen	CHTN	371
Cannon, Cival**	HORY	22	Cantie, Lora**	CHTN	501	Carbory, Mary*	CHTN	260
Cannon, Civil*	HORY	54	Cantley, M G	WMBG	319	Card, Catharine J*	CHTN	428
Cannon, Cornelius	HORY	35	Cantley, Wm*	RHLD	56	Card, Elizabeth J*	CHTN	428
Cannon, D A	NWBY	228	Cantrell, Alfred	GRVL	441	Card, Josephene J*	CHTN	428
Cannon, David	GRVL	506	Cantrell, Catharine	PKNS	25	Card, Louisa J*	CHTN	425
Cannon, David	NWBY	290	Cantrell, Daniel	SPBG	273	Carder, Hinson	YORK	393
Cannon, David	NWBY	213	Cantrell, Daniel	PKNS	23	Carder, Jas	YORK	393
Cannon, David M	NWBY	281	Cantrell, Emory*	GRVL	414	Cardozo, Isaac*	CHTN	477
Cannon, David N	COTN	290	Cantrell, Enoch	SPBG	233	Caren, John E	CHTN	478
Cannon, E J*	SPBG	258	Cantrell, F M	SPBG	200	Carere, E M	CHTN	169
Cannon, Elihu	DLTN	446	Cantrell, Fielden	SPBG	199	Carese, M E	CHTN	440
Cannon, Elijah	SPBG	226	Cantrell, George	SPBG	273	Carew, Geo*	CHTN	324
Cannon, Elisha	CHTN	121	Cantrell, Henry	SPBG	273	Carey, Danl	CHTN	195

Name	Loc	Pg
Carey, E M	CHTN	216
Carey, E M	CHTN	168
Carey, Geo**	CHTN	318
Carey, Jame A	ABVL	61
Carey, James	CHTN	390
Carey, John**	CHTN	267
Carey, John**	CHTN	391
Carey, Mary*	CHTN	319
Carey, Mary*	CHTN	221
Carey, Thos	CHTN	203
Cargil, R	LRNS	312
Cargil, S	LRNS	312
Cargile, Jas	SPBG	415
Cargill, John	GRVL	367
Carilile, Jas	ABVL	116
Carilile, Margt B	ABVL	116
Carilio, Adolphe	CHTN	293
Carilisle, Isaac	ABVL	116
Carington, Wm	CHTN	329
Caris, Adam T**	SPBG	312
Carker, Conrad	EDFD	33
Carl, Augt**	CHTN	501
Carl, George**	CHTN	257
Carl, Joseph**	CHTN	268
Carl, Sarah	CHTN	347
Carlen, John*	WMBG	347
Carleton, Edward	BNWL	499
Carlile, Donsial E	ABVL	116
Carlile, James	MRBO	145
Carlile, Jane	LCTR	168
Carlille, Milton A*	RHLD	53
Carlilse, Ann*	LCTR	171
Carlilse, Sally	FAFD	277
Carlilse, Wm	FAFD	236
Carlise, J H*	GRVL	413
Carlisle, F	GETN	303
Carlisle, James	ABVL	128
Carlisle, James H	SPBG	307
Carlisle, James K	LCTR	213
Carlisle, Jas	CHTR	34
Carlisle, Jas M	ABVL	52
Carlisle, Jesse	ABVL	84
Carlisle, John W	SPBG	306
Carlisle, Mary	GETN	304
Carlisle, Mary	ABVL	84
Carlisle, Rachel A	SPBG	306
Carlisle, S**	LRNS	338
Carlisle, Thomas A*	SPBG	307
Carlisle, Thos P	CHTR	36
Carlisle, W B	CHTN	243
Carlisle, William	SPBG	224
Carlisle, Wm	ADSN	160
Carlton, Blake	GRVL	449
Carlton, John T	GRVL	349
Carlton, M S	LRNS	316
Carlton, Mark*	GRVL	506
Carlton, Nelly*	CHTN	247
Carlton, Simpson	LRNS	315
Carlyles, J J	LCTR	169
Carlyles, T A	UNON	186
Carmack, John	FAFD	264
Carmack, Margaret	FAFD	265
Carmack, Margt E	FAFD	265
Carmalt, J W	CHTN	230
Carman, C A	CHTN	502
Carman, Catharine	CLDN	230
Carman, J M	GRVL	445
Carman, W T	CLDN	233
Carmand, Frances*	CHTN	430
Carmichael, A M	MARN	119
Carmichael, Alex	MARN	75
Carmichael, Arch	MARN	107
Carmichael, Catharine*	CHTN	416
Carmichael, Catharine A	MARN	115
Carmichael, Christian**	MARN	106
Carmichael, D M	MARN	80
Carmichael, Daniel	MARN	73
Carmichael, Danl	MARN	115
Carmichael, Dougald	MARN	73
Carmichael, Duncan	MARN	67
Carmichael, Eliz	NWBY	25
Carmichael, Flora	MARN	44
Carmichael, J M	MRBO	210
Carmichael, Jeannette*	MARN	91
Carmichael, John	MARN	107
Carmichael, John R	MARN	113
Carmichael, Malcolm C**	MARN	44
Carmichael, Malcolm R	MARN	115
Carmichael, Mary	MARN	73
Carmichael, Michael	MARN	115
Carmichael, Neal C	MARN	44
Carmichael, Neal M	MARN	108
Carmichael, S*	MARN	74
Carmichael, Wm D*	MARN	113
Carmon, Ira	SPBG	248
Carmon, L P	GRVL	373
Carmon, Wilson	SPBG	218
Carmorie, Jno	CHTN	337
Carn, C L	ORBG	339
Carn, Elbert	CHTN	156
Carn, Frank G	ORBG	341
Carn, Lewis E	ORBG	339
Carn, M E	COTN	255
Carn, T E W	ORBG	339
Carn, Thomas	CHTN	386
Carnceler, John**	PKNS	157
Carneham, Charles	BNWL	425
Carner, Robt	YORK	436
Carnere, Wm T	CHTN	234
Carnes, Ellen*	LCTR	180
Carnes, Jacob	LCTR	185
Carnes, Jacob	LCTR	197
Carnes, James A	SMTR	95
Carnes, John	LCTR	175
Carnes, John*	LCTR	155
Carnes, John	LCTR	185
Carnes, Jonas	LCTR	187
Carnes, Joshua	LCTR	176
Carnes, Mary	LCTR	153
Carnes, Wm A**	LCTR	175
Carnet, James	SPBG	219
Carney, Peter	CHTN	391
Carney, R F*	DLTN	392
Carngan, Marry	CHTN	516
Carnick, W*	FAFD	259
Carnill, James M	ABVL	106
Carns, Saml*	BUFT	49
Carns, Sarah A*	BUFT	49
Carnsy, Cath*	CHTN	205
Carol, Barney*	RHLD	45
Carol, Charles R	BNWL	362
Caroll, Abram	BNWL	372
Caroll, Burton	BNWL	369
Caroll, Danel	BNWL	372
Caroll, F	BNWL	404
Caroll, H**	BNWL	372
Caroll, Izah	BNWL	372
Caroll, Jacob	BNWL	369
Caroll, R E	BNWL	369
Caroll, W J	BNWL	372
Caroll, William	BNWL	369
Carothers, Homer R	YORK	408
Carothers, Hugh	YORK	407
Carothers, J F	YORK	392
Carothers, J N*	CHTR	76
Carothers, Jas K	YORK	394
Carothers, S D	YORK	391
Carothers, Thos	YORK	392
Carothers, W W	YORK	409
Carpenter, A M	PKNS	87
Carpenter, Anne	CHTN	268
Carpenter, Burrell*	ADSN	291
Carpenter, David	CHTN	469
Carpenter, Dennis	EDFD	44
Carpenter, F Y	ADSN	315
Carpenter, Irin*	RHLD	49
Carpenter, J	EDFD	99
Carpenter, J F	GRVL	416
Carpenter, Jacob	GRVL	480
Carpenter, Jacob I	SPBG	286
Carpenter, James	ADSN	303
Carpenter, Jno	EDFD	40
Carpenter, John*	ADSN	273
Carpenter, John	ADSN	239
Carpenter, John	ADSN	197
Carpenter, John*	EDFD	20
Carpenter, Marus A	PKNS	167
Carpenter, Mrs M	EDFD	40
Carpenter, Munroe	UNON	268
Carpenter, Owen*	EDFD	40
Carpenter, Sarah C	ADSN	160
Carpenter, Thomas*	ABVL	105
Carpenter, Wm	CHTN	331
Carpenter, Wm	EDFD	40
Carpenter, Wm R	CLDN	224
Carpenter, Wm**	EDFD	13
Carr, Anderson	YORK	494
Carr, Anna	CHTN	387
Carr, Augustus	GETN	291
Carr, C E*	CHTN	228
Carr, Caroline*	ABVL	15
Carr, E	ORBG	321
Carr, Eliza*	ORBG	318
Carr, Elizb*	ABVL	148
Carr, F M*	KRSW	129
Carr, Frances	GRVL	374
Carr, Hannah*	GRVL	415
Carr, I**	CHTN	243
Carr, J P*	UNON	273
Carr, Jack*	ABVL	67
Carr, James	COTN	338
Carr, James	GRVL	423
Carr, Jno	CHTR	37
Carr, John	COTN	335
Carr, John	CHTN	407
Carr, Joseph	ORBG	319
Carr, Lewis	GRVL	407
Carr, Martha**	KRSW	128
Carr, Mary A	GETN	284
Carr, Neri*	ABVL	17
Carr, Rev Felix*	CHTN	236
Carr, S R	GETN	286
Carr, Sarah B	GETN	291
Carr, Susan D*	BUFT	93
Carr, Susan*	ADSN	198
Carr, Venus	GETN	285
Carr, W A	GRVL	430
Carr, W C	KRSW	129
Carr, W S*	CHTN	218
Carr, William*	CHTR	37
Carraday, John**	BNWL	460
Carraway, A	WMBG	354
Carraway, D J	SMTR	167
Carraway, E	WMBG	356
Carraway, Elizabeth*	HORY	21
Carraway, G H**	DLTN	373
Carraway, James F	WMBG	334
Carraway, John C C	SMTR	167
Carraway, M G	GETN	301
Carraway, Mack	SMTR	107
Carraway, Pleasant*	SMTR	176
Carraway, William K	SMTR	106
Carre, Elizabeth*	BNWL	507
Carrel, Dick	BNWL	433
Carrel, John	RHLD	85
Carrel, Lewis	PKNS	118
Carrel, Samuel	HORY	51
Carrere, Caroline*	CHTN	186
Carrethers, Rachel	UNON	278
Carrigan, J B	CLDN	209
Carrigan, W A	DLTN	383
Carrington, Charles V	RHLD	15
Carrington, Isabella*	RHLD	15
Carrington, Mary	SMTR	154
Carrison, Henry*	RHLD	45
Carrll, James	CHTN	389
Carrol, A E	YORK	466
Carrol, Benjamin	PKNS	99
Carrol, C M	YORK	409
Carrol, Cyntha	YORK	466
Carrol, Danl	PKNS	100
Carrol, Ferrebe	HORY	26
Carrol, Gustavis	YORK	469
Carrol, Henderson	YORK	483
Carrol, J A*	YORK	373
Carrol, J W	YORK	367
Carrol, Jacob	PKNS	100
Carrol, James	CHTN	263
Carrol, James	PKNS	103
Carrol, Jane	SPBG	317
Carrol, Jas	SPBG	361
Carrol, John	HORY	33
Carrol, John	RHLD	92
Carrol, John S	ORBG	357
Carrol, M	HORY	25
Carrol, M L	YORK	415
Carrol, Michael*	CHTN	254
Carrol, Susan	YORK	410
Carrol, Thomas*	CHTN	255
Carrol, Thos*	CHTN	257
Carrol, W J	PKNS	58
Carrol, Wilson	BNWL	424
Carrol, Wm J*	YORK	390
Carrol, Zimn	YORK	431
Carroll, Albert F**	RHLD	13
Carroll, B R	CHTN	371
Carroll, B R**	CHTN	368
Carroll, Benjn	ABVL	16
Carroll, Bridget*	CHTN	374
Carroll, Bridget*	CHTN	418
Carroll, Daniel	CHTR	69
Carroll, Daniel*	HORY	24
Carroll, Danl	ABVL	46
Carroll, Ebenezer*	ABVL	93
Carroll, Edward	SPBG	329
Carroll, Elizabeth*	BNWL	409
Carroll, Ellis	ABVL	17
Carroll, Frances*	ABVL	8
Carroll, Hon J P	EDFD	44
Carroll, I H	BNWL	340
Carroll, J A E*	ABVL	16
Carroll, J M	UNON	249
Carroll, Jacob	ORBG	317
Carroll, James	ABVL	17
Carroll, James*	UNON	216
Carroll, James L	ABVL	19
Carroll, Jane	ABVL	17
Carroll, Jas	CHTN	231
Carroll, Jas W	ABVL	16
Carroll, Jno*	CLDN	192
Carroll, John	CHTN	194
Carroll, John	ADSN	272
Carroll, John	ADSN	328
Carroll, John*	ADSN	272
Carroll, Judith*	RHLD	27
Carroll, Julia*	CHTN	350
Carroll, Larkin	ADSN	279
Carroll, Mary E*	ABVL	17
Carroll, Mary	CHTN	376
Carroll, Mary	CHTN	111
Carroll, Mrs M	EDFD	96
Carroll, P*	CHTN	324
Carroll, Pat**	CHTN	356
Carroll, Patrick	CHTN	377
Carroll, Patrick	COTN	360
Carroll, Peggy	ADSN	272
Carroll, Peter	ABVL	4
Carroll, Robt*	ABVL	5
Carroll, Russell	ABVL	42
Carroll, Samson R	ABVL	16
Carroll, Sarah	CHTR	76
Carroll, Thomas**	CHTN	291
Carroll, Thomas	CHTN	412
Carroll, Thos	CLDN	194
Carroll, Thos	CHTN	110
Carroll, Thos	YORK	478
Carroll, William*	CHTN	486

Name	Loc	Pg	Name	Loc	Pg	Name	Loc	Pg
Carroll, Wm	SPBG	398	Carter, Elmore	HORY	1	Carter, N	CHTN	120
Carroway, J G	MRBO	154	Carter, G W	WMBG	361	Carter, N J	PKNS	64
Carrs, C D	CHTN	109	Carter, George	BNWL	342	Carter, N S	UNON	227
Carry, John**	BNWL	389	Carter, George	GETN	301	Carter, N**	CHTN	341
Carson, Anna	ORBG	362	Carter, George	GETN	306	Carter, Needham	RHLD	62
Carson, B S	YORK	473	Carter, George T*	COTN	301	Carter, Nolen*	SMTR	105
Carson, Caroline*	CHTN	349	Carter, George W	GRVL	515	Carter, Ollife**	BNWL	384
Carson, D N	ORBG	363	Carter, Giles	DLTN	459	Carter, Philip	BNWL	342
Carson, David*	ORBG	367	Carter, Gracey	RHLD	12	Carter, Philip	COTN	301
Carson, Davie*	NWBY	265	Carter, H L	GETN	302	Carter, Phillip	COTN	265
Carson, E H**	CHTN	382	Carter, H W	WMBG	299	Carter, Pinckney*	CHTN	426
Carson, Elisha	SMTR	148	Carter, Haley	CHTN	120	Carter, Pinkney*	CLDN	206
Carson, Ellen*	RHLD	50	Carter, Hansford	BNWL	342	Carter, Polly	CLDN	209
Carson, Enoch O	ORBG	389	Carter, Hardy D	GRVL	515	Carter, Priscilla	COTN	263
Carson, F S**	YORK	472	Carter, Harriet	CLDN	210	Carter, R	EDFD	37
Carson, F S**	YORK	472	Carter, Harvey	YORK	432	Carter, R*	MARN	7
Carson, G*	EDFD	66	Carter, Henry	CHTR	12	Carter, Rebecca	CHFD	143
Carson, J P	ORBG	363	Carter, Henry	CHTR	12	Carter, Rebecca Q	COTN	277
Carson, Jacob*	ORBG	375	Carter, Henry	COTN	258	Carter, Rebecca*	MARN	87
Carson, James**	GRVL	404	Carter, Henry	COTN	302	Carter, Reuben	ADSN	319
Carson, James	GETN	291	Carter, Henry**	KRSW	129	Carter, Richd D	DLTN	458
Carson, James	CHTR	4	Carter, Henry	BNWL	340	Carter, Robert	RHLD	85
Carson, James	COTN	274	Carter, Henry*	CHFD	143	Carter, Rody	CHTN	480
Carson, James*	ABVL	2	Carter, Henry	DLTN	454	Carter, Ruth	MARN	8
Carson, James	CHTN	158	Carter, Henry	MARN	23	Carter, S	WMBG	329
Carson, James	CHTN	419	Carter, Henry	LRNS	238	Carter, S B	DLTN	460
Carson, James T	ORBG	386	Carter, I	DLTN	378	Carter, S J	WMBG	300
Carson, Jane*	GRVL	402	Carter, I B	DLTN	455	Carter, S M	CHTN	256
Carson, Jane	CHTR	4	Carter, Isham	BNWL	342	Carter, S*	SPBG	258
Carson, Jane	PKNS	15	Carter, J C	COTN	318	Carter, Sallie*	ABVL	90
Carson, Jason H	SPBG	315	Carter, J D	GETN	303	Carter, Saml	ABVL	45
Carson, John	CHTN	485	Carter, J G*	CHTN	264	Carter, Saml	BUFT	48
Carson, John	CHTN	177	Carter, J I	DLTN	459	Carter, Samuel	CHFD	142
Carson, John	SPBG	269	Carter, J M	COTN	272	Carter, Sarah J*	CHTN	427
Carson, John L*	YORK	367	Carter, J M	CHTR	10	Carter, Sarah	DLTN	448
Carson, John	YORK	507	Carter, J M*	EDFD	124	Carter, Sarah	WMBG	344
Carson, John	YORK	473	Carter, J Morgan	SMTR	103	Carter, Sarah*	KRSW	136
Carson, Lemuel	ADSN	297	Carter, J P*	COTN	294	Carter, Seaborn	COTN	299
Carson, Louis*	BNWL	388	Carter, J W	CHTR	14	Carter, Serena	GRVL	510
Carson, M*	CHTN	298	Carter, J W	HORY	55	Carter, Simeon D	CHFD	165
Carson, Margaret*	CHTR	67	Carter, J*	SPBG	259	Carter, Simon	CHFD	144
Carson, Mary*	EDFD	194	Carter, J N	LXTN	454	Carter, Smithie	CLDN	233
Carson, Nancy	EDFD	139	Carter, Jacob	BNWL	341	Carter, Sophronia*	WMBG	345
Carson, Nancy*	PKNS	7	Carter, Jacob E	DLTN	462	Carter, Starling*	CHTN	265
Carson, Nathaniel C*	PKNS	163	Carter, James	BNWL	351	Carter, Stephen	COTN	303
Carson, P M	ORBG	318	Carter, James	BNWL	354	Carter, Stephen E	COTN	264
Carson, Petter	BNWL	357	Carter, James	BUFT	24	Carter, Stephen*	COTN	300
Carson, R A	ORBG	404	Carter, James*	COTN	263	Carter, Sterling	FAFD	226
Carson, Rev Wm	COTN	352	Carter, James	DLTN	473	Carter, Susanna	COTN	263
Carson, Robert	ORBG	325	Carter, James	FAFD	270	Carter, Sylvannus	CHTR	9
Carson, Robt	ORBG	332	Carter, James	SPBG	245	Carter, Thornton	ABVL	88
Carson, Roland	BNWL	389	Carter, Jane	DLTN	470	Carter, Thos	LCTR	213
Carson, Samuel	ORBG	356	Carter, Jas	CLDN	210	Carter, Thos	LRNS	254
Carson, Sarah G*	SMTR	150	Carter, Jas	MARN	134	Carter, Tom*	CHTN	121
Carson, Tench	GRVL	462	Carter, Jas	MARN	8	Carter, Unity*	RHLD	86
Carson, Thomas	EDFD	156	Carter, Jas J	DLTN	452	Carter, W H*	GRVL	430
Carson, W*	BNWL	476	Carter, Jas K	DLTN	448	Carter, W W	DLTN	456
Carson, W A	ORBG	372	Carter, Jess	WMBG	327	Carter, Wiley	COTN	304
Carson, W B	CHTN	325	Carter, Jesse	HORY	2	Carter, William	COTN	303
Carson, Wm	CHTN	158	Carter, Jesse	MRBO	177	Carter, William	ABVL	70
Carson, Wm	YORK	438	Carter, Jno	CHTR	8	Carter, William	BNWL	428
Carson, Zaceriah*	SPBG	237	Carter, Johanna	HORY	443	Carter, William	HORY	55
Carsten, A F	CHTN	167	Carter, John	HORY	71	Carter, William	SPBG	233
Carsten, William F	CHTN	517	Carter, John	FAFD	265	Carter, William A*	RHLD	48
Carston, Amanda**	CHTN	477	Carter, John	UNON	227	Carter, William F	BNWL	343
Carswell, Jesse*	ABVL	44	Carter, John	COTN	258	Carter, Willis	COTN	264
Carswell, W A	CHTN	219	Carter, John	BUFT	39	Carter, Willson*	NWBY	261
Cart, Miss E**	CHTN	364	Carter, John	COTN	264	Carter, Wm	ADSN	164
Cartage, Mrs M Est	EDFD	104	Carter, John	ADSN	320	Carter, Wm	BNWL	341
Carter, A H	LCTR	172	Carter, John	BUFT	38	Carter, Wm	MARN	130
Carter, A W	COTN	282	Carter, John	EDFD	196	Carter, Wm	MARN	53
Carter, A*	CHTN	264	Carter, John G	ABVL	81	Carter, Wm	MARN	3
Carter, Aaron	CHTN	120	Carter, John J	BNWL	342	Carter, Wm F	BNWL	343
Carter, Abner	CHTR	9	Carter, John J	COTN	256	Carter, Wm Sr	BNWL	342
Carter, Adam	BNWL	342	Carter, Jos O	CHTR	11	Carter, Wm*	MARN	85
Carter, Alex	LCTR	173	Carter, Joseph	ADSN	319	Carter, Wm H*	LRNS	254
Carter, Andrew E*	SPBG	238	Carter, Joseph	CHTR	2	Carter, Wm I	DLTN	459
Carter, Ann*	CHTN	511	Carter, Joseph	COTN	301	Carter, Wm*	LCTR	217
Carter, Anna*	CHTN	424	Carter, Joseph	COTN	302	Cartillo, Sallie*	RHLD	89
Carter, B	EDFD	45	Carter, Joseph	LCTR	173	Cartin, Johnathan	ORBG	388
Carter, B A*	CHTR	17	Carter, Joseph Jr	CHTR	24	Cartin, Joseph	ORBG	390
Carter, Benj	BNWL	425	Carter, Joseph Sr	CHTR	22	Cartin, Lazarus*	ORBG	365
Carter, C P	DLTN	458	Carter, Josiah	MARN	63	Cartin, Patrick	ORBG	386
Carter, Caleb	ADSN	320	Carter, Laias N	ABVL	87	Cartin, Rachel	ORBG	387
Carter, Calib	SPBG	274	Carter, Larkin J	ABVL	69	Cartlage, J J	EDFD	103
Carter, Catherine	CHFD	135	Carter, Laura	CHTN	299	Cartlage, M N	EDFD	104
Carter, Charles	EDFD	141	Carter, Leonard	HORY	55	Cartledge, A M	FAFD	224
Carter, Charles	COTN	301	Carter, Louisa	DLTN	469	Cartledge, R W*	EDFD	73
Carter, Churchill	CHTR	16	Carter, Lucy	MARN	82	Cartlidge, Jos**	EDFD	65
Carter, D J	LCTR	217	Carter, Margt	DLTN	455	Cartlidge, Saml	EDFD	69
Carter, D W	DLTN	393	Carter, Margt A**	CHTR	15	Cartrett, Enoch*	HORY	53
Carter, Daniel	EDFD	24	Carter, Martha*	COTN	299	Cartrett, H	HORY	32
Carter, Danl	LRNS	227	Carter, Martha	MARN	137	Cartrett, Hezekiah	HORY	53
Carter, David	FAFD	270	Carter, Martha	LRNS	310	Cartrett, P	HORY	33
Carter, David	MARN	8	Carter, Mary	SMTR	105	Cartrett, Richard	HORY	53
Carter, David	PKNS	130	Carter, Mary E*	BUFT	82	Cartrett, Thos	HORY	34
Carter, E	CHTR	17	Carter, Mary*	CHTN	207	Cartright, Anny*	FAFD	275
Carter, Edward	COTN	264	Carter, Mary	SMTR	121	Cartright, Elizabeth*	HORY	21
Carter, Eleanor*	COTN	294	Carter, Mary	LXTN	449	Cartright, Rebecca*	HORY	21
Carter, Eli	COTN	303	Carter, Mathew	GRVL	515	Cartwright, Saml	GETN	313
Carter, Eli W	COTN	303	Carter, Miles*	BUFT	79	Caruth, Leroy	SPBG	240
Carter, Elizabeth	COTN	307	Carter, Milly	ADSN	319	Caruth, Margaret*	SPBG	262
Carter, Elizabeth	UNON	226	Carter, Moses	EDFD	140	Carver, James	PKNS	64
Carter, Elizabeth	CHTR	24	Carter, Mrs E C*	CHTN	232	Carver, John**	PKNS	67
Carter, Elizth	COTN	254	Carter, Mrs Marsella T*	EDFD	34	Carver, John	PKNS	77
Carter, Ellen	CHFD	165	Carter, Munro	HORY	24	Carver, John	PKNS	64

Name	Code	Page
Carver, John B	PKNS	173
Carver, Joseph	PKNS	102
Carver, M	EDFD	161
Carver, Martin	PKNS	77
Carver, Mary	PKNS	86
Carver, Sarah*	PKNS	91
Carver, Susan*	ADSN	252
Carver, Susanah	PKNS	2
Carver, Wilis	PKNS	76
Carver, William A	PKNS	165
Carver, Wm	SPBG	302
Carwell, J R*	CHTN	370
Carwile, Elizabeth	ADSN	204
Carwile, John	ADSN	202
Carwile, John B	NWBY	268
Carwile, Mrs Elizb *	ABVL	148
Carwile, Wm M*	ADSN	214
Carwile, Z W	EDFD	107
Cary, G W L	PKNS	28
Cary, James W	PKNS	30
Cary, Mary H*	PKNS	148
Cary, Robt P	FAFD	221
Casady, Jno	CHTN	336
Casean, John**	CHTN	252
Casen, E H	CHFD	125
Casen, Pickens	PKNS	185
Casey, Anne*	CHTN	264
Casey, Betsy***	LRNS	305
Casey, Catharine*	CHTN	209
Casey, Catherine*	CHTN	501
Casey, David	SPBG	356
Casey, Edward	RHLD	60
Casey, Edward	RHLD	10
Casey, Ellen**	CHTN	212
Casey, Ellen*	CHTN	345
Casey, Ellison	SPBG	356
Casey, Frances M**	SPBG	363
Casey, Gideon	SPBG	354
Casey, Henry*	CHTN	562
Casey, Hugh	RHLD	82
Casey, Isaac	WMBG	364
Casey, Ivens, R	SPBG	363
Casey, James	SPBG	353
Casey, James	RHLD	54
Casey, Jane	GRVL	417
Casey, Jeremiah	CHTN	510
Casey, Jno	SPBG	242
Casey, John	EDFD	133
Casey, John	GETN	301
Casey, Julia*	CHTN	258
Casey, Margaret A*	RHLD	50
Casey, Martin*	PKNS	4
Casey, Mary	CHTN	107
Casey, Mary A*	GRVL	390
Casey, Morris*	CHTN	507
Casey, Nora*	CHTN	453
Casey, Patrick	CHTN	268
Casey, R M	PKNS	5
Casey, Redrick	PKNS	33
Casey, Rose*	CHTN	200
Casey, S G	PKNS	5
Casey, Thos E*	RHLD	55
Casey, W H*	EDFD	128
Casey, William*	RHLD	50
Casey, Wm	CHTN	247
Casey, Wm	SPBG	355
Casey, Wm N	ABVL	66
Cash, Aaron	SPBG	237
Cash, Alberry	SPBG	285
Cash, Arthur Jr	SPBG	284
Cash, Benj	SPBG	285
Cash, Benj	SPBG	284
Cash, Bolus	SPBG	237
Cash, Bryant	SPBG	285
Cash, Candy*	SPBG	284
Cash, Drury	SPBG	291
Cash, E B C*	CHFD	177
Cash, Henderson	SPBG	285
Cash, Henderson	SPBG	283
Cash, Henderson	SPBG	270
Cash, Hubbard	SPBG	284
Cash, John	SPBG	214
Cash, John*	SPBG	311
Cash, John	SPBG	283
Cash, Joseph	SPBG	270
Cash, Louisa	SPBG	284
Cash, Miriam**	SPBG	300
Cash, Moses B	SPBG	284
Cash, Moses S**	SPBG	271
Cash, Randolph	SPBG	284
Cash, Robert	SPBG	278
Cash, Shadrack	SPBG	225
Cash, Sidney	SPBG	290
Cash, Silas	SPBG	276
Casheeds, Martin	CHTN	295
Cashey, Miss M H*	EDFD	86
Cashion, John	YORK	374
Cashler, Henry	YORK	374
Cashman, Ann*	CHTN	221
Cashman, Hester*	CHTN	427
Cashman, Mary*	CHTN	427
Cashman, William**	CHTN	378
Cashy, James	CHTR	39
Casidy, Elizabeth	FAFD	200
Caskey, David	LCTR	164
Caskey, Elenor J**	LCTR	162

Name	Code	Page
Caskey, Eli A	LCTR	164
Caskey, Elisabeth	LCTR	163
Caskey, J D	LCTR	164
Caskey, J D Jr	LCTR	158
Caskey, J N	LCTR	163
Caskey, J R	LCTR	150
Caskey, Jas	CHTR	49
Caskey, Jno	CHTR	41
Caskey, Jno*	CHTR	80
Caskey, John	LCTR	157
Caskey, John D**	LCTR	163
Caskey, John L	LCTR	170
Caskey, Joseph*	LCTR	162
Caskey, Lanora*	LCTR	172
Caskey, Margret	LCTR	164
Caskey, Martha	LCTR	149
Caskey, Martha	LCTR	146
Caskey, Robt	LCTR	164
Caskey, Samuel	LCTR	163
Caskey, Thos H*	LCTR	152
Caskey, W M	CHFD	160
Caskey, Wm	CHTR	49
Caskin, Ann M**	CHTN	466
Caskin, Henry	CHTN	461
Caskrey, ----------	CLDN	220
Cason, Edward	CHTN	472
Cason, Francis**	ABVL	71
Cason, Henry S	ABVL	132
Cason, J H	ADSN	301
Cason, James	ABVL	12
Cason, James A	ADSN	333
Cason, John	ADSN	301
Cason, Josephine*	ABVL	35
Cason, M A*	ABVL	69
Cason, Steve	EDFD	67
Cason, Susan	FAFD	245
Cason, T P	FAFD	246
Cason, Thomas*	ABVL	93
Cason, W A	ADSN	301
Cason, W B	LRNS	222
Casovich, Bartello	CHTN	193
Caspary, A	LRNS	222
Cass, A J	PKNS	76
Cass, Henry	PKNS	65
Cass, James	PKNS	81
Cass, Kate*	RHLD	22
Cassady, Hugh	CHFD	109
Cassady, Leon	CHFD	106
Cassady, Marriah	CHFD	109
Cassady, N	CHFD	109
Cassady, Thos	CHFD	109
Cassady, Wm	CHFD	109
Cassdeville, Mary*	CHTN	206
Casse, William	PKNS	65
Cassel, G W	GRVL	403
Cassel, John	PKNS	119
Cassel, Nathaniel	PKNS	119
Cassell, Ephrim	GRVL	337
Cassell, Martha*	KRSW	120
Cassels, Benjm	SMTR	162
Cassels, Hezekiah	CHTR	31
Cassels, Jesse	CHTR	28
Cassels, John	CHTR	28
Cassels, Margret*	CHTR	35
Cassels, Thomas	CHTR	31
Cassels, Tresvan	CHTR	14
Cassels, Wm*	CHTR	72
Cassen, Dederick	CHTN	482
Cassey, Betty*	PKNS	29
Cassi, Vincent	RHLD	9
Cassiday, B C	CHFD	120
Cassidy, Charles R	CHTN	367
Cassidy, Francis	BUFT	83
Cassidy, Michael**	CHTN	407
Cassle, Mrs C	EDFD	47
Castamagne, M*	CHTN	259
Castans, C'	CHTN	251
Castele, Rebecca	CHTN	432
Castell, R*	CHTN	297
Castello, Wm*	CHTN	339
Casten, R D**	CHTN	407
Castillo, Peter*	CHTN	457
Castillo, Wm	BNWL	492
Castinette, Antonio	BNWL	425
Castione, John	CHTN	376
Castle, Lucy*	CHTN	411
Castleberry, Eliza	SPBG	357
Castleberry, Margaret*	ADSN	291
Castleberry, Nancy*	SPBG	390
Castleman, A	WMBG	360
Castleman, E R	WMBG	359
Castleman, J	WMBG	360
Castles, Barnet	YORK	410
Castles, Dennis*	LCTR	147
Castles, Heney	FAFD	278
Castles, Henry C	YORK	498
Castles, J S	FAFD	269
Castles, James	YORK	505
Castles, Thomas	YORK	508
Castles, William	YORK	496
Castley, Moses D*	LCTR	151
Castolow, Christopher*	CHTN	110
Caston, A M	LCTR	202
Caston, Anna*	LCTR	216
Caston, G E	LCTR	216
Caston, Glass	LCTR	195
Caston, Isaac	LCTR	214

Name	Code	Page
Caston, James*	LCTR	206
Caston, Meda	LCTR	214
Caston, Nancy**	LCTR	214
Caston, S J	LCTR	212
Caston, Sarah A**	SPBG	307
Caston, Susanah*	LCTR	172
Caston, W J	LCTR	202
Caswell, John	ADSN	187
Caswell, P J	ABVL	44
Casy, William	CHTN	458
Cater, A P	ADSN	259
Cater, Edwin	SPBG	315
Cater, James	SMTR	149
Cater, Jessey	PKNS	127
Cater, John J	BNWL	498
Cater, Wesley	PKNS	108
Caters, T M	CHTN	507
Cates, Louis	UNON	285
Cates, Mary	NWBY	278
Cates, R A	SPBG	327
Cates, T A	ABVL	101
Cates, William	EDFD	181
Cates, Wm B	EDFD	113
Catham, Wesley*	ADSN	291
Cathcart, Charley	FAFD	208
Cathcart, Eliza**	RHLD	18
Cathcart, G W	SPBG	342
Cathcart, George*	UNON	272
Cathcart, H	SPBG	343
Cathcart, Henry	SPBG	343
Cathcart, J C	SPBG	331
Cathcart, James	RHLD	39
Cathcart, James Jr	RHLD	70
Cathcart, Jane	FAFD	202
Cathcart, Jas	YORK	391
Cathcart, John H	FAFD	205
Cathcart, John S	FAFD	264
Cathcart, Joseph	YORK	392
Cathcart, Maria	RHLD	34
Cathcart, Miss*	CHTN	319
Cathcart, Richard	FAFD	281
Cathcart, Saml*	FAFD	205
Catherwood, Lizzie*	BUFT	6
Catherwood, Thos*	BUFT	4
Cathman, Capers H F	CHTN	458
Cathron, Eliah*	SPBG	386
Cathron, J B	SPBG	421
Catinette, Miss	CHTN	316
Catledge, Jackson	CHFD	156
Catlett, Dolly	CHFD	103
Catlett, John	ADSN	249
Catlett, M*	DLTN	381
Cato, B	KRSW	92
Cato, Benjamin	EDFD	2
Cato, Burrel	SMTR	125
Cato, D	KRSW	92
Cato, E J	KRSW	91
Cato, George	SMTR	148
Cato, Henry	EDFD	5
Cato, Isaac	SMTR	126
Cato, Jas	KRSW	91
Cato, Jesse	EDFD	3
Cato, John	SMTR	125
Cato, Joseph*	CHTN	475
Cato, M*	KRSW	93
Cato, Mary*	UNON	204
Cato, Mary*	EDFD	199
Cato, Nathan	ABVL	13
Cato, S	KRSW	93
Cato, Thomas	SMTR	125
Cato, Wm	KRSW	91
Catoe, Amos	LCTR	194
Catoe, Bijah	LCTR	203
Catoe, Clary**	LCTR	195
Catoe, Emanuel	LCTR	195
Catoe, Henry	SMTR	124
Catoe, James	LCTR	204
Catoe, Jesse	LCTR	194
Catoe, R E	LCTR	195
Catoe, Rylie	LCTR	195
Catskin, Henry*	CHTN	515
Catterson, Clarinda*	COTN	368
Catterson, Mat*	RHLD	46
Catterson, Robt*	RHLD	46
Catterton, Alonzo	COTN	310
Catterton, Theodore	COTN	287
Cattles, Jacob	COTN	314
Cattles, Martha*	COTN	316
Cauble, Henry	GRVL	341
Cauble, Peter	GRVL	402
Caughman, Andrew	LXTN	426
Caughman, Benhard	SMTR	130
Caughman, Catharine	LXTN	369
Caughman, Danl	LXTN	369
Caughman, E	EDFD	175
Caughman, Eliza**A	LXTN	415
Caughman, Elizabeth	EDFD	171
Caughman, G D	LXTN	172
Caughman, Geo	LXTN	385
Caughman, Geo E	LXTN	371
Caughman, H J	LXTN	431
Caughman, Isaiah	LXTN	433
Caughman, J S	LXTN	426
Caughman, Jacob**	EDFD	171
Caughman, Kezia	LXTN	429
Caughman, L H	LXTN	424
Caughman, M L	LXTN	405

Name	Loc	Pg	Name	Loc	Pg	Name	Loc	Pg
Caughman, P H	LXTN	435	Cenetto, B*	CHTN	305	Champy, Antonia	ORBG	404
Caughman, S E	LXTN	435	Cenger, Nicholas*	GRVL	514	Champy, Oscar	ORBG	342
Caughman, Saml P	LXTN	388	Center, Dr T	FAFD	227	Chance, Alfred*	ADSN	155
Caughman, Tho	NWBY	302	Center, George	GRVL	398	Chance, Elisabeth	LCTR	217
Caughman, Thos M	NWBY	300	Center, Hester	GRVL	385	Chandelor, M E	WMBG	332
Caughman, W F	LXTN	435	Center, Levi	GRVL	398	Chandler, A H	FAFD	203
Caughman, Wm P	LXTN	371	Center, Stephen	GRVL	385	Chandler, Allen	GRVL	429
Caulder, J C	WMBG	351	Cerry, James	CHTN	295	Chandler, Amelia A	SMTR	113
Cauley, Frances*	GRVL	464	Cerry, Michael**	CHTN	282	Chandler, Andrew J	WMBG	334
Cauley, J W*	GRVL	466	Cerry, Wm T*	LCTR	151	Chandler, Barney B*	WMBG	334
Cauley, Winney	GRVL	464	Certain, Elias	PKNS	66	Chandler, Benjamin	PKNS	193
Caulk, J W	MRBO	184	Certain, Isbell*	PKNS	66	Chandler, Charity*	DLTN	428
Caulk, Jas	MRBO	144	Certain, James	PKNS	38	Chandler, D	CLDN	231
Caulk, Thos*	MRBO	144	Cestello, Bridget*	CHTN	236	Chandler, D E**	SPBG	309
Caulk, Thos	MRBO	146	Cester, Thos*	CHTN	306	Chandler, D I J	GRVL	450
Cauly, Mary J*	GRVL	405	Chablin, Leland*	ADSN	299	Chandler, Daniel J	SMTR	108
Causetta, Lewis	CHFD	188	Chachistie, Julia	CHTN	344	Chandler, Danl	CLDN	238
Causey, Absalom	HORY	1	Chafee, Otis J	CHTN	372	Chandler, David	RHLD	56
Causey, Allen	BUFT	59	Chafee, Sarah**	CHTN	273	Chandler, Edmund*	ADSN	294
Causey, Ann S	HORY	56	Chafres, Margaret**	MARN	122	Chandler, Elias	SMTR	133
Causey, David	CHTN	146	Chailezbery, B E*	SPBG	309	Chandler, Eliza	SMTR	108
Causey, E D	HORY	4	Chaimberlain, E H	EDFD	69	Chandler, Ezekiel	SMTR	138
Causey, John	HORY	3	Chainey, J A	ORBG	392	Chandler, Henrietta J*	BNWL	501
Causey, Owen	HORY	5	Chairs, Jno	CHFD	119	Chandler, Isaac H	SMTR	174
Causey, Thos A	BUFT	71	Chairs, Jno**	CHFD	139	Chandler, Isack J	SMTR	138
Causey, W G	HORY	17	Chairs, Sarah*	CHFD	118	Chandler, J	NWBY	240
Caussart, R A	LCTR	158	Chalk, B P	CHTR	10	Chandler, J F	GRVL	460
Cauteman, John*	CHTN	472	Chalk, Earle	CHTR	16	Chandler, J M	DLTN	387
Cauthan, L M	LCTR	212	Chalk, Herndon	CHTR	19	Chandler, J T	CLDN	231
Cauthen, A J	KRSW	77	Chalk, John G	CHTN	420	Chandler, James R	SMTR	113
Cauthen, A J	CHTR	92	Chalk, Mary	CHTR	19	Chandler, Jane	SMTR	106
Cauthen, Agness	LCTR	167	Chalk, Thomas	CHTR	19	Chandler, Jas B	WMBG	334
Cauthen, George*	LCTR	168	Chalmers, A W	NWBY	241	Chandler, Jas W	LRNS	304
Cauthen, George	LCTR	214	Chalmers, B F	NWBY	234	Chandler, Jeanett*	CHTN	478
Cauthen, Hiram*	LCTR	171	Chalmers, Ebenr*	NWBY	232	Chandler, John	ABVL	126
Cauthen, J T	KRSW	97	Chalmers, James	BUFT	20	Chandler, Jonathan	ABVL	140
Cauthen, John	LCTR	168	Chalmers, James	NWBY	243	Chandler, Jos M	GRVL	482
Cauthen, John C	LCTR	212	Chalmers, Jas D**	ABVL	25	Chandler, Joseph	SMTR	113
Cauthen, John M	LCTR	167	Chalmers, John C	NWBY	243	Chandler, Josiah	GRVL	457
Cauthen, Paschal**	LCTR	212	Chalmers, T A W	NWBY	243	Chandler, Leonard	SMTR	113
Cauthen, Thos	LCTR	210	Chalmers, T B	NWBY	245	Chandler, Martha J	SMTR	108
Cauthen, Thos J	LCTR	171	Chalmers, Thos	NWBY	293	Chandler, Mary	UNON	204
Cauthen, W C	LCTR	210	Chalmers, W S	NWBY	241	Chandler, Mary	ADSN	262
Cauthen, W R	LCTR	164	Chamberlain, C	CHTN	327	Chandler, Matty	UNON	209
Cauthen, Wm	KRSW	95	Chamberlain, Edmond**	CHTN	289	Chandler, Moriah	ABVL	126
Cauthen, Wm B	LCTR	169	Chamberlain, H*	ABVL	17	Chandler, O J	CLDN	227
Cavanough, Eugene*	CHTN	473	Chamberlain, John	UNON	188	Chandler, P	WMBG	315
Cavanough, William**	CHTN	287	Chamberlain, Joseph	CHTN	508	Chandler, R A	CLDN	236
Cave, A T	BNWL	469	Chambers, Andrew J	YORK	458	Chandler, S	CLDN	231
Cave, Ann*	CHTN	263	Chambers, Ansabell**	BNWL	387	Chandler, S M	CLDN	231
Cave, Barnett B	BNWL	398	Chambers, B C	YORK	459	Chandler, Samuel	SMTR	138
Cave, Berry M	BNWL	395	Chambers, B W	DLTN	428	Chandler, Samuel	SMTR	113
Cave, Darling*	BNWL	373	Chambers, Barbary	YORK	451	Chandler, Samuel R	SMTR	174
Cave, E	MARN	54	Chambers, E S*	COTN	329	Chandler, Sarah**	DLTN	441
Cave, Elisabeth	BNWL	393	Chambers, Edward	YORK	508	Chandler, Sarah	LRNS	304
Cave, G W	BNWL	398	Chambers, J C*	YORK	372	Chandler, Susan	UNON	209
Cave, H B	BNWL	469	Chambers, Jas	CHTR	81	Chandler, Thomas	SMTR	138
Cave, Haseltine*	EDFD	82	Chambers, Jas H	CHTR	81	Chandler, Thomas	NWBY	262
Cave, Henry W	BNWL	380	Chambers, Jas S	COTN	331	Chandler, Thos P	CHTN	111
Cave, J M	BNWL	488	Chambers, Jno	CHTR	73	Chandler, Timothy*	ABVL	140
Cave, John	MARN	55	Chambers, Jno	EDFD	45	Chandler, W A	GRVL	405
Cave, John	BNWL	502	Chambers, John*	BNWL	442	Chandler, W H	GRVL	503
Cave, Kinnon	MARN	49	Chambers, John*	UNON	238	Chandler, William W D	SMTR	108
Cave, L P	BNWL	502	Chambers, John	UNON	238	Chandler, Willis	GRVL	456
Cave, Laura B*	BNWL	361	Chambers, John F**	YORK	455	Chaney, Alice	ABVL	86
Cave, M J	BNWL	499	Chambers, John H**	YORK	460	Chaney, Allen	CHFD	127
Cave, Marion*	BNWL	491	Chambers, Jonathan	BNWL	473	Chaney, J J	LXTN	359
Cave, Miles	COTN	368	Chambers, Lewis	PKNS	71	Chaney, J O B	LXTN	357
Cave, R M	MARN	55	Chambers, Margaret*	YORK	507	Chaney, Jas R	LRNS	237
Cave, Rebecca A	BNWL	498	Chambers, Martin*	CHTN	426	Chaney, Matilda*	ABVL	86
Cave, Saml C	BNWL	469	Chambers, Martin	CHTN	105	Chaney, R E	EDFD	142
Cave, Sarah	BNWL	380	Chambers, Mary	YORK	376	Chaney, Ransom	EDFD	134
Cave, Tarleton	BNWL	469	Chambers, May S*	DLTN	373	Chaney, Robt	ABVL	73
Cave, W E	MARN	55	Chambers, Miranda*	PKNS	63	Chaney, Simeon	ABVL	72
Cave, William	BNWL	494	Chambers, Phillip	PKNS	69	Chanley, Clarissa	ORBG	347
Cave, William T*	BNWL	386	Chambers, Plotemy P	RHLD	62	Channel, Eliza	COTN	257
Cave, Wm H	BNWL	494	Chambers, Robert	YORK	506	Channel, Milley	COTN	257
Cave, Wm L*	BNWL	506	Chambers, Saml*	BNWL	434	Channell, William	CHTN	392
Caveney, E*	CHTN	239	Chambers, Sarah*	PKNS	172	Channey, M	CHTN	226
Caveney, Lawson F	YORK	495	Chambers, Seth	CHTN	167	Channock, Flora	CHTN	444
Caveney, Nancy*	YORK	497	Chambers, Spencer	PKNS	79	Chany, Richd	SPBG	357
Caveney, Salena	YORK	495	Chambers, Thos*	CHTR	87	Chapein, Mary	CHTN	359
Caveny, Robt	YORK	483	Chambers, W M	CHTR	72	Chapel, Abba	PKNS	112
Cavert, H C	CHTN	437	Chambers, Wm	PKNS	69	Chapel, Thos	CHFD	151
Caves, Elisabeth	MARN	129	Chambers, Jno S	YORK	437	Chapeman, Thos	SPBG	370
Cavhitt, John**	CHTN	254	Chambes, Arena*	PKNS	68	Chapin, L	CHTN	261
Cavignau, Alice	CHTN	348	Chamblain, D A	SPBG	384	Chapin, Martin	LXTN	398
Cavineau, Jno	CHTN	337	Chamblee, Elias	ADSN	294	Chapin, Olympia*	CHTN	203
Caviness, James	CHTR	5	Chamblee, Elisha	ADSN	187	Chaplain, R	UNON	298
Cavnaugh, L*	CHTN	300	Chamblee, James	ADSN	294	Chaplin, Ben**	CHTN	506
Cawley, Edward	EDFD	136	Chamblee, Jas	ADSN	230	Chaplin, Benj Sr	BUFT	4
Cawley, Jacob	EDFD	130	Chamblee, John	ADSN	232	Chaplin, Ed D	COTN	309
Cawley, Jane*	GRVL	360	Chamblee, Moses	ADSN	187	Chaplin, Edwin	BUFT	7
Cawley, W C*	EDFD	141	Chamblee, Robt	ADSN	230	Chaplin, Elizth H*	BUFT	1
Cawley, William	EDFD	175	Chamblee, Z D	ADSN	160	Chaplin, George M	NWBY	259
Cay, Annis**	CHTN	273	Chamblin, George*	ADSN	301	Chaplin, Hamilton	BUFT	12
Cay, B C	SPBG	388	Chamblin, H C	SPBG	405	Chaplin, James P	BUFT	15
Cay, John E***	CHTN	201	Chamblin, Jane E	PKNS	179	Chaplin, Jno F Jr	BUFT	5
Cayce, E R	LXTN	441	Chamlet, William*	UNON	185	Chaplin, John	COTN	360
Ceamer, Sarah*	GRVL	458	Chamliss, A*	GRVL	420	Chaplin, John C	NWBY	259
Ceapor, J W	CHTN	506	Champion, Ricd	SPBG	271	Chaplin, John J	BUFT	15
Celey, Danl	EDFD	30	Champion, W M	SPBG	271	Chaplin, Joshua	BUFT	97
Celly, John	GRVL	517	Champlin, And J*	ABVL	24	Chaplin, Julius E	BUFT	1
Celton, George	PKNS	172	Champlin, B	CHTN	519	Chaplin, Marion T	BUFT	5
Cely, Thomas	ADSN	323	Champlin, Benjn	CHTN	521	Chaplin, Martha	BUFT	1
Cely, William	ADSN	323	Champney, Elisth P*	BUFT	83	Chaplin, Massey*	GRVL	414

Name	Loc	Pg	Name	Loc	Pg	Name	Loc	Pg
Chaplin, Mr F Sr	BUFT	6	Chapman, William A	PKNS	180	Chavis, Josiah	ORBG	371
Chaplin, Paul	BUFT	12	Chapman, Wm	DLTN	464	Chavis, Mariah	ORBG	371
Chaplin, Richard*	COTN	358	Chapman, Wm	ADSN	172	Chavis, Marsilla*	ORBG	363
Chaplin, Saxby	BUFT	13	Chapman, Wm	NWBY	215	Chavis, Mary*	SMTR	172
Chaplin, Saxby	COTN	259	Chapman, Wm B	GRVL	481	Chavis, Nancy	ORBG	365
Chaplin, Thos B	BUFT	13	Chapman, Wm H	SPBG	203	Chavis, Patrick*	ORBG	364
Chaplin, W A	BUFT	5	Chapman, Wm R	NWBY	270	Chavis, Phillip	ORBG	371
Chaplin, Wm W	COTN	358	Chappel, Jacob**	CHTN	487	Chavis, Polly**	SMTR	172
Chapman, A A	DLTN	469	Chappel, Mary	EDFD	163	Chavis, Thomas	SMTR	171
Chapman, A M	EDFD	157	Chappel, Solomon	MARN	92	Chavis, William	SMTR	172
Chapman, Abram	EDFD	197	Chappell, George S	FAFD	220	Chavo, Eli	MRBO	199
Chapman, Alberry	SPBG	228	Chappell, Gracy H	FAFD	218	Chavos, Calvin**	MRBO	164
Chapman, Allen	CHFD	146	Chappell, J B	NWBY	237	Chavos, Eliah	MRBO	165
Chapman, Allen D	CHFD	100	Chappell, J W	NWBY	251	Chavos, Geo	MRBO	202
Chapman, Ann J*	MRBO	166	Chappell, James H	RHLD	81	Chavos, Harris	MRBO	202
Chapman, Archibald	NWBY	249	Chappell, John J**	RHLD	84	Chavos, James	MRBO	199
Chapman, C T	ADSN	172	Chappell, L C	FAFD	212	Chavos, John	MRBO	164
Chapman, Calvin E	CHFD	102	Chappell, L H	FAFD	220	Chavos, John	MRBO	199
Chapman, Caroline M	PKNS	148	Chappell, Mrs E S	NWBY	250	Chavos, Jordan	MRBO	209
Chapman, Charles	GRVL	456	Chappell, Paul G	RHLD	84	Chavos, Jordan	MRBO	163
Chapman, Charles Sr	DLTN	464	Chappell, Stanmore B	NWBY	251	Chavos, Levi	MRBO	205
Chapman, Chas Jr	DLTN	465	Chappell, T	FAFD	220	Chavos, Murdoch*	MRBO	155
Chapman, Christina	LXTN	402	Chappell, Thos H	LRNS	238	Chavos, Nelson	MRBO	164
Chapman, Clara	ABVL	5	Chappell, William H	SMTR	156	Chavos, Noah*	MRBO	211
Chapman, D W	FAFD	262	Chappell, Wm J	LRNS	285	Chavous, John	BNWL	439
Chapman, Edward	SPBG	245	Chapple, Joseph G	PKNS	10	Chavous, John	BNWL	434
Chapman, Elias	GRVL	459	Chappleman, E	PKNS	38	Chavous, Levi	BNWL	439
Chapman, Eliza**	ABVL	3	Charles, A B	DLTN	379	Chavus, Caroline	BNWL	400
Chapman, Eliza	FAFD	262	Charles, B	GRVL	498	Chavus, James	BNWL	400
Chapman, Ellen	CHFD	94	Charles, David	EDFD	175	Chavus, Milly**	BNWL	399
Chapman, Emily*	SPBG	314	Charles, E W	DLTN	429	Chazal, Peter	CHTN	276
Chapman, Enoc	PKNS	114	Charles, Franklin	UNON	217	Chazel, John	CHTN	275
Chapman, Enoc	PKNS	110	Charles, George	SPBG	357	Cheak, Jas M	LRNS	346
Chapman, Enoch	GRVL	477	Charles, H G	DLTN	390	Cheak, John	LRNS	343
Chapman, Enoch	SPBG	211	Charles, H L	DLTN	429	Cheak, John P	LRNS	346
Chapman, F D	DLTN	438	Charles, Isreal	GRVL	501	Cheak, Prisa	LRNS	346
Chapman, G W	FAFD	262	Charles, J C*	DLTN	391	Cheak, Wm	LRNS	346
Chapman, Garland	SPBG	418	Charles, J I*	CHTN	371	Cheatam, J Talbot	ABVL	93
Chapman, George H	NWBY	270	Charles, J O	GRVL	498	Cheatam, Thos*	ABVL	74
Chapman, Green	ABVL	5	Charles, Joel	GRVL	498	Cheatham, Alfred	ABVL	71
Chapman, Hulet	GRVL	498	Charles, John	ABVL	27	Cheatham, Chas*	ABVL	79
Chapman, Ira	GRVL	455	Charles, John	EDFD	186	Cheatham, Frank*	ABVL	74
Chapman, Isaac A	PKNS	130	Charles, John	GRVL	498	Cheatham, G	EDFD	61
Chapman, J A*	SPBG	202	Charles, John B	GRVL	422	Cheatham, J F	EDFD	76
Chapman, J C	EDFD	157	Charles, P	EDFD	186	Cheatham, Jas	EDFD	25
Chapman, J D	EDFD	197	Charles, P G	GRVL	498	Cheatham, Jno	EDFD	58
Chapman, J J	EDFD	197	Charles, Peter	NWBY	218	Cheatham, Jno*	ABVL	74
Chapman, J S	LXTN	420	Charles, Robert K*	RHLD	53	Cheatham, M E**	EDFD	141
Chapman, Jackson	PKNS	111	Charles, Sedrich	PKNS	22	Cheatham, Q W	EDFD	94
Chapman, James	PKNS	189	Charles, William T*	RHLD	54	Cheatham, Robt	EDFD	70
Chapman, James	SPBG	370	Charlesworth, Martha	KRSW	131	Cheatham, Sarah E	ABVL	96
Chapman, Jas	SPBG	374	Chartram, Jonh M	ORBG	346	Cheatham, Susan*	EDFD	43
Chapman, Jas C	CHFD	146	Charvis, Jackson*	SMTR	171	Cheatham, Thomas	ABVL	68
Chapman, Jno	CHTR	28	Chase, Caroline*	CHTN	513	Cheatham, Wm J	ABVL	96
Chapman, John*	CHTN	198	Chase, David	LCTR	206	Cheek, Austin	LRNS	296
Chapman, John	LXTN	381	Chase, H L W*	DLTN	387	Cheek, Ellis	LRNS	296
Chapman, John	SPBG	225	Chase, Matilda*	BUFT	14	Cheek, F	LRNS	278
Chapman, John A	EDFD	157	Chase, P S	CHTN	321	Cheek, Hannah	LRNS	296
Chapman, John C	CHFD	147	Chase, Stephen	LCTR	187	Cheek, J	LRNS	273
Chapman, Josiah	PKNS	110	Chase, T L*	UNON	273	Cheek, Jno	LRNS	296
Chapman, Lemuel	LXTN	402	Chasereau, Abram	BNWL	493	Cheek, Willis	LRNS	278
Chapman, Lila	EDFD	97	Chasereau, Jon F	BNWL	493	Cheeks, Eliza	LRNS	263
Chapman, M	EDFD	97	Chastain, Allen	ADSN	285	Cheeseborough, Jno	CHTN	354
Chapman, Malinda	GRVL	455	Chastain, Anderson*	ADSN	263	Cheney, Ed	CHTN	207
Chapman, Margaret	PKNS	139	Chastain, Columbus*	ADSN	263	Cheney, Henry*	CHTN	192
Chapman, Mary	GRVL	370	Chastain, Delila*	ADSN	272	Cheney, Sarah A*	BUFT	29
Chapman, Mary*	DLTN	379	Chastain, Edward	PKNS	120	Chennes, James	CHTN	124
Chapman, Mary	GRVL	373	Chastain, George	PKNS	5	Cheriteino, F*	CHTN	249
Chapman, Mary*	LXTN	399	Chastain, Humphrey	ADSN	274	Cherrill, Mrs	CHTN	317
Chapman, Miles**	PKNS	56	Chastain, J B	ADSN	281	Cherry, Caty*	MRBO	173
Chapman, Milley	EDFD	97	Chastain, James*	ADSN	273	Cherry, Deborah	CHTR	86
Chapman, Mira	SPBG	302	Chastain, John	ADSN	281	Cherry, E H**	YORK	454
Chapman, Mr Jas**	CHTN	343	Chastain, John	PKNS	192	Cherry, Elijah	CHTR	79
Chapman, Nancy*	GRVL	475	Chastain, John A	PKNS	119	Cherry, Elisabeth	BNWL	394
Chapman, Nancy*	NWBY	222	Chastain, Joseph	ADSN	281	Cherry, Francis	CHTN	287
Chapman, Noah	NWBY	271	Chastain, Lucinda	GRVL	503	Cherry, Geo R	PKNS	106
Chapman, Patsy	EDFD	97	Chastain, Maxwell	PKNS	120	Cherry, Gregory	CHTR	79
Chapman, Perry	CHTN	209	Chastain, Nancy	PKNS	45	Cherry, Gregory	CHTR	79
Chapman, Peter P	ADSN	267	Chastain, Preston	ADSN	274	Cherry, J M	GETN	303
Chapman, R C	NWBY	305	Chastain, Temperance	PKNS	119	Cherry, J P	YORK	458
Chapman, Rebecca	PKNS	125	Chastain, Thos	PKNS	44	Cherry, James*	ORBG	376
Chapman, Rebecca*	PKNS	50	Chastain, Tilman	PKNS	119	Cherry, James	ORBG	380
Chapman, Rony	SPBG	410	Chastain, William*	ADSN	263	Cherry, Jimeson	CHTR	62
Chapman, S K*	NWBY	293	Chastain, William	ADSN	281	Cherry, John C*	ADSN	254
Chapman, Saml	CHTN	189	Chastain, William	PKNS	119	Cherry, John**	ORBG	307
Chapman, Saml	NWBY	225	Chastaine, Alferd	ADSN	273	Cherry, Mary G	CHTR	62
Chapman, Samuel	PKNS	138	Chasteau, M*	CHTN	249	Cherry, Nancy*	MRBO	184
Chapman, Samuel	PKNS	129	Chasteen, John	ADSN	236	Cherry, Rachael*	MARN	18
Chapman, Sarah*	SPBG	395	Chasteen, Stephen	ADSN	231	Cherry, Robt	YORK	424
Chapman, Sarah	PKNS	179	Chastine, John	GRVL	506	Cherry, W B	PKNS	105
Chapman, Sophia	EDFD	157	Chastine, Joseph	GRVL	506	Cherry, William	CHTR	84
Chapman, Stacy	GRVL	455	Chastine, Sally*	ADSN	271	Cherry, William	ORBG	382
Chapman, T E	BNWL	416	Chatham, Richard	NWBY	269	Cherry, Wm	YORK	454
Chapman, T J	GRVL	456	Chatham, Robt*	ABVL	24	Cherry, Wm	MRBO	168
Chapman, T M	NWBY	292	Chatman, James	BNWL	402	Cherryall, Sarah*	CHTN	249
Chapman, Thomas*	GRVL	503	Chattew, C L	KRSW	133	Chery, S S	ADSN	256
Chapman, Thomas*	EDFD	133	Chaver, John*	EDFD	58	Cheser, Hezekiah	BUFT	28
Chapman, Thomas*	RHLD	56	Chavers, David*	EDFD	52	Cheshire, B C	LRNS	222
Chapman, Thornton	BNWL	444	Chavis Abraham	ORBG	365	Cheshire, R S	ADSN	194
Chapman, Thos	CHFD	147	Chavis, Albert	SMTR	172	Chesleyfield, J M	SPBG	404
Chapman, Thos	SPBG	199	Chavis, Alfred*	CLDN	191	Chesney, Richd	SPBG	357
Chapman, W A*	BNWL	444	Chavis, And	BNWL	495	Chesney, Thos	SPBG	332
Chapman, W D	SPBG	410	Chavis, Caroline	SMTR	171	Chesnut, Colman	HORY	47
Chapman, W W	EDFD	197	Chavis, Gabriel	ORBG	363	Chesnut, Cornelius	HORY	47
Chapman, William	CHTN	416	Chavis, James	ORBG	382	Chesnut, Daniel	HORY	47
Chapman, William	RHLD	79	Chavis, Jane*	ORBG	365	Chesnut, Daniel*	HORY	48
Chapman, William	PKNS	160	Chavis, Jno	MRBO	180	Chesnut, Henry	HORY	51

Name	Loc	Pg	Name	Loc	Pg	Name	Loc	Pg
Chesnut, Jas M	SPBG	365	China, John	SMTR	110	Christman, Jas B	CLDN	198
Chesnut, John	HORY	51	China, Susan F	SMTR	177	Christmann, Ferdinand	CHTN	285
Chesnut, Margaret	HORY	51	China, T J	WMBG	302	Christmas, A*	FAFD	206
Chesnut, N L*	MARN	27	China, Thomas	WMBG	302	Christmas, Absaloam	YORK	484
Chesnut, Ready	HORY	47	China, Wm	WMBG	302	Christmas, Archibald	CHTR	48
Chesnut, Ready Jr	HORY	47	Chinners, Benj	MARN	5	Christmas, B*	LXTN	439
Chesnut, Robert	HORY	47	Chinners, Francis	MARN	5	Christmas, C H	YORK	464
Chesny, Caroline	SPBG	357	Chinners, Joseph*	MARN	5	Christmas, Caleb	DLTN	423
Chesseran, John W	BNWL	348	Chinnes, James	CHTN	124	Christmas, E	SMTR	174
Chesseran, Martin L	BNWL	348	Chinnis, Mary*	COTN	358	Christmas, J A W	WMBG	337
Chesserean, Jacob	BNWL	350	Chinnis, Wm	CHTN	121	Christmas, J E	WMBG	337
Chesserean, John	BNWL	350	Chion, Thomas	CHTN	448	Christmas, Jessia A	SMTR	174
Chessheran, Isac	BNWL	348	Chipley, Jas S	ABVL	67	Christmas, N	MARN	87
Chessheran, Joseph*	BNWL	348	Chirping, Stephen W	ABVL	111	Christmas, Nancy	MRBO	194
Chessherean, John	BNWL	350	Chirris, Robert*	COTN	342	Christmas, Robert L	SMTR	136
Chester, Delphy*	CHFD	164	Chisholm, A*	CHTN	370	Christmas, Sam B*	SMTR	125
Chester, James	CHTN	110	Chisholm, Christian	MRBO	185	Christmas, Temperance	SMTR	181
Chester, James P	CHTN	381	Chisholm, Danl	MRBO	185	Christmas, Wm G	WMBG	329
Chester, Mary	CHTN	307	Chisholm, Eliz	CHTN	379	Christopher, Baylis	GRVL	376
Chestman, John*	EDFD	80	Chisholm, Elizabeth	CHTR	67	Christopher, Elison	SPBG	373
Chestnut, A M*	HORY	35	Chisholm, Jno	DLTN	386	Christopher, George	CHTN	500
Chestnut, D W M	HORY	35	Chisholm, Josephine*	CHTN	281	Christopher, John	CHTN	467
Chestnut, James	KRSW	124	Chisholm, P H	CHTN	383	Christopher, John	PKNS	68
Chestnut, Phoebe	CHTR	49	Chisholm, Robt*	CHTN	371	Christopher, Lemuel	CHTN	197
Chestnut, Robt	HORY	36	Chisholm, S A*	SPBG	347	Christopher, Riley A	PKNS	154
Chestnut, Samson	CHTR	58	Chisholm, Thomas	CHTR	63	Christopher, Saml	ADSN	227
Cheston, James	CHTN	503	Chisholme, E M	CHTR	63	Christopher, Sarah	SPBG	377
Chever, Anna*	PKNS	39	Chisholms, May*	MRBO	179	Christopher, Thos	SPBG	374
Chevers, Fred	EDFD	50	Chislom, J J	CHTN	259	Chub, Joseph	CHTN	173
Chevers, William	CHTN	503	Chislom, John	FAFD	279	Chubb, Jacob	CHTN	137
Cheves, Eveline*	CHTN	190	Chism, Andrew	BNWL	446	Chubb, John	CHTN	137
Cheves, Isabella**	CHTN	221	Chism, J A	BNWL	449	Chubb, Joseph	NWBY	235
Cheves, James*	LCTR	169	Chism, Wm	BNWL	446	Chubb, Mary A*	CHTN	159
Cheves, Langdon	BUFT	41	Chisohm, A R	COTN	313	Chumbler, Tolley	PKNS	177
Cheves, Maria	CHTN	222	Chisohm, Alex R	BUFT	96	Chumner, William	PKNS	127
Cheves, Picken	ORBG	360	Chisohm, Sarah	CHTN	423	Chupern, Miss	CHTN	322
Cheves, William	ORBG	360	Chisolm, Elizth*	BUFT	65	Chupp, J G	NWBY	233
Chevier, Mr*	CHTN	316	Chisolm, George A	BUFT	37	Church, C A D	CHTN	127
Chevrenx, A F	CHTN	332	Chisolm, Henry L	CHTN	450	Church, C A D**	ORBG	404
Chew, Thomas R	CHTN	289	Chisolm, J J	COTN	371	Church, James	MARN	111
Chewing, James C	SMTR	145	Chisolm, James	FAFD	279	Church, Margaret*	CHTN	427
Chewing, Peter	SMTR	169	Chisolm, Jas J	BUFT	65	Church, William*	ORBG	404
Chewning, L R	CLDN	205	Chisolm, Nancy*	MARN	94	Church, Wm	MARN	118
Chewning, R W	CLDN	217	Chisolm, Robert	BUFT	7	Churchel, Honora**	CHTN	463
Chewning, Theophils*	CLDN	197	Chisolm, Robert T	CHTN	450	Churchhill, L M	EDFD	83
Chewning, W A	CLDN	214	Chisolm, Saml P	BUFT	1	Churchill, Ann*	CHTN	266
Chewning, W T	CLDN	201	Chisolm, Sarah	BUFT	65	Churchill, John*	CHTN	426
Chick, P W	UNON	185	Chisolm, Virgil A	BUFT	63	Churchill, L	CHTN	521
Chick, R S	UNON	185	Chisolm, W S	CHTN	108	Churchill, Mary	CHTN	427
Chifferdee, Chas*	CHTN	305	Chisolm, William*	CHTN	477	Churchwell, Thos	LXTN	356
Child, Anna*	GRVL	410	Chisolm, Wm A	BUFT	3	Chwab, E*	CHTN	460
Child, Elizb	ABVL	69	Chittly, Mary	BNWL	351	Ciencker, C L	CHTN	236
Child, James W*	ABVL	21	Chitty, E B*	BNWL	500	Cinale, A*	CHTN	214
Child, Minnie S	ABVL	12	Chitty, H C	BNWL	489	Cine, D	UNON	257
Child, Moses C*	ABVL	12	Chitty, Jno	EDFD	24	Cirwell, Hamilton*	YORK	477
Childers, Abraham	YORK	488	Chitty, John D	BUFT	15	Cistrunk, Newton E W	ORBG	358
Childers, Benjamin	YORK	501	Chitty, John F	BNWL	383	Cistrunk, Wm A J	ORBG	358
Childers, Berry	PKNS	149	Chitty, Leonard L	BNWL	351	Civil, John P**	RHLD	79
Childers, C R R	LRNS	272	Chitty, Mary	CHTN	509	Clack, Fielder	CHTR	13
Childers, Davd	LRNS	280	Chitty, Ragena*	BNWL	344	Clack, Martha	CHTR	13
Childers, Eliza*	CLDN	201	Chitty, Robert	BNWL	383	Clack, Wm	CHTR	8
Childers, H F**	CLDN	199	Chitty, W J	COTN	322	Clack, Wm M	YORK	461
Childers, Holland	PKNS	149	Chitty, W L	BNWL	452	Claendon, Jane*	UNON	283
Childers, Hy T	DLTN	386	Chitty, William B	BNWL	365	Claffey, James	RHLD	8
Childers, Isham	SPBG	395	Choat, A D	YORK	407	Claffy, T	CHTN	335
Childers, J L	GRVL	356	Choat, Jas N	YORK	411	Clagget, Mary J*	RHLD	22
Childers, James	YORK	492	Choat, Jas S	YORK	407	Clair, Eliza	CHTN	512
Childers, Jas	YORK	451	Choat, Wm	YORK	407	Clamp, Adam	ABVL	147
Childers, Jas D	CLDN	217	Choate, Mrs Susan A	CHTN	223	Clamp, Calvin	NWBY	233
Childers, Jessie*	CLDN	201	Choate, Thos	CHTN	243	Clamp, Canvile	NWBY	212
Childers, Jno J	CLDN	199	Choice, H*	SPBG	258	Clamp, David	NWBY	247
Childers, John	SMTR	98	Chover, Emily	SPBG	308	Clamp, Henry H	ABVL	122
Childers, John	YORK	486	Chovin, Charles E	BUFT	46	Clamp, Jacob B	ABVL	99
Childers, John*	YORK	475	Chovin, R Henry	BUFT	68	Clamp, Jno T	ABVL	152
Childers, John	PKNS	92	Chow, Thos E	NWBY	256	Clamp, Kate*	NWBY	287
Childers, Joseph	YORK	489	Choyce, William	GRVL	408	Clamp, Lafayette*	NWBY	257
Childers, Liza	CLDN	211	Chrietzberg, A M	MARN	14	Clamp, Richard*	NWBY	235
Childers, Marshal	PKNS	149	Chrietzberg, B E*	MARN	19	Clamp, Rosannah	NWBY	215
Childers, Nancy	YORK	494	Chrietzberg, H F*	MARN	14	Clamp, William*	NWBY	279
Childers, Nancy A	PKNS	165	Christ, Jno	CHTN	316	Clampet, Jas M	ADSN	167
Childers, Richd	LRNS	272	Christ, Thomas	CHTN	479	Clancey, Pat*	CHTN	110
Childers, Sherrill	YORK	498	Christanson, Amelia*	CHTN	240	Clancy, David*	CHTN	472
Childers, Solomon	UNON	296	Christberg, Jas R**	CHTN	375	Clancy, William D**	CHTN	438
Childers, Thos	SPBG	388	Christborg, Clara	CHTN	385	Clandendon, Jas*	LCTR	218
Childers, Washington	YORK	489	Christen, Peter	NWBY	261	Clanton, Berry*	SPBG	248
Childers, Washington	YORK	496	Christian, D W	EDFD	112	Clanton, Bingeman	SPBG	203
Childers, William	UNON	294	Christian, E H	NWBY	304	Clanton, E	SPBG	430
Childers, William	YORK	505	Christian, Elizabeth	ADSN	252	Clanton, Elmira*	SPBG	232
Childers, William	YORK	489	Christian, G W	EDFD	75	Clanton, H*	DLTN	429
Childress, John	ADSN	335	Christian, J W	PKNS	34	Clanton, Richd	CHFD	109
Childress, M M	GRVL	353	Christian, Jas	EDFD	75	Clanton, Sarah**	KRSW	130
Childress, Mary	ADSN	324	Christian, Major*	PKNS	18	Clanton, Shepperd	CHFD	123
Childress, O W*	GRVL	353	Christian, Mrs M	EDFD	112	Clanton, W R	LCTR	172
Childress, Tabitha*	ADSN	332	Christian, Peter	CHTN	464	Clanton, Zadoe	SPBG	305
Childress, Ware	ADSN	335	Christian, R W*	YORK	385	Clapp, Henry	LXTN	367
Childs, Jams	CHTN	436	Christian, Rebecca*	PKNS	120	Clapp, William	LXTN	367
Childs, John	ADSN	272	Christian, Tabitha*	ADSN	256	Clapton, Jane	LRNS	338
Chiles, Jno H	ABVL	47	Christian, Thos M	ABVL	24	Clardy, John B	PKNS	133
Chiles, John	GRVL	466	Christian, Wm	PKNS	94	Clardy, Joseph A	HORY	70
Chiles, Mrs Eliza	ABVL	46	Christian, Wm	PKNS	72	Clardy, Mary**	LRNS	258
Chiles, Mrs Jane	ABVL	47	Christie, Col T	EDFD	112	Clardy, Mary*	LRNS	250
Chiles, T J	GRVL	360	Christie, E E	CHTN	168	Clardy, Michael F	HORY	67
Chiles, Thos*	ABVL	37	Christie, Ellen E	CHTN	417	Clardy, Wm A	HORY	66
Chiles, Thos	GRVL	513	Christie, G W	GETN	291	Claret, Nanin**	CHTN	295
Chiles, Thos W	ABVL	47	Christie, John	EDFD	141	Clareton, Levi	SPBG	313
Chiles, W*	GRVL	359	Christin, Judy	NWBY	230	Clarey, Berry H	SPBG	260

43

Name	Place	No.	Name	Place	No.	Name	Place	No.
Clark, A	EDFD	158	Clark, Jane	ADSN	285	Clark, William	SPBG	286
Clark, A A	EDFD	51	Clark, Jane*	YORK	494	Clark, William	PKNS	29
Clark, A D*	ABVL	112	Clark, Jane	SPBG	355	Clark, William C*	RHLD	46
Clark, A J	COTN	322	Clark, Jas	KRSW	96	Clark, Wm	EDFD	26
Clark, A J*	SPBG	304	Clark, Jas	YORK	417	Clark, Wm	CHFD	187
Clark, A J	LXTN	355	Clark, Jason	LCTR	171	Clark, Wm	EDFD	82
Clark, Aaron	EDFD	26	Clark, Jeff**	SPBG	254	Clark, Wm	SPBG	300
Clark, Aaron	MRBO	152	Clark, Jefferson*	UNON	198	Clark, Wm A C*	EDFD	2
Clark, Alex	CHFD	105	Clark, Jesse	CHTR	13	Clark, Wm A C*	SPBG	357
Clark, Alex	CHFD	108	Clark, Jno	CHTR	29	Clark, Wm H	YORK	477
Clark, Alexander	GRVL	362	Clark, Jno L	ABVL	76	Clarke, Alfred	PKNS	18
Clark, Alsey	LRNS	313	Clark, Jno W	CLDN	212	Clarke, B D	ORBG	407
Clark, Amelia	MRBO	176	Clark, Jno*	MRBO	163	Clarke, B E	EDFD	184
Clark, Ames	YORK	463	Clark, John	GRVL	336	Clarke, Burgess	MARN	98
Clark, Amzi*	YORK	450	Clark, John	KRSW	99	Clarke, Burgess	MARN	95
Clark, Ann	MRBO	164	Clark, John H	GRVL	473	Clarke, Charles	NWBY	259
Clark, Ardis	BNWL	449	Clark, John*	CHTN	426	Clarke, Daniel A	NWBY	259
Clark, Aron	MRBO	187	Clark, John*	RHLD	56	Clarke, Dr D M	FAFD	233
Clark, B	EDFD	195	Clark, John**	MRBO	147	Clarke, E G	NWBY	260
Clark, Barna*	MRBO	171	Clark, John	MRBO	194	Clarke, Ellenora*	BUFT	22
Clark, Beta A*	LXTN	425	Clark, John Newton**	YORK	381	Clarke, Gellan	GRVL	496
Clark, Buckner	LRNS	306	Clark, John W	LRNS	332	Clarke, Geo*	CHTN	316
Clark, C	EDFD	151	Clark, Johnson	MRBO	187	Clarke, Geo	CHTN	307
Clark, C L	SPBG	256	Clark, Joseph	UNON	212	Clarke, George	MARN	82
Clark, Caleb	FAFD	209	Clark, Joseph	CHTN	136	Clarke, H B*	CHTN	311
Clark, Calvet*	CHTN	128	Clark, Joseph	MRBO	169	Clarke, Isham	SMTR	119
Clark, Caroline*	SPBG	308	Clark, Joseph	LCTR	166	Clarke, J A	BNWL	464
Clark, Caroline M	LRNS	333	Clark, Josephine*	CHTN	210	Clarke, J A	MARN	30
Clark, Charles*	UNON	212	Clark, Kenieth	MARN	48	Clarke, J B	ADSN	156
Clark, Charles	CHTN	249	Clark, Lawson	YORK	472	Clarke, J H	FAFD	258
Clark, Council*	MARN	41	Clark, Lemuel C	RHLD	30	Clarke, J M	CHTN	165
Clark, D C*	CHTN	139	Clark, Liewerz**	MRBO	203	Clarke, James F	NWBY	260
Clark, D M	SPBG	245	Clark, Lovey	COTN	366	Clarke, Jas	CHTN	316
Clark, D R P	NWBY	262	Clark, M E*	RHLD	22	Clarke, Jas*	CHTN	325
Clark, D Z	EDFD	80	Clark, Malcom	MARN	48	Clarke, Jno	CHTN	303
Clark, Daniel	YORK	467	Clark, Martha	UNON	212	Clarke, Jno	CHTN	304
Clark, Daniel*	MRBO	151	Clark, Martha	MRBO	176	Clarke, Jno M	CHTN	345
Clark, Danl*	CHTN	127	Clark, Martha	MRBO	175	Clarke, Joseph	BNWL	475
Clark, Dilly W	ABVL	77	Clark, Mary	ABVL	101	Clarke, Margretta A*	BUFT	71
Clark, Dr H H	FAFD	236	Clark, Mary E**	CHFD	186	Clarke, Mary	CHTN	364
Clark, E	CHTN	137	Clark, Mary**	CHTN	389	Clarke, Mary	MARN	82
Clark, E B	GRVL	496	Clark, Mary*	CHTN	264	Clarke, Mary A	COTN	292
Clark, Edward	CHFD	169	Clark, Mary*	RHLD	22	Clarke, Mary S**	SMTR	117
Clark, Eli	ADSN	277	Clark, Mary	MRBO	186	Clarke, Matilda**	MARN	13
Clark, Eli D	ABVL	51	Clark, Mary Ann	LXTN	452	Clarke, Matthew	CHTN	153
Clark, Elijah	YORK	379	Clark, Mary E**	YORK	382	Clarke, Miss*	CHTN	319
Clark, Eliz	CHTN	210	Clark, Middleton	YORK	435	Clarke, Mrs*	CHTN	328
Clark, Eliza	CHTN	379	Clark, Miss C V**	MRBO	154	Clarke, Nathl	GRVL	412
Clark, Elizabeth	UNON	213	Clark, Miss E	EDFD	80	Clarke, Richd	CHTN	186
Clark, Elizabeth	CHFD	187	Clark, Moses	PKNS	139	Clarke, Rody*	GRVL	475
Clark, Elred	EDFD	23	Clark, Mrs E	EDFD	84	Clarke, S G**	CHTN	165
Clark, Enos	EDFD	15	Clark, Mrs P*	EDFD	4	Clarke, S J M	SMTR	119
Clark, Ephraim M	CHTN	116	Clark, Mrs S	EDFD	32	Clarke, Samuel H	ORBG	407
Clark, Eugenia*	MRBO	143	Clark, Mrs S	EDFD	85	Clarke, Sarah	CHTN	213
Clark, Foster J	SPBG	247	Clark, N C*	SPBG	429	Clarke, Sylvester*	KRSW	130
Clark, Frances G	MRBO	202	Clark, Nancy	UNON	272	Clarke, Uriah	CHTN	159
Clark, Francis	EDFD	44	Clark, Nancy*	ABVL	10	Clarke, W*	FAFD	255
Clark, Franklin E	COTN	291	Clark, Nancy	SPBG	295	Clarke, W A	CHTN	178
Clark, Geo R	COTN	324	Clark, Nancy*	LXTN	437	Clarke, W M*	GRVL	475
Clark, Geo W*	SPBG	308	Clark, Oliver	SPBG	204	Clarke, W T	COTN	160
Clark, George	CHTN	465	Clark, Otis	CHTN	203	Clarke, Wash A*	RHLD	53
Clark, George A*	CHTN	449	Clark, P F**	SPBG	347	Clarke, Wilburn D	SMTR	137
Clark, Gladen	UNON	270	Clark, Parsons	GETN	314	Clarkson, Amelia G	RHLD	69
Clark, Green*	ABVL	48	Clark, Patric	YORK	596	Clarkson, E B**	WMBG	314
Clark, Green C	CHFD	147	Clark, Philip*	CHTN	194	Clarkson, R H**	CHTN	363
Clark, H A	EDFD	184	Clark, Pringle J**	CHTN	226	Clarkson, Thomas B	RHLD	23
Clark, H B	LRNS	241	Clark, R A	COTN	329	Clarkson, W J	WMBG	310
Clark, H C*	CHTN	245	Clark, Rhoda	UNON	211	Clarkson, William H	SMTR	154
Clark, Hanna	MRBO	185	Clark, Robert*	CHTR	18	Clary, Asa*	SPBG	295
Clark, Harriet*	COTN	290	Clark, Robert***	CHTN	467	Clary, C*	CHTN	253
Clark, Harriet*	CHTN	427	Clark, Robt*	CHFD	188	Clary, David	ABVL	28
Clark, Harriet	COTN	326	Clark, Robt S	SPBG	234	Clary, Denis	CHTN	300
Clark, Henretta**	CHFD	102	Clark, Robt W	SPBG	263	Clary, Ellison	SPBG	293
Clark, Henry	ADSN	277	Clark, Ruben	MRBO	200	Clary, F*	SPBG	258
Clark, Henry	ADSN	270	Clark, S B*	BNWL	464	Clary, Jacob	ADSN	318
Clark, Henry	ADSN	262	Clark, S C	LXTN	383	Clary, James	UNON	284
Clark, Henry	CHTN	140	Clark, S J M	EDFD	81	Clary, Jane	UNON	291
Clark, Henry**	YORK	478	Clark, Saml	EDFD	81	Clary, Lewis	SPBG	295
Clark, Henry	YORK	483	Clark, Sarah	EDFD	44	Clary, M W	EDFD	158
Clark, Henry	MRBO	176	Clark, Sarah E*	GETN	283	Clary, Mary*	LRNS	289
Clark, J A	GRVL	337	Clark, Simion	EDFD	146	Clary, Michael*	SMTR	108
Clark, J A	PKNS	101	Clark, Sol	GETN	311	Clary, Morris	CHTN	361
Clark, J E	COTN	323	Clark, Susan*	CHTN	510	Clary, Norman	ADSN	323
Clark, J L**	YORK	373	Clark, Susan*	RHLD	37	Clary, Patrick	CHTN	245
Clark, J M	BNWL	477	Clark, Sylvester	EDFD	110	Clary, R W	NWBY	242
Clark, J M	EDFD	81	Clark, T H	FAFD	263	Clary, Sims F*	GRVL	435
Clark, J Q A	LRNS	278	Clark, T W**	UNON	211	Clary, Singleton	UNON	297
Clark, J R*	NWBY	262	Clark, Theretha	CHTN	465	Clary, Thomas	ADSN	299
Clark, J W	COTN	348	Clark, Thomas**	MRBO	191	Clary, Thomas J	ABVL	297
Clark, J W	ADSN	253	Clark, Thomas	PKNS	118	Clary, Turner	UNON	297
Clark, J W	MRBO	161	Clark, Thomas	ABVL	51	Clary, W	UNON	285
Clark, Jabez	LRNS	261	Clark, Thos E	CHTN	137	Clary, William	BNWL	497
Clark, Jacob D	LXTN	441	Clark, Thos M	GETN	312	Clary, William*	UNON	275
Clark, James*	FAFD	257	Clark, Thos P	CHTN	252	Clary, William	SPBG	293
Clark, James	BNWL	399	Clark, Thos*	GRVL	513	Clary, Wm	CHTN	303
Clark, James	ADSN	267	Clark, W A	EDFD	157	Clastrier, Charles A	RHLD	15
Clark, James*	CHTN	127	Clark, W E	BUFT	11	Clastrom, Alex	LRNS	336
Clark, James	CHFD	147	Clark, W E*	CLDN	213	Clater, C**	GETN	295
Clark, James	YORK	495	Clark, W J**	MARN	128	Clater, Saml	GETN	295
Clark, James D*	LXTN	441	Clark, W P	WMBG	299	Claton, D B	CHTN	298
Clark, James J	LXTN	366	Clark, Webb	LRNS	260	Clatworthy, Thos	ABVL	145
Clark, James L**	RHLD	22	Clark, Widow	GRVL	336	Clatworthy, Thos	ABVL	28
Clark, James M	SMTR	117	Clark, William	UNON	272	Claus, Henry	CHTN	198
Clark, James	SPBG	240	Clark, William*	SMTR	179	Claus, John	PKNS	36
Clark, James M	SPBG	232	Clark, William	YORK	476	Clause, J*	CHTN	236
Clark, Jane*	EDFD	163				Clausen, C*	CHTN	258

Name	Loc	Pg	Name	Loc	Pg	Name	Loc	Pg
Clausen, J C	CHTN	262	Clement, Margaret	SPBG	247	Clinkscales, Mary	ADSN	214
Clausen, J C H	CHTN	270	Clement, W W Dr	COTN	367	Clinkscales, Silas	PKNS	91
Claussen, Herrmann**	CHTN	288	Clement, William W	COTN	360	Clinkscales, Thos S*	ADSN	214
Claussen, Jno*	CHTN	326	Clement, Wm	SPBG	227	Clinkscales, William	ABVL	121
Claussen, Joseph*	CHTN	468	Clements, Benj	DLTN	399	Clinkscales, Wm F	ABVL	113
Clawson, D Charles	YORK	400	Clements, Eliz J**	DLTN	454	Clinkworth, Henry	CHTN	402
Clawson, Wm J	YORK	371	Clements, Heska	ADSN	199	Clinkworth, Margaret*	CHTN	396
Claxton, Mrs S	EDFD	6	Clements, Isaac	ADSN	206	Clinn, Elizabeth	CHTN	392
Claxton, Nancy	EDFD	3	Clements, J P	CHTN	115	Clinton, Ann	YORK	471
Claxton, Wm	FAFD	216	Clements, Jackson*	ADSN	200	Clinton, George W	YORK	471
Claxton, Wm L	EDFD	7	Clements, Jesse	DLTN	420	Clinton, Irvin	LCTR	169
Claxton, Z P	EDFD	7	Clements, John A**	LXTN	428	Clinton, Jas	YORK	472
Clay, Elisha C	ABVL	10	Clements, Martha W*	COTN	359	Clinton, Jefferson	YORK	455
Clay, Elizabeth**	EDFD	6	Clements, N N	DLTN	419	Clinton, Jefferson	YORK	419
Clay, Elizb	ABVL	9	Clements, Ruth	DLTN	428	Clinton, John**	CHTN	280
Clay, Harman**	EDFD	72	Clements, S	DLTN	400	Clinton, John**	CHTN	277
Clay, Jeremiah*	ADSN	262	Clements, W K	ADSN	182	Clinton, John	YORK	379
Clay, Wm A	ABVL	10	Clements, William	SPBG	272	Clinton, Joseph	YORK	419
Clayton, Alfred T	PKNS	185	Cleming, Hariot**	CHTN	520	Clinton, M W	CHTN	304
Clayton, Ambros**	CHTN	247	Clemins, C A*	GETN	313	Clinton, Mary C*	YORK	423
Clayton, Carter	PKNS	178	Clemm, Charles	NWBY	304	Clinton, Minor	LCTR	162
Clayton, D J	ORBG	313	Clemons, Elizabeth**	HORY	1	Clinton, Nancy	YORK	473
Clayton, David	COTN	344	Clemons, P	WMBG	305	Clinton, Rebecca	YORK	455
Clayton, David*	ORBG	330	Clenard, M E**	PKNS	10	Clinton, Sarah**	CHFD	107
Clayton, Emelia*	CHTN	474	Clendesman, Mahala**	LCTR	215	Clinton, T F*	CHTR	72
Clayton, Fedrick U	PKNS	182	Clepor, Charles W	CHTN	449	Clinton, Williamson	YORK	377
Clayton, George	COTN	345	Clepor, Henry	CHTN	291	Clinton, Wm	YORK	376
Clayton, George	GRVL	472	Clepor, Mary	CHTN	421	Clinton, Zephaniah*	YORK	379
Clayton, Hamilton	COTN	345	Clern, James	ABVL	44	Clintoworth, F*	CHTN	382
Clayton, Hannah	PKNS	132	Clery, Etheldrid	BNWL	504	Cloagus, Henry	LXTN	454
Clayton, Hiram	SPBG	423	Clessey, Mrs	CHTN	236	Cloger, Gertrude A E*	BUFT	72
Clayton, Isaac	SPBG	423	Cleton, Portress	FAFD	262	Clones, John**	CHTN	515
Clayton, J J	BNWL	369	Cleveland, Albert*	SPBG	231	Close, Caroline*	CHTN	43
Clayton, J J	BNWL	343	Cleveland, B F	GRVL	404	Close, L P H	CHTN	495
Clayton, James*	CHTN	210	Cleveland, C*	SPBG	258	Closey, Joe	CHTN	167
Clayton, Jesse J	ABVL	118	Cleveland, Em	ABVL	118	Cloud, Anderson	CHTR	53
Clayton, John	COTN	350	Cleveland, Emma J*	GRVL	468	Cloud, Austin	FAFD	238
Clayton, John B	PKNS	179	Cleveland, H*	SPBG	258	Cloud, D B	FAFD	238
Clayton, John J	BNWL	345	Cleveland, Jane E**	PKNS	6	Cloud, Durham	KRSW	107
Clayton, John W	CHTN	448	Cleveland, Jas H	GRVL	378	Cloud, Euncie R*	FAFD	202
Clayton, Lissy*	CHTN	520	Cleveland, Jere	PKNS	65	Cloud, Franklin	FAFD	238
Clayton, Pillop	PKNS	187	Cleveland, John	CHTN	199	Cloud, J B	FAFD	238
Clayton, Robert	PKNS	134	Cleveland, John B	SPBG	311	Cloud, James F	FAFD	241
Clayton, Sarah	BNWL	363	Cleveland, L F	KRSW	129	Cloud, Mary K*	SPBG	316
Clayton, Sarah J*	ABVL	60	Cleveland, Lewis*	ADSN	259	Cloud, Mrs S	EDFD	18
Clayton, Sarah L H**	CHTN	413	Cleveland, Margaret*	ADSN	259	Cloud, Unity*	EDFD	18
Clayton, Soloman	SPBG	423	Cleveland, Mary	SPBG	314	Cloud, William	CHTR	54
Clayton, Stephen	PKNS	186	Cleveland, Mary	PKNS	50	Clowney, Joseph	FAFD	276
Clayton, V*	BNWL	352	Cleveland, Mary F*	PKNS	54	Clowney, Margt*	FAFD	273
Clayton, William	PKNS	171	Cleveland, Nancy*	ADSN	270	Clowney, Moses	FAFD	272
Clayton, Wm H	BUFT	12	Cleveland, Osborne	PKNS	55	Clowney, Robt*	FAFD	205
Clayton, Wm*	SPBG	372	Cleveland, Robt E	SPBG	310	Clowney, Saml B	FAFD	276
Cleapor, Emmeline*	CHTN	213	Cleveland, Robt L	LRNS	344	Clowney, W J	FAFD	276
Cleapor, Harriett*	CHTN	213	Cleveland, T M	PKNS	57	Cloyd, Jas M*	DLTN	394
Clear, John	CHTN	410	Cleveland, T N	GRVL	511	Clybourn, Sarah	LCTR	191
Cleary, Alice	CHTN	409	Cleveland, William C*	GRVL	408	Clyburn, James	KRSW	87
Cleary, Hannah*	CHTR	10	Cleveland, Wm T*	ADSN	270	Clyburn, Jas Henry	DLTN	437
Cleary, John	CHTN	409	Cliburne, Franklin*	CHFD	111	Clyburn, Jesse	DLTN	464
Cleary, Patrick	CHTN	521	Click, Ann*	BNWL	379	Clyburn, M A*	KRSW	87
Cleckley, James	ORBG	370	Click, J S	KRSW	77	Clyburn, Nancy	DLTN	437
Cleckley, Lewis*	ORBG	353	Clifford, Ida*	CHTN	304	Clyburn, S F	KRSW	91
Cleckley, Maria**	ORBG	360	Clifford, Loftus	CHTN	439	Clyburn, S Lewis*	KRSW	98
Cleckley, Rufus	ORBG	308	Clifford, Miss*	CHTN	303	Clyburn, W	KRSW	135
Cleckly, Jacob	CHTN	180	Clifford, Miss*	CHTN	302	Clyburn, Wm	KRSW	87
Clegg, H A*	EDFD	145	Clifford, Patric**	PKNS	4	Clyburn, Wm	KRSW	73
Clegg, Irvin	EDFD	126	Clifton, Benjamin*	UNON	272	Clyde, Mary	CHTN	413
Clegg, J E*	EDFD	114	Clifton, Catharine A	RHLD	43	Clyde, Thomas M	PKNS	161
Clegg, J*	EDFD	113	Clifton, Catherine	LCTR	170	Cnesly, Elizabeth*	SPBG	196
Clegg, Levi*	NWBY	287	Clifton, Elizabeth*	UNON	190	Coach, Edward	GRVL	375
Clegg, W H	EDFD	127	Clifton, James E*	BUFT	74	Coachman, E P	GETN	297
Clekley, Adison*	ABVL	133	Clifton, Jesse C	CHTR	81	Coachman, Eliza*	CHTN	189
Clekley, Alonzo*	ABVL	133	Clifton, Laura	RHLD	7	Coachman, Olivia*	RHLD	43
Clekley, Erben*	ABVL	133	Clifton, M J**	DLTN	397	Coachman, Walter R**	CHTN	438
Clekley, Johnson*	ABVL	133	Clifton, Wesley	UNON	261	Coader, Elizabeth**	FAFD	237
Cleland, C S	NWBY	261	Clifton, Wm G	BUFT	84	Coal, Elijah	SPBG	275
Cleland, Chas	ADVL	104	Clinch, Polly*	NWBY	256	Coal, George M	SPBG	275
Cleland, David	ABVL	105	Cline, Augusta*	CHTN	352	Coal, H A	PKNS	104
Cleland, David	NWBY	237	Cline, Charles S	YORK	458	Coal, Henry H	LCTR	173
Cleland, E H	NWBY	236	Cline, David	YORK	482	Coal, John	FAFD	221
Cleland, Hansford	BUFT	79	Cline, Elizabeth	RHLD	34	Coal, N P	PKNS	104
Cleland, J P	NWBY	261	Cline, Jane*	RHLD	55	Coales, Susan	LCTR	171
Cleland, Mary	BUFT	56	Cline, Jas M	MRBO	162	Coalter, Mary	NWBY	239
Cleland, Nancy*	ABVL	130	Cline, Jno A	NWBY	282	Coan, J G	LCTR	198
Cleland, Noah**	BUFT	54	Cline, L B	GRVL	415	Coan, J Z	SPBG	343
Cleland, Wm	BUFT	42	Cline, M P*	NWBY	268	Coan, John	LCTR	178
Clem, John	EDFD	141	Cline, Robt	CHTN	119	Coan, John C	SPBG	400
Clem, Washington	ABVL	129	Cline, Sarah	RHLD	87	Coan, Mary*	SPBG	391
Clemant, E P	SPBG	203	Cline, Sarah	RHLD	33	Coan, S C	LCTR	198
Clemant, Jane*	SPBG	266	Cline, W A	NWBY	297	Coan, W	SPBG	343
Clemens, Alexander	CHTN	180	Clinkscales, Abner	ADSN	242	Coaps, James	CHTN	102
Clemens, Franklin*	CHTN	180	Clinkscales, Albert J	ABVL	129	Coarmer, Alexander	CHTN	286
Clemens, J H	HORY	63	Clinkscales, Alexander	PKNS	91	Coass, James	CHTN	102
Clemens, Jacob	LXTN	424	Clinkscales, Alison	ABVL	121	Coate, Bollivar	NWBY	288
Clemens, James H	PKNS	151	Clinkscales, Barbara	ABVL	129	Coate, Jesse	NWBY	261
Clemens, James T	RHLD	2	Clinkscales, Franklin	ABVL	106	Coates, Antonia	ADSN	332
Clemens, John*	CHTN	180	Clinkscales, George B	ABVL	100	Coates, D M	KRSW	79
Clemens, Lewis	CHTN	180	Clinkscales, J W*	ABVL	54	Coates, Harwell	KRSW	80
Clemens, Thomas	CHTN	180	Clinkscales, J W*	ABVL	53	Coates, Henry*	DLTN	418
Clement, A W*	CHTN	371	Clinkscales, James	ABVL	208	Coates, Jas A*	CHFD	135
Clement, Edward*	CHTN	403	Clinkscales, Jno F	ABVL	107	Coates, Jno A	LRNS	269
Clement, Edward E	SPBG	414	Clinkscales, John**	CHTN	214	Coatney, J P	EDFD	10
Clement, Isham	SPBG	243	Clinkscales, John	ADSN	216	Coatney, James	LCTR	174
Clement, James B	SMTR	96	Clinkscales, John R*	ABVL	98	Coatney, John S	EDFD	10
Clement, Jas P	SPBG	247	Clinkscales, Levi N	ADSN	210	Coats, J J	KRSW	102
Clement, Lemuel	SPBG	272	Clinkscales, Lewis	ABVL	137	Coats, James	MARN	50
Clement, M W	COTN	359	Clinkscales, Marshal*	ADSN	156	Coats, James J	ADSN	266

Name	Loc	Pg
Coats, Jane*	MARN	84
Coats, John	ADSN	264
Coats, John**	NWBY	302
Coats, John	MARN	50
Coats, Mary P*	LCTR	172
Coats, Pheby	MARN	50
Coats, Susan*	MARN	50
Coats, Thos	LRNS	277
Coats, Wm	LRNS	240
Coatwright, Janette*	NWBY	297
Cobb, Ambrose*	GRVL	415
Cobb, Anderson	ABVL	70
Cobb, Anderson	ABVL	86
Cobb, Andrew	ABVL	85
Cobb, Balis*	PKNS	66
Cobb, Catherine*	ABVL	80
Cobb, Charles A	ABVL	79
Cobb, Charlot A*	ABVL	100
Cobb, David	GRVL	374
Cobb, DeBruhl	RHLD	64
Cobb, Dr B M	YORK	403
Cobb, E C	ADSN	168
Cobb, E M	ADSN	256
Cobb, Epharigh	PKNS	69
Cobb, Ephraim	ADSN	194
Cobb, Franklin	PKNS	158
Cobb, G W	YORK	488
Cobb, Geo	ADSN	194
Cobb, Gidieon	CHTN	447
Cobb, H A	ADSN	200
Cobb, Henry	ADSN	177
Cobb, J A	GRVL	421
Cobb, J C	PKNS	70
Cobb, James	YORK	489
Cobb, James H	ABVL	23
Cobb, Jas A	ADSN	184
Cobb, Jesse	EDFD	156
Cobb, Jno W	ABVL	78
Cobb, John	ADSN	199
Cobb, John B	PKNS	74
Cobb, John G	YORK	503
Cobb, John L*	ABVL	79
Cobb, Josiah W	ADSN	254
Cobb, M C*	ADSN	184
Cobb, M H D	PKNS	74
Cobb, Mastin	ADSN	200
Cobb, Mrs Elizb	ABVL	24
Cobb, Mrs H	EDFD	25
Cobb, Nathaniel	ABVL	93
Cobb, Rachel	ADSN	272
Cobb, Richmond S	ABVL	63
Cobb, Robt	PKNS	68
Cobb, Saml A	ABVL	49
Cobb, Sarah	BNWL	505
Cobb, Tom	LRNS	353
Cobb, Warren	PKNS	70
Cobert, Columbus*	SPBG	273
Cobert, Hanah**	SPBG	275
Cobert, Robert	SPBG	274
Cobia, A*	CHTN	324
Cobia, Ann*	CHTN	479
Cobia, C B	CLDN	204
Cobia, Edward A	CHTN	498
Cobia, H	CHTN	349
Cobia, J N	CLDN	208
Cobia, Jno	CLDN	204
Cobia, Jno M	CLDN	204
Cobia, Margaret*	CHTN	259
Cobia, Sarah	CHTN	356
Cobia, William H	ORBG	346
Cobler, J A	EDFD	152
Cobler, Lucinda**	EDFD	1
Cobler, Mary*	NWBY	249
Cobler, Nancy	NWBY	299
Coborne, Geo*	EDFD	95
Coborne, M	EDFD	95
Coburn, Emeline*	GRVL	471
Coburn, J R	BUFT	39
Coburn, P K	CHTN	131
Cochran, A M	BNWL	417
Cochran, Abagale	BNWL	418
Cochran, Alex	CHTN	220
Cochran, Amelia	BUFT	93
Cochran, Andrew J	BUFT	93
Cochran, B**	ORBG	312
Cochran, Barnett G	BNWL	396
Cochran, Benjn S	ABVL	100
Cochran, C B	CHTN	235
Cochran, Chas	BUFT	94
Cochran, Daniel	CHTN	488
Cochran, Eliza	ADSN	154
Cochran, Ellen	CHTN	455
Cochran, Ellen*	BUFT	94
Cochran, George	CHTN	270
Cochran, James R	ABVL	83
Cochran, James*	BUFT	94
Cochran, James**	CHTN	414
Cochran, James	BNWL	434
Cochran, James E*	CHTN	434
Cochran, Jane	CHTN	436
Cochran, Jas	EDFD	34
Cochran, Jno*	CLDN	222
Cochran, John C	CHTN	481
Cochran, Lou	EDFD	32
Cochran, M	CLDN	194
Cochran, Malinda**	ADSN	188
Cochran, Mary	ABVL	43
Cochran, Mary L*	ABVL	21
Cochran, Mathew R	ABVL	99
Cochran, Mrs C	EDFD	69
Cochran, Mrs M	EDFD	27
Cochran, Nancy	ADSN	197
Cochran, Nancy	ADSN	168
Cochran, Rev*	CHTN	236
Cochran, Robt	ADSN	244
Cochran, Saml W	ABVL	100
Cochran, Samuel W	ABVL	99
Cochran, Sophia**	CHTN	434
Cochran, Sophia**	LRNS	257
Cochran, Stephen	CHTN	412
Cochran, T B	EDFD	70
Cochran, Thomas	CHTN	448
Cochran, Thomas	CHTN	475
Cochran, Timothy	CHTN	477
Cochran, W	KRSW	99
Cochran, Washington	ABVL	99
Cochran, William	BNWL	419
Cochran, William	CHTN	458
Cochran, William McB*	CHTN	412
Cochran, William*	RHLD	46
Cochran, Wm	BUFT	94
Cochran, Wm H	ABVL	136
Cochrane, James*	LXTN	419
Cock, Franklin	CHTN	234
Cockcroft, Abram	BUFT	7
Cockcroft, Alex	BUFT	7
Cockerall, Newton B	SMTR	165
Cockerell, Jno	EDFD	163
Cockerell, John	FAFD	274
Cockerell, Joseph	EDFD	176
Cockerell, Lewis	GRVL	394
Cockeroft, J P	EDFD	155
Cockeroft, Victoria	CHTN	185
Cockfield, C W	WMBG	328
Cockfield, J*	WMBG	301
Cockfield, J A	WMBG	358
Cockfield, J H	WMBG	328
Cockfield, Josiah	WMBG	352
Cockfield, M E*	WMBG	347
Cockfield, W	WMBG	359
Cockfield, W*	WMBG	355
Cockfield, W H	WMBG	360
Cocklen, Maria*	CHTN	220
Cockowich, Francis**	CHTN	294
Cockran, Mrs E	EDFD	108
Cockran, R	ORBG	318
Cockrane, Elijah	LXTN	422
Cockrane, Henrietta	COTN	299
Cockrell, Benj	FAFD	248
Cockrell, Burr	FAFD	249
Cockrell, Elizabeth*	FAFD	272
Cockrell, Geo	LXTN	461
Cockrell, Jerry	FAFD	248
Cockrell, Jno	CHTR	27
Cockrell, L	LXTN	422
Cockrell, Maria	FAFD	247
Cockrell, Peter M	FAFD	249
Cockrell, Tempa	FAFD	270
Cockroft, E H*	CHTN	371
Cockrum, Daniel	GRVL	331
Cockrum, Daniel*	GRVL	406
Cocoran, Jno M**	CHTN	240
Codding, Elisha	BUFT	10
Cody, Anna*	YORK	369
Cody, Pierce*	ADSN	254
Cody, Wesley	PKNS	29
Coe, C J	GETN	286
Coe, C S	CHTN	126
Coe, Theodore H	BUFT	19
Cofer, Elizb	ABVL	10
Cofer, J M	LXTN	418
Cofer, Jos B	ABVL	10
Cofer, Martha*	EDFD	107
Cofer, Mary	ORBG	399
Cofer, Wm	ORBG	314
Coffe, Mary*	CHTN	472
Coffee, A S*	LCTR	154
Coffee, Ann*	CHTN	255
Coffee, Bartholomew	CHTN	385
Coffee, Daniel**	CHTN	245
Coffee, Humphrey	CHTN	385
Coffee, I V	PKNS	15
Coffee, Mary*	BNWL	507
Coffee, Miss*	CHTN	319
Coffee, Sarah	LCTR	154
Coffee, Thomas*	CHTN	118
Coffee, Thos	CHTN	199
Coffee, Thos**	CHTN	194
Coffey, Alex	LCTR	147
Coffin, A*	CHTN	370
Coffin, Abram	ADSN	272
Coffin, Ann	CHTN	282
Coffin, Ann M*	RHLD	22
Coffin, Dr A	BNWL	463
Coffin, Geo M	CHTN	236
Coffin, Martin	CHTN	279
Coffin, Thos A	BUFT	4
Cofield, F H	UNON	185
Cofield, George**	SPBG	311
Cogburn, B S	EDFD	119
Cogburn, Emerline	EDFD	199
Cogburn, H B*	EDFD	120
Cogburn, J H	EDFD	120
Cogburn, J M	EDFD	38
Cogburn, Jno	EDFD	39
Cogburn, L B**	EDFD	111
Cogburn, M	EDFD	39
Cogburn, Simeion	EDFD	121
Cogdell, M E*	DLTN	435
Coggeshall, O C*	DLTN	378
Coggeshall, P C	DLTN	377
Coggin, Michael	CHTN	244
Coggin, Stephen	SPBG	233
Coggin, Telstn	SPBG	209
Coggins, Elijah	SPBG	223
Coggins, Eliza	SPBG	316
Coggins, Lewis	GRVL	437
Coggins, W F	SPBG	325
Coggns, R H	SPBG	202
Coghill, Linsey	GRVL	485
Coglin, Thomas J	SMTR	177
Cogswell, A S*	CHTN	492
Cohen, A D	BUFT	12
Cohen, Arthur P	BUFT	54
Cohen, Bartimeus	BUFT	49
Cohen, Bluhma*	CHTN	416
Cohen, David D	CHTN	424
Cohen, David*	MARN	13
Cohen, Elias	BUFT	33
Cohen, Emma	CHTN	237
Cohen, Hannah	CHTN	253
Cohen, Hartwig**	FAFD	201
Cohen, I S**	CHTN	265
Cohen, J J	CHTN	329
Cohen, Jacob	CHTN	235
Cohen, James	RHLD	26
Cohen, Jane	BNWL	502
Cohen, Louis	CHTN	415
Cohen, M C	CHTN	498
Cohen, Max E	CHTN	457
Cohen, P M	CHTN	332
Cohen, Philip	CHTN	274
Cohen, Saml	ABVL	70
Cohen, Saml	NWBY	280
Cohen, Samuel	BNWL	502
Cohen, Sheldon*	BUFT	29
Cohen, Sheldon	BUFT	33
Coherst, Frances**	CHTN	433
Cohn, Solomon*	GETN	287
Coid, Alexander**	CHTN	295
Coile, Sarah	SPBG	298
Coin, Thomas	UNON	281
Coiner, Jas*	ABVL	22
Coins, N**	WMBG	353
Coit, G E*	SMTR	121
Coker, Araminta**	LRNS	327
Coker, Berry	ADSN	190
Coker, Caleb	DLTN	384
Coker, Charles	GRVL	429
Coker, Delilah	DLTN	465
Coker, Dorcas W*	CLDN	230
Coker, Elizabeth	SMTR	104
Coker, Elizh	LRNS	298
Coker, Esther*	CLDN	240
Coker, F	SPBG	258
Coker, G	LRNS	249
Coker, Harriet	KRSW	129
Coker, Hugh	CHFD	98
Coker, Hugh	DLTN	475
Coker, Ira	CLDN	229
Coker, J M	CLDN	242
Coker, J S	WMBG	338
Coker, James*	CLDN	242
Coker, James	WMBG	301
Coker, Jane	GRVL	425
Coker, Jane*	HORY	7
Coker, Jas L	DLTN	384
Coker, John	DLTN	465
Coker, John*	SMTR	104
Coker, Josiah M	DLTN	474
Coker, L M	DLTN	383
Coker, Letha	CLDN	246
Coker, Lucreta*	SMTR	133
Coker, Lucretia	SMTR	107
Coker, M	LRNS	298
Coker, Mahala*	GRVL	496
Coker, Manisa	LRNS	327
Coker, Miles	SPBG	322
Coker, Moses*	CHFD	131
Coker, Nancy	CLDN	240
Coker, Nancy	LRNS	274
Coker, Noah	WMBG	341
Coker, Othniel	CLDN	239
Coker, R H	CLDN	236
Coker, Robt	WMBG	327
Coker, S B	CLDN	242
Coker, Sarah	CLDN	240
Coker, Sarah A	CLDN	241
Coker, Sarah R	DLTN	384
Coker, Shuman	GRVL	457
Coker, Simeon	DLTN	398
Coker, Simpson	CLDN	236
Coker, Standback**	LRNS	282
Coker, Standback	LRNS	300
Coker, Susan	CLDN	241
Coker, W D	WMBG	336
Coker, Whilly*	CLDN	243
Coker, Wilson	GRVL	455
Coker, Wm*	CHFD	126

Name	Loc	Pg
Coker, Young	GRVL	457
Colander, Lawrence	YORK	411
Colburn, B P	CHTN	401
Colburn, C J T	CHTN	218
Colburn, Celina H*	CHTN	391
Colburn, Miss*	CHTN	319
Colclough, A E*	CHTN	370
Colclough, Eliza M	SMTR	148
Colclough, Francis S	SMTR	111
Colclough, J H	CLDN	246
Colclough, J W	SMTR	115
Colclough, John	CHTN	463
Colclough, Mary*	CHTN	225
Colclough, Sarah*	CHTN	225
Colclough, Wash V P*	SMTR	155
Colclough, Wm A	SMTR	111
Colcock, John	CHTN	232
Colcock, John*	RHLD	51
Colcock, W F	CHTN	360
Colcock, W J*	CHTN	370
Colcut, Alex	MARN	30
Colden, C H	BNWL	453
Colden, Thos B*	BUFT	74
Colder, Noah**	MARN	50
Coldeway, Geo	CHTN	301
Coldwell, Thos G	BNWL	361
Coldwell, William*	ABVL	90
Cole, Adolphus	ABVL	138
Cole, Alex	DLTN	403
Cole, Alfred*	SPBG	209
Cole, Amanda	ABVL	36
Cole, Bailey	NWBY	233
Cole, Charles*	MRBO	206
Cole, David	SMTR	162
Cole, David E	DLTN	442
Cole, Elizabeth	CHTN	131
Cole, Elizabeth M	CHTN	375
Cole, Elizabeth*	ADSN	212
Cole, Frances*	ABVL	12
Cole, G B*	MRBO	158
Cole, Geo G	CHTN	321
Cole, Gridley**	CHTN	268
Cole, Hager	CHTN	357
Cole, Henry	ADSN	271
Cole, Henry	ABVL	111
Cole, Hetty H***	CHTN	393
Cole, Isaac	DLTN	431
Cole, Jackson	SPBG	371
Cole, Jno	CLDN	246
Cole, Jno W*	DLTN	457
Cole, John B*	YORK	397
Cole, John J	BUFT	19
Cole, John*	ADSN	212
Cole, John*	ABVL	36
Cole, John*	BUFT	93
Cole, John J*	BUFT	1
Cole, John S	SMTR	135
Cole, Jos	LRNS	287
Cole, Kindred	MRBO	209
Cole, Layfayete	YORK	443
Cole, M S	PKNS	42
Cole, Madison	WMBG	331
Cole, Manuell	SPBG	419
Cole, Margaret	SMTR	162
Cole, Mary*	RHLD	80
Cole, Mary	YORK	411
Cole, Mary	YORK	443
Cole, Mary*	LRNS	306
Cole, Miles*	ABVL	36
Cole, Milton*	NWBY	286
Cole, Miss***	CHTN	333
Cole, Monroe*	SPBG	305
Cole, Mrs S	ABVL	11
Cole, Nancy*	DLTN	373
Cole, Nancy*	KRSW	130
Cole, Nancy*	RHLD	70
Cole, Oliver	ADSN	269
Cole, Peggy*	ABVL	93
Cole, Phoebe	CHTN	302
Cole, Pinkney	SPBG	386
Cole, Rebecca*	CHFD	187
Cole, Sarah	SPBG	304
Cole, Sephns	DLTN	468
Cole, T F	CLDN	245
Cole, Thomas	CHTN	509
Cole, Thos	SPBG	297
Cole, Thos T*	BUFT	1
Cole, W J*	ORBG	405
Cole, W P	YORK	475
Cole, Wesly	SPBG	388
Cole, William	SPBG	223
Cole, William P	PKNS	90
Cole, Wm	SPBG	275
Cole, Wm J	DLTN	386
Cole, Wm J	LCTR	207
Cole, Wm W	MRBO	170
Coleman, A J*	EDFD	156
Coleman, A P	EDFD	156
Coleman, A P	EDFD	159
Coleman, Absalom	LRNS	240
Coleman, Alfred*	BNWL	425
Coleman, Alsey	LRNS	231
Coleman, Amanda*	UNON	297
Coleman, Amelia	GRVL	421
Coleman, Ana	UNON	208
Coleman, Andrew	EDFD	166
Coleman, Ann	EDFD	156
Coleman, Barlet	UNON	254
Coleman, Bery	UNON	186
Coleman, C T*	NWBY	259
Coleman, Chaney	FAFD	272
Coleman, Christopher	UNON	254
Coleman, Col W L	EDFD	1
Coleman, D	EDFD	167
Coleman, D A	FAFD	273
Coleman, D R	FAFD	273
Coleman, Danl	MARN	133
Coleman, Danl**	MARN	135
Coleman, David	ABVL	145
Coleman, David	BNWL	436
Coleman, Davis A	FAFD	230
Coleman, Delila*	MARN	7
Coleman, Dr W P	FAFD	263
Coleman, E A	MARN	22
Coleman, E N	GRVL	516
Coleman, E P	CLDN	215
Coleman, E P	EDFD	157
Coleman, E*	SPBG	259
Coleman, Edward	FAFD	272
Coleman, Elizabeth	CHTR	18
Coleman, Elizabeth	FAFD	273
Coleman, Elizabeth**	MARN	84
Coleman, Elizabeth**	RHLD	18
Coleman, Emma	MARN	98
Coleman, Enos*	CHTR	28
Coleman, F D	EDFD	40
Coleman, F M	MARN	84
Coleman, Fanny**	EDFD	162
Coleman, G W	WMBG	301
Coleman, George	FAFD	272
Coleman, H A	FAFD	273
Coleman, H F	FAFD	270
Coleman, H*	SPBG	258
Coleman, Henry	UNON	253
Coleman, Hezk*	ABVL	95
Coleman, Iley	CHTN	165
Coleman, Isaac	SPBG	374
Coleman, J A F	FAFD	272
Coleman, J B	FAFD	230
Coleman, J E	LXTN	412
Coleman, J F	FAFD	263
Coleman, J L	BNWL	461
Coleman, J M	EDFD	73
Coleman, J W	GRVL	512
Coleman, J W	CHTN	147
Coleman, Jack	LRNS	243
Coleman, Jacob*	MARN	105
Coleman, Jas F	LRNS	306
Coleman, Jasper*	EDFD	20
Coleman, Jasper	UNON	239
Coleman, Jno	LRNS	278
Coleman, Jno W	LRNS	242
Coleman, John	UNON	209
Coleman, John	BNWL	436
Coleman, John Jr	EDFD	160
Coleman, John*	CHTN	465
Coleman, John	FAFD	272
Coleman, John	UNON	281
Coleman, Jonathan D	FAFD	273
Coleman, Joseph	GRVL	462
Coleman, Joseph	MARN	133
Coleman, Joseph H	GRVL	344
Coleman, Julianna	CHTR	38
Coleman, L*	CHTN	314
Coleman, Larkin	LRNS	276
Coleman, Letta	UNON	253
Coleman, Lydia*	GETN	292
Coleman, M A*	EDFD	178
Coleman, M A	CHTN	158
Coleman, M A***	CHTN	510
Coleman, M J	MARN	15
Coleman, M S***	EDFD	163
Coleman, M W*	EDFD	189
Coleman, M***	CHTN	324
Coleman, Martha*	MARN	41
Coleman, Mary A	CHTR	74
Coleman, Mary R*	ABVL	47
Coleman, Mary	ABVL	31
Coleman, Mary*	CHTN	195
Coleman, Mary	LRNS	220
Coleman, Mary*	ABVL	49
Coleman, Milton*	LXTN	358
Coleman, Mitchell	MARN	14
Coleman, Moses	EDFD	95
Coleman, Mrs E	BNWL	505
Coleman, Nancy	LXTN	363
Coleman, Nich	EDFD	159
Coleman, P D	FAFD	271
Coleman, R W	EDFD	161
Coleman, Richard*	NWBY	265
Coleman, Richd*	ADSN	200
Coleman, Robt	LRNS	334
Coleman, Robt	FAFD	272
Coleman, Robt H	EDFD	161
Coleman, Sally**	MARN	127
Coleman, Sampson J	GRVL	346
Coleman, Samuel	FAFD	272
Coleman, Sarah	FAFD	269
Coleman, Sol	BNWL	436
Coleman, Sucky	EDFD	357
Coleman, T D	GRVL	357
Coleman, T E	EDFD	94
Coleman, T W	GRVL	357
Coleman, Thornton	EDFD	169
Coleman, Thos H	GRVL	482
Coleman, Thos L	ABVL	52
Coleman, W B	EDFD	157
Coleman, William	UNON	254
Coleman, William	EDFD	157
Coleman, William J	RHLD	66
Coleman, William L	EDFD	157
Coleman, Wilson	GRVL	345
Coleman, Wm*	SPBG	312
Colens, Sarah*	GRVL	471
Coles, Catherine	CHTN	358
Coles, Charles*	CHTN	436
Coles, J S	EDFD	143
Coles, Jas	CHTN	337
Coleson, Ann L*	KRSW	137
Coletrane, S	GETN	284
Coleward, Josephine	BNWL	459
Coley, A J	LRNS	269
Coley, Ann*	LRNS	251
Coley, Jno	LRNS	265
Coley, John	SPBG	427
Coley, Spencer	ADSN	319
Coley, Susan	ADSN	319
Colgan, John	EDFD	110
Colin, Francis*	UNON	206
Colins, B*	UNON	274
Collins, Banion*	UNON	267
Collins, G W*	WMBG	340
Collins, J	WMBG	350
Collins, T R	ORBG	383
Colleto, W A	GRVL	501
Colleton, Charles B*	BUFT	67
Colleton, N	CHTN	337
Collett, William*	CHTN	367
Collier, Albert	ORBG	338
Collier, Dr Geo	CHTN	262
Collier, E H	DLTN	383
Collier, Eleanor*	ORBG	338
Collier, Elizabeth*	YORK	402
Collier, J W M	CHTN	152
Collier, James D	ORBG	336
Collier, Mathew	ABVL	114
Collier, Oliver D	ORBG	345
Collier, Oscar	ORBG	362
Collier, Rebecca	ORBG	351
Collier, Robt	YORK	402
Collier, T K	EDFD	97
Collier, Thos	ORBG	323
Collier, Wm	YORK	425
Collier, Wm M Jr	YORK	425
Colliers, Levy	PKNS	27
Colling, G	EDFD	125
Colling, Margarett*	PKNS	98
Collins, A F	SPBG	400
Collins, A M	BNWL	345
Collins, Aaron	GRVL	452
Collins, Alexander	SMTR	153
Collins, Alexander	RHLD	3
Collins, Alexr	RHLD	59
Collins, Alford	ORBG	374
Collins, Allison	DLTN	381
Collins, Ann C	ABVL	75
Collins, Ann*	CHTN	316
Collins, Augustus D	BNWL	366
Collins, Beedy	MARN	128
Collins, Bryan*	NWBY	276
Collins, Calvin	PKNS	79
Collins, Catharine	RHLD	59
Collins, Charity	MARN	122
Collins, Charles	MARN	31
Collins, Charlott	CHTN	182
Collins, Charlotte	KRSW	76
Collins, D F	MARN	134
Collins, David	MARN	129
Collins, David	SPBG	289
Collins, E C	MARN	25
Collins, Edward	CHTN	260
Collins, Elijah	PKNS	86
Collins, Elijah	PKNS	26
Collins, Elisabeth**	MARN	129
Collins, Elisha*	CHTN	183
Collins, Elizabeth*	GETN	323
Collins, Elizabeth*	FAFD	260
Collins, Elizabeth*	LCTR	166
Collins, Elkin	GRVL	395
Collins, Elvy	PKNS	79
Collins, Francis M*	CHTR	51
Collins, G	EDFD	125
Collins, Gazen	MARN	128
Collins, George	GRVL	410
Collins, H	SPBG	413
Collins, Henry	BNWL	386
Collins, Honora	CHTN	497
Collins, I J	DLTN	373
Collins, J	SPBG	315
Collins, J A	EDFD	69
Collins, J S	SPBG	402
Collins, James	MARN	130
Collins, James	MARN	53
Collins, James C**	GETN	292
Collins, James	YORK	485
Collins, Jane*	CHTN	427
Collins, Jane	MARN	77

Name	Loc	Pg
Collins, Jane*	MARN	72
Collins, Janet**	CHTN	184
Collins, Jas**	CHFD	109
Collins, Jas A	SPBG	232
Collins, Jas Thos	YORK	461
Collins, Jas W	YORK	461
Collins, Jere	PKNS	79
Collins, Jerremiah	BNWL	385
Collins, Jesse S	CHFD	151
Collins, Jno	CHTR	88
Collins, John	BNWL	366
Collins, John*	CHTN	368
Collins, John	CHTN	260
Collins, John	ORBG	309
Collins, John**	RHLD	43
Collins, John*	MARN	128
Collins, John E	MARN	134
Collins, John*	RHLD	36
Collins, John J	MARN	134
Collins, Jonah	COTN	330
Collins, Jonah	MARN	139
Collins, Jonah E	HORY	60
Collins, Joseph	MARN	139
Collins, Julia*	CHTN	340
Collins, Linsey C*	GRVL	507
Collins, Lucious*	BNWL	366
Collins, Lucretia	RHLD	42
Collins, Lucretia*	RHLD	3
Collins, M E*	SPBG	262
Collins, M E	PKNS	82
Collins, M H	CHTN	330
Collins, Manerva*	YORK	486
Collins, Mary E*	CHTN	427
Collins, Mary	CHTN	301
Collins, Mary	CHTN	328
Collins, Mary	MARN	25
Collins, Mary**	PKNS	86
Collins, Matilda	CHTN	262
Collins, Michael*	CHTN	248
Collins, Morgan	DLTN	387
Collins, Moses	DLTN	434
Collins, Mrs A	EDFD	67
Collins, Mrs Margaret	CHTN	241
Collins, Mrs Sarah	CHTN	242
Collins, Nancy	GRVL	473
Collins, Nancy*	KRSW	116
Collins, Nelly	CHTN	184
Collins, O	CHTN	337
Collins, Patrick	CHTN	512
Collins, Peter	EDFD	36
Collins, Polly	LRNS	277
Collins, R Grier*	GETN	317
Collins, Robt	MARN	18
Collins, Robt F*	GETN	317
Collins, Robt M	GETN	314
Collins, Rose*	CHTN	315
Collins, Rose	MARN	77
Collins, Rufus**	GETN	314
Collins, Sally*	PKNS	78
Collins, Saml**	CHTN	201
Collins, Saml	MARN	77
Collins, Sarah*	CHTN	348
Collins, Sarah*	YORK	485
Collins, Sarah	MARN	140
Collins, Shadrach	MARN	133
Collins, Solomon	MARN	136
Collins, Stephen	MARN	139
Collins, Stephen	MARN	138
Collins, Stephen T	MARN	134
Collins, Susan*	CHTN	340
Collins, Susanah	PKNS	192
Collins, T J	CHTR	88
Collins, Thomas	ORBG	374
Collins, Thomas*	MARN	128
Collins, Thos	MARN	135
Collins, Thos J*	GRVL	416
Collins, Thos*	GETN	295
Collins, Thos**	CHTR	88
Collins, Thos J	MARN	138
Collins, Thos R	MARN	139
Collins, Timothy	CHTN	491
Collins, W R	MARN	31
Collins, Watson	PKNS	108
Collins, William	BNWL	364
Collins, William	BNWL	354
Collins, William H	RHLD	2
Collins, Wm	CHTR	88
Collins, Wm	MARN	129
Collins, Wm	MARN	31
Collins, Wm	MARN	135
Collins, Wm S	GETN	317
Collins, Wm S	SPBG	422
Collins, Zion	GRVL	417
Collock, O H	MRBO	201
Collsin, B E	CHFD	134
Collum, Patrick**	CHTN	518
Collyer, James*	WMBG	360
Colman, David	MARN	42
Colman, G B	MARN	41
Colman, G W	MARN	63
Colman, J D	MARN	41
Colman, J M	MARN	41
Colman, J T	UNON	202
Colman, James	CHTN	418
Colman, Jas	MARN	41
Colman, John**	MARN	63
Colman, John S	MARN	64
Colman, L*	EDFD	111
Colman, Maria*	CHTN	257
Coln, Alexander	CHTR	15
Coln, Trevan	CHTR	91
Colon, Martin*	CHTN	269
Colquett, Martha*	BNWL	459
Colquitte, W H*	BNWL	468
Colsby, Robt*	RHLD	26
Colson, Charles	CHTN	280
Colson, Dorothy	RHLD	34
Colson, Elred	COTN	281
Colson, J	CHTN	308
Colson, J W*	CHTN	496
Colson, Teresa*	RHLD	55
Colston, Charles F	CHTN	454
Colston, Isaac*	BUFT	72
Colston, Laura*	BUFT	72
Colten, Margaret*	UNON	249
Colter, Wm	DLTN	450
Coltharp, H T	LCTR	155
Coltharp, John	YORK	400
Coltharp, Josiah	YORK	400
Colton, James	SPBG	386
Colton, James H*	RHLD	49
Colvin, Dennis	CHTR	25
Colvin, John	CHTR	15
Colvin, Margt	CHTR	25
Colvin, Nancy J*	FAFD	268
Colvin, Nicholas	CHTR	27
Colvin, Rhoda**	CHTR	28
Colvin, Thos E	DLTN	472
Colvin, Uriah	ABVL	32
Colwell, Alfd	NWBY	234
Colwell, George H	LCTR	149
Colwell, J C	LCTR	150
Colyer, Elizh	LRNS	312
Colzey, Minnie M*	RHLD	27
Comer, Archy	UNON	252
Comer, Bird	NWBY	218
Comer, Bolden	UNON	223
Comer, Catharine*	NWBY	297
Comer, Frances	UNON	209
Comer, George	UNON	204
Comer, Honora*	CHTN	335
Comer, Ivy	NWBY	244
Comer, J R	NWBY	246
Comer, Jason	UNON	206
Comer, John	UNON	223
Comer, John	CHTN	283
Comer, M A*	NWBY	231
Comer, Mary C*	NWBY	248
Comer, Masterdon	UNON	237
Comer, Michael	NWBY	256
Comer, Nancy*	UNON	198
Comer, Simpson	UNON	208
Comer, Thomas	UNON	204
Comer, William	UNON	232
Comer, William	UNON	223
Comerford, M	RHLD	31
Comfort, Patrick*	CHTN	475
Comings, James C	CHTN	517
Comins, Julia	EDFD	83
Commander, Jas T	DLTN	458
Commander, Jos	DLTN	415
Commander, Joseph*	SMTR	114
Commander, Mary S	SMTR	140
Commander, Rob	DLTN	458
Commier, Irvin**	CHTN	471
Compton, Amanda C*	SMTR	156
Compton, Ann	BUFT	64
Compton, Ann	GRVL	503
Compton, Benjamin*	GRVL	505
Compton, Berry	ADSN	268
Compton, Charles R	SMTR	164
Compton, D T	LRNS	337
Compton, Elmore	GRVL	504
Compton, James	GRVL	378
Compton, Jane	GRVL	516
Compton, Jas	LRNS	333
Compton, Jas	LRNS	327
Compton, Jeremiah	GRVL	378
Compton, Jesse	LRNS	328
Compton, Joseph J*	COTN	326
Compton, Mangum	PKNS	194
Compton, Martha	LRNS	334
Compton, Miles R	GRVL	435
Compton, W W	LRNS	314
Compton, Wm P	SPBG	266
Comray, Daniel	RHLD	4
Comstock, D B	CHTN	391
Comstock, Samuel*	CHTN	159
Conant, Allan*	LRNS	237
Conavry, Saline**	BNWL	384
Conaway, Peter	CHTN	418
Conchlin, A**	CHTN	313
Condly, Franklin*	CHTN	432
Condon, Argen	BUFT	85
Condon, David*	CHTN	426
Condon, N G*	WMBG	300
Condon, Thos	CHTN	226
Condor, M	CHTN	246
Condy, Charles	CHTN	291
Condy, Jane W	CHTN	452
Cone, Andrew	COTN	318
Cone, Daniel*	SMTR	105
Cone, E T	CHTN	335
Cone, G	CHTN	312
Cone, Miles	COTN	368
Cone, R	DLTN	431
Conelly, Martin R	BUFT	59
Conely, Jno	CHTR	5
Conely, Patrick	CHTN	303
Coney, James	BNWL	393
Congdon, G R**	GETN	286
Congdon, George R	HORY	57
Congdon, W P	GETN	286
Congleton, --------	WMBG	320
Conglin, Patrick	CHTN	510
Congribe, H*	CHTN	324
Conily, W L	BNWL	353
Conkle, Catherine**	CHTN	256
Conkle, Emily**	CHTN	256
Conklen, John	ORBG	388
Conklin, N N	GETN	288
Conlan, Catharin	CHTN	387
Conlan, James**	CHTN	388
Conlan, Peter	CHTN	482
Conlar, Pat*	RHLD	58
Conley, John	PKNS	113
Conley, William	EDFD	193
Conlin, Michael*	CHTN	454
Conlon, Garet	CHTN	241
Conly, Bernard	CHTN	280
Conly, Elizabeth	PKNS	116
Conly, Jane*	CHTN	257
Conly, L L*	KRSW	76
Conn, Ira	CHTR	14
Conn, Robert	CHTR	4
Conn, Robert S	CHTR	6
Connally, James	BNWL	482
Connel, Jeff R	LCTR	213
Connel, John	LCTR	197
Connel, Mary M*	BNWL	426
Connel, Mary*	WMBG	337
Connel, Philoman	LCTR	209
Connel, Stephen J	LCTR	198
Connel, Thos	CLDN	199
Connel, W R	LCTR	168
Connell, Eliza	DLTN	434
Connell, James	GRVL	444
Connell, Mary	CLDN	232
Connell, Mary E**	CLDN	232
Connelly, B D	ORBG	345
Connelly, Elizabeth	BNWL	504
Connelly, Francis	BNWL	495
Connelly, Martha	BNWL	491
Connelly, Thomas	CHTN	487
Connelly, William*	ABVL	75
Connely, Mary*	CHTN	321
Conner, Abel	NWBY	290
Conner, Alex P	ABVL	28
Conner, Atwood	NWBY	217
Conner, Benj J O A	COTN	349
Conner, Catharine	NWBY	228
Conner, David	ORBG	339
Conner, David E	ORBG	339
Conner, Dr Paul	ABVL	83
Conner, Dreck	MARN	102
Conner, Edgar*	CLDN	230
Conner, Emily C	DLTN	453
Conner, Frederick	CHTN	130
Conner, Geo M	ABVL	54
Conner, Geo W*	ABVL	77
Conner, George	CHTN	272
Conner, H C*	YORK	368
Conner, Harriet*	FAFD	251
Conner, Ira	MRBO	147
Conner, J S	FAFD	252
Conner, Jas	KRSW	136
Conner, Jno*	CHTN	325
Conner, John	ABVL	26
Conner, John	COTN	351
Conner, John	MRBO	210
Conner, John	LXTN	449
Conner, Lewis E	CHTN	130
Conner, Lewis*	MRBO	147
Conner, Louis D	ABVL	60
Conner, M C	CHTN	130
Conner, Martha*	CHFD	160
Conner, Mary*	MRBO	147
Conner, Mary	MRBO	145
Conner, Michael**	CHTN	282
Conner, Pat**	CHTN	203
Conner, Robert*	NWBY	264
Conner, Robert	MRBO	144
Conner, S*	WMBG	317
Conner, S A*	LCTR	209
Conner, Sarah	YORK	409
Conner, Sarah	MARN	40
Conner, Tabitha	MRBO	145
Conner, Thomas	CHTR	49
Conner, W G**	BNWL	368
Conner, W J	CHTN	261
Conner, W T*	WMBG	307
Conner, William	COTN	335
Conner, William D	NWBY	254
Conner, Wilson	MRBO	150
Conner, Wm	WMBG	311
Conner, Wm M	MRBO	144
Conners, A J	LCTR	207
Conners, Catharine*	RHLD	38
Conners, Eliza*	CHTN	255

Conners, George	CHTN	272	Cook, Augustus	CHTN	199	Cook, Marhal	BNWL	430
Conners, J H	LCTR	209	Cook, B	KRSW	78	Cook, Martha	RHLD	30
Conners, Maria*	RHLD	50	Cook, B B	FAFD	220	Cook, Martha	LXTN	460
Conners, Mary*	CHTN	255	Cook, B W	MARN	6	Cook, Mary	FAFD	281
Conners, Michael*	CHTN	278	Cook, Barbara	LXTN	471	Cook, Mary	WMBG	340
Conners, Thomas*	CHTN	248	Cook, Benjamin	COTN	338	Cook, Mary	LRNS	314
Conners, W M	LCTR	218	Cook, Benjamin**	LCTR	143	Cook, Mary A	CHTR	24
Connett, Mrs Julia	CHTN	241	Cook, Betsy**	RHLD	73	Cook, Mary A	SPBG	243
Connley, Louisa F	BNWL	459	Cook, C	FAFD	215	Cook, Mary Ann	ORBG	352
Connolly, Harriet	BNWL	480	Cook, C E	GETN	293	Cook, McKenzie	BUFT	82
Connolly, Henry*	CHTN	426	Cook, C L	BUFT	41	Cook, Molsey	LCTR	201
Connolly, Henry	BNWL	497	Cook, Carson	BNWL	403	Cook, Monday	KRSW	129
Connolly, J Q	COTN	277	Cook, Chesley	LXTN	412	Cook, Moses	MARN	16
Connolly, James*	CHTN	426	Cook, Cristena	NWBY	214	Cook, Mrs E*	EDFD	98
Connolly, Josiah	BNWL	497	Cook, D J	KRSW	88	Cook, N M*	LCTR	187
Connolly, Mary A*	CHTN	427	Cook, D M	HORY	17	Cook, Nancy	LRNS	228
Connolly, Minton A	HORY	56	Cook, D R	WMBG	340	Cook, Nath	FAFD	218
Connolly, Wilcy*	BNWL	485	Cook, Daniel	BNWL	420	Cook, Nicholas	ABVL	15
Connolly, William*	BNWL	484	Cook, Danl	LXTN	357	Cook, P D	FAFD	228
Connoly, Dempsey	COTN	282	Cook, David	ORBG	387	Cook, Redden	BUFT	33
Connoly, Levicy*	COTN	264	Cook, David	NWBY	252	Cook, Robt	ABVL	44
Connoly, S N**	COTN	278	Cook, David	LXTN	412	Cook, Sam*	ORBG	388
Connoly, Wm	COTN	367	Cook, Delilah	BUFT	92	Cook, Saml	ABVL	40
Connor, Adam**	CHTN	312	Cook, Demsy	YORK	411	Cook, Samuel	ADSN	191
Connor, C C*	CHTN	244	Cook, Dr H R	EDFD	81	Cook, Samuel	HORY	17
Connor, Cisley	CHTR	17	Cook, Ebenezer	MARN	131	Cook, Samuel J	NWBY	253
Connor, Frank A	ABVL	83	Cook, Ebenezer	MARN	112	Cook, Sarah	ADSN	249
Connor, George	CHTN	424	Cook, Elias	COTN	309	Cook, Sarah	HORY	37
Connor, H W	CHTN	244	Cook, Eliz*	DLTN	455	Cook, Smith	UNON	226
Connor, Jackson*	CHTR	58	Cook, Eliza*	GRVL	409	Cook, Solomon	LXTN	412
Connor, Jacob	ORBG	325	Cook, Eliza	RHLD	42	Cook, Stephen E*	BUFT	67
Connor, James	CHTR	53	Cook, Emely**	CHTN	271	Cook, Susannah**	FAFD	216
Connor, Jas W	CHTR	79	Cook, Ephm	DLTN	393	Cook, T J	WMBG	306
Connor, Michgael*	CHTN	415	Cook, Ezl	DLTN	393	Cook, Tho	DLTN	381
Connor, Nancy*	WMBG	309	Cook, F	MARN	45	Cook, Thos	HORY	17
Connor, Robert	CHTR	59	Cook, Francis	CHTN	499	Cook, Thos	HORY	13
Connor, Robt S*	CLDN	221	Cook, Francis A*	BUFT	57	Cook, Thos	MRBO	146
Connors, Andrew**	CLDN	199	Cook, Fred	ABVL	46	Cook, Tilmon	LCTR	176
Connors, G W	ADSN	329	Cook, Geo W	SPBG	232	Cook, Trelethe	HORY	6
Connors, John*	CHTN	278	Cook, George*	CHTN	214	Cook, W C**	LCTR	153
Connors, M B*	CLDN	194	Cook, George S	COTN	329	Cook, W D	WMBG	307
Connors, M H	CLDN	201	Cook, George*	RHLD	79	Cook, W D	MRBO	142
Connors, T H	CLDN	204	Cook, Green B*	SPBG	355	Cook, W J	LCTR	163
Connought, Mary**	CHTN	386	Cook, H B	MARN	99	Cook, W J	WMBG	314
Conoly, Benj	EDFD	135	Cook, H D	DLTN	393	Cook, W L	KRSW	110
Conor, F G	EDFD	86	Cook, H P*	CHTN	245	Cook, W M	LXTN	458
Conover, Fred H**	ABVL	26	Cook, Hansford*	BUFT	33	Cook, W P	WMBG	355
Conoway, Jos	CHTN	307	Cook, Harriet	COTN	330	Cook, Washington*	BUFT	82
Conrad, J C*	WMBG	346	Cook, Henry*	FAFD	239	Cook, William*	ABVL	35
Conrod, William	CHTR	85	Cook, Ira	LXTN	471	Cook, William	UNON	278
Conroy, Ann*	CHTN	350	Cook, Isaac	BNWL	420	Cook, William	ABVL	120
Conroy, John	CHTN	258	Cook, J A	WMBG	341	Cook, William	ORBG	364
Conroy, Timothy**	CHTN	475	Cook, J E	EDFD	21	Cook, William	RHLD	72
Conry, John C**	CHFD	108	Cook, J E	MARN	1	Cook, William J	LCTR	197
Cons, Michael*	CHTN	295	Cook, J F	WMBG	307	Cook, Wm*	FAFD	280
Consar, James A	MARN	97	Cook, J H*	BUFT	13	Cook, Wm	EDFD	14
Constant, Sarah	SPBG	314	Cook, J J	HORY	7	Cook, Wm	BUFT	92
Contraman, Andrew*	LCTR	160	Cook, J K	EDFD	218	Cook, Wm	MARN	52
Conturier, Ann B	CHTN	152	Cook, J R	BNWL	419	Cook, Wm	PKNS	45
Converse, D E	SPBG	213	Cook, Jacob	NWBY	220	Cook, Wm E	LRNS	314
Conway, Catharin	CHTN	107	Cook, Jacob	NWBY	226	Cook, Wm J	MRBO	148
Conway, D E	KRSW	127	Cook, Jacob J	BUFT	85	Cooke, Idella*	ORBG	406
Conway, George*	CHTN	254	Cook, James	MARN	41	Cooke, Louise*	CHTN	189
Conway, Jas	CHTN	203	Cook, James	LXTN	413	Cooke, Thomson H	ORBG	405
Conway, John**	CHTN	210	Cook, James	LXTN	412	Cooke, Wm K	CHTN	313
Conway, Maria*	CHTN	306	Cook, James B	FAFD	281	Cooksey, Allen	GRVL	392
Conway, P*	CHTN	254	Cook, James D	UNON	287	Cooksey, Cecil	SPBG	226
Conwell, Anna	CHTN	376	Cook, James*	CHTN	270	Cooksey, Jenny	SPBG	352
Conyer, Edward C	CHTN	500	Cook, James	CHFD	173	Cooksey, William	SPBG	226
Conyers, Daniel	SMTR	106	Cook, James D*	PKNS	56	Cooler, Andrew	BUFT	21
Conyers, J J	CLDN	246	Cook, James R	CHTN	493	Cooler, Ben	BUFT	88
Conyers, James	SMTR	106	Cook, Jane	FAFD	216	Cooler, Eugenia*	BUFT	21
Conyers, Jas E*	CLDN	244	Cook, Jane M**	CHTR	89	Cooler, Margt*	BUFT	21
Conyers, Jno	CLDN	241	Cook, Jane*	RHLD	6	Cooler, Mary	BUFT	21
Conyers, Mary	DLTN	456	Cook, Jemima	LRNS	228	Cooler, Rhett*	BUFT	88
Conyers, Robt	CLDN	242	Cook, John	BUFT	32	Cooler, Saml	BUFT	21
Conyers, Serena R**	DLTN	456	Cook, John	GRVL	494	Cooler, Sephen*	BUFT	81
Conyers, Stran	DLTN	456	Cook, John A	CHTN	367	Cooler, Thomas*	BUFT	86
Conyers, Tho	DLTN	395	Cook, John	UNON	287	Cooley, Edmond	CHFD	129
Cooch, Lewis	SPBG	307	Cook, John*	CHTN	374	Cooley, Edmund	SPBG	234
Coogan, John**	CHTN	254	Cook, John*	KRSW	108	Cooley, Elvira**	RHLD	9
Coogan, Philip	CHTN	199	Cook, John	NWBY	288	Cooley, Emery T	ADSN	211
Cooger, Mathias	LXTN	410	Cook, John	MARN	100	Cooley, H C	ADSN	155
Cooghan, James*	CHTN	103	Cook, John	LXTN	443	Cooley, Hester A*	LRNS	20
Coogler, David	LXTN	373	Cook, John	LXTN	368	Cooley, Hiram	GRVL	503
Coogler, John	LXTN	377	Cook, John	LRNS	306	Cooley, J M	SPBG	376
Coogler, John W	LXTN	375	Cook, John C*	LCTR	197	Cooley, Jasper*	ADSN	178
Coogler, Joseph	LXTN	376	Cook, John E	LCTR	176	Cooley, John	GRVL	428
Coogler, R E	LXTN	376	Cook, John G	LCTR	143	Cooley, John	SPBG	201
Coogler, T S**	CLDN	214	Cook, John*	LRNS	228	Cooley, John J	GRVL	455
Coogler, Thos W	RHLD	10	Cook, Joseph	ORBG	341	Cooley, John J	ADSN	171
Coogler, William C	RHLD	38	Cook, Joseph	PKNS	39	Cooley, Lucinda	ADSN	170
Coogley, Mrs	CHTN	307	Cook, Joseph	LXTN	412	Cooley, Martha*	ADSN	173
Cook, A	WMBG	351	Cook, Leonard	UNON	279	Cooley, Mary J*	LRNS	228
Cook, A G	ADSN	247	Cook, Lucy	UNON	224	Cooley, Susan*	GRVL	428
Cook, A*	WMBG	305	Cook, M*	FAFD	215	Cooley, Susan	PKNS	182
Cook, Abram I	ORBG	342	Cook, M J	KRSW	113	Cooley, Wm	ADSN	168
Cook, Absolem*	DLTN	473	Cook, Madison	KRSW	106	Coomer, Danl	LXTN	436
Cook, Alfred	UNON	237	Cook, Madison**	LRNS	253	Coon, Andrew	UNON	107
Cook, Alfred	SPBG	205	Cook, Maison*	LCTR	157	Coon, Catharine	NWBY	253
Cook, Alfred	RHLD	6	Cook, Marcus	SPBG	243	Coon, Frances E*	FAFD	222
Cook, Allen	NWBY	219	Cook, Margaret**	CHTN	193	Coon, Harmon	RHLD	69
Cook, Amelia**	KRSW	130	Cook, Margaret	NWBY	253	Coon, Henry	UNON	217
Cook, Amos	LCTR	188	Cook, Margt*	ABVL	136	Coon, J B	UNON	199
Cook, Ann	HORY	37	Cook, Margt*	DLTN	448	Coon, James	UNON	198
Cook, Ann E	CHTN	520						

Name	Place	Page
Coon, John*	UNON	202
Coon, John	FAFD	227
Coon, John	FAFD	222
Coon, John	RHLD	43
Coon, Lewis	EDFD	6
Coon, Louis	FAFD	242
Coon, Margaret*	EDFD	6
Coonce, E J	COTN	351
Coonce, F	COTN	350
Cooner, Elisabeth G	BNWL	355
Cooner, Jacob	ORBG	376
Cooner, Lewis*	BNWL	355
Cooner, Lewis E	ORBG	345
Cooner, William J**	BNWL	355
Cooney, Daniel*	CHTN	100
Cooney, Elizabeth*	CHTN	472
Cooney, John	CHTN	105
Coonrod, Wm	YORK	378
Cooper, Adam	HORY	16
Cooper, Amy	MARN	128
Cooper, Andrew	ORBG	373
Cooper, Ann*	WMBG	314
Cooper, B	HORY	25
Cooper, Beverly*	SPBG	382
Cooper, C*	UNON	225
Cooper, C C	BNWL	380
Cooper, Cannon	ORBG	396
Cooper, Chas**	DLTN	391
Cooper, Christiana*	GETN	317
Cooper, Clary	MARN	31
Cooper, Cynthia*	SPBG	218
Cooper, D M	LRNS	349
Cooper, Daniel	BNWL	358
Cooper, Daniel	ORBG	401
Cooper, David	PKNS	124
Cooper, E	HORY	28
Cooper, E M	LRNS	335
Cooper, Edward**	RHLD	66
Cooper, Elijah	SPBG	415
Cooper, Eliz	DLTN	385
Cooper, Eliza*	ORBG	370
Cooper, Eliza	MARN	128
Cooper, Eliza	LRNS	347
Cooper, Elizabeth	SPBG	378
Cooper, Emanuel M*	GRVL	382
Cooper, Emily C*	GRVL	415
Cooper, F E	WMBG	348
Cooper, F W	DLTN	373
Cooper, Forde	RHLD	30
Cooper, Frank	SPBG	408
Cooper, G W	CHTN	132
Cooper, Geo B	BUFT	40
Cooper, George	WMBG	346
Cooper, George W	SMTR	135
Cooper, George W	RHLD	65
Cooper, H H*	LRNS	221
Cooper, H W	LXTN	414
Cooper, Hannah**	DLTN	402
Cooper, Harrison	ABVL	87
Cooper, Henry*	CHTN	167
Cooper, Henry	GETN	299
Cooper, Henry*	HORY	3
Cooper, Isabella	DLTN	402
Cooper, J A	WMBG	311
Cooper, J J	DLTN	441
Cooper, J J	DLTN	403
Cooper, J J	COTN	264
Cooper, J*	CHTN	314
Cooper, J J	WMBG	313
Cooper, J M	WMBG	346
Cooper, J N	LRNS	256
Cooper, J P	WMBG	311
Cooper, J R	HORY	25
Cooper, J T P	NWBY	252
Cooper, J W	KRSW	116
Cooper, J W*	SMTR	121
Cooper, J W	WMBG	322
Cooper, J W	SPBG	320
Cooper, Jacob	ORBG	395
Cooper, James*	ABVL	126
Cooper, James	GRVL	330
Cooper, James*	UNON	189
Cooper, James	GRVL	417
Cooper, James	UNON	261
Cooper, James	MRRO	164
Cooper, James E	ORBG	394
Cooper, Jane*	ORBG	373
Cooper, Jas E*	GETN	306
Cooper, Jas J	ABVL	75
Cooper, Jason	SPBG	415
Cooper, Jenntt	WMBG	320
Cooper, Jesse**	SPBG	352
Cooper, Jno	SPBG	301
Cooper, Jno A	LRNS	231
Cooper, Joel	ORBG	396
Cooper, John	FAFD	240
Cooper, John	GRVL	330
Cooper, John	ORBG	396
Cooper, John	SPBG	252
Cooper, John	SPBG	300
Cooper, John H*	BNWL	474
Cooper, John H	SMTR	108
Cooper, John*	ORBG	381
Cooper, John M	SMTR	135
Cooper, Jos	SPBG	301
Cooper, Joseph	GRVL	510
Cooper, Joseph	GRVL	357
Cooper, Joseph*	ABVL	12
Cooper, Joseph	ORBG	396
Cooper, Joseph	RHLD	11
Cooper, Julia J	SMTR	103
Cooper, Leander	PKNS	164
Cooper, Levi	GRVL	357
Cooper, Levi	MARN	53
Cooper, Lorenzo**	SPBG	295
Cooper, M	EDFD	115
Cooper, M	GRVL	418
Cooper, M J	LRNS	352
Cooper, M J	WMBG	311
Cooper, Madison*	SPBG	383
Cooper, Mandy E*	PKNS	130
Cooper, Mansil	UNON	260
Cooper, Martha	MARN	133
Cooper, Mary*	CHTN	294
Cooper, Mary E*	GRVL	382
Cooper, Mary*	NWBY	233
Cooper, Mary	ORBG	396
Cooper, Mary	PKNS	154
Cooper, Miss Emily*	NWBY	252
Cooper, Miss M*	CHTN	334
Cooper, Munroe*	UNON	188
Cooper, N B	HORY	30
Cooper, N J	SPBG	341
Cooper, Nancy	PKNS	124
Cooper, Nancy D	RHLD	33
Cooper, Nelson	GETN	299
Cooper, P F	SPBG	416
Cooper, Q L	GETN	289
Cooper, R D	MARN	28
Cooper, R D*	MARN	27
Cooper, R G	ORBG	396
Cooper, R L*	CHTN	371
Cooper, R M	WMBG	332
Cooper, Rachel R**	SMTR	175
Cooper, Ralph S	LRNS	327
Cooper, Ransom	HORY	18
Cooper, Rebecca*	CHTN	189
Cooper, Rebecca	CHTN	281
Cooper, Rosann*	SPBG	360
Cooper, Rosena*	SPBG	314
Cooper, Ruben	EDFD	143
Cooper, S	WMBG	311
Cooper, S S	WMBG	346
Cooper, Samuel	SMTR	120
Cooper, Sarah	ORBG	396
Cooper, Sarah	LRNS	268
Cooper, Silas	GETN	308
Cooper, Silas	DLTN	402
Cooper, Silas	ORBG	396
Cooper, Simeon	GRVL	474
Cooper, Solomon**	GETN	299
Cooper, T	HORY	16
Cooper, Thomas	UNON	261
Cooper, Thomas	BNWL	472
Cooper, Thomas	RHLD	78
Cooper, Thos**	COTN	330
Cooper, Thos	SPBG	383
Cooper, Thos P	LRNS	268
Cooper, W F B*	WMBG	320
Cooper, W J	CHTN	181
Cooper, W R*	WMBG	310
Cooper, Warren	PKNS	124
Cooper, Washington	ADSN	335
Cooper, William*	ORBG	336
Cooper, Wm	WMBG	331
Cooper, Wm	WMBG	299
Cooper, Wm	WMBG	299
Cooper, Wm	SPBG	360
Cooper, Wm A	PKNS	16
Cooper, Y J	LRNS	268
Cope, Daniel	MRBO	161
Cope, George	BUFT	77
Cope, John J	MRBO	197
Cope, Martin	BNWL	356
Cope, Rebecca A	MRBO	197
Cope, Riley	BNWL	470
Cope, Wiley	GETN	293
Copeland J L E	BNWL	342
Copeland, Aaron	BNWL	342
Copeland, Charles	SPBG	268
Copeland, Christina*	BNWL	343
Copeland, D G	KRSW	77
Copeland, E E**	DLTN	391
Copeland, Eave	BNWL	348
Copeland, Elli	KRSW	87
Copeland, Geo P	LRNS	316
Copeland, Isaac D	BNWL	349
Copeland, J A	LRNS	330
Copeland, J J	LRNS	320
Copeland, J T	ADSN	202
Copeland, Jackson	KRSW	77
Copeland, Jacob	CHFD	128
Copeland, Jacob	BNWL	343
Copeland, James A*	BNWL	349
Copeland, Jas	BUFT	94
Copeland, Jas	DLTN	438
Copeland, Jas	LRNS	339
Copeland, Jas	LRNS	325
Copeland, John	FAFD	215
Copeland, John	KRSW	101
Copeland, John	SMTR	118
Copeland, John G	BNWL	349
Copeland, Joseph M*	SPBG	357
Copeland, L W	LRNS	320
Copeland, Mary	CHFD	117
Copeland, Mary A**	LXTN	449
Copeland, N W	SMTR	121
Copeland, Nancy	ADSN	166
Copeland, R L	KRSW	118
Copeland, Reuben	KRSW	101
Copeland, Ripley	SMTR	117
Copeland, Saml	LRNS	304
Copeland, Sarah E*	LXTN	448
Copeland, Thos T	CHFD	182
Copeland, W J*	SPBG	347
Copeland, W J	LRNS	332
Copeland, W R	BNWL	376
Copeland, W W*	KRSW	99
Copeland, William J	BNWL	348
Copeland, Wm	CHFD	100
Copeland, Wm	DLTN	458
Copeland, Wm A	BNWL	340
Copely, Nathan*	CHFD	166
Copen, H S N*	NWBY	245
Copen, James	NWBY	245
Copen, Jane	NWBY	245
Copes, James	CHTN	167
Copes, Mary*	CHTN	208
Copes, Phillip R	HORY	68
Copes, Sarah*	LRNS	239
Copes, William	HORY	50
Copes, William S	CHTN	440
Copewell, F	GRVL	357
Copland, Harrit	LCTR	183
Copland, William	LCTR	183
Copperheim, Moses*	GRVL	407
Copperthwaits, Mr**	CHTN	228
Coppock, T	EDFD	161
Corary, Wm D	BUFT	11
Corban, Nella	PKNS	124
Corban, Winchester*	ADSN	288
Corbell, Catharine*	YORK	370
Corbell, Mary*	BNWL	495
Corbet, Mary*	CHTN	222
Corbett, Catharine*	CHTN	386
Corbett, D J	CLDN	209
Corbett, H D	COTN	360
Corbett, Hampton H	SMTR	142
Corbett, J R	KRSW	111
Corbett, James	COTN	281
Corbett, James J	SMTR	144
Corbett, James N	SMTR	177
Corbett, Jas	CHTN	311
Corbett, Jessie A	SMTR	143
Corbett, Jno W	CLDN	210
Corbett, John	ABVL	35
Corbett, P*	CHTN	306
Corbett, Priscilla A	SMTR	143
Corbett, Thomas G	SMTR	143
Corbett, Walter J	CLDN	210
Corbett, William S	SMTR	144
Corbett, Wm B	CHFD	186
Corbett, Wm S*	CLDN	206
Corbin, Alexander**	PKNS	164
Corbin, Anderson	GRVL	461
Corbin, David	PKNS	119
Corbin, E A	COTN	354
Corbin, Edward	BUFT	85
Corbin, James	PKNS	11
Corbin, Penelope	BUFT	85
Corbin, Peter	PKNS	141
Corbin, William	PKNS	136
Corbin, William	PKNS	11
Corbitt, Ann	ORBG	402
Corbitt, Benjamin	ORBG	394
Corbitt, Joseph	ORBG	364
Corbitt, Joseph M	ORBG	402
Corbitt, Laura	ORBG	393
Corbitt, Miccious**	ORBG	392
Corbitt, Rachel	ORBG	402
Corbitt, Rebecca	ORBG	367
Corbitt, Robin	ORBG	394
Corbitt, Uriah	ORBG	400
Corbitt, William H	ORBG	402
Corbitt, Willis	ORBG	393
Corbitt, Wm	ORBG	394
Corby, Eliza**	CHTN	478
Corby, Irvin J	CHTN	470
Corby, James*	CHTN	103
Corcian, Patrick	BUFT	50
Corcoran, Elizabeth*	CHTN	474
Corcoran, James	CHTN	382
Corcoran, James A*	RHLD	51
Corcoran, Lucy A*	BUFT	74
Corcoran, Mary*	CHTN	477
Corcoran, Miss*	CHTN	319
Corcoran, Miss M*	CHTN	320
Corcoran, William	CHTN	505
Corcoran, Wm*	CHTN	324
Corcusan, Jas	CHTN	215
Corday, Sarah*	CHTN	427
Corddy, Robert C	PKNS	136
Corder, Benj	FAFD	249
Corder, Benj	CHTR	46
Corder, E M	EDFD	178
Corder, Henry	RHLD	64
Corder, John W	CHTR	46
Corder, Morgan	EDFD	193

Name	Loc	Pg
Corder, Nancy	EDFD	194
Corder, R G	FAFD	280
Corder, Wm	CHTR	37
Corders, John	RHLD	5
Cordery, John	COTN	363
Cordery, Thomas G	COTN	365
Cordes, A W	CHTN	147
Cordes, A W	GETN	315
Cordes, Albert	CHTN	484
Cordes, Catharine*	CHTN	427
Cordes, George	CHTN	280
Cordes, George M	CHTN	147
Cordes, Hannah*	CHTN	306
Cordes, Henrietta*	CHTN	427
Cordes, John*	CHTN	465
Cordes, R	CHTN	378
Cordes, R	CHTN	181
Cordes, Theo	CHTN	251
Cordes, Thomas*	CHTN	426
Cordevy, L	COTN	331
Cordon, Catherine**	CHTN	260
Cordova, Albert**	CHTN	474
Cordova, Manwell	CHTN	515
Cordyuna, D**	CHTN	245
Corgan, Wm	CHTN	498
Corin, H G**	SPBG	406
Cork, D H*	FAFD	244
Cork, W H*	CHFD	185
Corkerel, Joseph W*	CHTN	128
Corkin, Robt	BNWL	458
Corking, Thomas	CHTN	291
Corkle, David*	CHTN	426
Corkle, William*	CHTR	76
Corley, Adkin	EDFD	184
Corley, B	EDFD	184
Corley, B J*	BUFT	4
Corley, Baley Jr	EDFD	60
Corley, Baley Sr	EDFD	59
Corley, C	ABVL	16
Corley, Catharine	LXTN	434
Corley, Catharine	LXTN	427
Corley, Chas	ABVL	17
Corley, Daniel	LXTN	432
Corley, E	LXTN	432
Corley, Ellen*	LXTN	388
Corley, Emanuel	LXTN	427
Corley, G W	EDFD	48
Corley, George**	LXTN	388
Corley, Henry	ORBG	400
Corley, Jacob*	ORBG	400
Corley, Jas A*	ABVL	46
Corley, Jesse	LXTN	365
Corley, Joel	LXTN	435
Corley, Joel*	LXTN	388
Corley, John*	EDFD	32
Corley, John	LXTN	428
Corley, John C	GRVL	375
Corley, John L	LXTN	434
Corley, John M	EDFD	190
Corley, Josiah	BNWL	413
Corley, Jsper	GRVL	325
Corley, Laura A*	EDFD	18
Corley, Maj L	EDFD	60
Corley, Mathew	EDFD	145
Corley, Michael*	CHTN	426
Corley, Michael J	RHLD	68
Corley, Mrs M	EDFD	25
Corley, Noah	EDFD	59
Corley, Rebecca*	LXTN	428
Corley, Reuben	LXTN	435
Corley, Rev B F	ABVL	71
Corley, Robert C	BUFT	15
Corley, S M	LXTN	432
Corley, S W	EDFD	137
Corley, Sampson	BWNL	413
Corley, Samuel	LXTN	435
Corley, Sim Jr	EDFD	47
Corley, Sim Sr	EDFD	47
Corley, Thomas*	CHTN	426
Corley, Thornton	BNWL	413
Corley, Thos W	BUFT	39
Corley, Vincant	EDFD	71
Corley, Wesley*	EDFD	169
Corley, Wesley	LXTN	427
Corley, West	EDFD	189
Corley, William	EDFD	193
Corley, William	GRVL	468
Corley, Zack	EDFD	55
Corlus, E S**	SPBG	259
Corly, Ruth**	EDFD	135
Corn, Jilas	PKNS	65
Cornelius, Alexander	RHLD	76
Cornell, Jas	SPBG	403
Cornell, Robt*	SPBG	412
Cornell, Saml*	SPBG	243
Corner, Eliza	YORK	369
Cornet, Elbert	EDFD	74
Cornish, A H	ADSN	256
Cornish, J H	BNWL	463
Cornwell, Amos	CHTR	1
Cornwell, Eli	CHTR	73
Cornwell, Elijah	CHTR	34
Cornwell, Jerome*	CHTR	25
Cornwell, Jesse	CHTR	26
Cornwell, Jno	CHTR	22
Cornwell, Jno	CHTR	32
Cornwell, Jno B	CHTR	75
Cornwell, Jno D	CHTR	2
Cornwell, Leah	CHTR	90
Cornwell, Martin E*	CHTR	25
Cornwell, W D J**	CHTR	75
Cornwell, William	GRVL	358
Cornwell, Willm	CHTR	2
Corrie, A M	CHTN	383
Corry, William	UNON	290
Cort, Lucia*	CHFD	187
Cortes, F*	CHTN	259
Corteseu, M**	CHTN	220
Cortney, Patrick*	ORBG	363
Cortney, Yong	ORBG	400
Cory, Luisa	UNON	289
Cory, Nancy	UNON	291
Cos, S J	WMBG	333
Cosaman, J D	WMBG	342
Cosby, George*	RHLD	32
Cosby, Martha A*	ABVL	116
Cosby, O H*	EDFD	106
Cosby, William C	ABVL	136
Cosen, Williams	CHTN	184
Cosgrove, Delia*	CHTN	245
Cosgrove, James	CHTN	250
Cosgrove, Miss	CHTN	320
Cosgrove, T*	CHTN	251
Cossock, E S	NWBY	294
Cossock, John*	NWBY	227
Cossock, M M	NWBY	234
Cost, D G*	CHFD	188
Cost, Jas T*	CHFD	189
Costa, Joseph	CHTN	205
Costa, Virginia	CHTN	244
Costalos, Daniel	CHTN	241
Coste, Capt	CHTN	299
Costello, M**	CHTN	255
Costello, Thos**	CHTN	194
Costello, Walber**	CHTN	210
Coster, Lewis	CHTN	259
Costins, Henry	CHTN	514
Coswell, John*	CHTN	254
Cotchet, Mrs*	CHTN	364
Cotchett, Dana	CHTN	401
Cotes, Mary N*	CHTN	218
Cothern, J M	EDFD	96
Cothern, Thos	SPBG	420
Cothran, Allen	GRVL	455
Cothran, Allice	GRVL	429
Cothran, Ed*	ABVL	17
Cothran, Gabriel*	GRVL	402
Cothran, I C	GRVL	502
Cothran, Jane	ABVL	45
Cothran, Jas S	ABVL	24
Cothran, Jas W	ABVL	45
Cothran, John	GRVL	503
Cothran, John H	ABVL	46
Cothran, John T*	SPBG	227
Cothran, Micajah	PKNS	153
Cothran, S M B	ABVL	43
Cothran, S W	GRVL	502
Cothran, Sudy	SPBG	239
Cotney, J M	EDFD	171
Coton, John H	YORK	400
Coton, Sarah	YORK	383
Coton, Sylvanus	YORK	404
Cottar, Patrick*	CHTN	457
Cotter, Frances*	CHTN	131
Cottingham, Andrew	MARN	113
Cottingham, Chas	MRBO	197
Cottingham, Daniel	MRBO	147
Cottingham, Hulda	MRBO	164
Cottingham, Jonathan	MRBO	197
Cottingham, Mary	MRBO	177
Cottingham, Sarah	MARN	62
Cottingham, Stewart	MARN	92
Cottingham, W C*	MARN	90
Cottingham, W C	MRBO	197
Cottingham, Wm	MRBO	150
Cotton, Elizabeth	FAFD	225
Cotton, Elizabeth**	FAFD	225
Cotton, Elizabeth	CHTN	347
Cotton, James	BNWL	416
Cotton, John*	CHTN	288
Cotton, John W	FAFD	211
Cotton, Jon	DLTN	410
Cotton, Robert E	RHLD	88
Cotton, Tac	FAFD	241
Cotton, Wm	FAFD	258
Cottrell, Richard	PKNS	161
Cottrell, Warden	ADSN	331
Cotwell, Geo T	DLTN	438
Cotwell, P H	NWBY	253
Couch, Benjamin	GRVL	465
Couch, James	GRVL	464
Couch, Jeptha	EDFD	7
Couch, Jesse Jr	EDFD	18
Couch, John	GRVL	504
Couch, John Q A	PKNS	159
Couch, Johnathan	SPBG	407
Couch, Joseph	SPBG	407
Couch, Leroy	SPBG	349
Couch, Margaret	ADSN	236
Couch, Margaret	ADSN	234
Couch, Martha*	ADSN	335
Couch, Martha	PKNS	79
Couch, Mary A	PKNS	159
Couch, Robert	PKNS	159
Couch, Robt	SPBG	386
Couch, Sarah*	ADSN	300
Couch, Seburn	LCTR	200
Couch, Secil	SPBG	236
Couch, Sidney	PKNS	159
Couch, Thomas	GRVL	465
Couch, William	GRVL	464
Couch, William	PKNS	155
Couchs, James	SPBG	236
Coulclough, James	CHTN	480
Coullett, W W	CLDN	211
Coullette, A L	CLDN	201
Coulter, Augustua A	YORK	462
Coulter, Leander	CHTR	43
Coumbe, John	ABVL	23
Council, A J	WMBG	332
Council, C R*	COTN	338
Council, Hono*	CHTN	249
Council, Mary*	MARN	74
Council, Mary*	CHTN	249
Council, Mrs*	DLTN	388
Councill, William B	SMTR	102
Countryman, John	YORK	509
Counts, A J	LXTN	400
Counts, Belton	NWBY	285
Counts, C B	NWBY	255
Counts, Caty	NWBY	222
Counts, David	LXTN	381
Counts, F H**	FAFD	220
Counts, G A Jr	NWBY	255
Counts, G A Sr	NWBY	212
Counts, H H	FAFD	261
Counts, J B	NWBY	289
Counts, Jno H	LXTN	411
Counts, John B	BUFT	89
Counts, Joseph	LXTN	399
Counts, Luther	NWBY	212
Counts, Sallie	NWBY	285
Counts, Susan*	BNWL	496
Counts, Thomas J	BNWL	385
Counts, W J*	NWBY	270
Counts, Wesley	NWBY	216
Coursey, J H	EDFD	35
Coursey, Jno	EDFD	60
Coursey, John*	EDFD	122
Coursey, Susan**	EDFD	68
Coursy, Newel	EDFD	54
Courtenay, S G	CHTN	228
Courtenay, Valmore	BUFT	51
Courtenay, Wm H	CHTN	348
Courteney, Wm	LXTN	368
Courtney, A S	BNWL	420
Courtney, Benj	CLDN	220
Courtney, E J	DLTN	442
Courtney, Ezra	DLTN	442
Courtney, Ginsey	CHFD	163
Courtney, Harriet	LXTN	413
Courtney, J	CHFD	161
Courtney, J J*	EDFD	17
Courtney, J J*	RHLD	55
Courtney, James	BNWL	421
Courtney, James	LXTN	413
Courtney, Jas	DLTN	441
Courtney, Jno	DLTN	441
Courtney, John	LXTN	413
Courtney, John L	CHTN	518
Courtney, Martin	BNWL	419
Courtney, Nancy	BNWL	418
Courtney, S P W	DLTN	442
Courtney, Sarah*	SMTR	158
Courtney, Sophia*	BNWL	418
Courtney, W J	BNWL	418
Courtrier, John	CHTN	480
Courtrier, S M	FAFD	206
Couser, A Flinn	SMTR	160
Couser, Archibald*	CHTR	64
Coussart, J B	LCTR	216
Coussart, J B C	LCTR	159
Coussart, James	LCTR	163
Coutwrier, R J	CHTN	180
Coval, Jesse	GRVL	505
Covar, Cherry	EDFD	110
Covar, E H	EDFD	57
Covar, Jack	EDFD	110
Covar, John	EDFD	108
Covar, Lewis	EDFD	109
Covar, Wardlaw	EDFD	118
Covert, H C	CHTN	437
Covert, Susan	WMBG	302
Covin, Augustus P	ABVL	3
Covin, Louis	ABVL	8
Covin, Sarah*	ABVL	8
Covington, A B	MRBO	189
Covington, Alfred	MRBO	192
Covington, Benj	MRBO	168
Covington, C A**	RHLD	21
Covington, Col John	MRBO	153
Covington, Elijah	MRBO	195
Covington, Fanny*	MRBO	144
Covington, H B	MRBO	201
Covington, Jas C	MRBO	189
Covington, Jas*	CHTR	72
Covington, Joel	MRBO	153
Covington, John A	MRBO	153

Name	Loc	Pg	Name	Loc	Pg	Name	Loc	Pg
Covington, Lucy	MRBO	195	Cox, Elizabeth	SPBG	382	Cox, William S	GRVL	345
Covington, Margaret**	MRBO	159	Cox, Elizabeth	SPBG	386	Cox, William S Jr	GRVL	382
Covington, Martin	MRBO	193	Cox, Ellen E	BNWL	360	Cox, William W	COTN	360
Covington, Mary*	SPBG	289	Cox, Emily**	MARN	101	Cox, William*	PKNS	170
Covington, Preston	MRBO	161	Cox, Ezra	DLTN	396	Cox, Williams	GRVL	359
Covington, Robt	MRBO	162	Cox, Frances	ADSN	189	Cox, Wilson	LRNS	241
Covington, Sallie L*	MRBO	162	Cox, Frances	GRVL	369	Cox, Wilson B*	GRVL	382
Covington, Thos L	MRBO	153	Cox, G F	PKNS	27	Cox, Wm	WMBG	330
Covington, Tristram	MRBO	147	Cox, G W	ADSN	198	Cox, Wm	ADSN	191
Covington, Wm W	MRBO	161	Cox, Geo Whit	ABVL	6	Cox, Wm A	PKNS	52
Covrriell, Jno**	CHTN	361	Cox, Geo*	MARN	110	Cox, Wm D	ADSN	189
Cowan, Edmund	ABVL	13	Cox, George	MARN	57	Cox, Wm E	PKNS	67
Cowan, F R M	LRNS	342	Cox, George	CHTN	184	Cox, Z B	PKNS	27
Cowan, Franklin*	ABVL	135	Cox, H	GRVL	494	Coxe, Charles	MRBO	175
Cowan, Isabella*	ABVL	61	Cox, H M*	MARN	78	Coxe, Daniel	MRBO	172
Cowan, James	ABVL	152	Cox, H T	ABVL	13	Coxe, Eli	MRBO	171
Cowan, James	PKNS	25	Cox, Harmon	PKNS	88	Coxe, Elvin	MRBO	168
Cowan, John	ABVL	126	Cox, Harriet	GRVL	419	Coxe, George P	SMTR	132
Cowan, John D	BNWL	339	Cox, Henry	SPBG	387	Coxe, James A	MRBO	196
Cowan, John F**	CHTN	244	Cox, Henry	SPBG	379	Coxe, Jas E	MRBO	163
Cowan, Margt	ABVL	101	Cox, Irvine	GRVL	381	Coxe, John	MRBO	171
Cowan, Martha**	EDFD	27	Cox, Isaac	GRVL	495	Coxe, Michael M	MRBO	142
Cowan, Robt	PKNS	20	Cox, J	WMBG	363	Coxe, Moses E	MRBO	163
Cowan, S*	WMBG	353	Cox, J J	MARN	34	Coxe, Silas	MRBO	168
Cowan, Sheppard G	ABVL	2	Cox, J Mattison	ADSN	170	Coxe, Wells G*	RHLD	17
Cowan, Wm	YORK	462	Cox, J Millen	ADSN	170	Coxs, Mary M	SMTR	147
Coward, A	WMBG	358	Cox, J S	LRNS	315	Coy, Laura A*	BNWL	351
Coward, Abner	MARN	48	Cox, J W	GRVL	447	Coy, Patrick*	CHTN	210
Coward, Asbury	YORK	369	Cox, James	ADSN	190	Coyle, Jas W	SPBG	260
Coward, Benjamin**	CHTN	462	Cox, James	GRVL	499	Coyles, Joseph	UNON	294
Coward, Caroline*	MRBO	208	Cox, James	ORBG	350	Coyley, William**	CHTN	391
Coward, E E*	NWBY	293	Cox, James	PKNS	66	Cozart, Susan J*	RHLD	54
Coward, E*	BNWL	479	Cox, James E	GRVL	369	Cozby, James S*	RHLD	49
Coward, Eliza*	BNWL	397	Cox, James M	BNWL	357	Cpey, Mary*	CHTN	265
Coward, Ezk	MRBO	169	Cox, Jefferson L	PKNS	150	Crabb, H S	MRBO	178
Coward, Hansel	MARN	47	Cox, Jesse	ADSN	172	Crabtree, John	RHLD	50
Coward, J	WMBG	355	Cox, Jesse J	HORY	62	Craddick, E B*	CHTN	325
Coward, J A	WMBG	353	Cox, Jno	ABVL	42	Craddock, Daniel C	BNWL	485
Coward, J J*	YORK	366	Cox, John	GRVL	376	Craddock, Danl*	NWBY	290
Coward, J W**	COTN	248	Cox, John	ADSN	275	Craddock, Elizh*	LRNS	284
Coward, J W	WMBG	355	Cox, John	FAFD	224	Craddock, James	BNWL	485
Coward, Jas	YORK	440	Cox, John	ADSN	308	Craddock, Jno	LRNS	231
Coward, Job H	CLDN	232	Cox, John	WMBG	329	Craddock, John	BNWL	495
Coward, John	CHTN	182	Cox, John	ADSN	273	Craddock, John N	BUFT	79
Coward, Jones	CHFD	108	Cox, John E	SPBG	408	Craddock, Peter O	BUFT	90
Coward, L M	CHFD	101	Cox, John J	GETN	310	Craddock, Polly	LRNS	227
Coward, Lewis J	MRBO	203	Cox, John S	GRVL	465	Craddock, W P	BNWL	495
Coward, M**	WMBG	358	Cox, John**	CHTN	506	Craddock, Wm	BNWL	485
Coward, M*	MARN	45	Cox, John S	HORY	1	Cradick, Theo*	NWBY	238
Coward, M E**	WMBG	353	Cox, Joseph	ADSN	170	Cradock, F*	LRNS	349
Coward, Martha	SPBG	397	Cox, Joseph A	HORY	59	Cradock, Mary	LRNS	347
Coward, Michael	MRBO	208	Cox, Kinon	ADSN	188	Cradock, W T*	LRNS	306
Coward, Myrich W	BNWL	397	Cox, L D	HORY	20	Crafford, B T	UNON	198
Coward, Penelope	MARN	47	Cox, L J	MARN	82	Crafford, James	UNON	222
Coward, Polly*	BNWL	478	Cox, Lawrence*	BNWL	339	Crafford, Joseph	UNON	198
Coward, Samuel	MRBO	209	Cox, Levi J	PKNS	32	Crafford, Joseph	UNON	274
Coward, Thos	BNWL	462	Cox, Lorenzer	CHTN	184	Crafford, Mary	UNON	275
Coward, W B	BNWL	441	Cox, Lucinda	GRVL	326	Crafford, Mary*	UNON	199
Cowen, Elizabeth	ADSN	211	Cox, Lura	GRVL	374	Craft, Betsy	RHLD	86
Cowen, J P	ADSN	203	Cox, M C	LRNS	331	Craft, Casta	LXTN	358
Cowen, Jas	EDFD	36	Cox, M J	GRVL	350	Craft, David	RHLD	90
Cowen, John	SPBG	215	Cox, Mahala*	BNWL	438	Craft, James	RHLD	65
Cowen, Robert A	EDFD	38	Cox, Malcom L	ABVL	5	Craft, Jno	LXTN	358
Cowley, Jackson	YORK	502	Cox, Manning	GRVL	496	Craft, John	ADSN	248
Cowser, N R	CLDN	243	Cox, Margaret	ADSN	196	Craft, Matthew	RHLD	42
Cowser, W T D	CHTR	64	Cox, Mary	GRVL	494	Craft, Moses**	RHLD	37
Cowsert, Richard	CHTR	18	Cox, Mary D	HORY	1	Craft, Nancy	UNON	287
Cox, A	GRVL	494	Cox, Mary*	WMBG	313	Craft, Rebecca*	RHLD	67
Cox, A E*	MARN	89	Cox, Matthew G	ADSN	173	Craft, Robt	KRSW	105
Cox, A J	GETN	296	Cox, Mrs C J	EDFD	80	Craft, S	UNON	188
Cox, Abner Sr	ADSN	194	Cox, Mrs F P	HORY	59	Crafton, J	EDFD	104
Cox, Abram	GRVL	362	Cox, N J	HORY	1	Crafton, M A	EDFD	105
Cox, Agnes	ABVL	4	Cox, Nancy	GRVL	450	Crafton, Sam	EDFD	104
Cox, Alexander	HORY	59	Cox, Nancy	GRVL	500	Crafton, Thos M	EDFD	88
Cox, Andrew	ORBG	350	Cox, Naomi*	PKNS	179	Crafton, Thos M	EDFD	94
Cox, Andrew	PKNS	27	Cox, Nathan	PKNS	43	Crafts, G J	CHTN	118
Cox, Archd	MARN	124	Cox, Newton	PKNS	185	Crafts, Miss	CHTN	315
Cox, Arris	ADSN	190	Cox, Odom	GRVL	463	Crafts, Wm T	CHTN	229
Cox, Asa	ADSN	308	Cox, Penny*	MARN	124	Craig, A A	LRNS	340
Cox, Asbury	PKNS	60	Cox, Peter	HORY	16	Craig, A K	FAFD	230
Cox, B B	GETN	316	Cox, Peter	HORY	68	Craig, A P*	CHTN	371
Cox, B H	PKNS	50	Cox, Priscilla	GRVL	348	Craig, David	ADSN	287
Cox, B M	GRVL	450	Cox, R	GRVL	350	Craig, Dr S J	LRNS	337
Cox, Benjamin	GETN	292	Cox, R F*	WMBG	346	Craig, Eliza	CHTN	107
Cox, Brainard C*	MARN	43	Cox, Rebecca*	MARN	58	Craig, Frances*	GETN	286
Cox, Briant	ORBG	366	Cox, Rhoda	PKNS	81	Craig, Gasper	BNWL	438
Cox, Burril	GRVL	348	Cox, Robert	GRVL	443	Craig, Geo*	CHTR	91
Cox, Canville	SPBG	585	Cox, Robt	GRVL	381	Craig, George	YORK	457
Cox, Charles**	ABVL	21	Cox, Rudolph	WMBG	330	Craig, H L*	RHLD	21
Cox, Charles	GRVL	369	Cox, Samuel	CHTN	288	Craig, Hugh	CHFD	158
Cox, D L	ADSN	267	Cox, Sarah	CHTN	390	Craig, J F	FAFD	215
Cox, D N	MARN	52	Cox, Susan	HORY	51	Craig, James*	RHLD	58
Cox, David	ADSN	188	Cox, T W	GRVL	375	Craig, James	FAFD	232
Cox, Demsy	ADSN	282	Cox, Thomas	GRVL	495	Craig, James	COTN	365
Cox, Dianah	GRVL	494	Cox, Thomas M	ADSN	193	Craig, James	CHTR	57
Cox, E J	PKNS	60	Cox, Thomas M	GRVL	411	Craig, James C	CHFD	176
Cox, Edward	PKNS	20	Cox, Thos	ADSN	170	Craig, Jane	YORK	428
Cox, Edward W	HORY	66	Cox, Thos Sr	ADSN	195	Craig, Jane	FAFD	225
Cox, Elias	CHTN	184	Cox, W	GRVL	494	Craig, Jas H	LRNS	344
Cox, Elihah	ADSN	319	Cox, W F	HORY	21	Craig, Jno D	LRNS	256
Cox, Elijah	GETN	308	Cox, William	GRVL	362	Craig, John	CHTR	57
Cox, Elin	SPBG	385	Cox, William	GRVL	326	Craig, John	PKNS	45
Cox, Elizabeth	ADSN	199	Cox, William	CHTN	264	Craig, John A*	LRNS	343
Cox, Elizabeth	ADSN	190	Cox, William	ADSN	280	Craig, John D**	RHLD	51
Cox, Elizabeth	HORY	23	Cox, William	GRVL	360	Craig, John D**	SMTR	177
Cox, Elizabeth	HORY	63	Cox, William H	GRVL	326	Craig, John D	YORK	435

Name	Loc	Pg	Name	Loc	Pg	Name	Loc	Pg
Craig, John J	LCTR	147	Crass, Wm	GETN	301	Crawley, B*	SPBG	258
Craig, John N*	LCTR	216	Crasse, Jonas*	BUFT	58	Crawley, E*	SPBG	259
Craig, John N	LCTR	144	Crasse, Michael D	BUFT	58	Crawley, Edmond A**	SPBG	257
Craig, L C	PKNS	106	Crasse, Nathl	BUFT	67	Crawley, J F	BNWL	490
Craig, Margaret	CHFD	177	Crasse, Thos M	BUFT	47	Crawley, Wm H	SPBG	259
Craig, Martha*	LCTR	194	Crasse, Wm J	BUFT	67	Crawley, W J	BNWL	397
Craig, Martha	YORK	461	Crattenden, Wm C*	SPBG	310	Crawson, Mary*	GRVL	417
Craig, Martha A**	CHTR	73	Craven, Alexander	COTN	309	Crayne, Narcissa	GRVL	376
Craig, Mary*	CHTR	34	Craven, Alfred	YORK	372	Crayne, Thurston	GRVL	373
Craig, Mary A	LCTR	202	Craven, Charlotte	MARN	17	Crayon, P*	EDFD	46
Craig, N B	LCTR	148	Craven, James	COTN	255	Crayton, B F	ADSN	257
Craig, N J	LCTR	145	Craven, Jarvis B	COTN	255	Crayton, Eli**	YORK	461
Craig, Newton B**	YORK	420	Craven, Morgan C	COTN	255	Crayton, Jas P	YORK	462
Craig, Peter	LRNS	340	Craven, Thomas	COTN	255	Crayton, John D	YORK	462
Craig, Robert	CHTR	58	Craven, Victoria	CHTN	139	Crayton, L J*	RHLD	21
Craig, Robert	PKNS	194	Craven, Wm*	HORY	35	Crayton, T S	ADSN	257
Craig, Robert	PKNS	93	Cravey, William*	CHTN	498	Crayton, W	KRSW	76
Craig, Robt	LRNS	353	Crawford, A	EDFD	66	Creach, H G	BNWL	452
Craig, S J	LRNS	335	Crawford, Albert*	MARN	24	Creach, Josiah*	BNWL	452
Craig, Samuel	ADSN	287	Crawford, Andrew	RHLD	14	Creach, Mary*	BNWL	454
Craig, Sarah	BNWL	429	Crawford, Cath*	ABVL	5	Creach, W	BNWL	452
Craig, T B	FAFD	225	Crawford, Cathe*	LRNS	234	Creagh, John	RHLD	4
Craig, Thos*	CHTN	200	Crawford, Charles	COTN	341	Creamer, George	GRVL	460
Craig, Tully	GRVL	362	Crawford, D E	HORY	30	Creamer, Wm H	GRVL	426
Craig, W N	PKNS	49	Crawford, Daniel*	CHTN	218	Creber, James*	RHLD	32
Craig, William	LCTR	202	Crawford, Danl	RHLD	37	Creech, Doctor	MRBO	198
Craig, Wm E	CHFD	177	Crawford, David	FAFD	218	Creech, George	BNWL	386
Craige, Michael**	CHTN	242	Crawford, David	ADSN	217	Creech, H F*	BNWL	496
Crain, Elizabeth	PKNS	140	Crawford, Edward*	YORK	474	Creech, H H	BUFT	44
Crain, J C	EDFD	120	Crawford, Edward	YORK	377	Creech, Harriet	BNWL	484
Crain, M C*	YORK	416	Crawford, Edward N	YORK	439	Creech, Henry I	BNWL	484
Crain, Mack	EDFD	6	Crawford, Elijah	CHTN	171	Creech, John	BNWL	484
Crain, Mary C*	SPBG	406	Crawford, Eliza	CHTN	171	Creech, Richd	EDFD	47
Crain, Narcessa	GRVL	468	Crawford, Elizabeth*	CHTN	122	Creech, Richd**	BNWL	480
Crain, R S*	RHLD	21	Crawford, Elizabeth	YORK	497	Creecy, T M	CLDN	227
Crain, Wiley	EDFD	43	Crawford, Ellen*	CHTN	186	Creed, B O	LXTN	422
Crain, William H**	CHTR	82	Crawford, G V*	DLTN	376	Creed, Betsy**	EDFD	35
Craine, Calvin	GRVL	473	Crawford, Geo	EDFD	42	Creed, Ellis	EDFD	4
Craine, Jasper	PKNS	16	Crawford, George*	CHTR	72	Creed, John	LXTN	460
Craine, John	PKNS	16	Crawford, George	CHTN	133	Creed, Martin F*	EDFD	5
Craine, William	PKNS	21	Crawford, Henry	ADSN	244	Creed, Sarah	EDFD	5
Cramer, A*	PKNS	34	Crawford, J Bunyan*	ABVL	24	Creed, William	EDFD	4
Cramer, Caroline	CHTN	384	Crawford, J G	CHTR	88	Creed, Willis	EDFD	6
Cramer, G H D	PKNS	36	Crawford, J N	RHLD	81	Creed, Wilson	EDFD	2
Cramer, George	CHTN	276	Crawford, James	YORK	511	Creekmore, Arthur*	CHTN	365
Cramer, George	PKNS	37	Crawford, James	ADSN	217	Creel, Brown	MARN	124
Crammelin, Mary*	RHLD	83	Crawford, James D	MARN	119	Creel, Eliz	MARN	125
Crammer, B A*	CHTN	499	Crawford, James M	CHTN	170	Creel, J J	MARN	57
Crammer, Elizabeth*	CHTN	410	Crawford, James*	SPBG	429	Creel, Margaret	COTN	354
Crane, Albert	CHTN	214	Crawford, James W	PKNS	190	Creel, Marion	MARN	122
Crane, Ansel	PKNS	44	Crawford, Jane	FAFD	209	Creel, W B	COTN	313
Crane, Berry B	PKNS	167	Crawford, Jas	LRNS	309	Creele, Henry B	COTN	316
Crane, C	MARN	110	Crawford, Jas A	ABVL	59	Crefton, Geo M*	EDFD	114
Crane, Charles M	SMTR	103	Crawford, Jas D	CHTR	65	Creg, Thomas	EDFD	50
Crane, David	EDFD	58	Crawford, Jas F	ABVL	76	Cregan, John*	CHTN	229
Crane, Ervin*	PKNS	8	Crawford, Jas H	CHTR	74	Creghan, Bridget**	CHTN	456
Crane, Esther	CHTR	91	Crawford, Jas L*	ABVL	5	Creid, Miss*	CHTN	320
Crane, Evan	PKNS	44	Crawford, Jas R	ABVL	1	Creight, W B	FAFD	201
Crane, Francis	PKNS	5	Crawford, Jno	YORK	437	Creighton, A B Rose	CHTN	450
Crane, George T	RHLD	15	Crawford, Jno A	ABVL	6	Creighton, Ann	CHTN	450
Crane, Henry*	CHTN	339	Crawford, Jno C	ABVL	59	Creighton, Elizabeth*	KRSW	76
Crane, J B	DLTN	428	Crawford, John	COTN	341	Creighton, G W M	EDFD	75
Crane, Jeptha	PKNS	166	Crawford, John	GRVL	427	Creighton, James	COTN	319
Crane, L*	CHTN	264	Crawford, John	PKNS	101	Creighton, Jas	KRSW	76
Crane, Lemuel	GRVL	443	Crawford, John A	RHLD	17	Creighton, S G*	EDFD	75
Crane, Lyia	GRVL	442	Crawford, John I**	RHLD	44	Creighton, Samuel M	CHTR	56
Crane, Malinda	GRVL	336	Crawford, Joseph*	RHLD	55	Creighton, T M	CHTN	141
Crane, Mary*	PKNS	2	Crawford, Joseph	CHTN	122	Cremer, Aaron	ADSN	283
Crane, Noah	SMTR	183	Crawford, Joseph	CHTN	123	Crenshaw, Amanda*	RHLD	54
Crane, O M*	SMTR	183	Crawford, Lenora*	RHLD	18	Crenshaw, D S	CHFD	183
Crane, Philemon	PKNS	44	Crawford, Levi	CHTN	171	Crenshaw, E A	YORK	375
Crane, Saml	GRVL	442	Crawford, M	ADSN	244	Crenshaw, Greef	PKNS	91
Crane, Shady	GRVL	398	Crawford, M P	LCTR	216	Crenshaw, H D	PKNS	39
Crane, Warren	PKNS	98	Crawford, Margaret	FAFD	209	Crenshaw, Hiram	YORK	461
Crane, William	GRVL	453	Crawford, Margret A*	LCTR	218	Crenshaw, Jas	YORK	427
Crane, William	GRVL	444	Crawford, Mary	YORK	382	Crenshaw, Jessey	PKNS	144
Cranford, Arthur H	HORY	53	Crawford, Mary	DLTN	457	Crenshaw, John	LCTR	162
Cranford, David	ADSN	217	Crawford, Neil	CHFD	125	Crenshaw, Jos	LCTR	161
Cranford, Ebener	YORK	398	Crawford, P	CHFD	107	Crenshaw, Joseph	PKNS	189
Cranford, Ferdinand	CHTR	18	Crawford, P T	CHFD	107	Crenshaw, Joseph B	PKNS	17
Cranford, H L	DLTN	426	Crawford, Peter	CHTN	171	Crenshaw, M C	LCTR	172
Cranford, James	NWBY	300	Crawford, R D	YORK	437	Crenshaw, Margt E*	ABVL	114
Cranford, James	ADSN	217	Crawford, R L	LCTR	217	Crenshaw, Martha	PKNS	168
Cranford, Jas B*	ABVL	60	Crawford, R W	CHTR	83	Crenshaw, Mathew	PKNS	144
Cranford, Jno A	ABVL	135	Crawford, Rebecca**	CHTR	74	Crenshaw, Matthew	LCTR	168
Cranford, M	CHTR	10	Crawford, Reuben	YORK	446	Crenshaw, Matthew	PKNS	96
Cranford, M	ADSN	244	Crawford, Robt A	ABVL	59	Crenshaw, Polly	ADSN	298
Cranford, Mary*	CHTR	10	Crawford, Robt*	YORK	368	Crenshaw, Samuel	ADSN	298
Cranford, Meredith	ADSN	223	Crawford, Robt	ABVL	3	Crenshaw, Troy	LCTR	168
Cranford, Nan**	CHTR	19	Crawford, Robt	ABVL	122	Crenshaw, William	PKNS	126
Cranford, Saml A*	ABVL	70	Crawford, S M*	SPBG	347	Crenshaw, Wilson	LCTR	166
Cranford, Theophilus*	CHTR	10	Crawford, Saml	FAFD	218	Cress, Wm E	YORK	367
Cranford, W E	UNON	238	Crawford, Samuel	ADSN	203	Creswell, Charles H	RHLD	43
Cranford, William	ADSN	217	Crawford, Sarah*	YORK	460	Creswell, Henry H	ABVL	68
Cranie, Harriet*	EDFD	29	Crawford, Sarah	MARN	98	Creswell, James	ABVL	51
Cranston, H D	CHTN	104	Crawford, Thomas	ABVL	99	Creswell, James	ABVL	34
Crapps, D E	LXTN	369	Crawford, Thos	FAFD	217	Creswell, Jno	ABVL	41
Crapps, David	LXTN	447	Crawford, W	LRNS	223	Creswell, Jno F	ABVL	41
Crapps, H H	LXTN	447	Crawford, W G	EDFD	105	Creswell, Jos	ABVL	39
Crapps, Henry	LXTN	372	Crawford, W G	CHTR	83	Creswell, Jos	ABVL	34
Crapps, J W	LXTN	411	Crawford, W T	HORY	40	Creswell, Mary	ABVL	41
Crapps, John L	LXTN	411	Crawford, William*	RHLD	55	Creswell, Perry H*	NWBY	268
Crapps, S J	LXTN	360	Crawford, William	YORK	497	Creswell, Sarah	ADSN	159
Crapps, S W	LXTN	372	Crawford, William	ADSN	217	Creswell, Thos	ABVL	41
Crapps, Sarah	GETN	310	Crawford, Wm H	MARN	1	Creswell, Thos O	ABVL	41
Craps, W H	BNWL	450	Crawford, Wm M	YORK	432	Creswell, Thos V*	ABVL	50

53

Name	Loc	Pg
Crew, Elizabeth	YORK	460
Crewer, David	FAFD	200
Crewer, John	FAFD	203
Crews, A J	CHTN	397
Crews, Charles	BUFT	88
Crews, E*	COTN	270
Crews, Jeremiah	BUFT	88
Crews, Jos	LRNS	220
Crews, Mary*	CHTN	427
Crews, Miss S*	CHTN	341
Crews, Stanley	ABVL	53
Crews, Thos B**	ABVL	22
Crews, Thos C	ABVL	51
Crews, Wm P	BUFT	49
Crews, Wm*	BNWL	495
Crewse, John	BUFT	87
Crewse, Wm	BUFT	87
Creyon, James	FAFD	240
Crib, Jeremiah	WMBG	333
Cribb, A	MARN	75
Cribb, A J**	GETN	318
Cribb, Ann	GETN	303
Cribb, Anthony	GETN	304
Cribb, Anthony	MARN	6
Cribb, C B	GETN	305
Cribb, Columbus	GETN	301
Cribb, Demsey	MARN	75
Cribb, Demsy	MARN	79
Cribb, E C*	WMBG	327
Cribb, Eliza*	GETN	303
Cribb, F G	GETN	302
Cribb, Frances	GETN	301
Cribb, Henry Jr	GETN	303
Cribb, J T	GETN	303
Cribb, J W	GETN	304
Cribb, Jane	MARN	99
Cribb, John	MARN	6
Cribb, John	GETN	298
Cribb, John	MARN	99
Cribb, John	GETN	304
Cribb, John	GETN	303
Cribb, John H	GETN	301
Cribb, Leonard	GETN	304
Cribb, Margaret*	GETN	295
Cribb, Noah**	MARN	2
Cribb, Noah*	GETN	289
Cribb, R	GETN	305
Cribb, Stephen	GETN	305
Cribb, Stephen	GETN	304
Cribb, Thompson	GETN	304
Cribb, Thos	GETN	304
Cribb, Thos	MARN	6
Cribb, Thos	GETN	304
Cribb, W	GETN	304
Cribb, W T	MARN	73
Crider, Christena*	ORBG	355
Crider, Conrad	ORBG	354
Crider, George*	ORBG	356
Crider, Jacob	ORBG	355
Crider, Jacob	ORBG	356
Crider, Joseph*	BNWL	363
Crider, Mary Ann	ORBG	360
Crider, Mary*	SPBG	201
Crider, Nathan	BNWL	353
Crider, Thos J	ORBG	356
Cridon, J W**	UNON	186
Crim, David	LXTN	457
Crim, Elizabeth	LXTN	385
Crim, G A	LXTN	456
Crim, J L	EDFD	153
Crim, James	LXTN	457
Crim, James F*	RHLD	55
Crim, John	ORBG	308
Crim, Mary*	LXTN	363
Crim, Saml	LXTN	456
Crim, Temperance	LXTN	456
Crimenger, Robt	LCTR	207
Crimmall, Mary	CHTN	308
Crimmell, E	CHTN	305
Cripps, Abbe*	CHTN	470
Criscoe, Eliza*	MRBO	182
Crisp, Geo	LRNS	233
Crisp, Isabella	LRNS	300
Crisp, Jno	LRNS	233
Crisp, Joel T	LRNS	293
Crisp, John*	YORK	453
Crisp, L E	LRNS	289
Crisp, L E	LRNS	289
Crisp, Sally**	LRNS	229
Crissman, Ann*	LRNS	236
Cristian, Mrs M	EDFD	112
Crittenden, C*	SPBG	259
Crittenden, Elizabith*	SPBG	198
Crittenden, Richd*	SPBG	308
Crittenden, S S	GRVL	470
Crittendon, John*	GRVL	420
Critzburg, Jane	CHTN	432
Crockell, P S**	CHTR	53
Crocker, Addison	SPBG	216
Crocker, Arthur	SPBG	254
Crocker, Betcy	YORK	402
Crocker, Caroline	BUFT	12
Crocker, Colvin*	CHTR	10
Crocker, Edward	UNON	225
Crocker, Franky*	YORK	448
Crocker, George	UNON	213
Crocker, James	COTN	273
Crocker, James	SPBG	229
Crocker, James	SPBG	219
Crocker, Jas	EDFD	48
Crocker, Jno**	CHTR	10
Crocker, John	CHTN	145
Crocker, John	UNON	240
Crocker, John	SPBG	233
Crocker, John	SPBG	233
Crocker, John	SPBG	219
Crocker, John	SPBG	216
Crocker, John	SPBG	325
Crocker, Joseph	ADSN	280
Crocker, L	SPBG	402
Crocker, M	SPBG	343
Crocker, Mary*	SPBG	275
Crocker, Mary**	SPBG	275
Crocker, Minerva	SPBG	236
Crocker, Mrs M A**	EDFD	32
Crocker, Nancy	SPBG	279
Crocker, Nancy	SPBG	272
Crocker, Nelley*	UNON	222
Crocker, Oren	UNON	254
Crocker, Reason	UNON	209
Crocker, Richard	UNON	224
Crocker, Sarah	UNON	209
Crocker, William	SPBG	230
Crocker, William*	CHTR	10
Crocker, William*	UNON	204
Crocker, Williams	SPBG	213
Crocker, Wm	EDFD	23
Crockett, D M	LCTR	159
Crockett, John M	LCTR	218
Crockett, Jones	LCTR	218
Crockett, P S**	CHTR	53
Crockett, R H	LCTR	159
Croff, Vincent	BNWL	493
Crofford, William	ORBG	374
Crofft, Stephen	SMTR	142
Croft, B S*	WMBG	345
Croft, Childemus	KRSW	123
Croft, D T	EDFD	11
Croft, Frederick	ADSN	303
Croft, Frederick	BNWL	370
Croft, George	BNWL	363
Croft, Henry Ths	CHTN	284
Croft, J A	GETN	294
Croft, James	KRSW	111
Croft, John	BNWL	363
Croft, Joseph	BUFT	76
Croft, Juda	BNWL	367
Croft, Martha H	GETN	291
Croft, Miss E A**	CHTN	338
Croft, R A*	CHTN	496
Croft, R*	CHTN	370
Croft, Randall	BUFT	1
Croft, Randall	NWBY	228
Croft, Randol	GRVL	470
Croft, Samuel P	BNWL	363
Croft, Thomas*	ADSN	300
Croft, William	ADSN	301
Croft, William	BNWL	371
Croft, Wm	KRSW	119
Croft, Wm S	GETN	288
Crogan, Mary*	CHTN	425
Croghan, Catharine*	CHTN	427
Croghan, Ellen*	CHTN	427
Croghan, Patrick*	CHTN	426
Crohn, Henry*	CHTN	282
Croker, Edward G**	CHTN	423
Croker, G B	SPBG	322
Croley, Frances	CHFD	95
Croley, Jno	DLTN	464
Croley, Robert*	CHFD	95
Croley, Wm	CHFD	95
Croly, Jno	DLTN	464
Croly, Leander*	MARN	90
Cromer, A S	EDFD	164
Cromer, Adaline*	NWBY	280
Cromer, Adam	NWBY	267
Cromer, Adam	LXTN	448
Cromer, Adam F	NWBY	266
Cromer, Adam W	NWBY	283
Cromer, Agnes	NWBY	284
Cromer, Andrew	NWBY	285
Cromer, Barbara	NWBY	284
Cromer, Caroline	NWBY	282
Cromer, Derrick	NWBY	271
Cromer, Emanuel	NWBY	281
Cromer, Emma*	NWBY	280
Cromer, Frank*	NWBY	285
Cromer, Frank R	NWBY	280
Cromer, Geo M	ABVL	57
Cromer, Geo P	ABVL	62
Cromer, Henry	NWBY	280
Cromer, Henry	ADSN	273
Cromer, Jacob	NWBY	284
Cromer, Jacob	ADSN	274
Cromer, James	NWBY	270
Cromer, John F	NWBY	284
Cromer, John P	ABVL	95
Cromer, Langston	NWBY	277
Cromer, Lewis	ADSN	271
Cromer, Louisa*	FAFD	266
Cromer, Miles	NWBY	280
Cromer, Mrs D A	ABVL	57
Cromer, Nancy*	NWBY	283
Cromer, Nancy*	NWBY	285
Cromer, Phillip	ADSN	221
Cromer, Pink*	NWBY	298
Cromer, Stephen	NWBY	276
Cromer, Thomas H	NWBY	264
Cromer, Thurga*	NWBY	296
Cromer, Uriah	NWBY	283
Cromer, W D	NWBY	266
Cromer, Wesley	ABVL	57
Cromer, Wesley	ADSN	271
Cromer, William	NWBY	284
Cromer, William E	NWBY	284
Cromer, Wm	NWBY	280
Cromley, Ann**	CHTN	270
Cromley, C A	ADSN	281
Cromley, Eliza	CHTN	206
Cromley, Frances**	CHTN	310
Cromley, Ges	CHTN	268
Cromley, Ira	EDFD	163
Cromley, Mrs C	CHTN	310
Crommer, William	CHTN	414
Crompton, Richd	SPBG	375
Crompton, Wilson*	PKNS	50
Crompton, Wm	PKNS	37
Crompton, Wm*	LRNS	291
Cromwell, Catharine*	CHTN	431
Cromwell, S	CHTN	345
Croner, Francessa*	CHTN	500
Cronheim, S	MARN	70
Cronin, Miss*	CHTN	320
Cronk, Imogene*	RHLD	16
Crook, A B	GRVL	413
Crook, Adam*	ORBG	316
Crook, David S	ORBG	340
Crook, J W	COTN	251
Crook, James	SPBG	330
Crook, John	ORBG	340
Crook, John	SPBG	346
Crook, John M	SPBG	389
Crook, Joseph*	CHTR	62
Crook, Leroy	YORK	457
Crook, Mary*	SPBG	342
Crook, Sarah	ADSN	252
Crook, William*	BNWL	377
Crook, William T	UNON	208
Crook, Wm	ORBG	317
Crook, Wylie	YORK	459
Crooker, Mrs M	EDFD	108
Crooker, T B	EDFD	164
Crooks, A**	LRNS	274
Crooks, James	PKNS	52
Crooks, John A C	NWBY	277
Crooks, Tapley	NWBY	278
Crooks, Thos	NWBY	276
Crooks, Thos H	NWBY	280
Crooks, W J	PKNS	58
Croper, Joseph	CHTN	103
Crosbery, Andrew	ADSN	172
Crosby, A David	BUFT	20
Crosby, Abram*	COTN	306
Crosby, Adeline	BUFT	96
Crosby, Albertine**	COTN	259
Crosby, Alex W	BUFT	17
Crosby, Andrew	CHTR	21
Crosby, Ann*	CHTN	263
Crosby, Archd	COTN	313
Crosby, Chesley	FAFD	270
Crosby, Dana	UNON	201
Crosby, Daniel	BUFT	90
Crosby, David	FAFD	270
Crosby, Dennis	YORK	451
Crosby, Elijah	BUFT	32
Crosby, Emanuel	BUFT	88
Crosby, Frances	PKNS	76
Crosby, George S	BUFT	67
Crosby, Goodwin	COTN	276
Crosby, Hannah	KRSW	131
Crosby, Harriet*	BUFT	6
Crosby, Henry	COTN	259
Crosby, Henry	COTN	264
Crosby, Henry Jr	COTN	279
Crosby, Humphrey	COTN	293
Crosby, Humphrey Sr	COTN	313
Crosby, J M	COTN	258
Crosby, Jacob	COTN	276
Crosby, Jacob	COTN	266
Crosby, James	RHLD	32
Crosby, James D	COTN	284
Crosby, James T	BUFT	86
Crosby, Jasper	CHTR	39
Crosby, John	COTN	261
Crosby, John	BUFT	19
Crosby, John E J*	COTN	267
Crosby, John S	YORK	441
Crosby, John S	COTN	260
Crosby, Lewis	BUFT	87
Crosby, Lot	COTN	280
Crosby, Mary**	COTN	360
Crosby, Mary	CHTR	21
Crosby, Mary A	CHTR	27
Crosby, Mary A**	BUFT	21
Crosby, Mary*	CHTN	521
Crosby, Moses	COTN	261
Crosby, Mrs Asa	COTN	284
Crosby, Peter	COTN	284

Name	Loc	Pg
Crosby, R E	BUFT	27
Crosby, Rebecca	LXTN	451
Crosby, Ricd	FAFD	269
Crosby, Richard R	BUFT	90
Crosby, S E J*	RHLD	22
Crosby, Saml M	BUFT	31
Crosby, Sarah**	UNON	202
Crosby, Sarah	MARN	123
Crosby, Sarah*	BUFT	6
Crosby, Serena A*	BUFT	92
Crosby, Stephen	FAFD	272
Crosby, Stephen**	BUFT	90
Crosby, Susan	COTN	282
Crosby, Thomas	FAFD	245
Crosby, William	COTN	308
Crosby, William	COTN	265
Crosby, Wm	FAFD	270
Crosby, Wm	SPBG	331
Crosby, Wm T	BUFT	94
Crosby, Wm*	COTN	310
Crose, M C	CHTN	582
Croskeys, Julia**	COTN	254
Crosland, Dr Wm	MRBO	196
Crosland, E A*	GETN	284
Crosland, J E	EDFD	51
Crosland, Jas S	MRBO	146
Crosland, Philip E	MRBO	148
Crosland, Sarah K	MRBO	143
Crosland, Thos L	MRBO	162
Crosland, Wm A*	MRBO	143
Crosley, Silas	SPBG	380
Crosline, Samuel*	FAFD	281
Crosly, C	CHTR	16
Crosly, Calvin	SPBG	333
Cross, B H**	CHFD	188
Cross, Henry	CHFD	101
Cross, Isaac*	EDFD	147
Cross, James	SPBG	299
Cross, John J	CHTN	149
Cross, John*	CHTN	378
Cross, M W	CHTN	359
Cross, Maria P	RHLD	2
Cross, Randall	CHFD	94
Cross, S W	WMBG	317
Cross, Simon	RHLD	59
Cross, Wm	CHTN	280
Cross, Wm	CHFD	101
Crosby, Anne*	BUFT	6
Crosset, Andrew	CHTR	79
Crossett, Elizabeth*	FAFD	206
Crosskeys, James W*	CHTN	434
Crossland, A R	FAFD	214
Crossland, John*	FAFD	226
Crossland, John D	FAFD	235
Crossland, Sallie*	RHLD	83
Crossland, Wm	FAFD	233
Crossley, Lucinda*	SPBG	396
Crosson, Allice*	NWBY	288
Crosswell, A G	DLTN	423
Crosswell, Abagail	DLTN	423
Crosswell, Gilbert	SMTR	101
Crosswell, H D	DLTN	408
Crosswell, J M	ORBG	318
Crosswell, Jefferson	SMTR	157
Crosswell, Jno	DLTN	423
Crosswell, John J	SMTR	116
Crosswell, Susan M**	DLTN	430
Crosswell, W Kennedy	SMTR	156
Croswell, E J*	CLDN	228
Croswell, Jas M	GRVL	489
Croswell, May	SPBG	388
Crotwell, John	GRVL	449
Crouch, Bailey	EDFD	187
Crouch, Charles W	CHTN	439
Crouch, Elizabeth	EDFD	166
Crouch, G*	EDFD	184
Crouch, George	EDFD	171
Crouch, Hardy	EDFD	167
Crouch, Jacob	EDFD	192
Crouch, John C*	BNWL	346
Crouch, John*	EDFD	182
Crouch, John	EDFD	165
Crouch, L M	EDFD	187
Crouch, Lakin	EDFD	189
Crouch, Mark	EDFD	188
Crouch, S	EDFD	183
Crouch, Sallie*	LXTN	452
Crouch, West	EDFD	167
Crouch, William	EDFD	185
Crouch, Willis*	EDFD	179
Crough, Mary	RHLD	37
Crout, A M*	LRNS	228
Crout, Alias	EDFD	173
Crout, David	LXTN	417
Crout, Ephram	EDFD	173
Crout, H L	LXTN	416
Crout, J T	LXTN	425
Crout, Jeremiah	EDFD	173
Crout, John	EDFD	173
Crout, Julian*	ORBG	392
Crout, Lewis	LXTN	370
Crout, Polly	LXTN	370
Crout, Thomas	LXTN	416
Crout, Uriah	LXTN	420
Crout, Victoria*	LXTN	415
Crout, Walter*	LXTN	371
Crout, Wesley	LXTN	425
Crout, Wm	LXTN	425
Crovall, William**	CHTN	433
Crovatt, Gibbs	CHTN	457
Crovley, John*	CHTN	204
Crow, Alfred	SPBG	360
Crow, David	SPBG	429
Crow, Elizabeth*	CHTN	403
Crow, Eveline**	PKNS	141
Crow, Henry	PKNS	190
Crow, Isaac	PKNS	10
Crow, Johnathan	SPBG	345
Crow, Jonathan	PKNS	11
Crow, Milton P	YORK	476
Crow, Nancy	LRNS	334
Crow, Rosella*	SPBG	347
Crow, Ruthy	PKNS	142
Crow, Saml	SPBG	356
Crow, Silas	ADSN	255
Crow, Simpson*	SPBG	360
Crow, Temse*	ADSN	334
Crow, Thomas W	YORK	475
Crow, Thomas*	ADSN	255
Crow, Thomas*	CHTN	255
Crow, W W	SPBG	407
Crow, Willis	PKNS	50
Crowan, Eleanor*	SPBG	345
Crowder, Dilliard	YORK	492
Crowder, Edmon	LCTR	165
Crowder, J M**	CHTR	18
Crowder, John A*	GRVL	416
Crowder, Martha	FAFD	262
Crowder, Thos	FAFD	272
Crowder, Thos	LRNS	309
Crowder, William	GRVL	452
Crowder, Wilson	GRVL	342
Crowder, Wm	FAFD	263
Crowe, John	RHLD	12
Crowel, Doctor C	LCTR	155
Crowell, Joseph L	DUFT	15
Crowell, Nathl P	BUFT	17
Crowley, Coker	CHFD	118
Crowley, D B	CHFD	148
Crowley, D B	CHFD	148
Crowley, Harrison	CHFD	187
Crowley, James R	CHFD	115
Crowley, Jas D	CHFD	101
Crowley, Jas R	CHFD	105
Crowley, John	CHTN	292
Crowley, Malachi	MRBO	195
Crowley, Waren	CHFD	121
Crowley, W*	CHFD	95
Crowly, Jackson	CHFD	95
Crowly, Mary J*	CHFD	146
Crowly, Richard*	CHTN	290
Crowly, Wm*	CHFD	99
Crowly, Wm	CHFD	96
Crowther, James Jr	ABVL	131
Crowther, James Sr	ABVL	131
Crowther, Mary E*	ABVL	107
Crowther, William	ABVL	131
Croxton, J D	LCTR	209
Croxton, Jno S	YORK	398
Croxton, Lewis	LCTR	214
Croxton, Thos	LCTR	209
Crozier, Wm A	ABVL	4
Cruch, John	BNWL	365
Cruch, Starling	BNWL	365
Cruch, William	BNWL	365
Cruch, William J	BNWL	365
Cruise, John*	BUFT	84
Cruise, Joseph	BUFT	80
Cruise, Saml F	BUFT	97
Crum, Isac F	ORBG	344
Crum, Lewis J	ORBG	350
Crum, Wesley*	ORBG	341
Crumb, F G*	BNWL	339
Crumb, Henry*	CHTN	426
Crumby, Elihu A	PKNS	150
Crumby, Hains A	PKNS	149
Crumll, Margt**	CHTN	513
Crumpler, Hendn	DLTN	457
Crumpton, Alex	FAFD	257
Crumpton, B G	GRVL	481
Crumpton, Hackerson	ADSN	171
Crumpton, James	ADSN	171
Crumpton, James M	PKNS	23
Crumpton, John	FAFD	240
Crumpton, Lydia	FAFD	240
Crumpton, Samuel H	FAFD	243
Crumpton, Thos	FAFD	257
Crumpton, W C	FAFD	243
Crumpton, W W	EDFD	173
Crumpton, Wm J	PKNS	18
Cruse, Harmon	COTN	329
Cryer, Cornelia	CHTN	434
Cubb, Jos	SPBG	291
Cubbage, D P	CLDN	223
Cubstead, E	CHTN	141
Cubstead, Elias	BUFT	23
Cubstead, John	CHTN	180
Cubstead, W J	CHTN	180
Cubsted, Jacob	LXTN	360
Cuckon, Dr Wm K	HORY	68
Cudd, David	SPBG	278
Cudd, F M	UNON	223
Cudd, Jeremiah	SPBG	280
Cudd, Jos P	SPBG	236
Cudd, Joseph	SPBG	275
Cudd, Nahala	SPBG	204
Cudd, Viney	SPBG	279
Cudd, Wilham	UNON	198
Cudd, William R	SPBG	237
Cuddigan, Thos	CHTN	336
Cuddy, William	CHTN	100
Cudworth, Catharine	CHTN	466
Cudworth, Jno	CHTN	302
Cugal, Jeptha	CHFD	135
Culberson, A J	ADSN	156
Culberson, Benjn*	ADSN	259
Culberson, Butler	LRNS	278
Culberson, Elizabeth*	UNON	216
Culberson, Jno	LRNS	277
Culberson, Martha*	LRNS	277
Culberson, Rachael	ADSN	156
Culberson, Y Y	LRNS	277
Culbert, Catharine	CHTN	479
Culbert, Luciny	BUFT	3
Culbert, Mary	CHTN	462
Culbert, Miss	CHTN	347
Culbertson, Andw	LRNS	268
Culbertson, G W	LRNS	267
Culbertson, Jas	LRNS	256
Culbertson, N	LRNS	274
Culbertson, R S	LRNS	273
Culbertson, Wm	LRNS	265
Culbertson, Y J	LRNS	267
Culbreath, Edward	EDFD	147
Culbreath, H C	EDFD	150
Culbreath, J R	EDFD	147
Culbreath, Joseph	NWBY	228
Culbreath, Lewis	EDFD	146
Culbreath, Luke	EDFD	56
Culbreath, William	EDFD	168
Culbreth, J*	SPBG	258
Culbreth, Jas	MARN	120
Culclasure, A Davis	ORBG	356
Culclasure, Mary M*	ORBG	356
Culclasure, N W	ORBG	309
Culclazier, Mrs M	EDFD	65
Culhbert, John A	BUFT	22
Culin, Jas*	CHTN	326
Cull, Miss Martha*	CHTN	230
Cullam, B	LXTN	463
Cullam, Jno P	LXTN	463
Cullam, L B**	LXTN	462
Cullam, Uriah	LXTN	419
Cullam, W E	LXTN	463
Cullan, Martin**	CHTN	292
Cullen, Michael**	ADSN	263
Cullen, Thomas	RHLD	50
Cullen, William	BUFT	71
Culler, J F	BNWL	457
Culler, J L	LXTN	457
Culler, James D	LXTN	457
Culler, John W	ORBG	357
Culler, L A	LXTN	412
Culler, L Hayne**	ORBG	357
Culler, Mary	LXTN	457
Culler, Rebecca	ORBG	356
Culler, Wesley	ORBG	357
Cullie, Mary*	CHTN	478
Cullinan, John*	CHFD	185
Cullinane, P	CHTN	310
Cullinane, William	CHTN	391
Cullins, A N*	ADSN	177
Cullins, Caleb	ADSN	201
Cullins, Chas	ABVL	140
Cullum, Amanda*	EDFD	4
Cullum, William	EDFD	4
Cully, C W	MARN	97
Cully, John W	LXTN	419
Culp, A H	CHTR	81
Culp, B A	LCTR	155
Culp, B D	UNON	271
Culp, Benjamin	LCTR	156
Culp, Benjamin F*	CHTR	66
Culp, Cynthia	LCTR	155
Culp, Dorothy**	YORK	455
Culp, Elizabeth	LCTR	155
Culp, G B*	UNON	290
Culp, Henry J	CHTR	79
Culp, J R	LCTR	155
Culp, James S	LCTR	155
Culp, Jas W	CHTR	87
Culp, John	YORK	427
Culp, John A	LCTR	156
Culp, Robert*	CHTR	26
Culp, Sallie	CHTR	87
Culp, Sarah	YORK	380
Culp, Thos G	YORK	404
Culp, Uriah J	CHTR	81
Culp, W J	YORK	404
Culp, Wm	LCTR	156
Culpeper, Geo J	MARN	44
Culpeper, Wright	COTN	289
Culpepper, A	DLTN	464
Culpepper, F**	MARN	34
Culpepper, Jno	DLTN	392
Culpepper, Mary	MARN	121

Name	Loc	Pg	Name	Loc	Pg	Name	Loc	Pg
Culton, Robt*	CHTN	279	Cunningham, L	LRNS	348	Curtis, Martha	CHTN	102
Culverhouse, H R**	DLTN	372	Cunningham, Logan	ADSN	226	Curtis, Mary	CHTN	290
Cumalander, A W	LXTN	382	Cunningham, Louisa	LRNS	237	Curtis, Mattis S*	SPBG	316
Cumalander, G M	LXTN	384	Cunningham, M*	CHTN	324	Curtis, Mrs Ann*	CHTN	241
Cumalander, Geo	LXTN	384	Cunningham, Martin*	WMBG	346	Curtis, P*	MARN	19
Cumalander, Henny	LXTN	382	Cunningham, Mary*	ABVL	99	Curtis, R*	ORBG	399
Cumalander, S J	LXTN	382	Cunningham, Mary	LRNS	351	Curtis, R B*	KRSW	127
Cumbaa, J M	BNWL	414	Cunningham, Miss M	BUFT	13	Curtis, R B	KRSW	138
Cumbee, Mary	WMBG	319	Cunningham, Mrs A	CHTN	357	Curtis, Sarah*	PKNS	28
Cumbie, C B	GETN	306	Cunningham, Mrs Mary	CHTN	234	Curtis, T M	COTN	356
Cumbie, Henry	GETN	297	Cunningham, Nat	ABVL	136	Curtis, T Sylvester	COTN	356
Cumbie, Magdalin*	GETN	313	Cunningham, Robt T*	ABVL	127	Curtis, Tabitha B	GRVL	413
Cumbie, Reese*	GETN	306	Cunningham, Sarah*	EDFD	149	Curtis, William	SPBG	257
Cumbie, Solomon	GETN	307	Cunningham, Susan*	RHLD	55	Curvey, Wiseley	GRVL	507
Cumbo, Elias	CHTN	144	Cunningham, Thos T	ABVL	134	Cusaac, J W	DLTN	441
Cumbo, Harmon	EDFD	8	Cunningham, William	GRVL	449	Cusack, A W	MARN	110
Cumbo, Henry	CHTN	183	Cunningham, William T	ABVL	134	Cusack, F*	DLTN	431
Cumbo, Pickney	CHTN	145	Cunningham, Wm**	KRSW	75	Cusack, J H*	MARN	18
Cumbo, Robert	CHTN	146	Cupstid, Rachel*	ORBG	387	Cushman, Cassus	BNWL	415
Cumbo, William*	CHTN	144	Cureton, C B	KRSW	75	Cushman, Clem	BNWL	459
Cumins, John	CHTN	456	Cureton, David	NWBY	225	Cushman, Elbert*	EDFD	47
Cumis, John	ADSN	194	Cureton, E R	LCTR	216	Cushman, Elizabeth	BNWL	423
Cumming, Fenton	EDFD	82	Cureton, G W	GRVL	370	Cushman, G W	EDFD	20
Cumming, Fenton	EDFD	106	Cureton, J D	FAFD	201	Cushman, J H	BNWL	415
Cumming, Thomas J	ADSN	265	Cureton, James B	KRSW	125	Cushman, Nat	BNWL	423
Cumming, Wm*	EDFD	48	Cureton, John	EDFD	82	Cusick, Christopher**	CHTN	491
Cummings, A	ABVL	15	Cureton, Matilda*	GRVL	413	Cussick, David	FAFD	212
Cummings, B	ORBG	308	Cureton, P D	GRVL	371	Cussing, William F	RHLD	11
Cummings, B M	COTN	343	Cureton, P D	ADSN	330	Cuthbert, Edmund*	ABVL	25
Cummings, E D*	COTN	343	Cureton, T J	GRVL	370	Cuthbert, Edwd B	BUFT	13
Cummings, Frances*	COTN	345	Cureton, T K	LCTR	149	Cuthbert, Geo B	BUFT	12
Cummings, G W	COTN	328	Cureton, Wm J	LCTR	150	Cuthbert, Sarah B***	BUFT	12
Cummings, James	BNWL	460	Cureton, Wm H	GRVL	370	Cuthbert, Thos L	BUFT	7
Cummings, James	SPBG	344	Curl, M W	EDFD	48	Cuthrie, Sylvia**	CHTN	202
Cummings, Jno A	CHTN	362	Curl, Mahaly*	EDFD	83	Cutineau, C V**	CHTN	392
Cummings, John N	COTN	328	Curlee, Jesse**	RHLD	33	Cutler, George	ORBG	308
Cummings, Joseph H*	FAFD	204	Curlee, Martha	RHLD	39	Cutler, Martha*	PKNS	191
Cummings, Joseph T	SMTR	159	Curlee, Rachal*	FAFD	208	Cutlins, D W	CLDN	196
Cummings, Josh*	CHTN	165	Curllee, James M	FAFD	213	Cutten, Eleanor	CHTN	382
Cummings, L R	COTN	349	Curneal, Wm	LRNS	345	Cutter, George T	GRVL	447
Cummings, M J**	FAFD	202	Curney, Chas	CHFD	108	Cuttie, Mary	CHTN	478
Cummings, Mrs	CHTN	163	Curny, Ann	GETN	305	Cuttinar, D S*	GRVL	410
Cummings, R	COTN	344	Curran, Chas*	RHLD	58	Cuttino, E J	GETN	283
Cummings, Sarah**	CHTN	182	Curran, Fed	RHLD	26	Cuttino, Mary	GETN	291
Cummings, Susan*	CHTN	167	Curran, Margt*	CHTN	195	Cuttins, D W	CLDN	196
Cummings, W R	COTN	349	Currant, Alphuns	SPBG	206	Cutworthy, James	RHLD	6
Cummings, William	COTN	343	Currence, Danel	YORK	423	Cuyler, E P	CHTN	350
Cummings, Wm	COTN	270	Currence, J D	YORK	411	Cuzack, Henry	WMBG	326
Cummings, Wm*	FAFD	206	Currence, J D P	YORK	418	Cybourn, George	LCTR	202
Cummins, D C	EDFD	46	Currence, M H	YORK	423	Cybourn, John	LCTR	187
Cummins, David	ADSN	193	Currence, Martha	YORK	424	Cybourn, Thos H	LCTR	182
Cummins, James*	CHTN	402	Currence, P A	YORK	418	Cybourn, Thos L	LCTR	205
Cummins, Jas*	EDFD	45	Currence, R F	YORK	418	Cyle, Moses	UNON	296
Cummins, John	ADSN	193	Currence, Susan	YORK	411	Cyphut, Harret	ORBG	342
Cummins, Robt	ADSN	195	Currey, Franklin	LRNS	290	Cyphut, Jacob E B	ORBG	348
Cummins, Wm**	CHTN	254	Currey, Jvary	LRNS	290	Cyphut, Jane*	ORBG	348
Cummins, Wm	ADSN	193	Currigee, Murthy	BNWL	352	Cyphut, Mary	ORBG	347
Cumssey, Wm	EDFD	22	Curry, Agnes	YORK	461	Cyphut, William	ORBG	348
Cunigham, Barney**	CHTN	192	Curry, Ange**	EDFD	85	Dabbs, Hannah*	DLTN	415
Cuningham, J A	LCTR	159	Curry, B	LRNS	281	Dabbs, Sarah	DLTN	405
Cuningham, J W	SPBG	366	Curry, Beulah	LRNS	302	Dabbs, W H	LCTR	192
Cuningham, James	UNON	203	Curry, Charles	YORK	376	DaBeux, J B	CHTN	108
Cuningham, Jane	LRNS	286	Curry, David	MARN	66	Dabney, A	KRSW	98
Cuningham, Margaret	CHTR	16	Curry, David Sr	MARN	66	Dabney, Jas H	KRSW	115
Cuningham, Mary	UNON	248	Curry, Elizabeth*	FAFD	250	Dabs, Joseph	UNON	236
Cuningham, Mat	LRNS	286	Curry, Emma*	CHTN	455	Dabs, William	UNON	225
Cuningham, R A R*	LCTR	215	Curry, J Admr J E Daley*	EDFD	101	Dacestor, Aaron*	COTN	349
Cuningham, Robt	LRNS	286	Curry, J C	CHTR	74	Dack, Johnathan	RHLD	14
Cuningham, Sarah**	EDFD	137	Curry, J D	FAFD	222	Dacker, Mallen*	CHFD	108
Cunningham, A	CHTN	323	Curry, James*	MARN	123	DaCosta, Benjamin*	COTN	343
Cunningham, A M	WMBG	325	Curry, Jane	YORK	368	Dacoster, W P	CHTN	297
Cunningham, Abert	SPBG	323	Curry, Jane	YORK	473	Dacus, Ann B	GRVL	371
Cunningham, Alexander**	ORBG	357	Curry, Joel	EDFD	100	Dacus, Ann E	ADSN	310
Cunningham, Alvaza*	ABVL	99	Curry, John	EDFD	44	Dacus, D N M	GRVL	362
Cunningham, Asa	SPBG	413	Curry, John	MARN	66	Dacus, Thomas A	PKNS	138
Cunningham, C	GRVL	446	Curry, Joseph**	CHTR	30	Dacus, W T	GRVL	495
Cunningham, C Bart	CHTN	323	Curry, Joseph	ADSN	211	Dacus, William	PKNS	148
Cunningham, Charles	UNON	257	Curry, Lewis	EDFD	106	Dadin, Miss M L**	CHTN	239
Cunningham, Chas N	ABVL	78	Curry, Margaret	YORK	378	Daessae, Simon	CHTN	245
Cunningham, E G	LRNS	348	Curry, Margt*	CHTR	68	Daffron, C M*	MARN	76
Cunningham, Elihu	LRNS	286	Curry, Martha*	FAFD	261	Daffron, G M	MARN	76
Cunningham, Elizabeth	GRVL	343	Curry, Martin	LRNS	292	Dagget, Peter	CHTN	473
Cunningham, Elizabeth	ADSN	238	Curry, Neal	MARN	106	Dagget, Shepperd	CHTN	470
Cunningham, Enoch	GRVL	467	Curry, Nicey	LRNS	276	Daggett, John W	CHTN	476
Cunningham, G I**	CHTN	506	Curry, Nicholas D	MARN	127	Daggett, T W	GETN	322
Cunningham, George	GRVL	450	Curry, R	LRNS	302	Daggett, Theodore*	CHTN	470
Cunningham, Georgia*	ABVL	134	Curry, Robert	CHTR	33	Daggett, Wm L	CHTN	211
Cunningham, H	LRNS	348	Curry, Sallie*	MRBO	178	Dagnal, Mrs M*	EDFD	67
Cunningham, H M*	SPBG	333	Curry, Saml*	COTN	326	Dagnal, Saml	EDFD	67
Cunningham, H S	BUFT	12	Curry, Sarah Ann*	BUFT	5	Dagnell, Ann*	EDFD	33
Cunningham, Henry C*	RHLD	52	Curry, Stephen F	ORBG	404	Dagnell, Eliza	LRNS	264
Cunningham, J H	SPBG	328	Curry, W A	GRVL	353	Dagnell, Wm	LRNS	264
Cunningham, J S	MARN	32	Curry, Wash*	MARN	10	Dahls, Charles*	CHTN	285
Cunningham, James	FAFD	245	Curry, Washington	GRVL	395	Dahme, Henry*	CHTN	279
Cunningham, Jas	EDFD	69	Curry, Wilburn	LRNS	272	Dahrwas, D	CHTN	515
Cunningham, Jas	ABVL	127	Curtis, A*	SPBG	259	Daihn, John*	CHTN	219
Cunningham, Jas B	CHTN	335	Curtis, Elisabeth	BNWL	354	Dail, James**	CHTN	279
Cunningham, Jas*	CHTN	395	Curtis, G W	CHTR	69	Dail, Wm	EDFD	82
Cunningham, Jas R	ABVL	95	Curtis, George*	ORBG	407	Dailey, F	CHTN	308
Cunningham, Joel J	ABVL	100	Curtis, George**	SPBG	310	Dailey, Mrs*	CHTN	226
Cunningham, John	CHTN	439	Curtis, James	COTN	309	Dailey, Robert A	BUFT	72
Cunningham, John	CHTN	234	Curtis, James	CHTN	207	Dails, Elias**	HORY	12
Cunningham, John	LRNS	347	Curtis, Jno M	CHTN	362	Daily, E	CHTN	319
Cunningham, John G*	RHLD	51	Curtis, John	CHTN	468	Daily, John	PKNS	47
Cunningham, John W*	LCTR	191	Curtis, M S*	SPBG	258	Daily, Miss	CHTN	320
Cunningham, Jos	ABVL	133				Daily, Thomas	CHTN	368
						Dalboy, J F*	NWBY	236

Name	Loc	Pg
Dale, Mrs Mary	ABVL	58
Dale, Robt	CHTN	312
Dalelish, H*	CHTN	227
Daley, Alx	LXTN	377
Daley, Bartholomi	ABVL	110
Daley, Eli**	CHTN	204
Daley, Henry*	BUFT	73
Daley, James	ABVL	110
Daley, Jno D*	ABVL	25
Daley, John	ADSN	283
Daley, Margt A	LXTN	377
Daley, Mary**	CHTN	192
Daley, Mrs M*	EDFD	101
Daley, Pricilla*	RHLD	39
Daley, Robt*	EDFD	42
Daley, Thomas	CHTN	508
Dallard, Adelaide	RHLD	81
Dallard, Frank	RHLD	81
Dallas, Dennis	CHTR	24
Dallas, J C*	SMTR	113
Dallas, J S	SMTR	112
Dallas, John	CHTR	17
Dallas, Wm	CHTN	256
Dallis, John	CHTR	13
Dallison, Jas**	CHTN	200
Dalrmple, Lewis	ADSN	303
Dalrymple, Allice*	NWBY	237
Dalrymple, Benjn*	LRNS	316
Dalrymple, James*	NWBY	262
Dalrymple, James	ADSN	307
Dalrymple, Jehu	LRNS	312
Dalrymple, Jno*	DLTN	404
Dalrymple, Jobe	LRNS	325
Dalrymple, Mary*	DLTN	448
Dalrymple, R B	DLTN	404
Dalrymple, Rebecca*	ADSN	161
Dalrymple, T	LRNS	312
Dalrymple, Wm	DLTN	438
Dalton, Daniel	UNON	232
Dalton, E P*	PKNS	34
Dalton, Gideon	COTN	369
Dalton, Jackson	GRVL	393
Dalton, John	PKNS	97
Dalton, L H*	GRVL	408
Dalton, M	GRVL	423
Dalton, Mary	PKNS	97
Dalton, Parthenia	SPBG	266
Dalton, T	GRVL	422
Dalton, Washington**	ADSN	276
Dalvis, Wm	CHTN	460
Dalwick, Thomas**	CHTN	407
Daly, Catharine*	LXTN	377
Daly, Daniel*	CHTN	117
Daly, Isiah*	LXTN	378
Daly, Michael	CHTN	293
Daly, Robert	CHTN	269
Dalymple, H	DLTN	468
Dalzell, Mrs	BNWL	456
Dameron, Edward	YORK	412
Dameron, Jasper	YORK	371
Damish, Frederick*	BNWL	339
Damn, George	EDFD	114
Dampier, Keziah	DLTN	405
Dampier, Ruth	DLTN	413
Damprier, A M	DLTN	427
Dana, Mary	CHFD	110
Dana, Mary*	CHTN	337
Dana, William**	CHTN	276
Dandridge, James	COTN	293
Dandridge, John P	COTN	315
Dandy, Marcus	LRNS	233
Daner, John M**	CHTN	434
Danerly, J H	LRNS	252
Dangerfield, Henrietta	CHTN	158
Dangerfield, John	CHTN	158
Dangerfield, Miss*	COTN	359
Dangerfield, Morton C	CHTN	156
Dangerfield, Mrs	CHTN	119
Dangerfield, Richard	CHTN	416
Dangerfield, S	CHTN	140
Dangerfield, Wm	CHTN	158
Daniel, Andred J*	SPBG	306
Daniel, Calvin J	SPBG	257
Daniel, Candia**	SPBG	242
Daniel, Clarinda	SPBG	292
Daniel, Eli	YORK	487
Daniel, Ishan	SPBG	338
Daniel, J D	WMBG	335
Daniel, J*	YORK	386
Daniel, J F*	EDFD	159
Daniel, Jackson	SPBG	294
Daniel, Jane	YORK	399
Daniel, Jas	MARN	63
Daniel, Jas	LRNS	250
Daniel, Jas W	LRNS	249
Daniel, Jesse	SPBG	318
Daniel, Jno M	LRNS	249
Daniel, Joseph J	YORK	460
Daniel, Jospeh*	ADSN	308
Daniel, Leroy	MARN	118
Daniel, M	GETN	298
Daniel, Martha	WMBG	332
Daniel, Mary*	MARN	89
Daniel, Nat	MARN	16
Daniel, Polly	SPBG	295
Daniel, Rial H	SPBG	257
Daniel, Robt	SPBG	318
Daniel, Rufus*	RHLD	27
Daniel, Rufus*	RHLD	94
Daniel, Seth	CHTN	222
Daniel, T S	EDFD	141
Daniel, Thos A	ABVL	136
Daniel, W L*	ORBG	368
Daniel, Wash G	ABVL	136
Daniel, Wesley	CHFD	172
Daniel, William	EDFD	155
Daniel, William	LXTN	423
Daniel, William A	ABVL	135
Daniel, Wm	SPBG	295
Daniel, Wm B	YORK	457
Daniels, A	HORY	43
Daniels, Ann E*	BUFT	9
Daniels, Benj	HORY	43
Daniels, Caroline	RHLD	7
Daniels, Chas	BUFT	39
Daniels, Cornelia*	BUFT	9
Daniels, David	HORY	43
Daniels, David	HORY	44
Daniels, Frances	ADSN	252
Daniels, Freelove E	BUFT	72
Daniels, H M	WMBG	355
Daniels, Henry E	BUFT	72
Daniels, Hopkins	SMTR	119
Daniels, J	HORY	25
Daniels, John	RHLD	62
Daniels, John	SMTR	115
Daniels, John	COTN	341
Daniels, John	PKNS	78
Daniels, John W	ADSN	252
Daniels, Lewis	CHTN	462
Daniels, Margaret	MARN	63
Daniels, Mary R*	BUFT	9
Daniels, Nathan	RHLD	80
Daniels, Rachel	ORBG	386
Daniels, S J*	CHTN	335
Daniels, Sallie*	CHTR	81
Daniels, Saml	BUFT	73
Daniels, Sarah	HORY	15
Daniels, Sarah	HORY	13
Daniels, Stephen**	CHTN	282
Daniels, Thos	HORY	212
Daniels, W*	HORY	12
Daniels, William	CHTN	163
Daniels, Willis	HORY	43
Daniels, Wm*	MARN	63
Daniels, Wm J	MRBO	148
Danill, John T*	GETN	290
Danils, Mary	WMBG	343
Danish, C*	CHTN	270
Dannah, A R	CHTN	141
Danner, Barnwell*	BUFT	96
Danner, Eva*	BUFT	96
Danner, Jos	BUFT	9
Danner, Mary P	BUFT	12
Danner, Mary**	BUFT	9
Danner, Mary	BUFT	89
Danner, Wm C	BUFT	6
Dannils, C J*	WMBG	343
Dannils, Charles*	WMBG	343
Dansby, Danl	ABVL	50
Dansby, David F	ABVL	96
Dansby, Elizabeth	NWBY	293
Dansby, Isaac W	ABVL	96
Dansby, Jane M	RHLD	68
Dansby, Mary E*	ABVL	50
Dansler, Jacob*	CHTN	124
Dantworth, Fred	CHTN	318
Dantzler, Allen*	ORBG	321
Dantzler, B	ORBG	321
Dantzler, Caroline	ORBG	352
Dantzler, D	ORBG	313
Dantzler, Daniel	ORBG	326
Dantzler, David*	ORBG	406
Dantzler, Derias	ORBG	322
Dantzler, E	ORBG	324
Dantzler, E P	CHTN	162
Dantzler, Edward	ORBG	333
Dantzler, Edward F	ORBG	326
Dantzler, H	ORBG	321
Dantzler, Henry	CHTN	134
Dantzler, J H	ORBG	314
Dantzler, J M	ORBG	337
Dantzler, J P	ORBG	322
Dantzler, J S*	ORBG	317
Dantzler, Jacob	ORBG	326
Dantzler, Jacob A	ORBG	333
Dantzler, James	ORBG	323
Dantzler, John	ORBG	379
Dantzler, John W	ORBG	322
Dantzler, Kezia*	ORBG	324
Dantzler, Lewis	ORBG	322
Dantzler, Lewis R	ABVL	77
Dantzler, M J*	RHLD	21
Dantzler, Mary**	ORBG	375
Dantzler, Mary	SPBG	404
Dantzler, Middleton	ORBG	325
Dantzler, Olin M	ORBG	317
Dantzler, R M*	RHLD	21
Dantzler, Rufus	ORBG	329
Dantzler, Sophia	ORBG	322
Dantzler, Thos A	ORBG	321
Dantzler, W H	PRBG	324
Dantzler, W W	ORBG	322
Dantzler, William*	GRVL	451
Dantzman, Ellen	CHTN	187
Darbey, James	CHTR	23
Darbey, W J	CHTR	15
Darby, A T	ORBG	316
Darby, Asa D	CHTR	23
Darby, D John	ORBG	316
Darby, E G	PKNS	29
Darby, Elizabeth*	CHTN	473
Darby, Elizabeth J*	SPBG	361
Darby, Ellen	CHTR	16
Darby, F B	ORBG	318
Darby, Geo*	ADSN	196
Darby, H P	SPBG	427
Darby, Henry	GRVL	449
Darby, J P	PKNS	35
Darby, James	GRVL	454
Darby, Jas	SPBG	381
Darby, John*	CHTR	3
Darby, John	NWBY	245
Darby, John	HORY	56
Darby, John S**	CHTN	441
Darby, M A**	SPBG	349
Darby, Martha*	RHLD	47
Darby, Mary L*	CHTN	428
Darby, O A*	UNON	277
Darby, P	SPBG	413
Darby, S T	SPBG	414
Darby, Simeon	NWBY	270
Darby, Thomas	CHTR	23
Darby, Wesley	GRVL	429
Darby, William	ADSN	289
Darby, William	CHTN	368
Darby, William	GRVL	423
Darby, Zadock	CHTR	13
Darcy, Margaret*	CHTN	352
Darcy, Michael	CHTN	484
Darcy, Peter**	CHTN	491
Darcy, Thomas	CHTN	278
Darden, Dorothy*	LCTR	204
Dargan, Alonzo T	DLTN	476
Dargan, B*	SPBG	258
Dargan, C A	DLTN	436
Dargan, Eliz	DLTN	372
Dargan, G W*	CHTN	371
Dargan, J F*	GRVL	410
Dargan, Jn O B	DLTN	415
Dargan, Julius A	DLTN	476
Dargan, Kemp S	RHLD	4
Dargan, L O**	SPBG	309
Dargan, M*	SPBG	258
Dargan, S L	DLTN	374
Dargan, S T A	DLTN	391
Dargan, T A	DLTN	379
Dargan, T G*	CHTN	370
Dargin, Emily	SMTR	158
Dargin, John M	SMTR	158
Dargin, William J	SMTR	181
Darien, James	BUFT	53
Darien, John T	BUFT	70
Darien, Maria	BUFT	72
Darkes, G M	COTN	351
Darkes, W W	COTN	350
Darling, Chisteen	NWBY	216
Darling, Rosey	SPBG	416
Darlington, Chorlast	ABVL	98
Darlington, Henry	ADSN	156
Darlington, John*	BNWL	469
Darlington, W*	BNWL	468
Darnal, Irving	COTN	348
Darnel, Elizabeth*	YORK	399
Darnel, Malinda	PKNS	142
Darnell, John	ADSN	322
Darnell, W R*	LRNS	299
Darnell, William	GRVL	365
Darnold, J A	PKNS	34
Darnold, William	ORBG	376
Darr, Horatio L	SMTR	178
Darracott, William G	ABVL	2
Darrah, James*	CHTN	119
Darrel, James*	COTN	332
Darrell, Ann	CHTN	402
Darricott, Henry	ADSN	289
Darricott, Theodore	ADSN	289
Darrough, John**	ABVL	92
Dart, William**	CHTN	111
Darvagin, Philip	GRVL	489
Darvin, Gilly	YORK	486
Darvin, Robt G*	YORK	468
Darvis, John	PKNS	72
Darwin, P B	YORK	373
Darwin, R R	YORK	489
Darwold, Miles	PKNS	47
Dary, Ellen F	NWBY	277
Dasell, Dr A	GETN	323
Dash, Adam	ORBG	330
Dash, Lewis W	ORBG	361
Dasher, Doris*	CHTN	322
Daulton, Harrison	GRVL	375
Daulton, Martha*	GRVL	408
Davall, Lewis	LRNS	351
Davall, Marion	LRNS	353
Davant, Adrian E	BUFT	29
Davant, Charles E	BUFT	29
Davant, John L	BUFT	31

Name	Loc	Pg	Name	Loc	Pg	Name	Loc	Pg
Davant, John*	CHTN	190	Davidson, Lydia	YORK	413	Davis, E T	EDFD	111
Davant, Richard J	BUFT	29	Davidson, Martha	NWBY	271	Davis, E W	KRSW	80
Davas, John**	CHTN	388	Davidson, Martin	SPBG	236	Davis, E W*	SPBG	307
Davega, A H	CHTR	68	Davidson, Michael	BUFT	45	Davis, Edmund	RHLD	58
Davega, Grace	CHTN	340	Davidson, Mila	PKNS	79	Davis, Edward	ABVL	119
Davenport, David	GRVL	380	Davidson, Noah	GRVL	377	Davis, Edwd M	BUFT	22
Davenport, Ewd	CHTN	242	Davidson, R J	GETN	307	Davis, Edwin	CLDN	195
Davenport, Floyd	GRVL	433	Davidson, R S	NWBY	271	Davis, Elias	SMTR	157
Davenport, Francis	GRVL	430	Davidson, Raymond	SPBG	248	Davis, Elifah*	BNWL	448
Davenport, Francis	ADSN	305	Davidson, Robert	YORK	499	Davis, Elisa*	CHTN	307
Davenport, G W	ADSN	180	Davidson, Robert	UNON	288	Davis, Elisha	CHFD	128
Davenport, H B	ADSN	199	Davidson, Robt	YORK	439	Davis, Eliza**	CHTN	519
Davenport, Isaac	GRVL	430	Davidson, S N	NWBY	235	Davis, Eliza	GETN	291
Davenport, J	NWBY	259	Davidson, Theodore*	YORK	382	Davis, Elizabeth	UNON	229
Davenport, J G	NWBY	230	Davidson, Thos	CHTN	358	Davis, Elizabeth	LXTN	369
Davenport, J M**	NWBY	237	Davidson, Thos I*	BUFT	72	Davis, Elizabeth*	ABVL	119
Davenport, J P	NWBY	238	Davidson, William	YORK	511	Davis, Elizabeth	ADSN	284
Davenport, J P*	ADSN	198	Davidson, William	CHTN	450	Davis, Elizth	BUFT	59
Davenport, J W	GRVL	426	Davidson, Wright*	ADSN	187	Davis, Elvira*	SPBG	218
Davenport, James*	NWBY	229	Davie, M F	CHTN	237	Davis, Emily**	BUFT	32
Davenport, Jeff	NWBY	236	Davie, Miss*	CHTN	320	Davis, Emma*	ORBG	347
Davenport, Jesse L*	LRNS	262	Davies, Hamilton	COTN	343	Davis, Emma*	ABVL	114
Davenport, Jno	LRNS	243	Davies, James	COTN	343	Davis, Emma*	ABVL	119
Davenport, John	NWBY	233	Davies, Jenkins	COTN	542	Davis, Epps	CHTR	7
Davenport, John*	NWBY	294	Davill, Jas	CHTN	204	Davis, Essabell	BNWL	396
Davenport, John	GRVL	431	Davis William	ABVL	38	Davis, Frances*	ABVL	38
Davenport, Jos*	ABVL	64	Davis Wm H	ABVL	55	Davis, Frances	SPBG	410
Davenport, Joseph	GRVL	433	Davis, A	CHTN	131	Davis, Franklin*	SPBG	196
Davenport, L P**	LRNS	231	Davis, A G	MARN	66	Davis, Garson	SMTR	98
Davenport, M F	GRVL	425	Davis, A Jackson	BUFT	59	Davis, Geo A	ABVL	38
Davenport, M*	SPBG	259	Davis, A P	NWBY	234	Davis, George W	RHLD	43
Davenport, Nancy	NWBY	238	Davis, A W	UNON	238	Davis, George*	GRVL	368
Davenport, O S*	NWBY	236	Davis, Abigal	ORBG	382	Davis, George	PKNS	172
Davenport, Obediah	GRVL	430	Davis, Abner	GRVL	427	Davis, Ginsey	MARN	37
Davenport, Polly*	NWBY	233	Davis, Addison	CHTN	175	Davis, Grace W	RHLD	92
Davenport, Ransom	LRNS	247	Davis, Advilla*	SMTR	135	Davis, Griffin*	ADSN	254
Davenport, S A	NWBY	231	Davis, Albert*	COTN	367	Davis, H C	FAFD	231
Davenport, Sarah*	CHTN	368	Davis, Albert J*	CHTN	410	Davis, H E	PKNS	78
Davenport, Silas*	LRNS	262	Davis, Alexander	SPBG	239	Davis, H R	GETN	284
Davenport, Tabitha	GRVL	433	Davis, Alexr*	ADSN	254	Davis, Hampton	SMTR	137
Davenport, Thomas*	GRVL	406	Davis, Alfred	GRVL	448	Davis, Hannah	ADSN	187
Davenport, Thomas*	GRVL	420	Davis, Alfred	KRSW	85	Davis, Harriet**	MARN	9
Davenport, Travis	LRNS	244	Davis, Allen	RHLD	63	Davis, Harriet S	COTN	326
Davenport, W	GRVL	494	Davis, Anderson	UNON	221	Davis, Harry C**	BNWL	470
Davenport, W A	GRVL	428	Davis, Andrew C*	RHLD	44	Davis, Harvey	PKNS	81
Davenport, W A	GRVL	425	Davis, Ann	MARN	37	Davis, Hayne	ORBG	386
Davenport, W P	NWBY	261	Davis, Ann	ORBG	395	Davis, Haywood*	ABVL	141
Davenport, W W	GRVL	250	Davis, Ann**	YORK	398	Davis, Haze*	CHTR	72
Davenport, William	GRVL	456	Davis, Ann**	UNON	228	Davis, Henry	RHLD	45
Davenport, Wm	NWBY	229	Davis, Anthony	GRVL	427	Davis, Henry	MARN	122
Davenport, Wm	GRVL	428	Davis, Archd	ADSN	197	Davis, Henry	CHTN	149
Davenport, Wm	ADSN	163	Davis, Arthur L	RHLD	63	Davis, Henry*	CHTN	176
Davey, Robt	CHTN	309	Davis, B	DLTN	460	Davis, Henry	GRVL	394
Davey, Wm	CHTN	309	Davis, B F	MARN	6	Davis, Henry	PKNS	186
Davice, Jacob	SPBG	278	Davis, B F*	SPBG	270	Davis, Highland	SPBG	409
Davice, Jane	SPBG	279	Davis, B T	CHFD	139	Davis, Hiram	UNON	224
Davice, Jas	SPBG	277	Davis, B Washington	BUFT	83	Davis, Hosea*	SPBG	419
Davice, Jno P	SPBG	280	Davis, Bazzell	ADSN	195	Davis, Hugh	MARN	10
Davice, Taylor*	SPBG	277	Davis, Ben	EDFD	16	Davis, Huldah*	CLDN	191
David, A H**	MRBO	145	Davis, Benj	MARN	9	Davis, Isaac	UNON	198
David, Ann	MRBO	148	Davis, Benjamin	SMTR	105	Davis, Isaac	ADSN	284
David, Caroline*	ABVL	1	Davis, Benjn*	ABVL	29	Davis, Isaac	WMBG	312
David, Cath J	MRBO	161	Davis, Berry	ADSN	300	Davis, Isaac	ADSN	290
David, Elizb**	ABVL	8	Davis, C	CHTN	308	Davis, J A	KRSW	99
David, Henry	KRSW	124	Davis, C F	COTN	330	Davis, J B	BNWL	473
David, Henry	KRSW	117	Davis, C W	CHFD	125	Davis, J B	CHTN	218
David, J A	GRVL	415	Davis, Calomia*	UNON	192	Davis, J B	BNWL	432
David, Jacob	ABVL	141	Davis, Caroline	KRSW	107	Davis, J C	CHTN	346
David, James E	MRBO	161	Davis, Caroline*	ADSN	200	Davis, J C	COTN	313
David, Jane*	ABVL	43	Davis, Caroline A	BUFT	41	Davis, J F	CHTN	125
David, Jane	CHTN	411	Davis, Catharine*	CHTN	435	Davis, J F*	CLDN	213
David, Jesse	MRBO	149	Davis, Catherine	FAFD	231	Davis, J H	ADSN	176
David, Jno	WMBG	307	Davis, Cecelia M*	RHLD	54	Davis, J H	FAFD	217
David, John	ABVL	13	Davis, Charity	GRVL	355	Davis, J J	KRSW	134
David, Joseph	CHTN	408	Davis, Charles	ADSN	291	Davis, J J	LRNS	222
David, Josephine**	CHTN	467	Davis, Charles	COTN	266	Davis, J J	CLDN	196
David, Joshua	MRBO	148	Davis, Charles J	BUFT	94	Davis, J K	FAFD	257
David, L	MARN	29	Davis, Charles S	ADSN	284	Davis, J L	BNWL	467
David, Lucy*	MRBO	146	Davis, Charles W	SMTR	180	Davis, J M	EDFD	35
David, Mander	CHFD	113	Davis, Chesley	NWBY	242	Davis, J P G	WMBG	309
David, Mrs Frances	MRBO	149	Davis, Chs	ADSN	192	Davis, J S*	CHTN	218
David, Mrs Lucy	MRBO	153	Davis, Col Thos	YORK	414	Davis, J T**	WMBG	315
David, Welcom	MRBO	146	Davis, Columbus	MRBO	166	Davis, J T	LXTN	464
David, Wm J	MRBO	142	Davis, Cynthia	GRVL	355	Davis, Jackson	KRSW	106
Davidson, Chest*	ADSN	187	Davis, D C*	NWBY	290	Davis, Jacob	ORBG	383
Davidson, Easter	YORK	413	Davis, D R	MARN	53	Davis, Jacob*	EDFD	187
Davidson, Edward C	RHLD	48	Davis, D R	CHFD	119	Davis, James	MARN	10
Davidson, Elias	YORK	436	Davis, D R	BNWL	478	Davis, James	ORBG	371
Davidson, Eliza	RHLD	6	Davis, D W	CHTN	476	Davis, James A*	BUFT	71
Davidson, Elizabeth*	GRVL	377	Davis, Daniel	ORBG	389	Davis, James A*	BUFT	31
Davidson, G H	LRNS	336	Davis, Danl	LXTN	464	Davis, James L	MARN	36
Davidson, George	COTN	316	Davis, Darling	SMTR	142	Davis, James N	NWBY	269
Davidson, Hazel	SPBG	278	Davis, David	GRVL	347	Davis, James O	BUFT	74
Davidson, Isaac	COTN	314	Davis, David T**	RHLD	63	Davis, James P	MRBO	177
Davidson, J G	YORK	447	Davis, Dedami	COTN	278	Davis, James**	CHTN	131
Davidson, J Wood*	RHLD	33	Davis, Dison	LCTR	212	Davis, James	ABVL	145
Davidson, James*	RHLD	55	Davis, Dr J B*	GAFD	259	Davis, James	ADSN	289
Davidson, Jas	GRVL	363	Davis, Dr J F	FAFD	267	Davis, James	SPBG	346
Davidson, Jas B	YORK	438	Davis, E	CHFD	145	Davis, James	PKNS	85
Davidson, Jas*	SPBG	279	Davis, E A	YORK	468	Davis, James G	PKNS	100
Davidson, Jno L	CHFD	144	Davis, E C	HORY	66	Davis, Jane*	ORBG	387
Davidson, John A**	YORK	383	Davis, E D	SMTR	165	Davis, Jane	YORK	463
Davidson, John*	SPBG	231	Davis, E E**	MARN	37	Davis, Jane	ADSN	337
Davidson, John	SPBG	276	Davis, E F	SPBG	390	Davis, Jane*	CHTR	6
Davidson, Joseph*	ADSN	280	Davis, E M	MARN	27	Davis, Jane*	GRVL	327
Davidson, Lemuel	CHTR	82	Davis, E S	CHTR	80	Davis, Jas*	NWBY	305

Name	Loc	Pg
Davis, Jas	LRNS	230
Davis, Jas A	SPBG	400
Davis, Jas C	YORK	421
Davis, Jas L	LRNS	259
Davis, Jas M	MRBO	164
Davis, Jason B	UNON	191
Davis, Jefferson	PKNS	78
Davis, Jesse	MARN	100
Davis, Jesse	COTN	366
Davis, Jno	UNON	209
Davis, Jno B	CHTR	8
Davis, Jno Bankston	SPBG	265
Davis, Jno C	CHFD	0
Davis, Jno F H	ABVL	52
Davis, Jno H	LRNS	311
Davis, Jno M J	DLTN	430
Davis, Jno O	MRBO	210
Davis, Jno*	CLDN	213
Davis, Jno	SPBG	294
Davis, Jno	LRNS	254
Davis, Joanna	CHTN	131
Davis, Joel*	CHFD	108
Davis, John	SMTR	111
Davis, John	MARN	10
Davis, John	RHLD	3
Davis, John	RHLD	89
Davis, John	WMBG	309
Davis, John B	MARN	140
Davis, John H*	RHLD	10
Davis, John H	MARN	42
Davis, John Jr	RHLD	90
Davis, John*	ORBG	409
Davis, John	GRVL	362
Davis, John	GRVL	346
Davis, John	ADSN	330
Davis, John	CHTN	405
Davis, John	UNON	199
Davis, John A	BNWL	489
Davis, John L	ADSN	192
Davis, John*	ABVL	119
Davis, John O*	ADSN	300
Davis, John*	ABVL	114
Davis, John	ABVL	84
Davis, John	ADSN	331
Davis, John*	CHTN	110
Davis, John*	UNON	275
Davis, John	SMTR	142
Davis, John S**	UNON	208
Davis, John*	FAFD	202
Davis, John	PKNS	35
Davis, John	SPBG	349
Davis, John	LRNS	310
Davis, John	SPBG	376
Davis, John W	SPBG	370
Davis, Jonah T	YORK	421
Davis, Joseph P	MARN	123
Davis, Joseph*	KRSW	136
Davis, Joseph	CHTN	182
Davis, Joseph W	YORK	496
Davis, Joseph W	RHLD	1
Davis, Josiah	MARN	117
Davis, Julia*	CHFD	114
Davis, Julia F	MARN	135
Davis, Julian	MARN	140
Davis, Keziah	BNWL	490
Davis, L A	FAFD	235
Davis, L W W	CHTN	518
Davis, L*	CHFD	106
Davis, Laura*	UNON	234
Davis, Lavina	SMTR	99
Davis, Lena	UNON	235
Davis, Levi	ADSN	261
Davis, Lewis*	ABVL	25
Davis, Lewis	COTN	362
Davis, Lewis*	EDFD	187
Davis, Lidia	ADSN	235
Davis, Lienezer	MRBO	184
Davis, Louis**	CHTN	469
Davis, Louisa*	CHTN	109
Davis, Louise C*	PKNS	30
Davis, Lucinda	RHLD	59
Davis, Lucy	MRBO	166
Davis, Lucy	NWBY	263
Davis, Lucy*	FAFD	274
Davis, M	CHTN	345
Davis, M C H	NWBY	240
Davis, M E	YORK	414
Davis, M E*	EDFD	126
Davis, M J*	KRSW	129
Davis, M L	GRVL	433
Davis, M L	LCTR	148
Davis, M L	PKNS	73
Davis, M M	CLDN	244
Davis, Mahala	SPBG	400
Davis, Margaret	SMTR	137
Davis, Margarett S*	PKNS	77
Davis, Margt**	CLDN	241
Davis, Maria	ORBG	306
Davis, Marion	ADSN	191
Davis, Martha	EDFD	69
Davis, Martha A	BUFT	83
Davis, Martha C*	CHTR	7
Davis, Martha*	CHTN	131
Davis, Martha*	PKNS	103
Davis, Martin	SMTR	142
Davis, Martin*	ADSN	167
Davis, Mary	CHTN	144
Davis, Mary	ABVL	38
Davis, Mary	CHTN	200
Davis, Mary Jane*	SMTR	111
Davis, Mary	CHTN	520
Davis, Mary	SMTR	114
Davis, Mary	CHTN	334
Davis, Mary	DLTN	399
Davis, Mary	PKNS	172
Davis, Mary	SPBG	412
Davis, Mary A	CHTN	191
Davis, Mary A*	CHTN	144
Davis, Mary C	GETN	294
Davis, Mary E	FAFD	259
Davis, Mary J	UNON	283
Davis, Matthew	ADSN	191
Davis, Metilda	GRVL	432
Davis, Michael	CHFD	94
Davis, Miram*	KRSW	112
Davis, Molley	SMTR	137
Davis, Morgan	ORBG	389
Davis, Morgan	SPBG	401
Davis, Moses	ADSN	191
Davis, Moses	CHTN	469
Davis, Mrs B	EDFD	33
Davis, Mrs Lucy	ABVL	35
Davis, Mrs. Harrit*	FAFD	231
Davis, Mulina*	NWBY	250
Davis, N H**	SPBG	316
Davis, N Jeff	ABVL	36
Davis, Nancy W*	GRVL	432
Davis, Nancy*	SPBG	226
Davis, Nancy	LRNS	352
Davis, Nancy	NWBY	243
Davis, Napoleon	SPBG	385
Davis, Nathan	CHTN	488
Davis, Nathan	GRVL	327
Davis, Needham	BNWL	409
Davis, Nicy*	ORBG	315
Davis, Nimrod	ABVL	141
Davis, O H	GETN	289
Davis, Oliver	SPBG	417
Davis, Oliver*	CHTN	130
Davis, Osamus*	BNWL	396
Davis, P*	CHTN	527
Davis, Patrick*	CHTN	448
Davis, Perry	SPBG	242
Davis, Perry	GRVL	437
Davis, Philip F	CHTN	177
Davis, Pleasant*	NWBY	263
Davis, Posey*	ABVL	145
Davis, Pressley	SPBG	427
Davis, R L*	EDFD	167
Davis, Rachel	ORBH	382
Davis, Rachel*	RHLD	54
Davis, Rd W	BUFT	72
Davis, Rebecca*	ABVL	21
Davis, Rebecca*	CHTN	428
Davis, Rebecca	GRVL	504
Davis, Rebecca	GRVL	471
Davis, Rebecca**	CHTN	496
Davis, Rentha	SMTR	149
Davis, Rentha	SMTR	149
Davis, Rev Wm H	ABVL	8
Davis, Richard*	SPBG	411
Davis, Richard	BUFT	21
Davis, Richard	ADSN	337
Davis, Richard	RHLD	29
Davis, Riley	FAFD	243
Davis, Robert	ORBG	382
Davis, Robert	SMTR	142
Davis, Robt	CHFD	118
Davis, Robt	SPBG	417
Davis, Robt M	ABVL	134
Davis, Ross C	CHTN	198
Davis, S A	MARN	53
Davis, Saml	KRSW	133
Davis, Saml	DLTN	432
Davis, Samuel	RHLD	13
Davis, Samuel J	BUFT	59
Davis, Samuel J Jr	BUFT	58
Davis, Samuel*	PKNS	47
Davis, Sarah	CHFD	128
Davis, Sarah J*	NWBY	244
Davis, Sarah*	CHTN	503
Davis, Sarah	CHTN	214
Davis, Sarah	RHLD	2
Davis, Sarah H	FAFD	233
Davis, Sarah	GRVL	346
Davis, Sarah*	GRVL	456
Davis, Sarah*	FAFD	263
Davis, Shepperd	EDFD	167
Davis, Sidney*	SPBG	428
Davis, Sidney	PKNS	3
Davis, Simon	FAFD	255
Davis, Smith L	NWBY	275
Davis, Spencer W	SMTR	111
Davis, Spencer, W	SMTR	137
Davis, Stephen*	RHLD	78
Davis, Sterling	SPBG	390
Davis, Susan	PKNS	3
Davis, Susan	UNON	203
Davis, Susan G	COTN	259
Davis, Sylvester	FAFD	211
Davis, T F Sr	KRSW	133
Davis, T H	WMBG	309
Davis, T H*	BNWL	468
Davis, T H	FAFD	235
Davis, T J M	CLDN	198
Davis, T Jas	CLDN	216
Davis, T M**	MARN	55
Davis, T N*	CLDN	195
Davis, T R	KRSW	100
Davis, T W	GRVL	405
Davis, Talley*	KRSW	111
Davis, Teny	LRNS	352
Davis, Theodore G	MARN	10
Davis, Thomas	SPBG	245
Davis, Thomas	PKNS	78
Davis, Thomas	PKNS	148
Davis, Thomas	KRSW	119
Davis, Thomas*	GRVL	441
Davis, Thomas*	RHLD	23
Davis, Thomas	HORY	370
Davis, Thomas D	RHLD	23
Davis, Thomas E*	CHTN	482
Davis, Thomas*	ADSN	284
Davis, Thompson	PKNS	193
Davis, Thornberry	LRNS	252
Davis, Thos	ABVL	123
Davis, Thos	SPBG	400
Davis, Thos	SPBG	399
Davis, Thos D	CLDN	190
Davis, Thos F	KRSW	127
Davis, Thos F	PKNS	81
Davis, Thos J	SPBG	399
Davis, Thos J	EDFD	82
Davis, Thos P	CHFD	120
Davis, Thos R	PKNS	15
Davis, Trane	CHTN	270
Davis, Turner	SMTR	111
Davis, Turner G	ABVL	143
Davis, Urbane	ORBG	371
Davis, Van	NWBY	235
Davis, W	FAFD	235
Davis, W A	CLDN	195
Davis, W A H	SMTR	161
Davis, W B	ADSN	176
Davis, W E	UNON	191
Davis, W J*	CHTR	71
Davis, W J	FAFD	234
Davis, W K	CHTN	334
Davis, W L	ADSN	187
Davis, W R*	PKNS	3
Davis, W S	WMBG	328
Davis, W W	COTN	332
Davis, W W	CHFD	120
Davis, W W	BNWL	480
Davis, Warren	CHTN	375
Davis, Warren R	PKNS	59
Davis, Wash**	DLTN	394
Davis, Washington	FAFD	211
Davis, Wesly	ADSN	191
Davis, Whitefield*	UNON	206
Davis, Whitfield	NWBY	273
Davis, William	COTN	272
Davis, William**	CHTN	216
Davis, William*	ADSN	252
Davis, William	UNON	203
Davis, William*	COTN	306
Davis, William	ABVL	145
Davis, William*	GRVL	346
Davis, William	SPBG	205
Davis, William W	BNWL	396
Davis, William*	UNON	241
Davis, William	COTN	260
Davis, William	SMTR	172
Davis, William	ADSN	286
Davis, William	SMTR	142
Davis, William	ORBG	382
Davis, William	ORBG	326
Davis, William	NWBY	290
Davis, William R	ORBG	343
Davis, William S	NWBY	290
Davis, William,	GRVL	355
Davis, Wm	DLTN	471
Davis, Wm C	NWBY	242
Davis, Wm	MARN	36
Davis, Wm	ADSN	179
Davis, Wm	WMBG	313
Davis, Wm	MRBO	163
Davis, Wm	ADSN	191
Davis, Wm	CHFD	119
Davis, Wm	CHFD	118
Davis, Wm J	MARN	140
Davis, Wm M	MARN	10
Davis, Wm T	YORK	421
Davis, Wm*	CHTN	129
Davis, Wm H	PKNS	46
Davis, Wm P	PKNS	33
Davis, Wm	CHTN	199
Davis, Wm	LRNS	250
Davis, Wm	SPBG	399
Davis, Z	CHTN	333
Davis, Z*	MARN	52
Davise, Matilda**	ABVL	106
Davison, Julia	CHTN	375
Davison, Thomas S	CHTN	479
Davos, Jackson	EDFD	21
Daw, Solomon*	LXTN	384
Dawes, A S	DLTN	392
Dawes, H P*	CHTN	371

Name	Loc	Pg
Dawes, Rebecca**	CLDN	220
Dawkin, J M	SPBG	365
Dawkin, Martha	FAFD	259
Dawkins, Benjamin*	SPBG	257
Dawkins, Carrie*	ABVL	21
Dawkins, Eli	CHTR	41
Dawkins, Elijah	MRBO	168
Dawkins, Elijah	UNON	283
Dawkins, F	NWBY	220
Dawkins, Henry	FAFD	271
Dawkins, Henry	NWBY	276
Dawkins, J T	FAFD	222
Dawkins, J T	FAFD	257
Dawkins, James	KRSW	105
Dawkins, Jesse	FAFD	245
Dawkins, John	NWBY	220
Dawkins, John	ADSN	225
Dawkins, Joshua	UNON	282
Dawkins, Lloyd	RHLD	90
Dawkins, Margaret*	FAFD	259
Dawkins, Mc	KRSW	108
Dawkins, N*	SPBG	258
Dawkins, Nancy	UNON	283
Dawkins, Sarah*	NWBY	240
Dawkins, T N	UNON	267
Dawkins, T S	UNON	188
Dawkins, Thos E*	SPBG	313
Dawkins, W J	FAFD	257
Dawkins, William	UNON	202
Dawkins, Williby	KRSW	101
Dawkins, Wm	ADSN	208
Dawkins, Wm*	KRSW	105
Dawkins, Wm	FAFD	262
Dawny, E J	YORK	483
Dawny, Jno	YORK	483
Dawsey, Anderson	PKNS	73
Dawsey, C*	GETN	314
Dawsey, Daniel	HORY	41
Dawsey, John	HORY	41
Dawsey, John W	CHTN	151
Dawsey, M J	GETN	297
Dawsey, Martha*	PKNS	86
Dawsey, Wm M	PKNS	73
Dawson, A V	CHTN	456
Dawson, Amon	UNON	235
Dawson, Ann C*	CHTN	261
Dawson, Anza E	BUFT	72
Dawson, Augustus	BUFT	45
Dawson, C H	BNWL	460
Dawson, Charlott*	BNWL	495
Dawson, David	ADSN	189
Dawson, E J*	COTN	323
Dawson, E J	CHTN	258
Dawson, Eliza W	BUFT	27
Dawson, Elizabeth*	PKNS	129
Dawson, F*	CHTN	218
Dawson, F**	CHTN	335
Dawson, Flora	ABVL	136
Dawson, G W	CHFD	131
Dawson, Grace M*	CHTN	261
Dawson, Henry	CHTN	364
Dawson, J E	CHTN	111
Dawson, J H	CHTN	374
Dawson, J S	SPBG	256
Dawson, James	CHTN	250
Dawson, James*	CHTN	258
Dawson, Job	CHTN	363
Dawson, John L	CHTN	192
Dawson, Jos	CHTN	232
Dawson, Jos L	ADSN	154
Dawson, Joseph	ADSN	291
Dawson, Josiah**	BUFT	27
Dawson, L O	CHTN	101
Dawson, Laurens*	CHTN	436
Dawson, Margaret	CHTN	362
Dawson, Margaret	YORK	508
Dawson, Miss E	CHTN	354
Dawson, Nathan	GRVL	369
Dawson, Richard	CHTN	426
Dawson, Samuel	KRSW	126
Dawson, Thomas	COTN	323
Dawson, Thomas W	ADSN	259
Dawson, Thos	KRSW	100
Dawson, Thos J	BUFT	26
Dawson, Tobias*	CHTN	380
Dawson, Wm H	CHTN	357
Day, Austin	PKNS	142
Day, Balis	PKNS	98
Day, Baswell	GRVL	328
Day, Benj	BNWL	418
Day, Bennet	EDFD	36
Day, Bradwell	PKNS	157
Day, Cyvilla*	FAFD	272
Day, David**	CHTN	287
Day, David*	CHTN	318
Day, E*	EDFD	186
Day, Eliza	ABVL	72
Day, Elizabeth*	PKNS	32
Day, Elizb S*	ABVL	72
Day, Emeline*	GRVL	329
Day, Franklin	ADSN	313
Day, Henry	EDFD	11
Day, James	LXTN	468
Day, James	EDFD	11
Day, Jas T	ABVL	70
Day, Jno	EDFD	142
Day, John	LRNS	307
Day, John T	PKNS	175
Day, Julius	EDFD	20
Day, Mansfield*	ABVL	69
Day, Martin V*	PKNS	32
Day, Mrs N	EDFD	11
Day, Nancy	ADSN	265
Day, Nathan	LRNS	307
Day, Peter	EDFD	11
Day, Seaborn	EDFD	11
Day, Susannah*	BNWL	418
Day, William**	CHTN	288
Day, Zacriah*	FAFD	256
Dayden, Mr	CHTN	316
Dayley, W B**	NWBY	304
Days, Jane*	CHTN	375
Daznull, Nancy**	BNWL	458
De Bois, Daphene*	CHTN	449
De Caradeuc, F*	CHTN	370
De Coste, Evoline*	CHTN	438
De Gerard, Ann*	CHTN	428
De Lamotta, Miss*	CHTN	335
De Lange, John	CHTN	411
De Large, John	CHTN	411
De Leamarck, R*	CHTN	217
De Lorme, William*	CHTN	449
De Prie, John A	CHTN	490
de Saporte, A	CHTN	460
De Treville, Ellis	CHTN	434
De Treville, Robt	CHTN	361
De Veaux, John P	CHTN	433
Deal, Alex	ABVL	66
Deal, E M	PKNS	35
Deal, H A	ADSN	177
Deal, J C	GETN	286
Deal, J M	YORK	476
Deal, Jno A*	ABVL	135
Deal, M**	SPBG	258
Deal, Newton J	ABVL	112
Deal, Peter Y*	RHLD	46
Deal, Thos	ABVL	114
Deal, W M	EDFD	114
Deale, James**	LCTR	218
Deale, S C	EDFD	134
Deale, Shadrach	ADSN	221
Dean, A B*	SPBG	407
Dean, A B	EDFD	14
Dean, Aaron	EDFD	135
Dean, Abram H	SPBG	404
Dean, Adeline**	LRNS	260
Dean, Alfred	SPBG	380
Dean, Allen N	BUFT	27
Dean, Amanda	EDFD	24
Dean, Amy*	EDFD	165
Dean, Andrew R	BUFT	48
Dean, Ann**	LXTN	377
Dean, B D	ADSN	230
Dean, Bryan	EDFD	128
Dean, C P	GRVL	499
Dean, Charles	EDFD	150
Dean, Col A B	EDFD	62
Dean, Col J J	ADSN	245
Dean, Edwin*	LXTN	452
Dean, Elizabeth	ADSN	244
Dean, Elizb*	ABVL	8
Dean, G A	KRSW	132
Dean, H R*	EDFD	106
Dean, Harriet E*	LRNS	300
Dean, Hugh*	CLDN	204
Dean, J A	LRNS	336
Dean, J Gideon	BUFT	48
Dean, J H*	GRVL	403
Dean, James A	EDFD	41
Dean, James P B	EDFD	194
Dean, Jesse	GRVL	499
Dean, Jno W	EDFD	143
Dean, Job	NWBY	286
Dean, Jobe	LRNS	317
Dean, John	LRNS	319
Dean, John	GRVL	459
Dean, John	ADSN	171
Dean, John	EDFD	149
Dean, Jonn L*	SMTR	139
Dean, John V	LCTR	197
Dean, Josiah M	ADSN	294
Dean, Kate*	CHTN	301
Dean, Larkin	ABVL	142
Dean, M W	EDFD	128
Dean, Mans**	EDFD	33
Dean, Mary	PKNS	149
Dean, Mary B***	SPBG	265
Dean, Mary E*	ABVL	87
Dean, Mary Owen	SPBG	313
Dean, Miss S	EDFD	38
Dean, Moses	ADSN	243
Dean, P L	PKNS	58
Dean, R F	EDFD	64
Dean, R M*	LRNS	312
Dean, Rachel	GRVL	459
Dean, Richard	PKNS	95
Dean, Robt	ADSN	243
Dean, S A	ADSN	245
Dean, Sarah	EDFD	137
Dean, Sarah T	BUFT	50
Dean, Sim	EDFD	65
Dean, Smallwood	EDFD	150
Dean, Theos	EDFD	122
Dean, Viney*	ABVL	93
Dean, William T	RHLD	34
Dean, Wm	COTN	362
Dean, Wm E*	SPBG	312
Dean, Yancy*	EDFD	112
Deandon, Samuel*	ORBG	404
Deane, Biniah	SMTR	119
Dearing, A L	EDFD	168
Dearing, John*	CHTN	196
Dearman, Ann E	GRVL	472
Dearman, Samuel	PKNS	92
Dearson, Wiley	BNWL	491
Deas Elizabeth A	CHTN	234
Deas, L H	KRSW	138
Deas, Caroline	SMTR	111
Deas, Caroline	SMTR	111
Deas, Catherine	DLTN	464
Deas, E H	CHTN	160
Deas, Eliza	CHTN	472
Deas, Elizabeth*	MARN	30
Deas, Ellison	CHFD	126
Deas, Hial	LCTR	211
Deas, Jane E**	MARN	83
Deas, Jesse	CHFD	142
Deas, John	DLTN	457
Deas, John E	MARN	25
Deas, K	CHTN	220
Deas, King	CHTN	306
Deas, Laney*	MARN	30
Deas, M J*	MARN	83
Deas, Marion**	RHLD	84
Deas, Martha*	CHTN	400
Deas, Mary*	RHLD	55
Deas, Mary	MARN	26
Deas, Mrs	CHTN	326
Deas, Patsey	SMTR	130
Deas, Ritta*	MARN	82
Deas, Robt	CHTN	278
Deas, Sarah*	CHTN	199
Deas, Seaman	GETN	316
Deas, Simon*	MARN	29
Deas, Sophronia*	SMTR	149
Deas, Sophronia	SMTR	132
Deas, Stephen R*	MARN	118
Deas, Wiley	MARN	29
Deas, William	CHTN	404
Deas, William	SMTR	150
Deas, Wm	YORK	462
Deason, Berry	ABVL	18
Deason, John*	BNWL	339
Deason, John	ABVL	18
Deaton, Elijah	EDFD	96
Deaton, Jackson	PKNS	76
Deaton, Wm D	PKNS	79
Deaton, Wm D	PKNS	65
Deauxdon, Paul*	ORBG	407
Deavoce, Susan	LRNS	323
Debarry, James*	SPBG	316
Debenere, John	BNWL	459
Debereux, Nicholas	CHTN	390
DeBerry, Henry	MARN	54
DeBerry, R M	MARN	12
DeBerry, W H	SMTR	161
Debogran, Wm**	CHTN	478
DeBonville, Peter	CHTN	387
DeBose, Jno	CLDN	240
Debouse, Lancaster	BNWL	421
Debow, John	CHTN	126
DeBow, William H*	CHTN	488
DeBruhl, George	KRSW	102
DeBruhl, Jesse	KRSW	121
DeBruhl, Jesse	RHLD	24
DeBruhl, L	KRSW	90
DeBruhl, Susan	ABVL	19
Decamps, Buddy*	GRVL	403
DeCamps, Julius**	CHTN	455
DeCaradcano, J A	BNWL	425
Decater, Sarah	UNON	203
Decker, Jefferson	SPBG	366
Decon, Jean	CHTN	207
DeCoots, Augustus C	EDFD	116
Decots, Mrs H*	CHTN	317
Decrew, Martha*	BNWL	495
Deddy, Mary**	RHLD	46
Dee, Benjamin*	CHTN	469
Deegan, Henry	CHTN	390
Deems, Dorsey*	CHFD	101
Deen, Jane*	RHLD	14
Deen, John	NWBY	250
Deen, John J*	RHLD	86
Deen, Julius*	NWBY	250
Deen, Starling	BUFT	63
Deen, William W	RHLD	87
Deens, Brutus	CHTN	436
Deens, Louisa*	SPBG	357
Deer, George	BNWL	488
Deer, Wm P**	MARN	21
Dees, A	CHFD	166
Dees, Aaron	CHFD	162
Dees, Ara	CHFD	143
Dees, B	CHFD	143
Dees, Caleb	CHFD	162
Dees, D	CHFD	143
Dees, Duncan	CHFD	165
Dees, Elias	CHFD	163

Name	Loc	Pg
Dees, Ezekiel	KRSW	112
Dees, Harriet*	CHFD	115
Dees, James	CHFD	129
Dees, John	LCTR	192
Dees, Levi	CHFD	162
Dees, Lewis	CHFD	131
Dees, M	CHFD	112
Dees, M	CHFD	145
Dees, Mark	CHFD	174
Dees, Newitt	CHFD	162
Dees, P	CHFD	157
Dees, Sampson	LCTR	205
Dees, Thomas Sr	CHFD	161
Dees, Thos	CHFD	162
Dees, Wm	BNWL	352
Dees, Zilpha*	CHFD	151
Deese, Asa	LCTR	195
Deese, Henry	MRBO	198
Deese, Martha	SMTR	154
Deese, Nathan	MRBO	211
Deese, Polly**	MRBO	209
Deese, W C*	EDFD	144
Defee Alexr*	DLTN	441
Defee, Eliz*	DLTN	441
Defee, Sarah**	DLTN	476
Defse, Jas	DLTN	401
Defu, Elizabeth*	CLDN	232
DeGafferelly, Jane**	CHTN	457
DeGraffenrei, Thos	CHTR	73
DeGraffnrid, Techanu	CHTR	91
Dehan, Hannah*	CHTN	382
DeHart, Henry	LXTN	404
Dehay, David**	CHTN	123
DeHay, Elizabeth**	CHTN	478
Dehay, George	CHTN	122
Dehay, Middleton	CHTN	155
Dehay, R H	CHTN	157
Dehay, Richard F	CHTN	155
DeHay, Z J	KRSW	134
Dehiha, George L*	NWBY	270
Dehon, T Dr	DOTN	319
Dehon, William	CHTN	371
Deighen, J	CHTN	256
DeJournette, Walter*	CHFD	185
DeKay, John	PKNS	89
DeLaFunte, J	CHTN	246
DeLaigle, Emma*	RHLD	22
Delaigle, Mary*	RHLD	22
Delamar, Mary*	COTN	366
Deland, John C	SPBG	398
DeLand, P J	SPBG	338
Delaney, James	CHTN	269
Delano, Mike*	CHTN	236
Delany, James	LCTR	151
Delany, Martin	ABVL	80
Delany, R C	LCTR	151
Delass, Saul	SPBG	426
Delaughter, Jno	EDFD	74
DeLaughter, Miss R*	EDFD	79
Delaughter, Mrs M*	EDFD	59
Delegard, William**	CHTN	474
Delemar, Charles G	COTN	362
Deleney, Dr J	FAFD	210
Deleney, Mary	FAFD	217
DeLeon, Edward	RHLD	60
Deleon, H Henry**	CHTN	333
DeLeon, Henritta	KRSW	136
DeLeon, John B	COTN	337
DeLeon, Mary	RHLD	6
Deleon, Mrs H**	CHTN	333
Deleon, Mrs J	CHTN	341
Deleslane, A	CHTN	345
DeLeslie, Edward**	CHTN	295
deLeslie, Mary E*	CHTN	481
Delesline, Wm E	COTN	323
Delesline, Wm T	COTN	323
Delettre, Ann	CHTN	384
Delettre, U A	HORY	59
Deliesseline, Emoline*	CHTN	442
Delina, Mary T	BNWL	355
Delk, Henry	BNWL	380
Delk, Jacob	BNWL	387
Delk, Mary*	DLTN	412
Delk, Robert	BNWL	382
Delk, William L	CHTN	117
Della Torre, J C	CHTN	383
Dellannoy, M**	RHLD	83
Delleney, J R	FAFD	210
Dellettre, Maxime*	CHTN	299
Deloach, A	EDFD	187
Deloach, Allen*	EDFD	158
Deloach, Calvin*	NWBY	252
Deloach, Elizth A	BUFT	55
Deloach, F P**	BNWL	453
Deloach, George*	EDFD	146
DeLoach, J R*	KRSW	136
Deloach, Jacob C	BUFT	69
Deloach, James	BUFT	57
Deloach, Jesse	BUFT	57
Deloach, Jesse A*	BUFT	62
Deloach, John	EDFD	164
Deloach, M A	EDFD	142
Deloach, Mary	EDFD	146
Deloach, Michael	BUFT	57
Deloach, Nelson	CLDN	215
Deloach, Rebecca S*	BUFT	60
Deloach, S P	EDFD	125
Deloach, Samuel*	EDFD	162
DeLoach, Sarah S	BUFT	89
Deloach, Susanna E	SMTR	183
Deloach, Thos	EDFD	42
Deloach, Willis	EDFD	151
Deloach, Wm	BUFT	61
Delorme, Charles	SMTR	184
Delorme, John T	SMTR	176
Delorme, William M	SMTR	175
Delory, Lawrence M	HORY	64
Delph, Mary	RHLD	54
Delph, R J	EDFD	114
Delph, W P	EDFD	113
Demarcus, John	GRVL	337
Demby, Cely	CHFD	169
Demby, John	CHFD	169
Demby, Joseph	CHFD	169
Demick, Francis*	LXTN	400
deMilton, Frances	CHTN	450
Demmens, Martin*	CHTN	367
Demmerick, T	CHTN	259
Demps, John	MARN	26
Demps, Mary	MARN	82
Dempsey, D Robert	BUFT	87
Dempsey, Daniel	COTN	271
Dempsey, Daniel	CHTN	151
Dempsey, Elizabeth	SPBG	205
Dempsey, Howard	CHTN	165
Dempsey, Lewis	COTN	285
Dempsey, Mell	ORBG	409
Dempsey, Tabby*	SPBG	265
Dempsy, Barnabas	ORBG	379
Dempsy, Calvin*	ORBG	370
Dempsy, Daniel*	ORBG	371
Dempsy, Dave*	SPBG	429
Dempsy, Mary*	ORBG	372
Dempsy, Nathan*	SPBG	368
Demsy, John	SPBG	367
Denaux, Edwd*	ORBC	408
Dendy, Alfred	LRNS	310
Dendy, Daniel	NWBY	251
Dendy, Danl	LRNS	293
Dendy, Elizabeth	PKNS	99
Dendy, M B	PKNS	86
Dendy, Mrs A E	ABVL	23
Dendy, Mrs Mary J**	ABVL	47
Dendy, S P	ADSN	256
Dendy, Silas	LRNS	354
Dendy, Thos M	LRNS	317
Dendy, W H*	PKNS	34
Dendy, Willis	LRNS	239
Denett, Thomas	FAFD	260
Denham, Nancy C*	SPBG	364
Denham, Thomas	SPBG	239
Denick, Nancy	NWBY	225
Denien, Daniel**	CHTN	281
Denington, Elizabeth*	PKNS	52
Deniof, Van*	SPBG	199
Denis, J*	UNON	290
Denis, Lawrence	RHLD	12
Denis, Mr*	CHTN	314
Denis, W J	WMBG	334
Denise, Clara*	CHTN	315
Denley, Wright	RHLD	91
Dennie, C O	GETN	316
Denning, Wm*	CHTN	196
Dennis, A J*	WMBG	309
Dennis, Adeline E	SMTR	122
Dennis, B*	WMBG	328
Dennis, Benjamin	CHTN	341
Dennis, Cara*	WMBG	460
Dennis, D W	MARN	3
Dennis, Danl	CLDN	243
Dennis, David	CHTR	33
Dennis, Ervin	WMBG	337
Dennis, Frances A*	CHTN	157
Dennis, Francis*	CHTN	426
Dennis, G	WMBG	306
Dennis, Geo*	DLTN	393
Dennis, Henrietta R*	CHTN	158
Dennis, J H*	WMBG	312
Dennis, Jas A	DLTN	375
Dennis, Jene	NWBY	225
Dennis, Jerry	SMTR	135
Dennis, John	MARN	30
Dennis, John S	SMTR	182
Dennis, Jos W*	NWBY	235
Dennis, L J	WMBG	338
Dennis, Levi	ABVL	18
Dennis, Lucy	LXTN	392
Dennis, Margaret	GETN	313
Dennis, Mary*	SMTR	134
Dennis, Mary*	HORY	23
Dennis, Nelson	CLDN	219
Dennis, P H	NWBY	225
Dennis, Patk*	CHTN	192
Dennis, Rebecca*	CHTN	154
Dennis, Reuben	YORK	368
Dennis, Robt E	SMTR	161
Dennis, S	WMBG	339
Dennis, Samuel D	SMTR	133
Dennis, Sarah	CHTR	92
Dennis, Soloman C	ORBG	353
Dennis, Streety	MARN	29
Dennis, T G M*	CLDN	238
Dennis, Virginia*	CHTN	157
Dennis, W K	WMBG	340
Dennis, W W*	SMTR	135
Dennis, Ward	ADSN	248
Dennis, William P	ADSN	256
Dennis, William*	CHTN	426
Dennison, E W*	BUFT	39
Dennison, Rebecca	CHTN	444
Dennison, T J	LRNS	311
Denny, A W	EDFD	194
Denny, David	EDFD	167
Denny, J P	EDFD	193
Denny, J W	EDFD	154
Denny, John	EDFD	194
Denny, Mrs	CHTN	328
Denoon, Henry	CHTN	360
DeNoon, M C	KRSW	135
DeNorray, A L*	ADSN	159
Densmore, Mathew	COTN	316
Denson, Alfred	NWBY	262
Denson, Elizabeth	NWBY	262
Denson, Jessy	LRNS	321
Denson, Lura A*	NWBY	262
Denson, Nancy	LRNS	321
Denson, Susan*	NWBY	288
Dent, Hezekiah H	RHLD	69
Dent, Jesse E	RHLD	42
Dent, S A*	NWBY	292
Dent, Saml	RHLD	75
Dent, T F	FAFD	253
Denton, C W	CHFD	95
Denton, E J	LCTR	150
Denton, F M	LCTR	170
Denton, J J	LCTR	160
Denton, Jas S	LCTR	165
Denton, Mary*	LCTR	209
Denton, Sarah	LCTR	217
Denton, T B*	LCTR	217
Denton, W C	LCTR	168
Denver, Sophia	GRVL	411
DeOgley, C W	GRVL	418
Depalgo, Jno	CHFD	156
Depas, S	CHTN	314
DePass, J S	KRSW	131
DePass, W L	KRSW	136
DePre, Laffayette	CHTN	146
DePree, J G	CHTN	503
Deprie, J C	CHTN	509
Deracken, James*	MARN	121
Derackin, E S**	MARN	58
Derackin, M A	MARN	58
Derch, Thomas*	LXTN	453
Dereef, Joseph	CHTN	475
Dereef, Joseph A**	CHTN	475
Dereef, R E	CHTN	403
Dereff, Richard J*	CHTN	423
Dergin, Jno*	CHFD	110
Derham, J H	HORY	30
Derick, E A*	EDFD	172
Derick, Jane*	PKNS	60
Dericot, L O*	ADSN	172
Derly, George*	UNON	189
Dermish, Christian*	CHTN	445
Derrick, Anna E	LXTN	396
Derrick, Catharine	LXTN	372
Derrick, Catharine	LXTN	396
Derrick, David	LXTN	409
Derrick, David	LXTN	378
Derrick, David**	LXTN	373
Derrick, Emanl	LXTN	396
Derrick, F W	LXTN	409
Derrick, Geo J	LXTN	455
Derrick, Godfrey	LXTN	377
Derrick, H D	LXTN	409
Derrick, Henry	LXTN	371
Derrick, J J	LXTN	403
Derrick, J N	EDFD	25
Derrick, J T	LXTN	370
Derrick, J*	NWBY	292
Derrick, Jesse	EDFD	175
Derrick, Jesse	LXTN	378
Derrick, Jno S	LXTN	396
Derrick, John A J	RHLD	15
Derrick, Jos	LXTN	370
Derrick, Levi	LXTN	396
Derrick, Mary E	LXTN	396
Derrick, Mrs E	EDFD	7
Derrick, Nancy	LXTN	378
Derrick, Nancy	LXTN	406
Derrick, P M	LXTN	416
Derrick, Patty**	PKNS	62
Derrick, Paul	ORBG	317
Derrick, Paul P*	LXTN	400
Derrick, Polly	LXTN	403
Derrick, Tillman	LXTN	419
Derrick, W T	LXTN	372
Deruf, Richard*	ADSN	257
Dervet, Samuel	BNWL	346
Derwort, G H	CHTN	372
Desante, Miss*	CHTN	327
DeSaussure, Chs	CHTN	187
DeSaussure, Douglass B**	RHLD	6
Desaussure, H W	CHTN	329
Desaussure, H W***	BUFT	70
Desaussure, H W	KRSW	138
Desaussure, J M	KRSW	125

Name	Loc	Pg
Desaussure, J M	KRSW	125
DeSaussure, L M	BUFT	6
DeSaussure, Louis	CHTN	213
DeSaussure, Mary L*	CHTN	184
DeSaussure, Mrs Ann**	BUFT	1
DeSaussure, William F	RHLD	28
DeSaussure, Wilmot	CHTN	190
Deschampes, Francis J	SMTR	114
Deschampes, G S C	SMTR	182
Deschampes, William F	SMTR	159
Deschamps, S E*	SMTR	161
Desel, Caroline	CHTN	437
DeShields, Julia	SPBG	356
Desicott, Herbert	ADSN	158
Desmond, Bridgt	CHTN	511
Desmond, J*	CHTN	263
Desmuks, Dister**	CHTN	105
Desor, Richard	BUFT	78
DeSorme, Chas H	DLTN	471
DeSorme, Des D*	DLTN	471
DeSorme, H R	DLTN	382
DeSorme, Jas E**	CHFD	188
Desorrnie, Peter	BNWL	461
Desportes, A	FAFD	200
Desports, Mary Jane*	CHTN	482
Desports, William	CHTN	482
Dessaure, Annie*	CHTN	192
Dessaussure, H W*	CHTN	371
Desselin, Jas	CHTN	324
Dessickes, Sarah	NWBY	284
Dessure, Joseph*	CHTN	191
Dessure, Julia*	CHTN	191
Detells, J	CHTN	258
DeTreville, Sarah	BUFT	13
DeTreville, Wm J	BUFT	10
DeTruex, V*	CHTN	465
Detyens, H F	GETN	289
Deubles, Constantine	BUFT	26
Deuke, John	CHTN	292
Deusch, A	PKNS	36
Devane, Mary	MARN	141
DeVanx, J P	CHTN	141
Devaux, L B*	SMTR	174
Devearsk, Wm*	ABVL	2
Deveau, J H*	CHTN	335
Deveaux, A B	CHTN	178
Deveaux, Amarintha*	CHTN	176
Deveaux, Catharin*	CHTN	176
DeVeaux, James C*	RHLD	51
Deveaux, Julia**	CHTN	296
DeVeaux, Martha**	CHTN	415
Deveaux, Stephen L	RHLD	9
Deveaux, Thos*	RHLD	48
Devenan, Mrs	CHTN	313
Devenport, A M	EDFD	188
Devenport, J C	EDFD	159
Devens, Joseph	CHTN	257
Deveraux, Marion V	SMTR	156
Devereaux, John	RHLD	46
Deverick, Francis	CHTN	516
Devernon, William	CHTN	391
Devine, G F**	KRSW	125
Devine, James	GETN	286
Devine, Jeremh	DLTN	418
Devine, Steven**	CHTN	285
Devise, Patsy	ABVL	110
Devlin, Jas J	ABVL	50
Devlin, Jno L	ABVL	37
Devlin, Robt	ABVL	50
Devo, William	PKNS	185
Devon, Rich	EDFD	124
Devore, Ansel	EDFD	37
Devore, D	LXTN	454
Devore, E*	EDFD	125
Devore, Elbert	EDFD	63
Devore, Emily J**	EDFD	77
Devore, J A	EDFD	85
Devore, John*	EDFD	125
Devore, John	EDFD	126
Devore, John	GRVL	461
Devore, Johnathan	EDFD	127
Devore, Mrs C*	EDFD	71
Devore, Rich	EDFD	124
Devore, Thomas*	EDFD	20
Devore, Wm*	EDFD	89
Devoux, C**	CHTN	515
Dew, Abram	MARN	15
Dew, Ann A*	MARN	70
Dew, C T	MARN	82
Dew, Celia	MARN	105
Dew, David	KRSW	82
Dew, F C	MARN	83
Dew, H	MARN	15
Dew, Hugh	MARN	23
Dew, Jno A	MARN	23
Dew, M A*	MARN	84
Dew, Martha	DLTN	401
Dew, S W	MARN	83
Dew, Sarah A*	DLTN	473
Dew, Wm	MARN	86
Dewalt, G G*	NWBY	301
Dewalt, Rebecca	NWBY	301
Dewalt, Sarah	NWBY	218
Dewberry, John	SPBG	284
Dewberry, Rachel,	SPBG	284
Dewees, John	CHTN	404
DeWees, Wm E	CHTN	383
Dewire, James	CHTN	461
Dewit, Elizabeth	MARN	37
Dewit, Jacob	COTN	308
Dewit, Peter	MARN	37
Dewitt, C M	BNWL	477
Dewitt, Danl	COTN	351
Dewitt, G	CHTN	532
Dewitt, Joseph G W	HORY	59
Dewitt, Rebecca**	BUFT	56
DeWitt, Richd R	BUFT	96
DeWitt, S B	DLTN	377
DeWitt, W C	BNWL	476
DeWitt, W F	DLTN	374
Dews, Bethel	BUFT	24
Dews, Mary*	BNWL	455
Deyoung, Sarah	GRVL	450
Dial, Albert	LRNS	288
Dial, Allan	LRNS	283
Dial, Elizh	LRNS	288
Dial, Hannah	LRNS	271
Dial, Hastings	LRNS	283
Dial, Hastings	LRNS	224
Dial, Jacob	MRBO	204
Dial, Jas	LRNS	301
Dial, Jno	LRNS	271
Dial, John	MRBO	209
Dial, John C**	RHLD	13
Dial, Lewis	LRNS	283
Dial, Mary	LRNS	289
Dial, Newton	LRNS	301
Dial, Sarah	RHLD	81
Dial, William H	RHLD	26
Diamond, George**	BNWL	507
Dias, Alice*	BNWL	438
Dias, Cush*	BNWL	438
Dias, Jud	BNWL	438
Dias, Wm	BNWL	438
Dias, Wm Sr	BNWL	438
Dibble, Elly	KRSW	129
Dibble, M A*	RHLD	21
Dibble, Mrs	CHTN	319
Dibble, Philando	CHTN	274
Dibble, Samuel*	ORBG	408
Dice, J A	LRNS	318
Dice, Louisa*	RHLD	50
Dicher, W H*	CHTN	502
Dick, Archd	LRNS	262
Dick, Leonard W	SMTR	173
Dick, Mary J*	CHTN	214
Dick, Robert	WMBG	346
Dick, Robert J	SMTR	175
Dick, Thomas E	SMTR	173
Dick, Thomas M*	RHLD	51
Dick, W Edward	SMTR	178
Dickard, Henry	ADSN	229
Dickard, M A	EDFD	33
Dickard, Wm	ADSN	229
Dicken, Henry*	RHLD	8
Dicken, John*	WMBG	318
Dickerson, Eliza*	CHTN	213
Dickerson, Geo W	RHLD	7
Dickerson, Mrs R	CHTN	222
Dickerson, T E	MARN	34
Dickert, A G	LXTN	401
Dickert, Bettie**	NWBY	270
Dickert, Cathn*	NWBY	235
Dickert, D A*	NWBY	270
Dickert, Edney	NWBY	229
Dickert, Frank M	NWBY	276
Dickert, George H	NWBY	271
Dickert, Henry	NWBY	258
Dickert, Jacob	NWBY	279
Dickert, Jesse	NWBY	266
Dickert, Mary	NWBY	271
Dickert, O A	NWBY	218
Dickert, Sarah	NWBY	255
Dickert, Simon	NWBY	284
Dickert, Wm	NWBY	236
Dickey, Ann S	YORK	466
Dickey, Charles	YORK	366
Dickey, Charles*	NWBY	286
Dickey, E O	GRVL	445
Dickey, Jno	CHTR	77
Dickey, Lewis H	GRVL	505
Dickey, M D	GRVL	348
Dickey, Nancy*	FAFD	200
Dickey, Peter	FAFD	254
Dickey, Reuben	COTN	332
Dickey, Susan	CHTR	76
Dickey, William D	GRVL	507
Dickey, Wm	CHTR	49
Dickey, Wm	CHTR	78
Dickinson, Benj	FAFD	263
Dickinson, Frank K	BNWL	347
Dickinson, H*	CHTN	350
Dickinson, Henry*	SPBG	313
Dickinson, Henry S	SMTR	105
Dickinson, Isaac	LXTN	387
Dickinson, Jane C	BNWL	347
Dickinson, John	FAFD	276
Dickinson, Josiah**	BNWL	346
Dickinson, Martha*	GRVL	407
Dickinson, R	DLTN	236
Dickinson, Robt	ADSN	236
Dickinson, Ruth	ADSN	326
Dickinson, Stephen*	LXTN	429
Dickinson, Thos**	GETN	291
Dickinson, Wm J	BNWL	481
Dickison, Nancy*	PKNS	162
Dicks, A N	EDFD	50
Dicks, Aley	BNWL	444
Dicks, Daniel	HORY	28
Dicks, James	BNWL	399
Dicks, John	HORY	14
Dicks, John W	BNWL	383
Dicks, Joseph**	BNWL	399
Dicks, Mary	BNWL	426
Dicks, Rebecca*	CHTN	428
Dicks, Sarah*	BNWL	399
Dicks, William	BNWL	398
Dicks, William G	BNWL	398
Dickson, A A	ADSN	290
Dickson, Andrew	PKNS	41
Dickson, Archd	CHFD	103
Dickson, B	PKNS	80
Dickson, B E*	BNWL	462
Dickson, Benj	BNWL	437
Dickson, David	PKNS	70
Dickson, Dulcina	YORK	510
Dickson, Effy	DLTN	438
Dickson, Frances	PKNS	90
Dickson, Isaac**	CHTN	395
Dickson, J S	DLTN	376
Dickson, J W	SPBG	365
Dickson, James A	PKNS	90
Dickson, James H	GRVL	446
Dickson, John	PKNS	70
Dickson, John	ADSN	337
Dickson, John P	RHDL	63
Dickson, John S	PKNS	93
Dickson, Julia C*	DLTN	405
Dickson, Lewis	PKNS	89
Dickson, Marsh	PKNS	53
Dickson, Mary*	ADSN	328
Dickson, Mary	CHTN	448
Dickson, Mary A	CHFD	120
Dickson, Mathew	ADSN	313
Dickson, Milla**	PKNS	156
Dickson, Milton	CHFD	97
Dickson, N J	MARN	14
Dickson, Nancy*	CHFD	120
Dickson, Nathaniel	ADSN	282
Dickson, Rev H R	COTN	359
Dickson, Richd	CHFD	183
Dickson, Robt L	ABVL	27
Dickson, Sarah*	BNWL	441
Dickson, Sarah	ADSN	284
Dickson, Simpson	PKNS	90
Dickson, Sloan	PKNS	87
Dickson, Sush	DLTN	464
Dickson, Thomas	ADSN	286
Dickson, Thomas J*	PKNS	180
Dickson, Thos*	CHFD	121
Dickson, Thos	CHFD	97
Dickson, W C	ADSN	266
Dickson, W L	BNWL	438
Dickson, William	GRVL	446
Dickson, Wm	PKNS	89
Dickson, Wm	PKNS	85
Dickson, Wm P	SPBG	246
Dickson, Wm S	PKNS	96
Dicky, Adam	FAFD	282
Dicky, Alexander	CHTR	48
Dicky, Jno	CHTR	48
Dieckel, Jno*	CHTN	303
Dieckhoff, Christian	CHTN	396
Diefenback, C	CHTN	103
Diercks, Gerhard	RHLD	6
Dierson, William**	CHTN	517
Dierssen, Henry C	CHTN	413
Diev, S J	EDFD	151
Diggs, Joseph*	SMTR	136
Digman, James*	CHTN	110
Digman, Mary W*	RHLD	2
Dignan, Charles	CHTN	286
Dilinham, Jas	YORK	484
Dill, A A*	GRVL	356
Dill, Ann	GRVL	507
Dill, Annanias	GRVL	392
Dill, Barttel	ABVL	49
Dill, Benjamin F	GRVL	395
Dill, Betsy	GRVL	440
Dill, Bright	MARN	1
Dill, C P	GRVL	469
Dill, Carroll**	GRVL	347
Dill, Edward*	GRVL	419
Dill, Edward	GRVL	397
Dill, Elias	GRVL	398
Dill, Elias	SPBG	241
Dill, Elijah	GRVL	387
Dill, Eliza	GRVL	397
Dill, Elizabeth	GRVL	516
Dill, Elizabeth	GRVL	452
Dill, Evaline	GRVL	505
Dill, F M	GRVL	401
Dill, Garrison R	GRVL	346
Dill, George	GRVL	506
Dill, George Jr	GRVL	399
Dill, Harriet	SPBG	234
Dill, J D	GRVL	401
Dill, James	GRVL	451

Name	Loc	Pg	Name	Loc	Pg	Name	Loc	Pg	Name	Loc	Pg
Dill, Jno	SPBG	234	Dirs, Becca	GRVL	488	Dod, A*	UNON	274
Dill, John	GRVL	398	Dirten, Mary	CHTN	277	Dod, Acy	UNON	189
Dill, Joseph T	CHTN	115	Disaker, John T	RHLD	94	Dod, Elias*	UNON	274
Dill, Lemuel	GRVL	451	Disaker, Mary	RHLD	38	Dod, Levi	UNON	193
Dill, Marcus	LRNS	243	Discher, Robert W	CHTN	385	Dod, Lucrtn	UNON	192
Dill, Maria*	LRNS	243	Disher, Ives**	ORBG	406	Dod, Thompson	UNON	192
Dill, N H	GRVL	346	Disher, R W	CHTN	168	Dodd, Aaron	PKNS	44
Dill, S T	GRVL	449	Disher, Wm S	CHTN	477	Dodd, Dennis S	PKNS	190
Dill, Sarah	GRVL	400	Dismal, Humphry**	CHTN	403	Dodd, Diana*A	LRNS	322
Dill, Stephen Sr	GRVL	400	Disson, Sophia	CHTN	302	Dodd, Eliza	SPBG	424
Dill, Theron	GRVL	507	Diston, Robert*	WMBG	300	Dodd, Elizabeth	COTN	293
Dill, Tom	GRVL	395	Diver, R F*	NWBY	268	Dodd, Eunice*	WMBG	301
Dill, W M	GRVL	400	Divine, John	SPBG	223	Dodd, Francis*	PKNS	2
Dill, William P	GRVL	452	Divine, Mary*	DLTN	450	Dodd, Henry	SPBG	202
Dillard, A J	UNON	241	Divine, Michl*	CHTN	202	Dodd, Ira E	PKNS	2
Dillard, Allen	RHLD	4	Divine, Thos O*	ABVL	150	Dodd, James Jr	PKNS	1
Dillard, Carter	PKNS	132	Divver, Mrs E B*	CHTN	240	Dodd, James Sr	PKNS	2
Dillard, Cebron	UNON	262	Dixion, Isabella	YORK	497	Dodd, John	CHTR	6
Dillard, Eliza*	LRNS	333	Dixon, A F	ORBG	409	Dodd, Polly*	SPBG	313
Dillard, Elizh	LRNS	317	Dixon, A M	GETN	288	Dodd, Shade	PKNS	2
Dillard, George	SPBG	381	Dixon, Alex	ABVL	101	Dodd, Thomas	PKNS	29
Dillard, George**	UNON	192	Dixon, Asenath	YORK	485	Dodd, Wm F	PKNS	29
Dillard, Harrison	PKNS	188	Dixon, Benj	FAFD	207	Doddy, David	CHTR	79
Dillard, Harrison	PKNS	184	Dixon, Benjamin	SMTR	151	Dodenhoff, Henry	BNWL	476
Dillard, Herkimer	SPBG	224	Dixon, Britton	CHFD	104	Dodge, Albert*	CHTN	258
Dillard, James	SPBG	224	Dixon, Caroline O*	CHTN	423	Dodge, J B**	CHTN	214
Dillard, Jane A	LRNS	347	Dixon, Dilithy	CHFD	97	Dodger, J D	EDFD	149
Dillard, John	SPBG	212	Dixon, Drape A	CHFD	66	Dodgings, Thomas	PKNS	110
Dillard, John G	GRVL	334	Dixon, Edward	CHTN	507	Dodson, Asbury	ABVL	142
Dillard, K*	SPBG	316	Dixon, Eliza**	SMTR	181	Dodson, E G	CHTR	76
Dillard, Louisa	LRNS	324	Dixon, Elizabeth	MRBO	168	Dodson, Elizabeth*	EDFD	142
Dillard, Manning G	LRNS	332	Dixon, Emma	CHTN	438	Dodson, George W	PKNS	128
Dillard, Margt	SPBG	351	Dixon, Ezekiel*	SMTR	173	Dodson, John	PKNS	128
Dillard, Mary*	SPBG	254	Dixon, Frank*	ABVL	27	Dodson, John	PKNS	27
Dillard, Musberry	PKNS	133	Dixon, H W*	KRSW	138	Dodson, Richard	PKNS	81
Dillard, Thomas	ADSN	154	Dixon, Henry*	CHFD	98	Doe, Judy	BNWL	504
Dillard, Thos*	LRNS	319	Dixon, Hester E	SMTR	156	Doelle, Robt**	CHTN	258
Dillard, Thos	PKNS	188	Dixon, J H	YORK	470	Doer, Susan**	COTN	252
Dillard, Tobias G	ADSN	253	Dixon, J L	CLDN	237	Doer, William A	COTN	292
Dillard, W D	UNON	189	Dixon, James	LCTR	210	Dogan, Cyntha	FAFD	266
Dillard, William*	LRNS	325	Dixon, James	CLDN	207	Dogan, Joseph	UNON	273
Dillard, Wm	ABVL	18	Dixon, Jno W	CHFD	96	Dogan, W S	UNON	273
Dillashaw, Jacob	ABVL	13	Dixon, John H	SMTR	96	Dogerty, John**	CHTN	245
Dillashaw, Otis R	ABVL	14	Dixon, Joseph	CHFD	105	Dogerty, Michael	CHTN	246
Dillashaw, William	CHTN	396	Dixon, L	CHFD	97	Doggell, J J	CLDN	238
Dilley, Nancy*	ABVL	80	Dixon, Lou Ella P*	SMTR	95	Dogget, Pressley	DLTN	461
Dilliad, Sophonia*	YORK	510	Dixon, Mary M*	ABVL	37	Doggett, Mary D	SPBG	300
Dillingham, Archibald	CHTN	468	Dixon, Mary*	ABVL	119	Doggett, Thos W	GETN	321
Dillingham, Thomas	CHTN	253	Dixon, Mary	CHFD	99	Dogherty, Owen	CHTN	257
Dillman, Philip*	CHTN	426	Dixon, Mary*	YORK	380	Dogins, William	PKNS	10
Dillon, George*	MARN	22	Dixon, Nancy	SMTR	95	Doherty, Jas*	EDFD	47
Dillon, J W	MARN	114	Dixon, S L	KRSW	81	Dolan, Francis*	ABVL	150
Dillon, Jas W	CHTN	392	Dixon, Sam	SMTR	129	Dolan, John*	CHTN	471
Dillon, Patrick**	MARN	44	Dixon, Saml*	ABVL	119	Dolin, M	ORBG	310
Dillon, William	MARN	43	Dixon, Sarah	YORK	472	Dollar, E A	LRNS	290
Dillow, Amanda**	BUFT	66	Dixon, Susanah*	YORK	487	Dollard, Theresa	CLDN	208
Dillow, Isabella*	PKNS	151	Dixon, Thomas	CHTN	410	Dollason, Alx	CHTN	159
Dillworth, Benjamin	PKNS	149	Dixon, Thomas**	CHTN	461	Doller, Jno*	LRNS	287
Dillworth, Rebecca	ADSN	333	Dixon, Thomas	YORK	367	Dollscred, John*	PKNS	37
Dilworth, Amos	ADSN	331	Dixon, William K	SMTR	96	Dolorea, A	RHLD	50
Dilworth, Benjamin	MRBO	145	Dixon, William*	UNON	273	Dom, Paul	CHTN	350
Dimery, Allen*	MRBO	185	Dixon, William	ABVL	130	Domard, Theresa	CLDN	208
Dimery, Daniel	MARN	8	Dixon, Wm	KRSW	81	Domine, Wm	FAFD	210
Dimery, Danl	HORY	28	Dixon, Wm	HORY	70	Dominic, Cathe*	LRNS	321
Dimery, David	HORY	28	Dixson, William	ORBG	375	Dominick, A M	NWBY	220
Dimery, James	MARN	14	Dixson, William*	EDFD	47	Dominick, A P	NWBY	257
Dimery, Jas T	MRBO	144	Dizeman, Jno*	CHTN	311	Dominick, B L	NWBY	221
Dimery, John	MRBO	160	Dnan, Jane*	RHLD	24	Dominick, Geo	NWBY	218
Dimery, John	HORY	28	Doafts, Charlotte A	CHTN	217	Dominick, Geo	NWBY	223
Dimery, Mary	HORY	28	Doane, Maria	RHLD	52	Dominick, Geo	NWBY	219
Dimery, Robt	HORY	28	Doar, James C*	CHTN	99	Dominick, H M	NWBY	218
Dimery, Uriah	MRBO	205	Doar, Louisa	CHTN	468	Dominick, H W	NWBY	223
Dimmick, John	BUFT	21	Doar, Marcus	CHTN	143	Dominick, Henry	NWBY	214
Dimond, James*	BNWL	467	Doar, Mary	CHTN	236	Dominick, J H	NWBY	234
Dimond, Seaborn*	GRVL	327	Doar, Mrs M A	CHTN	353	Dominick, Jacob	NWBY	219
Dinah, B	MARN	48	Doar, S D	CHTN	148	Dominick, Jas	NWBY	221
Dinah, E*	MARN	51	Doar, S D	COTN	292	Dominick, Jesse	NWBY	214
Dinah, Edward	CHTN	295	Doar, William	CHTN	234	Dominick, John	NWBY	216
Dinget, Henry	CLDN	205	Doare, Mrs Sarah A*	NWBY	241	Dominick, John	NWBY	214
Dingle, J H Jr	SMTR	183	Dobbins, Charlotte	ADSN	232	Dommick, Andrew	RHLD	82
Dingle, James H Sr	CHTN	367	Dobbins, Clark	SPBG	237	Domonick, F H	NWBY	254
Dingle, John*	CLDN	211	Dobbins, Dillard	SPBG	401	Don, Louisa	EDFD	12
Dingle, Moses	CHTN	387	Dobbins, Duey S	GRVL	391	Donaghae, Thomas	CHTN	395
Dingle, Moses	CLDN	211	Dobbins, Fieldy	ADSN	272	Donahue, Martin	RHLD	4
Dingle, Moses	CLDN	210	Dobbins, Henry*	NWBY	241	Donaker, Cathena**	CHTN	508
Dingle, R R	CLDN	211	Dobbins, J N	ADSN	305	Donald, Alfred	SMTR	130
Dingle, Rufus	CHTN	451	Dobbins, James	ADSN	272	Donald, Benjamin W	CHTN	443
Dingle, Wesley D*	CHTN	459	Dobbins, James	GRVL	389	Donald, Dan	LRNS	250
Dingle, William B*	CLDN	244	Dobbins, Jas	SPBG	378	Donald, Elizabeth	ADSN	311
Dinkens, M E**	EDFD	36	Dobbins, Jesse*	NWBY	264	Donald, H	LRNS	287
Dinkins, C M**	SMTR	96	Dobbins, John D M	ADSN	154	Donald, James	YORK	503
Dinkins, Camilla W	RHLD	89	Dobein, ------	GETN	314	Donald, Jane*	ABVL	127
Dinkins, Eliza	SMTR	180	Dobien, Saml	GETN	320	Donald, Jas F	ABVL	141
Dinkins, Esther A	RHLD	150	Dobson, Joseph R	BUFT	30	Donald, Jno	ABVL	144
Dinkins, Francis M	CLDN	192	Dobson, Leander	YORK	408	Donald, Marion	ADSN	311
Dinkins, Jno G	EDFD	79	Dobson, Mary	BUFT	62	Donald, Mary	ABVL	29
Dinkins, John	SMTR	157	Dobson, Minta	YORK	408	Donald, Mrs W A	CHTN	219
Dinkins, L H	EDFD	23	Dobson, Ransom	SPBG	367	Donald, Presley	UNON	288
Dinkins, Micajah	SMTR	112	Dobson, William	PKNS	172	Donald, Saml	ABVL	140
Dinkins, Nora*	EDFD	86	Doby, A C	KRSW	135	Donald, Samuel C	BNWL	381
Dinkins, Richard	FAFD	246	Doby, J E	FAFD	245	Donald, Sidney**	SMTR	159
Dinkins, Robert	SMTR	180	Doby, J W	KRSW	135	Donald, Susan	ABVL	114
Dinkins, T Waites	FAFD	229	Doby, Mrs M	EDFD	89	Donald, Susan D	SMTR	117
Dinkle, J M	CHTN	305	Docher, Catherine*	CHTN	490	Donald, Thos J	LRNS	286
Diome, Geo**						Donald, Wm	ABVL	98
						Donaldson, James*	CHTN	210

Name	Loc	Pg	Name	Loc	Pg	Name	Loc	Pg
Donaldson, N	GRVL	430	Dorr, Elizabeth*	ADSN	315	Douglas, Robt S*	RHLD	49
Donaldson, Robert A*	BUFT	69	Dorr, H S L*	CHTN	370	Douglas, S*	ORBG	327
Donaldson, Sarah	ADSN	181	Dorr, Mary	ADSN	313	Douglas, Sarah*	ORBG	327
Donaldson, T Q*	GRVL	402	Dorr, Patrick M**	CHTN	377	Douglas, Shadrack	ORBG	327
Donaldson, W M	GRVL	430	Dorrah, J F	LRNS	348	Douglas, Susan	CHTN	496
Donaldson, Wm	CHTR	75	Dorrah, Jas	LRNS	273	Douglas, Thomas	YORK	408
Donalson, Charlot	ABVL	99	Dorrah, M	LRNS	273	Douglas, Thomas A	ABVL	61
Donalson, Dinah	ABVL	21	Dorrah, Susan	LRNS	275	Douglas, W Robt	KRSW	137
Donalson, Eliza	ABVL	31	Dorrah, W M	LRNS	263	Douglas, William	RHLD	74
Donalson, Margt	MRBO	168	Dorrell, James M	SMTR	121	Douglas, William	LXTN	453
Donalson, Sarah	ABVL	31	Dorrell, M H	GETN	293	Douglas, William*	ORBG	323
Donaly, Samuel I*	CHTN	464	Dorrell, R E	CLDN	242	Douglas, William	RHLD	57
Done, Bridget	CHTN	336	Dorrill, Caroline L	ADSN	158	Douglas, Wm**	LXTN	453
Done, H W	CHTN	316	Dorrity, Andrew J	SMTR	148	Douglas, Wm	CHFD	171
Donegan, M E*	DLTN	408	Dorrity, E M	CLDN	235	Douglas, Wm W*	ABVL	56
Donegen, Lewis*	CHTN	426	Dorrity, Jno	CLDN	190	Douglass, A B	CHTR	36
Donelly, Elisa*	CHTN	310	Dorrity, R F A	CLDN	200	Douglass, A S**	SPBG	312
Donelly, Jas*	CHTN	306	Dorrity, S*	CLDN	195	Douglass, Alex	FAFD	277
Donelly, Jox*	CHTN	306	Dorrity, Sarah	CLDN	192	Douglass, Alex	CHFD	103
Donelly, Mary	CHTN	293	Dorsey, Amanda*	PKNS	36	Douglass, Angus	CHFD	126
Donelly, Samuel	ABVL	54	Dorsey, Charles B	YORK	444	Douglass, C	CHTN	305
Doneth, Louis	WMBG	299	Dorsey, E H	PKNS	38	Douglass, Charles	FAFD	253
Doneth, Louis	WMBG	299	Dorsey, John A	CHTR	21	Douglass, David M	CHTN	224
Dongal, S	LRNS	275	Dorsey, John*	RHLD	56	Douglass, Dr T G*	FAFD	256
Donill, Augustus*	CHTN	333	Dorsey, Mary A	CHTR	7	Douglass, E C	CHFD	114
Donily, P C	WMBG	309	Dorsey, Peter	PKNS	38	Douglass, Eli C***	CHTR	21
Donily, P E P	WMBG	309	Dorson, P	UNON	290	Douglass, Eliz	DLTN	384
Donistan, Jack*	ABVL	26	Dorsy, Jno	CHTN	306	Douglass, Frank	FAFD	226
Donlson, Lewis	ABVL	100	Dorter, Alsalom	YORK	435	Douglass, G S	KRSW	133
Donn, Susan*	EDFD	43	Doscher, Benjn	CHTN	257	Douglass, Harriet N	CHFD	124
Donnahoe, Oren	BUFT	81	Doscher, Frederika*	CHTN	196	Douglass, J B	DLTN	378
Donnegan, C*	LRNS	336	Doscher, John	CHTN	358	Douglass, J S	FAFD	277
Donnelly, James	RHLD	56	Dose, Carolina	CHTN	488	Douglass, James	FAFD	277
Donnelly, T W	BNWL	477	Dosscher, Henry	CHTN	398	Douglass, John	MARN	92
Donnely, B A	CHTN	119	Dosson, E H	COTN	270	Douglass, John	CHTR	37
Donnely, John	CHTN	120	Doster, Enoch	YORK	440	Douglass, John	FAFD	251
Donnely, John Sr	CHTN	120	Doster, George S	YORK	466	Douglass, John C	FAFD	254
Donner, Geo M*	LRNS	332	Doster, Matty	YORK	440	Douglass, L	CHFD	101
Donnohoo, Dennis*	CHTN	168	Doteche, Joseph**	CHTN	263	Douglass, Mag	CHTN	302
Donnohue, Victor*	CHTN	426	Doten, M A M	DLTN	372	Douglass, Mary	CHTN	327
Donnon, F	LRNS	348	Dotterer, D	CHTN	482	Douglass, Mary	CHFD	126
Donnon, J	LRNS	348	Dotterer, H E	CHTN	109	Douglass, Miss Rosa*	CHTN	237
Donoghue, John	CHTN	455	Dotterer, J B*	CHTN	371	Douglass, Rev Jas	FAFD	282
Donohoe, H**	CHTN	257	Doty, A	CHTN	299	Douglass, Robert	CHTR	44
Donohoe, I T Q	CHTN	246	Doty, A*	CHTN	370	Douglass, S	EDFD	2
Donohoe, John*	CHTN	377	Doty, Ellen	CHTN	356	Douglass, S A	WMBG	325
Donohue, Miss	CHTN	320	Douberly, Jacob	BUFT	28	Douglass, S W	CHTR	91
Donon, James	LRNS	348	Douberly, John E	BUFT	44	Douglass, Saml	CHTR	36
Dononghue, Miss*	CHTN	320	Douberly, Wm B	BUFT	44	Douglass, Sarah	FAFD	218
Doogan, John*	CHTN	368	Doucin, Philip M	CHTN	401	Douglass, Sol	EDFD	27
Doogan, Margaret	CHTN	351	Dougal, Charles H**	RHLD	28	Douglass, Stephen**	COTN	340
Doogan, Patk	CHTN	202	Dougherty, Alexander	SMTR	157	Douglass, William	PKNS	165
Doolan, Miss*	CHTN	320	Dougherty, Britton	SMTR	99	Douglass, William J	RHLD	2
Dooley, Ann*	CHTN	473	Dougherty, Cath*	CHTN	205	Douglass, Wm	CHTN	228
Dooley, G W	EDFD	33	Dougherty, Francis	SMTR	111	Dourthell, Saml D	PKNS	30
Dooley, Jesse K	LXTN	366	Dougherty, Isabella*	CHTN	444	Douthit, Benjamin	ADSN	286
Doolin, Bernard	CHTN	400	Dougherty, J W	EDFD	104	Douthit, John W	ADSN	336
Doolin, Mary Ann	CHTN	168	Dougherty, Jno	CHTN	223	Douthit, S G*	ADSN	255
Doolittle, E R	EDFD	92	Dougherty, Jno*	CHTN	356	Douthit, Susannah	ADSN	336
Doolittle, R R	EDFD	92	Dougherty, John	SMTR	105	Dovan, Patk*	CHTN	203
Doolittle, W R	EDFD	92	Dougherty, John	SMTR	100	Dove, Abigail	DLTN	471
Dooly, Augustin*	CHTN	423	Dougherty, Jos*	CHTN	365	Dove, Briget	CHTN	285
Dooly, Elizabeth	CHTN	369	Dougherty, Latha	RHLD	2	Dove, Charlotte*	MARN	114
Dooly, Henry	LXTN	366	Dougherty, Luckey	SMTR	100	Dove, Daniel P*	MARN	104
Dooly, Jas	LXTN	356	Dougherty, Martha	RHLD	66	Dove, H W	CHTN	315
Dopson, E H	COTN	270	Dougherty, Mary	CHTN	403	Dove, Henderson	ADSN	201
Doram, William	COTN	363	Dougherty, Miss*	CHTN	320	Dove, Hugh G*	MARN	109
Dorch, J T B	BNWL	500	Dougherty, Thomas*	SMTR	128	Dove, J L S**	DLTN	435
Dorgan, Jas*	CHTN	301	Dougherty, Wm	SMTR	130	Dove, John*	MARN	101
Dority, James	DLTN	451	Doughit, James G	ADSN	287	Dove, M A**	MARN	46
Dority, Jno**	DLTN	459	Doughty, Charles W	CHTN	388	Dove, Mary	MARN	107
Dority, Ladson A	DLTN	435	Douglas, A C*	KRSW	84	Dove, Mrs S*	CHTN	346
Dority, Martha**	DLTN	469	Douglas, A H	MRBO	143	Dove, Peter	MARN	62
Dority, Wm	DLTN	379	Douglas, B*	ORBG	327	Dove, Richard	FAFD	278
Dorman, Dennis	MARN	127	Douglas, Becky	ORBG	329	Dove, Saml	FAFD	269
Dorman, E M	SPBG	210	Douglas, Daniel	CHFD	124	Dove, Wm	CHTR	30
Dorman, Emily*	SPBG	231	Douglas, Dennis	CHTN	291	Dove, Yancy	ABVL	108
Dorman, Felix	SPBG	254	Douglas, Duncan	MRBO	182	Dover, Aca	YORK	486
Dorman, Gensy*	SPBG	429	Douglas, Elizabeth	ORBG	388	Dover, Asabel	YORK	479
Dorman, John	HORY	52	Douglas, Elizabeth	COTN	363	Dover, David*	YORK	400
Dorman, Mary*	SPBG	230	Douglas, George	GETN	287	Dover, Elijah*	YORK	409
Dorman, Miss	CHTN	322	Douglas, George	UNON	185	Dover, Fannie*	YORK	491
Dorman, Patty	MARN	126	Douglas, Gilbert S	YORK	408	Dover, Henry	UNON	285
Dorman, Thos	HORY	22	Douglas, H J*	MRBO	143	Dover, James	YORK	497
Dorman, W M	HORY	54	Douglas, J J	ORBG	353	Dover, James	YORK	509
Dorn, Betsy	EDFD	54	Douglas, J K*	KRSW	137	Dover, Jas	YORK	485
Dorn, E A	EDFD	135	Douglas, J L	LCTR	170	Dover, John*	ORBG	401
Dorn, Elbert	EDFD	55	Douglas, James	RHLD	66	Dover, John	YORK	477
Dorn, G W	EDFD	124	Douglas, James*	ORBG	401	Dover, Malinda	YORK	493
Dorn, George	EDFD	123	Douglas, Jno C**	ABVL	61	Dover, Martin	YORK	498
Dorn, James	ABVL	44	Douglas, John	ABVL	29	Dover, Morgan	YORK	489
Dorn, Jas	EDFD	123	Douglas, John	CHTN	117	Dover, Mrs Micha*	ABVL	68
Dorn, John	EDFD	125	Douglas, John	WMBG	332	Dover, Nancy*	YORK	493
Dorn, John	EDFD	129	Douglas, John J	RHLD	72	Dover, Nathan	YORK	498
Dorn, John F E*	CHTN	234	Douglas, John J*	RHLD	57	Dover, Thos	YORK	472
Dorn, Michael*	CHTN	354	Douglas, John R**	CHTN	478	Dover, Washington	YORK	506
Dorn, Oliver	EDFD	122	Douglas, Joseph	RHLD	72	Dover, William	YORK	505
Dorn, Peter	EDFD	54	Douglas, Joseph	YORK	408	Dover, Willis	YORK	494
Dorn, W B	EDFD	75	Douglas, Joseph	CHTN	270	Dover, Wm E*	YORK	472
Dorn, W D	EDFD	120	Douglas, Mary	ABVL	52	Dover, Zephariah	YORK	477
Dorn, W T	EDFD	127	Douglas, Mary A	ABVL	56	Dow, Andrew	EDFD	37
Dorn, W T	EDFD	127	Douglas, Mary J	RHLD	57	Dow, Daniel H**	EDFD	82
Dorn, William	EDFD	122	Douglas, Mrs Martha A	MRBO	186	Dow, E	UNON	186
Dornier, John	CHTN	367	Douglas, Nancy	CHFD	146	Dow, John R	cotn	355
Dorough, Hugh	CHTR	36	Douglas, Rebecca	LRNS	291	Dowd, Marchant	CHTN	221
Dorr, Baylis	ADSN	299	Douglas, Robt A**	MRBO	149	Dowdle, J L	YORK	447

Name	Loc	Pg	Name	Loc	Pg	Name	Loc	Pg
Dowdle, Joseph*	CHTR	6	Drafts, Elizabeth	LXTN	393	Driggers, Crawford	MRBO	153
Dowdle, Margaret	YORK	447	Drafts, Geo P	LXTN	434	Driggers, Cynthia	MRBO	200
Dowdle, Nancy	YORK	443	Drafts, Henry J	LXTN	393	Driggers, Danl	CHTN	124
Dowdle, Thomas	YORK	447	Drafts, Jacob	LXTN	427	Driggers, Elijah	SMTR	144
Dowdle, Wm	CHTR	6	Drafts, James E	LXTN	448	Driggers, Elisha	SMTR	144
Dowdle, Wm G	YORK	447	Drafts, Jesse	RHLD	24	Driggers, Elisha	CHTN	119
Dowdy, Joshua	ORBG	316	Drafts, Michl	LXTN	427	Driggers, Elizabeth*	CHTN	131
Dowdy, W H	ORBG	317	Drafts, Saml	LXTN	455	Driggers, Elizabeth*	COTN	362
Dowe, R P	KRSW	101	Drago, Bianco	CHTN	259	Driggers, Elizabeth	MRBO	176
Dowell, Jno*	CHTN	340	Draine, Mary*	CHTN	456	Driggers, Elizabeth	MRBO	164
Dowell, John*	YORK	505	Drake, A E	CHFD	187	Driggers, Geo	MRBO	153
Dowell, Michael*	CHTN	202	Drake, Amanda	ABVL	149	Driggers, George	COTN	274
Dowie, Geo**	CHTN	338	Drake, C*	CHTN	316	Driggers, Henry	KRSW	117
Dowis, John	PKNS	86	Drake, Enos	ADSN	210	Driggers, James	MRBO	201
Dowling, A D	ORBG	368	Drake, James A	ADSN	210	Driggers, James	MRBO	183
Dowling, Allan	DLTN	475	Drake, Miles	CHTN	222	Driggers, James A	MRBO	174
Dowling, Charles T	BNWL	383	Drake, Nancy*	ADSN	210	Driggers, James L	CHTN	156
Dowling, Elisabeth	BNWL	383	Drake, Z A	MRBO	167	Driggers, James T	MRBO	210
Dowling, Ellen M	BNWL	380	Drakeford, J J*	KRSW	127	Driggers, Jane	CHTN	156
Dowling, Frans A	DLTN	475	Drakeford, Richard	KRSW	81	Driggers, Jesse	MRBO	178
Dowling, James T	BUFT	76	Drakeford, Wm	KRSW	77	Driggers, John C	CHTN	133
Dowling, John	BUFT	76	Drane, H M*	CHTN	264	Driggers, John	COTN	364
Dowling, Mary**	SMTR	178	Drapp, A	CHTN	112	Driggers, John	CHFD	115
Dowling, Mary	BNWL	489	Drass, A	CHTN	112	Driggers, John	CHTN	139
Dowling, Mike	CHTN	348	Draudy, Daniel	BNWL	354	Driggers, John*	COTN	343
Dowling, Mrs Emily	CHTN	237	Drawdy, Daniel	ORBG	407	Driggers, M A	KRSW	129
Dowling, S S	DLTN	418	Drawdy, David	COTN	304	Driggers, Malachi	MRBO	178
Dowling, W H	BNWL	493	Drawdy, Dennis	COTN	260	Driggers, Martha*	CHTN	142
Dowling, William B	BNWL	381	Drawdy, Isham Sr	COTN	307	Driggers, Mary	MRBO	175
Dowling, Wm M	BUFT	76	Drawdy, James	COTN	251	Driggers, Mary	CHTN	141
Downee, L*	LRNS	273	Drawdy, Joseph	COTN	308	Driggers, Masten	MRBO	200
Downer, Jas*	SPBG	352	Drawdy, Lewis	COTN	310	Driggers, Matthew	MRBO	207
Downing, George*	COTN	365	Drawdy, Richard*	COTN	266	Driggers, Miss Eliza*	MRBO	157
Downing, George	COTN	366	Drayer, Fanny*	BNWL	460	Driggers, Moses	CHTN	133
Downing, Hannah*	CHTN	369	Drayton, Ann	CHTN	344	Driggers, Peter**	COTN	342
Downing, M	CHTN	312	Drayton, Harriet*	CHTN	440	Driggers, Peter	MRBO	200
Downing, Rebecca*	NWBY	247	Drayton, Hennetta A*	CHTN	443	Driggers, Philip	MRBO	186
Downing, S	LRNS	274	Drayton, J G	CHTN	118	Driggers, Riley	CHFD	115
Downme, Jas	LRNS	268	Drayton, J S	CHTN	336	Driggers, Roberson	CHTN	119
Downs, Hansford D	BNWL	388	Drayton, Jacob	CHTN	303	Driggers, Roberson	CHTN	119
Downs, N J	KRSW	99	Drayton, James*	EDFD	170	Driggers, Robt	MRBO	161
Downy, Mrs Mary	CHTN	234	Drayton, John	BUFT	19	Driggers, S	CHTN	141
Dowten, Jas	ABVL	33	Drayton, John E	CHTN	118	Driggers, Samuel	MRBO	186
Dowtin, Amelia	ABVL	11	Drayton, Mary A*	CHTN	450	Driggers, Talatha	MRBO	173
Dowty, Jones*	ABVL	98	Drayton, Michael*	CHTN	385	Driggers, Thos	MRBO	201
Doxon, J T*	ORBG	409	Drayton, Paul	CHTN	504	Driggers, Whitfield	MRBO	146
Doyal, D J	HORY	3	Drayton, S M**	CHTN	405	Driggs, John*	CHTN	511
Doye, Margaret*	CHTN	259	Drayton, Sarah	CHTN	262	Driman, F	PKNS	9
Doyl, D K	DLTN	460	Drayton, Susan*	CHTN	266	Drinkard, George	ABVL	32
Doyl, Henry E**	HORY	63	Drayton, Susan*	CHTN	510	Drinkwater, Sarah	ABVL	66
Doyle, Andrew*	CHTN	192	Drayton, Thos F	CHTN	190	Dritzs, Lewis*	CHTN	131
Doyle, George	CHTN	509	Dregers, Andrew	WMBG	344	Driver, B F	ADSN	206
Doyle, James A	PKNS	83	Dregers, Daniels	WMBG	344	Driver, Jas	ADSN	243
Doyle, Jno	CHTN	312	Dregers, Moses	WMBG	344	Driver, John	ADSN	205
Doyle, John*	CHTN	200	Dreggers, Steven	MRBO	182	Driver, Moses	ADSN	243
Doyle, John	GRVL	487	Dreghorn, Adam J	RHLD	18	Drody, Charles B	CHTN	509
Doyle, Margaret	SMTR	170	Dreher, Edwin J*	LXTN	434	Droffers, S	WMBG	300
Doyle, Margaret*	COTN	359	Dreher, Godfrey*	LXTN	408	Droger, David	CHTN	464
Doyle, Mary*	RHLD	36	Dreher, Hezekiah	LXTN	406	Droger, F	CHTN	167
Doyle, Mary	CHTN	338	Dreher, J J	LXTN	430	Drose, H B	CLDN	218
Doyle, Mary Frances*	ORBG	407	Dreher, Margt	LXTN	391	Drose, James H	CHTN	151
Doyle, Mary**	PKNS	99	Dreher, O A	LXTN	430	Drose, Laurel A*	CHTN	155
Doyle, Matilda*	RHLD	15	Dreher, Rebecca	LXTN	430	Drose, Mrs	CHTN	119
Doyle, Michael	BUFT	30	Dreir, Albert**	CHTN	385	Droze, Isaac	CHTN	488
Doyle, Mrs	CHTN	348	Dreman, John	CHTN	219	Droze, John	COTN	332
Doyle, O M	PKNS	83	Drenan, Anna*	ABVL	134	Droze, Middleton	COTN	332
Doyle, Patrick*	CHTN	194	Drenan, David	ABVL	52	Droze, Rachel	COTN	332
Doyle, Philip	CHTN	103	Drenan, Delanie*	ABVL	134	Drucker, M	KRSW	132
Doyle, Richard P	ABVL	127	Drenan, Dr H*	ABVL	50	Drucker, Nathan*	KRSW	132
Doyle, Robt B	ABVL	150	Drenan, Henrietta*	ABVL	134	Druges, Gilles	CHTN	512
Doyle, Rodum	PKNS	1	Drenan, Jno G*	ABVL	134	Drum, Daniel	CHTR	86
Doyle, Susan	COTN	362	Drenan, John L	ABVL	98	Drummond, Alex*	CHTN	325
Doyle, Susan M	PKNS	98	Drenan, Mary A*	ABVL	134	Drummond, Buena V Ann**	SPBG	385
Doyle, Thomas**	COTN	360	Drenan, William I	ABVL	1	Drummond, David	CHTR	39
Doyle, Thomas	CHTN	522	Drennan, Ann*	CHTR	3	Drummond, Ephraim	SPBG	390
Doyle, William*	CHTN	287	Drennan, David	ADSN	183	Drummond, Eugenia C***	LRNS	346
Doyle, Wm	CHTN	247	Drennan, Frank M	RHLD	35	Drummond, H E	SPBG	387
Dozier, A S	EDFD	189	Drennan, H H	YORK	453	Drummond, James	BNWL	479
Dozier, A S Sr	EDFD	189	Drennan, James	ABVL	39	Drummond, James Sr	BNWL	479
Dozier, A W	WMBG	334	Drennan, James	ADSN	292	Drummond, Jared	SPBG	386
Dozier, Anthony W*	RHLD	51	Drennan, Margaret*	LXTN	386	Drummond, Jas*	ABVL	140
Dozier, Griffin	MARN	132	Drennan, Mary A	CHTR	66	Drummond, Jno F	SPBG	389
Dozier, H*	SPBG	259	Drennan, Rebecca*	ADSN	271	Drummond, John	CHTN	209
Dozier, Henry F	MARN	138	Drennan, Robt	ABVL	49	Drummond, John R	BNWL	398
Dozier, J*	SPBG	258	Drennan, William	ADSN	292	Drummond, John W	BNWL	400
Dozier, James**	CHFD	188	Drennan, Wm B	CHTR	65	Drummond, Joseph A	BNWL	397
Dozier, James	MARN	131	Drennon, Hugh**	YORK	380	Drummond, Mary	ABVL	140
Dozier, Jas A	EDFD	108	Drennon, Jno	EDFD	23	Drummond, Ninian*	CHTN	485
Dozier, Jas T	MARN	131	Drennon, Robt D	ABVL	38	Drummond, Pierce H*	GRVL	332
Dozier, John F	MARN	131	Drennon, Wm	YORK	408	Drummond, Polard	SPBG	386
Dozier, John V	MARN	138	Drew, Edward	CHTN	292	Drummond, Rachael*	BNWL	488
Dozier, L Sr	GETN	286	Drew, Newit*	MARN	128	Drummond, Rebecca	CHTN	475
Dozier, Mary*	GETN	291	Drew, Thos	MARN	11	Drummond, Simpson	SPBG	390
Dozier, Mensa*	EDFD	161	Dreyer, Cords	CHTN	519	Drummond, W S	SPBG	387
Dozier, Richd	GETN	289	Drier, Albert	CHTN	189	Drummond, Warren	SPBG	388
Dozier, S G*	EDFD	158	Drier, Henry	CHTN	407	Drummond, Wm	BNWL	479
Dozier, Thos J	MARN	4	Driessen, Julius	RHLD	18	Drury, Charles	CHTR	63
Dozier, William	EDFD	183	Driggers, Aaron	MRBO	209	Drury, John*	CHTN	196
Dozier, Zenith	MARN	132	Driggers, Abner	MRBO	191	Drury, Margaret*	CHTR	61
Drady, Sarah	CHTN	498	Driggers, Alex	MRBO	200	Drye, Wm	SPBG	210
Draeski, William	RHLD	40	Driggers, Andrew	CHTN	139	Dryman, Franklin	PKNS	112
Draffin, Nathaniel T*	LCTR	147	Driggers, Ann	MRBO	174	Dryman, Jane*	GRVL	446
Draffin, Salina	LCTR	147	Driggers, Ann	MRBO	207	Dryman, Lenard	PKNS	109
Draffin, Thos N	PKNS	4	Driggers, B P	CLDN	193	Duane, John*	RHLD	35
Drafton, W W*	LCTR	217	Driggers, Cath*	MRBO	161	Duane, Thomas*	BNWL	340
Drafts, Danl	LXTN	393	Driggers, Caty	MRBO	208	Duane, Timothy	RHLD	35

Name	Loc	Pg
Dubard, Adam F	RHLD	70
Dubard, Nathan G	RHLD	71
Duberry, D J	SPBG	290
Dublin, Henry**	CHTN	496
Dubois, Adaline*	CHTN	255
DuBois, Bethel T	HORY	65
Dubois, Catharine**	CHTN	402
Dubois, Cinden'lla*	CHTN	304
Dubois, Dempsey	COTN	283
Dubois, J	GETN	316
Dubois, J Q A	COTN	283
Dubois, J T	GETN	320
Dubois, Jesse	COTN	283
Dubois, John**	CHTN	256
DuBois, Joseph	HORY	65
Dubois, Martha	HORY	65
Dubois, W L	HORY	62
Dubois, William**	COTN	275
Dubose, -------	BNWL	391
DuBose, A	WMBG	338
DuBose, Absolam	CHTN	127
DuBose, Addie**	RHLD	83
DuBose, Amanda*	DLTN	423
DuBose, Ann J*	DLTN	430
DuBose, B L	SMTR	113
DuBose, C C*	CLDN	214
DuBose, Caleb C*	SMTR	107
DuBose, Capt T	FAFD	282
DuBose, D G*	SMTR	95
DuBose, D S P	CLDN	247
DuBose, David*	CLDN	201
DuBose, Drucilla*	KRSW	120
DuBose, E G	CLDN	192
DuBose, E H	DLTN	423
DuBose, Edwin	CHTN	161
DuBose, Elias J	DLTN	474
DuBose, Emory W*	DLTN	470
DuBose, Ezek D	DLTN	416
DuBose, Gadson	SMTR	139
DuBose, H	WMBG	305
DuBose, Henry	DLTN	424
DuBose, I*	DLTN	379
DuBose, Isaac	BNWL	392
DuBose, J F*	DLTN	374
DuBose, J H	CHTN	162
DuBose, James	BNWL	392
DuBose, James E*	RHLD	48
DuBose, James H	SMTR	121
DuBose, Jane	DLTN	422
DuBose, Jere	DLTN	423
DuBose, Jno*	DLTN	375
DuBose, Jno S	DLTN	453
DuBose, John B*	RHLD	52
DuBose, John H	CHTN	127
DuBose, Joshua	ABVL	10
DuBose, Julia V*	CLDN	231
DuBose, Julius	CHTN	176
DuBose, M E	DLTN	376
DuBose, M J**	DLTN	372
DuBose, Marian C*	BUFT	19
DuBose, Mary	DLTN	459
DuBose, Matilda	CHTN	150
Dubose, Middleton	SMTR	95
DuBose, Miss Susan	CHTN	157
DuBose, Mrs C C	CHTN	157
DuBose, R A	CLDN	209
DuBose, R E	DLTN	429
DuBose, R G	SMTR	174
DuBose, R M*	CHTN	370
DuBose, Robt M*	ABVL	3
DuBose, S E	WMBG	341
DuBose, S F	FAFD	200
DuBose, S W	DLTN	372
DuBose, Sarah**	CHTN	377
DuBose, Sinclair	DLTN	449
DuBose, Suel	DLTN	423
DuBose, Susan*	SMTR	96
DuBose, T J	SMTR	174
Dubose, Thomas	BNWL	391
DuBose, Thos*	CHTN	318
DuBose, W M	WMBG	339
DuBose, William	BNWL	392
DuBose, Wm	CHTN	127
DuBose, Wm H	DLTN	451
DuBose, Z J	DLTN	392
Duc, Cecia	CHTN	386
Duc, H A	CHTN	462
Duc, Henry	CHTN	468
Duc, P	CHTN	225
Ducast, Polly	LRNS	274
Duck, Lewis	PKNS	66
Ducker, Dorah	UNON	265
Ducker, Mary**	LRNS	308
Ducket, L F	LRNS	309
Ducket, Thos**	LRNS	320
Duckett, Cyntha	NWBY	263
Duckett, Elizabeth	NWBY	263
Duckett, James	NWBY	273
Duckett, James W	NWBY	265
Duckett, Jas	LRNS	339
Duckett, Joseph	NWBY	273
Duckett, Patrick	NWBY	296
Duckett, Peter	NWBY	273
Duckett, Sarah*	LRNS	342
Duckett, Thos	LRNS	339
Duckworth, Benjamin	ADSN	309
Duckworth, Benjamin*	ADSN	310
Duckworth, Benjamin*	ADSN	318
Duckworth, Caroline	ADSN	179
Duckworth, George	ADSN	311
Duckworth, Jacob	ADSN	310
Duckworth, Pascall*	GRVL	371
Duckworth, W J	ADSN	310
Duckworth, Welborn	ADSN	309
Duckworth, William	ADSN	309
Dudley, C W	MRBO	188
Dudley, E*	WMBG	300
Dudley, Elizth*	BUFT	28
Dudley, Geo	MRBO	145
Dudley, J G*	MARN	19
Dudley, James	LXTN	420
Dudley, Joseph	CHTN	120
Dudley, R W*	MRBO	145
Dudley, Richd*	BUFT	28
Dudley, Thos A	BUFT	31
Dudley, W S	ORBG	403
Dudley, William*	CHTN	461
Dudney, James	MARN	72
Due, John S	RHLD	31
Duepriest, John	SPBG	392
Duet, Lewis	ORBG	378
Duff, Ann**	CHTN	398
Duff, Eliza D*	COTN	327
Duff, George	YORK	413
Duff, James	CHTN	472
Duff, Jno**	CHTN	311
Duff, Mary M	YORK	414
Duff, Miss M*	CHTN	330
Duff, Mrs*	CHTN	424
Duffee, John*	CHTN	426
Duffer, William	BNWL	339
Duffey, H P	EDFD	160
Duffie, Edward*	NWBY	251
Duffie, H R	EDFD	163
Duffie, Hugh	CHTN	344
Duffie, John*	CHTN	397
Duffie, M	YORK	380
Duffie, Patrick	NWBY	463
Duffie, W J	NWBY	297
Duffie, W W*	EDFD	126
Duffin, Charles	CHTN	103
Duffin, Joseph A*	SMTR	184
Duffin, Mary	COTN	345
Dufford, Ephrain	ORBG	320
Duffus, A W**	CHTN	506
Duffus, Ann	CHTN	506
Duffus, James	CHTN	279
Duffy, Bernard*	CHTN	199
Duffy, Catherine*	CHTN	245
Duffy, J*	CHTN	324
Duffy, Jesse	EDFD	157
Duffy, John	LXTN	432
Duffy, Joseph	CHTN	488
Duffy, Mary	CHTN	519
Duffy, Owen	CHTN	254
Duffy, Peter**	CHTR	35
Duffy, Reuben L	LXTN	463
Duffy, Sampson	EDFD	162
Duffy, W T	CHTN	100
Duffy, William	CHTN	465
Dufort, Elias	CHTN	501
Duforth, Mary G	SPBG	329
Dugal, J*	CHTN	269
Dugan, Eliza M*	CHTN	414
Dugan, John*	ADSN	188
Dugan, John	DLTN	373
Dugan, Robt	CHTN	426
Dugan, W H**	ORBG	404
Dugan, William*	ADSN	182
Duggan, Jane	SPBG	306
Duggins, D E	CHTN	316
Duggins, Susanah*	PKNS	142
Dugneroron, Miss**	EDFD	195
Duke, Abraham	WMBG	324
Duke, B	WMBG	335
Duke, D M	WMBG	320
Duke, E W*	PKNS	95
Duke, F F**	PKNS	83
Duke, George	PKNS	2
Duke, James	ADSN	275
Duke, James M	CHTN	253
Duke, John*	FAFD	233
Duke, L M L	UNON	193
Duke, Mary	PKNS	142
Duke, Rhoda	RHLD	74
Duke, Robert S	LRNS	244
Duke, Shirley	LRNS	343
Duke, Wm*	ORBG	378
Dukes, Abraham	ORBG	349
Dukes, Abraham S	ORBG	344
Dukes, Edmond T	COTN	352
Dukes, G E	CLDN	210
Dukes, George*	UNON	256
Dukes, Harrison*	WMBG	304
Dukes, Huldah	ORBG	342
Dukes, J W H	ORBG	404
Dukes, James	COTN	353
Dukes, John A	ORBG	342
Dukes, John R	COTN	330
Dukes, John R**	CHTN	261
Dukes, Joseph	ORBG	340
Dukes, L O*	CHTN	372
Dukes, Susan*	CHTN	208
Dukes, Thomas E H	CHTN	451
Dukes, William	CHTN	276
Dukes, William	ORBG	378
Dukes, Wm L*	ABVL	72
Dulasse, Mary	PKNS	34
Dulen, John*	CHTN	257
Dulin, Frances	YORK	421
Dulin, John	YORK	419
Dulin, Reuben	YORK	417
Dulin, Selina*	RHLD	54
Dumas, Frank	NWBY	279
Dumas, Leonora*	CHTN	375
Dumbean, Fanny	CHTN	514
Dumford, Asa	MARN	89
Dun, Caroline**	CHTN	508
Dunagan, Ezekiel	SPBG	421
Dunahoo, John	PKNS	27
Dunahoo, John	PKNS	28
Dunal, Wm	FAFD	229
Dunaman, Henry**	CHTN	523
Dunavan, Elizth*	CHTN	253
Dunaway, Abram	UNON	267
Dunaway, Elijah	UNON	211
Dunaway, William	UNON	271
Dunbar, A R	BNWL	448
Dunbar, Adam	FAFD	280
Dunbar, Adam	FAFD	280
Dunbar, Andrew	BNWL	444
Dunbar, B S	EDFD	84
Dunbar, C F	BNWL	444
Dunbar, Danel	BNWL	448
Dunbar, Daniel	MRBO	184
Dunbar, E J	BUFT	10
Dunbar, F F	BNWL	447
Dunbar, Frank	BNWL	467
Dunbar, Geo	BNWL	448
Dunbar, James	FAFD	279
Dunbar, James	GRVL	421
Dunbar, James	LXTN	471
Dunbar, James	BNWL	449
Dunbar, L M**	MRBO	184
Dunbar, N H	RHLD	21
Dunbar, Robt	NWBY	286
Dunbar, Sarah	BNWL	444
Dunbar, W P	BNWL	442
Dunbar, W W	BNWL	448
Duncan, Abraham	BNWL	445
Duncan, Adam	PKNS	143
Duncan, Andrew	UNON	296
Duncan, Andrew	CHTN	252
Duncan, Barruch	SPBG	367
Duncan, Ben	NWBY	275
Duncan, Benjn	PKNS	19
Duncan, Berry	ADSN	218
Duncan, C L	SPBG	370
Duncan, Caroline*	LCTR	166
Duncan, Cathn*	GRVL	339
Duncan, Charles	NWBY	240
Duncan, Charles	PKNS	18
Duncan, Danl B	EDFD	195
Duncan, David	SPBG	347
Duncan, David	SPBG	307
Duncan, David	PKNS	19
Duncan, David	PKNS	183
Duncan, David	ADSN	187
Duncan, David*	EDFD	78
Duncan, Doria	NWBY	290
Duncan, Elizabeth**	ABVL	121
Duncan, Elizabeth*	NWBY	271
Duncan, Elizabeth	LXTN	403
Duncan, Elleanor	CHTR	67
Duncan, Ellen B	BNWL	469
Duncan, Franklin	GRVL	473
Duncan, Geo	NWBY	221
Duncan, Geo W	ABVL	125
Duncan, Geo	NWBY	229
Duncan, George B*	GRVL	454
Duncan, George F	LCTR	166
Duncan, H A	BNWL	460
Duncan, H D	BNWL	404
Duncan, H H	LCTR	209
Duncan, Hardy	HORY	70
Duncan, Hezekiah	GRVL	453
Duncan, Hezekiah	RHLD	19
Duncan, Hiram**	UNON	269
Duncan, Hosea	HORY	69
Duncan, Ithaina G*	RHLD	17
Duncan, J A	FAFD	251
Duncan, J G W	BNWL	467
Duncan, J S*	NWBY	304
Duncan, J T*	UNON	199
Duncan, James	EDFD	17
Duncan, James	FAFD	281
Duncan, James*	UNON	201
Duncan, Jane	RHLD	4
Duncan, Jane	GRVL	450
Duncan, Jas*	LRNS	242
Duncan, Jno	EDFD	23
Duncan, John	LRNS	324
Duncan, John	PKNS	163
Duncan, John	CHTN	223
Duncan, John	ADSN	207

Name	Loc	Pg	Name	Loc	Pg	Name	Loc	Pg
Duncan, John	EDFD	179	Dunlap, Samuel*	CHTN	426	Dupont, John Dr	COTN	292
Duncan, John	UNON	295	Dunlap, Sarah A	LCTR	178	Dupont, Josaphene*	ORBG	308
Duncan, John C	PKNS	164	Dunlap, T N	york	425	Dupont, Mary**	RHLD	55
Duncan, John G*	LCTR	167	Dunlap, W R	LCTR	147	DuPont, Mlfred**	CHTN	410
Duncan, John R*	ABVL	110	Dunlap, W S	YORK	459	DuPont, Theodore D	BUFT	25
Duncan, Jos	LRNS	323	Dunlap, William	YORK	381	Dupont, Thomas L*	RHLD	52
Duncan, Jos A	SPBG	412	Dunlap, William**	UNON	268	Dupont, William E*	RHLD	52
Duncan, Joseph	GRVL	454	Dunlap, William*	SMTR	123	Dupre, A H	CHTN	148
Duncan, Joshua	LRNS	322	Dunlap, Wm	ADSN	189	DuPre, Esther M	ABVL	112
Duncan, Katharine**	NWBY	287	Dunlap, Wm	FAFD	210	Dupre, John Y	CHTN	148
Duncan, Landel	GRVL	475	Dunlap, Wm	CHTN	474	DuPre, Julius F	ABVL	112
Duncan, Lewis	GRVL	454	Dunlevy, R M**	CHTR	75	Dupre, Thos J	MRBO	210
Duncan, M W*	EDFD	17	Dunmeyer, Thos	COTN	328	DuPre, Warren	SPBG	314
Duncan, Mary*	FAFD	253	Dunmire, Phillip	EDFD	63	Dupre, Wm	SPBG	372
Duncan, Mason	PKNS	19	Dunn, Alexander	MRBO	191	DuPree, Frances*	NWBY	288
Duncan, Mat	EDFD	25	Dunn, Alfred	FAFD	231	DuPree, James	MARN	81
Duncan, Miles L	PKNS	163	Dunn, Andrew	ABVL	150	Dupree, Julia	BNWL	463
Duncan, Nancy	NWBY	277	Dunn, Bridget*	CHTN	270	Dupree, Lewis	DLTN	381
Duncan, Nathaniel	PKNS	155	Dunn, Calvin	BNWL	471	Dupree, Lewis*	GRVL	405
Duncan, Oliver**	YORK	487	Dunn, Calvin	FAFD	232	DuPree, M A	CHTN	402
Duncan, P	EDFD	184	Dunn, Catharin*	CHTN	471	DuPree, M M*	GRVL	408
Duncan, P E	GRVL	514	Dunn, Charity	CHFD	167	Dupree, Mary	UNON	269
Duncan, R B	GRVL	415	Dunn, Charles	CHTN	415	Dupree, Priscilla A	SMTR	158
Duncan, R J	SPBG	412	Dunn, D R	BNWL	471	Dupree, Robt*	ABVL	19
Duncan, Richard*	EDFD	177	Dunn, Elbert	EDFD	48	Dupree, Sambery	UNON	274
Duncan, Richard	ADSN	219	Dunn, Ellen	CHTN	255	DuPree, Thos J J	MRBO	172
Duncan, Robert	CHTN	394	Dunn, Francis M	HORY	69	DuPree, W A	MRBO	149
Duncan, Robt	NWBY	287	Dunn, G W	EDFD	77	Duprelle, Anna*	NWBY	246
Duncan, Sarah	SPBG	366	Dunn, G W*	MRBO	167	Dupries, Seth S	BUFT	73
Duncan, T J*	LCTR	214	Dunn, Hans	EDFD	48	Dupries, William	BUFT	72
Duncan, Thomas	GRVL	517	Dunn, Henry	PKNS	63	Duran, Jonithan	LCTR	215
Duncan, Thos	GRVL	473	Dunn, Herrmann	CHTN	281	Duran, Mary**	LCTR	172
Duncan, Turner	PKNS	50	Dunn, J A	CHFD	167	Duran, R L*	LCTR	217
Duncan, W B	CHFD	129	Dunn, Jack	EDFD	49	Duran, W R	LCTR	164
Duncan, W H	BNWL	467	Dunn, Jack	EDFD	28	Durand, Peter	CLDN	210
Duncan, W H*	CHTN	371	Dunn, James	EDFD	47	Durand, Preston**	CLDN	206
Duncan, W P	BNWL	467	Dunn, James	CHTN	473	Durand, Wm A	CLDN	245
Duncan, William*	GRVL	439	Dunn, James	MRBO	155	Durant, A W	SMTR	162
Duncan, William	PKNS	143	Dunn, Jas J	GRVL	461	Durant, Charles H	SMTR	161
Duncan, William	ABVL	110	Dunn, Jno	ABVL	142	Durant, David R	SMTR	105
Duncan, William	LCTR	214	Dunn, Jno*	CHTN	305	Durant, Elias	SMTR	133
Duncan, William C	SMTR	102	Dunn, Joel	FAFD	232	Durant, G W	SMTR	96
Duncan, Wm	SPBG	412	Dunn, John**	CHTN	251	Durant, George*	GETN	316
Duncan, Wm	KRSW	75	Dunn, John*	CHTN	368	Durant, George	GETN	293
Duncho, James*	MRBO	194	Dunn, John	CHFD	136	Durant, Gertrude**	MARN	110
Dunemann, C	CHTN	467	Dunn, Joseph I	HORY	69	Durant, Henry J	SPBG	312
Dunford, John	MRBO	173	Dunn, Joseph**	CHTN	211	Durant, J J	SPBG	307
Dungan, Patrick	PKNS	44	Dunn, Joseph	GRVL	380	Durant, J S	SMTR	161
Dungee, Jane*	BNWL	446	Dunn, Julia*	RHLD	54	Durant, John O	SMTR	160
Dunham, C H	CHTN	232	Dunn, Malipa	CHFD	171	Durant, Mary	GETN	312
Dunham, Elijah A	RHLD	18	Dunn, Margaret	ABVL	151	Durant, Mary A	GETN	284
Dunkard, Wesley A*	ABVL	28	Dunn, Margaret***	CHTN	200	Durant, Mary E	SMTR	184
Dunkin, Albert H	CHTN	433	Dunn, Martha	EDFD	48	Durant, R M C	CLDN	246
Dunkin, Benjamin T	CHTN	439	Dunn, Martha	HORY	68	Durant, R R	CLDN	245
Dunkin, E J*	SPBG	346	Dunn, Martin	FAFD	256	Durant, R W	SMTR	161
Dunkin, Henry	YORK	381	Dunn, Martin	FAFD	222	Durant, Sarah**	HORY	56
Dunkin, Jno A**	SPBG	269	Dunn, Mary	BUFT	15	Durant, Sidney P	SMTR	161
Dunkin, John	CHTR	5	Dunn, Mike**	CHTN	290	Durant, Thomas**	FAFD	204
Dunkin, John V	PKNS	142	Dunn, Nancy	SMTR	101	Durant, W W	MARN	28
Dunkin, Mrs M	EDFD	21	Dunn, Phillip	UNON	275	Durban, E J	BUFT	10
Dunkin, Rachel*	YORK	409	Dunn, Rebecca*	FAFD	243	Durban, Egbert E*	RHLD	51
Dunkin, Thomas	CHTR	5	Dunn, Robert	ABVL	151	Durbee, Eugene	CHTN	458
Dunkley, Biddy	EDFD	20	Dunn, Sarah*	CHTN	200	Durbose, Cord*	CHTN	195
Dunkley, M M	edfd	88	Dunn, Simon P	YORK	503	Durce, Wm*	CHTN	241
Dunklin, Irby	LRNS	223	Dunn, Tempy	SMTR	97	Duren, Thos	KRSW	76
Dunlap, Ann*	WMBG	303	Dunn, Wes J	LCTR	190	Durges, Gilles	CHTN	512
Dunlap, Chas*	SPBG	313	Dunn, William	UNON	225	Durham, A K	FAFD	204
Dunlap, David	PKNS	5	Dunn, William*	RHLD	4	Durham, Abner R**	FAFD	207
Dunlap, Eliz	PKNS	72	Dunn, William	UNON	293	Durham, Allen	PKNS	172
Dunlap, Eliz	PKNS	72	Dunn, William*	CHTN	210	Durham, Anderson	ADSN	306
Dunlap, Elizabeth	YORK	459	Dunn, William	ABVL	151	Durham, Barbary	GRVL	371
Dunlap, Elleanor	CHTR	47	Dunn, Wm	PKNS	87	Durham, Benjamin	PKNS	165
Dunlap, Henry	GRVL	393	Dunn, Wm C	LRNS	220	Durham, Berry	PKNS	128
Dunlap, J N	LCTR	160	Dunn, Wm V	HORY	68	Durham, Berry	PKNS	154
Dunlap, James*	GRVL	393	Dunnahoe, A B	WMBG	328	Durham, Charles	PKNS	167
Dunlap, James R	CHTR	2	Dunnahoe, Andrew	GRVL	507	Durham, Clarissa	ADSN	324
Dunlap, James*	UNON	274	Dunnahoe, M M*	WMBG	328	Durham, Daniel	PKNS	133
Dunlap, Jane H	LCTR	215	Dunning, Henry	CHTN	104	Durham, Dr J D**	FAFD	204
Dunlap, Jas	KRSW	135	Dunning, James	CHTN	373	Durham, Edmond	SPBG	280
Dunlap, Jas	CHTN	359	Dunning, Margt	CHTN	494	Durham, Elizabeth	PKNS	166
Dunlap, Jas	CHTN	359	Dunning, Susan	RHLD	30	Durham, Emma*	YORK	479
Dunlap, John*	CHTN	426	Dunning, William	RHLD	2	Durham, Ezekiel*	ADSN	318
Dunlap, John	YORK	380	Dunning, Wm**	CHTN	254	Durham, George	SPBG	196
Dunlap, John	ADSN	192	Dunnnan, Miss M*	CHTN	319	Durham, H*	SPBG	259
Dunlap, L H**	YORK	444	Dunnovant, Michael*	CHTN	426	Durham, Isaac	PKNS	129
Dunlap, Lawrence	LCTR	201	Dunovant, A I	CHTR	68	Durham, Isaac F	PKNS	128
Dunlap, Lizzie*	RHLD	50	Dunovant, Martha	CHTN	223	Durham, Isaac G	PKNS	129
Dunlap, Louisa	CHTN	468	Dunovant, Mary**	CHTR	22	Durham, J D	FAFD	201
Dunlap, M A	KRSW	77	Dunovant, P*	CHTN	306	Durham, Jas	SPBG	381
Dunlap, Marshal*	ADSN	191	Dunovant, Patk**	CHTN	205	Durham, Jefferson	GRVL	371
Dunlap, Mary	CHTR	49	Dunovant, Patk	CHTN	202	Durham, Lucinda	ADSN	318
Dunlap, Mary	CHTR	49	Dunovant, R G M	EDFD	134	Durham, M*	SPBG	259
Dunlap, Mathew	ADSN	250	Dunphy, Catherine*	CHTN	256	Durham, M D	FAFD	237
Dunlap, Miranda	SMTR	129	Dunphy, Murphy*	CHTN	256	Durham, Malinda	SPBG	242
Dunlap, Nathaniel**	CHTN	474	Dunsford, Robt J	RHLD	81	Durham, Mary	GRVL	361
Dunlap, Nora*	LRNS	229	Dunton, H	LXTN	415	Durham, Mary	GRVL	371
Dunlap, R D M	LCTR	147	Dunwiddie, John	YORK	375	Durham, Miles	ADSN	336
Dunlap, R J M	LCTR	147	Dunwoody, Louvina*	ABVL	83	Durham, Milla	YORK	339
Dunlap, R S	LRNS	305	Dunwoody, Saml	NWBY	226	Durham, Nancy*	YORK	400
Dunlap, Robert	UNON	252	Duping, E J F	BUFT	10	Durham, Polly	SPBG	245
Dunlap, Robt	LRNS	229	Dupont, A	CHTN	341	Durham, Warner	SPBG	242
Dunlap, Robt	FAFD	229	Dupont, Chas C	BUFT	25	Durham, William	ADSN	218
Dunlap, Robt**	KRSW	74	Dupont, Cornelius*	ORBG	360	Durham, William	SPBG	242
Dunlap, Robt	YORK	381	Dupont, Eliza*	ORBG	310	Durham, William J	PKNS	129
Dunlap, S J	LCTR	147	Dupont, F	CHTN	317	Durham, William R	PKNS	128
Dunlap, Saml B**	YORK	458	Dupont, H M	CHTN	182	Durin, Leander*	RHLD	45

Name	Code	Num	Name	Code	Num	Name	Code	Num
Durisoe, D R	EDFD	107	Eades, George**	PKNS	185	Easterby, George	CHTN	495
Durisoe, Mary*	EDFD	106	Eades, James M	PKNS	170	Easterlin, M J*	RHLD	21
Durisoe, W	EDFD	111	Eades, John	PKNS	178	Easterlin, William A*	RHLD	51
Durisoe, W F	EDFD	44	Eades, Nancy	PKNS	130	Easterling, Albert	COTN	328
Durison, D H	LXTN	373	Eadie, James*	CHTN	216	Easterling, Caroline	MRBO	155
Durken, John	CHTN	198	Eadon, Jno A	CLDN	206	Easterling, D D O	BNWL	356
Durr, A	COTN	339	Eadon, Jonah	CLDN	206	Easterling, D S	MRBO	147
Durr, Caroline**	CHTN	508	Eady, Betsy*	CHTN	442	Easterling, David T**	MRBO	144
Durr, E H	CHTN	164	Eady, Clarke	WMBG	349	Easterling, Dorcas	MRBO	196
Durr, John	COTN	328	Eady, Elisha*	GETN	299	Easterling, Dr H R	MRBO	166
Durr, John	COTN	334	Eady, Ellen	ORBG	399	Easterling, Edward	ORBG	339
Durr, John	CHTN	127	Eady, Fannie	CHTN	163	Easterling, Elijah*	MRBO	193
Durrhea, Marchus	YORK	470	Eady, Francis	CHTN	163	Easterling, Geo W	MRBO	145
Dursen, Le Roy	SPBG	374	Eady, Gabriel	CHTN	163	Easterling, Harris	MRBO	196
Dursse, Augustus**	CHTN	419	Eady, George*	WMBG	349	Easterling, Henry	MRBO	166
Dursse, Eliza**	CHTN	374	Eady, Henry	CHTN	163	Easterling, Henry	MARN	98
Durst, John	EDFD	27	Eady, Henry	BUFT	45	Easterling, Henry H	BNWL	398
Durst, John	EDFD	126	Eady, James	BUFT	45	Easterling, Howel	BNWL	555
Durst, Ranson	EDFD	29	Eady, James*	CHTN	163	Easterling, J L	GETN	286
Durst, Wm	EDFD	124	Eady, John	CHTN	108	Easterling, J L*	CLDN	190
Durval, Peggy**	LRNS	266	Eady, Joseph	CHTN	162	Easterling, Jackson	MRBO	196
Durward, Wm	BUFT	40	Eady, Martin*	BNWL	497	Easterling, Jas T	MARN	23
Duryea, James	CHTN	278	Eady, Oliver	GETN	292	Easterling, Jesse	MARN	23
Dusenberry, Charles T	HORY	4	Eady, Philip	CHTN	163	Easterling, Joel L	MRBO	196
Dusenberry, J E	HORY	6	Eady, Rachel	CHTN	178	Easterling, John	ORBG	370
Dusonberry, Geo	ABVL	95	Eady, Robert	CHTN	162	Easterling, John	CHTN	134
Dutart, J E*	CHTN	371	Eady, Wm	CHTN	163	Easterling, John**	CHTN	388
Dutart, J S*	CHTN	371	Eady, Zachariah	CHTN	163	Easterling, John A	MRBO	180
Dutart, James E	CHTN	184	Eagan, George W	CHTN	420	Easterling, John R	GETN	290
Dutart, Martha*	BUFT	46	Eagan, James	LXTN	465	Easterling, M A	MRBO	148
Dutart, Sarah*	CHTN	360	Eagan, John S	LXTN	438	Easterling, Nelson	MRBO	196
Dutton, W H	KRSW	129	Eagan, Jonathan	LXTN	465	Easterling, Penelope	COTN	328
Dutton, William	ADSN	291	Eagar, J M**	CHTN	390	Easterling, Samuel	MRBO	180
Duval, Chesly	LRNS	353	Eagerton, C B	MARN	31	Easterling, T W	CHTN	165
Duval, E N	LRNS	273	Eagerton, C S	DLTN	386	Easterling, W L	BNWL	339
Duval, Elina*	CHTN	294	Eagerton, Henry	MARN	31	Easterling, Wm C	MRBO	158
Duval, Jno P	CHTN	359	Eagleson, Elizabeth*	CHTN	150	Easterling, Wm L	MRBO	155
Duval, L W	FAFD	200	Eagleston, Lewis T	CHTN	179	Easterling, Wm*	COTN	328
Duval, W	LRNS	353	Eaken, Alfred*	PKNS	4	Easterly, Crawford	MRBO	150
Duvall, G W	CHFD	102	Eakin, Benjn H	ABVL	126	Easterly, W H**	CHT	222
Duvall, M H H	CHFD	187	Eakin, Thomas	ABVL	91	Easterman, P J	WMBG	356
Duvar, Margt	CHTN	214	Ealear, Jim**	CHTN	277	Easters, A Y*	UNON	190
Duyer, Alexr*	CHTN	427	Eargle, Barbara	LXTN	408	Easters, Elijah	UNON	194
Duzenberry, Z M	HORY	4	Eargle, D D	EDFD	10	Easters, Elijah	UNON	240
Dwier, James*	SMTR	105	Eargle, Fred	EDFD	10	Easters, George	UNON	288
Dwight, Isaac M	COTN	367	Eargle, G M	LXTN	398	Easters, James	HORY	65
Dwight, Richd Y*	COTN	365	Eargle, Geo	LXTN	380	Easters, L W	LCTR	162
Dwight, Saml	RHLD	86	Eargle, H J	LXTN	397	Easters, M*	UNON	261
Dwight, William M*	ABVL	2	Eargle, J H	LXTN	371	Easters, Preston	YORK	448
Dwnahoa, Anderson	PKNS	5	Eargle, J H	LXTN	384	Easters, W-----	GRVL	491
Dyches, Elijah	BNWL	370	Eargle, Jacob	LXTN	380	Easters, Wesley*	SPBG	349
Dyches, Georganna*	BNWL	481	Eargle, Jacob J	NWBY	284	Easters, William	UNON	288
Dyches, George A	BNWL	379	Eargle, John	EDFD	32	Eastler, Byars	SPBG	238
Dyches, George J	BNWL	358	Eargle, John J	LXTN	404	Eastler, Henry	SPBG	201
Dyches, Isaac	BNWL	370	Eargle, Mrs E	EDFD	32	Eastler, John	SPBG	238
Dyches, James H*	ORBG	344	Eargle, Wm	EDFD	32	Eastler, William	SPBG	238
Dyches, William H	BNWL	570	Earl, Claudius	ADSN	238	Eastlow, Jas	KRSW	105
Dychs, Bonsell H	BNWL	369	Earl, James P	CHTN	266	Eastres, Wm*	LCTR	165
Dychs, Elisabeth	BNWL	369	Earl, Peter	LRNS	315	Eastridge, Amos	LCTR	199
Dychs, Martin C	BNWL	369	Earl, Simpson*	COTN	288	Eastridge, Chapman	LCTR	201
Dye, C L	KRSW	76	Earle, Ann	RHLD	51	Eastridge, Christopher	LCTR	199
Dye, Camilla*	CHTN	412	Earle, Baylis J*	CHTN	371	Eastridge, J W	KRSW	91
Dye, Gavin*	EDFD	9	Earle, E D*	ADSN	290	Eastridge, Jas	KRSW	91
Dye, H N	CHTR	53	Earle, Elias	ADSN	238	Eastridge, Mary P	LCTR	178
Dye, J R	KRSW	76	Earle, Elias	GRVL	419	Eastridge, Thos	LCTR	196
Dye, John	CHTR	61	Earle, Eliza W	RHLD	40	Eastridge, W M	KRSW	93
Dye, John	FAFD	264	Earle, Emma**	DLTN	375	Eastridge, **	LCTR	185
Dye, John C	RHLD	13	Earle, Geo W	SPBG	301	Eaten, Joseph*	PKNS	188
Dye, Malinda*	CHTR	42	Earle, Hannah	ADSN	329	Eatman, A	KRSW	121
Dye, Mary	CHTR	27	Earle, J W	PKNS	39	Eatman, H H*	HORY	52
Dye, Perry	SPBG	224	Earle, J W	ADSN	157	Eaton, Elizb	ABVL	11
Dye, Perry	YORK	501	Earle, John B	SMTR	113	Eaton, H L	ADSN	190
Dye, Singleton**	CHTR	27	Earle, Joseph*	GRVL	406	Eaton, Hiram*	EDFD	27
Dye, Susan	CHTR	25	Earle, M B	GRVL	351	Eaton, James	PKNS	86
Dye, Tabitha	FAFD	268	Earle, R H*	CHTN	224	Eaton, Joseph E	ADSN	304
Dye, Wilson	CHTR	42	Earle, Ralph	GRVL	393	Eaton, Lewis	PKNS	72
Dyer, G B	GRVL	402	Earle, T J	GRVL	412	Eaton, Oscar G*	HORY	57
Dyer, Martin	ADSN	260	Earle, U M	UNON	289	Eaton, Sarah	ADSN	252
Dyer, Nathan	SPBG	237	Earles, William*	CHTN	471	Eaves, Ellin E	BNWL	378
Dyer, W*	GRVL	415	Earley, Catharine	EDFD	196	Eaves, Emily E	BNWL	343
Dyer, Y B*	CHTN	370	Earls, John T*	CHTN	392	Eaves, James	UNON	230
Dyke, S A**	EDFD	59	Early, Edward	BUFT	10	Eaves, Joseph*	RHLD	51
Dyke, Warren*	EDFD	61	Early, James	EDFD	17	Eaves, N R*	CHTR	70
Dykes, Geo	LXTN	361	Early, James**	CHTN	321	Eaves, P S*	BNWL	406
Dykes, Richard A	BUFT	73	Early, Jno	ADSN	161	Eaves, Silas	BNWL	382
Dykes, William A	BUFT	72	Earskin, Hugh	ADSN	186	Eaves, Simmeon	BNWL	373
Dyre, Mary J*	SPBG	219	Earskin, John N	ADSN	162	Eavesleigh, Henry S	SMTR	183
Dyson, A S	DLTN	374	Earskin, Margaret	ADSN	163	Ebaugh, D C	CHTN	154
Dyson, J M	NWBY	305	Earskin, Thos	CHTN	191	Eberhard, William	CHTN	279
Dyson, Jeptha	CLDN	246	Earskin, Washington	PKNS	152	Eberhardt, C H	CHTN	324
Dyson, Jno A	CLDN	194	Easeley, Laurens	GRVL	420	Eberhardt, Christian D	RHLD	11
Dyson, Mary*	ABVL	12	Easley, John A	PKNS	152	Eberhart, John*	SMTR	178
Dyson, T J	EDFD	142	Easley, W K	CHTN	482	Eberle, Loretta*	CHTN	428
Dyson, William*	ABVL	12	Easley, William K	CHTN	342	Eberle, Louisa*	CHTN	428
Eaddy, A J*	WMBG	330	Eason, J M	CHTN	330	Eberle, Mary F*	CHTN	428
Eaddy, Daniel	WMBG	328	Eason, Mary	CHTN	482	Ebney, Theodore	ORBG	405
Eaddy, E	MARN	59	Eason, Robt	ADSN	258	Eccard, Harriet A**	CHTN	379
Eaddy, Ezra	MARN	57	Eason, Thos D	LRNS	311	Eccles, Catherine**	FAFD	207
Eaddy, H E	WMBG	346	East, Emma	LRNS	304	Echols, Victoria**	RHLD	22
Eaddy, J D	WMBG	361	East, Judith*	LRNS	311	Eckhardt, Conrad	BNWL	342
Eaddy, M C*	WMBG	346	East, Margt*	LRNS	304	Eckler, Catherine	CHTR	60
Eaddy, S M**	WMBG	346	East, Saml	YORK	367	Eckler, Thos	YORK	369
Eaddy, T	WMBG	360	East, Wm	UNON	195	Eddenfield, James	COTN	364
Eaddy, Taylor	WMBG	330	East, Wm W*	SPBG	302	Eddie, Alexander	CHTN	514
Eaddy, Thos	MARN	58	Easter, William*			Eddie, John*	CHTN	515
Eadens, Matilda*	PKNS	85	Easterburg, Fannie*			Eddings, James	CHFD	130

Name	Loc	Pg
Eddings, Mrs Sibley	CHTN	230
Eddings, William	CHTN	504
Eddins, Alice A	YORK	371
Eddins, Winey*	CHFD	115
Eddy, Lora*	CHTN	499
Eddy, William H	NWBY	273
Edebuhls, John*	CHTN	368
Eden, William	CHTN	468
Edenfield, Harriett*	BNWL	503
Edenfield, John A	BUFT	82
Edenfield, John C	BUFT	96
Edenfield, Nancy	BNWL	493
Edens, Alexander	PKNS	121
Edens, Alfred	MARN	95
Edens, Allen	MRBO	184
Edens, Anna	MRBO	200
Edens, Asa	MRBO	153
Edens, Henry	MRBO	152
Edens, Joseph A	MRBO	153
Edens, Mary	MARN	96
Edens, Thomas N	MRBO	200
Edens, Warren	PKNS	125
Edens, William	PKNS	121
Edens, William J	PKNS	121
Edes, B*	CHTN	301
Edgar, Frances	RHLD	27
Edge, Charner	PKNS	177
Edge, Cyntha	MARN	81
Edge, Daniel	HORY	19
Edge, Daniel M	HORY	68
Edge, G W	SPBG	383
Edge, H G*	MARN	83
Edge, Helen A	HORY	69
Edge, Joseph B	HORY	66
Edge, Littleton A	PKNS	191
Edge, Margt*	SPBG	389
Edge, Mary Eliza*	HORY	59
Edge, W W	UNON	224
Edge, William S	HORY	69
Edge, Wilson	HORY	19
Edgerton, E T	BNWL	377
Edgerton, Saml	CHTN	231
Edgeworth, Oliver	CHFD	141
Edgeworth, R	CHFD	144
Edgeworth, R S	CHFD	134
Edgings, Caroline*	SPBG	205
Edgings, G J*	SPBG	210
Edgings, James	SPBG	205
Edgings, John	SPBG	199
Edgings, Nancy*	SPBG	199
Edgworth, Wm K	CHFD	158
Edie, Henry	CHTN	197
Edie, Nathaniel	CHTN	386
Edinfield, Robert	BUFT	61
Edings, H M W	COTN	320
Edings, J E	COTN	321
Edings, J E	COTN	321
Edings, Joseph	COTN	322
Edings, Joseph D	BUFT	8
Edings, P E	COTN	322
Edins, A J	CHFD	129
Edison, Edward	EDFD	6
Edmond, John	CHTN	394
Edmond, P J**	CHTN	363
Edmonds, Alex*	EDFD	70
Edmonds, B B	FAFD	241
Edmonds, Fred	EDFD	98
Edmonds, N W**	SPBG	257
Edmonds, Susan*	EDFD	39
Edmonds, William**	YORK	511
Edmondson, Edward**	CHTN	519
Edmondson, Hetty*	ADSN	291
Edmondson, Joseph	CHTN	519
Edmondson, Mary*	PKNS	54
Edmondston, T A	CHTN	109
Edmonston, Betzy	CHTN	278
Edmonston, Chas	BNWL	463
Edmonston, Chs	CHTN	222
Edmonston, Jesse	COTN	362
Edmonston, M M	CHTN	224
Edmunds, Howell	FAFD	243
Edmunds, J Alex	ABVL	18
Edmunds, Jack	ABVL	14
Edney, L*	EDFD	116
Edney, Sarah	PKNS	8
Edney, Wisisin	EDFD	35
Edrington, Alex	FAFD	261
Edrington, Jesse	FAFD	261
Edrington, Lucy	FAFD	261
Edrington, Wm	FAFD	261
Edward, Andrew	ABVL	59
Edward, Augustus	ABVL	129
Edward, B	UNON	250
Edward, Celina	CHTN	392
Edward, Eparninonda*	ABVL	12
Edward, John	ORBG	323
Edward, Jonothan*	GRVL	419
Edward, Moore*	MARN	108
Edward, Thos H*	LCTR	166
Edward, Thos J	ABVL	40
Edward, W*	SPBG	351
Edwards, A F	DLTN	375
Edwards, A W	DLTN	439
Edwards, Alexr L	BUFT	90
Edwards, Andrew	MARN	72
Edwards, Andrew	ABVL	23
Edwards, Anna	UNON	192
Edwards, B	UNON	242
Edwards, B W	DLTN	375
Edwards, Benjn	EDFD	156
Edwards, C*	HORY	26
Edwards, C L	CHTN	230
Edwards, C S	CHTN	177
Edwards, Carey	HORY	33
Edwards, Catharine*	CHTN	470
Edwards, D A	UNON	245
Edwards, D E H*	YORK	457
Edwards, D W	MARN	69
Edwards, Daniel	HORY	42
Edwards, Daniel J*	CHTN	164
Edwards, David	MARN	76
Edwards, DeSaussure*	BUFT	90
Edwards, Elisha	GRVL	452
Edwards, Eliz	DLTN	384
Edwards, Eliza	GRVL	449
Edwards, Eliza*	CHTN	213
Edwards, Eliza	CHTN	466
Edwards, Eliza	LRNS	327
Edwards, Enos	MARN	108
Edwards, Evan	CHTN	229
Edwards, Francis	GRVL	449
Edwards, Francis M	CHTN	448
Edwards, G B**	CHTN	342
Edwards, Garrison	GRVL	449
Edwards, Geo	MARN	17
Edwards, Harriet	CHFD	181
Edwards, Henry	MARN	76
Edwards, Hez	EDFD	76
Edwards, Hugh	RHLD	83
Edwards, Isabel M	ORBG	349
Edwards, J	EDFD	183
Edwards, J B	ADSN	159
Edwards, J B	UNON	288
Edwards, J D	SPBG	375
Edwards, J D**	BNWL	463
Edwards, J Harvey	ABVL	96
Edwards, J W	WMBG	315
Edwards, James	CHTN	475
Edwards, James F**	CHTN	389
Edwards, James G**	RHLD	9
Edwards, James W*	PKNS	18
Edwards, Jas	CHTN	360
Edwards, Jas A	ABVL	36
Edwards, Jas M	ABVL	63
Edwards, Jas*	ABVL	2
Edwards, Jas	ABVL	29
Edwards, Jas W	ADSN	169
Edwards, Jno	CHTR	85
Edwards, Jno Jos	ABVL	29
Edwards, Jno W*	ABVL	5
Edwards, John	ORBG	373
Edwards, John	CHTN	479
Edwards, John	CHTN	483
Edwards, John	LRNS	312
Edwards, John	LRNS	315
Edwards, John B*	RHLD	56
Edwards, John D	COTN	319
Edwards, John G*	ABVL	25
Edwards, John L*	CHTN	164
Edwards, John O	CHTN	157
Edwards, Jonas M	LRNS	315
Edwards, Jonathan	YORK	462
Edwards, Jordan	CHFD	104
Edwards, Jos*	EDFD	163
Edwards, Joseph	GRVL	332
Edwards, Joseph	GRVL	340
Edwards, Joseph J	CHTR	82
Edwards, Joseph S*	CHTN	164
Edwards, Judge	SPBG	218
Edwards, L M	MARN	12
Edwards, Levi H*	MARN	129
Edwards, Lewis	CHTN	139
Edwards, Lewis	SPBG	241
Edwards, M	CHTN	354
Edwards, M B	KRSW	125
Edwards, Mahala	NWBY	301
Edwards, Manuel	SPBG	228
Edwards, Martha	MARN	85
Edwards, Martin	GRVL	469
Edwards, Mary*	ABVL	151
Edwards, Mary*	MARN	67
Edwards, Mary*	EDFD	153
Edwards, Mary	GRVL	469
Edwards, Mathew L	ABVL	96
Edwards, Mrs	CHTN	226
Edwards, Nancy**	ADSN	155
Edwards, Newman	SPBG	395
Edwards, Oliver E	SPBG	306
Edwards, Owen	RHLD	70
Edwards, P C	GRVL	421
Edwards, Pearson	SPBG	384
Edwards, Perry	SPBG	384
Edwards, Polly*	SPBG	199
Edwards, R	UNON	205
Edwards, R G	DLTN	382
Edwards, R H	FAFD	236
Edwards, R J**	ORBG	311
Edwards, Rachel	CHTN	307
Edwards, Rebecca B*	CHTN	293
Edwards, Richard	MARN	76
Edwards, Richard	ORBG	349
Edwards, Richd	MARN	76
Edwards, S M	MARN	80
Edwards, S T	EDFD	166
Edwards, Saml	MARN	79
Edwards, Saml F J	ABVL	29
Edwards, Samuel	CHFD	114
Edwards, Sarah	ABVL	63
Edwards, Sarah	CHFD	139
Edwards, Sarah A*	BUFT	22
Edwards, Sarah E**	DLTN	439
Edwards, Sarah E*	RHLD	55
Edwards, Simeon	UNON	245
Edwards, Solomon	UNON	203
Edwards, Susan*	COTN	256
Edwards, T C C*	KRSW	131
Edwards, T David	ORBG	349
Edwards, Thos	LRNS	326
Edwards, Trezvant P	BUFT	83
Edwards, W	HORY	45
Edwards, W H	CHTR	87
Edwards, W W	CHTN	519
Edwards, William	CHTN	510
Edwards, William	EDFD	135
Edwards, William	SPBG	241
Edwards, Wm	CHTR	82
Edwards, Wm	CHFD	103
Edwards, Wm	SPBG	335
Edwiner, Ludwig*	CHTN	205
Efird, Adam	LXTN	435
Egan, Edward**	CHTN	408
Egan, John	CHTN	240
Egan, Miss*	CHTN	320
Egan, Mrs H	CHTN	240
Egan, P	CHTN	298
Egan, Patrick	CHTN	218
Egan, Thomas	CHTN	495
Egan, Thos*	CHTN	239
Egar, Richd	BUFT	13
Eggelston, C H P*	CHTN	485
Eggerking, Wm	CHTN	480
Eggleston, G W	COTN	330
Egleston, George W	CHTN	459
Egleston, J*	BUFT	29
Egleston, Mrs	CHTN	300
Ehearny, Wm	ORBG	393
Ehearny, Wm L	ORBG	393
Ehlens, George*	RHLD	59
Ehlsrod, David*	RHLD	58
Ehney, John*	CHTN	274
Ehrlich, Michael	RHLD	19
Ehrlich, Morris	CHTN	462
Eichelberger, Ellen*	NWBY	295
Eichelberger, Geo	LXTN	401
Eichelberger, Jno A	LRNS	224
Eichelberger, P A	EDFD	64
Eichelberger, Walter*	NWBY	297
Eickhorn, John E	HORY	63
Eidson, J J*	EDFD	107
Eidson, J R	EDFD	155
Eidson, Jackson	EDFD	181
Eidson, James	EDFD	155
Eidson, John	EDFD	192
Eidson, Lawson	EDFD	181
Eidson, Martin	EDFD	155
Eidson, Milledge*	EDFD	38
Eidson, S H	EDFD	153
Eidson, William**	EDFD	155
Eifler, Philip	CHTN	500
Eigner, Chas*	ABVL	3
Eikerenkotter, Fredk	BUFT	22
Eikner, Sol*	EDFD	38
Eilhardt, Gotlieb	RHLD	38
Eillson, Estate Dr Jno	CHTN	123
Eisa, T	UNON	258
Eiseman, Jacob F	RHLD	17
Eisenmeier, Henry	ABVL	5
Eison, Crocket	UNON	260
Eison, Haner	UNON	267
Eison, Jacob	UNON	210
Eison, James	UNON	202
Eison, James*	UNON	204
Eison, John	UNON	202
Eison, N*	UNON	272
Eison, Thomas	UNON	201
Eison, William	UNON	258
Elam, Camilla*	EDFD	89
Elam, S S	YORK	385
Elberson, Elias	PKNS	16
Elberson, John	PKNS	18
Elberson, Saml	PKNS	13
Elbrick, Jas*	CHTN	302
Elbridge, James A	CHTN	463
Elder, A C	FAFD	250
Elder, Alex	FAFD	250
Elder, E	YORK	465
Elder, Elijah	CHTR	53
Elder, Elisabeth**	SPBG	273
Elder, F	FAFD	202
Elder, Jane	FAFD	202
Elders, Samuel	SPBG	214
Elders, Smith	SPBG	213
Elders, William	SPBG	213
Eldn, Sarah	ADSN	210
Eldridge, Jeremiah	GRVL	407
Eldridge, Josh	LRNS	257
Eldridge, S	EDFD	115

Name	Code	Page
Eldridge, Susan	LRNS	276
Eldridge, Wm C	HORY	60
Eldus, John W	SPBG	206
Eleat, William J	UNON	269
Eleazer, G B	LXTN	377
Eleazer, Geo	LXTN	384
Eleazer, H W	LXTN	377
Eleazer, W S	LXTN	430
Eleazor, George	LXTN	384
Eleazor, Nancy A	LXTN	379
Elemberg, John	EDFD	136
Elemberg, M	EDFD	138
Elemberg, Mary	EDFD	138
Elemberg, William	EDFD	139
Elenberg, B F	EDFD	124
Eler, Augustin	UNON	270
Eler, William	UNON	270
Elfe, Albert	CHTN	345
Elfe, Ann*	CHTN	213
Elfe, Catharin*	CHTN	105
Elfe, Catharine*	CHTN	202
Elfe, Edwin	CHTN	435
Elfe, Francis*	CHTN	473
Elfe, George	CHTN	183
Elfe, Harriett*	CHTN	191
Elfe, Martha	CHTN	280
Elfe, Mary*	COTN	329
Elfe, Mary J	SMTR	152
Elfe, Sarah*	RHLD	55
Elford, C J	GRVL	405
Elford, Geo E**	GRVL	414
Elford, John**	CHTN	384
Elford, Joseph M**	SPBG	312
Elford, Sallie C*	SPBG	306
Elford, Sally**	SPBG	318
Elford, T James*	SPBG	208
Elgin, Hezekiah	ADSN	208
Elgin, Hezh	ABVL	147
Elgin, James	ABVL	147
Elgin, Joel T	ADSN	277
Elgin, John	ADSN	208
Elgin, John M	ADSN	186
Elgin, M T*	ADSN	201
Elgin, Martha*	ADSN	202
Elias, Judith*	ABVL	25
Elias, Levy	RHLD	9
Elic, J	UNON	188
Elington, Joseph	UNON	265
Eliot, L M*	YORK	372
Eliot, Permelia*	YORK	431
Eliot, Robt W*	RHLD	52
Elis, Elizabeth	UNON	207
Elis, James	UNON	275
Elis, William	UNON	207
Elison, Sarah*	ADSN	323
Elisor, Elizabeth	LXTN	389
Elisor, J N*	LXTN	399
Elisor, Jesse	LXTN	377
Elisor, John	LXTN	378
Elisor, Priscilla	LXTN	377
Elisor, Rebecca	LXTN	395
Elisor, William	LXTN	377
Elixon, B	CHFD	181
Elkin, Eliott	FAFD	221
Elkin, Francis	EDFD	104
Elkin, Laura*	LXTN	452
Elkin, W B	FAFD	225
Elkin, W F	FAFD	259
Elkins, B B*	NWBY	268
Elkins, B E	FAFD	211
Elkins, F W*	KRSW	108
Elkins, J J	KRSW	108
Elkins, James H	CHTR	78
Elkins, John	ABVL	15
Elkins, John A	RHLD	29
Elkins, Mary*	BNWL	375
Elkins, Samuel*	BNWL	375
Elkins, W D*	BNWL	372
Elkins, William	RHLD	45
Elkins, Wm	EDFD	117
Elkins, Wm*	YORK	457
Elks, John W*	HORY	62
Elks, Phillip J	HORY	62
Ellard, Charles*	CHTN	517
Ellard, Thomas*	CHTN	287
Ellaxico, John	UNON	277
Ellebe, E M	KRSW	122
Elledge, Jacob	LRNS	268
Elledge, Jas	LRNS	277
Elledge, Jno	LRNS	257
Elledge, Mary	LRNS	268
Ellege, Ephraim	GRVL	382
Ellen (Free)*	SMTR	162
Ellen, Colored*	RHLD	55
Ellen, David	MARN	61
Ellen, Robert	MRBO	196
Ellenburg, John	GRVL	436
Ellenburgh, James H	PKNS	107
Ellenbury, John	ABVL	118
Ellenfelett, William*	CHTN	469
Eller, Robt	FAFD	238
Ellerbe, A W*	CHFD	187
Ellerbe, B F	CHFD	115
Ellerbe, E A	CHFD	115
Ellerbe, Eliza A**	CHFD	189
Ellerbe, Elizabeth	CHFD	177
Ellerbe, H	CHFD	106
Ellerbe, M F	CHFD	181
Ellerbe, Mary	CHFD	175
Ellerbe, Mary P*	RHLD	54
Ellerbe, William C S	SMTR	151
Ellerbe, Zachariah	CHFD	177
Ellerbee, E B**	MARN	81
Ellerbee, H	MARN	81
Ellerbrook, Henry*	CHTN	110
Ellerbrook, W	CHTN	103
Ellerby, Ella*	CHTN	481
Ellerson, Cathe*	LRNS	288
Ellerson, Jane E*	LRNS	254
Ellerson, Joel	LRNS	254
Ellerson, L N	LRNS	284
Ellerson, Matilda J	SMTR	132
Ellerson, Sarah	LRNS	254
Ellerson, William	SMTR	132
Ellerson, Wm	LRNS	256
Ellexe, C*	CHTN	324
Ellinburg, John	PKNS	126
Ellinburg, Tillman	PKNS	132
Ellinburg, William J	PKNS	177
Ellinburgh, Eli	PKNS	111
Ellinburgh, Elias	PKNS	110
Ellinburgh, Francis M	PKNS	108
Ellinburgh, Jobery	PKNS	111
Ellinburgh, John C	PKNS	110
Ellinburgh, Martin	PKNS	111
Ellinburgh, Martin	PKNS	108
Ellinburgh, Thomas J	PKNS	108
Ellington, Elizabeth*	ABVL	118
Ellington, Martha*	ADSN	267
Ellington, Peter	ADSN	268
Elliot, Eli	CHTR	76
Elliot, Elizabeth*	GRVL	396
Elliot, John B*	RHLD	53
Elliot, T O*	CHTN	342
Elliot, Thomas A	ORBG	409
Elliot, Thos**	CHTN	246
Elliott, Aaron	HORY	44
Elliott, Alexander	HORY	55
Elliott, Anne H*	COTN	368
Elliott, Clara*	CHTN	189
Elliott, David	GETN	317
Elliott, Emeline	CHTN	278
Elliott, Emily	ADSN	287
Elliott, Francis	WMBG	319
Elliott, George H	ORBG	409
Elliott, George P	BUFT	97
Elliott, Ger	HORY	44
Elliott, H G	GETN	308
Elliott, H L	FAFD	204
Elliott, Henry	HORY	44
Elliott, Henry	HORY	35
Elliott, J A	KRSW	122
Elliott, J C	HORY	36
Elliott, J L	FAFD	207
Elliott, J M C*	WMBG	319
Elliott, James	FAFD	207
Elliott, James	PKNS	44
Elliott, Jas P	GETN	308
Elliott, Jn F	DLTN	421
Elliott, Jn F A	DLTN	420
Elliott, John L	ADSN	275
Elliott, Lewis	PKNS	30
Elliott, Louisa	YORK	475
Elliott, Louisa H*	BUFT	83
Elliott, Lucinda	CHTN	389
Elliott, M S*	FAFD	370
Elliott, Mary	FAFD	208
Elliott, Mitchell	CHTN	145
Elliott, Mrs M*	EDFD	38
Elliott, Nora*	CHTN	189
Elliott, P D	LRNS	223
Elliott, Ralph E	BUFT	96
Elliott, Rev Jas H	CHTN	229
Elliott, Rev Stephen	BUFT	1
Elliott, S	HORY	44
Elliott, Sarah J C	SMTR	158
Elliott, Stephen Jr	BUFT	2
Elliott, Th W	DLTN	420
Elliott, Thomas A J*	RHLD	51
Elliott, Thos H	KRSW	102
Elliott, Thos R S	BUFT	98
Elliott, William	CHTN	281
Elliott, William	COTN	368
Elliott, Wm	CHTN	224
Elliott, Wm	KRSW	102
Elliott, Wm Sr	BUFT	2
Elliott, Wm W	BUFT	95
Elliott, Z	GETN	287
Ellis, A B	LCTR	202
Ellis, Athalinda	PKNS	150
Ellis, Benj F	YORK	388
Ellis, Benjamin	CHTN	284
Ellis, Bryant	KRSW	136
Ellis, C J*	RHLD	21
Ellis, Christifor	ABVL	108
Ellis, Chs F*	CHTN	237
Ellis, D	DLTN	375
Ellis, Danl H	BUFT	74
Ellis, Edmund E	BUFT	22
Ellis, Elizabeth	CHTN	502
Ellis, Elizabeth*	CHTN	502
Ellis, Elizabeth	ABVL	122
Ellis, Elizth L	BUFT	2
Ellis, George L*	RHLD	51
Ellis, Gideon	PKNS	186
Ellis, Henry	ORBG	408
Ellis, Henry*	RHLD	27
Ellis, Isaac	BUFT	84
Ellis, J J*	DLTN	396
Ellis, J J	LCTR	206
Ellis, J O	SPBG	412
Ellis, J P	SPBG	256
Ellis, J R	SPBG	196
Ellis, Jacob**	KRSW	87
Ellis, James	EDFD	150
Ellis, James	DLTN	439
Ellis, James	ABVL	122
Ellis, James	SPBG	297
Ellis, James A	ABVL	95
Ellis, James C	ABVL	95
Ellis, James R	ABVL	122
Ellis, Jesse	ABVL	95
Ellis, Jesse B	DLTN	442
Ellis, Jessee H	PKNS	186
Ellis, Jincy	MARN	79
Ellis, John	CHFD	120
Ellis, John E	ABVL	125
Ellis, John L	ABVL	122
Ellis, Josephene*	CHTN	428
Ellis, Judy	LCTR	206
Ellis, Julia*	CHTN	428
Ellis, L P**	GETN	296
Ellis, Lucy*	ABVL	98
Ellis, Malinda	PKNS	131
Ellis, Margaret	SPBG	379
Ellis, Mary	CHTN	520
Ellis, Mary**	CHTN	508
Ellis, Mrs Willie	ABVL	94
Ellis, Nancy	CHFD	138
Ellis, Nathl W	BUFT	58
Ellis, P M	SPBG	375
Ellis, Richard	RHLD	3
Ellis, Robert	ABVL	149
Ellis, Robt M	ABVL	125
Ellis, S E	BNWL	462
Ellis, S E	BUFT	8
Ellis, S Ferdinand	BUFT	35
Ellis, Sarah W	BUFT	6
Ellis, Sarah*	EDFD	158
Ellis, St John P	GETN	288
Ellis, Stephen G	BUFT	4
Ellis, Susan*	ADSN	335
Ellis, T R	WMBG	342
Ellis, Thomas	ABVL	91
Ellis, Thomas	EDFD	158
Ellis, Thos	DLTN	427
Ellis, W J	HORY	17
Ellis, W R	LCTR	202
Ellis, W W	LCTR	202
Ellis, William	EDFD	33
Ellis, William	YORK	483
Ellis, William Lee*	ORBG	408
Ellis, Wm G	SPBG	288
Ellison, A Edmund	ABVL	145
Ellison, Amaziah	ADSN	166
Ellison, Doctor*	SPBG	294
Ellison, Greenlee	ADSN	168
Ellison, Hugh	ADSN	333
Ellison, James	ADSN	333
Ellison, James W	ADSN	334
Ellison, Jan*	ABVL	146
Ellison, Jas L	SPBG	289
Ellison, Jef	SPBG	288
Ellison, Joel	ADSN	310
Ellison, Joel	PKNS	159
Ellison, Lewis	ADSN	171
Ellison, Mathew	ADSN	333
Ellison, Miles	ADSN	168
Ellison, Mrs M A*	ABVL	20
Ellison, R E	FAFD	206
Ellison, R W	LRNS	286
Ellison, Saml*	ABVL	129
Ellison, Warren*	NWBY	265
Ellison, William	PKNS	153
Ellison, Wm	ADSN	168
Ellison, Wm H	FAFD	233
Ellisor, Geo F	LXTN	399
Ellmore, F	WMBG	354
Ellmore, J	WMBG	353
Ellsmore, Wm B	EDFD	2
Elmore, Absolom	SMTR	98
Elmore, Berry**	LRNS	244
Elmore, D	KRSW	117
Elmore, Elias	DLTN	425
Elmore, Ellis	DLTN	425
Elmore, Fannie*	NWBY	231
Elmore, Frank H*	COTN	319
Elmore, Geo	LRNS	244
Elmore, George	ABVL	74
Elmore, Harriet C	RHLD	61
Elmore, Henry**	CHTN	481
Elmore, James	BNWL	417
Elmore, Jas	MARN	55
Elmore, Jesse	DLTN	389
Elmore, John	NWBY	252
Elmore, John	ADSN	162
Elmore, Lorenso D	LRNS	249

Name	Loc	Pg
Elmore, M	LRNS	247
Elmore, Mary*	YORK	492
Elmore, Masillon	LRNS	249
Elmore, N	MARN	35
Elmore, Nancy*	LRNS	349
Elmore, Pat	ABVL	46
Elmore, R A*	RHLD	22
Elmore, R L	KRSW	85
Elmore, Randolpf	UNON	256
Elmore, Spencer	BNWL	422
Elmore, Stephen	ABVL	56
Elmore, Thos	SPBG	292
Elmore, Travis	LRNS	256
Elmore, Trilly	SMTR	98
Elmore, W A	NWBY	253
Elmore, William	NWBY	215
Elrath, Jasper	SPBG	372
Elrod, Adam	ADSN	320
Elrod, Alfred	ADSN	217
Elrod, Anne E	PKNS	105
Elrod, B D	GRVL	422
Elrod, Darcas*	ADSN	297
Elrod, David	ADSN	218
Elrod, David L	ADSN	326
Elrod, Dr A	ADSN	288
Elrod, Elias	ADSN	324
Elrod, Elijah	ADSN	323
Elrod, Elijah	ADSN	311
Elrod, Elizabeth	ADSN	320
Elrod, Everet	PKNS	172
Elrod, Ezekiel	ADSN	286
Elrod, George	ADSN	315
Elrod, George C	ADSN	313
Elrod, George C	ADSN	315
Elrod, Grief	ADSN	162
Elrod, Hayden	ADSN	316
Elrod, Isaac	ADSN	323
Elrod, J A	PKNS	105
Elrod, John	ADSN	218
Elrod, Marion	ADSN	217
Elrod, Mary*	ADSN	311
Elrod, N V	ADSN	286
Elrod, Newton	GRVL	369
Elrod, Q D	PKNS	105
Elrod, Richard T	ADSN	323
Elrod, Robert*	ADSN	277
Elrod, S L W	ADSN	313
Elrod, Samuel	ADSN	321
Elrod, Sarah	ADSN	325
Elrod, Thomas	ADSN	320
Elrod, Thos P	ADSN	217
Elrod, William*	ADSN	218
Elrod, William B	ADSN	323
Elrod, Zack	PKNS	103
Elseph, Belison*	CHTN	135
Elseph, Caroline*	CHTN	134
Elseph, Wm*	CHTN	135
Elsey, James	COTN	366
Elsey, Susan	BNWL	461
Elsiph, Hugh	MARN	13
Elsmore, Jno*	EDFD	6
Elsworth, Isaac	CHTN	282
Elsworth, John T	CHTN	293
Elvington, Alfred	MARN	116
Elvington, Carey	MARN	102
Elvington, Dennis	MARN	100
Elvington, Giles	MARN	100
Elvington, Hugh	MARN	102
Elvington, Jesse	MARN	102
Elvington, John E	MARN	102
Elvington, Owen	MARN	116
Elvington, Sallie*	MARN	116
Elvington, William	MARN	116
Elvington, Zadock	MARN	116
Elvis, Argent	HORY	30
Elzenick, John	CHTN	504
Elzey, Susan	ORBG	377
Elzey, Thomas	ORBG	377
Elzy, Ann*	BNWL	346
Elzy, Robert M	BNWL	376
Elzy, William	BNWL	357
Emanuel, John	BNWL	454
Emanuel, L G	GETN	288
Emanuel, M E*	RHLD	21
Emanuel, Mary	BNWL	454
Emanuel, Millford	BNWL	454
Emanuel, Mrs M A	MRBO	157
Emanuel, N Jr	GETN	287
Emanuel, R C	MRBO	170
Emanuel, Simon	MRBO	172
Emanuel, W P	MRBO	151
Embre, Lucinda	SPBG	335
Embrell, W D	EDFD	68
Embyer, William C*	CHTN	425
Emersell, Mrs	CHTN	226
Emerson, E N*	ADSN	223
Emerson, James	RHLD	45
Emerson, Robert	PKNS	141
Emery, Bird	SPBG	253
Emery, David	SPBG	253
Emery, E J	SPBG	332
Emery, Eliza**	SPBG	253
Emery, Fowler	SPBG	229
Emery, J	SPBG	343
Emery, J R	CHTN	332
Emery, Lydia*	SPBG	253
Emery, Nancy*	SPBG	243
Emery, William	SPBG	242
Emillinette, A C	CHTN	380
Emlyn, M S*	BNWL	480
Emmerson, James	ADSN	213
Emmerson, Saml	ADSN	213
Emmet, Charly	GRVL	426
Emmons, S B	LCTR	215
Emmons, Thos	SPBG	403
Emory, Cynthia*	SPBG	231
Emory, Polly	SPBG	231
Emory, William*	SPBG	231
Endair, H	CHTN	234
Engelke, Fred W*	RHLD	10
England, Caroline*	CHTN	188
England, Edward P*	RHLD	45
England, John E	ADSN	157
England, Mary A*	RHLD	22
England, Mrs E	CHTN	346
Englatt, Louisa*	CHTN	428
Englatt, Mary*	CHTN	428
Engleberth, Geo	CHTN	496
Englerk, Mrs H*	CHTN	222
Englert, Wm	CHTN	250
Engles, E	CHTN	304
English, Alexander	MRBO	192
English, Bond	MARN	19
English, Charles	MRBO	163
English, David	UNON	207
English, E A*	DLTN	376
English, Eli	MRBO	189
English, Elizabeth	smtr	113
English, Elizabeth	MRBO	164
English, Hannah	FAFD	236
English, James	MRBO	181
English, John	RHLD	64
English, Lucy A**	RHLD	12
English, Mary J	SMTR	173
English, Nedom	MRBO	157
English, R M	SMTR	158
English, Robert W Jr	SMTR	117
English, Sarah*	CHTN	99
English, T R	SMTR	116
English, T R Jr	SMTR	113
English, Thos	KRSW	111
English, W E	KRSW	114
English, William**	MRBO	178
English, Wm	MRBO	189
English, Wm	CHTN	201
Engls, William R*	NWBY	271
Enicks, Isabella P*	BNWL	497
Enix, William	GRVL	409
Enlaw, Jacob	GRVL	450
Enloe, Gilbert	YORK	471
Enloe, Wm G	YORK	373
Enloe, Wm M	YORK	471
Enlow, Abram	NWBY	215
Enlow, Belton	NWBY	249
Enlow, Christian	NWBY	222
Enlow, H F*	NWBY	304
Enlow, Isaac	NWBY	249
Enlow, N E	NWBY	234
Enlow, Noah	NWBY	223
Enlow, Vina	NWBY	231
Enmon, George	UNON	225
Enmon, John	UNON	205
Enmon, Sarah	UNON	225
Ennis, Handy H	MARN	112
Ennis, James	CHTN	473
Ennis, John H*	SPBG	308
Ennis, Miss*	CHTN	320
Ennis, Niram	ABVL	5
Enos, Abraham T	BNWL	371
Enright, Charles	CHTN	518
Enright, John	ABVL	19
Enselman, Fredk	CHTN	191
Enslow, Jos	CHTN	232
Enslow, Joseph A	CHTN	411
Enslow, Mrs	CHTN	250
Enstien, L*	GRVL	405
Enston, Daniel*	CHTN	349
Enston, Mrs	CHTN	298
Enston, Susan	CHTN	349
Enter, Jacob**	CHTN	295
Entleman, A	CHTN	266
Entrican, James M	PKNS	125
Entricar, Isaac	LRNS	312
Entricar, Mary	LRNS	312
Entrickin, T D	PKNS	107
Entriken, Sarah	PKNS	51
Entzminger, Thomas W	RHLD	71
Entzminger, W Wash	RHLD	79
Enwright, Mary*	RHLD	22
Enzell, C V	SMTR	127
Enzor, Alva	HORY	49
Enzor, John Jr	HORY	49
Eppes, Jas	LRNS	253
Eppes, Jno W	LRNS	220
Eppes, William	CHTN	145
Epps, Benj	SPBG	335
Epps, Danl	SPBG	335
Epps, David	WMBG	334
Epps, Dr Jas M	NWBY	275
Epps, Ellen	SPBG	335
Epps, James	CLDN	226
Epps, M E*	RHLD	21
Epps, M F*	WMBG	337
Epps, Michjah	NWBY	284
Epps, R D	WMBG	336
Epps, Robt	WMBG	364
Epps, Tempe C**	SPBG	316
Epps, W D	YORK	396
Epstein, D	CHTN	311
Epting, Adam	NWBY	271
Epting, David	LXTN	382
Epting, Drayton	LXTN	406
Epting, Elizabeth	LXTN	406
Epting, G A	LXTN	402
Epting, Geo	LXTN	402
Epting, George	NWBY	262
Epting, H J	LXTN	401
Epting, Henry J	NWBY	281
Epting, J B	FAFD	222
Epting, Jacob	NWBY	255
Epting, Jacob	LXTN	382
Epting, Jacob	LXTN	382
Epting, Jasper N	NWBY	271
Epting, Jno	LXTN	402
Epting, S N	LXTN	400
Epting, Sarah	LXTN	401
Epting, Thos E**	NWBY	281
Epting, William	LXTN	382
Epting, Wm	LXTN	406
Eptom, John	SPBG	199
Epton, Isaac	SPBG	238
Epton, Wm	LRNS	343
Erby, James P	SPBG	331
Erely, Laura H R*	SMTR	151
Erely, Margaret A	SMTR	150
Erforth, Julius B*	SPBG	257
Ergle, Solomon	EDFD	7
Erins, A	ADSN	259
Erins, Archibald	ADSN	227
Erins, Rhoda	ADSN	225
Eritzminger Ezia	FAFD	227
Eritzminger, F	FAFD	226
Eritzminger, Jeremiah	FAFD	226
Ernandez, Ellen C	CHTR	37
Ernest, Catharine*	CHTN	141
Ernest, J B	CHTN	125
Ernest, Margaret*	GRVL	488
Ernest, Robt	ABVL	9
Ernst, Otto*	CHTN	249
Erpe, Adams	RHLD	37
Errickson, C	CHTN	104
Errickson, H D	CHTN	104
Erskin, Hanah**	MARN	121
Erskine, James	ADSN	317
Erskine, Joseph	ADSN	316
Ertes, Jackson	ADSN	322
Erts, Larkin	ADSN	322
Ervin, Abner	GETN	292
Ervin, Alex	YORK	439
Ervin, Alex	FAFD	274
Ervin, Andrew	SPBG	367
Ervin, C P*	DLTN	377
Ervin, E P	MRBO	148
Ervin, Elizabeth*	KRSW	104
Ervin, Elizabeth*	CHTR	24
Ervin, Erasmus*	RHLD	51
Ervin, H R	DLTN	436
Ervin, James A	YORK	380
Ervin, James*	EDFD	62
Ervin, Jane	PKNS	121
Ervin, Jno W	CLDN	244
Ervin, John	PKNS	137
Ervin, Lason P	YORK	493
Ervin, M C*	DLTN	379
Ervin, Martha*	WMBG	303
Ervin, Richard*	CHTR	54
Ervin, Sam	KRSW	104
Ervin, Sarah*	YORK	382
Ervin, T W	FAFD	251
Ervin, Thomas	ADSN	181
Ervin, Thomas	PKNS	137
Ervin, Unity*	PKNS	106
Ervin, William	YORK	480
Ervin, William	PKNS	137
Ervin, Wm	YORK	381
Ervin, Wm	YORK	434
Ervins, Eugene G*	GRVL	411
Ervins, Jas O	SPBG	300
Ervins, Nancy	ORBG	399
Erwin, Arthur	ABVL	58
Erwin, Augustus	YORK	453
Erwin, David	ADSN	182
Erwin, E A*	CHTN	370
Erwin, F J	CHTR	1
Erwin, Hames D	BNWL	500
Erwin, J B**	YORK	375
Erwin, J D Jr	BNWL	502
Erwin, Julia C	BNWL	501
Erwin, Malcom	ABVL	143
Erwin, Sarah A	BNWL	501
Erwin, Thos	SPBG	292
Erwin, W E	WMBG	300
Erwin, William*	CHTN	285
Erxtim, Andrew	PKNS	18
Esdorn, Dedrick*	CHTN	421
Esdorn, H	CHTN	351
Esdra, Zoe**	CHTN	261
Esgood, Martha	CHTN	378
Eskew, Amos	GRVL	460

Name	Loc	Pg	Name	Loc	Pg	Name	Loc	Pg
Eskew, Elizabeth	GRVL	424	Euter, Jacob	CHTN	106	Evans, Mas	SMTR	170
Eskew, Jacob	ADSN	231	Euter, Mary	CHTN	107	Evans, Miss*	CHTN	322
Eskew, Mattie*	ADSN	284	Evans, A J	BNWL	432	Evans, Miss*	CHTN	298
Eskew, Simon	GRVL	422	Evans, Aaron	ORBG	360	Evans, N	MARN	110
Eskew, W E	ADSN	283	Evans, Acey	KRSW	108	Evans, Nancy	GETN	318
Eskew, Wm R	GRVL	502	Evans, Agnes*	RHLD	89	Evans, Needham	MARN	64
Eskew, Wm T	ADSN	184	Evans, Albert*	CHFD	94	Evans, P A*	ABVL	60
Eskridges, James J	YORK	492	Evans, Aldridge*	GRVL	344	Evans, Peter	CLDN	238
Esler, James	FAFD	235	Evans, Alexander	ADSN	328	Evans, R A	ORBG	323
Esler, Joel*	FAFD	236	Evans, Althea*	LRNS	299	Evans, R S	BNWL	413
Esler, John	FAFD	241	Evans, Ann E B*	MARN	25	Evans, Ransom	KRSW	86
Esler, Nancy	FAFD	238	Evans, B F	CHTN	492	Evans, Reese	RHLD	1
Esnard, Peter	CHTN	241	Evans, B L	CHFD	112	Evans, Richard	ORBG	330
Esnard, Peter Jr	CHTN	241	Evans, Benj*	HORY	17	Evans, Robert E	CHFD	174
Espey, Caroline	BUFT	9	Evans, Benjamen E	SMTR	178	Evans, Robt	CHTN	335
Espie, Rufus	ADSN	336	Evans, Betsy L*	FAFD	205	Evans, Rufus*	NWBY	259
Espinall, Susan	CHTN	378	Evans, C D	MARN	18	Evans, Rufus*	CHTN	129
Essid, Daniel	LXTN	408	Evans, C P	CHTN	310	Evans, S S	BNWL	413
Esten, Zed	GRVL	431	Evans, Caroline*	PKNS	33	Evans, S W	MRBO	151
Esterbook, Benj**	CHTN	265	Evans, Catharine*	KRSW	117	Evans, S W	CHFD	101
Estes, A B	BNWL	403	Evans, Celina*	CHTN	274	Evans, Saml	ABVL	40
Estes, Andrew J	CHTR	20	Evans, Charles	ABVL	59	Evans, Samuel	CHTN	475
Estes, Annie	CHTR	18	Evans, Charles J**	CHTN	445	Evans, Samuel	CHTR	7
Estes, Diana*	CHTR	6	Evans, D	MARN	19	Evans, Samuel**	CHTN	385
Estes, Eliza	CHTR	3	Evans, D E	CLDN	225	Evans, Sarah C	CHTR	73
Estes, Elvina A*	BNWL	403	Evans, David	ORBG	323	Evans, Sarah J B	CLDN	237
Estes, Geo*	CHTR	4	Evans, Edward*	GRVL	405	Evans, Silrira	CHTN	128
Estes, J W	CHTR	20	Evans, Edwd E	DLTN	383	Evans, Stephen	CLDN	239
Estes, Jno	CHTR	92	Evans, Elisa	CHTN	274	Evans, Thos	MARN	8
Estes, Jno E	CHTR	12	Evans, Elisa	CHTN	273	Evans, Thos	ORBG	330
Estes, Jno W	CHTR	16	Evans, Eliz	FAFD	214	Evans, Thos A	MRBO	162
Estes, L A C	CHTR	28	Evans, Eliza	CHTN	402	Evans, Thos H*	LRNS	299
Estes, Mary A**	CHTR	80	Evans, Elizabeth*	CHTN	428	Evans, Travis	CHFD	157
Estes, Robert*	CHTR	5	Evans, Frances	CHTN	382	Evans, W	KRSW	136
Estes, Winney	CHTR	76	Evans, Francis**	RHLD	37	Evans, W	UNON	186
Estie, Sarah V*	CHTN	476	Evans, Friday**	CHTN	430	Evans, W A	CHFD	110
Estill, Alex	CHTN	361	Evans, Garner	PKNS	130	Evans, W H	CLDN	224
Estler, Hugene	CHTR	27	Evans, Garrison	ADSN	250	Evans, Wade	ORBG	323
Eston, W	CHTN	235	Evans, Gaul*	MARN	111	Evans, William*	ORBG	323
Estrage, Columbus*	LCTR	177	Evans, George	CHTN	112	Evans, William*	RHLD	89
Etheredge, Allen	EDFD	171	Evans, Gideon	BNWL	413	Evans, William*	CHTN	379
Etheredge, Benj	EDFD	165	Evans, Grace	ADSN	324	Evans, William	GRVL	463
Etheredge, Birditt*	EDFD	170	Evans, H	SPBG	346	Evans, Willis	ADSN	237
Etheredge, Gifford	EDFD	176	Evans, H H	KRSW	124	Evans, Wm*	MARN	27
Etheredge, Joseph	EDFD	185	Evans, H H	EDFD	14	Evans, Wm*	LRNS	222
Etheredge, Mark	EDFD	182	Evans, Hannah*	CLDN	239	Evans, Wm H	GRVL	502
Etheredge, Tyre	EDFD	185	Evans, Harriet*	CHTN	428	Evans, Wm*	CHTN	298
Etheredge, W H	EDFD	164	Evans, Henry	GRVL	463	Evans, Wm H	DLTN	383
Etheredge, William	EDFD	184	Evans, Henry F*	SPBG	305	Evant, Julia A*	HORY	28
Etheridge, Danl	ABVL	35	Evans, Hiram	CHFD	165	Evatt, Baylus	PKNS	110
Etheridge, David*	ABVL	68	Evans, Isaac	SPBG	356	Evatt, Benjamin	PKNS	183
Etheridge, J C	GETN	307	Evans, Isham	SPBG	365	Evatt, Dilla	PKNS	109
Etheridge, J J*	WMBG	343	Evans, J H	MARN	21	Evatt, Garret	PKNS	180
Etheridge, Jno*	ABVL	66	Evans, J J	YORK	368	Evatt, Hunley	PKNS	128
Etheridge, John C	GETN	307	Evans, J L*	CLDN	237	Evatt, James L*	ADSN	253
Etheridge, M	GETN	307	Evans, J N	CLDN	226	Evatt, John	PKNS	128
Etheridge, Mrs E	ABVL	65	Evans, J W	FAFD	267	Evatt, William A	PKNS	188
Etheridge, Peter*	ABVL	67	Evans, J W*	DLTN	387	Eveleigh, Thos S	DLTN	391
Etheridge, Saml	ABVL	37	Evans, James**	WMBG	353	Evens, Hariot**	CHTN	511
Etheridge, Wade	ABVL	131	Evans, James	PKNS	62	Evens, Samuel*	RHLD	55
Etheridge, Wade	ABVL	66	Evans, James	ABVL	39	Everbach, Henry*	CHTN	466
Etheridge, Wm	ABVL	66	Evans, James	GRVL	443	Everett, J D	EDFD	50
Ethridge, Sophrano	SMTR	134	Evans, James D	RHLD	89	Everett, Jno	EDFD	53
Eton, May*	GRVL	354	Evans, James	MARN	35	Everett, John J*	COTN	340
Etters, Jacob	YORK	479	Evans, James*	CHTN	201	Evett, Marshall	ABVL	92
Etters, Sarah J	YORK	485	Evans, Jane	YORK	453	Evins, Jacob*	EDFD	73
Eubank, Isaac	SPBG	231	Evans, Jane	ABVL	59	Evins, Nancy*	RHLD	71
Eubank, Jane	UNON	203	Evans, Jane B	MARN	13	Evins, T A	ADSN	259
Eubanks, ------	BNWL	393	Evans, Jane E***	CHTN	208	Ewart, D E*	NWBY	300
Eubanks, Aaron	CHFD	155	Evans, Jas*	ABVL	30	Ewart, Mary A**	RHLD	16
Eubanks, Albert	UNON	270	Evans, Jas B	CLDN	224	Ewart, R E T	SPBG	309
Eubanks, Alex	CHFD	153	Evans, Jno Jr	CHFD	166	Ewens, Wm	SPBG	341
Eubanks, Angeline	UNON	212	Evans, Jno W	CHTN	325	Exum, Henry	GETN	299
Eubanks, Aron	PKNS	105	Evans, Jno*	ABVL	27	Exum, R S**	MARN	140
Eubanks, Bessey*	CHFD	157	Evans, John	ORBG	368	Exum, Robt B	MARN	121
Eubanks, Darling	BNWL	429	Evans, John	CHFD	111	Exum, Sarah A	SMTR	152
Eubanks, Enoch	UNON	197	Evans, John	CHFD	145	Exum, Z	GETN	318
Eubanks, George*	UNON	272	Evans, John	PKNS	63	Eysenburch, G H	CHTN	501
Eubanks, J J	BNWL	398	Evans, John	PKNS	50	Ezekiel, Ann	BUFT	14
Eubanks, J T	SPBG	198	Evans, John	ADSN	249	Ezekiel, E*	ORBG	408
Eubanks, Jason	BNWL	426	Evans, John	BNWL	458	Ezekiel, Philip E	BUFT	14
Eubanks, John	UNON	206	Evans, John A	PKNS	50	Ezel, Chesnut	SMTR	114
Eubanks, Joseph	BNWL	429	Evans, John C	CHFD	181	Ezell, Aaron C	SPBG	236
Eubanks, Joseph*	UNON	275	Evans, John E B	RHLD	42	Ezell, J L	SPBG	263
Eubanks, L	UNON	211	Evans, John G	ORBG	330	Ezell, James	SPBG	271
Eubanks, Lawrence	BNWL	431	Evans, Jora	ADSN	262	Ezell, Jas H	SPBG	276
Eubanks, Luther*	BNWL	431	Evans, Josiah*	MARN	63	Ezell, Jno S	SPBG	300
Eubanks, Madison*	UNON	211	Evans, L N	SPBG	405	Ezell, John	SPBG	236
Eubanks, Marinda*	UNON	249	Evans, L R*	CHTR	70	Ezell, Levi**	SPBG	196
Eubanks, Mary	CHFD	157	Evans, L W*	CHTN	496	Ezell, Malinda	SPBG	276
Eubanks, Nancy	SPBG	308	Evans, Leah*	ORBG	331	Ezell, Wm	SPBG	272
Eubanks, Nancy*	UNON	205	Evans, M E*	RHLD	21	Ezell, Zibeon	SPBG	236
Eubanks, Newy	UNON	270	Evans, M Juliet*	LRNS	243	Ezzell, A W*	WMBG	300
Eubanks, Pery	UNON	268	Evans, M P	LRNS	281	Faber, Jos W	CHTN	190
Eubanks, Priscilla	ADSN	193	Evans, Manly*	KRSW	119	Faber, M E*	ORBG	316
Eubanks, Rebecca	UNON	270	Evans, Margaret**	CHTN	436	Faber, Maria C	CHTN	405
Eubanks, Robert	BNWL	393	Evans, Maria*	CHTN	378	Faber, Mary	CHTN	168
Eubanks, Thomas*	UNON	217	Evans, Marshall	KRSW	136	Fabian, W F	COTN	326
Eubanks, W D	BNWL	430	Evans, Martha	CHTN	374	Fabrage, Robt	FAFD	213
Eubanks, William	BNWL	393	Evans, Martin	EDFD	164	Fabridge, Sarah*	FAFD	203
Eubanks, Wm	EDFD	67	Evans, Mary	COTN	294	Facharias, Pauline	CHTN	407
Eunethey, Juan*	CHTN	462	Evans, Mary	CLDN	238	Fachenback, S	CHTN	238
Eustis, Elizh**	LRNS	248	Evans, Mary Ann*	RHLD	54	Fadden, Margt	BNWL	452
Eustis, James	CHTN	216	Evans, Mary R*	SMTR	179	Fagan, Christiana*	RHLD	54
Eustis, Mrs P N	BUFT	1	Evans, Mary**	CHTN	358	Fagan, J A	WMBG	346
Euston, J W*	CHTN	226	Evans, Mary P*	CLDN	226	Fagan, W H	EDFD	23

Name	Loc	Pg
Fagel, George	NWBY	254
Fagen, Claus	PKNS	22
Fagen, H	PKNS	36
Fagen, John*	PKNS	22
Fagen, M S	WMBG	345
Fagen, Mattie*	PKNS	34
Fahe, Michael	CHTN	377
Fahnestock, G W*	CHTN	369
Fahrenback, N	CHTN	255
Fahrthig, John*	CHTN	462
Fail, Fleneken	LCTR	193
Fail, Henry C	BNWL	364
Fail, Iyah	BNWL	366
Fail, J T	LCTR	187
Fail, Jacob	LCTR	187
Fail, John	LCTR	188
Fail, Manuel	LCTR	183
Fail, Nancy A	BNWL	366
Fail, Nathan	LCTR	188
Fail, Samuel	LCTR	188
Fail, William	LCTR	188
Fail, William	BNWL	364
Failey, Ann H*	CHTN	445
Fain, Samuel	RHLD	40
Fair, Jacob L*	CLDN	228
Fair, James	NWBY	288
Fair, Jno H	EDFD	41
Fair, John G	NWBY	269
Fair, Robt A	ABVL	22
Fair, Samuel	ORBG	337
Fair, Sarah*	CHTN	189
Fair, Simon	NWBY	300
Fair, Washington	PKNS	152
Fairbairn, E*	LRNS	347
Fairbairn, Mary	LRNS	337
Fairbarn, Noah	LRNS	272
Fairchild, Danl	CHTN	360
Fairchild, Margaret*	CHTN	99
Fairchild, Maria*	CHTN	491
Fairchild, Mary**	CHTN	350
Faircloth, Gooley*	HORY	21
Faircloth, James	HORY	3
Faircloth, Samuel	HORY	54
Fairleigh, Jno*	CHTN	318
Fairley, A	CHTN	306
Fairllee, G M	MARN	19
Fairrod, Adeline*	CHTN	510
Fairy, George*	ORBG	342
Fairy, George W*	ORBG	336
Fairy, George W B	ORBG	347
Fairy, J D D	ORBG	345
Fairy, Jesse W	ORBG	345
Fairy, Mary A	ORBG	344
Fairy, Mary A Jr	ORBG	344
Fairy, Philips*	ORBG	349
Fairy, Samuel	ORBG	342
Fairy, William	ORBG	347
Fairy, Wm J	ORBG	348
Falaw, G W	LXTN	422
Falaw, H P	LXTN	464
Falaw, H R	LXTN	464
Falaw, Mary	LXTN	422
Falaw, R J	EDFD	199
Falaw, Tillman	LXTN	421
Falian, G W	COTN	345
Falk, A	CHTN	314
Falk, Ella*	BNWL	380
Falk, Ellen J*	CHTN	428
Falk, Henry D*	CHTN	425
Falk, Isaac*	CHTN	425
Falk, Jacob	LXTN	401
Falk, John J	BNWL	362
Falk, Wm C**	BNWL	341
Falk, Wm	CHTN	301
Falkenstein, J F*	BNWL	486
Falklin, William*	CHTN	506
Falkner, E	EDFD	121
Falkner, Francis*	EDFD	55
Falkner, H	EDFD	33
Falkner, J R	EDFD	127
Falkner, Jane*	EDFD	128
Falkner, Jeff	EDFD	74
Falkner, John	EDFD	174
Falkner, John	UNON	274
Falkner, M	EDFD	121
Falkner, P	EDFD	34
Falkner, Polly*	EDFD	126
Falkner, Tillman	EDFD	32
Falks, Francis	MARN	97
Fall, O	SPBG	289
Fallaw, Rhodella*	LXTN	445
Fallen, T**	UNON	271
Fallis, J T*	RHLD	49
Falls, Alexr	RHLD	16
Falls, Amz	YORK	434
Falls, Betcy*	YORK	434
Falls, Elias**	YORK	434
Falls, Elizabeth	YORK	434
Falls, Nancy	YORK	506
Falls, Thos	CHTR	74
Fally, August	CHTN	462
Falon, Patrick	CHTN	430
Fan, Ann	CHTN	348
Fanan, James	FAFD	227
Fanan, Miss L*	CHTN	319
Fancett, James	UNON	197
Fancett, James	UNON	232
Fancett, Samuel	UNON	232
Fancher, Victor*	CHTN	335
Fanll, Alonzo	CHTN	309
Fanning, Allen	ORBG	394
Fanning, Christean	ORBG	399
Fanning, Ellen	ORBG	400
Fanning, F D	CHTN	259
Fanning, Fred**	COTN	331
Fanning, J A	ORBG	401
Fanning, J W**	ORBG	399
Fanning, J W	BNWL	409
Fanning, James	ORBG	401
Fanning, John	CHTN	267
Fanning, John C	ORBG	401
Fanning, John H*	ORBG	406
Fanning, John*	NWBY	304
Fanning, Jos C	ORBG	401
Fanning, Thomas	CHTN	479
Fanning, W D	ORBG	400
Fanow, N E*	CHTN	342
Fant, Alfred	ADSN	188
Fant, D J	FAFD	280
Fant, D J	UNON	204
Fant, Edward	ADSN	268
Fant, Eliza	BNWL	381
Fant, Ephraim**	CHTR	31
Fant, Ester	ADSN	157
Fant, Francis*	UNON	196
Fant, George D	UNON	272
Fant, George W	ADSN	157
Fant, J	UNON	204
Fant, J L	ADSN	159
Fant, James	UNON	271
Fant, James R	ADSN	268
Fant, Jasper	ADSN	186
Fant, Jesse R	ADSN	159
Fant, Joseph	UNON	275
Fant, M	DLTN	374
Fant, Mary	ADSN	172
Fant, Mary A	BUFT	42
Fant, Mildred*	FAFD	261
Fant, O H P	ADSN	261
Fant, O H P	LRNS	323
Fant, R S	UNON	193
Fant, Samuel*	UNON	188
Fant, Sarah	ADSN	299
Fant, William	CHTR	31
Fant, William	PKNS	190
Fant, William B	PKNS	191
Faraday, Thomas**	CHTN	287
Faran, Jas	CHTN	192
Farelly, Philip*	CHTN	197
Farey, E J	BNWL	360
Fargan, Thomas*	BNWL	339
Farira, Jacith	CHTN	418
Faris, Catharine S	YORK	406
Faris, E C	YORK	434
Faris, E T	YORK	434
Faris, Elijah A	YORK	406
Faris, Eliza	YORK	392
Faris, G W	YORK	458
Faris, Harvey	YORK	391
Faris, J T	YORK	419
Faris, James	YORK	509
Faris, John	YORK	401
Faris, John	YORK	508
Faris, John	YORK	509
Faris, John A	YORK	395
Faris, John C*	YORK	432
Faris, John*	YORK	396
Faris, Jonah	YORK	405
Faris, Mary*	YORK	409
Faris, Miles A	YORK	411
Faris, Moses	YORK	509
Faris, Moses P*	YORK	434
Faris, Nancy*	RHLD	55
Faris, Newton	YORK	391
Faris, Oscar	YORK	433
Faris, R M	YORK	434
Faris, Saml T*	YORK	392
Faris, Sarah	YORK	402
Faris, Wm	YORK	394
Faris, Wm N	YORK	401
Farley, Charly	CHTN	295
Farley, Ellen*	RHLD	22
Farley, J J	BNWL	454
Farley, Jane	CHTN	4
Farley, John	CHTN	141
Farley, Maria	CHTN	279
Farley, Rose*	CHTN	197
Farley, W R	LRNS	224
Farlin, Caroline	SPBG	426
Farman, Catherine*	EDFD	495
Farman, Missouri*	EDFD	37
Farmer, Arch	LCTR	198
Farmer, Benjamin	GRVL	397
Farmer, Benjamin H	PKNS	181
Farmer, Calvin	GRVL	397
Farmer, Charles	COTN	319
Farmer, D Clayton**	ABVL	8
Farmer, Daniel	LCTR	189
Farmer, Dicy	GRVL	442
Farmer, Edmond	CHTN	511
Farmer, Edward*	CHTN	425
Farmer, Elijah	GRVL	501
Farmer, Elizabeth*	GRVL	387
Farmer, Francis	GRVL	508
Farmer, Henry	LCTR	194
Farmer, Henry	GRVL	363
Farmer, Irvin	LCTR	188
Farmer, J L	GRVL	326
Farmer, Jabel	GRVL	388
Farmer, Jack	GRVL	444
Farmer, Jackson	ADSN	312
Farmer, James	FAFD	228
Farmer, James	SPBG	403
Farmer, James A	ADSN	286
Farmer, Jas	DLTN	433
Farmer, Jas R	LRNS	331
Farmer, Jasper	GRVL	445
Farmer, Jesse	GRVL	447
Farmer, Joel	GRVL	401
Farmer, John*	CHTN	425
Farmer, John	GRVL	368
Farmer, John	ADSN	287
Farmer, John W	PKNS	182
Farmer, Joseph	ADSN	298
Farmer, Joseph	ADSN	328
Farmer, Joshua	GRVL	388
Farmer, Josiah	ADSN	300
Farmer, Kate*	CHTN	442
Farmer, Landrum	GRVL	385
Farmer, Martha	BNWL	553
Farmer, Martha	FAFD	279
Farmer, Martha J*	ABVL	10
Farmer, Mary A*	CHTN	428
Farmer, Matilda*	LCTR	183
Farmer, Nancy	LCTR	190
Farmer, Nancy	LCTR	189
Farmer, Nancy A	DLTN	447
Farmer, Nancy*	RHLD	33
Farmer, Richd	CHTN	518
Farmer, Robt	SPBG	342
Farmer, S A	FAFD	232
Farmer, Sarah M*	LCTR	177
Farmer, Sarah*	UNON	295
Farmer, Sarah E*	BUFT	41
Farmer, Stephen	CHTN	161
Farmer, Susan	SPBG	342
Farmer, T H	GRVL	460
Farmer, Thomas	ADSN	298
Farmer, Thomas	ADSN	324
Farmer, W T	SPBG	405
Farmer, William	LCTR	189
Farmer, William	GRVL	441
Farmer, Wm	KRSW	81
Farnam, Oliver	CHTN	452
Farnll, Jno	YORK	447
Farr, A H	COTN	330
Farr, A M	GRVL	225
Farr, Baylis	UNON	236
Farr, Daniel	CHTN	371
Farr, F M*	LXTN	403
Farr, J C	UNON	297
Farr, J R	GRVL	327
Farr, James	LXTN	403
Farr, Jno	BUFT	26
Farr, Joseph M	BUFT	25
Farr, Joseph M**	GRVL	327
Farr, Madison	CHTN	307
Farr, Maggie*	UNON	227
Farr, Nastas	UNON	227
Farr, Nicolas	UNON	224
Farr, Prissilla	UNON	198
Farr, Robert	UNON	227
Farr, Sarah	BUFT	19
Farr, T G S	UNON	278
Farr, Thomas	GRVL	327
Farr, Thomas	GRVL	414
Farr, W R B	UNON	214
Farr, William*	CHTN	112
Farrabee, John	CHTN	205
Farrall, John*	CHTN	260
Farrall, Michael	CHTN	325
Farrar, Chas*	CHTN	270
Farrar, J C	CHTR	93
Farrar, Obadiah	CHTN	270
Farrar, Samuel	CHTR	82
Farrar, Thomas*	EDFD	47
Farrar, W H	LCTR	173
Farrel, James*	CHTN	473
Farrel, Mary*	CHTN	376
Farrell, Charles	CHTN	460
Farrell, David*	CHTN	325
Farrell, Jas*	CHTN	277
Farrell, John*	CHTN	287
Farrell, Katharine*	CHTN	109
Farrell, Mary	FAFD	212
Farrell, Robt*	CHTN	516
Farrell, S M*	LCTR	164
Farrell, Wm	CHTN	248
Farrelley, A	CHTN	250
Farrelly, H	CHTN	445
Farren, Isabella O*	EDFD	113
Farrer, Mrs V	RHLD	22
Farrer, William S**	CHTN	325
Farrill, Edward	ABVL	22
Farrington, O J	CHTN	400
Farris, A G	BUFT	13
Farris, Ann	BUFT	11
Farris, Benj E		

Name	Loc	Pg	Name	Loc	Pg	Name	Loc	Pg
Farris, Harriet*	BUFT	11	Feaster, Jacob	FAFD	268	Felts, John*	YORK	390
Farris, James	BUFT	16	Feaster, Jacob N	RHLD	28	Felts, John S*	YORK	402
Farris, James E	BUFT	30	Feaster, John	EDFD	192	Felts, Martha*	YORK	403
Farris, John A	BUFT	30	Feaster, L*	EDFD	198	Felts, Sarah*	SPBG	303
Farris, Lemuel J	CHTN	400	Feaster, Mary	FAFD	268	Felts, Silas	YORK	403
Farris, Louisa*	BUFT	92	Feaster, N A	GRVL	463	Fender, Arther	BNWL	344
Farrll, Mrs	CHTN	309	Featherstar, J C C	ADSN	156	Fender, Jacob*	COTN	296
Farrow, A H	LRNS	336	Featherstar, L P	ADSN	199	Fender, Runsom	COTN	275
Farrow, Abner T	SPBG	355	Featherston, R D	FAFD	252	Fender, Thomas**	BNWL	361
Farrow, Ann C**	SPBG	306	Febarr, Ellen*	LXTN	453	Fender, W M	BNWL	353
Farrow, Cassandra	SPBG	355	Federwitz, Christian*	CHTN	434	Fendin, John N*	BUFT	11
Farrow, Chaney	SPBG	198	Fedtkie, J H**	CHTN	512	Fendin, Mary*	BUFT	11
Farrow, James**	SPBG	311	Fee, Baziel	FAFD	278	Fendley, Daniel	PKNS	8
Farrow, Jane S	LRNS	224	Fee, James	CHFD	119	Fendley, E H*	PKNS	28
Farrow, John	LRNS	314	Fee, John*	CHTR	13	Fendley, Joseph**	PKNS	140
Farrow, John W*	SPBG	404	Fee, Margaret**	CHTR	64	Fendley, Thomas	PKNS	25
Farrow, Levi	LRNS	281	Feeason, F G	ORBG	407	Fendley, W F	PKNS	8
Farrow, M M*	CHTN	371	Feegles, Margaret	KRSW	127	Fendly, Amanda**	PKNS	14
Farrow, Mary A	GETN	292	Feehave, Miss*	CHTN	320	Fendly, John	PKNS	143
Farrow, P D	LRNS	337	Feelds, Joseph	BNWL	403	Fendly, William R	PKNS	143
Farrow, Patilla	SPBG	305	Feely, Christiana**	CHTN	205	Fendrick, Mary*	CHTN	111
Farrow, R M	LRNS	280	Feemster, A	YORK	447	Fenegan, James	MARN	98
Farrow, S W	LRNS	335	Feemster, Anna	YORK	450	Fenel, Warren	PKNS	171
Farrow, Thos	LRNS	280	Feemster, Elijah	YORK	447	Feneler, J W	COTN	300
Farrow, Timothy	PKNS	38	Feemster, James	YORK	445	Fenell, M*	CHTN	324
Farrow, Wm F	SPBG	314	Feemster, Joseph	YORK	445	Fenett, Virginia	CHTN	550
Farrow, Z	GETN	291	Feemster, S M	YORK	447	Fengas, H P	CHTN	222
Farwell, Jos*	EDFD	52	Feemster, Saml	YORK	447	Fenley, C*	EDFD	104
Farwell, Mary*	RHLD	20	Feemster, Wm	YORK	445	Fenley, Daniel D	RHLD	68
Fary, J W	COTN	353	Fehave, Miss*	CHTN	320	Fenley, John	FAFD	226
Fasberry, Margaret*	CHTN	472	Fehelsack, Mary*	RHLD	22	Fenly, D D	FAFD	216
Fash, A R	CHTN	460	Feininger, Adolph	RHLD	11	Fenly, Elvira**	PKNS	143
Fash, A R*	CHTN	407	Felder, Ann**	ORBG	362	Fenly, Joel	FAFD	216
Fask, William R*	CHTN	271	Felder, C	FAFD	224	Fenly, Mary M*	FAFD	275
Fasseau, H*	CHTN	483	Felder, C W	CLDN	201	Fennegan, Michael**	CHTN	295
Faster, David R	FAFD	272	Felder, E M*	RHLD	22	Fennel, Elizth*	BUFT	87
Faucett, C W	FAFD	205	Felder, Edwin D	SMTR	160	Fennel, George	ABVL	69
Faucett, William	UNON	224	Felder, Elisabeth J	BNWL	377	Fennel, Hardy	PKNS	175
Faucett, William	UNON	249	Felder, Elizabeth	BNWL	432	Fennel, Jno B	CHTR	62
Faukner, T D*	YORK	404	Felder, Frank	ORBG	317	Fennel, Jno L	ABVL	72
Fauling, James	CHTN	156	Felder, Fred J D	ORBG	338	Fennel, Joseph	BNWL	455
Faulk, L H	HORY	9	Felder, Frederic J	ORBG	404	Fennel, Nathl A	BUFT	84
Faulk, Phillip	HORY	46	Felder, George	ORBG	350	Fennel, Rebecca	BUFT	41
Faulkenberry, J	KRSW	95	Felder, Idella*	ORBG	343	Fennel, Robt**	CHTR	62
Faulkenberry, Joacum	KRSW	95	Felder, Ira C	BNWL	378	Fennel, Seth	BNWL	455
Faulkenbery, Amos	KRSW	77	Felder, J M	CLDN	215	Fennel, Tillmon	PKNS	182
Faulkenbury, Clinton	LCTR	192	Felder, J W	BNWL	357	Fennel, William H	BUFT	92
Faulkenbury, J R	LCTR	203	Felder, Jacob	ORBG	341	Fennel, William M	PKNS	175
Faulkenbury, J T	LCTR	201	Felder, James	ORBG	327	Fennell, Arthur	BUFT	81
Faulkenbury, P	LCTR	188	Felder, James W S	ORBG	341	Fennell, John N	BUFT	81
Faulkenbury, W S	LCTR	203	Felder, John	ORBG	343	Fennell, Phoebe**	BUFT	81
Faulkenbury, Wm	LCTR	201	Felder, John	ORBG	370	Fenner, Henry	CHTN	462
Faulkenbury, Wm*	LCTR	190	Felder, Lewis	ORBG	319	Fenter, J H	CHFD	184
Faulkenstene, Jacob*	BNWL	347	Felder, Margaret	ORBG	352	Fenters, John G	GETN	299
Faulkner, Eliza A	YORK	428	Felder, Margaret	CHTN	396	Fenters, T J	GETN	299
Faulkner, J D	LCTR	148	Felder, Mary L*	BNWL	343	Fenton, Martha	RHLD	5
Faulkner, J H	YORK	404	Felder, P H	ORBG	331	Fenwick, Ellen*	CHTN	110
Faulkner, James	LCTR	149	Felder, P R	CHTN	129	Fenwick, Will	BUFT	14
Faulkner, Jane*	LXTN	411	Felder, P S	ORBG	368	Fenwicke, Wm*	CHTN	376
Faulkner, Jno	ABVL	33	Felder, Rache*	UNON	245	Ferdon, John	WMBG	322
Faulkner, John	EDFD	173	Felder, S F	ORBG	318	Ferdon, S W	WMBG	319
Faulkner, Lucy*	LCTR	147	Felder, Samuel	ORBG	325	Ferebee, Ann*	COTN	269
Faulkner, Martha	GETN	292	Felder, Samuel J	ORBG	354	Ferebee, John	BUFT	39
Faulkner, Saml	LCTR	149	Felder, Victoria	UNON	189	Ferebee, Margaret	BUFT	23
Faulkner, Sarah A**	CHTN	431	Felder, Virginia*	UNON	189	Ferebee, Wilson	BUFT	23
Faulkner, Thos	LCTR	147	Felding, James*	EDFD	47	Fergerson, C M	LRNS	336
Faulkner, W L	LCTR	149	Feldman, B	CHTN	312	Fergerson, Geo P*	LRNS	336
Faulkner, Wiley	LXTN	392	Felkel, D M	ORBG	306	Fergerson, H E*	LRNS	349
Faulling, D J	CHTN	175	Felkel, Gabriel	ORBG	314	Fergerson, Jas	LRNS	336
Faust, Angus G*	RHLD	53	Felkel, Garbriel	ORBG	308	Fergerson, John	LRNS	352
Faust, Ann	BNWL	484	Felkel, Joseph K	ORBG	306	Fergerson, M L*	LRNS	334
Faust, C J	BNWL	381	Felkel, M E	ORBG	306	Fergerson, Martha	UNON	261
Faust, Casper*	RHLD	55	Felkel, Nancy*	ORBG	316	Fergerson, Mary	LRNS	322
Faust, Derrill	RHLD	76	Felkel, Rachael**	ORBG	333	Fergerson, Saml	LRNS	339
Faust, Isham	BUFT	63	Felker, Ellen**	NWBY	277	Fergerson, T	LRNS	349
Faust, James	BUFT	92	Felker, Henry	ORBG	353	Fergerson, Weldin	UNON	255
Faust, Jeremiah*	RHLD	72	Felker, Jacob	NWBY	280	Fergerson, Weldin	UNON	255
Faust, John	FAFD	229	Felker, Peter	NWBY	280	Fergueson, Jas	ABVL	16
Faust, Owen R	BNWL	381	Felker, Ruben	FAFD	218	Ferguson, Levi	ABVL	16
Faust, Sumter	RHLD	72	Felker, W H	SPBG	359	Ferguron, Mrs S*	EDFD	96
Faust, W A	BNWL	484	Fell, Abraham*	CHTN	380	Ferguson, Andw J	ABVL	46
Faust, Winifred	RHLD	27	Fell, J R	CHTN	99	Ferguson, Ann*	RHLD	20
Faust, Wm*	CHTN	464	Fell, James	ABVL	50	Ferguson, Annett	CHTN	423
Faut, William*	ABVL	143	Fell, Mary H*	BUFT	36	Ferguson, Benj	YORK	428
Favers, W H	CHTN	360	Fell, T A	COTN	350	Ferguson, Benjamin	COTN	318
Favier, Louisa*	CHTN	428	Fell, Thomas	ABVL	14	Ferguson, Charles	BNWL	467
Favier, Mary A*	CHTN	428	Fell, William	ABVL	50	Ferguson, Daniel	COTN	268
Fay, Barney	CHTN	295	Fellers, Catharine	NWBY	219	Ferguson, David**	CHTN	192
Fay, Miss M*	CHTN	319	Fellers, Geo	NWBY	220	Ferguson, E B*	NWBY	305
Fay, Miss X*	CHTN	315	Fellers, J B*	NWBY	226	Ferguson, E C	DLTN	428
Faye, James*	CHTN	397	Fellers, J B*	NWBY	298	Ferguson, Elijah H	CHTR	86
Faye, James*	CHTN	397	Fellers, J L*	NWBY	298	Ferguson, Eliza Ann*	COTN	314
Fayssoux, Jas H	YORK	371	Fellers, Presley	NWBY	217	Ferguson, Elizabeth	CHTN	188
Fayssoux, T S	CHTR	69	Fellers, S H	NWBY	249	Ferguson, Elizabeth	CHTR	6
Fazell, Albert**	CHTN	472	Fellers, Sarah	NWBY	250	Ferguson, Elizabeth*	CHTN	411
Feagan, Julia**	EDFD	27	Fellows, Calvin	EDFD	176	Ferguson, Elmaner*	BUFT	63
Feagans, Edmond	SPBG	267	Fellows, H A	EDFD	139	Ferguson, G F	YORK	468
Feagle, A	EDFD	151	Fells, Mary*	ADSN	322	Ferguson, Geo	CHTN	214
Feaster, A C	FAFD	270	Felt, Dr Samuel*	ABVL	95	Ferguson, Geo W	BUFT	41
Feaster, Andrew	FAFD	273	Feltis, Dora*	CHTN	353	Ferguson, George*	CHTR	72
Feaster, E H	FAFD	274	Feltman, Caroline	NWBY	285	Ferguson, George	CHTR	60
Feaster, Eliza F	FAFD	268	Feltman, George	NWBY	285	Ferguson, George M*	CHTR	6
Feaster, Emaline*	ADSN	265	Feltman, George	NWBY	285	Ferguson, Gideon, Agt	NWBY	250
Feaster, Grez D	RHLD	11	Felton, Edwin M	GETN	322	Ferguson, Green	CHTR	84
Feaster, Hiram	EDFD	39	Felton, Eliza	ADSN	230	Ferguson, Henry*	BUFT	63
Feaster, J C C	FAFD	263	Felts, H J	YORK	403	Ferguson, Henry	SPBG	342

Name	Loc	Pg	Name	Loc	Pg	Name	Loc	Pg
Ferguson, J B	CHTR	46	Fetner, Archy Sr	RHLD	80	Fill, Elizabeth	ORBG	332
Ferguson, J B	BUFT	39	Fetner, William	RHLD	56	Fill, Selena	ORBG	332
Ferguson, James	YORK	374	Fetner, Wm*	FAFD	212	Fillette, Glover*	CHTN	319
Ferguson, James	CHTR	6	Feton, John	FAFD	226	Fillette, Mrs A	CHTN	318
Ferguson, James	CHTN	400	Feton, T A	FAFD	225	Fillion, Rev L	CHTN	236
Ferguson, James	BNWL	452	Fevus, Henrietta	CHTN	516	Fillith, Ellen*	COTN	329
Ferguson, James	CHTN	158	Few, B F*	GRVL	446	Filyaw, J J	WMBG	336
Ferguson, James	SPBG	326	Few, Benjamin	GRVL	442	Filyaw, J P	WMBG	356
Ferguson, James A*	BUFT	75	Few, Delsa*	CHTN	503	Finagan, Michl**	CHTN	202
Ferguson, James*	CHTR	6	Few, Ephraim	GRVL	442	Finagan, Thos**	CHTN	203
Ferguson, Jane	CHTN	302	Few, F M	GRVL	393	Finagan, Thos*	CHTN	194
Ferguson, Jane E*	CHTN	428	Few, Ignalias	GRVL	442	Finagin, Michl	CHTN	194
Ferguson, Jas A*	YORK	384	Few, James	GRVL	443	Finch, A A	KRSW	98
Ferguson, Jas H	CHTR	81	Few, Malinda	GRVL	507	Finch, Benj	SPBG	318
Ferguson, Jas T*	YORK	387	Few, Manning	GRVL	509	Finch, Henry	UNON	190
Ferguson, Jerry*	CHTN	238	Few, Wm*	ADSN	176	Finch, James R	SPBG	319
Ferguson, Jno G	CHTR	83	Fewel, Alex	YORK	384	Finch, John S	SPBG	395
Ferguson, Jno*	LRNS	238	Fewel, Alex Jr	YORK	384	Finch, Louisa*	SPBG	391
Ferguson, John	YORK	472	Fewel, Ezekiel	YORK	431	Finch, Margaret	UNON	191
Ferguson, John	CHTN	100	Fewel, J W	YORK	411	Finch, Miles	SPBG	332
Ferguson, John B	BUFT	41	Fewel, James	YORK	410	Finch, Sampson	SPBG	393
Ferguson, John G	YORK	367	Fewel, John	YORK	393	Finch, Thomas	SPBG	245
Ferguson, Jos	CHTN	343	Fewel, Nancy	YORK	410	Finch, W M S	SPBG	233
Ferguson, Joseph	CHTR	87	Fewel, Stanly	YORK	383	Fincher, A P	PKNS	67
Ferguson, Julia*	BNWL	491	Fewel, W B	YORK	394	Fincher, Aron	PKNS	68
Ferguson, L E	NWBY	237	Ficken, Jacob*	CHTN	237	Fincher, J M	UNON	251
Ferguson, L H	YORK	437	Ficken, Julius*	CHTN	206	Fincher, Jesse P	UNON	250
Ferguson, Laban	LCTR	189	Ficken, Wm	KRSW	129	Fincher, Levi	ADSN	154
Ferguson, M M*	MARN	13	Fickens, Mary*	CHTN	428	Fincher, Martha	UNON	250
Ferguson, Madison	CHTR	81	Ficklin, Florence**	ORBG	372	Fincher, Silas A	LCTR	151
Ferguson, Margaret*	LXTN	427	Ficklin, Joseph*	ORBG	373	Fincher, W S	LCTR	151
Ferguson, Marion	CHTR	80	Fickling, Amelia M	BUFT	31	Finck, Emalia*	CHTN	409
Ferguson, Martha*	CHTR	11	Fickling, Ann B	BUFT	96	Finck, Henry	CHTN	464
Ferguson, Mary	EDFD	147	Fickling, Ann B*	BUFT	96	Finck, John	CHTN	485
Ferguson, Mary A	CHTR	88	Fickling, Cathn E**	BUFT	19	Finck, John**	CHTN	466
Ferguson, Mrs	CHTN	219	Fickling, Elira*	BUFT	8	Fincke, Augs	CHTN	392
Ferguson, Nancy	YORK	496	Fickling, Elizth J*	BUFT	97	Fincke, H	CHTN	302
Ferguson, Nancy J*	CHTR	56	Fickling, Francis W	BUFT	25	Fincken, A C H	CHTN	489
Ferguson, Noah	GRVL	419	Fickling, James B	BUFT	97	Fincken, H	BUFT	10
Ferguson, Patrick	RHLD	8	Fickling, James V	BUFT	11	Fincken, O D*	CHTN	382
Ferguson, Pleas	ABVL	138	Fickling, John J	CHTN	419	Fincks, Gershen	CHTN	433
Ferguson, Priscilla C	COTN	310	Fickling, Wiliam J	BUFT	31	Findley, Elbert	PKNS	109
Ferguson, R A	CHTR	81	Fiddia, W B	CHTN	156	Findley, Elizabeth*	GRVL	436
Ferguson, Rhoda	YORK	461	Field, James	COTN	301	Findley, Geo	SPBG	200
Ferguson, Robert J	RHLD	29	Field, James*	COTN	313	Findley, Joseph	PKNS	14
Ferguson, Robert*	CHTN	472	Field, Mrs Eliza	LXTN	432	Findley, Joshua*	SPBG	223
Ferguson, Robt	YORK	456	Field, N**	CHTN	226	Findley, Virginia	SPBG	229
Ferguson, Sallie S*	CHTR	46	Field, S P	BNWL	458	Finger, J F	MARN	14
Ferguson, Stephen	CHTR	53	Fielden, Thos A	SPBG	405	Finger, Joseph	SPBG	209
Ferguson, T B*	CHTN	370	Fielder, John	LRNS	340	Finger, Marcus P	SPBG	274
Ferguson, T B	SPBG	350	Fieldes, Thos	ADSN	207	Finigan, William A	SPBG	209
Ferguson, Thomas	GRVL	328	Fielding, Baylis	CHTN	298	Fink, Charles	CHTN	515
Ferguson, Thos Jr	GRVL	329	Fielding, George*	CHTN	110	Fink, Harman	CHTN	499
Ferguson, W C	ABVL	131	Fielding, Henry	ADSN	298	Fink, Mr	CHTN	234
Ferguson, W C*	CHTN	339	Fielding, John	RHLD	75	Fink, Sophia*	CHTN	428
Ferguson, W P	CHTR	87	Fieldman, Peter	CHTN	105	Fink, Susannah*	CHTN	428
Ferguson, William**	CHTN	385	Fields, Abner G	PKNS	126	Finkeesstadt, G	PKNS	42
Ferguson, William	COTN	269	Fields, Ann	CHTN	312	Finklea, E**	MARN	79
Ferguson, William	CHTN	507	Fields, Barthol	DLTN	425	Finklea, Elly*	MARN	22
Ferguson, Wm	YORK	456	Fields, Bridget*	COTN	321	Finklea, Harriet**	MARN	65
Ferguson, Wm	CHTR	51	Fields, Darcas*	BNWL	476	Finklea, Hugh	MARN	50
Ferguson, Wm	COTN	268	Fields, Dewit	DLTN	428	Finklea, J W	MARN	65
Ferguson, Wm M	CHTR	88	Fields, Eliz	DLTN	423	Finklea, Margaret	MARN	90
Ferguson, Wm W	ABVL	10	Fields, Elizabeth E	PKNS	141	Finklea, Mary	MARN	87
Fern, Mary Ann*	CHTN	260	Fields, Freelove	BUFT	61	Finklea, Mary**	GETN	296
Fernall, W A	LRNS	263	Fields, George*	RHLD	48	Finklea, Mary J	CHTN	143
Fernan, John	CHTN	479	Fields, Henry P	BUFT	84	Finklea, Robt	MARN	121
Fernandes, Henry*	SPBG	257	Fields, Horatio	ADSN	282	Finklea, Samuel J	CHTN	181
Fernandes, Lemuel	SPBG	255	Fields, Ira B	DLTN	423	Finklea, Stephen	MARN	67
Fernandis, James P	UNON	252	Fields, J C	ADSN	283	Finklea, Thos	MARN	87
Fernell, Benjn	BUFT	90	Fields, J Martha S	SMTR	97	Finklea, Willy	MARN	50
Ferrall, Elizabeth	FAFD	255	Fields, Jacob*	EDFD	38	Finklea, Wm	MARN	64
Ferrel, Jacob	MARN	33	Fields, James	MRBO	146	Finklen, Cornelia*	ORBG	368
Ferrel, Jeremiah	COTN	287	Fields, James	DLTN	425	Finkley, J	WMBG	357
Ferrel, Margaret**	YORK	369	Fields, James	SPBG	199	Finkley, W	WMBG	352
Ferrel, Mathew	CHTR	66	Fields, Jane E	ORBG	346	Finlay, Hariet	CHTN	332
Ferrel, Robert	CHTR	78	Fields, John	ABVL	109	Finlay, W P	BNWL	463
Ferrel, Sarah	CHTR	3	Fields, John M	PKNS	141	Finlay, Wm W*	CHTN	213
Ferrel, Thomas L	CHTR	64	Fields, L	WMBG	364	Finley, Calvin*	LRNS	243
Ferrell, E R*	DLTN	441	Fields, M A	LCTR	153	Finley, Elisha	ABVL	27
Ferrell, Gideon	DLTN	441	Fields, Margt**	DLTN	423	Finley, H	LRNS	223
Ferrell, Henry C*	CHTN	425	Fields, Martha**	DLTN	418	Finley, Hamp	LRNS	256
Ferrell, Isaac	BUFT	28	Fields, Matchet	DLTN	422	Finley, James	YORK	408
Ferrell, J L*	CLDN	243	Fields, P G	DLTN	422	Finley, Jas	CHTN	335
Ferrell, J O*	EDFD	110	Fields, Rebecca	COTN	310	Finley, Jas	LRNS	241
Ferrell, James	CHTR	7	Fields, Reddin	DLTN	458	Finley, Jas M	ABVL	41
Ferrell, Jas	MARN	35	Fields, Rhahab	PKNS	164	Finley, Jas*	ABVL	44
Ferrell, Milton**	BUFT	28	Fields, Sarah M	CHTN	378	Finley, Jno	LRNS	227
Ferrell, R G	WMBG	306	Fields, Stephen	ADSN	205	Finley, Maria	CHTN	374
Ferrell, Richd	MARN	37	Fields, Theopholus	MRBO	205	Finley, Martha*	YORK	387
Ferrell, Ross*	KRSW	127	Fields, Thomas	ADSN	268	Finley, Robt	ADSN	218
Ferrell, Thos	BUFT	27	Fields, William G	PKNS	126	Finley, Sarah	ABVL	41
Ferrell, Wm	CHTN	125	Fields, Wm	CHTN	208	Finley, Susan**	LRNS	286
Ferret, John F	CHTN	393	Fields, Wm	ABVL	107	Finley, Sydney	LRNS	228
Ferrett, Charles*	CHTN	439	Fielrs, Jonas	BNWL	340	Finley, W G*	YORK	387
Ferrier, Annie*	ORBG	409	Fienberg, A	CHTN	314	Finley, William	ABVL	18
Ferrill, H W	WMBG	325	Fiendley, Lewis	PKNS	68	Finley, Wm	LRNS	242
Ferrill, L A	CHFD	167	Fiendley, Richard	PKNS	68	Finly, Daniel G**	SPBG	311
Ferrington, C J	EDFD	117	Fife, Alex	FAFD	246	Finly, John	ADSN	217
Fersner, David	ORBG	331	Fife, James*	ABVL	63	Finly, Joseph	SPBG	308
Fersner, Fred**	ORBG	407	Fife, Peter F*	RHLD	27	Finn, Frances R*	CHTN	428
Fersner, Joseph	ORBG	331	Fifer, G P*	NWBY	305	Finn, Harriet	CHTN	367
Fertick, Betsy	ORBG	211	Figeronx, B	CHTN	317	Finn, Miss Ann	CHTN	223
Fertick, George	ORBG	311	Figler, Ann E	BNWL	502	Finnan, Edward**	CHTN	466
Festick, Charles	ORBG	309	Fike, G A	SPBG	196			
Fetner, Archy	RHLD	80	Filbrick, Jno**	CHTN	339			

Finney, R C	CHTN	213	Fitzpatrick, Timothy**	CHTN	287	Flemming, Eliza	RHLD	25
Finnigan, George	CHTN	248	Fitzpatrick, W*	CHTN	462	Flemming, Elizabeth	YORK	377
Finnigan, Jno	CHTN	343	Fitzsimmons, Ann*	BUFT	97	Flemming, George	CHTN	490
Firr, Ann**	CHTN	504	Fitzsimmons, Margaret	CHTN	105	Flemming, Harrison	GRVL	451
Firrny, Rebecca**	CHFD	113	Fitzsimmons, Paul	GETN	300	Flemming, J E	CLDN	238
Firth, Sarah J*	BUFT	11	Fitzsimons, D C	CHTN	140	Flemming, J W	CLDN	238
Fisburne, Edward B*	RHLD	52	Flack, Jno*	CHTN	300	Flemming, Jno H*	CHTN	325
Fischer, Geo*	CHTN	191	Fladger, C J	MARN	66	Flemming, Jos	CLDN	225
Fischer, Hiber	CHTN	187	Fladger, E*	RHLD	21	Flemming, Lou*	SPBG	385
Fischer, John	CHTN	192	Fladger, R B	MARN	89	Flemming, M R*	SPBG	302
Fishbag, William*	CHTN	507	Fladger, R E	MARN	89	Flemming, Mary**	CHTN	277
Fishbanck, S*	CHTN	253	Flagg, Jacob**	CHTN	388	Flemming, Minerva*	GRVL	504
Fishburn, Cecilia*	CHTN	219	Flagg, M*	CHTN	335	Flemming, Mrs**	CHTN	352
Fishburn, F B	BNWL	360	Flagg, Mrs	CHTN	305	Flemming, Noel	ADSN	320
Fishburne, B P	COTN	249	Flagg, William H*	CHTN	486	Flemming, R	CHTN	315
Fishburne, Emma J	COTN	311	Flagler, A P	WMBG	324	Flemming, Thos	SPBG	422
Fishburne, H W	COTN	314	Flagler, Gadsden	WMBG	338	Flemming, W W	ADSN	321
Fishburne, Robert	CHTN	486	Flagler, Rosa C*	WMBG	334	Flemming, Wiliam	CHTN	274
Fisher, Carrie*	ADSN	214	Flagler, Rosa	DLTN	381	Fleneken, James H	CHTR	50
Fisher, Charles A*	SMTR	156	Flaherty, Michael	RHLD	79	Flenekin, Saml P**	FAFD	204
Fisher, Chesley	PKNS	81	Flaherty, Pat	RHLD	79	Flenny, J**	EDFD	115
Fisher, Edward H	RHLD	27	Flake, Idella*	ORBG	392	Fletcher, A	CHTN	323
Fisher, Eliza	ABVL	37	Flake, Jane	BNWL	414	Fletcher, A	PKNS	4
Fisher, Eudora	CHTN	259	Flake, Melissa	LXTN	470	Fletcher, Calvin	COTN	318
Fisher, Francis	GRVL	386	Flake, Richard*	ORBG	401	Fletcher, D G*	LCTR	211
Fisher, Fredk	CHTN	193	Flake, Richard	ORBG	401	Fletcher, Elizabeth**	MRBO	180
Fisher, Gesche**	CHTN	514	Flakerty, John	CHTN	271	Fletcher, Ida	KRSW	139
Fisher, H N*	GRVL	348	Flakerty, John	ORBG	369	Fletcher, J L	KRSW	73
Fisher, Henry	CHTN	515	Flakes, Thomas	ORBG	400	Fletcher, Jas	KRSW	73
Fisher, Henry	GRVL	398	Flanagan, Catherine*	CHTR	39	Fletcher, Jeremiah Sr	COTN	316
Fisher, Henry	SPBG	246	Flanagan, Edward	GRVL	497	Fletcher, Jno	MRBO	185
Fisher, I M*	ORBG	409	Flanaghan, Mary	CHTN	225	Fletcher, John	COTN	318
Fisher, Jame	ABVL	106	Flanaghan, Rose*	CHTN	228	Fletcher, John S	MRBO	180
Fisher, James	ORBG	401	Flancis, Margaret	CHTN	271	Fletcher, Mary	KRSW	73
Fisher, James	PKNS	8	Flanigan, A W	CHTR	75	Fletcher, Mary*	COTN	292
Fisher, John	RHLD	28	Flanigan, Bridget*	CHTN	313	Fletcher, N S	MRBO	180
Fisher, Lucie	CHFD	99	Flanigan, Eliza	CHTN	207	Fletcher, Rachel	KRSW	77
Fisher, Lucinda	GRVL	387	Flanigan, Ellen	CHTN	208	Fletcher, Raiford	MRBO	190
Fisher, Rebecca*	SPBG	399	Flanigan, G W	YORK	421	Fletcher, Thos	MRBO	199
Fisher, Robert	GRVL	325	Flanigan, John**	CHTN	248	Fletcher, W J	KRSW	73
Fisher, Saml	CHTN	363	Flanigan, John	UNON	271	Flickenscheldt, G H	PKNS	72
Fisher, Saml S	ABVL	108	Flanigan, Simon*	NWBY	304	Flimmery, Jas	CHTN	195
Fisher, Sarah*	CHTN	362	Flanigan, Thomas	RHLD	46	Flin, R H	WMBG	320
Fisher, Stephen M	ABVL	108	Flaniken, P O*	LCTR	219	Flinkenshildt, Christian	PKNS	21
Fisher, Thos M	ABVL	48	Flann, Mary	CHTN	256	Flinkenshildt, Henry	PKNS	22
Fisher, W H	KRSW	140	Flannery, Patrick*	CHTN	369	Flinn, Amelia	CHTN	199
Fisher, William	GRVL	386	Flannigan, Pat	RHLD	17	Flinn, Andy*	ABVL	139
Fisher, William C	ABVL	106	Flash, Jacob*	YORK	368	Flinn, Bridget*	CHTN	329
Fisher, Wm	CHTN	326	Flathman, Capers H	CHTN	458	Flinn, C J	DLTN	352
Fisher, Wm C	ABVL	106	Flaver, William*	PKNS	152	Flinn, Chs	DLTN	406
Fisk, Geo*	MARN	18	Fleck, James	GRVL	416	Flinn, Daniel*	CHTN	418
Fisk, Robert J	BNWL	341	Fleeton, Sarah	BNWL	379	Flinn, H K W	DLTN	402
Fisk, Robert Sr	BNWL	341	Fleetwood, J V	CHTN	379	Flinn, Jno	CHTN	345
Fisk, Seaborn	COTN	286	Fleischer, J H	ABVL	52	Flinn, Johanna	CHTN	368
Fitch, Benj F	SPBG	321	Fleischmann, John	CHTN	367	Flinn, John G*	ABVL	110
Fitch, Jas	WMBG	341	Fleming, A B	SPBG	398	Flinn, John**	CHTN	199
Fitch, Kendrick H	HORY	62	Fleming, Alexr H***	RHLD	5	Flinn, John	ADSN	207
Fitch, R G*	WMBG	319	Fleming, Anna	CHTN	428	Flinn, Marvin*	ABVL	88
Fitch, S E	WMBG	319	Fleming, Arch	LCTR	162	Flinn, Mary	CHTN	200
Fitch, Wm M	CHTN	326	Fleming, Bailey	ABVL	132	Flinn, Mary**	CHTN	188
Fitchet, Col J	YORK	423	Fleming, Bridget*	CHTN	491	Flinn, P	CHTN	342
Fitchet, James	YORK	423	Fleming, E C*	SPBG	312	Flinn, Pat**	CHTN	354
Fitzpatrick, J D	ORBG	319	Fleming, E F	WMBG	320	Flinn, Patrick*	CHTN	369
Fitts, Ann*	BUFT	65	Fleming, E M	WMBG	320	Flinn, Phillip*	CHTN	425
Fitts, Ann*	BNWL	449	Fleming, E*	SPBG	258	Flinn, S L**	DLTN	399
Fitts, Benjn P*	BUFT	65	Fleming, Elias	SPBG	398	Flinn, Sarah A*	ABVL	110
Fitts, Cathne C	BUFT	65	Fleming, Ellen*	CHTN	196	Flinn, Susan	GRVL	482
Fitts, Charles R*	BUFT	75	Fleming, Gabe	GRVL	417	Flinn, Thos	CHTN	302
Fitts, David	BUFT	31	Fleming, Geo M	LRNS	345	Flinn, Thos J	DLTN	401
Fitts, Edmund	BUFT	55	Fleming, Green	ABVL	134	Flinn, Wm	EDFD	78
Fitts, James L	BUFT	63	Fleming, J H	LRNS	293	Flint, John T**	CHTN	228
Fitts, James R	BUFT	63	Fleming, J J	LCTR	211	Flint, Margret	ORBG	378
Fitts, John A	BUFT	63	Fleming, James	CHTN	443	Flischesser, J B	PKNS	35
Fitts, Massy C*	BUFT	62	Fleming, Jane	LRNS	269	Flodin, Elizabeth	YORK	472
Fitts, Robert J	BUFT	64	Fleming, Jas	SPBG	221	Floid, Mary	EDFD	101
Fitts, S G	BUFT	75	Fleming, John	FAFD	211	Flood, Daniel	CHTN	255
Fitts, Wm D	BUFT	64	Fleming, John L	PKNS	14	Flood, Jas	CHTN	505
Fitts, Wm M	CHTN	469	Fleming, John M*	SMTR	134	Flood, Margaret*	CHTN	349
Fitzberald, Jas**	DLTN	386	Fleming, Joseph	SPBG	319	Flooyd, Jeptha	CLDN	229
Fitzearl, John*	CHTN	192	Fleming, Joseph A*	SMTR	134	Flooyd, Jesse	CLDN	229
Fitzer, Charlotte*	CHTN	194	Fleming, Julius J	SMTR	176	Flooyd, Jno C	CLDN	229
Fitzgarald, P	CHTN	250	Fleming, L H	SPBG	402	Flooyd, Noah	CLDN	229
Fitzgerald, Cath*	CHTN	214	Fleming, Leonard	LCTR	208	Flord, Albert	BNWL	447
Fitzgerald, D	PKNS	93	Fleming, M A	LRNS	345	Flord, Allen	BNWL	437
Fitzgerald, David	LXTN	367	Fleming, Mahala	ABVL	134	Flord, Benj*	BNWL	437
Fitzgerald, M	PKNS	97	Fleming, Margaret E	SMTR	134	Flord, Henry	BNWL	447
Fitzgerald, Mary*	CHTN	364	Fleming, Margaret*	CHTN	428	Flord, Mathew	BNWL	446
Fitzgerald, Matthew	SPBG	226	Fleming, Margt	LRNS	333	Florence Wm N	ABVL	6
Fitzgerald, Michael**	CHTN	453	Fleming, Mary A	SMTR	119	Florio, John	CHTN	292
Fitzgerald, Michl***	CHTN	366	Fleming, Mary G*	RHLD	54	Flory, F E	BUFT	1
Fitzgerald, Thos	PKNS	91	Fleming, Milton	ABVL	105	Flowers, Ann B*	MARN	3
Fitzgerald, William	ADSN	259	Fleming, Nancy	CHTN	318	Flowers, Ann**	DLTN	399
Fitzgerald, Wm*	LXTN	400	Fleming, Peter	CHTN	387	Flowers, B*	MARN	18
Fitzgerld, Margaret**	CHTN	277	Fleming, Richard	ADSN	321	Flowers, B	GETN	311
Fitzgibbins, David**	CHTN	429	Fleming, Robert	SPBG	253	Flowers, Barney*	MARN	18
Fitzgibon, Miss*	CHTN	319	Fleming, Robt F*	RHLD	52	Flowers, Benj	MARN	131
Fitzhugh, Sarah A**	CHTN	513	Fleming, Saml	RHLD	56	Flowers, Betsy*	MARN	132
Fitzjoerl, Steven**	CHTN	290	Fleming, Saml	LRNS	293	Flowers, Clayton	MARN	125
Fitzler, M*	CHTN	316	Fleming, Saml	LRNS	225	Flowers, Dilley	HORY	43
Fitzpatrick, James	CHTN	168	Fleming, Saml P	LRNS	345	Flowers, E*	MARN	55
Fitzpatrick, James E*	CHTN	425	Fleming, Sophranio	SMTR	119	Flowers, E A	WMBG	353
Fitzpatrick, Margaret*	CHTN	484	Fleming, William**	CHTN	283	Flowers, Elisabeth	MARN	64
Fitzpatrick, Michael	PKNS	46	Fleming, Wm A	ABVL	104	Flowers, Gilmore**	MARN	16
Fitzpatrick, P	CHTN	263	Flemming, C	SPBG	338	Flowers, Henry	MARN	137
Fitzpatrick, R**	CHTN	263	Flemming, C	SPBG	331	Flowers, Henry	GETN	318
Fitzpatrick, T*	CHTN	365	Flemming, Eli	CLDN	219	Flowers, J D	WMBG	313

Name	Loc	Pg
Flowers, James T	SMTR	181
Flowers, Jas	DLTN	465
Flowers, Jesse	DLTN	377
Flowers, Jno	DLTN	398
Flowers, Jno D	DLTN	467
Flowers, John	MARN	64
Flowers, John	MARN	135
Flowers, Jos	DLTN	434
Flowers, Lane	MARN	138
Flowers, Laney	GETN	318
Flowers, Love	MARN	138
Flowers, Mary	BNWL	507
Flowers, N	MARN	32
Flowers, Nathan	MARN	41
Flowers, R N**	WMBG	357
Flowers, Robt	MARN	56
Flowers, T D	DLTN	399
Flowers, Thomas E	SMTR	184
Flowers, Thos A*	MARN	131
Flowers, Toliver	ADSN	193
Flowers, W	WMBG	313
Flowers, W B	WMBG	313
Flowers, W B	BNWL	502
Flowers, William B*	RHLD	91
Flowers, Williamson	MARN	123
Flowers, Wm	MARN	137
Flowers, Wm D*	MARN	122
Flown, M	COTN	248
Floyd, A J	HORY	45
Floyd, A J	CLDN	230
Floyd, A P	HORY	50
Floyd, A S	SPBG	426
Floyd, Adam	SPBG	364
Floyd, Andras	SPBG	352
Floyd, Ann	COTN	360
Floyd, Aoorett	HORY	44
Floyd, Benjn F	BUFT	46
Floyd, C M*	UNON	253
Floyd, C P	MARN	118
Floyd, C T	DLTN	376
Floyd, Clinton	COTN	363
Floyd, Daniel	WMBG	340
Floyd, David	WMBG	340
Floyd, Eleanor	BUFT	46
Floyd, Elizabeth	CLDN	234
Floyd, Elizabeth	COTN	267
Floyd, Ellen*	CHTN	220
Floyd, Elridge	BUFT	45
Floyd, Enoch B	SPBG	358
Floyd, F D*	WMBG	355
Floyd, Frances	UNON	232
Floyd, Frederick	HORY	50
Floyd, George	SPBG	364
Floyd, H	MARN	118
Floyd, H C	CLDN	232
Floyd, H C	CLDN	232
Floyd, H J	HORY	39
Floyd, Harper*	SPBG	222
Floyd, Hazel	EDFD	45
Floyd, J B	NWBY	237
Floyd, J E	YORK	433
Floyd, J J	WMBG	340
Floyd, J L	HORY	45
Floyd, J P	HORY	39
Floyd, J S	DLTN	374
Floyd, James	ADSN	328
Floyd, James D	BUFT	24
Floyd, James E	HORY	50
Floyd, James**	EDFD	32
Floyd, James	EDFD	45
Floyd, James A	BUFT	46
Floyd, Jane*	CLDN	228
Floyd, Jas	WMBG	340
Floyd, Jas Newton*	YORK	373
Floyd, Jas S	CLDN	232
Floyd, Jefferson	ABVL	71
Floyd, Jessy	WMBG	339
Floyd, Jno*	DLTN	372
Floyd, John	HORY	50
Floyd, John	NWBY	231
Floyd, John	UNON	224
Floyd, John N	NWBY	234
Floyd, Joseph	HORY	38
Floyd, K M	HORY	39
Floyd, L H	HORY	38
Floyd, Lemuel	HORY	38
Floyd, Lemuel	HORY	38
Floyd, Lenany	DLTN	424
Floyd, Lewis	EDFD	53
Floyd, M E*	YORK	371
Floyd, Margaret M*	YORK	412
Floyd, Margt	NWBY	237
Floyd, Mary	SMTR	166
Floyd, Mary*	RHLD	43
Floyd, Mary	YORK	432
Floyd, Mary W	YORK	430
Floyd, Mary	YORK	509
Floyd, Miles	COTN	360
Floyd, Miles	SPBG	371
Floyd, Minerva**	DLTN	402
Floyd, Morris	CLDN	242
Floyd, Mrs M	EDFD	44
Floyd, N**	WMBG	355
Floyd, N P	SPBG	352
Floyd, Nancy**	RHLD	43
Floyd, Newport	SPBG	405
Floyd, O	LCTR	214
Floyd, P C	CLDN	242
Floyd, Peugh Jr	MARN	41
Floyd, Pinckney	SPBG	414
Floyd, Preston*	CLDN	229
Floyd, Pugh	HORY	39
Floyd, R F	YORK	412
Floyd, Radford	COTN	360
Floyd, Richard*	UNON	234
Floyd, Robert	RHLD	64
Floyd, Robert*	CHTN	182
Floyd, Ruth*	DLTN	471
Floyd, S L	CLDN	231
Floyd, Sarah	YORK	433
Floyd, Sarah A	MARN	99
Floyd, Sarah*	DLTN	398
Floyd, Silas	SPBG	376
Floyd, Stephen	SMTR	166
Floyd, Stephen J	CLDN	234
Floyd, Susan	UNON	231
Floyd, Thos A	NWBY	80
Floyd, Thos C	MARN	118
Floyd, Vinson	SMTR	166
Floyd, W	HORY	29
Floyd, W J	DLTN	372
Floyd, W J H	HORY	45
Floyd, W P	HORY	44
Floyd, Washn	NWBY	234
Floyd, Wilis	EDFD	45
Floyd, Wilson	HORY	50
Floyd, Wm	SPBG	240
Floyd, Wright	HORY	50
Floyd, Zadock	ADSN	328
Floyed, John	PKNS	191
Floyed, Martha*	ORBG	399
Flud, Augustus	COTN	327
Flud, Dan'l Dr	COTN	327
Flud, E C K*	CHTN	505
Fludd, Augustus	ORBG	326
Fludd, Doyley	COTN	363
Fludd, E	ORBG	326
Fludd, Jane*	CHTN	386
Fluitt, Mary*	WMBG	301
Fluitt, Mary*	WMBG	325
Flushbrick, Henry*	CHFD	184
Flutner, Henry**	GRVL	418
Flynn, James	LCTR	146
Flynn, James**	CHTN	254
Flynn, Johanna*	CHTN	275
Flynn, John	LCTR	145
Flynn, John	SPBG	208
Flynn, John J	CHTN	132
Flynn, John T	CHTN	231
Flynn, John*	CHTN	472
Flynn, John*	CHTN	251
Flynn, John*	CHTN	483
Flynn, Julia*	COTN	331
Flynn, Mary A	LCTR	146
Flynn, Miss*	CHTN	321
Flynn, Pat	RHLD	38
Flynn, Thos	CHTN	231
Flynn, William	GRVL	474
Fogarity, Steven	CHTN	183
Fogartie, Edward	CHTN	424
Fogartie, Mrs S	CHTN	334
Fogarty, Cornelius	CHTN	100
Fogarty, F**	CHTN	270
Fogarty, Samuel	CHTN	101
Fogarty, Sarah	CHTN	203
Fogarty, Thos B*	CHTN	107
Fogel, Samuel	ORBG	384
Fogg, Happy Ann*	FAFD	201
Fogg, John**	FAFD	245
Fogg, John**	FAFD	233
Fogg, Presley	FAFD	242
Fognity, Mary	CHTN	245
Fogle, Ann C	ORBG	319
Fogle, Cardine*	ORBG	326
Fogle, Charlotte	ORBG	370
Fogle, D P	ORBG	320
Fogle, Daniel	ORBG	370
Fogle, E	ORBG	318
Fogle, Gabriel	ORBG	367
Fogle, Howard	LXTN	458
Fogle, Jacob	ORBG	374
Fogle, James	ORBG	372
Fogle, Jane*	ORBG	390
Fogle, John	ORBG	357
Fogle, Joseph	BNWL	380
Fogle, Lewis	ORBG	370
Fogle, N	ORBG	321
Fogle, Peter*	ORBG	389
Fogle, Susan	ORBG	330
Fogle, W	ORBG	320
Fogle, W J	ORBG	363
Fogle, William C	ORBG	373
Fogler, Alfred M	PKNS	162
Fohmann, Theressa*	CHTN	437
Foister, Alexander	PKNS	116
Foister, Amos	PKNS	116
Foister, Elvara	PKNS	146
Foister, James	PKNS	159
Foister, Perry	PKNS	183
Foister, Ransom*	PKNS	155
Foister, Ransom*	PKNS	133
Foley, B	CHTN	335
Foley, Catharine*	CHTN	199
Foley, J**	WMBG	354
Foley, J	WMBG	352
Foley, James**	CHTN	399
Foley, Julia*	CHTN	338
Foley, Patk*	CHTN	199
Folger, E J	CHTN	396
Folger, R W	SPBG	303
Folk, Calvin	COTN	300
Folk, Francis	COTN	277
Folk, H H	NWBY	244
Folk, H M	EDFD	177
Folk, Henry N	COTN	300
Folk, Henry W C	BUFT	66
Folk, J W	NWBY	271
Folk, Jacob	COTN	277
Folk, Jacob L	BUFT	83
Folk, Mary A	COTN	300
Folk, Mrs C*	NWBY	273
Folk, Mrs Christiana*	NWBY	270
Folk, Mrs N	EDFD	86
Folk, W W	COTN	299
Folker, O F	CHTN	493
Folkes, A E**	CHTN	495
Folkett, Wm	CHTN	310
Folks, Alexander	CHTR	70
Folley, Wm*	LXTN	463
Follin, Gustavus	CHTN	259
Folly, Mary*	CHTN	265
Folly, Wm	CHTN	226
Folsom, Benjaman	SMTR	177
Folsom, Franklin A	SMTR	180
Folsom, Franklin H**	SMTR	179
Folsome, John	KRSW	86
Folsome, Tobias	KRSW	84
Foly, Charles*	BNWL	340
Fooshe, Benjn	ABVL	74
Fooshe, Chas	ABVL	73
Fooshe, James W	ABVL	70
Fooshe, Jas	ABVL	73
Fooshe, Jno Wright	ABVL	74
Fooshe, Joel	ABVL	71
Fooshe, Robt*	ABVL	73
Fooshe, W Calhoun	ABVL	74
Fooshee, H	LRNS	235
Fooshee, Rebecca*	ABVL	80
Foot, M	NWBY	294
Foot, Marcus*	NWBY	260
Foot, L B	CHTR	15
Foote, Robt L*	RHLD	56
Foote, Sarah**	CHTR	20
Footman, W C	WMBG	299
Footte, Ann*	COTN	334
Fora, Lewis	CHTN	297
Foram, Adeline*	CHTN	286
Forbes, Ann	YORK	410
Forbes, Ann C	BUFT	10
Forbes, Harriet*	CHTN	380
Forbes, Isaac*	CHTN	413
Forbes, Jas T*	ABVL	37
Forbes, Jenny	ABVL	7
Forbes, John	GETN	299
Forbes, John G	RHLD	35
Forbes, Joseph	YORK	418
Forbes, Robt	CHTN	194
Forbes, Wm	YORK	417
Forbis, Rosa	NWBY	287
Forbus, M*	LRNS	349
Force, Aaron	FAFD	231
Force, B W	CHTN	274
Force, Edwin*	NWBY	294
Forcher, James*	CHTN	131
Ford, A A**	GETN	300
Ford, A A*	GETN	283
Ford, A H**	MARN	14
Ford, Benjamin	CHTN	453
Ford, C D	FAFD	233
Ford, C*	KRSW	93
Ford, Catherine H*	CHTN	509
Ford, Celia	MARN	100
Ford, Dickson*	SPBG	397
Ford, E M A	GETN	300
Ford, Easter*	SPBG	399
Ford, Edward P	BUFT	46
Ford, Elias B	MARN	100
Ford, Elias*	KRSW	130
Ford, Elijah	BNWL	379
Ford, Elise*	CHTN	285
Ford, Elizabeth*	YORK	423
Ford, Emily*	CHTN	199
Ford, Frederick M	GETN	316
Ford, Geo	COTN	327
Ford, George T	GETN	299
Ford, Henry	EDFD	50
Ford, J L	FAFD	230
Ford, J L	FAFD	233
Ford, J Reese	GETN	313
Ford, J W	CHTR	53
Ford, J W	KRSW	76
Ford, Jacob	CHTR	52
Ford, James	EDFD	49
Ford, Janea*	ORBG	372
Ford, Jas A	ABVL	4
Ford, Jesse	MARN	100
Ford, Jesse Sr	MARN	102
Ford, John	EDFD	50

Name	Code	No.
Ford, John	GRVL	366
Ford, John	MARN	116
Ford, John	YORK	438
Ford, John	ABVL	11
Ford, John	BNWL	427
Ford, John H	GETN	288
Ford, John*	KRSW	122
Ford, Jos W	GETN	296
Ford, Joseph	BNWL	428
Ford, Joseph M	COTN	269
Ford, Judy*	BNWL	432
Ford, Judy**	CHTN	444
Ford, Junius W*	CHTN	438
Ford, Ladron	GETN	299
Ford, M A	KRSW	139
Ford, Margaret*	CHTN	284
Ford, Marshall W*	MARN	95
Ford, Mary	GRVL	414
Ford, Mary	CHTR	42
Ford, Mary	COTN	327
Ford, Mary J**	CHTR	82
Ford, Melton**	COTN	327
Ford, Michael	SPBG	399
Ford, Miles	SPBG	567
Ford, Miss*	CHTN	321
Ford, Miss L*	CHTN	320
Ford, Miss S	COTN	269
Ford, Mrs H**	CHTN	347
Ford, Nancy	GRVL	490
Ford, Nelson	MARN	117
Ford, Peggy	CHTN	384
Ford, Rebecca	RHLD	66
Ford, Robt	FAFD	251
Ford, Sallie	MARN	102
Ford, Saml**	ABVL	6
Ford, Sarah A	CHTR	72
Ford, Sarah*	BNWL	428
Ford, Sheppard	CHTR	51
Ford, Stephen	BNWL	428
Ford, Stephen	ADSN	302
Ford, Strother	FAFD	252
Ford, Susan	CHTN	441
Ford, Tempy*	BNWL	416
Ford, Thomas	CHTR	53
Ford, Thomas	MARN	102
Ford, Thomas**	CHTN	492
Ford, Tyre	CHTR	42
Ford, Vincy**	BNWL	432
Ford, W*	FAFD	202
Ford, William	CHTN	396
Ford, Wm*	CHTR	66
Ford, Wm	CHTR	90
Ford, Wm	MARN	116
Ford, Wm	SPBG	412
Ford, Wm H	ADSN	329
Forde, Elias*	RHLD	30
Forde, Joshua J	RHLD	26
Fordham, Edward	CHTN	416
Fordham, Edward	CHTN	167
Fordham, Henry*	CHTN	141
Fordham, James*	CHTN	398
Fordham, Jane*	CHTN	456
Fordham, William	CHTN	374
Fordon, Laura*	RHLD	55
Fore, Alfred	MARN	107
Fore, Danl	MARN	20
Fore, James	MARN	21
Fore, Mary	LXTN	383
Fore, Stephen O	MARN	49
Fore, Thomas	MARN	11
Fore, Willis	MARN	81
Foreman, Barny	BNWL	434
Foreman, David	BNWL	437
Foreman, Eliz*	DLTN	373
Foreman, Fariba	BNWL	434
Foreman, Isaac	BNWL	439
Foreman, Jacob	BNWL	438
Foreman, James*	BNWL	445
Foreman, Jesse	BNWL	434
Foreman, John	BNWL	440
Foreman, W O	BNWL	437
Forest, E B	EDFD	165
Forest, Jno	LXTN	458
Forest, John A*	ORBG	335
Forest, M A*	EDFD	197
Forest, Mary*	CHTN	235
Forest, Nancy	EDFD	105
Forest, William	EDFD	193
Forester, Charlotte**	GRVL	345
Forester, Henry	GRVL	479
Forester, John	GRVL	479
Forester, Mrs E	EDFD	22
Forester, Nancy	GRVL	345
Forester, P R	YORK	453
Forester, Prince	GRVL	347
Forester, William	GRVL	438
Forgartie, Arthur	COTN	330
Forgeson, Tyrel	PKNS	121
Forgey, Acey	LRNS	246
Forister, Andrew	GRVL	373
Forister, Isaac	GRVL	373
Forister, Isaac	GRVL	479
Forister, Wm	GRVL	483
Formes, S W*	CHTN	141
Forney, M*	SPBG	259
Foroles, John W*	RHLD	52
Forrest, Frances**	CHTN	423
Forrest, J W	LRNS	223
Forrest, Jefferson	EDFD	193
Forrest, Wm M	SPBG	203
Forrester, Cinderilla	SPBG	247
Forrester, Edwin A	BUFT	62
Forrester, Letitia J	BUFT	63
Forrester, Margaret	GETN	284
Forrester, Parasad	SPBG	267
Forrester, Saml B	COTN	257
Forrester, Thomas P	CHTN	568
Forrester, William**	SPBG	247
Forrick, H H	CHTN	495
Forset, John*	PKNS	34
Forsith, W C	CHTN	313
Forster, A M	BNWL	460
Forster, A M	GETN	286
Forster, Thomas	SPBG	253
Forsterstenger, H*	GRVL	405
Forsythe, Alexr*	RHLD	35
Forsythe, Andrew	CHTR	42
Forsythe, W D	ADSN	158
Fort, A H	LXTN	431
Fort, Ben	CHTN	181
Fort, C B	DLTN	383
Fort, C M*	DLTN	383
Fort, Celia	SMTR	110
Fort, Darius	CHTN	148
Fort, John E	CHTN	144
Fort, Josiah A	DLTN	414
Fort, Josiah G	SMTR	110
Fort, Lewis	CHFD	141
Fort, W E	CHTN	144
Fort, W K*	DLTN	421
Fort, Wiley	SMTR	109
Fortenberry, James	SPBG	378
Fortenberry, Janice	SPBG	378
Fortescue, Ann	ABVL	9
Fortner, James	PKNS	121
Fortner, John	PKNS	121
Fortner, M*	GRVL	336
Fortner, Tandy	PKNS	121
Fortner, Zion	PKNS	121
Fortune, Alferd*	ADSN	258
Fortune, Alfred W	YORK	479
Fortune, Edwd**	CHTN	203
Fortune, Jane	ADSN	313
Fosbrook, Henry	ABVL	59
Foshee, Mary**	EDFD	22
Fossellier, Gassene*	CHTN	434
Foster, A C	SPBG	319
Foster, A T	LRNS	336
Foster, Abial*	GRVL	435
Foster, Abill*	GRVL	411
Foster, Abner	GRVL	444
Foster, Andrew	SPBG	326
Foster, Andrew J	SPBG	326
Foster, B B	SPBG	327
Foster, B H	SPBG	410
Foster, Benjamin	UNON	236
Foster, Calvin	SPBG	196
Foster, Capt Wm H	SPBG	209
Foster, Charles	CHTN	404
Foster, E B	UNON	283
Foster, E S	PKNS	86
Foster, E*	SPBG	259
Foster, Eliza	CHFD	155
Foster, Elizabeth*	ADSN	273
Foster, Elizabeth*	UNON	291
Foster, Elizabeth	SPBG	417
Foster, Elizth	CHTN	245
Foster, Francis	YORK	511
Foster, G W	EDFD	50
Foster, George*	CHTN	213
Foster, Grafton	PKNS	38
Foster, Henry	GRVL	392
Foster, Horatio	GRVL	437
Foster, Isaac N	NWBY	275
Foster, Isham J	SPBG	525
Foster, J	SPBG	302
Foster, J N	UNON	281
Foster, James	CHFD	155
Foster, James	UNON	262
Foster, James	SPBG	200
Foster, James	SPBG	323
Foster, James J	SPBG	330
Foster, James M	SPBG	326
Foster, Jane B**	ABVL	14
Foster, Jas	SPBG	388
Foster, Jas Sr	SPBG	200
Foster, Jesse	SPBG	366
Foster, Jno A	SPBG	261
Foster, Joel	SPBG	304
Foster, John	UNON	239
Foster, John	ABVL	49
Foster, John*	UNON	223
Foster, John*	FAFD	21
Foster, John	LCTR	149
Foster, John	UNON	278
Foster, John	ADSN	261
Foster, John	GRVL	436
Foster, John	SPBG	429
Foster, Jones	SPBG	209
Foster, Josiah	UNON	238
Foster, Josiah	UNON	235
Foster, Leonard	UNON	235
Foster, Lewis	BNWL	352
Foster, Mabry	UNON	254
Foster, Mahala	SPBG	360
Foster, Margaret	YORK	464
Foster, Martin*	SPBG	330
Foster, Mary A	SPBG	366
Foster, Melnd*	BNWL	352
Foster, Mildred	GRVL	393
Foster, Miss A A*	EDFD	107
Foster, Missouri*	SPBG	396
Foster, Moses	SPBG	418
Foster, Moses	SPBG	202
Foster, Nancy L*	LCTR	215
Foster, P C	UNON	219
Foster, P*	UNON	298
Foster, Pleasant	YORK	476
Foster, R H	SPBG	338
Foster, R J**	GRVL	444
Foster, Richard F	GRVL	435
Foster, Robt*	CHTN	110
Foster, S B	SPBG	324
Foster, Sarah*	RHLD	54
Foster, Seaborn	GRVL	387
Foster, Stephen	SPBG	348
Foster, Susan P	GRVL	327
Foster, Susan*	SPBG	252
Foster, Thomas	UNON	254
Foster, Thos*	SPBG	401
Foster, Thos*	SPBG	199
Foster, Varland	SPBG	410
Foster, Washington	SPBG	319
Foster, William	GRVL	393
Foster, William	CHTN	422
Foster, William	UNON	256
Foster, William H Jr	SPBG	209
Foster, Wm	EDFD	50
Foster, Wm	SPBG	417
Foster, Wm M	SPBG	212
Fosters, Thomas	GRVL	484
Fountain, F*	SPBG	258
Fountain, H	MARN	54
Fountain, H E*	DLTN	373
Fountain, J M*	PKNS	99
Fountain, J W*	DLTN	384
Fountain, Jane	DLTN	408
Fountain, Jas	EDFD	35
Fountain, K	EDFD	117
Fountain, M E	DLTN	374
Fountain, Mrs M	EDFD	55
Fountain, Simpson L	PKNS	50
Fountain, Thos E	DLTN	428
Fountains, W J	DLTN	381
Fourgeaud E F	CHTN	381
Fourgeaud, Mary*	CHTN	273
Fouts, J	BNWL	407
Fouts, Juda	BNWL	392
Fouts, Zackeriah*	BNWL	437
Fowle, W H	LRNS	300
Fowler, A	GRVL	358
Fowler, A C	UNON	254
Fowler, Amos	HORY	53
Fowler, Andrew	UNON	280
Fowler, Andrew D	CHTN	458
Fowler, Ann	GRVL	478
Fowler, Barnett E	SPBG	359
Fowler, Benj	HORY	49
Fowler, Benoni	ADSN	291
Fowler, Berry	GRVL	327
Fowler, Boston*	CHTN	398
Fowler, Brant	UNON	235
Fowler, C	UNON	281
Fowler, C C	PKNS	85
Fowler, C M	CHTN	512
Fowler, Caroline	LRNS	293
Fowler, Catherine	UNON	253
Fowler, Charles	UNON	259
Fowler, Charles	UNON	249
Fowler, D F	HORY	19
Fowler, Daniel	GRVL	489
Fowler, Daniel	UNON	289
Fowler, Daniel	HORY	19
Fowler, Daniel	HORY	20
Fowler, David	PKNS	67
Fowler, Dorcas	HORY	20
Fowler, Earls*	UNON	218
Fowler, Ebenesar	UNON	233
Fowler, Ebenezer	ADSN	163
Fowler, Edmon	HORY	20
Fowler, Eli	SPBG	413
Fowler, Elias	UNON	232
Fowler, Elias	SPBG	327
Fowler, Elijah	UNON	253
Fowler, Elis	UNON	256
Fowler, Eliza	COTN	370
Fowler, Eliza*	ABVL	69
Fowler, Elizb*	ABVL	69
Fowler, Elizh	LRNS	287
Fowler, Ellen	SPBG	331
Fowler, F J	CHTN	507
Fowler, Felix	UNON	253
Fowler, Francis*	CHTN	398
Fowler, Franklin	ADSN	253
Fowler, Franklin	GRVL	379
Fowler, G R	GRVL	353
Fowler, Gasaway	FAFD	271
Fowler, George	GRVL	474

Name	Loc	Pg	Name	Loc	Pg	Name	Loc	Pg	Name	Loc	Pg
Fowler, George	HORY	20	Fox, James	RHLD	90	Franklin, Elizabeth	UNON	260
Fowler, Gilbert	HORY	19	Fox, James	RHLD	89	Franklin, George	ABVL	71
Fowler, Greenbery*	UNON	275	Fox, Jimmy*	LCTR	173	Franklin, Isaac W	RHLD	68
Fowler, H C	UNON	239	Fox, John	LXTN	433	Franklin, Jacob	LXTN	423
Fowler, Henry	UNON	288	Fox, M W	LXTN	461	Franklin, Jas M	ABVL	44
Fowler, Ira	GRVL	451	Fox, Mary*	CHTN	494	Franklin, Jesse	EDFD	12
Fowler, Isaac	ADSN	245	Fox, Matilda*	LXTN	461	Franklin, John*	NWBY	247
Fowler, Isaac	HORY	21	Fox, Mrs Ann	CHTN	240	Franklin, Lary	NWBY	269
Fowler, J C*	GRVL	365	Fox, Owen*	CHTN	194	Franklin, M	EDFD	14
Fowler, J F	LRNS	287	Fox, Rachel	LXTN	438	Franklin, Maranda*	EDFD	11
Fowler, J J	GRVL	365	Fox, Sarah	COTN	327	Franklin, Marsh	EDFD	9
Fowler, J M	SPBG	381	Fox, T S*	ORBG	345	Franklin, Martin	EDFD	9
Fowler, J P	SPBG	215	Fox, Thos	KRSW	130	Franklin, Mary	ABVL	44
Fowler, Jacob	CHTN	183	Fox, W H*	LXTN	468	Franklin, Mary	NWBY	247
Fowler, Jacob	HORY	20	Fox, Wilman	CHTN	241	Franklin, Mary	LXTN	388
Fowler, James	ADSN	222	Fox, Wm	CHTN	193	Franklin, Milledge**	EDFD	23
Fowler, James	UNON	258	Fox, Wm	COTN	315	Franklin, Mrs E G**	CHTN	234
Fowler, James	UNON	239	Foxworth, Abel	MARN	125	Franklin, Mrs Susan	ABVL	81
Fowler, James	GRVL	512	Foxworth, Alexander	SMTR	160	Franklin, Nancy	NWBY	244
Fowler, James	SPBG	281	Foxworth, Benj	MARN	131	Franklin, Rebecca**	CHTN	122
Fowler, James A**	SPBG	311	Foxworth, Benj	MARN	117	Franklin, Riley	NWBY	244
Fowler, James M	UNON	233	Foxworth, C L**	MARN	12	Franklin, Sarah*	ABVL	82
Fowler, Jane*	EDFD	37	Foxworth, C L**	MARN	14	Franklin, Socrates*	GRVL	340
Fowler, Jane	ABVL	69	Foxworth, D*	WMBG	333	Franklin, Stephen	ADSN	216
Fowler, Jas P	SPBG	213	Foxworth, Daniel A	SMTR	160	Franklin, Thomas*	ABVL	126
Fowler, Jas W**	ABVL	22	Foxworth, Eli Sr	MARN	1	Franklin, W	NWBY	248
Fowler, Jas W	LRNS	297	Foxworth, Eli T	MARN	39	Franklin, Wade	EDFD	21
Fowler, Jasper	GRVL	349	Foxworth, Elijah	GETN	300	Franklin, William	ABVL	81
Fowler, Jesse	MARN	77	Foxworth, H J	MARN	126	Franklin, Wilson**	EDFD	67
Fowler, Jessee	SPBG	330	Foxworth, Henry	SMTR	160	Franklin, Wm	ABVL	44
Fowler, Jessy P	CHTN	507	Foxworth, James A	SMTR	152	Franklin, Young	UNON	260
Fowler, John	GRVL	486	Foxworth, Jobe	MARN	41	Frankling, Allen	BNWL	426
Fowler, John	UNON	229	Foxworth, M A**	MARN	38	Franklon, J M*	LXTN	431
Fowler, John G	GRVL	326	Foxworth, M E	MARN	39	Franklon, Robt	LXTN	355
Fowler, John*	UNON	230	Foxworth, Rachael	MARN	8	Franks, Alice*	LRNS	249
Fowler, John	UNON	259	Foxworth, Robt L	MARN	39	Franks, Edney*	PKNS	4
Fowler, John	UNON	262	Foxworth, Rollin	CHTN	178	Franks, F P*	ABVL	83
Fowler, John	GRVL	507	Foxworth, Samuel	CHTN	179	Franks, H	LRNS	349
Fowler, John	ADSN	332	Foxworth, Sarah	MARN	39	Franks, Harry*	WMBG	329
Fowler, John	SPBG	380	Foxworth, Stephen	SMTR	158	Franks, Jno M	LRNS	289
Fowler, John W	UNON	273	Foxworth, Thomas B	MARN	41	Franks, John**	EDFD	74
Fowler, Joseph	ABVL	106	Foxworth, W C	MARN	129	Franks, Mary	LRNS	297
Fowler, Keene	SPBG	371	Foxworth, W S	MARN	125	Franks, R P	SMTR	182
Fowler, Laricy	LRNS	297	Foxworth, Wesley	LXTN	448	Franks, Robt	LRNS	329
Fowler, Lawson	UNON	189	Foy, Daniel	EDFD	64	Franks, Rosanna	LRNS	292
Fowler, Lemuel	UNON	231	Foy, E N	EDFD	143	Franks, Saml	LRNS	297
Fowler, Lemuel K	UNON	238	Foy, Harriet	BUFT	22	Franks, Samuel	LRNS	334
Fowler, Luly	HORY	19	Foy, Wm Bennet	CHTN	391	Franks, Wm	LRNS	298
Fowler, Margaret	HORY	20	Foye, George	PKNS	186	Frankum, W J	CLDN	196
Fowler, Mark	UNON	218	Frady, Andrew	PKNS	22	Frantz, J H	PKNS	37
Fowler, Mark	UNON	279	Frady, William**	CHTN	316	Fraser, Ann	CHTN	332
Fowler, Mary	UNON	234	Frager, A	PKNS	34	Fraser, Charles	CHTN	222
Fowler, Mary*	SPBG	428	Frager, C	ORBG	376	Fraser, Edward W*	CHTN	393
Fowler, Mathew	GRVL	509	Frailick, Martin	ORBG	312	Fraser, Everett**	CHTN	475
Fowler, Matthew	HORY	53	Fralick, C	COTN	276	Fraser, Fred E	CHTN	237
Fowler, Miles	HORY	19	Fralix, Hiram	COTN	270	Fraser, Fredk	COTN	300
Fowler, Miligan	UNON	257	Fralix, P J	UNON	211	Fraser, Hariett	CHTN	300
Fowler, Milly	SPBG	371	Framel, James	GRVL	326	Fraser, Henry**	CHTN	287
Fowler, Mitchell	CHTN	177	Frammell, Levi	BUFT	97	Fraser, Isabel	BUFT	5
Fowler, Moses	GRVL	357	Frampton, James	BUFT	84	Fraser, J H*	CHTN	312
Fowler, Moses	GRVL	361	Frampton, John E	CHTN	368	Fraser, James**	RHLD	14
Fowler, Nancy	GRVL	366	Frampton, Lingard A	CHTN	258	Fraser, James*	RHLD	14
Fowler, Pleasant	GRVL	363	France, Albert	CHTN	285	Fraser, Jane A	ABVL	136
Fowler, Rhewben	UNON	255	Frances, Ann	RHLD	88	Fraser, John	MRBO	161
Fowler, Rhoda	UNON	239	Frances, Catharine	UNON	273	Fraser, Joseph	COTN	253
Fowler, Richard	ADSN	293	Frances, George*	CHTN	514	Fraser, L L Jr	SMTR	174
Fowler, Ruphus	UNON	253	Frances, James	BUFT	50	Fraser, Ladson 3	SMTR	120
Fowler, Ruth	ADSN	222	Frances, Jeremiah	BNWL	457	Fraser, Lovey M**	COTN	254
Fowler, Saml W*	ABVL	21	Frances, W T	SMTR	176	Fraser, M*	CHTN	223
Fowler, Shelton	UNON	237	Francis, Anne	COTN	258	Fraser, Martha A*	CHTN	412
Fowler, Simeon	UNON	239	Francis, Catherine	CHTN	468	Fraser, Mary	CHTN	403
Fowler, Sophia	UNON	293	Francis, Charles*	SMTR	128	Fraser, Mary	COTN	269
Fowler, Stanhope	CHTN	183	Francis, Eleanor	COTN	249	Fraser, Mary	CHTN	300
Fowler, Stephen	HORY	20	Francis, Eliza	CHTN	431	Fraser, Mary	MRBO	161
Fowler, Steven	UNON	233	Francis, Hager	CHTN	435	Fraser, Miss Mary J	CHTN	237
Fowler, Susan	UNON	253	Francis, Henry	COTN	258	Fraser, Mr	CHTN	310
Fowler, Susan	UNON	249	Francis, Henry	KRSW	98	Fraser, Nancy*	MRBO	162
Fowler, T L	GRVL	478	Francis, J H*	GRVL	406	Fraser, R E	GETN	284
Fowler, Thomas*	UNON	253	Francis, James*	CHTN	386	Fraser, R L	COTN	258
Fowler, Thomas	UNON	253	Francis, John	CHTN	312	Fraser, Rebecca	CHTN	100
Fowler, Thomas	UNON	235	Francis, John L	CLDN	194	Fraser, Rebecca	CHTN	475
Fowler, Thomas	UNON	234	Francis, M E	CLDN	194	Fraser, Rebecca*	LXTN	394
Fowler, Thomas	UNON	253	Francis, R S	KRSW	127	Fraser, Robert	SMTR	127
Fowler, Thos*	SPBG	417	Francis, W J*	SMTR	176	Fraser, S S	GETN	289
Fowler, Thos*	SPBG	381	Francis, William J	LXTN	431	Fraser, Simon L	SMTR	108
Fowler, W A	BNWL	470	Franck, Mrs Mary A	RHLD	36	Fraser, Thomas B	SMTR	175
Fowler, W N	UNON	253	Frank, Catharine A	CHTN	261	Fraser, W G	LXTN	393
Fowler, Wade A**	LRNS	243	Frank, Charles D	LRNS	348	Fraser, William	UNON	210
Fowler, Waid*	UNON	278	Frank, Charles*	LXTN	432	Fraser, William S	CHTN	398
Fowler, Walter G	UNON	252	Frank, Geo A	RHLD	14	Fraser, Wm	CHTN	306
Fowler, Wesley	LRNS	243	Frank, Henry C	BNWL	344	Fraser, Wm E B	SMTR	170
Fowler, William	UNON	229	Frank, Jackson	BNWL	361	Fraser, Wm H	DLTN	398
Fowler, William	UNON	239	Frank, Jakson*	DLTN	372	Frasher, Charles	MRBO	144
Fowler, William	UNON	298	Frank, Joe	EDFD	84	Frasher, Lewis	MRBO	153
Fowler, William	UNON	250	Frank, M M*	BNWL	354	Frasier, Agnes*	ADSN	276
Fowler, Wm	MRBO	167	Frank, Margaret	LXTN	435	Frasier, E	ORBG	308
Fowler, Wm	SPBG	327	Franklan, John J	EDFD	67	Frasier, J	ORBG	315
Fowler, Wright	HORY	20	Franklin, Allen	CHTN	241	Frasier, Jane*	LCTR	203
Fox, Andrew*	CHTN	241	Franklin, Avery	EDFD	16	Frasier, John	ADSN	252
Fox, Betcy	YORK	379	Franklin, B	EDFD	9	Frasier, John S	CHTN	100
Fox, Calvin	LXTN	412	Franklin, Bartley	EDFD	9	Frasier, Margaret*	ORBG	353
Fox, Charles*	CHTN	108	Franklin, Burgess	EDFD	3	Frasier, Maria L	LCTR	213
Fox, Elijah	RHLD	94	Franklin, C R	LRNS	337	Frasier, P*	CHTN	353
Fox, Elisha	RHLD	86	Franklin, Charley	NWBY	243	Frasure, Iseral	UNON	263
Fox, Elizabeth	CHTN	379	Franklin, Drusilla	ABVL	76	Frasure, Ransom	PKNS	45
Fox, J H	LXTN	466	Franklin, Eliza	CHTN	332	Frasure, Sally	PKNS	19

Name	Loc	Pg	Name	Loc	Pg	Name	Loc	Pg
Frasure, Wm	PKNS	45	Freeman, John	CHTN	513	Fricks, Jacob	PKNS	107
Fraysse, Ann	COTN	255	Freeman, John	ABVL	129	Fricks, Joseph	PKNS	41
Frazee, Phineas F*	RHLD	10	Freeman, John**	MRBO	173	Fricks, P S	PKNS	40
Frazer, Elizabeth*	CHTN	378	Freeman, John**	PKNS	144	Friday, Anderson	EDFD	32
Frazer, Eve**	CHTN	379	Freeman, Joseph*	BNWL	339	Friday, Catharine**	CHTN	468
Frazer, Julia A*	CHTN	381	Freeman, Joseph	MARN	101	Friday, Gabriel**	RHLD	72
Frazer, Primus	CHTN	372	Freeman, Joseph R	PKNS	140	Friday, James K	RHLD	28
Frazier, Alex	BUFT	15	Freeman, Linzy	PKNS	138	Friday, John E	LXTN	412
Frazier, Andrew	FAFD	218	Freeman, M*	MARN	79	Friday, Louie	PKNS	36
Frazier, Craven	ABVL	130	Freeman, M	KRSW	93	Friday, Malvina**	EDFD	46
Frazier, Jas W	ABVL	37	Freeman, M	KRSW	121	Friday, Samuel D	RHLD	40
Frazier, John A G*	BUFT	72	Freeman, Margaret M	CHTN	412	Friday, T*	EDFD	124
Frazier, John W	BUFT	42	Freeman, Mark	PKNS	140	Friday, T M	LXTN	412
Frazier, M	EDFD	110	Freeman, Martha	MARN	25	Friday, Thomas W	RHLD	70
Frazier, Margt P*	BUFT	72	Freeman, Martin F	ADSN	205	Friday, William*	GRVL	367
Frazier, Mary**	FAFD	261	Freeman, Mary*	BUFT	49	Fridell, David J	LXTN	447
Frazier, Mrs M	EDFD	63	Freeman, Mary*	CHTN	112	Fridle, David	PKNS	119
Frazier, Nancy*	ABVL	12	Freeman, Mary A	BUFT	28	Friede, H*	CHTN	331
Frazier, Nancy	FAFD	212	Freeman, Mary J E*	HORY	56	Friedman, Ben	RHLD	31
Frazier, R M	WMBG	341	Freeman, Mary*	YORK	465	Friend, James	CHTN	475
Frazier, Rev M D	FAFD	209	Freeman, Mary	PKNS	149	Friend, John	CHTN	473
Frazier, Wesley*	ABVL	12	Freeman, Massey**	HORY	60	Friend, William**	CHTN	288
Frazier, Wm	NWBY	226	Freeman, Massy	BNWL	506	Friende, Henry	CHTN	447
Frazzel, Francis*	GETN	286	Freeman, Meredith	MRBO	162	Friendly, James	COTN	269
Frckling, Henry S	BNWL	375	Freeman, Middleton	ABVL	88	Friendly, Wm	COTN	528
Frean, Thomas	RHLD	43	Freeman, Mrs C E	EDFD	60	Friends, Isabel*	CHTN	379
Frean, Thos	CHTN	207	Freeman, Needum	PKNS	140	Frier, Joel	GETN	311
Freas, Levicy*	COTN	287	Freeman, O C	GETN	301	Frierson, A H	CLDN	243
Fredell, Henry**	BNWL	471	Freeman, Rebecca	CHFD	186	Frierson, Absalom	CLDN	218
Freder, Francis	DLTN	399	Freeman, Robt	MARN	82	Frierson, C T*	CLDN	212
Frederic, A J	ORBG	310	Freeman, S S	EDFD	95	Frierson, D E	MARN	32
Frederic, Andrew	ORBG	343	Freeman, Sarah	CHTN	176	Frierson, E O	WMBG	304
Frederic, D F	ORBG	345	Freeman, Sarah*	EDFD	21	Frierson, F R	WMBG	348
Frederic, Sophia	ORBG	344	Freeman, Sarah	BUFT	81	Frierson, J C	CLDN	222
Frederick, Edward*	LXTN	427	Freeman, Susan*	NWBY	279	Frierson, James J	SMTR	155
Frederick, George	PKNS	31	Freeman, Thomas	BUFT	34	Frierson, John	SMTR	107
Frederick, J J H	PKNS	3	Freeman, Thomas D	CHTN	174	Frierson, John	WMBG	340
Frederick, J W*	PKNS	6	Freeman, Thos B**	YORK	462	Frierson, John C*	SMTR	180
Frederick, Mary	RHLD	22	Freeman, Violet**	DLTN	450	Frierson, John N	SMTR	155
Fredericks, T W	PKNS	29	Freeman, William	ABVL	83	Frierson, Lynch	WMBG	340
Fredmer, S E	EDFD	103	Freeman, William	PKNS	133	Frierson, M W*	RHLD	49
Fredric, E J*	BNWL	448	Freeman, William C**	RHLD	39	Frierson, Martha F	CLDN	218
Fredrichs, John	PKNS	42	Freeman, William J	BNWL	395	Frierson, Ted	CLDN	223
Fredrick, A M	BNWL	402	Freeman, William J D	BUFT	34	Frierson, Thomas D	SMTR	177
Fredrick, Harret*	BNWL	388	Freeman, Wm	ADSN	198	Frierson, W B	CLDN	219
Fredrick, J A	BNWL	458	Freeman, Wm*	BNWL	476	Frierson, William G	SMTR	106
Fredwell, B	PKNS	48	Freeman, Wm	FAFD	243	Frills, Archy	NWBY	217
Free, Allen F	BNWL	364	Freeman, Wm	MRBO	162	Fringe, John C	PKNS	17
Free, Anna	CHTN	302	Freeman, Wm R	HORY	56	Fripp, Alviro A	BUFT	12
Free, Betton	UNON	232	Freer, E Marion	CHTN	114	Fripp, Ann	CHTN	376
Free, Charles	FAFD	257	Freer, Edward	CHTN	114	Fripp, Ann F	BUFT	9
Free, Charles	NWBY	223	Freer, Edward H	CHTN	114	Fripp, Charles	COTN	319
Free, George	EDFD	137	Frees, James	COTN	332	Fripp, Clarence A	BUFT	9
Free, Henry	BNWL	425	Frees, Jas H	COTN	329	Fripp, Edgar	BUFT	12
Free, J F	EDFD	145	Frees, Mary J*	CHFD	106	Fripp, Hamilton	BUFT	5
Free, Jacob E	BNWL	363	Freese, Harman*	CHTN	385	Fripp, Hamilton	BUFT	97
Free, Jesse	NWBY	217	Freese, John T**	CHTN	291	Fripp, Isaac	BUFT	3
Free, Jno	ABVL	31	Freetas, Anton	CHTN	286	Fripp, J E L	BUFT	3
Free, Milly	BNWL	383	Freeward, W J	GETN	318	Fripp, J T E	BUFT	5
Freedman, Julius	BNWL	357	Freeze, Frederick	CHTN	522	Fripp, James	BUFT	5
Freeland, J M C	EDFD	75	Freidebery, Joseph	RHLD	31	Fripp, John	BUFT	7
Freeman, A	MRBO	181	Freitag, A J	KRSW	134	Fripp, John E	BUFT	22
Freeman, Abner	ABVL	139	Freman, David	BUFT	20	Fripp, John M	BUFT	4
Freeman, Alice**	KRSW	119	Freman, David	PKNS	139	Fripp, Paul H	COTN	319
Freeman, Barbary	ADSN	211	Freman, Straw	ABVL	110	Fripp, Thos B	BUFT	7
Freeman, Ben	CHTN	112	Freman, Thos L	PKNS	140	Fripp, W Edings	COTN	355
Freeman, Benjn*	BUFT	42	Fremder, Joseph*	CHTN	260	Fripp, W J E	SPBG	314
Freeman, Bennet	GRVL	514	French, Elizabeth*	LXTN	465	Fripp, W O P	BUFT	9
Freeman, Benton	PKNS	139	French, G W	GRVL	426	Fripp, W Washn	BUFT	28
Freeman, C L	DLTN	387	French, George	GRVL	426	Fripp, Wm Jr	BUFT	96
Freeman, C M	EDFD	97	French, Jas	LRNS	331	Fripp, Wm P	BUFT	22
Freeman, C Michael	BUFT	76	French, Jesse	GRVL	426	Fripp, Wm Sr	BUFT	12
Freeman, Daniel*	ORBG	345	French, John	SPBG	267	Frippe, G W	EDFD	23
Freeman, David	SPBG	225	French, Leffred L*	SPBG	209	Frischwater, John*	CHTN	292
Freeman, David C	PKNS	141	French, Margt G*	DLTN	381	Frith, Jacob	ABVL	28
Freeman, David Thos	BUFT	33	French, Mary	GRVL	501	Frith, Thos	ABVL	7
Freeman, Davis	SMTR	152	French, Nancy	SPBG	302	Frith, Washington	ABVL	120
Freeman, Drewry H	PKNS	140	French, Thomas	UNON	195	Frith, William*	ABVL	31
Freeman, E P*	MRBO	167	Frenchmann, Peter	CHTN	479	Fritters, F	CHTN	258
Freeman, Edmund A	BUFT	73	Frenda, Caroline*	CHTN	522	Fritz, Elizabeth*	GRVL	405
Freeman, Elizabeth	SPBG	226	Fres, Sophia*	CHTN	430	Fritzer, Francis F	CHTN	158
Freeman, Evan	MARN	111	Freshley, Geo W	LXTN	380	Fritzman, S	NWBY	218
Freeman, F G*	RHLD	55	Freshley, J B	LXTN	380	Fritzsimmons, Mary*	CHTN	393
Freeman, Francis**	SMTR	152	Freshley, Joseph	FAFD	218	Frobough, Peter*	BUFT	78
Freeman, Frank	MARN	79	Freshley, Joseph	LXTN	380	Froelich, Nicholas	KRSW	139
Freeman, G	KRSW	94	Fretwell, J Y	ADSN	282	Frohne, Frederic	ORBG	406
Freeman, George	ABVL	140	Frew, Wm	YORK	385	Froiles, M M	YORK	501
Freeman, George	BNWL	357	Frey, Hannah*	CHTN	452	Froiles, T C	YORK	501
Freeman, Greding	PKNS	133	Frey, J R	SPBG	396	Froning, Chs**	CHTN	194
Freeman, Hanah	YORK	461	Frey, Mrs	CHTN	299	Frost, Caroline*	CHTN	198
Freeman, Harriet**	KRSW	116	Frichbeck, Anna*	CHTN	313	Frost, Charles	RHLD	90
Freeman, Henry	ABVL	120	Frick, Abraham J	NWBY	213	Frost, Charles E	SMTR	148
Freeman, Huey	RHLD	65	Frick, Adam	LXTN	405	Frost, E Harry**	CHTN	212
Freeman, Isaac	FAFD	272	Frick, Elias	LXTN	410	Frost, Edw**	CHTN	234
Freeman, Isac	SMTR	116	Frick, Jacob	LXTN	405	Frost, Henry	RHLD	90
Freeman, Isham	BUFT	34	Frick, Jno	LXTN	410	Frost, Henry R	CHTN	232
Freeman, J B*	GETN	306	Frick, Joseph	LXTN	410	Frost, John D	RHLD	30
Freeman, J W	BNWL	500	Frick, Joseph	LXTN	410	Frost, Peter**	CHTN	395
Freeman, J W	MRBO	169	Frick, Robt	LXTN	410	Frost, Wm	ABVL	117
Freeman, James	PKNS	139	Frick, S J	LXTN	405	Fry, B L	MARN	20
Freeman, James A	GRVL	472	Frick, Thomas	LXTN	410	Fry, Daniel	LXTN	448
Freeman, Jas	DLTN	406	Frick, Thomas	LXTN	405	Fry, F M	HORY	26
Freeman, Jesse	CHFD	173	Fricken, Wm*	CHTN	245	Fry, J M	LXTN	364
Freeman, Jessee	PKNS	145	Fricks, Eliott K**	PKNS	26	Fry, Jas	DLTN	461
Freeman, Jno Q	LRNS	277	Fricks, Frances	PKNS	41	Fry, Jesse	LXTN	429
Freeman, John*	CHTN	112	Fricks, Henry	PKNS	42	Fry, Joseph D	FAFD	249

Name	Loc	Pg	Name	Loc	Pg	Name	Loc	Pg
Fry, M E*	KRSW	128	Fulmer, Jacob B	NWBY	248	Furgison, James	PKNS	134
Fry, Marion*	CHTR	72	Fulmer, James	EDFD	10	Furgison, Jno*	CHFD	188
Fry, Ransom	LXTN	454	Fulmer, James	EDFD	175	Furgison, Judge G	PKNS	136
Fry, Sarah	LCTR	218	Fulmer, Jno	LXTN	405	Furgurson, Jas	BNWL	456
Fryer, J	WMBG	353	Fulmer, Jno A	LXTN	399	Furlong, John*	CHTN	384
Fryer, Pitheny	MARN	126	Fulmer, Jno F	LXTN	408	Furlong, R J	CHTN	259
Fryers, C	SPBG	350	Fulmer, Joel	LXTN	405	Furman, C M	CHTN	215
Fudge, Charles	CHTR	61	Fulmer, John D	EDFD	9	Furman, Charles M**	SMTR	145
Fudge, Henry	CHTR	77	Fulmer, Joseph	LXTN	407	Furman, Dr T F	FAFD	259
Fudge, Jno B	CHTR	85	Fulmer, Keah	NWBY	219	Furman, Eleanor	BNWL	482
Fudge, Mary	LCTR	173	Fulmer, Levi	LXTN	405	Furman, J K	CHTN	347
Fudge, Nom*	CHTR	63	Fulmer, Malissa**	NWBY	265	Furman, James C*	GRVL	470
Fudge, R H	CHTR	80	Fulmer, Mary*	LXTN	408	Furman, John H	SMTR	170
Fudge, W D	CHTR	80	Fulmer, Mary A	LXTN	407	Furman, L*	DLTN	435
Fueaal, Winman	HORY	21	Fulmer, Nancy	LXTN	399	Furman, Martin	SPBG	329
Fuhave, Miss*	CHTN	320	Fulmer, O P	LXTN	403	Furman, R L	COTN	501
Fuhua, Jno E*	LXTN	396	Fulmer, Patrick	LXTN	406	Furman, Richard	GRVL	420
Fulerton, Daniel	PKNS	89	Fulmer, Riley**	ORBG	399	Furman, Richard W	BNWL	351
Fulgham, J	KRSW	98	Fulmer, Sarah Ann*	NWBY	217	Furman, Samuel	SMTR	146
Fulkenberry, Alfred	KRSW	95	Fulmer, W W	LXTN	416	Furness, Joseph T	RHLD	87
Fulland, Miss Mary*	CHTN	229	Fulmer, W W	LXTN	368	Furse, Edwd	BNWL	457
Fullard, Miss Mary*	CHTN	230	Fulmer, Walter*	NWBY	270	Furse, Geo C	BNWL	450
Fuller, Adolph	LRNS	228	Fulmore, H W	WMBG	347	Furse, J J	BNWL	448
Fuller, Ann	LRNS	231	Fulmore, J G	WMBG	348	Furse, James	BNWL	449
Fuller, Anthony	LRNS	288	Fulmore, J H	WMBG	348	Furse, Sally W*	BNWL	445
Fuller, Bartholmew	YORK	400	Fulmore, R M	WMBG	348	Furst, Danl	CHTN	197
Fuller, Benjamin	CHTN	448	Fulmore, Z R*	CLDN	233	Furst, Emma	CHTN	498
Fuller, Charlotte	LRNS	246	Fultin, James	YORK	484	Furtick, Henry	LXTN	457
Fuller, Daniel	PKNS	156	Fulton, A	ADSN	290	Furtick, Jacob	LXTN	457
Fuller, Delphy	LRNS	231	Fulton, Caroline*	LRNS	310	Furtick, Mary	LXTN	457
Fuller, Edward N	CHTN	417	Fulton, D P	WMBG	345	Furtick, Wade	LXTN	458
Fuller, Elisabeth F	MARN	137	Fulton, E	WMBG	360	Futch, David	BNWL	504
Fuller, Elisha W	RHLD	35	Fulton, J E	WMBG	301	Futch, J O	BNWL	451
Fuller, Elizabeth*	MRBO	147	Fulton, J H**	LRNS	341	Fyler, John S	BUFT	13
Fuller, F A**	CHTN	335	Fulton, J M	WMBG	336	Gabbo, Thos*	CHTN	245
Fuller, F G	LRNS	228	Fulton, J W	YORK	493	Gable, E M	ADSN	184
Fuller, Flemming	GRVL	504	Fulton, James	CHTN	288	Gable, Fred	LXTN	427
Fuller, Green Berry	LRNS	246	Fulton, Jane*	WMBG	301	Gable, Godfrey	LXTN	365
Fuller, H	LRNS	267	Fulton, Jno*	EDFD	77	Gable, Harmon	EDFD	94
Fuller, H F*	EDFD	148	Fulton, Miga*	CHTN	319	Gable, Henry*	ADSN	221
Fuller, Harrison	LRNS	238	Fulton, R W**	WMBG	305	Gable, John	EDFD	94
Fuller, Henry	BUFT	7	Fulton, Richd	LXTN	401	Gable, John V	LXTN	389
Fuller, Henry M	BUFT	9	Fulton, S C	WMBG	336	Gable, Levi	ADSN	216
Fuller, Henry M Jr*	BUFT	1	Fulton, Saml*	ABVL	29	Gable, Mrs M E**	EDFD	78
Fuller, Henry S*	NWBY	272	Fulton, Sarah A	ABVL	60	Gable, Philip*	EDFD	94
Fuller, Henry	MARN	118	Fulton, T D	YORK	477	Gacires, Wm B	LRNS	285
Fuller, Henry	LRNS	243	Fulton, T M	WMBG	336	Gaddis, Adam	SPBG	419
Fuller, J C*	MRBO	149	Fulton, W D	WMBG	301	Gaddis, Lizzie*	CHFD	177
Fuller, J C	LRNS	231	Fulton, Zackarias	ADSN	279	Gaddis, Martha**	SPBG	198
Fuller, James	RHLD	2	Fultz, Mrs R	CHTN	161	Gaddis, Nancy	LCTR	208
Fuller, Jas	LRNS	245	Fulwood, Est	SMTR	139	Gaddiss, Sarah**	LCTR	143
Fuller, Jas	LRNS	242	Fulwood, James A	SMTR	111	Gaddy, Charles B	MARN	101
Fuller, Jeff*	LRNS	249	Fulwood, Leah A	SMTR	139	Gaddy, Hardy	MARN	101
Fuller, Jno	LRNS	287	Fulwood, Robert H**	SMTR	116	Gaddy, J C	CHFD	125
Fuller, Jno R	LRNS	242	Fulwood, Robt H	YORK	403	Gaddy, J Jay	MARN	48
Fuller, Jones	ABVL	75	Fulwood, Robt H	YORK	403	Gaddy, John J	MARN	100
Fuller, Martha*	GRVL	373	Fumbarra, F*	CHTN	133	Gaddy, Levi*	MARN	13
Fuller, Mary*	BNWL	464	Funches, James L	ORBG	309	Gaddy, M J*	MARN	61
Fuller, Mary	COTN	365	Funchess, Catharine*	ORBG	351	Gaddy, N*	MARN	62
Fuller, Mary	CHTN	302	Funchess, D D	ORBG	323	Gaddy, Nicholas	MARN	101
Fuller, Messer	UNON	203	Funchess, E E	ORBG	350	Gaddy, Saml T	MARN	119
Fuller, Messer	LRNS	256	Funchess, Jacob**	ORBG	336	Gaddy, Thomas	CHTN	173
Fuller, Perry W	RHLD	29	Funchess, John E	ORBG	344	Gaddy, Trestrain C	MARN	47
Fuller, Polly Ann	LRNS	245	Funchess, Nelson N	ORBG	351	Gaddy, Wm	MARN	101
Fuller, R B	BUFT	5	Fundeburg, Henry	ORBG	335	Gaddy, Wm J	CHFD	100
Fuller, R M	EDFD	72	Fundeburg, Jas	LCTR	164	Gadley, J	UNON	272
Fuller, Ransom	LRNS	245	Funderbark, John	CHFD	160	Gadney, W	FAFD	255
Fuller, Robert W	BUFT	9	Funderberk, D	CHFD	156	Gadon, Charles	LXTN	450
Fuller, S P	PKNS	97	Funderberk, F	CHFD	162	Gadsden, A E	CHTN	401
Fuller, S T	LRNS	229	Funderberk, James	CHFD	161	Gadsden, Ann J*	CHTN	448
Fuller, Sarah	LRNS	256	Funderberk, W L	CHFD	163	Gadsden, Benj*	CHTN	357
Fuller, Sarah B	BUFT	9	Funderburg, A	EDFD	177	Gadsden, C E	FAFD	224
Fuller, Sena	YORK	455	Funderburg, Henry J	ORBG	360	Gadsden, Cath B*	BUFT	17
Fuller, Silas	LRNS	246	Funderburgh, W	EDFD	196	Gadsden, Fisher	CHTN	481
Fuller, Thad*	LRNS	242	Funderburk, A B	LCTR	165	Gadsden, Jane	CHTN	404
Fuller, Thomas	BUFT	8	Funderburk, George M	LCTR	185	Gadsden, Jane*	CHTN	189
Fuller, Thos	CHTN	332	Funderburk, George W	LCTR	185	Gadsden, John**	CHTN	132
Fuller, Thos	LRNS	242	Funderburk, H B*	LCTR	181	Gadsden, M G*	CHTN	227
Fuller, Treacy*	UNON	298	Funderburk, J	LCTR	180	Gadsden, Martha	CHTN	491
Fuller, W A	LRNS	228	Funderburk, J C	CHFD	159	Gadsden, Mary A**	BUFT	26
Fuller, W T	GRVL	344	Funderburk, J J	LCTR	184	Gadsden, R C P	CHTN	259
Fuller, William	GRVL	504	Funderburk, J M	LCTR	184	Gadsden, Rosy**	CHTN	507
Fuller, Wm	BUFT	95	Funderburk, Jac	LCTR	202	Gadsden, Thomas	CHTN	389
Fuller, Wm	LRNS	242	Funderburk, Jane**	LCTR	201	Gadsden, Thos N	CHTN	222
Fuller, Wm*	LRNS	223	Funderburk, Jeraminah	LCTR	181	Gadsden, Thos S*	RHLD	52
Fuller, Wm S	LRNS	314	Funderburk, Jerry*	CHFD	164	Gadson, Benjm	CHTN	142
Fullerton, G W	ADSN	255	Funderburk, Jinnah	CHFD	159	Gaelston, James**	FAFD	266
Fullerton, Harriet*	SMTR	161	Funderburk, Jno	CHFD	159	Gaffney, Florence*	RHLD	22
Fullerton, John T	SMTR	161	Funderburk, Jos	LCTR	184	Gaffney, Henry G	SPBG	295
Fullerton, Margaret*	CHTR	58	Funderburk, L A	LCTR	183	Gaffney, Jno	SPBG	296
Fullmer, Ann	CHTN	474	Funderburk, N L	LCTR	184	Gaffney, Jos G	SPBG	299
Fullwood, Rebecca	HORY	63	Funderburk, Nathan	LCTR	180	Gaffney, Mary	SPBG	299
Fullwood, Wm	HORY	64	Funderburk, Nathan	LCTR	184	Gaffney, S*	SPBG	259
Fulmer, Adam	EDFD	10	Funderburk, Uriah	LCTR	179	Gaffney, Thos	SPBG	298
Fulmer, Adam	LXTN	368	Funderburk, W A	LCTR	185	Gaffney, Thos W	SPBG	297
Fulmer, Ann	LXTN	419	Funderburk, W H	CHFD	158	Gaffney, William	ORBG	359
Fulmer, Catharine	LXTN	408	Funderburk, Winny	LCTR	184	Gaffney, Wm	SPBG	296
Fulmer, David*	NWBY	217	Funderburk, Wm	LCTR	185	Gafford, W T	UNON	273
Fulmer, Elizabeth	LXTN	416	Funderburt, Joseph	ORBG	356	Gafmer, W W	UNON	291
Fulmer, Elizabeth	LXTN	399	Funk, Ptolemy	YORK	372	Gage, Alva*	CHTN	248
Fulmer, J A	LXTN	399	Funt, Sarah	SMTR	171	Gage, C	UNON	272
Fulmer, J G	LXTN	406	Furgison, Anna	PKNS	134	Gage, James	NWBY	276
Fulmer, J H*	NWBY	213	Furgison, Delilah	PKNS	163	Gage, James	CHTN	247
Fulmer, J H	LXTN	404	Furgison, Elisha	PKNS	134	Gage, James M	BUFT	24
Fulmer, J W	EDFD	175	Furgison, James	PKNS	177	Gage, R J	UNON	246
Fulmer, Jacob	NWBY	244				Gaharn, Mary**	CHTN	505

Name	Loc	Pg	Name	Loc	Pg	Name	Loc	Pg
Gailey, Alfred	ABVL	119	Galbraith, Hanah	YORK	374	Gamble, Jno F W	CLDN	241
Gaillard, A D	PKNS	40	Galbraith, M**	YORK	366	Gamble, Jno R	CLDN	223
Gaillard, A S*	CHTN	370	Galbreth, John	ADSN	248	Gamble, Joseph	WMBG	302
Gaillard, C D	ADSN	276	Gale, C A	CHFD	187	Gamble, Mrs**	CHTN	317
Gaillard, C L	ADSN	276	Gale, J	ORBG	318	Gamble, Robert	WMBG	303
Gaillard, Christopher	CHTN	151	Gale, Lurviny*	BNWL	494	Gamble, Robt*	CHTN	199
Gaillard, Cornelia*	CHTN	376	Gale, R W	CHTN	451	Gamble, S J	LCTR	178
Gaillard, Emily R*	RHLD	54	Galeghy, Frank*	NWBY	244	Gamble, T C M*	CLDN	224
Gaillard, Eugene M	CHTN	152	Galeglay, Jas C	LRNS	311	Gamble, Thomas G*	SMTR	134
Gaillard, F P	CHTN	334	Galeglay, Wm	LRNS	311	Gamble, Thos E	CLDN	240
Gaillard, Frances	CHTN	378	Gales, Patrick	CHTN	169	Gamble, W	WMBG	315
Gaillard, Franklin*	RHLD	10	Galespee, Moses	ADSN	298	Gamble, W G	WMBG	307
Gaillard, H	CHTN	330	Galespie, Soloman	ADSN	327	Gamble, W J	CLDN	243
Gaillard, Hennietta**	CHTN	213	Galespie, Tillitha*	ADSN	325	Gambo, Mary	CHTN	508
Gaillard, J D	PKNS	40	Galespie, William	ADSN	325	Gambol, Susan E*	SMTR	106
Gaillard, J H*	GRVL	404	Gallagher, And C	ABVL	15	Gambrell, Dand	ADSN	163
Gaillard, James	CHTN	152	Gallagher, Dennis*	SMTR	178	Gambrell, Ezekiel	ADSN	324
Gaillard, James Jr	CHTN	151	Gallagher, J*	CHTN	257	Gambrell, Frances	ADSN	189
Gaillard, John G**	CHTN	152	Gallagher, Mary*	ABVL	12	Gambrell, Harper	ADSN	169
Gaillard, Julia R*	CHTN	237	Gallagher, Patrick B*	SMTR	180	Gambrell, Jackson	ADSN	163
Gaillard, L C	PKNS	40	Gallagher, William D	ABVL	58	Gambrell, James	ADSN	191
Gaillard, L S	GRVL	417	Gallahar, Wm**	EDFD	82	Gambrell, James	ADSN	169
Gaillard, Louisa	FAFD	208	Gallahas, Miss*	CHTN	320	Gambrell, James	ADSN	337
Gaillard, Mrs Susan	CHTN	232	Gallaher, Thos	CHTN	348	Gambrell, James	ADSN	324
Gaillard, Patsy	CHTN	398	Gallaspie, Hansel	PKNS	125	Gambrell, Jas B*	ADSN	192
Gaillard, Peter C**	CHTN	206	Gallaway, Robt*	BNWL	420	Gambrell, Jas C	ABVL	143
Gaillard, Phillip P*	RHLD	51	Gallechat, Jos	CLDN	215	Gambrell, Jas L*	ADSN	176
Gaillard, R W	FAFD	250	Gallegly, Lizzie*	NWBY	287	Gambrell, Jourden	ADSN	163
Gaillard, Ricd	FAFD	254	Galleran, M	CHTN	250	Gambrell, M T	ADSN	165
Gaillard, Robt P*	CHTN	237	Gallerard, M C	CHTN	235	Gambrell, Marion	ADSN	196
Gaillard, S J	CLDN	201	Gallian, Thomas	PKNS	146	Gambrell, Mathew	ADSN	324
Gaillard, Sallie*	CHTN	237	Galliger, Mary*	RHLD	17	Gambrell, Mrs Jane	FAFD	205
Gaillard, Samuel P	SMTR	148	Gallman, Daniel	UNON	233	Gambrell, Nancy	GRVL	425
Gaillard, T G*	CHTN	151	Gallman, David	UNON	254	Gambrell, Reed	ADSN	334
Gaillard, Thos E*	RHLD	41	Gallman, Elizabeth**	UNON	218	Gambrell, Reed	ADSN	194
Gaillard, W D*	CHTN	160	Gallman, H	EDFD	39	Gambrell, S V	ADSN	190
Gaillard, W H D	ADSN	256	Gallman, H B	EDFD	106	Gambrell, Susannah	ADSN	175
Gailliard, Jas D*	ABVL	2	Gallman, Jerimiah	UNON	239	Gambrell, Wm J	ADSN	190
Gainer, Wm	KRSW	96	Gallman, John	UNON	230	Gambrell, Wm Jr	ADSN	190
Gaines, Alexr	DLTN	476	Gallman, John	UNON	232	Gambrell, Wm Sr	ADSN	190
Gaines, Edmund D	ABVL	89	Gallman, Johnson	UNON	251	Gambril, E B	LRNS	255
Gaines, Edwin	ABVL	145	Gallman, Lemuel	UNON	233	Gambril, Enos*	LRNS	248
Gaines, Elizabeth	GRVL	425	Gallman, M R	UNON	230	Gambrill, Jno	LRNS	247
Gaines, Elizb*	ABVL	62	Gallman, Mary M	NWBY	271	Game, A R*	MARN	74
Gaines, Ella*	ADSN	154	Gallman, Mrs S R	EDFD	42	Game, R B	MARN	70
Gaines, Haywood	ADSN	193	Gallman, Thomas	UNON	231	Games, Mary C	NWBY	239
Gaines, J H	GRVL	425	Galloway, A B	DLTN	453	Gamewell, J N	KRSW	139
Gaines, Jane M*	ABVL	29	Galloway, Abram	SMTR	98	Gamewell, S E*	RHLD	21
Gaines, Jas N	DLTN	432	Galloway, Absm	DLTN	419	Gamewell, Whatcoat A	RHLD	31
Gaines, Nancy**	ADSN	188	Galloway, Absolom	SMTR	98	Ganahl, Dennis	CHTN	394
Gaines, Nathaniel	ADSN	173	Galloway, Alex	YORK	445	Gandy, --------	CHFD	110
Gaines, Pinckney*	GRVL	403	Galloway, Alexr	DLTN	425	Gandy, Abel	DLTN	429
Gaines, R L	ADSN	156	Galloway, Ann	CLDN	196	Gandy, Charlotte	KRSW	139
Gaines, Robt E	ABVL	103	Galloway, Eliz*	DLTN	425	Gandy, D	MARN	25
Gaines, T P*	GRVL	420	Galloway, Elizabeth	BNWL	418	Gandy, Isaiah S	DLTN	436
Gaines, T W	ADSN	173	Galloway, Enoch	DLTN	419	Gandy, Jane*	DLTN	438
Gaines, Thos H	ADSN	179	Galloway, Ez	DLTN	373	Gandy, Jno	DLTN	468
Gaines, William*	ABVL	93	Galloway, Geo	DLTN	411	Gandy, John E	DLTN	414
Gainey, Ann*	CHFD	124	Galloway, Geo	DLTN	419	Gandy, Lucy A**	LXTN	439
Gainey, Caroline	CHFD	109	Galloway, H	DLTN	398	Gandy, Max B	DLTN	470
Gainey, Duncan	CHFD	122	Galloway, Henry*	CHFD	122	Gandy, Rebecca	DLTN	475
Gainey, Frances*	CHFD	138	Galloway, Hugh	YORK	446	Gandy, William	RHLD	45
Gainey, Isaac	CHFD	121	Galloway, Isaiah	DLTN	396	Gandy, William*	CHTN	257
Gainey, Jacob	CHFD	181	Galloway, James	DLTN	411	Gandy, Winny*	DLTN	403
Gainey, James	CHFD	121	Galloway, James	BNWL	420	Gane, Lydia**	CHTN	304
Gainey, Jas	CHFD	139	Galloway, Jas	YORK	446	Ganett, E*	SPBG	397
Gainey, Jno*	CHFD	119	Galloway, Jas	MRBO	161	Ganett, Elizabeth**	SPBG	200
Gainey, Jno	CHFD	123	Galloway, Jas*	DLTN	427	Ganett, James	NWBY	233
Gainey, John*	CHFD	121	Galloway, Jas E	DLTN	451	Ganey, Abagail*	DLTN	463
Gainey, Josiah	CHFD	123	Galloway, John*	SMTR	151	Ganey, Elijah	DLTN	395
Gainey, Martha	MARN	7	Galloway, John	NWBY	232	Ganey, Eliz	DLTN	395
Gainey, Matulda	CHFD	109	Galloway, John	BNWL	419	Ganey, Ira	DLTN	466
Gainey, Sarah*	MARN	7	Galloway, John	COTN	364	Ganey, Isaac	DLTN	465
Gainey, Sarah*	SMTR	101	Galloway, John Drayton	SMTR	98	Ganey, Jas H	DLTN	435
Gainey, Sarah*	CHFD	139	Galloway, Jonathan	ABVL	128	Ganey, Jno*	SMTR	95
Gainey, W C	CHFD	129	Galloway, Josiah	PKNS	20	Ganey, Jordan	DLTN	466
Gainey, W G	CHFD	109	Galloway, Martha R*	ABVL	7	Ganey, Margt	DLTN	468
Gainey, Willis*	DLTN	430	Galloway, Mary	YORK	509	Ganey, Mary*	DLTN	463
Gainey, Wm H	CHFD	125	Galloway, Nahum	DLTN	411	Ganey, R	DLTN	395
Gainey, Wm*	CHFD	145	Galloway, Nathan	DLTN	412	Ganey, Rhody	DLTN	435
Gainny, Rosomand*	CHFD	137	Galloway, Peter	YORK	447	Ganey, Thomas	DLTN	465
Gains, Barnet S	PKNS	192	Galloway, Pipkin	DLTN	411	Gannon, Michael	CHTN	249
Gains, Baylus	PKNS	168	Galloway, S E D	DLTN	412	Gannon, Miss*	CHTN	320
Gains, Ben	LRNS	250	Galloway, Susan**	GRVL	387	Ganns, --------	SPBG	344
Gains, Edward D**	PKNS	191	Galloway, Susannah	DLTN	412	Gannt, F H	COTN	253
Gains, James A	PKNS	168	Galloway, Thos W*	HORY	50	Gant, Elizabeth	LCTR	174
Gains, Robert*	PKNS	192	Galloway, Timy	DLTN	425	Gant, J W	LCTR	202
Gains, Robt	SPBG	414	Galloway, W H B	SMTR	161	Gant, James	ADSN	267
Gains, Ruben	PKNS	168	Galloway, Wm*	DLTN	417	Gant, Jane	ADSN	267
Gains, William A	ABVL	103	Gally, Geo B	CLDN	218	Gant, Martin	PKNS	111
Gainy, Allen	CHFD	97	Galman, S G	NWBY	247	Gant, Mary A	BUFT	42
Gainy, Elias	CHFD	103	Galphin, Geo	EDFD	76	Gant, R S	CHTN	329
Gainy, H	CHFD	109	Galphin, J M	EDFD	51	Gant, Rebecca*	LCTR	145
Gainy, Jno	CHFD	97	Galssice, Michael*	NWBY	292	Gant, Sarah**	SPBG	402
Gainy, Jno A	CHFD	96	Galt, John M	SPBG	238	Gant, Sarah**	LCTR	174
Gainy, Joseph	CHFD	97	Galton, B**	CHTN	263	Gant, W A	LCTR	179
Gainy, Wm	CHFD	96	Galton, Michael	CHTN	263	Ganthier, Eliza*	RHLD	54
Gaither, Est J	FAFD	251	Gamage, Mrs E*	CHTN	222	Ganton, Walter*	RHLD	58
Gaither, James W**	RHLD	11	Gambalk, Ann**	CHTN	501	Gantt, Alfred	LXTN	445
Gaither, Sarah**	CHTR	44	Gambe, Arabella*	CHTN	207	Gantt, Cassalen	ORBG	395
Galager, Ann*	RHLD	54	Gambe, Hannah*	CHTN	207	Gantt, Caswell	LXTN	443
Galagher, Ann*	CHTN	453	Gamble, Geo	WMBG	305	Gantt, Charles	UNON	236
Galaspy, James	ADSN	169	Gamble, J A	LCTR	158	Gantt, Chief	UNON	239
Galaway, Edward*	CHTN	110	Gamble, J W	DLTN	387	Gantt, Clarissa	UNON	228
Galbert, Benjamin	YORK	482	Gamble, Jas M	CLDN	223	Gantt, Dorothea**	LXTN	445
Galbra, Martha*	ADSN	222	Gamble, Jno F	CLDN	238	Gantt, Drayton	LXTN	460

82

Name	Loc	Pg
Gantt, Edward	GRVL	330
Gantt, Eli	LXTN	468
Gantt, Elijah	LXTN	443
Gantt, Elliott	LXTN	460
Gantt, Henry*	GRVL	406
Gantt, Hugh	ADSN	193
Gantt, Israel	LXTN	465
Gantt, J K	LXTN	460
Gantt, Jacob	LXTN	445
Gantt, James	ORBG	387
Gantt, James*	UNON	271
Gantt, James	UNON	238
Gantt, James L	CHTN	411
Gantt, John G	ADSN	177
Gantt, John T	UNON	253
Gantt, Joseph	UNON	229
Gantt, M	PKNS	9
Gantt, Margaret*	UNON	298
Gantt, Margaret*	UNON	222
Gantt, Mary	LRNS	296
Gantt, Mooney	LXTN	471
Gantt, R A	BNWL	497
Gantt, R P	BNWL	498
Gantt, Rederford	PKNS	164
Gantt, Robert	UNON	289
Gantt, Russell R	LXTN	443
Gantt, Saml	LXTN	442
Gantt, Sarah	LXTN	465
Gantt, Thomas	UNON	229
Gantt, Thomas	UNON	238
Gantt, Thomas	UNON	237
Gantt, Thomas G	CHTN	424
Gantt, Ulysses	LXTN	443
Gantt, W J	PKNS	7
Gantt, Washington	UNON	237
Gantt, William D	UNON	237
Gantt, Zebulon	LXTN	445
Gantt, Zimri	LXTN	442
Ganty, Elias L	SPBG	311
Gap, Robert*	CHTN	464
Garadare, Staten*	EDFD	84
Garaghty, Thos	CHTN	297
Garby, Henry A	RHLD	4
Gardan, Jas**	CHTN	241
Gardelle, Adolphus	CHTN	273
Garden, Hugh R*	RHLD	52
Garden, Jno	CHTN	228
Garden, Thomasina*	COTN	331
Gardener, D	ORBG	362
Gardener, Danl	MARN	115
Gardener, Elias	CHTN	434
Gardin, Benj*	CHTN	208
Gardiner, Jno H	LXTN	459
Gardner, A F	WMBG	325
Gardner, Alex	SPBG	284
Gardner, Alex	KRSW	122
Gardner, Alfred	LCTR	193
Gardner, Augustus	ORBG	337
Gardner, C L	KRSW	91
Gardner, Daniel	KRSW	86
Gardner, Darling	LCTR	194
Gardner, Dolly	CHTN	394
Gardner, Drury*	ORBG	356
Gardner, Elise*	CHTN	293
Gardner, Eliz	DLTN	425
Gardner, Elizabeth	SMTR	181
Gardner, Ester*	CHFD	136
Gardner, G B	EDFD	81
Gardner, Geo	KRSW	99
Gardner, George*	CHTN	268
Gardner, George	CHTN	286
Gardner, H W*	SMTR	175
Gardner, Hugh	KRSW	92
Gardner, Isaac*	ORBG	367
Gardner, Isaac	LCTR	192
Gardner, J	CHFD	173
Gardner, J B	EDFD	100
Gardner, J B	KRSW	80
Gardner, J B	KRSW	83
Gardner, J L	CHTN	110
Gardner, J W	DLTN	456
Gardner, James	LCTR	194
Gardner, James C*	BNWL	394
Gardner, James D	DLTN	469
Gardner, James H	LCTR	194
Gardner, James Jr	LCTR	190
Gardner, Jane	KRSW	76
Gardner, Jas B*	CHTN	233
Gardner, Jeran W	LCTR	199
Gardner, Jno A	CHFD	146
Gardner, John	ORBG	399
Gardner, John	MRBO	150
Gardner, John	BNWL	425
Gardner, John	CHFD	117
Gardner, John	KRSW	85
Gardner, John	LCTR	201
Gardner, John	LCTR	200
Gardner, John E	BNWL	401
Gardner, Joseph S	KRSW	119
Gardner, Levi	KRSW	98
Gardner, Lewis	KRSW	136
Gardner, M H*	CHTN	342
Gardner, Martha	ORBG	399
Gardner, Mary	CHTN	260
Gardner, Mary*	CHFD	131
Gardner, Mary*	ABVL	17
Gardner, Medora A*	DLTN	437
Gardner, Milly	LCTR	194
Gardner, Minerva	RHLD	4
Gardner, Moses	MARN	107
Gardner, P T	DLTN	436
Gardner, Peter*	CHTN	105
Gardner, R C*	KRSW	91
Gardner, R J	CHFD	141
Gardner, R J	KRSW	101
Gardner, R J	KRSW	118
Gardner, Ransom	LCTR	190
Gardner, Ransom Jr	LCTR	188
Gardner, Robt	LCTR	193
Gardner, S W	EDFD	100
Gardner, Saml*	BUFT	14
Gardner, Samuel	RHLD	24
Gardner, Seymour*	CHTN	434
Gardner, Stephen	DLTN	382
Gardner, T B	KRSW	94
Gardner, Temperance	LCTR	204
Gardner, Thomas	ORBG	376
Gardner, W	KRSW	96
Gardner, W J	CHTN	146
Gardner, W Q	EDFD	115
Gardner, W R	LCTR	200
Gardner, William	ABVL	13
Gardner, Wm	LCTR	193
Gardner, Wm J	CHFD	122
Gardner, Wm N	CLDN	206
Gardnor, Charles	CHTN	431
Gardoll, Joseph	CHTN	458
Gards, C	CHTN	308
Garet, Edmond*	BNWL	459
Garett, Hosea	LRNS	345
Garett, Stephen	LRNS	278
Garety, Bernard	CHTN	238
Garety, Christopher	CHTN	239
Garety, Mrs**	CHTN	236
Garety, Thos	CHTN	338
Garey, Dr F F	ABVL	82
Garey, John H**	RHLD	53
Garey, Jos	LRNS	288
Garey, Mary	LRNS	318
Garey, Patsy**	LRNS	319
Garey, Thos R	LRNS	324
Garfunkel, Moses	CHTN	461
Garganus, Wm D	HORY	58
Garich, D B*	ORBG	317
Garick, Adam	ORBG	318
Garick, Charles*	ORBG	343
Garick, E	ORBG	316
Garick, John	RHLD	91
Garick, Mary	ORBG	318
Garick, Morgan	ORBG	403
Garick, Peter*	ORBG	321
Garin, David	COTN	348
Garis, Mimy H**	LCTR	192
Garison, Arthur	YORK	391
Garison, Austin	YORK	392
Garison, David	YORK	390
Garison, E L*	YORK	433
Garison, E M	YORK	405
Garison, J A	YORK	393
Garison, James M	YORK	405
Garison, Jas N	YORK	425
Garison, Jeferson	YORK	393
Garison, John	YORK	383
Garison, John	YORK	392
Garison, Mark	YORK	392
Garison, Peter	YORK	391
Garison, Sarah*	YORK	391
Garison, Thomas	YORK	401
Garison, Thos	YORK	393
Garison, Triphena	YORK	392
Garity, James*	ORBG	368
Garland, Asa	DLTN	414
Garland, Edward	SMTR	116
Garland, Jesse	CHFD	112
Garland, R B	CLDN	243
Garland, William*	ORBG	407
Garland, Wm H	NWBY	268
Garlington, A C	NWBY	301
Garlington, C	LRNS	303
Garlington, H	LRNS	347
Garlington, H*	SPBG	259
Garlington, Jno	LRNS	221
Garlington, Jno D	LRNS	224
Garlington, Mary*	RHLD	83
Garlington, Stobo D*	RHLD	52
Garmany, John	GRVL	468
Garmany, O*	SPBG	258
Garmony, Geo*	NWBY	297
Garner, Adeline	YORK	471
Garner, Alfred	YORK	470
Garner, Ann*	WMBG	310
Garner, Asbery	UNON	214
Garner, C W*	DLTN	388
Garner, Cathe	LRNS	292
Garner, Charles	UNON	218
Garner, Charles Jr	UNON	218
Garner, Columbus	UNON	238
Garner, Daniel	UNON	233
Garner, Edward	MARN	105
Garner, Elizabeth*	PKNS	185
Garner, Enos	GRVL	346
Garner, Francis	UNON	233
Garner, G W	UNON	236
Garner, George	UNON	235
Garner, Gilbert	RHLD	92
Garner, Isaac	DLTN	446
Garner, James	UNON	235
Garner, James	MARN	105
Garner, James*	MARN	105
Garner, James	YORK	435
Garner, Jas C	DLTN	417
Garner, Jas N	DLTN	417
Garner, Jefferson	UNON	250
Garner, Jo T***	DLTN	417
Garner, John	PKNS	185
Garner, John	CHTN	196
Garner, John*	EDFD	130
Garner, John	UNON	285
Garner, Joseph	UNON	230
Garner, Joseph*	UNON	284
Garner, Knott	BUFT	53
Garner, Lawson*	YORK	471
Garner, Martha*	DLTN	400
Garner, Mary	PKNS	146
Garner, Mary	UNON	235
Garner, Mary	EDFD	126
Garner, Mary	DLTN	406
Garner, N*	WMBG	310
Garner, Nancy*	DLTN	439
Garner, Patty*	BUFT	53
Garner, R P*	DLTN	448
Garner, Robt	YORK	435
Garner, Rube	WMBG	312
Garner, Samuel	RHLD	34
Garner, Thomas F	GRVL	381
Garner, W S	DLTN	450
Garner, William	UNON	235
Garner, Wilson	YORK	435
Garner, Wm	YORK	435
Garner, Wm	MARN	105
Garnet, Balam**	COTN	249
Garnet, Mary*	UNON	249
Garnett, E	HORY	43
Garnett, Mary A*	RHLD	9
Garney, Sarah E*	CHFD	120
Garnor, George	SPBG	251
Garold, John*	CHTN	425
Garr, Ann*	CHTN	511
Garraty, Michael	CHTN	253
Garret, Aaron	PKNS	187
Garret, Asa	ADSN	163
Garret, Caroline*	UNON	195
Garret, Edward	COTN	305
Garret, Edward	CLDN	193
Garret, James	PKNS	187
Garret, John	PKNS	187
Garret, Levi	UNON	189
Garret, Miss A*	EDFD	73
Garret, Pharo*	UNON	285
Garret, Samuel S	ADSN	163
Garrett, A Y	LRNS	326
Garrett, Ann*	CHTN	329
Garrett, B B	GRVL	355
Garrett, B F	LRNS	295
Garrett, C C**	EDFD	117
Garrett, Clarissa	ADSN	316
Garrett, D H	CLDN	191
Garrett, David M	PKNS	130
Garrett, Ed	LRNS	299
Garrett, Ed	LRNS	329
Garrett, Elizabeth*	SPBG	303
Garrett, Elizabeth	CHTN	447
Garrett, Elizh	LRNS	329
Garrett, G W	PKNS	71
Garrett, George	SPBG	305
Garrett, H	LRNS	294
Garrett, Harvey	LRNS	345
Garrett, Hezikiah	SPBG	422
Garrett, J A	LRNS	295
Garrett, J L	SPBG	383
Garrett, James	GRVL	460
Garrett, Jane	COTN	329
Garrett, Jesse	ADSN	333
Garrett, Jno S J	LRNS	236
Garrett, John	LRNS	315
Garrett, John	ADSN	319
Garrett, John W	SPBG	303
Garrett, Juliann*	CHTN	329
Garrett, Katey*	LRNS	302
Garrett, M M	LRNS	326
Garrett, M R	LRNS	345
Garrett, M T	GRVL	353
Garrett, M T	GRVL	350
Garrett, Mary**	LRNS	340
Garrett, Miles*	GRVL	507
Garrett, Nancy	LRNS	294
Garrett, Nancy A	GRVL	494
Garrett, Nancy*	CHTN	380
Garrett, P G*	GRVL	353
Garrett, Patillo	LRNS	329
Garrett, R H	LRNS	329
Garrett, Richardson	ADSN	319
Garrett, Samson	YORK	494
Garrett, Samuel	CHTN	377
Garrett, Sarah**	SMTR	136
Garrett, Shelton	NWBY	291
Garrett, Susan	ADSN	318
Garrett, T	LRNS	301

Name	Loc	Pg	Name	Loc	Pg	Name	Loc	Pg
Garrett, T	GRVL	494	Gary, Philip	GRVL	352	Gatch, James	COTN	293
Garrett, Thomas	SMTR	164	Gary, Thos D*	GRVL	406	Gatch, John	COTN	293
Garrett, Thomas Jr	SMTR	172	Gary, W C	GRVL	362	Gates, A G	ORBG	314
Garrett, Thomas M	GRVL	352	Gary, W D*	GRVL	350	Gates, Adam	SPBG	389
Garrett, Thos	SPBG	383	Gary, William*	NWBY	292	Gates, Ben	RHLD	74
Garrett, Thos	EDFD	89	Gasaway, A C*	NWBY	261	Gates, C A	ORBG	317
Garrett, W A*	EDFD	89	Gasaway, B F	ADSN	209	Gates, Charlotte	CHTN	292
Garrett, W B	ADSN	308	Gasaway, Caleb*	NWBY	260	Gates, D H*	BUFT	90
Garrett, W E	LRNS	315	Gasaway, Calib*	UNON	268	Gates, George	ORBG	317
Garrett, W H*	LRNS	223	Gasaway, Charles*	NWBY	259	Gates, Godfrey	SPBG	363
Garrett, W H**	LRNS	331	Gasaway, Coleman	PKNS	182	Gates, Henry*	CHTN	258
Garrett, W T*	LRNS	236	Gasaway, Henry	PKNS	63	Gates, Jesse	RHLD	63
Garrett, William	SPBG	304	Gasaway, J W*	PKNS	90	Gates, John	LXTN	363
Garrett, William	ADSN	321	Gasaway, James D	PKNS	191	Gates, Maria*	CHTN	247
Garrett, William C	ADSN	319	Gasaway, Jas S	ADSN	204	Gates, Martin	ORBG	321
Garrick, Ruth	CHTR	78	Gasaway, Joseph S	PKNS	177	Gates, Thomas	RHLD	64
Garris, Amy	LCTR	208	Gasaway, Lida	UNON	268	Gates, William	RHLD	90
Garris, Berry	COTN	265	Gasaway, Margaret	ADSN	209	Gatewood, W C	CHTN	240
Garris, Charles	COTN	304	Gasaway, Nancy	CHTR	51	Gathings, Graham	CHFD	137
Garris, Charles G	CHTN	444	Gasaway, R	PKNS	63	Gatlin, Abm	DLTN	406
Garris, Elisha*	LCTR	205	Gash, Julias H*	PKNS	186	Gatlin, Hartland*	DLTN	438
Garris, Griffin**	CHTN	494	Gaskin, A J	WMBG	363	Gatlin, James B	CHFD	165
Garris, John	COTN	263	Gaskin, C	COTN	548	Gatlin, Jno G	DLTN	381
Garris, John	LCTR	163	Gaskin, E	WMBG	361	Gatlin, Mary	CHFD	123
Garris, Lotty	COTN	261	Gaskin, E J	WMBG	361	Gatlin, Richard	SMTR	97
Garris, Marion**	LCTR	208	Gaskin, H A	WMBG	343	Gatney, David	ADSN	222
Garris, Mary J*	LCTR	163	Gaskin, H G*	WMBG	347	Gatsom, Rachel	SPBG	363
Garris, William	COTN	263	Gaskin, John	WMBG	347	Gatts, Archy	CHFD	107
Garris, William	LCTR	195	Gaskin, S E	WMBG	347	Gaugh, C	CHTN	236
Garrison, B D	GRVL	422	Gaskin, William H	ORBG	346	Gauldin, Jno	ABVL	71
Garrison, C G	GRVL	424	Gaskins, A G	EDFD	76	Gault, Jane	GRVL	354
Garrison, C J	GRVL	422	Gaskins, Andrew J	ORBG	354	Gault, John	GRVL	354
Garrison, David V	ADSN	192	Gaskins, C P*	HORY	40	Gault, Rodolphus*	GRVL	413
Garrison, Edmund	GRVL	370	Gaskins, Cintha	ORBG	346	Gaunt, James	NWBY	293
Garrison, Foster	ADSN	234	Gaskins, D*	KRSW	94	Gauntt, Mary	NWBY	288
Garrison, Henry	ADSN	261	Gaskins, Darling	CHFD	140	Gause, E*	WMBG	356
Garrison, J H	SPBG	255	Gaskins, E	KRSW	97	Gause, Emily R*	MRBO	166
Garrison, Jas	DLTN	398	Gaskins, E A	KRSW	96	Gause, Evander L	HORY	67
Garrison, Joel B	GRVL	368	Gaskins, E B	WMBG	345	Gause, Fitz	HORY	18
Garrison, John C	GRVL	328	Gaskins, Geo	KRSW	74	Gause, J	WMBG	354
Garrison, Martha	ADSN	233	Gaskins, John	KRSW	97	Gause, Martha A*	MARN	127
Garrison, Mary	GRVL	498	Gaskins, Ranson	KRSW	74	Gause, R	WMBG	353
Garrison, Mary C*	GETN	288	Gaskins, T T	MARN	57	Gause, R H	HORY	1
Garrison, N W	GRVL	422	Gaskins, Thos	KRSW	73	Gause, Susan E	MARN	1
Garrison, Nancy	GRVL	423	Gaskins, W	CHTN	145	Gause, W C	HORY	18
Garrison, O W	GRVL	501	Gaskins, W A	KRSW	73	Gause, W N	WMBG	355
Garrison, O W	GRVL	328	Gaskins, W D	KRSW	97	Gause, W W	HORY	2
Garrison, P P	YORK	426	Gaskins, William	CHTN	182	Gavin, Ann	COTN	301
Garrison, W R	FAFD	205	Gasoway, Kalup	YORK	495	Gavin, Annette*	CHTN	128
Garrity, A*	CHTN	263	Gasperson, Mourning	SPBG	264	Gavin, Mary**	ORBG	341
Garrot, S E*	EDFD	103	Gasque, A	HORY	26	Gavin, Mitchell	SPBG	409
Garrott, Frederick*	CHTN	149	Gasque, Amelia	MARN	126	Gavin, Thomas	CHTN	489
Garrott, Jackson	CHTN	153	Gasque, Ann	MARN	4	Gavinn, James	PKNS	9
Garskin, E B	WMBG	343	Gasque, Archbald	MARN	129	Gay, Isaac	LCTR	211
Garson, Elvina**	CHTR	43	Gasque, D A*	COTN	311	Gay, J H*	NWBY	268
Gartman, Geo	LXTN	389	Gasque, E H*	MARN	19	Gay, John W**	MRBO	207
Gartman, H S	LRNS	390	Gasque, Elly	MARN	126	Gay, Joseph	NWBY	236
Gartman, John	LXTN	390	Gasque, Henry	MARN	7	Gay, Josiah	MRBO	146
Gartman, Lazarus	LXTN	387	Gasque, Henry	MARN	126	Gay, L B*	SMTR	178
Gartman, Manly	LXTN	391	Gasque, J M	GETN	312	Gay, N	LCTR	211
Gartman, R P	LXTN	389	Gasque, James C	MARN	123	Gay, P W	MRBO	184
Gartman, Timothy	LXTN	358	Gasque, John D	MARN	136	Gay, Sarah**	MRBO	185
Gartman, William	LXTN	390	Gasque, M L*	MARN	87	Gay, William M	SMTR	150
Garvin, Abram	YORK	372	Gasque, Marion	MARN	136	Gayas, T	CHTN	322
Garvin, Daniel	ORBG	398	Gasque, S	HORY	26	Gayden, Elijah	CHTR	54
Garvin, David	LXTN	413	Gasque, S A**	MARN	14	Gayden, Hilliard	CHTR	54
Garvin, Fedrick N	PKNS	193	Gasque, Saml	MARN	123	Gayer, A M*	CHTN	346
Garvin, Giliford**	BNWL	452	Gasque, Sumpter S	MARN	123	Gayer, E F**	CHTN	231
Garvin, Greenberry S	PKNS	170	Gasque, W B	MARN	109	Gayer, William J**	ABVL	69
Garvin, Henry	ORBG	398	Gasque, Wilson	MARN	48	Gayle, Chas W	KRSW	92
Garvin, J J	YORK	373	Gass, Benjamin	GRVL	373	Gayle, Dick	SMTR	157
Garvin, James	ORBG	398	Gass, Robert*	CHTN	464	Gayle, J H	CLDN	203
Garvin, James J	PKNS	170	Gassaway, Clarissa*	PKNS	55	Gayle, J R	SMTR	132
Garvin, James R	BUFT	66	Gasse, William	PKNS	65	Gayle, Jos M	KRSW	132
Garvin, Jas	YORK	438	Gassoway, Phebe	NWBY	233	Gayle, William R	SMTR	169
Garvin, Jas	YORK	372	Gastings, Jno P	CHFD	142	Gayles, Mary	CHTN	194
Garvin, John	ORBG	400	Gaston, A M**	SPBG	376	Gaylor, William W	SMTR	159
Garvin, John	YORK	438	Gaston, Allen	CHTR	12	Gaylord, F W	LRNS	315
Garvin, Joseph	LXTN	413	Gaston, Ann*	ABVL	12	Gayman, Dawson	CLDN	201
Garvin, Larken	LXTN	414	Gaston, B B	KRSW	98	Gayman, Early	CHTN	382
Garvin, Patrick	ORBG	395	Gaston, Cornelius	SPBG	371	Gayman, Jas C	CLDN	224
Garvin, Richard	COTN	567	Gaston, Daniel	WMBG	333	Gayman, Madison	CHTN	392
Garvin, Robert	LXTN	418	Gaston, David	YORK	480	Gayman, Mary	CLDN	582
Garvin, Robt	LXTN	414	Gaston, David P	CHTR	65	Gayman, Mary**	CLDN	230
Garvin, Sifney W	BNWL	452	Gaston, H R	PKNS	38	Gayman, Rufus	CLDN	195
Garvin, Thomas	PKNS	171	Gaston, J A	CHTR	64	Gayman, Zack	CLDN	193
Garvin, Thursday*	ORBG	400	Gaston, J B	CHTR	55	Gaymon, Jno	CLDN	235
Garvin, Wesley	ORBG	397	Gaston, J L	CHTR	69	Gazaway, Sarah*	UNON	274
Garvin, Wm H	BNWL	502	Gaston, James M F	RHLD	16	Geadon, Richard**	COTN	359
Garvin, Wm Wilson	BUFT	34	Gaston, Jane	SPBG	388	Geager, Frederick*	ORBG	361
Garwood, Johnston**	LXTN	453	Gaston, Jas M	SPBG	380	Geagleman, A	ORBG	323
Garwood, M E*	RHLD	22	Gaston, Jno H	CHTR	65	Gealhan, J H*	CHTN	210
Gary, Ann R*	NWBY	305	Gaston, Leander	YORK	502	Gearkins, Henry	CHTN	516
Gary, Dorsey L	NWBY	290	Gaston, Mary	CHTR	37	Geary, Samuel A	PKNS	163
Gary, Dr John K	NWBY	290	Gaston, May**	SPBG	377	Geary, Thomas R	PKNS	181
Gary, E**	SPBG	214	Gaston, Narcissa	CHTR	12	Geaton, W W	ORBG	390
Gary, E A J*	CLDN	214	Gaston, Polly*	SPBG	286	Geddes, Caroline	CHTN	410
Gary, H W	NWBY	290	Gaston, Robert	YORK	507	Geddings, E	CHTN	335
Gary, J N*	NWBY	304	Gaston, Sallie	SPBG	376	Geddings, E*	CHTN	557
Gary, Jas	CHTN	301	Gaston, Saml S	CHTR	64	Geddings, Edward*	CHTN	375
Gary, John C*	GRVL	403	Gaston, Susan	YORK	448	Geddings, J F M	CHTN	232
Gary, Jonathan**	GRVL	351	Gaston, Thomas*	ABVL	12	Geddings, James	RHLD	87
Gary, M W*	EDFD	106	Gaston, Thos	SPBG	370	Geddings, Tabitha A*	BNWL	482
Gary, Martin C	ABVL	90	Gaston, William	LXTN	462	Gedecue, Fredk	CHTN	253
Gary, Mary L*	CLDN	218	Gaston, William*	ABVL	37	Gedis, Ralpherkin*	YORK	436
Gary, Mrs Mary A	ABVL	85	Gatch, Henry	COTN	281	Gedis, Rebeca*	YORK	436

Name	Place	Pg
Gedsen, Elijah	PKNS	50
Gee, D M*	UNON	204
Gee, Elizabeth	DLTN	446
Gee, J	DLTN	391
Gee, J R	DLTN	444
Gee, James	CHFD	171
Gee, Jas H*	ABVL	52
Gee, P	UNON	245
Gee, Rhueben*	UNON	205
Gee, Saml	CLDN	245
Geer, D A	ADSN	160
Geer, David Sr	ADSN	160
Geer, George*	ADSN	187
Geer, James	ADSN	175
Geer, Levi N	ADSN	199
Geer, Soloman M	ADSN	161
Geer, Thos	ADSN	212
Geer, Thos J	ADSN	175
Geer, Wm F	ADSN	214
Gehers, John	CHTN	104
Gehrels, Chas F	CHTN	312
Gehrels, Mary*	CHTN	315
Geiger, A J	LXTN	459
Geiger, A W	LXTN	459
Geiger, Adam*	LXTN	448
Geiger, Andw	LXTN	374
Geiger, David**	CHTN	459
Geiger, David	CHTN	169
Geiger, E W	LXTN	459
Geiger, Elizabeth	LXTN	372
Geiger, Godfrey	LXTN	374
Geiger, Henry H*	LXTN	458
Geiger, J A	LXTN	448
Geiger, J A W	LXTN	374
Geiger, J W	LXTN	455
Geiger, Jacob	LXTN	459
Geiger, Jacob	RHLD	61
Geiger, John C	LXTN	363
Geiger, Polly	LXTN	373
Geiger, Samuel*	LXTN	428
Geiger, William	LXTN	459
Geiger, William H*	RHLD	54
Geiger, William P	RHLD	62
Geigher, D	CHTN	326
Geigher, Elizabeth*	CHTN	326
Geilfuss, Henry	CHTN	282
Gelston, John	BUFT	25
Gelzer, John E	COTN	357
Gelzer, Thos	COTN	357
Gelzer, Wm	CHTN	125
Genard, Charles*	CHTN	131
Gendie, Anna*	CHTN	490
Genn, Robert	UNON	195
Gennings, James*	YORK	369
Gennings, John	YORK	391
Gennings, Nancy	YORK	391
Genrett, Joseph*	HORY	21
Gentry, Amaziah	ADSN	246
Gentry, Edward	UNON	265
Gentry, Hannah	LRNS	312
Gentry, J L	ADSN	283
Gentry, James	ADSN	161
Gentry, John	SPBG	335
Gentry, John	ADSN	290
Gentry, John G	SPBG	332
Gentry, John N	SPBG	345
Gentry, Jonn	LRNS	305
Gentry, L V	ADSN	157
Gentry, Lewes*	ADSN	292
Gentry, Moody	ADSN	245
Gentry, Nancy E**	ADSN	160
Gentry, P	LRNS	312
Gentry, R L	EDFD	113
Gentry, Rebecca*	ADSN	290
Gentry, Sallie	EDFD	156
Gentry, Saml*	SPBG	402
Gentry, Sarah	ADSN	245
Gentry, W	EDFD	161
Gentry, William	GRVL	430
Gentry, William	EDFD	158
Gentry, Wm H	SPBG	332
Gentry, Z	ADSN	243
Geore, Susan	KRSW	75
George, A*	ORBG	407
George, Aaron P	SPBG	300
George, Andw	LXTN	383
George, Andy	UNON	236
George, Anna G	KRSW	103
George, Benj**	SPBG	253
George, Berry	BNWL	354
George, Caroline**	RHLD	25
George, D J	KRSW	74
George, Daniel**	KRSW	123
George, Elizabeth*	SPBG	223
George, Ezekiel	ADSN	260
George, Fielding	GRVL	489
George, Frances	UNON	275
George, Georgianna**	BNWL	355
George, H J	MARN	49
George, Hannah*	COTN	271
George, Harriet	KRSW	129
George, Harvell*	RHLD	83
George, J L	BNWL	342
George, J*	CHTN	264
George, James	PKNS	19
George, James	UNON	283
George, James	COTN	352
George, Jerry*	SPBG	222
George, Jesse	BNWL	427
George, John	BNWL	429
George, John	GRVL	486
George, John G	BNWL	495
George, John J	MARN	49
George, Johnathan	UNON	236
George, Lewis	COTN	299
George, Lewis	COTN	262
George, Madison*	COTN	285
George, Manuel*	SPBG	254
George, Margaret	RHLD	1
George, Mary	PKNS	53
George, Mary A*	RHLD	12
George, Nancy	COTN	262
George, Nancy	CHTR	65
George, Rebecca*	COTN	310
George, Richard	COTN	299
George, Ruben	CHTN	518
George, Saml	LXTN	432
George, Starling	SPBG	300
George, Vandy	BNWL	427
George, W K	COTN	333
George, William	ADSN	197
George, William	UNON	296
George, William	UNON	275
George, Wm*	KRSW	129
Gepensath, Elizabeth	RHLD	48
Gerald, Benj	HORY	42
Gerald, D T	HORY	22
Gerald, George*	LRNS	223
Gerald, Henry	HORY	23
Gerald, Hugh	HORY	42
Gerald, Levi	MARN	129
Gerald, Louis	HORY	42
Gerald, Manni*	HORY	22
Gerald, Pinckney	HORY	42
Gerald, Pugh	HORY	40
Gerald, Sarah	HORY	36
Gerald, Thomas D	SMTR	145
Gerald, W	HORY	22
Gerald, W J	KRSW	133
Gerald, W J	HORY	42
Gerald, Wm	HORY	42
Gerard, Elizabeth**	GRVL	420
Gerard, Thomas	ADSN	274
Gerben, August	CHTN	258
Gerbst, Ann C Hull*	CHTN	441
Gerbst, George H	CHTN	430
Gerbst, John D	CHTN	441
Gerdts, Henry*	CHTN	517
Gerhardt, Gustave*	CHTN	448
Gerig, Francis	FAFD	205
Gerk, Charles*	CHTN	270
Gerke, J*	CHTN	381
Gerken, Owen**	CHTN	288
Gerkin, Henry	CHTN	275
Gerkin, John	CHTN	247
Gerkin, Margaret*	CHTN	464
German Settlement Society	PKNS	73
German, James	FAFD	222
German, Preston	EDFD	32
German, Roger	COTN	250
Germen, Ezekiel*	EDFD	48
Germen, Wm	EDFD	31
Geroinnar, J C	WMBG	299
Gerrack, Luvisa**	CHTN	487
Gerrald, Levi	HORY	24
Gerrald, Thomas	HORY	54
Gerrald, William H	HORY	54
Gerrick, Catherine**	ORBG	375
Gerrick, Charlott	ORBG	375
Gerrick, D S*	ORBG	369
Gerrick, Henry*	ORBG	367
Gerrick, James	ORBG	378
Gerrick, Lewis	ORBG	373
Gerrick, Luther	ORBG	368
Gerrocks, John	HORY	46
Gervais, Ann D	ABVL	56
Gervais, P T	COTN	356
Gery, VaRansalan*	RHLD	56
Gess, Elige*	ORBG	379
Gest, Juba	CHTN	433
Gestenlauber, Rosa*	CHTN	272
Getch, Lewis	BUFT	92
Gete, James*	RHLD	46
Getschen, Ann*	CHTN	465
Getsen, Mrs S	EDFD	89
Getsinger, Jacob	COTN	266
Getsinger, Nancy*	LXTN	463
Getsinger, W	COTN	282
Getson, S P	EDFD	100
Gettis, Ebenezer	YORK	460
Getty, Andrew*	NWBY	222
Getty, Campbell W	CHTN	372
Gettys, J L	KRSW	118
Getzen, Behetha*	EDFD	45
Gevin, T D	GRVL	416
Ghee, Julia	BNWL	504
Ghignelet, J	CHTN	314
Ghuel, William*	CHTN	100
Gibb, Mary	COTN	329
Gibbes, Allen S	CHTN	230
Gibbes, Ann W	CHTN	382
Gibbes, James G	LXTN	450
Gibbes, Jno	CHTN	354
Gibbes, Lewis	CHTN	333
Gibbes, M G	CHTN	161
Gibbes, Mrs A F*	CHTN	235
Gibbes, Mrs Amelia	CHTN	235
Gibbes, Mrs S P	CHTN	232
Gibbes, Robert W	RHLD	28
Gibbes, S*	CHTN	401
Gibbes, Susan P	RHLD	59
Gibbes, Thos*	CHTN	339
Gibbes, Washington A*	RHLD	51
Gibbes, Wm	ADSN	181
Gibbes, Wm M	LXTN	450
Gibbon, Geo	CHTN	230
Gibbon, Geo E	CHTN	224
Gibbon, James*	CHTN	110
Gibbon, John*	CHTN	218
Gibbon, John	CHTN	253
Gibbons, Ann*	ABVL	125
Gibbons, Benjamin*	CHTN	421
Gibbons, D K	CLDN	240
Gibbons, G T	CLDN	240
Gibbons, Janie	CLDN	239
Gibbons, Jessee P	CLDN	239
Gibbons, M M	CLDN	240
Gibbons, M M	CLDN	238
Gibbons, Mary A	SMTR	134
Gibbons, Patrick*	CHTN	425
Gibbons, Patrick M*	SMTR	134
Gibbons, R*	CHTN	263
Gibbons, Selena*	CHTN	421
Gibbons, W C	LCTR	155
Gibbons, W J	CLDN	239
Gibbs, A S	BUFT	2
Gibbs, Arthur	SMTR	106
Gibbs, E A Dr	COTN	368
Gibbs, Elias	SMTR	106
Gibbs, Elisabeth	LCTR	197
Gibbs, F M	MARN	56
Gibbs, G T	MARN	56
Gibbs, Georgian*	CHTN	514
Gibbs, J M	BNWL	463
Gibbs, J S	CHTN	99
Gibbs, J S	MARN	55
Gibbs, James	CHTN	393
Gibbs, James	SMTR	171
Gibbs, James	LCTR	179
Gibbs, Jno B	EDFD	14
Gibbs, John	SMTR	171
Gibbs, John	SMTR	114
Gibbs, John	GRVL	415
Gibbs, L S	FAFD	206
Gibbs, Laura*	CHTN	440
Gibbs, Leander	LCTR	195
Gibbs, Malinda**	CHTN	469
Gibbs, Margaret	CHTN	221
Gibbs, Maria	ADSN	314
Gibbs, Mary*	CHTN	379
Gibbs, Mary	SMTR	114
Gibbs, Rhode	RHLD	28
Gibbs, Robert W Jr	SMTR	172
Gibbs, Thomas	SMTR	171
Gibbs, Thomas	RHLD	53
Gibbs, Weston*	CHTN	214
Gibbs, Wm Geo	CHTN	308
Giberly, C**	ABVL	3
Gibert, Benjn E	ABVL	59
Gibert, Stephen F	UNON	245
Gibs, C	UNON	192
Gibs, Hiram	UNON	193
Gibs, Jadeth	UNON	191
Gibs, James	UNON	245
Gibs, Jasper	UNON	270
Gibs, John	UNON	245
Gibs, John	UNON	275
Gibs, Joseph*	CHFD	147
Gibsen, Ann	DLTN	378
Gibson, A D	PKNS	100
Gibson, A J	KRSW	97
Gibson, A S	CHFD	140
Gibson, Aaron	CHFD	150
Gibson, Abner	CHTR	43
Gibson, Abraham	CHTN	405
Gibson, Adam E	BNWL	412
Gibson, Alice	LXTN	383
Gibson, Allen	CHTN	305
Gibson, Amey*	EDFD	162
Gibson, Ann	CLDN	195
Gibson, B R	FAFD	214
Gibson, Barney*	LRNS	320
Gibson, Benjn G*	CHTR	44
Gibson, Calvin	ORBG	355
Gibson, Catharine*	FAFD	254
Gibson, Catherine	MARN	110
Gibson, D	GRVL	445
Gibson, D B	CHTN	323
Gibson, D C	PKNS	165
Gibson, David*	FAFD	216
Gibson, Dr A E*	FAFD	245
Gibson, Dr H F	EDFD	185
Gibson, E	GRVL	326
Gibson, Ebenezer	BUFT	72
Gibson, Eliza*	LXTN	429
Gibson, Elizabeth	UNON	252
Gibson, Elizabeth	BNWL	351
Gibson, Elizabeth*	GRVL	504

Name	Loc	Pg	Name	Loc	Pg	Name	Loc	Pg
Gibson, Elizabeth	GRVL	514	Giddens, S G	BUFT	40	Giles, E A*	ABVL	101
Gibson, Franklin*	FAFD	262	Giddens, Sampson	SMTR	167	Giles, Emily	CHTN	319
Gibson, G W	PKNS	87	Giddens, Thos	CLDN	192	Giles, Emma	CHTN	333
Gibson, Geo	LRNS	223	Giddens, William E*	SMTR	165	Giles, H	MARN	112
Gibson, Geo W*	GRVL	416	Giddens, Wm	CLDN	192	Giles, J H	BNWL	462
Gibson, H A	COTN	291	Giddings, Peter D**	RHLD	67	Giles, J O	YORK	427
Gibson, H A H Sr	PKNS	8	Giddons, William	SMTR	164	Giles, Jeremiah	SPBG	234
Gibson, H*	LRNS	284	Gideons, J L	LRNS	345	Giles, John V*	UNON	189
Gibson, H S	KRSW	134	Gidiere, John J	CHTN	207	Giles, Joseph	SPBG	257
Gibson, H W	MARN	70	Gidney, Jeremiah	SPBG	280	Giles, Joseph M*	ABVL	101
Gibson, Harrel	SPBG	298	Giessen, Margaret*	CHTN	463	Giles, L D	ADSN	218
Gibson, Henry	GRVL	445	Gietter, Frank*	CHTN	260	Giles, M S*	ABVL	101
Gibson, Henry	FAFD	245	Giffard, J G	CHTN	100	Giles, Permelia	YORK	400
Gibson, Horsea	UNON	254	Gifford, Thomas	CHTN	511	Giles, Robert	SPBG	236
Gibson, Hoyle	COTN	316	Giggleman, John	CHTN	175	Giles, Robt	ADSN	227
Gibson, Hugh	CHTR	42	Giggleman, Lavina	CHTN	180	Giles, Robt S	CHTN	235
Gibson, Humphry	FAFD	232	Gigniliat, G*	ABVL	3	Giles, Sarah	SPBG	275
Gibson, J A	KRSW	131	Giguilliat, S*	SPBG	258	Giles, W A*	BNWL	339
Gibson, J C	KRSW	76	Giham, Elizabeth*	FAFD	261	Giles, Wm A	ABVL	112
Gibson, J H	FAFD	215	Gilaspie, Alfred	CHTN	259	Gilfillin, John	YORK	490
Gibson, J W	LXTN	441	Gilbert, A A	SMTR	82	Gilfoi, William	ABVL	17
Gibson, J W*	BUFT	39	Gilbert, Abm	DLTN	415	Gilfool, Chs**	CHTN	192
Gibson, Jacob	EDFD	168	Gilbert, Alexene	CHTN	421	Gilham, David	PKNS	185
Gibson, James	ABVL	42	Gilbert, Benjamin	SPBG	196	Gilham, George*	ADSN	298
Gibson, James	FAFD	206	Gilbert, Betsy*	EDFD	24	Gilkerson, Jno L	LRNS	261
Gibson, James	MARN	136	Gilbert, C	HORY	6	Gilky, Wm D	ADSN	196
Gibson, James B	RHLD	38	Gilbert, Caroline*	SPBG	207	Gill, A Jerry	BUFT	73
Gibson, James N J	CLDN	200	Gilbert, Charles	RHLD	12	Gill, Andy	CHTR	64
Gibson, Jas	SPBG	298	Gilbert, D P	SPBG	429	Gill, Ansley	RHLD	6
Gibson, Jas H	CHTR	42	Gilbert, Elisabeth**	MARN	89	Gill, Benj	EDFD	66
Gibson, Jas M	MRBO	157	Gilbert, Elizabeth	SMTR	178	Gill, Charles	COTN	368
Gibson, Jesse	ADSN	265	Gilbert, Ellender	SPBG	273	Gill, Elizh	LRNS	303
Gibson, Jno	CHTR	54	Gilbert, Elya	CHFD	189	Gill, G C	CHTR	65
Gibson, Joel	LRNS	257	Gilbert, Emeline	SPBG	274	Gill, J G B	CHTR	66
Gibson, John	UNON	229	Gilbert, Ephelina	CHTN	470	Gill, J L	CHFD	161
Gibson, Julia	CHFD	147	Gilbert, G R	KRSW	75	Gill, James	BNWL	457
Gibson, Laura**	MRBO	164	Gilbert, George	SPBG	273	Gill, James	YORK	388
Gibson, Lewis	ORBG	391	Gilbert, H M*	DLTN	387	Gill, John*	UNON	224
Gibson, Lewis	ORBG	391	Gilbert, Henry	SPBG	235	Gill, John	BNWL	452
Gibson, Lilla*	CHTN	349	Gilbert, Isaac	SPBG	197	Gill, John	YORK	441
Gibson, Lizzie**	CHTR	90	Gilbert, J Albert	ABVL	4	Gill, John*	CHTN	110
Gibson, M A*	MARN	19	Gilbert, James	SPBG	235	Gill, John	LCTR	181
Gibson, M K	CHFD	140	Gilbert, Jas F	ABVL	59	Gill, L H	CHTR	66
Gibson, M L*	FAFD	214	Gilbert, Jefferson	PKNS	70	Gill, Robt	LRNS	234
Gibson, M L	BUFT	40	Gilbert, Jerry	SPBG	382	Gill, Robt	YORK	441
Gibson, Malinda*	RHLD	86	Gilbert, Jesse	DLTN	407	Gill, Runnels	GRVL	345
Gibson, Margaret	FAFD	235	Gilbert, John	SPBG	196	Gill, S K	YORK	441
Gibson, Margaret R	MRBO	173	Gilbert, John	CHTN	121	Gill, T M	BNWL	457
Gibson, Mary	CHTN	418	Gilbert, John*	ADSN	265	Gill, Valentine	BNWL	503
Gibson, Mary	MRBO	194	Gilbert, John	MARN	90	Gill, Valentine	BUFT	55
Gibson, Mary	CHTN	518	Gilbert, Jonathan	ADSN	266	Gill, W H	CHTR	68
Gibson, Moses*	CHTN	120	Gilbert, Joseph	SPBG	408	Gill, W P	CHTR	66
Gibson, Moses	NWBY	250	Gilbert, L*	CHTN	121	Gill, W V	BNWL	455
Gibson, Nelly	YORK	411	Gilbert, Littlebury*	SPBG	234	Gill, Wm	BNWL	504
Gibson, Nelson	MRBO	193	Gilbert, M R	FAFD	214	Gillafpy, Edward	PKNS	29
Gibson, Nelson	CHFD	176	Gilbert, Margaret	SPBG	273	Gillam, Baron	LRNS	322
Gibson, Onslow	RHLD	38	Gilbert, Mary	GETN	294	Gillam, Elizabeth**	NWBY	264
Gibson, Osburn*	COTN	342	Gilbert, Mary	COTN	333	Gillam, Ellen	BNWL	471
Gibson, Osmond	CHTR	53	Gilbert, Peter	ADSN	234	Gillam, Harris	ABVL	89
Gibson, Patsey*	GRVL	475	Gilbert, Preston	SPBG	202	Gillam, James	ABVL	30
Gibson, Philip*	BUFT	89	Gilbert, Preston	SPBG	261	Gillam, Jas G	ABVL	53
Gibson, R B*	UNON	273	Gilbert, Reuben	PKNS	70	Gillam, John T	NWBY	278
Gibson, R H	WMBG	329	Gilbert, Robert	SPBG	274	Gillam, Mary	NWBY	277
Gibson, Rachel	FAFD	244	Gilbert, Robert	MARN	49	Gillam, Pettis W	NWBY	262
Gibson, Rachel	CHTN	419	Gilbert, Robt W	PKNM	70	Gillam, Robt C	ABVL	51
Gibson, Rebecca	ABVL	42	Gilbert, Ruben	ADSN	266	Gillam, Robt G	NWBY	265
Gibson, Rebecca A*	BUFT	55	Gilbert, Saml S	SPBG	273	Gillam, Wm P	NWBY	282
Gibson, Robert	PKNS	187	Gilbert, Sarah	SPBG	238	Gillan, Allen	LXTN	463
Gibson, Robert**	GRVL	340	Gilbert, Sarah	SPBG	314	Gilland, Jane	PKNS	120
Gibson, Sabra	FAFD	215	Gilbert, Sqr A	PKNS	70	Gilland, John	PKNS	125
Gibson, Sallie*	FAFD	244	Gilbert, Thos E**	CHTN	475	Gilland, Mary A	PKNS	120
Gibson, Sally	KRSW	127	Gilbert, Uriah	DLTN	389	Gillard, J R	WMBG	331
Gibson, Sally*	HORY	44	Gilbert, Vicy**	DLTN	464	Gilleard, Joseph	CHTN	512
Gibson, Saml F	MARN	66	Gilbert, W	GRVL	497	Gillebean, Lazarus B	ABVL	12
Gibson, Sarah	CHTN	359	Gilbert, Wm	MARN	49	Gillebeau, Andrew	ABVL	4
Gibson, Stephen	FAFD	215	Gilbreth, H*	CHTN	321	Gillebeau, Peter L	ABVL	3
Gibson, Susan*	CHFD	128	Gilbreth, Mark	YORK	438	Gilleland, Jas	CHTN	339
Gibson, Thomas	PKNS	101	Gilbreth, Miss M A	CHTN	239	Gilleland, M*	CHTN	310
Gibson, Thomas	PKNS	87	Gilbreth, Victoria	YORK	370	Gilleon, John	EDFD	188
Gibson, Thos G	RHLD	15	Gilcher, Adam	PKNS	21	Gilleon, W P	EDFD	188
Gibson, Thos*	CHTN	126	Gilchrist, A**	EDFD	71	Gillespee, Wm	BNWL	471
Gibson, Tillman	FAFD	244	Gilchrist, A E*	MARN	118	Gillespie, A Lewis	ABVL	98
Gibson, W J	CLDN	196	Gilchrist, Charles*	MARN	13	Gillespie, Andrew	ABVL	97
Gibson, W O A	FAFD	214	Gilchrist, D	MARN	78	Gillespie, Bara*	LRNS	266
Gibson, Walter	CHTN	323	Gilchrist, D J*	EDFD	71	Gillespie, Elizabeth	YORK	466
Gibson, William	CHTR	42	Gilchrist, Danl*	SPBG	313	Gillespie, Elizabeth E	YORK	410
Gibson, William	ABVL	48	Gilchrist, Harriet	CHTR	10	Gillespie, F S	HORY	17
Gibson, William	EDFD	162	Gilchrist, Jno	DLTN	385	Gillespie, Gen Jas	MRBO	209
Gibson, William	GRVL	451	Gilchrist, Jno	ABVL	42	Gillespie, Grisilla	ABVL	97
Gibson, William	UNON	201	Gilchrist, John M*	CHTN	377	Gillespie, Joseph	CHTR	76
Gibson, Willis	NWBY	251	Gilchrist, Mary*	EDFD	92	Gillespie, Mrs H P	MRBO	209
Gibson, Wm*	CHTN	360	Gilchrist, Robert C	CHTN	452	Gillespie, Nancy	SPBG	355
Gibson, Wm	NWBY	238	Gilchrist, Sarah*	CHTN	460	Gillespie, Sarah A	YORK	403
Gibson, Wm A**	CHTN	349	Gilchrist, Thomas	CHFD	174	Gillespie, Thos	CHTR	59
Gibson, Wm H	CHTN	214	Gilchrist, Wm	DLTN	387	Gillespie, Thos F	HORY	57
Gibson, Z	PKNS	7	Gilder, Cornelia*	ADSN	157	Gillespie, Wm	LRNS	327
Giddens, Abram W	SMTR	154	Gilder, Gifford*	EDFD	161	Gillfilin, Robt	YORK	463
Giddens, Celia	SMTR	156	Gilder, Julia*	EDFD	168	Gillford, Ebenezer	BUFT	64
Giddens, Edward	SMTR	172	Gilder, L A*	NWBY	234	Gillford, M E	KRSW	130
Giddens, Jacob	SMTR	172	Gilder, M A	EDFD	162	Gilliam, James	NWBY	229
Giddens, Jacob	CLDN	190	Giles, A J	YORK	399	Gilliam, John H	NWBY	260
Giddens, Jas W	CLDN	194	Giles, Anna	ABVL	112	Gillian, Allen B	BNWL	380
Giddens, Jasper F	SMTR	164	Giles, Anna A*	RHLD	54	Gilliard, Amelia	CHTN	418
Giddens, John	SMTR	167	Giles, B F*	UNON	298	Gilliard, David L**	CHTN	459
Giddens, John J	SMTR	156	Giles, C M*	UNON	273	Gilliard, David L**	COTN	330
Giddens, Josiah	SMTR	166				Gilliard, Rebecca*	CHTN	433

Name	Loc	Pg
Gilliland, Abram	UNON	264
Gilliland, David	PKNS	137
Gilliland, David	PKNS	142
Gilliland, Flemming	GRVL	337
Gilliland, Jno	LRNS	281
Gilliland, M*	LRNS	332
Gilliland, Robert J	PKNS	161
Gilliland, Robt	LRNS	281
Gilliland, Wm	LRNS	280
Gilliland, Wm	EDFD	25
Gillim, Thomas	BNWL	383
Gillis, Francis	CHTN	461
Gillis, John*	KRSW	120
Gillis, Norman*	KRSW	124
Gillis, Peter*	CHTN	471
Gillison, Easter	PKNS	98
Gillison, Eliza A	BUFT	29
Gillison, J M	PKNS	98
Gillison, M L	RHLD	21
Gillison, Thos W	BUFT	97
Gillison, Wm D	BUFT	23
Gillman, Henry	CHTN	278
Gillmore, Ritha**	YORK	496
Gillon, Alex*	CHTN	218
Gills, Andrew	ABVL	120
Gills, John	ABVL	120
Gillstrap, Bright	PKNS	114
Gillstrap, David	PKNS	166
Gillstrap, Elias	PKNS	166
Gillstrap, Ephraim	PKNS	115
Gillstrap, Hardy	PKNS	165
Gillstrap, James H	PKNS	165
Gillstrap, John	PKNS	114
Gillstrap, John A	PKNS	114
Gillstrap, John C	PKNS	163
Gillstrap, Lewis J	PKNS	114
Gillstrap, Peter	PKNS	166
Gillstrap, William R	PKNS	114
Gillum, Henry K	BNWL	361
Gillum, James	BNWL	345
Gillum, John	BNWL	380
Gillum, John	BNWL	345
Gillum, John W*	BNWL	380
Gillum, R S	UNON	204
Gillum, T	LCTR	168
Gillum, William	UNON	208
Gillum, William	BNWL	489
Gilman, Caroline	CHTN	216
Gilmer, James	ABVL	144
Gilmer, Jas	ADSN	232
Gilmer, Jas J	ABVL	61
Gilmer, Jno F*	ABVL	150
Gilmer, John	ABVL	50
Gilmer, Newton	ADSN	235
Gilmer, Robt	ADSN	235
Gilmer, Robt	ABVL	57
Gilmer, Samuel	ABVL	95
Gilmer, Wm*	ADSN	178
Gilmore, Charles	CHTR	10
Gilmore, D M	HORY	2
Gilmore, Edmund D	RHLD	91
Gilmore, J J	YORK	451
Gilmore, J L B	CHTN	128
Gilmore, James L	SPBG	224
Gilmore, Melton**	ORBG	349
Gilmore, R A	PKNS	85
Gilmore, Thomas	SPBG	213
Gilmore, W T	CHTR	91
Gilmore, Wm	CHTR	10
Gilpin, Mary*	CHTN	247
Gilreath, A J	GRVL	473
Gilreath, A M	GRVL	414
Gilreath, Alfred	GRVL	454
Gilreath, Elizha	GRVL	452
Gilreath, George A	GRVL	381
Gilreath, Hardy J	GRVL	474
Gilreath, J W	GRVL	452
Gilreath, Mary	ADSN	256
Gilreath, Nancy E*	GRVL	498
Gilreath, Nathan	GRVL	463
Gilreath, Perry D	GRVL	333
Gilreath, Rosale**	GRVL	485
Gilreath, W H	GRVL	474
Gilroy	EDFD	119
Gindall, Margaret*	YORK	451
Gines, Rebecca*	YORK	496
Gingarde, John	ORBG	401
Ginings, Rowan	SPBG	298
Ginmarian, Geo W	EDFD	113
Ginmarian, John	EDFD	113
Ginn, Abner	BUFT	68
Ginn, Charles	BUFT	58
Ginn, Edy**	CHFD	187
Ginn, Hannah E**	BUFT	64
Ginn, Hezekiah	BUFT	26
Ginn, James*	BUFT	63
Ginn, Jesse	HORY	46
Ginn, Josiah M	BUFT	62
Ginn, Mattie*	CHTN	189
Ginn, Miles	BUFT	55
Ginn, Moses*	BUFT	65
Ginn, S	GETN	301
Ginn, W Martin	BUFT	68
Ginn, William	BUFT	64
Ginn, Wm L	BUFT	64
Ginnings, Elizh	LRNS	347
Ginty, M*	CHTN	325
Gipson, E P	ORBG	365
Gipson, G*	WMBG	323
Gipson, James	PKNS	185
Gipson, James Jr	PKNS	185
Gipson, Nancy	EDFD	186
Gipson, Peter E	ORBG	367
Gipson, Samson	EDFD	84
Girard, Mary	CHTN	244
Girardeau, Isaac W*	COTN	365
Girardeau, Jno L	CHTN	352
Girardeau, M T	COTN	319
Girardeau, T C	WMBG	325
Girgames, E N*	ABVL	128
Girk, Francis H*	CHTN	497
Gise, Charles**	LXTN	456
Gisendanner, John	PKNS	37
Gissell, H	ORBG	370
Gissendanner, David	ORBG	388
Gissendanner, Henry	ORBG	368
Gissendanner, James*	ORBG	388
Gissendanner, Sarah	MARN	3
Gist, Abigail**	WMBG	307
Gist, B L	COTN	367
Gist, Benjn H	CHTN	488
Gist, Catherine	MRBO	176
Gist, Frances M*	UNON	256
Gist, James	WMBG	307
Gist, Jno W	CHTN	99
Gist, Lillia*	UNON	189
Gist, Mary*	BNWL	464
Gist, Mrs E P	UNON	196
Gist, Nathaniel	UNON	256
Gist, Nathanil	UNON	189
Gist, R V	UNON	298
Gist, S R**	UNON	256
Gist, Sarah	UNON	225
Gist, Sarah	UNON	256
Gist, W C	ORBG	315
Gist, W M	UNON	189
Giton, Henry*	EDFD	19
Gitsinger, E A	CHTN	210
Given, Adam L*	ABVL	128
Given, Edward**	CHTN	204
Given, John	CHTN	410
Given, Sarah*	CHTN	496
Given, Thomas*	CHTN	510
Given, W	CHTN	313
Givens, Allen	COTN	274
Givens, Ann*	YORK	434
Givens, Augustus	BNWL	505
Givens, David	COTN	280
Givens, Ervin	BNWL	408
Givens, Henry	COTN	280
Givens, Jackson	SPBG	357
Givens, John	BNWL	407
Givens, Margt	BUFT	12
Givens, Mary	YORK	436
Givens, Nancy**	BUFT	506
Givens, Philip	BUFT	11
Givens, Thomas	BNWL	379
Givens, Wm	YORK	371
Givin, John*	ABVL	8
Givins, Frank	YORK	479
Gizzard, John W*	MRBO	147
Glacins, Chs*	CHTN	214
Glacins, Felix	CHTN	214
Glacklar, J*	EDFD	100
Gladden, A R	CHTR	53
Gladden, Adolphus*	CHTR	48
Gladden, Daniel**	CHTR	50
Gladden, Elihu	CHTR	54
Gladden, Elisabeth**	CHTN	290
Gladden, Elizabeth	CHTR	50
Gladden, Elizabeth	RHLD	15
Gladden, G M	CHTR	55
Gladden, Isiah	FAFD	280
Gladden, J E	CHTR	50
Gladden, James	FAFD	263
Gladden, James	FAFD	265
Gladden, Jesse	FAFD	269
Gladden, John	CHTR	42
Gladden, John	FAFD	254
Gladden, John C	CHTR	54
Gladden, John G	RHLD	48
Gladden, M	FAFD	253
Gladden, Malsey	CHTR	2
Gladden, Mary*	FAFD	256
Gladden, Minor	FAFD	254
Gladden, Minor H	RHLD	50
Gladden, Naomi	YORK	507
Gladden, Silas	FAFD	243
Gladden, Silas	FAFD	254
Gladden, Silas Jr	FAFD	254
Gladden, T C	YORK	469
Gladden, T L	FAFD	237
Gladden, W A*	FAFD	204
Gladden, W M	FAFD	237
Gladden, William	RHLD	50
Gladden, Wm	FAFD	243
Gladen, Elisha	FAFD	254
Gladen, Amos*	FAFD	278
Gladney, Charlotte J**	FAFD	278
Gladney, James P	FAFD	266
Gladney, Jos	FAFD	265
Gladney, Mary	FAFD	264
Gladney, Nancy*	FAFD	265
Gladney, Wm M	FAFD	265
Glansier, Ann*	ABVL	67
Glanton, A*	EDFD	69
Glanton, B F	EDFD	86
Glanton, Charles*	EDFD	92
Glanton, Mrs M	EDFD	67
Glanton, W J	EDFD	93
Glare, David	RHLD	7
Glare, Mary	RHLD	7
Glasby, Aaron	ADSN	213
Glasby, Perry	ADSN	166
Glasby, Wm	ADSN	168
Glasby, Wm	ADSN	166
Glase, William	RHLD	47
Glasgow, A O	NWBY	243
Glasgow, J E	HORY	12
Glass, Alex	YORK	431
Glass, James B	RHLD	29
Glass, John	RHLD	30
Glass, Peter B	RHLD	15
Glass, R H**	GETN	323
Glass, Wm*	DLTN	403
Glass, Wm	DLTN	406
Glasscock, Wm G	YORK	453
Glassgow, John	NWBY	265
Glassgow, Mary Ann	NWBY	288
Glassgow, S L	NWBY	290
Glausier, Jas	EDFD	55
Glausier, W	EDFD	129
Glazby, Jerry	ADSN	296
Glaze, James	EDFD	1
Glaze, John	EDFD	149
Glaze, John	ORBG	326
Glaze, John*	RHLD	30
Glaze, Mary*	RHLD	55
Glaze, Richard	ORBG	314
Glaze, Richard	EDFD	155
Glaze, T J	BNWL	417
Glazner, Giles L	SPBG	412
Gleann, Nancy C**	RHLD	3
Gleason, Ann*	CHTN	281
Gleason, James*	CHTN	454
Gleason, Jas	MARN	9
Gleason, Joel**	ADSN	154
Gleason, John	CHTN	287
Gleason, Michael	CHTN	277
Gleason, P*	CHTN	247
Gleason, Rose*	MARN	9
Gleason, Thomas	CHTN	414
Gleason, Thomas	CHTN	447
Gleaton, A E	ORBG	392
Gleaton, Absalom	ORBG	364
Gleaton, Amos	ORBG	371
Gleaton, David	ORBG	366
Gleaton, Henry	ORBG	365
Gleaton, Jefferson	ORBG	383
Gleaton, Rachel	ORBG	366
Gleaton, Thomas*	ORBG	389
Gleaton, Thomas	ORBG	366
Gleen, Jeremiah	SPBG	369
Gleen, William F	PKNS	142
Gleeson, William**	CHTN	510
Glen, D C	NWBY	305
Glen, Daniel	CHTN	281
Glen, Elizh	LRNS	350
Glen, Ellen E	CHTN	373
Glen, R H	YORK	407
Glencamp, Harry	CHTN	177
Glenn, A W	LRNS	330
Glenn, A W	PKNS	102
Glenn, Austin*	GRVL	416
Glenn, B B	GRVL	496
Glenn, B F	ADSN	298
Glenn, Betsey	SPBG	202
Glenn, Danl E	FAFD	220
Glenn, David J	YORK	413
Glenn, Dr Geo W	NWBY	274
Glenn, Dr J M	FAFD	218
Glenn, E T	CHTR	1
Glenn, Eliza	YORK	413
Glenn, F M	ADSN	298
Glenn, G W, Admr*	NWBY	273
Glenn, Gatsey	SPBG	391
Glenn, George	UNON	272
Glenn, H A	FAFD	218
Glenn, H A**	FAFD	203
Glenn, Henry	YORK	420
Glenn, J A	KRSW	116
Glenn, James B	NWBY	260
Glenn, James R	LCTR	151
Glenn, Jas A	YORK	412
Glenn, John	LRNS	295
Glenn, John	SPBG	374
Glenn, John A*	YORK	487
Glenn, John**	CHTN	474
Glenn, John	ADSN	237
Glenn, John A N	YORK	412
Glenn, John*	NWBY	258
Glenn, John*	LCTR	146
Glenn, M A	ADSN	235
Glenn, Mark	LRNS	235
Glenn, Martha	ADSN	224
Glenn, Martha	CHTN	312
Glenn, Mary*	RHLD	22
Glenn, Mary	ADSN	203

Name	Loc	Pg
Glenn, Mary**	CHTN	474
Glenn, Matilda*	SPBG	354
Glenn, Mrs	CHTN	314
Glenn, Nathan	UNON	188
Glenn, P	NWBY	245
Glenn, P W	GRVL	489
Glenn, R J	PKNS	102
Glenn, Rev H J	LRNS	330
Glenn, Rosanna T*	FAFD	221
Glenn, Sarah R	YORK	486
Glenn, T D	LRNS	274
Glenn, Thomas	UNON	256
Glenn, Thos H*	GRVL	482
Glenn, Tyre	GRVL	363
Glenn, W	GRVL	496
Glenn, W H**	LRNS	283
Glenn, W*	KRSW	126
Glenn, William	ADSN	237
Glenn, William	UNON	298
Glenn, William J	NWBY	288
Glennie, Alex	GETN	323
Gleson, Charles*	ADSN	274
Glessen, William	CHTN	183
Glidden, C A**	GETN	285
Glisson, David	MARN	121
Glisson, J B	CHTN	135
Glisten, E B	CHTN	143
Gloster, Cornelius	NWBY	244
Gloster, Sally	NWBY	244
Gloucester, Thos*	NWBY	288
Glover, A A	EDFD	66
Glover, Alan	CHTN	361
Glover, Artemas	ORBG	381
Glover, Barry	BNWL	421
Glover, Caroline**	CHTN	216
Glover, Caroline*	EDFD	46
Glover, Carrie M*	EDFD	74
Glover, Charles	ORBG	403
Glover, Colleton	EDFD	48
Glover, D F Y	COTN	312
Glover, D M	EDFD	87
Glover, E V*	RHLD	22
Glover, Edward	BUFT	24
Glover, Edward A**	RHLD	52
Glover, Elisa	CHTN	304
Glover, Francis	CHTN	354
Glover, Francis H	COTN	312
Glover, George*	CHTR	72
Glover, George	FAFD	216
Glover, Harriet	CHTN	423
Glover, Henry C	COTN	293
Glover, Herrot G	CHTN	486
Glover, J B	EDFD	46
Glover, J J	EDFD	48
Glover, J W	BNWL	449
Glover, James	YORK	398
Glover, James D	YORK	398
Glover, James T	COTN	319
Glover, Jesse	EDFD	49
Glover, John	BNWL	421
Glover, John O	COTN	294
Glover, John*	CHTN	467
Glover, John C	COTN	365
Glover, Jos E Dr	COTN	312
Glover, Joseph	BUFT	54
Glover, Joseph	BUFT	24
Glover, Lewis C	ORBG	352
Glover, M	ORBG	315
Glover, Maria	COTN	311
Glover, Martin	SPBG	287
Glover, Mary	EDFD	50
Glover, Mary*	CHTN	480
Glover, Mary	RHLD	6
Glover, Mrs	CHTN	364
Glover, Mrs C	EDFD	50
Glover, Mrs Eliza*	COTN	254
Glover, Mrs M	EDFD	110
Glover, Mrs Marie	COTN	269
Glover, S L	CHTN	361
Glover, S L	CHTN	244
Glover, S M	ORBG	407
Glover, Saml	EDFD	28
Glover, T J	YORK	400
Glover, T W	ORBG	409
Glover, Walter, N*	RHLD	54
Glover, Whit	EDFD	51
Glover, Wiley**	RHLD	51
Glover, William N	RHLD	73
Glover, Willy	EDFD	87
Glover, Wilson*	RHLD	57
Glover, Wm	EDFD	48
Glozier, J F*	EDFD	55
Glymph, D B	ABVL	77
Glymph, J B	NWBY	244
Glymph, Jno F	NWBY	280
Glymph, John	NWBY	277
Glymph, Joseph	NWBY	267
Glymph, L P*	NWBY	300
Glymph, Lemuel	NWBY	267
Goalman, J A	EDFD	78
Goan, Elin*	SPBG	333
Goan, Marten	SPBG	420
Goans, Wm	ABVL	39
Gobel, Henry**	EDFD	176
Goble, Nancy*	YORK	380
Goble, Violet	CHTR	66
Godard, N B	MARN	136
Godard, R W	GRVL	331
Godber, Melvin S H	CHTN	116
Godbold, Ann	MARN	19
Godbold, Asa	MARN	131
Godbold, Asa	MARN	129
Godbold, Eli	MARN	140
Godbold, Elly	MARN	38
Godbold, Ervin	MARN	39
Godbold, Huger	MARN	38
Godbold, James	MARN	50
Godbold, James M	MARN	141
Godbold, Jessee	MARN	130
Godbold, John M	MARN	81
Godbold, Martha**	MARN	86
Godbold, Rhoda	MARN	44
Godbold, Robt	MARN	19
Godbold, S G	MARN	39
Godbold, S T	MARN	38
Godbold, Stephen	MARN	21
Godbold, Vincent	MARN	140
Godbold, W H	MARN	19
Goddard, E C*	CHTN	477
Goddard, Jno G	DLTN	391
Godfrey, A B	LRNS	273
Godfrey, A C	CHTN	129
Godfrey, Alfred*	PKNS	175
Godfrey, B D	CHTN	134
Godfrey, Charolee*	CHTN	129
Godfrey, Elizabeth	CHTN	138
Godfrey, Henry**	CHTN	138
Godfrey, J*	LRNS	273
Godfrey, J R	GRVL	366
Godfrey, James	GRVL	366
Godfrey, Jas W	LRNS	328
Godfrey, Jesse	LRNS	327
Godfrey, Jesse	GRVL	355
Godfrey, Jno	LRNS	275
Godfrey, John**	CHTN	449
Godfrey, Josephine*	SPBG	419
Godfrey, Leonoria*	CHTN	129
Godfrey, Mahala	PKNS	174
Godfrey, Mrs E L	COTN	310
Godfrey, P T	CHTN	127
Godfrey, Robert	PKNS	175
Godfrey, Saml	LRNS	327
Godfrey, Samuel G*	RHLD	53
Godfrey, Sophia*	MRBO	209
Godfrey, William	CHFD	186
Godfrey, Wm	SPBG	281
Godfrey, Wm	SPBG	384
Godfrey, Wm	SPBG	384
Godfrey, Wm*	CHTN	127
Godley, Edmund	ABVL	30
Godley, Eli	BUFT	69
Godley, Henry*	BUFT	71
Godley, Wm B	CHTN	457
Godman, Jno B*	BUFT	45
Godshaw, J F	ABVL	73
Godwin, A J	GRVL	359
Godwin, E W	WMBG	364
Godwin, H J	WMBG	342
Godwin, J A	WMBG	523
Godwin, J J	WMBG	364
Godwin, M	WMBG	359
Godwin, Martha	WMBG	359
Godwin, O	WMBG	342
Goettee, Eliza	MARN	52
Goettee, Eliza R	BUFT	58
Goettee, George M	BUFT	67
Goettee, Henry	BUFT	55
Goettee, James H*	BUFT	29
Goetting, George	BUFT	88
Goff, Catharine	CHTN	255
Goff, Celia*	CHTN	397
Goff, Cinthy	KRSW	123
Goff, Clarendon**	EDFD	176
Goff, Gates	CHTN	381
Goff, Hezekiah	KRSW	120
Goff, James	EDFD	24
Goff, James*	RHLD	64
Goff, James	EDFD	63
Goff, John	EDFD	82
Goff, Joseph	HORY	176
Goff, Mary	LXTN	67
Goff, Noak	EDFD	416
Goff, Sarah	CHTN	175
Goff, Teril	EDFD	382
Goff, W G	KRSW	102
Goff, Wesley*	EDFD	109
Goff, William	RHLD	176
Goff, William S*	CHTN	65
Goff, Wm	EDFD	418
Goff, Z P	EDFD	102
Goforth, Anna*	SPBG	187
Goforth, Elic	UNON	396
Goforth, John	UNON	278
Goforth, Johnason	YORK	188
Goforth, Preston P	SPBG	475
Goft, Noak	EDFD	288
Gogerty, Thomas	GETN	175
Goggins, Becca*	EDFD	150
Goggins, E J	EDFD	189
Goggins, Emma*	ADSN	260
Goggins, John	EDFD	147
Goggins, Tandy	LRNS	234
Goggins, Wm	LRNS	254
Gognagen, Thos A*	BUFT	58
Gohagen, Elizth**	BNWL	491
Gohagen, Florence*	BUFT	6
Gohagen, Lizzie*	BUFT	6
Goherd, Danl	LRNS	250
Goin, John	SMBG	306
Goin, Newton	SPBG	196
Goin, Richard C	SPBG	247
Goin, Simeon	SPBG	196
Goin, Thomas	SPBG	239
Goin, William	SPBG	196
Going, Baxter	UNON	226
Going, D D	UNON	226
Going, Isaac	UNON	236
Going, Louis	FAFD	261
Going, Sarah*	UNON	277
Going, William	UNON	226
Goings, Margaret	FAFD	231
Goings, Minor	FAFD	261
Goings, Nathan	FAFD	253
Goings, William	RHLD	76
Goins, Christopher	SPBG	421
Goins, Jane H*	LCTR	207
Goins, John T	LCTR	213
Goins, Leanna*	LCTR	172
Goins, Nathan	SPBG	419
Gola, Robt	YORK	444
Golan, Richard	PKNS	11
Gold, P D*	GRVL	411
Gold, P D*	GRVL	416
Golden, John	ADSN	314
Golden, John	NWBY	238
Golden, John	BNWL	440
Golden, L*	GRVL	410
Golden, Washn	NWBY	241
Goldfinch, A*	GETN	294
Goldfinch, Danl	GETN	294
Goldfrick, Kasper	CHTR	44
Goldin, Jas	YORK	473
Golding, Anthony*	SPBG	325
Golding, C M	LRNS	236
Golding, E**	LRNS	237
Golding, Eveline*	BNWL	494
Golding, J F	NWBY	239
Golding, Jno G	LRNS	252
Golding, Jno N	LRNS	249
Golding, John	BNWL	485
Golding, Lucinda	LRNS	243
Golding, Mary	LRNS	256
Golding, Mrs M	NWBY	252
Golding, O P	BNWL	487
Golding, Polly	LRNS	243
Golding, Reuben	EDFD	107
Golding, Richd	LRNS	238
Golding, Sarah	NWBY	239
Golding, Wm	NWBY	277
Golding, Wm	EDFD	108
Goldrich, Thomas	CHTN	373
Goldsmith, E	CHTN	340
Goldsmith, Henry	CHTN	418
Goldsmith, J B*	RHLD	55
Goldsmith, J W	GRVL	495
Goldsmith, Lipman*	RHLD	57
Goldsmith, Morris	CHTN	240
Goldsmith, Thomas	GRVL	354
Goldsmith, Thos	GRVL	362
Goldsmith, William	GRVL	406
Goldstein, D	CHTN	310
Goldstein, J	CHTN	316
Goldthwaite, Richd W*	RHLD	52
Goleman, Henry*	RHLD	56
Goleman, J J	EDFD	130
Goleman, J M	EDFD	119
Goleman, John	EDFD	139
Goleman, John	EDFD	54
Goleman, Mrs E	EDFD	63
Golfan, Bryant	BNWL	397
Golfan, George	BNWL	399
Golfan, Milledge	BNWL	397
Golfan, William	BNWL	399
Golighy, Melville*	GRVL	398
Golightly, Calvin*	SPBG	424
Golightly, Christopher*	SPBG	267
Golightly, H P	SPBG	202
Golightly, Harriet	SPBG	421
Golightly, M L	SPBG	321
Golightly, Pinchney*	SPBG	420
Golightly, Richard**	SPBG	413
Golightly, William	SPBG	239
Golin, Frederic	FAFD	273
Golither, Green	YORK	445
Goll, Michael*	CHTN	384
Golliner, Herman	CHTN	463
Golman, Adilla*	NWBY	289
Golman, George	NWBY	289
Golson, Charles	ORBG	354
Golson, James P	ORBG	354
Golson, John	ORBG	354
Golson, S K H	ORBG	357
Gomillion, J W	BNWL	407
Gomillion, Jesse	EDFD	12
Gomillion, Lovett	EDFD	39
Gomillion, Mrs M	EDFD	39
Gonat, Susan	FAFD	280
Gondelock, A S	UNON	280

Name	Loc	Pg
Gondelock, Calvin	UNON	280
Gondelock, Davis	UNON	273
Gondelock, H	UNON	286
Gondelock, L E	UNON	279
Gondelock, Milton	UNON	186
Gondelock, W S	UNON	280
Gonflaville, Henrietta*	CHTN	386
Goning, Charles	UNON	270
Gonzales, Antonio**	CHTN	268
Gonzales, Hannah	CHTN	265
Gonzales, Harriet R***	COTN	368
Gonzales, Petrona*	CHTN	272
Gonzalis, Mary E	CHTN	414
Gooch, Mary H	CHTR	90
Good, Ana*	UNON	235
Good, David	YORK	447
Good, J B	UNON	236
Good, Jas K	YORK	502
Good, Jas W	YORK	448
Good, John	YORK	447
Good, Louisa	YORK	502
Good, Mary A	YORK	448
Good, W H	YORK	502
Good, W J	YORK	468
Goodale, John**	KRSW	128
Goodale, Wm	CHFD	127
Goodall, John	KRSW	132
Goode, Henderson	GRVL	435
Goode, M M	ADSN	307
Goode, T F	EDFD	111
Goode, Wm H	EDFD	49
Gooden, L B J	PKNS	87
Gooden, W Y C	UNON	248
Goodgion, Matilda	LRNS	270
Goodgon, Joel E*	SPBG	311
Goodin, Thadeus	ADSN	271
Gooding, Chas	KRSW	133
Gooding, D H	BUFT	85
Gooding, Daniel	BUFT	92
Gooding, Danl E	BUFT	82
Gooding, Elred	BUFT	84
Gooding, John	BUFT	86
Gooding, Mahala	BUFT	82
Gooding, McDuffie*	BUFT	74
Gooding, Richard	BUFT	79
Gooding, Richard B	BUFT	78
Gooding, Thos	BUFT	73
Gooding, Wiley	BUFT	9
Gooding, William J	BUFT	82
Goodlett, A D	GRVL	393
Goodlett, B A	GRVL	406
Goodlett, F M	GRVL	406
Goodlett, Frances	GRVL	452
Goodlett, James	GRVL	413
Goodlett, L D	GRVL	403
Goodlett, M C	GRVL	325
Goodlett, Rebecca	GRVL	454
Goodlett, Richard	GRVL	344
Goodlett, Robt P	GRVL	403
Goodlett, Tandy	GRVL	450
Goodlett, Wm H	GRVL	474
Goodley, J B	COTN	284
Goodloff, Wm*	RHLD	58
Goodman, Edwin R	SMTR	134
Goodman, Henry	CHTN	295
Goodman, Jas	LRNS	233
Goodman, John W**	SMTR	135
Goodman, John**	EDFD	160
Goodman, M D	LRNS	234
Goodman, M D	SPBG	338
Goodman, Mary A	SMTR	162
Goodman, Mrs Catharine*	NWBY	250
Goodman, Oscar D*	NWBY	250
Goodman, Richd	LRNS	239
Goodman, W W	EDFD	110
Goodman, Wm H	LRNS	305
Goodrich, Geo	CHTN	362
Goodrich, Geo P*	CHFD	183
Goodrich, Nathl E*	CHTN	446
Goodrum, John	ADSN	295
Goodson, A*	DLTN	382
Goodson, Delilah*	HORY	50
Goodson, Elijah	DLTN	462
Goodson, H	DLTN	373
Goodson, Joshua	DLTN	436
Goodson, Laban	DLTN	463
Goodson, Noah	DLTN	462
Goodson, Thomas	DLTN	462
Goodson, Uzzele	DLTN	462
Goodson, Wiley	DLTN	421
Goodson, Wiley	DLTN	390
Goodson, William	BNWL	482
Goodson, Wm	DLTN	436
Goodwin, Adeline	ABVL	34
Goodwin, Alex*	CHFD	130
Goodwin, C	CHTN	303
Goodwin, David	CHFD	187
Goodwin, E W	MRBO	198
Goodwin, Giles	LRNS	344
Goodwin, Henry	PKNS	73
Goodwin, Henry	CHFD	184
Goodwin, Isham	COTN	318
Goodwin, J	EDFD	195
Goodwin, J A	GRVL	345
Goodwin, J H	GRVL	464
Goodwin, James	CHFD	184
Goodwin, James	COTN	298
Goodwin, James B*	BNWL	442
Goodwin, Jane	LRNS	333
Goodwin, Jas	LRNS	333
Goodwin, Jno	CHFD	183
Goodwin, John	COTN	298
Goodwin, John	GRVL	490
Goodwin, John C*	PKNS	79
Goodwin, Johnson	GRVL	354
Goodwin, Joseph N	GRVL	377
Goodwin, Leonard	CHTN	176
Goodwin, Lydia	EDFD	180
Goodwin, M L	CHTN	179
Goodwin, Mathew	ABVL	34
Goodwin, Micajah	GRVL	439
Goodwin, Mrs E	EDFD	57
Goodwin, Reubin	ABVL	124
Goodwin, Robt	LRNS	301
Goodwin, Samuel	COTN	299
Goodwin, Samuel ESQ	MRBO	210
Goodwin, Samuel	CHFD	130
Goodwin, Taylor	LRNS	350
Goodwin, Thos H	CHTN	471
Goodwin, W L	CHTN	179
Goodwin, Wm C	GRVL	375
Goodwin, Wm T	CHFD	130
Goodwyn, Albert L*	RHLD	54
Goodwyn, Artemas D	RHLD	94
Goodwyn, Arthur G	RHLD	25
Goodwyn, Claudius L*	RHLD	10
Goodwyn, George M	RHLD	39
Goodwyn, Lewis	ORBG	361
Goodwyn, P W	ABVL	65
Goodwyn, Polly	LXTN	456
Goodwyn, Robert H	RHLD	9
Goodwyn, Sallie C**	RHLD	83
Goodwyn, Susan	FAFD	266
Goodwyn, Thos J	RHLD	47
Goodwyn, William*	LXTN	453
Goodyear, Elias	MARN	118
Goodyear, John	MARN	117
Goodyear, Lovit	MARN	118
Goodyear, Wm	MARN	118
Goodyear, Wm	MARN	117
Googe, J G	BNWL	476
Googe, Miley	BNWL	496
Gooley, Mrs S	COTN	284
Goollett, David	GRVL	435
Goolsby, Nancy*	ABVL	9
Goomley, Thos J	RHLD	1
Goore, David	CHTR	16
Goore, Elias	MARN	41
Goore, Lawson D	YORK	366
Goore, Rabecca*	CHTR	11
Goram, Mary	CHTN	264
Gordan, Alfred	YORK	495
Gordan, B F	SMTR	113
Gordan, John F	SMTR	135
Gordan, Juritta C*	ADSN	264
Gordan, Moses	YORK	499
Gorden, Agnes*	ADSN	261
Gorden, Anderson	GRVL	438
Gorden, Baylis	GRVL	427
Gorden, Benjamin	GRVL	439
Gorden, Benjamin*	GRVL	438
Gorden, Hanah*	LCTR	153
Gorden, James	GRVL	510
Gorden, Jane	FAFD	274
Gorden, Jane	ADSN	217
Gorden, L J*	MARN	32
Gorden, Lafayett	BNWL	450
Gorden, Madison	LCTR	154
Gorden, Martha	ADSN	252
Gorden, Robert	CHTN	384
Gorden, Sabina	BNWL	430
Gorden, Samuel	LCTR	154
Gorden, Susan	LCTR	154
Gordon, Aaron	WMBG	340
Gordon, Abraham	NWBY	260
Gordon, Abram	ABVL	92
Gordon, Albertus	YORK	377
Gordon, Alexr	CHTN	187
Gordon, Ann	CHTN	268
Gordon, Ann*	BUFT	66
Gordon, Archibald	BUFT	61
Gordon, Benjn	BUFT	54
Gordon, Burgess	CHTN	356
Gordon, C*	FAFD	200
Gordon, C H*	FAFD	204
Gordon, Catharine*	UNON	207
Gordon, Catharine*	YORK	374
Gordon, Charles	BUFT	48
Gordon, D	YORK	385
Gordon, D E	WMBG	316
Gordon, D P	WMBG	334
Gordon, Elias*	BUFT	32
Gordon, Eliza	CHTN	411
Gordon, Eliza**	BUFT	50
Gordon, Elizabeth	SPBG	295
Gordon, Elizabeth	CHTR	48
Gordon, Elizabeth*	WMBG	326
Gordon, Flora*	CHTN	242
Gordon, Green	YORK	377
Gordon, Harriet*	COTN	367
Gordon, Isaac	BUFT	46
Gordon, Isaac*	LCTR	216
Gordon, J A	WMBG	316
Gordon, J M*	WMBG	327
Gordon, Jacob	COTN	367
Gordon, James	CHTR	44
Gordon, James	NWBY	264
Gordon, James	CHTR	44
Gordon, James	COTN	256
Gordon, James	ABVL	100
Gordon, James H	NWBY	275
Gordon, Jerry**	CHTN	193
Gordon, John	SPBG	248
Gordon, John	CHTN	470
Gordon, John	WMBG	334
Gordon, John	LCTR	153
Gordon, Lawrence	CHTN	102
Gordon, Lucy A*	CHTN	380
Gordon, M*	CHTN	263
Gordon, Margt E**	CHTN	490
Gordon, Mary	ABVL	93
Gordon, Mike	CHTN	195
Gordon, Morgan	NWBY	272
Gordon, Nancy	SPBG	295
Gordon, Nancy	LCTR	153
Gordon, Perry*	BNWL	351
Gordon, R B*	UNON	293
Gordon, R J	WMBG	350
Gordon, Rebecca*	CHFD	134
Gordon, Rebecca	LCTR	153
Gordon, Robert*	CHTN	187
Gordon, Robt	CHTR	35
Gordon, Robt T	ABVL	127
Gordon, Robt*	ABVL	26
Gordon, Seymour*	BUFT	30
Gordon, T M*	UNON	260
Gordon, W B	WMBG	315
Gordon, W M	YORK	377
Gordon, William	BUFT	60
Gordon, William	BUFT	54
Gordon, William	ABVL	127
Gore, Asa	HORY	38
Gore, E C	HORY	19
Gore, E J	HORY	19
Gore, J W	GETN	297
Gore, James	UNON	205
Gore, John	SPBG	230
Gore, John A	SPBG	219
Gore, Jonathan J	HORY	65
Gore, Ralph	LRNS	340
Gore, Thomas M	LCTR	210
Gore, Thomas W	HORY	65
Gore, W G	LRNS	333
Gore, W J	HORY	65
Goree, Ann	NWBY	265
Goree, Clary	NWBY	278
Goree, Laura E	NWBY	288
Goree, Martha	NWBY	290
Goree, Washington*	NWBY	265
Gorey, Patrick**	CHTN	293
Gorgas, Joshua	CHTN	453
Gorham, T A	CHTN	162
Gorman, Agnes*	CHTN	193
Gorman, Chs	DLTN	406
Gorman, Elizabeth*	CHTN	193
Gorman, Gertrude*	CHTN	256
Gorman, J D	WMBG	312
Gorman, John	CHTN	193
Gorman, Joseph	CHTN	519
Gorman, Mary	CHTN	415
Gorman, Mary A*	CHTN	193
Gorman, Miss E*	CHTN	321
Gorman, Patk*	CHTN	193
Gorman, Wm	CHTN	205
Gorton, Henry	BNWL	501
Gory, Ellen**	CHTN	306
Gory, Jane**	CHTN	378
Gory, John D	FAFD	274
Gory, Thomas	UNON	208
Goshee, Hariet**	YORK	511
Goshions, Sarah*	BUFT	54
Gosit, Ann	UNON	245
Gosit, Henry	UNON	256
Gosit, James	UNON	250
Gosit, John	UNON	252
Gosit, Joseph	UNON	189
Gosit, Nancy	UNON	248
Gosit, Nathan	UNON	201
Gosit, Pleasant	UNON	189
Gosit, Rachel*	UNON	188
Gosit, Samuel*	UNON	189
Gosit, William	UNON	248
Gosling, Henry	COTN	328
Gosnell, Berry	GRVL	386
Gosnell, Charles	SPBG	260
Gosnell, Charles Jr	GRVL	384
Gosnell, Charles Jr	GRVL	386
Gosnell, Charles Sr	GRVL	383
Gosnell, Es*	GRVL	508
Gosnell, James	GRVL	437
Gosnell, James Jr	GRVL	508
Gosnell, James Sr	GRVL	507
Gosnell, Jesse	GRVL	440
Gosnell, John	GRVL	466
Gosnell, Josiah	GRVL	466
Gosnell, Morrice	GRVL	385
Gosnell, Peter	GRVL	383
Gosnell, Peter	GRVL	385

Name	Loc	Pg	Name	Loc	Pg	Name	Loc	Pg
Gosnell, Polly*	GRVL	325	Gowns, J W	CHFD	121	Graham, Jas	CHTR	71
Gosnell, Rebecca	SPBG	264	Goza, Aaron	CHTR	50	Graham, Jas D	CLDN	217
Gosnell, Sherod	GRVL	386	Goza, D W	FAFD	243	Graham, Jas E**	CLDN	212
Gosnell, William	GRVL	508	Goza, J M	FAFD	234	Graham, Jesse	UNON	190
Goss, Albert	BNWL	393	Goze, Jennie	CHTR	26	Graham, Jno	EDFD	21
Goss, Ann*	BNWL	392	Graban, John**	CHTN	441	Graham, Jno	EDFD	117
Goss, Armistead	SPBG	359	Graber, Henry	CHTN	196	Graham, Jno C	CLDN	217
Goss, Fanny*	BNWL	411	Grace, Mary C*	CHTN	493	Graham, Jno P	CLDN	217
Goss, Hezekiah	BNWL	412	Gracen, Ed	COTN	283	Graham, John	CHTN	254
Goss, Isaach	BNWL	411	Gracen, James	BUFT	67	Graham, John*	MRBO	176
Goss, James H	SPBG	302	Gracen, W G	COTN	283	Graham, John	HORY	40
Goss, Mary	SPBG	338	Gracey, John J	RHLD	26	Graham, John**	UNON	273
Goss, Mason*	BNWL	412	Graddic, N	NWBY	282	Graham, John G	MARN	94
Goss, R H	BNWL	445	Graddick, Ann S	FAFD	217	Graham, John*	KRSW	101
Goss, T J*	UNON	268	Graddick, J	EDFD	163	Graham, John	KRSW	127
Goss, William	UNON	268	Graddick, John G*	CHTN	420	Graham, Jos P	GETN	285
Goss, Wimms**	CHTN	468	Graddock, Charles	CHTN	449	Graham, Joseph*	CHTN	425
Gossett, Fielder	GRVL	408	Graden, John	GRVL	354	Graham, Joseph	HORY	40
Gossett, Frances	SPBG	319	Graden, Sarah	GRVL	361	Graham, Joseph B	HORY	17
Gossett, Ginsey*	SPBG	227	Gradick, David	RHLD	71	Graham, L D	HORY	53
Gossett, J M C	SPBG	205	Gradick, Elias	RHLD	71	Graham, Liza**	YORK	389
Gossett, John	NWBY	259	Gradick, Henry	FAFD	256	Graham, London	CHTN	241
Gossett, John R	PKNS	153	Gradick, Henry T	CHTN	510	Graham, Lucy A**	MRBO	157
Gossett, John T	PKNS	153	Gradick, Jacob	RHLD	68	Graham, M	EDFD	163
Gossett, Jonathan	SPBG	249	Gradick, James*	RHLD	70	Graham, M R	CLDN	217
Gossett, Levi	SPBG	252	Gradick, Miss Susan*	CHTN	230	Graham, Margaret	NWBY	272
Gossett, Lucindy**	SPBG	319	Gradick, Phillip	RHLD	2	Graham, Maria	MRBO	170
Gossett, M P	SPBG	319	Gradon, Hosea	LRNS	247	Graham, Martha	SMTR	156
Gossett, Maningther	SPBG	228	Grady, Andrew P	CHTN	419	Graham, Mary	RHLD	6
Gossett, Mary	SPBG	336	Grady, E*	UNON	204	Graham, Mary*	GRVL	363
Gossett, Muse*	ABVL	65	Grady, Elizabeth*	UNON	203	Graham, Mary	NWBY	300
Gossett, Nancy	GRVL	375	Grady, G*	UNON	204	Graham, Mary	LCTR	216
Gossett, Patsey	SPBG	220	Grady, J W	GRVL	406	Graham, Mary	LCTR	162
Gossett, Pinckney	PKNS	152	Grady, James	CHTN	437	Graham, Mary R*	CHTR	76
Gossett, Pleasant T	SPBG	319	Grady, James R	CHTN	419	Graham, Molsey*	HORY	22
Gossett, R W	SPBG	328	Grady, Jno A*	CHFD	189	Graham, N	WMBG	313
Gossett, S L	SPBG	247	Grady, John O*	CHTN	111	Graham, N M	WMBG	349
Gossett, Sally	SPBG	253	Grady, Robert*	UNON	205	Graham, Nathan	MRBO	182
Gossett, Samuel	SPBG	210	Grady, T*	UNON	274	Graham, Neil	CHFD	168
Gossett, Sarah*	LRNS	309	Grady, William	UNON	204	Graham, Nelly*	YORK	409
Gossett, T M	SPBG	302	Graesar, Louisa C*	RHLD	27	Graham, Noah	SMTR	175
Gossett, Wiley	LRNS	353	Graesen, Ann E*	RHLD	20	Graham, Robt	HORY	36
Gossett, Wilson C	SPBG	319	Graf, Geo	CHTN	341	Graham, Robt F	MARN	19
Gotgen, Jacob	CHTN	195	Grafft, Samuel	CHFD	184	Graham, Robt*	CHTN	365
Gotgin, Jno*	CHTN	301	Graft, Sarah E*	RHLD	55	Graham, Roderick	MARN	16
Gott, Lemuel	YORK	502	Grafton, Esther	CHTR	42	Graham, S C	DLTN	461
Gott, Wm**	CHTR	73	Grafton, J F	FAFD	253	Graham, S E	WMBG	309
Gotterer, Nancy	CHTN	386	Graham, A*	CHTN	317	Graham, S*	CLDN	244
Gotty, John*	CHTN	285	Graham, A A	HORY	42	Graham, S B	BNWL	469
Gouch, H H	LCTR	160	Graham, A J	ADSN	279	Graham, S F	HORY	53
Goude, F M	GETN	303	Graham, A J	WMBG	359	Graham, S R*	WMBG	327
Goude, George	GETN	303	Graham, A J	HORY	53	Graham, Saml	ABVL	87
Goude, J B	GETN	304	Graham, Albert M	ABVL	87	Graham, Sarah*	SMTR	152
Goude, James	GETN	302	Graham, Alberta	BUFT	14	Graham, Sarah A	LCTR	160
Goude, Jas	GETN	306	Graham, Alexander	PKNS	73	Graham, Savanna*	LXTN	455
Goude, Jas P	GETN	306	Graham, Alexander	CHFD	169	Graham, T M	CHTR	68
Goude, John W	GETN	309	Graham, Andrew	RHLD	94	Graham, Thomas	PKNS	96
Goude, John*	GETN	304	Graham, Anna*	PKNS	169	Graham, Thos	HORY	22
Goude, M	GETN	302	Graham, Archibald	YORK	402	Graham, Virginia L*	RHLD	22
Goude, S Jr	GETN	304	Graham, Bailus*	PKNS	57	Graham, W A	KRSW	133
Goude, Sarah	GETN	309	Graham, C	MARN	18	Graham, W C*	LCTR	160
Goude, Stephen	GETN	304	Graham, C J	GRVL	420	Graham, W J	WMBG	363
Goudelock, Albertine*	SPBG	252	Graham, C W	PKNS	22	Graham, W L	HORY	35
Goudelock, E*	SPBG	259	Graham, Chas N	ABVL	87	Graham, Wesley	MARN	106
Goudelock, Jno B	SPBG	256	Graham, D A	CHFD	99	Graham, William	PKNS	87
Goudelock, John M	SPBG	250	Graham, D B	WMBG	348	Graham, William	ADSN	262
Goudelock, N*	SPBG	258	Graham, Daniel	MRBO	186	Graham, William*	ADSN	287
Goudelock, S*	SPBG	259	Graham, David*	SPBG	306	Graham, William*	GRVL	475
Gough, A*	MARN	74	Graham, E*	GRVL	414	Graham, Winchester	BNWL	467
Gough, James*	MARN	118	Graham, Elizabeth	CHFD	188	Graham, Windsor	MRBO	161
Gough, Joseph**	CHTN	505	Graham, Elizabeth**	HORY	18	Graham, Wm	PKNS	99
Gould, Anstin**	CHTN	191	Graham, Elliot*	SPBG	302	Graham, Wm	WMBG	348
Gould, M	CHTN	219	Graham, Emma E	CHFD	186	Graham, Wm	KRSW	138
Gouldin, Mary	CHTN	219	Graham, F B	HORY	30	Graham, Wm J	BUFT	20
Goulding, Jas*	CHTN	244	Graham, Felix	NWBY	267	Graham, Wm J	HORY	56
Goulding, John	YORK	427	Graham, Frances	NWBY	276	Graham, Wm R	MRBO	166
Goulding, Wm	YORK	390	Graham, Frances	HORY	55	Graham, Wm	WMBG	338
Gouldry, Jeremiah	CHTN	244	Graham, Franklin	PKNS	99	Graham, Zachariah G	BNWL	383
Gourdin, Henry	CHTN	190	Graham, G N	MARN	18	Graibe, J C	CHTN	260
Gourdin, John G R*	CHTN	152	Graham, G W	HORY	36	Grainger, C	HORY	45
Gourdin, Peter	CHTN	159	Graham, Geo C*	CHTN	218	Grainger, Delaney*	HORY	50
Gourdin, Peter G	CHTN	177	Graham, George	UNON	208	Grainger, H E	CHTN	130
Gourdin, R N	CHTN	244	Graham, George	MARN	50	Grainger, Hugh	HORY	50
Gourdin, T L	CHTN	177	Graham, Henry C	MRBO	205	Grainger, John	HORY	48
Gourdin, Theodore T	CHTN	152	Graham, Hugh**	SMTR	145	Grainger, John	HORY	23
Gourdin, William A**	CHTN	438	Graham, Hugh**	HORY	29	Grainger, Levi	HORY	48
Gourley, John	PKNS	87	Graham, Isaac	EDFD	4	Grainger, Saml	HORN	16
Gourly, Thomas	FAFD	224	Graham, J A R	YORK	424	Graman, John H	CHTN	494
Govan, Elizabeth*	LXTN	358	Graham, J F	WMBG	361	Grambling, Adam	SPBG	419
Gowan, George*	CHTN	255	Graham, J H	NWBY	267	Grambling, Caroline L	ORBG	420
Gowan, Mary*	CHTN	255	Graham, J J M	WMBG	360	Grambling, H H	SPBG	420
Gowden, R M	GETN	308	Graham, J L	HORY	30	Grambling, John	ORBG	334
Gowdy, B L	DLTN	430	Graham, J M	ABVL	80	Grambling, Michael	ORBG	351
Gowdy, Jas E	CLDN	229	Graham, J M	DLTN	376	Gramlin, D H	SPBG	286
Gowdy, Wm A	DLTN	454	Graham, J P	LCTR	162	Granberry, Cooper	NWBY	254
Gower, Thomas C	GRVL	411	Graham, J R*	UNON	211	Granby, Miss	CHTN	320
Gowers, Wm	BNWL	426	Graham, J W	WMBG	309	Grand, Mary	MRBO	149
Gowin, William*	UNON	273	Graham, J W	HORY	53	Grandjux, Paul*	SMTR	179
Gowins, Eady*	SMTR	172	Graham, James	PKNS	37	Grandy, Charles G	BNWL	389
Gowins, James	SMTR	171	Graham, James*	NWBY	240	Grandy, Hariet	CHTN	347
Gowins, Lavicy	SMTR	171	Graham, James**	RHLD	5	Grandy, James	LXTN	439
Gowins, Madry	SMTR	171	Graham, James	WMBG	363	Grandy, John	BNWL	389
Gowins, Thomas	SMTR	171	Graham, James	CHTR	2	Grandy, Uriah	YORK	457
Gowins, Wade	SMTR	171	Graham, James*	MARN	141	Granger, A	GRVL	501
Gowins, Washington	SMTR	171	Graham, Jane	LCTR	211	Granger, C*	ORBG	324
			Graham, Jane	HORY	52	Granger, Sarah	MARN	99

Name	Loc	No	Name	Loc	No	Name	Loc	No	Name	Loc	No
Granger, Thomas	GRVL	501	Graves, Ann**	CHTN	336	Gray, Wm	LRNS	309
Granger, William	GRVL	500	Graves, Bargella*	CLDN	228	Gray, Wm	LRNS	330
Grant, A B	PKNS	20	Graves, Charles W	CHTN	120	Gray, Wm	WMBG	341
Grant, A*	CHTN	507	Graves, Chas	CHTN	338	Gray, Wm	BNWL	494
Grant, Alias	EDFD	173	Graves, Dinah	CHTN	431	Graydon, Sterling E	ABVL	33
Grant, Andrew*	ABVL	74	Graves, Dr	CHTN	227	Grayson, M A	WMBG	325
Grant, Ann	MRBO	209	Graves, Dr D D	CHTN	142	Grayson, W J	WMBG	315
Grant, Barnabas	CHTR	12	Graves, Elizabeth*	SMTR	162	Grayson, William R	CHTN	284
Grant, Benj	CHTR	12	Graves, Gadi*	MARN	49	Greadon, Jas	LRNS	279
Grant, Calhoun*	MRBO	211	Graves, Geo C*	ABVL	25	Greadon, Wm	LRNS	247
Grant, Catharine	CHTN	384	Graves, George	ABVL	120	Gready, Eliza*	CHTR	49
Grant, Dempsey	COTN	250	Graves, Henry	COTN	267	Gready, W P*	PKNS	90
Grant, Duncan	MRBO	204	Graves, J A	SMTR	161	Greams, Andy	LRNS	317
Grant, Eldred	EDFD	182	Graves, Jacob S	ABVL	86	Grear, Andrew	SPBG	383
Grant, Elizabeth*	COTN	293	Graves, Jas*	DLTN	393	Greaton, John	CHTN	190
Grant, Frances*	ABVL	74	Graves, Jno C	DLTN	374	Greaves, Archibald	MARN	16
Grant, Geo W**	LRNS	228	Graves, Jno W*	LRNS	247	Greaves, Charlotte*	MARN	40
Grant, George	PKNS	82	Graves, John	COTN	259	Greaves, Charlotte*	MARN	15
Grant, George*	CHTN	389	Graves, Joseph*	RHLD	51	Greaves, Ebenezer	MARN	82
Grant, Harrison*	CHTR	5	Graves, L	GRVL	403	Greaves, Fanny*	MARN	90
Grant, Henry	CHTN	229	Graves, M*	RHLD	21	Greaves, Wm	MARN	83
Grant, Henry	MRBO	202	Graves, Margaret	ORBG	359	Gredles, Alfred*	CHTN	517
Grant, Henry J	CHTR	6	Graves, Martha E*	ABVL	94	Greemore, Mrs W*	BNWL	356
Grant, Isaac	LRNS	242	Graves, Mary	CHFD	171	Green, A J	GRVL	510
Grant, Isabella**	CHTN	377	Graves, Mrs*	ORBG	369	Green, A J	COTN	350
Grant, J A**	GETN	285	Graves, T N*	LRNS	257	Green, A M	EDFD	27
Grant, J H	HORY	25	Graves, Thomas	CHFD	171	Green, Abram	GRVL	331
Grant, Jackson	MRBO	208	Graves, W H	CHTN	336	Green, Abram	GRVL	451
Grant, James*	CHTN	198	Graves, W Wm	LRNS	247	Green, Aldridge	RHLD	20
Grant, James	CHTR	13	Graves, William B*	ABVL	86	Green, Allen J	ADSN	181
Grant, James	CHTN	387	Graves, William*	CHTN	275	Green, B F	SPBG	287
Grant, James	MRBO	200	Gray, A C	LRNS	330	Green, B H	EDFD	32
Grant, James	MRBO	208	Gray, A D	ADSN	221	Green, Basil	CHTN	336
Grant, Jane	SPBG	406	Gray, A P	DLTN	381	Green, Bella**	SPBG	422
Grant, Jane**	CHTN	377	Gray, Absalom	ABVL	30	Green, Bragg	CHTN	385
Grant, Jas H	CHTR	12	Gray, Alexander	WMBG	339	Green, Bridget**	COTN	256
Grant, Jas H	CHTR	13	Gray, Allen	ORBG	377	Green, Charles*	GRVL	331
Grant, Jason	CHTR	13	Gray, Amanna	ABVL	59	Green, D W	GRVL	482
Grant, Jasper	CHTR	12	Gray, C M	BNWL	494	Green, Darcus J	GRVL	335
Grant, Jefferson	COTN	268	Gray, C M	EDFD	106	Green, Darius	MARN	52
Grant, Jefferson	COTN	256	Gray, Calvin	MRBO	168	Green, E B	CHTN	339
Grant, Jeremiah	MRBO	159	Gray, Charles	BNWL	505	Green, E C*	YORK	433
Grant, Jno	ABVL	136	Gray, D E	DLTN	404	Green, Eda*	RHLD	82
Grant, Jno	CHTR	4	Gray, D H	WMBG	349	Green, Eliza*	SPBG	296
Grant, Jno	CHTR	11	Gray, Danl H	RHLD	94	Green, Elizabeth*	LXTN	384
Grant, Jno F	MRBO	200	Gray, David	ORBG	377	Green, Elizabeth	CHTN	444
Grant, Jno*	ABVL	74	Gray, Dorcus	BNWL	505	Green, Emma**	BNWL	507
Grant, Jno W	CHFD	106	Gray, Elizabeth*	PKNS	6	Green, F*	SPBG	246
Grant, John	EDFD	173	Gray, Elizabeth	CHTN	266	Green, Frances M*	GETN	298
Grant, John	ABVL	114	Gray, Elizb	ABVL	60	Green, Francis	SMTR	155
Grant, John A	GETN	292	Gray, Frances**	CHTN	458	Green, Frederick L	RHLD	8
Grant, John G	MRBO	200	Gray, Grace*	BUFT	78	Green, Fredk W	GRVL	343
Grant, Joseph	ABVL	135	Gray, Green	LRNS	290	Green, G Shannon	BNWL	479
Grant, Joseph	CHTN	225	Gray, Henry J*	ABVL	47	Green, G W	COTN	330
Grant, Josiah*	CHTN	389	Gray, J	LRNS	330	Green, Geo	ADSN	179
Grant, Lucinda	PKNS	53	Gray, J A	BNWL	505	Green, George	SPBG	275
Grant, M**	EDFD	142	Gray, J B	LRNS	330	Green, George	GRVL	365
Grant, Malachi	MRBO	211	Gray, Jacob	BUFT	76	Green, Godfrey E	EDFD	122
Grant, Mary*	CHTN	303	Gray, Jacob A	BUFT	62	Green, Greenville	BNWL	433
Grant, Miss*	CHTN	314	Gray, James*	PKNS	87	Green, Hammonds	GRVL	470
Grant, Mrs E G	CHTN	224	Gray, James F	COTN	329	Green, Harcott P**	RHLD	10
Grant, Munroe*	CHTR	6	Gray, Jane E	CHTN	447	Green, Harriett	CHTN	204
Grant, Nancy	EDFD	160	Gray, Jas A	ADSN	241	Green, Hembrey	GRVL	343
Grant, Neely M	CHTR	12	Gray, Jesse	ADSN	278	Green, Henry	YORK	494
Grant, Noah	PKNS	31	Gray, John**	CHTN	276	Green, Henry D	SMTR	147
Grant, Peter	MRBO	208	Gray, John	ORBG	377	Green, Henry*	CHTN	197
Grant, Peter	MRBO	204	Gray, John	RHLD	92	Green, Henry D	SMTR	95
Grant, Phillis	CHTN	297	Gray, John*	ABVL	24	Green, Irvine	GRVL	333
Grant, Ralph*	NWBY	250	Gray, Kate*	CHTN	451	Green, J*	SPBG	258
Grant, Riley	CHFD	107	Gray, L R	KRSW	74	Green, J F	GRVL	478
Grant, Sarah*	CHTN	303	Gray, Levi N	DLTN	372	Green, J H	GRVL	467
Grant, Silvanus	YORK	451	Gray, Lydia	BUFT	78	Green, J J	BNWL	435
Grant, Susan*	CHTN	443	Gray, Malissa	PKNS	90	Green, J K*	WMBG	337
Grant, Susannah	CHTN	432	Gray, Martha*	CHTN	119	Green, J L	SPBG	412
Grant, Thomas	ADSN	265	Gray, Martha*	ADSN	279	Green, J R	BNWL	433
Grant, Thos D	CHTN	520	Gray, Mary	ADSN	295	Green, J S	BNWL	434
Grant, William G	PKNS	126	Gray, Mary G**	CHTN	458	Green, J W	GRVL	358
Grant, William*	ABVL	74	Gray, Mary*	LCTR	156	Green, Jacob	BNWL	461
Grant, William	MRBO	208	Gray, Miles	BUFT	83	Green, James	SPBG	251
Grant, William*	ADSN	258	Gray, Miss Jane*	EDFD	74	Green, James F	CHTN	405
Grant, William	CHTR	7	Gray, N A	PKNS	94	Green, James M*	ABVL	52
Grant, William*	CHTR	8	Gray, Nancy	ADSN	231	Green, Jas	EDFD	20
Grant, Zoe	CHTN	445	Gray, Nancy*	RHLD	92	Green, Jas	EDFD	57
Grantham, Ann	MARN	51	Gray, Polly	ADSN	282	Green, Jas	CLDN	241
Grantham, Bright	MARN	101	Gray, R L	LRNS	330	Green, Jeff*	EDFD	44
Grantham, Elias	DLTN	410	Gray, Rebeca*	ADSN	244	Green, Jeremiah	SPBG	372
Grantham, Elias	MARN	101	Gray, Robert	MRBO	175	Green, Jerimiah	YORK	485
Grantham, Elizabeth	MARN	101	Gray, Robt	LRNS	276	Green, Jno	LRNS	248
Grantham, Harriet*	CHFD	123	Gray, Robt A	PKNS	55	Green, Jno	EDFD	19
Grantham, Jno	DLTN	411	Gray, Saml**	LRNS	331	Green, John	SPBG	289
Grantham, Nancy	DLTN	410	Gray, Sarah*	LRNS	329	Green, John**	SPBG	280
Grantham, Nathan	DLTN	411	Gray, Selina	RHLD	39	Green, John A	BNWL	400
Grantham, Wiley	DLTN	407	Gray, T	LRNS	330	Green, John C	GRVL	343
Grantt, James	CHTN	288	Gray, T P*	KRSW	121	Green, John D	CHTN	181
Grary, H A	EDFD	112	Gray, Thomas C*	RHLD	53	Green, John T*	SMTR	111
Grasing, Henry	EDFD	46	Gray, Thompson	MRBO	168	Green, John T	HORY	3
Grasson, Ellen M*	NWBY	271	Gray, Thos	LRNS	245	Green, John W	GETN	321
Graveler, Balenger	PKNS	124	Gray, Thos*	ABVL	40	Green, John*	CHTN	197
Graveley, C	CHTN	225	Gray, W C	CHTN	371	Green, John C	RHLD	18
Gravely, John	PKNS	113	Gray, W E	LRNS	263	Green, John H	GRVL	390
Gravely, John	PKNS	113	Gray, W H*	COTN	326	Green, John T	SMTR	172
Gravely, John H	PKNS	114	Gray, W P	BNWL	505	Green, John*	EDFD	106
Gravely, Joseph	PKNS	113	Gray, Wallace	ADSN	221	Green, Joseph H**	NWBY	268
Gravely, Richard	COTN	274	Gray, William	ADSN	334	Green, L M	CLDN	239
Graver, John	CHTN	269	Gray, William	GRVL	502	Green, Lewis	PKNS	177
Graver, John H	CHTN	368						

Name	Loc	Pg	Name	Loc	Pg	Name	Loc	Pg
Green, Lewis	YORK	487	Greenway, D F	SPBG	270	Gregory, J G	UNON	197
Green, Lewis*	ADSN	168	Greenwood, F	MARN	83	Gregory, James*	SPBG	226
Green, Libby*	SPBG	295	Greenwood, Leonard	MARN	26	Gregory, James*	UNON	223
Green, Lucy P	RHLD	10	Greenwood, Mary	MARN	8	Gregory, Jarrea	UNON	197
Green, M*	CHTN	302	Greer, Allen**	ABVL	26	Gregory, Jasper	UNON	278
Green, M J*	WMBG	317	Greer, Ben	ABVL	27	Gregory, Jefferson T	NWBY	258
Green, M V*	BNWL	434	Greer, Benjn	SPBG	374	Gregory, Jeremiah	UNON	197
Green, Margaret**	SPBG	412	Greer, Cecelie*	CHTN	279	Gregory, Jery	UNON	216
Green, Margaret S*	GETN	317	Greer, Daniel	ADSN	183	Gregory, Jno	CHTR	23
Green, Margaret*	SMTR	121	Greer, Drayton	ABVL	29	Gregory, John	LXTN	440
Green, Marion*	SPBG	287	Greer, Elizabeth*	CHTN	502	Gregory, John	ORBG	373
Green, Marshal	ADSN	288	Greer, Ellen	SPBG	374	Gregory, John	UNON	197
Green, Martha*	EDFD	121	Greer, George	GRVL	454	Gregory, John	UNON	200
Green, Martin	ADSN	331	Greer, Hannah	LRNS	235	Gregory, John	UNON	200
Green, Mary	GRVL	513	Greer, Hannah*	NWBY	228	Gregory, John	MRBO	150
Green, Mary*	CHTN	505	Greer, Isaac	GRVL	490	Gregory, John P**	LCTR	193
Green, Mary A*	CHTN	377	Greer, J J	SPBG	374	Gregory, Jonathan	EDFD	9
Green, Masden*	SPBG	405	Greer, Jno F	ABVL	35	Gregory, L W	LCTR	188
Green, Matilda	EDFD	49	Greer, Jno M**	CHTN	359	Gregory, Letta	UNON	223
Green, Milly E	GRVL	480	Greer, John	GRVL	513	Gregory, Lettice	UNON	199
Green, Mrs Ann	EDFD	82	Greer, John M	ADSN	176	Gregory, Lida	UNON	197
Green, Mrs E	EDFD	19	Greer, John*	ABVL	27	Gregory, Martha	LCTR	195
Green, Mrs Eliza	EDFD	44	Greer, John N*	GRVL	411	Gregory, Mary	EDFD	165
Green, Mrs Julia	MRBO	144	Greer, John*	CHTN	141	Gregory, Mary	MRBO	150
Green, Mrs T*	CHTN	230	Greer, Leah S**	GRVL	493	Gregory, Mary S	UNON	203
Green, Nancy	GRVL	448	Greer, Martha*	ABVL	27	Gregory, Nancy	UNON	197
Green, Nathl	LRNS	318	Greer, Mary	ADSN	176	Gregory, R Jr	EDFD	9
Green, Nicy	BNWL	435	Greer, Nimrod	ADSN	200	Gregory, R Sr	EDFD	9
Green, O	CHTN	298	Greer, R P*	NWBY	242	Gregory, Richd	CHTN	519
Green, P C	EDFD	27	Greer, Saml	SPBG	374	Gregory, Robert	YORK	504
Green, P G	GRVL	341	Greer, Sarah A*	GRVL	413	Gregory, S*	SPBG	258
Green, Patrick	CHTN	383	Greer, Susan	NWBY	242	Gregory, S	UNON	196
Green, Paulin**	CHTN	435	Greer, T K	WMBG	335	Gregory, S B	EDFD	164
Green, Phebe	GRVL	489	Greer, Thos	ABVL	63	Gregory, Sarah*	SPBG	251
Green, Phillip*	CHTN	305	Greer, William	GRVL	492	Gregory, Simpson	UNON	259
Green, Pinckney W	GRVL	372	Greer, Wm	CHTN	309	Gregory, Solomon	UNON	196
Green, Plowden W	HORY	69	Gregan, Alice*	CHTN	223	Gregory, Spencer	ADSN	223
Green, Pond M**	COTN	288	Gregg, A N W	MARN	30	Gregory, Susanah	ORBG	373
Green, R B	GETN	298	Gregg, A P	MARN	32	Gregory, Thomas	UNON	196
Green, R B	WMBG	339	Gregg, Alexdr	MARN	33	Gregory, Thomas*	UNON	238
Green, R G	GETN	306	Gregg, Catharine*	RHLD	83	Gregory, Thomas	UNON	198
Green, R J	BNWL	433	Gregg, Charles E*	RHLD	55	Gregory, Thomas T	LCTR	196
Green, R P	HORY	4	Gregg, Cornelia M	RHLD	42	Gregory, Thompson*	UNON	200
Green, R R	DLTN	443	Gregg, D B	MARN	56	Gregory, Trustan	UNON	197
Green, Rheuban B	BNWL	399	Gregg, D R	MARN	28	Gregory, W S	UNON	261
Green, Robt**	BNWL	434	Gregg, E A	MARN	110	Gregory, William	UNON	196
Green, S*	SPBG	258	Gregg, E E	MARN	27	Gregory, William	UNON	204
Green, S A	CLDN	238	Gregg, E M	SMTR	121	Gregory, Willis	LCTR	195
Green, S B	WMBG	317	Gregg, Elijah	MARN	28	Gregory, Wm	EDFD	5
Green, S F*	HORY	9	Gregg, Francis	ADSN	238	Greig, Ben	CHTN	173
Green, S M	GRVL	491	Gregg, George C	SMTR	120	Grem, Alexander	LCTR	213
Green, S W*	WMBG	324	Gregg, Hugh	ADSN	238	Grem, Wm F	SPBG	201
Green, Saml	EDFD	19	Gregg, J Eli	MARN	27	Gremore, J B	BNWL	461
Green, Samuel	RHLD	73	Gregg, J G	MARN	32	Greneker, Richard H	NWBY	295
Green, Sarah	CHTN	398	Gregg, J J	EDFD	21	Greneker, Thos F	NWBY	295
Green, Sinsberry	SPBG	251	Gregg, James	LXTN	449	Gresham, Jesse W	GRVL	491
Green, Stuart	CHTN	476	Gregg, Joseph	MARN	27	Gresham, Sarah Ann*	GRVL	381
Green, Susan**	CHTN	436	Gregg, O S	MARN	110	Gretter, M*	CHTN	311
Green, Sylvester*	ORBG	404	Gregg, R D	MARN	35	Grevall, Geo	CHTN	197
Green, T A	LRNS	224	Gregg, Ransom**	LXTN	452	Grey, Edward	MARN	91
Green, T D	LCTR	161	Gregg, Rebecca S	SMTR	183	Grey, Harvey	LRNS	270
Green, Thomas	ADSN	168	Gregg, Rob J	MARN	18	Grey, James*	FAFD	245
Green, Thomas	CHTN	390	Gregg, Robt L	MARN	33	Grey, John Harris	ABVL	97
Green, Thomas J	SMTR	107	Gregg, S A	DLTN	386	Grey, Jos L	YORK	448
Green, Thomas P	CHTN	403	Gregg, Sabre*	YORK	487	Grey, Lavinia*	LRNS	263
Green, Viney*	COTN	317	Gregg, W W	MARN	18	Grey, Mary*	YORK	453
Green, W	SPBG	403	Gregg, William A*	RHLD	48	Grey, Susan	CHTN	344
Green, W	SPBG	403	Gregg, Wm**	EDFD	26	Grey, Tevesay*	CHTN	472
Green, W B	GRVL	333	Gregg, Wm G	MARN	28	Grezel, Francis	COTN	249
Green, W G	COTN	288	Gregg, Wm S	MARN	54	Grible, J H	LCTR	154
Green, W H	WMBG	317	Gregg, Wm Sr	EDFD	34	Grice, A E	MARN	52
Green, W H*	LCTR	160	Gregg, Wm*	CHTN	318	Grice, Ambros	EDFD	12
Green, Washington	COTN	343	Greggery, E G	KRSW	117	Grice, Ben*	EDFD	12
Green, William	CHTN	435	Greggs, J N**	CHTN	404	Grice, Daniel	PKNS	156
Green, William	BNWL	431	Gregorie, A Frazier	BUFT	95	Grice, E G	MRBO	173
Green, William	CHTN	272	Gregorie, Ferdinand	CHTN	99	Grice, Eldred	EDFD	196
Green, William B	SMTR	134	Gregorie, Isaac Mc P	BUFT	95	Grice, Henry*	EDFD	8
Green, William B	GRVL	341	Gregorie, James	BUFT	95	Grice, John	GRVL	464
Green, William H	BNWL	399	Gregorie, John W	BUFT	95	Grice, John	EDFD	17
Green, William H	ORBG	409	Gregorie, T	CHTN	227	Grice, John*	EDFD	193
Green, William H	YORK	479	Gregorie, Thos H	BUFT	25	Grice, M	MARN	74
Green, William M	SMTR	105	Gregorie, Wm D	BUFT	95	Grice, Macijah	EDFD	18
Green, Willis	GRVL	476	Gregorry, Harrison	UNON	197	Grice, Pherobe	MRBO	174
Green, Wm	ADSN	199	Gregory, A D	SPBG	393	Grice, Rebecca*	EDFD	13
Green, Wm	BNWL	435	Gregory, A*	GRVL	420	Grice, Sarah	BUFT	83
Green, Wm	GETN	293	Gregory, A G	UNON	225	Grice, Stephen	MRBO	173
Green, Wm J	SPBG	267	Gregory, A S	UNON	199	Grice, Stephen H	MRBO	173
Green, Wm M*	EDFD	64	Gregory, Abel	MRBO	158	Grice, Thos S	MRBO	174
Green, Wm*	ADSN	182	Gregory, Aberdeen	CHTN	394	Grice, Wilson	BNWL	461
Green, Wm*	NWBY	282	Gregory, B T	UNON	199	Grice, Wm	EDFD	18
Green, Wm	CHTR	33	Gregory, Charles*	UNON	205	Gridley, Edward*	GRVL	419
Green, Wm H	ABVL	56	Gregory, E M*	SPBG	315	Grier, B M	GETN	300
Green, Wyatt W	BNWL	399	Gregory, E M	SPBG	259	Grier, Benjamin	UNON	213
Green, Z W	PKNS	49	Gregory, E M	UNON	271	Grier, Benjn	GETN	302
Greenberry, John*	UNON	194	Gregory, F	CHTR	90	Grier, Elizabeth	GRVL	454
Greene, Jacob	EDFD	129	Gregory, Ferdinand	UNON	221	Grier, Elizabeth*	UNON	214
Greeneland, Melvin	CHTN	279	Gregory, Frances M	LXTN	440	Grier, F B	GETN	317
Greenfield, Louis*	WMBG	299	Gregory, G S	UNON	197	Grier, George W	CHTN	414
Greenfield, Robt	GRVL	373	Gregory, G S Jr	UNON	197	Grier, J M	UNON	212
Greenhill, John	SMTR	96	Gregory, Harison**	LCTR	196	Grier, James	UNON	249
Greening, Jabry P*	SPBG	303	Gregory, Hastas	UNON	204	Grier, Jane	UNON	200
Greenleaf, A	SPBG	349	Gregory, Isaac	UNON	200	Grier, Jas	YORK	442
Greenleaf, C S	SPBG	351	Gregory, Isaac	UNON	199	Grier, Jno	CHTR	4
Greenlee, Basil**	SPBG	231	Gregory, Isaac D	UNON	199	Grier, Joseph	ADSN	273
Greensfield, Jacob*	RHLD	56	Gregory, J B	SPBG	409	Grier, L A	GETN	317
			Gregory, J B S	LXTN	386			

Name	Loc	Pg	Name	Loc	Pg	Name	Loc	Pg	Name	Loc	Pg
Grier, Lizie	YORK	442	Griffin, Martha	MRBO	197	Griggs, Clement Jr*	CHFD	131
Grier, M Thos*	YORK	422	Griffin, Mary	COTN	304	Griggs, David	DLTN	467
Grier, Mary*	YORK	366	Griffin, Mary A	FAFD	245	Griggs, Delight	CHFD	180
Grier, Nancy	UNON	214	Griffin, Mary	GRVL	472	Griggs, Durham	FAFD	223
Grier, Nancy	GRVL	454	Griffin, Mary	FAFD	233	Griggs, Elizabeth	CHFD	145
Grier, R	UNON	275	Griffin, Mary	GRVL	381	Griggs, Henry**	MRBO	203
Grier, Rebecca	UNON	249	Griffin, Mary E*	NWBY	253	Griggs, James	CHFD	145
Grier, Robert C	GETN	300	Griffin, Mrs N	EDFD	113	Griggs, John	CHFD	131
Grier, Robt C	ABVL	128	Griffin, Nelson	CLDN	199	Griggs, L	CHFD	105
Grier, S A D*	GETN	317	Griffin, Newton	LRNS	246	Griggs, Lovedy	DLTN	467
Grier, S E*	WMBG	328	Griffin, Omer	SPBG	251	Griggs, M	CHFD	177
Grier, Saml	GETN	318	Griffin, Polly*	LCTR	186	Griggs, Mary E*	CHTN	424
Grier, Saml Jr	GETN	318	Griffin, R Aug	ABVL	73	Griggs, Nat	GETN	298
Grier, Sarah*	UNON	212	Griffin, R C	EDFD	141	Griggs, Wiley C	DLTN	467
Grier, W K	GETN	317	Griffin, R H*	CHTN	371	Griggs, Wm	DLTN	467
Grierson, Elizabeth*	CHTN	355	Griffin, R T	ORBG	357	Grigsby, R R*	EDFD	187
Grierson, Jno*	CHTN	316	Griffin, Rachael	NWBY	249	Grimball, Ann M	COTN	248
Grieshaber, Emanuel	RHLD	36	Griffin, Rachel	SPBG	402	Grimball, J P	COTN	355
Grifen, James*	UNON	263	Griffin, Rebecca*	EDFD	92	Grimball, John	CHTN	187
Griffen, Henry	SPBG	231	Griffin, Rebecca*	EDFD	107	Grimball, Paul C	COTN	355
Griffen, Mary	NWBY	243	Griffin, Reubin	LRNS	251	Grimball, T M	COTN	360
Griffeth, Ellen B	LXTN	449	Griffin, Richard	ABVL	86	Grimball, Thomas H	CHTN	114
Griffin, A C	GRVL	382	Griffin, Richd	LRNS	236	Grimball, Thomas*	CHTN	402
Griffin, Adeline	BNWL	439	Griffin, Richd	LRNS	310	Grimble, Jas C	SPBG	408
Griffin, Allen	LXTN	371	Griffin, Richd N	CLDN	199	Grimby, Wesly	CHFD	102
Griffin, Allen	MARN	99	Griffin, Robert H	PKNS	134	Grimes, Andrew J	ORBG	347
Griffin, Alva	PKNS	146	Griffin, S A*	LRNS	231	Grimes, Elizabeth	ORBG	347
Griffin, Anne*	COTN	251	Griffin, S H*	CHTN	173	Grimes, Elizabeth	ORBG	349
Griffin, B F	NWBY	238	Griffin, Sally	MARN	53	Grimes, G C	LRNS	220
Griffin, B F**	ADSN	179	Griffin, Samuel	LRNS	238	Grimes, G W	BNWL	344
Griffin, Caroline*	EDFD	28	Griffin, Sarah C**	ADSN	165	Grimes, George	BNWL	345
Griffin, Col B F	LRNS	235	Griffin, Sarah E*	DLTN	384	Grimes, Henry	ORBG	348
Griffin, Danl	COTN	261	Griffin, Sarah J	DLTN	384	Grimes, Henry D	BNWL	382
Griffin, David	PKNS	140	Griffin, Serena*	CLDN	198	Grimes, Isabella	NWBY	236
Griffin, Demsy	CLDN	199	Griffin, Silas	ADSN	292	Grimes, J F*	NWBY	296
Griffin, Dick	MRBO	210	Griffin, Sophia	ORBG	329	Grimes, James	BNWL	353
Griffin, Dr J L C	FAFD	263	Griffin, Stephen	ADSN	286	Grimes, James	ORBG	346
Griffin, E M*	DLTN	384	Griffin, T B	KRSW	129	Grimes, James	COTN	363
Griffin, Edmund	GRVL	381	Griffin, Thomas	EDFD	111	Grimes, James M	BUFT	56
Griffin, Eli	PKNS	141	Griffin, Thomas	PKNS	142	Grimes, John B*	BUFT	74
Griffin, Elihu	PKNS	165	Griffin, Thos	ABVL	96	Grimes, John D	BNWL	344
Griffin, Elihu	PKNS	134	Griffin, Thos	SPBG	251	Grimes, John S	ORBG	347
Griffin, Elijah	ADSN	165	Griffin, Thos	CLDN	199	Grimes, Lucy**	MRBO	162
Griffin, Eliza	LCTR	155	Griffin, Thos	LCTR	180	Grimes, Martha	ABVL	80
Griffin, Elizabeth	NWBY	249	Griffin, Thos C	ABVL	69	Grimes, Mary	ABVL	53
Griffin, Elizabeth*	ORBG	409	Griffin, Thos H*	CHTN	214	Grimes, Thomas*	ADSN	300
Griffin, Fielden	SPBG	249	Griffin, Thos J*	ABVL	47	Grimes, William*	ADSN	300
Griffin, Frances	FAFD	259	Griffin, Tienon	ADSN	185	Grimes, William	EDFD	93
Griffin, Gen C B	NWBY	252	Griffin, Vincent	LRNS	231	Grimes, William K	BNWL	344
Griffin, Geo N	CLDN	224	Griffin, W	MRBO	156	Grimes, Wm	COTN	362
Griffin, George	NWBY	249	Griffin, W D*	CHTN	371	Grimes, Wm	ORBG	349
Griffin, H D	BNWL	502	Griffin, W K	NWBY	258	Grimke, E M	CHTN	364
Griffin, H G	CHTR	12	Griffin, Wilkinson	CLDN	208	Grimke, Jno	CHTN	326
Griffin, Hampton	COTN	301	Griffin, William	SPBG	250	Grimke, M A S*	BUFT	97
Griffin, Henry*	NWBY	326	Griffin, William	ADSN	287	Grimko, Mrs S D	CHTN	221
Griffin, Henry	ORBG	329	Griffin, William W*	GRVL	457	Grimme, E*	LRNS	221
Griffin, Hesikiah	YORK	479	Griffin, William	NWBY	249	Grimmure, Wm H*	CHTN	207
Griffin, J	SPBG	228	Griffin, William	RHLD	86	Grimn, Mrs	CHTN	358
Griffin, J B	EDFD	65	Griffin, William	COTN	265	Grimsley, Irvin	RHLD	78
Griffin, J C	ADSN	180	Griffin, William B*	RHLD	57	Grimsley, James*	MARN	32
Griffin, J C	EDFD	95	Griffin, William*	HORY	49	Grimsley, Jas R	MARN	32
Griffin, J J	HORY	31	Griffin, Winney*	KRSW	109	Grimsly, Joseph R	CHTN	181
Griffin, Jackson	ABVL	110	Griffin, Wm	EDFD	52	Grimstead, Michael	RHLD	30
Griffin, Jacob	SPBG	402	Griffin, Wm E	COTN	341	Griner, Ann	CHTN	271
Griffin, James*	LRNS	349	Griffin, Wm J	CLDN	235	Grines, Jesse W	BUFT	66
Griffin, James	COTN	276	Griffin, Wm*	YORK	399	Grines, John J	BUFT	66
Griffin, James	WMBG	361	Griffin, Wm M	ABVL	90	Grinsley, Anna J	MARN	111
Griffin, James	MARN	99	Griffin, Wm W	ABVL	69	Grinsley, George	MARN	111
Griffin, James F	BUFT	23	Griffin, Wm	EDFD	52	Griolane, Saml	CHTN	298
Griffin, James L*	ABVL	86	Griffis, J B	EDFD	60	Gripette, R G W	HORY	50
Griffin, James M	CHTR	4	Griffis, Lewis	ORBG	380	Grippon, Mary*	CHTN	404
Griffin, Jane	HORY	48	Griffis, Mary	ORBG	389	Griaby, J A	KRSW	75
Griffin, Jas W	ABVL	135	Griffis, Piney	DLTN	464	Grisham, Alexander	GRVL	335
Griffin, Jas W	CHTN	503	Griffith, Anna*	ORBG	389	Grisham, Isham	SPBG	402
Griffin, Jas*	KRSW	110	Griffith, Arab	ORBG	351	Grisham, Jacob	GRVL	326
Griffin, Jeramiah	LCTR	178	Griffith, Benjm	GRVL	374	Grisham, Jacob*	EDFD	21
Griffin, Jno	LRNS	283	Griffith, Catherine	CHTN	517	Grisham, James	GRVL	19
Griffin, Jno	EDFD	52	Griffith, Eliza	CHTN	428	Grisham, Jane*	GRVL	448
Griffin, Jno	CLDN	203	Griffith, Eliza*	CHTN	425	Grisham, William	GRVL	333
Griffin, John	SPBG	402	Griffith, Eluju	EDFD	156	Grisham, Wm	EDFD	48
Griffin, John	SPBG	229	Griffith, G A	COTN	302	Grisham, Wm S	PKNS	60
Griffin, John	SPBG	248	Griffith, H P	LRNS	327	Grisolm, Est of*	FAFD	279
Griffin, John	BNWL	412	Griffith, H W	EDFD	151	Grisop, John	PKNS	33
Griffin, John	ADSN	165	Griffith, Harriet*	CHTN	468	Griss, Eloise L**	CHTN	201
Griffin, John B	PKNS	165	Griffith, Henry	EDFD	159	Grissel, Wilie*	SMTR	111
Griffin, John S	SPBG	238	Griffith, J W**	GRVL	359	Grissette, R G W	HORY	50
Griffin, John*	MRBO	197	Griffith, James	EDFD	160	Grist, B F	GRVL	417
Griffin, John	RHLD	91	Griffith, John	EDFD	159	Grist, John E	YORK	367
Griffin, John L*	ABVL	86	Griffith, Joseph	LCTR	150	Grist, L M	YORK	367
Griffin, John*	LCTR	178	Griffith, Matilda	GRVL	407	Griswold, C A**	CHTN	401
Griffin, John*	KRSW	129	Griffith, Mrs A*	CHTN	339	Grits, William	PKNS	26
Griffin, Joseph	MARN	112	Griffith, Polly	COTN	297	Grogan, Alice*	ADSN	276
Griffin, Joshua	NWBY	249	Griffith, R	CHFD	154	Grogan, B	GRVL	332
Griffin, L	LRNS	349	Griffith, Sarah*	CHTN	428	Grogan, Bery*	GRVL	407
Griffin, Larkin**	ABVL	52	Griffith, Stephen	GRVL	373	Grogan, Daniel	GRVL	404
Griffin, Larkin A*	ABVL	86	Griffith, Susan	CHFD	153	Grogan, Henry Jr	PKNS	108
Griffin, Lazarue	COTN	279	Griffith, W Y	COTN	350	Grogan, Henry Sr	PKNS	108
Griffin, Lee	RHLD	88	Griffith, Whitmore	COTN	252	Grogan, John*	GRVL	420
Griffin, Liza	ORBG	329	Griffith, William	EDFD	160	Grogans, Betsy	CHTN	412
Griffin, Louisa*	GRVL	515	Griffith, William	GRVL	374	Groggan, James	NWBY	241
Griffin, Lowndes	ABVL	153	Griffith, William	GRVL	480	Groggan, Silas	NWBY	240
Griffin, M R**	EDFD	130	Griffiths, S	LRNS	328	Groggans, Danl	NWBY	238
Griffin, M*	LCTR	156	Griffiths, W C	COTN	350	Groggans, Eliz	NWBY	240
Griffin, Malvina*	RHLD	87	Griggs, Chas*	DLTN	476	Groggans, Jos	NWBY	240
Griffin, Marcus	SPBG	249	Griggs, Clement	CHFD	131	Groggans, Pickens*	NWBY	234
Griffin, Martha	UNON	226				Groggans, Sallie*	NWBY	234

Name	Location	Page
Groggans, William D*	NWBY	304
Groin, J T*	GRVL	365
Groming, Julia*	CHTN	214
Groning, C A**	CHTN	318
Groning, L	CHTN	346
Groning, Susan*	RHLD	55
Groomes, Betsy	RHLD	59
Groomes, George	CHFD	173
Grooms, Althenis	SMTR	138
Grooms, Angeline	SMTR	112
Grooms, Calvin	MRBO	200
Grooms, Dovey**	CLDN	239
Grooms, Elizabeth	MRBO	184
Grooms, Ervin	SMTR	137
Grooms, Henry*	COTN	365
Grooms, Hugh	SMTR	112
Grooms, Jane*	CHFD	139
Grooms, John	SMTR	138
Grooms, Mary	CHFD	95
Grooms, Nelson	CHTN	149
Grooms, Pinckney*	CHTN	155
Grooms, R	CHFD	121
Grooms, Rachel*	MRBO	194
Grooms, Stephen	SMTR	137
Grooms, Thomas	MARN	93
Groover, Philip*	PKNS	21
Grooves, Evander	CHFD	128
Grooves, Martha	CLDN	242
Grooves, Mary	CHFD	95
Grosbery, Andrew	ADSN	172
Grosenpecker, John	CHTN	501
Gross, Barnet*	CHTN	460
Gross, Catharine	LXTN	433
Gross, David	NWBY	258
Gross, E	UNON	185
Gross, Elizabeth**	CHTN	457
Gross, H M	LXTN	433
Gross, Henry	SPBG	319
Gross, Henry	GRVL	327
Gross, John	LXTN	388
Gross, John	GRVL	452
Gross, Rebecca M*	BUFT	41
Gross, Reuben	LXTN	433
Gross, Sarah	COTN	257
Grother, John	CHTN	201
Grotjhan, J H*	CHTN	158
Grover, Nicholas W	RHLD	40
Grovermann, Louis	CHTN	443
Groves, Allen	COTN	264
Groves, Catherine**	CHTN	264
Groves, Charles	ADSN	233
Groves, Daniel	COTN	255
Groves, Elizabeth	CHTN	208
Groves, Geo	COTN	258
Groves, John	COTN	264
Groves, Kisiah*	COTN	292
Groves, Mary J*	CHTN	494
Groves, Rignal N	ABVL	116
Groves, Sollomon	BNWL	378
Groves, Stewart	RHLD	26
Groves, W H	CHTN	336
Groves, Wm D**	BNWL	476
Grovess, Benjamin	COTN	286
Grubbe, Sophia*	CHTN	101
Grubbs, Bailem	BNWL	437
Grubbs, Bartholamus	BNWL	371
Grubbs, Charity*	BNWL	371
Grubbs, Ellis	BNWL	406
Grubbs, Henrietta*	BNWL	507
Grubbs, Jno*	CHTR	27
Grubbs, John	BNWL	386
Grubbs, John M	ADSN	266
Grubbs, Joseph*	BNWL	394
Grubbs, Mary A**	BNWL	371
Grubbs, Philloman	BNWL	396
Grubbs, R L	PKNS	79
Grubbs, R W	ADSN	200
Grubbs, Samuel	BNWL	371
Grubbs, Thomas	BNWL	371
Grubbs, Thomas L*	BNWL	398
Grubbs, W L	ADSN	266
Grubbs, William L	BNWL	395
Gruber, Albert*	CHTN	425
Gruber, Catharine**	CHTN	477
Gruber, Charles	CHTN	470
Gruber, Charles M	RHLD	82
Gruber, Frances	NWBY	216
Gruber, Geo H	CHTN	494
Gruber, J W	COTN	295
Gruber, James	CHTN	386
Gruber, John A C	RHLD	82
Gruber, John S	COTN	294
Gruber, Levinia*	RHLD	34
Gruber, Sarah	NWBY	215
Gruber, Stuffle	NWBY	215
Gruber, Washington O	CHTN	461
Grubs, Minerva	BNWL	407
Gruger, Christian	NWBY	257
Grumble, A	LRNS	313
Grumble, Robert**	CHTN	409
Grumbles, Jno	LRNS	295
Grumbles, Robert	GRVL	438
Grumes, Absolom	CHTN	119
Grumes, Andrew	CHTN	119
Grumes, John	CHTN	137
Grumes, Lewis	CHTN	137
Grumes, M	CHTN	136
Grumes, Noel*	CHTN	119
Grumes, Robt	CHTN	137
Grunnelle, Mary*	RHLD	54
Gruver, Rachel R*	CHTN	509
Grymes, B F	ADSN	167
Grymes, Edmond	ADSN	168
Grymes, Nancy	ADSN	182
Gtling, J	CHTN	318
Gualtney, Rev J	EDFD	109
Guardeau, Mrs M	CHTN	341
Guay, James	ORBG	355
Gudleth, Adolph*	CHTN	168
Gue, A P	ORBG	368
Gue, Harriett	ORBG	368
Guena, Francis	CHTN	283
Guenvere, Mrs	CHTN	310
GUENY, B L	GETN	285
Guerara, Edward P*	RHLD	56
Guerard, Ann L	CHTN	440
Guerard, J D	BUFT	16
Guerard, John M*	RHLD	53
Guerard, W B*	CHTN	370
Guerard, Wm**	CHTN	329
Guerin, H C*	CHTN	332
Guerin, Jeraldine*	CHTN	332
Guerny, Virginia	SMTR	145
Guerrick, Henry	CHTN	179
Guerry, Alice C	CHTN	478
Guerry, Ann*	CHTN	143
Guerry, Benjamin	CHTN	172
Guerry, Granderson	CHTN	482
Guerry, Henry	CHTN	146
Guerry, Henry G	RHLD	16
Guerry, James*	CHTN	144
Guerry, Joseph	CHTN	173
Guerry, Mary E	CHTN	177
Guerry, Samuel	CHTN	146
Guerry, W S	WMBG	305
Guery, Leonora*	CHTN	207
Guery, Peter*	CHTN	208
Guess, A M	ORBG	379
Guess, B M	WMBG	308
Guess, D W D	CHTN	116
Guess, Daniel	BNWL	378
Guess, Daniel D M	BNWL	358
Guess, E A	WMBG	308
Guess, Henry*	GRVL	401
Guess, J G	BNWL	358
Guess, John	ORBG	379
Guess, John	GRVL	436
Guess, Joseph	BUFT	96
Guess, Samuel	GRVL	441
Guess, Wm	WMBG	301
Guest, William M	GRVL	468
Guffin, C Bingley	ABVL	12
Guie, Victor	ORBG	375
Guignard, Green	RHLD	12
Guignard, James S	RHLD	85
Guignard, James S	RHLD	9
Guild, H A	WMBG	314
Guild, M S**	GETN	284
Guillemin, P L	CHTN	365
Guin, George*	MARN	128
Guin, Sallie	MARN	128
Guinard, Dennis**	CHTN	277
Guinn, Betsy	MRBO	165
Guinn, Caty	MRBO	165
Guinn, Drura	MRBO	162
Guinn, Frances	SPBG	385
Guinn, Franklin	SPBG	396
Guinn, J J	UNON	214
Guinn, James	SPBG	323
Guinn, Jas	SPBG	384
Guinn, Jefferson	ADSN	229
Guinn, Jessee	SPBG	383
Guinn, John	MRBO	165
Guinn, Josiah	SPBG	333
Guinn, May P	SPBG	385
Guinn, Richard	MRBO	189
Guinn, Taby	YORK	437
Guinn, Thos	SPBG	339
Guinnes, H W*	CHTN	322
Guinnes, Mrs L	CHTN	322
Guinyard, Ed	FAFD	256
Guion, Cath	CHFD	142
Guissure, Julia*	CHTN	213
Guiton, John	HORY	12
Guiton, Joseph	UNON	289
Gulbrith, Manapa	ADSN	224
Guldin, George F	PKNS	175
Gulford, Caswell*	BNWL	344
Gullage, D	CHFD	99
Gullage, Eli	SPBG	248
Gullage, Jno	CHFD	158
Gullat, Peter*	RHLD	53
Gulledge, Edward	CHFD	117
Gulledge, Hez	EDFD	29
Gulledge, Jno	CHFD	101
Gulledge, Joel	CHFD	132
Gulledge, John*	GRVL	415
Gulledge, Miss E	EDFD	29
Gulledge, N*	DLTN	378
Gulledge, T	EDFD	35
Gulledge, Thos	CHFD	117
Gulledge, Thos	CHFD	95
Gullege, David	CHFD	132
Gullege, Joel	CHFD	137
Gullege, Obediah	CHFD	135
Gullege, R S	CHFD	148
Gullic, J G	YORK	431
Gulliver, James*	BNWL	344
Gulston, M	COTN	250
Gulthrie, Elizabeth	YORK	417
Gulthrie, Mary*	SPBG	300
Gun, Esther	CLDN	232
Gunga, F*	CHTN	350
Gungbluth, J H	CHTN	252
Gunhouse, J L	CHTR	69
Gunitan, A*	PKNS	34
Gunley, Caesar	RHLD	2
Gunn, George	CHTN	358
Gunn, Mary J*	PKNS	98
Gunn, Wm E	YORK	442
Gunnel, Benjamin*	COTN	328
Gunnell, Wm	FAFD	224
Gunnells, Elisha	BNWL	364
Gunnells, Robert	BNWL	364
Gunnels, Ann	COTN	328
Gunnels, Anna M*	RHLD	83
Gunnels, Benjamin	GRVL	432
Gunnels, G M	LRNS	221
Gunnels, Winny	GRVL	427
Gunning, Harvy*	YORK	468
Gunter, A B	LXTN	468
Gunter, Abel	LXTN	413
Gunter, Alsey	MRBO	168
Gunter, Ann*	CHTN	105
Gunter, Anna*	CHTN	202
Gunter, Benj	LXTN	423
Gunter, Celia*	ADSN	255
Gunter, David	GRVL	341
Gunter, Dorcas*	MARN	7
Gunter, Elbert	LXTN	444
Gunter, Eldridge	ORBG	398
Gunter, Elias	EDFD	181
Gunter, Elliott	LXTN	444
Gunter, Elvin	LXTN	444
Gunter, Elzy	LXTN	442
Gunter, Elzy	LXTN	444
Gunter, Ezekiel	LXTN	468
Gunter, F	WMBG	352
Gunter, F*	WMBG	352
Gunter, Henry	MARN	7
Gunter, Horry	LXTN	445
Gunter, James	MARN	5
Gunter, Jno	LXTN	444
Gunter, John	BUFT	29
Gunter, Joseph*	EDFD	182
Gunter, Joshua	LXTN	437
Gunter, L R	BNWL	472
Gunter, Lawson	LXTN	413
Gunter, Leml	LXTN	445
Gunter, Levi	LXTN	367
Gunter, Levi*	LXTN	445
Gunter, Lucy*	GRVL	383
Gunter, M	LXTN	444
Gunter, Mary Ann	CHTN	202
Gunter, Masten	LXTN	423
Gunter, Michell*	LXTN	413
Gunter, Nancy	LXTN	467
Gunter, Nancy	PKNS	164
Gunter, R	LXTN	444
Gunter, Richard	LXTN	445
Gunter, Riley	LXTN	413
Gunter, Russell	LXTN	442
Gunter, Sarah	YORK	441
Gunter, Stanncell	LXTN	467
Gunter, U	LXTN	445
Gunter, W H	LXTN	442
Gunter, W X	LXTN	445
Gunter, Wilkin	LXTN	445
Gunter, Wilkin Sr	LXTN	448
Gunter, William	LXTN	442
Gunter, William E***	NWBY	250
Gunter, Wilson	LXTN	445
Gunter, Wilson	BNWL	412
Gunter, Zimri	LXTN	445
Guntharp, Isabella*	YORK	479
Guntharp, Mary A	CHTR	43
Guntharp, R E	YORK	479
Guntharpe, Charlotte*	YORK	492
Guntharpe, O R	YORK	492
Gunther, Chas	CHTN	507
Gunther, Nicholus	CHTN	105
Guranus, J E	WMBG	335
Gurley, J A	EDFD	114
Gurley, John	CHTR	48
Gurley, Martin A	PKNS	174
Gurly, Celia**	LXTN	451
Gurney, Gidion	SPBG	424
Gurnsey, J M	BNWL	475
Gurny, Allen	CHFD	97
Gurny, Jno	CHFD	97
Gurny, Joseph	CHFD	97
Gurry, Jno A	CHFD	96
Gurry, Wm	CHFD	96
Gurton, Jacob	UNON	290
Gusset, Martha*	ORBG	346
Gussett, L F	COTN	336
Gussett, Tatum	COTN	336
Guston, Eliza*	ABVL	12

Name	Loc	Pg	Name	Loc	Pg	Name	Loc	Pg	Name	Loc	Pg
Gute, Charles*	RHLD	56	Haden, A	SPBG	384	Hailey, Willis	PKNS	53
Guthrie, Benjamin	ADSN	319	Hadion, Piety	BNWL	381	Hails, M L	KRSW	137
Guthrie, Jane S	YORK	439	Hadwin, Hardy	BNWL	360	Hails, Peter**	CHTN	431
Guthrie, Jno	ABVL	3	Hadwin, Isaiah*	BNWL	484	Hails, Spicey	DLTN	463
Guthrie, Mary*	ADSN	318	Hadwin, William	BUFT	66	Haines, C R*	COTN	267
Guthrie, Nelson	ADSN	319	Haffer, Mary	CHTN	260	Haines, Claudius R	COTN	267
Guthrie, Penelope*	ADSN	318	Haffernon, Dennis	CHTN	376	Haines, Jno**	CHTR	75
Guthrie, Robt	YORK	378	Hafferty, T	CHTN	251	Haines, Jno	DLTN	401
Guy, Amanda**	CHTR	16	Hafferty, Thomas*	CHTN	387	Haines, W A	COTN	289
Guy, J H	MARN	53	Haffstetter, E	FAFD	235	Hainey, Benj	CHFD	115
Guy, James E*	NWBY	304	Hafkenschield, Herman	CHTN	407	Hains, Mary	PKNS	135
Guy, John	CHTN	365	Hafler, Mathew	CHTN	497	Hains, Robert	COTN	367
Guy, Mrs. E**	CHTN	340	Hafner, Andrew	YORK	446	Hainsdorff, Hariet*	CHTN	457
Guy, Saml Jr*	CHTR	3	Hafner, Epraim	YORK	446	Hair, Addeline	SMTR	148
Guy, Theodore	CHTN	272	Hafner, J A	CHTR	33	Hair, Allen	BNWL	474
Guy, W N	CHTR	1	Hafner, Marcus	YORK	442	Hair, Calvin	LCTR	180
Guy, W N	YORK	379	Hag, John	NWBY	300	Hair, Charity	BNWL	473
Guy, William	CHTN	484	Hagan, Ann	COTN	262	Hair, D S	BNWL	474
Guyton, A W	ADSN	307	Hagan, Edward	ABVL	151	Hair, D W	BNWL	474
Guyton, Ann	BNWL	416	Hagan, J W	BUFT	64	Hair, Darling J	BNWL	374
Guyton, G	ADSN	307	Hagan, John	ABVL	150	Hair, David*	LXTN	371
Guyton, J W*	SPBG	257	Hagan, N*	GETN	304	Hair, David	BNWL	391
Guyton, J W*	ADSN	307	Hagan, Patk**	CHTN	204	Hair, David*	ORBG	306
Guyton, J W*	GRVL	406	Hagan, Robert	ABVL	150	Hair, Drew	CHFD	164
Guyton, John	RHLD	73	Hagan, Timothy	CHTN	515	Hair, Elizabeth*	SMTR	148
Gwathney, R B*	MARN	56	Hagan, Wm B*	EDFD	39	Hair, Elizabeth	SMTR	157
Gwims, Bansky*	RHLD	55	Hagans, Catharine**	YORK	472	Hair, Erwin R	BNWL	374
Gwin, C C	YORK	442	Hagans, Martha	ABVL	98	Hair, George*	ORBG	317
Gwin, Elias	LRNS	272	Hagans, R	YORK	435	Hair, H M**	EDFD	37
Gwin, Jeptha	LRNS	314	Hagans, Thos	MARN	32	Hair, H W	BNWL	474
Gwin, John	ADSN	220	Hagans, Wyat	YORK	373	Hair, Hattie*	ADSN	260
Gwin, John*	ABVL	153	Hageman, Henry	CHTN	464	Hair, J A	BNWL	503
Gwin, Margt*	LRNS	296	Hagen, Alie G	ABVL	124	Hair, J F	BNWL	464
Gwin, Mary	YORK	444	Hagen, Henry	CHTN	453	Hair, J Lewis	ORBG	312
Gwin, Reuben	LRNS	300	Hagen, James	CHTN	407	Hair, J M*	BNWL	476
Gwin, Revd W W	ABVL	68	Hagens, S E*	SPBG	347	Hair, J S	NWBY	253
Gwin, Sarah*	ADSN	235	Hagens, Dedrick*	CHTN	479	Hair, J W	BNWL	473
Gwin, Sidney	ADSN	219	Hagerman, J F	CHTR	11	Hair, J W	BNWL	470
Gwin, Thos T**	YORK	444	Hagerty, Jas*	CHTN	210	Hair, Jacob	ORBG	380
Gwin, Wm	YORK	373	Hagerty, Mary O	CETN	322	Hair, James B	LXTN	375
Gwinn, James	GRVL	478	Haggard, Ann	CHTN	119	Hair, Job	BNWL	470
Gwinn, Lewis	LRNS	327	Haggard, Simpson	ADSN	232	Hair, Jobe	BNWL	473
Gwyn, Walter	ADSN	256	Haggin, C C	SPBG	226	Hair, John	BNWL	470
Gwynn, Walter	RHLD	58	Haggs, H*	PKNS	22	Hair, John P	BNWL	375
Gyle, Mary	UNON	276	Hagin, James	SPBG	264	Hair, John R	BNWL	474
Gymon, John**	CHTN	282	Hagins, Jane	LCTR	154	Hair, John W	BNWL	358
Haas, Adam	SPBG	307	Hagins, Jno	DLTN	459	Hair, John*	ORBG	383
Haas, Daniel**	CHTN	452	Hagins, John M*	LCTR	208	Hair, John	NWBY	219
Haas, Frederick	SPBG	310	Hagins, Josephine	LCTR	163	Hair, John	LCTR	208
Haas, Mrs. E*	CHTN	334	Hagins, Mary*	YORK	434	Hair, Josephine**	BNWL	474
Habenicht, Anna*	CHTN	368	Hagins, Washington	ORBG	369	Hair, Joshua	BNWL	470
Habenicht, John	CHTN	197	Hagler, Littlton	LCTR	176	Hair, Margaret*	ORBG	318
Habernicht, Augt	CHTN	191	Hagler, Robt	LCTR	180	Hair, Martha	BNWL	471
Habernicht, F**	CHTN	324	Hagmier, Karl	PKNS	42	Hair, Mary	ORBG	319
Habersham, Cynthia**	LXTN	450	Hagnewood, Keziah	DLTN	424	Hair, Nancy	BNWL	407
Habersham, Jno**	CHTN	344	Hagnewood, Wm T	DLTN	417	Hair, Peter	NWBY	258
Habersham, Joseph*	RHLD	53	Hagood, B	FAFD	227	Hair, Rebecca	NWBY	218
Habersham, Maria	BUFT	11	Hagood, Benjamin	PKNS	124	Hair, Robert J	SMTR	148
Habersham, Rev B E	EDFD	111	Hagood, Chas	LRNS	236	Hair, S D	BNWL	474
Habersham, Richd W	BUFT	3	Hagood, E A	BNWL	441	Hair, Samuel T	SMTR	148
Habersham, S E	COTN	361	Hagood, E M	FAFD	214	Hair, William	BNWL	368
Habersham, Thos	CHTN	344	Hagood, Henry	FAFD	217	Hair, Willis	BNWL	474
Hacher, Elijah	ADSN	160	Hagood, J C	FAFD	227	Haire, Barsha	ORBG	386
Hackabe, J J	KRSW	103	Hagood, J O	BNWL	469	Hairgrove, Asa	MARN	95
Hackabe, W B	KRSW	103	Hagood, Jas S*	PKNS	57	Hairgrove, Isaac H	MARN	95
Hacker, Chs*	CHTN	186	Hagood, Jno	CHTN	338	Hairgroves, S A	MARN	23
Hacker, George S	CHTN	461	Hagood, Johnson	BNWL	466	Hairston, M*	LRNS	336
Hacker, Thos B**	CHTN	492	Hagood, Mrs M	EDFD	57	Hairston, Thos	LRNS	350
Hackerman, H**	CHTN	251	Hagood, Mrs M	BNWL	381	Haisty, James	PKNS	79
Hacket, Albert	ADSN	288	Hagood, W J	BNWL	441	Haith, Eliza	CHTN	495
Hacket, Robert	ADSN	254	Hagson, Mary J*	YORK	370	Haithcock, Green W	RHLD	93
Hackett, A	EDFD	131	Hague, Edmund G*	RHLD	51	Haithcock, Julia*	MRBO	162
Hackett, Martin	ABVL	52	Hagwood, T G	COTN	286	Haithcock, Polly	SMTR	155
Hackett, Michael	ABVL	92	Hahn, Christian	GRVL	411	Halberson, Jos**	CHTN	345
Hackett, Robert	ADSN	284	Hahr, Fludd	ORBG	409	Halburn, Matthew	CHTN	227
Hackett, Susan*	RHLD	54	Haig, Ann M	CHTN	452	Hale, C F	CHTN	100
Hackett, Whitaker	ADSN	306	Haig, Edward	CHTN	416	Hale, Charles	CHFD	122
Hackett, Wm F	ABVL	67	Haig, M	CHTN	111	Hale, Dudly	BNWL	444
Hackett, Wm K	YORK	373	Haig, R R*	SPBG	307	Hale, Henry*	CHTN	242
Hackin, H*	BNWL	458	Haig, Susan M	CHTN	448	Hale, Henry	GETN	304
Hacott, Nancy*	RHLD	55	Haigler, Adam*	ORBG	333	Hale, Isaac	CHFD	123
Hadcock, Jane**	CHTN	261	Haigler, Andrew	ORBG	316	Hale, J D	LCTR	218
Hadden, Ann*	CHTN	304	Haigler, Ann	ORBG	319	Hale, Jas O	DLTN	465
Hadden, D	LRNS	333	Haigler, E	ORBG	314	Hale, John Sr	CHFD	122
Hadden, Hannah A*	ABVL	91	Haigler, Esaw	ORBG	307	Hale, Nathan*	DLTN	372
Hadden, J H	SPBG	397	Haigler, H*	ORBG	322	Hale, Saml	MARN	23
Hadden, James R*	ABVL	91	Haigler, H A	ORBG	307	Hale, Wesley	ADSN	278
Hadden, Jno C	SPBG	397	Haigler, Jesse W	ORBG	307	Hale, William	ADSN	283
Hadden, Reuben B	ABVL	91	Haigler, John A	ORBG	307	Hale, Wm H	CHFD	123
Hadden, Robt N	SPBG	400	Haigler, Joshua	ORBG	335	Hales, A	LCTR	215
Hadden, W M*	PKNS	49	Haigler, M A*	RHLD	21	Hales, E	WMBG	357
Haddock, F A	GETN	305	Haigler, Moses	ORBG	332	Hales, John	MARN	64
Haddock, John	COTN	528	Haigler, Mrs M	ORBG	307	Hales, Robt	MARN	63
Haddon, Abraham	ABVL	123	Haigler, S	ORBG	321	Haley, Harvey	CLDN	222
Haddon, Abraham	ABVL	126	Haigler, Samuel*	ORBG	328	Haley, John M	CHTN	208
Haddon, Abram	ABVL	84	Haigs, Josh*	DLTN	387	Haley, John*	RHLD	73
Haddon, David E*	ABVL	91	Hail, Hardy P A*	LCTR	191	Haley, Margaret E*	RHLD	93
Haddon, Ezekiel	ABVL	126	Haile, E C	KRSW	122	Haley, Mary**	CHTR	3
Haddon, James M	ABVL	122	Haile, J C	KRSW	80	Haley, Mary	CHTN	277
Haddon, James W*	ABVL	99	Haile, J L	KRSW	100	Haley, Orange B	ABVL	118
Haddon, Jane	RHLD	55	Haile, J L	KRSW	73	Haley, Patk*	CHTN	194
Haddon, John T	ABVL	123	Haile, John	LCTR	176	Halfacre, David	NWBY	261
Haddon, Lucy	ABVL	114	Haile, Rosetta	RHLD	50	Halfacre, David N	NWBY	258
Haddon, Pickney	ABVL	123	Hailey, Arch	PKNS	53	Halfacre, Henry	NWBY	253
Haddon, Robt W	ABVL	126	Hailey, Mary*	RHLD	55	Halforce, D C*	SPBG	347
			Hailey, Thos	ADSN	246			

Name	Loc	Pg	Name	Loc	Pg	Name	Loc	Pg
Halford, Isabel	BNWL	488	Hall, M H	ADSN	219	Hallman, J F	LXTN	467
Halford, J E	WMBG	315	Hall, M*	EDFD	123	Hallman, Jacob	LXTN	467
Halford, J G*	DLTN	393	Hall, M J	EDFD	46	Hallman, James D	LXTN	437
Halford, James M*	DLTN	445	Hall, Mansell	FAFD	208	Hallman, Jesse	LXTN	393
Halford, Wm R	BNWL	500	Hall, Marcus	ADSN	186	Hallman, Meta A**	LXTN	369
Halfrid, John	CHTN	509	Hall, Margaret	SPBG	246	Hallman, Nancy	EDFD	181
Haliker, B J E	CHTN	497	Hall, Margaret	WMBG	364	Hallman, Patrick J*	LXTN	417
Halkes, Wm*	ADSN	202	Hall, Martin**	CHTN	291	Hallman, Saml	LXTN	467
Hall, A J	ADSN	224	Hall, Martin	ADSN	220	Hallman, Simeon	LXTN	415
Hall, A M	ADSN	210	Hall, Mary*	PKNS	82	Hallman, Wilson	LXTN	370
Hall, Aaron	ADSN	224	Hall, Mary	ADSN	212	Hallman, Wm	LXTN	417
Hall, Absolem	ADSN	220	Hall, Mary	ABVL	130	Hallman, Wm	LXTN	438
Hall, Adeline	MARN	17	Hall, Mary A*	BNWL	470	Hallman, Zilpah	LXTN	424
Hall, Alex	BUFT	64	Hall, Mary A	YORK	471	Hallowran, Pat*	RHLD	58
Hall, Alfred*	LRNS	259	Hall, Mary L**	RHLD	83	Hallum, A C	ADSN	179
Hall, Amanda	EDFD	49	Hall, Mary*	RHLD	2	Hallum, John*	ADSN	328
Hall, Andrew*	ADSN	203	Hall, Matthew	NWBY	257	Hallways, Henry	PKNS	79
Hall, Ann	CHTN	398	Hall, Melinda	LXTN	466	Halman, Abram	NWBY	268
Hall, B D	ADSN	219	Hall, N C	YORK	399	Halpen, Matt**	CHTN	373
Hall, Ben*	RHLD	45	Hall, Nancy*	SPBG	231	Halsall, Wm H*	CHTN	480
Hall, Branson	SPBG	246	Hall, Nancy	GRVL	344	Halsdt, Harman	CHTN	507
Hall, Burton	BNWL	479	Hall, Nancy	RHLD	7	Halsel, Betsy	CHTR	28
Hall, C L	KRSW	126	Hall, Nathan*	BNWL	468	Halsell, Est of M	FAFD	269
Hall, C M*	KRSW	84	Hall, Nathan	SMTR	97	Halsell, Peter	FAFD	269
Hall, Calvin	PKNS	190	Hall, P	SPBG	273	Halsey, Mattie	FAFD	272
Hall, Chap	KRSW	83	Hall, Patsey	ABVL	136	Halsford, R R	COTN	275
Hall, Charles*	CHTN	110	Hall, Penuel	PKNS	64	Halson, William*	CHTN	210
Hall, Charles	ORBG	404	Hall, Permelia	GRVL	377	Halston, A*	CHTN	514
Hall, Charley*	ORBG	405	Hall, Phobe	GRVL	463	Haltiwanger, Adam	LXTN	384
Hall, Chesly	ADSN	209	Hall, Preston	BUFT	63	Haltiwanger, Almeny	LXTN	391
Hall, Chris	PKNS	71	Hall, Rebecca	CHTN	398	Haltiwanger, Andrew	RHLD	14
Hall, D	FAFD	252	Hall, Robert**	SPBG	254	Haltiwanger, Andw	LXTN	384
Hall, Daniel	PKNS	87	Hall, Robert F	YORK	391	Haltiwanger, David	LXTN	378
Hall, Daniel	CHTR	74	Hall, Robert H	ABVL	104	Haltiwanger, G T	LXTN	381
Hall, Darcus*	BNWL	478	Hall, Russel J	KRSW	120	Haltiwanger, H*	NWBY	305
Hall, Darling	BNWL	409	Hall, Rutha	PKNS	1	Haltiwanger, J H	LXTN	381
Hall, David	ADSN	249	Hall, Rutha	UNON	253	Haltiwanger, Mary*	LXTN	398
Hall, Dorcas**	EDFD	25	Hall, S*	SPBG	259	Haltiwanger, P H*	LXTN	430
Hall, Dudley	SPBG	265	Hall, S B	KRSW	83	Haltiwanger, R H*	NWBY	304
Hall, E J	FAFD	247	Hall, Sally	RHLD	7	Haltiwanger, S A	LXTN	410
Hall, Edward*	CHTN	213	Hall, Saml	ABVL	113	Haltiwanger, Wm	LXTN	381
Hall, Edwd G	BUFT	63	Hall, Saml B	YORK	382	Halverson, N B*	CHTN	257
Hall, Elbert	LXTN	466	Hall, Samuel	PKNS	62	Haly, P T R	CLDN	222
Hall, Elijah	LXTN	465	Hall, Samuel	SPBG	264	Ham, Anna	GETN	309
Hall, Elisha**	ADSN	319	Hall, Samuel	ADSN	215	Ham, Benjamin*	WMBG	364
Hall, Eliza**	DLTN	405	Hall, Samuel**	SPBG	254	Ham, Daniel	NWBY	217
Hall, Elizabeth	BNWL	473	Hall, Sarah	EDFD	119	Ham, Elisabeth*	CHTN	271
Hall, Elizth	BUFT	10	Hall, Sarah*	EDFD	83	Ham, Elizabeth	CHTN	210
Hall, Ephram	GRVL	327	Hall, Silas	CHFD	121	Ham, Emily**	NWBY	223
Hall, Ezekiel	ADSN	219	Hall, Stanford	SPBG	264	Ham, Fredk	DLTN	462
Hall, F M	KRSW	113	Hall, Susan	KRSW	83	Ham, H M	DLTN	447
Hall, F S	ADSN	249	Hall, T G	PKNS	1	Ham, Henry	DLTN	433
Hall, F*	EDFD	17	Hall, Tharin J	ADSN	187	Ham, Heywood*	CHTN	159
Hall, Fenton	ABVL	130	Hall, Thomas	GRVL	360	Ham, James	SPBG	329
Hall, Fenton H	PKNS	64	Hall, Thomas	ADSN	261	Ham, James*	CHTN	164
Hall, Frank	KRSW	118	Hall, Thomas J*	BNWL	474	Ham, James D	GETN	309
Hall, Gadsden**	CHTN	284	Hall, Thomas M*	RHLD	56	Ham, Sarah*	GETN	309
Hall, George N**	CHTN	475	Hall, Thos	GRVL	463	Ham, Thos B	DLTN	386
Hall, George W	ABVL	104	Hall, Thos	CHTN	334	Ham, Thos J	SPBG	329
Hall, George W	BUFT	1	Hall, W C	EDFD	130	Ham, Thos S	DLTN	461
Hall, Gideon**	LXTN	442	Hall, W E	FAFD	251	Ham, Wm	DLTN	397
Hall, H H	KRSW	84	Hall, W G	COTN	319	Ham, Zack	DLTN	458
Hall, H T	BNWL	458	Hall, W J	KRSW	84	Hambee, Jos	SPBG	353
Hall, Hannah	ADSN	220	Hall, W S	ADSN	222	Hamberg, Charles	RHLD	26
Hall, Henry	BUFT	64	Hall, W T*	SPBG	309	Hambert, J B*	SPBG	307
Hall, Henry*	CHTN	276	Hall, W T	YORK	393	Hambleton, Arthur	MARN	48
Hall, Henry	LCTR	155	Hall, Wade	LXTN	466	Hambleton, Jane*	CHTN	344
Hall, Hiram	SPBG	264	Hall, Wesley	CHFD	152	Hambleton, Tobias	MARN	48
Hall, Isaac	DLTN	465	Hall, Whitner	ADSN	220	Hambleton, Whittington	MARN	47
Hall, J A	PKNS	26	Hall, William	LXTN	465	Hambleton, Whittington F	MARN	47
Hall, J M	KRSW	118	Hall, William	CHTN	284	Hambleton, Wm	MARN	48
Hall, J R	YORK	414	Hall, William	CHTN	516	Hamblin, And B	ABVL	26
Hall, J Z	PKNS	26	Hall, William	ABVL	130	Hamblin, Jeptha	ABVL	84
Hall, Jacob	COTN	306	Hall, William	ORBG	406	Hamblin, M**	CHTN	116
Hall, James	ABVL	135	Hall, William	RHLD	6	Hambrick, George	YORK	503
Hall, James	KRSW	100	Hall, William	RHLD	1	Hambright, Catherine*	YORK	494
Hall, James D	ABVL	104	Hall, Wilson*	BUFT	4	Hambright, Gill	YORK	484
Hall, James D	ABVL	130	Hall, Wilson	ADSN	223	Hambright, Harvey**	YORK	451
Hall, James M	GETN	294	Hall, Wm	PKNS	1	Hambright, Jas H	YORK	485
Hall, James*	ADSN	192	Hall, Wm	ADSN	184	Hambright, Lewis	YORK	484
Hall, Jas A	ADSN	205	Hall, Wm	KRSW	84	Hambright, Martin	YORK	484
Hall, Jas*	DLTN	430	Hall, Wm	ABVL	104	Hambright, Sarah	YORK	485
Hall, Jeff	KRSW	84	Hall, Wm A	ABVL	131	Hambrite, Addiline	UNON	291
Hall, Jno Jr	CHFD	97	Hall, Wm D*	LRNS	259	Hambrite, Elizabeth	UNON	291
Hall, Joel	MRBO	164	Hall, Wm F*	DLTN	351	Hambrite, Elizabeth	UNON	251
Hall, John	LXTN	468	Hall, Wm T*	EDFD	120	Hambrite, J M**	UNON	260
Hall, John	SPBG	249	Hall, Wyatt	PKNS	1	Hambrite, Salley	UNON	290
Hall, John G	ADSN	250	Hall, Z	ADSN	215	Hambuck, Louis*	CHTN	451
Hall, John W	ABVL	84	Hall, Zach	PKNS	82	Hamby, B G	GRVL	483
Hall, John*	KRSW	130	Hallan, Joanna*	LXTN	414	Hamby, B W	GRVL	491
Hall, John	CHTR	4	Hallaway, D F	NWBY	301	Hamby, C L	GRVL	479
Hall, John	ADSN	209	Hallenquist, D D	BNWL	467	Hamby, Elizabeth	GRVL	373
Hall, John*	RHLD	42	Haller, Charles	CHTN	257	Hamby, J A	GRVL	485
Hall, John	LCTR	156	Haller, Silas	RHLD	78	Hamby, James*	PKNS	79
Hall, John T*	RHLD	27	Halford, Jefferson J	BUFT	47	Hamby, James	PKNS	1
Hall, Johnson	ADSN	228	Halliburton, Ann	DLTN	476	Hamby, John T	GRVL	483
Hall, Joseph Jr	CHFD	100	Hallma, Eva C	LXTN	371	Hamby, Mary	ADSN	179
Hall, Joseph*	NWBY	267	Hallman, Aberhart	LXTN	415	Hamby, Molly J	GRVL	483
Hall, Julia	BUFT	4	Hallman, Danl	LXTN	466	Hamby, Nathan	SPBG	385
Hall, L E*	ORBG	308	Hallman, David	LXTN	425	Hamby, S	SPBG	339
Hall, L L	EDFD	87	Hallman, David	LXTN	467	Hamby, S R	GRVL	483
Hall, Lawson	ADSN	187	Hallman, E	LXTN	424	Hamby, Thomas M	PKNS	162
Hall, Lemuel	LXTN	465	Hallman, E R	LXTN	415	Hamby, Wiley	ADSN	318
Hall, Lemuel	ADSN	215	Hallman, Emanuel*	LXTN	427	Hamby, William*	ADSN	310
Hall, Lent	ADSN	220	Hallman, Geo Jr	LXTN	369	Hamell, Warren	ABVL	117
Hall, M C*	MARN	19	Hallman, H C	EDFD	198	Hamell, Wm	SPBG	226

Name	Loc	Pg
Hamelton, J*	SPBG	308
Hamelton, Jno C	EDFD	124
Hamelton, L J*	SPBG	315
Hamelton, Leonore*	SPBG	307
Hamelton, P	EDFD	123
Hamelton, Robert**	BNWL	463
Hamelton, W M**	EDFD	124
Hamelton, Wm	EDFD	124
Hamer, Abner C	MARN	95
Hamer, D H	MRBO	176
Hamer, E C	MRBO	176
Hamer, J W	MRBO	188
Hamer, James R	MRBO	153
Hamer, Jas C	MRBO	143
Hamer, John*	CHTN	445
Hamer, John H	MARN	114
Hamer, L M	BNWL	456
Hamer, Leasol	SPBG	382
Hamer, Louisa**	SPBG	361
Hamer, Mrs Martha W	MRBO	188
Hamer, Philip M	MRBO	143
Hamer, R H	MRBO	181
Hamer, Robt P	MARN	92
Hamer, Susan**	MRBO	176
Hamer, Thos C	MRBO	153
Hamer, Wm Esq	MRBO	145
Hames, Baxter	UNON	235
Hames, Benjamin	UNON	282
Hames, Benjamin	UNON	283
Hames, Cely*	UNON	234
Hames, Charles	UNON	254
Hames, Frances	UNON	267
Hames, G*	UNON	234
Hames, Isaac	UNON	235
Hames, Jackson	UNON	234
Hames, James	UNON	225
Hames, John	UNON	281
Hames, John	UNON	230
Hames, Joshua	UNON	281
Hames, Joshua	UNON	251
Hames, Lemmuel	UNON	258
Hames, Mark	UNON	238
Hames, N L	UNON	297
Hames, Richard	UNON	283
Hames, Thomas	UNON	239
Hames, Thomas*	UNON	234
Hames, Thompson*	UNON	230
Hames, Treacy	UNON	237
Hames, W B	UNON	253
Hames, W W	UNON	277
Hames, Z	UNON	281
Hamett, Jas O*	PKNS	1
Hamett, John*	PKNS	19
Hamett, John**	PKNS	16
Hamett, Marion	SPBG	253
Hamett, Noah	SPBG	414
Hamett, Samuel	PKNS	19
Hamett, V B	PKNS	7
Hamett, W W	SPBG	418
Hamey, Robert	CHTN	431
Hamilton, A J	FAFD	265
Hamilton, A M	ADSN	183
Hamilton, A*	ABVL	12
Hamilton, Andrew*	ADSN	188
Hamilton, Ann*	YORK	459
Hamilton, Ann*	MARN	22
Hamilton, Augustus M	PKNS	172
Hamilton, C	CHFD	162
Hamilton, Cherry	BUFT	65
Hamilton, Cyrus E	ADSN	305
Hamilton, D G	FAFD	255
Hamilton, D H	CHTN	383
Hamilton, D R	ADSN	329
Hamilton, David*	ADSN	161
Hamilton, David	UNON	202
Hamilton, Eli	CHTR	58
Hamilton, Elizabeth	PKNS	190
Hamilton, Elizabeth	BUFT	18
Hamilton, Ellen*	ADSN	258
Hamilton, Flora	MARN	62
Hamilton, G	EDFD	128
Hamilton, H J	CLDN	210
Hamilton, J	UNON	207
Hamilton, J A	CHTN	261
Hamilton, J B	EDFD	58
Hamilton, J H	CHTR	62
Hamilton, J W*	EDFD	134
Hamilton, James D	CHTN	84
Hamilton, James H	PKNS	181
Hamilton, James H**	EDFD	64
Hamilton, Jane	ADSN	216
Hamilton, Jas*	SPBG	232
Hamilton, Jas A W*	BUFT	2
Hamilton, Jesse	CHTR	85
Hamilton, Jno A	ABVL	60
Hamilton, Jno	CHTN	306
Hamilton, John A*	LXTN	399
Hamilton, John C	PKNS	169
Hamilton, John*	CHTR	56
Hamilton, John	CHTN	228
Hamilton, John	CHTN	198
Hamilton, L*	KRSW	75
Hamilton, Lemuel G	PKNS	173
Hamilton, Leonard J	PKNS	168
Hamilton, Lettey*	MARN	92
Hamilton, Lucy	FAFD	275
Hamilton, Luke	ADSN	216
Hamilton, M L*	KRSW	127
Hamilton, Margaret*	UNON	239
Hamilton, Margaret J*	RHLD	27
Hamilton, Mary	FAFD	277
Hamilton, Mary*	EDFD	63
Hamilton, Mary	CHTR	3
Hamilton, Miss M*	CHTN	322
Hamilton, Miss*	CHTN	322
Hamilton, Nancy*	MARN	114
Hamilton, P J	EDFD	93
Hamilton, P P	UNON	208
Hamilton, P*	CHTN	371
Hamilton, Paul	BUFT	1
Hamilton, Pink*	CHTR	73
Hamilton, Rhoda	LRNS	256
Hamilton, Robert	RHLD	33
Hamilton, S*	LRNS	274
Hamilton, S H J**	EDFD	132
Hamilton, Shuston	CHTN	464
Hamilton, Stephen	MARN	47
Hamilton, T	MARN	62
Hamilton, T J	EDFD	142
Hamilton, T R*	DLTN	468
Hamilton, Tho	CHTN	131
Hamilton, Thos	BUFT	65
Hamilton, Thos*	EDFD	77
Hamilton, Unis*	EDFD	132
Hamilton, W Y	FAFD	265
Hamilton, Walter C	CLDN	210
Hamilton, Warren	PKNS	157
Hamilton, Warren**	PKNS	180
Hamilton, William	PKNS	158
Hamilton, William	ADSN	253
Hamilton, William M	CHTR	47
Hamilton, Wm	CHTR	77
Hamilton, Wm	FAFD	275
Hamilton, Wm*	YORK	453
Hamilton, Wm K	YORK	449
Hamiter, David	LXTN	411
Hamiter, Hilliard D	RHLD	81
Hamiter, J A	LXTN	403
Hamiters, David H	RHLD	70
Hamlin, Camilla	CHTN	145
Hamlin, Catherine*	CHTN	234
Hamlin, Frederick*	CHTN	473
Hamlin, Harriott	CHTN	183
Hamlin, James	CHTN	111
Hamlin, Jas*	CHTN	360
Hamlin, John	CHTN	99
Hamlin, John J	YORK	389
Hamlin, Mrs M	GETN	319
Hamlin, Mrs M	CHTN	351
Hamlin, Samuel	CHTN	184
Hamlin, Susan	CHTN	111
Hamlin, Thomas	CHTN	100
Hamlin, Thos	CHTN	145
Hamlteton, Jno**	CHTN	306
Hammel, Wm	CHFD	188
Hammer, Robt C	MARN	114
Hammers, David*	CHFD	115
Hammet, A*	EDFD	110
Hammet, James R	GRVL	485
Hammet, John	PKNS	153
Hammet, W J N	CLDN	236
Hammett, Charlotte	GRVL	334
Hammett, Daniel	GRVL	484
Hammett, Elijah	SPBG	224
Hammett, Frances	GRVL	335
Hammett, H	GRVL	359
Hammett, H P	GRVL	491
Hammett, James*	SPBG	213
Hammett, John	SPBG	418
Hammett, Joseph	SPBG	282
Hammett, Larcy	SPBG	203
Hammett, Martha	GRVL	335
Hammett, Mary	SPBG	200
Hammett, Moses B	SPBG	220
Hammett, Nancy	NWBY	291
Hammett, Pinkney	SPBG	243
Hammett, Priscilla	SPBG	400
Hammitt, J B	CHTN	363
Hammersbough, S	KRSW	132
Hammon, Job	UNON	257
Hammond, Alder	COTN	330
Hammond, Alfred*	ADSN	182
Hammond, Andrew	SPBG	324
Hammond, Ann C	RHLD	94
Hammond, Ann W	ADSN	293
Hammond, Archibald	HORY	49
Hammond, Asa	RHLD	90
Hammond, Aubert	ADSN	77
Hammond, B F	ADSN	162
Hammond, Capt A J	EDFD	87
Hammond, Caroline*	ADSN	307
Hammond, Charles T	GRVL	408
Hammond, Chas	EDFD	87
Hammond, D A L	CHTN	392
Hammond, E S	BNWL	451
Hammond, E**	LCTR	215
Hammond, Elias	RHLD	170
Hammond, Elizabeth	LCTR	170
Hammond, Elizb**	ABVL	133
Hammond, Emily M	GRVL	482
Hammond, F R	KRSW	74
Hammond, G W	ADSN	265
Hammond, G W	KRSW	74
Hammond, G W	HORY	49
Hammond, H*	SPBG	259
Hammond, Henry	DLTN	475
Hammond, Henry S	ABVL	30
Hammond, Herbert	ADSN	159
Hammond, Hon J H	EDFD	80
Hammond, Hosea	ADSN	312
Hammond, Ira	PKNS	19
Hammond, J D	EDFD	88
Hammond, J S**	GRVL	351
Hammond, James*	FAFD	256
Hammond, James	HORY	49
Hammond, Jaminia*	LCTR	168
Hammond, Jno	LRNS	268
Hammond, Joseph	ADSN	174
Hammond, Mary*	ADSN	335
Hammond, Mary A	ADSN	189
Hammond, Matilda	KRSW	74
Hammond, Mrs C F	EDFD	80
Hammond, Nancy	GRVL	459
Hammond, P T	LCTR	218
Hammond, R G	EDFD	88
Hammond, Raleigh	LCTR	167
Hammond, Rose*	CHTN	309
Hammond, S*	GETN	285
Hammond, W G	EDFD	88
Hammond, William	ADSN	173
Hammond, William L	ADSN	307
Hammond, Wm J	ABVL	30
Hammond, Wm N	ABVL	141
Hammond, Wm	KRSW	138
Hammonds, Absalom	MRBO	206
Hammonds, Calvin	DLTN	430
Hammonds, W F	KRSW	95
Hamnel, Leorado	CHTN	495
Hamnel, Michael*	SMTR	95
Hampden, D	CHTN	344
Hampden, Malinda R	ABVL	119
Hampden, Sarah*	CHTN	344
Hampson, Elisa*	CHTN	306
Hampson, M A*	KRSW	131
Hampton, Barbary*	SPBG	315
Hampton, Charles W*	COTN	295
Hampton, Chris F	RHLD	82
Hampton, Frank	SPBG	264
Hampton, Frank	RHLD	62
Hampton, H*	CHTN	240
Hampton, James	GRVL	410
Hampton, James*	GRVL	408
Hampton, James	CHTN	480
Hampton, Jesse	MARN	31
Hampton, Jno A	SPBG	421
Hampton, John	SPBG	422
Hampton, L L	UNON	250
Hampton, Martin A	HORY	58
Hampton, Mary*	RHLD	51
Hampton, Rebecca	UNON	224
Hampton, S	LRNS	269
Hampton, Thos	MARN	31
Hampton, Wade	RHLD	74
Hampton, Wm*	MARN	25
Hamright, Katherine**	YORK	373
Hamright, M A	YORK	408
Hamron, John*	MARN	82
Hamsen, Susan**	CHTN	464
Hamton, James	YORK	487
Han, Mary*	WMBG	347
Hanah, J B	WMBG	326
Hanah, Martha*	YORK	365
Hanah, R C*	YORK	38
Hanah, Saml	YORK	382
Hanah, Wm	YORK	382
Hanahan, E M	COTN	320
Hanahan, Edward*	RHLD	41
Hanahan, J J	COTN	323
Hanahan, James C	COTN	322
Hanahan, Jos*	CHTN	213
Hanahan, Mary*	RHLD	54
Hanahan, R B	COTN	320
Hanahan, Robt*	CHTN	213
Hanahan, William	RHLD	41
Hanal, Wm	CHTN	348
Hanall, Francis	GETN	295
Hanall, H M**	GETN	297
Hanback, Silas	LRNS	330
Hanback, Susan*	LRNS	327
Hanby, J H	LRNS	327
Hanby, Nancy**	YORK	459
Hance, George	YORK	495
Hance, Wm	LRNS	221
Hanck, Mrs H*	CHTN	332
Hanckel, Chs	CHTN	189
Hanckel, T M	CHTN	259
Hancock, Agnie*	UNON	218
Hancock, Alex	CHFD	176
Hancock, Alexander	SMTR	130
Hancock, B R	LCTR	146
Hancock, David*	PKNS	65
Hancock, Duncan	CHFD	149
Hancock, Ez	SMTR	128
Hancock, Felix**	DLTN	391
Hancock, Gordan	DLTN	392
Hancock, H	SMTR	128
Hancock, J	LCTR	218
Hancock, J	CHFD	147

Name	Loc	Pg	Name	Loc	Pg	Name	Loc	Pg
Hancock, J C	CHTR	6	Hanner, John	WMBG	361	Harden, Francis	BNWL	499
Hancock, J H	EDFD	78	Hanners, J	MARN	57	Harden, Frank*	CHTR	3
Hancock, James*	CHFD	154	Hannett, Talbert**	SPBG	320	Harden, Henry	CHTR	2
Hancock, Jane	CHFD	132	Hannin, P	CHTN	336	Harden, Isabella	ABVL	114
Hancock, Jane**	CHFD	148	Hannock, Bennett	NWBY	259	Harden, J M B	ORBG	408
Hancock, Jane	LCTR	162	Hannon, John*	CHTN	425	Harden, James	FAFD	264
Hancock, Jno L	CHFD	112	Hannon, Patrick	CHTN	368	Harden, John	PKNS	52
Hancock, John*	RHLD	26	Hanns, Carsten	CHTN	489	Harden, Lawrence	EDFD	33
Hancock, John	DLTN	454	Hanon, Luther*	ADSN	217	Harden, M A	BNWL	485
Hancock, Lana J	RHLD	84	Hansel, Frances**	SPBG	352	Harden, Mariah*	PKNS	89
Hancock, Mary	PKNS	91	Hansen, Henry Feld	BUFT	7	Harden, Mary E**	CHTR	1
Hancock, Minerva*	CHFD	132	Hanson, George	SPBG	361	Harden, Mary	CHTR	5
Hancock, Nancy	PKNS	81	Hanson, Johanna*	CHTN	211	Harden, Mrs E	EDFD	35
Hancock, P F*	HORY	39	Hanson, P B	EDFD	67	Harden, Neely	CHTR	7
Hancock, Philip	CHFD	127	Hanson, Rudolph	EDFD	14	Harden, R M	BNWL	500
Hancock, R J	CHFD	140	Hanson, T N**	CLDN	207	Harden, Ralph L	ABVL	114
Hancock, S S	CHTN	186	Hanvey, Jas	ABVL	13	Harden, Samuel	PKNS	105
Hancock, Sarah	CHFD	132	Haplet, Hilly	ADSN	234	Harden, W A	EDFD	114
Hancock, Tabitha	CHFD	177	Happerfield, Frank	YORK	375	Harden, W Holmes	CHTR	7
Hancock, Thomas	SMTR	147	Happold, Henry	CHTN	445	Harden, William	PKNS	104
Hancock, Thomas J	PKNS	90	Happold, John	CHTN	457	Harden, Willm	CHTR	5
Hancock, Thos	PKNS	61	Happold, Sarah E	CHTN	446	Harden, Wm	EDFD	27
Hancock, Thos**	CHTN	236	Happold, Wm	CHTN	497	Hardgraves, Ann**	CHTN	186
Hancock, W B	CHFD	177	Happoldk, B G	CHTN	256	Hardi, Timothy	FAFD	266
Hancock, Wiley*	ABVL	69	Happoldl, Charles	CHTN	277	Hardie, Margret*	RHLD	55
Hancock, William	UNON	218	Happoldt, Caroline M*	RHLD	16	Hardin, A	YORK	485
Hancock, William	SMTR	110	Happoldt, J M**	CHTN	253	Hardin, A J	CHTR	16
Hancock, William J	SMTR	143	Happoldt, John P	CHTN	168	Hardin, Col O	CHTR	25
Hand, Robt	LRNS	295	Hapsteller, J T	YORK	420	Hardin, Elisha	YORK	485
Hand, Winslow	LRNS	314	Harald, Cruce	KRSW	105	Hardin, Elizabeth	GRVL	333
Hand, W H	YORK	460	Harald, George	KRSW	105	Hardin, Gabriel	GRVL	333
Handberry, Henry R	BNWL	357	Harald, Wm	WMBG	364	Hardin, Henry	CHTR	9
Handbury, John	BNWL	359	Haralson, E*	ABVL	54	Hardin, J O*	WMBG	335
Handcock, G W	EDFD	101	Haralson, Jno*	ABVL	69	Hardin, Jesse	CHTR	8
Handcock, Jas T	CHFD	113	Haralson, Wm*	ABVL	56	Hardin, Jno	CHTR	24
Handcock, W H*	EDFD	102	Harben, Absalem	PKNS	92	Hardin, Jno H	CHTR	7
Handihin, C*	CHTN	327	Harben, H Von	BUFT	9	Hardin, Joseph	GRVL	336
Handson, Sarah	GETN	305	Harben, Nathaniel	PKNS	53	Hardin, M S	CHTN	90
Haners, Daniel	CHFD	105	Harbenson, Jane*	FAFD	252	Hardin, Manerva*	YORK	480
Haney, Antony	UNON	232	Harbers, C H	CHTN	374	Hardin, Nellie	CHTR	85
Haney, Caswell	SPBG	220	Harbers, J	CHTN	302	Hardin, Noah	YORK	476
Haney, E	UNON	232	Harbers, Miss C*	CHTN	522	Hardin, Peter	CHTR	92
Haney, Jane M	EDFD	16	Harbers, Mrs H	BNWL	459	Hardin, Rhody*	CHTR	27
Haney, Jane	UNON	197	Harbers, Sophia	CHTN	502	Hardin, Robert Jr	BNWL	403
Haney, Jane*	UNON	210	Harbers, W H	BNWL	458	Hardin, Robert Sr	BNWL	403
Haney, Jasper*	LXTN	368	Harberson, Estate R	CHTN	131	Hardin, W H	CHTR	70
Haney, John*	SPBG	312	Harbert, Alen	PKNS	91	Hardin, William N	YORK	497
Haney, John**	CHTN	250	Harbert, J D	PKNS	93	Hardon, Mary	RHLD	55
Haney, John	YORK	373	Harbeson, Archd	COTN	334	Hardson, Geo*	CHTN	325
Haney, Wilson	EDFD	16	Harbeson, Henry	COTN	334	Hardwick, A M	HORY	34
Hanford, M*	WMBG	313	Harbeson, Wm	COTN	334	Hardwick, Alexr	HORY	37
Hank, Emma	FAFD	206	Harbin, Agnes L	PKNS	3	Hardwick, Bethel	HORY	38
Hankel, John	CHTN	507	Harbin, D L*	ADSN	280	Hardwick, Henry	YORK	503
Hanken, Dedrick*	CHTN	513	Harbin, John A*	ADSN	281	Hardwick, J*	HORY	38
Hankerson, Robert	BNWL	393	Harbin, Mary	ADSN	280	Hardwick, Jas B	CHTR	15
Hankinson, Caroline	BNWL	431	Harbin, Morgan	PKNS	55	Hardwick, Julia*	MARN	5
Hankinson, J P	BNWL	438	Harbin, R D A	GRVL	357	Hardwick, Maria**	MARN	141
Hankinson, Jas	EDFD	53	Harbin, T M	CLDN	205	Hardwick, N	HORY	37
Hankinson, Milledge	BNWL	421	Harbin, Thomas	PKNS	93	Hardwick, S	HORY	42
Hankinson, R J	EDFD	51	Harbin, W R*	PKNS	56	Hardwick, Saml	HORY	37
Hankinson, Simon	BNWL	445	Harbin, Wm	PKNS	96	Hardwick, W P	HORY	41
Hankle, Susan*	CHTN	340	Harbison, J L	CHTR	32	Hardwick, Wm	HORY	42
Hanks, Christopher	ADSN	213	Hard, Abraham	EDFD	192	Hardwick, Wm G B	YORK	448
Hanks, Dorcas*	DLTN	450	Hard, B C	EDFD	26	Hardwick, Wm H	YORK	440
Hanks, James H	FAFD	262	Hard, Martha*	COTN	331	Hardy, Ann P	UNON	185
Hanks, James T	ADSN	212	Hard, Mary*	SPBG	358	Hardy, Basha*	SPBG	315
Hanks, John	ADSN	198	Hard, Matilda**	COTN	331	Hardy, David	SPBG	316
Hanks, Louis B	SMTR	176	Harde, Martha*	CHTN	132	Hardy, Ebeneezer	RHLD	12
Hanks, Luke	ADSN	212	Hardee, Abram M*	BUFT	45	Hardy, Elizabeth**	CHTN	285
Hanks, Stephen	ADSN	212	Hardee, Arthur	HORY	48	Hardy, Ephraim	SPBG	270
Hanks, Susannah	CHTR	36	Hardee, Calvin	HORY	47	Hardy, Henry*	HORY	69
Hanks, Thos	ADSN	213	Hardee, D H	HORY	1	Hardy, Henry	HORY	58
Hanley, Edward	CHTN	465	Hardee, Elizabeth**	HORY	53	Hardy, Isaac	SPBG	420
Hanley, Michael*	CHTN	448	Hardee, F P	BUFT	39	Hardy, Iserel	UNON	255
Hanley, W H	LRNS	336	Hardee, George*	HORY	1	Hardy, J	UNON	247
Hanlon, Eliza O	CHTN	509	Hardee, H T	BUFT	40	Hardy, J M*	EDFD	135
Hanly, Martin*	CHTN	248	Hardee, Harriett R	BUFT	19	Hardy, J W*	SPBG	308
Hanmett, C B	SPBG	196	Hardee, I W	HORY	22	Hardy, James*	UNON	274
Hanmett, Coleman F	SPBG	260	Hardee, Isaac	HORY	47	Hardy, Jane	UNON	269
Hanna, Ann*	CHFD	174	Hardee, Isaac	HORY	45	Hardy, John B	HORY	69
Hanna, Jane*	SPBG	362	Hardee, Isaac B	HORY	46	Hardy, John*	UNON	246
Hanna, Jno O	CLDN	212	Hardee, Isaac J	HORY	1	Hardy, John*	ABVL	67
Hanna, John	LRNS	353	Hardee, J B	HORY	48	Hardy, Jonah**	SPBG	223
Hanna, Margaret	CHFD	174	Hardee, James	HORY	51	Hardy, Martin*	SPBG	424
Hanna, S R G	WMBG	331	Hardee, Joel	HORY	48	Hardy, Mary	UNON	269
Hanna, W G	WMBG	331	Hardee, John B*	HORY	33	Hardy, Miss	CHTN	311
Hanna, Wily	SPBG	407	Hardee, John Sr**	HORY	51	Hardy, Mrs M	EDFD	104
Hanna, Wm S	MARN	58	Hardee, Margt L**	BUFT	20	Hardy, Nancy	EDFD	185
Hannaford, A**	WMBG	340	Hardee, Perry	BUFT	40	Hardy, Pinckney	HORY	66
Hannaford, David*	WMBG	340	Hardee, R P	HORY	52	Hardy, R B	ADSN	239
Hannah, C B	ADSN	217	Hardee, Robt	HORY	51	Hardy, Susan*	CHTN	186
Hannah, David	ABVL	91	Hardee, Thos L	HORY	3	Hardy, Thos	EDFD	96
Hannah, J H	WMBG	329	Hardee, W L	HORY	1	Hardy, W Dickson*	SPBG	314
Hannah, Lucy	SPBG	324	Hardee, W W	HORY	48	Hardy, W T	SPBG	308
Hannah, Mary	WMBG	326	Hardee, William	HORY	51	Hardy, Wesley	LRNS	253
Hannah, R*	SPBG	407	Hardee, Wilson	HORY	47	Hardy, William E	NWBY	260
Hannah, Robt	SPBG	407	Hardee, Wm	HORY	24	Hardy, Wm*	SPBG	420
Hannah, Robt	ABVL	125	Harden, A*	FAFD	234	Hare, Andrew	COTN	292
Hannah, Thomas	ADSN	217	Harden, Alexander	BNWL	480	Hare, Epsy	EDFD	174
Hannahan, Ann*	CHTN	341	Harden, Alice	GRVL	501	Hare, James W	PKNS	82
Hannahan, Jas	GETN	294	Harden, Ann	BNWL	484	Hare, Margret	EDFD	171
Hannahan, Michael**	CHTN	266	Harden, Casendine	PKNS	105	Hare, Michael**	CHTN	271
Hannahan, Mrs	CHTN	241	Harden, David	EDFD	30	Hare, Richard	YORK	368
Hannahan, Rippon H	CHTN	448	Harden, Edith*	LCTR	209	Haregroves, Dempsey	COTN	272
Hannalan, J*	CHTN	253	Harden, Elbert	EDFD	51	Haregroves, Hugh	COTN	271
Hannan, Sallie*	NWBY	216						

Name	Code	Page
Hareman, Rose*	CHTN	304
Harenberg, Hiram	CHTN	244
Harfield, Anne*	SMTR	123
Harget, Drusilla*	LCTR	198
Harget, Lee	LCTR	216
Hargood, Mary	RHLD	1
Hargrave, Emma*	CHTN	352
Hargraves, John*	ABVL	93
Hargraves, John	CHTN	415
Hargraves, Joseph	CHTN	508
Hargrove, Abner	EDFD	63
Hargrove, Allen S	RHLD	27
Hargrove, Celia*	MRBO	178
Hargrove, Elizabeth*	EDFD	141
Hargrove, Ely	EDFD	142
Hargrove, James*	MRBO	182
Hargrove, Maj Sol	NWBY	286
Hargrove, Mary	CHTN	522
Hargrove, Muscovia*	NWBY	294
Hargrove, Ramsay	EDFD	64
Hariden, Susan*	RHLD	35
Harigal, P	EDFD	350
Harington, Ella*	CHTN	189
Hariot, D T	CHTN	508
Hariot, John	BUFT	77
Haris, Capt F H	YORK	402
Haris, Charity*	YORK	451
Haris, Francis	YORK	473
Haris, Hugh C	YORK	399
Haris, James	YORK	399
Haris, John C	YORK	399
Haris, John S	YORK	379
Haris, Julia*	CHTN	314
Haris, Leonidar S*	YORK	393
Haris, Louisa*	CHTN	314
Haris, Margaret*	CHTN	314
Haris, Martha E*	YORK	422
Haris, Mary	LRNS	244
Haris, Mary	YORK	399
Haris, Wiley	YORK	374
Harison, Abram	BNWL	451
Harison, Martha	YORK	410
Harison, Saml*	YORK	388
Harister, Edwd*	EDFD	47
Harken, John	CHTN	424
Harkhammer, Charles	PKNS	21
Harkin, A	GRVL	478
Harkin, H*	CHTN	310
Harkins, Isaac	ADSN	322
Harkinson, John	CHTN	422
Harkness, Hugh	ADSN	188
Harkness, James J	ADSN	209
Harkness, Jane	ABVL	136
Harkness, John N	ADSN	209
Harkness, Robt C	ABVL	130
Harkness, Robt H	ABVL	235
Harkness, William B	ABVL	131
Harl, Elizabeth	MARN	30
Harlan, George	UNON	260
Harlan, J G	UNON	273
Harlan, Mrs S	EDFD	32
Harlan, William	UNON	246
Harlee, Anna**	EDFD	80
Harlee, Thos H	DLTN	386
Harleston, Ann*	CHTN	364
Harleston, Edward	CHTN	276
Harleston, Eleanor*	CHTN	381
Harleston, F H*	CHTN	570
Harleston, J M	CHTN	399
Harleston, John*	PKNS	84
Harleston, John	CHTN	162
Harleston, Lydia	CHTN	304
Harleston, Olner	CHTN	160
Harleston, Only	CHTN	452
Harleston, Richd	CHTN	199
Harleston, Somers	CHTN	168
Harleston, Sylvia	CHTN	381
Harleston, Thomas	CHTN	273
Harley, Adeline	BNWL	396
Harley, Alex C**	BNWL	491
Harley, Ann H	BNWL	479
Harley, B J	BNWL	480
Harley, Catharin	BNWL	443
Harley, Charles B	BNWL	395
Harley, Elizabeth	ORBG	391
Harley, F	SPBG	408
Harley, G P	BNWL	466
Harley, George A**	ORBG	341
Harley, George W	ORBG	391
Harley, H H*	COTN	333
Harley, Henry J	ORBG	388
Harley, J E	BNWL	479
Harley, J M	BNWL	450
Harley, J M	ORBG	388
Harley, J R*	BNWL	478
Harley, J T	BNWL	450
Harley, James	BNWL	395
Harley, James	COTN	347
Harley, James	ORBG	407
Harley, James ---	BNWL	393
Harley, James**	CHTN	472
Harley, Jane A	BNWL	472
Harley, John H	BNWL	481
Harley, Joseph N	BUFT	47
Harley, Joseph P	ORBG	406
Harley, Preston**	BNWL	507
Harley, R	COTN	349
Harley, Robert H	BNWL	479
Harley, Sarah E	BNWL	491
Harley, Stephen W*	COTN	251
Harley, T J	COTN	349
Harley, T W	COTN	554
Harley, T W	ORBG	366
Harley, W B	COTN	347
Harley, W H	COTN	349
Harley, W O	BNWL	478
Harley, W W	COTN	352
Harlin, Jacob	EDFD	152
Harlin, Joseph	EDFD	148
Harlin, Thomas*	EDFD	62
Harling, Benj	EDFD	23
Harling, Elbert	EDFD	64
Harling, Jacob	EDFD	64
Harling, Jas*	EDFD	114
Harling, Jno	EDFD	123
Harling, John M	EDFD	127
Harling, Lany*	EDFD	124
Harling, Maria	EDFD	121
Harling, Tillman	EDFD	128
Harling, W J*	EDFD	115
Harlinston, Wm*	FAFD	278
Harllee, Ann	MARN	91
Harllee, Dr Robt	MARN	32
Harllee, Edward P*	RHLD	51
Harllee, Harriet	RHLD	43
Harllee, James I	MARN	20
Harllee, Robt Z	MARN	130
Harllee, W W	MARN	67
Harloe, Sophie**	CHTN	286
Harlow, Michael	CHTN	472
Harlston, Sommers	CHTN	493
Harm, W*	CHTN	110
Harman, Anthony G	ABVL	19
Harman, David	LXTN	389
Harman, Drury J	LXTN	429
Harman, Edwin	LXTN	387
Harman, Elijah	SPBG	324
Harman, Godfrey	LXTN	389
Harman, Harriet	LXTN	389
Harman, J W	LXTN	390
Harman, Jacob	LXTN	429
Harman, Jacob	ORBG	306
Harman, Jane*	GETN	306
Harman, Jeremiah	LXTN	428
Harman, John	ABVL	6
Harman, John	ORBG	317
Harman, John C	SPBG	522
Harman, M	FAFD	204
Harman, M H	LXTN	431
Harman, Nathl	LXTN	431
Harman, Octavia*	EDFD	64
Harman, Pickens	LXTN	429
Harman, Reuben	LXTN	432
Harman, S C	LXTN	390
Harman, S R	LXTN	391
Harman, Sally	LXTN	423
Harman, Saml**	YORK	496
Harman, Theo**	LXTN	429
Harman, W D M	LXTN	431
Harman, W P	LRNS	234
Harman, William	ABVL	19
Harman, Zinski	LXTN	390
Harmer, John	CHTN	215
Harmon, A	CHTN	135
Harmon, A H*	MRBO	152
Harmon, Duncan**	CHTN	120
Harmon, Enoch	CHTN	122
Harmon, Henrietta	SPBG	290
Harmon, J A	UNON	224
Harmon, J L	EDFD	118
Harmon, James	UNON	257
Harmon, Jane	SPBG	220
Harmon, John	LXTN	435
Harmon, John	NWBY	280
Harmon, John	NWBY	291
Harmon, John P*	NWBY	257
Harmon, Mary	ABVL	17
Harmon, Mrs S	EDFD	87
Harmon, N*	UNON	232
Harmon, N	HORY	36
Harmon, Pickens*	EDFD	74
Harmon, Saml	NWBY	280
Harmon, Thomas	CHTN	123
Harmon, Thos B	SPBG	338
Harmon, Thos F	NWBY	252
Harmon, W P	NWBY	219
Harmon, Wesley	CHTN	135
Harmon, Wm	EDFD	97
Harmons, Preston	YORK	479
Harms, H	CHTN	102
Harn, Thomas A	COTN	323
Harnbury, H H	CHTN	221
Harnesh, Cath*	CHTN	197
Harney, Michael	CHTN	117
Harney, Mike	CHTN	300
Harney, Thomas	SMTR	181
Harp, David*	NWBY	233
Harp, Ely J*	CHFD	134
Harp, J T*	CHFD	138
Harp, Jane*	CHFD	144
Harp, John	NWBY	232
Harp, L*	CHFD	160
Harp, Martha	NWBY	292
Harp, Mary**	CHFD	133
Harp, S*	CHFD	147
Harp, Thos	CHFD	136
Harp, Tiney*	CHFD	137
Harper, Andrew	YORK	412
Harper, Anna	CHTN	428
Harper, Asa	ADSN	305
Harper, Benjn	HORY	6
Harper, Catharin	FAFD	275
Harper, G W**	MARN	89
Harper, H H	ABVL	112
Harper, H H*	MARN	89
Harper, Henry T	PKNS	182
Harper, Isaac	MARN	89
Harper, J R*	CHFD	180
Harper, J*	WMBG	316
Harper, J D	WMBG	300
Harper, James**	FAFD	247
Harper, James	HORY	7
Harper, Jane	FAFD	222
Harper, Jane	RHLD	14
Harper, John	SPBG	312
Harper, John	SPBG	312
Harper, John	ADSN	190
Harper, John	ADSN	317
Harper, John	YORK	412
Harper, John M	BUFT	38
Harper, John*	COTN	279
Harper, John**	FAFD	213
Harper, John M*	MARN	84
Harper, John M	LCTR	166
Harper, John S	YORK	396
Harper, L A	ORBG	325
Harper, M J	ADSN	177
Harper, Margaret	YORK	416
Harper, Martha*	CHTN	428
Harper, Martha*	FAFD	206
Harper, Nancy**	MRBO	174
Harper, Newton	ADSN	189
Harper, Newton M	ADSN	306
Harper, Peter*	CHTN	491
Harper, R	DLTN	391
Harper, Robt	YORK	412
Harper, Sophia*	CHTN	386
Harper, Thomas	ADSN	317
Harper, Thos E V	YORK	412
Harper, W H*	CHTN	312
Harper, W S	LCTR	165
Harper, William	ADSN	306
Harper, William	GRVL	449
Harper, Wm	HORY	6
Harper, Wm	DLTN	457
Harper, Wm C	ADSN	189
Harpoldt, G B*	CHTN	312
Harpool, Joseph**	CHTN	453
Harral, Edwin	MARN	138
Harral, M	MARN	87
Harral, Margt A*	CLDN	241
Harrall, Eli P	CHFD	106
Harrard, George	CHTN	381
Harras, Wm	SPBG	269
Harras, Mary*	CHFD	99
Harrel, Zack*	BNWL	435
Harrell, Asa	DLTN	420
Harrell, D J*	MRBO	197
Harrell, D M**	MARN	58
Harrell, E*	DLTN	377
Harrell, E W	DLTN	387
Harrell, Elias	MARN	66
Harrell, J L	DLTN	397
Harrell, J L	MARN	126
Harrell, J M	DLTN	425
Harrell, J P	CHFD	185
Harrell, Jno E*	DLTN	385
Harrell, Joseph F	HORY	58
Harrell, Levi	MARN	110
Harrell, Lewis J	MARN	36
Harrell, Miranda*	DLTN	406
Harrell, Nancy	DLTN	420
Harrell, Nathan	DLTN	418
Harrell, O	MARN	110
Harrell, S W	DLTN	412
Harrell, Sarah*	MARN	79
Harrell, Smithy	DLTN	421
Harrell, Sophia	DLTN	418
Harrell, Wesley*	MARN	26
Harrell, Wm	CHFD	58
Harrell, Zepharia	MARN	101
Harrelson, B J	MARN	74
Harrelson, David J	MARN	132
Harrelson, Enos	MARN	73
Harrelson, George W	MARN	138
Harrelson, H	MARN	75
Harrelson, Hugh G	MARN	133
Harrelson, Hugh H	MARN	133
Harrelson, J	HORY	15
Harrelson, J G*	WMBG	326
Harrelson, J L	MARN	73
Harrelson, Jesse	MARN	21
Harrelson, John D	MARN	103
Harrelson, John E	MARN	133
Harrelson, Lewis	MARN	138
Harrelson, Lewis H	MARN	69
Harrelson, Nancy	HORY	21

Name	Loc	Pg
Harrelson, Rebecca*	HORY	13
Harrelson, Sarah	MARN	74
Harrelson, Stephen	MARN	73
Harrelson, Stephen	MARN	73
Harrelson, Thomas	MARN	107
Harrelson, Timothy	MARN	108
Harrelson, Wm H**	MARN	107
Harreton, Michael*	CHTN	277
Harrill, Jane*	COTN	328
Harrin, Saml	MARN	104
Harrington, P C	SPBG	338
Harrington, A J**	MARN	63
Harrington, H W	MRBO	201
Harrington, Hariett E	SMTR	117
Harrington, J W*	DLTN	376
Harrington, Jas F	NWBY	295
Harrington, Jesse	SMTR	131
Harrington, Jno W	MRBO	209
Harrington, John T	MARN	118
Harrington, Nancey*	NWBY	261
Harrington, Sallie*	NWBY	231
Harrington, Timothy**	CHTN	398
Harrington, W H	NWBY	293
Harrington, Wm*	CHTN	402
Harris, A	SPBG	275
Harris, A B	PKNS	89
Harris, A J	CHTN	355
Harris, A T	DLTN	407
Harris, Aaron*	CHTN	460
Harris, Adaline**	EDFD	83
Harris, Agnes**	LXTN	449
Harris, Alfred	SPBG	286
Harris, Amanda	UNON	211
Harris, Amelia C	PKNS	193
Harris, Andrew	ABVL	77
Harris, Andrew J*	CHTN	425
Harris, Ann A*	PKNS	124
Harris, Ann*	UNON	265
Harris, Ann	KRSW	135
Harris, Anny**	LCTR	192
Harris, Augt*	CHTN	198
Harris, B C**	UNON	268
Harris, Baylis	SPBG	282
Harris, Ben B	PKNS	53
Harris, Ben*	EDFD	116
Harris, Bradford**	PKNS	139
Harris, Buck	FAFD	237
Harris, Burrell	SPBG	290
Harris, C	CHFD	166
Harris, C M	NWBY	294
Harris, Caroline	KRSW	106
Harris, Caroline*	UNON	187
Harris, Charles	UNON	293
Harris, Charles W*	RHLD	56
Harris, Charlotte S*	RHLD	84
Harris, D G	SPBG	317
Harris, David	ADSN	173
Harris, David H*	EDFD	14
Harris, Dolly	UNON	298
Harris, Eletha E	ADSN	158
Harris, Elias	SPBG	268
Harris, Eliza	RHLD	7
Harris, Eliza	RHLD	6
Harris, Elizabeth*	GRVL	475
Harris, Elizabeth**	GRVL	329
Harris, Elizabeth*	GRVL	435
Harris, Elizabeth	NWBY	271
Harris, Elizh*	ABVL	65
Harris, Emanuel	YORK	484
Harris, Emeline**	SPBG	278
Harris, Ezekiel	ADSN	186
Harris, F C	YORK	399
Harris, F E*	GRVL	420
Harris, F M	UNON	219
Harris, Fanny	EDFD	190
Harris, Fany	UNON	292
Harris, Fleming	LRNS	240
Harris, Francis	PKNS	169
Harris, Francis**	BUFT	94
Harris, G T*	KRSW	76
Harris, G W*	EDFD	172
Harris, Garret	EDFD	142
Harris, Geo	SPBG	279
Harris, Geo*	CHTN	324
Harris, George	KRSW	105
Harris, George	UNON	265
Harris, George*	YORK	399
Harris, H	EDFD	97
Harris, H H	DLTN	423
Harris, H W	GRVL	369
Harris, Hall	KRSW	105
Harris, Harriet	MRBO	175
Harris, Henry	HORY	24
Harris, Henry	CHTN	225
Harris, Isaac	CHTN	250
Harris, J A*	GRVL	375
Harris, J B*	EDFD	47
Harris, J H	PKNS	103
Harris, J L	CHTR	76
Harris, J W	EDFD	128
Harris, Jackson	LCTR	167
Harris, Jacob*	CHTN	273
Harris, James	PKNS	102
Harris, James	SPBG	277
Harris, James	UNON	280
Harris, James	LCTR	198
Harris, James B	ADSN	325
Harris, James C	UNON	259
Harris, James G	SPBG	305
Harris, James G	SPBG	302
Harris, James M	SPBG	235
Harris, James*	CHTN	425
Harris, James L	UNON	218
Harris, James M	NWBY	296
Harris, Jane*	LRNS	272
Harris, Jane	GRVL	379
Harris, Jane	LCTR	175
Harris, Jerry	SMTR	159
Harris, Jesse	PKNS	105
Harris, Jesse	LCTR	157
Harris, Jno	LRNS	240
Harris, Jno	MRBO	157
Harris, Jno C	EDFD	125
Harris, Jno L	LRNS	276
Harris, Jno M	LRNS	221
Harris, John	PKNS	102
Harris, John	UNON	219
Harris, John	ADSN	313
Harris, John B	EDFD	131
Harris, John*	EDFD	141
Harris, John	EDFD	176
Harris, John	CHTN	174
Harris, John	BUFT	94
Harris, John	ADSN	230
Harris, John A*	ADSN	266
Harris, John*	NWBY	305
Harris, John	RHLD	87
Harris, John	LCTR	167
Harris, Joseph	UNON	202
Harris, Joseph G	LCTR	198
Harris, Joseph P	ADSN	264
Harris, Joshua	EDFD	131
Harris, L*	SPBG	258
Harris, L	CHFD	157
Harris, Lorenzo	ADSN	307
Harris, Margaret	GETN	314
Harris, Maria	GRVL	462
Harris, Marion	UNON	218
Harris, Martha A*	EDFD	66
Harris, Martha*	UNON	296
Harris, Martha	UNON	295
Harris, Marvin	UNON	296
Harris, Mary	KRSW	105
Harris, Mary B	BUFT	71
Harris, Mary*	CHTN	306
Harris, Matilda*	FAFD	243
Harris, Micajah	NWBY	260
Harris, Milly	ABVL	13
Harris, Miss N*	EDFD	67
Harris, Miss R*	EDFD	71
Harris, Mordy	EDFD	128
Harris, Morris*	CHTN	432
Harris, Moses	UNON	284
Harris, Moses	EDFD	20
Harris, N	CHTN	106
Harris, N S	LRNS	338
Harris, Nancy*	ABVL	75
Harris, Nancy	EDFD	190
Harris, Nancy	ADSN	334
Harris, Nathan	ADSN	239
Harris, Nathl	ABVL	1
Harris, Noe	CHTN	157
Harris, Oliver*	NWBY	265
Harris, P*	SPBG	360
Harris, P	EDFD	195
Harris, Paul B*	LCTR	216
Harris, Phereby	DLTN	426
Harris, Polly	KRSW	129
Harris, Priscilla	RHLD	7
Harris, Rachel	UNON	295
Harris, Rice H	SPBG	289
Harris, Richard	PKNS	148
Harris, Richard*	CHTN	196
Harris, Richard	UNON	187
Harris, Richd	LRNS	240
Harris, Richd**	COTN	339
Harris, Robert	CHFD	161
Harris, Robert*	ADSN	154
Harris, Robert	UNON	233
Harris, Robert	UNON	280
Harris, Robt	FAFD	277
Harris, S A	YORK	405
Harris, S P	PKNS	102
Harris, S P	UNON	218
Harris, Sam	CHTR	80
Harris, Saml*	ABVL	26
Harris, Saml J	ABVL	65
Harris, Sampson	PKNS	46
Harris, Samuel	UNON	292
Harris, Samuel	RHLD	24
Harris, Sarah	LRNS	352
Harris, Sarah	ADSN	314
Harris, Sarah E**	EDFD	20
Harris, Sarah J**	CHTN	196
Harris, Sarian	UNON	218
Harris, Sim	EDFD	41
Harris, Smith	SPBG	284
Harris, Soloman	LCTR	157
Harris, Starling	CHTN	174
Harris, Susan*	EDFD	96
Harris, Susan	RHLD	87
Harris, T A	ABVL	114
Harris, T J	CHTN	174
Harris, T J	EDFD	18
Harris, T J	UNON	298
Harris, Therrasa*	EDFD	70
Harris, Thomas	SPBG	282
Harris, Thomas	CHTN	173
Harris, Thomas	UNON	210
Harris, Thomas	ABVL	74
Harris, Thomas	EDFD	172
Harris, Thomas D	UNON	203
Harris, Thos	SPBG	289
Harris, Thos*	FAFD	213
Harris, Thos	ABVL	12
Harris, Thos	KRSW	131
Harris, Thos J	RHLD	84
Harris, Thos J	NWBY	224
Harris, Virginia	GETN	286
Harris, W C*	LRNS	221
Harris, W C*	UNON	268
Harris, W G	EDFD	87
Harris, W P	NWBY	301
Harris, Wheler	UNON	205
Harris, William	SPBG	282
Harris, William	ABVL	65
Harris, William	ADSN	240
Harris, William W	SPBG	302
Harris, William*	EDFD	195
Harris, William*	GRVL	435
Harris, William	EDFD	120
Harris, William	GRVL	502
Harris, William	ADSN	267
Harris, William	CHTN	291
Harris, William	SMTR	120
Harris, William A	RHLD	10
Harris, William C	GRVL	372
Harris, William S	ABVL	37
Harris, Wm	SPBG	298
Harris, Wm	SPBG	277
Harris, Wm	EDFD	98
Harris, Wm	CHTN	136
Harris, Wm H	COTN	310
Harris, Wm H	MRBO	151
Harris, Zephemiah	ABVL	17
Harrison, A	EDFD	63
Harrison, A T*	EDFD	76
Harrison, Amos J	BUFT	79
Harrison, Andrew	ADSN	293
Harrison, Anna	CHTN	488
Harrison, Archy	UNON	243
Harrison, Auhnet R*	ADSN	155
Harrison, B F*	KRSW	131
Harrison, B H	EDFD	77
Harrison, Benjn	COTN	363
Harrison, Benjn	EDFD	17
Harrison, Burr	FAFD	256
Harrison, Capt J R	FAFD	210
Harrison, Charles*	COTN	262
Harrison, Charles	RHLD	30
Harrison, Charles F	RHLD	30
Harrison, Clarrissa	GRVL	488
Harrison, Cudbert	FAFD	274
Harrison, Cuthbert	CHTR	56
Harrison, Daniel	GRVL	386
Harrison, Danl	FAFD	224
Harrison, E F	HORY	57
Harrison, E W*	SPBG	328
Harrison, Eli	ADSN	155
Harrison, Elizabeth*	FAFD	245
Harrison, Elizabeth	CHTN	189
Harrison, Elizb*	GRVL	515
Harrison, F	ABVL	57
Harrison, F E	SPBG	334
Harrison, F W	ADSN	273
Harrison, Fanny	FAFD	257
Harrison, Geo M	FAFD	275
Harrison, H B*	ABVL	54
Harrison, Hannah	CHFD	188
Harrison, Hardy	FAFD	224
Harrison, Issabella M*	BUFT	83
Harrison, J A	SMTR	154
Harrison, J C Jr	LRNS	222
Harrison, J H*	EDFD	71
Harrison, J M	ADSN	155
Harrison, J T	EDFD	59
Harrison, J T	PKNS	29
Harrison, J W	YORK	459
Harrison, J W	FAFD	223
Harrison, James*	ADSN	257
Harrison, James	EDFD	63
Harrison, James	GRVL	389
Harrison, James	BNWL	492
Harrison, James	FAFD	236
Harrison, James	GRVL	456
Harrison, James M	GRVL	505
Harrison, Jane	SPBG	328
Harrison, Jane	UNON	243
Harrison, Jas M	EDFD	63
Harrison, Jas S	EDFD	71
Harrison, Jesse*	EDFD	80
Harrison, Jno	CHTN	308
Harrison, Jno E	EDFD	63
Harrison, John	FAFD	245
Harrison, John	GRVL	505
Harrison, John	BNWL	485

Name	Loc	Pg	Name	Loc	Pg	Name	Loc	Pg
Harrison, John H	GRVL	421	Harter, Chesley	EDFD	31	Harvey, Glen	CHTN	380
Harrison, John J	BUFT	83	Harter, George M	BNWL	494	Harvey, H G	BNWL	492
Harrison, John M	GRVL	364	Harter, H J	BNWL	494	Harvey, H G	BNWL	339
Harrison, Jos	CHTN	192	Harter, Joseph	GRVL	406	Harvey, Harlock H	CHTN	154
Harrison, Josh W	CHTN	255	Harter, Mary A*	EDFD	137	Harvey, Henry	SPBG	221
Harrison, L*	SPBG	258	Harter, Peter	CHTN	464	Harvey, Hugh C	PKNS	6
Harrison, Lina*	GRVL	354	Hartfield, J**	GETN	289	Harvey, J D	SPBG	337
Harrison, Luran	GRVL	327	Hartgroves, Margaret**	YORK	384	Harvey, J W	BNWL	492
Harrison, M*	SPBG	259	Hartgroves, Temperance*	YORK	395	Harvey, James**	EDFD	136
Harrison, Margt E*	CLDN	199	Harth, C S*	CHTN	361	Harvey, James M	BNWL	495
Harrison, Martin	PKNS	102	Harth, Ellen*	CHTN	361	Harvey, James T	BUFT	25
Harrison, Mary*	PKNS	55	Harth, W J	LXTN	433	Harvey, James*	CHFD	186
Harrison, Mary	COTN	317	Harth, Wm	CHTN	359	Harvey, John	SPBG	221
Harrison, Mary*	RHLD	80	Hartie, Joshua K*	RHLD	54	Harvey, John	SPBG	249
Harrison, Mordecai	RHLD	82	Hartigan, John	CHTN	277	Harvey, John*	BNWL	476
Harrison, Mrs H*	ABVL	20	Hartin, Eliza	YORK	477	Harvey, John	BUFT	82
Harrison, Mrs*	EDFD	111	Hartin, Emaly	FAFD	208	Harvey, John	CHTN	124
Harrison, Mrs L	EDFD	71	Hartin, Emaly	FAFD	206	Harvey, John M*	BUFT	78
Harrison, Mrs M*	EDFD	86	Hartin, H W*	FAFD	225	Harvey, John O R	BUFT	45
Harrison, Mrs M	EDFD	63	Hartin, Nancy*	YORK	436	Harvey, Joseph	SPBG	221
Harrison, Mrs S M**	EDFD	63	Hartin, Permelia*	FAFD	277	Harvey, Joseph H	BUFT	79
Harrison, N S	EDFD	75	Hartin, Thos S	YORK	436	Harvey, L B	BNWL	495
Harrison, Nancy	CHTR	10	Hartlee, Robert**	RHLD	53	Harvey, Lethy*	BNWL	494
Harrison, Noah	ADSN	293	Hartlet, J	WMBG	313	Harvey, M	GRVL	458
Harrison, R A	BNWL	485	Hartley, Basil	LXTN	438	Harvey, M M	FAFD	247
Harrison, Reuben	GRVL	401	Hartley, Danl	GETN	299	Harvey, Margaret**	YORK	430
Harrison, Richd	CHTN	503	Hartley, Elias	CHTN	101	Harvey, Maria	CHTN	283
Harrison, Robert	COTN	266	Hartley, Eliza	CHTN	102	Harvey, Maria*	CHTN	334
Harrison, S*	EDFD	107	Hartley, Ellis	LXTN	419	Harvey, Mary E*	PKNS	2
Harrison, Sallie E*	ADSN	155	Hartley, Elmore	LXTN	423	Harvey, Milo A	SPBG	305
Harrison, Sarah*	BUFT	74	Hartley, Hugh*	MRBO	173	Harvey, Money	SPBG	221
Harrison, Sarah*	EDFD	107	Hartley, Jane	MRBO	174	Harvey, Owen J	BUFT	77
Harrison, Seaborn	COTN	263	Hartley, Jas	CHTN	194	Harvey, S A	COTN	354
Harrison, Susanna E*	BUFT	74	Hartley, John	GETN	308	Harvey, Saml	CHTN	208
Harrison, T	CHTN	168	Hartley, Joseph L**	LXTN	424	Harvey, Samuel*	YORK	510
Harrison, T C**	GRVL	351	Hartley, Levi	LXTN	419	Harvey, Sarah	CHTN	297
Harrison, T J	ADSN	256	Hartley, Lodwick	LXTN	421	Harvey, Sidney	SPBG	221
Harrison, T J	GETN	287	Hartley, Margaret	LXTN	423	Harvey, T B	EDFD	128
Harrison, Thomas	GRVL	410	Hartley, Sarah	GETN	297	Harvey, T J	CHTN	160
Harrison, Thomas	RHLD	30	Hartley, Wesley	LXTN	423	Harvey, Teresa E***	BNWL	494
Harrison, W A	GRVL	366	Hartly, Daniel	EDFD	180	Harvey, Thos B	EDFD	109
Harrison, W G	BNWL	485	Hartly, R	ORBG	313	Harvey, William	SPBG	221
Harrison, W H	GRVL	405	Hartman, Adam	NWBY	212	Harvey, William	GRVL	460
Harrison, William	GRVL	505	Hartman, Geo	NWBY	212	Harvey, Wm	PKNS	59
Harrison, William	ADSN	293	Hartman, Henry	PKNS	22	Harvey, Wm A	CHTR	67
Harrison, William Jr	GRVL	507	Hartman, J H*	CHTN	167	Harvey, Wm M	BNWL	495
Harrison, Wilson	COTN	265	Hartman, J M*	NWBY	212	Harvey, Wm V	BUFT	32
Harrison, Wilson Jr	COTN	304	Hartman, John**	CHTN	487	Harvey, Wyatt	EDFD	2
Harriss, Matilde	ADSN	306	Hartman, Miss	CHTN	322	Harvin, Berry	ADSN	234
Harriss, Thomas N	ADSN	268	Hartman, S O*	NWBY	257	Harvin, C E**	CLDN	190
Harrocks, John	RHLD	17	Hartmann, Ann	CHTN	465	Harvin, James A	SMTR	155
Harrod, Artalissa	CHTR	55	Hartnell, Thomas**	YORK	409	Harvin, Jno	CLDN	193
Harrod, George M*	BNWL	346	Hartness, Cynthia*	YORK	505	Harvin, Jno J	CLDN	236
Harrod, John	BUFT	85	Hartness, John	ORBG	371	Harvin, M L	CLDN	199
Harrod, John L	BUFT	60	Hartness, John W A**	YORK	463	Harvin, R B	CLDN	205
Harrod, W P*	FAFD	207	Hartnet, Michael	CHTN	291	Harvin, R M	CLDN	190
Harrod, Wm P*	BNWL	482	Hartsaw, George	SMTR	132	Harvin, R S	CLDN	193
Harrold, Wm Robertson	CHTR	55	Hartstein, H J	BUFT	15	Harvin, S W	CLDN	193
Harrollston, John	CHTN	227	Hartt, N*	CHTN	263	Harvin, Saml	CLDN	227
Harshaw, John	YORK	441	Hartwell, Thos	DLTN	383	Harvin, W J T	CLDN	224
Hart, Albert A	GRVL	376	Hartyog, A N W	BNWL	376	Harvin, William R**	SMTR	137
Hart, Alice*	BNWL	507	Hartz, August	CHTN	168	Harvin, William R**	SMTR	111
Hart, Ann B	BNWL	379	Hartz, John H	CHTN	502	Harware, Mary	RHLD	39
Hart, Caspen**	CHTN	279	Hartzog, Cornelius	BNWL	387	Harwell, Tristrain*	MRBO	178
Hart, Caswell	CHTN	133	Hartzog, Danel	BNWL	384	Harwick, Elizabeth	CHTN	431
Hart, D E	ORBG	225	Hartzog, Daniel M	BNWL	384	Harwick, Simpson	CHFD	136
Hart, Delaware**	CHTN	377	Hartzog, Elefaire*	ORBG	351	Harwood, C P	LXTN	402
Hart, Dr Brantly C	ABVL	83	Hartzog, Elias	BNWL	364	Harwood, F R*	SMTR	158
Hart, Dr H A	LXTN	365	Hartzog, George	BNWL	385	Hary, George	UNON	205
Hart, Elizabeth*	CHTN	377	Hartzog, Henry	BNWL	360	Hascal, C J	GRVL	412
Hart, H	CHTN	129	Hartzog, Henry B	BNWL	383	Hase, A Davis	CHTN	154
Hart, H J	DLTN	397	Hartzog, Irvin	ORBG	406	Hase, Sarah M*	SMTR	145
Hart, Ira E	ORBG	525	Hartzog, Jacob	BNWL	358	Hasel, Charles	CHTN	436
Hart, Ire	ORBG	525	Hartzog, John	ORBG	379	Hasel, Jno	LRNS	235
Hart, J B S	COTN	325	Hartzog, Joseph	BNWL	385	Hasel, Saroney	CHTN	443
Hart, J H	GRVL	438	Hartzog, Joseph E	BNWL	401	Hasel, Thomas**	CHTN	272
Hart, J H	MRBO	175	Hartzog, Nelly	BNWL	374	Hasel, William	NWBY	251
Hart, Jane L*	LCTR	157	Hartzog, Rachel*	ORBG	321	Hasel, Wm H	BUFT	24
Hart, Jas L	DLTN	397	Hartzog, Rebecca C	BNWL	378	Haselden, C B	MARN	22
Hart, Jno*	CHTN	300	Hartzog, Samuel J	BNWL	385	Haselden, Charles	MARN	81
Hart, John	BNWL	475	Hartzog, William	BNWL	385	Haselden, Eady*	CHTN	181
Hart, John	GETN	303	Hartzoge, J P	EDFD	146	Haselden, Eliza	GETN	291
Hart, John	YORK	594	Hartzoge, Paul*	EDFD	147	Haselden, George*	CHTN	181
Hart, John M	GRVL	385	Harvely, Benjh B	ABVL	39	Haselden, H G	MARN	38
Hart, Josiah	GRVL	385	Harven, --- R	CLDN	197	Haselden, James	MARN	81
Hart, Lewis N	CHTN	129	Harven, Jos A	CLDN	246	Haselden, Jane	CHTN	146
Hart, Massey*	EDFD	193	Harverd, Allen	ADSN	242	Haselden, John W	GETN	313
Hart, O J	COTN	325	Harverd, Mark	ADSN	242	Haselden, M A	WMBG	333
Hart, R S	DLTN	415	Harvesters, Martha*	BNWL	507	Haselden, M T	WMBG	335
Hart, Rebecca	YORK	394	Harveston, James	BNWL	417	Haselden, R	GETN	291
Hart, S E	DLTN	450	Harvey, A	BNWL	495	Haselden, S***	MARN	54
Hart, S N	CHTN	339	Harvey, A J	CHTN	165	Haselden, S A	WMBG	333
Hart, Sanders	GRVL	384	Harvey, A J	BNWL	495	Haselden, S J	WMBG	335
Hart, Sarah*	CHTN	335	Harvey, Anna*	CHTN	479	Haselden, W	WMBG	333
Hart, William	GRVL	384	Harvey, Barthl	PKNS	6	Haselden, W J	WMBG	346
Hart, Wm*	CHTN	460	Harvey, C F	BNWL	495	Haselden, Wm*	WMBG	532
Hart, Wm M	CHTN	155	Harvey, Charles	BUFT	76	Haseleywood, A W	UNON	248
Hart,J L	MRBO	175	Harvey, Charles K	ABVL	151	Haseleywood, N	UNON	248
Hartcot, Chresdal	CHTN	486	Harvey, Charles*	CHTN	506	Haselhortt, George	CHTN	278
Harten, Auly	RHLD	68	Harvey, Daniel*	LCTR	204	Hasell, Andrew J	BUFT	22
Harten, James	CHTR	42	Harvey, David	SPBG	395	Hasell, John A	BUFT	22
Harten, John	RHLD	80	Harvey, Emaline	FAFD	210	Haselsen, Timothy	WMBG	347
Harter, Absalom	BNWL	487	Harvey, Emaly	FAFD	210	Haseltine, Daniel B	CHTN	475
Harter, Andrew*	BNWL	487	Harvey, G*	BNWL	348	Haseltine, F G	COTN	359
Harter, Andrew	EDFD	130	Harvey, G W	NWBY	259	Haseltine, J A	LCTR	215
Harter, Caroline*	EDFD	29	Harvey, George	COTN	263	Haselton, Harmon**	RHLD	11

Name	Loc	Pg	Name	Loc	Pg	Name	Loc	Pg
Haselton, James	MARN	122	Hathaway, Mary*	BUFT	19	Hawkins, Robert	RHLD	76
Haselton, T W	CHTN	108	Hathcock, Armstrong	SMTR	152	Hawkins, Rose*	PKNS	1
Haselywood, S*	UNON	243	Hathcock, Elizabeth	MRBO	175	Hawkins, Solomon	GRVL	447
Hash, William*	CHTN	191	Hathcock, G W	FAFD	226	Hawkins, Thomas*	PKNS	153
Haskel, John	BNWL	403	Hathcock, Rebecca	MRBO	171	Hawkins, Thos	DLTN	466
Haskell, Alexr C*	RHLD	52	Hathcock, Saml	MRBO	171	Hawkins, Timothy	GRVL	475
Haskell, Bilith	BNWL	501	Hathcock, Samuel	MRBO	171	Hawkins, W E	GRVL	357
Haskell, Charles T	ABVL	235	Hathhorn, Andrew	SPBG	336	Hawkins, W W	SPBG	401
Haskell, J W	BNWL	501	Hatschel, Alexr*	RHLD	83	Hawkins, Wells	GRVL	469
Haskell, John C*	RHLD	53	Hattaway, Thomas	CHTN	145	Hawkins, William	RHLD	67
Haskell, W E	BNWL	501	Hatten, John	UNON	294	Hawkins, William G*	CHTN	432
Haskell, William	BNWL	403	Hatton, Dr Wm	NWBY	285	Hawkins, William	UNON	209
Haskell, William E	CHTN	453	Hatton, R K	LRNS	317	Hawkins, William	GRVL	498
Haskew, Jno W	MRBO	167	Hatton, William	ADSN	250	Hawkins, William	GRVL	504
Haskew, Nancy	MRBO	184	Hatton, Wm M**	NWBY	270	Hawkins, Wilson	SPBG	273
Haskew, Thos	MRBO	184	Hatwole, G	YORK	493	Hawkins, Wilson	GRVL	341
Haskey, John	YORK	480	Hauck, Mrs H*	CHTN	332	Hawkins, Wm	DLTN	466
Haskill, Julia E**	CHTN	450	Haughabook, Robt*	LXTN	459	Hawkins, Wm P	ADSN	212
Haskins, Peter*	SPBG	413	Haushelt, Fritz*	CHTN	462	Hawkins, Zion	GRVL	339
Haslipp, S*	CHTN	302	Hauze, Eliza A*	RHLD	55	Hawks, Elizabeth*	PKNS	188
Hass, John	CHTN	466	Havard, W	EDFD	169	Hawley, Allen M	SPBG	311
Hassard, Elsse**	CHTN	411	Havard, Z C	EDFD	169	Hawley, Ellen*	CHFD	130
Hassard, James*	CHTN	425	Have, M	EDFD	185	Hawley, Levi	RHLD	10
Hassequers, Carrie	RHLD	22	Haven, Eliza	CHTN	256	Hawly, Stephen	SPBG	380
Hasset, Bridget*	CHTN	287	Havenburg, D	CHTN	344	Haws, L W	FAFD	212
Hasset, John**	CHTN	287	Havener, J S	BNWL	499	Hawser, Alexander	SMTR	179
Hassett, Roger*	CHTN	210	Haverland, John*	FAFD	236	Hawthorn, Andrew C	ABVL	152
Hastadt, Susan	CHTN	442	Haveston, W L	EDFD	36	Hawthorn, D W	ADSN	177
Hasten, Jackson*	EDFD	62	Haviland, W E*	CHTN	244	Hawthorn, David O	ABVL	150
Hasten, Patsey*	EDFD	125	Havin, Catherine	CHTN	245	Hawthorn, Jas G	GRVL	327
Hasti, W S	CHTN	218	Havney, Patrick	CHTN	255	Hawthorn, Jno M	ABVL	152
Hastie, John	ADSN	255	Hawes, M J	CHFD	175	Hawthorn, Joseph N	PKNS	166
Hasting, A*	CHTN	302	Hawes, Margaret*	CHFD	185	Hawthorn, Mary	ABVL	151
Hastings, C**	EDFD	126	Hawes, W L	EDFD	91	Hawthorn, R A	PKNS	94
Hastings, C**	EDFD	134	Hawk, Jermiah	ORBG	385	Hawthorn, Robt	FAFD	282
Hastings, John	CHTN	145	Hawk, Patsy	LRNS	313	Hawthorn, Thos	ABVL	150
Hastings, L W	SPBG	384	Hawk, Urbane	ORBG	380	Hay, Benj	FAFD	225
Hastings, Pat	CHTN	479	Hawkens, W D	SPBG	234	Hay, Benjamin*	CHTN	425
Hastings, Robert	EDFD	138	Hawkings, Mary	ABVL	124	Hay, D W	LCTR	259
Hastings, William	GRVL	489	Hawkins, A J	GRVL	359	Hay, Elizabeth	FAFD	225
Hataway, Ann*	GETN	319	Hawkins, Abram	ADSN	276	Hay, Eugene G	BUFT	83
Hataway, Francis	GETN	319	Hawkins, Allen	NWBY	222	Hay, F J Dr	COTN	326
Hatch, Georgia V*	RHLD	55	Hawkins, Amanda	SPBG	396	Hay, Harriet Y	BUFT	83
Hatch, L M	CHTN	102	Hawkins, B P*	SPBG	302	Hay, Jeptha	MRBO	146
Hatch, Lewis M	CHTN	169	Hawkins, Barney C	GRVL	375	Hay, John	SPBG	427
Hatch, Malissa*	CHTN	288	Hawkins, Benjamin	GRVL	514	Hay, John Della*	CHTN	425
Hatch, Mary J*	CHTN	151	Hawkins, Benjamin	UNON	203	Hay, Lewis S	BNWL	347
Hatch, William	CHTN	509	Hawkins, Berry*	GRVL	411	Hay, Manuel*	FAFD	230
Hatchel, A J	WMBG	352	Hawkins, Beryman	GRVL	515	Hay, Martha*	RHLD	43
Hatchel, Huldy	MARN	35	Hawkins, Charles*	SPBG	325	Hay, Mary	UNON	270
Hatchel, Jas	MARN	35	Hawkins, Charlotte*	SPBG	419	Hay, Mary A	CHFD	188
Hatchel, M W	CHTN	176	Hawkins, Chloe*	GRVL	454	Hay, Michael	BNWL	425
Hatchel, R	MARN	35	Hawkins, Clara	GRVL	453	Hay, O P	BNWL	498
Hatchel, Wm R	MARN	34	Hawkins, Danl	SPBG	401	Hay, R G	COTN	283
Hatchell, Benj	MARN	33	Hawkins, Drayton	NWBY	223	Hay, Reuben	MRBO	151
Hatchell, Calvin	MARN	34	Hawkins, E*	UNON	186	Hay, Richard	CHTN	425
Hatchell, Calvin	DLTN	469	Hawkins, E P*	NWBY	228	Hay, Saml J	BNWL	498
Hatchell, E S*	DLTN	431	Hawkins, Edward	SPBG	327	Hay, Sarah**	CHTN	519
Hatchell, Elijah	MARN	34	Hawkins, Elizabeth	SMTR	128	Hay, Susan C	BNWL	498
Hatchell, Eliz	DLTN	460	Hawkins, Elizabeth	RHLD	76	Hay, Susan*	UNON	186
Hatchell, Ezra	DLTN	455	Hawkins, F*	UNON	209	Hay, T T	BNWL	497
Hatchell, F F	MARN	27	Hawkins, H	EDFD	185	Hay, William	LXTN	457
Hatchell, James	DLTN	432	Hawkins, Hannah	PKNS	152	Hay, William	BNWL	497
Hatchell, Jasper*	DLTN	432	Hawkins, Harbert	GRVL	504	Hay, William A**	BNWL	477
Hatchell, Jn A	DLTN	388	Hawkins, Henry	GRVL	513	Hay, Wm	SPBG	378
Hatchell, John P	MARN	33	Hawkins, Herrington	GRVL	343	Haycock, D**	EDFD	101
Hatchell, M	MARN	33	Hawkins, Ichabud	GRVL	359	Haycock, Matas*	ORBG	342
Hatchell, M A	MARN	34	Hawkins, J B	GRVL	513	Hayden, A H	CHTN	533
Hatchell, M E**	DLTN	433	Hawkins, J P	GRVL	468	Hayden, Ann	COTN	251
Hatchell, Margret	MARN	33	Hawkins, J*	GRVL	497	Hayden, Augustus*	CHTN	372
Hatchell, McRee	MARN	34	Hawkins, Jacob	NWBY	215	Hayden, Calven	ORBG	388
Hatchell, R*	DLTN	374	Hawkins, Jacob L	GRVL	418	Hayden, Catharine*	CHTN	428
Hatchell, Wiley	DLTN	433	Hawkins, James H	GRVL	345	Hayden, Elizabeth	CHTN	501
Hatchell, Wm	DLTN	474	Hawkins, James M	ADSN	212	Hayden, Jane*	CHTN	375
Hatchell, Wm	MARN	34	Hawkins, Jas F	RHLD	76	Hayden, John	ORBG	308
Hatchell, Wm	MARN	34	Hawkins, Jay**	SPBG	240	Hayden, Miss M E*	ORBG	308
Hatchell, Wm H	DLTN	469	Hawkins, Jeremiah	SPBG	347	Hayden, Mrs*	CHTN	299
Hatcher, Alfred	EDFD	14	Hawkins, Jesse	GRVL	468	Hayden, Peter*	CHTN	263
Hatcher, Anderson*	ADSN	279	Hawkins, Jno	GRVL	343	Hayden, Thomas W*	CHTN	425
Hatcher, B W	EDFD	42	Hawkins, John	DLTN	430	Hayden, Thos*	SPBG	313
Hatcher, David	SPBG	211	Hawkins, John	PKNS	17	Haydock, John	CHTR	21
Hatcher, Griffin	DLTN	463	Hawkins, John	UNON	203	Haydon, John*	CHTN	502
Hatcher, Isiah	MRBO	207	Hawkins, John	RHLD	77	Haydon, Thomas**	CHTN	377
Hatcher, J H	HORY	37	Hawkins, Johnathan	UNON	225	Hayes, A D J	LXTN	386
Hatcher, Jas	EDFD	109	Hawkins, Jos*	LRNS	276	Hayes, B J	LXTN	386
Hatcher, John	EDFD	16	Hawkins, Joseph	UNON	203	Hayes, Benjamin	PKNS	140
Hatcher, John	ADSN	272	Hawkins, Joseph	GRVL	473	Hayes, E S J	LXTN	386
Hatcher, Nelly	ADSN	267	Hawkins, Joseph	GRVL	325	Hayes, Edward	ORBG	389
Hatcher, Robt	EDFD	19	Hawkins, July	UNON	224	Hayes, Elijah	PKNS	138
Hatcher, Robt*	MARN	130	Hawkins, Luther P*	GRVL	405	Hayes, Ervin L	LXTN	386
Hatcher, Simon	MRBO	207	Hawkins, Lydia	DLTN	466	Hayes, Hororia*	CHTN	191
Hatcher, Temperance	EDFD	16	Hawkins, Martha	GRVL	339	Hayes, James W T	LXTN	392
Hatcher, William*	ADSN	273	Hawkins, Martha*	GRVL	406	Hayes, James	CHTN	110
Hatcher, Wm	EDFD	21	Hawkins, Mary	GRVL	413	Hayes, James	NWBY	293
Hatchett, Thomas J*	SPBG	233	Hawkins, Mary*	GRVL	516	Hayes, John	NWBY	290
Hatchett, Thos	SPBG	323	Hawkins, Mary	GRVL	472	Hayes, Jos T	CLDN	245
Hatchett, Wm	SPBG	323	Hawkins, Mary	UNON	217	Hayes, Martha C	LXTN	386
Hatfield, Benjamin	SMTR	126	Hawkins, Mary	NWBY	223	Hayes, Mary Ann*	CHTN	233
Hatfield, Betsey	SMTR	129	Hawkins, Nancy	GRVL	448	Hayes, Mary*	CHTN	189
Hatfield, Bill	SMTR	129	Hawkins, Nancy	ADSN	210	Hayes, Matthew	CHTN	203
Hatfield, Margret*	LCTR	172	Hawkins, Nathan	UNON	203	Hayes, Philip*	CHTN	510
Hatfield, Richard	SMTR	130	Hawkins, O V	SPBG	288	Hayes, Soloman	PKNS	138
Hatfield, Sam	SMTR	129	Hawkins, P B	ADSN	306	Hayes, W H	YORK	451
Hatfield, Samuel P	SMTR	153	Hawkins, Peter	SMTR	128	Haygood, Chas	LRNS	309
Hatfield, Wm	KRSW	117	Hawkins, Pleasant	SPBG	413	Haygood, George	FAFD	213
Hatfield, Wm	SMTR	153	Hawkins, Rebecca	NWBY	222	Haygood, J E	PKNS	49

Name	Loc	Pg	Name	Loc	Pg	Name	Loc	Pg	Name	Loc	Pg
Haygood, John	MARN	26	Hays, John C	ABVL	12	Head, Wm*	PKNS	13
Haygood, Lewis	FAFD	219	Hays, John D	MARN	116	Head, Wm	EDFD	145
Haynes, H M	SPBG	208	Hays, Joseph	KRSW	104	Headright, William S	ABVL	17
Hayn, Mrs William A	CHTN	452	Hays, Joseph B	MARN	103	Healey, James	CHTN	460
Hayne, Col A P	CHTN	223	Hays, Joseph H	MARN	76	Heanor, Henry	ORBG	334
Hayne, D J	ORBG	316	Hays, Jthamer	MARN	103	Heanor, W B	ORBG	334
Hayne, Eliza P	CHTN	207	Hays, Levi H	MARN	115	Heap, John	COTN	284
Hayne, Henry S	BNWL	357	Hays, Levi	MARN	112	Heape, Benhn D	BUFT	73
Hayne, J W	CHTN	353	Hays, Levi G	MARN	90	Heape, Hannah	CHTN	125
Hayne, James	GETN	321	Hays, Lewis W	MARN	116	Heape, Isabella M	BUFT	92
Hayne, Jas W	MARN	53	Hays, M M*	MARN	89	Heape, J E	CHTN	125
Hayne, Paul H	CHTN	402	Hays, Margaret	BNWL	360	Heape, James	COTN	326
Hayne, Robert**	GRVL	406	Hays, Margaret H*	CHTN	285	Heape, John M	BUFT	73
Hayne, W A	ADSN	262	Hays, Margaret W*	CHTN	428	Heape, Joseph H	BUFT	90
Haynes, A E	BNWL	436	Hays, Margaret*	CHTN	425	Heape, Wm H	BUFT	90
Haynes, Andrew**	ADSN	179	Hays, Marianna	MARN	89	Hear, J S O	CHTN	258
Haynes, E W	FAFD	237	Hays, Martha*	MARN	103	Hear, James O	CHTN	423
Haynes, H	PKNS	49	Hays, Mary*	CHTN	333	Heargraves, Mary J*	CHTN	428
Haynes, J H	GRVL	334	Hays, Mary	CHTN	348	Hearl, Caledonia*	HORY	57
Haynes, Jas**	CHTN	214	Hays, Mary	UNON	245	Hearl, Jeremiah*	HORY	59
Haynes, John	SPBG	338	Hays, Mary	YORK	432	Hearl, S P	HORY	5
Haynes, Martha*	YORK	505	Hays, Mary	YORK	373	Hearl, William	HORY	62
Haynes, Mathew	ABVL	86	Hays, Mary E**	MARN	107	Hearn, Karon	EDFD	119
Haynes, Newton	SPBG	213	Hays, Michael*	CHTN	339	Hearn, Toliver	EDFD	30
Haynes, Thos	SPBG	391	Hays, Mr*	CHTN	316	Hearon, T N	DLTN	397
Haynes, Z	BUFT	39	Hays, N	MARN	57	Hearon, Wm H	DLTN	397
Haynesworth, G B*	CHTN	370	Hays, Nancy	MARN	89	Hearse, James M*	BUFT	93
Haynesworth, Henry	SMTR	178	Hays, Newton	PKNS	102	Hearst, J W	ABVL	40
Haynesworth, James L	SMTR	175	Hays, P*	CHTN	302	Hearst, Jos L	ABVL	56
Haynesworth, John T	SMTR	176	Hays, Permelia	YORK	452	Heart, Elizabeth	UNON	212
Haynesworth, Joseph C	SMTR	115	Hays, Reeves	MARN	115	Heart, Henry	EDFD	120
Haynesworth, M E*	SMTR	179	Hays, Richardine*	CHTN	428	Heart, Hezekiah	SPBG	368
Haynesworth, Susan C	SMTR	115	Hays, Robt*	MARN	119	Heart, Jesse Sr	EDFD	119
Haynesworth, William	SMTR	181	Hays, S H	KRSW	136	Heart, Oliver	EDFD	120
Haynesworth, Williams F B	SMTR	184	Hays, Sallie	MARN	104	Heart, Thomas J	UNON	212
Haynesworth, Wood F	SMTR	163	Hays, Saml J*	MARN	104	Heart, W C	EDFD	119
Haynie, Charles	ADSN	237	Hays, Sarah	ADSN	237	Heart, William	UNON	238
Haynie, Jas P	ADSN	212	Hays, Sarah	YORK	451	Heartness, Hugh	YORK	464
Haynie, John	ADSN	160	Hays, Susan	LCTR	188	Heartness, Lilly	YORK	464
Haynie, John C	ADSN	222	Hays, Thomas H*	CHTN	425	Heath, A M*	DLTN	376
Haynie, Luke	ADSN	211	Hays, William W*	CHTN	425	Heath, Alice J**	COTN	253
Haynie, Rachael*	ADSN	211	Hays, Wilson	MARN	84	Heath, Andrew	BNWL	390
Haynie, S B	ADSN	211	Hays, Wm*	PKNS	54	Heath, Andrew*	DLTN	471
Haynie, Sarah*	ADSN	160	Hays, Wm*	YORK	456	Heath, Barbay*	BNWL	488
Haynie, Sydney,*	ADSN	235	Hays, Wm	MARN	86	Heath, F	ORBG	309
Haynie, William	ADSN	287	Hays, Wm B	MARN	115	Heath, G G	CHTR	46
Haynie, Wm H	ADSN	186	Hays, Wm H	MARN	116	Heath, Hansford	BNWL	432
Haynsworth, J H	CLDN	206	Hays, Wm J	MARN	104	Heath, Henriette	CHTN	283
Haynsworth, J R	CLDN	214	Hays, Wm R	YORK	473	Heath, Isabella	GRVL	337
Haynsworth, R P	CLDN	244	Hayse, Western	ADSN	223	Heath, J L	YORK	404
Haynsworth, T B	DLTN	378	Hayward, Adaline	LXTN	463	Heath, James	CHTR	67
Hays, A E*	MARN	49	Hayward, Wm	LXTN	463	Heath, James M	LCTR	157
Hays, A G	MARN	71	Haywood, Anderson	MRBO	160	Heath, James W	RHLD	1
Hays, Abram	PKNS	53	Haywood, Ester**	MARN	82	Heath, Jefferson*	BNWL	394
Hays, Alfred	FAFD	236	Haywood, Isham	MRBO	189	Heath, Jefferson	BNWL	425
Hays, Alfred	KRSW	105	Haywood, James	MARN	29	Heath, John	BNWL	488
Hays, Anderson	PKNS	53	Haywood, Jas	MARN	26	Heath, John Q A	BNWL	431
Hays, Andrew	YORK	452	Haywood, Joshua	LXTN	462	Heath, Jordan	CHTR	55
Hays, Annie**	CHTN	199	Haywood, Merina**	MRBO	196	Heath, Lucy	LCTR	151
Hays, Arthur*	RHLD	71	Hazard, B J	GETN	283	Heath, M C	CHTR	66
Hays, Augustus G	MARN	89	Hazard, Mary J*	RHLD	32	Heath, Mary*	BNWL	428
Hays, B F	MARN	84	Hazard, Wm T*	GETN	286	Heath, Norrel	NWBY	268
Hays, C D	MARN	15	Haze, Patrick*	CHTN	369	Heath, Saml	BNWL	429
Hays, Calarvey	PKNS	103	Hazel, David	BNWL	398	Heath, Stephen	CHTR	46
Hays, Carey	MARN	116	Hazel, Elizth*	BUFT	9	Heath, W H	SPBG	310
Hays, Carna	MARN	98	Hazel, Gadsden*	CHTN	276	Heath, Wm*	DLTN	430
Hays, Charley	FAFD	230	Hazel, Gideon	BNWL	498	Heath, Wm	BNWL	448
Hays, Daniel	RHLD	84	Hazel, John	BNWL	473	Heathcock, Alex	PKNS	14
Hays, Daniel	MARN	103	Hazel, Joseph	BUFT	39	Heaton, Eliza*	COTN	336
Hays, David	FAFD	226	Hazel, Joseph	BUFT	4	Heaton, George	COTN	337
Hays, David P	MARN	115	Hazel, Louise	CHTN	280	Heaton, James H	adsn	225
Hays, David S	MARN	86	Hazel, Margaret	EDFD	155	Heaton, PenneL*	PKNS	14
Hays, E E W	MRBO	174	Hazel, Thos W	BUFT	7	Heaton, Riller	ADSN	157
Hays, Eban	MARN	84	Hazeldon, M A E*	DLTN	403	Heaton, Sanford	ADSN	249
Hays, Eben	MARN	84	Hazell, James	COTN	365	Heaton, William	ORBG	311
Hays, Ebon	MARN	15	Hazell, Rebecca	BUFT	41	Heckle, F*	ORBG	310
Hays, Elizabeth	PKNS	53	Hazell, Wm M	BUFT	7	Heckle, H	ORBG	310
Hays, Elizabeth B*	CHTN	428	Hazeloop, John	CHTN	285	Heckman, Adolphus*	chtn	274
Hays, Elizh*	ABVL	82	Hazle, J W	EDFD	154	Heckman, Isaiah*	MARN	13
Hays, Enos W	MARN	103	Hazle, L B	EDFD	150	Hector, E*	CHTN	313
Hays, G H*	WMBG	300	Hazle, Mary	EDFD	151	Heddan, Joseph	COTN	348
Hays, H N	PKNS	46	Hazle, Thomas	EDFD	194	Hedderly, George	CHTN	446
Hays, Hamilton	MARN	89	Hazlehurst, Mary**	CHTN	374	Heddleson, H M	GETN	289
Hays, Hannah*	CHTN	425	Hazzard, Pat*	ABVL	26	Heddleson, T W	GETN	289
Hays, Hardy	MARN	115	Hazzard, Thomas*	ABVL	30	Heddy, James P**	CHTN	454
Hays, Henry**	CHTN	474	Hazzett, George*	CHTN	380	Hedderly, M	CHTN	308
Hays, Henry	MARN	115	Head, A	MARN	36	Hedge, F M	DLTN	447
Hays, Howell	KRSW	122	Head, Alex*	EDFD	23	Hedge, Gatsey	DLTN	447
Hays, Howell	ADSN	81	Head, B P	EDFD	129	Hedgepeth, Elizabeth	CHTR	28
Hays, Isaac	ADSN	276	Head, E M	PKNS	62	Hedgepeth, James	UNON	210
Hays, Isabella C*	CHTN	428	Head, George	GRVL	419	Hedgepeth, Peter	FAFD	268
Hays, J C	MARN	86	Head, H	MARN	35	Hedgepeth, Peter*	CHTR	32
Hays, J T	CHFD	188	Head, Hariet*	MARN	89	Hedgepeth, Wm	FAFD	269
Hays, James	CHTN	458	Head, J P	SPBG	236	Hedley, Eugenia	CHTN	304
Hays, James*	KRSW	88	Head, James	EDFD	79	Hedley, Hariet*	CHTN	334
Hays, James	RHLD	84	Head, Jepthah	PKNS	15	Hedley, W*	CHTN	325
Hays, James H	RHLD	84	Head, John	PKNS	12	Hedric, Miles	YORK	472
Hays, James H	MARN	103	Head, John	BNWL	418	Hedwig, Miss*	CHTN	231
Hays, Jas*	KRSW	104	Head, Louisa*	LCTR	166	Heeth, Mary E*	ADSN	257
Hays, Jas N	MARN	89	Head, Lucretia	PKNS	10	Heeton, Joseph	PKNS	139
Hays, Jefferson	SPBG	347	Head, Newport	BNWL	373	Heffern, BEnjamin	CHTN	463
Hays, Jefferson J	MRBO	171	Head, P W	SPBG	273	Heffernan, John	ABVL	82
Hays, Jesse	MARN	116	Head, Robt H**	YORK	395	Heffernan, Patrick	ABVL	72
Hays, Jesse H	MARN	84	Head, Sarah*	CHTR	22	Heffler, Nicolaus	CHTN	467
Hays, John	YORK	456	Head, Sylvanus**	LCTR	155	Heffron, Agnes	RHLD	58
Hays, John A	BNWL	481	Head, W T**	EDFD	142			

103

Name	Loc	Pg	Name	Loc	Pg	Name	Loc	Pg
Heffron, Johanna*	CHTN	439	Hembre, J J	SPBG	342	Henderson, H L	GRVL	350
Heffron, Mrs	CHTN	314	Hembree, Aaron	ADSN	290	Henderson, Hannah	LRNS	298
Hefley, J M	CHTR	77	Hembree, Alferd	ADSN	295	Henderson, Horatio*	CHTR	71
Hefley, Thos P	YORK	454	Hembree, Alfred	PKNS	5	Henderson, Ira	SPBG	242
Heger, Jno	CHTN	355	Hembree, Amariah	ADSN	277	Henderson, Isabella*	CHTN	425
Hegins, Nancy	LCTR	142	Hembree, Cornelius	SPBG	343	Henderson, J	LRNS	313
Heib, Augustus*	CHTN	311	Hembree, David	PKNS	33	Henderson, J	HORY	43
Heib, Thos*	CHTN	311	Hembree, David	PKNS	33	Henderson, J C	EDFD	98
Heichel, Louis	CHTN	481	Hembree, Edward	PKNS	33	Henderson, J C	EDFD	60
Heidenreich, C	CHTN	308	Hembree, Elizabeth	PKNS	104	Henderson, J E	EDFD	78
Heidler, Henry*	CHTN	193	Hembree, Ezeriah	PKNS	54	Henderson, J F	LRNS	267
Heids, Perry*	LRNS	225	Hembree, Holly	ADSN	232	Henderson, J M	GRVL	361
Heidt, Wm	CHTN	309	Hembree, James	PKNS	31	Henderson, J M**	DLTN	373
Heidtman, Fredercke**	CHTN	285	Hembree, Jas	ADSN	232	Henderson, J P	EDFD	333
Heiford, Ann	CHTN	368	Hembree, Jasper	ADSN	283	Henderson, J R	EDFD	99
Heiger, Sarah L	CHTN	359	Hembree, Jeferson	SPBG	342	Henderson, J T	GRVL	354
Heightman, T*	CHTN	249	Hembree, Jesse	ADSN	306	Henderson, J T	EDFD	133
Heiling, Lewis	EDFD	43	Hembree, John	PKNS	31	Henderson, Jackson	SPBG	275
Heill, David	COTN	344	Hembree, Josiah	PKNS	118	Henderson, Jackson	SPBG	261
Heimer, D Minsy	MARN	13	Hembree, Lewis*	PKNS	51	Henderson, James	PKNS	147
Heimer, J W	FAFD	253	Hembree, mercer	ADSN	284	Henderson, James	SPBG	346
Heims, J T	GRVL	407	Hembree, Nancy	ADSN	282	Henderson, James	GRVL	391
Heims, John*	CHTN	194	Hembree, Uriah	PKNS	117	Henderson, James	GRVL	335
Heine, W	CHTN	322	Hembree, Winny	ADSN	284	Henderson, James M*	RHLD	46
Heinintz, Lorenzo	RHLD	39	Hembree, Wm	SPBG	427	Henderson, James M	NWBY	260
Heinitsn, Edward H	RHLD	24	Hembree, Wm	PKNS	31	Henderson, Jas	LRNS	262
Heins, Diederich	CHTN	276	Hembree, Wm	PKNS	51	Henderson, Jas	ABVL	4
Heins, Eibe	RHLD	1	Hembrick, Drury	SPBG	229	Henderson, Jas C	LRNS	287
Heins, Henry**	CHTN	200	Hembry, Jabas	GRVL	389	Henderson, Jas**	KRSW	136
Heinsen, Charles*	CHTN	425	Hembry, Jack	GRVL	389	Henderson, Jeff	SPBG	268
Heinson, Pharus**	CHTN	467	Hemby, Louisa*	CHFD	180	Henderson, Jesse*	GRVL	497
Heinstesh, Henry	SPBG	316	Hemby, Taylor*	LCTR	175	Henderson, Jno	SPBG	242
Heintz, Frederick**	CHTN	409	Hemett, Sarah	CHTN	398	Henderson, John	PKNS	94
Heiott, Arthur	COTN	306	Hemholen, A	CHTN	502	Henderson, John	SPBG	269
Heiott, Charles	COTN	306	Hemick, H O	ADSN	178	Henderson, John	ADSN	167
Heiott, James	COTN	295	Heminger, Peter	ABVL	1	Henderson, John*	MRBO	179
Heiott, Josiah	COTN	294	Heminger, Thomas	ADSN	1	Henderson, John	GRVL	516
Heiott, M P	COTN	302	Hemingway, Dr H	GETN	323	Henderson, John**	CHTN	228
Heipenbuttel, Catharina*	CHTN	464	Hemingway, Ellin G*	BNWL	356	Henderson, John	GRVL	354
Heires, Henry	SPBG	199	Hemingway, Henry D	HORY	26	Henderson, Judge*	ADSN	323
Heise, James R	RHLD	11	Hemingway, Martha A*	HORY	55	Henderson, L*	LRNS	285
Heise, John H	RHLD	25	Hemiten, Henry*	NWBY	254	Henderson, Lewis	SPBG	269
Heiser, Herman	CHTN	471	Hemme, H**	CHTN	300	Henderson, Lewis	SPBG	281
Heissenbuttel, Martin	CHTN	294	Hemmett, Annie	CHTN	481	Henderson, Lewis	EDFD	94
Heissenbuttle, W	CHTN	332	Hemmingway, J A	WMBG	327	Henderson, Lilly	SPBG	268
Heith, Christian*	FAFD	273	Hemmingway, Thos	GETN	306	Henderson, M*	LRNS	309
Heith, M*	FAFD	200	Hemmingway, Thos K**	HORY	51	Henderson, M	LRNS	282
Heiunback, Wilmott	SPBG	384	Hemmingway, W*	GETN	321	Henderson, M W	LRNS	267
Heks, R	GETN	306	Hemp, J*	CHFD	131	Henderson, M*	UNON	200
Heldman, Mathew	ADSN	259	Hemphill, James	CHTR	71	Henderson, Margret*	BNWL	346
Heldmann, George	GRVL	406	Hemphill, Jane	CHTR	44	Henderson, Martha*	GRVL	420
Helken, H	CHTN	522	Hemphill, Jas	YORK	415	Henderson, Martin	LRNS	287
Hellams, Ann	LRNS	266	Hemphill, John G	YORK	501	Henderson, Mary*	BUFT	61
Hellams, Calvin	LRNS	270	Hemphill, Martha G	YORK	451	Henderson, Mary H*	BNWL	340
Hellams, David*	LRNS	286	Hemphill, R N	CHTR	36	Henderson, Mason	ABVL	139
Hellams, Elijah	ADSN	263	Hemphill, Rev Wm K	ABVL	128	Henderson, Mathew	LRNS	283
Hellams, H	LRNS	267	Hemphill, Saml	YORK	415	Henderson, Mosey	SPBG	209
Hellams, Hasgs	LRNS	266	Hemphill, Saml J	CHTR	46	Henderson, Mrs	NWBY	259
Hellams, Jno	LRNS	270	Hemphill, Samuel**	YORK	377	Henderson, Mrs C	EDFD	94
Hellams, Jno G	LRNS	279	Hemphill, Samuell	EDFD	132	Henderson, N	EDFD	78
Hellams, John	LRNS	290	Hemphill, W P*	YORK	505	Henderson, N G B*	LRNS	277
Hellams, Mary	LRNS	286	Hemphill, Wm P*	YORK	378	Henderson, N H	GRVL	336
Hellams, Sally	LRNS	285	Hempley, Mary	SPBG	413	Henderson, Nancy**	PKNS	159
Hellams, Thos	LRNS	266	Hemricks, John*	CHTN	291	Henderson, Nancy*	CHFD	120
Hellams, Wm**	LRNS	276	Hemsby, J D	NWBY	304	Henderson, Nath	LRNS	265
Hellams, Wm	LRNS	298	Hen, T H	CHTN	345	Henderson, Nathan	EDFD	132
Hellams, Yancy	LRNS	298	Henadies, John*	GRVL	377	Henderson, Nathaniel	ADSN	336
Hellegas, Louise	CHTN	281	Hencken, C F	CHTN	460	Henderson, Nathaniel	ADSN	323
Hellems, James M	GRVL	344	Hencken, Henry**	CHTN	461	Henderson, O P	GRVL	495
Hellens, Leander A*	YORK	399	Hencken, Henry	CHTN	461	Henderson, Peter	GRVL	392
Heller, David	ADSN	274	Hencken, Henry	CHTN	382	Henderson, Pinckney*	GRVL	458
Heller, Elizabeth*	GRVL	450	Hencken, J W	PKNS	37	Henderson, Ransom	SPBG	269
Heller, Jacob	NWBY	216	Henderson, A	PKNS	93	Henderson, Rebecca*	GRVL	390
Heller, John	NWBY	277	Henderson, A J	SPBG	324	Henderson, Richard	NWBY	260
Heller, Joseph B	NWBY	280	Henderson, Alex	SPBG	272	Henderson, Richd	LRNS	298
Heller, Mary	GRVL	450	Henderson, Ambrose	SPBG	275	Henderson, Robert	YORK	502
Heller, Moses	NWBY	279	Henderson, Andrew J*	GRVL	330	Henderson, Robert	BUFT	61
Heller, Philip	CHTN	517	Henderson, Ann**	CHTN	195	Henderson, Robt	SPBG	374
Heller, Wilson	NWBY	279	Henderson, Anna	SPBG	235	Henderson, S Y	LRNS	265
Helling, Francis*	CHTN	252	Henderson, Anna	YORK	410	Henderson, Sarah	SPBG	273
Helms, J C	LCTR	188	Henderson, B**	LRNS	287	Henderson, Sarah*	ABVL	59
Helms, Joshua	YORK	473	Henderson, Benjamin*	GRVL	381	Henderson, T S	EDFD	73
Helms, W W*	BNWL	456	Henderson, Benjn	ABVL	18	Henderson, Thos	SPBG	282
Helton, Andrew	COTN	346	Henderson, Caroline*	BNWL	340	Henderson, W	HORY	19
Helton, Clary	LCTR	193	Henderson, D H	LRNS	277	Henderson, W	HORY	43
Helton, David	LCTR	192	Henderson, D L*	SPBG	309	Henderson, W B	LRNS	354
Helton, Elisha	SPBG	289	Henderson, D S	COTN	250	Henderson, W M	LRNS	309
Helton, Eliza*	COTN	347	Henderson, Danl A	CHFD	98	Henderson, William	SPBG	208
Helton, George	LCTR	193	Henderson, David*	CHTN	425	Henderson, William	SPBG	234
Helton, Isaac	CHTN	139	Henderson, David	ADSN	323	Henderson, William	SPBG	243
Helton, James	LCTR	166	Henderson, David	CHTR	31	Henderson, William	UNON	202
Helton, Jessy	CHTN	138	Henderson, Diedamace**	SPBG	235	Henderson, William	CHTN	425
Helton, John	LCTR	205	Henderson, E	GRVL	494	Henderson, William	GRVL	396
Helton, Matild*	LCTR	205	Henderson, E E*	MARN	90	Henderson, Winnie*	RHLD	55
Helton, Moses	COTN	346	Henderson, E R Dr	COTN	311	Henderson, Wm	LRNS	244
Helton, Moses	LCTR	194	Henderson, Eli	GRVL	485	Henderson, Wm	SPBG	360
Helton, Norman	LCTR	191	Henderson, Elias	SPBG	235	Henderson, Wm	CHFD	120
Helton, Richard	LCTR	205	Henderson, Elizabeth*	GRVL	494	Henderson, Wm T**	ABVL	75
Helton, Terrel**	LCTR	205	Henderson, Elizabeth*	EDFD	387	Hendric, Absalom	LXTN	392
Helton, Terrel	LCTR	193	Henderson, Elizabeth	CHTN	428	Hendrick, George	CHTN	486
Helton, Thos H	CHTN	135	Henderson, Elizth*	CHTN	404	Hendrick, J M	CHTN	250
Helton, Wesley	LCTR	205	Henderson, G	EDFD	97	Hendrick, S A*	EDFD	131
Helton, Zedock	LCTR	197	Henderson, G W	EDFD	25	Hendricks, Abel	PKNS	138
Helum, David	GRVL	512	Henderson, H	GRVL	495	Hendricks, Allen*	PKNS	123
Helums, Allen	GRVL	515	Henderson, H J*	GRVL	492	Hendricks, Andrew	PKNS	156
Hembert, H G*	SPBG	135	Henderson, H K	SPBG	407	Hendricks, Asbury	LRNS	322

Name	Loc	Pg	Name	Loc	Pg	Name	Loc	Pg
Hendricks, Baylus	PKNS	126	Heneman, John A*	SPBG	311	Henson, H O*	NWBY	292
Hendricks, Chas*	ABVL	17	Henesey, Ann	GETN	317	Henson, Henry	BUFT	35
Hendricks, Deborah	ABVL	17	Henesey, Mary*	CHTN	473	Henson, Henry C	CHTN	509
Hendricks, Elias	PKNS	57	Henesey, Saml	GETN	317	Henson, Isaac*	NWBY	251
Hendricks, Eliza*	CHTN	231	Henesey, Sol	GETN	317	Henson, J G	CLDN	208
Hendricks, Franklina*	CHTN	208	Henesey, Solomon R	GETN	317	Henson, James	GRVL	397
Hendricks, George	PKNS	136	Henessy, Michl*	CHTN	202	Henson, Jeremiah	SPBG	422
Hendricks, George W	PKNS	122	Heney, George	FAFD	279	Henson, John	GRVL	397
Hendricks, Henry	CHTN	413	Henieg, A	GETN	287	Henson, John	GETN	301
Hendricks, J M	BNWL	459	Henington, C M*	KRSW	113	Henson, John	GRVL	397
Hendricks, J W	LCTR	168	Henisee, Thos	CHTN	241	Henson, Jos	SPBG	416
Hendricks, Jeptha	PKNS	112	Henkel, Jacob	YORK	428	Henson, Loyd	GRVL	397
Hendricks, John	PKNS	56	Henken, C*	CHTN	306	Henson, Margaret	SPBG	269
Hendricks, John	SMTR	170	Henkle, Martha**	CHTR	83	Henson, Mourning**	BUFT	33
Hendricks, John M	PKNS	184	Henley, C C	LRNS	253	Henson, Oliver	GRVL	399
Hendricks, Joseph C	PKNS	148	Henley, James	SPBG	319	Henson, Rebecca	GRVL	398
Hendricks, L C	CHTN	208	Henley, Miss M C*	YORK	371	Henson, Sarah	SPBG	335
Hendricks, Larkin	PKNS	144	Henley, Sarah	SPBG	319	Henson, William	GRVL	395
Hendricks, Lemuel	PKNS	182	Hennegan, John J	SMTR	154	Henson, Z D*	EDFD	162
Hendricks, Moses	PKNS	155	Henneke, L	CHTN	403	Henstiss, Ell	DLTN	472
Hendricks, R	CHFD	157	Hennel, John*	RHLD	11	Henston, John M	SPBG	346
Hendricks, Rachel C**	PKNS	121	Henners, Fredk*	CHTN	487	Hentz, D J*	NWBY	305
Hendricks, Richard	CHTN	445	Hennesse, Chas	CHTN	307	Hentz, Wm R	NWBY	266
Hendricks, Susan	GRVL	453	Hennessey, Anna*	CHTN	479	Hepburn, R B	DLTN	440
Hendrix, Alex	DLTN	418	Hennessey, Jesse*	CHTN	376	Hepburn, W J	DLTN	433
Hendrix, Annie	DLTN	416	Hennessey, Michael**	CHTN	388	Herald, James	FAFD	238
Hendrix, Asa	CHFD	133	Hennie, August	CHTN	497	Herald, Ruben*	FAFD	241
Hendrix, Cedecia**	LXTN	452	Hennies, William	RHLD	36	Herald, Thomas	FAFD	238
Hendrix, Chas	CHFD	149	Henning, Ellen	CHTN	460	Herbemont, Alexr	RHLD	42
Hendrix, Clara*	RHLD	70	Henning, Isaac	GRVL	418	Herbert, C W	NWBY	227
Hendrix, Danl J**	LXTN	394	Henning, J S	GETN	283	Herbert, F	ADSN	180
Hendrix, David J	RHLD	66	Henning, Robert	RHLD	18	Herbert, Frances	NWBY	279
Hendrix, E B	SPBG	376	Henning, Ruth*	LRNS	273	Herbert, Isaac	NWBY	228
Hendrix, E*	EDFD	117	Hennington, L A*	UNON	296	Herbert, John	ADSN	235
Hendrix, Elias F*	SMTR	108	Hennisy, Samuel	GETN	323	Herbert, L J	NWBY	295
Hendrix, Elisha	SPBG	371	Hennon, Thomas	GRVL	368	Herbert, M	CHTN	249
Hendrix, Eliz	LXTN	373	Henny, M	GETN	290	Herbert, Thomas	PKNS	94
Hendrix, Elizabeth	LXTN	428	Henon, W H	ORBG	308	Herbert, Thos G	ADSN	158
Hendrix, Elizabeth*	NWBY	212	Henrichson, Henry	RHLD	17	Herbess, Mrs*	CHTN	323
Hendrix, Emanuel*	LXTN	442	Henricks, Ada	CHTN	324	Herbet, William C	CHTN	502
Hendrix, Eml	LXTN	452	Henricks, Theo	CHTN	349	Hercel, Eliza**	FAFD	243
Hendrix, G M*	DLTN	387	Henrietta*	CHTN	236	Herd, Jasper	PKNS	108
Hendrix, Geo	LXTN	393	Henrietta, Ann	CHTN	100	Herd, John F	PKNS	129
Hendrix, George	FAFD	225	Henry, A D	YORK	430	Herd, William R	PKNS	108
Hendrix, Godfrey	LXTN	392	Henry, Aex	YORK	497	Herderson, Thos	LRNS	298
Hendrix, H B	SPBG	575	Henry, Anna M*	SMTR	173	Herdman, A D	COTN	359
Hendrix, H E	LXTN	431	Henry, C	CLDN	207	Herdman, James	COTN	359
Hendrix, H J*	LXTN	433	Henry, Charles M**	CHTN	478	Hereman, John	CHTN	277
Hendrix, Henry	LXTN	431	Henry, Edward*	CHTN	318	Herendon, J J	MRBO	180
Hendrix, Henry	NWBY	232	Henry, Edwd	EDFD	31	Heresey, G R	MRBO	182
Hendrix, Henry	SMTR	152	Henry, F	YORK	433	Herin, Madison	EDFD	57
Hendrix, Henry J	LXTN	392	Henry, Frost**	CHTN	252	Heriot, Benj G	CHTN	360
Hendrix, J A	LXTN	433	Henry, Gilbert	LXTN	411	Heriot, Eliza F	CHTN	438
Hendrix, J A	HORY	9	Henry, H C*	CHTR	73	Heriot, Ellen	CHTN	352
Hendrix, J C	LXTN	432	Henry, H E*	CHTR	69	Heriot, Emma E*	BUFT	36
Hendrix, J R	FAFD	274	Henry, Harrison	LRNS	329	Heriot, F W	GETN	300
Hendrix, J S	LXTN	389	Henry, Hugh	CHTR	36	Heriot, John Q	SMTR	113
Hendrix, J T	LXTN	431	Henry, Isaac	PKNS	76	Heriot, Matilda	GETN	285
Hendrix, J W	LXTN	432	Henry, Isaac	LRNS	313	Heriot, Mrs E S	GETN	300
Hendrix, J W*	FAFD	232	Henry, J H	LRNS	222	Heriot, O B	CHTN	379
Hendrix, Jeptha	SMTR	112	Henry, J T	GRVL	355	Heriot, Odessina**	CHTN	189
Hendrix, Jno	LXTN	356	Henry, J W	CHTR	15	Heriot, R S	GETN	300
Hendrix, John	LXTN	433	Henry, James W*	RHLD	45	Heriot, Robert L	SMTR	147
Hendrix, John	NWBY	232	Henry, Jas*	YORK	384	Heriot, S E	GETN	300
Hendrix, John M	ADSN	330	Henry, Jas	YORK	386	Heriot, William B	CHTN	283
Hendrix, John Q*	LXTN	392	Henry, Jemina*	CHTR	40	Heriot, Wm*	CHTN	244
Hendrix, Joseph	DLTN	420	Henry, Jincy	YORK	387	Herlong, H C	EDFD	189
Hendrix, L*	LXTN	392	Henry, John	YORK	433	Herlong, J D	EDFD	189
Hendrix, Maria	GRVL	488	Henry, John P	RHLD	63	Herlong, Jacob A	ORBG	360
Hendrix, Martha	CHFD	133	Henry, Josiah	YORK	433	Herlong, James	ORBG	359
Hendrix, Mary	NWBY	261	Henry, M	YORK	417	Herlong, N F	ORBG	360
Hendrix, Mary E*	LXTN	392	Henry, Max*	CHTN	314	Herlong, V A	EDFD	188
Hendrix, Miles	GRVL	487	Henry, Michael*	CHTN	472	Herman, John	SPBG	348
Hendrix, Mrs A	LXTN	431	Henry, Miss	CHTN	228	Herman, John*	CHTN	167
Hendrix, Mrs C	EDFD	28	Henry, N	LRNS	304	Hermsens, H*	CHTN	327
Hendrix, R Baxter	LXTN	424	Henry, Nancy	LRNS	342	Hern, Wm**	CHTN	246
Hendrix, Rebecca	NWBY	232	Henry, Peter	ABVL	125	Hernandez, James	CHTN	441
Hendrix, S F	LXTN	431	Henry, Presley	NWBY	248	Hernandez, John W	CHTN	457
Hendrix, S N	LXTN	431	Henry, R J H*	LRNS	350	Hernandez, Vicentio**	CHTN	196
Hendrix, Susan	FAFD	226	Henry, Robert*	WMBG	300	Herndon, Benjn Z	ABVL	85
Hendrix, Thomas	FAFD	226	Henry, S A*	LRNS	350	Herndon, Charlott	LXTN	458
Hendrix, Thompson	KRSW	109	Henry, Saml E*	ABVL	26	Herndon, Dr Jno N	NWBY	265
Hendrix, Thos	SPBG	371	Henry, Samuel G	RHLD	45	Herndon, Edmond	PKNS	68
Hendrix, U	LXTN	431	Henry, T D**	YORK	385	Herndon, Elizabeth	RHLD	57
Hendrix, W	SPBG	368	Henry, T E	MARN	18	Herndon, Holly	COTN	253
Hendrix, W H	SPBG	373	Henry, Thomas*	CHTN	314	Herndon, J	YORK	370
Hendrix, W N	LXTN	432	Henry, Thos C**	YORK	432	Herndon, James E	COTN	277
Hendrix, Wiley	SPBG	366	Henry, W H	LRNS	352	Herndon, John P	MRBO	205
Hendrix, William	ADSN	304	Henry, W S	CHTN	483	Herndon, S G	PKNS	42
Hendrix, Wm	LXTN	388	Henry, William*	COTN	338	Herndon, Timothy	PKNS	44
Hendrix, Wm K	DLTN	416	Henry, William	BNWL	496	Herndon, W C*	ADSN	258
Hendrix, Zachariah	LXTN	410	Henry, William	GRVL	404	Herndon, Z	ADSN	258
Hendson, Peter J	CHTN	496	Henry, William*	CHTN	466	Herne, Henry	CHTN	157
Hendy, G E	EDFD	180	Henry, William*	CHTN	314	Herning, John D*	HORY	59
Henebery, Martin	CHTN	502	Henry, Wm	CHTN	48	Heroitt, Kezzeah*	SPBG	333
Heneford, John	HORY	23	Henshaw, Jacob	CHTN	118	Heron, Lisa*	UNON	271
Henegan, A B	MRBO	166	Hensin, James*	COTN	272	Heron, Martha	CHTN	478
Henegan, A M	MARN	81	Hensley, Terry H	GRVL	342	Heron, Mary	UNON	271
Henegan, C S*	MRBO	143	Hensly, Jas	SPBG	308	Herrald, Martha*	LCTR	209
Henegan, Gen J W	MRBO	170	Henson, A	GRVL	426	Herrald, Michael	ADSN	262
Henegan, J Hamilton	MRBO	172	Henson, Alex	SPBG	240	Herregan, E M*	CHFD	110
Henegan, Julia*	MRBO	169	Henson, Bartlet	CHTR	54	Herren, Elijah	ADSN	185
Henegan, M J	MRBO	145	Henson, Elijah	GRVL	399	Herren, John	MRBO	167
Henegan, Mrs Elizabeth	MRBO	170	Henson, Elizabeth**	NWBY	265	Herrin, A W	MARN	62
Heneges, Caroline	CHTN	343				Herrin, Ann	MARN	40
Heneken, James H	CHTR	50				Herrin, B	MARN	75

Name	Loc	Pg
Herrin, Clinton	MARN	62
Herrin, D	KRSW	88
Herrin, D M	MARN	45
Herrin, D W	HORY	6
Herrin, Danl	MARN	68
Herrin, Dorshem**	MARN	92
Herrin, Drusilla	EDFD	154
Herrin, Edmond	MARN	7
Herrin, Edmund	MARN	119
Herrin, Elisabeth	MARN	92
Herrin, Francis*	CHTN	510
Herrin, Frederick	MARN	108
Herrin, H	MARN	108
Herrin, Hariet	EDFD	154
Herrin, J C	MARN	39
Herrin, James	KRSW	89
Herrin, Jesse	MARN	62
Herrin, John	EDFD	148
Herrin, John	MARN	130
Herrin, Jonathan	EDFD	147
Herrin, Joseph*	MARN	108
Herrin, L H*	MARN	65
Herrin, Levi	MARN	104
Herrin, Lewis	MARN	8
Herrin, Mary	MARN	117
Herrin, Miles	MARN	72
Herrin, Owen	MARN	40
Herrin, Patience*	MARN	11
Herrin, Patrick	MARN	52
Herrin, Patrick	MARN	40
Herrin, Robt	MARN	40
Herrin, Stephen	HORY	16
Herrin, W	HORY	16
Herrin, Wilson	MARN	84
Herrin, Wm	DLTN	437
Herrin, Wm	MARN	113
Herrin, Wm*	EDFD	1
Herrin, Wm E	DLTN	409
Herrin, Wm P	MARN	8
Herring, Burton	PKNS	41
Herring, James	HORY	63
Herring, Jesse	PKNS	54
Herring, Jesse	ADSN	270
Herring, Marsden*	HORY	68
Herring, Mary	ADSN	236
Herring, Sarah E*	GETN	308
Herring, William E	SMTR	120
Herrington, H E	CLDN	240
Herrington, J Z	CLDN	238
Herrington, Jno J	CLDN	225
Herrington, Jno P R	CLDN	238
Herrington, Saml	CLDN	219
Herrington, Sarah*	CLDN	226
Herrington, Stephen	ABVL	138
Herrington, Wm	CLDN	238
Herrington, Wm M	CLDN	246
Herriot, Any	SMTR	181
Herritage, William*	CHTN	425
Herron, Abner	LXTN	461
Herron, David	LXTN	461
Herron, David	MRBO	199
Herron, Edwd	LXTN	464
Herron, Elmore	LXTN	423
Herron, Ervel	ADSN	217
Herron, Francis	FAFD	258
Herron, James	NWBY	259
Herron, John	ADSN	217
Herron, John	CHTN	121
Herron, Mary	PKNS	20
Herron, Michel*	LCTR	157
Herron, Robt A	FAFD	264
Herron, Sarah	CHTN	447
Herron, Susannah*	CHTN	382
Herron, Virgil	ADSN	217
Herron, W	LXTN	421
Herron, W C	MRBO	151
Herron, William**	LXTN	423
Herron, William	CHTN	392
Herron, Wm	LXTN	461
Hersey, Lelphy	LCTR	185
Hersey, Nancy*	LCTR	217
Hershman, J T	KRSW	137
Herskey, Lewis	LRNS	318
Herson, Lambert	CHTN	388
Herston, John	LRNS	311
Hertiwig, Florence	RHLD	31
Hertz, Isaac E	CHTN	347
Hertz, Miss H E	CHTN	239
Hertzly, H	CHTN	142
Hertzog, George	RHLD	3
Hesler, Josephine	RHLD	31
Hess, Elizabeth*	CHTN	125
Hess, Henry	RHLD	36
Hess, Mr*	CHTN	239
Hesse, Andrew*	PKNS	75
Hesse, C H	PKNS	36
Hesse, Davis	PKNS	21
Hesse, Nicholas**	PKNS	22
Hesten, Samuel R	PKNS	86
Hester, A S*	WMBG	334
Hester, Abraham	PKNS	186
Hester, Carwell	PKNS	10
Hester, Emily S	ABVL	136
Hester, Emily*	ABVL	102
Hester, Henry	GRVL	436
Hester, J*	EDFD	116
Hester, James	GRVL	436
Hester, James B	PKNS	123
Hester, Joberry	PKNS	147
Hester, John B	PKNS	123
Hester, Lou	ABVL	101
Hester, Martin*	GRVL	516
Hester, Robert	GRVL	514
Hester, Samuel J	ABVL	101
Hester, Thomas	PKNS	178
Hester, Waddy**	PKNS	152
Hester, William	PKNS	147
Hester, William	PKNS	147
Hesting, Michl	CHTN	501
Heston, Absalon	PKNS	139
Heston, Wm K*	GETN	294
Heth, William V*	SMTR	158
Hethcock, Sarah	BNWL	397
Hetherington, James	YORK	443
Hetherington, Jas	YORK	465
Hetherington, Jos	YORK	444
Hetherington, Rhoda	ORBG	394
Hetkington, Messa	COTN	309
Hetton, John	CHTN	126
Hetton, Manda*	PKNS	95
Hewer, Francis	PKNS	3
Hewer, Jessey	PKNS	126
Hewetson, Barry**	CHTN	350
Hewett, Giles	SPBG	324
Hewett, W	SPBG	334
Hewett, Wm	SPBG	317
Hewin, John	ADSN	241
Hewins, Prestell	ADSN	241
Hewins, William	ADSN	240
Hewins, William	ADSN	241
Hewit, Edwd	MARN	33
Hewit, Jas D	SPBG	309
Hewit, Jas*	MARN	33
Hewit, Sarah	MARN	33
Hewit, Thos G	CLDN	232
Hewit, W M	WMBG	354
Hewit, Weathy	MARN	56
Hewitson, Ralph E B*	RHLD	6
Hewitt, Albery*	SPBG	314
Hewitt, Alca M	CHTR	26
Hewitt, Benjn	SPBG	425
Hewitt, Elisabeth S	BNWL	365
Hewitt, Francis**	CHTN	256
Hewitt, John	GETN	302
Hewitt, Jos	SPBG	425
Hewitt, Joseph*	CHFD	146
Hewitt, Joseph	CHTN	102
Hewitt, L	LRNS	337
Hewitt, Levi	HORY	71
Hewitt, Martha E*	ADSN	257
Hewitt, Sarah**	DLTN	447
Hewitt, T N	DLTN	444
Hewitt, Thos	MARN	10
Hewitt, Thos	CHFD	146
Hewitt, Wim	SPBG	320
Hewitt, Wm E	MARN	140
Hewlett, John S	BNWL	503
Hewlett, W H	SMTR	96
Hewlett, W H	BNWL	498
Hext, L P	BNWL	469
Heyatt, Malachi	COTN	333
Heyer, James S	CHTN	477
Heyer, John*	CHTN	448
Heyers, John D**	SPBG	313
Heyman, George	CHTR	69
Heyman, Isaac**	CHTR	69
Heyn, Christian**	CHTN	451
Heyne, Ubbe*	CHTN	204
Heyward, Charles	CHTN	285
Heyward, Charles	CHTN	167
Heyward, D B	CHTN	399
Heyward, Daniel	BUFT	96
Heyward, Danl	CHTN	213
Heyward, Edward B	RHLD	93
Heyward, Ellen*	CHTN	150
Heyward, Geo C	CHTN	329
Heyward, J B	CHTN	235
Heyward, J G*	CHTN	371
Heyward, J J	CHTN	244
Heyward, Jorine K*	RHLD	53
Heyward, Nancy	CHTN	444
Heyward, Nathaniel H*	RHLD	51
Heyward, Nathanl	COTN	291
Heyward, T J*	CHTN	371
Heyward, T J	BNWL	462
Heyward, Thos*	CHTN	190
Heyward, W H	CHTN	219
Heyward, William	BUFT	97
Heyward, Wm Jr	BUFT	22
Heywood, Morris*	CHTN	390
Heywood, Thos S	CHTN	220
Hiaham, Miss C*	CHTN	319
Hibben, Andrew	CHTN	101
Hibbler, David	NWBY	298
Hibbler, L C	NWBY	298
Hibbut, Saml**	CHTN	487
Hichjack, Geo	CHTN	357
Hickalin, Wm*	SPBG	354
Hickey, Chas	CHTN	321
Hickey, Ellen*	CHTN	466
Hickey, Henry*	CHTN	462
Hickey, Jos	CHTN	325
Hickey, Max	CHTN	282
Hickey, Mrs J**	CHTN	239
Hickey, Mrs Jane	CHTN	224
Hickey, Patrick*	CHTN	246
Hickey, Susan*	EDFD	116
Hicklin, Hugh	CHTR	59
Hicklin, James**	YORK	428
Hicklin, Jas C	YORK	411
Hicklin, M L*	RHLD	21
Hicklin, Malipa**	CHTR	89
Hicklin, Rebecca	CHTR	59
Hicklin, Wm J	CHTR	84
Hickman, Charles*	CHTR	73
Hickman, Edward	COTN	306
Hickman, Godfrey H	COTN	277
Hickman, Jane	ADSN	250
Hickman, John	ADSN	241
Hickman, Lydia	GETN	285
Hickman, Margaret*	SMTR	134
Hickman, Waren*	CLDN	242
Hicks, A A C**	WMBG	355
Hicks, Abigail	SPBG	272
Hicks, Catherine	CHFD	167
Hicks, Eleanor	CHTN	382
Hicks, Ervin	DLTN	449
Hicks, Franklin*	DLTN	449
Hicks, G P	PKNS	95
Hicks, George W*	BUFT	69
Hicks, Green**	SPBG	198
Hicks, Henry	CHTN	374
Hicks, Isaac	DLTN	461
Hicks, Isaac	GRVL	358
Hicks, J C	GRVL	419
Hicks, J*	WMBG	310
Hicks, J	WMBG	357
Hicks, J C	SMTR	113
Hicks, James*	CHFD	143
Hicks, James**	CHFD	139
Hicks, James	CHFD	165
Hicks, Jas*	CHFD	141
Hicks, Jasper	CLDN	234
Hicks, Jno	CHFD	143
Hicks, John	EDFD	28
Hicks, John	EDFD	10
Hicks, John B	SMTR	105
Hicks, Jordan	GRVL	368
Hicks, K	WMBG	353
Hicks, Leonard	DLTN	461
Hicks, Letha	GRVL	480
Hicks, Lewis*	DLTN	437
Hicks, M C	DLTN	460
Hicks, M*	WMBG	352
Hicks, Mary E	SPBG	555
Hicks, Mary*	CHFD	160
Hicks, Mer	DLTN	394
Hicks, Penelope*	CHFD	189
Hicks, R N	MRBO	175
Hicks, Rebecca	SMTR	104
Hicks, Rebecca O*	SMTR	124
Hicks, Rev Elijah	MARN	133
Hicks, Richard*	CHTN	443
Hicks, Rob*	DLTN	407
Hicks, Saml	GRVL	368
Hicks, Saml	GETN	307
Hicks, Sarah*	UNON	255
Hicks, Sarah**	CHFD	139
Hicks, Stephen	GRVL	501
Hicks, Thomas	ABVL	94
Hicks, Thos*	CHFD	123
Hicks, W G	WMBG	357
Hicks, W J	GRVL	460
Hicks, William	GRVL	487
Hicks, William	YORK	479
Hicks, Wm	LXTN	428
Hicks, Zilvira*	DLTN	455
Hickson, Danl	DLTN	460
Hickson, E A*	GETN	292
Hickson, Henry J	SMTR	104
Hickson, J A*	CLDN	233
Hickson, Jas	DLTN	447
Hickson, John	BNWL	394
Hickson, John E	BNWL	395
Hickson, L*	SPBG	258
Hickson, L*	EDFD	113
Hickson, M J*	DLTN	455
Hickson, M J E**	WMBG	322
Hickson, R P	BNWL	390
Hickson, Rebecca A	SMTR	103
Hickson, Thomas	BNWL	395
Hickson, W L	CLDN	230
Hickson, Wm M	DLTN	439
Hide, Bennet	PKNS	103
Hide, Catherine*	EDFD	80
Hide, John	PKNS	75
Hieman, Jno*	CHTN	75
Hiepenbuttel, John*	CHTN	464
Hiers, Abraham	COTN	303
Hiers, Ann*	BNWL	343
Hiers, Charles C	COTN	302
Hiers, George	COTN	302
Hiers, Jacob	COTN	300
Hiers, M C	BNWL	476
Hiers, Michael	COTN	300
Hiers, P J	COTN	302
Hiers, Rebecca*	COTN	296
Hiers, Robert	COTN	300

Name	Loc	Pg	Name	Loc	Pg	Name	Loc	Pg
Hiers, Sarah	COTN	301	Hill, H W*	RHLD	21	Hill, Savanah*	EDFD	98
Hiers, William	COTN	300	Hill, Hannah*	EDFD	34	Hill, Selina*	SMTR	106
Hiesing, C*	CHTN	315	Hill, Harriet	SPBG	346	Hill, Silas	CHFD	121
Hiett, W D	LCTR	255	Hill, Henry	COTN	338	Hill, Stephen	CHTN	305
Higdon, Thos J	ABVL	147	Hill, Henry	LRNS	292	Hill, T E	RHLD	48
Higgins, Anthoney**	CHTN	168	Hill, Henry*	GRVL	416	Hill, Tabitha*	DLTN	455
Higgins, Augustus	LRNS	345	Hill, Henry	UNON	282	Hill, Tabitha	SPBG	335
Higgins, C C	LRNS	234	Hill, Henry	EDFD	163	Hill, Tandy W	PKNS	140
Higgins, David*	SPBG	396	Hill, Henry H	COTN	294	Hill, Theophilus Y*	RHLD	52
Higgins, David	RHLD	76	Hill, Henry*	DLTN	435	Hill, Thomas	SPBG	248
Higgins, Elizth*	COTN	298	Hill, Holloway	NWBY	263	Hill, Thomas	DLTN	448
Higgins, F B	NWBY	293	Hill, Huzza	PKNS	144	Hill, Thos	EDFD	76
Higgins, Frances	ABVL	153	Hill, Isaac F	DLTN	473	Hill, Thos	ADSN	248
Higgins, G W	FAFD	236	Hill, Isaac H*	CHTN	155	Hill, Thos H	COTN	328
Higgins, George W	PKNS	155	Hill, Isaac M	ABVL	70	Hill, Thos J	ADSN	212
Higgins, Hamilton*	COTN	265	Hill, Isaiah	DLTN	400	Hill, Thos J	ABVL	103
Higgins, J C	DLTN	431	Hill, J L	EDFD	59	Hill, Thos W*	SPBG	344
Higgins, J O	KRSW	116	Hill, J W*	EDFD	107	Hill, Tod	EDFD	142
Higgins, Jacob	RHLD	89	Hill, J W	FAFD	263	Hill, Travis	LRNS	234
Higgins, James	GRVL	449	Hill, J*	WMBG	350	Hill, W A	LCTR	187
Higgins, Jas B	LRNS	345	Hill, J*	NWBY	292	Hill, W B	EDFD	142
Higgins, John	LXTN	391	Hill, J E	DLTN	447	Hill, W T	FAFD	271
Higgins, John	ABVL	89	Hill, James	SPBG	254	Hill, W T	DLTN	392
Higgins, Malachi	COTN	298	Hill, James	ABVL	7	Hill, Wiley	LRNS	303
Higgins, Martha*	ABVL	132	Hill, James	CHTN	465	Hill, Wiley	GRVL	378
Higgins, Michael*	SMTR	101	Hill, James	NWBY	251	Hill, William	SPBG	254
Higgins, Mrs Mary	CHTN	233	Hill, James A	GRVL	500	Hill, William	ABVL	21
Higgins, Rosanna*	CHTN	425	Hill, James B	GRVL	479	Hill, William	BNWL	378
Higgins, S B	NWBY	261	Hill, James J	DLTN	421	Hill, William	EDFD	143
Higgins, Sarah*	PKNS	142	Hill, James M*	RHLD	54	Hill, William	EDFD	114
Higgins, William W	ABVL	89	Hill, Jas	EDFD	163	Hill, William	CHTR	16
Higgins, William*	NWBY	292	Hill, Jas	DLTN	391	Hill, William	ORBG	338
Higgins, Wilson	GRVL	421	Hill, Jas A**	LRNS	336	Hill, William P	ABVL	55
Higgs, Amanda**	BUFT	36	Hill, Jas Jr	DLTN	405	Hill, William*	CHTN	395
Higgs, Robt L	HORY	1	Hill, Jas P	NWBY	252	Hill, William	ADSN	319
High, B M	SPBG	426	Hill, Jas S	SPBG	352	Hill, William W	ABVL	15
High, B M	SPBG	410	Hill, Jas W	DLTN	414	Hill, Wm	LRNS	269
High, Barnold	SPBG	396	Hill, Jerry	SPBG	254	Hill, Wm	SPBG	352
High, Benj F*	CHTN	210	Hill, Jesse M	CLDN	233	Hill, Wm**	SPBG	429
High, J V	SPBG	410	Hill, Jno	LRNS	276	Hill, Wm	COTN	315
High, Swep	SPBG	410	Hill, Jno C	LRNS	234	Hill, Wm	YORK	452
High, W G	SPBG	410	Hill, Jno L	DLTN	379	Hill, Wm	MARN	72
Higher, Lewis**	CHTN	257	Hill, John T	LRNS	308	Hill, Wm	DLTN	448
Hight, Andrew	CHTN	521	Hill, John*	EDFD	70	Hill, Wm B	DLTN	417
Hightower, Daniel	GRVL	401	Hill, John D**	CHFD	134	Hill, Wm C*	CHTN	155
Hightower, Eppy	GRVL	347	Hill, John M W	COTN	267	Hill, Zachias	DLTN	460
Hightower, James*	GRVL	401	Hill, John R	COTN	268	Hillard, A D	FAFD	200
Hightower, John F	GRVL	375	Hill, John R Jr	COTN	315	Hillard, A D	LCTR	168
Hightower, Joseph	PKNS	80	Hill, John Sr	YORK	424	Hillard, J C	LCTR	168
Hightower, Robert	BNWL	359	Hill, John T	UNON	201	Hillburn, Ebenezer	ABVL	10
Hightower, Thomas	BNWL	359	Hill, John*	ORBG	307	Hillburn, Lucinda*	EDFD	34
Hightower, W B	EDFD	45	Hill, Joseph	SPBG	370	Hillburn, Susan*	EDFD	34
Hightower, William K	GRVL	439	Hill, Joseph	UNON	260	Hillburn, Susan	ABVL	59
Hightower, Willson	BNWL	401	Hill, L	DLTN	455	Hillen, Jacob	CHTN	409
Hilbet, Hanah*	SPBG	429	Hill, L A	YORK	486	Hiller, Geo	LXTN	397
Hilborn, Eliza	CHTN	443	Hill, Lawrence*	COTN	315	Hiller, Jno A	LXTN	397
Hilburn, M L	EDFD	19	Hill, Letitia	GRVL	486	Hiller, John	LXTN	397
Hildebrand, H*	CHTN	325	Hill, Levi	DLTN	448	Hiller, Mary*	LXTN	438
Hildebrand, Jacob	ORBG	361	Hill, Lewis	PKNS	145	Hiller, Saml	LXTN	397
Hildebrand, Jacob A J	ORBG	361	Hill, Lewis	PKNS	149	Hiller, Samuel*	NWBY	297
Hildebrand, Mary*	CHTN	240	Hill, Lewis	BNWL	479	Hillhouse, J P	GRVL	329
Hilhouse, Harriet	ADSN	285	Hill, Louisa	MARN	132	Hillhouse, Jos B	LRNS	533
Hilhouse, Mary	ADSN	156	Hill, Lucinda	SPBG	376	Hillhouse, Miss S*	NWBY	263
Hilhouse, S P	ADSN	284	Hill, M P*	EDFD	165	Hillhouse, William C	PKNS	140
Hilken, Charles	CHTN	374	Hill, M S*	EDFD	141	Hilliard, David	SPBG	314
Hill, A	FAFD	271	Hill, Madison	LRNS	260	Hilliard, James*	HORY	65
Hill, A	CHFD	121	Hill, Maria L**	CHTN	191	Hilliard, Millie*	KRSW	75
Hill, A A	FAFD	263	Hill, Mariah*	CHTR	10	Hills, Adela M	CHTN	458
Hill, Aaron	LRNS	247	Hill, Marion*	ABVL	113	Hilson, William C	CLDN	217
Hill, Albert	SPBG	352	Hill, Martha*	SPBG	352	Hilton, A	CHFD	153
Hill, Alex A	FAFD	271	Hill, Martha*	DLTN	388	Hilton, Anna**	LCTR	199
Hill, Alex M	YORK	432	Hill, Mary*	LXTN	378	Hilton, David R	COTN	358
Hill, And M	ABVL	24	Hill, Mary Ann*	CHTN	461	Hilton, Elizabeth*	CHFD	111
Hill, Andrew	MARN	111	Hill, Mary E	COTN	315	Hilton, Jerome*	CLDN	212
Hill, Ann M E	COTN	294	Hill, Mary J*	BNWL	381	Hilton, Jno W	CHFD	141
Hill, Ashworth B	PKNS	123	Hill, Mary*	YORK	505	Hilton, Mary C*	LCTR	198
Hill, B M**	DLTN	455	Hill, Mathew	EDFD	51	Hilton, Miel	LCTR	199
Hill, B R*	EDFD	113	Hill, Melvinia R*	CHTN	155	Hilton, Minton	KRSW	73
Hill, Brantley	DLTN	402	Hill, Michael Jr	DLTN	449	Hilton, S A	LCTR	199
Hill, C	LRNS	283	Hill, Michl	DLTN	402	Hilton, W B	LCTR	199
Hill, Calvin	DLTN	447	Hill, Miles	DLTN	439	Hilton, W C	ABVL	81
Hill, D C	COTN	295	Hill, Miram	PKNS	93	Hilton, Wm R	CHTN	335
Hill, David	ADSN	200	Hill, Miss E A*	NWBY	252	Himar, A*	ORBG	343
Hill, David	MARN	79	Hill, Morrison**	DLTN	421	Hincle, Samuel*	CHFD	189
Hill, Dorcas	YORK	406	Hill, Mrs Elizabeth*	NWBY	260	Hind, Benj*	FAFD	264
Hill, Dr D H	ADSN	248	Hill, N	DLTN	380	Hindman, Alex	YORK	374
Hill, Dr Jas	NWBY	287	Hill, N H	CLDN	190	Hindman, Elizabeth	SPBG	365
Hill, E M	DLTN	455	Hill, Nancy**	LRNS	223	Hindman, Jane	SPBG	253
Hill, E McJ	DLTN	455	Hill, Nancy	UNON	262	Hindman, Robt	SPBG	257
Hill, E Z	DLTN	448	Hill, Nancy*	MARN	111	Hindman, Saul	SPBG	353
Hill, Edith	GRVL	393	Hill, Nathaniel	YORK	452	Hindman, Thos	PKNS	53
Hill, Edward P	NWBY	252	Hill, Polly	ORBG	316	Hindmond, John	NWBY	260
Hill, Eliza C	CHTN	510	Hill, Preston Brooks*	ABVL	101	Hindricks, Morning*	PKNS	139
Hill, Elizabeth	FAFD	263	Hill, R M	DLTN	447	Hindrix, John E	NWBY	260
Hill, Elizabeth*	CHTN	450	Hill, Rachel	PKNS	144	Hinds, Eliza	MARN	26
Hill, Elizabeth	CHTN	328	Hill, Rebecca*	LCTR	157	Hinds, J D	DLTN	388
Hill, Elizabeth	ADSN	211	Hill, Revd Wm	LRNS	236	Hinds, J D	MRBO	172
Hill, Ellin	BNWL	378	Hill, Robert M*	ABVL	101	Hinds, J J*	WMBG	336
Hill, Elsey*	SPBG	391	Hill, Robt R	LRNS	234	Hinds, John	GRVL	337
Hill, Emma	CHTN	397	Hill, Roswell	PKNS	140	Hinds, Laura**	MARN	53
Hill, Emma	CHFD	121	Hill, Russell	DLTN	447	Hinds, Mrs Eliza*	MRBO	145
Hill, Enoch	LRNS	302	Hill, S J*	GRVL	420	Hinds, S O*	MARN	126
Hill, F M	DLTN	381	Hill, Sarah	DLTN	464	Hinds, William	EDFD	98
Hill, George	UNON	201	Hill, Sarah*	EDFD	144	Hinds, Wm D	SMTR	105
Hill, Gerret	LCTR	178	Hill, Sarah J	ABVL	59	Hineman, Jas A	CHTR	62
Hill, Greenbery	UNON	262	Hill, Sarah	YORK	494	Hineman, Jas**	CHTR	48

Name	Loc	Pg	Name	Loc	Pg	Name	Loc	Pg
Hineman, Joseph	CHTR	49	Hiott, William	COTN	275	Hoback, Nancy*	ADSN	213
Hineman, Nancy	CHTR	81	Hiott, William Jr	COTN	307	Hoback, Sarah*	GRVL	475
Hineman, Sophia**	CHTR	64	Hipp, A*	NWBY	300	Hobbes, L P	LXTN	401
Hines, Allen	SPBG	235	Hipp, Amanda	NWBY	254	Hobbs, Freedom*	RHLD	4
Hines, Geo W	LRNS	240	Hipp, Asbury S	NWBY	252	Hobbs, T J	FAFD	210
Hines, Isham	SPBG	235	Hipp, Elijah*	NWBY	243	Hobbs, Wm	CHTN	315
Hines, J F*	CHTN	513	Hipp, Geo	LXTN	402	Hobbs, Wm E	EDFD	66
Hines, John*	CHTR	77	Hipp, George	RHLD	86	Hobby, Amelia**	LRNS	346
Hines, John H	CHTN	498	Hipp, George	NWBY	247	Hobby, Rebecca	SPBG	361
Hines, Joseph A	RHLD	47	Hipp, J L	YORK	420	Hobby, Rhodes	SPBG	358
Hines, Littleberry	SPBG	235	Hipp, James	NWBY	264	Hobkins, Sarah	UNON	265
Hines, Marsden*	HORY	10	Hipp, Jno A	LXTN	404	Hobs, W P	YORK	369
Hines, Martha*	RHLD	45	Hipp, John A	NWBY	213	Hobson, Barbara	CHTN	445
Hines, Mary	SPBG	200	Hipp, John A	NWBY	213	Hobson, Frances	UNON	210
Hines, Michael*	CHTN	396	Hipp, Nancy	LXTN	393	Hobson, James	PKNS	91
Hines, Michael*	CHTN	368	Hipp, Simeon*	LXTN	393	Hock, Cornelius*	CHTN	450
Hines, Preston*	CHTR	86	Hipp, William	NWBY	254	Hockaday, Ida*	CHTN	432
Hines, Reddick	CHTR	85	Hipps, C	LRNS	352	Hocott, D D	KRSW	140
Hines, Sarah	CHTN	487	Hipps, Elisha	NWBY	279	Hocott, Wm*	DLTN	475
Hines, Solomon	GETN	313	Hipps, Esther	GRVL	325	Hodds, Ara	PKNS	67
Hines, Wm J	SPBG	272	Hipps, Jacob	GRVL	335	Hodg, Henry	CHTN	183
Hines, Yeaman	YORK	454	Hipps, Jas	LRNS	352	Hodge, Abram	CLDN	221
Hinkle, Elijah	PKNS	112	Hipps, John	LRNS	348	Hodge, Alfred	CLDN	218
Hinkle, Elijah	PKNS	110	Hipps, Mary	GRVL	325	Hodge, Anna**	CHTN	144
Hinkle, Jas M	YORK	453	Hipps, R F	GRVL	441	Hodge, B E	CLDN	226
Hinkle, John	PKNS	111	Hipps, Robt	LRNS	353	Hodge, B J	CLDN	194
Hinkley, Josephin*	NWBY	298	Hips, Abe	LRNS	285	Hodge, Ben	RHLD	72
Hinnant, Henry	FAFD	209	Hips, Jos	LRNS	285	Hodge, Benj G	SMTR	164
Hinnant, John	MARN	6	Hires, Christopher	BNWL	351	Hodge, Charles	FAFD	266
Hinnes, Susan	NWBY	287	Hires, George L	BNWL	341	Hodge, Charles	MARN	81
Hinnor, August	CHTN	478	Hires, Hansford	BNWL	366	Hodge, D E	CLDN	226
Hinolo, F	CHTN	313	Hires, Jacob	BNWL	350	Hodge, David	CLDN	218
Hinsdale, M*	RHLD	58	Hires, Jane	BNWL	340	Hodge, E E	CLDN	237
Hinsen, Phillip G	CHFD	118	Hires, Martha*	COTN	296	Hodge, E W*	CHTN	160
Hinsey, John*	MARN	123	Hires, Mary*	BNWL	356	Hodge, Elias	SMTR	165
Hinshaw, J M	MRBO	183	Hires, Richard	COTN	262	Hodge, Elinue	SMTR	165
Hinson, B C	MRBO	147	Hires, Soloman	COTN	266	Hodge, Elisabeth*	MARN	116
Hinson, Benjamin**	LCTR	194	Hires, Stephen	BNWL	349	Hodge, Elizabeth	CLDN	216
Hinson, Benjamin	MRBO	144	Hires, W G	BNWL	355	Hodge, Elizh	LRNS	246
Hinson, C F	LCTR	200	Hires, William M*	BNWL	356	Hodge, Ellen M	SMTR	170
Hinson, Calvin	LCTR	196	Hires, Wm H	BNWL	340	Hodge, Francis	CLDN	246
Hinson, Daniel	LCTR	199	Hirley, John**	CHTN	399	Hodge, Gabriel P	CHTN	478
Hinson, E	CHFD	156	Hirten, Mary	CHTN	277	Hodge, Geo W**	CHTR	92
Hinson, Edmond	MRBO	202	Hisch, F D**	CHTN	464	Hodge, George	CHTN	182
Hinson, Elijah	LCTR	195	Hislop, Ann E	RHLD	44	Hodge, H B	CLDN	216
Hinson, Elijah	LCTR	195	Hit, Jesse	LRNS	239	Hodge, Henry	UNON	258
Hinson, Evander	MRBO	147	Hitch, Es**	LRNS	259	Hodge, Isaac	CLDN	245
Hinson, Evann	DLTN	466	Hitch, J A	LRNS	257	Hodge, J C	DLTN	459
Hinson, Frank	KRSW	103	Hitch, L D	LRNS	257	Hodge, J J*	CLDN	235
Hinson, Geo	MRBO	202	Hitch, Sally*	LRNS	268	Hodge, J M	CLDN	191
Hinson, Isam	KRSW	103	Hitch, W W	LRNS	335	Hodge, James	FAFD	267
Hinson, Isam	KRSW	104	Hitch, Y H	LRNS	315	Hodge, James	BUFT	56
Hinson, J E	KRSW	131	Hitchcock, Lester*	PKNS	34	Hodge, James	ABVL	133
Hinson, J J	LCTR	194	Hitchcock, Levi*	ORBG	404	Hodge, James	FAFD	267
Hinson, James	MRBO	142	Hitchcock, William	RHLD	41	Hodge, James	SMTR	168
Hinson, Jas	GETN	301	Hite, Abram	LXTN	370	Hodge, James P*	BUFT	32
Hinson, Jno	KRSW	106	Hite, Catharine	LXTN	421	Hodge, Jane	SMTR	181
Hinson, John D	LCTR	194	Hite, Jacob	LXTN	367	Hodge, Jno	MARN	74
Hinson, Joseph B	CHTN	114	Hite, John	EDFD	178	Hodge, Jno C	DLTN	395
Hinson, Levica	MRBO	178	Hite, Joseph*	LXTN	371	Hodge, Jno M	CLDN	244
Hinson, Lucy	CHFD	116	Hite, William	LXTN	421	Hodge, Jno W	CLDN	222
Hinson, M J	GETN	301	Hitoogle, Anne*	RHLD	17	Hodge, John	UNON	253
Hinson, Marion R**	LCTR	204	Hitt, Allen D*	GRVL	488	Hodge, John	BUFT	50
Hinson, O C	LCTR	200	Hitt, Alletha	LRNS	239	Hodge, John**	MARN	24
Hinson, Pinkney	LCTR	202	Hitt, Benjn	LRNS	239	Hodge, Jos D	CLDN	246
Hinson, S	CHFD	156	Hitt, Benjn	LRNS	239	Hodge, L D	CLDN	190
Hinson, Sarah*	CHFD	119	Hitt, Hamelton*	LRNS	235	Hodge, Langdon D	CLDN	244
Hinson, Sarah*	LCTR	195	Hitt, Henry	LRNS	239	Hodge, Mary*	CHTN	160
Hinson, Washington	LCTR	202	Hitt, Jno	LRNS	236	Hodge, Mathew	MARN	115
Hinson, William*	CHTN	213	Hitt, L T	EDFD	103	Hodge, Miles H	CLDN	245
Hinson, William	LCTR	205	Hitt, Marten	LRNS	239	Hodge, Moses	UNON	254
Hinson, William	LCTR	194	Hitt, Martin**	EDFD	116	Hodge, Nancy	CLDN	218
Hinson, Wm	MRBO	178	Hitt, P*	LRNS	232	Hodge, Nancy	SMTR	163
Hinton, Asbury*	ABVL	89	Hitt, Patk T	LRNS	232	Hodge, Oliver	SMTR	165
Hinton, Edwd V	ABVL	65	Hitt, Thos E	EDFD	45	Hodge, Oscar	SMTR	163
Hinton, James E	COTN	327	Hitt, William	GRVL	500	Hodge, R J*	CLDN	214
Hinton, Jas R**	DLTN	472	Hively, Whitfield*	EDFD	124	Hodge, Rebecca	MARN	78
Hinton, Jeremiah T	PKNS	182	Hix, Baylis	ADSN	270	Hodge, Robt	CLDN	211
Hinton, Jesse*	MARN	112	Hix, Catherine	CHFD	150	Hodge, Robt	MARN	128
Hinton, John	PKNS	182	Hix, Chas	CHFD	183	Hodge, S J*	WMBG	343
Hinton, John	ABVL	78	Hix, D J	ADSN	279	Hodge, Saml M*	CLDN	220
Hinton, John A	PKNS	178	Hix, Ed Jr	LRNS	224	Hodge, Sarah	FAFD	267
Hinton, John S	ABVL	109	Hix, Edward	LRNS	220	Hodge, Thos*	CLDN	217
Hinton, L C	CHTR	91	Hix, Elizabeth*	ADSN	322	Hodge, Thos	ABVL	133
Hinton, Ranson	CHFD	170	Hix, Harman	ADSN	276	Hodge, Uriah	EDFD	192
Hinton, Samuel	PKNS	137	Hix, J L	LRNS	220	Hodge, W W	CLDN	198
Hinton, Thomas	ABVL	30	Hix, James	ADSN	323	Hodge, William*	ABVL	30
Hiott, Charles	COTN	267	Hix, John	CHFD	150	Hodge, Wm	CLDN	222
Hiott, Daniel F	COTN	257	Hix, John	ADSN	264	Hodge, Wm	BUFT	21
Hiott, Edward*	COTN	281	Hix, John S	SPBG	379	Hodge, Wm	FAFD	267
Hiott, Elisabeth*	BNWL	354	Hix, Josiah	ADSN	279	Hodgens, George	GRVL	504
Hiott, Henry	COTN	259	Hix, Martha	PKNS	63	Hodgens, John	PKNS	151
Hiott, Henry	CHTN	168	Hix, Mary*	CHFD	151	Hodges, B	WMBG	314
Hiott, Jane	COTN	271	Hix, Mary*	ADSN	320	Hodges, C W	NWBY	259
Hiott, John	COTN	253	Hix, Robt	PKNS	63	Hodges, D W	GRVL	345
Hiott, John R Jr	COTN	363	Hix, Samuel	GRVL	500	Hodges, Dr J A	MRBO	173
Hiott, Joseph Sr	COTN	307	Hix, William	ABVL	120	Hodges, Gabriel	ABVL	81
Hiott, Josiah	COTN	251	Hix, William	ABVL	120	Hodges, Gabriel M*	RHLD	51
Hiott, Julany*	COTN	257	Hlems, Wm A	CHFD	135	Hodges, Geo W	ABVL	77
Hiott, Levi	COTN	252	Hndoff, Henry*	CHTN	468	Hodges, George	MRBO	173
Hiott, M P	COTN	308	Hoagg, H D**	BNWL	470	Hodges, J B*	NWBY	304
Hiott, Mahala	COTN	255	Hoagland, Charles	RHLD	27	Hodges, J H*	EDFD	107
Hiott, Mahala	COTN	258	Hoake, C*	EDFD	110	Hodges, Jno C*	ABVL	77
Hiott, Messick	COTN	259	Hoar, Cate*	CHTN	106	Hodges, Jno E	ABVL	78
Hiott, Samuel	COTN	275	Hoats, W M	COTN	251	Hodges, Jno*	ABVL	24
Hiott, Thomas	COTN	256	Hoback, Emily	GRVL	417	Hodges, John*	FAFD	258

Name	Code	Page
Hodges, Marshall	ABVL	139
Hodges, Mary	ADSN	252
Hodges, R G W	MRBO	173
Hodges, Robt W W	ABVL	135
Hodges, Robt*	ABVL	141
Hodges, Rucilla*	CHTN	389
Hodges, Saml A	ABVL	84
Hodges, Sarah*	GRVL	401
Hodges, Sion	MRBO	155
Hodges, Uriah	MRBO	157
Hodges, Wiley	MRBO	211
Hodges, Wm	ABVL	139
Hodges, Wm T*	FAFD	202
Hodgins, M L	BUFT	39
Hodgins, W B	PKNS	2
Hodgins, William F	BUFT	71
Hodgkins, Mary J*	FAFD	266
Hodgson, H P	KRSW	134
Hoeffer, G	PKNS	37
Hoestiss, Preston**	MRBO	178
Hoetter, C E*	CLDN	195
Hoff, Ann*	COTN	293
Hoff, Daniel	COTN	341
Hoff, Daniel*	CHTN	249
Hoff, Jno C	CHTN	297
Hoff, John J	CHTN	493
Hoff, Robert Jr	COTN	293
Hoff, Susan*	COTN	346
Hoff, Thomas	COTN	318
Hoff, Wm	CHTN	309
Hoffe, John	CHTN	499
Hoffler, Matthew	CHTN	470
Hoffman, A J*	BUFT	9
Hoffman, C*	CHFD	177
Hoffman, C P	FAFD	227
Hoffman, G	BNWL	339
Hoffman, Henry	CHTN	567
Hoffman, Henry	RHLD	32
Hoffman, Isaac	CHFD	97
Hoffman, Isaac	RHLD	31
Hoffman, Jno H*	CHFD	171
Hoffman, Julia	CHTN	325
Hoffman, Lucy	CHFD	177
Hoffman, Rose	CHTN	304
Hoffman, S W**	YORK	404
Hoffum, Caleb G	BNWL	377
Hofman, Julius	PKNS	21
Hog, John	ABVL	107
Hogan, Catharine*	CHTN	375
Hogan, Cliat*	MRBO	175
Hogan, Denis**	CHTN	522
Hogan, Elizabeth	CHTR	48
Hogan, Franklin	ABVL	59
Hogan, G C *	CHTN	270
Hogan, George	UNON	188
Hogan, J B	UNON	210
Hogan, James*	CHTN	472
Hogan, Jno H	ABVL	59
Hogan, John**	CHTN	407
Hogan, John	CHTN	517
Hogan, John	UNON	225
Hogan, John	CHTN	167
Hogan, John*	CHTN	368
Hogan, M J	FAFD	241
Hogan, Mary	KRSW	107
Hogan, Mary*	GRVL	457
Hogan, Mary	CHTN	442
Hogan, Michael**	CHTN	377
Hogan, Michael	CHTN	271
Hogan, Mildred*	EDFD	78
Hogan, Miss*	CHTN	320
Hogan, Nancy*	ADSN	286
Hogan, P	CHTN	339
Hogan, Richard	CHTN	441
Hogan, Thos**	CHTN	250
Hogan, W S	KRSW	120
Hogan, William J*	RHLD	49
Hogarth, Geo	BUFT	75
Hogarth, Henry	CHTN	191
Hogarth, Mary	CHTN	277
Hogarth, William	BUFT	75
Hogarth, Willock F	BUFT	75
Hogen, Warner	UNON	201
Hogg, Archer	CHTR	75
Hogg, F F	BNWL	481
Hogg, G M	BNWL	480
Hogg, Lewis	NWBY	276
Hogg, Lowden	ADSN	227
Hogg, Mary	BNWL	480
Hogg, Mary	NWBY	276
Hogg, Tho C*	DLTN	435
Hogg, Thompson	ADSN	199
Hogg, Thos*	NWBY	285
Hogg, Thos B***	NWBY	285
Hogg, Tolley M	NWBY	281
Hogon, Mary*	EDFD	63
Hogs, Matthew	MARN	8
Hogshead, W R	PKNS	47
Hogue, Jessee	YORK	416
Hohner, Alfred*	CHTN	216
Hoke, D	GRVL	402
Hoke, F A	ADSN	182
Hoke, John E	ADSN	167
Hokett, W A	FAFD	209
Hokey, Meinie*	CHTN	252
Holbecker, William	CHTN	518
Holbert, Elam*	YORK	368
Holbrook, Charl M*	YORK	371
Holbrook, E P*	LRNS	222
Holbrook, J E	CHTN	233
Holbrook, John Edw	CHTN	168
Holbrook, Martin	YORK	372
Holbrooks, Alex	PKNS	67
Holbrooks, Sarah*	PKNS	67
Holbrooks, W	PKNS	66
Holcomb, Aaron H	PKNS	147
Holcomb, Addiline	UNON	220
Holcomb, Andy	LRNS	295
Holcomb, Araminda	UNON	244
Holcomb, Austin	UNON	264
Holcomb, B W	LRNS	328
Holcomb, Berry*	ADSN	268
Holcomb, Charley	PKNS	146
Holcomb, D N	PKNS	97
Holcomb, Danl*	SPBG	350
Holcomb, Darius*	GRVL	445
Holcomb, Delilah*	GRVL	344
Holcomb, Elizh	LRNS	326
Holcomb, Hampton	PKNS	154
Holcomb, Huldah	PKNS	131
Holcomb, Huldah	PKNS	116
Holcomb, Isaac**	YORK	386
Holcomb, J	UNON	239
Holcomb, Jas	LRNS	326
Holcomb, John*	PKNS	132
Holcomb, John	UNON	231
Holcomb, Johnathan*	PKNS	160
Holcomb, Johnathan	UNON	242
Holcomb, Kinchin	ADSN	181
Holcomb, Lisa	UNON	241
Holcomb, Lowery	UNON	264
Holcomb, M J*	SPBG	351
Holcomb, Mahalah J*	GRVL	526
Holcomb, Martha**	GRVL	466
Holcomb, Phobe	LRNS	327
Holcomb, Robert E	PKNS	154
Holcomb, Sarah*	SPBG	414
Holcomb, Sarah	UNON	264
Holcomb, Thomas	UNON	230
Holcomb, Thos	YORK	454
Holcomb, W	LRNS	326
Holcomb, William	PKNS	152
Holcombe, Candis	GRVL	367
Holcombe, Charley*	GRVL	439
Holcombe, Charlotte	GRVL	401
Holcombe, F M	GRVL	346
Holcombe, Franklin	GRVL	504
Holcombe, Franklin	GRVL	445
Holcombe, Jasper	GRVL	439
Holcombe, Jerh	LRNS	296
Holcombe, John**	GRVL	415
Holcombe, John*	GRVL	347
Holcombe, Jordan	GRVL	438
Holcombe, Rebecca	GRVL	338
Holcombe, S	LRNS	313
Holcombe, Sarah J*	GRVL	344
Holcombe, Sol	GRVL	469
Holcombe, W E	PKNS	49
Holcombe, William	GRVL	517
Holcombe, Wm H	GRVL	327
Holcraft, Rebecca*	CHTN	408
Holden, Alex	LCTR	205
Holden, E	PKNS	11
Holden, Henry	LCTR	204
Holden, Isaac	PKNS	8
Holden, James	MARN	137
Holden, Jane	EDFD	59
Holden, Joseph	MARN	136
Holden, Joshua	PKNS	109
Holden, Sal*	LRNS	263
Holden, Sarah	MARN	54
Holder, Benjamin	PKNS	135
Holder, Catherine	PKNS	123
Holder, D E*	BNWL	414
Holder, Daniel	ABVL	70
Holder, Daniel	ABVL	68
Holder, Diar	PKNS	123
Holder, J M	EDFD	102
Holder, James	UNON	217
Holder, James*	CHTN	110
Holder, Joseph*	LXTN	456
Holder, Mary Ann	GRVL	344
Holder, Richard	GRVL	336
Holder, Serena	BNWL	471
Holder, W W	ADSN	179
Holder, William	PKNS	121
Holder, Wm*	ADSN	155
Holegclaw, Geo	SPBG	374
Holeman, Handy	SMTR	105
Holeman, Hiram	SMTR	105
Holenworth, Thos*	PKNS	30
Holiday, Joseph Y	SMTR	111
Holiday, Rebecca	CHTN	376
Holiday, William*	ADSN	309
Holiday, Wm	ADSN	166
Holing, Augt*	CHTN	199
Holingsworth, A	UNON	204
Holingsworth, A	EDFD	131
Holladay, Danl	CLDN	221
Holladay, G W	GRVL	455
Holladay, H B	CLDN	222
Holladay, J B*	CLDN	238
Holladay, Jno	CLDN	202
Holladay, M C	CLDN	216
Holladay, Martha M	CLDN	203
Holladay, N H	CLDN	216
Holladay, Sarah*	CLDN	224
Holladay, Tully	GRVL	503
Holladay, W W	CLDN	202
Hollady, Thos	EDFD	90
Hollan, Mary	GETN	289
Holland, A B	ADSN	324
Holland, A E*	RHLD	21
Holland, A M	ADSN	236
Holland, Abigail	GETN	289
Holland, Andrew	GRVL	485
Holland, Benjamin	ADSN	269
Holland, Benjn	GRVL	485
Holland, Bennet	EDFD	53
Holland, Betsy*	EDFD	43
Holland, Caroline	PKNS	103
Holland, D W	GRVL	486
Holland, Daniel	EDFD	53
Holland, E M	ADSN	195
Holland, E M	ADSN	270
Holland, E T	GRVL	409
Holland, Edwin C	CHTN	457
Holland, Elisabeth*	MARN	121
Holland, Elisha	KRSW	120
Holland, Elisha	SMTR	129
Holland, Elisha D	ADSN	276
Holland, Elizabeth	PKNS	34
Holland, Elizabeth*	EDFD	199
Holland, Elizabeth**	SMTR	153
Holland, Elizabeth**	SMTR	129
Holland, Emily	ADSN	164
Holland, Geo	CHTN	359
Holland, Greenberry	LRNS	342
Holland, Isaac	KRSW	120
Holland, J B	KRSW	87
Holland, J R	KRSW	140
Holland, J W	GRVL	486
Holland, Jake	KRSW	114
Holland, James	EDFD	196
Holland, James	SMTR	98
Holland, Jane*	SMTR	153
Holland, Jane**	SMTR	129
Holland, Jas*	KRSW	117
Holland, Jas	KRSW	114
Holland, Jas H	ADSN	175
Holland, Jas P*	SPBG	291
Holland, Jesse**	GRVL	508
Holland, Jno	ABVL	72
Holland, John	BNWL	433
Holland, John	ADSN	186
Holland, John	SMTR	142
Holland, Jos	MARN	30
Holland, Joshua	ADSN	162
Holland, Juda*	BNWL	399
Holland, Julia*	RHLD	55
Holland, L T	ADSN	156
Holland, Lafayette	SPBG	284
Holland, Lavice**	LRNS	304
Holland, Lourany	SPBG	290
Holland, M	MARN	56
Holland, Mag*	MARN	29
Holland, Mary	CHTN	255
Holland, Mary A	LRNS	305
Holland, Mary*	PKNS	44
Holland, Mrs N	EDFD	35
Holland, Nancy	LRNS	339
Holland, Nancy	SMTR	98
Holland, P J	CHTN	227
Holland, Robert	ADSN	269
Holland, Robt	PKNS	57
Holland, Robt	GRVL	485
Holland, Sarah*	CHTN	432
Holland, Sarah**	MARN	30
Holland, Susan J	GRVL	486
Holland, Thomas	KRSW	120
Holland, W D	ADSN	172
Holland, W T	ADSN	269
Holland, William*	GRVL	405
Holland, William	ADSN	269
Hollaway, E P	EDFD	97
Hollaway, O A	ADSN	260
Holle, Miss*	CHTN	322
Holleday, J E	GRVL	428
Holleman, Wm	DLTN	465
Holleman, Wm	DLTN	465
Hollensett, B	CHTN	341
Holleran, P*	CHTN	325
Holley, C P	BNWL	427
Holley, Catharin	BNWL	428
Holley, Chas	EDFD	51
Holley, Elizabeth	BNWL	427
Holley, Geo	BNWL	438
Holley, J T	BNWL	448
Holley, John	BNWL	430
Holley, John	FAFD	254
Holley, M T	BNWL	427
Holley, Malula*	EDFD	49
Holley, Martin	BNWL	427
Holley, N B	FAFD	221
Holley, Sidney	BNWL	426
Holley, Susan E*	FAFD	219
Holley, William	GRVL	516
Holley, Wm	FAFD	221
Hollice, John	UNON	262

Name	Place	No.
Holliday, Henry**	GETN	298
Holliday, John*	ADSN	196
Holliday, John O	SMTR	164
Holliday, R J	CLDN	192
Holliday, Rebecca**	RHLD	6
Holliday, Terry*	RHLD	56
Holliday, Thomas	GETN	312
Holliman, Henry*	PKNS	16
Holling, B H	CHTN	167
Holling, J*	CHTN	221
Holling, James M	ORBG	404
Hollings, Desmuk*	CHTN	488
Hollings, Henry*	CHTN	295
Hollings, N	CHTN	517
Hollingsworth, A C	LRNS	319
Hollingsworth, Abram*	LRNS	234
Hollingsworth, Absn	LRNS	232
Hollingsworth, Benjamin	PKNS	154
Hollingsworth, C*	ABVL	24
Hollingsworth, Columbus L	PKNS	182
Hollingsworth, Daniel	PKNS	141
Hollingsworth, E R	ADSN	193
Hollingsworth, Elias	PKNS	154
Hollingsworth, Eveline	PKNS	154
Hollingsworth, F S**	EDFD	132
Hollingsworth, H'y	ABVL	65
Hollingsworth, J C	LRNS	319
Hollingsworth, J H	EDFD	57
Hollingsworth, J W	EDFD	77
Hollingsworth, Jas	EDFD	78
Hollingsworth, Jas	PKNS	53
Hollingsworth, Jas*	LRNS	223
Hollingsworth, Jno	CHTR	78
Hollingsworth, John P	PKNS	144
Hollingsworth, Letty	LRNS	244
Hollingsworth, Mary*	ABVL	24
Hollingsworth, Nancy	PKNS	179
Hollingsworth, Robt	PKNS	54
Hollingsworth, Stephen*	PKNS	171
Hollingsworth, Thos	EDFD	77
Hollingsworth, W B	EDFD	64
Hollingsworth, William*	CHTN	457
Hollingworth, B	UNON	260
Hollins, Mary	CHTN	193
Hollinsby, Mary	CHTN	229
Hollinsworth, H P	CHTN	258
Hollinsworth, Wm	ADSN	199
Hollis, Daniel	FAFD	245
Hollis, Davis	FAFD	245
Hollis, Elizabeth	FAFD	235
Hollis, Francis	FAFD	245
Hollis, Hampton	CHTR	7
Hollis, James	FAFD	242
Hollis, Jesse	SPBG	283
Hollis, John	KRSW	107
Hollis, John	FAFD	230
Hollis, Mancel	CHTR	55
Hollis, Mary*	RHLD	2
Hollis, Morris	FAFD	210
Hollis, Moses	PKNS	16
Hollis, Nancy	FAFD	245
Hollis, Oliver	FAFD	236
Hollis, Peter	CHTR	88
Hollis, Preston**	CHTR	2
Hollis, Robt D	FAFD	244
Hollis, Roda	FAFD	210
Hollis, Samuel	CHTR	56
Hollis, W M	CHTR	90
Hollis, William	CHTR	41
Hollman, G W	COTN	271
Holloday, Robert	GRVL	456
Holloman, Jane**	MARN	106
Holloway, Daniel	CHTN	244
Holloway, Danl**	EDFD	62
Holloway, David	EDFD	131
Holloway, Elijah	EDFD	141
Holloway, Elizabeth	RHLD	6
Holloway, Elmira*	EDFD	140
Holloway, Henry	ABVL	45
Holloway, J W	EDFD	141
Holloway, James	CHTN	487
Holloway, Jordan	EDFD	62
Holloway, Jos	EDFD	102
Holloway, L*	EDFD	102
Holloway, L E	EDFD	143
Holloway, L G	EDFD	61
Holloway, Lewis*	EDFD	90
Holloway, Mrs M	EDFD	95
Holloway, R	EDFD	131
Holloway, Richard	CHTN	422
Holloway, S M*	EDFD	133
Holloway, Simpson	EDFD	90
Holloway, Thos W	NWBY	270
Holloway, W H	EDFD	133
Holloway, Wiley	EDFD	139
Holloway, William	RHLD	2
Holloway, Wm	EDFD	31
Holly, Albert	EDFD	49
Holly, Albert	EDFD	28
Holly, Alfred	EDFD	50
Holly, Alfred	EDFD	21
Holly, Benjamin	GRVL	345
Holly, Calvin	EDFD	44
Holly, Clara	GRVL	418
Holly, D D	EDFD	173
Holly, Hasten	EDFD	44
Holly, Henry	ADSN	307
Holly, J C	BNWL	490
Holly, Jackson	CHFD	142
Holly, John	KRSW	90
Holly, John	CHFD	165
Holly, John	BNWL	497
Holly, Lyda	GRVL	417
Holly, Mary	PKNS	91
Holly, Mina	CHTN	521
Holly, Mrs A M	EDFD	49
Holly, Q A	KRSW	90
Holly, Regina*	FAFD	257
Holly, Sarah	ORBG	315
Holly, Turner	CHTR	31
Holly, W B	EDFD	172
Hollyfield, Eliz**	DLTN	437
Hollyman, Wm H	SMTR	96
Holm, Julia*	CHTN	317
Holman, A O	ORBG	317
Holman, Adam	ORBG	306
Holman, Ann	FAFD	242
Holman, Augustus*	ORBG	399
Holman, David	LXTN	380
Holman, David	LXTN	392
Holman, Dorith S	BNWL	376
Holman, Edwd H*	ORBG	408
Holman, Geo	BNWL	447
Holman, Harriett	ORBG	399
Holman, Henry*	ADSN	316
Holman, Henry	BNWL	376
Holman, J J*	ORBG	306
Holman, Jacob W	BNWL	398
Holman, James	ADSN	317
Holman, James	BNWL	410
Holman, Jane M*	BNWL	382
Holman, John*	BNWL	374
Holman, John A K	ORBG	356
Holman, John C	ORBG	306
Holman, Joseph	BNWL	373
Holman, Judson	BNWL	420
Holman, M A	RHLD	21
Holman, M K	ORBG	316
Holman, Marg A*	ORBG	317
Holman, Mary	BNWL	375
Holman, Mary C*	NWBY	292
Holman, R B*	CHTN	339
Holman, Rachael*	ADSN	154
Holman, Willis D	BNWL	375
Holmes, A M	SPBG	371
Holmes, Alex	GETN	291
Holmes, Alfred	CHTN	244
Holmes, Ann G*	CHTN	449
Holmes, Ann**	CHTN	442
Holmes, B M	SMTR	95
Holmes, Benjamin	HORY	53
Holmes, C	HORY	25
Holmes, Catherine**	CHTN	491
Holmes, Chs	CHTN	211
Holmes, Col W	EDFD	90
Holmes, D B	HORY	21
Holmes, David*	DLTN	373
Holmes, Edw	CHTN	470
Holmes, Elizabeth*	CHTN	242
Holmes, Emeline P	CHTN	387
Holmes, Emma	CHTN	281
Holmes, Eva A*	SPBG	315
Holmes, Evert	EDFD	91
Holmes, F S	CHTN	325
Holmes, Geo*	CHTN	238
Holmes, H H	CHTN	399
Holmes, Henry	HORY	53
Holmes, Hulda*	LRNS	235
Holmes, Isaac	CHTN	244
Holmes, Isabela*	YORK	473
Holmes, J B	EDFD	101
Holmes, Jack	EDFD	12
Holmes, James G	CHTN	212
Holmes, James G*	RHLD	51
Holmes, Jas	CHTN	521
Holmes, Jno P	CHTN	327
Holmes, John H	CHTN	449
Holmes, Joseph*	RHLD	56
Holmes, Levinia**	COTN	365
Holmes, Lewis	EDFD	69
Holmes, Lewis*	EDFD	69
Holmes, Lewis	EDFD	12
Holmes, Lewis L*	RHLD	27
Holmes, Maj Thos H	HORY	57
Holmes, Maria	GETN	314
Holmes, Martha	BNWL	461
Holmes, Mary	CHTN	271
Holmes, Mary*	RHLD	37
Holmes, Mrs Ann H	CHTN	220
Holmes, Mrs H M	CHTN	235
Holmes, Nat	GETN	294
Holmes, Phillis*	CHTN	520
Holmes, Pinkney*	BNWL	456
Holmes, Rachel*	HORY	11
Holmes, Rachel	CHTN	377
Holmes, Rebecca	CHTN	357
Holmes, Revd T L	LRNS	225
Holmes, Richard	RHLD	60
Holmes, Roletta	CHTN	488
Holmes, S	EDFD	90
Holmes, Sampson	GETN	320
Holmes, Sarah	HORY	53
Holmes, Sarah A	CHTN	512
Holmes, Sarah A*	CHTN	229
Holmes, Susan	EDFD	43
Holmes, Thomas D**	CHTN	453
Holmes, Thomas	RHLD	45
Holmes, Thos*	EDFD	28
Holmes, W F	NWBY	258
Holmes, W J	EDFD	67
Holmes, W P	CHTN	233
Holmes, William	CHTN	375
Holmes, Willis	EDFD	38
Holmes, Wm	ADSN	187
Holmes, Wyett, Jr	EDFD	89
Holmes, Laura B**	SMTR	96
Holoman, Joseph*	ADSN	276
Holoroso, H*	CHTN	322
Holoway, Chas	CHTN	308
Holoway, Jane*	EDFD	102
Holoway, Jno	CHTN	308
Holoway, R	CHTN	333
Holoway, Saml**	CHTN	358
Holsenbach, Henry	ABVL	6
Holsenbach, J	ABVL	14
Holsenbake, A*	EDFD	26
Holserburg, John*	CHTN	515
Holses, Sophia*	CHTN	470
Holsey, Mr	CHTN	316
Holson, Margaret L**	CHTN	291
Holsonbake, D	EDFD	7
Holsonbake, J	EDFD	96
Holsonbake, N*	EDFD	24
Holsonbake, S	EDFD	14
Holsonbake, Wilie	EDFD	7
Holst, C	CHTR	75
Holstein, A	EDFD	91
Holstein, Geo*	EDFD	65
Holstein, Hiram	EDFD	199
Holstein, L E*	EDFD	180
Holstein, Lee	EDFD	66
Holstein, M M	EDFD	198
Holstein, Moses	EDFD	198
Holstein, Mrs L	EDFD	66
Holstein, R H	LXTN	422
Holstein, Stan*	EDFD	43
Holstein, Wade	EDFD	198
Holstein, Wilson	EDFD	176
Holstein, Wm	EDFD	92
Holster, John**	CHTN	254
Holt, A W	YORK	482
Holt, Alfred	ADSN	177
Holt, And J	ABVL	69
Holt, B A	HORY	34
Holt, H P	SPBG	309
Holt, Hugh	SPBG	308
Holt, J C A	HORY	23
Holt, J H*	NWBY	250
Holt, James	SPBG	217
Holt, Julia B*	BUFT	77
Holt, Middleton	ADSN	168
Holt, Thomas	CHTN	366
Holt, Thos	HORY	22
Holt, William*	SPBG	237
Holt, Wilson	HORY	23
Holt, Wm	HORY	19
Holten, Mary	CHTN	286
Holtiwanger, Jacob	EDFD	149
Holtiwanger, Levi	EDFD	143
Holtiwonger, W	EDFD	143
Holton, John*	LCTR	169
Holton, William*	CHTN	375
Holtshouser, Harriet	SPBG	396
Holtzclaw, Ethel	GRVL	332
Holtzclaw, Thomas	GRVL	332
Holwell, Thos W	CHTN	206
Holyfield, Wm	SPBG	291
Holyman, Mary	LCTR	171
Holzemir, Charles*	CHTN	101
Homan, Mary	SPBG	204
Home, Amma*	GRVL	373
Home, John T**	ADSN	257
Homer, Alfred	PKNS	9
Homes, Andrew	PKNS	5
Homes, J*	WMBG	315
Homes, James W	CHTN	115
Homes, M	PKNS	79
Homes, M**	WMBG	311
Honea, Edward	PKNS	33
Honea, W S	PKNS	4
Honey, Benson	PKNS	92
Honey, John	PKNS	91
Honey, Mary	PKNS	100
Honey, Mary	PKNS	100
Honey, Riley*	PKNS	99
Honey, William P	PKNS	84
Honeycut, A*	GETN	290
Honeycut, W W	SMTR	162
Honie, D C*	KRSW	93
Honie, Elias	KRSW	93
Honie, S D	KRSW	80
Honom, Miss*	CHTN	314
Honour, J H Jr	CHTN	380
Honour, John H	CHTN	381
Honour, Laurens J	CHTN	421
Honour, Theodore**	CHTN	286
Honour, William E	CHTN	396
Honsucker, A S	UNON	273

Name	Loc	Pg	Name	Loc	Pg	Name	Loc	Pg
Honze, C H	CHTR	89	Hooper, Margaret**	YORK	475	Horn, Delilah**	CHTR	85
Honze, Jno W	CHTR	53	Hooper, Martha	RHLD	1	Horn, Eligat	MARN	112
Honze, Nancy	CHTR	89	Hooper, Prudence*	GRVL	505	Horn, Elijah	EDFD	100
Honze, Thos C	CHTR	89	Hooper, S A*	LRNS	320	Horn, Elizabeth*	EDFD	89
Honze, William	CHTR	53	Hooper, Thomas	RHLD	3	Horn, George	EDFD	136
Hood, Abraham	CHTN	173	Hoops, Henry	PKNS	28	Horn, George	EDFD	137
Hood, Alfred	GRVL	464	Hooten, Bright	DLTN	453	Horn, Hamilton	SPBG	284
Hood, Andrew*	CHTR	72	Hooten, Jno W	DLTN	453	Horn, Hardy	MARN	120
Hood, Archibald	YORK	444	Hoover, Elisabeth*	BNWL	380	Horn, Isham	CHFD	133
Hood, Benj	FAFD	228	Hoover, Jackson M	BNWL	494	Horn, J A	BNWL	471
Hood, C W A J*	YORK	379	Hoover, Jno	LXTN	360	Horn, J P	DLTN	460
Hood, Charles Franklin	MRBO	170	Hoover, Jno W	BNWL	482	Horn, Jacob	EDFD	126
Hood, Daniel	CHTN	172	Hoover, Joanna*	LXTN	361	Horn, James	UNON	259
Hood, David	CHTN	173	Hoover, Joseph	LXTN	469	Horn, James	EDFD	126
Hood, David	CHTN	172	Hoover, Lewis	LXTN	469	Horn, Jas	DLTN	444
Hood, David	LCTR	147	Hoover, Martin N	BNWL	494	Horn, Jesse	CHFD	148
Hood, E	CHTN	322	Hoover, Peter	WMBG	347	Horn, Jesse	CHFD	133
Hood, Eli	MRBO	171	Hoover, Sarah A	BNWL	494	Horn, Joanna*	DLTN	401
Hood, Elias	FAFD	232	Hope, Alfred	CHFD	161	Horn, Joel	EDFD	162
Hood, Elizabeth	CHTR	47	Hope, Charlotte*	ORBG	308	Horn, John	EDFD	134
Hood, Esq J P	YORK	450	Hope, Dr R H	YORK	386	Horn, John	CHFD	157
Hood, Geo	MRBO	170	Hope, F W P	YORK	464	Horn, John	EDFD	21
Hood, H B	LCTR	147	Hope, George D	RHLD	32	Horn, Luke	EDFD	138
Hood, Henry*	SMTR	118	Hope, J A	YORK	508	Horn, Mary	CHTN	175
Hood, Hugh	CHTR	47	Hope, J M	YORK	465	Horn, Mat	EDFD	126
Hood, Isaac	CHTN	172	Hope, James*	NWBY	296	Horn, Nancy	UNON	259
Hood, Isaac J	FAFD	232	Hope, Jas	SPBG	292	Horn, Neal	MARN	120
Hood, Isabella M*	LCTR	147	Hope, Jno C	LXTN	426	Horn, Neil**	MARN	72
Hood, J D	YORK	450	Hope, John	YORK	422	Horn, Peter	COTN	340
Hood, James	CHTN	173	Hope, R P*	UNON	238	Horn, R S	YORK	458
Hood, James	LCTR	158	Hope, Robert	CHTR	1	Horn, Rachel	SPBG	272
Hood, Jesse	CHTN	159	Hopka, Henry*	RHLD	423	Horn, S A*	EDFD	47
Hood, John	CHTR	50	Hopkins, A G	RHLD	21	Horn, Saml	EDFD	79
Hood, John	FAFD	264	Hopkins, Amos*	CLDN	222	Horn, Sarah*	YORK	409
Hood, John	CHTN	171	Hopkins, Asa	MRBO	211	Horn, Sarah	LCTR	181
Hood, John	SMTR	109	Hopkins, B F	PKNS	14	Horn, Smith	SPBG	293
Hood, John B	GRVL	375	Hopkins, Cynthia	CHTN	389	Horn, Starlin	EDFD	139
Hood, John H	LCTR	154	Hopkins, David	PKNS	4	Horn, Susannah	CHFD	135
Hood, John T	RHLD	91	Hopkins, David H	PKNS	189	Horn, Thomas	UNON	259
Hood, John*	MRBO	170	Hopkins, Debby	RHLD	60	Horn, Thos C*	LCTR	180
Hood, Levy	SPBG	321	Hopkins, Diana*	SPBG	243	Horn, W W	CLDN	219
Hood, Lucinda*	RHLD	73	Hopkins, Drury	GRVL	459	Horn, Warren	MARN	68
Hood, Martha	CHTN	172	Hopkins, George	MRBO	142	Horn, William	UNON	259
Hood, Mary	YORK	450	Hopkins, George D	GETN	284	Horn, Wm P	MARN	112
Hood, Mary E**	GRVL	325	Hopkins, Isabella*	RHLD	54	Hornby, William	EDFD	126
Hood, Massey**	DLTN	457	Hopkins, J H	GRVL	364	Horne, Ben*	RHLD	46
Hood, Polly	CHTN	172	Hopkins, James	GRVL	505	Horne, James P	CHFD	135
Hood, R L	LCTR	156	Hopkins, James	ADSN	205	Horne, John W	SMTR	116
Hood, Richard	PKNS	136	Hopkins, James O*	PKNS	190	Horne, John W	LCTR	184
Hood, Richard	FAFD	227	Hopkins, Jane*	YORK	472	Horne, Raford	EDFD	140
Hood, Robert	CHTN	162	Hopkins, Jas	KRSW	92	Horne, Samps	EDFD	77
Hood, Sarah	LCTR	163	Hopkins, Jennett	ADSN	277	Horner, Eda*	GRVL	363
Hood, Sarah*	LCTR	142	Hopkins, John	PKNS	30	Horney, Dicy	YORK	369
Hood, Solomon	CHTN	172	Hopkins, John	ADSN	313	Hornsby, James S	RHLD	73
Hood, Thomas	FAFD	247	Hopkins, John H	ADSN	201	Hornsby, Maranda*	FAFD	240
Hood, Thos O	YORK	396	Hopkins, John W	ADSN	158	Horry, A L	CHTN	404
Hood, Trais	PKNS	136	Hopkins, Joseph O	PKNS	29	Horry, E S	GETN	315
Hood, Tucker W*	ADSN	209	Hopkins, Lucinda	GRVL	371	Horry, Thomas	GETN	316
Hood, W R	LCTR	148	Hopkins, Lucinda	GRVL	366	Horry, W B S	GETN	315
Hood, Wm	NWBY	297	Hopkins, Maria	CHTN	188	Horsey, Caroline D*	CHTN	457
Hood, Wm	MRBO	170	Hopkins, Martin	SPBG	354	Horsey, David	LXTN	361
Hood, Wm W	MRBO	170	Hopkins, Martin	PKNS	14	Horsey, Delila**	ORBG	393
Hoodmaker, Frank*	CHTN	202	Hopkins, Masom	LCTR	191	Horsey, Elinor*	BNWL	411
Hoody, A*	CHTN	374	Hopkins, Rhoda*	SPBG	300	Horsey, Erasmus	LXTN	361
Hoof, James D	NWBY	282	Hopkins, Rhodack*	SPBG	286	Horsey, Fanny	CHTN	452
Hook, A J	DLTN	380	Hopkins, Thomas	GRVL	460	Horsey, Fredk**	CHTN	187
Hook, Allen	LXTN	451	Hopkins, Thomas	RHLD	75	Horsey, John*	LXTN	455
Hook, David	LXTN	449	Hopkins, Thos	LCTR	189	Horsey, John	LXTN	414
Hook, E	DLTN	380	Hopkins, Thos G	NWBY	255	Horsey, John R	CHTN	495
Hook, Eva*	LXTN	449	Hopkins, William	RHLD	91	Horsey, John W	ORBG	396
Hook, Fredk*	CHTN	204	Hopkins, Wm	LCTR	190	Horsey, Mary	LXTN	444
Hook, George J	LXTN	391	Hopkinson, James	FAFD	247	Horsey, Mrs F R**	CHTN	231
Hook, George*	CHTN	204	Hopper, Anthony	COTN	323	Horsey, Mrs F R	CHTN	244
Hook, Harriet**	LXTN	449	Hopper, C G	YORK	481	Horsey, Saml	LXTN	458
Hook, Hepsibah	ORBG	309	Hopper, Charles	YORK	479	Horsey, Saml	CHTN	187
Hook, J H J	LXTN	449	Hopper, George W	YORK	481	Horsey, Sarah	ORBG	395
Hook, Jacob Sr	LXTN	365	Hopper, Landford	SPBG	497	Horsey, Thomas M	CHTN	456
Hook, Jeremiah	ORBG	408	Hopper, Posey	YORK	481	Horsey, W*	BNWL	468
Hook, John H*	RHLD	51	Hopper, Thos*	SPBG	276	Horsey, William	BNWL	411
Hook, John K*	LXTN	449	Hopson, Linus F	RHLD	17	Hort, Sarah R	CHTN	284
Hook, Joseph	LXTN	449	Horace, John	CHTN	517	Horten, Jno W	CLDN	211
Hook, Lemuel	ORBG	356	Horan, Michael**	CHTN	254	Horten, John	CHFD	168
Hook, Louisa	LXTN	394	Horan, Michael	CHTN	244	Horten, John L	CHFD	168
Hook, M M	EDFD	25	Horan, Patrick	CHTN	505	Horten, Nina*	ADSN	259
Hook, Martin	LXTN	441	Hord, Dr G	EDFD	79	Horten, Samuel	CHFD	167
Hook, S W	LXTN	441	Horger, Angrew*	ORBG	408	Horton, Betsy*	EDFD	34
Hook, W Albert	LXTN	449	Horges, David	ORBG	252	Horton, C E	ADSN	181
Hook, William	GRVL	333	Horic, J J	ORBG	344	Horton, Danl	BUFT	28
Hooker, Edmund*	ORBG	266	Horisky*	CHTN	401	Horton, David	BUFT	60
Hooker, Ellen	ORBG	387	Horlbeck, A H**	CHTN	328	Horton, Edith*	LCTR	166
Hooker, Frederick	LXTN	470	Horlbeck, E	CHTN	401	Horton, Elizabeth**	SPBG	290
Hooker, Henry	ORBG	363	Horlbeck, Edward	CHTN	362	Horton, Elizabeth*	LCTR	171
Hooker, J O A	LXTN	470	Horlbeck, Henry	CHTN	370	Horton, Ellen	BUFT	92
Hooker, Jno	ORBG	360	Horlbeck, J M*	CHTN	112	Horton, Frank	YORK	510
Hooker, Lavinia	LXTN	470	Horlbeck, John	CHTN	226	Horton, George	BUFT	42
Hooker, Patsy	GRVL	470	Horlbeck, Peter	CHTN	341	Horton, Henry C	BUFT	31
Hooker, Spencer	GRVL	402	Horlbeck, Wm C	CHTN	149	Horton, Isaac	SPBG	261
Hooker, William*	ORBG	387	Horlbeck, Wm H	UNON	281	Horton, J A	LCTR	171
Hooker, Wm	CHTN	242	Horn, A	SPBG	250	Horton, J E	UNON	269
Hooks, Francis*	SMTR	110	Horn, Benson*	EDFD	138	Horton, J J	LCTR	211
Hooks, John	SMTR	135	Horn, Berry Jr	EDFD	138	Horton, James	BUFT	30
Hooks, John H	FAFD	262	Horn, Berry Sr	EDFD	145	Horton, James**	LCTR	166
Hoopaugh, D	CHTR	28	Horn, Cornelius	UNON	281	Horton, James R*	LCTR	160
Hoopaw, Elizabeth**	CHTR	28	Horn, Craten	MARN	119	Horton, Jane*	EDFD	26
Hoopaw, Jacob	PKNS	46	Horn, Danl			Horton, Jas	SPBG	197
Hooper, Cintha*						Horton, Jas B	SPBG	281

Name	Place	Page
Horton, Jas*	EDFD	49
Horton, Jas F*	ABVL	34
Horton, Jesse	KRSW	94
Horton, John	KRSW	94
Horton, John	LRNS	325
Horton, John	CHTN	131
Horton, John C	ADSN	187
Horton, Leonard	NWBY	264
Horton, M H*	KRSW	94
Horton, Mary*	CHFD	112
Horton, Melissa	LCTR	211
Horton, Michael	LCTR	203
Horton, Moses	BUFT	32
Horton, Narcissa C*	LCTR	193
Horton, Newton*	LCTR	178
Horton, Nicholas	MARN	23
Horton, O R	PKNS	55
Horton, Phoebe*	BUFT	32
Horton, Ranford	LCTR	203
Horton, Ransom	KRSW	90
Horton, Rhoda	LCTR	172
Horton, Solomon	BUFT	21
Horton, T A P	CHTN	353
Horton, Thomas*	MRBO	184
Horton, Thomas*	LCTR	168
Horton, Thos**	KRSW	91
Horton, W C	LCTR	211
Horton, W H	LCTR	211
Horton, W J*	LCTR	200
Horton, W M	YORK	415
Horton, W S	LCTR	211
Horton, Wm	KRSW	76
Horton, Wm	KRSW	101
Horton, Wm T	BUFT	27
Horton, Wyatt	KRSW	94
Hortonbury, Elisabeth*	LCTR	187
Hosegood, Geo	CHTN	192
Hosegood, Rahel	CHTN	192
Hosenback, D C*	BNWL	419
Hostillow, John	EDFD	197
Hotaway, J T	GETN	303
Hotchkiss, Louisa P*	RHLD	18
Hotchkiss, M E	KRSW	139
Hothkiss, Seth	YORK	404
Houch, Calvin	ORBG	403
Houch, Elizabeth A*	ORBG	322
Houch, R	ORBG	314
Houch, William**	ORBG	314
Houge, E R*	YORK	372
Hough, Amos	KRSW	89
Hough, Benj	KRSW	125
Hough, Charity	KRSW	89
Hough, D G	CHTN	160
Hough, J C	KRSW	136
Hough, J T B*	LCTR	181
Hough, Joel	KRSW	89
Hough, Levina	KRSW	94
Hough, M M**	LCTR	162
Hough, Miner*	CHFD	177
Hough, Moses	CHFD	156
Hough, Mrs M	CHTN	121
Hough, N J	LCTR	168
Hough, S D	KRSW	89
Hough, Sampson	CHFD	168
Hough, W S	LCTR	198
Hough, Wilson	KRSW	100
Hough, Wilson	KRSW	97
Hough, Wm	KRSW	101
Hough, Wm	CHFD	161
Houghston, W L	SPBG	414
Houlen, M Y	GETN	288
Houschelt, P	CHTN	343
House, Elisabeth B	LCTR	162
House, Francis*	KRSW	134
House, J W	ORBG	315
House, Jos	WMBG	314
House, Littleton	LCTR	172
House, Louisa	DLTN	405
House, M C	SPBG	327
House, Margaret*	KRSW	134
House, Maria	KRSW	128
House, Reuben	RHLD	93
House, Warren	CLDN	206
Houseal, Cath M	BUFT	12
Houseal, John G	NWBY	265
Houseal, Mary*	NWBY	283
Houseal, W F Jr	LXTN	403
Houseal, W F Sr	LXTN	403
Houseal, W W	NWBY	305
Housee, Andrew A*	RHLD	51
Househeldt, Jane**	CHTN	350
Houser, A	ORBG	321
Houser, Adeline	CHTN	215
Houser, David	ORBG	309
Houser, Faithy	YORK	484
Houser, H E*	ORBG	321
Houser, H R	YORK	492
Houser, Lorenzo	YORK	390
Houser, Mary	ORBG	362
Houser, Peter M	ORBG	354
Houser, W D*	SPBG	308
Houser, Wesley	ORBG	356
Houserman, Chs**	CHTN	208
Houston, Alexr R	ABVL	7
Houston, Ardelle	CHTN	387
Houston, Clifton J	SPBG	314
Houston, Eliza	RHLD	60
Houston, J A	EDFD	116
Houston, James*	FAFD	202
Houston, John	BUFT	14
Houston, M*	LRNS	340
Houston, Mrs Rebecca**	YORK	387
Houston, Robert	CHTN	566
Houston, Rosana J**	CHTN	496
Houston, Sarah	BUFT	14
Houston, Sarah	CHTN	331
Houston, W W	CHTN	401
Hovar, Michael	CHTN	291
Hover, Julia**	CHTN	398
Hovey, W H*	GRVL	403
Hovey, Walter	CHTN	375
How, Jno W**	LXTN	416
Howard, A	EDFD	67
Howard, A H	GRVL	350
Howard, A M	CHTN	522
Howard, Abel	BNWL	416
Howard, Alfred G*	RHLD	51
Howard, Altaman	EDFD	44
Howard, Andrew*	GRVL	410
Howard, Ann	ADSN	257
Howard, B	GRVL	416
Howard, B H*	EDFD	76
Howard, B S*	NWBY	304
Howard, Benj*	GRVL	368
Howard, Benjamin	GRVL	436
Howard, Beryl	MARN	48
Howard, Catharine*	CHTN	428
Howard, Charles	GRVL	387
Howard, Clara*	CHTN	190
Howard, Cleveland	PKNS	123
Howard, Cornelia	FAFD	228
Howard, D A	BNWL	406
Howard, Daniel	EDFD	167
Howard, Danil	UNON	269
Howard, David	GRVL	344
Howard, Dudley	ADSN	245
Howard, E W	GRVL	472
Howard, Elizabeth	CHTN	278
Howard, Enoch	GRVL	388
Howard, Gabriel	COTN	568
Howard, Gasper	BNWL	420
Howard, Geo A	CHTN	350
Howard, George	ADSN	245
Howard, George*	CHTN	310
Howard, George	GRVL	383
Howard, H	ADSN	245
Howard, H E	WMBG	319
Howard, H H	EDFD	27
Howard, Harriet*	GRVL	475
Howard, Henry	BNWL	439
Howard, Isham*	LXTN	465
Howard, J*	UNON	273
Howard, J A	GETN	302
Howard, J D	BNWL	439
Howard, J H*	ADSN	178
Howard, J H	GRVL	353
Howard, J M M*	ADSN	179
Howard, James	UNON	200
Howard, James	GRVL	383
Howard, James	EDFD	6
Howard, James**	CHTN	504
Howard, Jane	WMBG	322
Howard, Jas*	GRVL	475
Howard, Jasper	LXTN	466
Howard, Jefferson	GRVL	384
Howard, John	LXTN	466
Howard, John	PKNS	129
Howard, John*	PKNS	6
Howard, John	GRVL	506
Howard, John	EDFD	7
Howard, John H	PKNS	110
Howard, John*	CHTN	458
Howard, John	ADSN	218
Howard, John H	BUFT	23
Howard, Jos W	GETN	296
Howard, Joseph L	PKNS	184
Howard, Judy	GRVL	472
Howard, Julius	BNWL	470
Howard, Lee	CHTN	405
Howard, Luke	EDFD	167
Howard, M E*	KRSW	140
Howard, M J	GETN	292
Howard, Malinda	GRVL	368
Howard, Mary	PKNS	145
Howard, Mary	EDFD	7
Howard, Mary A	PKNS	119
Howard, Mary A*	CHTN	428
Howard, Matilda	LCTR	156
Howard, Mike	EDFD	1
Howard, Milford	GRVL	504
Howard, Morian	WMBG	323
Howard, Moses	GRVL	438
Howard, Nathaniel*	GRVL	325
Howard, P A	GRVL	349
Howard, Patrick	CHTN	504
Howard, Portman Jr	GRVL	508
Howard, Portman Sr	GRVL	384
Howard, R F L*	KRSW	133
Howard, R G	MARN	34
Howard, R P	GETN	303
Howard, R T	GETN	283
Howard, Rachel	GRVL	383
Howard, Rebecca*	ORBG	400
Howard, Rillg	PKNS	117
Howard, Robert	CHTN	281
Howard, S S	GRVL	352
Howard, Salina	GRVL	462
Howard, Saml A	MARN	118
Howard, Sarah**	SPBG	364
Howard, Sarah H	BUFT	23
Howard, Shelby	SPBG	364
Howard, Stephen W	PKNS	129
Howard, T D	MARN	27
Howard, W S Jr	EDFD	117
Howard, W*	CHTN	314
Howard, W J Jr*	GETN	296
Howard, W N	FAFD	228
Howard, Wade*	COTN	343
Howard, Wade	GRVL	388
Howard, Widow	UNON	272
Howard, Wilborn*	GRVL	383
Howard, William	GRVL	364
Howard, William	EDFD	1
Howard, William L	GRVL	348
Howard, William*	CHTN	425
Howard, Wm	LXTN	466
Howard, Wm*	SPBG	319
Howard, Wm C	BUFT	23
Howard, Wm S	EDFD	44
Howe, Alexander	CHTN	270
Howe, Daniel	ORBG	362
Howe, David W	YORK	424
Howe, Elizabeth	YORK	439
Howe, George	RHLD	23
Howe, Henry	SPBG	397
Howe, J M	YORK	432
Howe, J R	YORK	470
Howe, J W*	CHTN	499
Howe, James	CHTN	208
Howe, Jno J	SPBG	397
Howe, L H	EDFD	84
Howe, M M	DLTN	431
Howe, Michael T**	CHTN	194
Howe, Michael**	CHTN	194
Howe, Nathaniel	SPBG	397
Howe, S C*	SPBG	259
Howe, Sarah S	CHTN	291
Howe, Smith	CHTN	167
Howe, T	EDFD	102
Howe, Thos*	EDFD	91
Howe, Thos M	SPBG	397
Howe, William B W	CHTN	293
Howe, Wm D	SPBG	397
Howel, Caroline**	YORK	447
Howel, Georgiana**	YORK	374
Howel, Joseph H	ORBG	339
Howel, Lewis R	ORBG	345
Howel, Mary	UNON	278
Howel, Miles	UNON	225
Howel, Nancy*	ORBG	400
Howel, Thos*	LCTR	172
Howel, William H	ORBG	346
Howel, Wm	MARN	119
Howel, Wm	LCTR	173
Howell, Aaron	SPBG	423
Howell, Adaline*	ADSN	161
Howell, Benj	DLTN	424
Howell, Bryant	DLTN	456
Howell, Caleb	HORY	6
Howell, Caleb	GETN	317
Howell, Catharine*	ADSN	224
Howell, Chas	DLTN	421
Howell, E	CHTN	301
Howell, Eliza*	COTN	353
Howell, Elizabeth	KRSW	127
Howell, Elizabeth**	YORK	444
Howell, Enoch	GRVL	414
Howell, Etheldred W	SMTR	153
Howell, George W**	SMTR	129
Howell, Henry	FAFD	228
Howell, Ira*	BNWL	414
Howell, J H	GRVL	422
Howell, J J	LXTN	414
Howell, J S A	COTN	353
Howell, J T	SPBG	418
Howell, James	HORY	10
Howell, James**	SPBG	222
Howell, James	SMTR	129
Howell, Jas H	ADSN	222
Howell, John	GRVL	332
Howell, John R	RHLD	70
Howell, Joseph	YORK	502
Howell, Joseph	YORK	467
Howell, Josiah	LXTN	418
Howell, Julia*	CHFD	183
Howell, Mary R	RHLD	46
Howell, N A	GETN	304
Howell, R Alex	DLTN	412
Howell, R B	SPBG	418
Howell, R Jr	DLTN	412
Howell, R Sr	DLTN	412
Howell, Robert	UNON	226
Howell, Robt	ADSN	222
Howell, Robt	SMTR	129
Howell, Runills	CHTN	272
Howell, S A	GETN	295
Howell, Saml	GETN	317
Howell, Samuel	UNON	225

Name	Loc	Pg
Howell, Samuel	UNON	226
Howell, Sidney S	CHTN	272
Howell, Stephen	LXTN	450
Howell, Susan*	ADSN	161
Howell, Thomas	GRVL	478
Howell, Thomas	FAFD	246
Howell, Thos	FAFD	228
Howell, W M	GRVL	415
Howell, Washg	GRVL	480
Howell, William	GRVL	446
Howell, William	UNON	225
Howell, William	YORK	501
Howell, William	YORK	485
Howelton, Nelson	CHFD	101
Howerton, J W	YORK	371
Howes, Henry*	CHTN	205
Howie, Alex	YORK	378
Howie, Eliza*	KRSW	129
Howie, Henry**	KRSW	126
Howie, Infant*	LCTR	219
Howie, Margaret*	KRSW	127
Howie, Thos J*	RHLD	56
Howie, Willie*	LCTR	218
Howie, WM L	LCTR	216
Howle, E	DLTN	383
Howle, Edward	EDFD	103
Howle, Elizabeth	DLTN	466
Howle, Epaphs	DLTN	466
Howle, Francis	DLTN	466
Howle, Jno A	DLTN	404
Howle, Tho E	DLTN	435
Howlett, F B*	EDFD	132
Howze, J G	LCTR	173
Hoy, Ezekiel	FAFD	273
Hoy, J B	FAFD	258
Hoy, Patrick	SPBG	408
Hoy, W P	SPBG	344
Hoyle, Christina**	FAFD	260
Hoyle, D E	CLDN	204
Hoyle, Jno W*	CLDN	193
Hoyler, Gabriel	LXTN	373
Hoyler, J B	LXTN	430
Hoyler, Mary A	LXTN	450
Hoyler, N W	LXTN	373
Hoyler, William	LXTN	373
Hoyt, A*	RHLD	21
Hoyt, Ester*	EDFD	107
Hoyt, Freeman	SMTR	102
Hoyt, J P	LRNS	221
Hoyt, James A*	ADSN	156
Hoyt, John C	GRVL	417
Hoyt, Thomas A	ABVL	20
Hoyt, W S*	SMTR	182
Huard, Caroline P	CHTN	293
Hubbard, A P*	ADSN	157
Hubbard, B	CHFD	155
Hubbard, Felix*	EDFD	39
Hubbard, Honour	MRBO	191
Hubbard, Humphrey	COTN	293
Hubbard, Isaac W	GRVL	474
Hubbard, John Z	PKNS	133
Hubbard, John*	CHTN	257
Hubbard, John	MRBO	190
Hubbard, Kitty	MRBO	191
Hubbard, Lilla A*	ADSN	157
Hubbard, Martha*	ADSN	157
Hubbard, Martin	MRBO	191
Hubbard, Martin S	BUFT	50
Hubbard, Peter S	MRBO	187
Hubbard, Robeson	MRBO	190
Hubbard, Robt H	ADSN	157
Hubbard, Robt M	PKNS	31
Hubbard, Thos	MRBO	190
Hubbard, William*	ADSN	264
Hubbard, Wm	PKNS	78
Hubbard, Wm E	MRBO	191
Hubbenick, Christ*	CHTN	252
Hubbestt, Peter*	CHTN	255
Hubble, T C	ORBG	408
Hubert, C N	CHTN	404
Hubert, Omri C*	SMTR	180
Huble, Fritz*	CHTN	518
Hubley, A M*	UNON	272
Hubt, M**	CHTN	472
Huchet, T	CHTN	347
Huchins, C*	CHTN	319
Huchins, Leueazer**	ORBG	376
Huchs, Isaiah	HORY	62
Huchson, Rachel*	YORK	466
Huckabee, Ann E*	MRBO	172
Huckabee, Caroline	MRBO	155
Huckabee, Caroline A	ABVL	111
Huckabee, Elily*	MRBO	168
Huckabee, Elizabeth*	LXTN	418
Huckabee, James	LXTN	418
Huckabee, James W	ABVL	112
Huckabee, John	LRNS	353
Huckabee, John	MRBO	171
Huckabee, Macin	LXTN	356
Huckabee, Oliver	LXTN	356
Huckabee, Penelope*	MRBO	194
Huckabee, Thos	MRBO	199
Huckabee, Thos W	MRBO	169
Huckabee, Y H	MRBO	151
Huckaby, Elias	LRNS	340
Huckaby, Judy*	LRNS	344
Huckaby, M	LRNS	341
Huckaby, Philip*	LRNS	344
Huckbe, A A	KRSW	116
Huckeby, Gillam	UNON	262
Huckeby, Hampton	UNON	279
Huckeby, James	UNON	260
Huckeby, John	UNON	292
Huckeby, R*	CHTN	419
Hucken, Sophia*	CHTN	341
Huckins, Mr**	HORY	71
Hucks, Benjn	BUFT	94
Hucks, John M	MARN	2
Hucks, John R	BUFT	96
Hucks, Joseph	CHTN	182
Hucks, Robert*	HORY	56
Hucks, Wesley	CHTN	507
Hudal, Margt*	GRVL	514
Huddins, Hampton	YORK	406
Huddleston, Thos J	YORK	405
Huddleston, Wm	LRNS	305
Hudgens, Elizh	LRNS	288
Hudgens, Jno	ADSN	183
Hudgens, R R	PKNS	33
Hudgens, Silas	LRNS	270
Hudgens, W B	LRNS	288
Hudgens, Wm	LRNS	286
Hudgins, Jas	GRVL	517
Hudgins, Jas M	LRNS	283
Hudgins, Jno	ABVL	141
Hudgins, Thos A*	LRNS	225
Hudgins, W L	PKNS	12
Hudgins, Wm	CLDN	246
Hudnall, Jane E	CLDN	246
Hudnall, Jno J	CLDN	108
Hudnall, Mary**	SPBG	303
Hudsen, Daly R	CHTR	13
Hudson, Alexander	DLTN	465
Hudson, Ann	GRVL	480
Hudson, B	CHTR	30
Hudson, Burrel*	CHTR	12
Hudson, Charner*	PKNS	11
Hudson, Daniel	CHTR	92
Hudson, David**	DLTN	443
Hudson, E A	MARN	37
Hudson, E T	GRVL	332
Hudson, E W	CHTN	289
Hudson, Elizabeth*	DLTN	454
Hudson, Evan	CHTR	11
Hudson, Evans	GRVL	346
Hudson, G B	MARN	37
Hudson, Hannah	YORK	378
Hudson, Henry	EDFD	111
Hudson, J*	SMTR	121
Hudson, J W	GRVL	493
Hudson, James*	GRVL	476
Hudson, James	YORK	444
Hudson, Jessee	YORK	439
Hudson, Jessee	PKNS	107
Hudson, John	GRVL	476
Hudson, John	CHTR	15
Hudson, John	GRVL	480
Hudson, John D	CHTN	418
Hudson, Joseph*	MRBO	146
Hudson, Joshua	CHTN	445
Hudson, Julia	GRVL	482
Hudson, L J	KRSW	76
Hudson, Leonard*	LCTR	214
Hudson, Leonard*	GRVL	476
Hudson, M T	DLTN	453
Hudson, Martha	CHTN	141
Hudson, Mary	RHLD	55
Hudson, Mary*	LCTR	209
Hudson, Mary*	YORK	472
Hudson, Mary	PKNS	116
Hudson, Micajah	CHTN	320
Hudson, Miss*	CHTR	70
Hudson, Narcissa*	CHTR	53
Hudson, Newman	GRVL	476
Hudson, P W	WMBG	316
Hudson, Phebe	CHTN	433
Hudson, R	DLTN	383
Hudson, Robert	CHTN	508
Hudson, Rot*	CHTR	12
Hudson, S D	KRSW	75
Hudson, Samuel**	EDFD	109
Hudson, Susan	CHTR	7
Hudson, T S	SMTR	181
Hudson, Thomas	YORK	460
Hudson, Thomas McD	GRVL	452
Hudson, Thos*	GRVL	417
Hudson, W H	PKNS	116
Hudson, Wesley*	COTN	349
Hudson, William	CHTN	477
Hudson, William*	CHTR	65
Hudson, William	SMTR	166
Hudson, William	DLTN	419
Hudson, Willis	PKNS	12
Hudson, Wm	PKNS	14
Hudson, Wm	COTN	349
Hudson, Wm	CHTN	120
Hudson, Zadoe P	GRVL	339
Huestice, James	MRBO	149
Huestice, Nancy**	MRBO	186
Huet, Columbus*	FAFD	273
Huett, Hanna*	MRBO	200
Huey, Archabal*	FAFD	201
Huey, Elizabeth	LCTR	146
Huey, J N	LCTR	156
Huey, James	FAFD	235
Huey, Jane W**	LCTR	143
Huey, Margaret C	LCTR	143
Huey, Willy	FAFD	235
Huff, Alexander	YORK	483
Huff, Anna*	GRVL	423
Huff, D Martin	ORBG	350
Huff, G W	ORBG	339
Huff, Henry	CHTN	119
Huff, J*	SPBG	258
Huff, John	UNON	263
Huff, John H	GRVL	466
Huff, Jonathan	GRVL	462
Huff, Joseph*	LXTN	418
Huff, Joshua	ORBG	339
Huff, Kate	LXTN	463
Huff, Lemuel G	ADSN	300
Huff, Lewis	GRVL	497
Huff, Louvina J*	ORBG	340
Huff, Phillip	GRVL	435
Huff, Philoman	GRVL	497
Huff, Robert Sr	COTN	316
Huff, Saml	LXTN	439
Huff, Sarah	CHTN	120
Huff, Thos	LRNS	353
Huff, Thos*	CHTN	120
Huff, William	ADSN	335
Huff, William	UNON	263
Huff, William	ORBG	340
Huffe, Henry	CHTN	167
Huffman, A*	ORBG	311
Huffman, Daniel	CHTN	179
Huffman, Elizabeth	LXTN	374
Huffman, Frederic	ORBG	361
Huffman, George	ORBG	376
Huffman, H	CHTN	344
Huffman, J N	LXTN	374
Huffman, Jacob	RHLD	74
Huffman, Jacob	ORBG	387
Huffman, Jane**	ORBG	359
Huffman, Jas	NWBY	305
Huffman, John**	ORBG	362
Huffman, John	ORBG	387
Huffman, John	ORBG	335
Huffman, P	ORBG	313
Huffman, Rachel*	ORBG	317
Huffman, Robert	ORBG	355
Huffman, Serena	RHLD	12
Huffman, Thomas	LXTN	402
Huffman, W R*	LXTN	456
Huffsteller, J T	YORK	420
Hugene, Jane	BNWL	462
Huger, A M	CHTN	187
Huger, Alfred	CHTN	229
Huger, Benjamin	CHTN	437
Huger, C K	CHTN	233
Huger, C K	CHTN	235
Huger, David	GETN	294
Huger, Isabella*	CHTN	214
Huger, Ophimus	CHTN	234
Huger, Wm H	CHTN	220
Huges, Mrs**	CHTN	315
Huget, E*	CHTN	261
Huggings, G A	CLDN	213
Huggins, Adolphus*	SPBG	227
Huggins, Alex G W	DLTN	425
Huggins, Alice	CHFD	109
Huggins, Amy	RHLD	88
Huggins, B F	SPBG	318
Huggins, B L	MARN	73
Huggins, C*	MARN	73
Huggins, Calvin*	SMTR	123
Huggins, Clarissa*	DLTN	470
Huggins, E	HORY	39
Huggins, E L	SPBG	314
Huggins, Eliz*	CHTN	206
Huggins, Eugenia	CHTN	337
Huggins, F M	KRSW	120
Huggins, G C	DLTN	421
Huggins, G D C	DLTN	380
Huggins, G S B*	WMBG	329
Huggins, G W	WMBG	343
Huggins, Genl Marion**	MARN	117
Huggins, Geo K	DLTN	424
Huggins, George	RHLD	16
Huggins, George C	SMTR	160
Huggins, H	MARN	73
Huggins, H C*	CLDN	213
Huggins, H H	CLDN	214
Huggins, J A*	MARN	99
Huggins, J H	SMTR	116
Huggins, J H M	DLTN	445
Huggins, J N	DLTN	422
Huggins, J T	DLTN	444
Huggins, Jacob	CHFD	109
Huggins, James*	MARN	98
Huggins, Jas T	ABVL	150
Huggins, Jno	CHFD	96

Name	Code	Pg
Huggins, Joanna*	MARN	73
Huggins, John*	CHTN	486
Huggins, John	CHFD	100
Huggins, John	CHTN	99
Huggins, John	MARN	121
Huggins, John C	MARN	117
Huggins, Jos*	MARN	107
Huggins, Lewis	CHFD	125
Huggins, Lewis	CHFD	114
Huggins, Lewis	MARN	95
Huggins, M	MARN	75
Huggins, M A	DLTN	373
Huggins, Mancy*	CHFD	139
Huggins, Margaret	SMTR	127
Huggins, Mary S*	BNWL	485
Huggins, Mary*	LCTR	191
Huggins, Muck	SMTR	127
Huggins, N	HORY	44
Huggins, N D	MARN	72
Huggins, Nathan	CHFD	96
Huggins, Nicholas	MARN	98
Huggins, Rhoda	MARN	73
Huggins, Rob J	DLTN	422
Huggins, Robert*	MARN	102
Huggins, Robert M	SMTR	153
Huggins, Robt*	MARN	91
Huggins, Robt	MARN	127
Huggins, Robt T	SMTR	119
Huggins, S E*	CHFD	139
Huggins, S L	MARN	74
Huggins, S M	KRSW	120
Huggins, Sallie	MARN	84
Huggins, Saml	DLTN	454
Huggins, Sol	MARN	74
Huggins, Sol	MARN	65
Huggins, Thos*	MARN	84
Huggins, Thos	MARN	119
Huggins, W S A	MARN	124
Huggins, Wesley	MARN	73
Huggins, Wm	DLTN	421
Huggins, Wm	MARN	114
Huggins, Wm H	MARN	99
Huggins, Wm	MARN	120
Huggins, Wm*	MARN	98
Huggins, Wm	MARN	74
Huggins, Wm J	MRBO	151
Hugh, Francis	CHTN	224
Hugh, John	NWBY	256
Hugh, Utin*	ORBC	322
Hughes, A J	EDFD	41
Hughes, Abner*	ABVL	125
Hughes, Albert*	ORBG	366
Hughes, Alexr	ABVL	140
Hughes, Anderson*	ADSN	154
Hughes, Andrew C	PKNS	167
Hughes, Ann	ADSN	194
Hughes, Ann*	COTN	296
Hughes, Ann*	RHLD	28
Hughes, Aug F	DLTN	457
Hughes, Bell	PKNS	28
Hughes, Benjamin	COTN	295
Hughes, Benjn P	ABVL	20
Hughes, C*	CHTN	371
Hughes, Daniel	PKNS	7
Hughes, Daniel*	CHTN	110
Hughes, Danl*	COTN	302
Hughes, David*	RHLD	4
Hughes, E E	CHTN	464
Hughes, E T**	CHTN	394
Hughes, E T	CHTN	219
Hughes, Edward*	CHTN	172
Hughes, Edward	GRVL	404
Hughes, Eli	SPBG	373
Hughes, Elizabeth	GRVL	331
Hughes, Elizabeth	RHLD	60
Hughes, Elizb	ABVL	146
Hughes, Ema E*	SPBG	316
Hughes, Eugenia L**	CHTN	114
Hughes, Ezekiel	PKNS	155
Hughes, F D	HORY	40
Hughes, Green	GRVL	331
Hughes, H	PKNS	1
Hughes, Harlin	SPBG	202
Hughes, Henry	SPBG	359
Hughes, Henry**	ABVL	2
Hughes, Irvin*	ORBG	379
Hughes, Israel P	BUFT	1
Hughes, J B	KRSW	77
Hughes, J*	UNON	271
Hughes, J S	EDFD	62
Hughes, James	ADSN	168
Hughes, James W	PKNS	150
Hughes, James*	CHTN	110
Hughes, Jas*	EDFD	47
Hughes, Jno	LRNS	301
Hughes, Jno	LRNS	237
Hughes, Joel	PKNS	131
Hughes, Joel	ABVL	87
Hughes, John	ORBG	389
Hughes, John F*	RHLD	54
Hughes, Jordan	HORY	27
Hughes, Joseph	UNON	195
Hughes, Julia*	LXTN	373
Hughes, Larkin	PKNS	131
Hughes, M C	UNON	274
Hughes, Margt*	LRNS	256
Hughes, Mary*	GRVL	448
Hughes, Matthew*	LRNS	297
Hughes, Morgan**	ORBG	379
Hughes, Moses	LRNS	316
Hughes, Mr H	EDFD	57
Hughes, Nancy*	LRNS	296
Hughes, Nancy*	CHTR	89
Hughes, Nancy	ADSN	193
Hughes, Nathan	GRVL	345
Hughes, Nathl G	ABVL	147
Hughes, Oscar**	RHLD	80
Hughes, Pickens	ORBG	371
Hughes, Polly	CHTN	172
Hughes, Rebecca	SPBG	363
Hughes, Rebecca	UNON	221
Hughes, S D	LRNS	299
Hughes, S P	LRNS	315
Hughes, Sally	LRNS	301
Hughes, Saml	SPBG	225
Hughes, Sarah	PKNS	162
Hughes, Sarah	ABVL	20
Hughes, T J	UNON	221
Hughes, Thomas	RHLD	80
Hughes, Thompson	GRVL	485
Hughes, Thos	LRNS	331
Hughes, Thos	CHTN	207
Hughes, Thos J	GETN	319
Hughes, Timothy*	PKNS	29
Hughes, Toliver	ADSN	326
Hughes, W E	HORY	1
Hughes, W E	KRSW	81
Hughes, W G**	HORY	38
Hughes, W H	LRNS	316
Hughes, W R	HORY	17
Hughes, Washn	LRNS	343
Hughes, William	UNON	273
Hughes, William*	ORBG	368
Hughes, Wm	SPBG	372
Hughes, Wm**	CHTN	218
Hughes, Zedekiah	GRVL	345
Hughey, Danl	NWBY	282
Hughey, James	PKNS	141
Hughey, James	BUFT	91
Hughey, James B	ABVL	94
Hughey, Jess	SPBG	205
Hughey, John	SPBG	243
Hughey, John	SPBG	227
Hughey, Joseph L	ABVL	94
Hughey, Mary	BUFT	77
Hughey, Miles*	BUFT	84
Hughey, Miles*	BUFT	82
Hughey, Nimrod*	ABVL	57
Hughey, Vachael	ABVL	63
Hughey, Wm M	ABVL	26
Hughey, Wm R	BUFT	78
Hughs, A J	BNWL	353
Hughs, Augustus	ORBG	390
Hughs, C W*	BNWL	342
Hughs, C W*	EDFD	191
Hughs, David*	BNWL	393
Hughs, David*	BNWL	353
Hughs, Edward	PKNS	78
Hughs, G T	GRVL	353
Hughs, George M	BNWL	362
Hughs, H R	PKNS	78
Hughs, Hannah	BNWL	353
Hughs, Henry*	PKNS	66
Hughs, I W	HORY	18
Hughs, J P	CHTN	132
Hughs, J W	WMBG	327
Hughs, Jacob	BNWL	344
Hughs, Jesse*	CHTN	425
Hughs, John	PKNS	66
Hughs, L F	HORY	11
Hughs, Louisa*	CHTN	428
Hughs, Lucy	HORY	13
Hughs, Mary J*	ORBG	390
Hughs, Morgan	ORBG	391
Hughs, Murphy	MARN	97
Hughs, Nancy	GRVL	355
Hughs, Nelly	SPBG	361
Hughs, Olivia C	MARN	30
Hughs, P S	DLTN	432
Hughs, Rebecca	ORBG	390
Hughs, S	PKNS	93
Hughs, S A	WMBG	327
Hughs, Savannah**	EDFD	194
Hughs, Susan	SPBG	385
Hughs, T J	PKNS	78
Hughs, Thomas	ORBG	384
Hughs, William*	ADSN	135
Hughs, Wm	BNWL	343
Hughs, Wrigh	YORK	493
Hughson, W E	KRSW	135
Huguenin, Julius Y	BUFT	24
Huguenin, Mrs A M	CHTN	226
Huiet, Col Jno	EDFD	43
Huiet, G D	EDFD	167
Huiet, Jacob	EDFD	169
Huiet, Moab	CLDN	220
Huiet, Mrs E	EDFD	5
Huinant, George	FAFD	219
Huinant, John	FAFD	211
Huinant, John*	FAFD	210
Huinant, Margaret	FAFD	211
Huinant, Thomas	FAFD	222
Huinant, Thomas A	FAFD	225
Huinant, William	FAFD	250
Huitt, Adeline**	GETN	321
Hukerpeiller, Mary*	ORBG	375
Hulbert, Omse C	SMTR	179
Hulders, Jno*	ABVL	26
Hulender, A	YORK	485
Hulender, A A	YORK	485
Hulender, Henry J	YORK	484
Hulender, Jacob	YORK	485
Huleron, J B*	CHTN	227
Hulgerson, Henry E	BUFT	36
Hulin, Elisha	MARN	76
Hulin, Nicholas	YORK	477
Hull, Anna	GETN	285
Hull, C*	SPBG	258
Hull, Enoch	BUFT	32
Hull, James	PKNS	86
Hull, John	PKNS	73
Hull, Nathaniel	PKNS	73
Hull, S J	CHTN	131
Hull, Saml**	BUFT	52
Hull, Wm	CHTR	74
Hull, Wm**	BUFT	92
Hulon, Ervin*	MARN	127
Hulon, Jas**	MARN	62
Hulon, Wiley	MARN	46
Hulseburgh, H	CHTN	259
Hulsey, Cyntha	MARN	87
Huly, Saml R	BUFT	88
Humas, Geo A*	EDFD	29
Humbert, J G	LRNS	254
Humbert, John D	COTN	328
Humbert, John*	CHTN	457
Humbert, John*	BUFT	44
Humbert, W C	CHTN	179
Humbert, Wm	BUFT	43
Humbert, Wm	COTN	325
Hume, Edward G	GETN	316
Hume, John A	GETN	315
Hume, Prof William	CHTN	455
Hume, Robt**	CHTN	360
Hume, Thomas M	CHTN	439
Humell, David	LXTN	459
Humell, Fannie	LXTN	441
Humford, C*	CHTN	135
Humfries, Anna*	CHTN	353
Hummel, Mrs E	CHTN	228
Hummell, Wm	CHTN	367
Humphey, William*	CHTN	522
Humphres, Cloyd	LCTR	179
Humphres, Saml	LCTR	179
Humphrey, David	ADSN	238
Humphrey, G H	CHTN	380
Humphrey, J W	CLDN	217
Humphrey, M*	ORBG	318
Humphrey, Robert	ORBG	318
Humphrey, Sam	ADSN	231
Humphrey, W B*	CHTN	371
Humphreys, B	KRSW	83
Humphreys, Benj	KRSW	83
Humphreys, D S	GRVL	440
Humphreys, Everet	GRVL	409
Humphreys, Jno	CLDN	196
Humphrie, John	UNON	216
Humphrie, Lucy	UNON	204
Humphrie, W D*	UNON	272
Humphries, C*	UNON	231
Humphries, Charles	UNON	245
Humphries, Chas W	DLTN	380
Humphries, Clabe	SPBG	294
Humphries, D W*	RHLD	48
Humphries, Ed	SPBG	288
Humphries, Elias	ABVL	150
Humphries, Elias	ADSN	181
Humphries, Elias J	NWBY	269
Humphries, Elizabeth*	CHTR	16
Humphries, Green B	SPBG	299
Humphries, Jackson	SPBG	294
Humphries, James J	RHLD	77
Humphries, Jef	SPBG	287
Humphries, Jerre	SPBG	257
Humphries, Jesse	SPBG	201
Humphries, Jesse	CHTR	15
Humphries, Jno B	CHTR	9
Humphries, John	UNON	212
Humphries, John F	UNON	212
Humphries, Nancy	UNON	209
Humphries, R J	DLTN	456
Humphries, Sarah	UNON	211
Humphries, Sarah**	MARN	55
Humphries, Simpson**	SPBG	197
Humphries, T H D	DLTN	381
Humphries, Thomson**	SPBG	295
Humphries, Thos*	ADSN	213
Humphries, William	UNON	270
Humphries, William	UNON	211
Humphries, Wm	SPBG	412
Humphriet Wm*	ADSN	159
Humphry, T J	WMBG	341
Hundon, Dillard*	ADSN	154
Hunicutt, Wm A	PKNS	106
Hunken, Geo	CHTN	211
Hunkerpeiller, Albert	ORBG	334
Hunkerpeller, Mary	ORBG	314
Hunkerpiller, D	ORBG	332

Name	Loc	Pg	Name	Loc	Pg	Name	Loc	Pg
Hunkerpiller, E*	ORBG	320	Hunt, Wm M	GRVL	510	Hurn, Josiah*	BNWL	346
Hunkerpiller, Isun*	ORBG	335	Hunt, Wm M	CHFD	137	Hurns, Wm	CHTN	329
Hunkerpiller, J J	ORBG	321	Hunter, A A	KRSW	99	Hurst, Charles H	SMTR	179
Hunkerpiller, John	ORBG	333	Hunter, A F*	FAFD	234	Hurst, James P	RHLD	76
Hunkerpiller, M M	ORBG	321	Hunter, A J*	DLTN	387	Hurst, Jesse	DLTN	426
Hunkerpiller, Margaret**	ORBG	322	Hunter, Alex D	MARN	121	Hurst, John	DLTN	450
Hunkerpiller, S	ORBG	322	Hunter, Alexander*	LCTR	163	Hurst, Margt	DLTN	385
Hunkerpiller, Tarleton	ORBG	333	Hunter, Alexr	ABVL	133	Hurst, S F	DLTN	395
Hunnicut, Elizabeth	ADSN	305	Hunter, Allen	MARN	55	Hurst, Simeon	DLTN	426
Hunnicut, James*	GRVL	392	Hunter, Andrew	PKNS	167	Hursten, Edward*	RHLD	53
Hunnicut, Warren*	PKNS	7	Hunter, Andrew J*	LCTR	177	Hurt, Samuel	PKNS	138
Hunnicutt, A T	PKNS	26	Hunter, Bluford	LRNS	317	Hurton, Elenor*	BNWL	427
Hunnicutt, Calvin	PKNS	55	Hunter, Charley*	COTN	338	Husbands, H	CLDN	217
Hunnicutt, E T	ADSN	238	Hunter, Cynthia W	LCTR	186	Husbands, Jno H	DLTN	387
Hunnicutt, J B*	PKNS	33	Hunter, David	PKNS	45	Husbands, Louis D	SMTR	101
Hunnicutt, J M	PKNS	8	Hunter, Dorothy	NWBY	265	Husey, J P*	NWBY	298
Hunnicutt, J R	PKNS	37	Hunter, E A	DLTN	376	Huskamp, John	PKNS	27
Hunnicutt, James W	PKNS	15	Hunter, Eliz*	DLTN	430	Huskey, Allen	YORK	481
Hunnicutt, Joberry	PKNS	81	Hunter, Erasmus	CHFD	166	Huskey, Barney	SPBG	289
Hunnicutt, John	PKNS	81	Hunter, G R	FAFD	234	Huskey, Loring D	SPBG	252
Hunnicutt, M R	PKNS	32	Hunter, G R	LCTR	179	Huskison, Elizabeth*	PKNS	154
Hunnicutt, Martha	PKNS	28	Hunter, H	LRNS	310	Huskisson, Marion*	ADSN	305
Hunnicutt, Mary A	PKNS	32	Hunter, H M	LRNS	337	Husky, Jas	SPBG	288
Hunnicutt, Thos*	PKNS	51	Hunter, Harris	CHFD	107	Husky, Leannah	SPBG	299
Hunnicutt, Wm J	PKNS	15	Hunter, Isaac K*	NWBY	243	Husky, Richard	SPBG	299
Hunsucker, Frank	CHTR	68	Hunter, Isaac W	LCTR	160	Hussay, S A	COTN	354
Hunt, A J	PKNS	50	Hunter, J H*	DLTN	402	Hussenbuttel, H M	GETN	287
Hunt, A M**	MARN	82	Hunter, J M	DLTN	415	Hussey, Amanda*	MARN	21
Hunt, Alfred M	RHLD	28	Hunter, James	ADSN	254	Hussey, Catharine M**	CHTN	478
Hunt, B	DLTN	456	Hunter, James	UNON	298	Hussey, Edward	COTN	338
Hunt, Benjamin	ORBG	310	Hunter, James	NWBY	255	Hussey, Geo*	LXTN	452
Hunt, Betsy	YORK	505	Hunter, James	NWBY	225	Hussey, John	COTN	338
Hunt, C W	PKNS	98	Hunter, Jas B	YORK	418	Hussey, Simeon	COTN	338
Hunt, Cecelie*	CHTN	278	Hunter, John	LRNS	317	Hussing, Jacob	RHLD	44
Hunt, Celia	FAFD	221	Hunter, John	CHTN	432	Hustis, Sarah M*	MRBO	148
Hunt, Cordy	CHFD	173	Hunter, John A	ABVL	21	Hustis, Washington	CHFD	102
Hunt, David*	GRVL	420	Hunter, John B*	BNWL	353	Hustis, Z	CHFD	102
Hunt, Delila*	UNON	212	Hunter, John Jr	ADSN	306	Huston, Catherine*	LRNS	340
Hunt, E**	SPBG	258	Hunter, John W	PKNS	113	Huston, D S	SPBG	325
Hunt, Edward	RHLD	32	Hunter, John*	LCTR	185	Hutchens, Abner	ADSN	261
Hunt, Elvira L*	PKNS	118	Hunter, Jos	GETN	300	Hutchens, Elizabeth*	FAFD	219
Hunt, Esley	PKNS	147	Hunter, Jos M	MARN	131	Hutchens, James M	ADSN	268
Hunt, Est of C	PKNS	98	Hunter, Joseph G	NWBY	243	Hutchens, Margaret	GRVL	488
Hunt, G H	LXTN	440	Hunter, Layfaett	UNON	187	Hutchens, Martha*	GRVL	393
Hunt, G P*	EDFD	121	Hunter, M H*	EDFD	115	Hutchens, Thomas	ADSN	268
Hunt, H E*	DLTN	416	Hunter, M M	LRNS	335	Hutching, James	BNWL	357
Hunt, Harvey C	PKNS	153	Hunter, M M	LRNS	315	Hutchins, A L*	ADSN	280
Hunt, Hellum	PKNS	147	Hunter, M*	NWBY	241	Hutchins, Charles	CHTN	369
Hunt, Henry	LXTN	378	Hunter, Mary	LRNS	335	Hutchins, Jeptha	ADSN	270
Hunt, Henry	RHLD	57	Hunter, Mary	COTN	329	Hutchins, John F	SPBG	321
Hunt, Isham	SPBG	330	Hunter, Mary	ADSN	256	Hutchins, Robert M	PKNS	6
Hunt, Isiac	CHFD	137	Hunter, Mary A	BUFT	46	Hutchins, Saml	SPBG	369
Hunt, J F**	NWBY	300	Hunter, Mary C**	LRNS	317	Hutchins, Wm B	ABVL	98
Hunt, J H	NWBY	261	Hunter, Mary W*	RHLD	55	Hutchinson, A S*	CHTN	370
Hunt, J M	CHTN	315	Hunter, Miles	LRNS	342	Hutchinson, B F	ADSN	249
Hunt, James	LXTN	376	Hunter, N A	NWBY	294	Hutchinson, Elizabeth	COTN	331
Hunt, James	LRNS	344	Hunter, Nancy	LRNS	334	Hutchinson, G W	LRNS	340
Hunt, James	PKNS	150	Hunter, Nathan	NWBY	290	Hutchinson, H	LRNS	343
Hunt, James*	CHTR	83	Hunter, P S*	NWBY	297	Hutchinson, Irvin	EDFD	132
Hunt, Jane*	LXTN	376	Hunter, R D	MARN	65	Hutchinson, J P	FAFD	260
Hunt, Jeremiah J	PKNS	167	Hunter, Robert	CHTN	389	Hutchinson, J P	FAFD	257
Hunt, Jerry*	LCTR	179	Hunter, Robt	LRNS	305	Hutchinson, James	NWBY	284
Hunt, John	ADSN	199	Hunter, Saml	SPBG	269	Hutchinson, Jane	FAFD	258
Hunt, John H	PKNS	146	Hunter, Saml*	LRNS	319	Hutchinson, Jas	GETN	287
Hunt, John T	PKNS	146	Hunter, Saml	ABVL	133	Hutchinson, Jno	DLTN	432
Hunt, John**	NWBY	219	Hunter, Saml	YORK	379	Hutchinson, Jno A	DLTN	373
Hunt, John	MARN	85	Hunter, Saml, Agt	NWBY	224	Hutchinson, John	ADSN	248
Hunt, Joshua*	YORK	408	Hunter, Sarah A	LRNS	242	Hutchinson, John	NWBY	283
Hunt, Kindred	EDFD	193	Hunter, Sarah E**	PKNS	178	Hutchinson, Mahala*	NWBY	266
Hunt, Laura*	SPBG	330	Hunter, Sarah*	CHFD	113	Hutchinson, Martha E*	NWBY	256
Hunt, Linsey	SMTR	153	Hunter, Sarah*	ADSN	312	Hutchinson, Mary	BUFT	21
Hunt, M-----	CHFD	136	Hunter, Sarah A*	ABVL	33	Hutchinson, Mrs L	ABVL	67
Hunt, Martha	YORK	505	Hunter, Solon	LCTR	183	Hutchinson, Penelope**	RHLD	32
Hunt, Martin	CLDN	192	Hunter, Thomas	DLTN	385	Hutchinson, Perry	GRVL	397
Hunt, Martin Jr	GRVL	514	Hunter, Thomson*	NWBY	225	Hutchinson, R B	ADSN	250
Hunt, Martin Sr	GRVL	514	Hunter, W J*	NWBY	292	Hutchinson, Rev J J	FAFD	207
Hunt, Nathaniel	CHTN	269	Hunter, W M	BNWL	468	Hutchinson, Robt	LRNS	350
Hunt, Nathl	LXTN	378	Hunter, William	PKNS	111	Hutchinson, Sam	ABVL	115
Hunt, P O*	CLDN	228	Hunter, William	PKNS	186	Hutchinson, W**	ADSN	249
Hunt, Patty*	LCTR	218	Hunter, William	PKNS	177	Hutchinson, Wm	LRNS	350
Hunt, Pinkens*	PKNS	153	Hunter, William	ABVL	151	Hutchinson, Wm	BUFT	16
Hunt, Ramson	PKNS	6	Hunter, William	ADSN	295	Hutchinson, Wm	DLTN	376
Hunt, Rebecca	PKNS	147	Hunter, William	ABVL	133	Hutchinson, Young*	NWBY	276
Hunt, Rebecca	KRSW	112	Hunter, William R*	RHLD	51	Hutchinson, Z C*	CHTR	70
Hunt, Reuben	YORK	473	Hunter, William Sr*	ADSN	328	Hutchison, A E	YORK	386
Hunt, Robert	GRVL	511	Hunter, William W	BNWL	353	Hutchison, Arthur	MARN	35
Hunt, Rufus	YORK	505	Hunter, Wm	SPBG	312	Hutchison, Danl	MARN	35
Hunt, Saml W V**	SPBG	317	Hunter, Wm	LRNS	334	Hutchison, David	NWBY	287
Hunt, Sarah	SMTR	171	Hunter, Wm	SPBG	358	Hutchison, G*	NWBY	300
Hunt, Susan	SPBG	406	Hunter, Wm	CHTR	71	Hutchison, H*	MARN	54
Hunt, Susan	SPBG	243	Hunter, Wm C	ABVL	66	Hutchison, Henry	MARN	54
Hunt, Susannah	LXTN	376	Hunter, Wm	YORK	460	Hutchison, J A	SPBG	428
Hunt, Thomas J	PKNS	147	Hunter, Wm	MARN	126	Hutchison, J B	RHLD	36
Hunt, W H	NWBY	261	Huntery, Mrs**	BNWL	458	Hutchison, James B	MARN	62
Hunt, W J	ADSN	201	Huntington, H D	NWBY	269	Hutchison, Jane	MARN	55
Hunt, Wesley	PKNS	147	Huntington, Levi*	FAFD	206	Hutchison, John*	UNON	274
Hunt, William	ABVL	101	Huntley, John	CHFD	132	Hutchison, John	MARN	35
Hunt, William	CHTN	167	Huntley, Rosanna	CHFD	166	Hutchison, John	MARN	54
Hunt, William or Buck*	SMTR	175	Huntly, John A	CHFD	132	Hutchison, John R	MARN	118
Hunt, William P	GRVL	510	Huot, Louis V*	RHLD	41	Hutchison, John	MARN	54
Hunt, William**	ADSN	331	Hurch, John M*	GRVL	407	Hutchison, M	MARN	57
Hunt, William	GRVL	327	Hurd, S	NWBY	297	Hutchison, Mary	YORK	392
Hunt, William R	RHLD	5	Hurlbert, Daniel*	ADSN	257	Hutchison, Milton T*	RHLD	53
Hunt, Wm	PKNS	53	Hurley, Charles	BUFT	57	Hutchison, Ricks	MARN	65
Hunt, Wm*	FAFD	262	Hurley, Jno	CHTN	303	Hutchison, Susan	YORK	392
Hunt, Wm	CHFD	136				Hutchison, Wm B	MARN	55

Name	Loc	Pg
Hutchisson, John R Jr	GRVL	393
Hutchisson, Mary*	GRVL	393
Hutes, John*	CHTN	242
Huto, Sarah*	BNWL	392
Hutson, A	COTN	280
Hutson, A*	COTN	279
Hutson, Adam	COTN	290
Hutson, Calvert*	CHTN	177
Hutson, Charles*	RHLD	53
Hutson, Charles W*	RHLD	52
Hutson, D P	BNWL	488
Hutson, Daniel	COTN	293
Hutson, Daniel	COTN	288
Hutson, Danl	COTN	349
Hutson, E C J M	COTN	291
Hutson, Edwd	COTN	362
Hutson, Eliza*	ABVL	49
Hutson, Esther M	BUFT	95
Hutson, G L	BNWL	407
Hutson, G W*	EDFD	142
Hutson, Gilbert	COTN	280
Hutson, Hamilton	COTN	288
Hutson, Isham, Sr	COTN	288
Hutson, J M	BNWL	466
Hutson, Jacob	DLTN	442
Hutson, James W*	COTN	366
Hutson, Jno	DLTN	388
Hutson, John	COTN	350
Hutson, John	COTN	292
Hutson, John	MARN	29
Hutson, John R	COTN	288
Hutson, John*	ORBG	394
Hutson, Joseph	BUFT	92
Hutson, Landen	SPBG	426
Hutson, Lorenzo	COTN	289
Hutson, Louisa	COTN	288
Hutson, Patrick*	CHTN	384
Hutson, Paul	COTN	280
Hutson, Richard W	BUFT	95
Hutson, Rolen	BNWL	471
Hutson, Sarah E	SMTR	117
Hutson, Susan*	CHTN	300
Hutson, T J	CHTN	159
Hutson, Thos W	BUFT	95
Hutson, Thos W Sr	BUFT	95
Hutson, W M	ORBG	409
Hutson, W W	DLTN	388
Hutson, William	COTN	280
Hutson, William A*	COTN	280
Hutson, Wm	CHTN	166
Hutson, Wm	BUFT	93
Hutson, Wm F	BUFT	88
Hutson, Wm Sr	COTN	280
Hutter, Maj*	CHTN	342
Hutto, A T	BNWL	408
Hutto, Benj	BNWL	386
Hutto, Benjamin	LXTN	356
Hutto, Canses	LXTN	356
Hutto, Celia	LXTN	439
Hutto, Charles	BNWL	339
Hutto, David A	BNWL	382
Hutto, Emmer*	BNWL	414
Hutto, Fletcher*	ORBG	392
Hutto, Gatsey	BNWL	386
Hutto, Gervan*	LXTN	412
Hutto, Gidden	BNWL	384
Hutto, Gideon	ORBG	395
Hutto, Henrietta M*	BUFT	83
Hutto, Henry	BNWL	386
Hutto, Henry	BNWL	353
Hutto, J B	LXTN	360
Hutto, J M	BNWL	468
Hutto, James	BNWL	385
Hutto, James	ORBG	365
Hutto, James Z*	BNWL	381
Hutto, James*	BNWL	416
Hutto, John	LXTN	362
Hutto, John	BNWL	339
Hutto, John W	CHTN	134
Hutto, John*	ORBG	396
Hutto, Lewis	CHTN	134
Hutto, Mahaly	ORBG	358
Hutto, Martha	ORBG	364
Hutto, Marvin V	LXTN	413
Hutto, Mary	ORBG	324
Hutto, Morgan**	ORBG	367
Hutto, Mulvinia*	ORBG	398
Hutto, Nicholas	BNWL	383
Hutto, Nicolas	BNWL	385
Hutto, Nicolus	BNWL	386
Hutto, Owen	BNWL	416
Hutto, Phillip	ORBG	369
Hutto, Rebecca*	BNWL	415
Hutto, Rufus	ORBG	393
Hutto, Rufus G	BNWL	384
Hutto, Saml	BNWL	464
Hutto, Samuel	ORBG	324
Hutto, Susan	LXTN	471
Hutto, Thomas	ORBG	373
Hutto, V S*	BNWL	472
Hutto, Velia	BNWL	382
Hutto, W H D	LXTN	471
Hutto, William	BNWL	382
Hutto, William W	BNWL	380
Hutto, Willis	LXTN	439
Hutton, Charles	CHTN	374
Hutton, Charles M*	RHLD	48
Hutton, Dr James*	NWBY	280
Hutton, Jane	ORBG	369
Hutton, Leonora*	CHTN	412
Hutton, Louisa*	NWBY	275
Hutton, William	CHTN	413
Hutton, William	ADSN	250
Hutts, Jacob	COTN	337
Hutts, Right	COTN	337
Huttson, N R	ORBG	394
Hux, C W	HORY	25
Hux, Caledonia*	HORY	34
Hux, D	HORY	7
Hux, D N	HORY	7
Hux, David	HORY	7
Hux, David M	HORY	3
Hux, G	HORY	33
Hux, Isaiah	HORY	39
Hux, J B*	HORY	27
Hux, Jane*	HORY	28
Hux, Margaret*	HORY	17
Hux, Mary*	HORY	26
Hux, T B	HORY	18
Hux, Thos	HORY	18
Hux, W D	HORY	27
Hux, W R	HORY	31
Hux, William	CHTN	171
Huxford, Emma*	CHTN	158
Huxford, Peter	CHTN	176
Huxford, Peter*	CHTN	123
Huzzey, Jane*	MARN	88
Hyams, Frank	CHTN	385
Hyams, M	CHTN	341
Hyams, M D	CHTN	334
Hyams, Rebecca*	CHTN	415
Hyams, S	CHTN	312
Hyams, Williams*	CHTN	425
Hyat, Thos*	SPBG	341
Hyatt, --------	GRVL	459
Hyatt, Alfred	COTN	333
Hyatt, David	CHTR	80
Hyatt, Elizabeth	UNON	247
Hyatt, Hamilton	ADSN	322
Hyatt, Isaac McF	CHTR	81
Hyatt, James	UNON	267
Hyatt, James	BUFT	45
Hyatt, Mary A	GRVL	410
Hyatt, N	CHTN	147
Hyatt, Sarah	GRVL	459
Hyatt, Sarah*	SMTR	142
Hyatt, Sumpter*	ADSN	182
Hyatt, Thomas	CHTR	14
Hyatt, William	ADSN	322
Hyde, Ansell	ADSN	268
Hyde, Caleb	GRVL	478
Hyde, G W	GRVL	484
Hyde, Gracy**	GRVL	363
Hyde, J B	ADSN	179
Hyde, J H	GRVL	374
Hyde, J N	PKNS	78
Hyde, Jacob	PKNS	61
Hyde, James	GRVL	436
Hyde, James	GRVL	483
Hyde, Lana	GRVL	362
Hyde, Lincon	CHTN	195
Hyde, Sarah**	GRVL	485
Hydrich, Hansford H	ORBG	345
Hydrich, Jacob A	ORBG	360
Hydrick, A J	ORBG	311
Hydrick, Emanl*	LXTN	418
Hydrick, Francis	LXTN	448
Hydrick, Jacob**	LXTN	418
Hydrick, John*	LXTN	418
Hydrick, Mary E	CHTN	508
Hydrick, Winifreid*	LXTN	368
Hyer, John H	CHTN	512
Hylisler, Elizabeth	SPBG	360
Hyman, B	MARN	54
Hyman, C	MARN	55
Hyman, Carl	RHLD	14
Hyman, Charles	CHTN	410
Hyman, E S	MARN	55
Hyman, Elizabeth	GETN	284
Hyman, J	WMBG	359
Hyman, J L	MARN	65
Hyman, J W	MARN	55
Hyman, L	MARN	66
Hyman, Martha	MARN	65
Hyman, Wm	MARN	126
Hyman, Wm	MARN	54
Hymes, Henry	DLTN	372
Hymes, Hyam	DLTN	372
Hymon, Farr	GRVL	428
Hynes, Miss*	CHTN	320
Hynman, Thomas	PKNS	161
Hynne, Henry Jr	COTN	250
Hyott, Chas	MARN	46
Hyott, Darkis	MARN	48
Hyott, David	MARN	62
Hyott, Eliza	MARN	45
Hyott, Glen	CHTN	141
Hyott, Hugh	MARN	48
Hyott, Isaac	MARN	45
Hyott, J	MARN	45
Hyott, J R	KRSW	113
Hyott, James	CHTN	119
Hyott, L	MARN	46
Hyott, Oliver	MARN	45
Hyott, Richd	KRSW	112
Hyott, Sallie	MARN	45
Hyott, Tee**	MARN	62
Hyott, Thos	CHTN	141
Hyott, Washington	MARN	47
Hyott, Wm	MARN	45
Hyott, Wm	MARN	45
Hyrndon, Clancey	COTN	307
Hyrndon, Hardy	COTN	260
Hyrndon, Henry	COTN	297
Hyrndon, Jesse	COTN	252
Hyrndon, John	COTN	306
Hyrndon, Lawrence	COTN	253
Hyrne, Caroline*	COTN	257
Hyrne, Margaret H*	COTN	269
Hyrnes, Henry	COTN	254
Hysenberry, John	CHTN	517
Iaho, Anthony*	ABVL	133
Iatzen, William*	CHTN	207
Ihly, J L	BNWL	495
Ike, William	COTN	272
Ikener, Elleandor	MARN	132
Ikener, Jesse	MARN	156
Ikener, Rachel*	MARN	132
Illing, A	CHTN	318
Ilzarber, Joseph*	CHTN	371
Inaam, Fanny*	ADSN	298
Inabinet, Abraham	ORBG	357
Inabinet, Andrew	ORBG	356
Inabinet, Ann M	ORBG	337
Inabinet, Anna M	ORBG	357
Inabinet, Archibel	ORBG	391
Inabinet, Califh	EDFD	186
Inabinet, Catherine**	ORBG	340
Inabinet, D G*	ORBG	393
Inabinet, Gasper	ORBG	342
Inabinet, J M	BNWL	422
Inabinet, James	ORBG	361
Inabinet, James J	ORBG	353
Inabinet, Joel	EDFD	175
Inabinet, John	ORBG	361
Inabinet, John	COTN	349
Inabinet, John D	ORBG	352
Inabinet, Joseph	COTN	344
Inabinet, L**	EDFD	172
Inabinet, Levi L	ORBG	352
Inabinet, Lewis G	ORBG	354
Inabinet, Peter	ORBG	392
Inabinet, Peter D P*	ORBG	361
Inabinet, Rachel	ORBG	401
Inabinet, Vandy	ORBG	351
Inabinet, W	ORBG	353
Inabinett, J T**	LXTN	469
Inabinett, John*	CHTN	141
Inabinett, John	BNWL	376
Inabinett, Peter*	BNWL	351
Inabinett, Petter M	BNWL	378
Inabinett, Rebecca**	ORBG	405
Inabinett, William	BNWL	345
Inartimus, Patrick*	BNWL	381
Infew, Agustave*	CHTN	415
Infew, Agustave*	CHTN	415
Infinger, Anne*	COTN	328
Infinger, Danl	COTN	341
Infinger, Frances	CHTN	151
Infinger, George*	ORBG	339
Infinger, J Calhoun	COTN	340
Infinger, James	COTN	327
Infinger, James	COTN	342
Infinger, John	COTN	340
Infinger, L*	COTN	340
Infinger, L	COTN	347
Infinger, M	COTN	345
Infinger, W A	COTN	339
Ingalls, John*	RHLD	29
Inger, C*	CHTN	339
Ingerton, Wm*	CHTN	505
Ingle, Levi	SPBG	429
Ingles, James*	CHTN	144
Inglesby, I S	CHTN	112
Inglesby, J L	CHTN	112
Inglesol, O L	YORK	411
Ingless, William	CHTN	245
Inglis, John A	CHFD	186
Inglis, W Cowper	CHFD	187
Ingraham, George	CHTN	276
Ingraham, Hiram*	CHTN	425
Ingraham, James C*	CHTN	425
Ingraham, Jane	CHTN	425
Ingraham, Jane H*	CHTN	428
Ingraham, Jesse	ADSN	298
Ingraham, Jno J	CLDN	214
Ingraham, John	YORK	466
Ingraham, Richland	YORK	466
Ingraham, Sarah*	CHTN	428
Ingraham, William T*	RHLD	53
Ingraham, Wm P**	CHTN	363
Ingram, A M	BNWL	448
Ingram, Chas*	CHFD	99
Ingram, David	ORBG	355
Ingram, David	ADSN	309
Ingram, Delilah	ADSN	317
Ingram, E B*	CHFD	180
Ingram, Ed	CHFD	99

Name	Code	No.	Name	Code	No.	Name	Code	No.
Ingram, Elizth T*	BNWL	506	Isbell, Livingston	PKNS	56	Jackson, Andrew	SPBG	262
Ingram, F P	CHTR	82	Isbell, M A C	FAFD	238	Jackson, Andrew	YORK	511
Ingram, Gardner	LCTR	190	Isbell, Samuel	ADSN	269	Jackson, Andrew*	RHLD	58
Ingram, Green	GRVL	415	Iseman, Iseman	MARN	18	Jackson, Andrew	YORK	435
Ingram, J J	BNWL	450	Iseman, Manuel	MARN	13	Jackson, Ann	ORBG	351
Ingram, J N	KRSW	74	Isgett, Jas	DLTN	376	Jackson, Ann	MARN	16
Ingram, J W	KRSW	74	Isgett, Jno	DLTN	378	Jackson, Ann	CHTN	432
Ingram, James	ADSN	309	Isgett, Joseph	DLTN	415	Jackson, Anna J**	MRBO	182
Ingram, James A*	LCTR	190	Isgett, Wm T	DLTN	380	Jackson, Archibald	BUFT	94
Ingram, Jesse	ADSN	298	Isham, Jno W	ABVL	4	Jackson, Arthur	MARN	14
Ingram, Lila	CHFD	110	Islar, B P*	ORBG	369	Jackson, Arthur	BNWL	390
Ingram, M	CHFD	171	Isler, Jno	YORK	493	Jackson, Ben J	RHLD	94
Ingram, Nathan	ABVL	75	Isles, Sarah*	YORK	407	Jackson, Benj**	SPBG	213
Ingram, P F	KRSW	74	Isoman, Isaac	DLTN	372	Jackson, Benj	CHFD	132
Ingram, Peter	CHFD	107	Isoman, Max	DLTN	372	Jackson, Benj J	RHLD	92
Ingram, Phillip	ADSN	196	Ison, Sarah*	LCTR	176	Jackson, Betsey	ADSN	155
Ingram, Russ*	LCTR	207	Isreal, B	FAFD	203	Jackson, Caleb	ABVL	71
Ingram, S B	LCTR	178	Isreal, Benj*	FAFD	204	Jackson, Capers	CHTN	128
Ingram, Sam	YORK	387	Isreal, Hansel	MARN	102	Jackson, Carra	ORBG	398
Ingram, Sarah*	DLTN	373	Isreal, Jane E**	COTN	287	Jackson, Catharine*	MRBO	183
Ingram, Susan	ADSN	288	Isreal, John	COTN	287	Jackson, Catherine	COTN	340
Ingram, Thomas J	CHFD	189	Isreal, Julius	KRSW	132	Jackson, Charles	MRBO	162
Ingram, W H	BNWL	505	Isreal, M**	ABVL	25	Jackson, Charles C	SMTR	146
Ingram, Wm K	CHFD	100	Isrial, Lotty*	SPBG	205	Jackson, Charles F	CHTN	442
Inkerman, W J	CHTN	234	Issetel, C H	PKNS	35	Jackson, Charles H*	SMTR	146
Inkles, Richd	DLTN	408	Iugnot, Est of Charles	CHTN	104	Jackson, Clement	LXTN	368
Inlow, Martha	EDFD	187	Ivans, A	WMBG	358	Jackson, Clement Sr	LXTN	439
Inman, Alfred	HORY	3	Ivans, B R	WMBG	360	Jackson, D*	UNON	191
Inman, Alfred	HORY	55	Ivans, G C	WMBG	358	Jackson, D	EDFD	10
Inman, E	YORK	449	Ivans, S W	WMBG	358	Jackson, D C	CHTN	517
Inman, Henry	HORY	66	Ivans, W T	WMBG	317	Jackson, D F	YORK	431
Inman, Jackson*	SPBG	312	Ives, Charles J	SMTR	124	Jackson, D M	DLTN	399
Inman, James C	HORY	58	Ives, Elizb	ABVL	19	Jackson, D P	CHTN	138
Inman, Jesse	ORBG	394	Ives, Frances*	ABVL	19	Jackson, Danel	EDFD	8
Inman, William R	HORY	66	Ives, Fred*	ABVL	26	Jackson, Daniel	LXTN	417
Inmann, Dan	PKNS	47	Ives, Georgia*	ABVL	19	Jackson, Daniel	MRBO	143
Inness, C M	CHTN	362	Ives, Martha**	MRBO	150	Jackson, Daniel	CHTN	143
Innis, Hugh*	CHTN	425	Ives, Mathew W	SMTR	124	Jackson, David	GRVL	506
Innsly, Isaac	SPBG	382	Ives, Nancy	MRBO	152	Jackson, David	COTN	344
Irby, A P**	LRNS	283	Ivester, Anderson	PKNS	27	Jackson, David J	YORK	422
Irby, Benjamin	ADSN	309	Ivester, Eve	PKNS	28	Jackson, Delilah	KRSW	105
Irby, Charles	MRBO	165	Ivey, Adam	LCTR	152	Jackson, Delilah	KRSW	105
Irby, Charles	ADSN	309	Ivey, Asbury	MARN	120	Jackson, Delliah	MARN	114
Irby, G M	LRNS	283	Ivey, B M	GETN	314	Jackson, Demsey	YORK	457
Irby, Henrietta	LRNS	220	Ivey, C P	DLTN	433	Jackson, Dr H G*	YORK	374
Irby, Jas H	LRNS	230	Ivey, G W	MARN	18	Jackson, Drucilla*	ORBG	340
Irby, John B	MRBO	200	Ivey, Isaac	RHLD	30	Jackson, E	ORBG	311
Irby, M L	MRBO	188	Ivey, Joel*	MARN	56	Jackson, E E*	NWBY	304
Irby, Mary	LRNS	283	Ivey, John C	LCTR	150	Jackson, E H	CHTN	258
Irby, Miss Beth*	MRBO	200	Ivey, Joseph	MARN	120	Jackson, E M	MARN	45
Irby, W J	LCTR	150	Ivey, Nancey	SMTR	137	Jackson,	ORBG	310
Irby, W T	LRNS	228	Ivey, William	RHLD	78	Jackson, Eagon*	BNWL	486
Irby, W W	MRBO	200	Ivey, Wm T*	CLDN	215	Jackson, Edward	CHTN	149
Irby, Waddy T*	RHLD	54	Ivy, Charity	LCTR	147	Jackson, Elias*	CHTN	181
Irick, Albert*	CHTN	153	Ivy, Ellen*	MRBO	182	Jackson, Elias	YORK	422
Irick, C	ORBG	312	Ivy, Gadi	MRBO	163	Jackson, Elisha	SPBG	241
Irick, C	ORBG	319	Ivy, George	MRBO	196	Jackson, Eliza	CHTN	197
Irick, E	ORBG	319	Ivy, Isum	UNON	220	Jackson, Eliza	NWBY	302
Irick, Elliott*	ORBG	316	Ivy, James	UNON	217	Jackson, Elizabeth	ORBG	400
Irick, M	ORBG	312	Ivy, James	MRBO	187	Jackson, Elizabeth	MRBO	147
Irick, Martin	ORBG	320	Ivy, Levi	MRBO	144	Jackson, Elizabeth	GRVL	394
Irick, William M	ORBG	320	Ivy, Richard	UNON	219	Jackson, Ellaby	CHTN	366
Irish, A	LXTN	383	Ivy, Robert	UNON	219	Jackson, Emanuel	MRBO	162
Ironing, Mary	SPBG	208	Ivy, Thos	EDFD	124	Jackson, Emily**	LXTN	452
Ironmonger, Catherine*	COTN	260	Ivy, William	UNON	237	Jackson, Emma	RHLD	15
Ironmonger, Emma*	BUFT	6	Ivy, Willy	UNON	227	Jackson, Emma	CHTN	392
Ironmonger, Jackson	COTN	272	Iwati, William	RHLD	40	Jackson, Enos*	MARN	104
Ironmonger, Jane A*	CHTN	428	Izard, Allen C	COTN	250	Jackson, F	CHFD	157
Ironmonger, John*	BUFT	49	Izard, Allen S	CHTN	214	Jackson, Fanny*	RHLD	93
Ironmonger, Sarah*	CHTN	428	Izard, George**	CHTN	168	Jackson, Francis	CHTN	144
Ironmonger, William G*	CHTN	425	Izard, Isabella*	CHTN	169	Jackson, Gabriel	CHTN	144
Irons, William	COTN	316	Izard, Juliana	CHTN	199	Jackson, Geo	MRBO	176
Irvin, Abel	ADSN	165	Izard, Maria	CHTN	226	Jackson, George	CHTN	384
Irvin, E W	ADSN	213	Izard, Mary C*	RHLD	10	Jackson, George	CHTR	54
Irvin, Laura**	LCTR	155	Izard, Rosetta E	GETN	320	Jackson, Gideon	COTN	328
Irvin, Wm	SPBG	309	Izlar, William	ORBG	378	Jackson, Gordon	ABVL	84
Irvine, E S	GRVL	529	J L	ADSN	289	Jackson, Grant T**	MARN	45
Irvine, John	ABVL	79		KRe*		Jackson, H H	LXTN	424
Irvine, O B	GRVL	410	Jack, Elizabeth*	CHTR	61	Jackson, H J	ABVL	31
Irving, Agnes R*	CHTN	425	Jack, July	UNON	189	Jackson, H K	YORK	425
Irving, Ann E	CHTN	171	Jack, Mary**	CHTR	52	Jackson, H M	CHTR	55
Irving, Henry	CHTN	172	Jacks, Isaac	LRNS	321	Jackson, H S	EDFD	13
Irving, John	CHTN	171	Jacks, John	LRNS	321	Jackson, Hamp	CHTN	513
Irving, John B	CHTN	160	Jacks, Mary	LRNS	321	Jackson, Henry	CHTN	513
Irving, Noell W	CHTN	171	Jacks, Mary E	LRNS	320	Jackson, Henry*	CHTN	159
Irwin, Ellen**	RHLD	4	Jacks, Nancy*	WMBG	322	Jackson, Henry	MARN	46
Irwin, Ellen	ADSN	250	Jacks, S M*	LRNS	323	Jackson, Henry	CHTN	143
Irwin, James	ABVL	68	Jacks, T L	LRNS	323	Jackson, Hillery**	EDFD	38
Irwin, James	ABVL	61	Jacks, Young	LXTN	418	Jackson, Hugh	YORK	422
Irwin, Jno W	ABVL	56	Jackson, A	ADSN	214	Jackson, Irene	RHLD	50
Irwin, John	RHLD	4	Jackson, A C	SPBG	262	Jackson, Isham	KRSW	79
Isa, Abraham**	CHTN	368	Jackson, A J*	EDFD	142	Jackson, J F	CHTN	128
Isaacs, Abraham*	GRVL	403	Jackson, A K	MRBO	183	Jackson, J S	UNON	241
Isaacs, Ary	CHTR	74	Jackson, A M	YORK	471	Jackson, Jack	DLTN	457
Isaacs, George E	RHLD	44	Jackson, A W	MARN	16	Jackson, Jacob	CHTR	83
Isaacs, J H	COTN	349	Jackson, A W	GRVL	394	Jackson, James F	SPBG	262
Isaih, Jacob	CHTN	420	Jackson, A W	LXTN	417	Jackson, James*	CHTN	425
Isatell, M	CHTN	315	Jackson, Absalom	MARN	105	Jackson, James	UNON	263
Isatell, M	CHTN	315	Jackson, Absalom**	CHTN	380	Jackson, James	RHLD	85
Isbel, H*	CHTN	325	Jackson, Adeline	NWBY	302	Jackson, James	MARN	11
Isbel, H	CHTN	325	Jackson, Adeline	BUFT	94	Jackson, James	GRVL	347
Isbell, Robert	PKNS	101	Jackson, Agnes	CHFD	175	Jackson, James	COTN	350
Isbell, Clary	PKNS	57	Jackson, Alfred	SPBG	262	Jackson, James	CHTN	522
Isbell, Henry	FAFD	238	Jackson, Alphonse	BUFT	94	Jackson, James	CHTN	390
Isbell, John	ADSN	270	Jackson, Amelia	PKNS	17	Jackson, James F	SMTR	164
Isbell, Littleton R*	RHLD	44	Jackson, Andrew					

Name	Place	No.
Jackson, Jane**	YORK	430
Jackson, Jane	CHTN	487
Jackson, Jas M	SPBG	270
Jackson, Jas**	EDFD	31
Jackson, Jas*	CLDN	193
Jackson, Jas	YORK	422
Jackson, Jas	CLDN	207
Jackson, Jim	NWBY	269
Jackson, Jim**	CHTN	130
Jackson, Jno C	SPBG	262
Jackson, Jno**	MRBO	157
Jackson, Jno*	DLTN	427
Jackson, Jno	CLDN	192
Jackson, Jno	CHTR	83
Jackson, Jno M	CHTR	54
Jackson, Joel	CHTN	149
Jackson, Joel J	RHLD	94
Jackson, John	SPBG	241
Jackson, John M	YORK	424
Jackson, John*	YORK	372
Jackson, John*	ORBG	340
Jackson, John D	MARN	96
Jackson, John M	MARN	96
Jackson, John T	MARN	43
Jackson, John*	MARN	48
Jackson, John	GRVL	506
Jackson, John*	CHTN	173
Jackson, John	KRSW	104
Jackson, John	EDFD	6
Jackson, John	CHTN	160
Jackson, John	CHFD	175
Jackson, John	ADSN	262
Jackson, John J	RHLD	94
Jackson, Jos	MARN	46
Jackson, Joseph	YORK	504
Jackson, Joshua	ABVL	89
Jackson, Josiah	BUFT	14
Jackson, Kinnith	CHFD	134
Jackson, L*	SMTR	174
Jackson, Laval	CHTN	179
Jackson, Lemuel	CHTR	54
Jackson, Leonard	CHTN	145
Jackson, Levi	MARN	48
Jackson, Levi T	GRVL	449
Jackson, Lewis*	CHTN	135
Jackson, Lucrecia*	CHTN	127
Jackson, Lucy	BNWL	452
Jackson, M	MARN	15
Jackson, Margaret*	SPBG	266
Jackson, Margaret*	CHTN	155
Jackson, Margaret J*	YORK	423
Jackson, Margaret J	YORK	429
Jackson, Maria	LXTN	362
Jackson, Marion	YORK	492
Jackson, Martha*	MARN	48
Jackson, Mary	YORK	421
Jackson, Mary*	MARN	62
Jackson, Mary*	COTN	352
Jackson, Mary*	CHTN	411
Jackson, Mary*	ABVL	72
Jackson, Miles*	BNWL	468
Jackson, Morgan	CHTN	156
Jackson, Moses	CHTN	156
Jackson, Mrs Mary	MRBO	209
Jackson, Mrs N	EDFD	30
Jackson, Nancy	LXTN	447
Jackson, Nancy	NWBY	302
Jackson, Nancy*	CHFD	104
Jackson, Nancy	MRBO	162
Jackson, Nancy*	MARN	92
Jackson, Narcissa**	LXTN	412
Jackson, Nicholas	COTN	339
Jackson, Nicy	MRBO	156
Jackson, O S	COTN	340
Jackson, Owen	MARN	95
Jackson, Patsey	LXTN	447
Jackson, Peter*	CHTN	128
Jackson, Peter*	COTN	335
Jackson, Peter	BUFT	94
Jackson, Peter	YORK	450
Jackson, Peyton	CHTR	79
Jackson, Phiel	YORK	501
Jackson, Phoeby	EDFD	46
Jackson, Pringle	CHTN	157
Jackson, R*	EDFD	110
Jackson, R	MARN	46
Jackson, R B	MARN	61
Jackson, R C	MARN	49
Jackson, R P**	YORK	424
Jackson, Rebecca*	ORBG	310
Jackson, Rebecca*	CLDN	209
Jackson, Rebecca	BNWL	491
Jackson, Rebecca	BNWL	452
Jackson, Reuben	MARN	98
Jackson, Richard	BUFT	53
Jackson, Robert	SPBG	262
Jackson, Robert	YORK	422
Jackson, Robt	CHTN	144
Jackson, Robt	CHTN	133
Jackson, Rose	CHTN	220
Jackson, S	MARN	46
Jackson, Saml	SPBG	243
Jackson, Saml	MRBO	157
Jackson, Saml	BNWL	503
Jackson, Saml W	YORK	422
Jackson, Saml W**	YORK	421
Jackson, Samuel**	MRBO	170
Jackson, Samuel	FAFD	202
Jackson, Sarah*	BNWL	454
Jackson, Sarah*	CHTN	400
Jackson, Sarah A	SMTR	167
Jackson, Seaman	CHTN	149
Jackson, Stephen	CHFD	134
Jackson, Stephen	CHFD	175
Jackson, T M	CHTN	164
Jackson, Tho	DLTN	399
Jackson, Thomas	LXTN	439
Jackson, Thomas	UNON	240
Jackson, Thomas*	RHLD	75
Jackson, Thomas*	RHLD	69
Jackson, Thomas	ABVL	31
Jackson, Thos	LXTN	461
Jackson, Thos*	BUFT	94
Jackson, Thos	KRSW	78
Jackson, Thos	CHTN	138
Jackson, Thos J	RHLD	84
Jackson, Truston	RHLD	91
Jackson, W	DLTN	372
Jackson, W D	BNWL	491
Jackson, W J	CLDN	208
Jackson, Wesley*	EDFD	47
Jackson, William	SPBG	262
Jackson, William	CHTN	174
Jackson, William	UNON	194
Jackson, William**	CHTN	436
Jackson, William	COTN	289
Jackson, William E	GRVL	449
Jackson, William J	COTN	364
Jackson, Wm P	SPBG	262
Jackson, Wm*	CHTN	468
Jackson, Wm	DLTN	399
Jackson, Wm F	BUFT	29
Jackson, Wm*	CHTN	126
Jackson, Wm*	CHTN	125
Jackson, Wm	YORK	423
Jackson, Wm	MARN	61
Jackson, Wm	YORK	422
Jackson, Wm B	MRBO	151
Jackson, Wm M	MRBO	182
Jackson, Wm N	YORK	415
Jacobis, P**	CHTN	249
Jacobs, A J	GETN	297
Jacobs, A L*	CLDN	214
Jacobs, Aaron*	RHLD	85
Jacobs, Alex	MRBO	204
Jacobs, Alexander	SMTR	102
Jacobs, Alice	RHLD	60
Jacobs, Benjn	GETN	307
Jacobs, Berry	RHLD	2
Jacobs, Berry	RHLD	60
Jacobs, Charles	RHLD	6
Jacobs, D	CHTN	316
Jacobs, E O	GRVL	500
Jacobs, Elias	CHTN	144
Jacobs, Eliza*	GETN	307
Jacobs, Elizabeth	LXTN	379
Jacobs, Elizabeth*	MRBO	145
Jacobs, Elizabeth	KRSW	129
Jacobs, Elizabeth	KRSW	130
Jacobs, Emor*	MRBO	203
Jacobs, Ephraim	MRBO	202
Jacobs, Felix	MRBO	207
Jacobs, Ferdenand	CHTN	415
Jacobs, Fred A	RHLD	38
Jacobs, G W*	YORK	384
Jacobs, H	fafd	200
Jacobs, H J	CHTN	309
Jacobs, Harriett**	CHTN	211
Jacobs, Henry	CHTN	295
Jacobs, Isaac**	RHLD	14
Jacobs, Isaac*	CHTR	69
Jacobs, Isaih	SMTR	154
Jacobs, J S	WMBG	326
Jacobs, Jacob S	CHTN	253
Jacobs, Jno E	LXTN	379
Jacobs, John	ORBG	375
Jacobs, John J	HORY	4
Jacobs, Joseph	LXTN	378
Jacobs, Joseph*	LXTN	377
Jacobs, Julia	MRBO	192
Jacobs, Julia A**	RHLD	23
Jacobs, L P	LXTN	376
Jacobs, L*	CHTN	312
Jacobs, L F	HORY	4
Jacobs, M	CHTN	330
Jacobs, M B	FAFD	239
Jacobs, M D*	WMBG	319
Jacobs, Mahala	CHTR	4
Jacobs, Martha*	CHTR	74
Jacobs, Mary	GRVL	499
Jacobs, Mary**	RHLD	93
Jacobs, Moreland*	GETN	314
Jacobs, Nancy	ORBG	315
Jacobs, Noah	MRBO	203
Jacobs, Phillip S	RHLD	13
Jacobs, Rasberry	MRBO	203
Jacobs, S J	KRSW	129
Jacobs, Sally*	ABVL	93
Jacobs, Simon	MRBO	152
Jacobs, Simon	MROB	188
Jacobs, Thos*	GETN	295
Jacobs, Thos	GETN	299
Jacobs, William*	GRVL	414
Jacobs, Williamson	MRBO	202
Jacobs, Willis	GETN	316
Jacobs, Wm	LXTN	398
Jacobs, Wm**	CHTN	217
Jacoby, Charles*	CHTN	415
Jacoby, Elizabeth*	CHTN	440
Jacoby, M*	CHTN	484
Jacoby, M*	CHTN	302
Jacoby, Sigismund A	CHTN	408
Jacoby, W**	CHTN	318
Jacques, George R**	CHTN	413
Jacques, Martin	COTN	295
Jacques, Philip	COTN	294
Jacques, Thomas L	CHTN	432
Jaeger, G*	LRNS	222
Jaeoles, Noah	SPBG	315
Jagar, John A	CHTN	500
Jaggers, Harvey	CHTR	10
Jaggers, John*	CHTR	69
Jameison, Saml	COTN	312
James, A	UNON	256
James, A Berry	UNON	251
James, A E	FAFD	256
James, Arabella	YORK	373
James, B A	SMTR	158
James, B C*	SPBG	316
James, B J	LRNS	318
James, B L	LRNS	254
James, C F	SPBG	329
James, Caroline*	CHTN	246
James, Celia	MARN	10
James, Charles	CLDN	199
James, Dana	UNON	258
James, Danl	CHTN	504
James, David	PKNS	128
James, David*	CHTN	473
James, Delethe**	HORY	34
James, Delilah	PKNS	166
James, E C	HORY	28
James, Elias	SPBG	212
James, Eliz*	RHLD	55
James, Elizabeth	YORK	486
James, Frances J*	ABVL	92
James, Geo C	MARN	27
James, George	GRVL	334
James, George w	PKNS	133
James, H	SPBG	327
James, H J*	WMBG	347
James, Henry*	CHTN	421
James, Henry	MARN	137
James, Henry S	MARN	137
James, Ira	ADSN	336
James, J A	WMBG	363
James, J E	WMBG	354
James, J H	SPBG	382
James, J K	FAFD	258
James, J M	SPBG	414
James, J R	DLTN	403
James, J W	WMBG	358
James, Jane**	DLTN	430
James, Jane	DLTN	415
James, Jesse	UNON	282
James, Jno T	DLTN	385
James, John	PKNS	48
James, John	PKNS	166
James, John**	PKNS	170
James, John	ADSN	336
James, John	UNON	252
James, John	UNON	244
James, John*	SMTR	125
James, Joseph	RHLD	1
James, Joseph	HORY	29
James, Joseph	GRVL	343
James, Joshua	DLTN	443
James, Lem T*	RHLD	46
James, Lott	PKNS	171
James, M	HORY	14
James, Martha*	UNON	270
James, Martha	CLDN	199
James, Mary B**	FAFD	236
James, Mary E*	YORK	433
James, Mrs Ellen E	SMTR	130
James, Mrs M	EDFD	86
James, Mrs R**	EDFD	10
James, Nancy	FAFD	252
James, P C	WMBG	357
James, Patience	GRVL	481
James, Perry*	MARN	130
James, Pinckney J	MARN	137
James, Pleasant	PKNS	129
James, R W	MARN	17
James, R*	DLTN	378
James, Rebecca*	CHFD	122
James, Robt	SPBG	336
James, S S**	WMBG	352
James, Samuel*	NWBY	239
James, Silas	PKNS	57
James, Thos L	MARN	35
James, Thurson	SPBG	368
James, Titus R	DLTN	372
James, Vinzant	PKNS	193
James, W E	DLTN	379
James, W H	CHTN	269
James, W H G	HORY	28

Name	Loc	Pg	Name	Loc	Pg	Name	Loc	Pg
James, W W	UNON	270	Jeams, M A	LRNS	332	Jeffreys, James	YORK	368
James, W W B	CLDN	208	Jeanes, James	LRNS	349	Jeffreys, Thos	YORK	367
James, Walker*	SPBG	311	Jeanes, Mary	UNON	298	Jeffries, A*	SPBG	259
James, Washington	UNON	258	Jeannerette, Wm*	LRNS	221	Jeffries, Burrill	YORK	501
James, Wm	SPBG	365	Jeanrey, George	BNWL	493	Jeffries, M*	SPBG	259
James, Wm	PKNS	72	Jeanrey, John	BNWL	493	Jeffries, Nath	LRNS	235
James, Wm*	LRNS	254	Jeans, Diana*	ADSN	299	Jelico, Elizabeth**	RHLD	50
James, Wm	DLTN	375	Jeans, Evaline	NWBY	264	Jelico, John	RHLD	33
James, Wm A	SMTR	122	Jeans, John	RHLD	9	Jelly, Mary	ADSN	308
James, Wm M	CLDN	200	Jeans, Jos	LRNS	320	Jemerson, A R*	CHTN	125
James, Zion	GRVL	482	Jefcoat, Andrew	ORBG	402	Jemerson, J D*	CHTN	125
Jameson, Alice E*	FAFD	240	Jefcoat, Ben	LXTN	359	Jemerson, Mary	KRSW	116
Jameson, H A*	CHTN	367	Jefcoat, Daniel W	ORBG	399	Jemison, William	PKNS	154
Jameson, Mary**	CHTN	520	Jefcoat, Danl	LXTN	469	Jemmison, D F	BNWL	368
Jameson, Henry*	COTN	259	Jefcoat, Danl	LXTN	359	Jenerett, A J	HORY	27
Jamieson, Edward	CHTR	11	Jefcoat, Danl	LXTN	359	Jenerett, Saml	HORY	35
Jamieson, Gardner	CHTR	50	Jefcoat, Danl J	LXTN	470	Jenerette, Jos J	HORY	65
Jamieson, James	CHTR	11	Jefcoat, David	ORBG	366	Jening, Susan	UNON	200
Jamieson, Jno	CHTR	31	Jefcoat, Elijah	LXTN	359	Jenings, B C	UNON	265
Jamieson, Mary	CHTR	11	Jefcoat, Ester**	BNWL	496	Jenings, Dr W D	EDFD	103
Jamieson, Thos	CHTR	11	Jefcoat, Henry**	ORBG	363	Jenings, Elisa	UNON	248
Jamieson, W C	CHTR	10	Jefcoat, J A	LXTN	469	Jenings, H T*	EDFD	103
Jamison, Arch	GRVL	329	Jefcoat, J J	ORBG	363	Jenings, Robt	EDFD	103
Jamison, Christopher C*	RHLD	71	Jefcoat, J M	LXTN	469	Jenings, Sarah	EDFD	103
Jamison, D W	ORBG	382	Jefcoat, Jacob	LXTN	358	Jenkings, J M*	SMTR	174
Jamison, David	ORBG	381	Jefcoat, James*	ORBG	387	Jenkings, Ludolphus*	SMTR	145
Jamison, David R**	ORBG	306	Jefcoat, John C	ORBG	402	Jenkings, Samuel M	SMTR	159
Jamison, G A	KRSW	117	Jefcoat, L B	LXTN	359	Jenkings, Wesley W	SMTR	147
Jamison, J A	KRSW	107	Jefcoat, Mary A	LXTN	359	Jenkins, A	PKNS	95
Jamison, Mary	FAFD	254	Jefcoat, Menavia**	ORBG	392	Jenkins, A H	COTN	249
Jamison, Nancy	SPBG	410	Jefcoat, Miles	BNWL	450	Jenkins, Allice*	GRVL	331
Jamison, V D V	ORBG	362	Jefcoat, Nathan	LXTN	470	Jenkins, Alvin	PKNS	94
Jandon, A M	WMBG	309	Jefcoat, Needham	LXTN	359	Jenkins, Andrew	PKNS	92
Jandon, Benj J	BUFT	60	Jefcoat, Polly*	BNWL	481	Jenkins, Ann*	LRNS	258
Jandon, Charles	BUFT	70	Jefcoat, Uriah	LXTN	359	Jenkins, Ann	COTN	258
Jandon, E M*	WMBG	309	Jefcoat, V V R	LXTN	359	Jenkins, Annastatia**	CHTN	441
Jandon, Henry W*	BUFT	69	Jefcoat, Wiley J	LXTN	469	Jenkins, Anthony	COTN	258
Jandon, James J*	BUFT	69	Jefcoat, Wm	BNWL	448	Jenkins, B B*	RHLD	55
Jandon, Jas R C	BUFT	36	Jeffcoat, David*	BNWL	500	Jenkins, B W	BNWL	485
Jandon, John H	BUFT	71	Jeffcoat, Elener*	BNWL	490	Jenkins, Benjamin M	COTN	356
Jandon, R*	SPBG	259	Jeffcoat, Eliza*	BNWL	489	Jenkins, Catherine**	CHTN	363
Jandorr, James E	BUFD	27	Jeffcoat, James	BNWL	488	Jenkins, Charles	COTN	258
Jane	CHTN	221	Jeffcoat, John	BNWL	488	Jenkins, D C	GRVL	357
Jane*	CHTN	221	Jeffcoat, Mary*	RHLD	54	Jenkins, D F	COTN	325
Janes, Charity	PKNS	101	Jeffcoat, Nancy	BNWL	460	Jenkins, D P	CHFD	159
Janes, Charles	PKNS	73	Jeffcoat, Needham	LXTN	359	Jenkins, Daniel	BUFT	11
Janes, John	PKNS	101	Jeffcoat, Wm	BNWL	489	Jenkins, Danl P	BUFT	14
Janes, Lewis	PKNS	58	Jefferds, Daniel*	KRSW	84	Jenkins, Danl*	BUFT	6
Janes, Nancy	PKNS	91	Jeffers, Anderson*	KRSW	107	Jenkins, Darkas	FAFD	261
Janes, Sarah	PKNS	86	Jeffers, Goomon	ADSN	158	Jenkins, E B	HORY	29
Janes, William	PKNS	101	Jeffers, H L	FAFD	273	Jenkins, E E	COTN	324
Janey, Jas*	CHTN	300	Jeffers, Hugh	UNON	287	Jenkins, E M	COTN	370
Janey, Robt	CHTN	311	Jeffers, J D	UNON	283	Jenkins, Edward*	ORBG	352
Jansen, Johnanna**	CHTN	204	Jeffers, James	SPBG	252	Jenkins, Eliza*	RHLD	9
Janus, Abner	SPBG	384	Jeffers, James N*	KRSW	112	Jenkins, Elizabeth	PKNS	69
Janus, Elizabeth	SPBG	384	Jeffers, John*	UNON	287	Jenkins, Elizabeth	GRVL	453
Jaques, Frederick	COTN	317	Jeffers, John	FAFD	236	Jenkins, Elizabeth	COTN	331
Jaques, John	COTN	314	Jeffers, Nancy	FAFD	208	Jenkins, Elizabeth	COTN	324
Jaranagan, Willis	LXTN	418	Jeffers, Richd	UNON	283	Jenkins, Ellerbe*	CHFD	164
Jarckey, Geo H	CHTN	346	Jeffers, Samuel	UNON	292	Jenkins, Francis G	SMTR	155
Jarkey, G H*	CHTN	514	Jeffers, Samuel	KRSW	108	Jenkins, Frank*	ABVL	12
Jarnagan, Wright	LXTN	418	Jeffers, Thos	UNON	284	Jenkins, G F	GRVL	422
Jarnet, Margaret	ADSN	161	Jeffers, William	UNON	284	Jenkins, Grafton	PKNS	70
Jaroe, Augustus	EDFD	97	Jeffers, William Sr	CHTN	139	Jenkins, H	CHFD	151
Jaroe, Mrs R	EDFD	96	Jeffers, Wm	KRSW	110	Jenkins, Hannah**	CHTN	389
Jarrell, Chas A*	BUFT	63	Jefferson, Almon	CHTN	178	Jenkins, Hariot**	CHTN	491
Jarrell, George*	BUFT	63	Jefferson, Ann	CHTN	266	Jenkins, J B	COTN	361
Jarrell, Jacob*	BUFT	63	Jefferson, Caroline*	RHLD	84	Jenkins, J D	COTN	370
Jarrell, James L	BUFT	63	Jefferson, Daniel	CHTN	389	Jenkins, J G	ORBG	351
Jarrell, Lewis A*	BUFT	53	Jefferson, George	CHTN	163	Jenkins, J L**	GRVL	351
Jarrell, Richd A*	BUFT	64	Jefferson, Henry	CHTN	177	Jenkins, J M	CHTN	103
Jarrell, Robert H	BUFT	63	Jefferson, John	CHTN	177	Jenkins, J M	COTN	320
Jarrett, Cleveland C	SPBG	290	Jefferson, Peter	YORK	381	Jenkins, J W	COTN	370
Jarrett, Emily C F*	SPBG	290	Jefferson, Robt*	CHTN	178	Jenkins, James	PKNS	87
Jarrett, James A*	SPBG	304	Jefferson, Thomas	UNON	298	Jenkins, James*	CHTN	479
Jarrett, Julius	SPBG	290	Jefferson, Thomas*	DLTN	448	Jenkins, James*	FAFD	265
Jarrett, Sarah	SPBG	291	Jefferson, Thos	WMBG	317	Jenkins, James	MARN	135
Jarrett, William D	SPBG	304	Jefferson, W	DLTN	473	Jenkins, James	BUFT	52
Jarrot, J H	MARN	27	Jeffords, B J A	SMTR	142	Jenkins, Jas	DLTN	373
Jarrot, Wesley*	MARN	26	Jeffords, Daniel	DLTN	447	Jenkins, Jesse	PKNS	72
Jarvis, Wm	CHTR	81	Jeffords, Danl*	CHTN	413	Jenkins, Jesse M	GRVL	371
Jason, Mary E*	NWBY	239	Jeffords, Frances L	DLTN	382	Jenkins, John*	BUFT	6
Jasper, Christianna	CHTN	497	Jeffords, H D	DLTN	431	Jenkins, John	COTN	324
Jasper, T*	UNON	190	Jeffords, Hannah	DLTN	470	Jenkins, John L*	RHLD	54
Jauney, James C	RHLD	10	Jeffords, J B	CHTN	228	Jenkins, Joseph	YORK	508
Jay, Jesse	EDFD	165	Jeffords, J R	CHTN	273	Jenkins, Kallett	GRVL	452
Jay, Jesse*	ABVL	43	Jeffords, James	RHLD	85	Jenkins, Laura*	NWBY	272
Jay, John	EDFD	164	Jeffords, John	CHTN	99	Jenkins, Lawson	YORK	465
Jay, Joseph	EDFD	164	Jeffords, Jos D	DLTN	473	Jenkins, Lucy	UNON	187
Jay, Mary*	EDFD	59	Jeffords, King	CHTN	421	Jenkins, M A	COTN	320
Jay, Sarah*	EDFD	165	Jeffords, Margaret W***	CHTN	460	Jenkins, M E*	RHLD	21
Jay, Simeon	NWBY	251	Jeffords, Martha*	DLTN	473	Jenkins, M J	NWBY	297
Jay, Tyra	ABVL	38	Jeffords, Mary	CHTN	323	Jenkins, M S	COTN	325
Jay, Tyra	ABVL	37	Jeffords, Mary*	CHTN	456	Jenkins, Margaret	CHTN	350
Jay, William	ABVL	38	Jeffords, Mary	CHTN	323	Jenkins, Mary	YORK	511
Jayroe, A M	WMBG	324	Jeffords, Mrs	CHTN	323	Jenkins, Mary E*	PKNS	1
Jayroe, Agnes R*	SMTR	112	Jeffords, Pat*	CHTN	339	Jenkins, Mary J	BUFT	12
Jayroe, Andrew B	SMTR	112	Jeffords, Theo**	CHTN	323	Jenkins, Melinda**	SPBG	224
Jayroe, J R	GETN	306	Jeffords, Thos	DLTN	400	Jenkins, Micah	BUFT	97
Jayroe, Jane P	CLDN	216	Jeffords, Thos J	BUFT	20	Jenkins, Micah	YORK	370
Jayroe, P D*	GETN	311	Jeffords, W	DLTN	388	Jenkins, Minerva*	BUFT	36
Jayroe, P S	GETN	311	Jeffords, William G	CHTN	452	Jenkins, Mrs Seabrook	COTN	361
Jayroe, S S	GETN	311	Jeffords, Wm	DLTN	470	Jenkins, N H	PKNS	87
Jcim, Willson	YORK	381	Jeffrey, Wm A*	YORK	366	Jenkins, O B	FAFD	210
Jcim, Wm	YORK	381	Jeffreys, G W*	YORK	368	Jenkins, O H**	GRVL	351
Jcin, Jos	YORK	381	Jeffreys, J E	YORK	371			

Name	Loc	No	Name	Loc	No	Name	Loc	No
Jenkins, Paul F	COTN	359	Jennings, W W	EDFD	60	Joe, Colored*	RHLD	56
Jenkins, Philis**	EDFD	84	Jennings, William*	ORBG	374	Joey, Archy*	MARN	111
Jenkins, Pleasant	SPBG	214	Jennings, Willis	SPBG	326	Johannas, John F*	CHTN	249
Jenkins, Pleasant*	GRVL	331	Jennings, Wm	SPBG	338	Johannings, J	CHTN	258
Jenkins, R E	COTN	325	Jennings, Wm*	SPBG	326	Johans, Sarah*	CHTN	306
Jenkins, R H	COTN	325	Jennings, Wm*	LRNS	230	John	SMTR	157
Jenkins, R W	MARN	32	Jennings, Wm	COTN	328	John, Daniel	MRBO	166
Jenkins, Richd	LRNS	237	Jennings, Wm	EDFD	64	John, Elizabeth*	ABVL	119
Jenkins, Robert	COTN	253	Jennings, Wm	NWBY	219	John, James T	MRBO	158
Jenkins, Robt	ADSN	230	Jennings, Wm C	COTN	328	John, Jesse	DLTN	463
Jenkins, S H	COTN	320	Jennings, Wm C	SMTR	157	John, Margt**	DLTN	465
Jenkins, Saml	SPBG	298	Jenny	SMTR	157	John, Peter	MRBO	158
Jenkins, Saml	RHLD	12	Jenson, W E D	CHTN	189	John, Wm*	PKNS	44
Jenkins, Sarah	DLTN	440	Jentez, Milley	UNON	195	Johns, Anna	PKNS	54
Jenkins, Sarah	CHTN	404	Jenus, Miss	CHTN	319	Johns, Arthur*	ADSN	265
Jenkins, Scarlet B*	NWBY	264	Jerald, W C	KRSW	132	Johns, Bartly	BNWL	493
Jenkins, Seaborn*	BUFT	36	Jeridos, Castello	CHTN	478	Johns, Bush	RHLD	13
Jenkins, Sherack	YORK	509	Jermia, Jack*	UNON	273	Johns, D	UNON	205
Jenkins, Thomas	PKNS	85	Jerming, J*	UNON	274	Johns, David	CHFD	141
Jenkins, Thomas*	CHTN	505	Jernigan, B W	MARN	88	Johns, Dicey	LXTN	452
Jenkins, Thos	HORY	29	Jernigan, W C	DLTN	455	Johns, Edward	CHTN	290
Jenkins, Thos	BUFT	36	Jerome, Peter	YORK	428	Johns, Eli	CHFD	141
Jenkins, W R	COTN	325	Jerrers, Robt	ADSN	235	Johns, Elizabeth*	LXTN	423
Jenkins, W S	ADSN	256	Jerrigan, Wm	BNWL	418	Johns, Hembrey	GRVL	482
Jenkins, Wesly	ADSN	251	Jervais, Jas c	CHTN	223	Johns, Isaac	COTN	301
Jenkins, William	BNWL	455	Jervey, David*	CHTN	402	Johns, Isham	COTN	270
Jenkins, William W	SMTR	160	Jervey, G C	CHTN	109	Johns, James	PKNS	95
Jenkins, Wm	FAFD	261	Jervey, Ida	CHTN	100	Johns, James*	UNON	198
Jenkins, Wm J	BUFT	1	Jervey, Jas P	CHTN	334	Johns, John*	LXTN	452
Jenkinson, W E	CLDN	199	Jervey, John**	CHTN	289	Johns, John B	PKNS	86
Jenks, Marcy*	DLTN	427	Jervey, Martha*	CHTN	108	Johns, Margaret*	CHFD	121
Jenks, Mary	DLTN	446	Jervey, Morris*	CHTN	402	Johns, Mary	BNWL	344
Jennerette, Harriet A	CHTN	374	Jervey, Richard	CHTN	100	Johns, Mrs Ann	ORBG	310
Jenning, Wm H	PKNS	89	Jervey, Theo D	CHTN	361	Johns, Patty*	PKNS	105
Jennings, Alex	FAFD	270	Jervey, Thomas D	CHTN	99	Johns, Robert*	CHTR	17
Jennings, Alfred	SPBG	329	Jervey, Thos H	CHTN	109	Johns, Rorce*	BUFT	78
Jennings, Ann*	CHTN	510	Jervias, John	CHTN	422	Johns, S H	PKNS	95
Jennings, B T	EDFD	187	Jervis, Walter	CHTN	474	Johns, S Y*	NWBY	295
Jennings, Brown	EDFD	164	Jessen, Katrine	CHTN	193	Johns, Starks*	CHTR	23
Jennings, D	CHTN	350	Jester, Benjn	ABVL	48	Johns, Susan	UNON	268
Jennings, Daniel	SMTR	159	Jester, Caroline*	ABVL	69	Johns, William	UNON	207
Jennings, Dr J Beatty	MRBO	143	Jester, Thos	ABVL	151	Johnsey, Jefferson*	CHTR	72
Jennings, Dr J H	EDFD	75	Jestine, Mary	CHTN	458	Johnson J	FAFD	215
Jennings, Dr T E	EDFD	97	Jeter, A R*	RHLD	21	Johnson, A	MARN	67
Jennings, E	EDFD	165	Jeter, Ann A*	EDFD	75	Johnson, A G	MRBO	146
Jennings, Eliza	ABVL	16	Jeter, Augusta A**	SPBG	198	Johnson, A H	ORBG	370
Jennings, Elizabeth	ORBG	390	Jeter, Catharine*	SPBG	232	Johnson, A H	HORY	39
Jennings, Elizabeth	RHLD	45	Jeter, David	UNON	265	Johnson, A J*	CLDN	220
Jennings, H	CLDN	191	Jeter, David L	UNON	202	Johnson, A L	CLDN	201
Jennings, H S	EDFD	165	Jeter, Elizabeth*	UNON	211	Johnson, A M	CHTN	222
Jennings, Harriett	ORBG	370	Jeter, J C P	GRVL	403	Johnson, A M**	KRSW	100
Jennings, Henry	ORBG	374	Jeter, J L	UNON	265	Johnson, A R	HORY	10
Jennings, Henry R*	BNWL	357	Jeter, James B	UNON	202	Johnson, A W	HORY	29
Jennings, Henry**	RHLD	41	Jeter, James R	UNON	196	Johnson, Absalom*	MARN	126
Jennings, J A	EDFD	74	Jeter, James T	UNON	201	Johnson, Absolum*	GRVL	516
Jennings, J S	ORBG	375	Jeter, John R	UNON	199	Johnson, Adolp*	EDFD	25
Jennings, J S*	ORBG	373	Jeter, L B	UNON	202	Johnson, Albert	ABVL	122
Jennings, J W*	EDFD	97	Jeter, M	UNON	210	Johnson, Albert	ADSN	162
Jennings, James*	GRVL	405	Jeter, Mrs S	EDFD	92	Johnson, Alex	CHTN	374
Jennings, James	ORBG	382	Jeter, R G H	UNON	202	Johnson, Alex	CHTN	362
Jennings, James	FAFD	271	Jeter, S*	SPBG	258	Johnson, Alex	CHFD	98
Jennings, James J	COTN	302	Jeter, S A	UNON	210	Johnson, Alex L	CHFD	96
Jennings, James M	SMTR	146	Jeter, T B	UNON	274	Johnson, Alford	MRBO	209
Jennings, Jane*	GRVL	408	Jeter, T C	UNON	205	Johnson, Allen	BNWL	424
Jennings, Jas C	ABVL	5	Jeter, Thomas	UNON	206	Johnson, Allen	HORY	41
Jennings, Jesse	EDFD	184	Jeter, Wiley	EDFD	75	Johnson, Allen	MARN	111
Jennings, Jethro	EDFD	9	Jeter, William H	UNON	200	Johnson, Amerson	SPBG	387
Jennings, Jno	LRNS	245	Jett, William	SPBG	222	Johnson, Amos D	BUFT	63
Jennings, Jno	EDFD	59	Jewel, Feriba	GRVL	465	Johnson, Anderson	LRNS	309
Jennings, John	SPBG	348	Jewell, D	BNWL	477	Johnson, Andrew	COTN	297
Jennings, John A	GRVL	418	Jewell, Drury	PKNS	122	Johnson, Andrew	CHFD	115
Jennings, John H	RHLD	34	Jewell, Elizabeth	SMTR	183	Johnson, Andrew S	CHTN	441
Jennings, John J	SMTR	157	Jewell, Lewis	PKNS	122	Johnson, Andw**	CHTN	191
Jennings, John J	RHLD	34	Jewett, Thomas	CHTR	48	Johnson, Angus	CHFD	168
Jennings, John J	EDFD	170	Jimerson, Mary	KRSW	140	Johnson, Ann	LRNS	309
Jennings, John S	ORBG	369	Jimeson, Jas	CHTR	60	Johnson, Ann	BUFT	31
Jennings, John Sr	EDFD	187	Jiminez, Geo	CHTN	355	Johnson, Ann*	DLTN	408
Jennings, John T	ORBG	374	Jimison, Carrol	PKNS	149	Johnson, Ann	HORY	15
Jennings, Joseph	COTN	348	Jimison, Hariet*	YORK	443	Johnson, Anna	CHTN	190
Jennings, K W*	EDFD	162	Jimison, John	PKNS	142	Johnson, Anna*	CHTN	264
Jennings, Larkin W	RHLD	29	Jimison, Joshua	PKNS	157	Johnson, Annis*	MARN	6
Jennings, Lauaneydon R	SMTR	146	Jimison, McElroy	PKNS	155	Johnson, Anton	BUFT	13
Jennings, Lott	EDFD	173	Jimmerall, Thomas	RHLD	71	Johnson, Aren	ADSN	196
Jennings, M	LRNS	342	Jinkerson, Jane	CLDN	201	Johnson, Arthur	DLTN	468
Jennings, Manuel	SPBG	332	Jinkins, Felix	UNON	246	Johnson, Austin	BNWL	435
Jennings, Martha	EDFD	170	Jinkins, Geo S	CHTN	515	Johnson, B	CHTN	340
Jennings, Mary	SPBG	406	Jinkins, James**	CHTN	194	Johnson, B	CLDN	228
Jennings, Mina and Co	EDFD	103	Jinkins, James	UNON	223	Johnson, B	MARN	45
Jennings, Minah	SPBG	330	Jinkins, Lila	UNON	287	Johnson, B G	SPBG	334
Jennings, P*	EDFD	172	Jinkins, P*	UNON	220	Johnson, B H	CLDN	197
Jennings, Peter*	SMTR	157	Jinkins, Richard*	UNON	208	Johnson, B J	CHTN	111
Jennings, R	LRNS	342	Jinkins, Ruben	UNON	293	Johnson, B M	BNWL	419
Jennings, R	SPBG	318	Jinkins, Thomas*	UNON	198	Johnson, B R	LRNS	284
Jennings, R D*	FAFD	247	Jinkins, Thos	FAFD	274	Johnson, B R	GRVL	427
Jennings, R T**	LRNS	309	Jinkins, William	UNON	210	Johnson, B W	EDFD	57
Jennings, Robt	RHLD	81	Jinkine, William	UNON	188	Johnson, Barbary	GRVL	367
Jennings, Rowan	SPBG	257	Jlling, A	CHTN	318	Johnson, Barny	BNWL	433
Jennings, S	EDFD	183	Jlls, Peter*	CHTN	415	Johnson, Benj	ORBG	397
Jennings, Susan	CHTN	242	Jnger, C*	CHTN	339	Johnson, Benjamin	ADSN	321
Jennings, T	CLDN	191	Jnkles, Richd	DLTN	408	Johnson, Benjn	COTN	312
Jennings, T A	EDFD	157	Joanne, Camilla	CHTN	304	Johnson, Benjn	ABVL	22
Jennings, T A	EDFD	31	Jobe, Franklin**	HORY	12	Johnson, Benjn F	BUFT	48
Jennings, Thomas	ORBG	382	Jocey, W R	SMTR	127	Johnson, Betsey	ADSN	168
Jennings, Tilman	EDFD	166	Jockhim, Lenah	WMBG	300	Johnson, C G	CHTN	118
Jennings, W D*	BNWL	362	Jockish, Nicolaus	CHTN	294	Johnson, C M	BNWL	448
Jennings, W T	COTN	344	Joe (Free)	SMTR	175	Johnson, C R	DLTN	384

Name	Loc	Pg	Name	Loc	Pg	Name	Loc	Pg	Name	Loc	Pg
Johnson, C S*	CHTN	311	Johnson, H P	LRNS	271	Johnson, Jno H	ABVL	12
Johnson, Capers T*	CHTN	369	Johnson, H R	MARN	79	Johnson, Jno H	CLDN	228
Johnson, Carey	MARN	71	Johnson, Hamilton	SPBG	419	Johnson, Jno W**	CLDN	198
Johnson, Carmi	HORY	40	Johnson, Hanah	MARN	72	Johnson, Joab	PKNS	52
Johnson, Caroline*	ABVL	12	Johnson, Hannah**	CHTN	242	Johnson, Job	NWBY	300
Johnson, Caroline	ADSN	203	Johnson, Hannah	MARN	126	Johnson, John	LRNS	325
Johnson, Cary	NWBY	238	Johnson, Hardy	MARN	85	Johnson, John*	UNON	231
Johnson, Catharin	CHTN	104	Johnson, Harper	CLDN	228	Johnson, John	GRVL	371
Johnson, Catharine	BUFT	58	Johnson, Harriet	CHTN	387	Johnson, John	BNWL	421
Johnson, Charles	CHFD	134	Johnson, Harriet	GRVL	392	Johnson, John*	UNON	272
Johnson, Chas W	DLTN	427	Johnson, Harry*	BNWL	459	Johnson, John	CHFD	97
Johnson, Chs**	CHTN	191	Johnson, Hasting	ADSN	333	Johnson, John	WMBG	321
Johnson, D B	WMBG	321	Johnson, Hearod	LCTR	198	Johnson, John A*	CHFD	96
Johnson, D J	BNWL	460	Johnson, Henry	LRNS	325	Johnson, John B**	NWBY	264
Johnson, D M	BNWL	474	Johnson, Henry*	CHTN	433	Johnson, John D	MARN	34
Johnson, D M	HORY	13	Johnson, Henry	UNON	259	Johnson, John H	ORBG	397
Johnson, D S	HORY	34	Johnson, Henry	HORY	41	Johnson, John J	CLDN	206
Johnson, Daniel	CHFD	169	Johnson, Henry M	ABVL	4	Johnson, John**	CHTN	444
Johnson, Daniel P	CHFD	128	Johnson, Herny	YORK	420	Johnson, John	GRVL	461
Johnson, Daniel	YORK	368	Johnson, Hiram	BNWL	422	Johnson, John J	MARN	26
Johnson, Daniel	HORY	41	Johnson, Hugh	BNWL	411	Johnson, John M*	HORY	57
Johnson, Dan	SPBG	418	Johnson, I I	HORY	14	Johnson, John R	CHTN	170
Johnson, Danl	NWBY	241	Johnson, Ira	NWBY	238	Johnson, John R	UNON	192
Johnson, Danl E	BUFT	18	Johnson, Isaac	NWBY	287	Johnson, John W	CHTN	476
Johnson, Danl L	CHFD	96	Johnson, Isaac	MRBO	154	Johnson, John*	ABVL	152
Johnson, David	SPBG	265	Johnson, Isabella	RHLD	19	Johnson, John	CHTN	476
Johnson, David	SPBG	274	Johnson, Isom	UNON	248	Johnson, John	BNWL	390
Johnson, David	EDFD	45	Johnson, Iverson	BNWL	427	Johnson, John A	BUFT	3
Johnson, David	UNON	246	Johnson, J	HORY	35	Johnson, John*	MARN	99
Johnson, David*	ABVL	90	Johnson, J A*	NWBY	305	Johnson, Jonathan	LRNS	308
Johnson, David	CHFD	121	Johnson, J A	HORY	25	Johnson, Jonathan	ABVL	133
Johnson, David	MARN	12	Johnson, J C	SPBG	405	Johnson, Jonathan*	RHLD	87
Johnson, David	NWBY	238	Johnson, J C	BNWL	413	Johnson, Jos	CHFD	146
Johnson, David	YORK	464	Johnson, J C	NWBY	301	Johnson, Jos F	MARN	32
Johnson, David*	NWBY	241	Johnson, J E	BNWL	412	Johnson, Jos H	GETN	289
Johnson, E	SPBG	259	Johnson, J H	WMBG	328	Johnson, Joseph	CHTR	4
Johnson, E C*	ADSN	264	Johnson, J H	HORY	12	Johnson, Joseph	HORY	16
Johnson, E D	BNWL	414	Johnson, J J	SPBG	375	Johnson, Joseph	ORBG	397
Johnson, E R	SPBG	333	Johnson, J J	CLDN	193	Johnson, Joseph F	BUFT	6
Johnson, E**	MARN	26	Johnson, J J	WMBG	322	Johnson, Joseph H	COTN	248
Johnson, E L	WMBG	330	Johnson, J L	SPBG	327	Johnson, Josiah D	BUFT	58
Johnson, Effe*	MRBO	194	Johnson, J*	SPBG	416	Johnson, Julia A	ABVL	144
Johnson, Elaren	CHFD	98	Johnson, J M	WMBG	322	Johnson, Julius*	HORY	3
Johnson, Eleas	SPBG	208	Johnson, J M	WMBG	333	Johnson, June*	CHTN	517
Johnson, Eli	SPBG	210	Johnson, J P	SPBG	379	Johnson, Kizzy	CHTN	120
Johnson, Elias B	BNWL	358	Johnson, J R*	CHFD	170	Johnson, L	SPBG	409
Johnson, Elijah	BNWL	507	Johnson, J R	GRVL	371	Johnson, L B	PKNS	60
Johnson, Eliz*	EDFD	104	Johnson, J T	ADSN	266	Johnson, L J	SPBG	379
Johnson, Eliz	NWBY	239	Johnson, J T	FAFD	244	Johnson, L T*	LRNS	336
Johnson, Eliza	BNWL	460	Johnson, J*	DLTN	374	Johnson, L W	SPBG	379
Johnson, Eliza	CHTN	359	Johnson, J A*	BNWL	455	Johnson, L*	DLTN	399
Johnson, Eliza	CHTN	330	Johnson, J B*	GETN	294	Johnson, L Green	ABVL	133
Johnson, Eliza	RHLD	83	Johnson, J B	GRVL	469	Johnson, L S	EDFD	43
Johnson, Eliza J*	ABVL	93	Johnson, J B	BNWL	504	Johnson, L T	GRVL	376
Johnson, Elizabeth	SPBG	276	Johnson, J D	BNWL	425	Johnson, Labon	SPBG	367
Johnson, Elizabeth	CLDN	228	Johnson, J W	DLTN	459	Johnson, Landy	LCTR	177
Johnson, Elizabeth	HORY	12	Johnson, J W	ORBG	397	Johnson, Lelah	KRSW	128
Johnson, Elizabeth R*	GRVL	327	Johnson, James	SPBG	235	Johnson, Leroy J	ABVL	97
Johnson, Elizabeth**	RHLD	6	Johnson, James	CHTN	197	Johnson, Levi	CHFD	142
Johnson, Elizabeth	HORY	71	Johnson, James	BNWL	413	Johnson, Light	HORY	40
Johnson, Elize	CHTN	277	Johnson, James**	FAFD	235	Johnson, Lofton	NWBY	291
Johnson, Elizth	BUFT	57	Johnson, James	BNWL	427	Johnson, Louis*	SMTR	181
Johnson, Ellen*	RHLD	12	Johnson, James	BNWL	475	Johnson, Louisa	BNWL	373
Johnson, Ellen	RHLD	59	Johnson, James	FAFD	235	Johnson, Louisa M	CHTN	448
Johnson, Ellen	SMTR	152	Johnson, James	UNON	195	Johnson, Louiza	YORK	408
Johnson, Essy	KRSW	127	Johnson, James	GRVL	357	Johnson, Luckey	SMTR	152
Johnson, Est of R*	FAFD	209	Johnson, James	MRBO	170	Johnson, Lucretia*	RHLD	10
Johnson, Ezekiel	NWBY	287	Johnson, James	ORBG	391	Johnson, Lucy	RHLD	60
Johnson, F M	BUFT	41	Johnson, James B F	ORBG	402	Johnson, Luly A	DLTN	418
Johnson, F M	CLDN	219	Johnson, James V	BUFT	7	Johnson, Lydia J**	LCTR	198
Johnson, F*	KRSW	97	Johnson, James*	CHTN	388	Johnson, M	EDFD	124
Johnson, F A*	MARN	123	Johnson, James	COTN	287	Johnson, M	GETN	298
Johnson, Fanny	GRVL	377	Johnson, James*	ABVL	74	Johnson, M H	LRNS	278
Johnson, Fortunatas	GRVL	348	Johnson, James	BNWL	391	Johnson, M H	GRVL	352
Johnson, Framb	SPBG	211	Johnson, James	UNON	224	Johnson, M M	BNWL	474
Johnson, Francis**	EDFD	65	Johnson, James M	BUFT	22	Johnson, M M	DLTN	390
Johnson, Francis J	MARN	4	Johnson, James*	RHLD	12	Johnson, M S**	SPBG	257
Johnson, Franklin*	BUFT	63	Johnson, James M	SMTR	132	Johnson, M**	ORBG	399
Johnson, Franklin	ABVL	65	Johnson, James*	NWBY	293	Johnson, M	HORY	36
Johnson, Fred	LRNS	318	Johnson, James	HORY	15	Johnson, M G	WMBG	322
Johnson, Fred	NWBY	262	Johnson, Jane*	SPBG	269	Johnson, M M	WMBG	308
Johnson, Frizel D	BUFT	80	Johnson, Jane	CHTN	359	Johnson, M V	KRSW	121
Johnson, Frs	CHTN	195	Johnson, Jane*	CLDN	201	Johnson, Maggie*	ORBG	405
Johnson, G G	DLTN	387	Johnson, Jane	GRVL	376	Johnson, Maj J D	YORK	395
Johnson, G S	LRNS	318	Johnson, Jane	GETN	298	Johnson, Mally	RHLD	60
Johnson, G W	EDFD	94	Johnson, Jane	KRSW	127	Johnson, Malsy	CHTN	382
Johnson, G W	KRSW	138	Johnson, Jane A**	YORK	468	Johnson, Margaret*	ORBG	342
Johnson, Geo	BNWL	422	Johnson, Jane H*	ADSN	264	Johnson, Margaret	MARN	87
Johnson, Geo	CHTN	316	Johnson, Jannett*	CHTN	428	Johnson, Margaret	ORBG	364
Johnson, Geo W	BUFT	97	Johnson, Jas	CHTN	328	Johnson, Margret*	ORBG	385
Johnson, George	SPBG	225	Johnson, Jas A	SPBG	395	Johnson, Margt	CHTR	46
Johnson, George**	GETN	306	Johnson, Jas A	CHFD	183	Johnson, Maria	CHTN	474
Johnson, George*	ADSN	329	Johnson, Jas B	GRVL	516	Johnson, Marion*	SPBG	261
Johnson, George	BNWL	359	Johnson, Jas F	YORK	412	Johnson, Mark	SMTR	123
Johnson, Georgianna*	CHTN	190	Johnson, Jas G	SPBG	236	Johnson, Martha	SPBG	274
Johnson, Gideon	ABVL	102	Johnson, Jas H	CHTR	70	Johnson, Martha	ABVL	59
Johnson, Gilbert*	GETN	296	Johnson, Jas S	CHTN	343	Johnson, Martha	EDFD	127
Johnson, Giles	CHFD	105	Johnson, Jas W	ADSN	166	Johnson, Martha*	CHTN	461
Johnson, Giles M	RHLD	17	Johnson, Jasper	SPBG	421	Johnson, Martha	KRSW	130
Johnson, Gregory	SPBG	387	Johnson, Jesse*	LRNS	325	Johnson, Martha J**	MRBO	155
Johnson, H	SPBG	406	Johnson, Jesse	ORBG	397	Johnson, Martha	LCTR	178
Johnson, H	FAFD	240	Johnson, Jno	CHTN	317	Johnson, Martha*	DLTN	472
Johnson, H A	SPBG	426	Johnson, Jno	ABVL	143	Johnson, Martha	ORBG	349
Johnson, H C	SPBG	406	Johnson, Jno B	CHTR	66	Johnson, Mary	CLDN	220
Johnson, H D	BNWL	409	Johnson, Jno B	ABVL	76	Johnson, Mary*	BNWL	478
Johnson, H D	BUFT	31	Johnson, Jno D	ABVL	72	Johnson, Mary*	CHTN	353

Name	Loc	Pg	Name	Loc	Pg	Name	Loc	Pg
Johnson, Mary	ABVL	45	Johnson, Sarah*	LCTR	216	Johnson, Wm*	KRSW	131
Johnson, Mary	CHTN	191	Johnson, Sarah*	LCTR	195	Johnson, Wm	MARN	39
Johnson, Mary	EDFD	152	Johnson, Septuma*	CHTN	437	Johnson, Wm	HORY	41
Johnson, Mary A*	ABVL	93	Johnson, Silas	NWBY	292	Johnson, Wm	KRSW	113
Johnson, Mary E*	ADSN	175	Johnson, Stanmore	EDFD	191	Johnson, Wm	MARN	49
Johnson, Mary*	BUFT	96	Johnson, Stephen	YORK	390	Johnson, Wm J	MARN	125
Johnson, Mary*	RHLD	19	Johnson, Strain	UNON	204	Johnson, Wyatt	UNON	233
Johnson, Mary*	WMBG	332	Johnson, Suellivan	MRBO	171	Johnson, Y J	WMBG	321
Johnson, Mary	MRBO	170	Johnson, Sugar	ABVL	102	Johnson, Z	UNON	259
Johnson, Mary	MRBO	153	Johnson, Susan	BNWL	417	Johnston, A W	LCTR	159
Johnson, Mary E	RHLD	7	Johnson, Susan*	BNWL	417	Johnston, Adam*	CHTN	519
Johnson, Mary**	MARN	123	Johnson, Susan*	ABVL	73	Johnston, Adna	FAFD	259
Johnson, Mary	NWBY	242	Johnson, Susan*	ADSN	274	Johnston, Andrew	CHTN	511
Johnson, Matilda	ABVL	32	Johnson, Susan	CHTN	196	Johnston, Andrew	LCTR	205
Johnson, Matthew	HORY	35	Johnson, Susan	BNWL	507	Johnston, B M	COTN	338
Johnson, Maulsy	MARN	39	Johnson, Susan	YORK	420	Johnston, Charles	COTN	317
Johnson, May*	SPBG	400	Johnson, Susan	YORK	365	Johnston, David	COTN	364
Johnson, Meschac	HORY	35	Johnson, T C	GRVL	370	Johnston, David E	LCTR	156
Johnson, Mien	GETN	298	Johnson, T H	BNWL	501	Johnston, Edward	COTN	316
Johnson, Milas	YORK	385	Johnson, T J	HORY	30	Johnston, Eli*	LCTR	165
Johnson, Minerva	LRNS	253	Johnson, T**	COTN	353	Johnston, Elisha	COTN	364
Johnson, Miss Ann*	CHTN	229	Johnson, Theo	EDFD	95	Johnston, Elizabeth*	CHTN	411
Johnson, Miss*	CHTN	304	Johnson, Thomas	PKNS	132	Johnston, Elizh	LRNS	317
Johnson, Miss Fannie E*	NWBY	262	Johnson, Thomas	BNWL	392	Johnston, Ellen	CHTR	67
Johnson, Moses*	ABVL	3	Johnson, Thomas	CHTN	170	Johnston, Emma**	CHTN	390
Johnson, Moses	DLTN	463	Johnson, Thomas*	RHLD	74	Johnston, Enoch	LXTN	434
Johnson, Mr	CHTR	4	Johnson, Thompson	CHTR	19	Johnston, Florence*	RHLD	42
Johnson, Mr*	CHTN	314	Johnson, Thos C	NWBY	268	Johnston, George*	CHTN	451
Johnson, Mrs	CHTN	317	Johnson, Thos H	MARN	27	Johnston, Gibby*	CHTN	506
Johnson, Mrs	CHTN	324	Johnson, Timothy W	CHTN	454	Johnston, Henry	COTN	368
Johnson, Mrs H L*	BUFT	5	Johnson, Uriah	HORY	11	Johnston, Henry	RHLD	70
Johnson, Mrs M	EDFD	9	Johnson, Vandy	ORBG	370	Johnston, J G	COTN	319
Johnson, Mrs N H	EDFD	37	Johnson, W	CHTN	181	Johnston, J M G	COTN	359
Johnson, Murdock	DLTN	463	Johnson, W	COTN	321	Johnston, J W**	CHTN	368
Johnson, N F	NWBY	294	Johnson, W	HORY	15	Johnston, James	LXTN	368
Johnson, N H	CLDN	222	Johnson, W	HORY	14	Johnston, James*	ABVL	102
Johnson, Nancy*	GRVL	467	Johnson, W B**	GRVL	416	Johnston, James**	FAFD	251
Johnson, Nathan	BUFT	63	Johnson, W B	BNWL	459	Johnston, James	CHTN	403
Johnson, Nathan H	BUFT	60	Johnson, W C	NWBY	304	Johnston, James	LCTR	169
Johnson, Neill	LCTR	177	Johnson, W E	UNON	224	Johnston, Jane*	LCTR	173
Johnson, Neill D*	MRBO	189	Johnson, W E	KRSW	137	Johnston, Jane	GETN	308
Johnson, Nelly*	HORY	16	Johnson, W E	KRSW	75	Johnston, Jno G	CHTR	37
Johnson, Netty*	GRVL	376	Johnson, W H	PKNS	29	Johnston, Joel	COTN	297
Johnson, O E	CHTN	381	Johnson, W*	LRNS	309	Johnston, John	LXTN	368
Johnson, O P	CLDN	203	Johnson, W H	ADSN	265	Johnston, John C	LXTN	412
Johnson, P	HORY	41	Johnson, W H	NWBY	240	Johnston, John J	CHTN	424
Johnson, P D	EDFD	66	Johnson, W H	HORY	12	Johnston, John Sr	LXTN	412
Johnson, Pamila*	YORK	369	Johnson, W J	GRVL	497	Johnston, John T	ABVL	89
Johnson, Patsy	LRNS	311	Johnson, W J	CHTN	170	Johnston, John**	CHTN	522
Johnson, Paul M	RHLD	18	Johnson, W J	WMBG	321	Johnston, John S	FAFD	206
Johnson, Paulina**	CHTR	11	Johnson, W L	YORK	476	Johnston, Joseph W L	CHTR	85
Johnson, Peter	ADSN	171	Johnson, W M	BNWL	477	Jonnston, Katharine**	CHTN	282
Johnson, Peter	MRBO	171	Johnson, W P*	GRVL	408	Johnston, L D	LCTR	152
Johnson, Pinckney**	ADSN	316	Johnson, W S	CLDN	191	Johnston, L D	LCTR	152
Johnson, Pinckney*	CHTN	264	Johnson, W V	HORY	25	Johnston, Laura*	COTN	365
Johnson, R**	LRNS	353	Johnson, W W	MARN	82	Johnston, M N	LCTR	152
Johnson, R	CHFD	170	Johnson, Warren	CHFD	98	Johnston, Margt*	CHTN	505
Johnson, R B	KRSW	125	Johnson, Wash**	KRSW	128	Johnston, Marshall*	LXTN	443
Johnson, R C*	UNON	273	Johnson, Washington	SPBG	371	Johnston, Martha R*	FAFD	253
Johnson, R Henry	BUFT	62	Johnson, Wesley	ABVL	53	Johnston, Martha*	RHLD	55
Johnson, R L	YORK	385	Johnson, Wesley*	CLDN	218	Johnston, Martha*	RHLD	37
Johnson, R L*	YORK	372	Johnson, Wesly*	ABVL	76	Johnston, Mary	RHLD	27
Johnson, R M	EDFD	68	Johnson, Wilcy	BNWL	426	Johnston, Mary D	FAFD	220
Johnson, R M	EDFD	116	Johnson, Wiley A	CHFD	96	Johnston, Mary H	PKNS	116
Johnson, R S	FAFD	265	Johnson, Willard	UNON	257	Johnston, Mrs Sarah	COTN	296
Johnson, Rebecca**	CHTN	436	Johnson, William	ABVL	18	Johnston, Nancy	RHLD	38
Johnson, Rebecca	BNWL	431	Johnson, William M	PKNS	189	Johnston, Philip	COTN	365
Johnson, Reubin	SPBG	262	Johnson, William**	BNWL	380	Johnston, Rabecca	LCTR	166
Johnson, Rhoda	SPBG	316	Johnson, William*	CHTN	100	Johnston, Rebecca	FAFD	252
Johnson, Rhody	RHLD	12	Johnson, William**	EDFD	129	Johnston, Robert	COTN	297
Johnson, Rhody	RHLD	6	Johnson, William	ABVL	69	Johnston, Robert*	COTN	365
Johnson, Rial	PKNS	24	Johnson, William	CHTN	281	Johnston, Robt	CHTR	36
Johnson, Robb	CLDN	247	Johnson, William	CHTN	430	Johnston, S S B	LCTR	159
Johnson, Robert*	SPBG	310	Johnson, William	ABVL	71	Johnston, Sarah	COTN	312
Johnson, Robert	PKNS	170	Johnson, William	BNWL	435	Johnston, Sarah	CHTR	20
Johnson, Robert	CHTN	109	Johnson, William	EDFD	133	Johnston, T L	LCTR	152
Johnson, Robert	MRBO	199	Johnson, William	GRVL	368	Johnston, Thomas	CHTN	513
Johnson, Robert*	RHLD	48	Johnson, William	GRVL	397	Johnston, Thomas*	COTN	292
Johnson, Robt	LRNS	324	Johnson, William	EDFD	94	Johnston, Tillman	COTN	367
Johnson, Rocksey	CHTN	480	Johnson, William A*	RHLD	51	Johnston, W T	LCTR	173
Johnson, Roxy	RHLD	57	Johnson, William B	GRVL	381	Johnston, W W**	COTN	292
Johnson, Ruben	ORBG	347	Johnson, William D	MRBO	176	Johnston, W W	LCTR	169
Johnson, Rufus M**	RHLD	61	Johnson, William E*	CHTN	431	Johnston, William	CHTN	459
Johnson, S*	SPBG	259	Johnson, William J	RHLD	44	Johnston, William*	CHTN	514
Johnson, S C	YORK	411	Johnson, William R	GRVL	334	Johnston, William	LCTR	166
Johnson, S C	HORY	36	Johnson, William R	MARN	131	Johnston, William B	RHLD	40
Johnson, S H	NWBY	240	Johnson, Willie*	EDFD	21	Johnston, Wm C	BUFT	34
Johnson, S M	FAFD	211	Johnson, Williford	GRVL	435	Johnston, Wm	FAFD	201
Johnson, S M**	KRSW	127	Johnson, Willis*	ADSN	187	Johnston, Wm	CHTN	306
Johnson, S V	LRNS	222	Johnson, Wilson*	DLTN	381	Johnstone, Andrew	GETN	315
Johnson, Sallie	NWBY	241	Johnson, Wm	LRNS	353	Johnstone, Isaac	COTN	297
Johnson, Sally*	ABVL	93	Johnson, Wm	PKNS	70	Johnstone, Isaac	COTN	335
Johnson, Sally*	YORK	366	Johnson, Wm	SPBG	225	Johnstone, Rebecca*	COTN	333
Johnson, Sam E	SMTR	164	Johnson, Wm	SPBG	409	Johnstone, W C	GETN	315
Johnson, Saml	SPBG	379	Johnson, Wm	LRNS	337	Johnstone, W**	COTN	338
Johnson, Saml	SPBG	343	Johnson, Wm	CHFD	96	Johnstone,	CHTN	456
Johnson, Saml	SPBG	368	Johnson, Wm	EDFD	53	Joice, Ann*	BUFT	10
Johnson, Saml	MARN	80	Johnson, Wm	ADSN	171	Joice, Edwd*	SMTR	137
Johnson, Saml	YORK	390	Johnson, Wm C	GRVL	484	Joicy, James*	MARN	118
Johnson, Sarah A*	MRBO	162	Johnson, Wm D	MARN	53	Joiner, Abram*	BNWL	386
Johnson, Sarah E*	GETN	294	Johnson, Wm F	DLTN	429	Joiner, Andrew	MARN	57
Johnson, Sarah*	ADSN	161	Johnson, Wm H*	SPBG	305	Joiner, B	LCTR	172
Johnson, Sarah*	GRVL	326	Johnson, Wm H*	SPBG	316	Joiner, Benjamin	BNWL	353
Johnson, Sarah	ADSN	298	Johnson, Wm H	BUFT	24	Joiner, D E*	ORBG	385
Johnson, Sarah	CHTN	181	Johnson, Wm J*	YORK	412	Joiner, Daniel	BNWL	379
Johnson, Sarah	CHTN	327	Johnson, Wm K	CHFD	96	Joiner, Edward	HORY	69
						Joiner, Elze		

Name	Loc	Pg	Name	Loc	Pg	Name	Loc	Pg	Name	Loc	Pg
Joiner, Hiram	LCTR	167	Jones, Clayton	ABVL	104	Jones, Isaac	BNWL	451
Joiner, Isaac*	HORY	65	Jones, Col Cad	YORK	394	Jones, Isaac	ORBG	330
Joiner, Israel	HORY	65	Jones, Columbus	UNON	279	Jones, Isham	COTN	297
Joiner, Israel I*	HORY	67	Jones, Cornelius	BUFT	36	Jones, Isiah	RHLD	76
Joiner, James	CHTN	134	Jones, D D	ORBG	313	Jones, Ismail	ABVL	71
Joiner, John	CHTN	184	Jones, D H*	CHTN	342	Jones, J	FAFD	241
Joiner, John	LCTR	169	Jones, D H*	YORK	439	Jones, J A	LXTN	470
Joiner, John L	ORBG	391	Jones, D Isaiah	BUFT	63	Jones, J A	COTN	267
Joiner, John M	BNWL	386	Jones, Daniel	UNON	216	Jones, J A	COTN	271
Joiner, Joseph	ORBG	391	Jones, Daniel	RHLD	81	Jones, J F	WMBG	361
Joiner, Martha I*	HORY	70	Jones, Danl	LRNS	333	Jones, J J*	UNON	269
Joiner, Merett	HORY	43	Jones, Danl	BUFT	56	Jones, J J	YORK	467
Joiner, Midleton*	BNWL	445	Jones, Danl	NWBY	268	Jones, J J	WMBG	318
Joiner, N E*	ORBG	348	Jones, Danl	ABVL	63	Jones, J M	EDFD	194
Joiner, Nelson	CHTN	139	Jones, Danl	BUFT	28	Jones, J M	GRVL	355
Joiner, Phillip	ORBG	383	Jones, Danl	MARN	100	Jones, J N	HORY	40
Joiner, T S*	ORBG	326	Jones, David	MARN	82	Jones, J P	LXTN	463
Joiner, Thomas A	HORY	68	Jones, David*	RHLD	63	Jones, J S	CLDN	230
Joiner, William	COTN	363	Jones, David	ABVL	139	Jones, J Seaborn	BUFT	34
Joiner, Wm	ORBG	385	Jones, David	MARN	52	Jones, J T*	PKNS	16
Joiner, Wm	BUFT	13	Jones, Delila*	FAFD	263	Jones, J Thomas	HORY	64
Joiner, Wm H	ORBG	390	Jones, Dennis F	ABVL	21	Jones, J W*	ADSN	257
Joley, Benjamin	UNON	210	Jones, Dolly*	HORY	33	Jones, J Z	PKNS	82
Joley, James*	UNON	203	Jones, Dudley	YORK	373	Jones, J*	ORBG	321
Jolley, J P	UNON	216	Jones, E	CHTR	68	Jones, J Dias	BUFT	55
Jolley, Joseph	UNON	267	Jones, E A	WMBG	350	Jones, J Emanuel**	ORBG	319
Jolley, Shadrick	UNON	216	Jones, E B	HORY	30	Jones, J H	ADSN	245
Jollie, Sarah	SMTR	149	Jones, E H	FAFD	210	Jones, J L	KRSW	75
Jolly, Albert	ADSN	307	Jones, E M*	ORBG	396	Jones, J P*	HORY	29
Jolly, Anna	ADSN	290	Jones, E P	GRVL	405	Jones, J R	HORY	15
Jolly, Barney	SPBG	280	Jones, E S	MARN	56	Jones, J T	EDFD	101
Jolly, D	SPBG	283	Jones, E T	COTN	269	Jones, J Thos	MARN	117
Jolly, Fetherstone	SPBG	287	Jones, E W	EDFD	11	Jones, J W	CHTN	258
Jolly, J S	PKNS	47	Jones, Edgar	SMTR	152	Jones, Jackson**	BNWL	395
Jolly, James	ADSN	292	Jones, Edley H	PKNS	145	Jones, Jacob*	SPBG	201
Jolly, John*	ADSN	288	Jones, Edmond	GRVL	431	Jones, James	UNON	267
Jolly, John J	SMTR	149	Jones, Edward**	CHTN	364	Jones, James	BUFT	46
Jolly, Joseph	ADSN	290	Jones, Edward	CHTN	387	Jones, James M	LXTN	460
Jolly, Joseph	ADSN	307	Jones, Edward	CHTN	509	Jones, James R	ABVL	82
Jolly, Levi	ADSN	307	Jones, Edwd	ABVL	9	Jones, James W	BUFT	36
Jolly, Margarett*	PKNS	100	Jones, Eleanor F	LRNS	317	Jones, James*	GETN	313
Jolly, Martin	SPBG	285	Jones, Elias	PKNS	61	Jones, James	CHFD	105
Jolly, Martin	SPBG	288	Jones, Elijah*	FAFD	233	Jones, James*	UNON	273
Jolly, Wm	PKNS	95	Jones, Elisa*	CHTN	298	Jones, James	BNWL	435
Jolter, Herman*	CHTN	211	Jones, Elisabeth J	BNWL	360	Jones, James	BNWL	430
Jonakin, Calvin	EDFD	46	Jones, Elisabeth*	CHTN	507	Jones, James	BNWL	495
Jone, Elizabeth*	EDFD	133	Jones, Eliza	ABVL	21	Jones, James	CHFD	119
Jones Mary*	CHTN	287	Jones, Eliza W*	MRBO	190	Jones, James E	EDFD	195
Jones N Riley	GRVL	411	Jones, Eliza*	LXTN	463	Jones, James*	BNWL	373
Jones, A C*	FAFD	249	Jones, Elizabeth	LXTN	439	Jones, James*	BUFT	44
Jones, A D	KRSW	75	Jones, Elizabeth*	COTN	273	Jones, James W	BNWL	367
Jones, A D	FAFD	237	Jones, Elizabeth	ADSN	258	Jones, James**	CHTN	483
Jones, A H	WMBG	358	Jones, Elizabeth*	KRSW	116	Jones, James	ORBG	325
Jones, A J*	EDFD	6	Jones, Elizabeth	UNON	286	Jones, James	CHFD	131
Jones, A M	LRNS	230	Jones, Elizabeth	MARN	88	Jones, James	YORK	387
Jones, A M	COTN	271	Jones, Elizabeth*	ORBG	351	Jones, James	ORBG	406
Jones, A S	DLTN	400	Jones, Elizh	LRNS	520	Jones, James	MARN	53
Jones, A W	GRVL	354	Jones, Elizh	LRNS	347	Jones, James	BUFT	54
Jones, Adam**	CHTN	262	Jones, Elizth	COTN	257	Jones, James	BUFT	35
Jones, Aggie**	EDFD	180	Jones, Ellen*	CHTN	497	Jones, James A	MARN	117
Jones, Alexander	BUFT	48	Jones, Ellen	CHTN	357	Jones, James D	ORBG	402
Jones, Alfred	LRNS	313	Jones, Eltoura*	CHTN	190	Jones, James Genl	RHLD	8
Jones, Allen	MARN	47	Jones, Emeline	CHTN	336	Jones, James H**	MRBO	152
Jones, Allen V	BUFT	76	Jones, Emeline	CHTN	287	Jones, James J**	YORK	417
Jones, Amaline*	YORK	393	Jones, Esther	LRNS	314	Jones, James L	GRVL	492
Jones, Amas**	WMBG	543	Jones, Eugenia*	BUFT	35	Jones, James L*	MRBO	194
Jones, Andrew	GRVL	481	Jones, Evan	COTN	289	Jones, Jane*	UNON	213
Jones, Ann*	BNWL	400	Jones, Evander	MARN	38	Jones, Jane	ABVL	32
Jones, Ann	WMBG	303	Jones, Ezekiel*	LXTN	414	Jones, Jane	RHLD	26
Jones, Ann	BNWL	360	Jones, Ezra	SMTR	184	Jones, Jane	YORK	503
Jones, Anna*	CLDN	193	Jones, F M*	CHTN	357	Jones, Jane S	RHLD	43
Jones, Anthony L	SMTR	137	Jones, F M	ORBG	333	Jones, Jane**	RHLD	84
Jones, Aquilla	SPBG	294	Jones, Fair	LXTN	461	Jones, Jas*	LRNS	255
Jones, Augustus*	RHLD	28	Jones, Frances*	ORBG	342	Jones, Jas*	LRNS	257
Jones, B B	LCTR	202	Jones, Francis**	BUFT	37	Jones, Jas	LRNS	258
Jones, B J	UNON	247	Jones, Francis**	SMTR	182	Jones, Jas	LRNS	228
Jones, B S	LRNS	338	Jones, Francis A	SMTR	152	Jones, Jas	ADSN	245
Jones, B*	SPBG	310	Jones, Frank	BNWL	404	Jones, Jas A	EDFD	49
Jones, B A	LRNS	268	Jones, Gabriel C	RHLD	59	Jones, Jas L	CLDN	203
Jones, B F*	LRNS	264	Jones, Garlin F	PKNS	145	Jones, Jas S	CHTN	362
Jones, Barberry	SMTR	152	Jones, Genl A C	LRNS	249	Jones, Jas**	MARN	38
Jones, Bartly	BNWL	448	Jones, Geo	LRNS	258	Jones, Jas	ADSN	236
Jones, Becky	CHFD	121	Jones, Geo W	EDFD	40	Jones, Jas	KRSW	127
Jones, Benj	LRNS	249	Jones, George	CHTR	60	Jones, Jas	KRSW	103
Jones, Benjamin	ORBG	330	Jones, Green	YORK	371	Jones, Jas J	NWBY	272
Jones, Benjn**	LRNS	332	Jones, Griffith	SPBG	382	Jones, Jas W**	DLTN	461
Jones, Bennet C	PKNS	144	Jones, Gustavis*	ABVL	120	Jones, Jas W*	CLDN	214
Jones, Berry	BNWL	421	Jones, H	CHFD	97	Jones, Jason*	DLTN	416
Jones, Betsie	SMTR	152	Jones, H L*	SPBG	256	Jones, Jasper*	ABVL	12
Jones, Betsy*	CHTN	186	Jones, Haly	ABVL	30	Jones, Jefferson	HORY	29
Jones, Betty	BUFT	33	Jones, Hannah*	ABVL	51	Jones, Jenkins	COTN	251
Jones, Brunson	COTN	297	Jones, Harriet*	BNWL	474	Jones, Jenkins	COTN	258
Jones, Burrel	KRSW	94	Jones, Harrison	ADSN	329	Jones, Jeremiah*	BUFT	39
Jones, C	UNON	282	Jones, Helton	KRSW	94	Jones, Jeremiah	RHLD	38
Jones, C B	CHTR	79	Jones, Henry	DLTN	413	Jones, Jesse	BNWL	440
Jones, C H	GETN	285	Jones, Henry	DLTN	438	Jones, Jesse	COTN	296
Jones, C M	DLTN	373	Jones, Henry	YORK	410	Jones, Jesse	COTN	297
Jones, C M	NWBY	292	Jones, Henry	ABVL	25	Jones, Jesse	MRBO	164
Jones, C S	EDFD	152	Jones, Henry A	LXTN	462	Jones, Jesse B	MARN	14
Jones, Caroline*	GRVL	471	Jones, Hezekiah	BUFT	50	Jones, Jessee	YORK	447
Jones, Caroline*	UNON	237	Jones, Hezekiah	NWBY	291	Jones, Jessee P	PKNS	174
Jones, Caroline*	BUFT	58	Jones, Hillery	DLTN	442	Jones, Jessie	SMTR	182
Jones, Catharine*	CHTN	115	Jones, Howell	MARN	82	Jones, Jno	CHFD	139
Jones, Charles	SMTR	131	Jones, Huldy*	RHLD	53	Jones, Jno C	LRNS	234
Jones, Charles	COTN	289	Jones, Iredell*	BNWL	439	Jones, Jno W*	DLTN	459
Jones, Charlotte	CHTN	431	Jones, Isaac			Jones, Job	EDFD	182

Jones, Job F	MARN 72	Jones, Mary S*	CHTN 116	Jones, Sarah*	ADSN 293
Jones, Joel	PKNS 145	Jones, Mary*	RHLD 42	Jones, Seaborn	LXTN 462
Jones, John	LRNS 328	Jones, Mary	KRSW 139	Jones, Seaborn	CHTN 166
Jones, John	SPBG 249	Jones, Mary	MRBO 165	Jones, Seaborn	KRSW 122
Jones, John	LRNS 315	Jones, Mary	YORK 366	Jones, Shadrack	BUFT 71
Jones, John	SPBG 291	Jones, Mary L	KRSW 120	Jones, Silas	LRNS 249
Jones, John	CHFD 124	Jones, Matilda	EDFD 190	Jones, Solomon	GRVL 380
Jones, John H	LXTN 438	Jones, Matt	LRNS 249	Jones, Sophina*	CHTN 187
Jones, John*	PKNS 153	Jones, Matthew*	LCTR 165	Jones, Stephen	PKNS 153
Jones, John H	ABVL 15	Jones, Miles*	CHTN 324	Jones, Stephen	ADSN 305
Jones, John M**	BNWL 355	Jones, Milly*	WMBG 305	Jones, Stephen*	CHTN 412
Jones, John M	GRVL 413	Jones, Minor C	YORK 462	Jones, Stephen	MRBO 203
Jones, John N	GETN 321	Jones, Miss M*	CHTN 319	Jones, Steven*	WMBG 347
Jones, John P	CHTN 489	Jones, Mrs E	COTN 281	Jones, Stoakes	YORK 444
Jones, John S B	COTN 281	Jones, Mrs E C F	BNWL 461	Jones, Susan*	COTN 270
Jones, John*	ABVL 32	Jones, Mrs Elizb	ABVL 23	Jones, Susan*	ABVL 21
Jones, John*	CHTN 251	Jones, Mrs M	EDFD 102	Jones, Susan	SMTR 131
Jones, John J	MRBO 162	Jones, Mrs Mary A*	SMTR 158	Jones, Susan	YORK 403
Jones, John L	MARN 82	Jones, Mrs N	EDFD 65	Jones, Susan L	CHTN 266
Jones, John*	MRBO 166	Jones, Mrs S H	EDFD 98	Jones, Susan*	CHTN 190
Jones, John	YORK 428	Jones, Nancy	DLTN 439	Jones, Susan*	CHTN 278
Jones, John	YORK 409	Jones, Nancy*	HORY 45	Jones, Susana*	CHTN 473
Jones, John J	YORK 478	Jones, Nancy	ADSN 299	Jones, Sylvester	BUFT 53
Jones, John M D	SMTR 152	Jones, Nancy*	DLTN 476	Jones, T J	KRSW 127
Jones, John**	CHTN 389	Jones, Nathan Jr	LXTN 461	Jones, T J H	FAFD 236
Jones, John	MRBO 210	Jones, Nathan**	BUFT 53	Jones, T J*	UNON 199
Jones, John	RHLD 80	Jones, Nathaniel	LXTN 422	Jones, Tandy W	SPBG 399
Jones, John	MARN 31	Jones, Nathaniel	SPBG 289	Jones, Thaddeus W	SMTR 178
Jones, John H	CHTN 502	Jones, Nelson**	RHLD 76	Jones, Thaddeus	YORK 448
Jones, John J	GRVL 492	Jones, Nelson	RHLD 76	Jones, Thomas L	COTN 267
Jones, Jos*	CHFD 163	Jones, Newton T**	LXTN 461	Jones, Thomas*	CHTN 425
Jones, Jos**	BNWL 466	Jones, O B	CHTN 167	Jones, Thomas	UNON 288
Jones, Joseph	PKNS 13	Jones, O H P	LRNS 314	Jones, Thomas	BNWL 414
Jones, Joseph	COTN 258	Jones, Oliver	EDFD 48	Jones, Thos	ADSN 241
Jones, Joseph	BNWL 395	Jones, Ossa	YORK 390	Jones, Thos F	LRNS 293
Jones, Joseph	MARN 111	Jones, Pat P	BUFT 33	Jones, Thos H	PKNS 87
Jones, Joseph D	BUFT 39	Jones, Patience	LXTN 422	Jones, Thos*	CHTN 125
Jones, Joseph G	BNWL 384	Jones, Paul**	CHTN 357	Jones, Thos	EDFD 58
Jones, Joseph W	BNWL 353	Jones, Paul	CHTN 456	Jones, Thos	CHTN 125
Jones, Joseph*	COTN 270	Jones, Paul	CHTN 484	Jones, Thos	ABVL 94
Jones, Joseph W	BUFT 46	Jones, Penton H*	YORK 478	Jones, Thos	CLDN 196
Jones, Joseph*	CHTN 377	Jones, Pinner	MRBO 195	Jones, Thos	MARN 53
Jones, Joshua	CHTN 378	Jones, Polly	FAFD 210	Jones, Thos A	BUFT 52
Jones, Joshua W	ABVL 10	Jones, Prince	CHTN 390	Jones, Thos S*	RHLD 46
Jones, Julius J*	CHTN 116	Jones, Pusley	ADSN 186	Jones, Tolbert	YORK 377
Jones, Katherine D	SMTR 106	Jones, R	LRNS 281	Jones, Turner	LRNS 321
Jones, Kisiah	ADSN 237	Jones, R M	LRNS 315	Jones, Ulysses	BUFT 33
Jones, L M	CLDN 201	Jones, R*	GRVL 410	Jones, Vandiver S	PKNS 119
Jones, L M	GRVL 487	Jones, R A	EDFD 195	Jones, Verely*	BNWL 430
Jones, L M	CHTN 333	Jones, R P	BUFT 41	Jones, Vincent	BNWL 362
Jones, L W	UNON 188	Jones, R T	CHTN 504	Jones, W B	LXTN 463
Jones, L*	WMBG 363	Jones, R T	EDFD 189	Jones, W B	GRVL 355
Jones, Lambert J	NWBY 301	Jones, Rachael*	CHFD 168	Jones, W D	ADSN 175
Jones, Laura	MARN 97	Jones, Ralph	MARN 21	Jones, W E	CLDN 230
Jones, Leander	CHTR 6	Jones, Rebecca	BUFT 37	Jones, W H*	NWBY 304
Jones, Leander V	PKNS 159	Jones, Rebecca	PKNS 27	Jones, W H	HORY 30
Jones, Lemer	UNON 281	Jones, Rebecca M**	KRSW 102	Jones, W P	EDFD 49
Jones, Lester D	SMTR 148	Jones, Reuben	ORBG 367	Jones, W R	ADSN 253
Jones, Levi	MARN 22	Jones, Reuben	LRNS 290	Jones, W T	BNWL 459
Jones, Levin	ABVL 129	Jones, Richard	MARN 26	Jones, W W	MRBO 180
Jones, Lewis	SPBG 286	Jones, Richard	BUFT 33	Jones, Wesley A	BUFT 36
Jones, Lewis	EDFD 110	Jones, Richard	CHTN 480	Jones, Wesly	CHFD 98
Jones, Lewis D	LRNS 319	Jones, Richard M	COTN 293	Jones, Wiley	CLDN 234
Jones, Lewis, Sr	EDFD 111	Jones, Richd**	CHFD 146	Jones, Wiley M	MRBO 188
Jones, Lewis*	WMBG 363	Jones, Rivers	SMTR 131	Jones, Wilhelmena**	CHTN 256
Jones, Lewis	BUFT 28	Jones, Robert	CHFD 122	Jones, William	LXTN 455
Jones, Linny*	BNWL 478	Jones, Robert	COTN 304	Jones, William	PKNS 159
Jones, Louis	NWBY 291	Jones, Robert Y	ABVL 82	Jones, William	GRVL 330
Jones, Louis M	SMTR 182	Jones, Robin O	YORK 394	Jones, William	ADSN 242
Jones, Louisa	GRVL 454	Jones, Robt	GRVL 461	Jones, William	RHLD 63
Jones, Lucinda*	ADSN 276	Jones, Robt	ABVL 21	Jones, William	HORY 50
Jones, Lucinda	MARN 37	Jones, Roland	LRNS 277	Jones, William F*	SMTR 177
Jones, Lucy*	EDFD 156	Jones, Rose*	CHTN 287	Jones, William N	PKNS 123
Jones, Lucy	HORY 29	Jones, Roxy A*	MARN 119	Jones, William S	ABVL 88
Jones, Ludolphas B	SMTR 152	Jones, Rubin	CHFD 98	Jones, William T*	ABVL 88
Jones, Luther	BUFT 54	Jones, Rufus	EDFD 165	Jones, William*	ADSN 311
Jones, Lydia	LRNS 323	Jones, Ruth	LRNS 258	Jones, William	COTN 286
Jones, M	GRVL 352	Jones, Ruth	BUFT 6	Jones, William	ADSN 325
Jones, M	WMBG 349	Jones, S	CHTN 226	Jones, William	EDFD 195
Jones, M B	EDFD 143	Jones, S	CHFD 138	Jones, William	UNON 214
Jones, M Jane	LRNS 250	Jones, S A*	FAFD 260	Jones, William*	COTN 316
Jones, M*	SPBG 259	Jones, S A*	MARN 16	Jones, William*	RHLD 58
Jones, M G**	SPBG 315	Jones, S H*	RHLD 21	Jones, William	YORK 503
Jones, M M	CLDN 230	Jones, S Henry	ABVL 22	Jones, William H	BUFT 55
Jones, M**	MARN 53	Jones, S J	WMBG 360	Jones, William*	BNWL 393
Jones, M	COTN 316	Jones, S R	CHTN 262	Jones, Willson C	PKNS 123
Jones, M*	KRSW 136	Jones, S S	HORY 10	Jones, Wilson	ADSN 306
Jones, Madison*	LRNS 287	Jones, Sallie*	CHTR 18	Jones, Wm*	LRNS 259
Jones, Madison	YORK 445	Jones, Sallie*	NWBY 301	Jones, Wm	LRNS 315
Jones, Maj A	EDFD 17	Jones, Saml	ABVL 102	Jones, Wm	SPBG 361
Jones, Maner*	UNON 247	Jones, Samuel	GRVL 413	Jones, Wm	BUFT 36
Jones, Manlsby*	HORY 20	Jones, Samuel	COTN 297	Jones, Wm*	CHFD 110
Jones, Manuel	RHLD 1	Jones, Sarah**	PKNS 177	Jones, Wm	MARN 42
Jones, Margaret	COTN 316	Jones, Sarah*	CHTN 431	Jones, Wm	MARN 123
Jones, Margaret*	COTN 254	Jones, Sarah*	EDFD 115	Jones, Wm	HORY 25
Jones, Margaret*	COTN 297	Jones, Sarah	FAFD 210	Jones, Wm	MARN 123
Jones, Margt*	BUFT 46	Jones, Sarah	ABVL 12	Jones, Wm A	CHTN 474
Jones, Maria	DLTN 449	Jones, Sarah	CHTN 447	Jones, Wm E	BUFT 76
Jones, Martha**	LXTN 451	Jones, Sarah	COTN 297	Jones, Wm Y	YORK 408
Jones, Martin	MRBO 157	Jones, Sarah	GETN 290	Jones, Wylie	RHLD 90
Jones, Mary	PKNS 84	Jones, Sarah	CHTN 189	Jones, Y M	GRVL 355
Jones, Mary J**	LRNS 319	Jones, Sarah	UNON 189	Jones, Y T	GRVL 432
Jones, Mary*	ABVL 32	Jones, Sarah Ann*	BUFT 39	Jones, Zach R	ABVL 129
Jones, Mary	BNWL 419	Jones, Sarah B	ABVL 15	Joniken, Chs*	EDFD 14
Jones, Mary**	CHFD 161	Jones, Sarah*	BUFT 73	Jonikens, Jno*	EDFD 6
Jones, Mary Ann	MRBO 202	Jones, Sarah B*	CHTN 266	Jonson, Sarah**	WMBG 299
				Jool, Cullen	BNWL 452

Name	Loc	Pg	Name	Loc	Pg	Name	Loc	Pg
Joost, C	PKNS	36	Jordan, N**	DLTN	417	Joyner, Robert	RHLD	85
Joplin, Alfred	CHFD	149	Jordan, Nancy	DLTN	453	Joyner, Robert E*	RHLD	85
Joplin, Dorsey	CHFD	149	Jordan, Nancy*	EDFD	35	Joyner, Wm	LXTN	441
Joplin, Joseph	EDFD	175	Jordan, Noah	SMTR	103	Joyner, Wm	BUFT	84
Joplin, Sol	CHFD	113	Jordan, Orran	DLTN	385	Jrvis, Elize E	CHTN	294
Joplin, William	CHFD	175	Jordan, R	CHFD	97	Jsgitt, R D	MRBO	151
Jordan, A	DLTN	374	Jordan, R	CHFD	148	Juardeau, Amelia*	CHTN	336
Jordan, A B	MARN	6	Jordan, R H	YORK	459	Judah, John*	CHTN	378
Jordan, A L	DLTN	471	Jordan, R*	CHFD	158	Judd, D C	SPBG	302
Jordan, Abagale**	BNWL	448	Jordan, R	DLTN	378	Judd, Miss L A	ABVL	68
Jordan, Alfred B	MARN	121	Jordan, Richard	ORBG	377	Judeous, Sarah*	CHTN	501
Jordan, Allen	CHFD	150	Jordan, Richd	CHFD	95	Judge, Chas	CHTN	257
Jordan, Andrew	BNWL	418	Jordan, Robt	CHTN	356	Judon, James B	SMTR	154
Jordan, Anes*	HORY	4	Jordan, Samuel	ABVL	28	Judson, C H	GRVL	419
Jordan, Ann*	DLTN	453	Jordan, Samuel C	SMTR	101	Judson, Mary*	ADSN	155
Jordan, B	GRVL	456	Jordan, Seth	ABVL	95	Judy, Charles	ORBG	372
Jordan, B A	EDFD	1	Jordan, Sharlott	BNWL	418	Judy, David	COTN	338
Jordan, B H	HORY	9	Jordan, Sheppd	DLTN	402	Judy, Henry	ORBG	338
Jordan, B*	DLTN	462	Jordan, T J	HORY	5	Judy, J A	COTN	336
Jordan, Bartholomew	ABVL	50	Jordan, Thos M	CHFD	150	Judy, Jacob	COTN	338
Jordan, C*	CHTN	302	Jordan, Thos*	DLTN	473	Judy, James	COTN	338
Jordan, C	CHFD	150	Jordan, Thos	FAFD	207	Judy, Lewis	COTN	338
Jordan, C J	CHFD	151	Jordan, Thos	CHFD	96	Judy, Maranda	ORBG	372
Jordan, C	CHFD	152	Jordan, Thos	CHTN	122	Judy, Rachel*	ORBG	382
Jordan, Calvin	DLTN	447	Jordan, Uriah	CHTR	82	Judy, Urbane	ORBG	372
Jordan, Caroline*	CHTN	190	Jordan, W P	HORY	9	Judy, William	ORBG	366
Jordan, Catherine*	CHFD	104	Jordan, W T*	HORY	8	Jugnet, Miss**	CHTN	304
Jordan, Charlotte	CHFD	167	Jordan, W W	CHTR	83	Jugnot, Est of Charles	CHTN	104
Jordan, Clem	CHFD	95	Jordan, W W	HORY	8	Julian, Jesse	LXTN	378
Jordan, D*	CHTN	300	Jordan, Waddy	GRVL	503	Julian, Joseph**	PKNS	144
Jordan, Danl W	GETN	321	Jordan, William	HORY	51	Jumper, Ann E**	LXTN	446
Jordan, David	CHFD	176	Jordan, William A	CHFD	95	Jumper, Fannie	LXTN	456
Jordan, David J	ABVL	95	Jordan, William D	BNWL	343	Jumper, Henry	LXTN	441
Jordan, David*	MARN	134	Jordan, Wm*	PKNS	4	Jumper, James	LXTN	411
Jordan, Dawson	EDFD	25	Jordan, Wm	DLTN	378	Jumper, Sallie*	LXTN	361
Jordan, E	CHFD	151	Jordan, Wm	EDFD	41	Jumper, Wm T	LXTN	446
Jordan, E H	CHTR	87	Jordan, Wm C	CHFD	186	June, Jno F	CLDN	243
Jordan, E H	GETN	322	Jordan, Zachariah G A	HORY	59	June, P P	WMBG	309
Jordan, Ed	DLTN	381	Jorden, J F	CHTN	521	June, Saml	CHTN	197
Jordan, Edwd	CHTN	206	Jorden, Martha*	CHFD	139	Junkin, Michael*	ABVL	24
Jordan, Elbert	EDFD	32	Jorden, W H	KRSW	88	Junkins, Wesly	ADSN	251
Jordan, Eliza*	HORY	4	Jordon, Colin	KRSW	89	Junrgin, J H	DLTN	441
Jordan, Eliza	HORY	11	Jordon, H H*	WMBG	343	Junrgin, S Ward	DLTN	441
Jordan, Elizabeth	CHFD	150	Jordon, Harrison	ADSN	163	Jupping, Benjn	SPBG	379
Jordan, Esther	MARN	134	Jordon, Sarah	WMBG	343	Justi, J A W	BUFT	10
Jordan, Ezekial	SMTR	106	Jorgenson, Julia*	BNWL	452	Justice, Angel*	CHTN	243
Jordan, Francis	SMTR	106	Joseph	LRNS	232	Justice, Leonard	LXTN	470
Jordan, G W	GRVL	428	Joseph, A	BNWL	468	Justus, L D	PKNS	64
Jordan, Geo	DLTN	446	Joseph, Gerson	NWBY	280	Justus, Wesley M	ADSN	254
Jordan, Geo S	MARN	8	Joseph, Harmon*	CHTN	501	Jylar, James F	ORBG	404
Jordan, George*	CHTR	65	Joseph, Joseph	CHTN	117	Jzlar, B W*	ORBG	408
Jordan, H M	CHFD	150	Josephs, Lizzie F*	CHTN	402	Kadle, Mrs S	EDFD	24
Jordan, Hariet P*	YORK	403	Josey, G S	SMTR	118	Kagan, Jane*	CHTN	351
Jordan, Harrette	SMTR	100	Josey, J C	WMBG	332	Kagen, Michael	RHLD	5
Jordan, Hener	ADSN	285	Josey, Jno	DLTN	406	Kahn, A*	DLTN	375
Jordan, Hiram	BNWL	464	Josey, R S	DLTN	383	Kahrs, H	CHTN	460
Jordan, Isaac	GRVL	455	Josey, R S	DLTN	404	Kaig, G W	PKNS	77
Jordan, Isaac	HORY	17	Josey, Robert	SMTR	119	Kaigler, Cath**	ORBG	355
Jordan, J	CHFD	158	Josey, William	SPBG	429	Kaigler, Geo	LXTN	458
Jordan, J C	DLTN	385	Josey, William	SMTR	118	Kaigler, Harriet	LXTN	458
Jordan, J C	CHFD	163	Josey, Willis	KRSW	85	Ksigler, S*	RHLD	21
Jordan, J D	HORY	12	Joslin, Mary G**	RHLD	39	Kaigler, Thos*	NWBY	265
Jordan, J D	WMBG	312	Jounelle, John	CHTN	268	Kaiser, A F	CHTN	282
Jordan, J P	HORY	10	Jourdan, Martha*	BNWL	351	Kalb, C F*	DLTN	372
Jordan, J R	HORY	27	Jourden, Benson	ADSN	174	Kalb, Jacob	CHTN	448
Jordan, Jacob	COTN	342	Journeycain, Jos	ORBG	396	Kale, Elias**	MARN	31
Jordan, Jacob	MARN	26	Journeycain, Lewis	ORBG	396	Kaler, Edmund**	SMTR	110
Jordan, James	CHFD	150	Jowell, Geo	LRNS	257	Kaley, James	CHTN	402
Jordan, James	COTN	314	Jowell, Jno	LRNS	256	Kallah, Hannah*	CHTN	326
Jordan, James	DLTN	474	Jowell, Radcliffe	LRNS	257	Kallahan, H J	CHTN	259
Jordan, James Jr	DLTN	429	Jowers, Amanda*	BNWL	488	Kambrell, Jas	SPBG	367
Jordan, Jas	DLTN	416	Jowers, Ann R*	BNWL	368	Kamerski, Hynoan*	HORY	57
Jordan, Jas	DLTN	402	Jowers, Elizabeth	BNWL	388	Kaminer, E R	LXTN	429
Jordan, Jesse T	CHTR	83	Jowers, George	BNWL	383	Kaminer, J A	LXTN	417
Jordan, Jno	CHFD	151	Jowers, George	CHFD	167	Kaminer, J E W	LXTN	388
Jordan, Jno	CHFD	158	Jowers, John	CHFD	168	Kaminer, Lewis	ORBG	309
Jordan, Jno	DLTN	385	Jowers, John	CHFD	172	Kaminer, Nancy	LXTN	389
Jordan, Jno E*	DLTN	373	Jowers, John	BNWL	474	Kaminer, Sallie	LXTN	389
Jordan, Jno J	SPBG	399	Jowers, Marmaduke	BNWL	506	Kaminer, Thos L	LXTN	454
Jordan, Jno M	CHFD	150	Jowers, Martha	BNWL	368	Kamlah, H	CHTN	167
Jordan, Jno T	DLTN	381	Jowers, Middleton*	BNWL	445	Kana, Thos**	CHTN	515
Jordan, Jno W	CHFD	163	Jowers, Richard**	CHFD	168	Kanan, Mary*	RHLD	55
Jordan, John	ORBG	400	Jowers, Solomon	BNWL	474	Kanapaux, C E**	CHTN	324
Jordan, John G	MARN	6	Jowers, Thomas	CHFD	172	Kanapaux, Charles	CHTN	433
Jordan, John*	BUFT	75	Jowers, W T	BNWL	389	Kanapaux, John S	CHTN	418
Jordan, John D**	HORY	8	Jowers, William	CHFD	167	Kanapaux, Marselene*	CHTN	434
Jordan, John J	MARN	134	Jowers, William	BNWL	478	Kane, Jno**	EDFD	47
Jordan, John*	ADSN	254	Jowitt, Mrs Eliza	CHTN	242	Kane, John**	CHTN	338
Jordan, Jonathan	ABVL	49	Joy, Daniel	SMTR	114	Kane, Margaret*	ADSN	239
Jordan, Joseph	HORY	12	Joy, Eveline	SMTR	112	Kane, Nicholas**	CHTN	195
Jordan, Joseph	ORBG	408	Joy, Francis	SMTR	105	Kane, Thos*	CHTN	240
Jordan, Joseph	CHFD	178	Joy, J Wm	DLTN	462	Kapelman, H*	CHTN	322
Jordan, Josiah	CHTR	83	Joy, M H	DLTN	404	Karkin, T C*	ADSN	257
Jordan, Julia	HORY	27	Joy, Mrs E G	CHTN	238	Karnes, David	CHFD	161
Jordan, Julius**	DLTN	447	Joy, S A	KRSW	133	Karnes, Margt	CHFD	161
Jordan, M J	WMBG	343	Joyce, Amas	LXTN	404	Karnes, Wm	CHFD	161
Jordan, Margt	BUFT	83	Joyce, Jas R*	ABVL	52	Karrar, William	ORBG	389
Jordan, Martha	CHFD	97	Joyce, John	GETN	286	Karree, C	PKNS	42
Jordan, Mary**	HORY	12	Joye, John	CHTN	469	Karrl, Louis	RHLD	20
Jordan, Mary A	CHFD	185	Joye, Rose H	CHTN	486	Kasey, Delila	ADSN	248
Jordan, Mary J	CHFD	150	Joyner, Absolum	RHLD	92	Kasier, Julias	UNON	272
Jordan, Mary*	GRVL	427	Joyner, Catherine*	CHTN	522	Kasy, William	NWBY	245
Jordan, Milly	CHFD	151	Joyner, Daniel	BUFT	84	Kates, R T	ADSN	185
Jordan, Moses*	DLTN	373	Joyner, M M	LXTN	441	Kauffman, Henry	RHLD	31
Jordan, N R	DLTN	402	Joyner, Mary	CHTN	151	Kauffmann, John*	CHTN	453
Jordan, N T	CHFD	175	Joyner, Noah	RHLD	86	Kauffmann, Julius	CHTN	407

Name	Loc	Pg
Kauffner, Jacob*	CHTN	425
Kauffner, John*	CHTN	425
Kaufmann, John	PKNS	35
Kavangh, George**	CHTN	368
Kavenaugh, Bryan	SMTR	180
Kavin, Catherine	CHTN	245
Kaviner, A*	CHTN	263
Kay, A W	ADSN	314
Kay, Benjamin D	ABVL	118
Kay, Charles	ADSN	307
Kay, Chas M	ADSN	202
Kay, E J	ADSN	162
Kay, Elvas	ABVL	129
Kay, Isabella	ABVL	146
Kay, James B	ABVL	124
Kay, Jesse	ADSN	186
Kay, Joel	ADSN	190
Kay, John	ADSN	295
Kay, John A	RHLD	6
Kay, Marion	ADSN	214
Kay, Mary	ABVL	123
Kay, Mason	ADSN	192
Kay, Melissa	ABVL	145
Kay, Nimrod	ADSN	160
Kay, Richd G	ADSN	205
Kay, Robert*	ADSN	306
Kay, Strother	ADSN	195
Kay, Susan	ADSN	202
Kay, W M	ADSN	308
Kay, Wiley	ADSN	188
Kay, Wm P	ADSN	192
Kayson, Samuel*	YORK	374
Kazy, Edward**	CHTN	289
Kazy, Thomas	CHTN	282
Kea, Jas	DLTN	418
Keabler, Mrs C	ORBG	306
Keadle, Amanda**	BNWL	412
Keadle, Drury	BNWL	412
Keadle, J M	BNWL	410
Keadle, J W	BNWL	412
Keadle, Josiah	BNWL	411
Keadle, N A	BNWL	413
Keadle, W W	BNWL	411
Keal, J H	PKNS	38
Kealor, John H	ADSN	180
Kean, Elizabeth	CHTN	508
Keaner, Daniel*	UNON	270
Kearney, J W	BNWL	476
Kearney, Jno**	CHTR	88
Kearse, Abeline	BNWL	501
Kearse, Andrew J*	SPBG	314
Kearse, C J	BNWL	487
Kearse, Elizth	BUFT	82
Kearse, Francis H	BNWL	504
Kearse, Henry J*	BNWL	348
Kearse, J F*	NWBY	296
Kearse, J L	COTN	271
Kearse, John F	BUFT	82
Kearse, Joseph	BNWL	484
Kearse, K D	BNWL	501
Kearse, Lucious B	BNWL	361
Kearse, M J	COTN	301
Kearse, Martheny*	BNWL	456
Kearse, Matthew R	BNWL	382
Kearse, O P	BNWL	348
Kearse, Patsy*	BNWL	504
Kearse, Susan M	BNWL	348
Kearse, W C*	BNWL	502
Kearse, W G	BNWL	345
Kearse, William M	BNWL	364
Kearse, William M*	BNWL	348
Kearse, Wm	BNWL	483
Kearsh, David R	BNWL	357
Kearsh, H W	BNWL	340
Keasler, D A*	ADSN	254
Keasler, G*	UNON	204
Keasler, Henry	ADSN	276
Keasler, James	ADSN	276
Keasler, John	UNON	213
Keasler, Lem	PKNS	4
Keasler, Milly Ann	ADSN	276
Keasler, Nathan	PKNS	3
Keasler, S G**	YORK	385
Keasley, G*	UNON	209
Keast, John	SPBG	305
Keaton, B F	ADSN	211
Keaton, John	PKNS	51
Keaton, John	ADSN	214
Keaton, Reuben	ADSN	210
Keaton, Wilborn	ADSN	212
Keaton, Wm**	ABVL	122
Keays, John	SMTR	179
Keays, Thomas W	SMTR	179
Keckley, Geo C**	CHTN	476
Kecnke, F D*	CHTN	264
Kee, A M	YORK	397
Kee, Chesley	CHTR	60
Kee, Eleanor*	YORK	428
Kee, Hiram	CHTR	61
Kee, Jas	CHTR	60
Keean, W J	UNON	274
Keebler, Louisa A	BUFT	70
Keebler, William	BUFT	70
Keefe, A*	CHTN	263
Keefe, J W	MARN	42
Keefe, John*	CHTN	425
Keefe, Thomas**	CHTN	261
Keefe, Thomas	CHTN	267
Keeff, Eli	MARN	63
Keeff, J H	MARN	36
Keeffe, Cornelius*	CHTN	425
Keeffe, Wm	MARN	66
Keeffe, Wm	MARN	65
Keegan, Jane	CHTN	351
Keegan, Richd*	RHLD	4
Keegan, Thomas	CHTN	487
Keel, James	BNWL	375
Keel, M M	COTN	344
Keeler, John*	CHTN	295
Keeler, Martrix	BNWL	476
Keeler, Mary G*	CHTN	114
Keeler, Saml	CHFD	182
Keeler, Timothy	GRVL	511
Keeles, J A	WMBG	304
Keelin, Mrs	ABVL	36
Keells, George M	RHLD	34
Keels, Daniel E	SMTR	138
Keels, E C	WMBG	305
Keels, Ezekeel	SMTR	138
Keels, Harriet	SMTR	133
Keels, Isaac*	CLDN	238
Keels, Isac	SMTR	138
Keels, J H	WMBG	364
Keels, Jacob	SMTR	135
Keels, P R	WMBG	308
Keels, R T	WMBG	310
Keels, S C**	WMBG	307
Keels, W E*	CLDN	214
Keels, William Jr	SMTR	138
Keels, William Sr	SMTR	138
Keely, John	CHTN	279
Keely, Laurette*	RHLD	20
Keen, James	UNON	200
Keenan, Dennis	CHTN	391
Keenan, Elenor**	BNWL	470
Keenan, George	CHTR	67
Keenan, Jane	CHTN	382
Keenan, Owen*	CHTN	248
Keenan, P*	CHTN	246
Keenan, Paul*	CHTN	390
Keenan, Roland	RHLD	34
Keenan, Sarah	CHTR	72
Keenan, Susan*	UNON	230
Keenan, Wm	CHTN	326
Keep, Jurgen**	CHTN	281
Keer, Daniel	YORK	374
Keer, Danl H	FAFD	274
Keese, Elijah*	EDFD	16
Keese, G S	PKNS	102
Keese, John	PKNS	102
Keese, Joseph	PKNS	58
Keese, W L	ADSN	259
Keesely, Elizabeth*	PKNS	66
Keesler, John B	PKNS	32
Keetley, James	GETN	285
Keets, Lewis*	YORK	368
Keever, D A	MARN	14
Kegan, Mrs	CHTN	242
Kegg, Jacob*	CHTN	417
Kenlhoff, Edwd	BUFT	10
Keiff, Elisabeth	MARN	121
Keiff, Wilson	MARN	121
Keiffer, John**	CHTN	452
Keikeley, Charlotte**	CHTN	293
Keiser, Stephen	EDFD	47
Keisler, D T	LXTN	386
Keisler, David	LXTN	385
Keisler, Henry	LXTN	386
Keisler, Hiram	LXTN	394
Keisler, Jacob	LXTN	386
Keisler, Jacob Sr	LXTN	394
Keisler, Jesse	LXTN	393
Keisler, Joel Jr	LXTN	411
Keisler, Joel Sr	LXTN	426
Keisler, John	LXTN	394
Keisler, Lemuel	LXTN	386
Keisler, Saml	LXTN	393
Keith, A	CHFD	105
Keith, Alex	MARN	78
Keith, Allen	PKNS	123
Keith, D L*	HORY	40
Keith, E M	ADSN	257
Keith, Elizabeth B	PKNS	49
Keith, Elsa	PKNS	122
Keith, Evander	MARN	78
Keith, Fanny	CHTN	379
Keith, G W	GRVL	328
Keith, George W	RHLD	76
Keith, Hagar*	DLTN	435
Keith, J A*	CHTN	370
Keith, James	PKNS	121
Keith, James	FAFD	256
Keith, James M	PKNS	119
Keith, Jesse	DLTN	392
Keith, M*	FAFD	202
Keith, M S*	COTN	329
Keith, Mathew	PKNS	123
Keith, Miss Ann*	CHTN	230
Keith, Nancy	PKNS	123
Keith, Nancy*	ADSN	331
Keith, P T	CHTN	358
Keith, S Nellins	PKNS	123
Keith, Stephen B	PKNS	119
Keith, Thomas	RHLD	76
Keith, Thos D	DLTN	392
Keith, William	PKNS	153
Keits, Elizabeth*	CHTN	466
Keitt, Ann	ORBG	353
Keitt, Caroline	ORBG	359
Keitt, E S*	NWBY	270
Keitt, Ellison G	RHLD	61
Keitt, G D	ORBG	342
Keitt, George	ORBG	309
Keitt, J W	ORBG	352
Keitt, Jacob G	ORBG	317
Keitt, John A*	RHLD	54
Keitt, John D*	RHLD	56
Keitt, M C*	ORBG	317
Keitt, Mary*	RHLD	22
Keitt, Mary*	ORBG	362
Keitt, Mrs Sue**	MRBO	181
Keizer, Right	ORBG	339
Keizer, William	ORBG	338
Kelch, James*	CHTN	314
Kelch, L*	CHTN	314
Kelch, Wm	FAFD	260
Keley, Samuel	UNON	227
Kelgs, J T	NWBY	300
Keligot, J M	CHTN	245
Kell, Elizabeth	YORK	464
Kell, Wm J*	YORK	444
Kellahan, Jno C*	CHTN	210
Kellar, David	ABVL	61
Kellar, Elizb	ABVL	57
Kellar, Isaac	NWBY	243
Kellar, Jas*	SPBG	291
Kellar, Joseph	NWBY	278
Kellar, W B N	NWBY	294
Kellar, Walter G	ABVL	40
Keller, --------	YORK	368
Keller, Danl J*	RHLD	44
Keller, Edward	COTN	363
Keller, Eliza*	CHTN	180
Keller, Henry	ORBG	321
Keller, Hufery	GRVL	508
Keller, James D	ORBG	306
Keller, Jno	SPBG	398
Keller, John	COTN	366
Keller, Lewis	CHTN	180
Keller, M*	ORBG	321
Keller, M J	ORBG	306
Keller, Mary*	COTN	364
Keller, N*	ORBG	320
Keller, Nancy	GRVL	508
Keller, Narcissa*	GRVL	401
Keller, Ninevah*	GRVL	505
Keller, R	CHTN	180
Keller, Rachel C	SPBG	399
Keller, Robt S	ORBG	321
Keller, Sarah**	COTN	366
Keller, Thomas	COTN	366
Keller, Thos S	ADSN	234
Keller, W R	ORBG	317
Keller, William	NWBY	261
Keller, William*	CHTN	180
Keller, Wilson	SPBG	397
Keller, Wm	ORBG	317
Kellers, Daniel J*	RHLD	25
Kellers, E*	CHTN	340
Kellers, James*	CHTN	340
Kellet, B F	GRVL	365
Kellet, D W	GRVL	364
Kellet, J A	GRVL	364
Kellet, James M	GRVL	484
Kellet, W C	GRVL	488
Kellett, C M	LRNS	271
Kellett, Jno	LRNS	279
Kellett, Y T	LRNS	275
Kelley, B W	GRVL	347
Kelley, Cynthia*	CLDN	194
Kelley, Daniel*	ORBG	385
Kelley, Eda	FAFD	274
Kelley, G D	KRSW	101
Kelley, Geo	KRSW	84
Kelley, George W	SMTR	97
Kelley, Hermion**	CLDN	198
Kelley, J J	KRSW	85
Kelley, James	GRVL	360
Kelley, Jane**	BNWL	437
Kelley, Jas	KRSW	118
Kelley, Jesse	BNWL	436
Kelley, Jesse	BNWL	436
Kelley, Jinnison	UNON	232
Kelley, Jno**	CLDN	193
Kelley, Jno M	CLDN	191
Kelley, John	CHTN	472
Kelley, John	GRVL	465
Kelley, Joseph	UNON	238
Kelley, Larkin O R	MRBO	177
Kelley, Mary	ORBG	307
Kelley, Mary	CLDN	218
Kelley, Mary M	CLDN	203
Kelley, Mills	KRSW	86
Kelley, Nathaniel	UNON	229
Kelley, Samuel	UNON	229
Kelley, Sarah*	GRVL	508
Kelley, Thomas	UNON	232
Kelley, W D*	CLDN	219

Name	Loc	Pg	Name	Loc	Pg	Name	Loc	Pg	Name	Loc	Pg
Kelley, W M	KRSW	85	Kelly, Lydia	CHTN	393	Kemp, Jno W*	ABVL	67
Kelley, Wiley	SMTR	97	Kelly, M	CLDN	235	Kemp, Leonard	GRVL	476
Kelley, Wiley	KRSW	85	Kelly, M B	PKNS	40	Kemp, Lewis H	EDFD	131
Kelley, William	GRVL	449	Kelly, M J	CLDN	192	Kemp, Mary Ann*	SMTR	125
Kelley, William	GRVL	338	Kelly, Mansel	ADSN	158	Kemp, Mary	EDFD	125
Kelley, Wm	CLDN	202	Kelly, Mansell*	GRVL	424	Kemp, W B	EDFD	78
Kelley, Wm	CLDN	191	Kelly, Margaret**	CHTN	248	Kemp, Warren*	SMTR	123
Kelley, Wm H	SMTR	96	Kelly, Margaret	RHLD	6	Kemp, Wiley	GRVL	476
Kellis, William	PKNS	46	Kelly, Marianne	CHTN	348	Kemp, Wm	EDFD	77
Kellis, Wm Jr	PKNS	46	Kelly, Martha A	ADSN	212	Kenaux, Isham	SPBG	412
Kellogg, Catharine	BNWL	499	Kelly, Mary	DLTN	417	Kendall, J S*	CHFD	188
Kelly, A B	PKNS	20	Kelly, Mary**	CHTN	473	Kendall, Jno*	DLTN	459
Kelly, A**	WMBG	305	Kelly, Mary	CHTN	288	Kendall, Wm*	CHFD	188
Kelly, Amanda	GRVL	437	Kelly, Mary H*	RHLD	22	Kendrick, J R	CHTN	375
Kelly, Amanda W**	RHLD	69	Kelly, Mary R*	RHLD	50	Kendrick, Sarah	SMTR	182
Kelly, Ausmus**	BNWL	436	Kelly, Matilda	NWBY	231	Kendrick, Thos A	CHTR	70
Kelly, B J	ADSN	164	Kelly, Matilda	GRVL	420	Kendrick, W F	EDFD	86
Kelly, B P	KRSW	107	Kelly, Michal	GETN	323	Keneda, A	SPBG	349
Kelly, Barbary	PKNS	85	Kelly, Middleton*	WMBG	341	Keneday, Elisabeth**	BNWL	366
Kelly, Bartholomew	CHTN	378	Kelly, Miss	CHTN	320	Keneday, H W	BNWL	339
Kelly, Benj	FAFD	239	Kelly, Miss	CHTN	319	Keneday, Mary C*	BNWL	398
Kelly, Berry	BNWL	447	Kelly, Mrs*	CHTN	307	Kenedy, Alfred	MARN	121
Kelly, Betsy	KRSW	76	Kelly, Mrs*	CHTN	225	Kenedy, B	UNON	256
Kelly, D C	ADSN	297	Kelly, N M	KRSW	76	Kenedy, Caroline	YORK	507
Kelly, Daniel	RHLD	84	Kelly, Nancy	LXTN	427	Kenedy, Christian	MARN	106
Kelly, Danl F	RHLD	57	Kelly, Nancy A	PKNS	99	Kenedy, David	UNON	261
Kelly, David	KRSW	108	Kelly, Owen	CHTN	422	Kenedy, David*	UNON	263
Kelly, David*	CHTN	341	Kelly, Patrick	CHTN	373	Kenedy, Elias D	LCTR	217
Kelly, David	ADSN	315	Kelly, Peter*	CHTN	324	Kenedy, Elisa*	UNON	261
Kelly, E J*	SPBG	349	Kelly, Pinckney	SPBG	348	Kenedy, Evander*	MARN	81
Kelly, Edward	NWBY	228	Kelly, Polly*	NWBY	256	Kenedy, Helena*	CHTN	375
Kelly, Elisha	PKNS	135	Kelly, R B	KRSW	85	Kenedy, J D*	YORK	384
Kelly, Elisha	RHLD	89	Kelly, R J	FAFD	258	Kenedy, J J	EDFD	83
Kelly, Elizabeth*	ADSN	328	Kelly, Rebecca	LXTN	411	Kenedy, James R	RHLD	34
Kelly, Elizabeth	ADSN	326	Kelly, Redick	CLDN	235	Kenedy, Jas*	MARN	61
Kelly, Elizabeth	ADSN	169	Kelly, Richd	CHTN	264	Kenedy, Jasper E*	GETN	285
Kelly, Ellen J	SPBG	335	Kelly, Robt	DLTN	438	Kenedy, John	CHTN	292
Kelly, Evans A	GRVL	436	Kelly, Roderick	MRBO	183	Kenedy, John*	UNON	261
Kelly, Ezekiel	PKNS	9	Kelly, S M	DLTN	417	Kenedy, John A*	YORK	384
Kelly, Florentina*	GRVL	504	Kelly, Samuel	RHLD	89	Kenedy, Kinnon*	MARN	95
Kelly, Frances	ADSN	326	Kelly, Sarah*	SMTR	96	Kenedy, Nancy*	UNON	263
Kelly, Frank*	NWBY	287	Kelly, Sarah**	NWBY	229	Kenedy, Naomi	YORK	464
Kelly, General J	PKNS	135	Kelly, Sarah	CHTN	409	Kenedy, Robert	BNWL	382
Kelly, George**	CHTN	292	Kelly, Sarah	COTN	255	Kenedy, Thomas	MARN	121
Kelly, George	ABVL	118	Kelly, Sarah	ADSN	174	Kenedy, W P	WMBG	319
Kelly, Godfrey*	LXTN	372	Kelly, Sarah	ADSN	166	Kenedy, Wm	MARN	65
Kelly, Gregory	RHLD	44	Kelly, Sarah**	ADSN	162	Kenely, David*	CHTN	204
Kelly, Harriet*	ORBG	311	Kelly, Simpson*	NWBY	229	Kener, Geo J*	MARN	7
Kelly, Harrison*	NWBY	229	Kelly, Sparta	LXTN	379	Kener, Rachael J*	MARN	132
Kelly, Harvey*	GRVL	424	Kelly, Susan*	NWBY	289	Kenerly, Joseph	BNWL	380
Kelly, Harvy	CLDN	215	Kelly, Sylvester	DLTN	465	Keney, C H	EDFD	113
Kelly, Hester*	PKNS	57	Kelly, T	CHTN	264	Keney, Mary*	ORBG	408
Kelly, Honora	CHTN	337	Kelly, Thomas*	RHLD	45	Kenington, Abram	LCTR	192
Kelly, Isaac	GRVL	466	Kelly, Thomas	GRVL	429	Kenington, Britton	LCTR	199
Kelly, Isaac	NWBY	232	Kelly, Thos*	CHTN	194	Kenington, J T	LCTR	187
Kelly, Isaiah	ADSN	291	Kelly, Thos*	ORBG	343	Kenington, Richard	LCTR	195
Kelly, J B	WMBG	308	Kelly, Thos	FAFD	272	Kenington, Robt	LCTR	195
Kelly, J C	ADSN	318	Kelly, Thos	DLTN	436	Kenington, S B	LCTR	184
Kelly, J E	ADSN	237	Kelly, Thos	CHTN	353	Kenington, Saml	LCTR	196
Kelly, J J	PKNS	40	Kelly, W A	EDFD	129	Kenington, Thomas	LCTR	195
Kelly, J L R*	DLTN	385	Kelly, W D	PKNS	48	Kenington, Vicy*	LCTR	197
Kelly, J M**	NWBY	221	Kelly, W T	SPBG	347	Kenington, William*	LCTR	207
Kelly, J M	EDFD	100	Kelly, Wiles*	GRVL	441	Kennaday, J L	ADSN	178
Kelly, J R	LXTN	380	Kelly, Wiley	DLTN	413	Kennaday, Michael	ADSN	158
Kelly, J W	PKNS	7	Kelly, William	UNON	202	Kennahan, Annie**	CHTN	199
Kelly, Jacob	DLTN	406	Kelly, William	GRVL	428	Kennan, John	GRVL	407
Kelly, James*	PKNS	15	Kelly, William	RHLD	89	Kennan, Wm**	CHTN	340
Kelly, James	PKNS	67	Kelly, Wm	SPBG	390	Kenneday, A Boggs	ABVL	11
Kelly, James	PKNS	1	Kelly, Wm	PKNS	13	Kenneday, And D	ABVL	36
Kelly, James**	CHTN	196	Kelly, Wm	NWBY	287	Kenneday, Isaac	ABVL	29
Kelly, James*	CHTN	146	Kelly, Wm	FAFD	242	Kenneday, Jno P**	ABVL	40
Kelly, James	BNWL	476	Kelly, Wm	EDFD	52	Kenneday, Sarah W	ABVL	42
Kelly, James I**	CHFD	186	Kelly, Wm	CHTN	327	Kenneday, Theodore	ABVL	61
Kelly, James	ADSN	323	Kelly, Wm H	NWBY	258	Kenneday, William F	ABVL	134
Kelly, James	RHLD	36	Kelly, Wm L	DLTN	407	Kenneday, Wm G	ABVL	48
Kelly, James	CHTN	420	Kelly, Z S	PKNS	41	Kenneday, Wm P	ABVL	42
Kelly, James J	RHLD	82	Kelsey, Sarah	CHTR	78	Kenneday, Edmund G	ABVL	29
Kelly, James*	CHTN	287	Kelsey, Wm	CHTR	78	Kennedy, A	EDFD	118
Kelly, Jane*	GRVL	424	Kelso, Archey	RHLD	1	Kennedy, A B	FAFD	232
Kelly, Jas	DLTN	412	Kelso, J F	SPBG	202	Kennedy, A D	KRSW	140
Kelly, Jas F	DLTN	436	Kelso, Mary D	SPBG	202	Kennedy, A J	MARN	31
Kelly, Jas W**	CLDN	208	Kelton, Amos*	SMTR	162	Kennedy, A M	KRSW	139
Kelly, Jas*	CHTN	323	Kemberlin, J W*	ORBG	377	Kennedy, A*	CHTN	317
Kelly, Jasper	ADSN	174	Kembrell, James*	SPBG	207	Kennedy, Alex	FAFD	229
Kelly, Jno	SPBG	350	Kembrell, John	SPBG	233	Kennedy, Allen D	CHTR	92
Kelly, Jno	LXTN	447	Kembrell, Samuel	SPBG	233	Kennedy, Andrew J**	CHTN	369
Kelly, Jno*	CHTN	324	Kemerell, Caleb	SPBG	206	Kennedy, Andrew J	CHTN	509
Kelly, Joel	ADSN	281	Kemerell, Fielden	SPBG	206	Kennedy, Ann	MARN	27
Kelly, John**	LXTN	451	Kemmerling, Conrad	ORBG	331	Kennedy, Austen	CHTN	258
Kelly, John	RHLD	82	Kemmerling, F	ORBG	307	Kennedy, Brian	CHTN	398
Kelly, John A	MARN	94	Kemmerling, Michael	ORBG	331	Kennedy, C	LRNS	291
Kelly, John**	RHLD	57	Kemmerling, Mrs M	ORBG	306	Kennedy, Cyntha	FAFD	229
Kelly, John	CHTN	400	Kemmerling, P	ORBG	307	Kennedy, Cynthia	FAFD	230
Kelly, John	CHTN	292	Kemmerling, Samuel	ORBG	331	Kennedy, D R	KRSW	132
Kelly, John	CHTN	141	Kemmerling, Samuel M	ORBG	335	Kennedy, Delia*	CHTN	399
Kelly, John	ADSN	250	Kemp, A	EDFD	40	Kennedy, E	LXTN	368
Kelly, John W	BUFT	69	Kemp, Allen	EDFD	140	Kennedy, E A	FAFD	230
Kelly, Johnson*	CHFD	183	Kemp, Annete*	SMTR	125	Kennedy, E H	EDFD	15
Kelly, Joseph	PKNS	1	Kemp, Berryman**	EDFD	18	Kennedy, Edmond	EDFD	15
Kelly, Kenneth A	CLDN	215	Kemp, Eliza	SMTR	125	Kennedy, Elizabeth	CHTN	194
Kelly, L C	NWBY	259	Kemp, Elizabeth	SMTR	125	Kennedy, Elizabeth*	FAFD	279
Kelly, Langdon H	NWBY	277	Kemp, Hannah	EDFD	132	Kennedy, Ellen	CHTN	447
Kelly, Lenora	DLTN	407	Kemp, J M	EDFD	126	Kennedy, F H	SMTR	173
Kelly, Lewis*	ADSN	300	Kemp, James	BNWL	381	Kennedy, Frances	LXTN	412
Kelly, Louisa**	CHTN	254	Kemp, James C	ABVL	125	Kennedy, Frances M*	CHTN	429
Kelly, Lucinda*	ADSN	302	Kemp, Jeremiah			Kennedy, Hugh	CHTN	461

Name	Loc	Pg
Kennedy, J	LRNS	348
Kennedy, J A	FAFD	228
Kennedy, J C	CHTR	73
Kennedy, J E	EDFD	115
Kennedy, J F	FAFD	228
Kennedy, J J	FAFD	229
Kennedy, J J	EDFD	117
Kennedy, J J*	RHLD	49
Kennedy, J L	FAFD	227
Kennedy, J N*	NWBY	292
Kennedy, J R	FAFD	214
Kennedy, James	CHTN	471
Kennedy, James	CHTN	468
Kennedy, James	CHTN	396
Kennedy, James	CHTN	117
Kennedy, James A	RHLD	27
Kennedy, James M	PKNS	59
Kennedy, Jno	CHTR	26
Kennedy, John T*	LXTN	418
Kennedy, John*	ORBG	317
Kennedy, John	ORBG	348
Kennedy, John D**	CHTN	229
Kennedy, John	KRSW	139
Kennedy, Joseph J	ABVL	134
Kennedy, Lewis W*	RHLD	51
Kennedy, Louisa*	KRSW	140
Kennedy, M	SPBG	258
Kennedy, M	LXTN	418
Kennedy, M B	CHTN	250
Kennedy, Maj Jno	ABVL	101
Kennedy, Margaret*	CHTN	92
Kennedy, Margaret	FAFD	229
Kennedy, Margaret	CHTR	68
Kennedy, Margt**	CHTN	511
Kennedy, Mary	LRNS	294
Kennedy, Mary A J	SPBG	312
Kennedy, Mary*	CHTN	418
Kennedy, Mary	FAFD	229
Kennedy, Mary	YORK	506
Kennedy, Master*	CHTN	229
Kennedy, Matison**	ABVL	112
Kennedy, Michael	CHTN	395
Kennedy, Michael	ABVL	134
Kennedy, Michael	COTN	391
Kennedy, Michael	CHTN	422
Kennedy, Miss*	CHTN	320
Kennedy, Miss M*	CHTN	317
Kennedy, Miss	CHTN	321
Kennedy, Mrs	CHTN	305
Kennedy, Mrs A	CHTN	223
Kennedy, N O	LRNS	300
Kennedy, Nancy	LRNS	313
Kennedy, Nancy S*	ABVL	110
Kennedy, Pat	BUFT	13
Kennedy, Patk*	CHTN	202
Kennedy, Patrick	CHTN	484
Kennedy, R M	KRSW	139
Kennedy, Robert	CHTR	26
Kennedy, Robt	KRSW	103
Kennedy, S W	DLTN	431
Kennedy, Sally	LRNS	294
Kennedy, Saml*	CHTN	339
Kennedy, Sarah	WMBG	347
Kennedy, Sarah	FAFD	210
Kennedy, Sarah*	RHLD	44
Kennedy, T C	SPBG	312
Kennedy, T K	CHTN	224
Kennedy, T S*	KRSW	108
Kennedy, Thomas*	CHTN	277
Kennedy, Thos	LXTN	418
Kennedy, Thos	LRNS	331
Kennedy, Thos*	CHTN	313
Kennedy, W D	CHTN	499
Kennedy, W	CHTN	314
Kennedy, W	CHTN	252
Kennedy, W A	FAFD	228
Kennedy, W H	WMBG	347
Kennedy, William G	SMTR	147
Kennedy, Wm	LXTN	418
Kennedy, Wm	LRNS	335
Kennedy, Wm	KRSW	115
Kennedy, Wm*	CHTN	245
Kennelly, Patrick	CHTN	388
Kennels, Elihu*	LRNS	258
Kennemore, Carter C	PKNS	186
Kennemore, David H	PKNS	176
Kennemore, Earl	PKNS	262
Kennemore, Lott	PKNS	184
Kennemore, Malissa	GRVL	517
Kennemore, Michael	PKNS	186
Kennemore, Riley T*	PKNS	185
Kenner, Howson C	NWBY	260
Kennerly, A V	ORBG	371
Kennerly, Daniel	ORBG	380
Kennerly, David**	ORBG	379
Kennerly, Dr T B	NWBY	279
Kennerly, Eli	RHLD	44
Kennerly, J C W	EDFD	196
Kennerly, J T C	ORBG	364
Kennerly, John C	ORBG	389
Kennerly, L D S	ORBG	371
Kennerly, M	ORBG	316
Kennerly, Samuel*	ORBG	408
Kennerly, Thomas	ORBG	403
Kennerly, Williard	ORBG	358
Kennerthey, John	CHTN	168
Kenneth, James C	RHLD	16
Kennett, Absolom*	SPBG	222
Kennett, Addison	SPBG	221
Kenney, I	CHTN	231
Kenney, James*	CHTN	471
Kenney, John*	CHTN	167
Kenney, Patrick	CHTN	490
Kenney, Robt*	EDFD	58
Kennier, August*	CHTN	514
Kenny, Edward	CHTN	337
Kenny, George**	CHTN	267
Kenny, James	EDFD	47
Kenny, John	CHTN	255
Kenny, Mary*	CHTN	264
Kenny, Patrick*	CHTN	511
Kenny, Robt	EDFD	39
Kenny, Thomas	CHTN	293
Kenny, Thomas	CHTN	394
Kenny, Thomas	CHTN	446
Kenny, Thomas	CHTN	267
Kenny, Thomas	CHTN	287
Kens, John	CHTN	474
Kent, Amanda*	YORK	384
Kent, Eden J	CHTN	480
Kent, S	CHTN	476
Kent, Wm*	KRSW	117
Kent, Wm	KRSW	101
Kenton, Bridget*	CHTN	193
Kents, Louisa*	CHTN	189
Kenyan, Moses R	COTN	336
Kenyan, W A*	COTN	349
Keoff, Wellington*	SMTR	183
Keog, Mrs	CHTN	315
Keogh, Catharine	CHTN	102
Keonan, P	CHTN	246
Keopper, Augt*	RHLD	45
Keough, Mary A	RHLD	79
Keown, Ellen*	FAFD	280
Keown, George	ADSN	243
Keown, James	ADSN	220
Keown, James*	ADSN	156
Keown, Robert	ABVL	118
Keown, Robt	ABVL	27
Keown, William	ADSN	282
Kerby, Ann G*	MRBO	173
Kerby, B	UNON	286
Kerby, B C	UNON	286
Kerby, Calvin	UNON	255
Kerby, Isaac	GRVL	433
Kerby, James	UNON	257
Kerby, Jery	UNON	255
Kerby, Jonis	UNON	285
Kerby, M L W	WMBG	343
Kern, Elizabeth*	CHTN	508
Kern, Louisa	LRNS	323
Kernagan, L**	EDFD	117
Kernaghan, Thos	EDFD	114
Kernals, Lewis	ABVL	19
Kernel, Jesse	LRNS	253
Kernels, Fanny	LRNS	248
Kernels, Joel	LRNS	249
Kernels, William	ADSN	294
Kerney, James	RHLD	33
Kerney, Mary*	ORBG	404
Kerney, Robert	CHTN	104
Kerney, Thomas	RHLD	34
Kernick, Ellen*	CHTN	310
Kerr, B M	YORK	384
Kerr, Catherine*	CHTN	160
Kerr, Henry S	ABVL	24
Kerr, Jerome	YORK	368
Kerr, John T	ABVL	109
Kerr, Miss Susan	CHTN	216
Kerr, Thomas	CHTN	275
Kerr, W H*	CHTN	370
Kerr, W J	SPBG	255
Kerr, William S**	YORK	389
Kerr, Wm	FAFD	262
Kerr, Wm M	YORK	367
Kerrigan, C*	LRNS	220
Kerrigan, C H*	CHTN	217
Kerrisen, Henrietta*	CHTN	409
Kerrison, Charles	CHTN	230
Kerrison, Margaret*	RHLD	50
Kerrison, Miss E	CHTN	221
Kersa, Elizabeth	SMTR	160
Kersey, David	MARN	84
Kersey, Eban	MARN	83
Kersey, Edward	YORK	448
Kersey, Jane	MARN	49
Kersey, Jane (colored)*	RHLD	55
Kersey, John	UNON	257
Kersey, Manala	MARN	84
Kersey, Mary A	MARN	83
Kersh, Andrew	BNWL	381
Kershaw, Charles**	CHTN	465
Kershaw, Charles*	RHLD	56
Kershaw, Geo	EDFD	26
Kershaw, Joseph B	KRSW	140
Kershaw, Joseph B	UNON	211
Kertt, Lawrence*	BNWL	398
Kervin, C A	DLTN	382
Kervin, E G	DLTN	382
Kervin, E H*	DLTN	376
Kervin, E H*	GRVL	406
Kervin, George	DLTN	466
Kervin, Jno	DLTN	468
Kervin, M S	DLTN	435
Kervin, Wm D	DLTN	416
Kesiah, John	CHFD	173
Kesiah, John H	CHFD	130
Kesiah, Malcolm	CHFD	130
Kesier, Liddy*	CHFD	126
Kesler, Jno J	LXTN	403
Ketchin, R F	FAFD	202
Ketchum, Mrs**	CHTN	298
Keth, John*	WMBG	313
Kettle, Arthur K***	CHTN	486
Kewin, James	CHTN	455
Key, Adaline**	KRSW	138
Key, Anderson	BNWL	422
Key, C J	LCTR	156
Key, Crecy	BNWL	432
Key, Darling*	BNWL	397
Key, David	BNWL	426
Key, Elizabeth	LCTR	181
Key, Francis*	KRSW	81
Key, Henry	EDFD	117
Key, Hiram	LCTR	179
Key, John	LCTR	184
Key, Kindred	BNWL	425
Key, Kindred	BNWL	422
Key, Martha*	PKNS	172
Key, Ollivar	BNWL	392
Key, Pleasant	PKNS	178
Key, Thomas	BNWL	397
Key, William	BNWL	425
Key, Winny	LCTR	187
Keys, Lucy	ADSN	230
Keys, M C*	ADSN	203
Keys, P C	ADSN	230
Keys, R A	ADSN	230
Keys, Saml*	GRVL	475
Keys, Washington*	GRVL	475
Keyser, Emma	CHTN	446
Kiahnwlin, K*	YORK	374
Kibbin, J W	CHFD	134
Kibler, A J*	LCTR	162
Kibler, Belton	NWBY	228
Kibler, Drayton	NWBY	227
Kibler, Elizabeth	NWBY	248
Kibler, Godfrey	LXTN	421
Kibler, J D A	NWBY	255
Kibler, Jacob	NWBY	214
Kibler, Jacob	NWBY	255
Kibler, Jacob	NWBY	260
Kibler, John A	NWBY	235
Kibler, Mary*	LCTR	159
Kicklighter, Henry	COTN	298
Kidd, Jas H	YORK	581
Kidd, Mary J*	YORK	378
Kidd, Wm**	YORK	579
Kiddell, Benjn*	COTN	357
Kiddell, Eugene*	CHTN	230
Kiddell, Geo	CHTN	233
Kidds, Linday*	GRVL	419
Kidney, Jno S	DLTN	383
Kieffe, Mrs	CHTN	317
Kieffer, David J*	BUFT	42
Kieffer, Joshua J	BUFT	42
Kieffer, Margaret A**	BUFT	42
Kieksey, Mrs S P	EDFD	57
Kierman, Francis	YORK	484
Kiern, Daniel*	RHLD	6
Kiff, Jno J	DLTN	451
Kiff, W B*	FAFD	218
Kiff, Wm	DLTN	451
Kiftcart, James	UNON	248
Kilbride, John*	CHTN	390
Kilburn, G W	PKNS	34
Kilburn, T C	GRVL	415
Kilby, Isaac*	PKNS	120
Kilby, John	ADSN	300
Kilby, Noah	PKNS	124
Kilge, R*	FAFD	252
Kilgore, Agnes	CHTR	43
Kilgore, B F	SPBG	407
Kilgore, Harriet	GRVL	491
Kilgore, J L	DLTN	429
Kilgore, James	DLTN	469
Kilgore, Jesse	KRSW	76
Kilgore, Jesse C	LRNS	262
Kilgroe, A J	NWBY	234
Killcrease, Huah	UNON	246
Killcrease, Widow	UNON	275
Killcrease, Wm E*	EDFD	70
Killcreese, Mrs J	EDFD	69
Killen, J F	DLTN	414
Killen, Rob**	DLTN	415
Killengworth, Caroline	RHLD	58
Killey, Ezekiel Y	GRVL	344
Killiam, Elizabeth**	YORK	366
Killiam, Jno W	CHTR	73
Killiam, Sarah	CHTR	70
Killian, A A*	CHTR	18
Killian, David*	UNON	268
Killian, E L	PKNS	47
Killian, Eli	RHLD	75
Killian, George	PKNS	47
Killian, H V	CHTR	69
Killian, Henry	YORK	391
Killin, R D	CHFD	130

Name	Code	Pg	Name	Code	Pg	Name	Code	Pg
Killing, Rebecca S	BUFT	91	Kinard, Sallie	NWBY	289	King, James Sr	PKNS	43
Killingsworth, Anderson	BNWL	441	Kinard, Sallie	NWBY	283	King, James*	GRVL	406
Killingsworth, Benj*	BNWL	448	Kinard, Staffle	NWBY	215	King, James	DLTN	413
Killingsworth, Calib	BNWL	397	Kincaid, John A	YORK	413	King, James	EDFD	87
Killingsworth, J J	BNWL	442	Kincaid, Rebecca*	FAFD	217	King, James	COTN	369
Killingsworth, Mary	BNWL	397	Kincard, Nancy	FAFD	255	King, James	COTN	361
Killingsworth, P	BNWL	471	Kind, William	RHLD	37	King, James	ADSN	198
Killingsworth, P J	FAFD	235	Kindall, R A	CHFD	183	King, James	CHTR	46
Killingsworth, W S	BNWL	442	Kinder, George	WMBG	347	King, James	ADSN	187
Killingworth, James	ABVL	88	Kinder, James*	RHLD	6	King, Jane J	DLTN	472
Killingworth, Wm G	ABVL	131	Kinder, John	WMBG	336	King, Jas Jr	ADSN	195
Kilpalric, Jcim	YORK	386	Kinder, W M	WMBG	300	King, Jas Sr	DLTN	414
Kilpatric, Dr J M*	YORK	372	Kinderick, J J	UNON	279	King, Jasper	ADSN	308
Kilpatric, Sebron	BNWL	430	Kinderick, Smith	UNON	277	King, Jn W	DLTN	413
Kilpatrick, Easter	DLTN	473	Kinderick, Turner	UNON	278	King, Jno	CHTN	334
Kilpatrick, Elias	SMTR	127	Kindrick, John	UNON	277	King, Jno D	SPBG	426
Kilpatrick, F W	PKNS	54	Kindrick, Thos W	LCTR	152	King, John	GRVL	409
Kilpatrick, Louisa*	GRVL	439	Kineston, M	CHTN	321	King, John	ADSN	188
Kilpatrick, M	FAFD	239	King, A	SPBG	258	King, John	ADSN	205
Kilroy, A*	CHTN	265	King, A	GRVL	477	King, John E	GRVL	479
Kilroy, D	CHTN	303	King, A	HORY	33	King, John G	ADSN	274
Kilroy, Thomas**	CHTN	400	King, A L	CHTN	164	King, John M	SPBG	318
Kilsinger, A J*	ADSN	185	King, A P	EDFD	139	King, John*	CHTN	269
Kilsinger, Stephen E	ADSN	279	King, A S	COTN	367	King, John	LCTR	206
Kilsinger, Wilson*	ADSN	279	King, Adam	BNWL	342	King, John G	CLDN	207
Kiman, Thos*	CHTN	110	King, Alexander**	ABVL	81	King, John*	CHTN	284
Kimball, Jane**	CHTR	76	King, Allen*	HORY	31	King, John	CHTN	269
Kimball, R H	GETN	318	King, Allen	EDFD	148	King, John	HORY	33
Kimbell, Emily*	SPBG	227	King, Andrew	GRVL	477	King, Jonah C	HORY	61
Kimbo, Susan	GRVL	443	King, Ann	HORY	66	King, Joseph	CHTN	436
Kimbrall, J	SPBG	328	King, Annice	LXTN	455	King, Joshua*	DLTN	459
Kimbrall, Thos**	SPBG	274	King, Barrington G**	RHLD	41	King, Josiah	ADSN	188
Kimbrel, Haris	YORK	397	King, Bryant	KRSW	102	King, Josiah	GRVL	355
Kimbrel, J B	LCTR	156	King, C P W	COTN	360	King, Judson	GRVL	456
Kimbrel, Jas	YORK	397	King, Catharine*	CHTN	435	King, Julun H	SPBG	329
Kimbrel, Jasper	YORK	404	King, Cecilia	CHTN	402	King, Leslie M	CHFD	101
Kimbrel, John	YORK	397	King, Charles	RHLD	40	King, Levenah	DLTN	412
Kimbrel, John F	YORK	398	King, Charlotte	ORBG	306	King, Levi	LXTN	357
Kimbrel, Joseph P	YORK	395	King, Chas	LRNS	237	King, Lydia*	PKNS	51
Kimbrel, Lawrence**	YORK	401	King, Cynthia*	ADSN	297	King, M	SPBG	259
Kimbrel, Martha A*	YORK	395	King, D R	NWBY	218	King, M	CHTN	362
Kimbrel, Robt	YORK	397	King, Danl S	SPBG	408	King, Margaret**	CHFD	120
Kimbrel, Thos	YORK	401	King, David	PKNS	23	King, Martha	DLTN	412
Kimbrel, Wm	YORK	391	King, David R	SPBG	331	King, Martin**	CHTR	46
Kimbrell, A*	SPBG	403	King, Davis	ORBG	306	King, Mary*	HORY	61
Kimbrell, Emely**	SPBG	206	King, Deen	SPBG	385	King, Mary H	GRVL	480
Kimbrell, James	SPBG	267	King, E M	CHTN	491	King, Mary Ann*	HORY	68
Kimbrell, Jas	EDFD	47	King, E S**	SPBG	257	King, Mary M*	CLDN	202
Kimbrell, Mrs M	EDFD	46	King, E	DLTN	376	King, Mary W L**	COTN	359
Kimbrell, Saml	SPBG	273	King, E M*	CHTN	452	King, Michael*	CHTN	284
Kimbrell, Vincent*	SPBG	234	King, Edward F	GRVL	483	King, Mitchell*	CHTN	284
Kimbrell, W H	EDFD	47	King, Edward*	ADSN	321	King, Mrs W S	CHTN	332
Kimbrell, Wm	PKNS	41	King, Edward**	KRSW	111	King, Nancy	KRSW	113
Kimree, J R	MARN	34	King, Eli	DLTN	413	King, Nancy	RHLD	73
Kinard, Adam	COTN	261	King, Elisha	PKNS	60	King, Nancy	ADSN	163
Kinard, Alfred	BUFT	78	King, Elisha	DLTN	414	King, Newton	ADSN	159
Kinard, Amelia*	NWBY	220	King, Elisha	DLTN	472	King, P H	SPBG	328
Kinard, Andrew	NWBY	289	King, Eliza	LCTR	152	King, Peter	ADSN	184
Kinard, B K*	NWBY	219	King, Eliza	CHTN	473	King, Peter	ADSN	319
Kinard, Calvin	NWBY	212	King, Elizabeth**	CHTN	402	King, Peter Sr	ADSN	187
Kinard, Catharine	NWBY	256	King, Elizabeth**	BNWL	342	King, Pleasant	EDFD	97
Kinard, Christiana*	NWBY	255	King, Elizabeth*	ADSN	294	King, R R	ADSN	181
Kinard, D B	NWBY	257	King, Ella*	CHTN	425	King, Robert	ADSN	264
Kinard, D*	KRSW	103	King, Ellen**	DLTN	381	King, Robert A	ADSN	272
Kinard, Drayton	NWBY	257	King, Elzy*	EDFD	108	King, Robert*	ABVL	75
Kinard, Drayton	NWBY	222	King, Emily B	DLTN	384	King, Robt	PKNS	78
Kinard, Drayton A**	NWBY	283	King, Ephraim	PKNS	43	King, Robt	ADSN	188
Kinard, F B	NWBY	255	King, Est R T	COTN	359	King, Robt M	ADSN	176
Kinard, Frerick	EDFD	172	King, F L	CLDN	202	King, Roland	LRNS	232
Kinard, G D	BNWL	486	King, Frances C	CHFD	133	King, Rosanah	NWBY	288
Kinard, George A	BNWL	350	King, G	CHFD	173	King, S*	CHFD	110
Kinard, George A	COTN	301	King, G	EDFD	92	King, Saml J	COTN	358
Kinard, H H	NWBY	292	King, G W	GRVL	455	King, Sampson	LXTN	470
Kinard, Henry	NWBY	245	King, Gabriel	MARN	36	King, Sarah A	COTN	313
Kinard, Hon Jno P	NWBY	262	King, Geo	KRSW	136	King, Sebastaian*	NWBY	288
Kinard, Isaac	COTN	305	King, Geo W	KRSW	124	King, Stephen	PKNS	46
Kinard, J A	EDFD	171	King, Geo*	CHTN	318	King, Susanah	SPBG	268
Kinard, J G	BNWL	341	King, Georg L	ADSN	264	King, Thomas	HORY	61
Kinard, Jacob	NWBY	272	King, George B	GRVL	397	King, Thomas	HORY	70
Kinard, Jacob	NWBY	289	King, George W	PKNS	175	King, Thomas*	CHTN	426
Kinard, Jacob	BNWL	341	King, George W	GRVL	333	King, Thomas	ADSN	288
Kinard, Jacob	BNWL	486	King, H F	SPBG	421	King, Thomas	ADSN	300
Kinard, Jacob	BNWL	340	King, H S	COTN	369	King, Thos S	GETN	313
Kinard, Jacob F	BNWL	349	King, H T	CHFD	133	King, Vicant M*	ABVL	103
Kinard, Jeff	NWBY	214	King, H W*	ORBG	306	King, W C	LXTN	357
Kinard, John	NWBY	256	King, H	CHTN	219	King, W*	GRVL	414
Kinard, John	NWBY	271	King, H	CHTN	325	King, W C*	CLDN	205
Kinard, John B*	NWBY	271	King, Hendn	DLTN	424	King, W H*	KRSW	125
Kinard, John G	NWBY	283	King, Henry	DLTN	413	King, Wesley	DLTN	437
Kinard, John H*	RHLD	10	King, Henry	BNWL	378	King, Wiley R	DLTN	437
Kinard, John H	BNWL	349	King, Hester	ADSN	263	King, William	PKNS	67
Kinard, John M	NWBY	304	King, J B	EDFD	117	King, William T	PKNS	156
Kinard, Katharine*	NWBY	288	King, J H	LCTR	160	King, William*	SPBG	203
Kinard, Lewis*	COTN	286	King, J J	LCTR	160	King, William*	CHTN	269
Kinard, M T	NWBY	230	King, J M	DLTN	413	King, William	EDFD	95
Kinard, M V	BNWL	340	King, J R	HORY	31	King, William Jr	EDFD	95
Kinard, Margaret	NWBY	255	King, J*	DLTN	409	King, William P	ADSN	271
Kinard, Martin	NWBY	288	King, J A	GRVL	362	King, Willy E	GRVL	478
Kinard, Martin A*	BNWL	341	King, J D	ADSN	321	King, Wm	PKNS	70
Kinard, Martin D*	BNWL	341	King, J D	EDFD	83	King, Wm	SPBG	408
Kinard, Mary*	NWBY	289	King, J E	KRSW	124	King, Wm	DLTN	390
Kinard, Mary	NWBY	305	King, J F	DLTN	406	King, Wm	ADSN	175
Kinard, Mathias	NWBY	220	King, J G	CHTN	220	King, Wm	ADSN	186
Kinard, Melvin M*	RHLD	35	King, Jacob	DLTN	472	King, Wm	GETN	319
Kinard, Michl	NWBY	226	King, James	PKNS	43	King, Wm	KRSW	88
Kinard, S P	NWBY	295	King, James	RHLD	57			

Name	Loc	Pg
King, Wm H	NWBY	238
King, Wm Jr	DLTN	406
King, Wm Sr	DLTN	413
Kingdon, Sarah A**	CHTN	520
Kingman, Eliah	CHTN	458
Kingman, John	CHTN	424
Kingman, Robt H	CHTN	214
Kingman, Samuel	CHTN	100
Kingman, Thos*	CHTN	264
Kingsmore, C H	NWBY	304
Kingsmore, E R	NWBY	250
Kingsmore, J H	ADSN	178
Kinington, James	LCTR	192
Kinksclen, J*	CHTN	210
Kinlaw, William	SMTR	139
Kinloch, B K	CHTN	331
Kinloch, H W***	CHTN	326
Kinlock, G F	CHTN	112
Kinlock, George	CHTN	285
Kinlock, Mary	CHTN	354
Kinlock, Mary J	CHTN	383
Kinman, Elizabeth*	GRVL	498
Kinman, Frances W*	GRVL	498
Kinman, James*	GRVL	498
Kinman, James D*	RHLD	19
Kinman, Mary M*	GRVL	498
Kinman, Virginia*	GRVL	501
Kinnaird, W T*	EDFD	123
Kinneblack, Lizzie	RHLD	1
Kinnemore, Elias	PKNS	184
Kinney, Ann S	SMTR	138
Kinney, James	GRVL	360
Kinney, M*	BUFT	6
Kinney, Theresa	SMTR	113
Kinnon, Flora M*	MRBO	176
Kinny, Ferobe	MRBO	167
Kinsel, Ann	CHTN	243
Kinsey, Elzer	BNWL	355
Kinsey, G W	COTN	310
Kinsey, Geo	CHTN	357
Kinsey, Henry	COTN	278
Kinsey, Henry Jr	COTN	288
Kinsey, James	COTN	278
Kinsey, James Jr	COTN	296
Kinsey, James Sr	COTN	296
Kinsey, Jesse	BNWL	354
Kinsey, Joseph	COTN	297
Kinsey, Lewis	BNWL	354
Kinsey, Olsen	COTN	297
Kinsey, Ransom	COTN	298
Kinsey, Riley	COTN	296
Kinsey, Thomas	COTN	297
Kinsey, William	COTN	263
Kinsler, John H	RHLD	68
Kinsler, John J	RHLD	48
Kinsler, Michael	ADSN	262
Kinsler, William	LXTN	455
Kinsley, E*	SPBG	258
Kinsley, Miss*	CHTN	320
Kinsley, Miss*	CHTN	318
Kinsman, H W*	CHTN	312
Kinton, H	MARN	110
Kinton, Henry P	GETN	296
Kinton, W	GETN	317
Kinyan, Joseph	COTN	352
Kipper, Daniel S	MRBO	156
Kirby, A J	GRVL	431
Kirby, A W	SPBG	325
Kirby, Abram	SPBG	323
Kirby, Alexr	DLTN	441
Kirby, Andrew	SPBG	216
Kirby, Augustus H	SPBG	304
Kirby, Benj	DLTN	441
Kirby, Benjamin	WMBG	344
Kirby, Charles	MARN	49
Kirby, Daniel	SMTR	103
Kirby, Dixon	SMTR	103
Kirby, E H	WMBG	344
Kirby, Elizabeth	SPBG	222
Kirby, Elizabeth	SPBG	229
Kirby, Emily**	KRSW	115
Kirby, Evander	DLTN	441
Kirby, Evander	SMTR	103
Kirby, Geo	DLTN	382
Kirby, Geo M	SPBG	221
Kirby, Harris	SPBG	304
Kirby, Isham	SPBG	326
Kirby, J L	DLTN	442
Kirby, J R	DLTN	441
Kirby, Jacob	SPBG	252
Kirby, James	SPBG	323
Kirby, James	PKNS	7
Kirby, James J	SMTR	107
Kirby, Jas D	SPBG	222
Kirby, Jesse	GRVL	458
Kirby, Jno M	DLTN	441
Kirby, Johanna	CHTN	409
Kirby, John	SPBG	305
Kirby, John	SPBG	333
Kirby, John	KRSW	122
Kirby, John	GRVL	433
Kirby, John	SMTR	104
Kirby, John*	KRSW	118
Kirby, John	KRSW	120
Kirby, Joseph	SPBG	250
Kirby, Josephus	SPBG	219
Kirby, Lafayette	SPBG	217
Kirby, Mark D	SPBG	319
Kirby, Marshall**	SPBG	223
Kirby, Mary	MARN	86
Kirby, Nancy*	SPBG	219
Kirby, Nancy*	SPBG	221
Kirby, Nelson	SMTR	103
Kirby, Newton	SPBG	221
Kirby, Patsey	SPBG	314
Kirby, R	DLTN	455
Kirby, R J*	DLTN	445
Kirby, R L	SPBG	337
Kirby, R M	SPBG	337
Kirby, Ranson	SPBG	252
Kirby, Richd F	SPBG	320
Kirby, Robert H	SPBG	252
Kirby, S	SPBG	402
Kirby, S S*	CHTN	370
Kirby, S S*	DLTN	386
Kirby, Saml	DLTN	440
Kirby, Sarah*	SPBG	222
Kirby, Stephen	SPBG	320
Kirby, Thomas	WMBG	339
Kirby, Thomson*	SPBG	315
Kirby, Thos	SPBG	326
Kirby, Uriah	SPBG	217
Kirby, William B	SPBG	221
Kirby, William O	SPBG	250
Kirby, Wineberry	SPBG	217
Kirby, Wm	SPBG	227
Kirby, Wm J	DLTN	440
Kirk, C M	BUFT	17
Kirk, Chas E	LRNS	220
Kirk, Eliza*	RHLD	27
Kirk, Frank	CHTR	21
Kirk, Gabriella	BUFT	18
Kirk, Henry B*	CHTN	177
Kirk, James G	LCTR	165
Kirk, James J*	BUFT	67
Kirk, John W	BUFT	19
Kirk, Julia*	BUFT	12
Kirk, Katharine**	CHTN	286
Kirk, M V M*	EDFD	36
Kirk, Manning J	BUFT	20
Kirk, Mary	LCTR	165
Kirk, Matas	UNON	197
Kirk, Mrs**	CHTN	313
Kirk, P Sidney	CHTN	151
Kirk, Philip C	CHTN	151
Kirk, Rebecca*	LCTR	145
Kirk, Sarah E***	BUFT	67
Kirkendal, Samuel*	YORK	371
Kirkendoll, G W	GRVL	382
Kirkey, Robert	PKNS	126
Kirkham, Stephen	PKNS	27
Kirkham, Stephen	PKNS	28
Kirkland, A*	EDFD	198
Kirkland, Ann	BNWL	344
Kirkland, Asa	BNWL	344
Kirkland, B	KRSW	79
Kirkland, Benj*	LXTN	422
Kirkland, C S	BNWL	456
Kirkland, Cauthin	BNWL	347
Kirkland, D B	FAFD	257
Kirkland, D B	FAFD	239
Kirkland, D C	FAFD	221
Kirkland, D D	KRSW	77
Kirkland, E S	EDFD	190
Kirkland, Ellen*	EDFD	12
Kirkland, Franklin*	FAFD	267
Kirkland, G W	LXTN	368
Kirkland, Geo	LXTN	461
Kirkland, Geo	LXTN	465
Kirkland, H W	BNWL	476
Kirkland, J A	BNWL	407
Kirkland, J R	KRSW	99
Kirkland, Jesse A	LCTR	210
Kirkland, John	EDFD	3
Kirkland, John C	BNWL	347
Kirkland, John C	BNWL	348
Kirkland, John M	FAFD	266
Kirkland, Joshua	BUFT	70
Kirkland, Lucy**	EDFD	14
Kirkland, Mary*	KRSW	99
Kirkland, Mrs E	EDFD	33
Kirkland, Nancy	EDFD	128
Kirkland, Needham F	BUFT	69
Kirkland, R M	BNWL	363
Kirkland, Rebecca	FAFD	211
Kirkland, Rheubin	BNWL	347
Kirkland, Robert	BNWL	347
Kirkland, Stan**	EDFD	9
Kirkland, Thos	BNWL	476
Kirkland, Tillman	LXTN	460
Kirkland, W C	SPBG	392
Kirkland, W G	KRSW	79
Kirkland, Warren	LXTN	368
Kirkland, Wm C	COTN	311
Kirkland, Wm**	EDFD	49
Kirkland, Wm	EDFD	5
Kirkland, Z*	SPBG	258
Kirkley, J A	KRSW	90
Kirkley, J M	KRSW	94
Kirkley, James E	SMTR	180
Kirkley, Joseph*	KRSW	135
Kirkley, Robt	KRSW	94
Kirkley, Susannah	KRSW	135
Kirkley, Wm	CHFD	134
Kirkly, Isabella S	CHFD	112
Kirkly, Wm P	CHFD	113
Kirkpatric, Arthur	YORK	445
Kirkpatric, E M*	YORK	374
Kirkpatric, H	YORK	427
Kirkpatric, Saml	YORK	445
Kirkpatrick, David	LCTR	216
Kirkpatrick, Elizabeth A	CHTR	9
Kirkpatrick, Elizb*	ABVL	144
Kirkpatrick, Ellen**	CHTR	13
Kirkpatrick, Ellen**	FAFD	282
Kirkpatrick, G W	CHTR	32
Kirkpatrick, Hannah*	ABVL	144
Kirkpatrick, J C	CHTR	8
Kirkpatrick, J E D	CHTN	225
Kirkpatrick, J J	CHTR	9
Kirkpatrick, J L	CHTN	361
Kirkpatrick, J M*	CHTR	9
Kirkpatrick, Jane	ABVL	144
Kirkpatrick, John*	CHTN	411
Kirkpatrick, John	CHTN	214
Kirkpatrick, John A	GRVL	403
Kirkpatrick, Lucinda*	CHTR	17
Kirkpatrick, Richd	ABVL	144
Kirkpatrick, Robert***	CHTR	27
Kirkpatrick, Stephen	CHTR	17
Kirksey, E P H	EDFD	18
Kirksey, Miss G*	EDFD	61
Kirksey, William	PKNS	171
Kirkwood, E H	MRBO	169
Kirkwood, William	CHTN	276
Kirly, John G	MARN	23
Kirtland, Anne**	RHLD	83
Kirton, J J	HORY	37
Kirton, J M	WMBG	317
Kirton, J P*	HORY	37
Kirton, J W	HORY	37
Kirton, S W	HORY	29
Kisee, Johanna*	CHTN	106
Kisell, Ephraim*	CHTN	110
Kiser, Caleb	CHTR	86
Kissell, Ephraim*	DLTN	475
Kissick, Jane	LRNS	306
Kissick, Jas*	LRNS	306
Kissie, David	EDFD	106
Kistler, Albert*	LXTN	388
Kistler, P F	DLTN	468
Kistler, Rufus	CHTR	43
Kitchen, Mrs M*	FAFD	204
Kitchen, William**	UNON	273
Kitchens, C T	CHTR	9
Kitchens, Charles**	CHTR	59
Kitchens, Charles E	CHTR	19
Kitchens, Ferdinand*	CHTR	20
Kitchens, Jno T	CHTR	1
Kitchens, Lucinda*	CHTR	23
Kitchens, Mary	CHTR	51
Kitchens, Samuel	CHTR	33
Kitchens, Sarah*	CHTR	3
Kitchens, Sarah*	CHTR	19
Kitchens, Smith	CHTR	63
Kitchens, Wm*	CHTR	88
Kitchens, Zachens	CHTR	63
Kitching, James	ORBG	399
Kitching, John B	BNWL	390
Kitching, Phillip	ORBG	399
Kitchings, J E	BNWL	412
Kitchings, J J	BNWL	409
Kitchings, J P	BNWL	409
Kitchings, Joseph	BNWL	411
Kitchings, Joseph	BNWL	389
Kitchings, Lucy	BNWL	425
Kitchings, P N	ORBG	399
Kitchings, S P	BNWL	420
Kitchings, W F	BNWL	410
Kitchum, Joel*	GRVL	402
Kitchum, Joel	GRVL	404
Kithlan, John	UNON	243
Kitrell, Danil	BNWL	363
Kitrell, G W	ORBG	368
Kitrell, Margaret S	ORBG	374
Kitridge, E M*	CHTR	70
Kitterrin, Richd	RHLD	90
Kitterson, Fannie*	RHLD	25
Kitterson, James	RHLD	13
Kittleband, Septima**	CHTN	411
Kittler, Stephen A	BUFT	61
Kittles, Richard M	BUFT	93
Kittrell, G W	ORBG	376
Kitzinger, Susan*	ADSN	291
Kizer, D Y	COTN	339
Kizer, J	CHTN	123
Kizer, Jacob	ORBG	340
Kizer, Lewis	COTN	358
Klaren, Frederick W	CHTN	442
Klaus, Peter*	CHTN	236
Kleckler, Jackson	BNWL	426
Kleckley, Daniel	LXTN	427
Kleckley, George W	RHLD	37
Kleckley, John	RHLD	1
Kleckly, Nathl	LXTN	428
Kleckly, Sally	LXTN	428
Kleckly, Samuel	LXTN	428
Kleckly, Sarah*	LXTN	428

Klee, C H*	CHTN	309	Knight, Moses*	CHFD	120	Koester, Theodore	CHTN	255
Klee, John**	CHTN	481	Knight, Peter	CHTN	479	Koger, Charles E	COTN	309
Klein, Ernest	CHTN	409	Knight, Reuben	COTN	339	Koger, E A	COTN	253
Klein, F*	CHTN	270	Knight, Rich	CHFD	141	Koger, James H	COTN	309
Klein, Isaac	BNWL	466	Knight, Robert	CHFD	164	Kohlman, Dedrick	CHTN	450
Klein, J J	COTN	249	Knight, S	LRNS	298	Kohn, Theodore*	ORBG	406
Klein, John*	CHTN	110	Knight, S L	CHFD	165	Kohnke, C F	CHTN	358
Klein, John**	CHTN	384	Knight, S S**	LRNS	300	Kolb, A L	CLDN	215
Kleingohearn, Joseph	CHTN	514	Knight, S V	LRNS	255	Kolb, Aaron	SMTR	166
Klenke, A	CHTN	301	Knight, Sam	COTN	338	Kolb, Angela*	DLTN	403
Klepping, D*	CHTN	247	Knight, Sarah A*	LRNS	270	Kolb, Benjaman	SMTR	168
Klick, Peter*	CHTN	233	Knight, Sarah**	LCTR	181	Kolb, Benjaman F*	SMTR	168
Klinch, George*	CHTN	196	Knight, Silas	LRNS	300	Kolb, Eliza M*	SMTR	163
Klinch, Miram	NWBY	289	Knight, Tempy I*	CHFD	129	Kolb, Ephraigham	SMTR	168
Klinck, John	CHTN	210	Knight, Thomas	COTN	342	Kolb, Ginsey	SMTR	164
Kline, J C*	CHTN	351	Knight, Thos	CHTN	501	Kolb, H	CLDN	216
Klipestine, T F	CHTN	108	Knight, W	COTN	342	Kolb, James M	SMTR	172
Klner, William	CHTN	198	Knight, Walker W	PKNS	169	Kolb, John	SMTR	168
Klober, C*	YORK	384	Knight, Wesley	RHLD	91	Kolb, Ransom	SMTR	164
Kloffman, Mrs F	CHTN	239	Knight, West*	CHFD	160	Kolb, Tilman	SMTR	172
Kluck, Gustavus W*	RHLD	51	Knight, William	COTN	342	Koldeway, F	CHTN	322
Klugh, Dr Henry G	ABVL	94	Knight, William	LCTR	176	Kollock, C	CHFD	185
Klugh, Pascal D	ABVL	94	Knight, Wm	LRNS	251	Kolmorrow, Henry*	RHLD	56
Klugh, Wesley C	ABVL	90	Knight, Wm	CHFD	160	Konely, Wm*	CHTN	310
Knab, Augt*	CHTN	202	Knight, Wm H*	NWBY	270	Konig, C*	CHTN	307
Knapp, Miss Kate	EDFD	40	Knight, Wm L*	LRNS	270	Konroy, James*	CHTN	426
Knauff, Henry J	ADSN	255	Knighten, Jas*	CHFD	133	Koober, G H	PKNS	34
Knauff, Thomas J	CHTN	293	Knighten, Thos	CHFD	175	Koodrut, Benjamin	CHTN	375
Knauff, W G	ADSN	255	Knighten, Zach	SPBG	357	Kooler, Nancy	CHTN	307
Knecht, Martin	PKNS	41	Knighton, Thomas	BNWL	343	Koon, Amy	LXTN	408
Knee, Henry	CHTN	247	Knighton, Wm	CHTN	257	Koon, And S	ABVL	60
Knee, Hermann	PKNS	37	Knights, E*	CHTN	208	Koon, Anna M	LXTN	406
Knee, Meta*	CHTN	449	Knights, Jno A	SMTR	169	Koon, Belton	LXTN	410
Knell, Charles*	CHTN	483	Knights, S	GETN	290	Koon, Betsey	NWBY	259
Knells, C L	CHTN	350	Knights, Susan	GETN	294	Koon, Catharine*	LXTN	378
Knickmeyer, R	CHTN	252	Knobelloch, William	CHTN	415	Koon, Christina	LXTN	404
Knight, A E	CHTN	384	Knobeloch, John*	CHTN	415	Koon, D L*	NWBY	270
Knight, A W	CHFD	168	Knorsaghe, E*	CHTN	258	Koon, Daniel	LXTN	408
Knight, Alfred	LCTR	183	Knott, Elizzie*	GRVL	413	Koon, David	NWBY	285
Knight, Allen	KRSW	91	Knott, John	EDFD	28	Koon, Elias	LXTN	407
Knight, Andrew	LCTR	193	Knotts, Elisha	DLTN	450	Koon, Elizabeth*	EDFD	149
Knight, B W	LRNS	276	Knotts, Ephrm	DLTN	419	Koon, G A	EDFD	148
Knight, Benj H*	RHLD	45	Knotts, J E*	NWBY	304	Koon, H F	EDFD	148
Knight, Benjn	LRNS	260	Knotts, Joel	ORBG	400	Koon, Hamilton	NWBY	254
Knight, Benjn	LRNS	253	Knotts, John D	ORBG	402	Koon, Henry	LXTN	380
Knight, Cathim*	CHFD	158	Knotts, Joseph E	ORBG	359	Koon, Henry	NWBY	285
Knight, Chloe	CHFD	156	Knotts, Nathn	DLTN	450	Koon, J D	LXTN	396
Knight, Dabndy	LRNS	295	Knotts, Sush	DLTN	420	Koon, J H	LXTN	396
Knight, Danl	COTN	327	Knotts, William	LXTN	360	Koon, Jacob	LXTN	398
Knight, David	LRNS	298	Knotts, William*	GRVL	414	Koon, Jacob	LXTN	383
Knight, David	ORBG	360	Knowels, Wm*	CHTN	324	Koon, Jacob Jr	LXTN	408
Knight, Eli	KRSW	91	Knowles, Martha	SMTR	143	Koon, Jacob Sr	LXTN	408
Knight, Eli	LCTR	183	Knowles, Martha	BUFT	69	Koon, Jacob*	NWBY	213
Knight, Elijah	LCTR	187	Knowles, Mathison*	SMTR	144	Koon, James	LXTN	380
Knight, Elijah*	FAFD	271	Knowles, Mrs	CHTN	317	Koon, John*	NWBY	300
Knight, Elisabeth*	LCTR	210	Knowlton, B J	GETN	313	Koon, Langston*	NWBY	271
Knight, Eliz*	EDFD	117	Knowlton, Jno W	CLDN	237	Koon, Levi	LXTN	380
Knight, Elizabeth	RHLD	24	Knox, Ann	YORK	510	Koon, Levi	EDFD	140
Knight, Evan*	CHFD	154	Knox, David	ABVL	58	Koon, Lizzie	NWBY	266
Knight, F R	LRNS	270	Knox, Drury	PKNS	92	Koon, Margaret	NWBY	255
Knight, Frances	CHTN	357	Knox, Elisabeth*	CHTN	273	Koon, Martin	EDFD	145
Knight, Francis	CHFD	156	Knox, Elizabeth	CHTR	62	Koon, Mary M*	LXTN	404
Knight, Henley	LRNS	270	Knox, Elizabeth*	ADSN	154	Koon, Mic	EDFD	23
Knight, Hugh	KRSW	92	Knox, Frances	PKNS	3	Koon, N B	NWBY	295
Knight, Irvin	LCTR	186	Knox, Frank	CHTR	63	Koon, Polly**	NWBY	283
Knight, J D	LXTN	459	Knox, H B	ORBG	364	Koon, Robt*	NWBY	285
Knight, J K	CHFD	139	Knox, Henry	UNON	230	Koon, S D	LXTN	376
Knight, J M	CLDN	230	Knox, Isaac	UNON	230	Koon, Sarah M*	LXTN	378
Knight, J T*	DLTN	375	Knox, J C*	PKNS	106	Koon, Solomon**	EDFD	178
Knight, J W	LRNS	288	Knox, J J	KRSW	74	Koon, Ugenia	NWBY	270
Knight, Jacob	LCTR	187	Knox, James	CHTR	49	Koon, William	LXTN	380
Knight, James	ORBG	391	Knox, Jno F	CHTR	73	Koopman, M*	KRSW	132
Knight, James A	COTN	342	Knox, Jno*	ABVL	25	Kopel, H	CHTN	313
Knight, James R	CHFD	168	Knox, John	COTN	333	Kopff, Henry	CHTN	442
Knight, James R	COTN	342	Knox, John	ADSN	195	Kops, C M	BNWL	487
Knight, Jane*	CHFD	159	Knox, John	CHTR	62	Kops, C M	BNWL	487
Knight, Jas	LRNS	270	Knox, John J	SMTR	148	Kops, Jacob	BNWL	487
Knight, Jas	LRNS	282	Knox, John**	CHTN	273	Kops, John A	CHTN	450
Knight, Jas*	LRNS	260	Knox, Margaret	CHTR	63	Kops, Mary C	BNWL	486
Knight, Jas P	LRNS	293	Knox, Matthew	YORK	510	Korber, A*	CHTN	266
Knight, Jeff	CHFD	156	Knox, Mary	YORK	423	Korby, S L*	GRVL	420
Knight, Jefferson	CHFD	164	Knox, Morgan	UNON	218	Kornahrens, John H	CHTN	469
Knight, Jessy*	LRNS	253	Knox, Mrs*	CHTN	333	Kornahrens, Nicolaus	CHTN	469
Knight, Jno	LRNS	279	Knox, Nancy	PKNS	21	Korty, Charles*	CHTN	100
Knight, Jno	LRNS	255	Knox, Nathl**	ABVL	24	Kossouth, Daniel*	CHTR	81
Knight, Jno	LRNS	248	Knox, Robert	PKNS	16	Kotch, Geo*	CHTN	317
Knight, Jno	LXTN	361	Knox, Robt*	ABVL	25	Kracke, Frederick D C	CHTN	451
Knight, Jno McC	LRNS	260	Knox, Samuel*	ABVL	33	Kraft, Henry	RHLD	16
Knight, Jno McC	LRNS	250	Knox, Thomas	UNON	230	Kraker, Abram	ADSN	156
Knight, Jno*	CHFD	176	Knox, Thos	CHTN	103	Kramer, William	CHTN	437
Knight, John	RHLD	74	Knox, W J*	WMBG	325	Krammer, Geo	EDFD	114
Knight, John A*	LCTR	186	Knox, William	UNON	217	Krantz, August	CHTN	521
Knight, John D	BUFT	59	Knox, William	CHTN	272	Kraus, John	GRVL	405
Knight, John F	PKNS	20	Knox, Wm	CHTN	339	Krause, Ann M	CHTN	292
Knight, Jonathan	LCTR	197	Knox, Wm	CHTR	63	Krauss, Peter	BUFT	20
Knight, Jos	LRNS	290	Knox, Wm*	KRSW	121	Kreager, Ann G*	CHTN	233
Knight, Julia	BUFT	62	Knox, Wm M	ABVL	26	Kreagor, Ann*	CHTN	237
Knight, Levi	CHFD	164	Knuce, James	LXTN	469	Kreck, Rebecca F*	CHTN	505
Knight, Lewis	COTN	342	Knuce, Maria*	LXTN	359	Kremer, Fred	RHLD	15
Knight, M C	LRNS	295	Knuer, H*	CHTN	259	Kremer, Jacob	CHTN	468
Knight, Mary	LRNS	248	Koch, Amelia*	CHTN	473	Kremer, Phillip	CHTN	461
Knight, Mary	COTN	327	Koch, Christn	CHTN	249	Kress, Barney	EDFD	6
Knight, Melvine	BUFT	62	Koenecke, Albert	CHTN	167	Kress, Jno P	CHTN	348
Knight, Micajah	LRNS	292	Koennecke, Albert	CHTN	395	Kress, Mrs A	EDFD	4
Knight, Middleton	LCTR	185	Koester, Louis	CHTN	409	Kress, Mrs C M	EDFD	6
Knight, Milly	LRNS	269				Kriby, James	KRSW	117

Name	Loc	Pg	Name	Loc	Pg	Name	Loc	Pg
Kriete, John*	CHTN	431	Lacoste, A J T	CHTN	104	Lamb, Barnet*	EDFD	127
Kriett, Frederick*	CHTN	410	Lacoste, Anne E	SMTR	117	Lamb, Benj	SPBG	350
Krimminga, Rufus	ABVL	152	LaCoste, Clara*	RHLD	42	Lamb, David W	CHTN	118
Krimminger, Jno N	DLTN	399	Lacoste, Jas C	CHTN	225	Lamb, David W	CHTN	375
Krisfur, Isadore*	CLDN	235	Lacoste, S D M	SMTR	117	Lamb, Frances	SPBG	236
Krite, George	CHTN	257	Lacoste, Samuel N	SMTR	117	Lamb, G Buist**	CHTN	383
Kroeg, Andrew	CHTN	432	Lacoste, W O	CHFD	183	Lamb, George B*	RHLD	56
Kroenberg, William	RHLD	57	Lacy, P	WMBG	353	Lamb, J	SPBG	350
Krouch, Saml	EDFD	114	Lacy, Pinckney*	COTN	366	Lamb, J S**	EDFD	138
Kruger, C F	CHTN	221	Lacy, Robert	COTN	364	Lamb, James	COTN	357
Kruger, Henry*	CHTN	168	Lacy, S A	WMBG	341	Lamb, Jas	WMBG	311
Kruse, A	LRNS	223	Ladd, G W	FAFD	206	Lamb, Jas F	EDFD	138
Kruse, J	CHTN	323	Ladd, John	PKNS	117	Lamb, Jesse	UNON	275
Kruse, Jacob	BNWL	460	Ladd, John H	PKNS	117	Lamb, M	SPBG	350
Krutz, Christina	CHTN	505	Ladd, Pleasant	PKNS	117	Lamb, M A	MARN	42
Kshoe, John*	CHTN	110	Ladd, Thyer	PKNS	113	Lamb, M H E	WMBG	311
Kuchra, August	CHTN	514	Ladewise, W**	CHTN	321	Lamb, Marien	UNON	264
Kuck, Henry	CHTN	431	Ladret, Ann	CHTN	422	Lamb, Mary	CHTN	184
Kuck, Henry*	CHTN	422	Ladson, Geo W*	RHLD	49	Lamb, Mary T*	RHLD	22
Kuck, Henry	CHTN	432	Ladson, Jas H	CHTN	188	Lamb, Robert*	UNON	261
Kuck, John	CHTN	397	Ladson, Jas P	BNWL	504	Lamb, Robt	WMBG	313
Kuck, John*	CHTN	272	Lady, Caroline	PKNS	37	Lamb, Robt	CHTN	122
Kugeley, Riley	CHTN	373	Lady, Frances*	PKNS	34	Lamb, S*	WMBG	310
Kuhn, Robert	CHTN	470	Lady, Norissa*	PKNS	16	Lamb, S D	WMBG	314
Kuhnhardt, Julia*	CHTN	284	Lady, Wm	PKNS	74	Lamb, Sarah	UNON	261
Kuhtman, H W	PKNS	23	Lafan, Catharine**	CHTN	210	Lamb, Thomas	UNON	193
Kunan, Edward	CHTN	105	Lafar, David X	CHTN	450	Lamb, W D	MARN	42
Kunce, A G**	LXTN	457	Lafar, Marion L	SMTR	170	Lamb, W E**	WMBG	311
Kunce, Allen	LXTN	361	Lafar, William H	CHTN	424	Lamb, William J	CHTN	495
Kunce, Andrew	LXTN	444	Lafarcard, Margaret	CHTN	484	Lamb, Wm	LRNS	300
Kunce, David	LXTN	442	Lafarge, E	CHTN	338	Lambers, Catherine	CHTN	500
Kunce, E	LXTN	442	Laffacade, E**	CHTN	343	Lambert, B G	WMBG	332
Kunce, Eliza	LXTN	360	Laffayette, Doben	CHTN	279	Lambert, C H	CHTR	76
Kunce, Harriet	LXTN	442	Lafferty, Cecelia	DLTN	426	Lambert, Charles*	CHTR	12
Kunce, J K	LXTN	444	Lafito, Edward*	CHTN	324	Lambert, Charlotte	CHFD	131
Kunce, Jacob	LXTN	423	Lafitte, Edward	CHTN	273	Lambert, Elisabeth	MARN	128
Kunce, Jno	LXTN	456	Lafitte, Jno	CHTN	335	Lambert, H H	MARN	11
Kunce, Joseph	LXTN	360	Lafitte, John	CHTN	273	Lambert, J D*	CHTN	264
Kunce, Kennerly	LXTN	423	Lafitte, John H	BNWL	502	Lambert, J W*	CHTN	264
Kunce, Wm	LXTN	423	Lafitte, John H Jr	BNWL	506	Lambert, Jas	MARN	18
Kunhardt, William	CHTN	274	Lafitte, Mary	RHLD	22	Lambert, John	BNWL	500
Kunkle, David	LXTN	383	Lafitte, Mrs Ann**	CHTN	221	Lambert, John	MARN	134
Kuppeburg, C	PKNS	37	LaFon, Wm S	GRVL	512	Lambert, John	MARN	128
Kurtch, Benj*	CHTN	202	LaFoy, Daniel	GRVL	516	Lambert, John	MARN	70
Kurtman, Caroline*	CHTN	214	Lafoy, Franklin	GRVL	378	Lambert, John	CHTN	197
Kurz, Jacob*	ABVL	10	Lafoy, Louisa	ADSN	222	Lambert, Mary**	MARN	141
Kuykendal, Mrs S	YORK	376	LaFoy, Prue	GRVL	512	Lambert, Mary A**	MARN	138
Kuykendall, Jas	YORK	376	LaFoy, Wesley*	GRVL	515	Lambert, Robert**	CHTN	431
Kyall, Martha	CHTN	292	Lager, Henry	CHTN	461	Lambert, Walter**	CHTN	191
Kyall, Thomas	CHTN	292	Lager, Joseph	LXTN	357	Lambert, Wm	BNWL	506
Kyle, Andrew*	ABVL	20	Lagrone, Christena*	NWBY	222	Lambert, Wm	MARN	129
Kyle, Eliza*	ABVL	20	Lagrone, D P*	EDFD	188	Lambertin, Jane	UNON	261
Kyle, Jno	LRNS	220	Lagrone, Frederick	NWBY	305	Lambeth, A J	GETN	310
Kyle, Rolin	CHFD	119	Lagrone, John	NWBY	226	Lambeth, B L	GETN	308
Kyth, Sarah	GRVL	398	Lagroon, Maj E	EDFD	63	Lambeth, Benj	GETN	296
Kyzer, David	LXTN	424	Lahay, Jeremiah	PKNS	43	Lambeth, Benjn	GETN	308
Kyzer, Drury	LXTN	390	Lahey, E M*	CHTN	366	Lambeth, Danl J	BUFT	5
Kyzer, J B	LXTN	390	Laidlu, Wm	CHTN	229	Lambeth, Henry	GETN	308
Kyzer, Jacob	LXTN	423	Lailer, Matthew	CHTN	366	Lambeth, J P	GETN	308
Kyzer, Joshua	LXTN	364	Lailer, Sarah*	CHTN	317	Lambeth, John	GETN	310
Kyzer, M L	LXTN	390	Laingan, Patk	CHTN	204	Lambeth, John E	BUFT	7
Kyzer, Rosanna*	LXTN	391	Lainn, Isaiah	DLTN	462	Lambeth, K	GETN	296
Kyzer, Walter	LXTN	390	Laird, Saml*	CHTN	201	Lambeth, M F	GETN	308
La Bruce, Catharine*	CHTN	477	Laird, Thomas	COTN	294	Lambeth, Martha	BUFT	13
La Bruce, Lelia*	CHTN	421	Laiter, M E*	KRSW	112	Lambeth, P R	GETN	309
La Coste, A P	CHFD	181	Laitor, M J **	RHLD	21	Lambeth, Sarah	GETN	307
La Coste, Adele	CHTN	419	Lake, Benj	NWBY	227	Lambeth, Wm	GETN	297
La Coste, Angela	CHTN	293	Lake, Celina	CHTN	394	Lamble, Henry L*	CHTN	426
La Coste, Jim	CHTN	420	Lake, Dr John	EDFD	55	Lamble, Joseph	CHTN	446
La Grace, Mary L*	CHTN	258	Lake, Drayton	NWBY	227	Lambley, Louisa*	CHTN	367
La Motte, James W	CHTN	480	Lake, E M	NWBY	234	Lambley, Vanderhorst*	CHTN	367
La Motte, Louisa L**	GETN	283	Lake, E P	NWBY	304	Lamboth, Samuel	LCTR	214
La Penne, Mrs	CHTN	310	Lake, Enoch	NWBY	227	Lambright, B G	SPBG	247
Labate, Eliza Jane	CHTN	105	Lake, Felix	EDFD	56	Lambrite, Addiline	UNON	291
Labate, George	CHTN	105	Lake, J C	NWBY	236	Lameon, Wade H	NWBY	216
LaBorde, Maximillian	RHLD	52	Lake, J G, Trustee*	NWBY	267	Lameric, Thos H	YORK	466
LaBrooks, Patience**	LXTN	450	Lake, J K	LXTN	384	Lamin, D G*	KRSW	77
LaBruce, J W	GETN	323	Lake, Jabez G	NWBY	267	Lamirie, J	EDFD	173
LaBruce, John	GETN	323	Lake, Jno E**	ABVL	67	Lamkin, John M*	CHTN	205
Labunty, A*	DLTN	375	Lake, John R	NWBY	226	Lamma, Margaret*	FAFD	274
Labusia, Loritta	CHTN	486	Lake, Lizzie*	NWBY	277	Lamock, Davis	RHLD	14
Lacassagne, E	CHTN	321	Lake, Martha	SPBG	302	Lamon, Jerry	CHTN	144
Lacey, Jane M*	ORBG	406	Lake, Mid E*	NWBY	280	Lamott, Henry J	CHTN	488
Lachacott, Julus	CHTN	185	Lake, Nancy	NWBY	276	LaMotte, C O	LRNS	220
Lachicotte, H	GETN	316	Lake, Rebecca	NWBY	266	LaMotte, Fanny*	CHTN	304
Lachicotte, Julius R	CHTN	159	Lake, Sarah A*	NWBY	267	LaMotte, Thomas J	RHLD	73
Lachicotte, P R	GETN	322	Lake, Thomas	EDFD	134	Lampe, Catharine**	CHTN	485
Lack, James C*	ABVL	89	Lake, Thos M	NWBY	267	Lampe, Fredk	CHTN	251
Lackey, Duke	SMTR	152	Lake, William	NWBY	227	Lampley, B C*	MRBO	148
Lackey, Emma**	SMTR	172	Lakin, B V	FAFD	221	Lampley, Jacob	DLTN	427
Lackey, George	CHTR	8	LaLane, G J M*	CHTN	370	Lamps, Fred**	CHTN	106
Lackey, James	CLDN	191	Lally, Patrick*	CHTN	511	Lampthier, Eliza*	CHTN	339
Lackey, John*	BNWL	373	Lally, William	GRVL	424	Lamsse, Fred	CHTN	106
Lackey, Moses	ADSN	222	Lamance, Isaac	GRVL	375	Lanagan, James	CHTN	472
Lackey, Nancy	CHTR	8	Lamance, Obedience*	GRVL	516	Lanagen, Dennis**	CHTN	471
Lackey, Rufus	SMTR	168	Lamar, B M	EDFD	82	Lananta, Samuel	SPBG	209
Lackey, Sarah E*	YORK	475	Lamar, Charles	EDFD	80	Lancaster, Abram	SPBG	324
Lackey, Wm	SMTR	170	Lamar, Florida*	EDFD	82	Lancaster, Adeline*	BNWL	372
Lackman, John*	CHTN	251	Lamar, J H	EDFD	106	Lancaster, Calvin C	SPBG	265
Lacomb, Susan	CHTN	282	Lamar, Mrs R	EDFD	82	Lancaster, Cynthia	SPBG	265
Lacost, Adolphus*	CHTN	283	Lamar, R G	EDFD	80	Lancaster, Delia	UNON	243
Lacost, Arter	LCTR	186	Lamar, T G	EDFD	106	Lancaster, Franklin	UNON	244
Lacost, James	LCTR	181	Lamaster, Abram	YORK	466	Lancaster, George	SPBG	269
Lacost, Moses*	LCTR	180	Lamaster, Lucy	SPBG	214	Lancaster, J C*	BNWL	476
Lacost, Stephen*	LCTR	185	Lamb, ----------	WMBG	313	Lancaster, J M	SPBG	322
Lacost, Thos	LCTR	184	Lamb, A**	WMBG	209	Lancaster, J W	BNWL	372

Name	Loc	Pg	Name	Loc	Pg	Name	Loc	Pg
Lancaster, James*	SPBG	268	Lanear, Elizabeth	PKNS	30	Langston, Howard	WMBG	343
Lancaster, James	UNON	243	Lanear, J M	PKNS	29	Langston, Ira	SMTR	104
Lancaster, Joel	UNON	244	Lanear, S	EDFD	101	Langston, J E	DLTN	316
Lancaster, John	COTN	322	Lanegan, Hannora*	CHTN	415	Langston, J T	GRVL	354
Lancaster, John M	BNWL	385	Laney, Abraham	YORK	486	Langston, Jackson P	GRVL	404
Lancaster, Laurence W	BNWL	369	Laney, John	LCTR	183	Langston, Jas	DLTN	434
Lancaster, Lemuel	UNON	240	Laney, John A	YORK	421	Langston, Jas	DLTN	443
Lancaster, Lewis	BNWL	369	Laney, Titus	LCTR	183	Langston, Jas Jr**	DLTN	434
Lancaster, Mary	BUFT	36	Lanford, Chaney*	SPBG	391	Langston, Jasper N	GRVL	344
Lancaster, Nancy	SPBG	267	Lanford, David	SPBG	389	Langston, Jno	DLTN	446
Lancaster, Ralph	SPBG	322	Lanford, Eliah	SPBG	358	Langston, John	LRNS	344
Lancaster, Rufus	SPBG	321	Lanford, Hosea*	GRVL	396	Langston, John**	LRNS	323
Lancaster, S	SPBG	337	Lanford, J C	SPBG	361	Langston, John	DLTN	430
Lancaster, Sarah*	GETN	311	Lanford, J G	SPBG	408	Langston, L	ADSN	257
Lancaster, W C	UNON	244	Lanford, J J	SPBG	408	Langston, L J	GRVL	423
Lancaster, William**	BNWL	372	Lanford, James A	BUFT	33	Langston, L M**	CLDN	234
Lancaster, Wright	UNON	243	Lanford, Jas	SPBG	382	Langston, Leroy	UNON	214
Lance, Francis	CHTN	103	Lanford, Jas B	SPBG	362	Langston, Louisa*	CLDN	234
Lance, M H	GETN	295	Lanford, Jas L	SPBG	362	Langston, M E*	WMBG	340
Lance, Martha	CHTN	443	Lanford, John	SPBG	408	Langston, Margaret	WMBG	340
Lance, Wm S	BUFT	24	Lanford, John M	SPBG	382	Langston, Mary	DLTN	449
Land, A J W	SPBG	422	Lanford, L M	SPBG	421	Langston, Mary W*	ADSN	161
Land, C L**	WMBG	342	Lanford, Landrum	SPBG	407	Langston, Mason	LRNS	336
Land, Cynthia*	ABVL	10	Lanford, Lowery	SPBG	318	Langston, Moses	ABVL	81
Land, E C	GETN	321	Lanford, Roddy	SPBG	320	Langston, Nathan	UNON	214
Land, Elijah	PKNS	95	Lanford, S P	SPBG	390	Langston, Pucket*	DLTN	444
Land, Elizabeth	PKNS	85	Lanford, Sally	SPBG	408	Langston, Robert	PKNS	165
Land, Elizabeth	CHTR	28	Lanford, Silas C	SPBG	360	Langston, Robert M	DLTN	443
Land, Francis H	CHTR	28	Lanford, W	SPBG	408	Langston, Robt**	DLTN	382
Land, G W	ADSN	258	Lanford, Wm	SPBG	362	Langston, Sol	LRNS	349
Land, Henry*	WMBG	342	Lanford, Zilla Lee	SPBG	361	Langston, T L	DLTN	443
Land, Isaiah	GRVL	341	Lang, Edmund	HORY	71	Langston, W B	DLTN	435
Land, J H	DLTN	403	Lang, John	CHFD	117	Langston, W H	LRNS	226
Land, Jas E	YORK	467	Lang, Mary*	COTN	333	Langston, W H	DLTN	442
Land, John	SPBG	311	Lang, Sarah**	CHFD	145	Langston, Wm	GRVL	419
Land, John	SPBG	430	Lang, Stephen	HORY	71	Langston, Wm H	DLTN	440
Land, Jordan	GRVL	356	Lang, Susan	KRSW	137	Langstone, Jane*	CHTN	290
Land, Joseph	GRVL	466	Lang, Thomas	KRSW	120	Langwith, Annie	CHTN	339
Land, Joseph	ADSN	237	Langam, John	CHTN	501	Lanham, Wm	EDFD	101
Land, Lewis	GRVL	360	Langar, William	GRVL	330	Lanhan, Col T W	EDFD	89
Land, Littleton	CHTR	21	Langballe, David M	BUFT	22	Lanhan, J M	EDFD	86
Land, R H	NWBY	305	Langdale, J W M	COTN	309	Lanhan, Josiah	EDFD	89
Land, T W	PKNS	99	Langdon, E A*	ABVL	76	Lanhan, Mrs E	EDFD	100
Land, Wm	PKNS	48	Langdon, Jas	CLDN	209	Lanhan, Mrs M	EDFD	89
Landers, John**	CHTN	193	Lange, B D	BUFT	11	Lanhan, Saul M	SPBG	356
Landers, Lewis	GRVL	377	Lange, John H	CHTN	209	Lanhon, Enoch	FAFD	238
Landers, Melton*	UNON	267	Lange, Katharine*	CHTN	273	Lanhon, Joseph	FAFD	230
Landers, S S	GRVL	430	Langer, Lucinda*	GRVL	422	Lanhon, Saml	FAFD	244
Landershine, Susan J*	CHTN	456	Langes, A**	DLTN	515	Lanhorn, Jas	DLTN	445
Landman, C R*	CHTN	249	Langford, A F	EDFD	173	Lanhorn, Wm	DLTN	445
Landram, Jno G	SPBG	395	Langford, Benj	LRNS	346	Lanier, James A	EDFD	67
Landreth, Alfred	GRVL	462	Langford, Henry	GRVL	376	Lanier, Margaret*	YORK	506
Landreth, R P*	PKNS	191	Langford, J P	LXTN	392	Lanier, Richard*	FAFD	266
Landrom, Nancy*	UNON	245	Langford, James	LXTN	392	Lanier, Susan E*	LCTR	155
Landrum, Amos	EDFD	13	Langford, John	LRNS	346	Lanier, Thos*	EDFD	71
Landrum, B F	EDFD	19	Langford, John	LXTN	392	Lanier, Thos F	ABVL	29
Landrum, Eliza	SPBG	348	Langford, John C	GRVL	378	Lanies, John	YORK	504
Landrum, G W	EDFD	111	Langford, Nancy*	BUFT	77	Lanigan, ----------	CHTN	248
Landrum, John	EDFD	128	Langford, Nicholas	BUFT	88	Lanigan, Ann*	RHLD	55
Landrum, Mary	WMBG	348	Langford, Phillip	UNON	269	Lanigan, Wm*	CHTN	202
Landrum, Mrs C	EDFD	57	Langford, Rev J J	LXTN	392	Lanlaer, Landon C*	SPBG	310
Landrum, Pelissy W	RHLD	179	Langford, Stanmore	NWBY	296	Lannagan, Michael	CHTN	482
Lands, Jacob	GRVL	392	Langford, Wm	LRNS	345	Lanneau, C H	GRVL	415
Lands, Sarah	SPBG	428	Langford, Wm	LXTN	392	Lanneau, F	CHTN	331
Lands, William	ABVL	11	Langford, Wm	NWBY	294	Lanneau, Rebecca*	CHTN	451
Landsdale, Mary L*	ADSN	157	Langford, Wm A	LRNS	345	Lannegan, Daniel**	CHTN	386
Landy, James*	CHTN	194	Langley, Anna*	GRVL	396	Lannor, James	CHTN	110
Lane, A J	BNWL	364	Langley, Carter	GRVL	451	Lansdale, Elizabeth	SMTR	178
Lane, B	HORY	38	Langley, Elizabeth	LCTR	165	Lansdell, Mrs M*	CHTN	328
Lane, Bryant	MARN	82	Langley, Geo*	BNWL	458	Lany, Holly	YORK	390
Lane, C	MARN	69	Langley, Jacob	EDFD	77	Lany, Obadia	LCTR	184
Lane, Cyntha	MARN	87	Langley, James*	GRVL	453	Lany, William	NWBY	295
Lane, D	MARN	88	Langley, James	LCTR	165	Lanydon, Edmond	CHTN	442
Lane, David	BNWL	400	Langley, Jas	KRSW	133	Lapenne, Charles**	CHTN	193
Lane, E	MARN	67	Langley, Jeff*	LCTR	145	Lapenne, E*	CHTN	366
Lane, Elijah	BNWL	364	Langley, Jno*	ABVL	34	Laramore, W A	WMBG	328
Lane, Evade*	MARN	14	Langley, John	GRVL	450	Larcey, OBrien*	CHTN	514
Lane, Fanny*	SPBG	302	Langley, Josiah	EDFD	93	Larcomb, Benjamin R*	CHTN	421
Lane, G G*	NWBY	297	Langley, L P	BNWL	491	Lard, Adam	BNWL	469
Lane, Harrington	RHLD	38	Langley, Mary*	ABVL	34	Lard, James	BNWL	402
Lane, Henry	BUFT	61	Langley, Mrs M	EDFD	64	Lard, James	ABVL	43
Lane, J G	MARN	87	Langley, Mrs Z	EDFD	77	Lard, Saml	ABVL	35
Lane, James H	MRBO	166	Langley, Nancy*	EDFD	61	Larergue, Julias*	CHTN	446
Lane, Jas	MARN	85	Langley, Robt	LCTR	165	Large, David	DLTN	462
Lane, Jas	MARN	16	Langley, Sarah	BNWL	457	Large, Jas	DLTN	477
Lane, John	COTN	287	Langley, Simion	MRBO	206	Large, Nichs*	DLTN	470
Lane, John	HORY	41	Langley, Stephen	EDFD	63	Large, Ralph	DLTN	386
Lane, John O	MARN	50	Langley, Thomas	GRVL	450	Laricy, Anzl*	COTN	256
Lane, John T	RHLD	39	Langley, William	EDFD	132	Laricy, Joel	COTN	268
Lane, Joseph	BNWL	348	Langley, Wm	LCTR	164	Laricy, Obrien B*	CHTN	366
Lane, Joseph	MARN	44	Langlois, Maria	CHTN	456	Laricy, William**	COTN	317
Lane, Lemuel	NWBY	281	Langly, C H	BNWL	395	Larigore, John*	CHTN	110
Lane, Lydia*	BUFT	45	Langly, Lealy	CHFD	101	Lariscy, Henry	COTN	363
Lane, Olin	ORBG	332	Langsdale, Jane	COTN	309	Lariscy, Joel	COTN	333
Lane, Osbern	BNWL	339	Langston, Allison	ADSN	305	Lariscy, John	COTN	269
Lane, S D	MARN	82	Langston, B J	DLTN	449	Lariscy, Thomas	COTN	360
Lane, Saml	MARN	45	Langston, Benjamin	CLDN	233	Larisey, John	COTN	310
Lane, Solomon	RHLD	7	Langston, Brooks*	LRNS	347	Larisey, John B	COTN	253
Lane, Stephen L	MARN	87	Langston, Calvin	DLTN	456	Larisey, William	COTN	253
Lane, Thomas	GETN	288	Langston, Chs C	ADSN	154	Larissey, A C*	RHLD	21
Lane, Thomas*	CHTN	194	Langston, Elias	DLTN	456	Lark, A L	NWBY	250
Lane, W K	WMBG	364	Langston, Elvin	DLTN	443	Lark, Charles	GRVL	472
Lane, William	MARN	127	Langston, Ezra*	SMTR	105	Lark, Cullen	LRNS	259
Lane, Wm R	NWBY	229	Langston, Francis M	PKNS	190	Lark, D	NWBY	252
Lanean, Mary	PKNS	54	Langston, Furney	DLTN	443	Lark, Henry	PKNS	152
Lanear, Dr J C	EDFD	71	Langston, Green B*	ADSN	328	Lark, J C	EDFD	114

Name	Loc	Pg	Name	Loc	Pg	Name	Loc	Pg
Lark, J F	EDFD	101	Latta, Robt	KRSW	138	Lawrence, Benjamin F	PKNS	168
Lark, J S**	BNWL	445	Latta, W A	YORK	371	Lawrence, C C	WMBG	355
Lark, James	NWBY	250	Latta, Wm	YORK	412	Lawrence, C S*	CLDN	241
Lark, James R	LCTR	216	Lattimer, A L	EDFD	80	Lawrence, E P	CHTN	398
Lark, William	GRVL	512	Lauchlin, Alexr	RHLD	17	Lawrence, Elisha	PKNS	188
Larke, Joseph**	CHTN	267	Lauderdale, D	FAFD	200	Lawrence, G W*	WMBG	356
Larkin, Ellen*	CHTN	365	Lauderdale, Thos	FAFD	277	Lawrence, J E	WMBG	355
Larkin, Jane*	CHTN	365	Laughin, Mary A	FAFD	201	Lawrence, J M	WMBG	333
Larkins, Jas	CHTN	226	Laughlan, H L	CHFD	186	Lawrence, J W*	CLDN	216
Larkins, Miss*	CHTN	320	Laughlin, Julia**	RHLD	30	Lawrence, James	PKNS	188
Larkins, Thos*	CHTN	211	Laughlin, Michael*	CHTN	199	Lawrence, Jane	UNON	222
Laroach, Sophia	BNWL	464	Laumont, Henry	CHTN	280	Lawrence, Jno	SPBG	417
LaRoche, D H	COTN	325	Laurance, Joseph	SPBG	421	Lawrence, John*	BNWL	456
LaRoche, E W	COTN	325	Laurel, Mary	CHTN	398	Lawrence, John J	SMTR	136
LaRoche, Edwd D	COTN	361	Lauren, A L	MRBO	182	Lawrence, Joseph*	BNWL	457
LaRoche, James	COTN	370	Laurence, A G	CHTN	502	Lawrence, Martha	YORK	431
LaRoche, John J	COTN	361	Laurence, Ann**	CHTN	344	Lawrence, Nancy*	YORK	407
LaRoche, R J	COTN	358	Laurence, Clara*	CHTN	300	Lawrence, Rhoda	YORK	367
LaRoche, R J	COTN	325	Laurence, Elizabeth*	CHTN	309	Lawrence, Samuel J	SMTR	136
LaRoche, S E	COTN	325	Laurence, J N	PKNS	49	Lawrence, Sarah	CHTN	188
Laroussilere, Theodore	CHTN	455	Laurence, James	CLDN	200	Lawrence, W H*	EDFD	116
Larr, John	ORBG	352	Laurence, Jas	SPBG	419	Lawrence, W H*	CLDN	238
Larranaga, V A	CHTN	208	Laurence, Jefferson	SPBG	419	Lawrence, Wm D*	SPBG	393
Larraty, John	CHTN	216	Laurence, John	SPBG	421	Laws, Allen	BNWL	358
Larrer, Andrew S*	RHLD	53	Laurence, Louisa	RHLD	60	Laws, James	FAFD	210
Larrer, Jacob	RHLD	40	Laurence, Maria	CHTN	300	Laws, Rebecca	FAFD	211
Larry, William M	CHTN	175	Laurence, Mary	PKNS	91	Lawson, Agnes	SPBG	355
Lartigue, E	CHTN	371	Laurence, Mary**	CHTN	502	Lawson, Amas	SPBG	348
Lartigue, Isidore	BUFT	46	Laurence, Miss E*	CHTN	328	Lawson, Anna	UNON	246
Lartique, Charles E	BNWL	476	Laurence, Mr*	CHTN	316	Lawson, Bailey	UNON	194
Lartique, G B	BNWL	476	Laurence, Robert*	RHLD	53	Lawson, Bell**	FAFD	212
LaSalle, John B	NWBY	269	Laurens, Abraham	CHTN	411	Lawson, Bery	UNON	240
Lasalle, William	RHLD	16	Laurens, Annie*	CHTN	276	Lawson, Bluford	ABVL	141
Laseter, John	CHTR	27	Laurens, Caroline**	CHTN	436	Lawson, David	PKNS	124
Lasley, Frances	PKNS	145	Laurens, Dianah*	CHTN	418	Lawson, Drury	LXTN	361
Lassaux, Frances*	ORBG	406	Laurens, Edward	CHTN	431	Lawson, Fincher	UNON	189
Lassenne, E*	CHTN	366	Laurens, Geo	CHTN	251	Lawson, George	UNON	265
Lassinett, Joe*	CHTN	167	Laurens, Isaac*	CHTN	214	Lawson, H C	UNON	206
Lassiter, Calvin	BNWL	435	Laurens, Jane	CHTN	344	Lawson, Henry L*	SMTR	103
Lassiter, Eli	CHFD	175	Laurens, John	CHTN	230	Lawson, Hiram	UNON	241
Lassiter, Sally	BNWL	445	Laurens, Levy	CHTN	412	Lawson, Hiram W	ABVL	25
Lasson, Wm	HORY	20	Laurens, Lucretia	CHTN	436	Lawson, J S	BNWL	464
Lasure, Fell	EDFD	90	Laurenson, C F	CHTN	519	Lawson, Jasper	UNON	194
Lasure, Mrs S	EDFD	50	Laury, Thomas**	CHTN	292	Lawson, Jefferson	UNON	194
Latch, Mary M	CHTN	504	Lausen, Dudley M**	MRBO	178	Lawson, Jesse	PKNS	57
Latemer, J M	GRVL	432	Lauter, Mary	CHFD	108	Lawson, Jesse	UNON	240
Laten, A V*	CHFD	189	Laval, Maria A	GETN	284	Lawson, John	PKNS	178
Latham, A M	UNON	294	Lavall, Julia*	YORK	380	Lawson, John	UNON	241
Latham, Andrew	ADSN	222	Laveissore, Daniel P	BUFT	69	Lawson, John	UNON	194
Latham, C H	LCTR	158	Laveissore, Josiah	BUFT	69	Lawson, John*	ADSN	179
Latham, Cander*	YORK	427	Lavender, Danl	CLDN	243	Lawson, Joseph	PKNS	134
Latham, Ellen	LXTN	425	Lavender, Jno	CLDN	239	Lawson, Joseph	PKNS	177
Latham, Elvira	YORK	468	Lavender, T*	LRNS	337	Lawson, Lemuel	UNON	214
Latham, Fany**	YORK	365	Lavigue, I T	COTN	271	Lawson, Lewis	DLTN	418
Latham, George W	PKNS	150	Lavin, S	EDFD	114	Lawson, Mitchel	UNON	260
Latham, Hannah**	PKNS	136	Lavinder, Geo	SPBG	294	Lawson, Mr*	CHTN	317
Latham, Henry	YORK	451	Lavinder, Jef	SPBG	286	Lawson, Nancy	SPBG	333
Latham, J B	ADSN	229	Laviner, Polly	MRBO	210	Lawson, Nancy	UNON	265
Latham, James	YORK	452	Lavour, James*	GRVL	328	Lawson, Rebecca	CHTN	281
Latham, John	ADSN	226	Law, A W	SMTR	101	Lawson, Robert	UNON	233
Latham, John S	PKNS	149	Law, Abner S	BUFT	40	Lawson, Tabitha	UNON	240
Latham, John W	YORK	406	Law, Agnes	RHLD	47	Lawson, Tempa	UNON	241
Latham, L*	CHTN	270	Law, Anne	SMTR	122	Lawson, Thomas	UNON	240
Latham, Laney*	CHTR	74	Law, C C	DLTN	379	Lawson, W M	UNON	207
Latham, Mary	PKNS	149	Law, Cyntha*	CHTN	123	Lawson, Wiley	UNON	246
Latham, Mary	FAFD	250	Law, D S	DLTN	446	Lawson, William	UNON	265
Latham, Mary	ADSN	229	Law, E A	DLTN	380	Lawson, William	UNON	240
Latham, Moses	YORK	450	Law, E F	DLTN	469	Lawson, William	UNON	240
Latham, P J*	CHTN	202	Law, E M*	YORK	372	Lawson, William	UNON	240
Latham, R A	YORK	450	Law, George*	CHTN	208	Lawson, William R	PKNS	137
Latham, R T	YORK	452	Law, George W	BUFT	16	Lawson, Wm	ADSN	183
Latham, Richard	YORK	427	Law, J K*	CHTN	371	Lawst, Malvina**	CHTN	283
Latham, Samuel M	FAFD	250	Law, J M	SMTR	116	Lawton, Alexr J	BUFT	71
Latham, Sydney	CHTR	35	Law, J M D	SMTR	101	Lawton, B W	BNWL	456
Latham, Thos A	LCTR	146	Law, James*	ABVL	75	Lawton, Benj T	BUFT	64
Latham, William	PKNS	150	Law, Jane	CHTN	123	Lawton, Charles A*	RHLD	35
Lathan, Wm	ADSN	224	Law, Mary J	DLTN	390	Lawton, Geo W	BUFT	16
Lathan, C H	LCTR	148	Law, Oliver P	BUFT	24	Lawton, Hagood	ABVL	6
Lathan, Jackson	LCTR	148	Law, Robert W	BUFT	16	Lawton, Isabella*	CHTN	428
Lathan, John	LCTR	148	Law, Sarah*	CHTN	123	Lawton, J A	BNWL	456
Lathan, R C	LCTR	149	Law, Tho C	DLTN	436	Lawton, James M	CHTN	114
Lathem, Jane	ADSN	236	Law, Thomas	ABVL	100	Lawton, James W	BUFT	62
Lathem, Lias	ADSN	237	Law, Thos	BNWL	464	Lawton, John	BUFT	72
Lathers, Nancy	ABVL	61	Law, W B*	LXTN	443	Lawton, John G	BUFT	69
Lathrop, Dr A W	ABVL	9	Law, Wm	DLTN	390	Lawton, John S*	BNWL	456
Lathrop, Emily	NWBY	295	Law, Wm	CHTN	122	Lawton, Jos Maner	BUFT	68
Lathrop, Josaphine*	BNWL	459	Lawden, Wm	CHFD	120	Lawton, Joseph M Jr	BUFT	69
Lathrop, Thos A**	SPBG	312	Lawhorn, J W	DLTN	445	Lawton, Josiah	ABVL	7
Latimer, Benjn	ABVL	144	Lawhorn, Jno B	DLTN	445	Lawton, Louisa	BNWL	457
Latimer, Clem T	ABVL	115	Lawhorn, Polly**	DLTN	444	Lawton, Luther C	ABVL	10
Latimer, E F	GRVL	405	Lawhorn, Robt	DLTN	439	Lawton, Mrs	CHTN	341
Latimer, George F	CHTR	70	Lawhorn, W W	DLTN	455	Lawton, Patience	BUFT	35
Latimer, H A	ORBG	407	Lawler, Julia*	CHTN	402	Lawton, R F*	CHTN	370
Latimer, Isabella	ABVL	144	Lawler, Michael*	CHTN	199	Lawton, Richard	BUFT	52
Latimer, J Robt	ABVL	145	Lawler, Patrick**	CHTN	277	Lawton, Syrus	BNWL	457
Latimer, James M	ABVL	112	Lawler, Peter*	CHTN	192	Lawton, William*	RHLD	58
Latimer, Micagah B	ABVL	103	Lawless, Azariah	ADSN	164	Lawton, Winborn A	BUFT	60
Latimer, Stephen	ABVL	144	Lawless, Edmund	ADSN	172	Lawton, Winborn Sr	CHTN	144
Latimer, Wm T**	ABVL	144	Lawless, Henry	ADSN	172	Lawton, Winburn**	CHTN	111
Latimore, Benjiman	ABVL	122	Lawless, James	ADSN	166	Lawton, Wm H	ABVL	53
Latimore, G F	YORK	437	Lawless, Michael	ADSN	199	Lawton, Wm J	BUFT	70
Latimore, Harison	ABVL	143	Lawless, Robert	CHTN	253	Lawton, Wm M	CHTN	355
Latimore, James M	ABVL	113	Lawless, Wm M	ADSN	164	Lawyer, Jasper	LXTN	272
Latrobe, H	CHTN	352	Lawlor, James	HORY	36	Lawyer, Wilks	ORBG	394
Latta, A T	KRSW	139	Lawrance, John	CHTN	136	Lay, Charles M	PKNS	169
Latta, Mrs. Robert	RHLD	61	Lawrence, B F	DLTN	434	Lay, E J	HORY	62

Name	Loc	Pg	Name	Loc	Pg	Name	Loc	Pg
Lay, James	PKNS	21	Leaster, Isham	SPBG	366	Lee, H	MARN	74
Lay, Jesse	PKNS	24	Leaster, Jas	SPBG	365	Lee, H	CHTN	345
Lay, Pricilla	CHTN	520	Leaster, Jno M	SPBG	365	Lee, H D*	BNWL	466
Lay, Sinclair	UNON	227	Leatham, Geo	CHTN	203	Lee, H J	DLTN	396
Laymore, Ellen	CHTN	497	Leather, Rutha B	PKNS	91	Lee, Hariot**	CHTN	493
Layne, Olevia*	UNON	208	Leathers, Asa	PKNS	100	Lee, Henry	SPBG	347
Layne, Unity	UNON	213	Leathers, Jane	ADSN	272	Lee, Henry	RHLD	50
Layos, Rachael*	EDFD	46	Leathers, Nimrod	PKNS	190	Lee, Henry	CHFD	163
Layton, C C	SPBG	351	Leathers, W W	PKNS	82	Lee, Henry	CHTN	85
Layton, Frank*	BNWL	468	Leathers, William H	PKNS	86	Lee, Hutson	CHTN	508
Layton, G A*	RHLD	22	Leatherwood, Jas	SPBG	362	Lee, J	WMBG	352
Layton, Jno M	SPBG	358	Leatherwood, Jas	SPBG	390	Lee, J D*	CHTN	370
Layton, John	SPBG	353	Leatherwood, Nancy	SPBG	391	Lee, J G	WMBG	343
Layton, Mary	DLTN	407	Leavell, James T*	NWBY	291	Lee, J H*	MRBO	182
Layton, May	SPBG	359	Leavell, John R	NWBY	292	Lee, J H**	CHTN	227
Layton, Nancy*	UNON	294	Leavell, Thomas	ADSN	316	Lee, J J	BNWL	452
Layton, Robt Jr	DLTN	438	Leavell, William*	ADSN	291	Lee, J Jenkins*	ABVL	138
Layton, Thos*	DLTN	457	Leavell, Wm P	NWBY	241	Lee, J L	KRSW	131
Layton, Willis	SPBG	348	Leavey, Henry*	RHLD	26	Lee, J L	COTN	321
Layton, Wm	DLTN	406	Leavin, Harris	BNWL	361	Lee, J M	SPBG	309
Lazarous, Flora	CHTN	491	Leavington, A P	CHTN	130	Lee, J S	WMBG	344
Lazarus, Abraham	CHTN	408	Leback, Lena	CHTN	451	Lee, James	PKNS	25
Lazarus, Benj D	CHTN	349	Lebat, Caroline	CHTN	429	Lee, James	PKNS	25
Lazarus, Gershen	CHTN	429	Lebaties, Leon	CHTN	294	Lee, James	SPBG	219
Lazarus, J E P*	CHTN	340	Lebby, J Walker**	CHTN	210	Lee, James	PKNS	63
Lazarus, Joshua	CHTN	276	Lebby, Robert Jr	CHTN	114	Lee, James E	LXTN	431
Lazarus, M	CHTN	333	Lebby, Robt**	CHTN	358	Lee, James R	SPBG	216
Lazerus, Venus	CHFD	189	Lebby, William	CHTN	457	Lee, James	CHTN	501
Lazier, Henry	BNWL	504	Lebeschultz, M	EDFD	109	Lee, James	WMBG	352
Lazier, James	BNWL	504	Lebey, C D	BUFT	40	Lee, James	ADSN	182
Le Bert, Laura	CHTN	374	Leblin, Caroline	CHTN	516	Lee, James	CHTR	25
Le Bruce, Miss*	CHTN	298	Leblux, Lewis	CHTN	353	Lee, James	MARN	67
Le Clear, Caroline	CHTN	431	Leboon, Edith	ADSN	332	Lee, James	RHLD	77
Le Grant, Ann	CHTN	380	Leboon, Joseph	ADSN	332	Lee, James C	CHFD	101
Le Prince, H	CHTN	324	LeBot, Mary	CHTN	414	Lee, James N	RHLD	94
Lea, Chas*	CHTN	194	LeBures, John*	CHTN	492	Lee, Jas F	ABVL	98
Leach, Angus	CHFD	171	Leckie, C*	CHTN	305	Lee, Jas M	MARN	87
Leach, D N	MARN	13	Leckie, John*	CHTN	426	Lee, Jeremiah	UNON	212
Leach, Daniel	CHFD	121	Leckie, Julia*	CHTN	306	Lee, Jeremiah	CHTR	8
Leach, Eliza	ADSN	191	Leckie, Margaret*	CHTN	428	Lee, Jerry	SPBG	216
Leach, F C*	MARN	35	Leckie, Robert*	CHTN	426	Lee, Jesse	MARN	68
Leach, Frederick*	ADSN	154	Leckinger, John A	BUFT	29	Lee, Jessie	SMTR	144
Leach, Jno	CHFD	158	Leckinger, John A	BUFT	29	Lee, Jno W	LXTN	421
Leach, John*	KRSW	87	LeCons, Geo	LXTN	366	Lee, Jno**	EDFD	117
Leach, John A	MARN	35	LeConte, John	RHLD	46	Lee, Jno W	CLDN	231
Leach, Joseph	YORK	504	LeConte, Joseph	RHLD	52	Lee, Jno W	DLTN	376
Leach, L M	BNWL	471	LeCroy, Rev N	LXTN	464	Lee, Jno*	CHTN	548
Leach, Martha	YORK	503	Ledbetter, D A	ADSN	265	Lee, Jno	CHTN	311
Leach, Reuben	ADSN	176	Ledbetter, Sarah A*	PKNS	88	Lee, Job	MARN	82
Leadbetter, Matilda	COTN	331	Ledder, B	MARN	32	Lee, John	HORY	32
Leadbetter, T D	CHTN	121	Ledford, Wm*	PKNS	69	Lee, John	SPBG	230
Leadbetter, Thos E	CHTN	132	Ledic, Chas*	CHTN	245	Lee, John	PKNS	28
Leader, Mary*	CHTN	419	Ledingham, Elizabeth**	RHLD	93	Lee, John	PKNS	69
League, Edward	GRVL	490	Ledingram, John	RHLD	82	Lee, John A	SPBG	304
League, G R	ADSN	279	Ledonors, Felix	EDFD	77	Lee, John Sr	CLDN	231
League, Martha	GRVL	490	Lee, A C	MARN	90	Lee, John W	SPBG	216
League, Nathan	GRVL	349	Lee, A J	CHTR	31	Lee, John W	GRVL	416
League, Robert	GRVL	490	Lee, Allen*	ABVL	26	Lee, John*	NWBY	254
League, William	GRVL	487	Lee, Amanda*	LRNS	253	Lee, John	SMTR	144
Leaird, James	ORBG	373	Lee, Andrew	BNWL	478	Lee, John	UNON	247
Leak, F*	LRNS	317	Lee, Andrew*	RHLD	22	Lee, John	RHLD	5
Leak, Jane B*	LRNS	293	Lee, Angeline*	BNWL	401	Lee, John	MARN	68
Leak, Jerh	LRNS	282	Lee, Ann	CHTN	337	Lee, John	CHTR	8
Leak, Josiah	LRNS	235	Lee, Ann	HORY	69	Lee, John	ADSN	273
Leak, Richd	LRNS	235	Lee, Ann	CHTN	411	Lee, John C C*	UNON	253
Leak, W C	LRNS	282	Lee, Ann	ABVL	129	Lee, John N	HORY	69
Leak, Wm J	LRNS	304	Lee, Asa H	CHTR	11	Lee, John Sr	MARN	64
Leake, Jane	KRSW	105	Lee, B M	CHTN	399	Lee, Johnathan	UNON	187
Leake, Mary*	LRNS	340	Lee, Benjamin**	ORBG	373	Lee, Joseph*	CHFD	165
Leakey, John	CHTN	422	Lee, Berry	UNON	246	Lee, Joseph Y	RHLD	86
Leao, Mrs	CHTN	343	Lee, C C	KRSW	133	Lee, Josiah	DLTN	456
Leaphart, Sherod L*	RHLD	10	Lee, C W	CLDN	231	Lee, Julia*	RHLD	42
Leapheart, B A M	LXTN	424	Lee, Caroline	RHLD	7	Lee, Laurence	CHTN	190
Leapheart, C W**	LXTN	391	Lee, Carter	CHTR	39	Lee, Lewis	BNWL	379
Leapheart, Charlton**	LXTN	455	Lee, Charles	CHTN	141	Lee, Linton	BNWL	381
Leapheart, F E	LXTN	411	Lee, Chas	MARN	84	Lee, M C T	HORY	40
Leapheart, J E	LXTN	386	Lee, Christenberry	SPBG	226	Lee, M*	DLTN	455
Leapheart, John	LXTN	391	Lee, Christopher	EDFD	52	Lee, Malinda	PKNS	71
Leapheart, Joseph	LXTN	391	Lee, Cornelius*	ABVL	125	Lee, Marcus D	SMTR	108
Leapheart, Mary**	LXTN	427	Lee, D R	ORBG	369	Lee, Margaret	CLDN	231
Leapheart, Michl	LXTN	374	Lee, Daniel*	HORY	58	Lee, Martha**	MARN	122
Leapheart, R H	LXTN	446	Lee, Darby	PKNS	64	Lee, Martha	MARN	30
Leapheart, Susannah**	LXTN	448	Lee, Darling	BNWL	390	Lee, Martin	CHTN	366
Leard, Henry**	ORBG	382	Lee, David	CLDN	231	Lee, Mary	BNWL	379
Leard, Jacob	LXTN	469	Lee, David	BNWL	507	Lee, Mary	ADSN	259
Leard, Saml	BUFT	16	Lee, David H	ADSN	274	Lee, Mary A*	PKNS	64
Leard, Susan M*	BUFT	72	Lee, Dickson	SPBG	327	Lee, Matthew	SPBG	216
Leard, Trezvant	RHLD	68	Lee, Dr Thos	ADSN	243	Lee, Mrs S M**	EDFD	37
Leary, Charles*	RHLD	56	Lee, E	MARN	58	Lee, Nancy	PKNS	71
Leary, Daniel	CHTN	455	Lee, E S	CHTN	328	Lee, Noah	HORY	47
Leary, James*	CHTN	251	Lee, Ed	CHFD	163	Lee, Oran D	DLTN	410
Leary, Mike	CHTN	300	Lee, Edwd*	CHTN	248	Lee, P	WMBG	357
Leary, W B*	MRBO	144	Lee, Elias	BNWL	372	Lee, Patk	CHTN	193
Lease, Daniel	BNWL	351	Lee, Elias V**	CHTR	7	Lee, Penelope	BNWL	461
Lease, Danl E	LXTN	399	Lee, Elizabeth	PKNS	14	Lee, Peter	CHTN	209
Lease, Elias	LXTN	393	Lee, Elizabeth	PKNS	61	Lee, R J H	WMBG	363
Lease, Elizabeth	LXTN	393	Lee, Elizabeth	SPBG	219	Lee, R T	CHFD	153
Lease, Elizabeth M	LXTN	404	Lee, Elizabeth B*	RHLD	54	Lee, R Y H	WMBG	355
Lease, Henry	CHTN	408	Lee, Ellen**	CHTN	488	Lee, Ransom	PKNS	152
Lease, Henry	BNWL	351	Lee, Frances	CHFD	153	Lee, Reah	CHTR	76
Lease, J R W	LXTN	393	Lee, Francis**	CHTN	282	Lee, Rebecca	HORY	23
Lease, John	LXTN	404	Lee, Francis	KRSW	133	Lee, Rebecca*	CHTN	500
Lease, Mitchel	BNWL	349	Lee, G J	BNWL	356	Lee, Rebecca	UNON	253
Lease, W D	BNWL	349	Lee, G W for J B*	SMTR	177	Lee, Reden B	CLDN	232
Leassoch	YORK	477	Lee, George W	SMTR	177	Lee, Reuben	PKNS	24
Leaster, Adams	SPBG	365	Lee, Georgiana	CHTN	380	Lee, Richard**	CHTN	467

135

Name	Loc	#	Name	Loc	#	Name	Loc	#
Lee, Richard H*	RHLD	29	Legette, Jno	MARN	17	Lemons, James	SPBG	295
Lee, Richd	SPBG	216	Legette, Levi	MARN	51	Lemons, James	CHTR	78
Lee, Richd W	SPBG	215	Legette, T A*	RHLD	21	Lemons, James	CHFD	126
Lee, Robert	UNON	268	Legg, C L N	SPBG	218	Lemons, Langdon C	SPBG	295
Lee, S	WMBG	352	Legg, George W H**	SPBG	317	Lemons, Mack*	ABVL	121
Lee, S A C	KRSW	132	Legg, J F V	FAFD	263	Lemons, Moses*	ABVL	32
Lee, S C	CLDN	230	Legg, M*	CHTN	301	Lemons, Perry O	SPBG	286
Lee, Sampson	UNON	187	Legg, Mary	SPBG	393	Lemons, Sarah E*	CHTR	87
Lee, Samuel	ORBG	374	Legg, Wm E	EDFD	107	Lemons, Sarah M*	CHTR	84
Lee, Secil	SPBG	219	Leggete, Andrew J	MRBO	188	Lemons, Thomas E	SMTR	108
Lee, Shelton	UNON	188	Leggete, Jas S	MRBO	187	Lemons, W B	SPBG	256
Lee, Simon	CLDN	232	Leggete, M Ellen*	MRBO	149	Lemons, Wm	CHTR	77
Lee, Solomon	BNWL	472	Leggett, Abner	MARN	5	Lemox, Thomas	COTN	358
Lee, Stephen	ABVL	11	Leggett, David	MARN	137	Lenaer, J O*	LCTR	173
Lee, T	WMBG	351	Leggett, H Clinton	MRBO	193	Lenair, James	YORK	488
Lee, T	EMBG	353	Leggett, John*	CHTN	426	Lenair, John	YORK	490
Lee, T A	WMBG	350	Leggett, Wm L	MRBO	193	Lenair, Thos	YORK	488
Lee, Thomas	PKNS	61	Leggette, Ashley S	MARN	136	Lenar, Josaphine**	CHTN	377
Lee, Thomas	CHTR	7	Leggette, Henry*	MARN	109	Lencaster, R W	UNON	242
Lee, Thomas S	CHTN	402	Leggette, Wesley	MARN	39	Lender, Elizabeth	SPBG	230
Lee, Thos	MARN	67	Lego, Est M A M	fafd	233	Lenderman, Caroline	GRVL	371
Lee, Thos C	RHLD	62	LeGrand, Daniel	RHLD	78	Lenderman, J H	GRVL	368
Lee, Thos N	CHFD	110	LeGrand, F G	KRSW	140	Lenderman, Jacob	GRVL	368
Lee, Timothy	DLTN	459	LeGrand, J M	KRSW	133	Lenderman, Jas	GRVL	368
Lee, Tyrrel	CHTR	51	LeGrand, Jane Sill	KRSW	140	Lenderman, John	GRVL	372
Lee, Uriah*	RHLD	91	LeGrand, John**	CHTN	404	Lenderman, Marion*	GRVL	372
Lee, Uriah	RHLD	67	LeGrand, John	RHLD	78	Lenderman, Newton	GRVL	568
Lee, Vincent	ABVL	129	LeGrand, L R	KRSW	140	Lenderman, Victoria*	GRVL	499
Lee, W F	BNWL	476	LeGrand, William W	RHLD	78	Lenderman, W M	GRVL	370
Lee, W H	FAFD	281	LeGrant, Ann	CHTN	381	Lenear, J J	EDFD	101
Lee, W J	WMBG	336	LeGrant, Rosa	RHLD	42	Lenear, Robt	EDFD	70
Lee, W J	DLTN	459	Legriel, Leviardie**	CHTN	275	Lenge, Wm	PKNS	60
Lee, W J	CLDN	231	Legris, Miss	CHTN	319	Lengnich, Albert	CHTN	381
Lee, W P	SMTR	161	Legroon, Jake	EDFD	154	Lenhardt, L	GRVL	330
Lee, W S	WMBG	355	Legroon, Mary	EDFD	140	Lenhardt, Richard	PKNS	154
Lee, William	SPBG	220	Lehmann, Jeannett**	CHTN	279	Lenier, Chesterfield	YORK	418
Lee, William*	UNON	288	Lehre, Catharine*	CHTN	393	Lenier, Jno	SPBG	257
Lee, William**	UNON	206	Leighton, F G B	GETN	285	Lenier, P	YORK	465
Lee, William	UNON	286	Leightuer, E	FAFD	211	Lening, Thomas	COTN	248
Lee, William	UNON	187	Leiky, Clark	CHTN	289	Lenn, Amanda*	LRNS	351
Lee, William L	GRVL	325	Leister, Carter	SPBG	425	Lenn, Emanuel	LXTN	367
Lee, William	SMTR	105	Leister, E C	SPBG	427	Lenner, Isaac	MRBO	157
Lee, William	CHTN	429	Leitch, Daniel*	LXTN	454	Lenoir, Elizabeth L*	SMTR	180
Lee, William B	ADSN	254	Leitch, Danl	LXTN	441	Lenoir, Isack N	SMTR	150
Lee, William*	BNWL	397	Leitch, David	LXTN	415	Lenoir, Sarah	YORK	402
Lee, William C	ADSN	273	Leitch, David*	LXTN	454	Lenoir, Thomas W	SMTR	150
Lee, William H H	GRVL	325	Leitch, Isabella	CHTN	485	Lenon, George*	UNON	247
Lee, Wm	LRNS	337	Leitch, Isham*	LXTN	367	Lenon, James*	UNON	253
Lee, Wm	FAFD	208	Leitch, Jane	CHTN	277	Lenon, John**	RHLD	2
Lee, Wm	CHFD	101	Leitch, Mary*	CHTN	428	Lensa, Mary M*	CHTN	494
Lee, Wm A*	ABVL	25	Leitch, Neal**	LXTN	427	Leo, Antoino**	CHTN	203
Lee, Wm B	MRBO	176	Leitch, Thomas*	CHTN	426	Leo, Antonio**	CHTN	203
Lee, Wm P	BNWL	506	Leitch, W Y**	CHTN	244	Leomon, John M	FAFD	247
Lee, Wm States	COTN	321	Leiter, Rebecca**	NWBY	217	Leomon, Mary**	FAFD	200
Lee, Z	WMBG	351	Leith, J	CHTN	224	Leon, S	EDFD	114
Leed, Gilbert*	CHTN	257	Leitner, C*	SPBG	258	Leonard, B F	MARN	7
Leedorff, John	CHTN	294	Leitner, C	FAFD	216	Leonard, D C	SPBG	377
Leek, Geo	LRNS	281	Leitner, Danl W	RHLD	70	Leonard, Elizabeth	SPBG	379
Leek, J B	LRNS	351	Leitner, Elias P*	RHLD	52	Leonard, G F	EDFD	100
Leek, Jas	LRNS	281	Leitner, Henry	RHLD	70	Leonard, H E	SPBG	380
Leek, Josiah	LRNS	352	Leitner, John W	RHLD	70	Leonard, Hannah*	ABVL	4
Leek, Rachel	LRNS	353	Leituer, David	FAFD	211	Leonard, Isaac	BNWL	339
Leek, W Y	EDFD	142	Leitz, Edward*	CHTN	259	Leonard, J P	SPBG	379
Leekie, Charles G	RHLD	32	Leive, Ed*	CHTN	366	Leonard, Jas	SPBG	378
Leenare, L M*	EDFD	76	Leke, Catherine*	CHTN	270	Leonard, Jas	SPBG	379
Leesy, Dennis*	CHTN	210	Leland, Aaron W	RHLD	50	Leonard, Jas J	ABVL	52
Lefare, Eliza*	CHTN	502	Leland, H W	ABVL	54	Leonard, John	CHTR	14
Leffman, ----------	CHTN	269	Leland, J H	CHTN	147	Leonard, Joseph	CHTR	9
Leffman, F*	CHTN	270	Leland, Mrs	COTN	233	Leonard, Mary**	CHTN	471
Leffman, Wm	CHTN	233	Lemacks, A J	COTN	259	Leonard, Mary A*	CHTN	428
Lefort, Victor	RHLD	13	Lemacks, Harriet M	COTN	294	Leonard, Miss M	CHTN	320
Legard, Peter E	ABVL	8	Lemacks, J W	COTN	294	Leonard, Miss	CHTN	320
Legare, Abigail S	CHTN	454	Lemacks, Middleton	COTN	349	Leonard, Miss B*	CHTN	320
Legare, Charles	CHTN	436	Leman, Benjamin*	CHTN	426	Leonard, Newton*	SPBG	375
Legare, Daniel	CHTN	112	Leman, Christiana*	CHTN	379	Leonard, Patrick	CHTN	420
Legare, E T*	CHTN	121	Leman, E M*	CHTN	371	Leonard, Peter F B*	CHTN	426
Legare, Est Dr T	CHTN	114	Leman, E P	CHTN	403	Leonard, Robt	SPBG	378
Legare, George*	CHTN	306	Leman, Henrietta*	CHTN	428	Leonard, Samuel**	GRVL	405
Legare, I S K	ORBG	409	Leman, Hugh	LRNS	234	Leonard, Sarah	MARN	99
Legare, Isaac*	CHTN	306	Leman, Jas	LRNS	347	Leonard, Thomas	CHTN	420
Legare, J C W	COTN	371	Leman, Kate*	ADSN	300	Leonard, Van A	ABVL	71
Legare, Jacob	CHTN	229	Leman, Saml	LRNS	233	Leonard, W D	SPBG	379
Legare, James	COTN	359	Leman, Wm	LRNS	233	Leopard, E*	EDFD	165
Legare, James L*	RHLD	55	Lemaster, A H	UNON	210	Leopard, Eliza J	ABVL	72
Legare, Jas	CHTN	228	Lemaster, Marcus V	SPBG	213	Leopard, Elizabeth	EDFD	167
Legare, Julia	CHTN	331	Lemaster, Ralf	SPBG	224	Leopard, George	EDFD	161
Legare, L B	COTN	355	Lemaster, William	UNON	275	Leopard, J F	LRNS	314
Legare, M D	BNWL	463	Lembecker, G L	SMTR	147	Leopard, J H	EDFD	165
Legare, Mary	SMTR	172	Lemister, J N	SPBG	318	Leopard, Marion*	ABVL	72
Legare, Miss	CHTN	225	Lemken, John*	CHTN	275	Leopard, T N**	EDFD	187
Legare, Mrs S C	COTN	359	Lemmon, David J	SMTR	134	Leopard, W*	EDFD	165
Legare, Mrs*	CHTN	303	Lemmon, Joseph A	SMTR	133	Leopard, Wm	ADSN	214
Legare, Nathan	CHTN	112	Lemmon, Wm O	SMTR	134	Leopold, J F	PKNS	74
Legare, Sarah	CHTN	395	Lemmond, D M*	KRSW	133	Leopoldt, John	CHTN	99
Legare, Soloman	CHTN	253	Lemmons, Emerlin*	ABVL	121	Lepard, Elijah	EDFD	79
Legare, Solomon	COTN	356	Lemmons, Mathew	ABVL	121	Lepard, Ireneme	ABVL	116
Legare, Susan	CHTN	262	Lemmons, Robt E	NWBY	284	Lepold, William*	CHTN	168
Legare, T H	ORBG	409	Lemmuel, Robt	EDFD	86	Leppard, B*	EDFD	30
Legare, Thos*	CHTN	306	Lemon, D J	SMTR	106	Leppard, Mrs E	EDFD	33
Legate, Elizabeth*	MRBO	278	Lemon, Eliza*	CHTN	471	Leppard, Rebecca	LXTN	434
Leger, Mr	CHTN	316	Lemon, James	FAFD	266	Leppard, S	EDFD	33
Legerman, Geo	CHTN	234	Lemon, Jane	CHFD	117	Lequeaux, William B*	CHTN	427
Legerton, W S	CHTN	446	Lemon, Leonard*	CHTN	471	Lequeux, Mary*	CHTN	428
Legett, Andrew	MANR	38	Lemon, Saml	CHTN	84	Lequex, S F	CHTN	177
Legett, James B	MARN	98	Lemon, Sarah E*	CHTR	80	Lere, John*	CHTN	507
Legett, M	MARN	51				LeReboun, Benjn A	HORY	57

Name	Loc	Pg	Name	Loc	Pg	Name	Loc	Pg
Lerner, Miss A*	EDFD	86	Leverick, S J	EDFD	186	Lewis, John W	COTN	311
Lerock, H S*	KRSW	77	Levert, Mrs M E*	EDFD	42	Lewis, John	CHTN	254
Leroy, Abraham*	PKNS	2	Leverton, Eleeta	SPBG	303	Lewis, John*	CHTN	110
Leroy, David S	PKNS	2	Levi, Isaac	chtn	205	Lewis, John	MARN	132
LeRoy, Elijah B	ABVL	3	Levi, Leopolt*	YORK	586	Lewis, John	CHTN	130
LeRoy, J H	PKNS	194	Levi, Moses	CLDN	213	Lewis, John	CHTN	247
Leroy, John	PKNS	3	Levin, Harris A	CHTN	408	Lewis, Jos*	MARN	12
LeRoy, John	ABVL	1	Levin, Harris*	ABVL	128	Lewis, Joseph	DLTN	472
LeRoy, John N	ABVL	101	Levin, Harris*	CHTN	410	Lewis, Josiah G	LCTR	152
LeRoy, Martha S*	ABVL	12	Levin, Malcha*	ABVL	98	Lewis, L*	LRNS	310
LeRoy, Mary*	ABVL	1	Levin, N	CHTN	326	Lewis, Lelete	CHTN	420
LeRoy, Philip*	ABVL	17	Levin, Tipman T	RHLD	43	Lewis, Louise	CHTN	260
LeRoy, Philip	ABVL	8	Levine, Jacob	RHLD	17	Lewis, M	DLTN	384
LeRoy, Susan	ABVL	1	Leviner, D C	MRBO	165	Lewis, Marcia	BUFT	86
LeRoy, Thomas*	ABVL	1	Leviner, Emeline**	MRBO	202	Lewis, Margaret	LXTN	467
Leseman, F W	CHTN	131	Leviner, Lewis	MRBO	192	Lewis, Martha*	HORY	14
Lesemann, Diederich	CHTN	285	Leviner, Sarah R F	MRBO	211	Lewis, Martha	ADSN	292
Lessesesne, Wm	CLDN	198	Leviner, Thos	MRBO	206	Lewis, Martha	ADSN	255
Lesesne, C A	CLDN	219	Levingston, Robert Jr	HORY	66	Lewis, Mary	PKNS	91
Lesesne, Caroline	CHTN	191	Levington, Hanah	CHTN	495	Lewis, Mary**	BNWL	454
Lesesne, E R*	CHTN	316	Levining, J B	WMBG	315	Lewis, Mary	CHTN	421
Lesesne, Francis W*	RHLD	51	Levinton, William H	CHTN	449	Lewis, Mary	FAFD	273
Lesesne, Henry*	CLDN	217	Levister, Wm	FAFD	261	Lewis, Mary E	MRBO	168
Lesesne, JC	WMBG	308	Levith, Edmund**	CHTN	192	Lewis, Middleton	SPBG	375
Lesesne, Mary J	CHTN	209	Levith, Magdalen	CHTN	191	Lewis, Middleton	SPBG	375
Lesesne, Thos S	CLDN	219	Levy, A	EDFD	117	Lewis, Mrs	CHTN	333
Lesesne, W T	CLDN	216	Levy, Barnard	BUFT	9	Lewis, Mrs M	EDFD	112
Lesher, William	RHLD	13	Levy, Charlotte*	CHTN	302	Lewis, N H	HORY	38
Lesisne, A N	WMBG	307	Levy, Clarence*	CHTN	191	Lewis, Nancy	CHTN	177
Lesley, David	PKNS	141	Levy, Jane*	CHTN	191	Lewis, Nancy	GRVL	405
Lesley, James	PKNS	174	Levy, L L	GRVL	405	Lewis, Napoleon*	SMTR	176
Lesley, Jehu	ADSN	337	Levy, Lewis	RHLD	16	Lewis, Narcissa	CHTR	75
Lesley, John*	PKNS	173	Levy, Marks	CHTN	452	Lewis, Patrick	HORY	43
Lesley, John W	ABVL	99	Levy, Miss*	CHTN	320	Lewis, Paul J**	CHTN	386
Lesley, Moses	PKNS	139	Levy, Moses	CHTN	201	Lewis, R	HORY	31
Lesley, Wm	PKNS	139	Levy, Mrs	CHTN	301	Lewis, R S*	CHTR	89
Lesley, Wm	ABVL	99	Levy, Mrs R**	CHTN	333	Lewis, Rachel	HORY	64
Leslie, Blanche	RHLD	9	Lewellen, R	KRSW	101	Lewis, Rebecca*	CHTN	434
Leslie, Mary*	YORK	473	Lewie, Harrison*	EDFD	43	Lewis, Rebecca	CHTN	325
Leslie, Rosana J	YORK	432	Lewie, J H	LXTN	446	Lewis, Rebecca	HORY	64
Lesly, James L	ABVL	11	Lewie, Saml	LXTN	446	Lewis, Richard*	CHTN	214
Lesly, Joshua	PKNS	174	Lewis, A F	PKNS	30	Lewis, Richard	FAFD	223
Lesly, Louisa	ABVL	20	Lewis, Anna**	ABVL	133	Lewis, Richd	CHTN	491
Lesly, William	PKNS	174	Lewis, Anthony	SPBG	304	Lewis, Robert	PKNS	125
Lesly, Wm A*	ABVL	136	Lewis, Aoorett	HORY	36	Lewis, Robert N*	RHLD	35
Less, Andrew	PKNS	5	Lewis, Archy	EDFD	53	Lewis, Robt	DLTN	403
Lessene, C*	WMBG	299	Lewis, Balis*	ADSN	230	Lewis, Rosalie*	ADSN	161
Lessene, Thomas	CHTN	438	Lewis, Benj	EDFD	2	Lewis, Rosanah	CHTR	89
Lesser, L B	ORBG	405	Lewis, C Ebenezer	HORY	64	Lewis, Saml J**	CHTR	75
Lessesen, N D	WMBG	303	Lewis, Catherine	CHTN	353	Lewis, Saml	CHTN	522
Lessesne, C F	cldn	244	Lewis, Catherine	CHTR	30	Lewis, Sarah	EDFD	144
Lessesne, Daniel	CHTN	235	Lewis, Celia*	CHTN	344	Lewis, Serena*	BUFT	74
Lessesne, Daniel	CHTN	240	Lewis, Col J	CHTR	89	Lewis, Susan A	PKNS	189
Lessesne, H D	CHTN	231	Lewis, Curtis C	HORY	58	Lewis, Susan M	BUFT	45
Lessey, T A*	SPBG	308	Lewis, D W	PKNS	58	Lewis, Susan*	HORY	29
Lessley, J N	YORK	461	Lewis, Daniel**	GETN	300	Lewis, Susannah	COTN	348
Lesslie, Jane**	CHTN	254	Lewis, Daniel	HORY	45	Lewis, T	ADSN	177
Lessner, Lucy	SPBG	382	Lewis, Danl	CHTN	505	Lewis, T A*	MARN	27
Lessoch, Peter	YORK	475	Lewis, David	DLTN	470	Lewis, T C	PKNS	4
Lester, Allen	NWBY	223	Lewis, Dicey	MARN	132	Lewis, T L	EDFD	125
Lester, Archer	SPBG	306	Lewis, Dr J E	EDFD	76	Lewis, T W	KRSW	132
Lester, B S	GETN	286	Lewis, E B	ADSN	292	Lewis, Taylor R**	MARN	123
Lester, Caroline*	GRVL	420	Lewis, Eliza*	ADSN	287	Lewis, Theop*	HORY	43
Lester, Daniel	PKNS	7	Lewis, Elizabeth	SPBG	429	Lewis, W	DLTN	403
Lester, Eleanor*	GETN	288	Lewis, Elizabeth*	MARN	99	Lewis, W D	DLTN	378
Lester, Elizabeth B	SPBG	306	Lewis, Elizabeth*	MARN	12	Lewis, W D*	MARN	77
Lester, James	NWBY	224	Lewis, Elizabeth	ADSN	235	Lewis, W L	CHTR	30
Lester, Mahala	SPBG	313	Lewis, Estell*	CHTN	421	Lewis, W W	CHTN	211
Lester, P C	GRVL	334	Lewis, Estelle*	CHTN	336	Lewis, William**	SMTR	110
Lester, Robt**	MARN	109	Lewis, Esther	CHTN	393	Lewis, William	HORY	44
Lester, W B	WMBG	318	Lewis, Euphumia	CHTR	89	Lewis, Wilson	KRSW	101
Lester, W T	GRVL	334	Lewis, Evan	MARN	79	Lewis, Wm	CHTN	257
Lester, William**	RHLD	39	Lewis, Fannie**	RHLD	33	Lewis, Wm*	HORY	45
Lester, Wm	NWBY	224	Lewis, Frances*	EDFD	80	Lewis, Wm A	CHTR	68
Lester, Wm B	MARN	93	Lewis, Goody	EDFD	135	Lewis, Wm B	CHTN	39
Lethgoe, A P	BNWL	462	Lewis, H P	SPBG	392	Lewis, Wm L	MARN	74
Lethgoe, George*	CHTN	485	Lewis, Henry	HORY	54	Lewis, Wright	DLTN	463
Letimore, Hester A*	ABVL	122	Lewis, Henry C*	RHLD	56	Lewis, Z	DLTN	475
Letty, Patrick	CHTN	260	Lewis, Hugh	LXTN	443	Lewsbury, Ann	CHTN	438
Letzys, D M*	LRNS	319	Lewis, Ira	DLTN	384	Lexton, Jacob	BNWL	350
Leuallen, Louis G	SMTR	127	Lewis, Irene	MARN	20	Leyle, Charles**	MRBO	309
Leuie, S F	LXTN	426	Lewis, Isaac	HORY	51	Leyle, Miss*	CHTN	302
Leure, Geo A	LXTN	392	Lewis, Isaac T	HORY	58	Libley, Wm	CHTR	43
Leuthy, Henry*	CHTN	100	Lewis, J Overton	PKNS	4	Licken, William*	CHTN	396
Leveborn, J B	GETN	322	Lewis, J*	WMBG	316	Liddell, G W	PKNS	2
LeveBoun, J M	GETN	284	Lewis, J B	ADSN	174	Liddell, James F	ABVL	99
Level, Robt G	ABVL	63	Lewis, J H	MARN	76	Liddons, Mr	CHTN	317
Levell, John	ADSN	175	Lewis, J H R**	MARN	63	Lide, David F**	SMTR	163
Levell, Margt*	LRNS	312	Lewis, J T	EDFD	151	Lide, J H	CHFD	176
Lever, George	RHLD	27	Lewis, Jacob	COTN	348	Lide, T P	MRBO	151
Lever, J W B	LXTN	404	Lewis, Jacob	PKNS	126	Lide, T P*	DLTN	388
Lever, Jacob	LXTN	434	Lewis, James	PKNS	125	Lide, Ths P	DLTN	390
Lever, James W	RHLD	68	Lewis, James	SPBG	334	Liden, Anna	CHTN	374
Lever, John Sr	HORY	71	Lewis, James	HORY	46	Liedenburg, Friederich	CHTN	294
Lever, Margaret	LXTN	376	Lewis, James P	HORY	64	Liegen, Harriet*	PKNS	54
Lever, S M*	RHLD	21	Lewis, Jane E*	BUFT	64	Liegen, J M*	PKNS	57
Lever, Saml	LXTN	428	Lewis, Jas S	YORK	375	Lieure, Peter	BUFT	10
Lever, Stephen G	RHLD	71	Lewis, Jesse	ADSN	287	Lieutner, Frederick*	CHTN	110
Lever, Wm	LXTN	379	Lewis, Jno	CHTN	340	Lifrage, J J	WMBG	316
Leveret, Stephen	ADSN	220	Lewis, Jno C	MRBO	156	Lifrage, J S	WMBG	316
Leveret, Thos	ADSN	221	Lewis, Joab	PKNS	7	Lifrage, M C	WMBG	315
Leveret, Wm	ADSN	226	Lewis, Joel W	MARN	78	Lifrage, Wm	WMBG	316
Leveret, Wm	ADSN	220	Lewis, John	LXTN	442	Ligen, Daniel	ADSN	180
Leverett, C H*	COTN	325	Lewis, John	SPBG	392	Lighthard, Mary**	CHTN	286
Leverett, Chas E	BUFT	1	Lewis, John	GRVL	424	Lightler, Jno	LXTN	456
Leverette, Dr F B*	BUFT	1	Lewis, John T	PKNS	125			

Name	Loc	Pg
Lignton, Lidia*	SPBG	316
Lightsey, Caroline L*	BUFT	82
Lightsey, J Fredk	BUFT	77
Lightsey, John A	BUFT	77
Lightsey, Milledge M	BUFT	77
Lightsey, Rebecca	BUFT	82
Lightsey, Sarah A**	BUFT	91
Ligon, Edward*	GRVL	415
Ligon, Eliza A	ABVL	58
Ligon, Elizh	LRNS	240
Ligon, Elizh	LRNS	220
Ligon, Frances	GRVL	328
Ligon, George A*	RHLD	53
Ligon, Henry A*	LXTN	441
Ligon, John*	GRVL	417
Ligon, John	ABVL	26
Ligon, Nancy A	GRVL	474
Ligon, Nicolas	FAFD	208
Ligon, Richard F	SMTR	182
Ligon, T P	FAFD	202
Ligon, Thos J	CHTN	111
Ligon, W J	ADSN	253
Ligon, William B*	GRVL	420
Liles, Abel	LRNS	347
Liles, Elizabeth	MRBO	190
Liles, Jas S	MRBO	181
Liles, R K*	DLTN	457
Liles, Samuel	PKNS	85
Liles, Sarah*	SPBG	317
Liles, T L	CHFD	183
Liles, Westly	PKNS	82
Liles, Wm	EDFD	41
Lilienthal, Casten*	CHTN	272
Lilienthal, Moses	RHLD	13
Lilley, A*	CHTN	225
Lilley, John	LCTR	150
Lilly, W D*	HORY	45
Lilly, W T	CHTN	162
Limacks, Alfred A	COTN	366
Limbacker, B*	EDFD	66
Limbaker, John	CHTN	147
Limbecker, Jane	SMTR	128
Limbecker, Wm A*	ABVL	69
Limbric, G W	BNWL	443
Limbric, Thos	BNWL	443
Limbric, Wm	BNWL	443
Limehouse, E J	COTN	354
Limehouse, R J Dr	COTN	325
Limehouse, Robert J	COTN	332
Limehouse, Thomas	COTN	368
Lin, James*	UNON	272
Linam, Daniel J	SMTR	163
Linan, Lavina	SPBG	320
Linbecker, Mrs*	CHTN	323
Lincoln, Peter	CHTN	143
Lincoln, Sarah	CHTN	302
Lincy, Butler	LCTR	147
Lindaman, Richard	ADSN	317
Linde, Gotteib*	CHTN	426
Linde, Henry	CHTN	194
Linde, John F*	CHTN	426
Linden, T F**	FAFD	221
Lindenhall, Abram*	BUFT	62
Linder, A W	EDFD	172
Linder, Barbara	LXTN	398
Linder, J K	COTN	249
Linder, Jacob	LXTN	398
Linder, Jacob	COTN	299
Linder, John	SPBG	230
Linder, John	LXTN	398
Linder, Kezia	LXTN	365
Linder, Lafaette*	SPBG	238
Linder, Larey	SPBG	285
Linder, Lee	SPBG	291
Linder, Lewis E	COTN	305
Linder, Liphus	UNON	242
Linder, M E*	RHLD	21
Linder, Mary*	ADSN	259
Linder, Milles	SPBG	231
Linder, Mrs E*	COTN	295
Linder, Nancy	SPBG	238
Linder, Saml G*	LXTN	404
Linder, Simpson	SPBG	285
Linder, Theodore*	SPBG	238
Linder, William	LXTN	408
Linder, Wm	LXTN	404
Linderman, Frank V*	SPBG	311
Lindfors, Charles J	RHLD	79
Lindiman, James	ADSN	299
Lindler, Daniel*	LXTN	425
Lindler, Elizabeth*	LXTN	425
Lindler, Jacob	EDFD	171
Lindler, Jno D	LXTN	376
Lindler, S P	EDFD	171
Lindley, Aquila	LRNS	269
Lindley, Hendn	LRNS	262
Lindley, J T	GRVL	365
Lindley, Jas	LRNS	269
Lindley, Jno	LRNS	262
Lindley, Jno	LRNS	278
Lindley, Jno Jr	LRNS	270
Lindley, Lafayette**	LRNS	263
Lindley, Mary**	CHTN	207
Lindley, Wm	LRNS	270
Lindoff, Louis	CHTN	383
Lindon, William*	UNON	204
Lindsay, David	CHTR	54
Lindsay, Elisa*	CHTN	302
Lindsay, F*	CHTN	302
Lindsay, Frances M*	CHTN	176
Lindsay, Hannah M	CHTN	157
Lindsay, James	NWBY	296
Lindsay, Jane	ABVL	42
Lindsay, Jas C	ABVL	38
Lindsay, Jno O	ABVL	1
Lindsay, Jos*	ABVL	149
Lindsay, Maria*	COTN	318
Lindsay, Mary	ADSN	200
Lindsay, Mary A	ABVL	152
Lindsay, W B	MARN	86
Lindsay, Wm K	NWBY	219
Lindsey, Agness**	GRVL	392
Lindsey, C W	NWBY	250
Lindsey, Chesterfield**	GRVL	398
Lindsey, D*	LRNS	227
Lindsey, D	EDFD	117
Lindsey, Elbert	LRNS	312
Lindsey, Elisha	GRVL	438
Lindsey, George	GRVL	386
Lindsey, J C	LCTR	149
Lindsey, J F	YORK	370
Lindsey, J L	SPBG	214
Lindsey, J M	LCTR	149
Lindsey, John T	COTN	329
Lindsey, Letty	LRNS	227
Lindsey, Maria*	GRVL	387
Lindsey, Martha*	MRBO	185
Lindsey, Nancy	SPBG	214
Lindsey, Robt**	LRNS	232
Lindsey, S G	YORK	367
Lindsey, Susanah	SPBG	230
Lindsey, Tabby*	LRNS	243
Lindsey, Thomas	GRVL	394
Lindsey, William	PKNS	145
Lindsey, Wm	LRNS	231
Lindy, Hendy	SPBG	386
Lindy, P*	CHTN	306
Lineback, Jane M*	SMTR	143
Linebecker, C*	EDFD	78
Lineberger, L*	MARN	66
Liner, David	PKNS	31
Linerieun, M*	GETN	298
Lines, G W*	LRNS	273
Ling, A	DLTN	390
Ling, Agrippa	ABVL	74
Ling, Henry**	CHTN	517
Ling, Mary Jane	CHTN	282
Ling, Mrs M*	CHTN	317
Ling, Philip	CHTN	226
Lingg, A	BUFT	26
Linguish, Matthew	HORY	63
Link, John	ABVL	58
Link, Johnson*	ABVL	32
Link, Saml*	ABVL	138
Link, Saml	ABVL	28
Link, Solomon	WMBG	299
Link, Solomon	WMBG	299
Link, Thomas	ABVL	32
Link, William**	ABVL	13
Linn, John	CHTN	488
Linn, Joseph	LCTR	190
Linning, Charles	CHTN	437
Linsay, Renna*	GRVL	413
Linsey, Ann	MRBO	170
Linsey, Jacob	GRVL	386
Linsey, Jacob Jr	GRVL	383
Linsey, James*	GRVL	483
Linsey, James	GRVL	383
Linsey, Jas M	YORK	440
Linsey, John S**	CHTN	452
Linsey, John W	YORK	440
Linsey, Joshua	GRVL	384
Linsey, Moses	YORK	440
Linsey, Osan*	SPBG	390
Linsey, P W	YORK	439
Linsey, Robt	YORK	440
Linsey, Robt	YORK	439
Linsey, Robt L	YORK	440
Linsey, William	GRVL	383
Linsey, William Jr	GRVL	385
Linshedt, Geo H	CHTN	186
Linson, Jesse*	CHTN	166
Linstedt, Adolph	CHTN	385
Linsy, Rewben	UNON	238
Linton, Henry	CHFD	102
Linton, Wm	CHFD	102
Lions, Georgianna**	BNWL	493
Lipford, Allan	LRNS	249
Lipford, J A	CHTR	71
Lipford, Jno C	CHTR	92
Lipford, Jno L	LRNS	232
Lipford, Joel	ADSN	181
Lipford, Joel	ADSN	181
Lipford, Joel J	ABVL	96
Lipford, Mrs T	ABVL	48
Lipford, William*	ABVL	86
Lipford, William	ABVL	70
Lipp, George*	CHTN	288
Lipps, Ann E*	CHTN	255
Lipscom, William	UNON	280
Lipscomb, Ailey	SPBG	295
Lipscomb, David**	SPBG	255
Lipscomb, David	SPBG	255
Lipscomb, Edward	SPBG	249
Lipscomb, Edward	SPBG	257
Lipscomb, Elias	SPBG	290
Lipscomb, Harriet	SPBG	301
Lipscomb, Harriet	SPBG	301
Lipscomb, James N	NWBY	251
Lipscomb, Jno W	ABVL	73
Lipscomb, John J	SPBG	222
Lipscomb, Mary	SPBG	252
Lipscomb, Milledge B	ABVL	72
Lipscomb, Moses*	UNON	283
Lipscomb, R*	SPBG	259
Lipscomb, Sarah	SPBG	254
Lipscomb, Smith	SPBG	251
Lipscomb, Thos	SPBG	249
Lipscomb, Thos C	ABVL	68
Lipscomb, Thos J	ABVL	49
Lipscomb, Thos J	NWBY	252
Lipscomb, Wm L	SPBG	261
Lipscomb, Wm R	SPBG	252
Lipscomb, Wyatt	SPBG	261
Lipscombe, E B**	GRVL	417
Lipsey, Capt T R	CHTR	24
Lipsey, R*	CHTR	70
Lipsey, Rowanna	BNWL	492
Lipsey, W M	BNWL	452
Lipson, H*	CHTN	340
Lipsy, Hulda	UNON	221
Lipsy, Iry	UNON	231
Lipsy, Rickerson	UNON	220
Lipsy, Thomas	UNON	256
Lipten, Rebecca*	CHTN	105
Liquex, John	WMBG	312
Lisenbee, Robt*	ABVL	23
Lisenby, Rachael	CHFD	120
Lisesey, G L	BNWL	340
Lisles, Elinor	CHFD	187
Lister, Austin	GRVL	399
Lister, B S	GRVL	397
Lister, Moses	GRVL	396
Lister, Mrs Asenath	MRBO	153
Lister, Simon	GRVL	396
Lister, T C	MRBO	154
Liston, David Sr	COTN	254
Liston, Isaac	COTN	296
Litch, W D**	WMBG	343
Litchfield, Wm L	HORY	66
Lites, Jacob**	LXTN	431
Lites, Joel W	ABVL	57
Lites, John	LXTN	426
Lites, Robt W	ABVL	47
Litesay, Francis*	NWBY	256
Litesey, Mary*	NWBY	283
Litezey, Jacob	NWBY	266
Litezey, Wm L	NWBY	266
Litschgi, Albon	BUFT	10
Litsey, Benj*	NWBY	288
Little, Adam*	UNON	273
Little, Anna*	MARN	105
Little, Danl	MARN	113
Little, David*	GETN	295
Little, David	CHTN	279
Little, Edwin	BNWL	459
Little, George	EDFD	156
Little, J R	ADSN	219
Little, James*	MARN	18
Little, James B**	CHTR	53
Little, James R*	ABVL	74
Little, Jane	ABVL	96
Little, Jas	LRNS	233
Little, Jesse	EDFD	165
Little, Jno*	ABVL	3
Little, John	LRNS	342
Little, John*	UNON	233
Little, John R*	MRBO	210
Little, Lewdy	LRNS	353
Little, Louis	WMBG	299
Little, Louis	WMBG	299
Little, M E**	EDFD	104
Little, M*	UNON	217
Little, Margaret*	LRNS	304
Little, Mary	CHTN	471
Little, Mary	UNON	212
Little, Michael	CHFD	134
Little, Morgan	SPBG	410
Little, R H	LRNS	316
Little, R W*	UNON	217
Little, Rachael	ADSN	216
Little, Robert*	UNON	250
Little, Robert W	MRBO	142
Little, S P	CHFD	134
Little, Sallie A*	BUFT	69
Little, Sarah	LRNS	353
Little, T H*	LRNS	339
Little, Thomas	LRNS	341
Little, Thomas	UNON	233
Little, Thos	SPBG	296
Little, V	MARN	13
Little, William	UNON	296
Little, William S	CHTN	445
Little, William Sr	SPBG	274
Little, Wm	SPBG	296
Little, Wm	YORK	393
Littlefield, A*	SPBG	349
Littlefield, Ebes	SPBG	351

Name	Loc	Pg
Littlefield, Elishu	SPBG	357
Littlefield, Ernah*	WMBG	308
Littlefield, J G	WMBG	308
Littlefield, Jas	SPBG	358
Littlefield, Madison	SPBG	369
Littlefield, Nancy	UNON	241
Littlefield, P	UNON	241
Littlefield, Pinckney	SPBG	342
Littlefield, Sarah*	SPBG	357
Littlefield, Thos	SPBG	351
Littlefield, Wm	SPBG	351
Littlejohn, Calvin	UNON	282
Littlejohn, Dr Felix	SPBG	255
Littlejohn, Eliz	SPBG	251
Littlejohn, Hancock	SPBG	250
Littlejohn, J B	SPBG	205
Littlejohn, James	UNON	282
Littlejohn, John*	SPBG	231
Littlejohn, Nathan	SPBG	257
Littlejohn, S	UNON	282
Littlejohn, Saml	SPBG	255
Littlejohn, Saml	SPBG	322
Littlejohn, Saml	SPBG	322
Littlejohn, Saml M	SPBG	249
Littlejohn, Silas	SPBG	255
Littlejohn, Thos*	SPBG	320
Littlejohn, V*	GRVL	416
Littlejohn, W E S	SPBG	249
Littlejohn, W S	UNON	284
Littleton, Daniel	PKNS	12
Littleton, Danl	PKNS	8
Littleton, Isey	PKNS	9
Littleton, Thos	PKNS	12
Littleton, W*	EDFD	72
Littleton, Wm	PKNS	23
Littleton, Wm	PKNS	9
Littleton, Wm	EDFD	40
Littljohn, Dr	UNON	287
Littljohn, John	UNON	296
Littljohn, John N	UNON	281
Littljohn, Joseph	UNON	254
Littljohn, R	UNON	282
Littljohn, Richard	UNON	282
Littljohn, T D	UNON	287
Littljohn, W T J	UNON	283
Littljohn, William	UNON	257
Litton, James Y	ABVL	98
Litton, John	ADSN	182
Litton, John B	ADSN	254
Litton, Theodore W	CHTN	454
Lively, J D*	CHTN	370
Lively, Mark	PKNS	187
Lively, Mary	SPBG	265
Lively, Sarah	BUFT	72
Livingston, A*	COTN	251
Livingston, B Jr	ORBG	363
Livingston, Barnet	ORBG	386
Livingston, D T	NWBY	256
Livingston, D W	NWBY	256
Livingston, Daniel	ORBG	363
Livingston, David	RHLD	90
Livingston, David	ORBG	312
Livingston, Edward*	COTN	328
Livingston, Elizabeth	ORBG	389
Livingston, F	ORBG	363
Livingston, Fletcher	ORBG	328
Livingston, Geo	LXTN	440
Livingston, George H	ORBG	386
Livingston, Henry	ORBG	364
Livingston, Henry	ORBG	363
Livingston, Henry	NWBY	240
Livingston, Isabela	ORBG	387
Livingston, J Fraser	ABVL	95
Livingston, J M	EDFD	166
Livingston, James	ORBG	398
Livingston, James W	PKNS	189
Livingston, Jas B	NWBY	289
Livingston, Jennet	NWBY	289
Livingston, Jno F	ABVL	20
Livingston, John	RHLD	87
Livingston, John	NWBY	289
Livingston, John	NWBY	272
Livingston, John A	CHTN	167
Livingston, John H***	ORBG	402
Livingston, John H	NWBY	247
Livingston, K	EDFD	162
Livingston, Levi	NWBY	235
Livingston, M P	LXTN	421
Livingston, M*	NWBY	240
Livingston, M R	CLDN	204
Livingston, Manual*	NWBY	239
Livingston, Margaret	NWBY	235
Livingston, Maria	ORBG	403
Livingston, Martin	ORBG	363
Livingston, Martin	ORBG	363
Livingston, Mary	ORBG	386
Livingston, Mary	NWBY	214
Livingston, Mary A*	NWBY	230
Livingston, Max	NWBY	289
Livingston, Maxamilian	ORBG	363
Livingston, Mynrel	ORBG	371
Livingston, Robert*	HORY	68
Livingston, Robt	NWBY	235
Livingston, Rufus	ORBG	386
Livingston, Sallie**	ORBG	387
Livingston, Sally	NWBY	256
Livingston, Saml	NWBY	240
Livingston, Sarah*	ORBG	312
Livingston, Smith	EDFD	168
Livingston, Sophia	NWBY	253
Livingston, Than	ORBG	389
Livingston, W	ORBG	328
Livingston, W B	ORBG	363
Livingston, W O	ORBG	312
Livingston, Wm	CHTN	303
Livingstone, Isac*	CLDN	231
Livington, Harriet*	GRVL	413
Livining, Rosanna	FAFD	265
Lloyd, Danl	CLDN	195
Lloyd, Edmund W	CHTN	455
Lloyd, Edwd	CHTN	246
Lloyd, Eliz	DLTN	467
Lloyd, H M*	CLDN	214
Lloyd, Henry	DLTN	419
Lloyd, Isaac	DLTN	425
Lloyd, J Elihu	DLTN	420
Lloyd, Jas	LRNS	265
Lloyd, Jessey	CHTN	463
Lloyd, Jno	DLTN	397
Lloyd, Jno	CLDN	216
Lloyd, Jno W	DLTN	436
Lloyd, Jos R	CLDN	216
Lloyd, Joseph	DLTN	462
Lloyd, Joseph*	CHTN	168
Lloyd, Levi	DLTN	463
Lloyd, Lewis	DLTN	415
Lloyd, Margt	DLTN	420
Lloyd, Martha*	LRNS	289
Lloyd, Mary*	DLTN	415
Lloyd, Nett	CHTN	288
Lloyd, Saml	CLDN	216
Lloyd, Santa	CLDN	195
Lloyd, Step W	DLTN	453
Lloyd, William	CHTN	452
Lloyd, William	CHTN	505
Lloyd, Wm	LRNS	270
Lloyd, Wm	DLTN	418
Lloyd, Wm Sr	DLTN	467
Lmeiser, William*	CHTN	283
Loadholdt, Charles*	BNWL	480
Loadholt, D O	BNWL	493
Loadholt, John	BNWL	495
Loadholt, John J	BNWL	495
Loadholt, Mary L	BUFT	78
Loadholt, Wm L	BUFT	78
Lobscher, Jacob*	CHTN	483
Locard, Alexander	YORK	463
Locard, Sarah	YORK	443
Lochin, Jane*	CHTN	354
Lock, A W	YORK	428
Lock, Benj**	MARN	112
Lock, Emma**	CHTN	419
Lock, James	GRVL	350
Lock, Levi	YORK	426
Lock, Nancy*	YORK	426
Lock, P P	CHTN	346
Lock, Stephen*	MARN	100
Lock, Wm	YORK	427
Lockaby, Ambrose	GRVL	464
Lockaby, Lydia	GRVL	464
Lockalair, Jas	MRBO	164
Lockard, David	GRVL	387
Lockard, William	GRVL	443
Lockart, Celia	KRSW	123
Locke, E H	CHTN	265
Locke, G A	CHTN	265
Locke, G W	GRVL	479
Locke, J J	GRVL	362
Locke, Josiah	CHTR	82
Locke, N D	GRVL	495
Lockelair, Betsey	MRBO	189
Lockelar, Alexr*	MRBO	210
Lockelar, Geo	MRBO	186
Lockelar, John	MRBO	187
Lockelar, Patty	MRBO	210
Lockelar, Washington	MRBO	186
Lockey, W W	HORY	27
Lockey, William*	ABVL	25
Lockhard, Robert	GRVL	389
Lockhart, Hiram	SPBG	255
Lockhart, James	UNON	293
Lockhart, Joel	ABVL	134
Lockhart, O	DLTN	459
Lockhart, Smith*	SPBG	256
Lockhart, Susanah	SPBG	255
Lockhart, W J	DLTN	391
Lockhart, Wm	SPBG	298
Locklair, Abednegs	SMTR	134
Locklair, Allen	SMTR	139
Locklair, D	BNWL	473
Locklair, David	CHTN	158
Locklair, Gilbert	MARN	49
Locklair, James	CHTN	119
Locklair, James	SMTR	139
Locklair, John	SMTR	139
Locklair, Stephen	BNWL	473
Locklayer, James	MARN	94
Locklayer, M*	CLDN	239
Locklayer, Sarah	CLDN	243
Locklear, Hamilton	CHTN	174
Locklear, James	COTN	352
Locklear, John	COTN	352
Locklear, John	CHTN	174
Locklear, Levi	RHLD	76
Locklear, Sarah*	CHTN	174
Locklear, Stephen	CHTN	174
Lockleer, J J	CHTN	142
Locklier, William	SMTR	106
Lockman, John	SPBG	225
Lockridge, Fanny A*	ABVL	97
Lockridge, John	PKNS	48
Lockridge, Saml	ABVL	97
Lockuby, Andrew*	PKNS	178
Lockuby, John*	PKNS	177
Lockuby, Nancy*	PKNS	177
Lockwood, A L	COTN	327
Lockwood, Benjamin P**	CHTN	468
Lockwood, C D	CHTN	231
Lockwood, George*	CHTN	270
Lockwood, Hall**	CHTN	376
Lockwood, Jas	CHTN	232
Lockwood, Robt	CHTN	200
Lockwood, States L	CHTN	446
Lockwood, T P	COTN	354
Lockwood, Wm	SPBG	302
Lockwood, Wm G**	LXTN	453
Loden, Jesse	PKNS	81
Loden, John E	PKNS	81
Loden, William	CHTN	266
Lodkin, John	COTN	316
Loeb, J	BNWL	468
Loenburg, D*	GRVL	405
Loftin, Jas	ADSN	234
Loftin, Ruben	PKNS	151
Loftin, Stephen	COTN	348
Loftis, Charlotte*	GRVL	505
Loftis, F A	GRVL	466
Loftis, John	GRVL	339
Loftis, Jourdan	GRVL	505
Loftis, Sarah	GRVL	442
Loftis, Susan	GRVL	500
Loftis, W H	SPBG	265
Lofton, Garret	CHTN	171
Lofton, Harriet	CHTN	171
Lofton, Henry	CHTN	182
Lofton, James	NWBY	291
Lofton, John*	CHTN	110
Lofton, Mary**	CHTN	420
Lofton, Mary*	CHTN	100
Lofton, Samuel J*	CHTN	146
Lofton, Wm J	MRBO	210
Logan, Albert J	SMTR	140
Logan, Alexr**	CHTN	193
Logan, C*	WMBG	299
Logan, C*	WMBG	299
Logan, Charles*	RHLD	48
Logan, Charles	RHLD	5
Logan, D J	YORK	373
Logan, Dr John	ABVL	55
Logan, Edwin	CHTN	184
Logan, Elizabeth	SMTR	181
Logan, Frank*	ABVL	80
Logan, Fred B	ABVL	62
Logan, Geo W	CHTN	212
Logan, Green*	CHFD	185
Logan, Hiram H	SMTR	140
Logan, Isaac	ABVL	81
Logan, J C*	CHTN	318
Logan, James W*	ABVL	80
Logan, Jas W*	ABVL	78
Logan, Jno H	ABVL	54
Logan, Jno J**	CLDN	213
Logan, Joseph*	SMTR	140
Logan, Joseph	YORK	511
Logan, Joseph	SMTR	140
Logan, Lewis S	SMTR	140
Logan, Louis	SMTR	118
Logan, Louisa	ABVL	62
Logan, Lucinda*	MRBO	183
Logan, Martha	CHTN	350
Logan, Martha J	SPBG	300
Logan, Mary	YORK	484
Logan, Mary Ann	GETN	287
Logan, Oston*	CHTN	216
Logan, Patrick**	CHTN	269
Logan, R L	KRSW	131
Logan, Rosanna	FAFD	215
Logan, Thomas M*	RHLD	52
Logan, W*	WMBG	299
Logan, William	SMTR	126
Logan, Wm T*	CHTN	216
Loggins, John	PKNS	17
Logrr, Chas*	CHTN	110
Logue, Mary A**	EDFD	43
Lohr, George	CHTN	446
Loid, Elizabeth*	MRBO	171
Lokladge, Letha	FAFD	205
Lollis, Asa	ADSN	337
Lomas, Frances*	ABVL	51
Lomas, Jas*	ABVL	51
Lomas, Margaret	RHLD	79
Lomas, Sallie*	ABVL	51
Lomas, Wm A	ABVL	93
Lomax, Allice A**	SPBG	307
Lomax, Augustus*	ABVL	49
Lomax, Dr G Warren	ABVL	85
Lomax, Geo W	ABVL	92
Lomax, James	ABVL	120

Name	Loc	Pg
Lomax, John W	ABVL	93
Lomax, Mary*	ABVL	51
Lomax, Mrs Mary	ABVL	81
Lomax, Nancy*	ABVL	51
Lomax, Samuel R	ABVL	92
Lomax, Seaborn	ABVL	92
Lomax, Wesley	LRNS	252
Lomax, Wm J	ABVL	91
Lominick, Catharine	LXTN	415
Lominick, Elizabeth	LXTN	372
Lominick, Ellen	NWBY	247
Lominick, Eml	LXTN	372
Lominick, Frank	NWBY	281
Lominick, Jacob	LXTN	411
Lominick, John	NWBY	283
Lominick, Joseph	NWBY	280
London, Robt	PKNS	39
Loner, Jacob**	NWBY	270
Lonergan, Catharine*	CHTN	428
Lonergan, Mary*	CHTN	428
Lonergan, William*	CHTN	426
Loney, Tom	SMTR	151
Loney, Tom	SMTR	157
Long, A	GRVL	494
Long, Ann	GRVL	374
Long, Bartlett	LXTN	387
Long, Berry	ADSN	315
Long, Carolina	CHTN	279
Long, Catharine	LXTN	415
Long, Columbus	LCTR	204
Long, Craft	HORY	70
Long, D D	LXTN	403
Long, David	LXTN	407
Long, David	LXTN	397
Long, David A*	RHLD	68
Long, Drayton*	NWBY	212
Long, Edmund*	EDFD	48
Long, Edward	CHTN	134
Long, Edward C	CHTN	149
Long, Elic	GRVL	361
Long, Elisabeth	LXTR	203
Long, Elisabeth A	LCTR	203
Long, Eliz*	CHTR	71
Long, Eliza	YORK	479
Long, Elizabeth*	FAFD	258
Long, Elizabeth	NWBY	253
Long, Emily M	GRVL	406
Long, Ezekiel	ADSN	300
Long, Ezekiel, Jr	ADSN	300
Long, Fredk	NWBY	230
Long, G H	CHTN	513
Long, G H	EDFD	146
Long, G W	EDFD	169
Long, G W	ADSN	218
Long, Geo J	LXTN	423
Long, Geo W	ABVL	74
Long, George	LXTN	427
Long, George	NWBY	229
Long, H A	NWBY	234
Long, Harris	ADSN	242
Long, Hency C*	FAFD	220
Long, Henry	GETN	306
Long, Henry	NWBY	253
Long, Henry	ADSN	221
Long, Hugh	HORY	70
Long, J C	LXTN	387
Long, J J	LXTN	416
Long, J R	YORK	398
Long, J W	LXTN	426
Long, J W	LCTR	205
Long, Jacob A	BUFT	66
Long, Jacob S	NWBY	224
Long, James*	CHTR	13
Long, James*	CHTR	22
Long, James	CHTN	122
Long, James	ADSN	301
Long, James	BNWL	497
Long, Jane	BUFT	50
Long, Jas	LRNS	239
Long, Jas M	NWBY	236
Long, Jas*	CHTN	335
Long, Jno	LXTN	410
Long, John A	LXTN	464
Long, John**	CHTN	254
Long, John	UNON	294
Long, John	UNON	252
Long, John A	GETN	292
Long, John B C	BUFT	58
Long, John*	RHLD	93
Long, John**	EDFD	39
Long, John	NWBY	268
Long, John	ADSN	246
Long, John	ADSN	325
Long, John H	CHTN	385
Long, John W	NWBY	253
Long, Joseph	EDFD	183
Long, Joseph	ABVL	136
Long, Joseph H	SMTR	179
Long, L W	LXTN	415
Long, L*	CHTN	325
Long, L R	FAFD	222
Long, Larkin	GRVL	495
Long, M M	EDFD	17
Long, Margaret*	BNWL	497
Long, Margaret	RHLD	37
Long, Margaret	ADSN	251
Long, Margt	ABVL	145
Long, Mary*	CHFD	181
Long, Mary*	NWBY	218
Long, Mary A	CHFD	182
Long, Mary*	FAFD	220
Long, Mary	BNWL	497
Long, Mary A	NWBY	219
Long, Masiah	PKNS	66
Long, Michael*	NWBY	253
Long, Middleton	LXTN	398
Long, Mike	EDFD	160
Long, Mrs M A	MRBO	149
Long, Nancy	PKNS	68
Long, Nancy	BNWL	500
Long, Nathaniel	LCTR	153
Long, Patrick	BNWL	497
Long, R	GRVL	406
Long, Reuben	ABVL	142
Long, Robt	CHTN	363
Long, Robt	CHTN	361
Long, S J	NWBY	257
Long, Sampson	GETN	309
Long, Sampson P*	GETN	313
Long, Samuel	UNON	218
Long, Sarah	GRVL	488
Long, Simon*	NWBY	289
Long, Susan	LRNS	339
Long, Temperance	BUFT	66
Long, Thomas	LXTN	410
Long, Thomas	PKNS	94
Long, Thomas	RHLD	27
Long, Thomas	NWBY	253
Long, Thos	FAFD	256
Long, W A	LXTN	426
Long, W**	FAFD	274
Long, W C	KRSW	131
Long, W M W	EDFD	140
Long, W S	GRVL	349
Long, Ward*	BNWL	506
Long, Wesley	LXTN	410
Long, Wesley	CHTR	13
Long, William*	LXTN	419
Long, William	UNON	253
Long, William	UNON	252
Long, William	NWBY	218
Long, William	BUFT	67
Long, William	ABVL	145
Long, William G*	RHLD	56
Long, William J	PKNS	61
Long, William*	SPBG	257
Long, Wm*	CHTN	301
Long, Wm	NWBY	289
Long, Wm	ADSN	222
Long, Wm H*	BUFT	30
Longe, Jno	ABVL	53
Longe, Joseph**	CHTN	201
Longinonotte, Miss*	CHTN	320
Longshore, A J	NWBY	236
Longshore, Alice A*	NWBY	297
Longshore, L F	NWBY	233
Longshore, Levi	NWBY	236
Longshore, Levi	NWBY	232
Longshore, Mdn	NWBY	252
Longstreet, Angustus B	RHLD	52
Lonn, John J	LXTN	433
Lonnegan, H*	CHTN	261
Lonson, P*	CHTN	325
Look, Wm	LRNS	311
Loomis, Cyreneus	RHLD	46
Looney, A J	PKNS	101
Looney, Jane*	PKNS	72
Looney, John	PKNS	52
Looney, Robert	PKNS	101
Looper, Alex	MARN	119
Looper, Daniel	PKNS	148
Looper, Desda	MARN	119
Looper, Jeremiah	PKNS	186
Looper, Jeremiah	PKNS	148
Looper, Joicy	PKNS	148
Looper, Joseph	PKNS	143
Looper, Samuel	PKNS	144
Looper, Soloman	PKNS	145
Looper, Soloman	PKNS	148
Looper, Temperance*	PKNS	144
Looper, Thomas	PKNS	148
Looper, Thomas P	PKNS	143
Looper, William F	PKNS	144
Looper, Wm**	MARN	112
Loops, Fred*	CHFD	185
Loper, C	BNWL	505
Loper, David	BNWL	355
Loper, Henry G	CHTN	212
Loper, James M	BUFT	50
Loper, Mary	BUFT	53
Lopez, David	CHTN	423
Lopez, Francis	CHTN	377
Lopez, Louis*	CHTN	351
Lopez, Mrs P	CHTN	351
Lopez, Samuel	RHLD	31
Lorance, L	MARN	18
Lord, Ann**	CHTN	403
Lord, Julia*	CHTN	497
Lord, Margt N**	CHTN	493
Lord, R M	CHTN	368
Lord, Robert	CHTN	437
Lord, Rud*	CHTN	460
Lord, Saml	CHTN	264
Lord, William S	BUFT	70
Loring, A C*	RHLD	21
Loring, Lucius P	SMTR	177
Lorton, J G	ADSN	255
Loryea, A	CHTN	335
Loshe, H G**	GETN	294
Losson, Wm	HORY	20
Lothrige, James	YORK	436
Lothrige, Saml	YORK	436
Lott, Anne	RHLD	7
Lott, Daniel	GRVL	503
Lott, Elbert	EDFD	6
Lott, Emsely	EDFD	153
Lott, J A	EDFD	7
Lott, J A	EDFD	154
Lott, Jas*	EDFD	12
Lott, John	BNWL	375
Lott, John*	EDFD	199
Lott, John	EDFD	11
Lott, John H	EDFD	168
Lott, Joshua L	BNWL	475
Lott, L B	LXTN	462
Lott, L E	EDFD	6
Lott, Luther*	BNWL	474
Lott, Rebecca*	BNWL	373
Lott, S P	EDFD	6
Lott, William A	PKNS	130
Lott, William*	BNWL	380
Lott, William**	BNWL	374
Lott, Wm	BNWL	475
Lott, Wm	EDFD	6
Lotterman, F*	EDFD	114
Lottice, L**	LRNS	278
Lotz, Philip	CHTN	367
Louftis, Hutton	ABVL	111
Louis, Deopold	ORBG	406
Louis, Henry*	CHTN	295
Louis, Irvin	COTN	348
Louis, Jake*	UNON	272
Louis, Julius*	UNON	273
Louis, Sally*	CHTN	278
Louis, Solomon	HORY	13
Loundes, John**	COTN	341
Loundes, Richd H	GETN	320
Louridge, William*	CHTN	118
Lourimore, J G	HORY	8
Lourimore, James M	HORY	8
Lourimore, Jane	HORY	8
Lourimore, R J	HORY	8
Lourimore, W H J	HORY	13
Lourimore, W W	HORY	8
Loury, Lilly*	CHTN	328
Loury, OBrien*	CHTN	514
Love, A F	YORK	443
Love, Alexr	CHTR	26
Love, Andrew F	YORK	468
Love, Burrel H	LCTR	192
Love, Charles	CHTN	197
Love, Daniel*	CHTN	479
Love, E M*	COTN	321
Love, Eli L	CHTR	9
Love, F G	YORK	448
Love, Henry	ORBG	369
Love, Hugh	YORK	468
Love, J J	KRSW	140
Love, James	CHFD	155
Love, James	UNON	290
Love, James M	CHTR	9
Love, Jane*	DLTN	460
Love, Jane	YORK	434
Love, Jas	KRSW	73
Love, John	GRVL	516
Love, John E	YORK	431
Love, Joseph*	YORK	445
Love, Katy*	CHTR	4
Love, Lemuel	CHTR	9
Love, M C*	LCTR	195
Love, Margaret**	YORK	510
Love, Margt E*	CHTR	8
Love, Marion	CHTR	14
Love, Martha*	SPBG	295
Love, Mary S	YORK	448
Love, Mason O*	FAFD	278
Love, Nancy	NWBY	295
Love, Paulina*	CHTR	24
Love, R A**	LCTR	204
Love, R H	KRSW	73
Love, R L	YORK	378
Love, Rebecca	ADSN	161
Love, Riley	MARN	15
Love, Robert	YORK	510
Love, Robt	YORK	497
Love, S M	KRSW	98
Love, Saml	YORK	445
Love, Sarah	YORK	468
Love, William	YORK	495
Lovejoy, Edward*	FAFD	272
Lovel, H*	WMBG	313
Lovel, L	WMBG	310
Lovel, Viney	HORY	66
Lovelace, Abram	SPBG	284
Lovelace, B F*	EDFD	42
Lovelace, B H*	NWBY	304
Lovelace, Jno C	EDFD	47
Lovelace, L O	EDFD	40

Name	Loc	Pg	Name	Loc	Pg	Name	Loc	Pg
Loveland, Martha	ADSN	336	Lowery, Amanda*	FAFD	240	Lucas, H G	MRBO	167
Loveland, Martha	GRVL	411	Lowery, Andrew	MRBO	209	Lucas, Henry E	GETN	316
Loveless, B F**	EDFD	76	Lowery, C*	FAFD	240	Lucas, Iriah	MRBO	181
Loveless, C H*	PKNS	96	Lowery, Caroline	YORK	376	Lucas, J M F	LXTN	362
Loveless, James*	ABVL	80	Lowery, Delpha	LCTR	182	Lucas, Jacob	LXTN	381
Loveless, Mary	ABVL	91	Lowery, Emanuel*	MRBO	207	Lucas, Jacob	YORK	442
Loveless, Ransom*	ABVL	147	Lowery, Henry	PKNS	63	Lucas, James M	LXTN	390
Lovell, Ann F**	ORBG	404	Lowery, J M	YORK	367	Lucas, Jno	DLTN	397
Lovell, Henry*	GRVL	373	Lowery, J T	YORK	437	Lucas, John	ORBG	406
Lovell, J W	MARN	6	Lowery, James	LCTR	182	Lucas, John*	FAFD	252
Lovell, John	SPBG	381	Lowery, John	KRSW	136	Lucas, Jonathan	CHTN	99
Lovell, John	ADSN	175	Lowery, John B	YORK	472	Lucas, Julia*	CHTN	190
Lovely, William*	ADSN	248	Lowery, Phillip	UNON	292	Lucas, K D	DLTN	409
Loves, Wm	YORK	456	Lowery, Reuben	FAFD	232	Lucas, L N	MRBO	167
Lovet, Susanah*	MARN	103	Lowery, Robt	LCTR	210	Lucas, Lemuel	SPBG	240
Lovett, Capt A**	CHTN	188	Lowery, S	YORK	376	Lucas, M B*	MRBO	146
Lovett, Henry**	FAFD	227	Lowery, Wm	YORK	276	Lucas, M H	LXTN	362
Lovett, James	DLTN	463	Lowman, Danl	LXTN	419	Lucas, Martha**	LXTN	424
Lovett, Kinchew	MARN	103	Lowman, David	LXTN	430	Lucas, Mary C**	CHTN	439
Lovett, Naaman	HORY	48	Lowman, Isaiah	LXTN	395	Lucas, Mary*	CHTN	190
Lovett, Thomas	RHLD	79	Lowman, J M**	LXTN	443	Lucas, Nancy	FAFD	246
Lovett, William	RHLD	78	Lowman, John	LXTN	438	Lucas, Nicy	MARN	21
Lovett, William	SMTR	142	Lowman, Michl	LXTN	397	Lucas, Peter*	YORK	444
Lovett, Wm**	CHTN	196	Lowman, Nancy*	LXTN	438	Lucas, Rebecca	LXTN	362
Lovick, Edwd	EDFD	17	Lowman, Rev J B*	LXTN	430	Lucas, Robert H	CHTN	453
Lovick, Elizabeth	LXTN	375	Lowman, S*	SPBG	258	Lucas, Robt*	DLTN	381
Lovick, Elizabeth	LXTN	374	Lowman, S F	LXTN	443	Lucas, S E	GETN	286
Lovick, G T	LXTN	374	Lowman, W W	LXTN	419	Lucas, Saml	LXTN	456
Lovick, G W	LXTN	375	Lowndes, Ann**	CHTN	380	Lucas, Saml	LXTN	363
Lovick, G W	LXTN	375	Lowndes, Charles T	COTN	311	Lucas, Shadrack*	BUFT	79
Lovick, George W	RHLD	73	Lowndes, Margt	CHTN	188	Lucas, Sherod	DLTN	459
Lovick, John	LXTN	373	Lowndes, Mrs Thos	CHTN	220	Lucas, Simons**	GETN	316
Lovick, John W	RHLD	77	Lowndes, T O	GRVL	482	Lucas, T B	SMTR	183
Lovick, Robert	RHLD	81	Lowndes, William*	CHTN	478	Lucas, Thomas	CHTR	12
Lovick, Saml T	LXTN	448	Lowndes, William	GRVL	482	Lucas, Thomas	CHFD	174
Lovick, T H**	LXTN	441	Lowndes, William	COTN	319	Lucas, Thos P	LXTN	376
Lovick, W A	LXTN	375	Lownour, Joel T	RHLD	85	Lucas, William	CHTN	451
Lovin, Presley	LRNS	327	Lowrance, R N	LRNS	221	Lucas, William	CHTR	6
Lovin, Saml	LRNS	326	Lowrey, A M	COTN	253	Lucas, William	CHTN	387
Loving, Amanda*	SPBG	304	Lowrey, James	SMTR	162	Lucius, Joshua	RHLD	63
Loving, Danl	LRNS	292	Lowrey, Jas F	EDFD	128	Lucken, Anna*	CHTN	433
Loving, Susan	SPBG	201	Lowrie, Henry*	SMTR	116	Luckey, Joseph	SMTR	115
Lovingood, Samuel	PKNS	21	Lowrie, Mary*	SMTR	116	Luckin, Ann	CHTN	441
Lovings, Sarah*	UNON	234	Lowrie, Tom	SMTR	112	Lucus, Edward H*	RHLD	44
Lovit, D*	MARN	74	Lowrimore, Ann*	MARN	3	Lucy, Jane	LCTR	182
Lovit, Elisabeth	MARN	100	Lowrimore, Colin	MARN	4	Ludden, Hainess*	CHTN	294
Lovit, L	MARN	78	Lowrimore, Daivd*	MARN	2	Luderman, C H	PKNS	35
Low, A R*	SPBG	410	Lowrimore, H L	MARN	2	Luders, Christian*	CHTN	285
Low, Annah	SPBG	292	Lowrimore, John	MARN	4	Luders, Wm	CHTN	337
Low, Ansel	BNWL	442	Lowrimore, John Sr	MARN	2	Ludin, J W	PKNS	176
Low, Benjamin	ADSN	207	Lowrimore, Moses	MARN	2	Ludlam, Cornelius E	HORY	56
Low, Bennet F	ADSN	207	Lowrimore, Robt	MARN	3	Ludlam, J N	HORY	32
Low, Bird	SPBG	211	Lowrimore, Robt Sr	MARN	2	Ludlam, W G	HORY	55
Low, Byrd*	COTN	352	Lowry, A	CHFD	111	Ludlow, J N	HORY	32
Low, Darling	BNWL	430	Lowry, A J	PKNS	6	Ludlow, John J	HORY	24
Low, E*	LXTN	421	Lowry, A M	CHFD	136	Ludwick, Wm C	ABVL	17
Low, Elias	SPBG	310	Lowry, Ann*	CHTN	375	Luens, William H*	RHLD	27
Low, Eliza	LRNS	237	Lowry, Calvin	CHFD	136	Lufoy, Jas H*	ADSN	217
Low, Geo W*	LRNS	263	Lowry, Capers	COTN	292	Lugg, Clementine*	BUFT	77
Low, Henry	COTN	353	Lowry, Cena	PKNS	61	Lugg, Phoebe*	BUFT	77
Low, Henry R	LXTN	420	Lowry, Elizabeth*	EDFD	153	Luguine, H	EDFD	130
Low, J D	LXTN	417	Lowry, J G	CHTR	3	Luhrs, Martin**	CHTN	292
Low, J H	SPBG	220	Lowry, J T*	LXTN	373	Luke, John	LRNS	305
Low, J M	SPBG	409	Lowry, Jno	CHFD	136	Luke, Martha**	DLTN	446
Low, J W	SPBG	409	Lowry, John R**	CHTN	146	Luke, Sarah*	DLTN	469
Low, James	SPBG	302	Lowry, Johnson	EDFD	151	Lukes, Margaret W	NWBY	219
Low, John W	SPBG	304	Lowry, Mrs A	EDFD	54	Lukmire, M H*	EDFD	62
Low, Johnathan	SPBG	410	Lowry, R H*	PKNS	34	Lumden, William*	CHTN	490
Low, Mahaly	SPBG	291	Lowry, Ramsy	MARN	107	Lumpkin, Abram	FAFD	252
Low, Mary	UNON	190	Lowry, Robert	CHFD	133	Lumpkin, Elizabeth	PKNS	96
Low, Mary E	LXTN	420	Lowry, William*	ORBG	372	Lumpkin, James O	PKNS	130
Low, Miranda**	LXTN	417	Lowry, William	COTN	290	Lumpkin, John D**	PKNS	6
Low, Nancy*	UNON	189	Lowther, Chas T	BUFT	43	Lumpkin, Patsey*	CHTR	91
Low, Paul	BNWL	431	Lowther, Jane A	BUFT	26	Lumpkin, Thos P	CHTR	43
Low, Queller	BNWL	431	Lowther, Margt A	BUFT	72	Lumpkins, Nancy S*	PKNS	73
Low, Ruthy*	BNWL	427	Loybt, Robert	CHTN	447	Lumsden, Joshua L	RHLD	15
Low, S	LCTR	170	Loyd, Anna*	LRNS	306	Luna	SMTR	157
Low, S A	LXTN	417	Loyd, Chas	DLTN	469	Luna, Elizabeth*	CHTN	148
Low, Saml	BNWL	430	Loyd, J G*	UNON	274	Lundy, Alfred	DLTN	476
Low, Sarah*	SPBG	293	Loyd, John	MARN	136	Lundy, E**	EDFD	115
Low, Sarah*	LRNS	224	Loyd, Manima	LRNS	291	Lundy, Ellison	CHFD	130
Low, Simpson	SPBG	394	Loyd, William	MARN	136	Lundy, Jas*	DLTN	413
Low, W T	BNWL	430	Loyd, Wm*	GETN	294	Lundy, Jno	DLTN	387
Low, William	SPBG	219	Loyel, Charles	CHTN	486	Lundy, Mrs H	EDFD	66
Low, William	BNWL	430	Loyless, James	COTN	290	Lundy, T N	EDFD	66
Low, Williams	SPBG	310	Loyrr, Chas	CHTN	110	Lundy, Wm	DLTN	476
Lowan, Edward*	RHLD	51	Lozery, A D*	CHTN	204	Lundy, Wm	MARN	81
Lowder, Cathurin*	CLDN	221	Lubken, Emma*	CHTN	450	Lunford, Elias	SPBG	361
Lowder, H H	CLDN	220	Lubkin, Luder	BUFT	97	Lunn, Sarah A	DLTN	475
Lowder, H S	CLDN	212	Lubs, C F	CHTN	374	Lunn, Thomas	DLTN	442
Lowder, James O	CLDN	212	Lubs, Henning	CHTN	469	Lunsford, Hiram	CHFD	187
Lowder, Jared W	CLDN	224	Lucan, Hy*	COTN	248	Luny, Jesse	GETN	308
Lowder, Lavinia	SMTR	122	Lucas, A	CHTN	371	Lupo, A F	EDFD	25
Lowder, R J	CLDN	212	Lucas, A C W*	MRBO	178	Lupo, Edmund	FAFD	255
Lowder, R J M*	CLDN	215	Lucas, Ann S*	CHTN	405	Lupo, Isabella	LXTN	452
Lowe, George W	CHTR	76	Lucas, Augustus	CHTN	363	Lupo, John	LXTN	454
Lowe, Joseph	BNWL	400	Lucas, B	DLTN	376	Lupo, Wesley	FAFD	266
Lowe, Sary	LRNS	313	Lucas, B S	KRSW	124	Lush, A M	CHTN	107
Lowe, Thomas*	ABVL	93	Lucas, C A*	CHTN	161	Lusk, B B	PKNS	8
Lowell, King	CHFD	168	Lucas, Chas B	LXTN	362	Lusk, Erastus	PKNS	12
Lowell, Levi	CHFD	144	Lucas, Danl J	LXTN	362	Lusk, L W	PKNS	12
Lowell, R J*	CHFD	155	Lucas, Ewd	CHTN	220	Lusk, Nathan	PKNS	12
Lowenburg, Joseph	CHTN	410	Lucas, Francis M*	LXTN	377	Lusk, Nathan Jr	PKNS	12
Lowenburg, Joseph	GRVL	405	Lucas, G W	DLTN	380	Luten, Joseph*	CHTN	128
Lowerly, E*	FAFD	228	Lucas, George*	BUFT	72	Lutervers, Amanda*	EDFD	143
Lowery, Adelae	FAFD	232	Lucas, George	CHTN	467	Luther, C	EDFD	115

Name	Loc	Pg
Luther, M M*	SPBG	259
Luthey, Henry*	ABVL	10
Lutz, Margaret	BNWL	468
Lybrand, Barnet C	LXTN	436
Lybrand, E J	LXTN	436
Lybrand, Elza	EDFD	4
Lybrand, Godfrey P	LXTN	436
Lybrand, Henry	EDFD	5
Lybrand, John	LXTN	408
Lybrand, Joseph	LXTN	365
Lybrand, Levi	EDFD	89
Lybrand, Levi	LXTN	452
Lybrand, Lewis	LXTN	369
Lybrand, Mrs B	EDFD	5
Lybrand, R S	LXTN	436
Lybrand, Reuben	EDFD	6
Lybrand, W A	LXTN	439
Lybrand, Wm	EDFD	4
Lyda, Abraham	PKNS	12
Lyda, John	PKNS	12
Lyde, Ellen*	CHTN	418
Lyde, J N*	GRVL	410
Lyerly, T H	WMBG	331
Lykes, Jesse G	RHLD	93
Lyle, Jane**	CHTR	77
Lyles, Burwell*	NWBY	282
Lyles, C F	FAFD	259
Lyles, Cecilia*	NWBY	277
Lyles, Charlotte	LCTR	196
Lyles, Cynthia*	LRNS	318
Lyles, D A	PKNS	80
Lyles, Dr T J	FAFD	276
Lyles, Elizabeth	YORK	496
Lyles, Ephraim	GRVL	335
Lyles, Erskine*	NWBY	297
Lyles, G W	UNON	200
Lyles, H J	FAFD	268
Lyles, J V	KRSW	116
Lyles, James	PKNS	60
Lyles, James	LCTR	196
Lyles, James B*	NWBY	277
Lyles, Jas R*	NWBY	259
Lyles, Jesse*	NWBY	277
Lyles, John	LRNS	342
Lyles, John E	LCTR	207
Lyles, John V	NWBY	260
Lyles, Joseph	PKNS	82
Lyles, Joseph	PKNS	85
Lyles, Lewis	PKNS	83
Lyles, Mary C*	NWBY	278
Lyles, Reuben S	NWBY	258
Lyles, Sallie P*	RHLD	43
Lyles, Shedrick	LCTR	204
Lyles, Susan**	LRNS	319
Lyles, Susanah**	YORK	498
Lyles, T	FAFD	215
Lyles, Thomas M	FAFD	276
Lyles, Thos	FAFD	264
Lyles, Thos H	NWBY	270
Lyles, W B	FAFD	276
Lyles, William	PKNS	82
Lyles, William	LCTR	207
Lyles, William	NWBY	277
Lyles, William	RHLD	32
Lyles, William*	FAFD	232
Lyles, Wm A	PKNS	87
Lyles, Wm S	FAFD	276
Lyles, Wylie	LCTR	207
Lyles. M W	ABVL	17
Lylle, Elizabeth	YORK	388
Lyman, W Bruce*	SMTR	170
Lyman, William	SMTR	170
Lynak, Edward	BUFT	23
Lynam, C W	CLDN	190
Lynch, Aaron W	ABVL	103
Lynch, Archer	SPBG	350
Lynch, Augusta	CHFD	188
Lynch, Banister	PKNS	118
Lynch, Barthel**	CHTN	373
Lynch, Bishop P	CHTN	236
Lynch, Conlaw	CHFD	185
Lynch, E	WMBG	354
Lynch, E	WMBG	352
Lynch, H P	CHFD	185
Lynch, Henry E	GRVL	516
Lynch, Hester	GETN	292
Lynch, J*	SPBG	258
Lynch, J	WMBG	351
Lynch, J S	WMBG	359
Lynch, James	LRNS	340
Lynch, James	CHTN	290
Lynch, Jayson	WMBG	352
Lynch, John*	WMBG	520
Lynch, John	SMTR	178
Lynch, John	RHLD	19
Lynch, John	GRVL	441
Lynch, Joseph	SPBG	404
Lynch, M A	WMBG	357
Lynch, M E*	MARN	64
Lynch, Mary B	RHLD	22
Lynch, Michael**	CHTN	248
Lynch, Miss*	CHTN	320
Lynch, Nathaniel	PKNS	118
Lynch, Nathaniel N	PKNS	118
Lynch, Nicolaus**	CHTN	287
Lynch, Patrick**	CHTN	290
Lynch, Robert	ORBG	378
Lynch, S	WMBG	351
Lynch, T	CHFD	188
Lynch, Thomas	CHTN	513
Lynch, Thomas	CHTN	487
Lynch, Thos*	CLDN	192
Lynch, Thos	CHTN	167
Lynch, Wash	ORBG	374
Lynch, William	LXTN	450
Lynch, William	GRVL	464
Lynch, Wm	MARN	119
Lyndon, Josiah	ABVL	80
Lynes, Catherine*	CHTN	354
Lynes, Christina	BNWL	487
Lynes, George	CHTN	122
Lynes, J K	BNWL	484
Lynes, Jas	CHTN	344
Lynes, Philip*	BNWL	486
Lynes, Samuel	CHTN	161
Lynn, Drucilla	YORK	470
Lynn, Elihu	CHTR	88
Lynn, Horis W**	LCTR	168
Lynn, James	CHTR	88
Lynn, James R	LCTR	168
Lynn, John A	YORK	432
Lynn, John R*	LCTR	166
Lynn, M S	UNON	280
Lynn, Margt J*	CHTR	88
Lynn, Mary	CHTR	32
Lynn, Mary*	CHTR	3
Lynn, Matthew	CHTR	91
Lynn, Samuel	CHTR	169
Lynn, Thos C	CHTR	87
Lynn, William	GRVL	444
Lynn, Wm	YORK	446
Lynsa, John*	FAFD	280
Lynsk, James	CHTN	290
Lynsk, Patrick**	CHTN	290
Lyon, Amanda	ABVL	98
Lyon, Dr H Thos	ABVL	23
Lyon, Jno E	ABVL	10
Lyon, Jno Sr	EDFD	117
Lyon, John T	ABVL	98
Lyon, Martha C	ABVL	43
Lyon, Newton	LRNS	327
Lyon, Robert**	UNON	201
Lyon, Thos	CHTN	202
Lyon, William	ABVL	49
Lyones, Lavinia A**	CHTN	419
Lyons, Amanda	NWBY	277
Lyons, Ann	CHTN	394
Lyons, Anna*	CHTN	433
Lyons, E J	COTN	300
Lyons, Eliza	CHTN	428
Lyons, Elizabeth	RHLD	9
Lyons, Elizabeth	COTN	265
Lyons, Geo W*	BNWL	486
Lyons, George*	BNWL	486
Lyons, Gracy*	CHTN	119
Lyons, Isaac	COTN	265
Lyons, Jacob C	RHLD	8
Lyons, John*	RHLD	46
Lyons, John	BNWL	361
Lyons, John R	CHTN	511
Lyons, Joseph J*	CHTN	419
Lyons, Joshua*	NWBY	304
Lyons, Levenia	COTN	349
Lyons, Margaret	YORK	498
Lyons, Michael	CHTN	394
Lyons, Morgan	COTN	297
Lyons, Morgan	COTN	294
Lyons, Sarah*	NWBY	280
Lyons, Simeon	COTN	263
Lyons, Thomas**	CHTN	272
Lyons, William	ORBG	344
Lyons, Wm	LRNS	326
Lysaght, G A	BUFT	26
Lythgoe, Augustus I	ABVL	21
Maaknan, Hugh	CHTN	259
Mabank, Ann	CHTN	111
Mabarry, Dudley	ABVL	87
Mabb, Addisa	UNON	196
Mabone, J G	UNON	189
Mabone, Simpson	UNON	195
Mabry, Dr Thos	ABVL	97
Mabry, Frances	UNON	284
Mabry, Frances	UNON	283
Mabry, Francis	UNON	282
Mabry, Gebret	UNON	254
Mabry, Henry	UNON	281
Mabry, J G	SPBG	244
Mabry, James T*	ABVL	25
Mabry, Jefferson	UNON	254
Mabry, Jesse	UNON	281
Mabry, John	UNON	282
Mabry, M W	ADSN	253
Mabry, Mary	SPBG	232
Mabry, Thomas	UNON	278
Mabry, W R	FAFD	261
Mabry, William	UNON	282
Mabus, Elizabeth	LXTN	429
Mabus, Jacob	LXTN	420
Mabus, Paul	LXTN	422
Macauly, Rachel	CHTN	297
Macbeth, Charles	CHTN	238
Macbeth, Jas	CHTN	222
Macbeth, R	CHTN	244
Maccollough, James L*	RHLD	51
MacDonald, H J	BNWL	466
Mace, Christopher	SPBG	368
Mace, John	MARN	81
Mace, John M	MARN	81
Mace, Julius	MARN	81
Mace, Lucinda**	CHFD	113
Mace, W G*	MARN	19
MacFall, W T	LXTN	410
Macfarlan, Allan	CHFD	183
Macfarlan, J**	CHFD	189
Machatt, Richard	FAFD	245
Machaw, Abigal*	SMTR	160
Machaw, J F M	SMTR	159
Machclaus, C	PKNS	37
Machem, John*	PKNS	104
Machray, Wm	LRNS	348
Mack, Alexander	CLDN	192
Mack, Amanda	ORBG	318
Mack, David	EDFD	147
Mack, Elizabeth*	ORBG	361
Mack, J W	ORBG	321
Mack, J W	COTN	353
Mack, Jacob	ORBG	383
Mack, Jacob	ORBG	358
Mack, Jacob A	ORBG	383
Mack, James	LXTN	470
Mack, James	ORBG	358
Mack, James M*	RHLD	46
Mack, John	ORBG	385
Mack, John A	EDFD	151
Mack, Jos	LXTN	363
Mack, Joseph*	LXTN	360
Mack, Kate	HORY	55
Mack, Lewis J	LXTN	455
Mack, M J*	GETN	315
Mack, Rachel	ORBG	372
Mack, William*	LXTN	363
Mack, William*	ORBG	386
Mack, Wm G	ORBG	386
Mackason, Martin*	SPBG	347
Mackay, Geo C	BUFT	97
Mackay, J J*	CHTN	371
Mackelhenney, S*	CHTN	401
Macken, H D	CLDN	215
Mackenfuss, H W	CHTN	505
Mackey, A G	CHTN	400
Mackey, Edward	CHTN	447
Mackey, Fleming	LCTR	168
Mackey, James J	RHLD	20
Mackey, Jas H	CHTN	496
Mackey, John L	LCTR	170
Mackey, L P	LCTR	170
Mackey, M A**	CHTN	365
Mackey, Margt*	CHTN	513
Mackey, O S*	CHTN	482
Mackey, Rosa*	LRNS	313
Mackey, William*	LCTR	168
Mackey, William A	CHTN	408
Mackie, E	CHTN	336
Mackie, Florence*	RHLD	30
Mackie, Mrs Eliza**	CHTN	239
Mackin, James*	WMBG	334
Macklin, Elijah	BNWL	499
Macklin, Milton	HORY	71
Mackney, Patrick	CHTN	237
Macleman, Elizabeth*	NWBY	295
MacMay, Geo C	CHTN	512
MacMillan, Thos	BNWL	457
Macock, Charles	CHTN	268
Macomson, Geo	SPBG	260
Macomson, J F	SPBG	285
Macomson, J P	UNON	291
Macon, H J	CHTR	44
Macon, Nancy**	FAFD	260
Maconison, James A*	SPBG	224
Maconson, David	SPBG	254
Macorney, Henry	EDFD	50
Macurky, F M	GETN	290
Madden, Ann	LRNS	226
Madden, Catharine	CHTN	398
Madden, Cathe**	LRNS	284
Madden, Chas	LRNS	230
Madden, Chas	LRNS	285
Madden, David	LRNS	290
Madden, Dr T B	FAFD	209
Madden, Elias M	PKNS	170
Madden, Elihu	LRNS	287
Madden, Elizabeth*	ADSN	268
Madden, Elizh	LRNS	228
Madden, Ezekial	PKNS	177
Madden, Geo M	ABVL	127
Madden, H	LRNS	307
Madden, Henry	LRNS	226
Madden, Henry**	CHTN	386
Madden, Jane	FAFD	205
Madden, Jno*	LRNS	226
Madden, Jno*	LRNS	231
Madden, John*	CHTN	368
Madden, John	LRNS	266
Madden, Julia*	CHTN	441
Madden, Locke	LRNS	245
Madden, M*	LRNS	222
Madden, Mabra	LRNS	242
Madden, Mabra	LRNS	285

Name	Loc	Pg
Madden, Nancy**	LRNS	252
Madden, Nathaniel M	PKNS	193
Madden, Reb	LRNS	285
Madden, Tepha	LRNS	285
Madden, Thomas	PKNS	171
Madden, Wm	LRNS	250
Madders, Christopher	CHTN	104
Maddie, Laurence*	CHTN	202
Maddox, Henley	LRNS	261
Maddox, James	RHLD	30
Maddox, Joel	LRNS	294
Maddox, John	GRVL	487
Maddox, Margaret	RHLD	88
Maddox, R W	LCTR	210
Maddox, Reubin	SPBG	384
Maddox, Saml	LRNS	262
Maddox, Thomas	ADSN	293
Maddox, William	ABVL	144
Maddox, Wm	LRNS	254
Maddox, Wm M*	ADSN	187
Made, Margt*	CHTN	509
Madeshaw, M	UNON	215
Madora, Robert*	CHTN	464
Madray, J M	CHTN	163
Maffet, J M	NWBY	235
Maffet, L B	NWBY	298
Maffet, R C	NWBY	252
Maffet, Z**	NWBY	261
Maffett, Florence*	NWBY	289
Maffett, G C	NWBY	253
Maffett, James*	NWBY	272
Maffett, R D	NWBY	250
Maffett, Robert	NWBY	261
Maffit, Alexander	CHTN	482
Maffit, Mrs E	CHTN	132
Magan, Ann*	CHTN	228
Magarth, Georgiane*	CHTN	463
Magee, Benjn	PKNS	55
Magee, C W	WMBG	325
Magee, G W	ADSN	184
Magee, J H*	SMTR	95
Magee, Jesse P	ADSN	196
Magee, John A	SMTR	95
Magee, Maranda*	PKNS	91
Magee, Martha	ADSN	196
Magee, Martha*	WMBG	347
Magee, Mary	SMTR	95
Magee, Nancy	PKNS	91
Magee, Tilman C	PKNS	30
Magee, W S	ADSN	184
Magee, Wm	ADSN	197
Magg, A Mc D	CHTN	208
Magg, Mary A	CHTN	213
Magill, Henry L	ADSN	284
Magill, J C	CHTN	155
Magill, J R	LCTR	203
Magill, James*	CHTN	205
Magill, James	ABVL	128
Magill, Jas B	CHTR	61
Magill, John D	GETN	321
Magill, John G**	CHTR	61
Magill, Mary	ADSN	246
Magill, Mary	ADSN	242
Magill, S H	ADSN	239
Magill, Thos*	ADSN	154
Magraff, H*	CHTN	238
Magrath, A G	CHTN	355
Magrath, David	CHTN	504
Magrath, Elise**	CHTN	271
Magrath, Ellen*	CHTN	275
Magrath, H*	CHTN	326
Magrath, Jas	CHTN	306
Magrath, John	CHTN	422
Magrath, John	CHTN	503
Magrath, Julia*	CHTN	472
Magrath, Michl**	CHTN	489
Magrath, Thomas*	CHTN	275
Magrath, Thos P*	EDFD	107
Magrath, William J	CHTN	457
Maguin, Jas	CHTN	231
Maguire, Anne*	COTN	249
Maguire, Bridget	COTN	331
Maguire, Ellen*	CHTN	236
Maguire, John J	COTN	333
Maguire, Mary	CHTN	196
Maguire, Michl	CHTN	496
Maguire, Wm	CHTN	192
Mahaffee, John P	SPBG	420
Mahaffee, Nancy*	SPBG	367
Mahaffey, D T	KRSW	93
Mahaffey, H	LRNS	274
Mahaffey, Mary*	KRSW	90
Mahaffey, Mathew	LRNS	279
Mahaffey, Oliver	LCTR	208
Mahaffey, Olly	KRSW	92
Mahaffey, Rebecca	KRSW	95
Mahaffey, Tyse	KRSW	93
Mahaffey, Wm	KRSW	93
Mahaffie, Josiah	SPBG	372
Mahaffy, A F	GRVL	493
Mahaffy, Arsamus	ADSN	281
Mahaffy, Eli*	LRNS	266
Mahaffy, Hugh	ADSN	163
Mahaffy, J M	GRVL	493
Mahaffy, J T	GRVL	493
Mahaffy, James M	GRVL	493
Mahaffy, John	GRVL	493
Mahaffy, Lewis	LRNS	279
Mahaffy, Martin	PKNS	24
Mahaffy, P S	ADSN	282
Mahaffy, Thos J	GRVL	493
Mahaffy, W	GRVL	496
Mahaffy, W M	GRVL	486
Mahaffy, Willy	GRVL	419
Mahaffy, Wm	LRNS	270
Mahafy, Allen	LRNS	265
Maham, Mary Ann*	CHTN	241
Mahan, Elizh	LRNS	344
Mahan, John*	CHTN	306
Mahan, Miley**	CHTN	202
Maharry, Bridget*	CHTN	391
Mahear, Sarah*	PKNS	177
Maher, Catharine*	CHTN	390
Maher, J J	BNWL	467
Maher, M D	BNWL	475
Maher, Mary	CHTN	356
Maher, Michael*	CHTN	433
Maher, William	CHTN	391
Mahew, Charles	PKNS	36
Mahoe, Elizabeth D	CHFD	148
Mahon, Lovicy*	ABVL	87
Mahon, Rev J D	FAFD	207
Mahon, Thomas	ABVL	84
Mahon, Thos F	LRNS	263
Mahoney, H W	CLDN	192
Mahoney, James*	PKNS	98
Mahoney, Julia**	CHTN	284
Mahony, Jno	CHTN	358
Mahony, John	CHTN	520
Mahony, John	CHTN	214
Mahony, Margaret	CHTN	358
Main, Emely	CHTN	278
Main, John G	BNWL	345
Main, Marion M	BNWL	345
Mainar, Hiram	YORK	483
Mains, Francis	CHTN	510
Mair, Susan*	LRNS	298
Mairs, A	LRNS	222
Mairs, E B	LRNS	284
Mairs, Jas	LRNS	278
Mairs, Jno	LRNS	262
Major, A J	ADSN	282
Major, Daniel	ADSN	162
Major, E J	ADSN	186
Major, H B	ADSN	235
Major, J Wesley	ADSN	288
Major, Jas A	ADSN	198
Major, John W	PKNS	167
Major, Mary*	ADSN	304
Major, Mitilda	ABVL	81
Major, Nancy	ADSN	197
Major, Wm	ADSN	186
Major, Wm N	ADSN	157
Majors, Asberry	PKNS	135
Majors, James	PKNS	135
Majors, Peggy	ADSN	186
Maker, Mary*	CHTN	263
Maker, Michael*	CHTN	261
Maker, Richard*	ADSN	259
Maker, Thos	CHTN	258
Makin, Edward	SPBG	331
Makis, Dr W T	EDFD	64
Makresonn, M*	SPBG	347
Malarkey, Patrick	SPBG	310
Males, Robt	SPBG	407
Maley, Bettie*	NWBY	235
Malga, Vistor	CHTN	276
Malk, Alexander	CLDN	192
Mallard, M*	SPBG	258
Malle, Henry*	CHTN	193
Mallery, Sarah*	CHTN	342
Mallet, Jane*	YORK	389
Mallet, Wm	EDFD	98
Mallett, Chas*	CHTN	260
Mallocks, Pemima**	YORK	409
Mallon, James H	BUFT	90
Malloy, A	CHFD	189
Malloy, D	CHFD	185
Malloy, Moses*	MARN	87
Malloy, P*	CHTN	306
Malloy, Peter*	CHFD	170
Malloy, Wm Q	LRNS	232
Mally, Robt*	CHFD	139
Malone, Aaron	UNON	188
Malone, Andw*	ABVL	37
Malone, Ann*	CHTN	248
Malone, Daniel	ABVL	69
Malone, Danl	ABVL	71
Malone, David*	ABVL	56
Malone, Edward	CHTN	466
Malone, James	ABVL	488
Malone, Jas	ABVL	64
Malone, Jno	ABVL	55
Malone, Jno	ABVL	65
Malone, John*	CHTN	248
Malone, John	UNON	188
Malone, Lewis	ABVL	51
Malone, Margaret*	CHTN	287
Malone, Mary	CHTN	263
Malone, Mary	CHTN	138
Malone, Michl	CHTN	499
Malone, Mrs M	ABVL	54
Malone, Nathan*	ABVL	37
Malone, Patrick	CHTN	383
Malone, Patrick	ABVL	65
Malone, Sammuel*	UNON	254
Malone, T	CHTN	306
Malone, T W	UNON	191
Malone, Thomas	ABVL	74
Malone, W L	LRNS	237
Malone, William	UNON	211
Malone, Wm	KRSW	101
Malone, Wm C	ABVL	48
Malonee, J C	MRBO	148
Maloney, E*	CHTN	225
Maloney, Jas**	YORK	441
Maloney, John	CHTN	247
Maloney, M L	CHTN	239
Maloney, Stepen*	ADSN	262
Maloney, Thomas**	CHTN	455
Malony, P K*	BNWL	466
Malony, Thomas*	CHTN	495
Maloy, George*	GRVL	414
Maloy, J	EDFD	111
Maloy, Mary*	GRVL	501
Malpass, Susan	LXTN	419
Malpass, W T	LXTN	423
Malpass, W T	LXTN	423
Malphus, Allen C	BUFT	44
Malphus, C M	BUFT	44
Malphus, John*	BUFT	31
Malphus, Rachel	BUFT	44
Malphus, W B**	BUFT	41
Malphus, Wm E	BUFT	27
Malsy, John**	CHTN	390
Man, David P	YORK	455
Manahan, Mary*	CHTN	501
Manahan, William**	CHTN	281
Manard, Gatue*	CHFD	118
Manardie, Jas	CHTN	489
Mancell, Richd	LXTN	376
Mancill, Julius*	DLTN	425
Mandareth, F*	CHTN	498
Mandle, Saml	FAFD	247
Mane, Caroline*	BNWL	361
Mane, Eugenia	BNWL	425
Mane, Mary	BNWL	345
Maner, Catharine	BUFT	71
Maner, Joseph W	BUFT	71
Maner, Sarah S	BUFT	71
Maner, William	GRVL	435
Maner, William F	BUFT	69
Maners, H D	SMTR	184
Manes, Tilero*	LCTR	180
Maney, Franklin*	UNON	219
Maney, John Jr	YORK	370
Maney, Robt	SPBG	396
Maney, Roxy	UNON	198
Mangel, Elizabeth	CHTN	475
Mangels, Emilia*	CHTN	168
Manget, V E*	KRSW	132
Manglebug, F J M*	SPBG	205
Mango, George**	LCTR	190
Mango, Henry	LCTR	190
Mangomery, M M	YORK	493
Mangram, S H**	BNWL	462
Mangrum, B R	NWBY	241
Mangrum, Davis	CHFD	155
Mangrum, H R	NWBY	237
Mangrum, J B	NWBY	241
Mangrum, Jacob	CHFD	152
Mangrum, Lawrence*	NWBY	241
Mangrum, Sarah	CHFD	159
Mangrum, W S	CHFD	152
Mangum, Alice E*	RHLD	38
Mangum, B E	CHFD	166
Mangum, James C	CHFD	126
Manie, S	CHFD	153
Manigault, A M	GETN	316
Manigault, C H	CHTN	244
Manigault, Charles	CHTN	222
Manigault, Charles	CHTN	167
Manigault, Edw	CHTN	223
Manigault, G	CHTN	226
Manigault, H M	CHTN	483
Manigault, Henry H	COTN	367
Manigault, Peter	CHTN	143
Manin, Benjamin	CHTN	171
Maning, Joseph	UNON	290
Maning, Thomas	UNON	290
Manion, Martin	CHTN	420
Manle, C S	CHTN	315
Manle, Mason*	CHTN	364
Manley, B**	EDFD	117
Manley, Frank	PKNS	115
Manley, James	PKNS	112
Manley, Robt	PKNS	88
Manley, Robt	GRVL	491
Manley, Thos	LRNS	261
Manly, Ann	ADSN	180
Manly, Basil Jr	GRVL	408
Manly, Brown	LRNS	263
Manly, Franklin	SPBG	241
Manly, Geo W	ADSN	165
Manly, John*	LRNS	337
Manly, Joicy	LRNS	251
Manly, Martin	GRVL	502

Name	Loc	Pg	Name	Loc	Pg	Name	Loc	Pg
Manly, Perry	GRVL	372	Mardis, Ana	UNON	206	Marrs, Wm D	ABVL	84
Manly, Sally	LRNS	262	Mardis, Elizabeth	UNON	207	Mars, Dr John M	NWBY	286
Manly, Tabithia	ADSN	172	Mardis, Moses	UNON	206	Mars, Jas A	NWBY	262
Manly, Tyre	ADSN	267	Mare, S A*	EDFD	131	Mars, John A	ABVL	11
Manly, W H*	GRVL	430	Maree, D	MARN	42	Mars, Nathan R	NWBY	263
Manly, William*	SPBG	250	Mares, Geo W	MARN	116	Mars, Robt H	NWBY	262
Manly, William	ADSN	263	Mares, Jerusha	MARN	131	Mars, Robt P*	ABVL	138
Manly, Wm	LRNS	278	Mares, Wm*	MARN	69	Mars, Wm	NWBY	263
Manly, Wm	LRNS	266	Maret, A J	PKNS	57	Marsch, Joshua	SMTR	99
Mann, A	KRSW	98	Maret, Ben	PKNS	57	Marsengill, William	PKNS	137
Mann, A J	DLTN	434	Maret, D S	PKNS	57	Marsengille, Ephraim	PKNS	139
Mann, Aaron A	PKNS	170	Maret, George W	ADSN	268	Marsengille, Green	PKNS	171
Mann, Crawford	ADSN	197	Maret, J E	PKNS	55	Marsengille, Joseph	PKNS	124
Mann, Danl	BUFT	9	Maret, J H	ADSN	269	Marsh, C J G	COTN	260
Mann, Eliza C*	PKNS	170	Maret, John	PKNS	57	Marsh, H L	KRSW	118
Mann, H M	DLTN	434	Maret, Lewis R	PKNS	58	Marsh, Hiram	RHLD	77
Mann, J*	KRSW	99	Maret, Lucy	PKNS	58	Marsh, James	CHTN	274
Mann, J P**	HORY	4	Maret, M A	PKNS	56	Marsh, James	KRSW	114
Mann, James	FAFD	235	Maret, Morgan	ADSN	269	Marsh, James G	CHTN	274
Mann, James	ABVL	130	Maret, T C	PKNS	100	Marsh, John	GETN	312
Mann, Jas	CHTN	324	Maret, W H	PKNS	57	Marsh, John	KRSW	113
Mann, Joseph	BUFT	9	Maret, William	ADSN	269	Marsh, Mary	WMBG	330
Mann, Lewis	PKNS	166	Maret, Wm G	PKNS	55	Marsh, Robt B*	RHLD	56
Mann, Margaret	FAFD	214	Marett, Cleveland	PKNS	100	Marsh, Saml	EDFD	42
Mann, Robt	KRSW	139	Marett, S H	PKNS	94	Marsh, Saml	GETN	304
Mann, Smith	ABVL	59	Marett, Zilpha	ADSN	325	Marsh, Saml	GETN	319
Mann, Solomon	RHLD	9	Marga, Margaret*	CHTN	253	Marsh, Saml N	GETN	291
Mann, Thomas	FAFD	281	Margart, George M*	CHTN	426	Marsh, T G	WMBG	333
Mann, Thos J	YORK	461	Margart, Rev J B	LXTN	455	Marsh, T S	WMBG	327
Mann, William	ABVL	137	Margenhoff, J	BNWL	458	Marsh, Willis	GETN	319
Manner, S A	BNWL	456	Margenhoff, O G*	BNWL	458	Marsha, Jonathan	RHLD	76
Mannerlyn, F M	GETN	295	Margil, Acil	PKNS	122	Marshal, Alexander	WMBG	322
Mannerlyn, Thos M	MARN	135	Margrath, Elliott*	CHTN	476	Marshal, Elizabeth*	FAFD	206
Manners, Philip*	CHTN	245	Marguard, Sarah E*	BUFT	19	Marshal, J W	LCTR	209
Manning, Alifair	HORY	11	Marier, Mlle	CHTN	437	Marshal, Mary**	YORK	372
Manning, Brown	CLDN	235	Mariner, Joe**	CHTN	288	Marshal, Mary*	LCTR	209
Manning, Eli	MARN	113	Marines, A	CHTN	101	Marshal, Robt	LCTR	208
Manning, Geo	ADSN	209	Marion, Dave	ABVL	48	Marshal, W K	LCTR	208
Manning, George*	ADSN	245	Marion, James	ABVL	49	Marshall, A B	CHTN	481
Manning, Jno L	CLDN	247	Marion, Jno	CHTN	319	Marshall, A R*	GETN	285
Manning, Jos	ADSN	228	Marion, Jno A	CHTR	63	Marshall, Adaline*	KRSW	124
Manning, Joseph	ADSN	247	Marion, John*	ABVL	26	Marshall, Ann	RHLD	50
Manning, Martha*	CHTN	146	Marion, M J*	CHTN	22	Marshall, B*	GETN	294
Manning, Mary A	YORK	494	Marion, Margaret*	CHTN	276	Marshall, Benj	CHFD	168
Manning, Mauldin	ADSN	233	Marion, Maria	CHTN	178	Marshall, Benjamin**	RHLD	52
Manning, Mealy	MRBO	168	Marion, Priscilla	ABVL	48	Marshall, Catharine	KRSW	87
Manning, Mrs E P	SMTR	173	Marion, T S	CHTN	161	Marshall, E	CHTN	331
Manning, Mrs*	CHTN	318	Marion, William	ABVL	41	Marshall, Eliza C*	ABVL	62
Manning, P*	CHTN	263	Mark, Harris*	UNON	273	Marshall, Ellender***	PKNS	119
Manning, Richard J	SMTR	173	Mark, Rebecca*	LXTN	401	Marshall, Emiline	CHTN	389
Manning, Thos J	MARN	106	Marke, John	WMBG	299	Marshall, Frederick	CHTN	384
Manning, W	MARN	110	Marke, John*	WMBG	299	Marshall, Geo	DLTN	411
Manning, Wm	MARN	105	Markee, Tabitha	CLDN	194	Marshall, Geo	ABVL	51
Mannion, Francis	CHTN	491	Marker, James	CHTN	189	Marshall, J H	ADSN	159
Mannion, Martin**	CHTN	515	Markertt, M A	EDFD	107	Marshall, J J	WMBG	317
Manno, Mary*	CHTN	425	Markey, Annie*	CHTN	194	Marshall, J*	YORK	372
Mannon, John M*	BNWL	384	Markey, Henry C*	GRVL	411	Marshall, James G*	RHLD	53
Manon, Nancy	PKNS	165	Markey, John	CHTN	288	Marshall, James T***	LCTR	207
Manor, John	CHFD	164	Markham, James	GRVL	461	Marshall, Jas W W	ABVL	21
Mansel, Mathew	PKNS	148	Markley, Hester	CHTN	508	Marshall, John	CHTN	405
Mansel, Nancy	PKNS	6	Markley, John	GRVL	421	Marshall, John E	KRSW	123
Mansel, Richard H	PKNS	148	Markley, Margt**	CHTN	496	Marshall, John F	ABVL	22
Mansfield, Capt	CHTN	221	Markley, Thos W	CHTN	513	Marshall, John T	COTN	360
Mansfield, Eliza S	CHTN	103	Markley, W H	CHTN	165	Marshall, Jos S	ABVL	56
Mansfield, Garret**	CHTN	281	Markoe, E*	DLTN	407	Marshall, Lawrence**	RHLD	48
Mansfield, George	CHTN	102	Marks, Annie***	COTN	291	Marshall, M M*	KRSW	83
Manship, Aaron	MRBO	196	Marks, Dr Elias**	RHLD	83	Marshall, Martha	DLTN	419
Manship, Mrs Nancy	MRBO	196	Marks, Fred	RHLD	24	Marshall, Mary	PKNS	31
Manship, Travis	MRBO	152	Marks, Jacob	MARN	19	Marshall, N	DLTN	455
Manson, Eugenia	CHTN	361	Markwater, Henry*	CHTN	483	Marshall, Nancy*	CLDN	196
Mansville, Jas	CHTN	498	Marle, Susan*	CHTN	121	Marshall, Patsy	PKNS	118
Mantel, J	CHTN	322	Marler, Elenor	LCTR	164	Marshall, R	CHTN	187
Mantha, Edward	PKNS	23	Marler, Homer	BNWL	389	Marshall, R H	NWBY	296
Manuel, Elize*	CHTN	287	Marler, Wm	LCTR	172	Marshall, R W	FAFD	248
Manuel, Eva	BNWL	494	Marler, Wm S	LRNS	331	Marshall, Robert*	ABVL	119
Manuel, John M	BNWL	495	Marley, J E	BNWL	461	Marshall, Sadie*	RHLD	83
Manuel, Owen W	BNWL	396	Marlor, Mary	ORBG	391	Marshall, Saml S	ABVL	48
Manuel, William	BUFT	79	Marlow, Andrew	MARN	135	Marshall, Samuel	ABVL	51
Manus, Wm	SPBG	267	Marlow, C C*	MARN	1	Marshall, Samuel R	CHTN	401
Manville, A P*	BNWL	466	Marlow, D D*	GETN	296	Marshall, T H	EDFD	36
Maples, Charles	CHFD	141	Marlow, George**	GETN	285	Marshall, T Sidney	CHFD	180
Maples, Jarvis	RHLD	40	Marlow, H K	MARN	2	Marshall, Thomas*	FAFD	216
Maples, Jno	CHFD	141	Marlow, Henry*	MARN	2	Marshall, W L	GRVL	361
Maples, Lucretia	DLTN	416	Marlow, Jno	LRNS	302	Marshall, W R*	PKNS	35
Maples, Wm T	CHFD	141	Marlow, John	GETN	295	Marshall, Wm	DLTN	455
Mapus, Catharine	RHLD	26	Marlow, L R	GETN	292	Marshall, Wm	CHTN	331
Mara, P*	CHTN	302	Marlow, Luke R	GETN	288	Marshbanks, F M	GRVL	472
Maragen, Thomas*	RHLD	27	Marlow, Mary E***	GETN	289	Marshbanks, Gibson	GRVL	473
Marbut, Jno	ABVL	69	Marlow, R	WMBG	310	Marshbanks, J B	GRVL	344
Marbut, Mrs P	ABVL	71	Marlow, Wm	MARN	7	Marshbanks, Stephen	GRVL	472
March, Louisa	CHTN	102	Marmon, Michl*	CHTN	193	Marshel, Jas W	CHTN	495
Marchal, Miss S A	CHTN	222	Marn, Emely	CHTN	278	Marsher, M	CHTN	247
Marchal, Mrs H	CHTN	239	Marn, Guilford	SPBG	366	Marshman, J H	CHTN	265
Marchant, David	NWBY	224	Marner, Christian	CHTN	197	Marshman, Sarah A***	CHTN	382
Marchant, John	ORBG	407	Maroney, James	ADSN	184	Marsland, Pat*	CHFD	107
Marchant, Mary	NWBY	300	Maroney, Mrs F A**	EDFD	62	Marstella, Emma***	CHTN	297
Marchant, P H	COTN	347	Marony, Abram	EDFD	180	Marstin, J H B	CLDN	209
Marchbanks, E	GRVL	359	Marony, John	EDFD	190	Martain, Jno*	CHFD	120
Marchent, J J*	CHTN	510	Marony, William**	CHTN	453	Marten, Bookter	RHLD	65
Marchison, B K	ABVL	75	Marr, A*	MARN	40	Marten, Charles*	RHLD	56
Marchison, Colin	UNON	274	Marragaull, H	CHTN	142	Marten, Daniel	RHLD	66
Marckam, S*	CHTN	302	Marrer, Patrick	CHTN	251	Marten, Edward H*	RHLD	53
Marcock, W J	BNWL	456	Marrett, S A	PKNS	101	Marten, John	RHLD	58
Marcounet, Katrina	RHLD	62	Marrion, Jane H	ABVL	82	Marten, Josiah**	RHLD	66
Marcus, Samuel E	CHTN	168	Marrow, J L	ABVL	49	Marten, Samuel	RHLD	30
Marcuse, Max*	CHTN	202	Marrow, Thos	YORK	453	Marten, Sarah*	RHLD	9

Name	Loc	Pg	Name	Loc	Pg	Name	Loc	Pg	Name	Loc	Pg
Marten, Simon	RHLD	66	Martin, Harriet	COTN	314	Martin, M E*	LRNS	337
Marten, William*	RHLD	45	Martin, Hayne	NWBY	242	Martin, M H	MARN	74
Marten, William	RHLD	64	Martin, Henderson	YORK	475	Martin, M H R	HORY	27
Martimus, Patrick I*	BNWL	381	Martin, Henry	BUFT	4	Martin, M R	HORY	40
Martin, -------	CHTN	266	Martin, Henry*	BNWL	372	Martin, M S	FAFD	247
Martin, A	MARN	69	Martin, Isaac	HORY	5	Martin, Mahala*	PKNS	127
Martin, A	MARN	75	Martin, Isaac H	BUFT	20	Martin, Malinda	CHTR	61
Martin, A B	SPBG	212	Martin, J	LRNS	350	Martin, Margaret*	ADSN	338
Martin, A B	SPBG	284	Martin, J B	NWBY	296	Martin, Margaret	HORY	36
Martin, A D	HORY	35	Martin, J B	FAFD	257	Martin, Maria	LXTN	360
Martin, A J	YORK	495	Martin, J B	EDFD	103	Martin, Marian	ADSN	309
Martin, A M	EDFD	96	Martin, J C	FAFD	237	Martin, Martha A	MARN	22
Martin, A P	LRNS	318	Martin, J C	EDFD	88	Martin, Martha**	EDFD	104
Martin, Abram	ADSN	312	Martin, J C	CHTN	338	Martin, Mary	LXTN	361
Martin, Adison	LRSN	288	Martin, J C	ADSN	319	Martin, Mary	SPBG	422
Martin, Albert*	COTN	365	Martin, J C P	WMBG	328	Martin, Mary	MARN	47
Martin, Alex	CHFD	115	Martin, J F	BNWL	497	Martin, Mary	CHTR	45
Martin, Alexr H**	HORY	7	Martin, J H*	SPBG	309	Martin, Mary	MARN	131
Martin, Alfred M**	BUFT	59	Martin, J H*	COTN	264	Martin, Mary Ann	GETN	297
Martin, Allen	COTN	275	Martin, J H*	CHTR	92	Martin, Mary D	CHTN	368
Martin, Allen	CHFD	170	Martin, J J*	HORY	13	Martin, Mary E	PKNS	99
Martin, Ambrose	EDFD	103	Martin, J M C	YORK	384	Martin, Mary*	LRNS	339
Martin, Ann	CHTN	136	Martin, J M*	HORY	5	Martin, Mary	CHTN	250
Martin, Anna	CHTN	508	Martin, J M	CHTN	249	Martin, Mary	CHTN	257
Martin, Anna*	CHTN	461	Martin, J P	SPBG	394	Martin, Mary*	ADSN	309
Martin, Anna	BUFT	95	Martin, J P A	HORY	27	Martin, Mary*	BNWL	346
Martin, B B	SPBG	271	Martin, J S	EDFD	62	Martin, Mathew	ADSN	272
Martin, B*	CHTN	370	Martin, J V	BNWL	506	Martin, Matthew	MARN	71
Martin, Bejn	CHTN	264	Martin, J W	ADSN	302	Martin, Mike	EDFD	47
Martin, Ben C*	SMTR	146	Martin, Jacob	ADSN	315	Martin, Miss C*	CHTN	319
Martin, Ben F*	CHTN	369	Martin, Jacob	ABVL	133	Martin, Miss C*	CHTN	525
Martin, Benjamin	ADSN	311	Martin, James	PKNS	189	Martin, Morgan	YORK	493
Martin, Benjamin B	COTN	323	Martin, James	PKNS	14	Martin, Moses	YORK	494
Martin, Benjn	LRSN	294	Martin, James	CHTN	170	Martin, Moses	RHLD	82
Martin, Bersheba*	YORK	508	Martin, James	CHTN	268	Martin, Moses	MARN	130
Martin, Beverly	LRNS	351	Martin, James	BNWL	401	Martin, Mr	CHTN	316
Martin, Beverly A**	GRVL	416	Martin, James*	ADSN	309	Martin, Mrs A	EDFD	97
Martin, Bird	PKNS	183	Martin, James	ADSN	278	Martin, Mrs E	ABVL	44
Martin, Bird	YORK	476	Martin, James	ADSN	218	Martin, Mrs Mary	ABVL	22
Martin, Bradley*	HORY	31	Martin, James	ADSN	201	Martin, Murdock**	DLTN	407
Martin, Byrd	ABVL	133	Martin, James	ABVL	99	Martin, Nancy**	LRNS	333
Martin, C W	WMBG	328	Martin, James	HORY	11	Martin, Nancy**	ABVL	128
Martin, C W	CLDN	202	Martin, James	COTN	358	Martin, Nancy**	CHTN	504
Martin, C*	EDFD	101	Martin, James	ADSN	314	Martin, Nancy	MARN	80
Martin, C L	GRVL	491	Martin, James	ABVL	66	Martin, Nancy*	ORBG	315
Martin, Cath E	CHTN	503	Martin, James	FAFD	258	Martin, Nancy T*	ADSN	304
Martin, Catherine	ABVL	4	Martin, James C	ABVL	32	Martin, Nancy	ORBG	392
Martin, Catherine M	ABVL	4	Martin, Jane	WMBG	304	Martin, Nelly*	CHFD	126
Martin, Chas	LRNS	227	Martin, Jas	LRNS	256	Martin, Nevelton	PKNS	5
Martin, Chesley	ADSN	318	Martin, Jas	LRNS	307	Martin, Noah	NWBY	234
Martin, Christina	LXTN	383	Martin, Jas	ABVL	37	Martin, Oliva*	MARN	127
Martin, Clark	EDFD	159	Martin, Jas	ABVL	36	Martin, Oliver	PKNS	97
Martin, Col A	YORK	494	Martin, Jas P	ABVL	59	Martin, Othello	SPBG	292
Martin, Conrad*	CHTN	249	Martin, Jene	SPBG	271	Martin, P S	COTN	369
Martin, Cooper*	ADSN	309	Martin, Jenny	CHTN	362	Martin, Pady	NWBY	245
Martin, Cyrus	ADSN	281	Martin, Jeremiah	LRNS	297	Martin, Palmyra*	ADSN	292
Martin, D Y**	WMBG	317	Martin, Jerry	CHTN	121	Martin, Pasey	YORK	478
Martin, Daniel	CHFD	176	Martin, Jesse	ADSN	328	Martin, Paulene**	BNWL	372
Martin, Daniel	CHTN	166	Martin, Jesse	ADSN	231	Martin, Pauline	FAFD	212
Martin, Danl	LRNS	227	Martin, Jim*	CHTN	131	Martin, Peggy	LRNS	291
Martin, Douglass*	CHTR	70	Martin, Jno	LRNS	227	Martin, Percival**	COTN	364
Martin, Duke*	EDFD	156	Martin, Jno	LRNS	274	Martin, Phares	ABVL	4
Martin, Edith*	ADSN	350	Martin, Jno	LRNS	226	Martin, Phillip B	PKNS	122
Martin, Edmond	PKNS	190	Martin, Jno A	ABVL	135	Martin, Polly	CHTN	167
Martin, Edmund	BUFT	59	Martin, Jno B	ABVL	44	Martin, R H	YORK	419
Martin, Edward	MARN	138	Martin, Jno C*	ABVL	37	Martin, Rebecca*	MARN	133
Martin, Edwd	MARN	69	Martin, Jno J	LXTN	357	Martin, Reca	UNON	289
Martin, Elias	HORY	34	Martin, Jno O	CLDN	202	Martin, Reuben	LRNS	295
Martin, Elijah	NWBY	237	Martin, Jno R	ABVL	60	Martin, Rev J H	LXTN	362
Martin, Elisa*	CHTN	269	Martin, Jno Ross**	YORK	493	Martin, Richard H	BNWL	359
Martin, Elisabeth*	MARN	117	Martin, Jno Sr	SPBG	292	Martin, Richard*	BNWL	357
Martin, Eliz	PKNS	54	Martin, John	SPBG	236	Martin, Richd*	EDFD	46
Martin, Eliza*	FAFD	208	Martin, John	ADSN	213	Martin, Robert	ADSN	179
Martin, Eliza*	CHTN	350	Martin, John C	SPBG	270	Martin, Robert	ADSN	280
Martin, Eliza	CHTN	184	Martin, John*	ORBG	387	Martin, Robert	FAFD	220
Martin, Elizabeth*	CHTN	450	Martin, John*	CHTN	473	Martin, Robert	GRVL	496
Martin, Elizabeth**	UNON	289	Martin, John	CHFD	124	Martin, Robert	YORK	508
Martin, Elizabeth	YORK	478	Martin, John A	FAFD	218	Martin, Robert	SPBG	292
Martin, Elizabeth	CHTN	421	Martin, John F*	ABVL	117	Martin, Robt	ABVL	147
Martin, Elizabeth	LRNS	259	Martin, John F**	EDFD	141	Martin, Robt	BNWL	501
Martin, Elizh*	YORK	498	Martin, John G**	CHTN	486	Martin, Robt A	ABVL	23
Martin, Elvia	MARN	69	Martin, John	CHTN	432	Martin, Robt G	ADSN	227
Martin, Emanuel	CHTN	349	Martin, John*	CHTN	253	Martin, Robt*	CHTN	203
Martin, Emeline	CHTN	269	Martin, John	YORK	498	Martin, Rufus L	SPBG	305
Martin, Emma*	ABVL	135	Martin, John	LXTN	451	Martin, Russel**	ORBG	388
Martin, Ester*	LRNS	283	Martin, John	HORY	6	Martin, S B	PKNS	95
Martin, F	LRNS	297	Martin, John	ADSN	235	Martin, S B	MARN	69
Martin, F	EDFD	131	Martin, John	ADSN	281	Martin, S H	MARN	76
Martin, F G	GRVL	484	Martin, John	CHFD	170	Martin, S W	HORY	11
Martin, Fagan E	LRNS	331	Martin, John	CHTN	126	Martin, S*	WMBG	313
Martin, Fountain	RHLD	2	Martin, John	ADSN	227	Martin, S R	FAFD	256
Martin, Frances V**	RHLD	2	Martin, John A	BUFT	95	Martin, Sally M*	BUFT	50
Martin, Frances*	EDFD	95	Martin, John M	ADSN	254	Martin, Saml T*	ABVL	37
Martin, Fred	EDFD	43	Martin, John*	MARN	131	Martin, Samuel	ADSN	281
Martin, Fred*	FAFD	257	Martin, Joseph	CHTR	69	Martin, Samuel	ADSN	206
Martin, G P	EDFD	68	Martin, Joseph*	COTN	363	Martin, Samuel	ABVL	147
Martin, Geo	SPBG	271	Martin, Joss	ABVL	117	Martin, Samuel P	BNWL	383
Martin, Geo H	PKNS	128	Martin, Jsee F*	ABVL	30	Martin, Samuel S*	ABVL	99
Martin, George W	ADSN	155	Martin, Kate F*	LRNS	276	Martin, Sanford	ADSN	311
Martin, George*	UNON	210	Martin, L S	LRNS	238	Martin, Sarah	LRNS	293
Martin, George	GRVL	335	Martin, L**	LRNS	242	Martin, Sarah*	SPBG	316
Martin, George	EDFD	195	Martin, Langston	LRNS	258	Martin, Sarah*	YORK	488
Martin, George W**	CHTN	383	Martin, Lewis	CHTN	412	Martin, Sarah*	ABVL	11
Martin, Green	ABVL	4	Martin, Louis V	EDFD	161	Martin, Sarah	CHTN	328
Martin, H H	LRNS	295	Martin, M	EDFD	160	Martin, Sarah V*	ABVL	37
Martin, Hamp	LRNS	258	Martin, M A*					

145

Name	Loc	No	Name	Loc	No	Name	Loc	No
Martin, Sarah*	GRVL	416	Mason, John R	PKNS	91	Matheny, N D	EDFD	23
Martin, Spencer*	UNON	275	Mason, Jos	SPBG	361	Matherson, D	MRBO	159
Martin, Stephen	ADSN	328	Mason, L R	COTN	344	Matheson, C	KRSW	140
Martin, Susan*	LRNS	278	Mason, Laura F	PKNS	56	Matheson, D*	CHFD	186
Martin, Susan H*	CHTN	491	Mason, Lucinda	GRVL	482	Matheson, Elisabeth	CHTN	276
Martin, Susanah	MARN	69	Mason, Luiga	MRBO	169	Matheson, John F	CHFD	186
Martin, T H	ADSN	302	Mason, Margaret	CHTR	27	Matheus, Richards**	CHTN	413
Martin, T L	EDFD	70	Mason, Margaret**	CHTN	289	Mathew*	ABVL	92
Martin, T R	EDFD	84	Mason, Martha	SPBG	364	Mathew, Gracy	FAFD	231
Martin, T Yancy	ABVL	139	Mason, Mary	BNWL	409	Mathew, Henry*	CHTN	510
Martin, Temple	EDFD	61	Mason, Mary**	CHTN	246	Mathew, W*	WMBG	354
Martin, Theodore	PKNS	121	Mason, Miles P**	SPBG	208	Mathewes, J Fraser**	CHTN	204
Martin, Thomas	HORY	6	Mason, Minerva W*	BNWL	358	Mathewes, S P*	CHTN	371
Martin, Thomas*	ABVL	2	Mason, Nancy	YORK	406	Mathewes, Wm Stewart**	CHTN	204
Martin, Thos	CHTN	109	Mason, Nathan	SPBG	398	Mathews, A	WMBG	350
Martin, Thos	YORK	494	Mason, Permelia*	YORK	412	Mathews, A	WMBG	354
Martin, Thos M	YORK	478	Mason, Rebecca	FAFD	215	Mathews, A M	WMBG	356
Martin, Thos P	SPBG	409	Mason, Sarah*	ADSN	260	Mathews, B	WMBG	353
Martin, Thos W	ADSN	198	Mason, Tarsy	LRNS	317	Mathews, B	WMBG	339
Martin, W A	FAFD	267	Mason, Tempy*	SPBG	429	Mathews, B C W	EDFD	171
Martin, W H	LXTN	383	Mason, Tempy*	YORK	409	Mathews, Benjn*	ABVL	71
Martin, W S	UNON	261	Mason, Thomas	CHTN	259	Mathews, Budd C	EDFD	185
Martin, W W	FAFD	254	Mason, Thos	KRSW	127	Mathews, Cath*	CHTN	193
Martin, W*	FAFD	207	Mason, W M	FAFD	216	Mathews, Catherine*	EDFD	142
Martin, W B	EDFD	105	Mason, Washington	PKNS	58	Mathews, Cinthia	ABVL	13
Martin, W D	BNWL	370	Mason, Wm Wash	BUFT	81	Mathews, D	WMBG	354
Martin, W E	KRSW	97	Massabean, Augustus	KRSW	127	Mathews, Daniel	WMBG	350
Martin, W J	ADSN	296	Massalon, Thomas H*	CHTN	426	Mathews, E	EDFD	132
Martin, W J	HORY	10	Masseau, Horace**	CHTN	392	Mathews, E	WMBG	350
Martin, W J	BNWL	370	Masselean, Cecilia*	CHTN	464	Mathews, E A	WMBG	359
Martin, W S	CHTN	503	Massey, Alvin	LCTR	181	Mathews, E A	WMBG	350
Martin, Washington*	LRNS	346	Massey, Bartlett B*	RHLD	53	Mathews, Elizabeth**	CHTN	490
Martin, Welcom	EDFD	85	Massey, Benj H	YORK	395	Mathews, Elleck*	GETN	286
Martin, Weslen	YORK	489	Massey, Braddock	CHFD	164	Mathews, F	WMBG	353
Martin, Wesley	YORK	498	Massey, Calvin	GRVL	369	Mathews, F	WMBG	355
Martin, William	SPBG	270	Massey, Elias	LCTR	215	Mathews, Francis	WMBG	345
Martin, William	PKNS	98	Massey, Elisabeth	LCTR	198	Mathews, G	WMBG	353
Martin, William	ADSN	314	Massey, Elisabeth*	PKNS	47	Mathews, G W	WMBG	355
Martin, William W	PKNS	128	Massey, Ezekiel	RHLD	72	Mathews, H E	COTN	356
Martin, William*	UNON	269	Massey, Green	LCTR	173	Mathews, J	WMBG	356
Martin, William	ABVL	147	Massey, H V	LCTR	189	Mathews, J	WMBG	357
Martin, William	ADSN	311	Massey, J C	YORK	374	Mathews, J B*	EDFD	92
Martin, William	COTN	310	Massey, J E**	ADSN	177	Mathews, J E	COTN	355
Martin, William	RHLD	1	Massey, J F	YORK	394	Mathews, J O	FAFD	219
Martin, William C	ADSN	303	Massey, J F L*	LCTR	173	Mathews, J R	BNWL	416
Martin, William L	CHTN	486	Massey, J W	PKNS	40	Mathews, J S	EDFD	101
Martin, William M	CHTN	284	Massey, James	PKNS	19	Mathews, J W	WMBG	356
Martin, William*	ADSN	309	Massey, James*	CHFD	111	Mathews, Jacob W	BUFT	79
Martin, William	RHLD	21	Massey, James R*	LCTR	210	Mathews, James	CHTN	416
Martin, Winney**	LRNS	268	Massey, Jane*	ABVL	12	Mathews, James*	FAFD	207
Martin, Wm	LRNS	337	Massey, John*	PKNS	50	Mathews, Jeff*	LCTR	147
Martin, Wm	ADSN	213	Massey, John	GRVL	448	Mathews, John	EDFD	135
Martin, Wm	NWBY	297	Massey, John	YORK	393	Mathews, John P	FAFD	224
Martin, Wm	CHFD	170	Massey, John	YORK	369	Mathews, Joseph C***	CHTN	519
Martin, Wm	CHTN	126	Massey, John C	ADSN	199	Mathews, Lewis	EDFD	185
Martin, Wm A	BNWL	501	Massey, John Sr	LCTR	197	Mathews, Lucretia*	ABVL	33
Martin, Wm D	HORY	7	Massey, L H	YORK	459	Mathews, M	EDFD	131
Martin, Wm D**	YORK	413	Massey, L L	GETN	296	Mathews, M A	WMBG	355
Martin, Wm N	PKNS	31	Massey, Major	PKNS	30	Mathews, Margt*	ABVL	32
Martin, Wm**	LXTN	451	Massey, Martha*	ADSN	277	Mathews, Maria	COTN	355
Martin, Wm	MARN	127	Massey, Mary*	CHFD	164	Mathews, Martha A*	BUFT	87
Martin, Wm P	ADSN	174	Massey, Mary J*	ABVL	52	Mathews, Mary	ABVL	32
Martin, Zeckariah	LCTR	191	Massey, McDuffy	ADSN	231	Mathews, Mary	EDFD	184
Martin, Zedic	GRVL	408	Massey, P W	CHFD	132	Mathews, Mibager	EDFD	187
Martindale, Charles O	CHTN	372	Massey, Ross**	SPBG	272	Mathews, Moses	BNWL	408
Marvin, James A	BUFT	94	Massey, S B	CHTR	68	Mathews, Nancy	COTN	284
Marvin, Saml	BUFT	94	Massey, S B	LCTR	215	Mathews, Owens	YORK	453
Marvin, Wm D	COTN	332	Massey, Sarah	ABVL	102	Mathews, R	WMBG	357
Marvney, Jno	ABVL	56	Massey, Sarah	LCTR	152	Mathews, Rebecca	WMBG	343
Mary*	CHTN	221	Massey, Silas	ADSN	231	Mathews, Richd	CHTN	264
Mary, Eveline	BNWL	493	Massey, Stephen	PKNS	182	Mathews, Robert N	BUFT	79
Maryes, John	UNON	251	Massey, Thomas	ADSN	277	Mathews, S	WMBG	350
Marzs, W J	UNON	247	Massey, W L	CHFD	132	Mathews, S P	WMBG	299
Masey, Nancy	EDFD	183	Massey, W P	CHTN	160	Mathews, Sarah**	CHTN	436
Mash, Laura E	CHFD	120	Massey, Warren	PKNS	180	Mathews, Sarah**	CHTN	361
Mashaw, Josh	COTN	329	Massey, Wm H**	CHTR	55	Mathews, Simpson	EDFD	126
Mason, A T	BUFT	43	Massou, John J	CHTN	497	Mathews, Stephen	BUFT	79
Mason, B F	SPBG	412	Massy, Sun*	CHTN	128	Mathews, Theodore D	BUFT	73
Mason, C P	ADSN	267	Masterman, Alfred*	CHTN	290	Mathews, Tilman	EDFD	169
Mason, Catharine	SPBG	364	Masterman, William	CHTN	314	Mathews, W	WMBG	359
Mason, Charles T	SMTR	179	Masterman, Wm	SPBG	314	Mathews, W	WMBG	350
Mason, D M	WMBG	307	Mastermann, William	CHTN	455	Mathews, W E	COTN	356
Mason, David	LRNS	317	Masters, Benjamin	GRVL	337	Mathews, W G	EDFD	169
Mason, Dora*	CHTN	377	Masters, F A	CHTR	70	Mathews, W G	WMBG	357
Mason, Dr R C	EDFD	61	Masters, Hillery	ADSN	244	Mathews, William*	ABVL	71
Mason, Drury	LCTR	148	Masters, Jacob D*	ABVL	84	Mathews, Wm E	BUFT	79
Mason, E M*	PKNS	57	Masters, James	CHTN	132	Mathews, Z J	BNWL	460
Mason, Easter*	PKNS	54	Masters, Jeremiah*	ABVL	84	Mathias, Isabella	LXTN	453
Mason, Elender	PKNS	103	Masters, John	GRVL	337	Mathias, John*	RHLD	7
Mason, Eli W	SPBG	210	Masters, John	PKNS	31	Mathias, Marion	LXTN	436
Mason, Elias	PKNS	103	Masters, John	SMTR	156	Mathias, Samuel**	LXTN	436
Mason, Elizabeth	SPBG	412	Masters, Mary	PKNS	190	Mathis, A J	EDFD	45
Mason, Elizth	BUFT	81	Masters, Presly	ADSN	244	Mathis, Benj	NWBY	235
Mason, Frances	PKNS	54	Masters, Rebecca	ADSN	278	Mathis, C A*	EDFD	41
Mason, G W	YORK	406	Masters, Thomas	GRVL	337	Mathis, Daniel	SMTR	128
Mason, George	CHTN	386	Masters, William	ADSN	244	Mathis, David*	ABVL	52
Mason, George T	RHLD	46	Masters, William	PKNS	118	Mathis, E B	CLDN	200
Mason, Harvey	GRVL	481	Mastifur, Phebe A	CHTN	436	Mathis, Geo W	EDFD	12
Mason, J C	PKNS	57	Mastiller, Philip	GRVL	447	Mathis, H L*	LXTN	423
Mason, J E	SPBG	364	Mastin, B W	EDFD	70	Mathis, Hattie A*	NWBY	297
Mason, J N	SPBG	308	Mater, John	CHTN	409	Mathis, Hill	GRVL	430
Mason, James	PKNS	103	Matheas, Henrietta M**	COTN	331	Mathis, Hosea	SPBG	222
Mason, John	SPBG	197	Matheney, John W	BNWL	384	Mathis, J L	EDFD	40
Mason, John	RHLD	57	Matheney, Louisa	BNWL	390	Mathis, Jacob	LXTN	355
Mason, John	YORK	379	Matheny, E J	EDFD	152	Mathis, James*	EDFD	89
			Matheny, J	EDFD	116	Mathis, James	SMTR	128

Name	Loc	Pg	Name	Loc	Pg	Name	Loc	Pg	Name	Loc	Pg
Mathis, Joab	NWBY	257	Mattox, Jas*	KRSW	105	May, C M	EDFD	135
Mathis, John	ABVL	153	Mattox, John**	ADSN	254	May, Catharine**	ORBG	349
Mathis, John	SMTR	115	Mattox, M	KRSW	77	May, Charles**	CHTN	287
Mathis, John	NWBY	224	Mattox, Mournim	KRSW	104	May, Clinton**	COTN	336
Mathis, Lovey	SPBG	217	Mattox, R W	KRSW	76	May, Dr David C	FAFD	275
Mathis, Manning	SMTR	143	Mattox, Wm T	SPBG	421	May, Elizabeth*	NWBY	238
Mathis, Manning	SMTR	128	Mattuce, Inman	DLTN	408	May, G W	ADSN	211
Mathis, Manning	DLTN	451	Mattuce, Martha	DLTN	408	May, Hilliand**	EDFD	136
Mathis, Martha	BUFT	91	Mauker, Lewis	BUFT	75	May, Hyran	EDFD	136
Mathis, Mathias	ABVL	79	Mauker, Mary R*	BUFT	77	May, Isaac**	COTN	301
Mathis, Nancy	SMTR	118	Mauker, Robert G	BUFT	76	May, J H	CHTN	129
Mathis, Nancy	SMTR	119	Maul, Ann	CHTN	469	May, Jacob	COTN	296
Mathis, Nelson	SMTR	155	Maul, Philip	CHTN	507	May, James*	ADSN	255
Mathis, Ozcas	DLTN	433	Maulden, J E	ADSN	257	May, James	EDFD	50
Mathis, Philip*	NWBY	264	Maulden, R N	ADSN	337	May, Jane	COTN	254
Mathis, Sarah	SMTR	128	Mauldin, Alexander	PKNS	161	May, John**	LRNS	316
Mathis, Sharack	EDFD	90	Mauldin, Allen	PKNS	184	May, John*	CHTN	402
Mathis, Thos	GRVL	358	Mauldin, Andrew*	PKNS	161	May, John	COTN	353
Mathis, Tilmon	CLDN	231	Mauldin, Andrew M	PKNS	184	May, John A	YORK	393
Mathis, W J	SMTR	128	Mauldin, Archibald	ABVL	118	May, Lewis	EDFD	136
Mathis, W M	NWBY	236	Mauldin, Asbourn	PKNS	161	May, Mary	CHTN	257
Mathis, Wiloby	SPBG	338	Mauldin, B F	ADSN	180	May, Michael*	CHTN	402
Mathis, Wm	BNWL	406	Mauldin, Benjamin	PKNS	157	May, Patrick	CHTN	278
Mathny, W B	ADSN	176	Mauldin, Caroline	GRVL	411	May, R	COTN	351
Matterson, A E	ADSN	196	Mauldin, Elizabeth	GRVL	343	May, R E	BNWL	359
Matterson, John M	PKNS	75	Mauldin, Godfry	ADSN	334	May, Richd	KRSW	100
Matthes, E	CHTN	399	Mauldin, Hannah	GRVL	415	May, Robert	SPBG	242
Matthewes, H M**	YORK	423	Mauldin, J G	PKNS	42	May, Sarah	EDFD	136
Matthews, A J	CHTN	193	Mauldin, Joab	PKNS	183	May, Sarah	COTN	353
Matthews, Alice*	CHTN	443	Mauldin, John	PKNS	163	May, Shaloma	GRVL	515
Matthews, Anna	WMBG	313	Mauldin, John	PKNS	154	May, T A	CLDN	203
Matthews, E**	CHTN	139	Mauldin, Laban	PKNS	162	May, Thos*	CHFD	101
Matthews, Elizabeth	CHTN	227	Mauldin, Mabry	PKNS	173	May, Tucker W	ADSN	209
Matthews, Flora	CHTN	242	Mauldin, Manlin	PKNS	163	May, William	GRVL	515
Matthews, Flora	BNWL	408	Mauldin, Mary*	GRVL	328	May, Wm	LRNS	310
Matthews, G C	WMBG	309	Mauldin, Sarah	PKNS	183	Mayben, D	NWBY	298
Matthews, G M*	LCTR	163	Mauldin, Thos H	ABVL	117	Maybin, Elizabeth*	UNON	185
Matthews, Holly	WMBG	300	Mauldin, Tyre B	PKNS	6	Maybin, Leroy	CHTR	54
Matthews, Isaac	WMBG	354	Mauldin, Vardy	PKNS	238	Maybin, M E	SPBG	308
Matthews, J	CHTN	465	Mauldin, William	GRVL	443	Maybin, Robert	CHTR	56
Matthews, J B	YORK	393	Mauldin, Wm	PKNS	20	Maybin, W	UNON	298
Matthews, Jas T	SPBG	249	Mauldin, Wm T	ABVL	117	Maybry, C H	SPBG	197
Matthews, Jesse	EDFD	45	Maule, Edward H*	CHTN	426	Mayenhoff, Eibrich	CHTN	188
Matthews, Jno	HORY	45	Maule, Martin J*	CHTN	426	Mayer, A	LCTR	216
Matthews, John	RHLD	10	Maule, Mason*	CHTN	364	Mayer, Adam	NWBY	220
Matthews, John P*	CHTN	214	Maule, Samuel S*	CHTN	426	Mayer, Franklin	LCTR	216
Matthews, John R	MARN	36	Maull, D M	CHTN	365	Mayer, Geo	NWBY	220
Matthews, Jonas L	RHLD	51	Maurey, Alice*	COTN	329	Mayer, Jacob	LXTN	405
Matthews, Joseph W*	CHTN	392	Maurice, G	WMBG	340	Mayer, John	BNWL	488
Matthews, Julia*	EDFD	119	Maurice, H M	WMBG	322	Mayer, John	LXTN	400
Matthews, Mar	RHLD	41	Maurice, Henry	SMTR	126	Mayer, Moses*	WMBG	300
Matthews, Margaret J	CHTN	298	Maurice, John	WMBG	317	Mayer, O B	NWBY	300
Matthews, Mrs*	MARN	56	Maurice, M	SMTR	126	Mayes, Abner	ABVL	87
Matthews, O B*	LCTR	156	Maurice, Mosses	WMBG	311	Mayes, Elizabeth	ABVL	87
Matthews, Owen	CHTN	395	Maurice, R	WMBG	311	Mayes, J A	SMTR	120
Matthews, Peter B	LRNS	311	Maurice, R J	WMBG	322	Mayes, J B**	NWBY	296
Matthews, Reba*	BNWL	390	Maurice, Robt*	WMBG	314	Mayes, Larkin*	ABVL	87
Matthews, Robert W	WMBG	299	Maurice, Sarah	CLDN	220	Mayes, Lee*	UNON	251
Matthews, S P	CHTN	219	Maurice, Sarah*	WMBG	319	Mayes, Mary*	GETN	316
Matthews, Saml	WMBG	301	Maurice, Tyra J	CLDN	218	Mayes, Mathew P	SMTR	120
Matthews, Saml	YORK	423	Maurice, W J	WMBG	322	Mayes, Robt P	SMTR	120
Matthews, Saml	CHTN	404	Maurice, Wm J	CLDN	227	Mayes, Samuel	UNON	247
Matthews, Saml C	WMBG	356	Maw, John F	PKNS	191	Mayes, Thomas A	SMTR	120
Matthews, Somerset	BNWL	409	Max, Moses**	CHTN	368	Mayes, W	NWBY	305
Matthcwo, T A	BNWL	410	Max, Sarah*	CHTN	344	Mayfield, Abraham	GRVL	448
Matthews, W F	HORY	63	Maxcy, Eliza*	RHLD	54	Mayfield, Abraham	CHTR	20
Matthews, W W	SPBG	271	Maxcy, Hart	RHLD	41	Mayfield, Alex	SPBG	374
Matthews, William	LXTN	374	Maxcy, Mary A*	CHTN	492	Mayfield, Allen	CHTR	17
Matthews, Wm	LXTN	395	Maxey, Elizabeth A	CHTN	499	Mayfield, Ann	GRVL	495
Matthias, James	CHTN	212	Maxey, John C	PKNS	16	Mayfield, Battle	ADSN	309
Matthias, Jonah	CHTN	191	Maxey, Mary	ORBG	382	Mayfield, Byrd	ADSN	319
Matthiessen, C F	CHTN	355	Maxey, Sarah	ORBG	348	Mayfield, D T	GRVL	334
Matthiessen, Theo**	NWBY	265	Maxsey, W D	BNWL	354	Mayfield, Daniel	GRVL	334
Matthis, Benj H	DLTN	423	Maxwell, Arin	ABVL	116	Mayfield, E D	SPBG	380
Matthis, Henry	EDFD	62	Maxwell, Benjamin	CHTR	51	Mayfield, Elizabeth	GRVL	350
Matthis, Luke*	NWBY	286	Maxwell, Clarinda	ABVL	66	Mayfield, Isaac*	GRVL	350
Matthis, Mary*	SPBG	424	Maxwell, Dr J C	SPBG	383	Mayfield, Isham	SPBG	412
Matthis, Tabitha	ADSN	192	Maxwell, Elizabeth*	RHLD	3	Mayfield, Jno M	SPBG	372
Mattison, Albert	ADSN	191	Maxwell, Francis	EDFD	133	Mayfield, John	ADSN	329
Mattison, Batis	ADSN	202	Maxwell, H B	CHTR	88	Mayfield, John	CHTR	17
Mattison, Cobbert	ADSN	194	Maxwell, Hamilton	GRVL	432	Mayfield, Mary Ann*	CHTR	9
Mattison, Daniel	ABVL	145	Maxwell, J F	BNWL	461	Mayfield, Nancy**	SPBG	412
Mattison, Eliza	ADSN	194	Maxwell, James*	PKNS	30	Mayfield, P	GRVL	404
Mattison, Elizabeth	ABVL	143	Maxwell, John	ADSN	252	Mayfield, Polly**	ADSN	285
Mattison, Gabriel	ABVL	95	Maxwell, John H	SPBG	316	Mayfield, Sanford	ADSN	312
Mattison, Geo F	ADSN	172	Maxwell, John W	ADSN	252	Mayfield, Susan	CHTR	20
Mattison, J F	ADSN	195	Maxwell, Lucy C	CHTN	290	Mayfield, Thomas	GRVL	372
Mattison, J R	ADSN	199	Maxwell, Mary	COTN	323	Mayfield, Washington	GRVL	447
Mattison, Jas A*	ADSN	173	Maxwell, Mary J	BNWL	461	Mayfield, Wesley	FAFD	276
Mattison, John J	ADSN	195	Maxwell, Rebecca	ADSN	256	Mayfield, Willm	CHTR	5
Mattison, L W	ADSN	191	Maxwell, Robt A	PKNS	51	Mayfield, Wm	LRNS	325
Mattison, Mary K	ADSN	217	Maxwell, Robt Jr	ADSN	254	Mayfield, Wm	SPBG	374
Mattison, Olly	ADSN	198	Maxwell, S E	EDFD	132	Mayher, Mrs	CHTN	239
Mattison, S J	ADSN	192	Maxwell, Thomas	CHTN	403	Mayhew, Charles	ADSN	262
Mattison, T Pinckney*	ABVL	141	Maxwell, Thomas B**	RHLD	52	Maynard, Ann	CHTN	200
Mattison, Uriah	ABVL	143	Maxwell, Thomas E*	ABVL	65	Maynard, J W	EDFD	158
Mattison, Wm	ADSN	191	Maxwell, Thos	CHTN	418	Maynard, Jonathan*	RHLD	74
Mattison, Wyatt	ADSN	191	Maxwell, Thursy	GETN	315	Maynard, Maga	EDFD	158
Mattock, Barbary	ADSN	194	Maxwell, W J	GETN	315	Maynard, V S*	EDFD	130
Mattock, Jeminia*	CHTR	5	Maxwell, W R	CHTN	129	Maynard, Virginia P*	ABVL	66
Mattocks, G	KRSW	78	May, A A	CHFD	134	Mayo, Dr T	FAFD	221
Mattocks, Matilda	ADSN	176	May, Alexander	EDFD	30	Mayo, J N	PKNS	55
Mattocks, Tilman	ADSN	199	May, Amacey	YORK	384	Mayo, Jos W	GETN	311
Mattox, Bazil	ABVL	145	May, Arabella	WMBG	342	Mayo, Murphy	GETN	309
Mattox, David	YORK	507	May, B F			Mayo, Nancy	FAFD	221
Mattox, Isaac	KRSW	103				Mayo, P R	FAFD	221

Name	Loc	No	Name	Loc	No	Name	Loc	No
Mayo, Riley	GETN	312	McAffee, John T	CHTR	21	McBride, Ann	CHTN	472
Mayo, Rm	GETN	311	McAffey, D*	LRNS	253	McBride, Ann	CHTN	268
Mayrant, James	LXTN	455	McAlboy, Jno	CHTN	305	McBride, Barme**	CHTN	472
Mayrant, Margaret**	CHTN	307	McAlders, W D*	UNON	273	McBride, C*	CHTN	306
Mayrant, Robert P	RHLD	47	McAlduff, Francis	CHTR	35	McBride, James	UNON	216
Mayrant, Samuel	SMTR	184	McAleese, Andrew	ADSN	234	McBride, James S	SMTR	108
Mayrant, W H	GETN	315	McAleese, J J	ADSN	234	McBride, Jarushia*	CHFD	129
Mays, Anna*	ABVL	90	McAleese, Jas	ADSN	231	McBride, Jas*	CHFD	118
Mays, B F	EDFD	66	McAleese, Rebeca	ADSN	231	McBride, Jas S	ADSN	226
Mays, Geo A*	DLTN	404	McAlhaney, Benjamin	ORBG	347	McBride, Jas*	ABVL	39
Mays, Geo R	EDFD	79	McAlhaney, Robert	ORBG	347	McBride, John	RHLD	53
Mays, H H	EDFD	134	McAlhaney, Samuel	ORBG	347	McBride, Joseph	ABVL	41
Mays, J P	EDFD	102	McAliley, Saml*	RHLD	53	McBride, Joseph	ABVL	39
Mays, J P Jr	EDFD	102	McAliley, Saml	CHTN	75	McBride, L B	DLTN	390
Mays, James	GRVL	469	McAlilley, Mary**	CHTR	4	McBride, M	CHTN	209
Mays, James	ADSN	275	McAlily, Wm	CHTR	33	McBride, Mrs	CHTN	239
Mays, Jane	UNON	243	McAlister, Benjn	ABVL	103	McBride, Nancy	UNON	255
Mays, Jno A	EDFD	75	McAlister, Chas	CHTN	313	McBride, Patrick	CHTN	366
Mays, John	GRVL	453	McAlister, Christopher	RHLD	14	McBride, Rebecca	BUFT	74
Mays, John*	GRVL	406	McAlister, David B	PKNS	3	McBride, Robt	FAFD	280
Mays, John*	ABVL	90	McAlister, Ezekiel*	ADSN	298	McBride, Sarah	MARN	96
Mays, John**	EDFD	79	McAlister, F P	PKNS	3	McBride, Sarah	CHFD	169
Mays, M M	EDFD	19	McAlister, Gilbert	MRBO	181	McBride, Thomas	UNON	255
Mays, Marion	ADSN	255	McAlister, M*	GETN	316	McBride, Thos	ABVL	41
Mays, Medy	EDFD	275	McAlister, Margaret	ADSN	261	McBride, W J	BNWL	400
Mays, Mrs E	EDFD	89	McAlister, Miles	PKNS	74	McBride, William H**	BNWL	395
Mays, Mrs H*	EDFD	86	McAlister, William*	RHLD	4	McBride, William S	ABVL	2
Mays, Nancy*	RHLD	55	McAlister, William	ADSN	302	McBride, Wm	BUFT	64
Mays, S W, Agnt f/Pickens	EDFD	105	McAlister, Wm	PKNS	24	McBride, Wm	BNWL	478
Mays, Saml E	GRVL	463	McAll, Wm P	PKNS	93	McBryde, Jno*	ABVL	25
Mays, Samuel	ADSN	275	McAllen, C*	CHTN	247	McBryde, Jno*	ABVL	25
Mays, W B	EDFD	113	McAllen, James*	SPBG	319	McBryde, Robt	ABVL	25
Mayson, Bluford	GRVL	332	McAllen, Mary	CHTN	263	McBurnie, Wm	CHTN	336
Mayson, G C	EDFD	63	McAllen, Michael*	CHTN	247	McByrde, T L	ADSN	255
Mayson, H H	EDFD	145	McAllen, William	CHTR	85	McCabe, James	CHTN	394
Mayson, H L	EDFD	81	McAllester, B A	ADSN	221	McCabe, John	WMBG	300
Mayson, John	GRVL	325	McAllester, G W	ADSN	246	McCabray, Sarah*	LCTR	145
Mayson, Mary	GRVL	448	McAllester, Nathan	ADSN	222	McCafferty, Betsy*	CHTR	5
Mayson, Mrs S**	EDFD	80	McAllison, Pierce	GRVL	466	McCafferty, Isabella**	CHTR	72
Maywood, N A	CHTN	106	McAllister, A	SPBG	244	McCafferty, Thos	CHTR	67
Maywood, Simon J	CHTN	449	McAllister, Alexr	ABVL	137	McCaffrey, James*	CHTN	462
Mayzek, Alex	BNWL	426	McAllister, Andw H	ABVL	8	McCaffrey, Michl**	CHTN	192
Mazingo, Alex	DLTN	410	McAllister, Andw M**	ABVL	11	McCaffy, Hughe*	CHFD	107
Mazingo, M K	DLTN	409	McAllister, Frances*	PKNS	172	McCafrey, E E*	YORK	372
Mazingo, N E	DLTN	410	McAllister, John	ADSN	162	McCahon, Saml	CHTR	67
Mazo, William A**	RHLD	34	McAllister, John	GRVL	342	McCain, Henry**	LCTR	142
Mazyck, A St Julian**	CHTN	365	McAllister, John*	CHTN	416	McCain, J W	KRSW	98
Mazyck, Alexr H**	CHTN	455	McAllister, John	ADSN	250	McCain, James W	LCTR	146
Mazyck, Cecilia	COTN	350	McAllister, Lewis W	ABVL	102	McCain, Jane	KRSW	137
Mazyck, Dr P P	CHTN	225	McAllister, Mary	MARN	106	McCain, Jas M	YORK	468
Mazyck, J W	CHTN	523	McAllister, Nathan*	ABVL	93	McCain, John W	LCTR	143
Mazyck, Julia**	CHTN	430	McAllister, O	ADSN	250	McCain, Julia*	RHLD	9
Mazyck, N B	CHTN	401	McAllister, Thomas	ABVL	3	McCaine, R*	RHLD	21
Mazyck, W St. Ju	CHTN	405	McAllister, Wm R	ABVL	95	McCalester, E	WMBG	337
Mazyek, Adeline	CHFD	189	McAlloney, Jasper*	FAFD	249	McCalister, A S	WMBG	355
Mazyek, Delia	CHTN	510	McAlpin, Marian E	SPBG	306	McCalister, Andrew	ADSN	318
Mazyek, Jack*	CHTN	400	McAnally, William*	CHTN	510	McCalister, Calaway	ADSN	313
Mazyek, Minta	CHTN	309	McAndrew, William**	RHLD	8	McCalister, Charles	WMBG	349
Mazyek, Peter W	CHTN	469	McAnge, Wm	GETN	304	McCalister, Elijah	ADSN	314
Mazyek, Robt*	CHFD	178	McAnnaly, Mrs E	CHTN	235	McCalister, Hugh	ADSN	310
Mazyek, William	CHTN	405	McAnneny, M*	CHTN	317	McCalister, J M	WMBG	363
McAbe, Kesiah	SPBG	279	McArm, Seaborn	NWBY	276	McCalister, James	ADSN	314
McAbee, A	SPBG	363	McArn, Christian	MRBO	179	McCalister, Jasper	ADSN	310
McAbee, A	SPBG	348	McArn, D B	CHFD	180	McCalister, John	PKNS	1
McAbee, Abner	SPBG	227	McArn, H	GETN	313	McCalister, John	ADSN	310
McAbee, Absalom	SPBG	254	McArn, Sallie	MRBO	179	McCalister, M A	WMBG	343
McAbee, Daniel	SPBG	239	McArthur, Jeannette	MARN	91	McCalister, P	WMBG	354
McAbee, Dennis	SPBG	340	McArthur, John	MARN	91	McCalister, T J	WMBG	355
McAbee, Elisha	SPBG	330	McArthur, L*	UNON	282	McCalister, W	WMBG	352
McAbee, F	SPBG	337	McArthur, M S	SPBG	257	McCalister, W G	WMBG	342
McAbee, Geo H	SPBG	226	McArthur, Mary*	SMTR	148	McCalister, W J	WMBG	359
McAbee, Hiram	SPBG	335	McAskell, Angus*	SMTR	98	McCalister, W T	WMBG	354
McAbee, Hiram	SPBG	330	McAskell, Charles A*	SMTR	101	McCalister, Wm	WMBG	361
McAbee, James	SPBG	331	McAskell, Frederick	SMTR	98	McCalister, Wm**	GRVL	329
McAbee, James Jr	SPBG	331	McAskell, Randall	SMTR	99	McCall, Alexr L*	MRBO	177
McAbee, James M	SPBG	238	McAtee, Saml A	ABVL	8	McCall, Alfred	PKNS	25
McAbee, John	SPBG	226	McAtee, W H D	LCTR	142	McCall, B	CHTN	227
McAbee, John	SPBG	333	McAteer, A S	LCTR	157	McCall, Catharine	MRBO	210
McAbee, L	SPBG	404	McAteer, Andrew	LCTR	144	McCall, Christian*	MRBO	167
McAbee, Mary A J*	SPBG	304	McAteer, Ann**	LCTR	215	McCall, Daniel R	MRBO	175
McAbee, N	SPBG	333	McAteer, Eli M	LCTR	143	McCall, David R	MRBO	210
McAbee, Rutha	SPBG	217	McAteer, Francis	LCTR	143	McCall, Dugald	MRBO	210
McAbee, Wertley	SPBG	234	McAteer, Isabella	LCTR	144	McCall, Dugald	MRBO	170
McAbee, William	SPBG	218	McAteer, J P	LCTR	158	McCall, Duncan	MRBO	197
McAbee, William*	SPBG	214	McAteer, John J	LCTR	149	McCall, E S**	DLTN	376
McAbee, William	SPBG	220	McAteer, Jos	LRNS	338	McCall, E**	CHTN	299
McAbee, Wm	SPBG	336	McAteer, Marion	LCTR	143	McCall, Elisabeth	MARN	113
McAbee, Z W	SPBG	336	McAunaul, John	FAFD	223	McCall, Eliz M	DLTN	385
McAdams, Bennet	ABVL	121	McAunaul, Wm	FAFD	223	McCall, Elizabeth*	SPBG	308
McAdams, Charlot*	ABVL	108	McAvoy, R H	COTN	271	McCall, Emily	CHTN	107
McAdams, George	PKNS	151	McBath, James J	ADSN	177	McCall, Emma	CHTN	418
McAdams, James	PKNS	151	McBath, Lowry	ADSN	215	McCall, Flora*	MARN	120
McAdams, James	PKNS	149	McBatt, Lowry	ADSN	215	McCall, Geo	DLTN	390
McAdams, James J	ABVL	148	McBeath, Robert	UNON	298	McCall, Geo J W	DLTN	416
McAdams, John	ADSN	228	McBee, Alex	GRVL	415	McCall, Hex*	GRVL	406
McAdams, John	ADSN	204	McBee, Susan B	GRVL	416	McCall, Hilimah	YORK	462
McAdams, Robert	ABVL	104	McBee, Vandry*	GRVL	378	McCall, Howard	SPBG	374
McAdams, Robt*	ABVL	141	McBee, Vardy	GRVL	402	McCall, Hugh G	MRBO	183
McAdams, Robt	ABVL	149	McBee, Wm P	GRVL	402	McCall, Isabella	MARN	24
McAdams, Saml T*	ABVL	104	McBeth, George*	CHTN	449	McCall, J N	YORK	417
McAdams, Sarah	YORK	369	McBeth, Hannah	CHTN	442	McCall, J N	MARN	28
McAdams, Thos	ABVL	130	McBeth, James	CHTN	442	McCall, James	MRBO	175
McAdams, William	ADSN	249	McBeth, Julia**	CHTN	412	McCall, Jane*	MRBO	210
McAfee, Jane	CHTR	39	McBrayer, Ariana	YORK	485	McCall, Jas D	MRBO	210
McAfee, Nancy	GRVL	356	McBride, --------	CHFD	149	McCall, Jas S Sr	DLTN	395
McAfee, William	YORK	507	McBride, A	CHTN	335	McCall, Jas W	MRBO	187

Name	Loc	Pg
McCall, Jas**	MARN	113
McCall, Jas S Jr	DLTN	379
McCall, Jno	MRBO	182
McCall, Jno A	DLTN	383
McCall, Jno L	MRBO	178
McCall, Jno L	MRBO	168
McCall, Jno P	MARN	106
McCall, John	SPBG	392
McCall, John	CHTN	182
McCall, John	MARN	94
McCall, John A	MRBO	151
McCall, John B	MRBO	186
McCall, John C	MRBO	151
McCall, John G*	RHLD	53
McCall, John J	MARN	43
McCall, John T	MARN	93
McCall, John W	ABVL	84
McCall, Jos P	CHTN	343
McCall, L B	MRBO	147
McCall, M	CHTN	302
McCall, M S	DLTN	390
McCall, M S	DLTN	386
McCall, Malcom	MRBO	158
McCall, Malcom	MARN	93
McCall, Margaret	PKNS	44
McCall, Martha*	CHTN	402
McCall, Mary	GETN	295
McCall, Mary J**	SPBG	427
McCall, Mary*	CHTN	212
McCall, Mrs	FAFD	241
McCall, Nancy	MRBO	210
McCall, Nancy	MARN	120
McCall, Nickinson	SPBG	374
McCall, Peter	MRBO	142
McCall, S S	MRBO	184
McCall, Sallie*	RHLD	83
McCall, Susan B	CRVL	417
McCall, Thomas	HORY	68
McCall, W H	MARN	28
McCall, W H	CHTN	182
McCall, Wm	LRNS	237
McCall, Wm	YORK	418
McCall, Wm	CHTN	141
McCall, Wm A	MRBO	145
McCall, Wm A	CHFD	184
McCall, Wm E	DLTN	422
McCall, Wm H	MARN	35
McCalla, George	ABVL	101
McCallum, James*	MARN	131
McCallum, Joanna*	ABVL	118
McCalrey, Charlotte*	CHTN	428
McCalvey, Andrew*	CHTN	426
McCamman, Martha	YORK	456
McCamman, Mitten	YORK	456
McCammon, Hugh	CHTR	59
McCammon, John	RHLD	11
McCammon, Mary*	CHTR	86
McCammon, Nathaniel	CHTR	78
McCammon, Wm	CHTR	83
McCan, Jno*	ABVL	6
McCan, Julia*	ABVL	95
McCan, Marg	ABVL	95
McCan, Mary M*	ABVL	25
McCan, William*	ABVL	95
McCandless, Leslie	KRSW	132
McCandless, Wm	CHTR	90
McCane, Bernard*	CHTN	263
McCane, Peter	ABVL	18
McCane, Washington	GRVL	512
McCanghrin, Saml*	RHLD	46
McCanless, R*	WMBG	307
McCanley, Jas**	YORK	466
McCann, Michael*	CHTN	202
McCann, Rosa*	PKNS	169
McCann, T H	ADSN	300
McCannaha, Thos*	CHTN	321
McCannon, Wm R	ABVL	8
McCant, James*	CHTN	507
McCant, John*	COTN	321
McCant, Lewessa**	CHTN	505
McCant, Philip I	ORBG	336
McCantey, Abner*	ABVL	96
McCantey, Jas*	ABVL	96
McCants, A	WMBG	314
McCants, A J	WMBG	317
McCants, D	WMBG	317
McCants, David W	ABVL	85
McCants, Dr J J	FAFD	231
McCants, Dr J W	NWBY	278
McCants, Dr N S*	ABVL	70
McCants, F M	CHTN	164
McCants, J C	CHTN	115
McCants, J J	CHTN	121
McCants, J S*	WMBG	314
McCants, J W*	EDFD	156
McCants, James	FAFD	203
McCants, James	WMBG	331
McCants, Jas C	GETN	315
McCants, L W	COTN	248
McCants, Margaret	RHLD	27
McCants, Mary	CHTN	158
McCants, Mary E	FAFD	203
McCants, Miss A H*	CHTN	100
McCants, Nancy	YORK	381
McCants, Nancy	CHTR	39
McCants, Nathl	ABVL	69
McCants, P J	CHTN	181
McCants, R A*	CHTN	177
McCants, R S**	WMBG	317
McCants, Saml	YORK	374
McCants, Sarah	FAFD	281
McCants, Sarah*	CHTN	109
McCants, T A	CHTN	108
McCants, Thomas	BUFT	13
McCants, Thos	WMBG	316
McCapin, Milley	ABVL	107
McCappin, Isaac	ABVL	138
McCappin, Isaiah*	ABVL	46
McCardell, John D	LCTR	170
McCarey, Thos H	ABVL	51
McCarley, A	LRNS	295
McCarley, Elijah**	ADSN	239
McCarley, Hugh**	FAFD	273
McCarley, Hugh W	ADSN	281
McCarley, James M*	RHLD	53
McCarley, Jas M	SPBG	394
McCarley, Jas*	ADSN	217
McCarley, John	NWBY	286
McCarley, John	ADSN	235
McCarley, John J	SPBG	330
McCarley, Pat	RHLD	40
McCarley, Saml	FAFD	278
McCarlity, Thos	CHTN	192
McCarly, Miniva	SPBG	400
McCarly, Robt	LCTR	171
McCarly, Robt	ADSN	238
McCarly, Wm	FAFD	202
McCarn, Catherine*	FAFD	210
McCarne, Thos	LCTR	212
McCarra, Elizabeth	SPBG	281
McCarrol, John	RHLD	82
McCarroll, James	CHTN	511
McCarroll, Jane	FAFD	206
McCarroll, Thomas	GRVL	511
McCarroro, Catharine*	CHTN	416
McCarter, Alex	SPBG	246
McCarter, Alex	YORK	424
McCarter, Andrew	YORK	511
McCarter, Andrew	YORK	506
McCarter, C L H	YORK	432
McCarter, Cinton	YORK	424
McCarter, David B	YORK	433
McCarter, Elizabeth	YORK	424
McCarter, Emeline*	ADSN	196
McCarter, Francis**	SPBG	274
McCarter, J A	GRVL	482
McCarter, James	SPBG	265
McCarter, James	CHTN	273
McCarter, Jane	YORK	511
McCarter, Joel	YORK	510
McCarter, John	SPBG	265
McCarter, John	YORK	511
McCarter, John	YORK	473
McCarter, John A	YORK	415
McCarter, John C	YORK	422
McCarter, LeGrand	YORK	424
McCarter, Mary	YORK	434
McCarter, Minor	YORK	433
McCarter, Nelson	YORK	509
McCarter, Robt	YORK	415
McCarter, Samuel	YORK	509
McCarter, Thomas A	GRVL	331
McCarter, Thos	YORK	433
McCarter, Thos P*	LRNS	225
McCarter, Wm E*	NWBY	268
McCarter, Wm E	YORK	424
McCartha, David	LXTN	425
McCartha, Jesse	LXTN	395
McCartha, Randolph	LXTN	395
McCarthey, John*	CHTN	473
McCarthy, James**	CHTN	399
McCarthy, James*	CHTN	267
McCarthy, Jennette*	CHTN	425
McCarthy, Jermiah**	CHTN	488
McCarthy, Jno	CHTN	359
McCarthy, Joshua	LXTN	397
McCarthy, Mary*	CHTN	435
McCarthy, Mrs*	CHTN	346
McCarthy, Thomas	CHTN	430
McCarthy, Thos*	CHTN	311
McCartney, Mary	ABVL	29
McCarty, A*	EDFD	173
McCarty, A	EDFD	38
McCarty, Charles**	CHTN	287
McCarty, E	EDFD	112
McCarty, Edward**	CHTN	277
McCarty, Elias	EDFD	31
McCarty, George*	EDFD	168
McCarty, Jacob	EDFD	169
McCarty, James H	EDFD	196
McCarty, John	EDFD	165
McCarty, L*	EDFD	113
McCarty, Martin	EDFD	196
McCarty, Mary	EDFD	191
McCarty, Mike*	EDFD	42
McCarty, P	EDFD	186
McCarty, R W	EDFD	165
McCarty, T*	CHTN	339
McCarty, Thomas	ADSN	312
McCarty, Wm R	EDFD	14
McCary, B R	EDFD	149
McCary, Richard*	NWBY	252
McCash, Joseph Esq	YORK	491
McCash, Joseph Jr	YORK	483
McCashin, Mary	FAFD	269
McCaskel, Jno**	CLDN	234
McCaskell, John W	SMTR	141
McCaskell, Kenneth	SMTR	142
McCaskil, W S*	HORY	38
McCaskill, Angus	KRSW	113
McCaskill, Angus	KRSW	88
McCaskill, Angus	CHFD	173
McCaskill, D	KRSW	91
McCaskill, Daniel W	KRSW	119
McCaskill, Finley	KRSW	122
McCaskill, John**	KRSW	109
McCaskill, K	CHFD	173
McCaskill, Kenneth	KRSW	102
McCaskill, M	CHFD	168
McCaskill, P	CHFD	157
McCaslan, Alex L	ABVL	33
McCaslan, Capt Pat	ABVL	32
McCaslan, Jas	ABVL	11
McCaslan, Miller*	ABVL	44
McCaslan, Moses O	ABVL	11
McCaslan, Robt A	ABVL	12
McCaslan, Robt A F**	ABVL	50
McCaslan, Thomas*	ABVL	22
McCaslan, William	ABVL	33
McCaugh, Sarah	SPBG	403
McCaughn, R L	NWBY	295
McCaughn, James*	CHTR	90
McCaughrin, Jno	CHTR	71
McCauley, Emma	CHTN	350
McCauley, Jas	CLDN	236
McCauley, John	GRVL	467
McCauley, John C*	LXTN	433
McCaully, Anthony*	CHTN	110
McCave, Jas K	ABVL	39
McCave, William	ABVL	46
McCaw, Elizabeth	ABVL	120
McCaw, Robt G	YORK	374
McCay, Charles G	CHTN	173
McCay, John	CHTN	480
McCay, John T	CHTN	227
McCay, M S	ADSN	264
McCay, Nathl	ABVL	3
McCay, R E	KRSW	134
McCeary, James	CHTN	523
McCellan, Elijah	ABVL	57
McCellan, Saml	ABVL	95
McCelvy, Hugh	ABVL	9
McCelvy, James	ABVL	8
McCelvy, James A*	ABVL	152
McCelvy, John*	ABVL	6
McCelvy, Wm	ABVL	10
McCenhen, Joseph	GRVL	329
McCenley, Jas*	SPBG	358
McChan, John	CHTN	498
McChichy, Mike*	CHTN	356
McCiver, David	ORBG	308
McClain, A B	YORK	385
McClain, Benjn	ABVL	148
McClain, Elizabeth	YORK	466
McClain, J M	YORK	367
McClain, Jno M Sr	ABVL	148
McClain, John	ABVL	148
McClain, Jonathan**	YORK	375
McClain, Julius*	YORK	436
McClain, Levinia**	FAFD	273
McClain, Margaret	YORK	466
McClain, Margaret	YORK	466
McClain, Mary	YORK	467
McClain, Mary	ADSN	165
McClain, Nancy*	YORK	463
McClain, Nancy	YORK	373
McClain, Saml	ABVL	148
McClain, Sarah	YORK	369
McClain, Susan*	CHTR	3
McClain, Wm	YORK	466
McClain, Wm	YORK	463
McClam, Daniel	WMBG	339
McClam, Soloman	WMBG	342
McClam, Solomon	WMBG	340
McClam, Wily	WMBG	340
McClam, Wm	WMBG	342
McClanahan, Saml G	GRVL	327
McClane, James	ABVL	11
McClanehan, Francis M**	PKNS	165
McClardy, Ataline	LRNS	258
McClardy, Jas	LRNS	250
McClare, Sarah*	CHTN	349
McClaren, Jas	CHTN	228
McClaren, Mrs S M	CHTN	225
McClarnon, Amelia*	KRSW	133
McClary, F M	WMBG	325
McClary, J C	WMBG	360
McClary, J C	WMBG	324
McClary, John	WMBG	320
McClary, John J	WMBG	324
McClary, M A	WMBG	324
McClary, R B	WMBG	325
McClary, S L*	WMBG	308
McClary, W D	WMBG	308
McClean, J*	EDFD	186
McClean, Mary H**	RHLD	45
McCleave, Martha	YORK	440
McCleave, Moses	YORK	440

Name	Code	Page
McCleikin, Jno	FAFD	282
McClelan, Wm P	ABVL	103
McCleland, Jane*	ABVL	123
McCleland, Mary*	ABVL	123
McCleland, Robt*	FAFD	280
McClellan, A J	CHTN	143
McClellan, Jno	ABVL	47
McClellan, Lucy*	ABVL	12
McClellan, Thos	ABVL	56
McClelland, James*	RHLD	58
McClelland, Martha*	ABVL	152
McClelland, Wm	ABVL	128
McClemer, John	SPBG	374
McClenaghan, C W	FAFD	203
McClenaghan, Geo	DLTN	402
McClenaghan, H	MARN	17
McClenaghan, J C	MARN	18
McClenan, Mary	GRVL	417
McClendale, Jos*	EDFD	114
McClenden, Joel	EDFD	45
McClenden, Joel Jr	EDFD	45
McClenden, Wm	KRSW	102
McClendon, F P	LRNS	240
McClendon, John	BNWL	373
McClendon, Julia*	EDFD	190
McClendon, Levy	BNWL	374
McClendon, Martha*	BNWL	379
McClendon, Mary*	ORBG	374
McClendon, Mary	EDFD	190
McClendon, Winfred	BNWL	374
McClendon, Wm	EDFD	190
McClenhan, M A*	MARN	86
McClennan, Mary	ADSN	215
McClennan, Patsy	LRNS	292
McClennan, Saml	LRNS	260
McClennan, Saml	ADSN	197
McClennan, Sarah	GRVL	499
McClerkin, Adam	YORK	440
McClimons, H	GRVL	448
McClindon, Warren*	ABVL	93
McCline, C H*	SPBG	202
McClintock, F	EDFD	117
McClintock, Jno	LRNS	225
McClintock, Jno L*	LRNS	332
McClintock, John	LRNS	342
McClintock, Mary E*	CHTN	394
McClintock, Mrs J	EDFD	109
McClintock, Robt	LRNS	316
McClinton, Alex	ADSN	235
McClinton, Jas*	ABVL	37
McClinton, Jno G	ABVL	37
McClinton, Pat*	ABVL	37
McClinton, Robt**	ADSN	198
McClinton, Saml D	ABVL	50
McClinton, Wm	ABVL	149
McCllenon, H K**	WMBG	329
McCloud, Martha J*	SPBG	424
McCloud, Mary*	GRVL	404
McCloud, Wm	YORK	386
McClung, Robert	EDFD	146
McClure, Charles	SPBG	268
McClure, David	SPBG	267
McClure, J B	SPBG	263
McClure, J M*	SPBG	266
McClure, James	GRVL	387
McClure, Jane*	YORK	452
McClure, Jeptha	ADSN	280
McClure, John	FAFD	200
McClure, L	SPBG	348
McClure, Mrs	ORBG	320
McClure, R C	CHTN	482
McClure, Rebecca	GRVL	387
McClure, Robt F**	YORK	462
McClure, Tim*	CHTN	202
McClure, William	LCTR	153
McClure, William	ADSN	280
McClure, Wm H	SPBG	263
McClurg, Jas H	GRVL	371
McClusky, Warren*	ADSN	254
McCochran, Anna**	CHTN	361
McCollister, Frances*	ABVL	31
McCollough, Clarinda	GRVL	420
McCollough, Davis	ADSN	227
McCollough, Elizabeth	ADSN	227
McCollough, G W	ADSN	215
McCollough, Henry	GRVL	515
McCollough, J A S**	GRVL	427
McCollough, Jas	GRVL	431
McCollough, John	FAFD	244
McCollough, John	ADSN	227
McCollough, John	FAFD	250
McCollough, John	NWBY	249
McCollough, Louisa	ADSN	227
McCollum, Ann	CHTR	20
McCollum, Caroline*	NWBY	245
McCollum, Eliza*	PKNS	54
McCollum, H B*	KRSW	140
McCollum, J**	FAFD	270
McCollum, J J**	CHTN	368
McCollum, James W	PKNS	163
McCollum, Jane	PKNS	184
McCollum, Jas R*	NWBY	288
McCollum, John	MRBO	143
McCollum, Nancy	NWBY	285
McCollum, Nancy	MRBO	167
McCollum, Sallie P*	RHLD	46
McCollum, Wm	CHTR	16
McCollum, Wm M	CHTR	23
McColman, Jas C*	CHFD	183
McColman, M	CHFD	139
McColom, Davis	UNON	280
McColor, John*	UNON	271
McColor, R	UNON	296
McColum, Dunkin	YORK	417
McColum, Elizabeth	UNON	246
McColum, James	UNON	289
McColum, John	UNON	292
McColum, Peter	YORK	414
McComb, Dr John F	ABVL	97
McComb, Hannah	ABVL	127
McComb, John	GRVL	463
McComb, Mary A	ABVL	11
McComb, William	ABVL	127
McComb, Wm	CHTN	297
McComber, Gideon	RHLD	3
McCombs, Ellen*	RHLD	7
McCombs, John**	RHLD	7
McCombs, William	SPBG	213
McComon, Jonathan	YORK	397
McConel, J D	YORK	439
McConel, J H	YORK	379
McConel, John B**	YORK	378
McConel, R H	YORK	379
McConel, Wm E	YORK	439
McConell, A*	WMBG	303
McConkey, Benj	CHTN	214
McConnel, Amanda*	RHLD	29
McConnel, David	ADSN	239
McConnel, Elizabeth*	ABVL	124
McConnel, James D	ADSN	291
McConnel, John B W	PKNS	173
McConnel, Ritta	SPBG	347
McConnel, Samuel	ADSN	290
McConnel, William	ADSN	238
McConnell, A J	FAFD	262
McConnell, Andrew	FAFD	219
McConnell, Benj*	FAFD	263
McConnell, H	WMBG	316
McConnell, J P	WMBG	323
McConnell, J T	WMBG	323
McConnell, James	FAFD	210
McConnell, James	ADSN	294
McConnell, James A*	RHLD	49
McConnell, Jno	CHTR	1
McConnell, Jno H	GETN	317
McConnell, Lewis	ADSN	218
McConnell, Mary*	RHLD	9
McConnell, S L	WMBG	317
McConnell, T J	WMBG	322
McConnell, Thomas*	CHTN	516
McConnell, Wm	FAFD	218
McConnell, Wm Jr	FAFD	218
McConnoll, W S	WMBG	334
McCool, Edward	EDFD	132
McCorch, John*	LCTR	149
McCorcle, Col	YORK	367
McCorcle, Fletcher*	LCTR	218
McCorcle, James	LCTR	143
McCorcle, John	YORK	428
McCorcle, John W	LCTR	157
McCorcle, Martha*	LCTR	151
McCorcle, Thos	LCTR	157
McCord, Archibald	ABVL	91
McCord, Frank	ABVL	23
McCord, Jas A	ABVL	57
McCord, Jno*	ABVL	61
McCord, John R	ABVL	92
McCord, John**	CHTN	205
McCord, John	ABVL	57
McCord, Louisa G	RHLD	50
McCord, Thomas	ABVL	23
McCord, Thos B	ABVL	36
McCord, William M	ABVL	61
McCorey, Frank	FAFD	203
McCorgnodale, Jno S*	LXTN	363
McCorkle, Agnes	CHTR	56
McCorkle, F M	MARN	31
McCorkle, William	CHTR	56
McCorley, John	YORK	449
McCormac, James	MARN	68
McCormac, Mary*	CHTN	248
McCormack, W J**	CHTN	397
McCormic, Anna	MARN	109
McCormic, Caroline**	COTN	258
McCormic, George	CHTR	76
McCormic, Jane*	YORK	436
McCormic, Jesse	COTN	305
McCormic, John	UNON	274
McCormic, John	COTN	299
McCormic, Mick	CHTR	76
McCormic, Robt	YORK	385
McCormic, W R N*	UNON	274
McCormick, Alex L	MARN	96
McCormick, Alexr R	HORY	62
McCormick, Ann	CHTN	272
McCormick, Catherine	MARN	91
McCormick, Charles	MARN	100
McCormick, Duncan E	MARN	95
McCormick, Eliza	BNWL	356
McCormick, Elizabeth	HORY	62
McCormick, Geo*	CHTN	241
McCormick, H	FAFD	259
McCormick, J T	EDFD	34
McCormick, James*	HORY	9
McCormick, Jane	CHTN	271
McCormick, Jas	MRBO	193
McCormick, Jas A	MARN	91
McCormick, Joseph	ORBG	370
McCormick, Joseph	COTN	262
McCormick, M**	CHTN	318
McCormick, Malcom	MARN	92
McCormick, Mary Jane	HORY	59
McCormick, P B*	WMBG	319
McCormick, S	KRSW	75
McCormick, Thomas	HORY	60
McCormick, Wm B	HORY	60
McCororey, J L	FAFD	253
McCorvin, Jane	UNON	291
McCory, Ira A**	CHTR	89
McCory, Rowland	ABVL	115
McCottry, R F	WMBG	335
McCough, Joe*	FAFD	214
McCowan, Mary**	CHTN	289
McCowin, Jane	UNON	291
McCown, Ann H	DLTN	431
McCown, Geo M	DLTN	400
McCown, J J*	DLTN	387
McCown, Jas	ADSN	244
McCown, Jno	DLTN	431
McCown, John	KRSW	131
McCown, John	ADSN	244
McCown, Morgan*	WMBG	348
McCown, S O	WMBG	348
McCown, W J	DLTN	398
McCown, Wm	ADSN	244
McCoy, Alexr*	CHTN	211
McCoy, Alfred	LRNS	312
McCoy, B	KRSW	83
McCoy, C D	SMTR	106
McCoy, Caroline	ADSN	213
McCoy, Chap	KRSW	83
McCoy, Charles	SMTR	115
McCoy, D A	SMTR	131
McCoy, Edward	SMTR	117
McCoy, Elizabeth*	ADSN	208
McCoy, Ephraim	ADSN	196
McCoy, Ephraim	ADSN	196
McCoy, Ira W*	GRVL	458
McCoy, Isaih	SMTR	117
McCoy, J	CHTN	128
McCoy, J E	SMTR	174
McCoy, James*	CHTN	332
McCoy, James*	CHTN	211
McCoy, Jefferson	SMTR	105
McCoy, John	FAFD	224
McCoy, John	CHTN	173
McCoy, Kelsey	ADSN	197
McCoy, Leonard	NWBY	282
McCoy, Lewis*	LRNS	306
McCoy, Margaret	SMTR	122
McCoy, Mary	SMTR	119
McCoy, Melvina*	HORY	46
McCoy, R E	KRSW	134
McCoy, Robert A*	SMTR	103
McCoy, Roy	PKNS	41
McCoy, Sam	SMTR	116
McCoy, Sophranio	SMTR	117
McCoy, T B	KRSW	83
McCoy, T W	GRVL	507
McCoy, Thomas	LRNS	335
McCoy, W W*	KRSW	103
McCoy, Wesley	SMTR	119
McCoy, Wm B	PKNS	5
McCoy, Wm L*	CHTN	189
McCracken, Arthur	PKNS	65
McCracken, B*	EDFD	133
McCracken, B B	HORY	12
McCracken, G L**	HORY	8
McCracken, G W	NWBY	301
McCracken, Hiram	PKNS	65
McCracken, J	HORY	32
McCracken, J	HORY	25
McCracken, J B	HORY	12
McCracken, J S	PKNS	65
McCracken, John	UNON	264
McCracken, M	HORY	42
McCracken, M A*	GETN	283
McCracken, Martha	HORY	40
McCracken, Mary A	PKNS	75
McCracken, Peter	HORY	17
McCracken, Sarah E	ABVL	95
McCracken, W T	HORY	65
McCracken, Wm	NWBY	286
McCrackin, Margaret	NWBY	262
McCracking, Samuel A	PKNS	158
McCrady, Edward	CHTN	106
McCrady, Robert	RHLD	75
McCrady, Sally	CHTN	106
McCrady, Samuel*	CHTN	110
McCrae, Edwin	LRNS	341
McCrainy, Merrick*	NWBY	268
McCraken, Thos J	ABVL	60
McCraney, Jno	MRBO	146
McCraney, Thos*	NWBY	268
McCrary, Albert	ADSN	263
McCrary, Andrew	ADSN	328
McCrary, Dolphus M	GRVL	380
McCrary, J F	GRVL	486

Name	Loc	Pg	Name	Loc	Pg	Name	Loc	Pg
McCrary, James	NWBY	291	McCulough, J*	EDFD	112	McDaniel, Middleton	YORK	389
McCrary, John	SPBG	324	McCum, Matilda	GRVL	425	McDaniel, Mike	MRBO	206
McCrary, Joshua	BNWL	389	McCum, Wm	GRVL	425	McDaniel, Milly*	CHFD	123
McCrary, Margaret	GRVL	491	McCuny, J W*	KRSW	134	McDaniel, Mrs A*	EDFD	91
McCrary, Mary	ADSN	263	McCurley, James*	SPBG	244	McDaniel, Mrs Ann	MRBO	144
McCrary, Mathew	GRVL	355	McCurry, A J	ADSN	219	McDaniel, Mrs Lucretia	MRBO	146
McCrary, Moses	GRVL	486	McCurry, Jane	ABVL	138	McDaniel, Mrs M	EDFD	91
McCrary, Robt	GRVL	427	McCurry, Jno	ABVL	133	McDaniel, Murdock	MARN	118
McCrary, Saml	SPBG	324	McCurry, John	ABVL	131	McDaniel, Nancy*	PKNS	73
McCraven, Robt*	ABVL	1	McCurry, Robert A*	ABVL	93	McDaniel, Nancy	MRBO	153
McCraw, Caleb	SPBG	288	McCurry, Seaborn J	ABVL	132	McDaniel, Neill N	MRBO	177
McCraw, John	BNWL	490	McCurry, Sidney	ABVL	133	McDaniel, P B	EDFD	12
McCraw, Therd	SPBG	288	McCurry, Whit	ABVL	137	McDaniel, Pinna*	ADSN	224
McCray, E M	PKNS	55	McCutchean, S D	WMBG	345	McDaniel, Polly	ORBG	395
McCrea, A J	WMBG	335	McCutchen, Elizabeth	WMBG	331	McDaniel, R	LRNS	277
McCrea, M J**	WMBG	321	McCutchen, F M	WMBG	332	McDaniel, R	EDFD	67
McCrea, Mary M*	WMBG	319	McCutchen, G D	WMBG	359	McDaniel, Randal	WMBG	349
McCrea, W M	WMBG	321	McCutchen, George	SMTR	173	McDaniel, Randal	MARN	70
McCready, Calhoun**	LRNS	324	McCutchen, George	SMTR	116	McDaniel, Rebeca	ADSN	236
McCready, John T	LRNS	320	McCutchen, H Cooper	SMTR	374	McDaniel, Rhode	RHLD	65
McCreary, A J**	CHTR	89	McCutchen, J A	SMTR	173	McDaniel, Robert*	UNON	196
McCreary, B B	NWBY	277	McCutchen, J K	WMBG	359	McDaniel, Samuel*	MRBO	206
McCreary, Robt	LRNS	240	McCutchen, J W	WMBG	331	McDaniel, Sarah**	MRBO	182
McCreary, Robt	BNWL	410	McCutchen, Jas	WMBG	325	McDaniel, Simpson	UNON	196
McCreary, Samuel*	RHLD	53	McCutchen, Robert*	RHLD	53	McDaniel, Sun	EDFD	18
McCreery, Jno	ABVL	48	McCutchen, Robert A	SMTR	116	McDaniel, Susan*	PKNS	88
McCreight, Dana*	UNON	194	McCutchen, S	WMBG	351	McDaniel, Susan	MRBO	151
McCreight, James	FAFD	203	McCutchen, W	SMTR	174	McDaniel, Tate	CHTR	5
McCreight, R J	KRSW	138	McCutchen, W J	WMBG	359	McDaniel, Thomas	UNON	251
McCreight, R*	FAFD	247	McCutchen, W T	SMTR	174	McDaniel, Thos*	EDFD	47
McCreight, Saml	FAFD	277	McCutchenon, Lizzie*	RHLD	43	McDaniel, W H	PKNS	51
McCreight, W S	CHFD	182	McCutcheon, George*	RHLD	53	McDaniel, W T	EDFD	85
McCreight, Wm	CHTR	10	McCutcheon, J G C	WMBG	345	McDaniel, William	YORK	509
McCreless, J	EDFD	122	McCutcheon, Sarah	WMBG	347	McDaniel, William	MRBO	144
McCrery, Alfred	PKNS	144	McDade, Berry	ADSN	309	McDaniel, Wm	MARN	68
McCrew, John*	CHTN	252	McDade, William	ADSN	277	McDaniel, Wm	DLTN	437
McCright, D B	WMBG	304	McDanel, Abner	BNWL	402	McDaniel, Wm	BNWL	438
McCright, James	UNON	215	McDanel, Susan*	BNWL	368	McDaniel, Wm A	GRVL	414
McCright, John	YORK	455	McDaniel, --------	MRBO	179	McDaniels, Daniel	KRSW	88
McCright, William*	UNON	195	McDaniel, A	PKNS	88	McDaniels, T	FAFD	253
McCrorey, J A	FAFD	254	McDaniel, A	GRVL	439	McDanil, --------	YORK	389
McCrorey, J T	FAFD	254	McDaniel, Alex*	CHFD	122	McDanil, Edward	UNON	251
McCrorey, W T	CHTR	51	McDaniel, Alexandria	YORK	495	McDaniel, Robt	YORK	426
McCuaghan, H H	MARN	32	McDaniel, Alfred	PKNS	97	McDannell, O C W	BNWL	422
McCue, Martin	BNWL	352	McDaniel, Amos	MARN	43	McDarvell, S	YORK	454
McCue, Thomas	GRVL	448	McDaniel, Angus	CHFD	171	McDavid, A R**	GRVL	403
McCullam, Hannah	ADSN	249	McDaniel, Angus	CHFD	127	McDavid, Allen	GRVL	429
McCullar, V	EDFD	186	McDaniel, Ann*	ORBG	402	McDavid, Athens*	GRVL	487
McCullen, Margaret	SMTR	118	McDaniel, Ann*	MRBO	210	McDavid, G M	GRVL	429
McCullen, Wilson	SMTR	161	McDaniel, Annie	CHTR	47	McDavid, G W	ADSN	184
McCullers, John	CHTN	119	McDaniel, Archabald	PKNS	98	McDavid, james	ADSN	195
McCulley, Saml*	ADSN	161	McDaniel, C	KRSW	89	McDavid, Neely*	GRVL	476
McCulloch, S W*	RHLD	21	McDaniel, Caroline	MRBO	144	McDavid, Susan	GRVL	430
McCullock, Henry	NWBY	264	McDaniel, Charlotte	MRBO	144	McDavis, Archd M	MARN	107
McCullom, George*	CHTN	426	McDaniel, Col J	CHTR	47	McDavis, M H	LCTR	176
McCullom, John*	CHTN	426	McDaniel, David	YORK	505	McDennis, R	CHTN	224
McCullom, Julia*	CHTN	428	McDaniel, Diana	DLTN	384	McDeritt, James*	RHLD	6
McCullom, Mary*	CHTN	426	McDaniel, E J*	CHTR	70	McDermaid, James*	chtn	426
McCullom, Robert*	CHTN	426	McDaniel, Eliza	MRBO	155	McDermas, John	PKNS	38
McCullough, Alex	YORK	503	McDaniel, Elizabeth	MARN	68	McDermit, Charles	HORY	44
McCullough, C S	YORK	380	McDaniel, Elizabeth	GRVL	374	McDermit, Charles	HORY	50
McCullough, Cary	EDFD	19	McDaniel, Elizabeth	MRBO	187	McDermit, Elizh	HORY	50
McCullough, Catharine	NWBY	295	McDaniel, Elizabeth	CHTR	46	McDermit, Elizh	HORY	44
McCullough, Catharine*	YORK	437	McDaniel, Emily*	PKNS	82	McDermon, Louisa**	BNWL	434
McCullough, D	WMBG	310	McDaniel, Enis	WMBG	349	McDermot, Miss	CHTN	320
McCullough, H	EDFD	20	McDaniel, Evander	MRBO	149	McDermot, Miss*	CHTN	320
McCullough, Hugh	CHTR	58	McDaniel, Fred	EDFD	91	McDermott, Margaret	CHTN	256
McCullough, J A	WMBG	324	McDaniel, H D	PKNS	88	McDevit, Hiram	GRVL	387
McCullough, J A S	GRVL	426	McDaniel, Henry*	GRVL	367	McDevit, James	GRVL	438
McCullough, James*	RHLD	27	McDaniel, Henry	ADSN	295	McDevitt, J H*	CHTN	371
McCullough, Jas	YORK	460	McDaniel, Hiram	BNWL	408	McDevitt, Jno	EDFD	21
McCullough, John	YORK	501	McDaniel, Ira	MRBO	150	McDibble, John*	CHTN	248
McCullough, John	CHTR	41	McDaniel, J J	BNWL	437	McDill, Ann	FAFD	213
McCullough, John	YORK	393	McDaniel, J P	GETN	289	McDill, J N*	CHTR	38
McCullough, Joseph	NWBY	287	McDaniel, Jacob	PKNS	59	McDill, James	CHTR	38
McCullough, Lewis*	NWBY	294	McDaniel, James	WMBG	331	McDill, James	ABVL	149
McCullough, Lewis	EDFD	108	McDaniel, James	ADSN	267	McDill, Margaret	FAFD	212
McCullough, Martha	WMBG	332	McDaniel, James	UNON	255	McDill, Thomas	CHTR	38
McCullough, Myles	YORK	502	McDaniel, James A	MARN	44	McDill, Wm W	ABVL	149
McCullough, N W	WMBG	316	McDaniel, James F	MRBO	149	McDole, Esther	MARN	89
McCullough, Nancy*	YORK	460	McDaniel, Jas	YORK	469	McDole, Wm	MARN	81
McCullough, Rachel	YORK	455	McDaniel, Jas A*	MARN	91	McDonald, A L	KRSW	140
McCullough, Sarah W	RHLD	62	McDaniel, Jas M	GRVL	500	McDonald, A L	KRSW	116
McCullough, Spencer	NWBY	287	McDaniel, Joel	LRNS	288	McDonald, Alex**	CHTN	506
McCullough, Thos	YORK	457	McDaniel, John*	PKNS	33	McDonald, Alex J	MARN	94
McCullough, Wm C	YORK	394	McDaniel, John	MARN	70	McDonald, Alexr	KRSW	121
McCullum, Mary	SMTR	105	McDaniel, John	UNON	287	McDonald, Andrew	CHTR	42
McCullum, Mary Ann*	CHTN	272	McDaniel, John	MARN	9	McDonald, Ann	CLDN	192
McCully, Andrew	YORK	425	McDaniel, John R	MRBO	187	McDonald, Arch*	CHTN	213
McCully, D	YORK	432	McDaniel, John T	GRVL	403	McDonald, C***	EDFD	115
McCully, D	FAFD	252	McDaniel, Joseph	MARN	112	McDonald, C A	KRSW	134
McCully, Hiram	CHTR	86	McDaniel, Lemuel	UNON	225	McDonald, Charley	GRVL	426
McCully, James	FAFD	250	McDaniel, Lienezer H*	MRBO	144	McDonald, Chas	CHTN	516
McCully, Jane	YORK	421	McDaniel, Lilly**	GRVL	420	McDonald, D J	MARN	42
McCully, Jane	YORK	421	McDaniel, M*	MARN	67	McDonald, Daniel	CHTR	41
McCully, Jas R	YORK	419	McDaniel, Marg	PKNS	87	McDonald, Danl P*	RHLD	13
McCully, John	RHLD	35	McDaniel, Mark	MARN	43	McDonald, Donald**	CHTN	269
McCully, John**	FAFD	200	McDaniel, Martha*	ORBG	367	McDonald, Donald	CHTN	168
McCully, Nancy**	CHTR	37	McDaniel, Martha	MRBO	208	McDonald, E***	WMBG	309
McCully, O P	CHTR	65	McDaniel, Martha	MRBO	183	McDonald, E***	KRSW	79
McCully, Saml S	RHLD	48	McDaniel, Mary*	MARN	43	McDonald, E A*	CHFD	185
McCully, Sarah	CHTR	89	McDaniel, Mary*	BUFT	85	McDonald, Fargus*	GETN	313
McCully, Stephen	ADSN	259	McDaniel, Mary	BNWL	437	McDonald, Flora*	DLTN	383
McCully, Thos	CHTR	71	McDaniel, Mat	LRNS	287	McDonald, G K	WMBG	309
McCully, W L	CHTR	73	McDaniel, Mathew	PKNS	59	McDonald, Harriet E**	BUFT	56
McCulough, Betcy*	YORK	413						

Name	Loc	Pg	Name	Loc	Pg	Name	Loc	Pg
McDonald, Imogene*	BNWL	469	McDowell, E L	EDFD	122	McElrath, John D**	SPBG	204
McDonald, J E	EDFD	84	McDowell, Elizabeth	HORY	59	McElrath, John M	SPBG	399
McDonald, James*	ORBG	322	McDowell, Elizabeth	HORY	16	McElrath, Joseph	SPBG	368
McDonald, James*	CHTN	110	McDowell, F M	SPBG	203	McElrath, Michael	SPBG	367
McDonald, John C*	RHLD	44	McDowell, Ferguson	HORY	60	McElrath, Saml	SPBG	399
McDonald, John**	ORBG	322	McDowell, G A	CHTN	370	McElrath, Thos	SPBG	422
McDonald, John	ABVL	121	McDowell, H*	SPBG	322	McElrath, W Y	SPBG	396
McDonald, John A	SMTR	133	McDowell, H B	KRSW	77	McElron, Michael**	RHLD	50
McDonald, John*	CHTN	415	McDowell, H B	CHTN	184	McElrow, Hugh	RHLD	37
McDonald, L	CHTR	61	McDowell, Harriet	FAFD	265	McElroy, A	ADSN	289
McDonald, Lander**	CHTR	42	McDowell, Hugh	SPBG	207	McElroy, Ann	CHTN	280
McDonald, Louisa	RHLD	59	McDowell, Hugh	CHTR	16	McElroy, Elizabeth**	CHTR	86
McDonald, M	EDFD	115	McDowell, J L*	EDFD	132	McElroy, Harriet A*	CHTN	393
McDonald, Mary	RHLD	56	McDowell, J T B*	LRNS	337	McElroy, James	CHTN	508
McDonald, Mary	MARN	94	McDowell, J W	FAFD	244	McElroy, John	CHTN	506
McDonald, Mary J*	MRBO	183	McDowell, James	GRVL	361	McElroy, M S	PKNS	5
McDonald, Mary	DLTN	403	McDowell, James	CLDN	236	McElroy, Robert	CHTR	37
McDonald, Mary*	CHTN	263	McDowell, Jas	YORK	458	McElroy, S R	ADSN	289
McDonald, Mathew	ABVL	21	McDowell, Jas O A	CHTN	221	McElvee, James	YORK	418
McDonald, Miss*	CHTN	319	McDowell, Jno	CHTR	2	McElvee, Rebecca	YORK	433
McDonald, Morris*	CHTN	168	McDowell, Jno F	SPBG	324	McElvee, S A	YORK	418
McDonald, Mrs Margaret*	CHTN	241	McDowell, John	FAFD	244	McElvee, Wm	YORK	417
McDonald, Mrs S A*	CHTN	228	McDowell, John T	CHTN	221	McElveen, A Rebecca*	CLDN	243
McDonald, Nancy	ABVL	28	McDowell, John Y	SPBG	233	McElveen, G G*	WMBG	316
McDonald, Owen	BNWL	478	McDowell, Laura**	CHTN	375	McElveen, J P*	WMBG	346
McDonald, P	COTN	314	McDowell, M	KRSW	100	McElveen, John K	SMTR	134
McDonald, Patrick	CHTN	478	McDowell, Maj C	SPBG	247	McElveen, Robert L	SMTR	134
McDonald, R	CHTN	252	McDowell, Margaret	RHLD	45	McElveen, Sarah	WMBG	299
McDonald, Robert**	CHTN	480	McDowell, Moses	HORY	59	McElveen, W H	WMBG	337
McDonald, S*	KRSW	132	McDowell, Nancy	KRSW	77	McElveen, William K	SMTR	134
McDonald, S J**	KRSW	123	McDowell, Pat	ABVL	52	McElvene, Jno F**	CLDN	254
McDonald, S J	GETN	297	McDowell, Robert H	CHTN	420	McElvene, T M R	CLDN	242
McDonald, S W	WMBG	308	McDowell, Robt	SPBG	246	McElvern, Elijah	CLDN	241
McDonald, Sarah	CHTR	76	McDowell, Robt	GETN	293	McElvern, J E	CLDN	227
McDonald, Sarah R	GETN	297	McDowell, Saml	FAFD	221	McElvern, Jas B	CLDN	234
McDonald, Sarah W	SMTR	133	McDowell, Susan**	CHTN	393	McElvern, W J	CLDN	241
McDonald, W M	CHTR	92	McDowell, Thomas	FAFD	222	McElville, Robt	SMTR	158
McDonald, W T**	CHTN	213	McDowell, Thos	LRNS	229	McElvine, Major L*	SMTR	107
McDonald, W*	CHFD	110	McDowell, W D	KRSW	134	McElwain, Charlie	YORK	383
McDonald, W L	CLDN	198	McDowell, Wm	EDFD	55	McElwain, Johnathan J**	RHLD	51
McDonald, William*	RHLD	49	McDowell, Wm F	SPBG	246	McElwee, J N	YORK	453
McDonald, William**	CHTN	489	McDowell, Wm F	SPBG	203	McElwee, J N	YORK	507
McDonald, William	ORBG	322	McDowell, Wm G	SPBG	202	McElwee, Meek	YORK	509
McDonald, Wm*	LRNS	261	McDuff, A*	EDFD	107	McEnerny, Joseph	CHTN	504
McDonald, Wm H	GRVL	455	McDuff, Francis	FAFD	271	McEntire, J W	PKNS	81
McDonaldson, W	GRVL	430	McDuffer, Isaac	PKNS	91	Mcerley, Fredrick	BNWL	407
McDonell, Edw*	ABVL	57	McDuffie, A I	MRBO	160	Mcewen, B F*	EDFD	111
McDonell, Pat H*	ABVL	57	McDuffie, D D	MARN	14	McEwen, Jas	KRSW	132
McDonell, Sylvannus	CHTR	14	McDuffie, Danl	MARN	79	McFadden, C W	CHTR	84
McDongal, James*	NWBY	304	McDuffie, Duncan*	MARN	108	McFadden, Craig	CHTR	59
McDongal, Robt*	LRNS	279	McDuffie, F J*	RHLD	48	McFadden, Edward*	YORK	473
McDonnan, M K	ADSN	259	McDuffie, Mary	MARN	79	McFadden, Eliz J	CHTR	64
McDonnel, Catharin	CHTN	111	McDuffie, N C	MARN	14	McFadden, Elizabeth*	CHTR	87
McDonnel, E	CHTN	253	McDuffie, Neal	MARN	108	McFadden, Frances	CHTR	67
McDonnell, A*	CHTN	322	McDugan, Daniel	CHFD	114	McFadden, Harvey D	CHTR	81
McDonnell, E J*	CHTN	365	McDugle, Mathew	GRVL	501	McFadden, Hugh	CLDN	237
McDonnell, Isaac	CHTN	187	McEachan, Jno	MRBO	193	McFadden, J H	LCTR	150
McDonnell, Margaret*	CHTN	274	McEachem, William C*	SMTR	153	McFadden, James	SPBG	347
McDonnell, Thos	CHTN	301	McEachen, William D	SMTR	144	McFadden, James D	SMTR	109
McDonough, E*	CHTN	239	McEachern, D A	DLTN	393	McFadden, Jane S	CHTR	66
McDonough, James*	CHTN	418	McEachern, Duncan	MRBO	186	McFadden, Jas	CHTR	65
McDonough, Marry*	RHLD	22	McEachern, Jas A*	DLTN	393	McFadden, Jno	CHTR	65
McDonough, Thomas	CHTN	417	McEachern, Richard J	SMTR	143	McFadden, Jno J	CLDN	228
McDougal, Mrs**	CHTN	224	McEachern, William H	SMTR	143	McFadden, Jno*	CHTR	62
McDougal, Robert	RHLD	15	McEachin, Barbary	MARN	91	McFadden, Jno**	CHTR	62
McDougald, John	MARN	96	McEachin, Daniel	MARN	43	McFadden, John*	SPBG	429
McDougald, T C	GETN	292	McEachin, Mary	MARN	43	McFadden, Jonathan	YORK	462
McDougall, Charlotte*	CHTN	201	McEachin, Neal	MARN	97	McFadden, Leah	SMTR	108
McDow, Anna	LCTR	163	McElduff, Francis	CHTR	35	McFadden, Maryanna*	WMBG	302
McDow, Dotia**	LCTR	169	McEleran, Miss	CHTN	321	McFadden, Nancy R	CHTR	83
McDow, George W	PKNS	169	McElewain, Martha	UNON	268	McFadden, Nelson*	WMBG	302
McDow, James H	LCTR	150	McElhaney, J P	BNWL	446	McFadden, R E	CLDN	243
McDow, James P**	LCTR	166	McElhaney, Jno A	CHTR	89	McFadden, R R	CHTR	64
McDow, James P	LCTR	149	McElhany, Leroy	YORK	437	McFadden, Robert	CHTR	67
McDow, James T	LCTR	171	McElharn, J C*	SPBG	347	McFadden, Robt C	SMTR	109
McDow, John B	GRVL	482	McElheney, John	COTN	302	McFadden, Saml	CLDN	243
McDow, Margaret J	PKNS	168	McElhenney, E F	COTN	355	McFadden, Susan	CHTR	64
McDow, Nervo	LCTR	169	McElhenny, Andy	CHTR	65	McFadden, T R*	RHLD	55
McDow, Thos	LCTR	148	McElhenny, D L	COTN	353	McFadden, Thomas	CHTR	62
McDow, William A*	LCTR	142	McElhenny, Robt	LRNS	307	McFadden, Thos	CHTR	87
McDowal, W H**	CHTN	347	McElhony, Lucinda	YORK	376	McFadden, W J	CLDN	238
McDowall, Andw	CHTN	208	McElhoran, Charles*	CHTN	426	McFaddin, Amelia*	SMTR	104
McDowall, Jane	LRNS	348	McElhose, Jane*	CHTN	388	McFaddin, J	CLDN	238
McDowall, Jas A	LRNS	349	McElhren, Daniel	CHTN	99	McFaddin, J J	WMBG	346
McDowall, Jas*	KRSW	73	McEllerney, Timothy	CHTN	478	McFaddin, J S	CLDN	216
McDowall, R	LRNS	348	McEllroy, T*	CHTN	263	McFaddin, Jacob*	BNWL	364
McDowe, R L	KRSW	74	McEllwell, R	CLDN	218	McFaddin, Jane E*	WMBG	334
McDowel, D	EDFD	127	McElmary, J A**	BNWL	440	McFaddin, Jno	CHTN	344
McDowel, G W	ADSN	175	McElmil, John C	YORK	436	McFaddin, S A*	WMBG	361
McDowel, George	UNON	256	McElmoil, Danl	YORK	437	McFaden, Henry	YORK	581
McDowel, Jane**	LCTR	158	McElmon, John	BNWL	410	McFaden, J C	YORK	387
McDowel, Jas	YORK	438	McElmore, Delilah	CHTR	82	McFaden, Jeferson	YORK	382
McDowel, Katherine D	SMTR	112	McElmore, E T*	CHTR	82	McFaden, John	YORK	376
McDowel, Mary A*	GRVL	477	McElmore, Eliza J*	CHTR	51	McFaden, R J	WMBG	348
McDowel, Mary R	LRNS	304	McElmore, Jno G*	CHTR	87	McFaden, Saml	YORK	382
McDowel, Thos	LCTR	151	McElmore, Leonidas	CHTR	51	McFaden, Wm P	YORK	368
McDowel, W W	EDFD	127	McElmore, Willis	BNWL	410	McFadin, J H*	WMBG	331
McDowell, A A	KRSW	99	McElmurry, A	EDFD	80	McFadin, J T	WMBG	331
McDowell, A Calvin	SPBG	232	McElmurry, Betsy*	EDFD	80	McFail, Allen	BNWL	351
McDowell, Ben	EDFD	55	McElmurry, M	EDFD	80	McFail, James	BUFT	42
McDowell, Benjn*	ABVL	52	McElrath, Abner	SPBG	397	McFail, Sarah R*	BNWL	492
McDowell, D H	SPBG	324	McElrath, Adam	SPBG	370	McFall, Helen	ORBG	343
McDowell, David	SPBG	246	McElrath, Andrew	SPBG	239	McFall, James*	NWBY	304
McDowell, David	FAFD	205	McElrath, Andrew	SPBG	413	McFall, Jno A	ADSN	156
McDowell, E D	KRSW	99	McElrath, John	SPBG	387	McFall, John	ADSN	223
						McFall, John Jr	ADSN	178

Name	Loc	Pg
McFall, Rachael	ADSN	198
McFall, Saml R	PKNS	26
McFalter, John	MARN	120
McFarlan, Arch*	CHFD	124
McFarlan, B F*	CHFD	188
McFarlan, Jas	YORK	375
McFarland, Ann	CHFD	99
McFarland, Arch Scott	ABVL	34
McFarland, John	SPBG	305
McFarland, John	CHFD	96
McFarland, Nancy M*	BUFT	29
McFarland, Sarah	SMTR	157
McFarland, William	SPBG	203
McFarland, Wm C	MRBO	184
McFarlen, Arch	CHFD	138
McFarlen, Duncan	CHFD	139
McFearson, George*	SPBG	347
McFee, James B	FAFD	255
McFeeley, Thos	GETN	317
McFerrin, Jas	ABVL	33
McFerrin, Mary	ABVL	37
McFerrin, Robt	ABVL	37
McFeteridge, Benson*	PKNS	86
McFeters, Mary A	CHTN	397
McFetridge, Austin	PKNS	41
McFetridge, Julia*	PKNS	48
McFetridge, Pheriby	PKNS	73
McFie, Catharine	RHLD	24
McFinlay, Neal	MARN	43
McFoes, John**	CHTN	291
McGagin, Hugh	ADSN	224
McGaha, Thomas	ADSN	287
McGains, Sallie*	ABVL	113
McGarity, Andrew	CHTR	44
McGarity, Clarissa	CHTR	53
McGarity, G F	CHTR	51
McGarity, Henderson	CHTR	59
McGarity, Jas L	YORK	452
McGarity, Nancy	CHTR	52
McGarity, Wm	CHTR	59
McGarr, Martha	ABVL	50
McGarr, Saml S C	ABVL	58
McGary, Francis	CHTN	194
McGee, -----	CHTN	298
McGee, A	WMBG	352
McGee, A	MRBO	159
McGee, A*	WMBG	352
McGee, Abner H	ABVL	88
McGee, Abner H Jr	ABVL	88
McGee, Alex	LRNS	246
McGee, Ches	EDFD	43
McGee, David	EDFD	190
McGee, E*	WMBG	359
McGee, Elias	ADSN	239
McGee, Elias	ADSN	240
McGee, G J	WMBG	355
McGee, G L	ADSN	245
McGee, Harriet	MRBO	204
McGee, Henry	MRBO	203
McGee, J	WMBG	352
McGee, J B	ADSN	253
McGee, J Lee	WMBG	349
McGee, J M	DLTN	460
McGee, James M*	ABVL	103
McGee, Jessee	ADSN	242
McGee, Jno*	LRNS	246
McGee, Job	EDFD	181
McGee, M Mc D*	ABVL	112
McGee, Martha	CHTN	380
McGee, Michael	ABVL	106
McGee, Michael B	ABVL	88
McGee, Miss*	CHTN	298
McGee, N	DLTN	456
McGee, Noah	WMBG	349
McGee, S*	WMBG	352
McGee, S	EDFD	182
McGee, Thomas	EDFD	191
McGee, W D	MARN	56
McGee, W*	WMBG	356
McGee, Warren	ADSN	239
McGee, Wesley	EDFD	179
McGee, William P	ABVL	88
McGee, Willis	ADSN	241
McGee, Wm	NWBY	287
McGeha, Fedrick	PKNS	158
McGenney, Jane*	GETN	296
McGenney, Saml	GETN	296
McGilbrey, Mary C*	CHTN	242
McGill, A J	YORK	496
McGill, Andrew	FAFD	255
McGill, Arch	NWBY	287
McGill, Archiball	BNWL	382
McGill, Clara A**	ABVL	100
McGill, D B	FAFD	254
McGill, Daniel	ADSN	253
McGill, Frances	PKNS	38
McGill, H	CHTN	341
McGill, J C	MRBO	185
McGill, J I	DLTN	448
McGill, J W*	WMBG	353
McGill, James	YORK	486
McGill, James	FAFD	259
McGill, John	YORK	499
McGill, John	MARN	106
McGill, John	YORK	414
McGill, Lizza*	YORK	366
McGill, Margaret	MARN	106
McGill, Mary	DLTN	449
McGill, Mary	WMBG	303
McGill, Peter	MARN	106
McGill, Robert	FAFD	261
McGill, Rosetta	MRBO	187
McGill, S D	WMBG	334
McGill, Sam*	FAFD	275
McGill, Saml*	ABVL	26
McGill, Thos	YORK	487
McGill, Thos	FAFD	261
McGill, William	ABVL	77
McGill, William	ABVL	30
McGill, William	YORK	487
McGill, William M	RHLD	63
McGill, Wm	YORK	432
McGill, Wm A	ADSN	214
McGillivray, Wm S	COTN	323
McGilvery, A B	GRVL	422
McGilvray, B F	MRBO	142
McGines, Miss*	CHTN	320
McGinis, Hugh	YORK	436
McGinley, Geo*	CHTN	218
McGinnes, Anna*	CHTN	298
McGinnes, J F*	CHTN	301
McGinness, John*	CHTN	203
McGinness, Patrick	CHTN	116
McGinney, A B**	GETN	296
McGinnis, Dennis	CHTN	257
McGinnis, Emily*	CHTN	475
McGinnis, Wm	FAFD	206
McGinniss, Peter*	CHTN	397
McGivens, Larken	SPBG	401
McGlatten, Martha*	SPBG	315
McGlosher, Patk*	CHTN	202
McGluthun, Wm*	MARN	100
McGlwaine, Mary A*	ABVL	93
McGoney, Samuel	FAFD	250
McGoogan, Daniel	KRSW	86
McGoogan, Duncan	KRSW	86
McGoogan, Hugh*	MRBO	176
McGoogan, John	KRSW	88
McGoven, Sarah	GRVL	328
McGowan, Dr John	YORK	449
McGowan, H L**	LRNS	224
McGowan, Jno	LRNS	236
McGowan, Mary	CHTN	226
McGowan, Mary J*	YORK	386
McGowan, Saml*	RHLD	53
McGowan, Saml	ABVL	23
McGowan, Thomas	CHTN	282
McGowan, Wm	LRNS	232
McGowan, Wm	LRNS	237
McGowen, Henry	RHLD	19
McGowen, Owen*	ABVL	127
McGowen, Stephen*	ABVL	138
McGown, Abraham	FAFD	216
McGown, John	UNON	205
McGrady, Edward	CHTN	169
McGrady, Edward Jr	CHTN	169
McGrady, James	FAFD	237
McGrady, James W	ABVL	94
McGrady, John	CHTN	169
McGrady, Margt	FAFD	214
McGrain, Patrick	CHTN	445
McGraity, John*	CHFD	107
McGranger, Hester*	CHTN	502
McGrath, John	CHTN	248
McGrath, John	ADSN	262
McGrath, Mary*	CHTN	506
McGrath, Michael	ADSN	262
McGrath, Michael	ABVL	14
McGrath, Patk D	BUFT	7
McGrath, Thomas**	CHTN	505
McGrath, Thomas*	CHTN	376
McGrath, Wm	LRNS	322
McGraw, B F	NWBY	245
McGraw, Barney	CHTN	390
McGraw, Elizabeth	EDFD	179
McGraw, Hugh	FAFD	217
McGraw, M	EDFD	184
McGraw, M	FAFD	215
McGraw, Wm	SPBG	268
McGready, Sarah	LRNS	230
McGregor, Charles	ADSN	276
McGregor, Dolpus*	ADSN	303
McGregor, Eliza*	MARN	62
McGregor, John	ADSN	244
McGregor, Peter G	RHLD	20
McGregor, William*	ADSN	303
McGrew, C A	ORBG	321
McGrew, D	ORBG	313
McGrew, Margaret	ORBG	321
McGrew, Tarleton	ORBG	321
McGrier, Anthony	ABVL	113
McGrier, Huldy**	ABVL	114
McGriffin, J B	PKNS	50
McGrill, Charlotte	ORBG	313
McGrillycady, J*	CHTN	257
McGruder, Mary	ABVL	112
McGuffen, James	PKNS	87
McGuffie, Caroline*	CHTN	281
McGuffin, Andrew	PKNS	76
McGuffin, J H	PKNS	103
McGuffin, John H	PKNS	76
McGuffy, Caroline*	CHTN	349
McGugin, Hugh	ADSN	224
McGuice, Jno*	CHTN	306
McGuin, Henry*	CHTN	211
McGuin, James*	CHTN	211
McGuin, John*	LCTR	146
McGuin, Saml*	CHTN	211
McGuinnis, Dennis	RHLD	37
McGuinnis, Michael	RHLD	44
McGuire, Ann*	CHTN	262
McGuire, Ann	CHTN	285
McGuire, Barney	PKNS	42
McGuire, D	CHTN	313
McGuire, John	YORK	401
McGuire, John**	RHLD	36
McGuire, John	RHLD	14
McGuire, Lavinia	CHTN	434
McGuire, Mary*	CHTN	339
McGuire, Owen*	CHTN	110
McGuire, Thos J*	YORK	401
McGully, Chs	CHTN	243
McGunnis, William	RHLD	36
McGurke, J*	CHTN	305
McHahon, Dr J J	FAFD	260
McHalloway, Bury	GRVL	406
McHam, R P*	NWBY	263
McHanny, R	CHTN	324
McHenry, Elizabeth	RHLD	41
McHenry, George	CHTR	41
McHenry, M*	EDFD	107
McHews, James	SPBG	377
McHoney, William*	SMTR	111
McHorton, Wylie*	LCTR	211
McHugh, Ann	CHTN	194
McHugh, E*	GRVL	355
McHugh, J H	SPBG	373
McHugh, Jane	GRVL	353
McHugh, P	EDFD	112
McHugh, T S	GRVL	354
McHugh, W A	GRVL	413
McHughes, Saml	HORY	71
McIlduff, Nancy	FAFD	273
McIlmore, Eliza J	CHTR	51
McIlroy, Robert	CHTR	37
McIlvane, Elizabeth A R*	SMTR	107
McIlvane, Robert	SMTR	107
McIlveen, A T	DLTN	443
McIlveen, Geo M	DLTN	431
McIlveen, H	MARN	35
McIlveen, H M	DLTN	432
McIlvene, Thos*	DLTN	386
McIlwain, A J	LCTR	161
McIlwain, Andrew	LCTR	172
McIlwain, James	ABVL	127
McIlwain, Jane	ABVL	98
McIlwain, Jas D	LCTR	214
McIlwain, M J*	LCTR	154
McIlwain, R S	LCTR	161
McIlwain, W J	LCTR	160
McIlwain, William	LCTR	157
McIlwain, William	ABVL	127
McIndoo, George*	RHLD	35
McIndoo, James	CHTN	445
McIndoo, Jane*	CHTN	425
McInery, Michael*	CHTN	429
McInis, A C	MRBO	155
McInis, Norman	MRBO	167
McInnerty, Patk	CHTN	204
McInnes, John	CHTN	147
McInness, Benj	CHTN	200
McInnis, Duncan	MARN	93
McInnis, Mily	MARN	20
McInnis, Murdoch	MARN	93
McInnis, Nicholas H*	SMTR	154
McInnis, Norman**	MARN	97
McInnis, Rilla*	MARN	51
McInnis, Sallie	MARN	47
McIntire, Thos*	CHTN	471
McIntire, Wm	FAFD	246
McIntosh, Alexander	MRBO	209
McIntosh, Daniel*	CHFD	180
McIntosh, Donald	CHTN	409
McIntosh, F	MRBO	167
McIntosh, Fannie*	CHFD	177
McIntosh, H L	CLDN	228
McIntosh, Henry W	DLTN	475
McIntosh, J M	CLDN	23
McIntosh, James	MRBO	209
McIntosh, James G	SMTR	127
McIntosh, Jane	CLDN	237
McIntosh, Jno C	DLTN	475
McIntosh, John	RHLD	4
McIntosh, Julia*	RHLD	43
McIntosh, M G	DLTN	416
McIntosh, M L	DLTN	383
McIntosh, Mrs	CHTN	352
McIntosh, N H	MRBO	148
McIntosh, Nancy*	NWBY	238
McIntosh, S A	CLDN	226
McIntosh, William	CHTN	456
McIntosh, Williams B*	SMTR	157
McIntyre, A A*	MARN	27
McIntyre, A A*	DLTN	385
McIntyre, Archd	MRBO	188
McIntyre, Barbara	CHFD	167
McIntyre, Christian	MRBO	187
McIntyre, D	CHFD	175

Name	Loc	Pg	Name	Loc	Pg	Name	Loc	Pg
McIntyre, D	MARN	32	McKee, William	ABVL	125	McKeown, Wm	CHTR	30
McIntyre, Daniel	MARN	44	McKee, Wm	ADSN	226	McKethan, Saml*	MRBO	208
McIntyre, David E*	RHLD	48	McKeegan, John	CHTN	374	McKethin, D G	GETN	311
McIntyre, Dougald	MARN	44	McKeegan, Margt*	CHTN	519	McKever, Rachel**	ORBG	386
McIntyre, Dougald W	MARN	44	McKeep, Charles*	CHTN	281	McKew, P*	CHTN	306
McIntyre, Elizabeth	MARN	44	McKeess, Charles**	CHTN	281	McKewn, Dr J C	LRNS	136
McIntyre, Geo	CHTN	198	McKeever, Sarah	ORBG	388	McKewn, Jane*	LRNS	270
McIntyre, H L	CHFD	184	McKeevers, Darrell	CHTN	271	McKewn, John	LRNS	250
McIntyre, J B	MARN	90	McKeldriff, Thos*	FAFD	278	McKewn, Mary	CHTN	106
McIntyre, Jane*	FAFD	233	McKellar, Ann	MARN	91	McKewn, Peter	CHTN	103
McIntyre, John*	FAFD	205	McKellar, Augustus**	MARN	91	McKewn, Tally	ORBG	405
McIntyre, John C	MARN	108	McKellar, Jno	ABVL	64	McKewn, W F*	CHTN	370
McIntyre, Joseph*	CHTN	110	McKellar, Jno D*	ABVL	55	McKewn, Wm	CHTN	141
McIntyre, Mary	MRBO	182	McKellar, Judson J**	SMTR	145	McKey, A J	LCTR	214
McIntyre, Mrs**	CHTN	229	McKellar, Margaret	MARN	91	McKey, John	CHTN	141
McIntyre, R C	MARN	18	McKellar, Nessey	MARN	91	McKibbon, John	LCTR	153
McIntyre, S E	MARN	24	McKellar, Peter	ABVL	68	McKibbon, M A	NWBY	300
McInvail, R**	DLTN	396	McKellar, Wm P**	ABVL	55	McKibbon, Thos	LCTR	153
McInville, Jno	DLTN	466	McKeller, Mary R A	SMTR	166	McKie, Dr T J	EDFD	92
McIver, A E	DLTN	379	McKelsey, John H	SPBG	235	McKie, Thos	EDFD	93
McIver, Ann J	DLTN	384	McKelvey, Jabez	SPBG	257	McKiney, Mat T**	SPBG	312
McIver, E A	DLTN	380	McKelvey, Mary	LRNS	338	McKinis, D A*	LCTR	189
McIver, F M**	CHFD	180	McKelvey, Saml	SPBG	278	McKinlay, Daniel	MARN	91
McIver, G W	CHFD	181	McKelvey, W T	SPBG	237	McKinlay, Duncan C	MARN	91
McIver, Henry	CHFD	177	McKelvin, Dennis	DLTN	438	McKinlay, Wm	CHTN	331
McIver, J J	DLTN	382	McKelvy, Martha	CHTN	177	McKinley, Peter	CHTN	490
McIver, L*	SPBG	258	McKelvy, R A	CHTN	178	McKinley, Weston**	CHTN	376
McIver, Lucy E*	DLTN	383	McKelvy, Thos O	SPBG	283	McKinn, Wm T	CHTN	216
McIver, Mary	CHFD	185	McKenna, Charles	RHLD	8	McKinna, Pat*	LCTR	218
McIver, Peter K	DLTN	472	McKenna, Eliza	CHTN	390	McKinney, A J	SPBG	330
McIver, Robt K	DLTN	383	McKenna, Ellen	LCTR	218	McKinney, Alex	GRVL	516
McIver, Russell	LXTN	471	McKenna, Mary	LCTR	155	McKinney, Andrew	CHTN	242
McIvoy, Michael	CHTN	390	McKenna, Monroe*	LCTR	155	McKinney, D C**	YORK	488
McJeffers, A	FAFD	235	McKenna, Neal*	CHTN	205	McKinney, Daniel	GRVL	347
McJinkin, Robert	UNON	190	McKenna, Patrick	CHTN	376	McKinney, Elizabeth*	PKNS	193
McJinkins, Nancy	UNON	190	McKenna, Patrick	CHTN	495	McKinney, Fountain	PKNS	13
McJnzie, Hugh	SMTR	98	McKenna, Jno	CHTN	364	McKinney, Frances C*	PKNS	173
McJumkin, Saml	GRVL	462	McKenney, Martin	SPBG	236	McKinney, Henry	SPBG	233
McJunkens, William	UNON	204	McKenny, George	SPBG	237	McKinney, J B M	LRNS	349
McJunkin, Berry	GRVL	375	McKenon, John M*	ABVL	103	McKinney, James	ADSN	299
McJunkin, Daniel	GRVL	337	McKenrall, W J*	MARN	19	McKinney, James H	SPBG	233
McJunkin, Dyer	GRVL	462	McKensie, A	CHTN	216	McKinney, James J	GRVL	489
McJunkin, George	GRVL	461	McKensie, Dollie	SMTR	153	McKinney, John	PKNS	110
McJunkin, John D	PKNS	119	McKensie, Dorothy G	SMTR	153	McKinney, John	SPBG	238
McJunkin, Jos	GRVL	462	McKensie, E	CLDN	229	McKinney, John	FAFD	205
McJunkin, Netty	GRVL	462	McKensie, Emma*	CHTN	436	McKinney, John W	PKNS	175
McJunkin, Robert	PKNS	118	McKensie, J	CHFD	172	McKinney, Joseph	GRVL	398
McJunkin, Robert	GRVL	337	McKensie, Jas	CHTN	327	McKinney, M	EDFD	95
McJunkins, C M	GRVL	409	McKensie, Jas	CLDN	230	McKinney, Martha	ADSN	301
McJunkins, D*	UNON	274	McKensie, Jno	CLDN	214	McKinney, Mary*	CHTR	87
McJunkins, S S	PKNS	94	McKensie, M	CLDN	228	McKinney, Nancy*	LRNS	291
McJunkins, Sarah	grvl	379	McKensie, M M	CHTN	372	McKinney, Newton	GRVL	491
McKabe, John	RHLD	78	McKensie, Margaret	CHTN	443	McKinney, O P	ADSN	155
McKagen, Isac A**	SMTR	180	McKensie, Samuel	CLDN	228	McKinney, P F	ADSN	299
McKagen, J W P	KRSW	140	McKenzie, A	MRBO	151	McKinney, Rachel	PKNS	130
McKain, J J	KRSW	134	McKenzie, Alexr	DLTN	386	McKinney, Roda*	FAFD	222
McKain, Wiley J	SMTR	147	McKenzie, Alexr	DLTN	383	McKinney, Susan*	ABVL	43
McKaw, Annie	CHTR	47	McKenzie, Charles J	BUFT	46	McKinney, W W	EDFD	95
McKaw, Samuel	CHTR	47	McKenzie, Col A**	YORK	414	McKinney, William	SPBG	233
McKay, Abigal*	SMTR	137	McKenzie, D	ORBG	315	McKinney, William	GRVL	505
McKay, Benjaman W	SMTR	133	McKenzie, David	MARN	107	McKinney, William	GRVL	338
McKay, C T	CHFD	189	McKenzie, David*	MARN	95	McKinney, Wm	EDFD	95
McKay, D L	CHTN	223	McKenzie, Donald	MRBO	184	McKinney, Wm	CHTR	62
McKay, Daniel	MRBO	149	McKenzie, Ebenezer	MARN	47	McKinney, Wm R*	ABVL	67
McKay, Danl J	MARN	92	McKenzie, Elisha	MARN	47	McKinney, Z	SMTR	173
McKay, DeSay*	SMTR	140	McKenzie, Essey	DLTN	408	McKinnion, Christian	MARN	93
McKay, Ellen*	MARN	113	McKenzie, Francis R	BUFT	46	McKinnion, Jno R	MARN	93
McKay, Ellinder	PKNS	187	McKenzie, Isac	SMTR	126	McKinnon, Effie*	CHFD	126
McKay, Heston J	MARN	93	McKenzie, J G	DLTN	408	McKinnon, Flora*	MRBO	176
McKay, Isabel	MRBO	143	McKenzie, J R	MARN	61	McKinnon, John	MRBO	144
McKay, Jessie	SMTR	101	McKenzie, James	SMTR	126	McKinnon, John	MARN	98
McKay, Jno	DLTN	445	McKenzie, Jas G	YORK	414	McKinnon, L	CHFD	116
McKay, John	GRVL	418	McKenzie, John	MARN	47	McKinnon, Lauchlin	KRSW	119
McKay, Joseph E	SMTR	102	McKenzie, John	RHLD	28	McKinnon, R H	CHFD	110
McKay, Katherine	SMTR	101	McKenzie, John E	BUFT	16	McKinny, Rhoda	ABVL	32
McKay, M	CHTN	315	McKenzie, John H	BUFT	72	McKinser, William*	COTN	263
McKay, Miss J R**	CHTN	242	McKenzie, L A	WMBG	332	McKinsey, A A	WMBG	299
McKay, Robert	CHTN	407	McKenzie, Laurence M*	ORBG	315	McKinsey, A A	WMBG	299
McKay, Robt	GRVL	420	McKenzie, Lawrance	BUFT	69	McKinsey, Adeline*	CHTN	522
McKay, Rufus*	DLTN	448	McKenzie, Lorezia	SMTR	106	McKinsey, E E*	WMBG	343
McKay, Sallie*	MRBO	149	McKenzie, Lovina	BNWL	371	McKinsey, Ellen	CHTN	508
McKay, Susannah*	HORY	2	McKenzie, Margt**	CHTN	217	McKinsey, John*	WMBG	337
McKay, William M	GRVL	418	McKenzie, Rachel	DLTN	399	McKinsey, Joshua**	WMBG	319
McKean, Jas*	CHTN	308	McKenzie, Robert	MARN	47	McKinsey, Mary**	CHTN	488
McKee, Adam J	ABVL	126	McKenzie, Sam R	BUFT	44	McKinsey, S	WMBG	337
McKee, Charles H	ABVL	79	McKenzie, Samuel W*	RHLD	92	McKinsey, Susanah H	WMBG	319
McKee, David G*	CHTN	271	McKeown, A P	CHTR	32	McKinsey, W J	WMBG	337
McKee, Elizabeth*	NWBY	263	McKeown, E T	CHTR	34	McKinsey, Wm	SPBG	279
McKee, Elizabeth	ADSN	225	McKeown, H C	CHTR	30	McKinsie, Margt*	CLDN	240
McKee, Elizabeth A	ABVL	119	McKeown, James*	YORK	503	McKinsie, Robt*	CLDN	231
McKee, Elleanor	ABVL	126	McKeown, Jennie	CHTR	30	McKinstry, Thos	FAFD	213
McKee, Frank	ABVL	150	McKeown, Jno	CHTR	30	McKinzie, David	GRVL	511
McKee, G A	EDFD	88	McKeown, John*	CHTR	44	McKinzie, Frank	ABVL	27
McKee, Henry	BUFT	4	McKeown, John	FAFD	250	McKinzie, Sarah	GRVL	367
McKee, J A	PKNS	49	McKeown, M T	CHTR	34	McKissick, A	MARN	63
McKee, James	ADSN	226	McKeown, Margt*	CHTR	36	McKissick, C G*	UNON	275
McKee, Jno Sr	CHTR	76	McKeown, Mary	CHTR	34	McKissick, Eli	MARN	25
McKee, Jno Sr	CHTR	69	McKeown, Mobley	CHTR	33	McKissick, J P	UNON	235
McKee, John	RHLD	42	McKeown, Nancy	CHTR	32	McKissick, N	MARN	63
McKee, John H	CHTN	470	McKeown, Saml	FAFD	249	McKissick, Rhoda	UNON	235
McKee, Mary	CHTN	413	McKeown, Samuel	CHTR	31	McKithin, B J	GETN	297
McKee, Oliver	ADSN	225	McKeown, Susan	CHTR	34	McKitrick, Saml	GRVL	490
McKee, Saml	NWBY	264	McKeown, Susanna	CHTR	34	McKittrick, Benjn	ABVL	3
McKee, Sarah**	LXTN	451	McKeown, Theodore P**	CHTR	34	McKittrick, Joseph B	ABVL	15
McKee, Thomas W	EDFD	87	McKeown, W O N	CHTR	34	McKittrick, N	LRNS	351
McKee, W B*	CHTN	370	McKeown, William	YORK	504	McKleveen, J M	CLDN	238
						McKnight, A C	WMBG	308

Name	Code	Page
McKnight, A J	WMBG	358
McKnight, A J	WMBG	302
McKnight, And	LRNS	262
McKnight, B	FAFD	202
McKnight, D A*	WMBG	322
McKnight, Geo W*	CLDN	232
McKnight, Hermon	CLDN	229
McKnight, J*	GETN	305
McKnight, James	YORK	507
McKnight, Jane	CLDN	246
McKnight, Jas H	CLDN	205
McKnight, Jas*	CLDN	238
McKnight, Jno*	DLTN	449
McKnight, M E**	WMBG	327
McKnight, M E*	WMBG	337
McKnight, Martha*	WMBG	342
McKnight, Mary*	RHLD	12
McKnight, R J	WMBG	337
McKnight, R J	CLDN	234
McKnight, Sarah*	WMBG	336
McKnight, Sarah B	GETN	302
McKnight, Thos*	CLDN	243
McKnight, W	SPBG	405
McKnight, W	CHFD	138
McKnight, W H	CLDN	211
McKnight, Wm John*	YORK	460
McKnight, Wm M	GETN	285
McKown, John	UNON	293
McKune, James	CHTN	389
McKury, Jas D	SPBG	354
McKusker, E	CHTR	70
McKuthen, Jas*	CLDN	234
McLahorn, J	GETN	298
McLain, Ann	BNWL	440
Mclain, Danl	SPBG	392
McLain, David	ABVL	33
McLain, David	GRVL	396
McLain, Ezriel	CHFD	96
McLain, J B	bnwl	455
McLain, John H	GRVL	394
McLain, Jonathan	CHFD	106
McLain, M L	CHTR	71
McLain, Wm	FAFD	269
McLalen, John	CHTN	210
McLamora, Lavicy	BNWL	505
McLanahlan, Alex	CHFD	129
McLandin, W A	DLTN	378
McLane, Caty	MRBO	202
McLane, Charles	SMTR	98
McLane, Elizabeth	SMTR	98
McLane, James	ADSN	179
McLane, Jane*	CHTN	271
McLane, John A**	SMTR	97
McLane, M*	CHTN	338
McLane, Thomas	MRBO	209
McLannd, Bridges	LCTR	217
McLaren, John	ABVL	25
McLarkin, Amy	CHTR	33
McLarnon, J L	LCTR	218
McLarnon, Jas*	KRSW	133
McLauchlin, D H	CHFD	170
McLauchlin, Rose Ann L*	MRBO	148
McLaughlin, A	DLTN	374
McLaughlin, A E	DLTN	432
McLaughlin, A F*	DLTN	434
McLaughlin, A J	DLTN	431
McLaughlin, Ben*	ABVL	25
McLaughlin, D E	DLTN	388
McLaughlin, Donald**	ABVL	23
McLaughlin, E*	CHTN	247
McLaughlin, George	CHTR	67
McLaughlin, H E	DLTN	434
McLaughlin, Jno	DLTN	432
McLaughlin, Jno*	ABVL	25
McLaughlin, John	RHLD	87
McLaughlin, John	DLTN	375
McLaughlin, M	CHTN	407
McLaughlin, Mathew	DLTN	400
McLaughlin, R E	DLTN	375
McLaughlin, Saml	WMBG	323
McLaughlin, T J	RHLD	87
McLaughlin, W Bush	DLTN	445
McLaughlin, W H	GRVL	393
McLauglin, David	MRBO	183
McLauren, Christian	SMTR	132
McLauren, D B	MRBO	183
McLauren, Elizabeth	MRBO	183
McLauren, Jno J	MRBO	201
McLauren, L L	MRBO	182
McLauren, N C	MRBO	183
McLauren, P B	MARN	67
McLauren, Rebecca	RHLD	53
McLauren, Tristren*	MRBO	187
McLaurin, Catharine*	MARN	94
McLaurin, Christian	MRBO	183
McLaurin, D D	CHFD	117
McLaurin, Daniel	MARN	94
McLaurin, Danl A	CHFD	127
McLaurin, Ely	KRSW	87
McLaurin, J J	MRBO	183
McLaurin, Jno B	MRBO	187
McLaurin, L A	MRBO	187
McLaurin, Lauchlin	CHFD	171
McLaurin, Mary*	MRBO	183
McLaurin, Mrs Mary	CHFD	170
McLean, David	CHFD	151
McLean, E		
McLean, George*	CHTN	426
McLean, J J	GETN	322
McLean, Jno D	DLTN	430
McLean, John K*	MARN	93
McLean, M A*	BNWL	460
McLean, N A*	MARN	82
McLean, Neal	MARN	119
McLean, W	CHFD	183
McLeary, H G*	CLDN	243
McLee, Wm	EDFD	47
McLees, George	ADSN	231
McLees, Jno B	ABVL	76
McLees, John	ABVL	55
McLees, Rev R	NWBY	290
McLeish, Archd	CHTN	269
McLeish, James**	CHTN	386
McLeish, Margaret	CHTN	289
McLeland, Rosalie R*	SMTR	177
McLeland, W A	FAFD	248
McLellan, Angus	MARN	115
McLellan, Archd	MARN	5
McLellan, Daniel	MARN	43
McLellan, Duncan	MARN	43
McLellan, Jno	MARN	15
McLellan, Peter	MARN	85
McLemore, Joel	BNWL	401
McLemore, Julia*	BNWL	422
McLemore, L W	CHTN	509
McLendon, Aley*	BNWL	459
McLendon, Dennis	DLTN	401
McLendon, E J*	DLTN	469
McLendon, Gillis	DLTN	413
McLendon, H	DLTN	413
McLendon, Henry	PKNS	192
McLendon, J E	DLTN	401
McLendon, J R	DLTN	468
McLendon, Jesse	DLTN	401
McLendon, Jno	DLTN	451
McLendon, Kenion**	SMTR	96
McLendon, Lewis	DLTN	401
McLendon, R*	DLTN	409
McLendon, Robert*	SMTR	143
McLennon, Felix*	KRSW	133
McLeod, A J	CLDN	190
McLeod, Alex*	MRBO	175
McLeod, Alex	KRSW	112
McLeod, Angus	KRSW	114
McLeod, B F	SMTR	103
McLeod, C	EDFD	109
McLeod, Catharine**	MRBO	206
McLeod, D L	MRBO	147
McLeod, D M D	MRBO	167
McLeod, Daniel	MRBO	163
McLeod, Danl	DLTN	476
McLeod, David	SMTR	119
McLeod, Dr Alexander	MRBO	188
McLeod, Francis*	RHLD	53
McLeod, Geo W	DLTN	445
McLeod, J H	SMTR	124
McLeod, Jno C*	CLDN	237
McLeod, Jno W	MRBO	163
McLeod, John	CHTN	117
McLeod, John A	KRSW	120
McLeod, John R	SMTR	153
McLeod, Margaret	SMTR	119
McLeod, Martha**	BUFT	96
McLeod, Mary	MARN	97
McLeod, Mary A*	RILD	55
McLeod, Murdoch	MRBO	147
McLeod, Napoleion	CLDN	237
McLeod, Norman	MRBO	182
McLeod, R C	DLTN	434
McLeod, T D*	CHTN	406
McLeod, W J	SMTR	161
McLeod, Wade H	SMTR	168
McLeod, Wilhelmina*	CHTN	115
McLeod, William W	CHTN	117
McLeod, Wm	KRSW	117
McLeon, Jno**	CHFD	109
McLeon, Moses	CHFD	109
McLeond, Ann E	SMTR	127
McLeond, Elias E	SMTR	105
McLeond, Francis H**	SMTR	154
McLeond, Franklin	CLDN	244
McLeond, G M	SMTR	119
McLeond, J R	SMTR	126
McLeond, Jane	SMTR	174
McLeond, John A	SMTR	146
McLeond, Mary A	SMTR	147
McLeond, Moses T	SMTR	160
McLeond, Oliver	SMTR	159
McLeond, R L	CLDN	244
McLeond, Thomas A	SMTR	141
McLerkin, Jno	CHTR	35
McLerkin, S W B	CHTR	27
McLerney, James L*	CHTR	10
McLeroy, John	BNWL	341
McLesky, J A	ADSN	232
McLesky, James	ADSN	280
McLesky, John	ADSN	271
McLester, A Mc D	KRSW	73
McLevain, P	CLDN	191
McLey, George*	CHTN	496
McLin, Calvin	BNWL	503
McLin, David O	ABVL	118
McLin, Harriet	ADSN	246
McLintock, James	CHTR	58
McLintock, Jane	CHTR	56
McLintock, John	CHTR	58
McLintock, Jos C	CHTR	56
McLintock, Joseph	CHTR	50
McLintock, Mary**	CHTR	55
McLoghlin, H*	ORBG	374
McLoude, Alexander	CHTN	455
McLoy, A	CHTN	317
McLucas, John L	MRBO	184
McLucas, R*	MRBO	167
McLuden, E*	EDFD	105
McLuney, Alexander	CHTR	15
McLuney, Thomas	CHTR	10
McLure, David M*	RHLD	48
McLure, E C	CHTR	76
McLure, Hugh	CHTR	66
McLure, J E	KRSW	76
McLure, J J	CHTR	75
McLure, J W	UNON	282
McLure, Jas S	CHTR	91
McLure, Mary	CHTR	77
McLure, R C	CHTN	482
McLure, W H*	CHTR	75
McMabin, Drury	SPBG	208
McMackin, J T	YORK	434
McMahan, Alex	ADSN	248
McMahan, Alexander	PKNS	156
McMahan, Alexr	ABVL	138
McMahan, Bridget	CHTN	228
McMahan, Eli	GRVL	330
McMahan, F M	UNON	297
McMahan, Fergus	ABVL	138
McMahan, George W	PKNS	156
McMahan, James	PKNS	156
McMahan, James	ADSN	225
McMahan, Jeremiah	CHTN	514
McMahan, Jessee	PKNS	156
McMahan, Jno	ABVL	138
McMahan, John	ADSN	245
McMahan, Mary A*	ABVL	131
McMahan, Sarah A*	PKNS	174
McMahan, Wm	ABVL	138
McMahon, James*	CHTN	110
McMahon, Mary	RHLD	16
McMahon, Mary	CHTN	111
McMahon, Obidiah	ABVL	119
McMahon, Pat*	RHLD	5
McMaken, B B	SPBG	398
McMaken, P C	SPBG	403
McMaken, Rance	CHTN	180
McMakin, G*	LRNS	347
McMakin, James**	GRVL	396
McMakin, Julia A*	SPBG	311
McMakin, Mary*	GRVL	388
McMakin, Wm D	SPBG	210
McManes, Albert	LCTR	174
McManes, Noah	LCTR	174
McManes, Washington*	LCTR	177
McMann, Edward**	WMBG	299
McMann, James*	RHLD	6
McMann, Patrick**	CHTN	385
McMannion, James*	CHTN	515
McManus, B	CHFD	163
McManus, Copeland*	CHFD	111
McManus, Edward	LCTR	187
McManus, G B*	LCTR	182
McManus, Goodey	EDFD	121
McManus, Green	CHFD	166
McManus, Hugh	LCTR	182
McManus, Hugh	LCTR	206
McManus, J*	EDFD	85
McManus, J A	EDFD	121
McManus, J H	LCTR	189
McManus, J P	LCTR	182
McManus, Jas*	CHTN	218
McManus, John	CHTN	378
McManus, John Q	CHFD	162
McManus, Jonnas L**	LCTR	182
McManus, Lousa	LCTR	186
McManus, Martha*	LCTR	181
McManus, Mary**	CHTN	269
McManus, Mary*	EDFD	121
McManus, Molsey	LCTR	187
McManus, N*	CHFD	164
McManus, Osborn	LCTR	195
McManus, R H	LCTR	182
McManus, Rebecca	LCTR	182
McManus, Rebecca	LCTR	187
McManus, Richard	CHFD	164
McManus, Sam	EDFD	138
McManus, Samuel	LCTR	182
McManus, Seaton	CHFD	111
McManus, T	EDFD	99
McManus, Thos	LCTR	182
McManus, Wm	LCTR	182
McManus, Wm	CHFD	164
McManus, Wm M	EDFD	99
McManus, Wm**	CHFD	180
McMarmon, Nathl	CHTN	196
McMars, Elizabeth	CHFD	159
McMarshen, James*	CHTN	292
McMaster, Dr J R	FAFD	219
McMaster, Fitz W	RHLD	24
McMaster, G H*	FAFD	204
McMaster, George	FAFD	202

Name	Code	Page
McMaster, H B	FAFD	207
McMaster, John	FAFD	206
McMaster, M	CHTN	310
McMean, Elizabeth**	COTN	316
McMeekin, Andrew	FAFD	220
McMeekin, Dr J	FAFD	220
McMeekin, H	FAFD	219
McMeekin, John	FAFD	282
McMeekin, Joseph*	FAFD	220
McMellen, Jas	EDFD	22
McMichael, Ann**	ORBG	343
McMichael, C M	ORBG	369
McMichael, George	ORBG	370
McMichael, George*	ORBG	386
McMichael, John	ORBG	370
McMichael, John	ORBG	370
McMichael, P M	ORBG	383
McMichael, Richard	ORBG	370
McMichael, Wm C*	BUFT	29
McMickin, Jane	GRVL	393
McMickin, Louisa D	GRVL	399
McMillan, A J	LRNS	318
McMillan, Angus*	BUFT	8
McMillan, C C	NWBY	296
McMillan, Catherine	CHFD	101
McMillan, Chas	SPBG	312
McMillan, D	MARN	36
McMillan, David	SPBG	209
McMillan, Elijah	SPBG	397
McMillan, Esther	BNWL	483
McMillan, G B	BNWL	345
McMillan, H	COTN	282
McMillan, Henry	RHLD	1
McMillan, Henry W	BNWL	351
McMillan, J B	SMTR	104
McMillan, James	CHTN	481
McMillan, James	MARN	35
McMillan, James C	BNWL	351
McMillan, Jane*	KRSW	74
McMillan, Jas H*	SPBG	208
McMillan, Jno D	CHFD	123
McMillan, Joel	BNWL	345
McMillan, John**	MARN	78
McMillan, John	COTN	304
McMillan, John Jr	COTN	304
McMillan, Joseph	RHLD	5
McMillan, M	MARN	70
McMillan, Martha	BNWL	345
McMillan, Mary**	COTN	366
McMillan, Mary*	COTN	362
McMillan, Moses West	BNWL	344
McMillan, Mrs Eliza*	MRBO	205
McMillan, Mrs G A	BNWL	346
McMillan, Mrs Lucy	ABVL	36
McMillan, Robert	SPBG	208
McMillan, Robert Jr	SPBG	208
McMillan, Robt*	ABVL	12
McMillan, Sarah	MARN	70
McMillan, Sarah	MARN	13
McMillan, Sarah*	BNWL	344
McMillan, Sevilla V*	BNWL	483
McMillan, Sidney E	MARN	141
McMillan, Stephen	COTN	277
McMillan, Stephen D	COTN	304
McMillan, Thomas	CHTN	118
McMillan, Thos	CHFD	151
McMillan, Thos	CHTN	208
McMillan, W B**	CHTN	242
McMillan, W L	BNWL	491
McMillan, W O	COTN	301
McMillan, William	CHTN	458
McMillan, Wm	CHTN	79
McMillan, Wm*	COTN	364
McMillen, A S	SPBG	203
McMillen, E*	CHTN	505
McMillen, Elijah	SPBG	397
McMillen, Jas	CHTR	60
McMillen, Joseph	SPBG	400
McMillen, Lewis*	GRVL	404
McMillen, Thos B	SPBG	395
McMillen, Wyatt	ADSN	282
McMillian, John S	BNWL	387
McMillian, Joseph	GRVL	506
McMillian, Saml C	CHTR	47
McMillian, Thos W	ABVL	36
McMillin, Jno	CHFD	102
McMillion, Gasper N	BNWL	364
McMillion, J M	BNWL	357
McMillion, R C	BNWL	362
McMinnis, Joseph J	KRSW	130
McMorries, W W	NWBY	293
McMorris, J M	NWBY	236
McMorris, Mary*	NWBY	300
McMorrow, B	GRVL	394
McMuch, Mary*	YORK	366
McMullan, Mary A	RHLD	82
McMullen, Alex M	CHTR	83
McMullen, James	FAFD	274
McMullen, Jas H	CHTR	81
McMullen, M H*	CHTR	80
McMullen, Saml	FAFD	274
McMullen, Wm	LCTR	159
McMullin, John*	KRSW	121
McMurray, Elizabeth	LCTR	160
McMurray, Emily*	LCTR	171
McMurray, James S	LCTR	144
McMurray, Jo Berry	ADSN	328
McMurray, John C	LCTR	173
McMurray, John H	LCTR	142
McMurray, John L	LCTR	144
McMurray, Madison*	ADSN	325
McMurray, Margaret*	LCTR	142
McMurray, Margret	LCTR	157
McMurray, William	ADSN	310
McMurtry, E B	ADSN	285
McMurtry, James	ADSN	289
McMurtry, William	ADSN	305
McNabb, Saml	HORY	24
McNair, Alex	CHFD	132
McNair, D	CHFD	181
McNair, Daniel A	CHFD	127
McNair, Francis	ABVL	28
McNair, John	CHFD	175
McNair, John W	CHFD	127
McNair, Malcom	CHFD	126
McNair, Mary F**	CHFD	133
McNair, Neil	CHFD	127
McNair, William E	ABVL	31
McNally, Thomas	UNON	274
McNamara, Ann*	CHTN	428
McNamara, Joe	ORBG	406
McNamara, John*	CHTN	203
McNamara, L*	CHTN	318
McNamara, Mary G	CHTN	391
McNamara, Michael	CHTN	396
McNamarar, Patrick*	CHTN	472
McNamee, John*	RHLD	4
McNamee, Mary	CHTN	265
McNamee, Susan E*	RHLD	79
McNamer, Jas	WMBG	333
McNamer, John*	WMBG	334
McNamer, Wm	WMBG	333
McNany, R	SPBG	309
McNary, William	ADVL	94
McNeal, Alexander	CHTN	445
McNeal, Flora	GRVL	418
McNeal, George	CHTN	444
McNeal, Patrick*	ADSN	328
McNeal, Sarah*	CHTN	299
McNealy, Murkerson*	BNWL	413
McNeary, C L	EDFD	172
McNease, Andrew	UNON	231
McNeel, Alexander	CHTR	34
McNeel, Ann	CHTR	32
McNeel, Dr Wm R	CHTR	4
McNeel, George	CHTR	34
McNeel, Mariah	CHTR	45
McNeeley, J K	ADSN	178
McNeeley, James	GRVL	346
McNeeley, Kizziah*	GRVL	331
McNeely, David	ADSN	335
McNeely, G W	LCTR	181
McNeely, John	ADSN	306
McNeely, Margaret	GRVL	485
McNeely, R O**	GRVL	484
McNeely, Robt	GRVL	410
McNeese, Lucinda*	RHLD	54
McNeil, A	FAFD	25
McNeil, Alec C*	ABVL	67
McNeil, Alexander	CHTN	463
McNeil, Campbell	ABVL	97
McNeil, Easter	YORK	443
McNeil, Frances*	ABVL	64
McNeil, Geo S	EDFD	107
McNeil, Henry	RHLD	67
McNeil, Henry B*	ABVL	71
McNeil, J D	SMTR	104
McNeil, J G	YORK	443
McNeil, Jas	MARN	35
McNeil, Jas*	ABVL	64
McNeil, M L*	EDFD	131
McNeil, Margt*	FAFD	214
McNeil, Mary*	MARN	79
McNeil, Mrs Mary	CHTN	224
McNeil, Sallie*	MARN	113
McNeil, Thomas	ABVL	64
McNeil, Thomas P*	GRVL	443
McNeil, William C	SMTR	104
McNeil, Young	FAFD	224
McNeill, Arch	KRSW	115
McNeill, Daniel	KRSW	115
McNeill, Gerry	MARN	125
McNeill, Hector	MARN	43
McNeill, Mary*	MARN	105
McNiel, James	LXTN	375
McNight, Dixon	YORK	442
McNight, Esq John	YORK	443
McNight, Joseph E	MARN	37
McNight, R J	YORK	440
McNight, Robert	UNON	268
McNight, Robt	YORK	454
McNight, Thos	YORK	440
McNinch, A N	CHTR	74
McNinch, Elizabeth	CHTR	26
McNinch, Isabella	CHTR	71
McNinch, J J J	CHTR	71
McNinch, James	CHTN	92
McNinch, James	ADSN	285
McNinch, Jno	CHTR	26
McNinch, John	ADSN	285
McNinch, Joshua*	CHTR	22
McNinch, Judy	CHTR	76
McNinch, Mary*	NWBY	241
McNinch, Robert	CHTR	73
McNinch, Sallie*	CHTR	90
McNinch, Saml	LRNS	278
McNinch, Saml	CHTR	74
McNinch, T A	CHTR	74
McNinch, Terry*	CHTR	9
McNohlen, Michael	CHTN	292
McNorton, W D**	KRSW	102
McNure, John	LXTN	392
McNutty, Wm	GETN	287
McOwen, John L*	CHTN	413
McOwen, Sarah**	EDFD	14
McPerry, J*	CHTN	141
McPhail, James	ADSN	217
McPhail, John	ADSN	217
McPhail, John Jr	ADSN	217
McPhail, Mary*	MRBO	185
McPhail, Peter	ADSN	288
McPhail, Alex	MARN	106
McPhaul, Catherine*	MARN	92
McPhearson, Elizabeth	CHTN	284
McPhee, H*	KRSW	134
McPheely, John*	ABVL	98
McPherson, Alex	SPBG	253
McPherson, Ann	MARN	33
McPherson, C E	MARN	33
McPherson, Catherine	CHFD	171
McPherson, D	MRBO	179
McPherson, Duncan	MRBO	198
McPherson, Elisa	CHTN	325
McPherson, Flora*	SMTR	108
McPherson, I R	CHTR	70
McPherson, Isabel	MRBO	195
McPherson, James	GRVL	406
McPherson, James	RHLD	63
McPherson, John**	CHTN	478
McPherson, John**	CHTN	205
McPherson, L B	KRSW	88
McPherson, Matthew	LRNS	246
McPherson, Minoah	LRNS	243
McPherson, Mrs C	CHTN	322
McPherson, Mrs M A*	CHTN	232
McPherson, Robt E	MARN	33
McPherson, Sallie	MRBO	179
McPherson, Saml	RHLD	62
McPherson, Saml	MARN	33
McPherson, Thomas	RHLD	62
McPherson, Wm	LRNS	246
McPherson, Wm N	MARN	33
McPhetres, Ann**	FAFD	275
McPriest, Alex	MARN	92
McPriest, Margaret*	MARN	91
McPriest, Peter*	MRBO	173
McQuage, Angus	MRBO	209
McQuage, Archd	CHFD	130
McQuage, Colin	CHFD	128
McQuage, Daniel*	MRBO	166
McQuage, Ellen*	CHFD	182
McQuage, Fargnhen	CHFD	130
McQuage, Henry	CHFD	186
McQuage, John J*	MRBO	160
McQuage, Mc*	MRBO	206
McQuage, Neill**	MRBO	210
McQuage, Roderick	MRBO	205
McQuarters, Wm	FAFD	234
McQue, Mrs	CHTN	346
McQue, Sterling	GRVL	507
McQueen, A W	HORY	40
McQueen, Alex	CHFD	176
McQueen, C	HORY	40
McQueen, D	SMTR	183
McQueen, D J	HORY	39
McQueen, Donald	CHTN	430
McQueen, F F	MRBO	169
McQueen, Hon Jno	MRBO	169
McQueen, James	ORBG	398
McQueen, Mary*	RHLD	54
McQueen, Mary	CHFD	176
McQueen, Neal B	MARN	43
McQueen, P*	CHTN	245
McQueen, Samuel	HORY	52
McQueen, Susannah	HORY	40
McQueen, Thomas P	SMTR	182
McQueen, W C	CHTN	302
McQueen, William A*	RHLD	52
McQuerns, Jno A*	ABVL	48
McQuerns, Saml	ABVL	39
McQuillar, John*	CHTN	110
McQuir, Nancy**	YORK	425
McQuire, William	CHTN	366
McQuorter, Margaret*	YORK	436
McQuown, E*	LRNS	348
McQuown, James	LRNS	349
McQuown, T M	LRNS	334
McRady, Thomas	SMTR	122
McRae, A R	MRBO	168
McRae, Angus	MRBO	179
McRae, C T	MRBO	185
McRae, Catharine	MARN	106
McRae, Catherine	MRBO	179
McRae, Charles	MRBO	179
McRae, D A*	CHFD	188
McRae, D J	CHFD	181
McRae, Duncan	KRSW	79
McRae, Duncan C	MARN	114

Name	Loc	Pg
McRae, James	MARN	93
McRae, James W	MRBO	191
McRae, John A	MRBO	178
McRae, John C	MRBO	167
McRae, John C	MARN	96
McRae, Malcom	MRBO	185
McRae, Malcom B*	MRBO	146
McRae, Mary C*	MRBO	153
McRae, Mrs Nancy	MRBO	185
McRae, R A	MRBO	179
McRae, Thomas	CHFD	167
McRae, W	CHFD	139
McRae, Wm*	MRBO	161
McRains, Scintha*	UNON	270
McRainy, Arch**	LXTN	452
McRamy, Jno	CHFD	120
McRany, Abner	SPBG	372
McRay, L M	SMTR	169
McRay, Oliver P	SMTR	158
McRea, James*	SMTR	162
McRea, Philip	MRBO	177
McReady, M	LRNS	320
McReath, Henry	EDFD	46
McRoxey, John*	CHTR	45
McRoy, John W*	BUFT	39
McRoy, Susan	SMTR	183
McScanes, George*	UNON	291
McShary, James*	CHTN	415
McShee, Peter**	CHTN	453
McShuta, Margaret*	GRVL	413
McSwain, Angus	KRSW	84
McSwain, Dr E T*	ABVL	68
McSwain, H A*	SPBG	309
McSwain, H H	YORK	451
McSwain, James	YORK	501
McSwain, Margaret*	YORK	497
McSwain, Mary	YORK	452
McSwain, Polly	YORK	450
McSwain, Robert	SPBG	307
McSwain, William	YORK	479
McSwain, Wm A	ABVL	85
McSween, Jno	DLTN	403
McSweeney, D	CHTN	167
McSweeney, Daniel	CHTN	167
McSweeney, Daniel	CHTN	471
McSweeny, Danl	CHTN	189
McSweeny, Mary**	CHTN	271
McSweeny, Miles B*	CHTN	471
McTearnan, Rosana*	CHTN	511
McTeer, Henry H	BUFT	90
McTeer, J E	COTN	290
McTeer, Thomas	BUFT	91
McTEnch, D	UNON	286
McTreevous, A E	CHTN	506
McTureons, A H	BUFT	8
McTureons, Martha E	BUFT	8
McUtchen, George	SMTR	116
McVay, George	GRVL	361
McVay, Marret	GRVL	341
McVay, P	EDFD	35
McVean, John*	CHTN	248
McVee, James*	RHLD	46
McVicar, Louisa**	CHTN	384
McWaters, Benjn	CHTR	43
McWaters, Charles	CHTR	45
McWaters, James	CHTR	36
McWaters, Jno**	CHTR	36
McWaters, John	FAFD	253
McWaters, John	CHTR	57
McWaters, Saml	CHTR	36
McWaters, Samuel	CHTR	41
McWaters, Samuel	FAFD	245
McWaters, Sumpter	CHTR	79
McWaters, Wm	FAFD	253
McWaters, Wm	FAFD	253
McWay, James	CHTN	291
McWells, Henry*	CHTN	281
McWhirter, Charles	UNON	247
McWhirter, Jackson*	UNON	279
McWhirter, Nancy	UNON	247
McWhirter, Shelton	UNON	239
McWhite, Alexander	MARN	1
McWhite, Annis*	MARN	116
McWhite, B B	MARN	122
McWhite, Elizabeth	MARN	40
McWhite, Geo W	MARN	122
McWhite, L J	MARN	122
McWhite, Stephen E**	MARN	122
McWhorter, D C	PKNS	106
McWhorter, Dorothy G	PKNS	180
McWhorter, Harriet**	PKNS	135
McWhorter, James	PKNS	165
McWhorter, James A*	PKNS	181
McWhorter, James B	PKNS	165
McWhorter, James B	ABVL	108
McWhorter, Jane	PKNS	175
McWhorter, John	PKNS	160
McWhorter, John W*	RHLD	35
McWhorter, Mary	PKNS	97
McWhorter, Mary A*	PKNS	187
McWhorter, Robert	PKNS	185
McWhorter, Robert	PKNS	160
McWhorter, S G	PKNS	40
McWhorter, Samuel C	PKNS	175
McWhorter, Wm	PKNS	89
McWhorter, Wm D	PKNS	37
McWilliams, A	ABVL	31
McWilliams, Alex	LRNS	239
McWilliams, David	CHTR	44
McWilliams, Ester**	ABVL	125
McWilliams, Mary*	LRNS	237
McWilliams, Nancy	LRNS	233
McWilliams, Wm G	ABVL	31
McWillie, J C	KRSW	75
McWirter, Shelton	UNON	247
McWray, Susan M*	RHLD	54
Meace, Abraham	BNWL	462
Meacham, J S	GRVL	427
Meacham, Margaret	GRVL	367
Meacham, S B	YORK	373
Meachem, Ab	LRNS	258
Meachem, H L	LRNS	254
Meacher, Geo W	CHTN	206
Meacher, M	LRNS	250
Meachum, Andrew	YORK	508
Mead, H B	EDFD	72
Meade, Jno*	CHTN	300
Meador, John	UNON	197
Meadors, Daniel R	FAFD	263
Meadows, Alex*	FAFD	271
Meadows, Betcy	YORK	382
Meadows, Chandler	GRVL	333
Meadows, E B	SPBG	332
Meadows, E W	FAFD	270
Meadows, Eunicia	NWBY	265
Meadows, H	SPBG	332
Meadows, Hannah	LRNS	320
Meadows, James	SPBG	333
Meadows, Lydia	DLTN	447
Meadows, Noah	SPBG	332
Meadows, S S	DLTN	386
Meadows, Susan F	SPBG	337
Meadows, Thos	SPBG	332
Meadows, Walker	GRVL	333
Meadows, Wm	SPBG	408
Meaker, Joseph*	EDFD	102
Meaker, Sophie*	CHTN	186
Meakes, John W	ADSN	184
Mealing, J R	EDFD	89
Mealing, John	EDFD	89
Means, A G	UNON	251
Means, Ann M	COTN	270
Means, Beverly W*	RHLD	10
Means, C H	FAFD	268
Means, Dr Thos	BUFT	2
Means, E J	FAFD	276
Means, Ed B	COTN	311
Means, Eugenia**	RHLD	43
Means, F M	FAFD	276
Means, Henry	UNON	257
Means, Isaac H	FAFD	275
Means, J R	SPBG	328
Means, James H	FAFD	276
Means, James W	ABVL	95
Means, John H---	FAFD	272
Means, John W	ABVL	87
Means, Moses	CHTN	390
Means, Mrs M H	FAFD	281
Means, Robt S	FAFD	272
Means, Saml	SPBG	322
Means, Saml C	SPBG	329
Means, Sarah	ABVL	99
Means, Sarah E*	FAFD	231
Means, T M*	GRVL	365
Means, Thos	GRVL	424
Means, W B	COTN	291
Means, William	GRVL	423
Means, Wm B	BUFT	12
Meara, Ellen**	CHTN	203
Meares, Pinckney*	MARN	118
Meares, Sophia	MARN	109
Mears, Benjn F	BUFT	63
Mears, Caroline	MARN	127
Mears, Eldred R	BUFT	63
Mears, Mary	BNWL	470
Mears, Nancy	BUFT	62
Mears, P	COTN	286
Measel, W W*	GETN	308
Measels, Jeremiah	COTN	345
Measles, James**	COTN	346
Measles, John	COTN	346
Measles, Moses	COTN	346
Measles, T Red	COTN	340
Mechaw, J M	GETN	297
Mechaw, Noah	GETN	301
Meddows, Jas A	LRNS	325
Meddows, Paschal	LRNS	325
Mede, Jno H	CHTN	204
Medicis, M D	EDFD	35
Medlin, Allen	RHLD	77
Medlin, Bartholomew	RHLD	85
Medlin, Calvin	RHLD	66
Medlin, Chesley	PKNS	122
Medlin, Columbus	GRVL	435
Medlin, Crawford	PKNS	145
Medlin, Danl	RHLD	78
Medlin, Elijah	RHLD	66
Medlin, Ervin	LXTN	358
Medlin, J C	CHFD	183
Medlin, J T	DLTN	455
Medlin, Jno	CHFD	136
Medlin, Joel	RHLD	78
Medlin, John	RHLD	78
Medlin, Johnathan	MRBO	159
Medlin, Joseph	MRBO	179
Medlin, M	PKNS	140
Medlin, Micheal	PKNS	140
Medlin, Nancy	PKNS	122
Medlin, Nicholas	PKNS	140
Medlin, Rachel	PKNS	123
Medlin, Robert	GRVL	381
Medlin, Wesley	RHLD	78
Medlin, Willis	PKNS	132
Medlin, Willis	PKNS	150
Medlin, Wm R	MRBO	184
Medlock, A	EDFD	61
Medlock, A P*	GRVL	402
Medlock, Andw	LRNS	264
Medlock, Andw	LRNS	260
Medlock, C*	EDFD	30
Medlock, J T	LRNS	260
Medlock, J W	GRVL	425
Medlock, Jasper*	LRNS	261
Medlock, M	EDFD	101
Medlock, Mary**	EDFD	26
Medlock, Mat*	RHLD	10
Medlock, Reuben*	GRVL	381
Medlock, Sarah	LRNS	255
Medlock, Wesley	LRNS	255
Meece, Nancy	GRVL	345
Meek, Eli	YORK	365
Meek, J H	YORK	451
Meek, J R S	YORK	473
Meek, Jacob B**	YORK	464
Meek, Jas	YORK	444
Meek, Jas M	YORK	468
Meek, John	YORK	490
Meek, Susan*	CHTR	1
Meek, Susan*	YORK	365
Meekin, Jonathan	MRBO	179
Meekins, E J	MARN	114
Meekins, Jennete	MRBO	184
Meekins, M D*	MRBO	167
Meekins, Peter**	MRBO	184
Meekins, Philip P*	MRBO	185
Meeks, Emily	GRVL	433
Meeks, Jacob B	CHTN	165
Meeks, Jane*	LRNS	337
Meeks, Nelson J	CHTN	153
Meeks, Rebecca	CHTN	164
Meeks, Thos*	LRNS	337
Meeks, William	GRVL	364
Meery, Wm	LRNS	341
Meetze, Anna*	LXTN	373
Meetze, D S	LXTN	395
Meetze, Daniel	LXTN	394
Meetze, H A	LXTN	431
Meetze, Henry	LXTN	388
Meetze, Henry	ORBG	377
Meetze, Heny	LXTN	380
Meetze, Hugh C*	LXTN	375
Meetze, J F	LXTN	395
Meetze, James	LXTN	374
Meetze, Jno H	LXTN	388
Meetze, Jno S	LXTN	396
Meetze, John	LXTN	385
Meetze, John	LXTN	433
Meetze, John G	LXTN	395
Meetze, John L	LXTN	433
Meetze, John R	LXTN	395
Meetze, Lewis	LXTN	374
Meetze, Michael	LXTN	395
Meetze, Noah D	LXTN	394
Meetze, R A	LXTN	365
Meetze, S L	LXTN	394
Meetze, Saml J	LXTN	395
Meetze, Thomas*	LXTN	402
Meggett, J C	COTN	361
Meggett, J M	COTN	361
Meggett, John F	BUFT	21
Meggett, Paul F	BUFT	21
Meggett, Wm C	COTN	368
Meggs, Jno K	DLTN	383
Meggs, Joel	MARN	89
Meggs, Stephen	KRSW	82
Meggs, W J	DLTN	385
Meggs, William	MRBO	174
Mehrtens, Louis	CHTN	291
Mehrtens, Randolph	CHTN	100
Mehrtin, Christopher*	CHTN	418
Mehrtins, Ann*	CHTN	433
Meighan, John*	RHLD	31
Meir, Frederick*	CHTN	110
Meitzler, Emile**	CHTN	200
Meitzler, P	CHTN	202
Meitzler, Saml	CHTN	272
Meker, Elizth*	CHTN	248
Mekrtens, George*	ORBG	405
Melbourn, Wm*	CHTN	236
Melcher, C	CHTN	253
Melchers, F	CHTN	245
Melchors, Theodore**	CHTN	449
Meldan, A J	SMTR	102
Meldan, Geo F	CHTN	186
Melehars, Geo	CHTN	186
Melenhoff, J H	CHTN	521
Melett, William J*	RHLD	56

Name	Loc	Pg
Melft, B*	CHTN	239
Melher, Wm	SPBG	230
Mellard, Estate W	CHTN	130
Mellard, H*	COTN	349
Mellard, Isaac	COTN	346
Mellard, James P**	RHLD	53
Mellard, Mrs C	CHTN	128
Mellard, Susan	COTN	346
Mellard, Thos	CHTN	164
Mellard, Thos J	CHTN	128
Mellard, W M	COTN	346
Mellard, Wm H	CHTN	139
Mellet, M*	SPBG	259
Mellete, James Y*	SMTR	182
Mellett, F M	SMTR	163
Mellett, M M	CLDN	238
Mellett, R A	CLDN	238
Mellette, Robert S	SMTR	150
Mellette, Sarah E O*	SMTR	152
Mellicham, Thos W	ORBG	330
Mellichamp, E H	CHTN	115
Mellichamp, Jane H	CHTN	115
Mellichamp, Jos HA	BUFT	17
Mellichamp, R E*	CHTN	206
Mellichamp, S L	CHTN	201
Mellichamp, Stiles	CHTN	117
Mellin, Alex M	CHFD	113
Mellville, Blanche*	RHLD	42
Melphy, Miss*	CHTN	320
Melser, Susan*	CHTN	303
Melson, Wm P	HORY	57
Meltin, Wesley*	CHFD	137
Melton, A	CHFD	172
Melton, A L	CHFD	140
Melton, A L	CHFD	145
Melton, Ann*	CHTN	106
Melton, B A	DLTN	431
Melton, Benj	EDFD	5
Melton, Boyd	DLTN	404
Melton, C D	CHTR	91
Melton, E A*	CHFD	181
Melton, Eli	ORBG	353
Melton, Eliza	CHTR	72
Melton, G W	YORK	366
Melton, George	DLTN	473
Melton, Henry	EDFD	43
Melton, Horatio	MARN	30
Melton, James*	CHFD	131
Melton, Jesse M	CHFD	140
Melton, Jno	CHTR	19
Melton, John	CHFD	119
Melton, John	CHFD	154
Melton, Joseph	CHTR	92
Melton, Joseph*	YORK	397
Melton, Lewis	CHFD	125
Melton, Louisa	FAFD	238
Melton, Mary	CHFD	167
Melton, Mary	DLTN	477
Melton, Michael	CHFD	127
Melton, Michael	ADSN	303
Melton, Mike**	CHTR	39
Melton, Pinkney	MARN	29
Melton, R	CHFD	150
Melton, Rose*	DLTN	393
Melton, S J	DLTN	390
Melton, S M	DLTN	378
Melton, S W	YORK	366
Melton, Stephen	DLTN	430
Melton, Stephen	DLTN	416
Melton, Susan	EDFD	13
Melton, Thos	MARN	29
Melton, W M	DLTN	381
Melton, Wm	DLTN	415
Melville, Adella**	RHLD	31
Melvin, James	CHTN	444
Meminger, C G	CHTN	349
Meminger, Christopher*	RHLD	53
Men, Elizabeth	CHTN	265
Mendenhall, Robt	YORK	377
Mender, Harriet*	CHFD	184
Meng, C C	UNON	271
Meng, G G	UNON	259
Meng, Harrison	UNON	269
Meng, J E	UNON	275
Menichew, Joseph	ORBG	365
Menkin, R*	BNWL	458
Menkin, R*	BNWL	458
Mensing, C	CHTN	352
Mensing, H*	CHTN	322
Merant, T R**	CHTN	438
Merce, T D*	CHTN	111
Merceis, Chas*	BNWL	455
Mercer, Burrel	DLTN	405
Mercer, C C	GETN	313
Mercer, Harriet	SMTR	169
Mercer, Josiah	DLTN	405
Mercer, Susan*	ADSN	271
Mercer, Wm*	DLTN	405
Merchant, Amanda*	EDFD	163
Merchant, B	EDFD	160
Merchant, Charlotte**	LXTN	451
Merchant, J C	EDFD	28
Merchant, J W	EDFD	162
Merchant, James	EDFD	162
Merchant, Mary	EDFD	160
Merchant, Mary	NWBY	222
Merchant, N S	NWBY	228
Merchant, S	NWBY	292
Merchant, Wm	EDFD	39
Merchant, Young	EDFD	164
Mercier, Mrs	CHTN	301
Meredith, Dudley	PKNS	177
Meredith, Martha*	ADSN	272
Meredith, Reuben*	YORK	374
Meredith, Saml	LRNS	346
Meredith, Wm S	PKNS	55
Meree, J W	CHTN	163
Meree, Joseph	CHTN	159
Meree, Joseph	CHTN	164
Meree, M W	CHTN	163
Meree, W Henry	CHTN	163
Meree, W Hodge	CHTN	164
Merei, Mary*	CHTN	515
Merett, Turner	HORY	37
Merideth, Richard	CHTN	409
Meridith, Abram	ADSN	272
Meridith, John W	ADSN	267
Meridith, S L*	NWBY	268
Meridth, Prissella	CHTN	497
Meril, Josephene	CHTN	360
Merit, Henry	YORK	402
Merit, John	YORK	402
Merit, Robt	YORK	395
Merit, Saml N	YORK	402
Merit, Sarah	YORK	402
Merit, Thos	YORK	401
Merit, Thos Sr	YORK	403
Merit, Wm	YORK	402
Merit, Wm H	YORK	405
Meritt, W A	BNWL	463
Meritt, W B*	CHTN	328
Meriwether, Mary	ABVL	80
Meriwether, Wm B	ABVL	73
Meriwether, Wm N*	ABVL	70
Merker, E	CHTN	300
Merkhart, John	CHTN	240
Merleigh, Jas	CHTN	231
Merlle, Caroline*	CHTN	322
Meroney, J L*	KRSW	134
Merredith, William C	ORBG	408
Merrell, Jas G	GETN	321
Merrick, Charles	GRVL	402
Merridath, Amanda*	GRVL	414
Merrill, H W	YORK	367
Merrill, Ann	CHTN	357
Merrill, George W*	RHLD	26
Merriman, John W	GETN	283
Merriman, L D	ABVL	54
Merrit, Gustavus A*	RHLD	71
Merrit, T M	ADSN	203
Merrit, Wm*	ADSN	155
Merritt, B*	CHTN	108
Merritt, F	DLTN	375
Merritt, J A*	BNWL	458
Merritt, Lucy	ADSN	325
Merritt, Madison	ADSN	334
Merritt, Rev J H	LXTN	464
Merritt, Rev Wm	LXTN	442
Merritts, Henry*	CHTN	103
Merriweather, Dr N	EDFD	92
Merriweather, Dr S G	EDFD	92
Merriweather, James	EDFD	93
Merriweather, Robt	EDFD	100
Merson, Smith P	YORK	395
Mertens, E*	CHTN	308
Mertens, Jno	CHTN	317
Mertens, Johanna*	CHTN	310
Mertens, Mrs*	CHTN	329
Merton, Margaret	GETN	306
Mervani, John**	CHTN	368
Meshaw, Ellison*	YORK	472
Mesoly, John*	CHTN	180
Messer, M S	PKNS	95
Messer, S C*	PKNS	90
Messeway, Lawrence J	COTN	365
Messeway, P J*	COTN	365
Metcalf, John	RHLD	2
Metcalf, Mary J*	CHTN	196
Meters, Otto	CHTN	324
Metta, Mary	CHTN	464
Mettell, Mary E	CLDN	209
Mettis, Geo D	EDFD	49
Metton, Jesse	CHTR	64
Metton, W C D	CHTR	77
Metts, Anne	LRNS	319
Metts, Geo	NWBY	212
Metts, Geo F Jr	NWBY	251
Metts, J A	LRNS	323
Metts, John	NWBY	212
Metts, Margaret*	NWBY	295
Metts, McD	NWBY	294
Metts, Misouri*	NWBY	284
Metts, Vina	NWBY	256
Metts, W	EDFD	77
Metts, W B	NWBY	374
Metts, W D*	NWBY	236
Metts, William	NWBY	212
Metts, Wm	LRNS	319
Metts, Wm D	EDFD	29
Metts, Wm Glen	NWBY	283
Metty, Ann	COTN	354
Mettz, Jas E	DLTN	386
Mettze, J D	EDFD	22
Mety, E***	CHTN	300
Metz, Caleb	LXTN	385
Metz, John*	CHTN	272
Metz, Levi	LXTN	379
Metz, S	LXTN	382
Metz, Susan C*	LXTN	391
Metze, James D	ORBG	349
Metze, Susan	ORBG	349
Metze, William E	ORBG	340
Mew, Abraham	BUFT	56
Mew, Ann	BUFT	56
Mew, Henrietta*	BUFT	90
Mew, Henrietta*	COTN	335
Mew, John P	BUFT	90
Mew, R*	CHTN	370
Mew, Saml	BUFT	33
Mew, W H*	CHTN	371
Mew, Wm H*	BUFT	90
Meyer, Ann C	CHTN	515
Meyer, August*	CHTN	168
Meyer, C	CHTN	343
Meyer, C H*	CHTN	374
Meyer, Casten*	CHTN	288
Meyer, Catharin Ann**	CHTN	467
Meyer, Christiana*	CHTN	392
Meyer, Claus	CHTN	402
Meyer, Cordt*	CHTN	511
Meyer, Davis*	CHTN	261
Meyer, E J**	CHTN	365
Meyer, Eliza	BNWL	440
Meyer, F*	CHTN	315
Meyer, Frederick	CHTN	514
Meyer, Frederick L**	CHTN	419
Meyer, G*	CHTN	351
Meyer, Hannan	CHTN	518
Meyer, Henry**	CHTN	260
Meyer, Henry	PKNS	1
Meyer, Henry	CHTN	514
Meyer, Henry D**	CHTN	413
Meyer, Henry**	CHTN	281
Meyer, Henry*	CHTN	500
Meyer, I D	CHTN	467
Meyer, I S	CHTN	167
Meyer, J	CHTN	252
Meyer, J C**	CHTN	311
Meyer, J E	CHTN	467
Meyer, J F	CHTN	238
Meyer, J J	BNWL	438
Meyer, Jacob**	CLDN	203
Meyer, James*	CHTN	421
Meyer, Jno*	CHTN	229
Meyer, John	CHTN	501
Meyer, John	CHTN	468
Meyer, John	BNWL	477
Meyer, Judith	BNWL	452
Meyer, L	CHTN	322
Meyer, Margaret*	CHTN	322
Meyer, Margaret	CHTN	468
Meyer, Martin	CHTN	208
Meyer, Martin	CHTN	441
Meyer, Metta**	CHTN	483
Meyer, Miss*	CHTN	310
Meyer, Morris	CHTN	372
Meyer, Nicolas*	PKNS	23
Meyer, Oswald	CHTN	419
Meyer, R A	BNWL	440
Meyer, T H	BNWL	406
Meyer, William*	CHTN	196
Meyerhoff, H Sr*	CHTN	311
Meyerhoof, H*	CHTN	311
Meyers, E	CHTN	305
Meyers, Edward	CHTN	291
Meyers, Edward	CHTN	275
Meyers, Edwin	CHTN	303
Meyers, Jacob	CHTN	407
Meyers, Jean*	CHTN	218
Meyers, John*	CHTN	252
Meyers, John H D*	CHTN	451
Meyers, Joseph	CHTN	292
Meyers, L J	CHTN	350
Meyers, Levy	ORBG	338
Meyers, Lewis	BUFT	60
Meyers, Lucretia**	CHTN	437
Meyers, Mary A**	BNWL	490
Meyers, Mr*	CHTN	314
Meyers, Sam B*	CHTN	466
Meyers, Thos	CHTN	354
Meynardie, B P	CHTN	158
Meynardie, E J	KRSW	127
Mhertens, Wm	CHTN	253
Michael, M	MARN	14
Michael, W	CHTN	231
Michaelis, Henry*	CHTN	367
Michalowski, L	GETN	285
Micham, Alfred	YORK	488
Micham, Cassy	YORK	489
Micham, Cyndia**	YORK	494
Micham, Jonas	YORK	489
Micham, Jordan	YORK	493
Micham, Spain	YORK	487
Michan, A S	WMBG	314
Michan, D F**	WMBG	314
Michan, Nicholas*	HORY	56
Michel, Ann	CHTN	423
Michel, Mary A*	CHTN	425

Name	Loc	Pg	Name	Loc	Pg	Name	Loc	Pg
Michel, Mrs A L	CHTN	363	Milam, Wm**	LRNS	225	Miller, Alexander	PKNS	141
Michelhaney, Jacob*	ORBG	378	Milam, Wm**	LRNS	305	Miller, Alexander I	MRBO	149
Michell, Ann	CHTN	304	Mildoon, Sarah	YORK	460	Miller, Alfred A**	CHTN	403
Michell, Benjn A	ABVL	146	Miler, Daniel	CHTN	274	Miller, Amanda*	CHFD	156
Michell, G W L	ADSN	205	Miles, A	EDFD	39	Miller, Andrew	ORBG	341
Michell, Jesse	ADSN	197	Miles, A	WMBG	357	Miller, Andrew	HORY	6
Michell, Mrs	CHTN	304	Miles, Amy	WMBG	344	Miller, Ann	CHTN	421
Michell, Samuel	ADSN	195	Miles, B W	WMBG	351	Miller, Ann E*	CHTN	486
Michols, Rodey*	BNWL	445	Miles, Banjamin	RHLD	64	Miller, Anna*	CHTN	382
Michum, Louisa*	CHTN	142	Miles, Berry	BNWL	368	Miller, Annie*	CHTN	341
Mickel, Benjamin*	CHTN	426	Miles, Burrell	LXTN	371	Miller, Archd E	CHTN	193
Mickel, Edward	CHTN	108	Miles, Charles*	EDFD	65	Miller, Argent	MARN	112
Mickel, Estate of Frances	CHTN	423	Miles, Charles	MARN	105	Miller, B	YORK	418
Mickel, Eugene**	CHTN	423	Miles, Danl	SPBG	361	Miller, B H	EDFD	40
Mickel, Richard T	CHTN	413	Miles, David**	MARN	20	Miller, Benj F*	ABVL	65
Mickel, Virginia*	CHTN	428	Miles, E*	WMBG	355	Miller, Benjamin F*	SPBG	314
Mickelhaney, Joseph*	ORBG	346	Miles, Edmond**	EDFD	126	Miller, C A*	CHTN	263
Mickell, E S	CHTN	121	Miles, Edward	BNWL	368	Miller, C C	CHTN	513
Mickenburg, Mary*	CHTN	458	Miles, Edward H	RHLD	72	Miller, C J	LCTR	199
Mickey, Danl M E*	NWBY	283	Miles, Eliza	GRVL	506	Miller, C M	LRNS	229
Mickey, Edward	CHTN	421	Miles, Elizabeth*	CHTN	306	Miller, C W	MARN	14
Mickle, E E	FAFD	263	Miles, Emmaline	WMBG	344	Miller, Calvin	UNON	250
Mickle, J B	FAFD	234	Miles, F	WMBG	351	Miller, Caroline E*	RHLD	54
Mickle, J B	KRSW	78	Miles, F A	GRVL	359	Miller, Catherine	LCTR	189
Mickle, John	KRSW	104	Miles, F A	MARN	39	Miller, Cathn	LXTN	404
Mickle, John L	BNWL	402	Miles, Francis	RHLD	33	Miller, Charles	PKNS	88
Mickle, Martha*	KRSW	105	Miles, G W	MRBO	171	Miller, Charles E	COTN	269
Mickle, Nancy	RHLD	76	Miles, Henry	BUFT	79	Miller, Charles*	CHTN	264
Mickle, Robt	KRSW	104	Miles, J H	WMBG	356	Miller, Charlotte**	CHTN	305
Mickle, Saml	CHTR	61	Miles, J H	CHTN	490	Miller, Crosby	PKNS	32
Mickle, Thos	YORK	445	Miles, J J	WMBG	355	Miller, Daniel	FAFD	260
Mickle, Thos*	KRSW	79	Miles, J J8	CHTN	265	Miller, Daniel B	RHLD	29
Mickle, Wm	FAFD	251	Miles, J R	WMBG	344	Miller, Danl*	FAFD	202
Mickler, Alonza*	BUFT	13	Miles, Jno	CLDN	232	Miller, David	LXTN	401
Mickler, Christian	LXTN	375	Miles, Jno	CHFD	149	Miller, David	CHTN	237
Mickler, H J	BUFT	17	Miles, Jno M	MARN	20	Miller, David*	UNON	255
Mickler, J P	EDFD	183	Miles, Josiah	WMBG	344	Miller, David*	LXTN	419
Mickler, Wm	BUFT	18	Miles, Juda*	MARN	105	Miller, David*	SPBG	305
Mickles, Daniel	SPBG	268	Miles, Katherine	EDFD	121	Miller, David B	YORK	384
Miclow, Nicholas	PKNS	37	Miles, Lawrence W**	BNWL	368	Miller, Davis	LRNS	346
Middleten, Margaret	CHFD	168	Miles, Lenard	BNWL	368	Miller, Dr T*	EDFD	118
Middleton, A*	GETN	315	Miles, Lewis J	EDFD	19	Miller, E	FAFD	230
Middleton, Ann	RHLD	34	Miles, M D	BNWL	368	Miller, E B*	WMBG	322
Middleton, Anna M*	BUFT	42	Miles, M E	KRSW	117	Miller, E H	WMBG	326
Middleton, Asa	BNWL	491	Miles, Margaret	RHLD	3	Miller, E J	CHTN	469
Middleton, Baylis E	GRVL	346	Miles, Mary	RHLD	30	Miller, E L*	RHLD	21
Middleton, C F	GETN	322	Miles, Mary F*	MRBO	172	Miller, Ebenezer	MARN	125
Middleton, Caroline	LRNS	338	Miles, Moses*	ABVL	24	Miller, Edmond	GRVL	477
Middleton, E B*	CHTN	370	Miles, Mr*	CHTN	315	Miller, Edmund	MARN	44
Middleton, Francis	CHTN	205	Miles, Mrs S B	CHTN	356	Miller, Edward	GRVL	453
Middleton, H A	CHTN	221	Miles, Nancy**	CHFD	169	Miller, Elenor	FAFD	205
Middleton, H*	NWBY	291	Miles, R	WMBG	357	Miller, Eli*	UNON	270
Middleton, Henry A	GETN	295	Miles, Rebecca	KRSW	108	Miller, Elias	PKNS	59
Middleton, Hugh G	ABVL	7	Miles, Robert C	RHLD	35	Miller, Elias	FAFD	232
Middleton, J E	GETN	315	Miles, S	WMBG	350	Miller, Elissa T	ORBG	351
Middleton, J F	DLTN	390	Miles, Silas	SPBG	325	Miller, Eliza*	ORBG	336
Middleton, J T	EDFD	92	Miles, Smith	CHTN	132	Miller, Elizabeth	CHTR	64
Middleton, J T,Exec/Garrot	EDFD	92	Miles, Stephen	RHLD	79	Miller, Elizabeth	CHTN	499
Middleton, James A	BUFT	61	Miles, Susan*	CHTN	256	Miller, Elizabeth	GRVL	453
Middleton, James W	GRVL	345	Miles, Sylva	CHTN	355	Miller, Elizabeth	COTN	332
Middleton, John	CHTN	469	Miles, T H	FAFD	241	Miller, Emma	LRNS	244
Middleton, Martha*	CHTN	438	Miles, Thomas	CHTN	380	Miller, F	BNWL	467
Middleton, Mary	MARN	17	Miles, Thos B	COTN	357	Miller, F	EDFD	157
Middleton, Mrs J I	CHTN	225	Miles, W	WMBG	356	Miller, F C	CHTN	325
Middleton, O H	COTN	322	Miles, William H	RHLD	64	Miller, F F	GETN	321
Middleton, P F	CHTN	106	Miles, Wm	CHFD	149	Miller, Fanny*	CHTN	301
Middleton, Perry*	GRVL	344	Miles, Wm A	PKNS	26	Miller, Ferd	DLTN	404
Middleton, R H	EDFD	92	Miles, Y	WMBG	356	Miller, Francis A**	EDFD	88
Middleton, R J	GETN	315	Miley, John	COTN	262	Miller, Frank*	CHTN	412
Middleton, Rebecca**	MRBO	200	Miley, William F	BNWL	360	Miller, Frank	YORK	437
Middleton, Rhoda	GRVL	346	Milford, A E*	ADSN	213	Miller, Fred*	CHTN	363
Middleton, Ruth	CHFD	177	Milford, Calaway	ADSN	219	Miller, Fredk*	CHTN	187
Middleton, Sarah	BNWL	453	Milford, David*	ADSN	213	Miller, G H	FAFD	280
Middleton, Sarah A	CHTN	448	Milford, Henry*	ADSN	213	Miller, G W	EDFD	81
Middleton, Sylvy	CHTN	377	Milford, Jno	LRNS	234	Miller, Gabrael E**	BNWL	362
Middleton, Thos	CHTN	213	Milford, Joseph	ABVL	79	Miller, Garrett	LXTN	364
Middleton, W E	EDFD	89	Milford, Mary	ADSN	218	Miller, Geo	CHTN	325
Middleton, W F	BUFT	48	Milford, Thomas	ABVL	80	Miller, Geo*	CHTN	211
Middleton, W J	GETN	315	Milford, Thos B	ABVL	131	Miller, Geo	EDFD	56
Middleton, William	COTN	327	Milford, Thos C	ABVL	138	Miller, George	PKNS	132
Middleton, Willis	BNWL	491	Milford, W J	ADSN	219	Miller, George	MARN	120
Middleton, Wm	CHTN	309	Milford, Wm	ADSN	219	Miller, George	YORK	477
Midleton, Sarah*	LCTR	170	Milhous, Samuel	ORBG	380	Miller, George W	BNWL	375
Miech, Michael	CHTN	226	Millaby, E P*	RHLD	48	Miller, Gustavus	CHTN	211
Miech, Mrs E	CHTN	226	Millar, Edward**	SPBG	313	Miller, H A	LRNS	237
Miers, Charles R	SMTR	183	Millar, Eugina*	ABVL	116	Miller, Hargrave	LRNS	229
Miers, Rachel*	CHTN	340	Millar, Isabella	ABVL	99	Miller, Henny	LXTN	383
Miers, Richard C	SMTR	178	Millar, Jackson	CHFD	110	Miller, Henry	LRNS	232
Mignott, Sleda**	CHTN	305	Millar, John W	CHTN	435	Miller, Henry C	PKNS	189
Miguel, Paul*	CHTN	258	Millar, N T*	CHFD	110	Miller, Henry*	GRVL	516
Mikell, Ephraim**	CHTN	212	Millar, Robert S	CHTN	437	Miller, Henry	CHTN	385
Mikell, Isabel	CHTN	301	Millar, William B*	CHTN	426	Miller, Henry*	LXTN	364
Mikell, J J	COTN	321	Millard, John	COTN	340	Miller, Henry*	KRSW	130
Mikell, Joseph M	CHTN	114	Millard, Richard**	CHTN	124	Miller, Hezekiah B	MARN	120
Mikell, Margaret M	CHTN	115	Millen, H W D L	EDFD	186	Miller, Hilliard	RHLD	75
Mikell, T W*	COTN	320	Millen, J D R	EDFD	179	Miller, Isaac	FAFD	260
Mikell, Thomas P	COTN	323	Millen, J S	CHFD	176	Miller, Isaac	DLTN	375
Mikell, W L*	CHTN	355	Millen, Jno	CHTR	65	Miller, J	CHTN	331
Milam, Bartlett	LRNS	246	Millen, Jno A**	CHTR	65	Miller, J B W	EDFD	195
Milam, D M	LRNS	283	Millen, Nancy	CHTR	65	Miller, J C	YORK	365
Milam, F	LRNS	308	Millen, Samuel	CHTR	65	Miller, J F	PKNS	51
Milam, Jeffn	LRNS	246	Miller, A F	CHTN	371	Miller, J L	YORK	465
Milam, Jno	LRNS	241	Miller, A H	SPBG	404	Miller, J M*	WMBG	326
Milam, John	LRNS	341	Miller, A J	LCTR	188	Miller, J M	LXTN	364
Milam, M	LRNS	309	Miller, A P*	FAFD	200	Miller, J P	SPBG	344
Milam, M F*	LRNS	233	Miller, Abigail*	HORY	16	Miller, J P*	GRVL	406

Name	Loc	Pg
Miller, J R	KRSW	76
Miller, J S	CHFD	176
Miller, J S*	HORY	43
Miller, J T*	WMBG	334
Miller, Jacob	PKNS	163
Miller, Jacob	ABVL	66
Miller, James	PKNS	99
Miller, James	LCTR	152
Miller, James L	ABVL	152
Miller, James R	PKNS	72
Miller, James**	CHTN	270
Miller, James	MARN	112
Miller, James	BUFT	35
Miller, James	FAFD	257
Miller, James	LRNS	311
Miller, Jane	YORK	471
Miller, Jane F	ADSN	255
Miller, Jane*	FAFD	250
Miller, Jane	GRVL	454
Miller, Jane*	CHTN	285
Miller, Jane	CHTN	230
Miller, Jane	EDFD	130
Miller, Jane**	CHTN	292
Miller, Jared	SMTR	160
Miller, Jas A	YORK	471
Miller, Jas W	CHTR	63
Miller, Jas*	CHTN	325
Miller, Jas	GETN	318
Miller, Jas Jr	GETN	319
Miller, Jas M	CHFD	159
Miller, Jas T	DLTN	400
Miller, Jason**	SPBG	319
Miller, Jefferson	LXTN	441
Miller, Jeremiah	LXTN	385
Miller, Jerome M	RHLD	45
Miller, Jesse	BNWL	452
Miller, Jesse	MARN	108
Miller, Jesse C	BUFT	67
Miller, Jessee	PKNS	186
Miller, Jno*	CHTN	309
Miller, Jno	CHFD	101
Miller, Jno	LXTN	355
Miller, Jno C	PKNS	88
Miller, Jno D*	CHTN	312
Miller, John**	WMBG	302
Miller, John	SPBG	365
Miller, John	SPBG	343
Miller, John	SPBG	329
Miller, John	MARN	88
Miller, John	LRNS	311
Miller, John	LXTN	374
Miller, John	FAFD	243
Miller, John	CHTN	289
Miller, John	ADSN	297
Miller, John	ADSN	275
Miller, John	ABVL	149
Miller, John	YORK	477
Miller, John	ORBG	362
Miller, John	NWBY	248
Miller, John A	LXTN	365
Miller, John A	GRVL	448
Miller, John B*	CHTN	472
Miller, John C	MARN	104
Miller, John C	CHTN	392
Miller, John D	NWBY	270
Miller, John F	SPBG	311
Miller, John H	EDFD	132
Miller, John L	YORK	365
Miller, John S	SPBG	339
Miller, John Sr	NWBY	270
Miller, John T	ABVL	99
Miller, Joseph	YORK	416
Miller, Joseph	YORK	391
Miller, Josh**	DLTN	477
Miller, Josiah	CHTR	39
Miller, Julius*	RHLD	86
Miller, Kelly*	FAFD	222
Miller, L	CHTN	100
Miller, L J	EDFD	90
Miller, Ladock	CHTN	285
Miller, Leroy	CHTR	50
Miller, M*	SPBG	258
Miller, M	EDFD	115
Miller, M B*	RHLD	21
Miller, M W	NWBY	297
Miller, Magdalene**	CHTN	454
Miller, Margaret	GETN	283
Miller, Margaret A	RHLD	42
Miller, Margt	LRNS	244
Miller, Margt*	CHTN	520
Miller, Maria	CHTN	196
Miller, Martin	CHTN	513
Miller, Mary**	COTN	365
Miller, Mary H	CHTN	373
Miller, Mary*	CHTN	290
Miller, Mary	UNON	250
Miller, Mary A*	GRVL	516
Miller, Mary C	ABVL	20
Miller, Mary**	SPBG	319
Miller, Mary	LRNS	311
Miller, Mary	CHTN	272
Miller, Mary	LXTN	398
Miller, Mary	LRNS	311
Miller, Mary	LCTR	157
Miller, Mary E	SMTR	70
Miller, Matilda*	CHTN	105
Miller, Micah	PKNS	164
Miller, Michael	CHFD	176
Miller, Milly**	FAFD	222
Miller, Miss*	CHTN	319
Miller, Morris	PKNS	15
Miller, Mrs E B*	EDFD	86
Miller, Mrs R A (dec)	CHTN	221
Miller, Nancy	FAFD	243
Miller, Nancy	MARN	44
Miller, Nancy	EDFD	115
Miller, Nancy	NWBY	264
Miller, Nancy	NWBY	248
Miller, Nathl	GRVL	410
Miller, Noah	ABVL	128
Miller, P J	PKNS	88
Miller, P S	CHTN	134
Miller, Paul*	CHTN	264
Miller, Percilla*	CHTN	330
Miller, Peter*	DLTN	402
Miller, Philip	MRBO	143
Miller, Preston*	LRNS	228
Miller, Priscilla	FAFD	261
Miller, R F	FAFD	200
Miller, R M	LCTR	154
Miller, R S	BNWL	389
Miller, R S	ORBG	367
Miller, R T	LCTR	190
Miller, Rachel	ORBG	384
Miller, Reuben	LXTN	385
Miller, Robert	BNWL	362
Miller, Robert J*	CHTN	67
Miller, Robert W	BUFT	42
Miller, Robt	FAFD	212
Miller, Robt	YORK	436
Miller, Robt F	FAFD	205
Miller, Ruthia	ORBG	406
Miller, S F W	ADSN	254
Miller, S J**	WMBG	326
Miller, S*	GRVL	414
Miller, S D	WMBG	314
Miller, S N	YORK	389
Miller, Salina	YORK	436
Miller, Samuel*	CHTN	110
Miller, Samuel	CHTN	279
Miller, Sara A*	ORBG	328
Miller, Sarah*	SPBG	333
Miller, Sarah	PKNS	72
Miller, Sarah*	CHTN	201
Miller, Sarah*	RHLD	87
Miller, Simeon	LXTN	398
Miller, Simeon	NWBY	212
Miller, Solomon	MARN	111
Miller, Starley	ORBG	361
Miller, Stephen H	SMTR	162
Miller, Susan*	CHTN	378
Miller, T S	PKNS	95
Miller, T S	EDFD	81
Miller, Temperance**	FADF	244
Miller, Thomas	COTN	314
Miller, Thomas R	UNON	249
Miller, Thomasina M	GETN	285
Miller, Thos*	PKNS	69
Miller, Thos	MARN	30
Miller, Thos	DLTN	439
Miller, Thos	LXTN	440
Miller, Tilmon	PKNS	158
Miller, Timy*	DLTN	385
Miller, W	GETN	319
Miller, W D	YORK	365
Miller, W H	CHTN	256
Miller, W L	PKNS	99
Miller, W T	SPBG	376
Miller, W*	CHTN	314
Miller, W	CHTN	339
Miller, W C	SPBG	344
Miller, W H	SPBG	358
Miller, W H	SPBG	331
Miller, W J	SPBG	406
Miller, W P	SPBG	344
Miller, W S*	SPBG	404
Miller, W W	EDFD	99
Miller, Wiley	EDFD	77
Miller, William	COTN	368
Miller, William E	MARN	138
Miller, William T	CHTN	273
Miller, William	GRVL	477
Miller, William	CHTN	264
Miller, William	ABVL	46
Miller, William	CHTN	443
Miller, William	CHTN	371
Miller, William	CHTN	297
Miller, Wm	MARN	132
Miller, Wm	LCTR	188
Miller, Wm S	GETN	314
Miller, Wm*	MARN	79
Miller, Wm C	MARN	44
Miller, Wm H	MARN	44
Miller, Wm*	EDFD	115
Miller, Wm	CHTN	305
Miller, Wm	FAFD	256
Miller, Wm	SPBG	392
Miller, Wm	FAFD	215
Miller, Wm A	BUFT	35
Miller, Wm C	CHTN	187
Miller, Zac	NWBY	272
Milles, Pleasant*	WMBG	343
Milles, Thomas	SPBG	231
Millford, Charles	PKNS	89
Millford, George	ABVL	105
Millford, John	PKNS	89
Millford, John M	ABVL	104
Millhouse, H W	LXTN	444
Millhouse, James	BNWL	377
Millhouse, John R	ORBG	390
Millhouse, Mary	UNON	204
Millhouse, W C	BNWL	375
Milligan, Edwd	NWBY	269
Milligan, Henry*	CHTN	426
Milligan, Jane	CHTN	376
Milligan, Joseph*	HORY	2
Milligan, Mary	HORY	58
Milligan, Robert A*	CHTN	426
Milligan, Robt	HORY	9
Milliken, Jas	GETN	312
Milliken, Lydia	GETN	295
Milliken, Martha E*	DLTN	424
Milliken, Wm	GETN	310
Millinder, John**	ORBG	403
Milling, Alex	YORK	433
Milling, D C	DLTN	376
Milling, David	FAFD	224
Milling, Elizabeth*	RHLD	83
Milling, George W	YORK	391
Milling, Hugh	FAFD	275
Milling, J L	KRSW	78
Milling, James	RHLD	18
Milling, John	YORK	432
Milling, John M	FAFD	276
Milling, John P*	FAFD	204
Milling, S A L	DLTN	394
Milling, Thos	FAFD	272
Millison, Geo*	GRVL	467
Mills, A Columbus**	RHLD	52
Mills, Aaron	RHLD	52
Mills, Alfred	BUFT	15
Mills, Andrew	CHTN	108
Mills, Archibald	CHTN	369
Mills, Benjn	COTN	285
Mills, Charles	CHTN	145
Mills, Charles C*	CHTN	146
Mills, Christena	NWBY	228
Mills, Col G B	EDFD	81
Mills, Daniel	PKNS	177
Mills, E R	CHTR	65
Mills, Edmond**	EDFD	126
Mills, Elias	HORY	45
Mills, Eliza J*	CHFD	115
Mills, Elizabeth**	CHTN	146
Mills, George W	HORY	62
Mills, Govan	SPBG	316
Mills, J B	LXTN	426
Mills, J L	EDFD	123
Mills, J M	CHTR	38
Mills, J T	CHTR	38
Mills, James	COTN	285
Mills, Jane	LRNS	295
Mills, John	COTN	285
Mills, John A	LRNS	345
Mills, John A*	RHLD	54
Mills, Joseph	CHFD	138
Mills, Joseph*	ABVL	8
Mills, L*	SPBG	259
Mills, M A Mrs	EDFD	81
Mills, M J	CHFD	138
Mills, Marc	LXTN	426
Mills, Martha*	CHFD	141
Mills, Mary**	CHTR	82
Mills, Mary*	CHFD	136
Mills, Mary	SPBG	349
Mills, Mary	RHLD	64
Mills, Miss (2)	CHTN	221
Mills, Mrs C Z	CHTR	76
Mills, Nate*	CHTN	173
Mills, Otis	GRVL	400
Mills, Peter	SPBG	415
Mills, R B	CHTR	38
Mills, Robt	EDFD	177
Mills, S	SPBG	285
Mills, Sally**	CHTN	443
Mills, Sarah**	YORK	384
Mills, Simon	CHTN	345
Mills, W*	SMTR	121
Mills, W E	GRVL	392
Mills, William*	ADSN	231
Mills, William	LRNS	224
Mills, Wm Jr	CHTN	318
Mills, Wm	MARN	91
Millsaps, Mary J*	ADSN	156
Millwel, John*	ADSN	181
Millwel, Wm B	UNON	297
Millwood, Elizabeth*	UNON	227
Millwood, Elizabeth	UNON	237
Millwood, Franklin	UNON	290
Millwood, Franklin	UNON	294
Millwood, Jackson	UNON	284
Millwood, James	UNON	294
Millwood, James**	UNON	237
Millwood, Jefferson	UNON	294
Millwood, Joseph	UNON	234
Millwood, Madison	UNON	286
Millwood, Martin*	SPBG	216
Millwood, Mary A*	UNON	298
Millwood, Mary*	UNON	298
Millwood, Reba	UNON	278

Name	Loc	Pg	Name	Loc	Pg	Name	Loc	Pg
Millwood, Richd	SPBG	215	Mincy, N B	HORY	30	Mitchel, D E	UNON	255
Millwood, Simpson	SPBG	260	Miner, Danl	EDFD	75	Mitchel, Davidson	UNON	255
Millwood, Tilmon	UNON	294	Miner, James*	EDFD	70	Mitchel, Dawson	YORK	415
Millwood, Wm	SPBG	216	Miner, John	ABVL	34	Mitchel, Elias	UNON	230
Milly, Hiram*	RHLD	56	Miner, Mrs M**	EDFD	71	Mitchel, Fedrick*	UNON	260
Milne, Elizabeth C S	CHTN	116	Miner, Ransom	ABVL	65	Mitchel, Hannah	BNWL	360
Milne, Marg B	BUFT	8	Miner, Robt	ABVL	44	Mitchel, Horace	CHTN	348
Milne, Mrs	CHTN	354	Miner, T	EDFD	125	Mitchel, James	CHFD	121
Milnor, Jas	LRNS	299	Miner, William	ABVL	18	Mitchel, Jas	ADSN	251
Milnor, John G	CHTN	214	Minger, Elizabeth	NWBY	284	Mitchel, Jas C	YORK	465
Milnor, V*	CHTN	316	Mingers, Munroe	RHLD	94	Mitchel, Jas W	ABVL	145
Mils, Ann	WMBG	339	Minick, D*	EDFD	156	Mitchel, Louize**	YORK	398
Mils, Annie*	EDFD	65	Minick, Geo	NWBY	224	Mitchel, Loyd	BNWL	424
Mils, Wm	EDFD	53	Minick, James	EDFD	183	Mitchel, M O	YORK	400
Mils, Wm H	SPBG	350	Minick, M	EDFD	183	Mitchel, Margarett*	CHFD	114
Milster, Joseph H	CHTR	39	Minick, Marshael M	EDFD	189	Mitchel, Marion	UNON	255
Milton, Charles W	BUFT	88	Minick, Mrs S J	EDFD	42	Mitchel, Marsal	ADSN	236
Milton, Levi*	FAFD	230	Minigan, Mary H*	BNWL	357	Mitchel, Mary	UNON	273
Milton, Marvel	GRVL	395	Minnick, Adam	LXTN	399	Mitchel, Mattison F	PKNS	191
Milwee, Sophia	ADSN	306	Minnick, Jacob	LXTN	401	Mitchel, Miram L	UNON	231
Milwee, William	ADSN	307	Minnick, John	LXTN	399	Mitchel, Rebecca	CHTN	287
Milwood, James	UNON	288	Minniss, Robt	CHTN	300	Mitchel, Rebecca*	UNON	287
Milwood, James	SPBG	323	Minor, Alice*	EDFD	62	Mitchel, Rhoda	UNON	222
Milwood, Rebecca	SPBG	251	Minor, Brantly	EDFD	62	Mitchel, Saml	YORK	400
Mimes, J**	COTN	301	Minor, Mrs M	EDFD	62	Mitchel, Thomas	GRVL	400
Mimes, W A	WMBG	338	Minor, Nicholas**	CHTN	431	Mitchel, William*	UNON	240
Mimes, W J	COTN	347	Minors, Robert J	BUFT	18	Mitchel, William	YORK	503
Mimins, Elias	SMTR	103	Minot, Stephen	CHTN	381	Mitchell, A	GRVL	358
Mims, A	LXTN	424	Minot, W B	CHTN	101	Mitchell, A R	CHTN	357
Mims, A J*	CHTN	265	Minott, Anna C*	CHTN	114	Mitchell, Aaron*	ADSN	294
Mims, Abram	DLTN	454	Minott, Charles	COTN	319	Mitchell, Ann	CHTN	423
Mims, Agnes*	BUFT	35	Minott, Charles S	CHTN	118	Mitchell, Ann	CHTN	421
Mims, Agnes*	BUFT	73	Minott, Estate S C	CHTN	117	Mitchell, Ann**	ABVL	3
Mims, Alexander	CHTN	153	Mins, Elisabeth**	BNWL	395	Mitchell, Ann	CHFD	185
Mims, Alfred*	BUFT	33	Minter, C H	YORK	491	Mitchell, Ann	BNWL	407
Mims, Amanda*	BUFT	33	Minter, Draten	YORK	480	Mitchell, Ann	KRSW	110
Mims, Andrew*	ABVL	125	Minter, E L	YORK	441	Mitchell, Anna M	SPBG	323
Mims, Betty**	GRVL	415	Minter, Isaac**	YORK	452	Mitchell, Arthur	CHTN	377
Mims, Capt B T	EDFD	65	Minter, J Gilman	YORK	452	Mitchell, Arthur	CHTN	510
Mims, Col G D	EDFD	10	Minter, J R	UNON	225	Mitchell, Benjamin*	SMTR	180
Mims, D S*	EDFD	69	Minter, Jacob	CHTR	5	Mitchell, Burrell*	KRSW	130
Mims, Danl	BUFT	36	Minter, John	YORK	437	Mitchell, Burris	BNWL	387
Mims, Dr R T	EDFD	109	Minter, John B	YORK	480	Mitchell, C B	GETN	287
Mims, E J	DLTN	426	Minter, Martha*	CHTR	6	Mitchell, Cathe	LRNS	264
Mims, E J	EDFD	112	Minter, Wm	YORK	445	Mitchell, Catherine	SPBG	401
Mims, E S	EDFD	109	Minter, Wm	YORK	444	Mitchell, Charles	CHTN	279
Mims, Eleanor	DLTN	461	Mintishaw, Thos	NWBY	258	Mitchell, Cornelius**	ABVL	145
Mims, Elias	SMTR	140	Mintland, J*	CHTN	313	Mitchell, D	LRNS	273
Mims, Eliza	CHTN	150	Minton, Anthony	ADSN	284	Mitchell, D B*	CHTN	312
Mims, Elizabeth	BNWL	445	Minton, Douglas	KRSW	129	Mitchell, Danl D D	LXTN	421
Mims, Ellen	BNWL	383	Minton, Jesse	CHTR	43	Mitchell, Delilah	ABVL	146
Mims, Emma*	CHTN	130	Minton, Obediah	PKNS	31	Mitchell, E A*	SPBG	316
Mims, H H*	DLTN	456	Minton, Thos S	RHLD	55	Mitchell, E B	SPBG	335
Mims, H M	DLTN	457	Minton, Zach	PKNS	51	Mitchell, Edna*	ABVL	55
Mims, J	LRNS	334	Mintz, A J	WMBG	310	Mitchell, Edward*	CHTN	356
Mims, J C	CHTN	162	Mintz, Jacob	CHTN	167	Mitchell, Elias*	UNON	256
Mims, J D	CLDN	231	Mintzing, Jacob F	CHTN	244	Mitchell, Elias	UNON	233
Mims, J F	BNWL	408	Minus, Ann*	CHTN	428	Mitchell, Eliza	ABVL	77
Mims, J R	BNWL	407	Minus, Jane*	CHTN	306	Mitchell, Elizabeth	COTN	320
Mims, Jackson	DLTN	459	Minus, Mrs H*	CHTN	350	Mitchell, Elizabeth	SMTR	112
Mims, James*	DLTN	404	Minus, Sarah*	CHTN	306	Mitchell, Elizabeth D	SMTR	113
Mims, James	BUFT	49	Minus, Susan*	CHTN	428	Mitchell, Ellen**	CHTN	387
Mims, Jas A	CLDN	207	Minyard, Thomas	PKNS	90	Mitchell, Ephraim**	CHTR	19
Mims, Jas H	EDFD	105	Miot, Charles H	RHLD	13	Mitchell, Essy	KRSW	129
Mims, Jeremiah	CLDN	241	Mipper, Lucy	FAFD	210	Mitchell, F	EDFD	186
Mims, Jno	DLTN	453	Mirando, Mrs L	CHTN	228	Mitchell, F A	CHTN	352
Mims, Jno N	CLDN	195	Mirk, Bloomer	PKNS	130	Mitchell, G E Moore	BUFT	95
Mims, John	BUFT	31	Mirk, Joseph	PKNS	130	Mitchell, G G	UNON	223
Mims, Joseph*	SPBG	313	Mirk, Milly	PKNS	130	Mitchell, Geo	ADSN	190
Mims, Joseph	LXTN	424	Mirrvins, Thomas	COTN	345	Mitchell, Geo W	ABVL	16
Mims, Julius A	SMTR	179	Miscally, Daniel**	CHTN	289	Mitchell, Giles*	RHLD	56
Mims, Lazarus H	SMTR	133	Misenlly, Mrs M	CHTN	240	Mitchell, Green B	SPBG	250
Mims, Louisa*	SMTR	114	Mishan, Hariet	BUFT	14	Mitchell, H	CHTN	308
Mims, M L**	DLTN	456	Mishaw, Abigal**	CHTN	357	Mitchell, H W	ADSN	315
Mims, Mary A	SMTR	114	Mishaw, Francis*	CHTN	455	Mitchell, Hagood**	BNWL	471
Mims, Mary J*	CLDN	246	Mishaw, Harriet	CHTN	378	Mitchell, Hamilton	GETN	283
Mims, Mary V*	CHTN	130	Mishaw, Joshua**	CHTN	357	Mitchell, Harret	BNWL	355
Mims, Moses	SMTR	95	Mishaw, Joshua	CHTN	429	Mitchell, Harriet	LRNS	261
Mims, Mrs E	EDFD	74	Mishaw, Middleton	MARN	3	Mitchell, Henry*	CHTN	457
Mims, Nathan B	DLTN	452	Mishaw, Wm	RHLD	57	Mitchell, Hezekiah	ADSN	317
Mims, Penelope	DLTN	454	Mishoe, Elijah	HORY	18	Mitchell, Hiram	SPBG	302
Mims, R M	BNWL	407	Mishoe, J W	HORY	27	Mitchell, Isaac*	ABVL	28
Mims, Richd	WMBG	312	Mishoe, Lucy A	HORY	27	Mitchell, Isom	RHLD	12
Mims, Riley	COTN	369	Mishoe, N M	HORY	27	Mitchell, J A	LXTN	455
Mims, Robert	BNWL	374	Mishoe, Nancy*	HORY	18	Mitchell, J B H	GETN	300
Mims, Robt**	CHTN	138	Mishoe, Paul W	HORY	27	Mitchell, J D	CHTN	505
Mims, Robt H	EDFD	108	Mishoe, Seawell*	HORY	34	Mitchell, J G	BNWL	472
Mims, Rollin*	BUFT	34	Mishon, Joseph	HORY	61	Mitchell, J S	CHTN	502
Mims, S C**	DLTN	385	Miskelly, DeKalb	YORK	438	Mitchell, J T	EDFD	176
Mims, Saml	CHTN	135	Miskelly, Henry	YORK	438	Mitchell, Jack	CHTN	422
Mims, Thos	CLDN	195	Miskelly, Jas Sr	YORK	438	Mitchell, Jacob	CHTN	458
Mims, Thos F	CHTN	139	Miskelly, Jno	YORK	438	Mitchell, James	EDFD	168
Mims, Timothy	SMTR	140	Miskelly, John*	YORK	467	Mitchell, James	GRVL	388
Mims, Uriah	BNWL	445	Miskelly, Margaret	YORK	371	Mitchell, James	SMTR	109
Mims, W J	CLDN	234	Miskelly, Thos	YORK	375	Mitchell, Jane L**	SPBG	308
Mims, W W*	DLTN	457	Misom, Eliza	BNWL	463	Mitchell, Jinsey	CHTR	20
Mims, Washington*	CHTN	128	Misroon, Henry	CHTN	167	Mitchell, Jno G*	EDFD	44
Mims, Williams	SMTR	139	Missroon, Henry	CHTN	213	Mitchell, John	ADSN	303
Mims, Wm	DLTN	394	Mitchael, Mary	ABVL	88	Mitchell, John**	CHTN	377
Mims, Wm	BNWL	489	Mitcham, J	GETN	310	Mitchell, John	EDFD	196
Mims, Wm	CHTN	138	Mitcham, J*	WMBG	300	Mitchell, John	YORK	503
Minardy, Eliza*	CHTN	461	Mitchel, Alison	YORK	425	Mitchell, Josephus	SPBG	221
Mince, Alfred*	SPBG	275	Mitchel, Aron	BNWL	357	Mitchell, Kiff	MARN	122
Mincey, John	YORK	373	Mitchel, B J*	SMTR	167	Mitchell, Larkin	ABVL	146
Mincy, Bryan	HORY	46	Mitchel, Benj	BNWL	359	Mitchell, Lucinda*	ABVL	144
Mincy, Dred	HORY	46	Mitchel, Caleb	ADSN	294	Mitchell, Maria*	CHTN	422
Mincy, John*	HORY	50	Mitchel, Chas	CHTN	262	Mitchell, Marion E	ADSN	165

Name	Loc	Pg	Name	Loc	Pg	Name	Loc	Pg
Mitchell, Mary*	CHTN	501	Moak, John A	SPBG	373	Momne, Miss M*	CHTN	321
Mitchell, Mary	EDFD	168	Moak, Laban W	RHLD	74	Monahan, Rich*	CHTN	203
Mitchell, Mary E	CHTN	332	Moats, J L	NWBY	242	Monchett, Isham C	ABVL	9
Mitchell, Mary	CHTN	107	Mobbley, Saml	CHTR	70	Monday, Kinny	BNWL	412
Mitchell, Mary	CHTN	223	Moble, J M	CHTN	232	Mondy, Anna A*	EDFD	76
Mitchell, Mary	CHTN	498	Mobley, A	EDFD	112	Mondy, William	BNWL	411
Mitchell, Milton*	ABVL	69	Mobley, Allen	EDFD	166	Moneddin, W E*	SPBG	313
Mitchell, Monroe	SPBG	420	Mobley, Alsey	FAFD	281	Moneghan, Thomas	SMTR	179
Mitchell, Mrs E	ORBG	315	Mobley, Andrew	FAFD	263	Moneton, William H	RHLD	25
Mitchell, Nancy	FAFD	263	Mobley, B R	CHTR	90	Money, William M	ABVL	22
Mitchell, Nancy	CHTR	18	Mobley, Biggers	FAFD	268	Moneyham, Henry	KRSW	111
Mitchell, Nancy*	ABVL	144	Mobley, Charles	FAFD	263	Mongold, W H	PKNS	48
Mitchell, Nancy	ABVL	64	Mobley, Darcus	FAFD	253	Monheim, Morris*	BNWL	339
Mitchell, Nath N	ABVL	141	Mobley, David	CHTR	49	Monissey, John*	CHTN	195
Mitchell, P	EDFD	183	Mobley, David	FAFD	252	Monlanan, C	CHFD	111
Mitchell, Pichney	BNWL	389	Mobley, Dr H	FAFD	250	Monroe, Alex**	KRSW	79
Mitchell, R	EDFD	195	Mobley, Dr S F	SPBG	258	Monroe, Andrew*	LRNS	254
Mitchell, Rice	UNON	216	Mobley, E*	FAFD	253	Monroe, Danl	LRNS	312
Mitchell, Robt*	ABVL	3	Mobley, E D	CHTR	38	Monroe, David	MARN	39
Mitchell, Ruben	PKNS	138	Mobley, E G	FAFD	247	Monroe, Flora E*	CLDN	243
Mitchell, S*	CHTN	264	Mobley, E P	FAFD	246	Monroe, Frances	ADSN	192
Mitchell, S C	EDFD	177	Mobley, E P	FAFD	187	Monroe, Margt	LRNS	312
Mitchell, Saml	ABVL	111	Mobley, Eldred S	FAFD	281	Monroe, Martha*	UNON	245
Mitchell, Samuel C	SMTR	137	Mobley, Elizabeth M	LCTR	167	Monroe, Petty*	LRNS	254
Mitchell, Sarah*	CHTN	378	Mobley, F B	FAFD	276	Monroe, Rebecca*	CHTN	488
Mitchell, Savilla*	EDFD	80	Mobley, F C	FAFD	263	Monroe, Thos	YORK	491
Mitchell, T F*	EDFD	125	Mobley, Francis	LCTR	210	Mons, William*	BUFT	54
Mitchell, Theodore*	CHTR	18	Mobley, G W	LCTR	213	Monsease, Benjn*	CHTN	262
Mitchell, Thos C	CHTN	498	Mobley, J B	UNON	187	Montague, Charles	RHLD	5
Mitchell, W C	EDFD	175	Mobley, J M	EDFD	182	Montague, M S**	BUFT	4
Mitchell, W C	LXTN	421	Mobley, J R	FAFD	281	Montang, Felix J	RHLD	9
Mitchell, W N	ADSN	197	Mobley, James B	FAFD	273	Montang, Grace	RHLD	9
Mitchell, W T*	GRVL	368	Mobley, Jemmia*	EDFD	194	Monteith, Mary S	RHLD	29
Mitchell, Wade	GETN	291	Mobley, Jerry	FAFD	281	Montgomery, A	CHTN	334
Mitchell, Wiley	ADSN	204	Mobley, Jno B	EDFD	14	Montgomery, A D	NWBY	301
Mitchell, William*	CHTN	422	Mobley, John	FAFD	281	Montgomery, Ann	WMBG	304
Mitchell, William	CHTN	419	Mobley, Kizziah	GRVL	446	Montgomery, Bird	CHTR	35
Mitchell, William	GRVL	453	Mobley, M*	SPBG	259	Montgomery, C C	GRVL	510
Mitchell, William	CHTN	279	Mobley, Mary	CHTR	26	Montgomery, C H*	NWBY	304
Mitchell, William	RHLD	27	Mobley, Mary	UNON	187	Montgomery, Catherine*	HORY	69
Mitchell, William A	RHLD	92	Mobley, Minnie*	ADSN	260	Montgomery, Cine	NWBY	305
Mitchell, Wm	CHTN	298	Mobley, Mrs L*	EDFD	12	Montgomery, D A	CHTN	106
Mitchell, Wm*	EDFD	197	Mobley, Nathan	FAFD	262	Montgomery, D H	FAFD	255
Mitchell, Wm	MARN	7	Mobley, Oliver R*	FAFD	262	Montgomery, Danl	NWBY	279
Mitchell, Wm	LRNS	260	Mobley, P F	FAFD	263	Montgomery, David W	LCTR	204
Mitchell, Wm S	CLDN	237	Mobley, P T	LCTR	167	Montgomery, Desda**	MARN	22
Mitchim, Dr T B*	YORK	384	Mobley, Robert L	FAFD	268	Montgomery, Edward*	SPBG	305
Mitchum, Aaron	CLDN	218	Mobley, S G	EDFD	126	Montgomery, Eleanor	YORK	444
Mitchum, Barbara	CHTN	164	Mobley, S W	FAFD	253	Montgomery, Elias	GRVL	410
Mitchum, C	WMBG	307	Mobley, Thomas	ABVL	2	Montgomery, Eliza*	NWBY	300
Mitchum, Charles*	WMBG	305	Mobley, W S	EDFD	156	Montgomery, Elizabeth	CHTR	43
Mitchum, G C	CHTN	164	Mobley, William	EDFD	154	Montgomery, F H	FAFD	221
Mitchum, H W	CHTN	152	Mobly, Caswell	LCTR	209	Montgomery, Franklin	FAFD	239
Mitchum, Hariet*	CHTN	120	Mock, John	BUFT	28	Montgomery, Freeman	SPBG	354
Mitchum, Henry*	BNWL	355	Mock, John	LRNS	326	Montgomery, Gedr B*	RHLD	35
Mitchum, J J	COTN	322	Modlin, M	DLTN	433	Montgomery, Geo*	CHTN	192
Mitchum, James A	CHTN	153	Modlin, S*	WMBG	353	Montgomery, Green	CHTR	55
Mitchum, James N	CHTN	170	Moffat, David	CHTR	37	Montgomery, Green B	CHTR	42
Mitchum, Jno A	CLDN	218	Moffat, J C	CHTR	86	Montgomery, H*	SPBG	258
Mitchum, Joseph	CHTN	148	Moffatt, Henry**	CHTR	61	Montgomery, Henry	CLDN	225
Mitchum, Lenny	WMBG	305	Moffatt, Jane	CHTR	46	Montgomery, Henry	WMBG	304
Mitchum, M E	WMBG	308	Moffatt, Margaret	CHTR	61	Montgomery, Hermia	CHTN	392
Mitchum, Royal	CHTN	170	Moffatt, W W*	PKNS	56	Montgomery, Hugh	CHTR	85
Mitchum, Theordor	CHTN	183	Moffett, Alexr	COTN	358	Montgomery, J D	SPBG	351
Mitchum, Thomas	CHTN	170	Moffett, George H	CHTN	397	Montgomery, J D	LCTR	199
Mitchum, Thos P	CLDN	246	Moffett, J G*	KRSW	131	Montgomery, J F	WMBG	304
Mitchum, W A	WMBG	306	Moffett, John R	CHTN	380	Montgomery, J H	SPBG	351
Mitchum, W T	WMBG	315	Mofield, E**	DLTN	387	Montgomery, J J V	HORY	65
Mittag, Anna	LCTR	216	Mohead, Absalom	UNON	280	Montgomery, J M	ADSN	243
Mixer, Daniel	CHTN	263	Mohead, Walter	UNON	280	Montgomery, J W*	ADSN	179
Mixer, John	CHTN	111	Mohead, William*	UNON	280	Montgomery, J W	SPBG	341
Mixon, C	SMTR	112	Mohead, William	UNON	279	Montgomery, J W	NWBY	301
Mixon, Chr C	DLTN	411	Mohne, Anna	CHTN	312	Montgomery, Jas	EDFD	34
Mixon, Easley P	DLTN	447	Mohr, Annie*	CHTN	354	Montgomery, Jas	CLDN	206
Mixon, Elizabeth	LXTN	359	Moid, E J	WMBG	313	Montgomery, Jeff	CHTN	395
Mixon, G*	SPBG	258	Moilan, Susan*	CHTN	244	Montgomery, Jinny	LCTR	143
Mixon, Henry	BNWL	494	Moise, Howard C*	SMTR	180	Montgomery, Jno O*	SPBG	256
Mixon, J L	KRSW	111	Moisson, Ervin	CHTN	104	Montgomery, Jno W	SMTR	119
Mixon, James R	BUFT	88	Moke, Andrew**	LXTN	449	Montgomery, John	YORK	399
Mixon, Jane	SMTR	112	Moland, Rivers	LXTN	466	Montgomery, John	LCTR	205
Mixon, Jesse	LXTN	413	Molane, Mary*	CHTN	350	Montgomery, John S	LCTR	171
Mixon, Jesse M	BUFT	91	Molder, Catharine*	ADSN	280	Montgomery, Lavinia	CHTN	178
Mixon, John	DLTN	409	Mole, Caroline	BUFT	81	Montgomery, Louisa	LCTR	147
Mixon, John A	BUFT	89	Mole, David W*	BUFT	77	Montgomery, M A	SPBG	351
Mixon, Lucinda*	CHTN	180	Mole, Elizth*	BUFT	77	Montgomery, M M	SPBG	398
Mixon, M T	DLTN	409	Mole, Georgian C	BUFT	67	Montgomery, M M	UNON	291
Mixon, Martha*	SMTR	127	Mole, J J	BUFT	30	Montgomery, Margaret*	YORK	493
Mixon, Mary E**	DLTN	428	Mole, Jacob C*	BUFT	77	Montgomery, Martha	CHTR	59
Mixon, Merida	CHTN	171	Mole, Jacob C*	BUFT	79	Montgomery, Mary	YORK	501
Mixon, Michael	BUFT	57	Mole, John A*	BUFT	76	Montgomery, Mary	PKNS	159
Mixon, Nancy*	DLTN	422	Mole, John A	BUFT	82	Montgomery, Mary	CHTR	34
Mixon, Rebecca C	BUFT	89	Mole, Lydia*	RHLD	55	Montgomery, Mary	CLDN	207
Mixon, Sarah A	BUFT	81	Mole, Mary A	BUFT	83	Montgomery, Mary*	LCTR	203
Mixon, Sarah*	CHTN	445	Mole, Mary A H*	BUFT	77	Montgomery, Melison	CLDN	207
Mixon, T M*	BNWL	445	Mole, Rebecca	BUFT	82	Montgomery, Milda**	GRVL	325
Mixon, Vandah	CHTN	172	Mole, Wm F	CHTN	197	Montgomery, Minor	CHTR	3
Mixon, Wm A	DLTN	441	Molen, John	CHTN	473	Montgomery, Mrs	CHTN	239
Mixon, Wm B	BUFT	92	Moline, Augustus*	CHTN	218	Montgomery, N*	SPBG	259
Mixon, Wm H	BUFT	81	Moll, W G**	CHTN	251	Montgomery, Nancy*	NWBY	247
Mixson, J H	BNWL	466	Mollenhan, Ernst*	EDFD	114	Montgomery, P S	SPBG	398
Mixson, J S	BNWL	466	Mollenhauer, E A*	CHTN	271	Montgomery, R D	LCTR	145
Mixson, Sarah A	BNWL	400	Mollenhauer, William	HORY	57	Montgomery, R F	YORK	439
Mixson, W J	BNWL	468	Molloy, Charles F	KRSW	133	Montgomery, R G*	YORK	442
Mize, Jeremiah	CHTR	57	Molloy, Duncan*	CHTN	206	Montgomery, R M	CLDN	244
Moak, Andrew	SPBG	375	Molshedt, John	YORK	459	Montgomery, Richard	GRVL	474
Moak, Jane	SPBG	380	Molten, R W			Montgomery, Robt	LCTR	162

Name	Loc	Pg	Name	Loc	Pg	Name	Loc	Pg
Montgomery, S	NWBY	296	Moody, William*	BNWL	362	Moore, David W	SPBG	311
Montgomery, S J	WMBG	304	Moody, Wm H	MARN	129	Moore, Davis	SPBG	248
Montgomery, S W	FAFD	280	Moohead, Mary*	UNON	280	Moore, Dr Wm	YORK	365
Montgomery, Saml	CLDN	245	Moon, Alexander H	PKNS	158	Moore, E E	CLDN	228
Montgomery, Sarah*	NWBY	247	Moon, Frank	NWBY	230	Moore, E J*	CLDN	205
Montgomery, Susan J*	SMTR	108	Moon, Gideon	GRVL	453	Moore, E M	PKNS	61
Montgomery, T E	SPBG	412	Moon, J A	GRVL	369	Moore, E P**	YORK	368
Montgomery, Tena	CLDN	210	Moon, James	GRVL	399	Moore, E T	KRSW	111
Montgomery, Thos	NWBY	243	Moon, John	GRVL	507	Moore, Easter*	NWBY	225
Montgomery, Unity	CLDN	210	Moon, Nancy*	GRVL	474	Moore, Edmund	LRNS	227
Montgomery, W J*	GRVL	332	Moon, P	NWBY	301	Moore, Edward	YORK	424
Montgomery, William	NWBY	245	Moon, Pleasant	GRVL	513	Moore, Edward	YORK	365
Montgomery, William	HORY	67	Moon, Robert	GRVL	453	Moore, Edwd*	CHTN	200
Montgomery, Wm	SPBG	355	Moon, Simeon	SPBG	337	Moore, Eleabett	SPBG	401
Montgomery, Wm	ABVL	53	Moon, W H	CHFD	140	Moore, Eli	PKNS	52
Montgomery, Wm	YORK	396	Moon, William	GRVL	399	Moore, Elihu	LCTR	149
Montgomery, Wm	WMBG	303	Moon, Wm	CHFD	140	Moore, Elijah	ADSN	324
Montgomery, Wm A	HORY	65	Mooneham, Nelly*	SMTR	98	Moore, Elijah*	LRNS	242
Montgomery, Wm Jr	WMBG	303	Mooney, Hannah	NWBY	289	Moore, Eliza	DLTN	455
Monthie, Emily	CHTN	336	Mooney, James	CHTN	448	Moore, Elizabeth*	CHTR	13
Monts, A W	NWBY	220	Mooney, John	BNWL	446	Moore, Elizabeth	CHTR	24
Monts, John	NWBY	254	Mooney, John*	CHTN	376	Moore, Elizabeth*	SPBG	401
Monts, Levi	NWBY	254	Mooney, John**	CHTN	498	Moore, Elizabeth	ADSN	323
Montz, George	LXTN	428	Mooney, Marcus	YORK	377	Moore, Elizabeth	SPBG	345
Montz, J T	LXTN	428	Mooney, Richard*	RHLD	50	Moore, Elizabeth*	YORK	436
Montz, Jacob	LXTN	392	Mooney, V A	GRVL	407	Moore, Elizh	LRNS	226
Montz, John	LXTN	428	Mooney, William	RHLD	31	Moore, Elvy	PKNS	79
Montz, N C	LXTN	395	Mooney, William A	GRVL	392	Moore, Emry	PKNS	60
Montz, William	LXTN	403	Mooneyham, Briant	SMTR	99	Moore, Enock	PKNS	60
Monz, Danl G	SPBG	337	Mooneyhan, Jaret	MARN	89	Moore, Ephm	DLTN	399
Monzel, Michael	CHTN	242	Moons, Jas	CHFD	141	Moore, Esther*	ADSN	313
Monzon, Henry M*	SPBG	514	Moony, Jacob	UNON	297	Moore, Eva M*	YORK	399
Mood, E M	COTN	326	Moor, Jacon	UNON	285	Moore, F A	YORK	370
Mood, Harriet*	CHTN	173	Moor, Leander	UNON	221	Moore, Frances	YORK	377
Mood, J R	CHTN	312	Moor, M A Jr	UNON	257	Moore, Francis F	YORK	480
Mood, Jno	CHTN	326	Moor, Mrs M	EDFD	98	Moore, Frank	DLTN	419
Mood, John M	CHTN	493	Moore, A	KRSW	120	Moore, Franklin	GRVL	398
Mood, Osgood A*	RHLD	45	Moore, A A	PKNS	65	Moore, Frederick	CHTN	174
Mood, W G*	CHTN	326	Moore, A A	KRSW	131	Moore, G Marion	YORK	476
Mood, W J	BNWL	425	Moore, A G	MRBO	192	Moore, Geo	LRNS	266
Moodie, R M	CHTN	494	Moore, A L	SPBG	398	Moore, Geo	CHTN	328
Moody, Andrew*	ORBG	406	Moore, A S**	GRVL	494	Moore, Geo M	MARN	114
Moody, Bennet	PKNS	21	Moore, A W	LRNS	224	Moore, Geo W	ABVL	27
Moody, Burrel	SMTR	132	Moore, Abraham	WMBG	345	Moore, George*	PKNS	159
Moody, C A*	CHTN	219	Moore, Abraham	NWBY	249	Moore, George	LRNS	225
Moody, Catharine**	PKNS	24	Moore, Albert R	LCTR	201	Moore, George	DLTN	466
Moody, Chesly	MARN	102	Moore, Albertus**	YORK	466	Moore, George W	SPBG	315
Moody, Chs S	MARN	127	Moore, Aldred*	ADSN	252	Moore, Gerry*	RHLD	56
Moody, Curtis*	MARN	74	Moore, Alex	YORK	373	Moore, Grant	ADSN	173
Moody, D---ecius	BNWL	388	Moore, Alexr	ABVL	131	Moore, H	ORBG	330
Moody, Daniel	MARN	107	Moore, Alfred*	GRVL	449	Moore, H D	ADSN	256
Moody, E J	MARN	109	Moore, Alfred	ADSN	260	Moore, H Judge	MRBO	146
Moody, E P*	ORBG	409	Moore, Alfred	CHTN	174	Moore, H W	DLTN	471
Moody, Edith*	BNWL	388	Moore, Alfred*	YORK	452	Moore, Hannah	DLTN	385
Moody, Eli*	DLTN	393	Moore, Alfred*	MRBO	166	Moore, Hannah*	ADSN	313
Moody, Eliza	GETN	297	Moore, Alfred	SMTR	102	Moore, Hannah*	CHTN	342
Moody, Elizabeth	BNWL	484	Moore, Allen	MRBO	172	Moore, Helen L	SMTR	126
Moody, Francis*	PKNS	13	Moore, Amanda*	LRNS	234	Moore, Henry	ABVL	64
Moody, Fulton	BNWL	403	Moore, Anderson	LRNS	296	Moore, Henry	ADSN	245
Moody, G W	MRBO	151	Moore, Anderson	LRNS	226	Moore, Henry	YORK	441
Moody, Geo	DLTN	429	Moore, Ang	DLTN	381	Moore, Henry M	YORK	492
Moody, Geo W*	CHTN	218	Moore, Ann*	ADSN	154	Moore, Henry T	MRBO	209
Moody, Gilbert	DLTN	379	Moore, Ann*	LRNS	327	Moore, Holcombe	LRNS	238
Moody, Hugh	MARN	71	Moore, Ann	YORK	442	Moore, Hugh	SPBG	257
Moody, J E*	RHLD	22	Moore, Anna	GRVL	381	Moore, Hutson	LRNS	313
Moody, J M*	BNWL	445	Moore, B C	WMBG	345	Moore, Isham	SMTR	151
Moody, J P*	NWBY	292	Moore, B F	CHTN	333	Moore, J	HORY	12
Moody, J T	HORY	52	Moore, Benj	CHTN	479	Moore, J A O**	CHTN	261
Moody, James	PKNS	18	Moore, Benj	MRBO	191	Moore, J B S*	HORY	17
Moody, James	BNWL	496	Moore, Benjamin	MRBO	201	Moore, J C*	HORY	26
Moody, James A	SMTR	132	Moore, Benjn	HORY	7	Moore, J D**	DLTN	393
Moody, Jane	DLTN	446	Moore, Blaney	MARN	31	Moore, J G	LXTN	371
Moody, Jannette	MARN	25	Moore, Benj	LRNS	225	Moore, J H	WMBG	318
Moody, Jas	DLTN	470	Moore, Bluford	LRNS	249	Moore, J J	YORK	455
Moody, Jeremiah	PKNS	21	Moore, Bridget	CHTN	249	Moore, J L	YORK	382
Moody, Jesse	BNWL	388	Moore, C C*	DLTN	393	Moore, J Leander	CHTR	40
Moody, Jesse	MARN	79	Moore, C H*	CHTR	70	Moore, J M**	YORK	439
Moody, Jno*	DLTN	381	Moore, C R	YORK	367	Moore, J N	YORK	382
Moody, Joel	PKNS	18	Moore, Cale*	CHTN	502	Moore, J P	HORY	12
Moody, Joel	PKNS	19	Moore, Calvin	MARN	30	Moore, J P	YORK	439
Moody, John*	PKNS	16	Moore, Catharine	CLDN	209	Moore, J P	LCTR	157
Moody, John	BNWL	481	Moore, Catharine	NWBY	217	Moore, J R*	SPBG	350
Moody, John	MRBO	148	Moore, Charles	SPBG	303	Moore, J W	YORK	475
Moody, John H	MARN	50	Moore, Charles	RHLD	7	Moore, Jack	SMTR	147
Moody, Kitty*	BNWL	507	Moore, Chas*	CHTN	249	Moore, Jacob	FAFD	264
Moody, L R	HORY	30	Moore, Clark	YORK	440	Moore, Jacob B	YORK	493
Moody, Lucinda	PKNS	13	Moore, Conelius*	ADSN	252	Moore, Jame O	ADSN	264
Moody, M A	MARN	73	Moore, Cyntha	YORK	365	Moore, James	GRVL	453
Moody, M E*	MARN	76	Moore, Cyntha A*	YORK	365	Moore, James	NWBY	248
Moody, Mahalee	BNWL	388	Moore, Cynthia	FAFD	237	Moore, James	NWBY	235
Moody, Oliver*	MARN	25	Moore, Cyrus	YORK	440	Moore, James	COTN	353
Moody, R R*	MARN	75	Moore, D D	GRVL	433	Moore, James A	PKNS	110
Moody, Richard	DLTN	429	Moore, D D	GETN	302	Moore, James B F	SMTR	98
Moody, Richd	MARN	71	Moore, D L*	LRNS	237	Moore, James F*	ORBG	344
Moody, S S	MARN	67	Moore, D L	ADSN	313	Moore, James P*	SPBG	303
Moody, Sarah	BNWL	484	Moore, D W	MRBO	191	Moore, James*	FAFD	257
Moody, Sarah E*	GETN	297	Moore, Dan D	YORK	389	Moore, James	PKNS	52
Moody, Sarah	MARN	75	Moore, Danl	NWBY	222	Moore, James*	CHTN	192
Moody, Sarah	MARN	24	Moore, Dave	GETN	305	Moore, James	ABVL	20
Moody, Stephen H	MARN	104	Moore, David	ADSN	183	Moore, James	GRVL	453
Moody, Susan	MARN	79	Moore, David	ABVL	141	Moore, James P	SMTR	133
Moody, Susan	DLTN	446	Moore, David	FAFD	204	Moore, James S	SMTR	156
Moody, Taply H	MARN	104	Moore, David	PKNS	32	Moore, Jane**	FAFD	216
Moody, W A	BNWL	445	Moore, David	PKNS	59	Moore, Jane	CHTN	174
Moody, W W	KRSW	124	Moore, David	ORBG	324	Moore, Jane	SPBG	244
Moody, William*	BNWL	485	Moore, David F	BUFT	77			

163

Name	Loc	Pg	Name	Loc	Pg	Name	Loc	Pg
Moore, Jane C	GRVL	457	Moore, Nancy	ADSN	258	Moore, William	GETN	303
Moore, Jas	LRNS	287	Moore, Nancy	YORK	380	Moore, William	SPBG	226
Moore, Jas	SPBG	391	Moore, Nancy	ORBG	394	Moore, William	GRVL	447
Moore, Jas B	ADSN	203	Moore, Nancy M	SPBG	344	Moore, William	ABVL	132
Moore, Jas P*	EDFD	107	Moore, Nathan	SPBG	300	Moore, Willis	ADSN	302
Moore, Jas v	YORK	419	Moore, Nathaniel	CHTN	181	Moore, Willis*	PKNS	4
Moore, Jasper	GRVL	453	Moore, Nimrod	SPBG	340	Moore, Wilsen H	SPBG	398
Moore, Jere	PKNS	68	Moore, O	CHTN	168	Moore, Wm	YORK	427
Moore, Jeremiah	ADSN	211	Moore, O P	LRNS	329	Moore, Wm	YORK	388
Moore, Jno	CLDN	221	Moore, Orsm	YORK	481	Moore, Wm	WMBG	310
Moore, Jno	LRNS	242	Moore, P F	LRNS	293	Moore, Wm	DLTN	452
Moore, Jno*	CLDN	225	Moore, P H	CHTN	116	Moore, Wm B	HORY	22
Moore, Jno	CHTR	11	Moore, Patrick	HORY	64	Moore, Wm R	PKNS	60
Moore, Jno	YORK	482	Moore, Peter	CHTR	24	Moore, Wm R	YORK	421
Moore, John Jr	DLTN	455	Moore, Peter	SPBG	403	Moore, Wm S	MRBO	185
Moore, John Jr	YORK	475	Moore, Philander	YORK	443	Moore, Wm W	DLTN	424
Moore, John R*	ABVL	64	Moore, Priscilla*	CHTN	113	Moore, Wm**	DLTN	438
Moore, John R	MRBO	152	Moore, Qullin	GRVL	337	Moore, Wm	LRNS	248
Moore, John W	ABVL	87	Moore, R**	DLTN	408	Moore, Wm	PKNS	59
Moore, John*	GRVL	408	Moore, R	LRNS	293	Moore, Wm	SPBG	244
Moore, John	SPBG	254	Moore, R A	CHFD	144	Moore, Wm	SPBG	334
Moore, John	PKNS	59	Moore, R A	WMBG	341	Moore, Wm A	FAFD	203
Moore, John	SPBG	299	Moore, R S	CLDN	234	Moore, Wm C	ABVL	24
Moore, John	LRNS	226	Moore, R S	YORK	366	Moore, Wm H	DLTN	398
Moore, John	LRNS	226	Moore, R S*	NWBY	270	Moore, Wylie	KRSW	122
Moore, John	CHTN	174	Moore, Rachel*	CHTN	355	Moorehead, Jas	CHTN	308
Moore, John	GETN	302	Moore, Rebecca	SPBG	403	Moorehead, John	PKNS	48
Moore, John	BUFT	29	Moore, Rebecca*	LRNS	228	Moorehead, Lewis	PKNS	48
Moore, John	GRVL	375	Moore, Revd**	CHTN	261	Moorer, Adam	ORBG	337
Moore, John	BUFT	45	Moore, Richard M	SMTR	147	Moorer, Francis M	ORBG	353
Moore, John	ABVL	148	Moore, Robt*	ABVL	77	Moorer, Henry	ORBG	351
Moore, John A*	SPBG	413	Moore, Robt	LXTN	407	Moorer, J R	ORBG	329
Moore, John A	PKNS	113	Moore, Robt	MARN	39	Moorer, Jacob F*	CHTN	461
Moore, John A	CHFD	181	Moore, Ruthy	YORK	488	Moorer, John L	ORBG	352
Moore, John A	ADSN	265	Moore, S	WMBG	352	Moorer, John L	ORBG	352
Moore, John A	ADSN	326	Moore, S A	GRVL	495	Moorer, Samuel	ORBG	338
Moore, John B	ADSN	265	Moore, S B	LRNS	313	Moorer, Sarah P	ORBG	338
Moore, John M	ADSN	326	Moore, S E*	WMBG	352	Moorer, W P	LXTN	470
Moore, John M	PKNS	73	Moore, S N D*	SPBG	357	Moorer, William	LXTN	361
Moore, John M	ADSN	177	Moore, S O	PKNS	52	Moorer, William	ORBG	325
Moore, John N	CHTN	520	Moore, Sallie*	CHTR	54	Moores, E A	COTN	340
Moore, John R	GRVL	373	Moore, Sally	GRVL	374	Moores, Elizabeth	COTN	341
Moore, John V	ADSN	258	Moore, Saml	GETN	318	Moores, Hanford**	COTN	340
Moore, John	RHLD	45	Moore, Saml**	NWBY	214	Moores, J C	COTN	348
Moore, John	YORK	414	Moore, Saml	DLTN	465	Moores, Jno R	COTN	346
Moore, John	NWBY	216	Moore, Samuel	CHTN	174	Moores, M J	COTN	337
Moore, John	RHLD	75	Moore, Samuel	ADSN	259	Moores, Mary*	COTN	337
Moore, John	EDFD	82	Moore, Samuel E	YORK	366	Moores, P P	COTN	339
Moore, John B	SMTR	156	Moore, Sarah*	CLDN	200	Moores, P S	COTN	341
Moore, John K	RHLD	75	Moore, Sarah**	DLTN	396	Moores, Rebecca	COTN	344
Moore, John W	YORK	443	Moore, Sarah*	MARN	109	Moorhead, Mullin*	CHTB	208
Moore, John W	NWBY	216	Moore, Senia*	NWBY	305	Moorhead, Rhoda	PKNS	66
Moore, Johnathan	YORK	480	Moore, Silvester*	BNWL	398	Moorhead, Robert	UNON	279
Moore, Jonah	YORK	438	Moore, Simon	YORK	493	Moorland, P	CHTN	346
Moore, Jordan	PKNS	60	Moore, Solomon R	YORK	445	Moorman, Danl B P	SPBG	315
Moore, Jos A	LRNS	296	Moore, Spencer	ADSN	316	Moorman, Lemuel*	SPBG	304
Moore, Joseph	ADSN	306	Moore, Stephen*	CHTN	174	Moorman, T S*	UNON	185
Moore, Joseph	PKNS	71	Moore, Susan*	CHTR	55	Moorman, Thos*	SPBG	304
Moore, Joseph A*	CHTR	65	Moore, Susan	EDFD	168	Moorman, Thos*	SPBG	308
Moore, Joseph T	ABVL	24	Moore, Susan	GETN	318	Moos, Nelson	GRVL	385
Moore, Josephine*	SPBG	428	Moore, Sybella C*	SMTR	104	Mora, Wm	CHTN	338
Moore, Josiah*	CHTN	136	Moore, T J	GRVL	493	Moragne, W C	EDFD	106
Moore, Julius	ABVL	90	Moore, T J	SPBG	405	Morague, Peter B	ABVL	4
Moore, Larkin*	ADSN	154	Moore, T W	CHTR	66	Moran, Ann*	CHTN	247
Moore, Lawrence	YORK	394	Moore, T*	NWBY	305	Moran, Edward*	COTN	248
Moore, Levi	FAFD	238	Moore, T A	KRSW	132	Moran, Edwin*	CHTN	482
Moore, Levi	SMTR	107	Moore, T B*	HORY	5	Moran, John	CHTN	247
Moore, Levi	HORY	7	Moore, Thomas B	ADSN	322	Moran, Kate**	RHLD	22
Moore, Lilly*	CHTN	302	Moore, Thomas F	ADSN	265	Moran, Lou*	RHLD	22
Moore, Linda	YORK	479	Moore, Thomas	COTN	314	Moran, Mary	CHTN	239
Moore, Livia*	NWBY	243	Moore, Thomas	CHTN	497	Moran, Miles*	CHTN	247
Moore, Lorenzo	SMTR	124	Moore, Thomas	GRVL	503	Moran, Pat**	CHTN	210
Moore, Louisa	CHTN	325	Moore, Thomas	CHTN	116	Moran, Patrick*	CHTN	426
Moore, Lucy	ABVL	81	Moore, Thomas H	HORY	59	Morant, Ann**	CHTN	429
Moore, M	EDFD	115	Moore, Thomas J*	RHLD	53	Morant, Charles*	CHTN	445
Moore, M A	YORK	394	Moore, Thos	ABVL	143	Morant, Jno	CHTN	331
Moore, M B	GRVL	494	Moore, Thos	KRSW	104	Morcock, J Cooper	BUFT	47
Moore, M J**	CLDN	213	Moore, Thos B	MRBO	196	Morcock, Wm A	BUFT	3
Moore, M N	GRVL	412	Moore, Thos M	ADSN	185	Mordan, Eliza*	RHLD	22
Moore, M S	SMTR	158	Moore, Thos T*	NWBY	275	Mordecai, B	CHTN	326
Moore, Margaret	PKNS	105	Moore, Timariah*	LRNS	312	Mordecai, Isabel R	CHTN	219
Moore, Margaret	RHLD	14	Moore, W A	LCTR	218	Mordecai, J D	RHLD	17
Moore, Margaret	RHLD	4	Moore, W G	CHTN	236	Mordecai, M C*	CHTN	218
Moore, Margt	ABVL	101	Moore, W G	KRSW	127	Mordecai, Miss Harriet	CHTN	238
Moore, Martha	SPBG	404	Moore, W J	ADSN	322	Mordecai, Thos W	CHTN	238
Moore, Martha	YORK	377	Moore, W N	EDFD	134	More, Ann*	BNWL	374
Moore, Martha J	SPBG	391	Moore, W P	SPBG	277	More, Essie*	ADSN	259
Moore, Martha	DLTN	383	Moore, W R	GETN	287	More, Henry	CHTN	420
Moore, Mary**	DLTN	396	Moore, W S	GRVL	494	More, James*	CHTN	426
Moore, Mary	BUFT	9	Moore, W T	CHFD	188	More, James	BNWL	443
Moore, Mary	SMTR	123	Moore, W W	DLTN	407	More, James	BNWL	479
Moore, Mary A**	CHTR	61	Moore, W W	YORK	385	More, N H	PKNS	105
Moore, Mary A*	RHLD	54	Moore, Warren P*	DLTN	448	More, S E*	EDFD	131
Moore, Mary B*	CHTN	102	Moore, Washington	SMTR	104	More, Wm B	BNWL	505
Moore, Mary*	ORBG	394	Moore, Washington	SPBG	391	Morecock, Wm*	CHTN	190
Moore, Mathew	BNWL	399	Moore, Wesley	SPBG	417	Morehead, Adeline	CHTN	102
Moore, Maurace H	SPBG	324	Moore, William	CHFD	174	Morehead, Alexander	ADSN	292
Moore, Maureen J	SPBG	328	Moore, William	PKNS	65	Morehead, Alexander	PKNS	93
Moore, Merrill	ADSN	297	Moore, William	PKNS	105	Morehead, Maxey	ADSN	292
Moore, Michael	COTN	289	Moore, William	GRVL	332	Morehead, William	ADSN	291
Moore, Moses	CHFD	137	Moore, William	YORK	480	Moreland, Andrew	CHTN	222
Moore, Moses	LCTR	157	Moore, William	RHLD	84	Moreland, Ewd	CHTN	228
Moore, Mrs Francis	CHTN	224	Moore, William A	ABVL	82	Moreland, John	SPBG	224
Moore, Mrs M E	EDFD	29	Moore, William H	PKNS	170	Moreland, Susan**	CHTN	378
Moore, Mrs N	ABVL	30	Moore, William*	CHTR	14	Moreland, W M*	CHTN	218
Moore, Mrs Sophia*	YORK	372	Moore, William*	CHTR	16	Morello, J B	CHTN	347

Name	Location	Page	Name	Location	Page	Name	Location	Page
Morelord, W M*	CHTN	218	Morgan, Solomon	GRVL	440	Morris, George	BNWL	366
Moreton, D	CHTN	385	Morgan, Susan A*	RHLD	92	Morris, George	BNWL	500
Morgan, Adolphus	BNWL	439	Morgan, Susanna	CHTR	41	Morris, George M	BNWL	365
Morgan, Anieball*	RHLD	54	Morgan, T C	EDFD	70	Morris, George P	BNWL	500
Morgan, Anne	LRSN	285	Morgan, T W	EDFD	64	Morris, George*	CHTN	264
Morgan, Ansey	FAFD	264	Morgan, Thos	EDFD	32	Morris, Gideon	BNWL	482
Morgan, Archy	EDFD	104	Morgan, Thos	ADSN	249	Morris, Gideon Jr	BNWL	482
Morgan, Arthur	GETN	283	Morgan, Thos	EDFD	95	Morris, H	LRNS	345
Morgan, Augustus G**	BUFT	72	Morgan, Thos D	PKNS	6	Morris, H R	BNWL	490
Morgan, B*	CHTN	329	Morgan, William	ABVL	81	Morris, Harriet	SPBG	273
Morgan, Bailus	PKNS	33	Morgan, William**	CHTN	274	Morris, Harriot	SPBG	237
Morgan, Baylis	GRVL	441	Morgan, William S	GRVL	390	Morris, Henry	GRVL	414
Morgan, Benjamin	PKNS	130	Morgan, Wm	CHFD	151	Morris, Henry	BNWL	367
Morgan, Benjamin F	PKNS	147	Morgan, Wm	LRSN	285	Morris, Henry M	BNWL	365
Morgan, Benjn	CHTN	522	Morgan, Wm	YORK	459	Morris, Howard*	CHTR	57
Morgan, Caroline*	CLDN	235	Morgin, Isabella	BUFT	15	Morris, Isaac	FAFD	260
Morgan, Caroline S**	ORBG	367	Moriah	SMTR	157	Morris, Isaac	GETN	313
Morgan, Chas	BUFT	5	Moriarty, Dennis**	CHTN	204	Morris, J E*	DLTN	476
Morgan, Chesley	PKNS	181	Moriarty, Thomas*	RHLD	45	Morris, J G	BNWL	460
Morgan, D*	ADSN	254	Morille, Rafael	CHTN	272	Morris, J J	SPBG	429
Morgan, David	EDFD	73	Moris, Calvin*	BNWL	369	Morris, J M	DLTN	444
Morgan, Delila**	SPBG	418	Moris, Claborn	BNWL	384	Morris, J N	BNWL	458
Morgan, Dolly**	MARN	120	Moris, Emily	YORK	449	Morris, J R	DLTN	380
Morgan, Dorcas*	YORK	504	Moris, George M	BNWL	386	Morris, J W	MARN	28
Morgan, Elias	SPBG	289	Moris, Hansford	BNWL	386	Morris, James	EDFD	15
Morgan, Elijah	PKNS	144	Moris, James	UNON	220	Morris, James	COTN	305
Morgan, Elizabeth	PKNS	179	Moris, James	BNWL	385	Morris, James A	BNWL	501
Morgan, Elizabeth*	MRBO	174	Moris, Jamies*	NWBY	260	Morris, James H	ABVL	11
Morgan, Elizabeth	YORK	493	Moris, John	BNWL	385	Morris, James*	CHTN	194
Morgan, Elizabeth	YORK	369	Moris, John**	BNWL	385	Morris, James	CHTN	145
Morgan, Esther*	CHTN	110	Moris, John	YORK	449	Morris, James**	DLTN	461
Morgan, F M**	PKNS	31	Moris, John R**	BNWL	362	Morris, James A	NWBY	267
Morgan, F M	WMBG	335	Moris, John S	BNWL	384	Morris, Jane*	BNWL	484
Morgan, Frances T*	YORK	460	Moris, Nancy	SMTR	140	Morris, Jas**	SMTR	172
Morgan, Frances	YORK	447	Moris, Perlina	YORK	449	Morris, Jas**	CLDN	225
Morgan, Francis*	SPBG	296	Moris, Richard	BNWL	385	Morris, Jas	ADSN	232
Morgan, G R*	EDFD	99	Morison, Nancy	MRBO	158	Morris, Jas	EDFD	85
Morgan, G W	EDFD	103	Morissey, Daniel**	CHTN	398	Morris, Jessee**	ADSN	232
Morgan, George	UNON	269	Morissey, John L	SMTR	180	Morris, Johanna**	CHTN	441
Morgan, Gilbert	SMTR	148	Morisscy, John L	SMTR	112	Morris, John	CHTN	197
Morgan, H M D	EDFD	32	Morlet, Edw	CHTN	218	Morris, John**	CHTR	18
Morgan, H*	CHTN	312	Morman, Robert	NWBY	258	Morris, John	CHTN	498
Morgan, Hamilton	LRNS	345	Morne, Miss*	CHTN	320	Morris, John**	CHTN	264
Morgan, Harriet*	NWBY	228	Morningstar, Jas	SPBG	295	Morris, John	SMTR	124
Morgan, Henry	PKNS	31	Moroso, A	CHTN	315	Morris, John	HORY	43
Morgan, Henry J	SPBG	303	Morr, E E	WMBG	339	Morris, John H	SMTR	135
Morgan, Hezekiah	GRVL	439	Morrah, Cates	ABVL	116	Morris, John*	EDFD	87
Morgan, I N*	CHTN	462	Morrah, David	ABVL	12	Morris, Josephine*	RHLD	19
Morgan, Isaac	SPBG	411	Morrah, Isabella**	ABVL	8	Morris, Julia	BNWL	500
Morgan, Isaac C	RHLD	48	Morrah, Margt	ABVL	116	Morris, Katy	CHTR	11
Morgan, J R	EDFD	28	Morrah, Ripley R	ABVL	132	Morris, L	DLTN	444
Morgan, J*	LRNS	345	Morrah, Saml R	ABVL	8	Morris, Lazarus*	DLTN	445
Morgan, J S	LXTN	376	Morrall, John F	BUFT	23	Morris, Levi	DLTN	383
Morgan, James	PKNS	17	Morrall, Phoe J	BUFT	23	Morris, M	GETN	292
Morgan, James	ADSN	160	Morrel, John	RHLD	65	Morris, Margaret	GETN	297
Morgan, James	BNWL	451	Morrel, Willey	RHLD	77	Morris, Marian*	BNWL	496
Morgan, James	CHTN	479	Morrell, D	DLTN	378	Morris, Marion	GRVL	439
Morgan, James	LRNS	345	Morrell, Hugh	DLTN	467	Morris, Marth	BNWL	436
Morgan, Jenn	SPBG	367	Morrell, Isaac*	DLTN	382	Morris, Martha*	CHFD	183
Morgan, Jennet*	EDFD	51	Morrell, Jeffn*	DLTN	462	Morris, Martin	DLTN	390
Morgan, Jeremiah	EDFD	148	Morrell, Josh	DLTN	415	Morris, Mary	BNWL	458
Morgan, Jeremiah	SPBG	391	Morrell, Mary	DLTN	435	Morris, Mary A*	ADSN	158
Morgan, Jerry Jr	EDFD	148	Morrell, Onner*	DLTN	414	Morris, Mary G*	RHLD	54
Morgan, Jesse	GRVL	471	Morrell, Tho	DLTN	476	Morris, Mary J**	CHTR	15
Morgan, Jessie	SMTR	178	Morrice, Elizabeth**	SMTR	125	Morris, Michael*	SMTR	140
Morgan, Jno L	ABVL	55	Morrice, S W**	WMBG	300	Morris, Mrs M	ABVL	37
Morgan, John C	PKNS	137	Morris James	BNWL	367	Morris, Mrs Mary	EDFD	37
Morgan, John G	YORK	459	Morris Jno	DLTN	428	Morris, Mrs S	EDFD	35
Morgan, John H	GRVL	325	Morris, Adam*	CHTN	464	Morris, Nancy	EDFD	144
Morgan, John J	PKNS	25	Morris, Alex	YORK	445	Morris, Nancy	EDFD	162
Morgan, John R*	FAFD	260	Morris, Alexander*	CHTN	357	Morris, Obed	EDFD	134
Morgan, John*	SPBG	411	Morris, Ambrose	BNWL	367	Morris, P	CHTN	302
Morgan, John	SPBG	287	Morris, Amos	ADSN	281	Morris, P*	CHTN	324
Morgan, John	CHTN	400	Morris, Anne	RHLD	15	Morris, Phebe	PKNS	1
Morgan, John	GETN	286	Morris, Annie*	CHTR	44	Morris, Phillip	BNWL	366
Morgan, John	ADSN	249	Morris, Barbary	BNWL	365	Morris, R*	GRVL	475
Morgan, John	CHTN	280	Morris, Benjn J	BNWL	500	Morris, Rebecca*	BNWL	366
Morgan, Jos E*	EDFD	70	Morris, Bet*	GRVL	358	Morris, Rich	BNWL	484
Morgan, Jos H	ORBG	367	Morris, C*	BUFT	6	Morris, Richard	ADSN	288
Morgan, K T	CHFD	180	Morris, Cameron	MRBO	177	Morris, Robina*	CHTN	377
Morgan, Kind	MARN	112	Morris, Caroline**	MARN	100	Morris, S S	DLTN	388
Morgan, Lewis	LRNS	328	Morris, Channcey	NWBY	216	Morris, S S	EDFD	28
Morgan, Lewis	PKNS	25	Morris, Charlotte*	CHTN	213	Morris, S W	DLTN	388
Morgan, Louis	CHTN	416	Morris, Clementa	BNWL	499	Morris, Sally**	GRVL	417
Morgan, M B	PKNS	99	Morris, D G	ADSN	286	Morris, Saml A*	CLDN	225
Morgan, Margt**	YORK	479	Morris, David	EDFD	35	Morris, Samuel**	ABVL	7
Morgan, Martha	GRVL	345	Morris, David B	BNWL	362	Morris, Samuel	ADSN	288
Morgan, Marvin	SPBG	362	Morris, E E	BNWL	500	Morris, Sarah**	CHTN	357
Morgan, Mary	FAFD	256	Morris, Edwd	EDFD	35	Morris, Sarah	DLTN	474
Morgan, Mary*	SPBG	429	Morris, Elisha	BNWL	367	Morris, Stephen	GETN	315
Morgan, Mathena*	PKNS	187	Morris, Elisha	BNWL	367	Morris, Susan*	BNWL	479
Morgan, Matilda	NWBY	288	Morris, Elisha	RHLD	25	Morris, Susan	BNWL	371
Morgan, Mattison	PKNS	124	Morris, Elisha Sr	BNWL	367	Morris, T E	DLTN	393
Morgan, Miss I*	EDFD	86	Morris, Eliz	NWBY	226	Morris, Thomas	BNWL	365
Morgan, Mrs M	EDFD	103	Morris, Eliza	WMBG	327	Morris, Thomas	COTN	284
Morgan, Nathaniel	GRVL	333	Morris, Eliza	DLTN	445	Morris, Thomas	UNON	220
Morgan, Nora	CHTN	256	Morris, Eliza J*	KRSW	129	Morris, Thomas*	MARN	112
Morgan, Peter	YORK	492	Morris, Elizabeth	UNON	220	Morris, Thos	CHTN	340
Morgan, Richard	FAFD	260	Morris, Ellen**	CHTN	441	Morris, Thurson	SPBG	320
Morgan, Robert T	PKNS	193	Morris, Emanuel	COTN	300	Morris, Tom*	BNWL	470
Morgan, S A	LXTN	381	Morris, Enoch	CHTR	18	Morris, Tyrrel	GRVL	450
Morgan, S W	GRVL	437	Morris, Fannie B*	CHTN	149	Morris, W J	DLTN	444
Morgan, Saml	SPBG	411	Morris, Ferdman*	NWBY	219	Morris, W Simpson	SPBG	244
Morgan, Sarah	PKNS	188	Morris, G T	DLTN	392	Morris, Wesley	CHFD	128
Morgan, Sarah	FAFD	263	Morris, Genora*	BNWL	480	Morris, William D	RHLD	42
Morgan, Sarah	PKNS	25	Morris, Geo	NWBY	221	Morris, Wm	EDFD	14

Name	Loc	No	Name	Loc	No	Name	Loc	No
Morris, Wm	DLTN	454	Morton, Wm R*	CHTN	339	Moss, Jos R	YORK	375
Morris, Wm J	EDFD	37	Mose, Maria C	CHTN	423	Moss, Joshua	YORK	491
Morrisey, P	CHTN	251	Moseley, C	KRSW	94	Moss, Margaret	CHFD	154
Morrisey, T	CHTN	251	Moseley, Henry	ABVL	101	Moss, Martin	PKNS	14
Morrison, Absolem	ADSN	169	Moseley, Hugh	EDFD	78	Moss, Matilda	SPBG	226
Morrison, Alex	PKNS	71	Moseley, J*	KRSW	94	Moss, Miles	PKNS	13
Morrison, Andrew	ABVL	91	Moseley, James	BNWL	410	Moss, Nancy	YORK	477
Morrison, Augustus	CHFD	107	Moseley, Jno W**	LRNS	220	Moss, O H	SPBG	409
Morrison, Benj	MRBO	175	Moseley, John M	ABVL	112	Moss, R	FAFD	235
Morrison, Charles*	CHTN	426	Moseley, Joseph T	ABVL	101	Moss, Richard	YORK	491
Morrison, Charles	GRVL	420	Moseley, Robert	ABVL	101	Moss, Riley	YORK	491
Morrison, Chas*	CHTN	335	Moseley, Thomas	GRVL	400	Moss, Sarah C*	PKNS	107
Morrison, Dannel	CHFD	107	Moseley, W J**	BNWL	457	Moss, Sarah F**	YORK	496
Morrison, Elizabeth L	CHTN	143	Moseley, Wm	KRSW	89	Moss, Singleton*	ADSN	154
Morrison, Hanah	YORK	510	Mosely, Arthur	SPBG	274	Moss, Thos	YORK	482
Morrison, Hannah	CHTR	42	Mosely, Benjn F	ABVL	141	Moss, William C	ORBG	403
Morrison, J A*	CHTN	370	Mosely, Chas R	ABVL	54	Moss, Willis	YORK	482
Morrison, James	SPBG	205	Mosely, Damon	UNON	257	Moss, Wilson	PKNS	99
Morrison, James A	BUFT	26	Mosely, Daniel	UNON	257	Moss, Wm**	YORK	399
Morrison, James*	CHTN	426	Mosely, Frances E	ABVL	55	Moss, Wylie	YORK	487
Morrison, James	CHTN	382	Mosely, Geo F	LRNS	295	Mossala, Philix	CHTN	522
Morrison, James	BUFT	36	Mosely, George B*	GRVL	498	Moten, William H	BNWL	345
Morrison, Jno	CHTR	44	Mosely, Ira L	ADSN	317	Motes, Allen	LRNS	284
Morrison, John	FAFD	254	Mosely, Isaac	CHFD	172	Motes, Elizh	LRNS	258
Morrison, John	RHLD	4	Mosely, J Mack*	ABVL	53	Motes, Geo	LRNS	228
Morrison, Jos V	BUFT	28	Mosely, James	SPBG	276	Motes, Hogan	LRNS	228
Morrison, Joseph V*	RHLD	51	Mosely, Joab W	ORBG	346	Motes, Jesse	LRNS	242
Morrison, Julia*	RHLD	52	Mosely, John*	PKNS	47	Motes, Jno*	SPBG	331
Morrison, M R**	CHTN	68	Mosely, John	SMTR	144	Motes, Jos	LRNS	226
Morrison, M W**	KRSW	140	Mosely, Martha*	EDFD	42	Motes, MIlford	LRNS	228
Morrison, Mary	CHTN	415	Mosely, Mary	UNON	259	Motes, Nancy	LRNS	284
Morrison, Peter	MARN	97	Mosely, R J	EDFD	27	Motes, Sarah*	LRNS	295
Morrison, R	CHTR	72	Mosely, Sarah	ABVL	43	Motes, Silas	LRNS	333
Morrison, R T	CHTN	143	Mosely, Simpson	PKNS	60	Motes, Thomas*	NWBY	238
Morrison, Reny	ADSN	192	Mosely, W C	BNWL	425	Motes, Toland*	LRNS	250
Morrison, Robert	CHTN	380	Mosely, W C*	LRNS	261	Motes, Wilford	NWBY	237
Morrison, Robert S	RHLD	18	Mosely, William*	ABVL	12	Mothadred, H	KRSW	94
Morrison, Robt*	CHTN	239	Moser, Rev Peter	NWBY	266	Mother Teresa	CHTN	319
Morrison, Robt**	FAFD	203	Moser, Samuel	LCTR	186	Mothershed, Elisha	LCTR	160
Morrison, S C*	CHTR	76	Moser, William	LCTR	186	Mothershed, Jackson*	LCTR	170
Morrison, Saml	CHTN	203	Moses, Andrew J	SMTR	176	Mothershed, Mary*	LCTR	161
Morrison, Thos	ADSN	176	Moses, D L	CHTN	343	Mothershed, Vicaa*	LCTR	169
Morrison, W A	FAFD	208	Moses, F J*	MARN	13	Motley, Henry	RHLD	88
Morrison, William*	CHTN	426	Moses, Franklin J	SMTR	177	Motley, John	KRSW	107
Morrison, Wm	ADSN	208	Moses, H J**	CHTN	365	Motley, John Sr	RHLD	88
Morrison, Z T	BUFT	32	Moses, Henry C*	RHLD	52	Motley, Kesziah**	FAFD	279
Morrissey, William**	CHTN	396	Moses, J H$	CHTN	370	Motley, Ransom S	RHLD	88
Morrissie, Timothy	CHTN	271	Moses, J P	LCTR	181	Motley, Ruben	FAFD	234
Morrissy, Katherine*	CHTN	284	Moses, John C	YORK	501	Mott, Guta*	UNON	230
Morrisy, John**	CHTN	291	Moses, Levi J	CHTN	397	Mott, H C*	FAFD	218
Morrow, Allen	LCTR	153	Moses, Levy	CHTN	408	Mott, Harriet	FAFD	205
Morrow, Berry	SPBG	264	Moses, M J*	RHLD	55	Mott, James	UNON	236
Morrow, David	CHTR	2	Moses, Marcus	GETN	287	Mott, James*	UNON	223
Morrow, George	ABVL	136	Moses, Montgomery	SMTR	177	Mott, Mary	UNON	232
Morrow, James M*	RHLD	53	Moses, Perry	SMTR	180	Mott, Sarah	CHTN	499
Morrow, James M	LCTR	154	Moses, Peter	YORK	501	Mott, Stephen	DLTN	393
Morrow, Jno D	YORK	488	Moses, Rebecca J	CHTN	403	Mott, Wesley	UNON	226
Morrow, John D	ORBG	345	Moses, Thos	CHTN	345	Motte, Dorilla	CHTN	377
Morrow, John F	GRVL	444	Moses, Thos J*	EDFD	63	Motte, Edward*	CHTN	340
Morrow, Joseph	CHTR	2	Moses, West*	LXTN	389	Motte, J Rhett	CHTN	161
Morrow, L D	GRVL	394	Mosey, Wm B	LCTR	191	Motte, J W	LRNS	220
Morrow, R G	GRVL	334	Mosier, Peter	NWBY	286	Motte, John H	MARN	35
Morrow, Robt N	SPBG	340	Mosley, A C	UNON	261	Mottey, Daniel	KRSW	108
Morrow, W	SPBG	362	Mosley, A W	BNWL	416	Motts, Phillip	HORY	65
Morry, Charles**	CHTN	294	Mosley, B W	BNWL	457	Mouchet, Jacob	ADSN	246
Morse, A	CHTN	333	Mosley, Bailey	PKNS	110	Moulanan, C	CHFD	111
Morse, A H	CHTN	503	Mosley, David	PKNS	125	Moultree, Manna	CHTN	500
Morse, Albert A	ADSN	292	Mosley, Henson*	NWBY	298	Moultrie, Ellen	CHTN	421
Morse, C H	CHTN	354	Mosley, Joab	BNWL	415	Moultrie, Emma*	CHTN	436
Morse, Geo**	DLTN	381	Mosley, Joseph	BNWL	425	Moultrie, James	GETN	294
Morse, Hardy	CHFD	108	Mosley, Mrs E	EDFD	62	Moultrie, Jas	CHTN	350
Morse, Jane**	ABVL	112	Mosley, Nancy C*	NWBY	298	Moultrie, Mary A	CHTN	392
Morse, Miss*	ABVL	47	Mosley, Samuel*	UNON	273	Moultrie, Middleton	CHTN	444
Morse, Miss L**	CHTN	350	Mosley, Samuel J	UNON	257	Moultrie, Miss	CHTN	328
Morse, Miss*	CHTN	333	Mosley, Terrel	UNON	258	Moultrie, RoVana	CHTN	358
Morse, Silus	EDFD	152	Mosley, Welcom	BNWL	425	Moultrie, Susan*	CHTN	457
Morse, Simeon	EDFD	188	Mosley, William	UNON	239	Moultrie, W L	CHTN	162
Morse, Solomon	EDFD	145	Moss Richard	SPBG	409	Moultry, Seton	EDFD	70
Morse, T J	CHTN	328	Moss William	YORK	491	Mounce, Mrs L S	ABVL	69
Morse, W A	WMBG	357	Moss, Arthur**	YORK	494	Mounce, Rebecca C*	ABVL	52
Morse, W M	EDFD	132	Moss, Arthur	YORK	487	Mounce, Robt H	ABVL	52
Morse, Whitfield	EDFD	150	Moss, Barnett W**	YORK	495	Mount, Jesse	BUFT	7
Morse, Wm L	DLTN	433	Moss, Berryman	YORK	491	Mount, T D O	BNWL	477
Morten, Agnes*	CHTN	275	Moss, Catharine	BUFT	69	Mount, W W	BNWL	456
Morthier, Brislot	FAFD	282	Moss, Cintha	PKNS	26	Mounts, Wm*	EDFD	148
Mortimer, Daniel	CHTN	380	Moss, Clemince	YORK	492	Moussean, C P**	CHTN	465
Mortimer, Thomas H	CHTN	403	Moss, Col M	EDFD	58	Mousseau, Elizabeth*	CHTN	382
Mortimer, S H	CHTN	477	Moss, Col W H	EDFD	106	Mousseau, Henrietta	CHTN	584
Mortimore, Cinderella	CHTN	421	Moss, Cordis	YORK	492	Mouttree, Clause	CHTN	496
Mortimore, Grace A*	CHTN	421	Moss, Elizabeth	SPBG	325	Mouzon, D K	WMBG	336
Mortimore, Jackson	CHTN	458	Moss, Gillis	YORK	487	Mouzon, Harriet DuBose*	CHTN	421
Morton, Aug H	ABVL	57	Moss, Henry Sr	YORK	482	Mouzon, J G	WMBG	308
Morton, Benjamin	PKNS	111	Moss, I*	CHTN	460	Mouzon, John	WMBG	303
Morton, David*	RHLD	76	Moss, J L L*	YORK	374	Mouzon, M F	WMBG	336
Morton, Henry	PKNS	111	Moss, J P*	GRVL	417	Mouzon, P B	WMBG	363
Morton, J	GRVL	491	Moss, James	SPBG	396	Mouzon, S H*	WMBG	299
Morton, J A	WMBG	326	Moss, James	PKNS	46	Mouzon, S H*	WMBG	299
Morton, J B	PKNS	45	Moss, James C*	SPBG	304	Mouzon, Samuel C*	CHTN	421
Morton, John**	CHTN	325	Moss, James E	ORBG	390	Mouzon, T M	WMBG	299
Morton, Louisa**	CHTN	325	Moss, Jane	GRVL	389	Mouzon, William	CHTN	430
Morton, R G	WMBG	326	Moss, Jane E	YORK	491	Movine, John*	ABVL	51
Morton, R H**	PKNS	18	Moss, Jeremiah	YORK	503	Mowery, Margaret	CHTN	257
Morton, T R**	PKNS	8	Moss, Jno F	SPBG	395	Mowery, W S	CHTN	264
Morton, W M	PKNS	24	Moss, Jno H	EDFD	59	Mowry, L Sr	CHTN	362
Morton, William	PKNS	111	Moss, John	YORK	476	Mowry, Louis	CHTN	273
Morton, Wm	CHTN	236	Moss, John J**	GRVL	389	Mowry, P**	CHTN	251

Name	Place	No.
Mowry, P R	DLTN	374
Moxy, Rachel*	CHTN	339
Moye, A W	DLTN	397
Moye, Elizabeth**	RHLD	86
Moye, George W	BNWL	347
Moye, Jas A C	DLTN	394
Moye, William W	SMTR	150
Moyer, Levi	EDFD	9
Moyers, Andrews	EDFD	7
Moyers, Daniel	EDFD	8
Moyers, Jacob	EDFD	9
Moyers, John	EDFD	8
Moyers, Stephen	BNWL	440
Mozier, John*	WMBG	300
Muchenfuss, Thomas	COTN	357
Muckenfuss, Benjamin	CHTN	456
Muckenfuss, Charles	CHTN	456
Muckenfuss, George	COTN	328
Muckenfuss, Wm	COTN	268
Muckinfuss, Eliza	COTN	345
Muckinfuss, Jane	COTN	345
Muckinfuss, John C D	COTN	354
Muckinfuss, Juno	COTN	335
Mudd, Mrs Sarah	MBRO	204
Mueller, Anthony	RHLD	50
Muer, B M	SPBG	396
Muerhead, R M	CHTN	108
Mugen, Thos	BNWL	446
Mugyar, Edy	FAFD	234
Muierhead, Alex*	CHTN	257
Muir, Lydia W*	CHTN	425
Muire, Asop**	CHTN	290
Muiro, Mrs J	CHTN	231
Mulcahy, Miss*	CHTN	320
Mulcarry, Mary**	CHTN	396
Mulcehey, William	CHTN	482
Mulchi, John	PKNS	44
Muldoon, Rachael*	CHTN	263
Muldrow, Eliha	DLTN	435
Muldrow, Jackquilling C	SMTR	135
Muldrow, Jas	DLTN	458
Muldrow, Jno H	DLTN	435
Muldrow, John E	SMTR	105
Muldrow, John F	SMTR	135
Muldrow, Leonora J	SMTR	108
Muldrow, M C	DLTN	433
Muldrow, Mathew E	SMTR	135
Muldrow, R J	DLTN	435
Muldrow, Samuel L	SMTR	108
Muldrow, Thomas M	SMTR	122
Muldrow, William J	SMTR	108
Muleran, William	UNON	270
Mulharry, Thomas	CHTN	395
Mulholland, A H	YORK	467
Mulholland, John*	CHFD	147
Mulholland, John	WMBG	347
Mulhons, C H	BNWL	475
Mulinax, J W	YORK	494
Mulinax, Jackson	UNON	281
Mulinax, Jackson	UNON	290
Mulinax, James	UNON	291
Mulinax, James	YORK	486
Mulinax, John	YORK	495
Mulinax, Joseph	YORK	497
Mulinax, Joseph	YORK	494
Mulinax, Lee	YORK	493
Mulinax, M	UNON	277
Mulinax, Martin	YORK	372
Mulinax, Thos	YORK	494
Mulinax, Washington	YORK	493
Mulinax, William	UNON	275
Mulinix, Mathew	PKNS	185
Mulker, Patrick	CHTN	227
Mulkey, John	PKNS	17
Mulky, Ansel*	PKNS	16
Mulky, Jesse	PKNS	15
Mulky, William	PKNS	16
Mullaly, Frances*	RHLD	57
Mullang, Jas	CHTN	225
Mullen, Maria**	CHTN	519
Mullens, Jane	SPBG	395
Muller, A E	LXTN	363
Muller, Chas	FAFD	203
Muller, E W*	RHLD	21
Muller, Elizabeth*	FAFD	207
Muller, Gerhard	LXTN	363
Muller, Henry	RHLD	8
Muller, J D	YORK	370
Muller, Jno H	CHTN	345
Muller, John	CHTN	424
Muller, John*	LXTN	455
Muller, Louis	CHTN	449
Muller, Martin	CHTN	470
Muller, Mary**	CHTN	417
Muller, S*	BNWL	462
Muller, S D	WMBG	314
Muller, Sophia*	CHTN	234
Muller, Thos	CHTN	345
Muller, W*	FAFD	204
Muller, Washington	FAFD	207
Muller, Wm	PKNS	22
Muller, Wm G	LXTN	458
Mulligan, Allice*	CHTN	261
Mulligan, Andrew	RHLD	15
Mulligan, Cath*	CHTN	209
Mulligan, Frances F	SPBG	219
Mulligan, Francis	BUFT	48
Mulligan, Gideon*	BUFT	35
Mulligan, James M	ABVL	111
Mulligan, James*	ADSN	259
Mulligan, Jno T	CHTN	324
Mulligan, John*	RHLD	56
Mulligan, Patrick	BUFT	31
Mulligan, Washington C	BUFT	30
Mulligan, William	ADSN	300
Mulligin, Mattison H	PKNS	172
Mulliken, Jane	ADSN	301
Mullikin, J F	ADSN	308
Mullikin, J H	ADSN	302
Mullikin, James	ADSN	302
Mullikin, Jasper	ADSN	309
Mullikin, Samuel	ADSN	301
Mullikin, William	ADSN	336
Mullinax, B O*	ADSN	183
Mullinax, Benjn O*	ABVL	52
Mullinax, Betsy**	YORK	494
Mullinax, Elizabeth**	YORK	473
Mullinax, Hasten	UNON	290
Mullinax, J M	GRVL	468
Mullinax, James W	GRVL	381
Mullinax, John	ADSN	296
Mullinax, Johnson	GRVL	464
Mullinax, Joseph	GRVL	382
Mullinax, Lydia*	YORK	493
Mullinax, Mary	GRVL	326
Mullinax, Salena	YORK	493
Mullinax, Thomas W	GRVL	381
Mullinax, William*	GRVL	382
Mulling, Mary Jane*	CHTN	460
Mullings, Mary	CHTN	213
Mullings, Wm	CHTN	209
Mullinix, Abner	PKNS	181
Mullinix, Andrew J	PKNS	181
Mullinix, Fields	PKNS	160
Mullinix, Jane	ADSN	255
Mullinix, William C	PKNS	169
Mullins, Ann H*	CHTN	439
Mullins, Bridget*	CHTN	197
Mullins, Dudley	SPBG	290
Mullins, Eliza*	CHTN	428
Mullins, Henry	CHTN	105
Mullins, Henry**	CHTN	213
Mullins, Jack*	CHTN	197
Mullins, Jas C	MARN	19
Mullins, Kenessy**	CHTN	202
Mullins, Luke	SPBG	314
Mullins, Marvin	SPBG	378
Mullins, Michael*	CHTN	426
Mullins, Miss*	CHTN	319
Mullins, Miss*	CHTN	320
Mullins, Miss*	CHTN	320
Mullins, Wm S	MARN	131
Mulloney, Cath**	CHTN	366
Mulloney, John*	CHTN	395
Mullophius, Henry	CHTN	385
Mulloy, Edward	CHFD	145
Mulloy, Patrick**	CHTN	516
Mulloy, Wm A	CHFD	145
Mulvaney, Chs	CHTN	202
Mulveny, Miss*	CHTN	320
Mum, Margarett*	SMTR	104
Mumford, Wm	CHFD	104
Mummer, Daniel	MARN	121
Munch, Francis*	COTN	272
Munch, R	COTN	272
Munch, Samuel	COTN	309
Munch, William	COTN	366
Munday, Calvin	BNWL	411
Mundle, Samuel D*	RHLD	35
Mundoo, James	CHTN	271
Mundy, Elbert	EDFD	79
Mundy, J W	EDFD	65
Mundy, John H	ABVL	83
Mundy, Mrs E	EDFD	65
Mundy, Saml O	ABVL	75
Mundy, W M	EDFD	67
Mundy, Wm	EDFD	91
Mundy, Wm N	ABVL	80
Munford, ------*	CHFD	177
Munford, Jas Jr	MRBO	163
Munford, Jas Sr	MRBO	163
Munford, Nicy	MRBO	190
Mungh, Elizabeth*	LXTN	429
Mungo, M	KRSW	92
Mungo, Wm	KRSW	90
Munn, Alexdr	MARN	34
Munn, Angus	MARN	35
Munn, Archibald	KRSW	115
Munn, D D	KRSW	115
Munn, Daniel	MARN	121
Munn, Daniel	MARN	36
Munn, Isabella*	MRBO	167
Munn, J C**	KRSW	99
Munn, J*	MARN	121
Munn, James	KRSW	102
Munn, John	MARN	126
Munn, Malcom	CHTN	147
Munn, Neelly	KRSW	115
Munn, Peggy	CHTN	147
Munn, Woodrow	GETN	290
Munnalyn, B A*	GETN	287
Munnalyn, Julia*	WMBG	322
Munnerlin, S A**	MRBO	148
Munnerlyn, C T*	CHFD	120
Munnson, John	CHTN	131
Munro, G W	ADSN	258
Munro, Robert	GETN	286
Munro, Wm J	LRNS	221
Munroe, J W*	LRNS	339
Munroe, Jane*	CHTN	340
Munroe, Mary	CHFD	128
Munroe, P D	CHFD	183
Munsford, Elisha	CHFD	120
Munson, Burril	CHFD	184
Munson, W H	HORY	5
Muran, W	CHTN	167
Murant, John*	RHLD	21
Murchison, E J*	SMTR	161
Murchison, Eliza J**	CHTN	205
Murchison, John*	KRSW	90
Murchison, M*	MARN	95
Murchison, Margaret	KRSW	88
Murchison, S P	MRBO	143
Murchison, Wm*	COTN	271
Murdaugh, J H	BNWL	477
Murdaugh, J P*	COTN	271
Murdaugh, L B	COTN	285
Murdaugh, L Jr	BUFT	13
Murdaugh, W J	CHTN	207
Murdem, Wm	BNWL	489
Murden, Louisa*	BNWL	474
Murden, Milly*	CHTN	338
Murden, Miss M*	CHTN	338
Murden, Miss Victoria*	CHTN	338
Murden, Rosaline*	UNON	200
Murdes, Nancy*	HORY	71
Murdock, Ann*	ABVL	130
Murdock, David	HORY	60
Murdock, Eliza	CHTN	450
Murdock, Henrietta*	MRBO	162
Murdock, Jno T	ADSN	208
Murdock, Joseph	BNWL	340
Murdock, Josiah	MARN	27
Murdock, Kenneth	MARN	18
Murdock, Lou**	ABVL	108
Murdock, Martha	LXTN	400
Murdock, Theresa**	BNWL	387
Murdon, Harret	BNWL	358
Murdon, James*	SPBG	398
Murff, Ann	CHTN	191
Murhy, Bridget**	CHTN	219
Murlan, John	CHTN	245
Murley, Stephen*	ORBG	354
Murph, Caroline F	SPBG	321
Murph, Danl	LRNS	255
Murph, Elizh	SPBG	321
Murph, Henry R	LRNS	255
Murph, M H	LRNS	251
Murph, Randall	ORBG	383
Murphey, David	ADSN	318
Murphey, Ezekiel	KRSW	103
Murphey, Jos	ORBG	383
Murphey, Rebeca	SMTR	102
Murphy, Alonza G	MARN	90
Murphy, Aralea*	MARN	107
Murphy, Archd	CHTN	263
Murphy, B*	PKNS	109
Murphy, Caleb	RHLD	83
Murphy, Caledonia*	LRNS	340
Murphy, Caroline	CHTN	396
Murphy, Catharine	CHTN	423
Murphy, Catharine*	ORBG	355
Murphy, Chas L	ORBG	353
Murphy, Daniel	DLTN	476
Murphy, Danl	ORBG	379
Murphy, David	ORBG	377
Murphy, David	NWBY	282
Murphy, David	CHTN	201
Murphy, Dennis	YORK	393
Murphy, Docas B	UNON	298
Murphy, Dr*	FAFD	219
Murphy, E	YORK	429
Murphy, E M	CHTN	384
Murphy, Eliza	YORK	465
Murphy, Elizabeth*	YORK	409
Murphy, Elizabeth*	CHTN	107
Murphy, Elizabith	YORK	441
Murphy, Evans	ADSN	155
Murphy, Frances*	CHTN	245
Murphy, Francis*	FAFD	201
Murphy, George	GETN	322
Murphy, H F	NWBY	246
Murphy, H L	RHLD	7
Murphy, Harriet	ORBG	370
Murphy, Henry*	ORBG	370
Murphy, Isaac	PKNS	130
Murphy, Isaac	UNON	260
Murphy, J	DLTN	406
Murphy, J D**	CHTN	318
Murphy, J*	CHTN	334
Murphy, J N G	SPBG	263
Murphy, J*	CHTN	306
Murphy, J E*	FAFD	241
Murphy, J P	WMBG	324
Murphy, Jacob	ORBG	375
Murphy, Jacob*	ORBG	343

Murphy, James	UNON	260	Murray, Isaac	COTN	342	Myer, Aaron	ABVL	141
Murphy, James	UNON	295	Murray, J	CHTN	297	Myer, Anna*	CHTN	345
Murphy, James	CHTN	391	Murray, J H	CHTN	237	Myer, Catherine*	CHTN	227
Murphy, James	FAFD	258	Murray, J H	EDFD	48	Myer, Diederich	CHTN	203
Murphy, James	CHTN	400	Murray, J H	COTN	360	Myer, H G	CHTN	248
Murphy, Jason	UNON	194	Murray, J J	COTN	320	Myer, Harmon	GRVL	327
Murphy, Jerry	CHTN	366	Murray, J M*	EDFD	99	Myer, J W**	CHTN	245
Murphy, Jesse	UNON	205	Murray, J N*	CHTN	182	Myer, John G	CHTN	184
Murphy, Jno*	CLDN	228	Murray, J Scott	ADSN	155	Myer, Peter	BUFT	78
Murphy, Jno	CHTN	305	Murray, J W	MRBO	174	Myer, Rachel*	CHTN	345
Murphy, Johanna*	CHTN	441	Murray, James	CHTN	138	Myer, Rosa*	CHTN	112
Murphy, John M	WMBG	363	Murray, James**	CHTN	394	Myer, Willemina*	CHTN	106
Murphy, John R	PKNS	131	Murray, James	SPBG	285	Myerhoff, Bernard	CHTN	393
Murphy, John**	FAFD	275	Murray, James W	CHTN	155	Myers, Adelle	CHTN	301
Murphy, John**	CHTN	390	Murray, James*	CHTN	426	Myers, Albert*	GRVL	420
Murphy, John**	CHTN	258	Murray, Jane**	CHTN	420	Myers, Albert	COTN	346
Murphy, John	CHTN	291	Murray, Jane*	SPBG	254	Myers, Alexander**	CHTN	292
Murphy, John	FAFD	268	Murray, Joel	CHTN	155	Myers, Alice*	RHLD	11
Murphy, John D	CHTN	488	Murray, John	CHTN	487	Myers, Capers	ORBG	338
Murphy, John*	WMBG	300	Murray, John*	CHTN	426	Myers, Carrie*	KRSW	81
Murphy, John	ORBG	347	Murray, John	ADSN	245	Myers, Charles*	BNWL	493
Murphy, John	ORBG	389	Murray, John	CHTN	369	Myers, Charlotte*	CHTN	428
Murphy, Joseph**	CHTN	295	Murray, John	BUFT	5	Myers, David*	EDFD	199
Murphy, Joseph	YORK	492	Murray, John W	CHTN	124	Myers, DeKalb	RHLD	81
Murphy, Joseph	MARN	108	Murray, John**	CHTN	155	Myers, E A	COTN	255
Murphy, Joseph F*	CHTN	471	Murray, John	SMTR	154	Myers, E J W	ORBG	346
Murphy, Joseph P**	ORBG	347	Murray, John	COTN	334	Myers, Edith	KRSW	124
Murphy, L J*	FAFD	203	Murray, John S	COTN	340	Myers, Edward	MARN	54
Murphy, Lucinda*	ABVL	62	Murray, Jos*	CHTN	313	Myers, Elizabeth	ORBG	338
Murphy, M A*	CLDN	233	Murray, L T	SPBG	516	Myers, Frdc C	ORBG	338
Murphy, Margaret*	CHTN	473	Murray, Lovet P**	CHTN	516	Myers, G M	MARN	65
Murphy, Martin	CHTN	516	Murray, M B	EDFD	68	Myers, Geo J	MARN	66
Murphy, Martin	ORBG	377	Murray, M J K*	CHTN	160	Myers, H	EDFD	116
Murphy, Martin*	COTN	326	Murray, Margt	SPBG	395	Myers, Ira*	PKNS	1
Murphy, Mary	UNON	295	Murray, Martha E*	CHTN	428	Myers, Isaac	CHTN	123
Murphy, Mary	WMBG	346	Murray, Miss C*	CHTN	320	Myers, Jacob	PKNS	75
Murphy, Mary	ORBG	379	Murray, Miss E*	CHTN	320	Myers, Jacob	ORBG	315
Murphy, Mary	ORBG	377	Murray, Miss M*	CHTN	320	Myers, Jacob	COTN	346
Murphy, Mary A**	ABVL	61	Murray, Mrs M T**	HORY	63	Myers, James	CHTN	173
Murphy, Mary*	CHTN	112	Murray, P O	CHTN	182	Myers, Jane	ORBG	346
Murphy, Mary**	CHTN	355	Murray, Ravenel	CHTN	172	Myers, Jas D	PKNS	58
Murphy, Mary L	YORK	376	Murray, Sarah*	COTN	318	Myers, John	PKNS	104
Murphy, Mich*	RHLD	46	Murray, Sarah*	CHTN	350	Myers, John	PKNS	58
Murphy, Milly*	BNWL	496	Murray, Susan**	CHTN	380	Myers, John	CHTN	156
Murphy, Miss*	CHTN	320	Murray, Tervy*	CHTN	418	Myers, John	CHTN	173
Murphy, Miss*	CHTN	320	Murray, Thomas	RHLD	12	Myers, John	CHTN	283
Murphy, Miss E	EDFD	26	Murray, Thos	CHTN	164	Myers, John	SMTR	153
Murphy, Moses	PKNS	117	Murray, Thos J	COTN	340	Myers, Joshua	SMTR	146
Murphy, Mrs*	CHTN	340	Murray, William*	ABVL	17	Myers, Lewis*	SPBG	257
Murphy, Mrs E	EDFD	18	Murray, William B	SMTR	145	Myers, Lewis	ORBG	324
Murphy, Mrs M	CHTN	226	Murray, Wm B	CHTN	125	Myers, Lewis	ORBG	315
Murphy, N	EDFD	115	Murray, Wm M	COTN	320	Myers, Louisa*	FAFD	280
Murphy, Nancy	ORBG	377	Murrel, James**	CHTN	480	Myers, M D	CHFD	142
Murphy, Nimmons	PKNS	188	Murrell, And*	ABVL	26	Myers, Mahala*	EDFD	7
Murphy, P*	CHTN	248	Murrell, Ann*	ORBG	375	Myers, Margaret**	CHTN	310
Murphy, P	EDFD	112	Murrell, Charles*	ADSN	309	Myers, Margt E**	BUFT	24
Murphy, Patrick*	CHTN	489	Murrell, Delia	GETN	290	Myers, Mary	COTN	319
Murphy, Patrick	CHTN	104	Murrell, Elizabeth	HORY	69	Myers, Mary	CHTN	404
Murphy, Patrick	CHTN	269	Murrell, Feraba	EDFD	147	Myers, Mary	CHTN	257
Murphy, Robt	EDFD	37	Murrell, G W	GETN	313	Myers, Mary A*	EDFD	7
Murphy, S A*	FAFD	258	Murrell, James	GETN	290	Myers, Mary*	RHLD	83
Murphy, Saml M	GRVL	409	Murrell, James*	CHTN	120	Myers, Mary*	KRSW	118
Murphy, Sarah*	FAFD	229	Murrell, Jas	EDFD	236	Myers, MaryA*	SMTR	144
Murphy, Sarah	RHLD	57	Murrell, Jas	EDFD	43	Myers, Meta*	CHTN	249
Murphy, Shalotta	UNON	260	Murrell, Louisa	SMTR	149	Myers, Mrs	COTN	340
Murphy, Susan G*	ADSN	203	Murrell, Susan**	CHTN	190	Myers, N	MARN	79
Murphy, T L	KRSW	123	Murrell, V*	EDFD	129	Myers, Nicholas*	GETN	305
Murphy, Tarlton	FAFD	260	Murrell, Wm	EDFD	39	Myers, Patsy	ABVL	42
Murphy, Thersia*	PKNS	184	Murrer, Eliza*	RHLD	44	Myers, Patsy**	CHTN	434
Murphy, Thomas	UNON	242	Murril, Henry	CHTN	143	Myers, R T	CHFD	157
Murphy, Thomas	UNON	250	Murrow, D	HORY	10	Myers, Revd Jas**	ABVL	37
Murphy, Thomas M	ADSN	336	Murrow, Elizabeth	HORY	60	Myers, Rufus	ORBG	340
Murphy, Thomas*	CHTN	254	Murrow, O H	ORBG	406	Myers, S	EDFD	113
Murphy, Thos	CHTN	248	Murry, Andrew*	CHTN	426	Myers, S D	CHTN	401
Murphy, Thos*	CHTN	306	Murry, Geo W	PKNS	2	Myers, S E	FAFD	237
Murphy, Thos	CHTN	347	Murry, George	CHTN	283	Myers, S J	MARN	54
Murphy, Thos*	BNWL	468	Murry, Henry*	BNWL	346	Myers, Sally	ABVL	43
Murphy, Timothy	CHTN	251	Murry, John D	SPBG	400	Myers, T S*	KRSW	130
Murphy, W B	UNON	213	Murry, Mary**	CHTN	251	Myers, Tom*	ABVL	43
Murphy, William	PKNS	108	Murry, Mary	CHTN	276	Myers, W J	KRSW	83
Murphy, William	ABVL	170	Murry, Nancy M*	PKNS	5	Myers, William*	GETN	301
Murphy, William**	CHTN	396	Murry, Owen	CHTN	246	Myers, William M	GRVL	500
Murphy, Wm	FAFD	219	Murry, Sarah	PKNS	2	Myers, Wm	RHLD	50
Murrah, E F	ADSN	261	Murry, William	PKNS	2	Myers, Yates	CHFD	142
Murrah, Moses	EDFD	89	Murtishaw, C W*	LXTN	382	Myes, Elizabeth	NWBY	224
Murrah, Mrs M	EDFD	33	Murtishaw, Mary**	RHLD	7	Mylten, Allen*	UNON	245
Murray, A*	CHTN	182	Mury, Wm	LRNS	341	Mylres, Andrew	SPBG	352
Murray, Andrew	COTN	318	Murzemiers, William*	CHTN	487	Myres, Eliza*	ORBG	377
Murray, Archd	COTN	334	Murzemmer, C A	CHTN	487	Myres, Frances	SPBG	350
Murray, Arnold	CHTN	155	Muse, Doct J**	EDFD	38	Myres, Henry	UNON	275
Murray, D	CHTN	323	Muse, George W	BNWL	353	Myres, Jacob	PKNS	97
Murray, D A	CHTN	155	Muse, George W	BNWL	353	Myres, James	UNON	228
Murray, D N	CHTR	38	Muse, J T	FAFD	236	Myres, John	ORBG	378
Murray, Dennis*	RHLD	46	Muse, Jery	UNON	274	Myres, Lutha	ORBG	377
Murray, Dr J	CHTN	125	Muse, M J	FAFD	226	Myres, Rosamond**	CHFD	143
Murray, E	COTN	353	Muse, Mary C**	DLTN	436	Myrick, Biss	FAFD	212
Murray, Edward L	SMTR	150	Muse, Robert	CHTN	216	Myrick, Catherine*	FAFD	217
Murray, Elizabeth	CHFD	184	Museak, John	PKNS	22	Myrick, Eli C	BNWL	367
Murray, Elizabeth*	CHTN	428	Musgrove, Mary*	UNON	194	Myrick, Elizabeth	FAFD	212
Murray, Elizabeth S*	RHLD	55	Mushell, Margaret	FAFD	201	Myrick, H L	BNWL	358
Murray, Elizabeth V	SMTR	145	Mushof, Sophia*	KRSW	132	Myrick, J J	FAFD	229
Murray, Ellen*	CHTN	125	Muskety, W R*	SPBG	409	Myrick, John	BNWL	484
Murray, Emiline	CHTN	144	Mustard, Caroline	CHTN	474	Myrick, Mary	FAFD	213
Murray, George	CHTN	151	Mutting, Josephine*	RHLD	58	Myrick, Nicolus	FAFD	212
Murray, Grecian	CHTN	129	Myer, A*	CHTN	250			
Murray, Harvey	CHTN	233	Myer, A M	COTN	332			

Name	Loc	Pg	Name	Loc	Pg	Name	Loc	Pg
Myrick, W A	KRSW	101	Neal, Charles*	PKNS	17	Neighbor, Clavina	SPBG	219
Myzeck, A L	CHTN	261	Neal, Chas**	LRNS	309	Neighbors, B	SPBG	351
Nabers, Alex	LRNS	291	Neal, Elizabeth**	SPBG	207	Neighbors, Catharine	SPBG	245
Nabers, F	LRNS	266	Neal, Ezl	DLTN	399	Neighbors, Franklin**	PKNS	188
Nabers, Jno	LRNS	291	Neal, H F	LRNS	320	Neighbors, George	GRVL	430
Nabers, Jos	LRNS	338	Neal, H O	CHTN	246	Neighbors, Hiram	SPBG	218
Nabers, Mary	LRNS	256	Neal, J R	PKNS	49	Neighbors, Jacob	SPBG	345
Nabers, Nathan	LRNS	325	Neal, J W	LRNS	268	Neighbors, John*	GRVL	368
Nabers, W A	LRNS	290	Neal, James	DLTN	428	Neighbors, Wm*	SPBG	244
Nabor, Andrew P	CHTN	449	Neal, James	EDFD	6	Neihaus, Frederick	CHTN	439
Nabors, Mary	ABVL	143	Neal, Jesse	CHTR	35	Neil, Benj*	FAFD	217
Nabors, Nathan	LXTN	394	Neal, Jesse F	CHTR	89	Neil, Benj	FAFD	246
Nabors, Sarah	LRNS	338	Neal, John	RHLD	92	Neil, Caroline A	FAFD	207
Nabors, Z L*	SPBG	309	Neal, John	GRVL	469	Neil, Catherine	FAFD	225
Naby, Michael	CHTN	248	Neal, John A*	CHTN	421	Neil, Daniel*	CHTN	270
Nachman, Augt	DLTN	372	Neal, Joseph	RHLD	85	Neil, F W	FAFD	246
Nades, Phebe	NWBY	214	Neal, Julian	ADSN	240	Neil, Herod	YORK	447
Nagel, A G	EDFD	27	Neal, Leroy	CHTN	165	Neil, J B	FAFD	226
Nagle, A G	EDFD	83	Neal, Lewis	BNWL	355	Neil, J C*	CHTN	371
Nagle, Mrs Mary J	CHTN	222	Neal, Margaret*	LRNS	220	Neil, James	FAFD	281
Nail, B P	EDFD	51	Neal, Mary**	CHTN	256	Neil, John*	FAFD	244
Nail, John	EDFD	80	Neal, Nancy	EDFD	156	Neil, John	EDFD	192
Nail, John P	UNON	209	Neal, Robert	CHTR	30	Neil, John*	FAFD	201
Nail, M A*	BNWL	440	Neal, Samuel	GRVL	473	Neil, John*	FAFD	203
Nail, Pinkston	CHTR	74	Neal, Sarah	DLTN	400	Neil, R L	NWBY	246
Nail, R	CHTR	69	Neal, Sarah	EDFD	120	Neil, Robert T**	RHLD	35
Nailor, Betsey	CHTN	242	Neal, Sarah	PKNS	176	Neil, Sophia*	KRSW	137
Nailor, Peggy	CHTN	242	Neal, Sarah	YORK	469	Neil, Thos	CHTN	463
Naives, George*	PKNS	81	Neal, Sophia	NWBY	249	Neil, Wm	LCTR	142
Nall, James H*	RHLD	49	Neal, Susan	LRNS	311	Neil, Wm*	LRNS	324
Nall, Lucy	SPBG	261	Neal, Thos	LRNS	311	Neill, Abram	LCTR	144
Nalley, John	CHTN	204	Neal, Wm	NWBY	239	Neill, Abram	LCTR	147
Nally, Abram	ADSN	329	Neal, Wm*	CHTN	136	Neill, Alex	CHTN	514
Nally, Catherine*	PKNS	160	Neal, Wm	COTN	344	Neill, Danl*	CHTN	346
Nally, Cuningham*	PKNS	160	Neal, Z	SPBG	396	Neill, John	LCTR	201
Nally, James	ADSN	332	Nealey, W J	BNWL	357	Neill, Matthew	LCTR	144
Nally, John W	PKNS	173	Nealy, Benj*	EDFD	179	Neill, Ross	LCTR	144
Nally, Joseph	PKNS	157	Nealy, Robert	GETN	307	Neill, Thos P	LCTR	158
Nally, Middleton	ADSN	333	Nease, Mrs E	EDFD	34	Neilly, Henry	FAFD	228
Nally, Richard	ADSN	332	Nease, Mrs E Jr	EDFD	34	Neilly, Jno	LRNS	238
Nally, Samuel	PKNS	159	Neashertz, Harris	MRBO	157	Neilly, Richard	FAFD	228
Nally, William	PKNS	158	Neaves, A A	GRVL	356	Neilor, Ellen	CHTN	500
Nally, William	ADSN	329	Neaves, Anna	GRVL	356	Neilson, Jerusha H	BNWL	468
Nameless, Jno*	DLTN	378	Neaves, Wash	GRVL	469	Neilum, Frank*	KRSW	239
Nance, A	MARN	70	Nebett, Eliza	FAFD	261	Neily, Margt	LRNS	238
Nance, Andy	UNON	221	Nebuhr, Rebecca	PKNS	35	Neily, Mary**	LRNS	238
Nance, Drayton	LRNS	229	Ned, ----------	SMTR	157	Neily, Washn	LRNS	238
Nance, E H	NWBY	304	Neden, J A	WMBG	324	Neimeyer, Lewis	CHTN	255
Nance, Fred	LRNS	229	Neel, B P	NWBY	252	Neissinger, Charles	CHTN	407
Nance, Fred W R	LRNS	229	Neel, George	NWBY	258	Nelgan, Nelson	CHTN	246
Nance, J C	CHTR	18	Neel, Joseph	YORK	469	Nell, Andrew	CHTN	469
Nance, James D**	NWBY	295	Neel, Mary Ann**	YORK	511	Nell, Angeline	CHTN	304
Nance, Jesse	UNON	297	Neel, Mary E	NWBY	232	Nell, Clarance	CHTN	409
Nance, John	UNON	265	Neel, Thos M	NWBY	234	Nell, Clarance**	CHTN	432
Nance, L*	SPBG	258	Neel, William*	YORK	508	Nell, Jesse	CHTN	394
Nance, M*	SPBG	258	Neel, Wm G	ABVL	31	Nell, Sarah	CHTN	411
Nance, Mary	YORK	462	Neel, Wyat	YORK	490	Nellegan, David**	CHTN	281
Nance, R Y H	SPBG	256	Neel, Younger	YORK	490	Nelson, A C*	LRNS	276
Nance, Wm F	NWBY	295	Neeland, John	YORK	507	Nelson, A D	BNWL	434
Nancy, F A	NWBY	250	Neeland, Margaret	YORK	507	Nelson, A J	LCTR	215
Nanee, Thos**	YORK	446	Neeley, Victor*	RHLD	89	Nelson, A M	YORK	449
Nanien, L E*	KRSW	75	Neely, Absolom	GRVL	471	Nelson, Amarantha C	SMTR	145
Naper, Rebecca*	GRVL	489	Neely, Amanda*	YORK	366	Nelson, Andrew	UNON	226
Napier, Ella E*	COTN	248	Neely, B C	LCTR	160	Nelson, Andrew	YORK	506
Napier, Joel*	MRBO	170	Neely, Brass*	GRVL	475	Nelson, Andrew	LCTR	146
Napier, S*	SPBG	258	Neely, Cassy*	GRVL	419	Nelson, Austin*	LRNS	245
Napier, W W	CHFD	185	Neely, Charles	RHLD	88	Nelson, Charles**	CHTN	431
Napp, Mrs**	CHTN	312	Neely, Eliza	YORK	368	Nelson, Charlotte	CHTN	380
Napper, Augustus*	ABVL	32	Neely, Elizabeth*	CHTR	67	Nelson, Charlotte	LRNS	241
Napper, Benjn C	ABVL	32	Neely, G H	CHTR	65	Nelson, Clara	RHLD	50
Napper, Jas	EDFD	37	Neely, H Z	LRNS	268	Nelson, Clement	ADSN	191
Napper, Nathan	ABVL	32	Neely, Hanc	YORK	429	Nelson, Daniel	LCTR	145
Napper, T B	EDFD	24	Neely, Irene T*	CHTR	66	Nelson, David	RHLD	70
Nappier, Robt	MARN	27	Neely, Isaih	FAFD	234	Nelson, Dr T W	FAFD	210
Narden, Richard**	CHTN	198	Neely, Jackson	GRVL	413	Nelson, Elihu	LRNS	231
Nardin, Lizzy**	LRNS	223	Neely, James	CHTR	89	Nelson, Eliza C*	RHLD	27
Nards, Mrs S	CHTN	221	Neely, Jane	YORK	386	Nelson, Elizabeth**	ORBG	405
Nash, Abner	GRVL	361	Neely, Jane L	CHTR	65	Nelson, Emma C*	RHLD	41
Nash, Ed W	LRNS	266	Neely, Jas	LRNS	257	Nelson, Enoch	ABVL	23
Nash, James	GRVL	362	Neely, Jas M	YORK	407	Nelson, Ervin	MRBO	154
Nash, James H	BUFT	1	Neely, Joseph*	CHTR	8	Nelson, F E*	RHLD	21
Nash, Jno	ABVL	57	Neely, Joseph	YORK	469	Nelson, Fielen	GRVL	423
Nash, Miles	LRNS	264	Neely, M A*	CHTR	88	Nelson, Francis	BUFT	51
Nash, Pamela**	LRNS	264	Neely, Madison	YORK	415	Nelson, Francis	YORK	377
Nash, Thus*	ABVL	113	Neely, Margaret	GRVL	471	Nelson, Geo W	ABVL	11
Nash, Young	GRVL	361	Neely, Milas*	YORK	423	Nelson, Hanon	SPBG	310
Nates, Danl	LXTN	374	Neely, Patsy	YORK	380	Nelson, Harriet*	CHTN	428
Nathan, John*	UNON	292	Neely, Saml	CHTR	78	Nelson, J J	CLDN	245
Nathan, M H	CHTN	329	Neely, Sarah	RHLD	78	Nelson, J L	CLDN	245
Nathans, S N***	ABVL	402	Neely, T M	YORK	405	Nelson, Jack*	CHFD	109
Nations, Mattison	PKNS	187	Neely, Thos A	CHTR	65	Nelson, James	BNWL	427
Nations, Thos	PKNS	44	Neely, Thos*	YORK	383	Nelson, James	UNON	201
Naughton, James	CHTN	107	Neely, Thos	YORK	391	Nelson, James	UNON	200
Naughton, Peter	CHTN	107	Neely, Tillotson	YORK	381	Nelson, James K	ABVL	109
Naw, John*	LXTN	437	Neely, W W	CHTR	65	Nelson, James*	RHLD	58
Naylan, D**	CHTN	248	Neely, Wm M	GRVL	352	Nelson, James	YORK	380
Nayler, Wm	CHTN	347	Neely, Wm*	CHTR	63	Nelson, Jane A*	CHTN	418
Nazer, Miss	CHTN	330	Neely, Wm A	YORK	461	Nelson, Jane*	FAFD	207
Nea, Frances K*	RHLD	54	Neeson, Wm	LRNS	257	Nelson, Jas	KRSW	136
Neagher, Mary*	CHTN	318	Neever, Joseph	CHTR	28	Nelson, Jas	CHTN	326
Neagle, John	CHTN	404	Neibors, James	ADSN	194	Nelson, Jas	CHTR	73
Neal, A M	ADSN	291	Neibors, O D	ADSN	193	Nelson, Jesse	CHFD	17
Neal, Andrew	PKNS	168	Neibuln, Margaret	PKNS	51	Nelson, Jno C	CLDN	208
Neal, Benj	EDFD	119	Neiffer, Augustus*	CHTN	426	Nelson, Jno M*	LRNS	246
Neal, Bridget*	CHTN	482	Neiffer, Edward	CHTN	426	Nelson, John	BNWL	447
Neal, Caroline*	BNWL	361	Neiffer, Eliza L*	CHTN	420	Nelson, John	FAFD	266

Nelson, John	LRNS	231	Nettles, David	ORBG	389	Newell, Margret	ORBG	389
Nelson, John*	UNON	188	Nettles, Esther A	COTN	326	Newell, Reuben	ADSN	219
Nelson, John	PKNS	122	Nettles, H L	SMTR	166	Newell, Thomas	ADSN	226
Nelson, John	KRSW	104	Nettles, Henry	COTN	287	Newell, W B	EDFD	114
Nelson, John	YORK	387	Nettles, Henry	ORBG	380	Newell, William M	ABVL	100
Nelson, John N	LCTR	144	Nettles, Henry M	COTN	287	Newell, William T	ABVL	100
Nelson, Joseph	GRVL	326	Nettles, J A*	DLTN	387	Newham, Benj F	MARN	39
Nelson, Josiah**	LRNS	245	Nettles, J B	DLTN	389	Newham, Benj*	MARN	14
Nelson, Julia Ann*	ORBG	364	Nettles, J C*	WMBG	355	Newham, M J*	MARN	52
Nelson, L*	KRSW	99	Nettles, J E	DLTN	389	Newhouse, A L	EDFD	84
Nelson, Letilia*	FAFD	281	Nettles, J M	BUFT	39	Newlan, Eugenia C*	SPBG	347
Nelson, M E	WMBG	304	Nettles, J U J	ORBG	363	Newlan, Jno	CHTN	20
Nelson, Margaret	FAFD	265	Nettles, James	COTN	343	Newly, Clarence*	GRVL	339
Nelson, Martha	GRVL	463	Nettles, James S	COTN	332	Newman, B J	LRNS	291
Nelson, Martha E***	LRNS	248	Nettles, Jesse L	KRSW	118	Newman, Calvin	CHFD	172
Nelson, Martin	CHTN	506	Nettles, Jno W	DLTN	432	Newman, Harman**	CHTN	509
Nelson, Mary*	CHTN	417	Nettles, John	COTN	268	Newman, J J	SPBG	416
Nelson, Mary	KRSW	121	Nettles, John	SMTR	168	Newman, John M	SMTR	102
Nelson, Mary P	NWBY	229	Nettles, John H	COTN	326	Newman, Jonath	KRSW	89
Nelson, N O	EDFD	52	Nettles, John M	SMTR	176	Newman, Joseph	RHLD	80
Nelson, Nancy	NWBY	221	Nettles, Joseph	COTN	343	Newman, Mary	SMTR	115
Nelson, Noah	GRVL	503	Nettles, Joseph M	SMTR	165	Newman, Nancey	CHFD	173
Nelson, P H	SMTR	145	Nettles, Josiah	ORBG	379	Newman, Nelson	KRSW	89
Nelson, Peter	CHTN	248	Nettles, Josiah*	ORBG	370	Newman, Rebecca	SMTR	110
Nelson, Peter*	CHTN	325	Nettles, Land**	GRVL	410	Newman, Rebecca	SMTR	135
Nelson, Rebecca	RHLD	68	Nettles, Lavinia	BUFT	43	Newman, Samuel	SMTR	181
Nelson, Robert	GRVL	421	Nettles, M E	DLTN	393	Newman, Sarah	SPBG	325
Nelson, Robert	CHTR	40	Nettles, M E	DLTN	393	Newman, Terrel	SPBG	243
Nelson, Robt	LCTR	145	Nettles, Mary S	SMTR	102	Newman, W J*	KRSW	89
Nelson, S A	CHTN	342	Nettles, Mary S	SMTR	184	Newman, W W**	KRSW	88
Nelson, S J*	CLDN	227	Nettles, R B	DLTN	377	Newman, W W	CLDN	214
Nelson, S W	CLDN	210	Nettles, R C*	SPBG	309	Newman, William J	SMTR	110
Nelson, Sallie*	NWBY	222	Nettles, Robert	DLTN	446	Newman, Williamson	BNWL	444
Nelson, Saml	LRNS	299	Nettles, S L*	DLTN	434	Newport, John*	CHTN	110
Nelson, Sammuel	UNON	209	Nettles, W A	KRSW	118	Newport, U*	LRNS	310
Nelson, Sarah A*	CHTN	443	Nettles, W J	WMBG	339	News, Elizabeth*	BNWL	461
Nelson, Sarah R	SMTR	145	Nettles, W J F*	CHTN	371	Newsom, Charlotte	DLTN	458
Nelson, Sarah	DLTN	444	Nettles, W W	DLTN	446	Newsom, R	ORBG	317
Nelson, Silva	CHTN	278	Nettles, William	COTN	286	Newsom, S B	WMBG	363
Nelson, Susan	CHTN	421	Nettles, William	SMTR	163	Newson, Jacob	DLTN	438
Nelson, T B	GRVL	352	Nettleton, Mary*	EDFD	107	Newson, W H	EDFD	102
Nelson, T C	UNON	185	Nettleton, W	CHTN	365	Newton, Aaron**	COTN	360
Nelson, T S	WMBG	304	Nettls, John	WMBG	342	Newton, Anderson	MRBO	189
Nelson, T Tues	LRNS	248	Nettls, S J	WMBG	342	Newton, Ann	CHTN	226
Nelson, Terry*	GRVL	422	Nety, Antonette*	CHTN	325	Newton, C D	MRBO	2
Nelson, Thomas	UNON	208	Nety, Wm**	CHTN	325	Newton, C S	MRBO	165
Nelson, Thos	LRNS	242	Neuffer, Charles	RHLD	5	Newton, Capt William	CHTN	493
Nelson, Thos W	GETN	297	Neuffer, G A	CHTN	311	Newton, David R	HORY	69
Nelson, W C	CLDN	213	Nouffille, Elizabeth	CHTN	509	Newton, Della F*	MRBO	155
Nelson, W H	FAFD	205	Neufville, Hariet	CHTN	276	Newton, Eliza	COTN	367
Nelson, William*	CHTN	513	Neufville, Sarah	CHTN	383	Newton, Geo W	SPBG	229
Nelson, William T*	RHLD	81	Neugin, Mrs*	CHTN	349	Newton, George*	COTN	364
Nelson, William**	CHTN	469	Neuley, Edward P*	BNWL	375	Newton, Giles	MRBO	155
Nelson, Wm Neely	YORK	449	Neuman, Phillip	CHTN	345	Newton, Giles G	RHLD	12
Nelson, Wm*	FAFD	204	Neumann, T D	LRNS	337	Newton, Isaac	ADSN	297
Nelson, Wm	CHTN	302	Neumeyer, L	CHTN	317	Newton, J W	HORY	5
Nelson, Wm	LRNS	242	Neval, Kate**	CHTN	310	Newton, James	BUFT	51
Nelson, Wm	LRNS	243	Neval, Mr**	CHTN	310	Newton, Jane	BUFT	54
Nelson, Wm	YORK	449	Nevels, Aaron J	BNWL	369	Newton, Jas	GETN	312
Nelson, Wm	WMBG	337	Nevels, Iyah	BNWL	379	Newton, Joel B	ADSN	298
Nelson, Wm B	LCTR	144	Nevett, J K	FAFD	262	Newton, John	SPBG	248
Nelson, Wm C	CLDN	206	Nevett, Wm M**	ADSN	185	Newton, John S	PKNS	172
Nelson, Wm D*	SPBG	316	Nevey, Miss	CHTN	304	Newton, John T	PKNS	107
Nelson, Wm H*	SPBG	314	Nevil, George	PKNS	84	Newton, John W	MRBO	194
Nelson, Youngsett	LRNS	246	Nevill, Alex	PKNS	41	Newton, Joseph	MRBO	194
Nengin, Mrs**	CHTN	349	Nevill, J C	PKNS	42	Newton, Josiah	BUFT	33
Neptune, A W	BNWL	499	Nevils, Jesse	BNWL	489	Newton, Julia	BNWL	495
Nepur, Mary**	LCTR	205	Nevils, Lewis	BNWL	489	Newton, Larkin	ADSN	298
Neroo, Eliza	CHTN	200	Nevils, M*	BNWL	477	Newton, M	WMBG	318
Nervil, Joseph	BNWL	352	Nevils, Robt	BNWL	475	Newton, Miss*	CHTN	233
Nesbet, Jane*	LCTR	158	Nevin, Dougald	CHFD	132	Newton, Mrs E M	CHTN	351
Nesbet, John	SMTR	139	Nevls, George	BNWL	372	Newton, Mrs Mary	MRBO	194
Nesbet, Margaret*	LCTR	158	Nevls, James J	BNWL	384	Newton, Nathaniel H	PKNS	107
Nesbet, William	SMTR	139	Nevls, Obidiah	BNWL	372	Newton, Owen*	MARN	2
Nesbett, A F	SPBG	402	New, Daniel	ABVL	15	Newton, Patsey*	ADSN	298
Nesbett, Eugene	SMTR	170	New, E G	EDFD	153	Newton, Pleasant	MRBO	194
Nesbett, Frances A C	SMTR	170	New, Jno*	ABVL	56	Newton, Rev C	MRBO	194
Nesbett, J N	SPBG	346	New, John	EDFD	194	Newton, Robt	BUFT	37
Nesbitt, Jas	SPBG	402	New, Joseph	EDFD	13	Newton, Salina	BUFT	76
Nesbit, Catherine	CHTN	242	Newbeck, Joseph	BUFT	9	Newton, Samuel	ADSN	298
Nesbit, R T	YORK	409	Newberry, Eliz	DLTN	460	Newton, Sarah*	EDFD	174
Nesbit, R*	CHTN	370	Newberry, Isaac J	DLTN	460	Newton, Sarah	SPBG	229
Nesbit, Robert	ABVL	44	Newberry, Jas B**	DLTN	461	Newton, Thomas E	COTN	292
Nesbit, Robert H	GETN	321	Newbit, Margaret	CHTN	422	Newton, Ulmer*	BUFT	76
Nesbit, William	GRVL	366	Newble, Dr A W	FAFD	262	Newton, W S	HORY	7
Nesbitt, Jas	SPBG	359	Newbold, Charles	HORY	58	Newton, W W	HORY	6
Nesbitt, Niles	SPBG	357	Newborn, James D	HORY	59	Newton, W W	HORY	5
Nesler, John*	BNWL	477	Newborn, James P	HORY	61	Newton, William	PKNS	128
Nesley, John*	NWBY	294	Newby, Cornelia**	EDFD	96	Newton, Willis	ADSN	297
Nesley, Mary*	NWBY	244	Newby, Eliza*	GRVL	454	Newton, Wm	COTN	367
Nesmith, B M	WMBG	323	Newby, George*	ABVL	16	Newton, Wm*	BNWL	477
Nesmith, Elizabeth*	WMBG	323	Newby, Jane*	ABVL	114	Newton, Wm S	MRBO	189
Nesmith, J F	WMBG	323	Newby, Jas	ABVL	16	Newton, Wm W	MRBO	194
Nesmith, L W	WMBG	324	Newby, John	ABVL	114	Newton, Younger	MRBO	155
Nesmith, Mary	WMBG	323	Newby, Levi	ABVL	16	Newton, Younger Sr	MRBO	199
Nesmith, N*	WMBG	323	Newby, Mahala	GRVL	467	Neyle, C F	COTN	319
Nesmith, S M	WMBG	324	Newby, Thomas	GRVL	467	Neyle, Henry M**	COTN	259
Nesmith, Saml	GETN	316	Newby, Wiley	ABVL	4	Nfferhart, T	CHTN	297
Nesmith, W A G	GETN	316	Newcomen, J G*	CHTN	342	Nice, George	ORBG	319
Ness, Mary C*	RHLD	22	Newel, J J**	UNON	273	Nice, H	ORBG	319
Nethers, French	UNON	272	Newel, John*	MARN	131	Nice, James M*	ORBG	319
Nettles, A	COTN	342	Newel, Rachael*	MARN	69	Nicely, Michael	ADSN	255
Nettles, A A**	SMTR	175	Newel, Wm	LCTR	151	Nichel, John*	UNON	273
Nettles, Anderson	ORBG	370	Newell, E B	WMBG	330	Nichels, George	ABVL	153
Nettles, B B*	DLTN	472	Newell, John	ADSN	219	Nichels, Thos**	CHTR	79
Nettles, C B	WMBG	350				Nichels, Thos	CHTR	79

Name	Loc	Pg	Name	Loc	Pg	Name	Loc	Pg	Name	Loc	Pg
Nichelson, W J*	UNON	272	Nickles, A J	FAFD	252	Nix, Joseph	GRVL	356
Nicholas, Betcy*	YORK	428	Nickles, Ann	FAFD	252	Nix, Joseph R S	BUFT	67
Nicholas, John	YORK	416	Nickles, Benj*	MARN	50	Nix, Lewis	COTN	332
Nicholas, Wessley	CLDN	206	Nickles, Eliza*	FAFD	235	Nix, Mary*	PKNS	188
Nicholas, Wm	YORK	369	Nickles, Henry B	ABVL	92	Nix, Mary*	COTN	248
Nicholds, Lucy*	ADSN	215	Nickles, J T	FAFD	251	Nix, Matilda	ADSN	225
Nicholdson, John**	SPBG	389	Nickles, Ohlen	CHTN	285	Nix, Rebecca	PKNS	116
Nicholes, Ann	SMTR	167	Nickles, Rhoda**	CHTR	81	Nix, Robt J	ADSN	227
Nicholes, Thos F*	BUFT	60	Nickles, Wm	FAFD	252	Nix, S W	GRVL	356
Nichols, A	SMTR	132	Nickles, Wm P	ABVL	92	Nix, Sally*	ADSN	327
Nichols, Alex	LRNS	229	Nickleson, John M	MARN	97	Nix, Samuel	COTN	351
Nichols, Alexander	PKNS	23	Nicklin, Alice*	CHTN	428	Nix, Stephen	LRNS	344
Nichols, Allen	NWBY	223	Nickolson, C*	CHTN	312	Nix, W H	COTN	292
Nichols, Andrew	NWBY	223	Nickolson, W H	YORK	400	Nix, W W	GRVL	349
Nichols, Austen	SMTR	99	Nicks, Alonso	UNON	193	Nix, W W	BNWL	488
Nichols, B*	GRVL	414	Nicks, Amanda*	UNON	198	Nix, William D	PKNS	116
Nichols, David	YORK	507	Nicks, Hampton	UNON	198	Nix, Wm	PKNS	8
Nichols, E L	LXTN	370	Nicks, James	ADSN	183	Nixon, Ann	HORY	63
Nichols, Elizb B	ABVL	69	Nicks, Jesse*	UNON	256	Nixon, Elias C	HORY	65
Nichols, Elsey	MARN	88	Nicks, Larkin	ADSN	242	Nixon, J P	EDFD	92
Nichols, Everett	MARN	118	Nicks, Mark	UNON	214	Nixon, James*	PKNS	160
Nichols, F M	EDFD	109	Nicks, Miles	UNON	263	Nixon, Jno	EDFD	47
Nichols, Franklin	YORK	510	Nicks, Miles	UNON	192	Nixon, Joseph*	UNON	269
Nichols, Henry	CHTN	504	Nicks, Sarah	UNON	214	Nixon, Patrick H	PKNS	161
Nichols, Horace E	RHLD	23	Nickson, G W	EDFD	92	Nixon, Sarah B*	RHLD	46
Nichols, Hugh	YORK	510	Nickson, Jno B	CHTN	312	Nixon, T F	HORY	70
Nichols, Isaac	DLTN	408	Nicoll, John	GRVL	338	Nixon, Wm	LRNS	240
Nichols, Isac	SMTR	169	Nicoll, Susan	GRVL	469	Nixon, Wm P	HORY	63
Nichols, James	ADSN	166	Nicoll, Washington	GRVL	338	Noah, Joseph	UNON	187
Nichols, James	YORK	505	Nie, Gratia*	CHTN	310	Noah, N B	UNON	292
Nichols, James	PKNS	23	Nieghbors, Ruhama	PKNS	179	Noah, Z	PKNS	29
Nichols, Jane*	LRNS	239	Niel, James D	GRVL	341	Noal, Darline*	EDFD	47
Nichols, Jas*	DLTN	372	Niel, Stephen	GRVL	341	Nobel, John	CHTN	296
Nichols, Jas W*	LRNS	234	Niemann, Adolph	CHTN	290	Noble, Andrew A	ABVL	3
Nichols, Jno	LRNS	265	Niemse, John R	RHLD	7	Noble, Dennis	LXTN	445
Nichols, Jno C	ABVL	126	Nietz, A T	COTN	315	Noble, Edward	ABVL	23
Nichols, Jno H	LRNS	256	Night, David	CHTN	183	Noble, Edwin	LXTN	414
Nichols, John	YORK	505	Night, David	ORBG	339	Noble, Elinor*	MARN	3
Nichols, John	PKNS	23	Night, Esther	CHTR	33	Noble, L M	FAFD	259
Nichols, John	SPBG	269	Night, Frances*	OBBG	403	Noble, Nathanl	LXTN	439
Nichols, John	LXTN	373	Night, Richd	LRNS	269	Noble, Nicey	LXTN	439
Nichols, John	KRSW	116	Night, Robert	UNON	204	Noble, Patrick*	ABVL	2
Nichols, Jos*	DLTN	457	Niles, A	KRSW	116	Noble, Pierce	LXTN	414
Nichols, Joseph	SPBG	339	Nilkie, Jas*	CHTN	346	Noble, Thos	LRNS	290
Nichols, Joshua	COTN	311	Nilly, D*	CHTN	324	Noble, W S	EDFD	198
Nichols, Kendric	MARN	118	Nimitz, Adolph	BUFT	6	Noble, William P	ABVL	15
Nichols, L	LRNS	241	Nimitz, Ann*	CHTN	105	Nobles, B B	HORY	15
Nichols, Luke	LXTN	370	Nimmons, Casandrew*	PKNS	95	Nobles, Edmond	ORBG	397
Nichols, Luke	NWBY	222	Nimmons, David	PKNS	52	Nobles, Garat	EDFD	118
Nichols, Margt A**	CHTR	85	Nimmons, Elender	PKNS	52	Nobles, H T*	BNWL	467
Nichols, Mark	NWBY	212	Nimmons, Ibby	PKNS	30	Nobles, J A	BNWL	448
Nichols, Mary A*	RHLD	8	Nimmons, James*	BNWL	445	Nobles, J B*	BNWL	449
Nichols, Miss Bettie*	NWBY	251	Nimmons, James	BNWL	382	Nobles, James	CHTN	170
Nichols, Moses*	HORY	30	Nimmons, John C*	BNWL	382	Nobles, James	COTN	342
Nichols, Nathan	SMTR	142	Nimmons, Joseph	PKNS	52	Nobles, Jno Q A	COTN	332
Nichols, Osmond	CHTR	42	Nimmons, Katty*	GRVL	488	Nobles, John*	MARN	53
Nichols, Polley	SMTR	99	Nimmons, William	BNWL	368	Nobles, John G	SPBG	332
Nichols, R A*	LRNS	228	Nimmons, William	PKNS	9	Nobles, Joseph**	EDFD	40
Nichols, R P	HORY	27	Nimmons, Wm	BNWL	442	Nobles, Mahaly	BNWL	449
Nichols, Samuel	GRVL	329	Nimons, Caroline	PKNS	85	Nobles, Margaret	NWBY	227
Nichols, Samuel	PKNS	162	Ninck, Rosa M	NWBY	298	Nobles, Mary	MARN	9
Nichols, Sarah	LRNS	229	Nintle, Eliza*	CHTN	324	Nobles, Milly*	MARN	6
Nichols, T*	LRNS	257	Nipper, Alexr*	RHLD	45	Nobles, W P*	HORY	53
Nichols, Thomas	CHTR	85	Nipper, Allen	BNWL	419	Nobles, Wilson	MARN	9
Nichols, Thos W	ABVL	56	Nipper, James W	RHLD	39	Nobles, Wm	NWBY	230
Nichols, Thos*	CHTN	192	Nipper, Lucy*	FAFD	210	Nocks, Levene*	FAFD	200
Nichols, Thos	GRVL	329	Nipper, Tempy	BNWL	438	Noe, Barbara*	CHTN	452
Nichols, W T*	GRVL	420	Nippers, Nancy*	CHTR	3	Noelkin, C	CHTN	301
Nichols, Wade*	LRNS	239	Nipson, Francis	CHTN	298	Nogh, Rebecca	CHTN	130
Nichols, Williford	DLTN	459	Nipson, Thos	CHTN	317	Nohlen, Ann*	CHTN	275
Nichols, Wm A*	PKNS	56	Nisbet, A J	LCTR	142	Nohlen, James*	CHTN	295
Nicholson, A D	KRSW	140	Nisbet, A S	LCTR	142	Nohlen, John*	CHTN	275
Nicholson, Andrew P*	RHLD	54	Nisbet, Cynthia M*	LCTR	142	Nohlen, Thomas	CHTN	275
Nicholson, Anna*	RHLD	55	Nisbet, G A	LCTR	142	Nohrden, Carsten	CHTN	292
Nicholson, Bailus	PKNS	46	Nisbet, J N	LCTR	150	Noiselto, Henry	CHTN	227
Nicholson, Ben	PKNS	11	Nisbet, John C	LCTR	142	Noisett, Philip	CHTN	430
Nicholson, Dr W***	EDFD	56	Nisbet, John D	LCTR	142	Noizet, Margt	CHTN	522
Nicholson, George	PKNS	23	Nisbet, John W	LCTR	142	Nolan, James*	CHTN	210
Nicholson, Hugh	CHFD	146	Nisbet, Lavina*	LCTR	215	Nolan, Jas**	CHTN	346
Nicholson, J L**	EDFD	113	Nisbet, Sarah	LCTR	142	Nolan, John	CHTN	160
Nicholson, J R*	YORK	404	Nisbet, W E	LCTR	145	Nolan, John J	CHTN	506
Nicholson, J R	YORK	398	Nisbet, William C	LCTR	142	Nolan, Julia*	CHTN	354
Nicholson, J T	EDFD	1	Nismith, J S**	DLTN	415	Nolan, Margaret	CHTN	110
Nicholson, Jas	YORK	425	Nivens, Danl	YORK	403	Nolan, Patrick*	CHTN	110
Nicholson, Jas	DLTN	463	Nivens, Jas J	YORK	401	Nolan, Thos	CHTN	193
Nicholson, John W	PKNS	11	Nivens, Jas T	YORK	397	Noland, Chas	KRSW	81
Nicholson, L A*	EDFD	56	Nivens, Nancy*	YORK	386	Noland, J C C	CHTN	218
Nicholson, M C*	EDFD	169	Nivens, Wm H	YORK	397	Noland, J G*	YORK	384
Nicholson, Milton	PKNS	10	Nix, A J	BNWL	488	Noland, Jane	KRSW	138
Nicholson, Mrs E J	EDFD	53	Nix, B W	LRNS	243	Noland, Mary*	CHTN	411
Nicholson, R W	YORK	400	Nix, Berry J	BNWL	403	Noland, Robt*	CHTN	258
Nicholson, Robt P*	RHLD	48	Nix, David M	BUFT	24	Nolen, Andrew	CHTN	246
Nicholson, S W	EDFD	105	Nix, Elijah	PKNS	108	Nolen, Catharine*	CHTN	418
Nicholson, Stephen	PKNS	10	Nix, Elisha M	GRVL	356	Nolen, J S	UNON	248
Nicholson, Wm M	CHTN	69	Nix, Geo W	BUFT	75	Nolen, John	SPBG	310
Nickells, Robt*	LRNS	354	Nix, Henry	GRVL	357	Nolen, John	CHTN	267
Nickels, Jane*	LRNS	230	Nix, Hulda	PKNS	16	Nolen, S*	UNON	273
Nickels, Jas	CHFD	148	Nix, James**	BNWL	367	Nolen, Sarah	GRVL	451
Nickerson, Charles	EDFD	150	Nix, James	PKNS	16	Nolin, Alena*	CHTN	342
Nickerson, George W*	CHTN	399	Nix, James	PKNS	114	Nolin, Sarah*	SPBG	205
Nickerson, John	CHFD	148	Nix, James E	UNON	270	Noling, Siddy	BNWL	472
Nickerson, Thos S	CHTN	218	Nix, Jas Edward	BUFT	67	Noll, William	CHTN	145
Nickerson, Wm*	CHTN	197	Nix, Jno H	CHTR	68	Nolnm, Sclsalom	SPBG	205
Nickes, Miles	UNON	265	Nix, John D	BUFT	66	Nongass, Max*	DLTN	372
Nickey, Julia*	CHTN	89	Nix, John W	BUFT	66	Nooman, Charles	RHLD	32
Nicklas, Sarah*	CHTN	502				Noon, W W	LXTN	364

Name	Loc	Pg
Noonan, J L	SPBG	419
Noonan, John	BUFT	35
Noonan, Timothy**	CHTN	456
Nor East RRoad Co	CHTN	398
Nordhausen, Adolph	CHTN	408
Nordman, D*	CHTN	460
Norice, Lucy*	FAFD	270
Noris, A	WMBG	317
Norlan, Rosanna*	CHTN	409
Norman, A E*	PKNS	35
Norman, Chas**	CHTN	196
Norman, Edwin**	CHTN	305
Norman, J S*	ADSN	158
Norman, James H	HORY	57
Norman, Jane*	BNWL	383
Norman, Jane*	HORY	57
Norman, Jno	LRNS	246
Norman, M*	CHTN	206
Norman, Nancy*	CHTR	7
Norman, Richard*	ADSN	158
Norman, Sippia*	ADSN	158
Norman, Thos*	CHTN	245
Norman, W T	SPBG	351
Norman, Willis P	MARN	104
Normon, Della	UNON	192
Normon, Elendar	UNON	193
Normon, J F	UNON	261
Normon, Jason	UNON	192
Normon, Jesse	UNON	192
Norrell, Jonathan	ABVL	72
Norrell, Mary E	ABVL	52
Norrell, Saml B	ABVL	52
Norrell, Sarah	ABVL	77
Norris, A J*	CHTN	370
Norris, A O	ADSN	223
Norris, Abraham	PKNS	81
Norris, Alexander	SMTR	154
Norris, Alexander*	PKNS	77
Norris, Allen	EDFD	76
Norris, Ann	CHTN	337
Norris, Anne	COTN	286
Norris, C D	HORY	19
Norris, David	BNWL	492
Norris, Edmond	PKNS	151
Norris, Elizabeth	PKNS	164
Norris, Elmira*	RHLD	43
Norris, Elvira	ADSN	160
Norris, Emma	CHTN	375
Norris, Emmison*	BNWL	496
Norris, Ezekel B	ABVL	105
Norris, Ezekial	ADSN	243
Norris, G B	PKNS	77
Norris, Geo	KRSW	86
Norris, George	ORBG	326
Norris, Henry	PKNS	83
Norris, Herbert Y	GRVL	344
Norris, Hubert	KRSW	86
Norris, J A	EDFD	178
Norris, J M	EDFD	176
Norris, J W Jr	ADSN	219
Norris, James T	ADSN	221
Norris, Jane*	NWBY	291
Norris, Jesse W	ADSN	213
Norris, Jessee	ADSN	243
Norris, John	NWBY	291
Norris, John	GRVL	466
Norris, John E	ADSN	203
Norris, John H	ADSN	203
Norris, John H	PKNS	150
Norris, John T	ADSN	157
Norris, L H	EDFD	135
Norris, Larkin	PKNS	135
Norris, Martha	EDFD	80
Norris, Mary*	CHTN	507
Norris, Mary*	KRSW	102
Norris, Mary**	PKNS	151
Norris, Nelson	GRVL	418
Norris, Nelson	GRVL	404
Norris, Nicholas*	BUFT	77
Norris, P K	ADSN	234
Norris, Percival V*	RHLD	51
Norris, R E	PKNS	77
Norris, R H	COTN	333
Norris, Rev A P	EDFD	36
Norris, Riley	HORY	2
Norris, Robert	EDFD	144
Norris, Robt	LRNS	251
Norris, Robt B	ADSN	216
Norris, Sarah	UNON	281
Norris, Sarah	LRNS	278
Norris, Susan*	EDFD	121
Norris, W H	EDFD	179
Norris, W L	ADSN	223
Norris, W*	EDFD	146
Norris, W	GRVL	467
Norris, W F*	NWBY	297
Norris, W J	DLTN	386
Norris, William	PKNS	120
Norris, William	CHTN	396
Norris, William	PKNS	82
Norris, William	PKNS	151
Norris, William	UNON	254
Norris, William L	UNON	254
Norris, Wm C*	ADSN	202
Norris, Wm P	PKNS	77
Norris, Wm**	BNWL	480
Norris, Z	EDFD	199
North, A	CHTN	337
North, E	CHTN	299
North, Ed*	CHTN	370
North, Edward	CHTN	168
North, Eliza E	ADSN	263
North, Jane	ABVL	14
North, Jno W	ABVL	26
North, John	EDFD	102
North, John	ORBG	388
North, Pricilla*	CHTN	435
North, Real**	RHLD	47
North, Richard L	CHTN	401
North, S C	WMBG	318
North, Samuel R	RHLD	43
North, Thos*	CHTN	127
North, Wm*	COTN	366
Northan, Jno	CHTN	359
Northcutt, A B	MARN	52
Northcut, J	DLTN	399
Northcut, W N	DLTN	422
Northier, C*	BUFT	10
Northrop, C B	CHTN	235
Northrop, L B	CHTN	456
Northy, Francis	SPBG	297
Nortin, William	UNON	248
Norton, Alex	MARN	85
Norton, Alex R	BUFT	70
Norton, Alexander	GRVL	415
Norton, B	WMBG	318
Norton, Calvin	MARN	68
Norton, Catharine	UNON	267
Norton, Charles*	MARN	15
Norton, E*	SPBG	258
Norton, Eli*	DLTN	444
Norton, Elijah*	UNON	210
Norton, Ezekiel	SMTR	157
Norton, H*	SPBG	258
Norton, Honour**	MARN	69
Norton, J	MRBO	194
Norton, J H	CHTN	230
Norton, J H	WMBG	318
Norton, J O	MARN	74
Norton, Jane**	MARN	125
Norton, Jared	SMTR	165
Norton, Jas	LRNS	308
Norton, Jepthah	PKNS	8
Norton, John G**	BUFT	2
Norton, Lilia*	CHTN	164
Norton, M	UNON	199
Norton, M M	WMBG	313
Norton, Miss R	PKNS	106
Norton, R*	CHTN	317
Norton, Robert G	UNON	268
Norton, Ruphus*	BUFT	71
Norton, Saml	UNON	267
Norton, Silas	MRBO	180
Norton, Silas Jr	MRBO	181
Norton, Thomas	MRBO	181
Norton, Timothy	MARN	49
Norton, Wesley	SMTR	178
Norton, Wm	MRBO	159
Norton, Wm B**	MARN	69
Norwood, Alex	MRBO	180
Norwood, Charity	BUFT	70
Norwood, Dr W C	DLTN	401
Norwood, Elizb*	DLTN	419
Norwood, Geo A	ABVL	82
Norwood, I W*	ABVL	140
Norwood, Isaac N	DLTN	415
Norwood, J E	DLTN	375
Norwood, J H	CHTN	116
Norwood, James A	DLTN	395
Norwood, Jos	DLTN	378
Norwood, Julia*	ABVL	60
Norwood, Julia*	DLTN	429
Norwood, L C	CLDN	206
Norwood, Liz F M	CLDN	220
Norwood, Mary	DLTN	414
Norwood, Mary A*	ABVL	140
Norwood, Tabitha G*	ABVL	101
Norwood, Thomas	SMTR	160
Norwood, W L	ABVL	144
Norwood, Wiley D	ADSN	176
Norwood, William T*	SPBG	367
Norwood, William	RHLD	52
Noss, August*	ABVL	140
Noss, Frederick	CHTN	492
Nothron, Jas**	CHTN	487
Nott, A*	CHTN	252
Nott, Angus P*	SPBG	258
Nott, E T	SPBG	328
Nott, Junius*	UNON	258
Nott, S*	RHLD	10
Nott, Wm B	SPBG	259
Notts, James M P*	SPBG	256
Novel, Henry**	RHLD	49
Nowden, Wm	CHTN	252
Nowden, Wyatt	DLTN	387
Nowell, E T	KRSW	134
Nowell, J L	SPBG	403
Nowell, Jacob	CHTN	397
Nowell, Jane	GETN	299
Nowell, Jane	RHLD	60
Nowell, Richard	CHTN	468
Nowell, Richard	CHTN	474
Nowell, T W*	CHTN	371
Nowell, Thos	GETN	299
Nowell, Wm	ADSN	215
Nowland, Robt**	GETN	299
Nowlin, John	SMTR	139
Nowling, John	SMTR	107
Noysett, Joseph	CHTN	483
Nufort, William*	CHTN	415
Nugent, Jane	LRNS	352
Nugent, Michl	CHTN	488
Nugent, Samuel	LRNS	335
Nuland, Abram	YORK	506
Nunamaker, David	LXTN	373
Nunamaker, Drury	LXTN	373
Nunamaker, E H	LXTN	376
Nunamaker, Godfrey B	RHLD	59
Nunamaker, Henry C	RHLD	59
Nunamaker, Jacob	LXTN	374
Nunamaker, Thomas C*	RHLD	31
Nunamaker, W A	LXTN	389
Nunan, George	CHTN	519
Nunery, Amos	CHTR	86
Nunery, Amos L	CHTR	86
Nunery, Griffin	CHTR	84
Nunery, Henry	CHTR	86
Nunery, Joseph	CHTR	87
Nunery, Ralph	CHTR	85
Nunn, Daniel	CHTR	16
Nunn, Elijah	CHTR	17
Nunn, Jno*	CHTR	12
Nunn, Wyatt	CHTR	17
Nunnan, Wm	CHTN	200
Nunnerlyn, Mary	CHTN	189
Nunnery, B T	KRSW	122
Nunnery, Benjaman	SMTR	132
Nunnery, Essey**	SMTR	126
Nunnery, Jas	YORK	459
Nunnery, Peter	SMTR	149
Nunnery, Peter	SMTR	125
Nunnery, Richard	SMTR	149
Nunnery, Richard	SMTR	126
Nunnery, W C	KRSW	80
Nunnery, William*	NWBY	300
Nunnily, Frankin*	GRVL	479
Nunnly, Elizabeth	GRVL	491
Nunnmans, Alice*	CHTN	190
Nurnberger, A	EDFD	113
Nurnberger, C F	BNWL	457
Nurse, Henry**	RHLD	18
Nurse, Wm S	GETN	285
Nye, Dr F M	CHTR	78
Nysinger, J J*	BNWL	353
O'Brian, Catharine*	CHTN	415
Oakes, Francis*	CHTN	110
Oakes, S B	CHTN	104
Oakes, Susan	CHTN	197
Oakes, Z B	CHTN	336
Oakley, Catharin	PKNS	48
Oakley, Edwd	BNWL	463
Oakley, Elias	MRBO	173
Oakley, John	PKNS	48
Oakley, Wm	CHTN	307
Oakly, John	MARN	55
Oakman, R	COTN	309
Oakman, Sarah A**	BNWL	469
Oaks, Ambrose	DLTN	402
Oaks, F J	KRSW	131
Oaks, Jacob	GETN	314
Oaks, Matthew	DLTN	419
Oates, J C*	MARN	19
Oates, Jas	DLTN	400
Oates, Martin	GRVL	485
Oates, Polly*	MARN	117
Oats, Rufus	PKNS	160
Oats, William	YORK	498
OBannon, J J	BNWL	478
OBannon, L W**	BNWL	479
OBear, Joshua	FAFD	206
Oberhart, John**	CHTN	261
Oberhauser, J	CHTN	250
Oberson, William*	CHTR	3
OBrian, John	CHTN	159
Obrian, Mary*	LCTR	156
Obrian, mathew	ADSN	234
OBrian, Richard*	CHTN	427
OBrian, William	CHTN	418
OBrian, William*	CHTN	427
Obriant, Caleb	PKNS	131
Obriant, David	ADSN	247
Obriant, Francis	ADSN	247
Obriant, James C	PKNS	130
OBriant, John	PKNS	193
OBriant, Thimothy	PKNS	109
Obriant, William*	ORBG	400
OBrien, Andrew*	ABVL	55
OBrien, Andrew**	CHTN	408
OBrien, Ann	ABVL	120
OBrien, Ann*	CHTN	339
OBrien, Ann*	CHTN	361
OBrien, Bridget	CHTN	107
OBrien, Bridget	CHTN	333
OBrien, Bridget*	CHTN	339
OBrien, C	CHTN	336

Name	Loc	Pg	Name	Loc	Pg	Name	Loc	Pg
OBrien, Charles*	CHTN	254	Odam, Madison	GRVL	376	Ogburn, J J	LCTR	191
OBrien, Dennis	CHTN	107	Odam, Mary	DLTN	400	Ogburn, Priccilla	CHFD	154
OBrien, Edw	CHTN	231	Odam, Mary	DLTN	435	Ogdan, Jacob R*	BNWL	352
OBrien, Elizabeth*	ABVL	120	Odam, Mrs Elizabeth	MRBO	153	Ogden, Isaac	BNWL	471
OBrien, Ellen*	CHTN	199	Odam, Nathl	DLTN	471	Ogden, Wm	BNWL	471
OBrien, Ellen*	CHTN	329	Odam, Robert	MRBO	197	Ogden, Wm*	BNWL	448
OBrien, Eugene*	CHTN	205	Odam, S J	DLTN	375	Ogelsby, Chas	FAFD	261
OBrien, James	CHTN	521	Odam, Tho	DLTN	428	Ogelsby, Rebecca	FAFD	261
OBrien, Jas	CHTN	323	Odam, William	GRVL	504	Ogelsby, Sally	FAFD	261
OBrien, John	CHTN	122	Odam, Wm	DLTN	387	Ogelsby, Saml	FAFD	209
OBrien, John*	CHTN	390	Odam, Wm J	EDFD	145	Ogelsby, Trezvant	FAFD	260
OBrien, John	CHTN	477	ODaniel, C	YORK	441	Ogerman, Jno	CHTN	315
OBrien, John*	CHTN	245	Odell, Abner	PKNS	181	Ogg, John S	ADSN	177
OBrien, Juliana*	CHTN	339	Odell, Calvin	PKNS	183	Ogier, Thos L	CHTN	207
OBrien, K*	CHTN	266	Odell, Elijah	NWBY	263	Ogilby, William	CHTN	422
OBrien, Luke	CHTN	391	Odell, Gasoway	NWBY	287	Ogilvie, Rebecca*	ABVL	67
OBrien, Margaret*	CHTN	252	Odell, John	CHTN	282	Ogle, John	UNON	245
OBrien, Margaret**	CHTN	342	Odell, John	LRNS	322	Ogle, Sarah	UNON	245
OBrien, Margaret	CHTN	447	Odell, L M W	LRNS	347	Ogleby, Adam*	UNON	274
OBrien, Margt*	CHTN	216	Odell, Perrin	PKNS	183	Ogleby, Anderson*	UNON	267
OBrien, Margt**	CHTN	254	Odell, Thos	NWBY	259	Ogleby, John	UNON	267
OBrien, Mary	CHTN	395	Odell, Thos	NWBY	261	Ogleby, John*	UNON	274
OBrien, Mary**	CHTN	455	Odem, John	SPBG	425	Ogleby, Madison*	UNON	274
OBrien, Mathew	CHTN	474	Odle, Francis*	NWBY	244	Ogleby, Wm J*	CHTR	57
OBrien, Michael*	CHTN	454	Odle, James	PKNS	131	Oglesby, Charles	UNON	199
OBrien, Mike*	CHTN	239	Odle, Jefferson	PKNS	141	Oglesby, Cornelius J	BUFT	26
OBrien, Mike	EDFD	34	Odle, Naomi L*	PKNS	179	Oglesby, Daniel	BUFT	24
OBrien, Miss*	CHTN	319	Odom, A H	MRBO	192	Oglesby, Isabella	FAFD	258
OBrien, Miss*	CHTN	321	Odom, A K	MRBO	192	Oglesby, Jesse	PKNS	90
OBrien, Patk	CHTN	192	Odom, B F	BNWL	380	Oglesby, Jno	SPBG	291
OBrien, Peter	CHTN	107	Odom, D A	MRBO	166	Oglesby, Louisa	BUFT	26
OBrien, T	CHTN	298	Odom, Daniel J	MRBO	192	Oglesby, Margaret	PKNS	90
OBrien, Thom*	CHTN	192	Odom, Elias	RHLD	65	Oglesby, Maria*	FAFD	258
OBrien, Thos	CHTN	356	Odom, Eliza A	BNWL	385	Oglesby, Mary	PKNS	42
OBrien, Thos	CHTN	362	Odom, Elizabeth	MRBO	195	Oglesby, Mary*	BUFT	26
OBrien, Victoria*	RHLD	22	Odom, Erander W	MRBO	157	Oglesby, Mary**	PKNS	34
OBrien, William	CHTN	509	Odom, J H	BNWL	384	Oglesby, Milly	PKNS	92
OBrien, Wm	CHTN	250	Odom, J Wesly	MRBO	201	Oglesby, Milly	PKNS	100
OBrien, Wm	CHTN	339	Odom, Jas W	MRBO	156	Oglesby, Ruth	PKNS	92
OBrien, Wm W	MARN	96	Odom, Julia	MRBO	189	Oglesby, Thos*	FAFD	257
Obrient, William	ADSN	247	Odom, John J	RHLD	65	Ogley, Sarah E D	GRVL	414
OBryan, Jackson	COTN	272	Odom, John W	MRBO	192	OGorman, Miss*	CHTN	320
OBryan, John	COTN	215	Odom, Margaret**	CHTR	22	OGorman, Miss*	CHTN	320
OBryan, John	COTN	253	Odom, Martha	BNWL	472	OGorman, Miss*	CHTN	320
OBryan, John**	CHTN	481	Odom, Michal W*	BNWL	390	OGorman, P	CHTN	228
OBryan, L A	COTN	308	Odom, Mrs Dorcas	MRBO	146	OGorman, P*	CHTN	325
OBryan, Lewis	COTN	250	Odom, Nancy	CHTR	16	OGorman, Richard**	CHTN	202
OBryan, M R**	RHLD	21	Odom, Nehemiah	MRBO	189	OGrady, John J**	CHTN	295
OBryan, Perry**	CHTN	205	Odom, Ona	BNWL	473	OHalloran, Patrick	CHTN	395
OBryan, R L	COTN	252	Odom, Peter	MRBO	197	OHanlon, James	RHLD	91
OBryan, Richard	COTN	272	Odom, Pharo*	MRBO	197	OHara, John C	EDFD	194
OBryan, W H	COTN	311	Odom, Philip	MRBO	160	OHara, Margaret*	CHTN	471
OBryan, Wm	COTN	269	Odom, Philip E	MRBO	199	OHara, Martha	CHTN	421
OBryant, Jane	COTN	291	Odom, Rebecca	BNWL	384	OHara, Miss*	CHTN	320
Oburlee, George J*	GRVL	408	Odom, Richard E	BNWL	585	OHarra, Rich*	EDFD	86
OCain, Daniel	ORBG	352	Odom, Richd	MARN	127	OHarre, Patrick	CHTN	286
OCain, Elizabeth	ORBG	353	Odom, Roseanna L	BNWL	385	OHear, J S	CHTN	258
OCain, Henry	ORBG	336	Odom, Samuel E	MRBO	195	OHear, James	CHTN	423
OCain, Mary	ORBG	352	Odom, Sarah*	CHTR	18	OHear, Saml	CHTN	510
OCain, Watson	ORBG	352	Odom, Thos Q	MRBO	153	Ohern, Ann	RHLD	54
Ocheal, L	UNON	243	Odom, Tristram	MRBO	189	Ohern, Jane	ORBG	349
Ocheas, Rhewben	UNON	242	Odom, Winny	MRBO	207	Ohern, Maurice	RHLD	83
OConnan, Dennis	CHTN	295	Odom, Wm O	CLDN	228	Ohern, Sarah	CHTN	140
OConnel, James	CHTN	410	Odom, Wyatt A	BNWL	379	OHeron, Catherine**	ORBG	330
OConnel, James	PKNS	98	ODonald, Owen	CHTN	253	Ohl, Helen J*	SMTR	154
OConnel, John	CHTN	478	ODonnal, Charley*	LCTR	150	Ohland, Diedrich*	CHTN	210
OConnell, James H*	ORBG	367	ODonnel, Michael*	CHTN	479	Ohlandt, Eiber*	CHTN	204
OConnell, Jeremiah J	RHLD	38	ODonnell, M*	CHTN	306	Ohlandt, John	CHTN	225
OConnell, Michael	RHLD	35	Odonnell, Mitchell*	CHTN	111	Ohldorf, Herman*	CHTN	468
OConnell, Pat**	CHTN	388	ODonnell, Mrs**	CHTN	336	OKeefe, Mary*	CHTN	393
OConer, Agnes*	CHTN	284	ODonnll, M	CHTN	302	OKeefe, Patrick**	ABVL	22
OConer, Anthony	CHTN	242	ODonoley, Barney*	CHTN	169	OKelly, B F	PKNS	38
OConer, Barney	ABVL	26	Odowed, Wm	ORBG	393	OKelly, Charles W	PKNS	93
OConer, Barthol	CHTN	393	Odum, Ed	CHFD	139	OKelly, Hugh	PKNS	92
OConer, Catharine	RHLD	2	Odum, Elisha	CHFD	138	OKelly, Nancy	PKNS	92
OConer, James*8	SMTR	153	Odum, Jack	CHFD	138	Oland, Henry	RHLD	69
OConer, John	SMTR	180	Odum, Jane	CHTN	494	OLaricy, Richard*	PKNS	188
OConer, Julia*	CHTN	216	Odum, Jno	CHFD	139	Olary, J	PKNS	42
OConer, M	EDFD	46	Odum, John	CHFD	117	OlBrooks, Jane	YORK	439
OConer, M P**	CHTN	230	Odum, John M*	WMBG	344	Olchiewskey, A*	EDFD	107
Oconer, Margaret*	RHLD	29	Odum, Lewis	BNWL	373	Olden, Margaret E	SMTR	138
OConer, Mary	BUFT	6	Odum, M C T	CHFD	138	Oldenburg, E H	CHTN	326
OConer, Mary	CHTN	225	Odum, Mary	BNWL	373	Oldham, Thomas	ADSN	321
OConer, Michael**	CHTN	191	Odum, Mrs Jane*	CHTN	119	Oldridge, D*	UNON	274
OConer, Percilla J	SMTR	153	Odum, Samuel	CHFD	117	OLeary, Conner W	RHLD	46
OConer, William*	ABVL	69	Odum, Thomas	BNWL	373	OLeary, D	YORK	373
OConnor, John	CHTN	520	Odum, Wm	CHFD	138	OLeary, Rose Ann	YORK	543
OConnor, Mrs M**	CHTN	326	ODurce, Ann	CHTN	306	OLeary, Thos	CHTN	379
Octgens, Henry	CHTN	101	ODwyer, Mary*	CHTN	428	Oliphant, Nathaniel C	SPBG	313
ODae, John**	CHTN	379	Oeilrich, William*	CHTN	321	Oliver, Absm	DLTN	445
ODae, Michael	CHTN	378	Oelrich, Jno	CHTN	321	Oliver, Alexr	ABVL	116
Odam, A P	GRVL	454	Oestenicher, Jacob W	BUFT	18	Oliver, Ann R	MARN	17
Odam, Alexr	DLTN	381	Oesterricher, A	BUFT	40	Oliver, Benjamin*	CHTN	473
Odam, Caleb	DLTN	404	Oesterricher, C H	BUFT	44	Oliver, Daniel W	HORY	63
Odam, Eli	DLTN	400	Oesterricher, D L*	BUFT	42	Oliver, E W*	RHLD	21
Odam, Eliz	DLTN	402	Oesterricher, Frek	BUFT	43	Oliver, Elisha W	FAFD	258
Odam, Eliza	DLTN	375	Oesterricher, John	BUFT	42	Oliver, Elizabeth**	PKNS	188
Odam, Elizabeth**	MARN	11	OFaral, George*	YORK	468	Oliver, Ephraim	SPBG	245
Odam, Elizb	DLTN	404	OFarral, Thos	YORK	367	Oliver, Fred K*	RHLD	53
Odam, G J	ORBG	394	Oferrel, George*	SPBG	303	Oliver, Glenn	ORBG	354
Odam, G W*	DLTN	395	OFlaherty, Lary*	COTN	251	Oliver, H Ann*	CHTN	368
Odam, James	GRVL	400	OFlanigan, Jane	CHTN	354	Oliver, Henry	ORBG	357
Odam, Jas E	MRBO	197	OGare, Ann	CHTN	511	Oliver, Hilliard	LXTN	470
Odam, Jesse	DLTN	390	OGare, Bridget*	CHTN	488	Oliver, Ivan**	MARN	70
Odam, Jno	DLTN	430	Ogburn, D W	CHFD	153	Oliver, J M*	GETN	323
Odam, John	GRVL	400	Ogburn, H**	WMBG	314	Oliver, J	SPBG	396

Name	Loc	Pg
Oliver, Jackson	ADSN	180
Oliver, Jane**	LRNS	223
Oliver, Jas	DLTN	399
Oliver, Jno	DLTN	391
Oliver, John	RHLD	11
Oliver, John A	BUFT	41
Oliver, Julia*	EDFD	84
Oliver, Julia	CHFD	147
Oliver, Julian*	CHFD	127
Oliver, Julius C*	CHTN	494
Oliver, Martha	ADSN	300
Oliver, Mary*	ADSN	300
Oliver, Saml	LRNS	227
Oliver, Saml P	DLTN	444
Oliver, Samuel G	ORBG	362
Oliver, Thos	ORBG	362
Oliver, Thos W	ORBG	362
Oliver, W W	DLTN	445
Oliver, William	CHTN	397
Oliver, William	PKNS	191
Oliver, William D	ORBG	357
Oliver, Wm	CHFD	146
Oliver, Wm	GETN	322
Ollendorf, Frederic	ORBG	406
Olliver, D W	GETN	322
Olliver, E W*	CLDN	205
Olliver, Mary A*	CLDN	225
Olliver, S P	CLDN	219
Ollrich, H J*	CHTN	331
Olmstead, A F	CHTR	75
Olson, L	GRVL	410
Olverson, John	CHTR	17
Olverson, Nancy	CHTR	18
Olverson, William*	CHTR	3
Omaly, Mark	CHTN	302
OMara, Athur**	CHTN	282
OMara, Bridget*	CHTN	309
OMara, Bridget**	CHTN	351
OMara, Cornelius**	CHTN	413
OMara, D	CHTN	336
OMara, Jno F	CHTN	297
OMeara, Thos*	CHTN	192
Omelvenney, William**	CHTR	8
Omelveny, Hugh	CHTR	1
Omesby, Julia A**	SPBG	199
Onailles, Evander	DLTN	467
Onailles, Exum	DLTN	476
Onailles, Griffin	DLTN	467
Onailles, James	DLTN	467
Onailles, Mary**	DLTN	387
Onailles, Peter	DLTN	467
ONeal, Belton*	LRNS	237
ONeal, Charles	RHLD	62
ONeal, Eliza*	CHTN	258
Oneal, Elizabeth	BUFT	46
ONeal, Francis*	CHTN	247
ONeal, Geo P	ABVL	75
ONeal, Hill	PKNS	25
Oneal, J F	YORK	454
ONeal, James*	CHTN	247
ONeal, James	ADSN	335
ONeal, James	CHTN	261
Oneal, James M*	GRVL	406
ONeal, James	CHTN	453
ONeal, John*	CHTN	258
ONeal, Katharine**	ADSN	261
ONeal, Lark	ORBG	344
ONeal, M**	CHTN	234
ONeal, Margaret*	CHTN	258
ONeal, Maria	RHLD	43
ONeal, Mrs Sannale*	NWBY	259
ONeal, Nancy	UNON	218
ONeal, Patrick*	CHTN	231
ONeal, Patrick	CHTN	245
ONeal, Peter*	CHTN	254
ONeal, Philip*	CHTN	218
ONeal, R A	PKNS	17
Oneal, S E	BNWL	456
ONeal, Sallie*	NWBY	293
ONeal, Sally*	LRNS	228
ONeal, Susanah*	ADSN	262
Oneal, T M	BNWL	455
Oneal, Wm M	BNWL	403
ONeale, Dennis	RHLD	70
ONeale, Ellen	CHTN	193
ONeale, Jas*	CHTN	203
ONeale, Jas	CHTN	306
ONeale, John	CHTN	199
ONeale, Jos	CHTN	198
ONeale, Kate*	COTN	323
ONeale, Mary*	CHTN	199
ONeale, Miss*	CHTN	321
ONeale, Richard	RHLD	38
ONeall, J B	NWBY	231
ONeall, Matthew	RHLD	3
ONeall, Thomas P	CHTN	442
ONeil, D	CHTN	316
ONeil, Eliza	CHTN	331
ONeil, Francis*	CHTN	473
ONeil, George	CHTN	285
ONeil, George	FAFD	219
ONeil, Godfrey	FAFD	219
Oneil, H	LRNS	233
ONeil, J	CHTN	228
ONeil, Jacob	FAFD	219
ONeil, James**	CHTN	285
ONeil, John F	CHTN	230
ONeil, Margaret*	CHTN	339
ONeil, Mary*	CHTN	473
ONeil, Miss*	CHTN	320
ONeil, Miss P*	CHTN	321
ONeil, Patrick	CHTN	267
ONeill, Bernard	CHTN	186
ONeill, H*	CHTN	317
ONeill, Hugh	CHTN	202
ONeill, James	CHTN	457
ONeill, John	CHTN	522
ONeill, Julia*	CHTN	450
ONeill, Margaret A	CHTN	446
ONeill, Mary	CHTN	362
ONeill, Mary*	CHTN	428
ONeill, Mary	CHTN	501
ONeill, Michael*	CHTN	390
ONeill, Michael	CHTN	399
ONeill, Patrick	CHTN	446
ONeill, Patrick	CHTN	415
ONeill, Richard*	CHTN	372
ONeill, William	CHTN	369
Onley, Jno	CHTR	28
Onley, Wm	FAFD	208
Only, George W	CHTN	412
Onsby, Thomas	UNON	295
Onsby, Thomas	UNON	286
Onsby, Victoria	UNON	295
Opdebeck, F	CHTN	325
Oppenheim, C	CHTN	365
Oppenheim, Esther*	MARN	29
Oppenheim, S H	CHTN	169
Oppenheim, Wm	MARN	29
Oppenheins, Joseph H	CHTN	419
Opry, John C*	SMTR	111
OQuin, Edward	COTN	266
OQuinn, Cecelia	COTN	285
OQuinn, Hardy	COTN	284
OQuinn, Tarler	COTN	283
Or, William	ADSN	214
Orchard, John**	CHTN	373
Orchard, William H	RHLD	41
OReily, Patrick	CHTN	271
Orender, Dolly*	EDFD	192
Orender, Isaac	EDFD	190
Orender, Isaac	EDFD	191
Orendine, Nancy A	SMTR	172
Orentt, L	CHTN	317
Origan, A*	CHTN	239
Oriley, J B**	CHTN	342
Orman, Martha	YORK	402
Ormand, S J	CHTR	1
Ormandy, W*	GETN	322
Ormsby, Joel	SPBG	253
Ormsby, John*	YORK	386
ORourke, Farrell	CHTN	515
ORourke, Felix*	CHTN	376
ORourke, James**	CHTN	391
Orr, Abram	BUFT	22
Orr, Abram*	BUFT	50
Orr, Alex	BUFT	48
Orr, Alexander	PKNS	43
Orr, Alexander	ADSN	325
Orr, Benjamin	BUFT	53
Orr, Catharine**	YORK	403
Orr, Frank*	CHTN	22
Orr, Henry	BUFT	49
Orr, Isaac	BUFT	49
Orr, Isham	BUFT	48
Orr, J B	ADSN	336
Orr, James	BUFT	48
Orr, James	UNON	229
Orr, James	CHTR	86
Orr, James	CHTR	22
Orr, James L	ADSN	159
Orr, James*	BUFT	53
Orr, John	CHTR	31
Orr, John**	ADSN	336
Orr, John	BUFT	50
Orr, Joseph	UNON	283
Orr, Manny	BUFT	53
Orr, Mary	BUFT	49
Orr, Mary E	BUFT	49
Orr, Patsey*	BUFT	48
Orr, Patterson	PKNS	43
Orr, Pricilla	CHTR	46
Orr, Susasn E W*	DLTN	476
Orr, T C	ADSN	336
Orr, Thomas	ADSN	299
Orr, Thomas	UNON	276
Orr, William	ADSN	326
Orr, William	ADSN	325
Orr, William	UNON	285
Orr, William M	ADSN	336
Orr, William	BUFT	22
Orr, Wm	CHTR	57
Orr, Wm	CHTR	58
Ortman, Henry	CHTN	204
Ortman, Louis	CHTN	202
Ortray, James	RHLD	69
Ortray, John Y	RHLD	69
Osbern, S H	WMBG	306
Osbon, C J	WMBG	337
Osbon, Jno	CLDN	232
Osborn, J F	EDFD	117
Osborn, Leander	ADSN	265
Osborn, Mitton	ABVL	85
Osborn, Mr**	CHTN	316
Osborn, Patsy*	CHTN	325
Osborn, Robert	ADSN	293
Osborn, S A	ADSN	258
Osborn, Turner	ADSN	272
Osborn, Wm M	ADSN	159
Osborne, Agnes**	CLDN	218
Osborne, E B*	LCTR	180
Osborne, J	FAFD	209
Osborne, Jno	LRNS	259
Osborne, John**	EDFD	21
Osborne, Parley*	LRNS	227
Osborne, Robertson	LRNS	288
Osborne, Wm	LRNS	299
Osburn, Champion	GRVL	381
Osburn, William	CHTN	436
Osgood, Henry**	ADSN	254
Osgood, Thos*	NWBY	268
Osgood, Thos*	NWBY	236
Osheals, Jefferson	SPBG	378
Oshear, A S	UNON	242
Oshield, Mandrel	SPBG	223
Oshields, Dayton	SPBG	333
Oshields, E*	SPBG	416
Oshields, George	SPBG	345
Oshields, Hugh	SPBG	266
Oshields, John	SPBG	340
Oshields, Nancy	SPBG	241
OShields, Sabra	PKNS	173
OShields, William*	PKNS	175
Oshields, Wm	SPBG	353
Oshields, Young	SPBG	241
Osler, Henry	CHTN	310
Osman, Charity	LXTN	452
Osmond, Amos W	CHTR	10
Osmond, Ellison	CHTR	10
Osmond, Lucy	FAFD	275
Ost, Domie*	CHTN	294
Osteen, A M*	CLDN	235
Osteen, C L	SMTR	110
Osteen, Caleb	SMTR	165
Osteen, David	SMTR	168
Osteen, Fanny	DLTN	451
Osteen, Gabriel	SMTR	168
Osteen, Noah H*	SMTR	177
Osteen, Thomas H	SMTR	168
Osteen, William	SMTR	165
Osteen, Willis	SMTR	172
Osten, Ann*	BNWL	354
Ostendolph, H*	CHTN	247
Ostendorff, Anna C	PKNS	35
Ostendorff, J M	PKNS	42
Osterholtz, Henry	CHTN	380
Ostern, H*	BNWL	468
OSullivan, Grace	CHTN	330
OSullivan, Mrs A*	CHTN	216
OSullivan, Pat	CHTN	356
Oswald, Ann B*	BUFT	5
Oswald, G W	COTN	253
Oswald, John S	BUFT	68
Oswald, Robt	BUFT	3
Oswalt, Danl	LXTN	369
Oswalt, Emanuel	LXTN	447
Oswalt, Geo	LXTN	369
Oswalt, H R	LXTN	415
Oswalt, J R	LXTN	415
Oswalt, John	LXTN	415
Oswalt, W D	LXTN	426
Oswell, Adolphus*	ORBG	348
Otis, James**	CHTN	25
Otis, Miss*	CHTN	341
Otis, Wm	CHTR	21
Ott, Aaron	LXTN	460
Ott, Abraham	ORBG	347
Ott, Carter*	YORK	368
Ott, David*	ORBG	336
Ott, Elias	ORBG	321
Ott, Elizabeth*	ORBG	359
Ott, Emaly	ORBG	338
Ott, Georgeanne**	CHTN	293
Ott, H D	LXTN	418
Ott, Henry	ORBG	355
Ott, Henry V	ORBG	355
Ott, Jacob	LXTN	456
Ott, Jacob	ORBG	307
Ott, James P	ORBG	359
Ott, John	LXTN	460
Ott, Lewis M	ORBG	347
Ott, Margaret*	ORBG	355
Ott, O H	ORBG	345
Ott, William	ORBG	306
Ott, Wm	ORBG	355
Otten, Catharine**	CHTN	193
Otten, H	CHTN	238
Otten, J B	CHTN	379
Otto, Charles*	CHTN	445
Otto, John*	CHTN	110
Otto, N*	CHTN	270
Otto, Robert	SPBG	344
Ottolengui, Jacob	CHTN	416
Ottolingne, Helen*	CHTN	321
Otts, Mary	SPBG	328
Otts, Mary*	SPBG	343
Otts, Phillip	SPBG	319
Otts, Phillip	SPBG	333

Name	Loc	Pg	Name	Loc	Pg	Name	Loc	Pg	Name	Loc	Pg
Otts, R G	YORK	448	Owens, Bryant	CHFD	103	Owens, M*	HORY	39
Oughton, James	BNWL	361	Owens, C D	CHTN	225	Owens, M C**	MARN	122
Outen, Elizabeth*	FAFD	248	Owens, C*	CHTN	340	Owens, M E*	MARN	4
Outen, Hugh W	LCTR	177	Owens, Calvin*	BNWL	475	Owens, Malinda	LRNS	290
Outen, John	RHLD	90	Owens, Caroline**	MARM	25	Owens, Mansell	LRNS	301
Outen, Joseph	FAFD	248	Owens, Caroline**	RHLD	43	Owens, Mansil	LRNS	257
Outen, Mary*	LCTR	187	Owens, Cathe	LRNS	239	Owens, Martha**	CHTR	8
Outen, Sophy*	RHLD	87	Owens, Cyntha	YORK	455	Owens, Mary**	CHTN	130
Outen, Wm L**	RHLD	70	Owens, D*	LRNS	253	Owens, Mary*	BNWL	394
Outland, B T	GETN	303	Owens, D R	MARN	42	Owens, Mary*	KRSW	137
Outlaw, Benj	KRSW	123	Owens, David*	ADSN	300	Owens, Mary*	GETN	303
Outlaw, Benj W	CHFD	121	Owens, David	CHTN	175	Owens, Mary*	BNWL	455
Outlaw, George*	KRSW	87	Owens, David	CHTN	163	Owens, Mary	MARN	3
Outlaw, James	CHFD	123	Owens, David	BNWL	444	Owens, Mary	MRBO	204
Outlaw, John	CHFD	122	Owens, David	LRNS	234	Owens, Mary Ann**	HORY	60
Outlaw, John A	CHFD	122	Owens, David S**	MARN	134	Owens, Mary J*	SPBG	321
Outlaw, K	CHFD	171	Owens, David*	CHTR	74	Owens, Mathew C*	ABVL	84
Outlaw, Mary	KRSW	87	Owens, David**	ABVL	77	Owens, Miss*	CHTN	319
Outlaw, Murdock	CHFD	121	Owens, Dr L	CHTR	57	Owens, Mrin*	YORK	443
Outlaw, R	CHFD	123	Owens, E B	FAFD	218	Owens, Mrs A*	FAFD	204
Outlaw, Rossana	SMTR	97	Owens, E F	MARN	77	Owens, Mrs Ann	ABVL	35
Outlaw, Sarah*	DLTN	413	Owens, E N	BNWL	435	Owens, Nancy	PKNS	17
Outlaw, Thos	CHFD	123	Owens, Earl	LRNS	249	Owens, Nancy	YORK	429
Outlaw, Wiley	DLTN	407	Owens, Edmund D	MARN	10	Owens, Nathl**	CHTN	448
Outlaw, Wm	KRSW	113	Owens, Edward	BNWL	400	Owens, Nelson	MARN	139
Outon, A C	LCTR	189	Owens, Edward*	YORK	465	Owens, Newton*	YORK	457
Outon, Richard	LCTR	198	Owens, Edwd*	CHTN	324	Owens, Noah	SPBG	415
Outz, Daniel	EDFD	136	Owens, Effa*	MARN	15	Owens, O B	BNWL	497
Outz, F B	EDFD	138	Owens, Elijah	CHTN	421	Owens, Obediah	GRVL	431
Outz, Franklin	EDFD	129	Owens, Elisha	GETN	303	Owens, Patience	YORK	383
Outz, J, Agent	EDFD	119	Owens, Eliza E*	CHTN	183	Owens, Patrick*	ABVL	26
Ouzts, Aaron	EDFD	123	Owens, Elizabeth	CHTN	428	Owens, Peter	RHLD	39
Ouzts, Benj	EDFD	120	Owens, Elizabeth	YORK	383	Owens, Peter J	HORY	68
Ouzts, Brantley	EDFD	128	Owens, Elizabeth	ADSN	179	Owens, Polly	ADSN	301
Ouzts, Charlotte	EDFD	133	Owens, Elizabeth*	GRVL	500	Owens, Preston B	BUFT	83
Ouzts, D P	EDFD	127	Owens, Elizabeth	CHTN	179	Owens, R K	LRNS	313
Ouzts, E	EDFD	124	Owens, Elizabeth*	CHTN	425	Owens, R Lewis	ABVL	59
Ouzts, George	EDFD	128	Owens, Elizh	LRNS	292	Owens, R M	GRVL	355
Ouzts, George M	EDFD	138	Owens, Elizh	LRNS	292	Owens, R S	LRNS	337
Ouzts, H Sr	EDFD	123	Owens, Ella	LRNS	276	Owens, Rachel	CHTN	226
Ouzts, Isaac	EDFD	120	Owens, Ellis	BNWL	396	Owens, Rapley	LRNS	272
Ouzts, J Sr	EDFD	122	Owens, F M	WMBG	320	Owens, Raymond	SPBG	247
Ouzts, J T	EDFD	120	Owens, Feribee	MARN	98	Owens, Reddin	MARN	102
Ouzts, Jacob	EDFD	128	Owens, Frances	GRVL	368	Owens, Rhoda	MARN	83
Ouzts, Jno	EDFD	122	Owens, Frances C	BNWL	507	Owens, Richd	KRSW	77
Ouzts, John**	EDFD	1	Owens, Frederick**	PKNS	20	Owens, Robt H	MARN	132
Ouzts, John**	EDFD	129	Owens, G B	LRNS	276	Owens, Roselie*	CHTN	428
Ouzts, Marion	EDFD	122	Owens, George C	COTN	321	Owens, S J	WMBG	329
Ouzts, Martin	EDFD	122	Owens, George M	BNWL	396	Owens, S L	BNWL	479
Ouzts, Peter	EDFD	122	Owens, Gincy	YORK	429	Owens, Sam	YORK	389
Ouzts, Phillip**	EDFD	125	Owens, Green C	BUFT	64	Owens, Sam G	LRNS	276
Ouzts, Rebecca	EDFD	121	Owens, H	CHTN	333	Owens, Saml	CHTN	521
Ouzts, S W	EDFD	125	Owens, H W*	FAFD	275	Owens, Samuel**	ADSN	156
Ouzts, T	EDFD	122	Owens, Hansford D	BNWL	398	Owens, Sarah	ADSN	296
Ovaline, Hiram*	UNON	194	Owens, Henry	SPBG	375	Owens, Shadrach*	MARN	103
Overby, Nicholas	ADSN	303	Owens, Henry A*	BUFT	66	Owens, Sherod	CLDN	207
Overstreet, Geo	EDFD	13	Owens, Hiram	SPBG	225	Owens, Sherwood H*	RHLD	51
Overstreet, Henry*	EDFD	14	Owens, Hiram	SPBG	240	Owens, Silas	CHTN	175
Overstreet, John	BUFT	49	Owens, Howell	GRVL	343	Owens, Susan	WMBG	320
Overstreet, Laban	BUFT	43	Owens, Isaac	KRSW	78	Owens, T C	YORK	367
Overstreet, Ruthy	BNWL	418	Owens, J*	CHTN	460	Owens, T D	MARN	88
Overstreet, Sallie**	MRBO	210	Owens, J	GRVL	363	Owens, Terrel	CHTR	70
Overstreet, Silas	EDFD	31	Owens, J G	BNWL	468	Owens, Thomas	ADSN	296
Owdam, Aaron	EDFD	30	Owens, J H	LRNS	272	Owens, Thomas H	CHTN	118
Owdam, J J*	EDFD	120	Owens, J H	WMBG	328	Owens, Thomas*	LRNS	223
Owdam, Miss L*	EDFD	112	Owens, J L	PSBG	321	Owens, Thomas	BNWL	400
Owdom, D R	EDFD	46	Owens, J W	LRNS	312	Owens, Thomas	GRVL	342
Owdom, Willis	EDFD	38	Owens, James	SPBG	211	Owens, Thos	LRNS	321
Oweings, Reuben	GRVL	334	Owens, James**	CHTN	368	Owens, W W	CLDN	247
Owen, D W	CHTR	19	Owens, James	WMBG	329	Owens, W C	CLDN	194
Owen, Elijah	ADSN	313	Owens, James	ADSN	331	Owens, W C	YORK	375
Owen, Henry	CHTN	141	Owens, Jane	RHLD	12	Owens, W M	LRNS	275
Owen, John	GRVL	446	Owens, Jane	LRNS	271	Owens, Walter	MARN	23
Owen, Josheu	ADSN	314	Owens, Jane	RHLD	45	Owens, Wiley	BNWL	411
Owen, Leslie	CHTN	207	Owens, Jane	RHLD	2	Owens, William M	BNWL	398
Owen, Letitia	ADSN	312	Owens, Jane*	MARN	21	Owens, William	CHTN	447
Owen, M V	LXTN	432	Owens, Jas	LRNS	257	Owens, William	ORBG	399
Owen, Mary	YORK	373	Owens, Jas	SPBG	297	Owens, William*	RHLD	46
Owen, Matilda	ADSN	313	Owens, Jas	LRNS	295	Owens, Willis*	MARN	98
Owen, Moses T	ABVL	21	Owens, Jas	SPBG	211	Owens, Wm	MARN	79
Owen, Nancy E*	CHTR	32	Owens, Jas L**	LRNS	218	Owens, Wm C	YORK	401
Owen, R O	LXTN	432	Owens, Jas W	DLTN	374	Owens, Wm*	GETN	294
Owen, Robt D	SPBG	303	Owens, Jesse	GETN	319	Owens, Wm	SPBG	375
Owen, William	LCTR	206	Owens, Jno	LRNS	239	Owens, Wm	CHTR	57
Owen, William	SPBG	266	Owens, Jno	LRNS	276	Owens, Wm	LRNS	328
Owen, Wm	SPBG	338	Owens, Jno	LRNS	248	Owens, Wm	LRNS	292
Owen, Wm HA	SPBG	321	Owens, Joel T**	PKNS	167	Owens, Wm	GETN	319
Owens, A	UNON	289	Owens, John	ADSN	296	Owens, Wm	MARN	132
Owens, A W*	ADSN	204	Owens, John	CHTN	146	Owens, Wm	PKNS	88
Owens, A Y*	ADSN	154	Owens, John	PKNS	8	Owensby, Ephraim	GRVL	386
Owens, Adaline	YORK	388	Owens, John	GETN	298	Owings, M L	FAFD	275
Owens, Alafair	MARN	79	Owens, John	GRVL	485	Owings, Marten	LRNS	329
Owens, Alex	CHTN	357	Owens, John	SPBG	302	Owings, R M	EDFD	115
Owens, Alexander**	MARN	446	Owens, John A	BNWL	395	OWittington, Edward	RHLD	47
Owens, Alfred	MARN	79	Owens, John A	BUFT	81	Owley, Frank**	LRNS	246
Owens, Anderson	ADSN	301	Owens, John B*	CHTN	427	Ownsby, Nancy	EDFD	70
Owens, Angeline*	SPBG	253	Owens, Jonathan	LRNS	272	Oxandine, Richard	SMTR	150
Owens, Anna	CHTN	353	Owens, Joseph	MARN	134	Oxendine, Mike	SMTR	150
Owens, Anne E**	RHLD	74	Owens, Larken	SPBG	375	Oxener, Celia	LXTN	370
Owens, Annis	MARN	13	Owens, Lawson	LRNS	301	Oxener, Jno L**	LXTN	420
Owens, Arant	MARN	21	Owens, Leonard	GETN	303	Oxener, W B	LXTN	415
Owens, Beacham	BNWL	479	Owens, Letty	BNWL	435	Oxford, Osgood*	CHTN	201
Owens, Benjn	ABVL	143	Owens, Lewis	ADSN	326	Oxlade, Thos C	CHTN	209
Owens, Berry	LRNS	335	Owens, Litha	YORK	455	Oxner, A J	NWBY	278
Owens, Bird	GRVL	400	Owens, Lucy**	CHTR	65	Oxner, A L*	NWBY	231
Owens, Branock	BUFT	88	Owens, Lucy*	RHLD	43	Oxner, Caroline	NWBY	263

Name	Loc	Pg	Name	Loc	Pg	Name	Loc	Pg
Oxner, Daniel	NWBY	243	Padgett, M D	EDFD	189	Pallmer, J P*	UNON	274
Oxner, Emanuel	LRNS	324	Padgett, Mahlon	EDFD	182	Pallmer, T D*	UNON	236
Oxner, Emanuel	NWBY	260	Padgett, Mahlon*	EDFD	172	Palma, Joachin	CHTN	195
Oxner, George	NWBY	264	Padgett, Manchester	EDFD	182	Palma, Mary	CHTN	156
Oxner, Henry	NWBY	281	Padgett, Manly	EDFD	191	Palmare, Jesse	PKNS	73
Oxner, Jas	LRNS	318	Padgett, Manly	EDFD	195	Palmer, Asher	RHLD	5
Oxner, John	NWBY	281	Padgett, Mary	EDFD	181	Palmer, B*	CHTN	324
Oxner, John U	LRNS	318	Padgett, Mary F**	BUFT	27	Palmer, Benjn	COTN	291
Oxner, Lemuel	NWBY	291	Padgett, Meredith	SPBG	226	Palmer, Betsy	CHTN	177
Oxner, Meredith	NWBY	285	Padgett, Mrs D	EDFD	26	Palmer, Capt B W	CHTN	238
Oxner, Mary*	NWBY	285	Padgett, Rusell	EDFD	181	Palmer, Capt John	CHTN	181
Oyzts, Jacob	EDFD	54	Padgett, Saml	EDFD	3	Palmer, Cath*	CHTN	212
Ozment, John A	YORK	401	Padgett, Tillman	EDFD	53	Palmer, Champen D	ABVL	36
Paccard, Leander	YORK	435	Padgett, Valcins*	BUFT	27	Palmer, Dr J	FAFD	229
Pace, Ann	MARN	10	Padgett, W B	EDFD	182	Palmer, E	CHTN	236
Pace, Chs	MARN	123	Padgett, Wade	EDFD	186	Palmer, E G	FAFD	233
Pace, Daniel	MARN	17	Padgett, Wilbert	EDFD	180	Palmer, Edward	BUFT	95
Pace, G M	EDFD	52	Padgett, William	EDFD	184	Palmer, Edward	CHTN	413
Pace, J R	KRSW	80	Padgett, Wilson	EDFD	181	Palmer, Edward*	UNON	226
Pace, James	BNWL	440	Padgett, Winford	EDFD	181	Palmer, Elis	UNON	297
Pace, James	MARN	12	Padgett, Wm	GETN	310	Palmer, Eliza C*	EDFD	36
Pace, Jas	MARN	10	Padron, Antonia**	CHTN	515	Palmer, Emeline	UNON	233
Pace, John D	ABVL	91	Padron, Antony	CHTN	461	Palmer, F G	CHTN	151
Pace, Leander	GRVL	437	Pagan, Alex Sr*	YORK	377	Palmer, Gustine*	CHTN	473
Pace, Nancy	MARN	12	Pagan, Alex*	YORK	377	Palmer, Harriet**	RHLD	83
Pace, Richard	GRVL	509	Pagan, Cicily**	CHTR	68	Palmer, Hester*	GETN	298
Pace, Silas	ADSN	321	Pagan, Jas	CHTR	74	Palmer, Hiram	ABVL	14
Pace, Susan	MARN	123	Pagan, R A	CHTR	93	Palmer, Hodges*	ABVL	14
Pack, B J	CLDN	235	Pagan, T S	YORK	373	Palmer, J C*	CHTN	370
Pack, Bartomus	ADSN	169	Pagan, Valentine	CHTR	68	Palmer, J J**	SPBG	306
Pack, C S	CLDN	214	Pagatt, J R	FAFD	236	Palmer, J W	CHTN	338
Pack, Dessa*	ADSN	191	Page, Alexander	MARN	100	Palmer, Jackson	UNON	253
Pack, Elijah	ADSN	172	Page, Alfred M	SPBG	408	Palmer, James	ADSN	275
Pack, Elijah	CLDN	190	Page, Allice	MARN	99	Palmer, James	PKNS	76
Pack, Eliza	SPBG	266	Page, Alsey	SPBG	339	Palmer, John*	CHTN	192
Pack, Eliza A	CLDN	193	Page, Amanda*	BUFT	50	Palmer, John	RHLD	40
Pack, Jane	SPBG	266	Page, Ann S*	CHTN	466	Palmer, John	ADSN	269
Pack, Jas	ADSN	167	Page, Benj F	GRVL	428	Palmer, John	ADSN	275
Pack, Jeremiah	SPBG	263	Page, D S	EDFD	82	Palmer, John S	CHTN	181
Pack, John	SPBG	267	Page, David	MARN	111	Palmer, John W*	UNON	297
Pack, Jos*	SMTR	166	Page, Elias A	SPBG	262	Palmer, Joseph*	CHFD	186
Pack, Jos*	CLDN	195	Page, Elizabeth	UNON	223	Palmer, Joseph	CHTN	151
Pack, T A	SMTR	179	Page, Elizabeth*	RHLD	54	Palmer, Josh	EDFD	88
Pack, W F	CLDN	193	Page, Elizabeth	MARN	111	Palmer, Josiah	UNON	223
Packard, L H	EDFD	84	Page, J B	SPBG	390	Palmer, L J	GETN	295
Packer, John	CHTN	156	Page, James	SPBG	241	Palmer, L N	CHTN	178
Padden, Fanny*	ADSN	260	Page, James R	MARN	100	Palmer, M J	EDFD	99
Padden, Richmond	ADSN	160	Page, Jas C	SPBG	408	Palmer, Madison	ADSN	279
Paddleford, J C	BNWL	492	Page, John L	MARN	80	Palmer, Martha	ADSN	275
Paddon, William F	CHTN	442	Page, Jonathan	KRSW	138	Palmer, Martha**	CHTN	507
Paden, Zack	ADSN	155	Page, Joseph S	MARN	111	Palmer, Mary	ADSN	279
Padget, Abraham	COTN	278	Page, Lemuel	GRVL	401	Palmer, Mary Ann	CHTN	181
Padget, Caroline**	BUFT	44	Page, Lewis	ABVL	120	Palmer, Mary	ADSN	293
Padget, D Jr	COTN	271	Page, Margaret	CHFD	166	Palmer, Mary*	UNON	223
Padget, D Sr	COTN	271	Page, Mary	BNWL	441	Palmer, Milton	ABVL	29
Padget, D W	EDFD	159	Page, Mary*	COTN	327	Palmer, N	EDFD	97
Padget, Daniel	COTN	406	Page, Mary	MARN	100	Palmer, Nancy	UNON	235
Padget, Delila**	COTN	265	Page, Mary*	MARN	111	Palmer, Nealy*	UNON	225
Padget, Elijah	COTN	274	Page, Nelley*	GRVL	399	Palmer, Permeis	UNON	253
Padget, Elizabeth	COTN	275	Page, P C	MARN	68	Palmer, Peter P	CHTN	165
Padget, Elizabeth	COTN	317	Page, Pleasant	SPBG	242	Palmer, Robt M	ABVL	97
Padget, Ephraigh	PKNS	94	Page, Rachel	SPBG	362	Palmer, S W	CHTN	177
Padget, George	COTN	299	Page, Randolph	SPBG	270	Palmer, Thomas	CHTN	177
Padget, Henry*	DLTN	389	Page, Return	HORY	45	Palmer, Thomas	ADSN	275
Padget, Isham	COTN	296	Page, Richard	UNON	236	Palmer, Thomas H	ADSN	275
Padget, Isham	COTN	306	Page, S T	BNWL	441	Palmer, Thos	YORK	366
Padget, Isham C	COTN	298	Page, Saml T	MARN	68	Palmer, W J	CHTN	517
Padget, Isham Sr	COTN	299	Page, Samuel	UNON	231	Palmer, W L	UNON	298
Padget, James G	COTN	261	Page, W D	SPBG	408	Palmer, Warren	ADSN	279
Padget, Jasper	PKNS	93	Page, William	UNON	229	Palmer, William	ADSN	271
Padget, Job	COTN	262	Page, William J	UNON	238	Palmer, William*	CHTN	203
Padget, Job	COTN	298	Page, Wm	SPBG	408	Palmer, William	ADSN	279
Padget, Job Jr	COTN	304	Page, Wm J	MARN	24	Palmer, Wm M*	SPBG	303
Padget, Joel	COTN	283	Pagett, E	UNON	281	Palmer, Zachariah	CHTN	177
Padget, Joel Sr	COTN	310	Pagett, W O	PKNS	56	Palmeter, Caroline*	CHTN	463
Padget, Joel*	COTN	249	Pagget, Jos A	ADSN	160	Palmor, Maria*	DLTN	452
Padget, Joel	COTN	262	Pagget, Sherden	BNWL	352	Palmore, Cornelius	PKNS	76
Padget, John	COTN	318	Pagget, Wm E*	ADSN	223	Palmore, Jas P	PKNS	74
Padget, Josiah	COTN	271	Pagett, F A*	BNWL	359	Pancknin, Charles H	CHTN	296
Padget, M	BNWL	479	Pagit, Alexander	ABVL	141	Pane, Lewis	MARN	127
Padget, Martha**	COTN	291	Paiett, Nathan	FAFD	266	Panell, Elizabeth	FAFD	279
Padget, Mary*	COTN	364	Paiett, Robert*	FAFD	266	Panell, Israel	FAFD	279
Padget, Mrs A	COTN	296	Pailor, Elisabeth	BNWL	357	Pankey, Jno B	CHTR	45
Padget, Myra**	SPBG	214	Pailor, James	ORBG	326	Panknin, C T*	CHTN	339
Padget, Nancy**	DLTN	405	Paine, Allen*	COTN	342	Pannel, R E*	CHTR	15
Padget, Saml	COTN	349	Paine, Asa	PKNS	47	Panner, Patrick	CHTN	482
Padget, Samuel	COTN	256	Paine, David*	CHTN	377	Pansin, Mrs	CHTN	300
Padget, Samuel	COTN	258	Paine, Elihu	NWBY	250	Panther, Susan*	GRVL	346
Padget, Sarah	COTN	299	Paine, Elizabeth	SMTR	143	Panther, T H	GRVL	346
Padget, Stephen	COTN	285	Paine, Isabella	CHTN	444	Panzarbeiter, H*	CHTN	325
Padget, W B	SPBG	426	Paine, John	COTN	333	Panzerbieter, Christian	CHTN	462
Padget, William	COTN	283	Paine, Julia**	CHTN	439	Papenkert, Josephene*	CHTN	449
Padgett, Amos*	EDFD	180	Paine, Margaret B	CHTN	438	Pappe, Joe*	CHTN	252
Padgett, Arenton	EDFD	181	Paine, Maria	CHTN	445	Param, John H*	MARN	141
Padgett, Dryden	EDFD	191	Paine, N B	CHTN	100	Pardeau, Alex	CHFD	105
Padgett, E Z	EDFD	191	Paine, Rachel*	PKNS	6	Pardeau, Arnold	CHFD	105
Padgett, Eidson	EDFD	181	Paine, Robert*	CHTN	477	Pardu, John	CHTN	474
Padgett, Emanuel	EDFD	181	Paine, Robt	LCTR	173	Pardue, A A	EDFD	198
Padgett, Emmy	EDFD	179	Paine, Thomas Est of	CHTN	438	Pardue, Daniel W	CHTR	3
Padgett, Henry	FAFD	234	Painter, George G	GRVL	410	Pardue, David	EDFD	54
Padgett, Irvinton	EDFD	182	Pair, William	UNON	222	Pardue, George G	BNWL	460
Padgett, J E	EDFD	190	Paisely, Charlotte J*	CHTN	152	Pardue, Mary V*	BUFT	72
Padgett, J M*	EDFD	114	Paldew, E R	FAFD	219	Pardue, Mrs M	EDFD	55
Padgett, J R	FAFD	236	Palestine*	ADSN	176	Pardue, Mrs M A	EDFD	62
Padgett, Joseph	EDFD	191	Paliles, H	CHTN	249	Pardue, W S	LCTR	172
Padgett, Lucinda**	EDFD	192	Pallaris, William*	RHLD	58	Pardue, Wiley	EDFD	37
Padgett, M A	EDFD	182						

Pardue, Wiley	EDFD	37	Parker, Harrison	MRBO	200	Parker, Willoughby	WMBG	336
Pardue, Wm	EDFD	48	Parker, Hawley	CHFD	117	Parker, Wm	EDFD	32
Pare, Alen	UNON	219	Parker, Henry	ADSN	241	Parker, Wm	CHFD	117
Pare, James	UNON	220	Parker, I*	COTN	271	Parker, Wm	MARN	15
Pare, Levina	UNON	219	Parker, Isaac	WMBG	339	Parker, Wm	EDFD	52
Parham, Ann	MARN	128	Parker, Isaac	HORY	61	Parker, Wm	WMBG	337
Parham, Besln	SPBG	335	Parker, Isaac J	HORY	1	Parker, Wm McKensie	CHTN	117
Parham, Catherine*	MARN	128	Parker, J J	CHTN	333	Parker, Wm R	CLDN	229
Parham, Daniel	MRBO	177	Parker, J M	CHTN	161	Parker, Wm Sr	BNWL	443
Parham, Jas H	MRBO	144	Parker, J P	WMBG	347	Parkerson, Abram	BNWL	416
Parham, John	MRBO	198	Parker, James	CHFD	131	Parkeson, Mrs Mary**	CHTN	226
Parham, Morton**	YORK	376	Parker, James B	COTN	312	Parkins, G W	GRVL	492
Parham, Nancy J*	SPBG	362	Parker, James**	CHTN	448	Parkins, William H	RHLD	40
Parham, Robert*	MRBO	160	Parker, James W	LCTR	193	Parkinson, John*	SPBG	250
Parham, T L	SPBG	308	Parker, James*	MRBO	207	Parkman, Abner*	EDFD	63
Parham, W H	MRBO	161	Parker, Jane R*	YORK	392	Parkman, C	EDFD	91
Parham, Wesley	MRBO	161	Parker, Jane*	MARN	82	Parkman, E	EDFD	125
Parham, Wm	MRBO	149	Parker, Jane*	SMTR	135	Parkman, Eliza*	EDFD	23
Parham, Wm	MRBO	190	Parker, Jas J*	EDFD	81	Parkman, J	EDFD	121
Paris, Abraham	SPBG	316	Parker, Jas K	CHFD	125	Parkman, J J	EDFD	122
Paris, Dickson	UNON	294	Parker, Jas W	ADSN	159	Parkman, James	EDFD	136
Paris, J W*	COTN	271	Parker, Jessy	WMBG	338	Parkman, James	EDFD	127
Paris, John M*	GRVL	473	Parker, Jno	BNWL	483	Parkman, Joseph	EDFD	136
Paris, William*	COTN	252	Parker, Jno W	MRBO	206	Parkman, Martha*	EDFD	137
Parish, Amanda	RHLD	7	Parker, Joel	BNWL	429	Parkman, Sanders	EDFD	136
Parish, Armstrong	EDFD	191	Parker, John*	CHTN	482	Parkman, Wm*	EDFD	102
Parish, Bessie A K*	FAFD	206	Parker, John*	EDFD	52	Parks, A R	LRNS	222
Parish, Capt A	YORK	469	Parker, John	UNON	291	Parks, Alfred	LRNS	332
Parish, Eleanor	YORK	509	Parker, John	KRSW	109	Parks, Bluford	LRNS	244
Parish, Elizabeth**	RHLD	34	Parker, John	MARN	125	Parks, Catharine*	SPBG	410
Parish, Frances*	MRBO	150	Parker, John	MRBO	169	Parks, E G	UNON	248
Parish, Humphrey	GRVL	388	Parker, John J	CHFD	180	Parks, Felix G	ABVL	55
Parish, Jas M	CHTR	73	Parker, John M*	ADSN	292	Parks, James	LRNS	349
Parish, Jas*	MARN	19	Parker, John W	RHLD	45	Parks, James	CHTR	8
Parish, Jas	YORK	428	Parker, John	DLTN	470	Parks, Jas H	LRNS	331
Parish, Jno	CHTR	63	Parker, John	YORK	475	Parks, Jno A	ABVL	55
Parish, John	EDFD	192	Parker, Joseph	GETN	323	Parks, Lewis C	ABVL	55
Parish, Julia A**	CHTN	78	Parker, Joseph L*	GRVL	403	Parks, Lucinda	LRNS	267
Parish, L B	CHTR	71	Parker, L A	BNWL	451	Parks, Lycon J*	COTN	294
Parish, Leander	YORK	469	Parker, Ledron	SPBG	231	Parks, Marion	LCTR	164
Parish, Nancy**	BNWL	494	Parker, Lewis	MRBO	180	Parks, Mary	CHTN	496
Parish, R R*	YORK	368	Parker, Lewis	COTN	312	Parks, Nancy*	CHTR	13
Parish, Theodore	YORK	365	Parker, Lewis	LCTR	169	Parks, Nancy	LRNS	327
Parish, Walker	GRVL	388	Parker, Louisa*	CHTN	181	Parks, R T	EDFD	69
Parish, William	GRVL	361	Parker, Lucy	MARN	89	Parks, Rachael P	YORK	502
Parish, William**	CHTR	1	Parker, Lutitia*	ADSN	292	Parks, Richard	EDFD	104
Park, Archy	FAFD	223	Parker, M A	BNWL	444	Parks, S	LRNS	328
Park, Edmund**	RHLD	80	Parker, M J	KRSW	113	Parks, Sandy**	MRBO	165
Park, James F	LRNS	334	Parker, M T*	EDFD	196	Parks, Susanah	FAFD	270
Park, Jeremiah B	RHLD	82	Parker, Mariann*	BNWL	478	Parks, Thos	ADSN	237
Park, John G*	RHLD	48	Parker, Mary	DLTN	476	Parks, Thos	YORK	502
Park, Louisa**	CHTN	377	Parker, Mary A*	CHTN	521	Parks, Thos	LRNS	330
Park, Mourning*	ADSN	311	Parker, Mary	PKNS	172	Parks, Thos*	YORK	426
Park, Nancy*	ADSN	312	Parker, Mary E	BNWL	396	Parks, Tom*	ADSN	257
Park, Nancy	LRNS	332	Parker, Michael*	CHTN	393	Parks, Uriah	LCTR	154
Parker, Ab	LRNS	282	Parker, Mrs	CHTN	318	Parks, Wm L	EDFD	69
Parker, Abel	KRSW	78	Parker, Mrs E	EDFD	31	Parler, Ben	CHTN	148
Parker, Abner	MARN	50	Parker, Nancy	UNON	296	Parler, Edwin	CLDN	211
Parker, Alexander	GRVL	449	Parker, Nimrod	YORK	494	Parler, S B**	ORBG	312
Parker, Alva	MARN	15	Parker, Nimrod	YORK	493	Parlor, Henry	ORBG	369
Parker, Anderson	MRBO	200	Parker, Patrick	WMBG	338	Parlor, John L*	ORBG	311
Parker, Andrew	MRBO	209	Parker, Peggy V	HORY	47	Parlor, Joseph	ORBG	369
Parker, Ann E	GRVL	412	Parker, Peter	MRBO	199	Parlor, Quincy	ORBG	328
Parker, Anna*	CHTN	215	Parker, Philip	MRBO	180	Parlstin, Fanny	ABVL	128
Parker, Anna**	COTN	369	Parker, R B	ADSN	209	Parmer, Dave	EDFD	195
Parker, Anna J**	MRBO	192	Parker, R D	CHTT	405	Parmer, Henry	CHTN	291
Parker, Annie*	RHLD	37	Parker, Rachel V	CHTN	398	Parmer, Pady*	UNON	271
Parker, B	HORY	49	Parker, Richd	DLTN	572	Parmer, Sarah*	UNON	241
Parker, B J	CHTN	265	Parker, Robert**	CHTN	500	Parn, Josiah	SPBG	387
Parker, Benjamin*	CHTN	427	Parker, Robt	ADSN	210	Parnell, Aboyham	ABVL	102
Parker, Bernard	MRBO	166	Parker, Robt	MARN	2	Parnell, Blaney	DLTN	439
Parker, Boggan	CHFD	118	Parker, Robt S**	CHTN	205	Parnell, C	DLTN	380
Parker, C J	BNWL	444	Parker, S	HORY	8	Parnell, E G*	BUFT	64
Parker, C R**	CHTN	220	Parker, Sallie*	RHLD	54	Parnell, Elizb	ABVL	136
Parker, Catherine	CHTN	487	Parker, Saml	DLTN	385	Parnell, Elsey G*	BUFT	64
Parker, Caty**	MRBO	150	Parker, Samuel	CHFD	118	Parnell, Franklin J*	BUFT	57
Parker, Chas W**	CHTN	207	Parker, Samuel	YORK	385	Parnell, Geo	DLTN	424
Parker, Columbus*	ADSN	209	Parker, Sarah*	CHFD	116	Parnell, Harriet	DLTN	471
Parker, Daniel	MRBO	193	Parker, Sarah A*	HORY	1	Parnell, Ira	DLTN	473
Parker, David	EDFD	52	Parker, Sarah A*	CHTN	428	Parnell, Israel C	DLTN	451
Parker, Dr H	EDFD	57	Parker, Solomon	CHFD	162	Parnell, J M	DLTN	426
Parker, E	KRSW	110	Parker, Stephen	MARN	30	Parnell, J M	DLTN	426
Parker, E J	HORY	1	Parker, Stephen H	CHFD	100	Parnell, Jac A W	DLTN	469
Parker, Edw L*	CHTN	235	Parker, Susanna*	BNWL	485	Parnell, James W	FAFD	263
Parker, Edwin	ABVL	21	Parker, Sylve*	CHTN	290	Parnell, Jas	DLTN	426
Parker, Edwin W	SPBG	321	Parker, Thomas	MARN	3	Parnell, Jeremiah	BUFT	60
Parker, Elason	UNON	289	Parker, Thomas R**	HORY	60	Parnell, Jeremiah*	BUFT	53
Parker, Elijah	MRBO	196	Parker, Thos	CHTN	352	Parnell, Jeremiah	BUFT	63
Parker, Elizabeth*	BNWL	495	Parker, Thos F*	CHFD	100	Parnell, John	FAFD	217
Parker, Elizabeth	YORK	371	Parker, Thos*	ABVL	2	Parnell, John	DLTN	214
Parker, Elizabeth	LCTR	185	Parker, Thos*	YORK	411	Parnell, Loel W	DLTN	454
Parker, Ellen L	ABVL	58	Parker, Thos S	CHTN	428	Parnell, Luke	FAFD	279
Parker, Ezekiel H	HORY	49	Parker, Thos*	LRNS	243	Parnell, Martha	DLTN	449
Parker, F S	GETN	295	Parker, Vincent	KRSW	106	Parnell, Mary L	BUFT	64
Parker, Fanny*	MRBO	199	Parker, W	HORY	10	Parnell, Mathew	BUFT	63
Parker, Francis S*	RHLD	53	Parker, W H	BNWL	452	Parnell, Moriah	ABVL	115
Parker, Franklin	UNON	286	Parker, W H	BNWL	444	Parnell, N	DLTN	404
Parker, Franklin	YORK	491	Parker, W L	ADSN	261	Parnell, Robt	DLTN	377
Parker, G H	FAFD	201	Parker, W M	SPBG	224	Parnell, Sarah A	DLTN	426
Parker, Geo	BNWL	428	Parker, W W	GETN	288	Parnell, Seaborn	DLTN	450
Parker, George A	CHFD	126	Parker, Wade H	HORY	59	Parnell, Susan	FAFD	269
Parker, H H**	HORY	59	Parker, William	COTN	251	Parnell, Thos**	DLTN	417
Parker, Hamilton**	BNWL	491	Parker, William H	ABVL	21	Parnell, W K	DLTN	460
Parker, Hansford	BNWL	485	Parker, William**	EDFD	153	Parnell, Wm C	DLTN	425
Parker, Harriet	CHTN	137	Parker, William R	RHLD	67	Parr, Henry W*	FAFD	221
Parker, Harris*	MRBO	180						

Name	Loc	Pg	Name	Loc	Pg	Name	Loc	Pg
Parr, S D	LXTN	423	Paslay, Edmund	LRNS	227	Patterson, E R	CHTN	265
Parrett, Jeremiah	PKNS	115	Pasley, A B	LRNS	227	Patterson, E S	SPBG	224
Parrin, John	SPBG	388	Pasmore, John L**	MRBO	170	Patterson, E*	SPBG	258
Parris, A*	GRVL	419	Pason, Wm*	EDFD	46	Patterson, E L	BNWL	479
Parris, Abram	SPBG	308	Passailasgue, Ulysses	RHLD	19	Patterson, Elizabeth**	YORK	395
Parris, Alfred	SPBG	298	Passalacque, M A**	CHTN	507	Patterson, Elizabeth	CHTN	390
Parris, Chas	SPBG	272	Passley, S G*	WMBG	346	Patterson, Elizabeth*	HORY	52
Parris, David	SPBG	235	Patat, Philip*	CHTN	508	Patterson, Emaly*	ORBG	361
Parris, Deedamay	SPBG	273	Patch, Mary	CHTN	330	Patterson, Ervin	PKNS	112
Parris, G B	SPBG	271	Pate, Alfred	MRBO	154	Patterson, F E*	BNWL	491
Parris, Hasel	SPBG	200	Pate, Allen	LCTR	183	Patterson, Frances	CHTN	443
Parris, Henry	SPBG	235	Pate, C	KRSW	97	Patterson, Geo S	ABVL	43
Parris, Henry	CHTN	521	Pate, Chapman	CHFD	152	Patterson, George*	ABVL	116
Parris, Jas	SPBG	206	Pate, E**	CHTN	317	Patterson, George	BNWL	370
Parris, Jas Epton	SPBG	200	Pate, Elizabeth	CHFD	114	Patterson, George*	RHLD	46
Parris, Jas**	SPBG	279	Pate, Harris	MRBO	149	Patterson, Giles J	CHTR	75
Parris, Jas	SPBG	297	Pate, Henry	KRSW	131	Patterson, H A	CHTR	15
Parris, Jno	SPBG	200	Pate, J	WMBG	356	Patterson, H N	LCTR	156
Parris, Margaret	GRVL	328	Pate, James	CHFD	166	Patterson, Hannah	BNWL	479
Parris, Minor	SPBG	297	Pate, Levander G	SMTR	176	Patterson, Ira	LCTR	156
Parris, W B	SPBG	278	Pate, Levi	KRSW	89	Patterson, J*	SPBG	259
Parris, William	SPBG	196	Pate, Levi	CHFD	111	Patterson, J	SPBG	305
Parris, William	SPBG	297	Pate, Margaret**	KRSW	90	Patterson, J D	SPBG	351
Parrish, Alfred	MRBO	177	Pate, Nicholas	MRBO	149	Patterson, James	RHLD	60
Parrish, Jno	MRBO	182	Pate, Oliver	KRSW	100	Patterson, James	LCTR	155
Parrish, John	GRVL	361	Pate, Sarah	CLDN	242	Patterson, James	ADSN	212
Parrish, Margaret	RHLD	7	Pate, Travis	MRBO	145	Patterson, James	BNWL	466
Parrish, Maria*	MRBO	205	Pate, Willis	MRBO	154	Patterson, James w	BUFT	2
Parrish, Sarah	GRVL	361	Paterson, Albert	UNON	295	Patterson, Jane*	GRVL	505
Parrish, Welthy*	MRBO	147	Paterson, Lewis N*	YORK	395	Patterson, Jane*	ABVL	27
Parrish, Wilson	YORK	469	Paterson, Wm	LRNS	342	Patterson, Jas	EDFD	83
Parrish, Wm*	CHTR	72	Patience, Colored*	RHLD	54	Patterson, Jas G	HORY	67
Parrist, Miss C W	CHTN	230	Patric, Britton	CHFD	108	Patterson, Jesse C	ABVL	136
Parrot, Charles	CHTR	28	Patric, Catharine	YORK	431	Patterson, Jno	SPBG	210
Parrot, Corrie*	EDFD	62	Patric, David J J	YORK	419	Patterson, Jno	SPBG	200
Parrot, John	YORK	408	Patric, Frances	YORK	413	Patterson, Jno	ABVL	34
Parrot, Noah	YORK	416	Patric, G A	YORK	420	Patterson, Jno*	CHTN	306
Parrot, Tho P	DLTN	418	Patric, J C	YORK	421	Patterson, Jno	ABVL	137
Parrott, Assley	DLTN	417	Patric, Jno*	CHFD	108	Patterson, Joby B	BNWL	479
Parrott, B F	DLTN	471	Patric, John	YORK	446	Patterson, Joel	PKNS	4
Parrott, Betsey	NWBY	285	Patric, Levany*	BNWL	435	Patterson, John	ABVL	136
Parrott, H M	DLTN	406	Patric, Mary	YORK	413	Patterson, John	BNWL	370
Parrott, J M	DLTN	405	Patric, Saml	YORK	435	Patterson, John	CHTN	477
Parrott, J P	DLTN	417	Patrick, A W	COTN	337	Patterson, John	PKNS	32
Parrott, Jas M	DLTN	406	Patrick, A W	COTN	352	Patterson, John T	GETN	289
Parrott, Jno F	DLTN	405	Patrick, Albert	ORBG	332	Patterson, John**	BNWL	471
Parrott, John	NWBY	262	Patrick, Catharine**	COTN	298	Patterson, Jos	LRNS	342
Parrott, Oliver	DLTN	405	Patrick, Charles*	CHTN	519	Patterson, Josiah	ABVL	34
Parrott, Purcy*	DLTN	437	Patrick, D M	COTN	352	Patterson, L	COTN	272
Parrott, S D**	DLTN	409	Patrick, Danel	BNWL	377	Patterson, L**	EDFD	105
Parrott, Saml	DLTN	417	Patrick, Derril E	ORBG	349	Patterson, L**	EDFD	38
Parrott, Sarah*	NWBY	277	Patrick, Frank	COTN	318	Patterson, Levi	COTN	252
Parrott, Simon	DLTN	405	Patrick, Gabrel	UNON	293	Patterson, Lewis	KRSW	124
Parrott, Simon F	DLTN	406	Patrick, Georg V	CHTN	155	Patterson, Lizzie*	RHLD	55
Parrum, Aletha	GRVL	326	Patrick, George	ORBG	336	Patterson, Lucy J**	ABVL	118
Parry, Peter*	CHTN	485	Patrick, George J	ORBG	342	Patterson, M	GRVL	368
Parson, Mary S*	CHTN	491	Patrick, George W	BNWL	355	Patterson, M E H*	WMBG	324
Parsons, A F	WMBG	319	Patrick, George Y	BNWL	346	Patterson, Martha**	SPBG	429
Parsons, F C	PKNS	109	Patrick, Isaac	HORY	1	Patterson, Mary	ADSN	289
Parsons, Fedrick	PKNS	187	Patrick, Isaac	UNON	293	Patterson, Mary S	BUFT	39
Parsons, Frances A*	SMTR	127	Patrick, J B	CHTN	338	Patterson, Mrs Mary	CHTN	329
Parsons, G	LRNS	326	Patrick, J F	UNON	290	Patterson, Obediah T	ABVL	325
Parsons, Hampton	LRNS	345	Patrick, James	UNON	293	Patterson, R J*	WMBG	325
Parsons, Heny	CHTN	261	Patrick, Jane**	CHTN	522	Patterson, Rachael	ORBG	360
Parsons, J E	WMBG	319	Patrick, Jas C	MRBO	201	Patterson, Robert	LRNS	342
Parsons, J G	WMBG	319	Patrick, Jesse	ORBG	350	Patterson, Robt*	LCTR	183
Parsons, James	PKNS	178	Patrick, John	COTN	352	Patterson, Robt	ABVL	131
Parsons, James C C	PKNS	178	Patrick, John	UNON	293	Patterson, S L	LCTR	157
Parsons, James T J	PKNS	193	Patrick, John	BNWL	378	Patterson, Sam**	SMTR	179
Parsons, Jane	ORBG	347	Patrick, John M	BNWL	361	Patterson, Saml**	RHLD	45
Parsons, John**	CHTN	226	Patrick, John R**	RHLD	41	Patterson, Sarah	CHTN	276
Parsons, Marth	CHTN	331	Patrick, Julius J*	CHTN	459	Patterson, Smith W*	SPBG	453
Parsons, Martin	LRNS	345	Patrick, Laurence*	CHTN	519	Patterson, T E	BNWL	453
Parsons, Martin	CHTN	227	Patrick, Lewisana	CHTN	505	Patterson, Thomas	PKNS	105
Parsons, N R	GETN	304	Patrick, Margaret*	NWBY	245	Patterson, W C	YORK	374
Parsons, R W D	WMBG	329	Patrick, Milton	UNON	293	Patterson, W T	LRNS	342
Parsons, Saml*	WMBG	329	Patrick, Phely	NWBY	245	Patterson, W W*	CHTN	370
Parsons, Samuel	PKNS	192	Patrick, Seth	BNWL	473	Patterson, Wesley	PKNS	5
Parsons, Samuel A	PKNS	170	Patrick, Teresa J**	HORY	66	Patterson, William J	GRVL	505
Parsons, Thomas J	SMTR	161	Patrick, Thomas	CHTN	168	Patterson, William P	CHTN	429
Parsons, Vincent	SMTR	155	Patrick, W T	ORBG	338	Patterson, William*	CHTN	425
Parsons, W*	WMBG	319	Patrick, William L	BNWL	353	Patterson, William	CHTR	19
Parsons, William J	PKNS	127	Patrick, William*	COTN	317	Patterson, William D	PKNS	176
Parsons, William**	CHTN	283	Patrick, Wm H	MRBO	202	Patterson, Winny	MARN	122
Parsson, John	CHTN	495	Patrini, Philip	CHTN	390	Patterson, Wm*	EDFD	57
Partan, Elizabeth	ADSN	248	Patson, Mary*	UNON	267	Patterson, Wm B	ADSN	220
Parteaus, Ferdinand	CHTN	282	Pattani, Joe	CHTN	253	Patterson, Wm*	PKNS	33
Partee, Sarah	RHLD	59	Patten, Ellen*	CHTN	473	Patterson, Wylie	KRSW	79
Partee, Wilson*	KRSW	131	Patten, John D	LRNS	343	Patton, D	SPBG	426
Partell, John	HORY	56	Patten, Rosa	LRNS	334	Patton, Edmund L	ABVL	152
Partin, Nellie	EDFD	170	Patten, Samuel	GRVL	344	Patton, George	GRVL	484
Parting, James*	PKNS	100	Patterson, Alfred*	CHTN	425	Patton, J M	LRNS	302
Partlow, D T	YORK	411	Patterson, Amos	PKNS	5	Patton, J P*	LRNS	338
Partlow, Jas Y L	ABVL	76	Patterson, Andrew	PKNS	30	Patton, Jane	YORK	427
Partlow, Jno A	ABVL	64	Patterson, Andrew**	RHLD	93	Patton, Jesse	LRNS	302
Partlow, John M	ADSN	155	Patterson, Andw	LRNS	255	Patton, John	YORK	428
Partlow, Samuel	YORK	366	Patterson, Angus	BNWL	479	Patton, Nero	ABVL	37
Partlow, Susan	YORK	406	Patterson, Ann	BUFT	92	Patton, P	LRNS	352
Partlow, Wm D	ABVL	7	Patterson, Belton*	CHTN	425	Patton, Robt	YORK	108
Parton, James	EDFD	50	Patterson, Benj	YORK	403	Patton, Wm*	CHTN	339
Parton, William	SMTR	149	Patterson, Benjamin	UNON	296	Patton, Wm	LRNS	329
Parton, William	SMTR	129	Patterson, Calra	PKNS	51	Paul, A A	EDFD	108
Pascallis, E H	BNWL	423	Patterson, D R	DLTN	453	Paul, Alex*	FAFD	244
Pase, W H**	WMBG	307	Patterson, Daniel	BNWL	422	Paul, Andrew*	ABVL	186
Paslague, Ester**	CHTN	410	Patterson, Danl**	LRNS	237	Paul, Calvin	MRBO	182
Paslay, Buckingham H*	RHLD	51	Patterson, Dr T H	EDFD	93	Paul, Dunbar	CHTN	230

Name	Loc	Pg
Paul, Elizabeth*	GRVL	492
Paul, James L	COTN	311
Paul, Jane*	CHTN	504
Paul, Jas*	EDFD	108
Paul, John	HORY	8
Paul, Joseph**	FAFD	226
Paul, Manda*	MRBO	172
Paul, Mary Ann	MRBO	205
Paul, Moses	HORY	7
Paul, Reuben	MARN	62
Paul, Sampson**	COTN	258
Paul, Sampson L	COTN	254
Paul, Wesley*	FAFD	210
Paul, William*	MRBO	183
Paul, Wm	MRBO	170
Paul, Wyatt	MARN	97
Pauley, Hector	GETN	285
Paulin, Edgar*	CHTN	324
Pauling, John	ORBG	310
Pauling, William*	ORBG	346
Paullitty, Mary H*	FAFD	268
Pauls, M H	CHTN	219
Pauls, W F	GETN	311
Pauly, Sarah A	MARN	63
Pawley, George	GETN	294
Pawley, Jas H	DLTN	416
Pawley, Rebecca	CHTN	382
Paxton, W J	CHTN	262
Paxton, William	LCTR	154
Payne, Aaron	ADSN	324
Payne, Aaron	GRVL	374
Payne, Caleb	ADSN	335
Payne, Capt Thos	CHTN	239
Payne, Charles	GRVL	330
Payne, David	EDFD	158
Payne, Docia	ABVL	9
Payne, Drury*	ABVL	9
Payne, Frank	ABVL	9
Payne, George*	CHTN	516
Payne, Hannah	GRVL	374
Payne, Henry	GRVL	501
Payne, Isaac W	GRVL	330
Payne, J R	EDFD	157
Payne, J W*	GRVL	415
Payne, James	ADSN	259
Payne, Jas H	GRVL	423
Payne, John	GRVL	422
Payne, John**	GRVL	412
Payne, Maria*	ADSN	335
Payne, Mrs E*	ABVL	57
Payne, Mrs Georgianna**	CHTN	237
Payne, Mrs R*	CHTN	499
Payne, R W	ADSN	147
Payne, Richard	ADSN	325
Payne, Samuel	GRVL	500
Payne, Thomas	EDFD	139
Payne, William	GRVL	330
Payne, William Sr	GRVL	422
Paysinger, B F	NWBY	226
Paysinger, F S	NWBY	234
Paysinger, H M*	NWBY	241
Paysinger, J J	EDFD	169
Paysinger, Saml**	NWBY	225
Paysinger, Thos*	NWBY	227
Pea, A F*	EDFD	106
Pea, Benjamin	CHTR	33
Pea, Jno	CHTR	36
Pea, John	CHTR	33
Pea, T D	CHTR	42
Peabody, John*	MRBO	143
Peabody, N P	MRBO	143
Peace, Alexander	GRVL	448
Peace, Andrew	GRVL	396
Peace, Elizabeth*	GRVL	504
Peace, Henretta	GETN	292
Peace, J B	GRVL	396
Peace, John B	GRVL	393
Peace, William	GRVL	390
Peach, Geo	KRSW	95
Peacock, Daniel*	BNWL	408
Peacock, Joel	BNWL	469
Peacock, Mahala	BNWL	409
Peagher, Mary*	CHTN	318
Peagler, Albert	CHTN	133
Peagler, James	CHTN	176
Peagler, John	CHTN	164
Peagler, Margaret	CHTN	174
Peagler, Sarah	CHTN	136
Peahuff, Harriet*	GRVL	449
Peak, Ann	BUFT	53
Peak, Dr W B	FAFD	258
Peak, Isaac	UNON	268
Peak, James R	FAFD	221
Peak, Thomas*	UNON	200
Peak, Thos	SPBG	339
Peak, Wm*	GETN	285
Peake, David	KRSW	126
Peake, H T	CHTN	520
Peake, Samuel L	RHLD	64
Peake, Thos	KRSW	126
Pealer, F F	ADSN	176
Pealer, M C*	UNON	268
Peapea, Helena**	CHTN	496
Pearce, Edward	SPBG	424
Pearce, J A	GETN	318
Pearce, James F*	MARN	32
Pearce, John*	CHTN	427
Pearce, Joseph*	BUFT	49
Pearce, Lucus*	CHTN	111
Pearce, R*	ORBG	367
Pearce, Robt H	MARN	27
Pearce, W H	MRBO	149
Pearce, W W*	DLTN	375
Pearce, William	CHTN	100
Pearce, Wm	MRBO	211
Pearcey, Wm**	CHTN	125
Pearl, Cynthia	LRNS	254
Pearl, Selvesta	MARN	70
Pearman, Benjn	ADSN	206
Pearman, Isaac H*	ABVL	109
Pearman, John R R*	ABVL	109
Pearman, Lady L*	ABVL	109
Pearman, Sarah A*	ABVL	109
Pearman, Weldon	ABVL	109
Pearman, Weldon C*	ABVL	109
Pearse, Samuel	RHLD	19
Pearson, A J	SPBG	400
Pearson, A J	SPBG	396
Pearson, Alexr*	CHTN	192
Pearson, Anney*	ORBG	388
Pearson, B G	CLDN	238
Pearson, Charley	YORK	429
Pearson, Charlotte	RHLD	37
Pearson, Chas	SPBG	383
Pearson, Chas	SPBG	381
Pearson, Curtis	SPBG	382
Pearson, David	YORK	466
Pearson, E	SPBG	259
Pearson, Eliza A	BNWL	354
Pearson, Elizabeth	GRVL	333
Pearson, Frances w*	ABVL	100
Pearson, G B	FAFD	268
Pearson, G B	FAFD	260
Pearson, George W*	YORK	368
Pearson, Hannah*	NWBY	300
Pearson, Henry*	MRBO	167
Pearson, J B	GRVL	358
Pearson, Jacob	ORBG	382
Pearson, Jacob*	ORBG	381
Pearson, Jacob	ORBG	384
Pearson, James	BNWL	253
Pearson, Jas	LRNS	327
Pearson, Jas	CLDN	211
Pearson, Jefferson	GRVL	371
Pearson, Jesse*	ORBG	356
Pearson, Jno D	MRBO	156
Pearson, Jno M	SPBG	367
Pearson, Jno W	SPBG	381
Pearson, John	ORBG	381
Pearson, John	LRNS	327
Pearson, John	MRBO	157
Pearson, John D	SPBG	372
Pearson, John H	BNWL	354
Pearson, John H	RHLD	47
Pearson, John L	SPBG	242
Pearson, John R	SMTR	162
Pearson, Lewis	SPBG	387
Pearson, Louis	SPBG	388
Pearson, Louis	SPBG	388
Pearson, Mary**	RHLD	12
Pearson, Mary	PKNS	24
Pearson, Mary*	MRBO	156
Pearson, Molie*	CLDN	205
Pearson, Moses	CHTN	424
Pearson, Moses	MRBO	169
Pearson, Nancy	CLDN	211
Pearson, Porter	ORBG	381
Pearson, Preston	MRBO	167
Pearson, Rachel**	ORBG	387
Pearson, Richard	RHLD	41
Pearson, Richard	RHLD	59
Pearson, Richd	CLDN	211
Pearson, Saml**	SPBG	384
Pearson, Sarah	CLDN	210
Pearson, Sarah	CHTN	500
Pearson, Sarah	GRVL	498
Pearson, Thos	SPBG	372
Pearson, Thos P	SPBG	358
Pearson, W F	FAFD	258
Pearson, W S	LRNS	336
Pearson, William	GRVL	371
Pearson, Wm	MRBO	156
Pearson, Wm	SPBG	377
Pearson, Wm	SPBG	377
Pearson, Wm Jr	SPBG	377
Peart, James	ABVL	76
Peas, Charlotte	NWBY	291
Peas, Isabella	CHTN	283
Peas, John*	NWBY	287
Pease, James	CHTN	104
Peason, Anthony	SPBG	387
Peason, H G	MRBO	169
Peasson, Sarah	CHTN	458
Peaver, Richard J	CHTN	453
Peavey, Jack	SMTR	114
Peavey, John	SMTR	102
Peavy, Amanda**	MRBO	202
Peavy, Ezekiel	MRBO	203
Peavy, Jas H	MRBO	206
Peavy, Jerry H	MRBO	200
Peavy, Simon	MRBO	165
Peavy, Simon	MRBO	207
Peay, A E	KRSW	103
Peay, A J	YORK	387
Peay, Est of N A	FAFD	237
Peay, Est of N A	FAFD	233
Peay, J E	FAFD	236
Peay, Thos L*	EDFD	108
Peay, Wm*	YORK	463
Peck, C H	KRSW	137
Peck, James	LXTN	458
Peck, Joseph	SPBG	280
Peck, Kiziah L	GRVL	414
Peck, T R G	CHTN	213
Peck, William D	RHLD	38
Peckham, James	RHLD	79
Pecock, Ann	BNWL	395
Peden, A M	GRVL	421
Peden, A W**	GRVL	351
Peden, D M**	GRVL	351
Peden, D T	GRVL	365
Peden, David	CHTR	51
Peden, Elizabeth**	GRVL	351
Peden, J M	GRVL	362
Peden, J T	GRVL	366
Peden, Mrs J	CHTN	46
Peden, Sipico	GRVL	366
Peden, T C	GRVL	349
Peebles, E A	DLTN	407
Peebles, Lewis	KRSW	114
Peebles, Sarah	KRSW	113
Peebles, W D	DLTN	396
Peel, Adam	GETN	308
Peel, B*	GETN	308
Peel, Catharine	MRBO	195
Peel, Freeman	MRBO	197
Peel, William*	ORBG	365
Peel, Wm	MRBO	195
Peeler, Anderson	UNON	294
Peeler, Daniel	YORK	494
Peeler, Henry A	CHTN	232
Peeler, Henson	EDFD	46
Peeler, Isaac	UNON	296
Peeler, Levicy	YORK	494
Peeler, M A	UNON	290
Peeples, Abigal	SMTR	143
Peeples, Abraham	BUFT	88
Peeples, Alexr Mc B	BUFT	87
Peeples, B F	BNWL	477
Peeples, Caroline	COTN	365
Peeples, Edward H	BUFT	73
Peeples, Elizabeth*	BUFT	66
Peeples, Ephraim	BUFT	37
Peeples, Henry E L	SMTR	143
Peeples, Horace E	BUFT	63
Peeples, Isham	BUFT	89
Peeples, John A*	BUFT	88
Peeples, John W*	BUFT	56
Peeples, Joseph	ORBG	395
Peeples, Joseph R	BUFT	89
Peeples, M*	SPBG	259
Peeples, Pearson**	BUFT	89
Peeples, Penelope*	BUFT	27
Peeples, Rebecca C	BUFT	60
Peeples, Rigdor	BUFT	89
Peeples, Thomas	COTN	366
Peeples, W B	BNWL	403
Peeples, Wiley**	BUFT	67
Peeples, William H	BUFT	74
Peeples, Wm J	BUFT	88
Pegeres, T W	KRSW	138
Pegg, James D	ADSN	338
Pegg, John	ADSN	338
Pegram, D Theodore	YORK	420
Pegues, Rebecca	CHFD	128
Pegues, W L	SMTR	162
Peguese, Col B F	MRBO	209
Peguese, Jane	MRBO	160
Peguese, R H*	MRBO	142
Peguese, R R	MRBO	160
Peguese, W L	MRBO	209
Pehealth, Hester	MRBO	209
Pehuff, Alex	SPBG	226
Pehuff, Eliza A*	SPBG	247
Pehuff, Mary J*	SPBG	206
Pehuff, Saml S	SPBG	261
Pehuff, William	SPBG	210
Peirce, Catharine I**	RHLD	33
Peixotta, David C	RHLD	11
Peixotto, G	CHTN	302
Peke, Robert M	GRVL	339
Pelersn, Augusta	CHTN	309
Pelfrey, Elias	PKNS	72
Pelfrey, Joseph	PKNS	72
Pelfrey, William	PKNS	72
Pelfrey, Wm	PKNS	94
Pelfry, Joseph*	ADSN	297
Pelham, Charles P	RHLD	9
Pelham, Hansford	COTN	262
Pelham, John	BUFT	84
Pelham, Mary L*	BUFT	84
Pelham, Owen	BNWL	354
Pelham, Sarah	BUFT	86
Pell, Harriett	PKNS	46
Pelletier, A J**	EDFD	114
Pelletin, Mrs C	CHTN	239
Pellham, George	COTN	283

Name	Loc	#	Name	Loc	#	Name	Loc	#
Pelmoino, Francis L*	CHTN	436	Pepper, Henry*	CHTN	239	Perry, Bennett	EDFD	161
Pelot, A E	COTN	251	Pepper, John H	ADSN	293	Perry, C L*	BNWL	441
Pelot, Chas M	ABVL	76	Pepper, Kenon	ADSN	175	Perry, Cansada	SPBG	316
Pelot, Jos F	BUFT	40	Pepper, Mary**	CHTN	208	Perry, Captn W	CHTN	417
Pelot, Joseph A	CHTN	393	Pepper, Sarah	ADSN	168	Perry, Charles C	COTN	363
Pelot, M E*	RHLD	21	Pepper, W A	GRVL	498	Perry, Charlot	CHTN	507
Pelot, Mary H*	SMTR	135	Perane, S H	BNWL	457	Perry, D D	KRSW	80
Pelot, R W	BUFT	42	Percell, Catharan	CHTN	132	Perry, Daniel	FAFD	239
Pelot, S E	CHTN	317	Perchnes, Peter*	BUFT	19	Perry, Derinda	CHTN	488
Pelot, Susan*	BUFT	39	Percival, Charlotte E	RHLD	28	Perry, E M	PKNS	24
Pelot, W B	BUFT	39	Percival, Edward S	RHLD	69	Perry, E W	EDFD	199
Pelot, W L	SMTR	175	Percival, John**	CHTN	453	Perry, Edward	BUFT	30
Pels, E*	KRSW	132	Percival, Spencer L	RHLD	69	Perry, Eliza*	CHTN	116
Pelt, John	CHFD	114	Percival, W F	BNWL	460	Perry, Eliza*	GRVL	413
Pelt, Maria	LXTN	466	Perdn, John	EDFD	142	Perry, Ellen	CHTN	443
Peltier, L L	CHFD	187	Perdue, D	CHFD	98	Perry, Ellen	CHTN	443
Pelton, Grove A	RHLD	13	Perdue, George*	ABVL	18	Perry, Ellen	CHTN	443
Pelzer, A P*	CHTN	326	Perdue, John	YORK	448	Perry, Ephraim	PKNS	24
Pelzer, F J	CHTN	482	Perdue, Nancy	YORK	438	Perry, Ephraim A	PKNS	171
Pelzer, George S	CHTN	459	Perduin, Esther	SMTR	170	Perry, J B	COTN	311
Pelzer, Georgianna*	CHTN	326	Perdy, Wm N	ADSN	215	Perry, J C	EDFD	160
Pelzer, Hannah*	CHTN	456	Pereneau, Susan	CHTN	476	Perry, J Isaac	COTN	331
Pelzer, Julia	CHTN	326	Perhealth, Mary A**	MRBO	191	Perry, J J	CHTN	132
Pemberton, D S*	CHFD	188	Perier, Adele**	CHTN	443	Perry, J M	DLTN	432
Pemberton, John	BNWL	392	Perit, B	WMBG	351	Perry, James	EDFD	162
Pemberton, Mary W*	SPBG	315	Perit, J	WMBG	351	Perry, James	FAFD	239
Pemberton, W W	CHTN	403	Perit, W	WMBG	358	Perry, James	COTN	357
Pemble, David	ORBG	390	Peritt, Asa	MARN	131	Perry, James	GRVL	488
Pembleton, Ann*	CHTN	286	Perk, Fenn	CHTN	274	Perry, Jessee R	PKNS	156
Pembleton, Elvira*	CHTN	286	Perkerson, E	LRNS	349	Perry, John	CHTN	116
Penal, Mrs M	CHTN	351	Perkins, Benj	KRSW	81	Perry, John	KRSW	81
Pencil, William*	CHTN	378	Perkins, Charles	KRSW	119	Perry, John	EDFD	161
Pendar, J C	BNWL	490	Perkins, David	GETN	306	Perry, John	FAFD	239
Pendar, Joseph A	BNWL	490	Perkins, Elihu	NWBY	226	Perry, John	PKNS	46
Pendarvis, D A	COTN	342	Perkins, Elizabeth	CLDN	222	Perry, John D	ADSN	270
Pendarvis, Elizabeth B**	COTN	340	Perkins, Ellen*	CHTN	429	Perry, John L	GETN	316
Pendarvis, Enoch	COTN	339	Perkins, Hannah	PKNS	84	Perry, John*	COTN	332
Pendarvis, Harman	COTN	339	Perkins, Henny	SPBG	281	Perry, John	LCTR	171
Pendarvis, James C	COTN	347	Perkins, Henry*	NWBY	285	Perry, John J*	LCTR	155
Pendarvis, John	COTN	339	Perkins, J P	WMBG	342	Perry, Julia H*	ADSN	308
Pendarvis, John B	COTN	339	Perkins, Jacob*	NWBY	225	Perry, L F	COTN	311
Pendarvis, Joseph G	COTN	345	Perkins, Jacob	NWBY	226	Perry, Laura*	CHTN	436
Pendarvis, Mathias*	COTN	333	Perkins, James F	CHFD	119	Perry, Lavina	LCTR	171
Pendarvis, Preston**	COTN	342	Perkins, Jane	NWBY	226	Perry, Lemuel A	PKNS	156
Pendarvis, Right	COTN	339	Perkins, Jno H	CHFD	145	Perry, Lewis	FAFD	239
Pendarvis, W*	COTN	349	Perkins, John	MRBO	204	Perry, Lewis	FAFD	248
Pendarvis, William	BNWL	360	Perkins, John	ADSN	252	Perry, Louisa*	BNWL	450
Pendavis, Preston*	ORBG	405	Perkins, Joseph	MRBO	176	Perry, Malissa**	CHTN	288
Pender, J A	BNWL	449	Perkins, Josiah	PKNS	84	Perry, Martha S	DLTN	432
Pender, James	BNWL	469	Perkins, Martha A	MRBO	176	Perry, Martha**	CHTN	140
Pender, Mary A	BNWL	470	Perkins, Rosa*	KRSW	90	Perry, Mary	COTN	357
Pender, W W	BNWL	489	Perkins, Thos*	ORBG	328	Perry, Mary S*	CHTN	155
Pendergast, Edward*	CHTN	493	Perkins, Warren*	NWBY	264	Perry, Mary	FAFD	215
Pendergrass, B R	WMBG	305	Perkins, William	PKNS	84	Perry, Mary*	CHTN	382
Pendergrass, B R	WMBG	360	Perkins, William	MRBO	176	Perry, Mary E	LCTR	161
Pendergrass, David	CHTR	20	Permenter, Evans	EDFD	168	Perry, Miss*	CHTN	298
Pendergrass, E	CHTN	337	Permenter, John	BNWL	421	Perry, Mrs R	CHTN	328
Pendergrass, John	CHTN	453	Permenter, Samuel	HORY	67	Perry, N D*	KRSW	76
Pendergrass, Leonidas**	CHTR	20	Pernell, Nelson	BNWL	461	Perry, N J F	PKNS	87
Pendergrass, M E C	CLDN	225	Peromeau, Ed	COTN	369	Perry, Peter	COTN	367
Pendley, A J	PKNS	42	Peroneau, Emma	CHTN	451	Perry, Presley	FAFD	281
Pener, John	UNON	205	Peronneau, Mary	CHTN	234	Perry, R M	LCTR	172
Penett, J W	FAFD	214	Peronneau, Wm H**	CHTN	223	Perry, R S	LCTR	172
Penfield, J	CHTN	266	Perpignon, Ferdinand	RHLD	32	Perry, Rebecca A**	YORK	399
Penington, James	LCTR	215	Perret, Elener	PKNS	135	Perry, Rockingham	ABVL	35
Penn, E, Agent	EDFD	112	Perret, John P	PKNS	135	Perry, S R	SPBG	329
Penn, G L, Agent	EDFD	108	Perrin, Abner	COTN	253	Perry, Samuel	FAFD	248
Penn, J G*	SPBG	308	Perrin, James	ABVL	22	Perry, Sarah	CHTN	441
Penn, R T*	SPBG	316	Perrin, Joseph*	CHTN	381	Perry, Sarah F	CHTN	132
Pennal, Jane	ABVL	8	Perrin, Lewis*	CHTN	189	Perry, Sarah J*	SPBG	352
Pennal, Jane A*	ABVL	29	Perrin, Lizzy*	EDFD	56	Perry, Sarah*	ABVL	93
Pennal, Jas A*	ABVL	49	Perrin, Mary	CHTN	392	Perry, Stobo R*	RHLD	53
Pennal, Miss Esther	ABVL	58	Perrin, Samuel	ABVL	46	Perry, Susan	YORK	392
Pennal, Mrs Ellen	ABVL	59	Perrin, Thomas C	ABVL	20	Perry, Thomas*	NWBY	265
Penneham, Ed*	CHFD	184	Perrin, Wardlaw	ABVL	97	Perry, Tobias*	CHTN	431
Pennell, Ann*	CHTN	473	Perrit, David	MARN	131	Perry, W D	PKNS	38
Pennell, Thos	ADSN	210	Perrit, Frances*	MARN	7	Perry, W F	KRSW	133
Penner, B H	GETN	321	Perrit, James	SMTR	99	Perry, W W*	UNON	298
Penner, Narcissa*	YORK	509	Perrit, Merritt	KRSW	112	Perry, Wesly	EDFD	163
Pennff, Serena	SPBG	206	Perrit, Needham	MARN	71	Perry, William	PKNS	170
Pennifoy, T D	EDFD	166	Perritt, B	MARN	76	Perry, William**	CHTN	441
Pennington, Catharine*	RHLD	92	Perritt, D B	MARN	69	Perry, William	GRVL	489
Pennington, Danl	SPBG	298	Perritt, Jesse	MARN	75	Perry, Wm	COTN	323
Pennington, E J	LXTN	432	Perritt, Jesse	MARN	49	Perryclear, James S	BUFT	96
Pennington, Isaac	SPBG	295	Perritt, John E	MARN	127	Perryclear, Mrs M B	BUFT	7
Pennington, Isaac	SPBG	296	Perritt, John*	SMTR	142	Perryclear, W E	BUFT	2
Pennington, Jefferson	GRVL	446	Perritt, Mary	LRNS	261	Perryman, W W	ABVL	64
Pennington, John M	NWBY	269	Perritt, Mary E	BUFT	55	Person, Bery	UNON	285
Pennington, Johnson	SPBG	296	Perritt, Nancy C	BUFT	64	Person, James	UNON	286
Pennington, Martin	SPBG	298	Perritt, Saml B	BUFT	60	Person, Joseph	UNON	249
Pennington, R A	BNWL	420	Perritt, T A	LRNS	261	Person, Pery	UNON	286
Pennington, Sarah	GRVL	442	Perritt, Wm	MARN	69	Person, Steven	UNON	286
Pennington, Wm R	SPBG	298	Perritt, Wm H*	BUFT	47	Perter, Frances	YORK	465
Penny, David R*	ABVL	97	Perrman, Edwin C	ABVL	3	Pervis, Alex	CHFD	114
Penny, George	CHTN	379	Perronneau, Abe	CHTN	380	Pervis, Beckey**	CHFD	101
Penny, H H	PKNS	99	Perrott, Emma*	KRSW	119	Pervis, Charles G	CHFD	94
Penny, J William	ABVL	96	Perry, A J	SPBG	255	Pervis, H J	DLTN	456
Penny, John A*	ABVL	96	Perry, A S	CHTN	265	Pervis, James	CHFD	126
Penny, Wm T**	ABVL	26	Perry, Ann*	CHTN	190	Pervis, Jane	CHFD	174
Penson, E J	GRVL	414	Perry, Anna E*	GRVL	327	Pervis, Jno	CHFD	128
Penwell, John H**	BNWL	399	Perry, B F	GRVL	406	Pervis, Robt	DLTN	440
Peoples, John O	NWBY	296	Perry, B F D	BNWL	507	Pervis, Sarah	CHFD	176
Peoples, W C*	GRVL	452	Perry, B J	CHTR	79	Pervis, Wm	CHFD	107
Peoples, William	CHTN	500	Perry, B J L	EDFD	160	Pery, Jacob*	UNON	269
Pepper, A M	CHTN	102	Perry, Benjamin C	LCTR	171	Pery, Moses	CHTN	435
Pepper, Hayne*	CHTN	460	Perry, Benjamin*	GRVL	334	Pery, Starlan	UNON	209

Name	Loc	Pg
Pery, Steward	UNON	202
Pery, William	UNON	249
Peschke, H*	CHTN	317
Pet, Jane	PKNS	142
Petal, Wm M	EDFD	15
Petch, Alexander*	CHTN	384
Petch, Alexander	CHTN	485
Petch, James*	CHTN	460
Petch, Mandeville*	CHTN	511
Peten, Lewis	CHTN	105
Peter, Cornelius*	EDFD	50
Peterkin, George A	MRBO	181
Peterkin, J A	MRBO	149
Peterkin, Jesse A*	MRBO	169
Peterkin, Jno A	MRBO	181
Peterkin, Margt A	MRBO	169
Peterman, B	CHTN	249
Peterman, Dedrick	BUFT	29
Peterman, Fkd	CHTN	186
Peterman, John H	CHTN	291
Peterman, M**	CHTN	186
Peterman, Peter*	CHTN	198
Peterman, Pormela*	CHTN	305
Peters, David	YORK	507
Peters, Edward	COTN	340
Peters, Elizabeth	BNWL	459
Peters, Geo	CHTN	231
Peters, Henry	CHTN	105
Peters, Jane W*	CHTN	265
Peters, John	YORK	470
Peters, Martha	YORK	473
Peterson, ----------	UNON	273
Peterson, A**	EDFD	114
Peterson, A J*	GRVL	415
Peterson, Charlotte	EDFD	148
Peterson, Elizabeth*	CHTN	242
Peterson, Elizabeth	CHTN	412
Peterson, Frances*	EDFD	196
Peterson, H	LRNS	335
Peterson, J B*	NWBY	268
Peterson, J F	EDFD	159
Peterson, J F	EDFD	150
Peterson, J T	NWBY	231
Peterson, James E	NWBY	304
Peterson, Jentz	CHTN	481
Peterson, M J*	NWBY	237
Peterson, Nathan*	RHLD	48
Peterson, Phebe	PKNS	6
Peterson, Robt	YORK	493
Peterson, Saml	CHTN	237
Peterson, Saml	CHTN	224
Peterson, W F	NWBY	251
Peterson, W K	COTN	336
Peterson, W S	EDFD	151
Peterson, William**	YORK	494
Peterson, Wm	NWBY	237
Petet, Madam V	CHTN	450
Peticrue, Andrew	FAFD	266
Peticrue, Daniel	FAFD	266
Peticrue, Jos*	FAFD	264
Peticrue, Mathew	FAFD	275
Petiet, James*	CHTN	251
Petigrew, N	GRVL	420
Petigrew, R H	ADSN	228
Petit, Charles P	CHTN	369
Petit, E	CHTN	317
Petit, E W	CHTN	326
Petit, Frances O*	CHTN	427
Petit, N P	CHTN	260
Petit, William*	CHTN	367
Petre, Henry	SPBG	325
Petre, James	SPBG	326
Petre, John	SPBG	326
Petree, P	SPBG	343
Petree, Thos M	SPBG	346
Petrey, Edward	CHTN	283
Petrie, George S*	RHLD	49
Petrie, Sarah*	CHTN	441
Petsch, Julius D	CHTN	479
Pettel, Hosea	SPBG	231
Pettenheim, E*	CHTN	201
Petter, John	UNON	255
Petters, Jeff*	FAFD	274
Pettery, William	UNON	295
Pettiford, Edwd*	DLTN	387
Pettiford, Eliza*	KRSW	126
Pettiford, Harriet	KRSW	110
Pettiford, Jane	CHTN	436
Pettiford, Jas**	KRSW	107
Pettiford, Peter	KRSW	110
Pettiford, Susan**	KRSW	108
Pettifort, Albert*	KRSW	133
Pettifort, Flora	RHLD	72
Pettigrew, Eliz*	DLTN	428
Pettigrew, Geo P	ABVL	117
Pettigrew, Geo W D	DLTN	385
Pettigrew, J A	DLTN	385
Pettigrew, Jack*	ABVL	14
Pettigrew, Mary*	ABVL	14
Pettigrew, Robt	LRNS	346
Pettigrew, W B	DLTN	434
Pettigrew, Wm	CHTN	298
Pettil, Cynthia	SPBG	231
Pettil, John	SPBG	231
Pettis, Allen	BNWL	443
Pettis, Andrew	SPBG	345
Pettis, Benjamen	SPBG	199
Pettis, Elizabeth**	BNWL	435
Pettis, John	BNWL	445
Pettis, R R	BNWL	434
Pettit, B F	SPBG	354
Pettit, B F	SPBG	354
Pettit, Celaska A	SMTR	107
Pettit, Nathan	SPBG	228
Pettitt, Henry	SPBG	228
Pettus, George G H	YORK	399
Pettus, T N	YORK	398
Petty, Antimire	UNON	256
Petty, Chas**	SPBG	315
Petty, Dana T	UNON	255
Petty, David	EDFD	26
Petty, Elijah	SPBG	215
Petty, G	DLTN	396
Petty, Geo	SPBG	294
Petty, George W	UNON	289
Petty, J H	DLTN	396
Petty, J R	GRVL	504
Petty, Jacob C	YORK	397
Petty, James	SPBG	229
Petty, James	SPBG	299
Petty, Jane	UNON	285
Petty, Jas	DLTN	375
Petty, Joshua	UNON	295
Petty, Mary	SPBG	299
Petty, Patrick	SPBG	299
Petty, S D	DLTN	396
Petty, Simpson*	UNON	295
Petty, Susanah**	YORK	493
Petty, Thos	EDFD	26
Petty, Thos	SPBG	227
Petty, Thos M	SPBG	348
Petty, W S F	PKNS	90
Petty, William*	UNON	284
Petty, William	SPBG	250
Peture, Henry**	CHTN	465
Pety, Antoinette*	CHTN	325
Pety, Wm**	CHTN	525
Peurifoy, Virginia M*	CHTN	413
Pew, Abram	ADSN	167
Pew, John	YORK	442
Pew, John*	CHTN	214
Pew, Sarah	YORK	504
Peynes, Wm J	CHFD	106
Peyton, E W	BNWL	498
Peyton, John	BNWL	449
Peyton, Joseph	ADSN	292
Peyton, Nancy**	CHTN	304
Peyton, Rosann*	BNWL	346
Peyton, Wm H	BNWL	497
Pezant, Sophie*	CHTN	201
Pezant, Thadeus	CHTN	396
Pferfer, Elizabethe*	CHTN	101
Pfout, John S	RHLD	18
Phalan, James*	CHTN	402
Phaman, Mary	CHTN	378
Phaney, Thomas	SMTR	170
Phegan, Joseph*	CHTN	415
Phelgan, Catharine	CHTN	410
Phelps, Frances	CHTN	446
Phelps, John	LRNS	228
Phelps, Mary	LRNS	228
Phelps, Seth	CHTN	463
Phenix, Mariah*	EDFD	100
Phenney, James	CHTR	66
Phetts, R L*	YORK	370
Phierson, Zack*	CHFD	185
Phifer, W T	LCTR	204
Philbin, Ritter	CHTN	167
Philcher, Thos	EDFD	36
Philip, Robt	EDFD	83
Philipine, F	CHTN	517
Philips, Ann*	MRBO	158
Philips, B R	CHTN	159
Philips, Eleazer	CHTN	442
Philips, Franklin*	PKNS	74
Philips, G W	PKNS	85
Philips, Gabriel	GRVL	445
Philips, Henry	BUFT	20
Philips, Henry	PKNS	60
Philips, J C	DLTN	383
Philips, J T	CHTR	35
Philips, Jacob**	LXTN	469
Philips, James*	CHTN	517
Philips, James	YORK	365
Philips, Jane	CHTR	35
Philips, Joel	PKNS	63
Philips, John	SMTR	146
Philips, Jonas	PKNS	63
Philips, Jonas Jr	PKNS	63
Philips, Levi	PKNS	84
Philips, Margaret	CHTN	295
Philips, Martin	ADSN	331
Philips, Mery	MRBO	157
Philips, R J A	CHTN	160
Philips, Tobias	CHTR	26
Philips, W D	YORK	385
Philips, Wm	PKNS	69
Phillip, James**	CHTN	464
Phillip, Owen	ORBG	336
Phillip, Robert	YORK	405
Phillip, Thomas	ORBG	391
Phillips, A*	LRNS	262
Phillips, A*	SPBG	286
Phillips, A	CHFD	158
Phillips, Abner	ABVL	136
Phillips, Addison R*	RHLD	10
Phillips, Angeline	NWBY	286
Phillips, Arch	ADSN	263
Phillips, B*	UNON	187
Phillips, B	UNON	190
Phillips, Barnabus	SPBG	382
Phillips, Benjamin*	CHTN	172
Phillips, Berry	PKNS	31
Phillips, Bird	ADSN	237
Phillips, Bolin	ORBG	393
Phillips, Burrel	LCTR	191
Phillips, C	CHFD	153
Phillips, C	DLTN	392
Phillips, Calvin	SPBG	290
Phillips, Catharine G	MARN	10
Phillips, Charles	LCTR	193
Phillips, Charles	GETN	301
Phillips, Chas	SPBG	384
Phillips, D B	EDFD	129
Phillips, D C	CHFD	153
Phillips, D V	ORBG	393
Phillips, David	ADSN	335
Phillips, Dempey	LCTR	190
Phillips, Dempsey	BUFT	85
Phillips, E	UNON	285
Phillips, E*	DLTN	374
Phillips, Edmond	LCTR	191
Phillips, Eli	MARN	38
Phillips, Elias	DLTN	382
Phillips, Eliz*	DLTN	464
Phillips, Eliz*	DLTN	476
Phillips, Eliza	LCTR	155
Phillips, Eliza	DLTN	474
Phillips, Elizh	LRNS	255
Phillips, Evan	PKSN	46
Phillips, Geo W	DLTN	461
Phillips, George	CHFD	167
Phillips, George W	CHTR	25
Phillips, Graves	LCTR	183
Phillips, H E	BNWL	408
Phillips, H E, Agent	BNWL	408
Phillips, H Jno	CHTN	326
Phillips, Harvey	GRVL	407
Phillips, Henry E	CHTN	173
Phillips, Ira	SPBG	277
Phillips, Isaac**	LCTR	155
Phillips, Isaac	UNON	297
Phillips, Isham	MARN	44
Phillips, Jacob	BUFT	49
Phillips, James	SPBG	231
Phillips, James	GRVL	445
Phillips, James D	ORBG	367
Phillips, James H	ORBG	392
Phillips, Jas E*	DLTN	455
Phillips, Jemina*	CHFD	132
Phillips, Jeremiah	GRVL	498
Phillips, Jno	CHFD	113
Phillips, Joel	LCTR	193
Phillips, John	ADSN	333
Phillips, John	BNWL	362
Phillips, John	BNWL	362
Phillips, John	BNWL	456
Phillips, John	GRVL	437
Phillips, John	GETN	301
Phillips, John	GRVL	512
Phillips, John E	CHTN	403
Phillips, John*	FAFD	265
Phillips, John	LCTR	156
Phillips, John N*	BNWL	476
Phillips, John R*	RHLD	56
Phillips, John W*	ORBG	364
Phillips, John*	ORBG	390
Phillips, John	ORBG	365
Phillips, Joice*	DLTN	455
Phillips, Joseph	ORBG	392
Phillips, Julia	GETN	298
Phillips, Julian	MARN	141
Phillips, Lewis	KRSW	93
Phillips, Margaret	ORBG	366
Phillips, Margret	LCTR	183
Phillips, Margt**	SPBG	384
Phillips, Martha	NWBY	273
Phillips, Martha	GRVL	513
Phillips, Mary	UNON	210
Phillips, Mary	FAFD	206
Phillips, Mary	DLTN	461
Phillips, Mary	MARN	42
Phillips, Mary A	LCTR	156
Phillips, Miss*	CHTN	320
Phillips, Miss Jane	ABVL	87
Phillips, Mrs B**	CHTN	333
Phillips, Mrs C	CHTN	203
Phillips, N	MARN	52
Phillips, N	MARN	18
Phillips, Nancy M	SPBG	287
Phillips, Nathaniel	CHTN	170
Phillips, O P	GRVL	472
Phillips, Penelope*	DLTN	454
Phillips, Peter	PKNS	69
Phillips, Presley*	UNON	250
Phillips, R	CHFD	157
Phillips, R T	CHTN	144
Phillips, Ransom**	LRNS	262

Name	Loc	Pg
Phillips, Reuben	ADSN	172
Phillips, Robt	LCTR	193
Phillips, S D	ADSN	189
Phillips, Sallie**	SPBG	355
Phillips, Sarah J	LCTR	156
Phillips, Sarian	UNON	188
Phillips, Sarian*	UNON	188
Phillips, Simeon P	DLTN	472
Phillips, Stephen	GRVL	343
Phillips, Terrissa	GRVL	363
Phillips, Thomas	UNON	284
Phillips, Thomas M	BUFT	38
Phillips, Tilmon	UNON	280
Phillips, Toliver	SPBG	300
Phillips, Viana	PKNS	47
Phillips, W E*	GRVL	416
Phillips, W H	LRNS	273
Phillips, W J	LCTR	154
Phillips, W R	KRSW	122
Phillips, W T	ORBG	394
Phillips, Warren	PKNS	32
Phillips, Wesley	GRVL	512
Phillips, William*	CHTN	171
Phillips, William	GRVL	444
Phillips, William	SPBG	252
Phillips, William	ADSN	263
Phillips, William	SMTR	155
Phillips, William H	SMTR	180
Phillips, William P	SMTR	140
Phillips, Willis*	NWBY	251
Phillips, Wm	LRNS	229
Phillips, Wm F	BNWL	477
Phillips, Wm*	BNWL	449
Phillips, Wm*	NWBY	301
Phillops, Jane E*	PKNS	160
Phillops, Mary	PKNS	144
Phillops, William	PKNS	159
Phillops, William H	PKNS	145
Philpes, Wm	ABVL	123
Philpot, Eliza	BNWL	445
Philpot, Geo	BNWL	442
Philpot, J W*	PKNS	106
Philpot, Joseph	PKNS	189
Philson, Elizh	LRNS	339
Philson, Elizh*	LRNS	321
Philson, W F	LRNS	221
Philson, Wm	LRNS	339
Phinn, A C	CHTN	349
Phinney, C	FAFD	249
Phinney, Isaac**	LRNS	339
Phinney, James M	FAFD	202
Phinney, John	LRNS	339
Phinney, Nancy*	FAFD	201
Phinney, R S	LRNS	336
Phinney, Susan A*	FAFD	206
Phinney, W*	CHTN	248
Phipps, Elijah	HORY	31
Phipps, Elijah	HORY	21
Phipps, John	HORY	20
Phneff, John L*	SPBG	204
Phyle, Frances**	CHFD	142
Pial, Danl*	GETN	319
Picault, C	CHTN	249
Picher, G D M	CHTR	76
Pickard, John D*	CHFD	184
Pickel, Jacob	PKNS	183
Pickell, Belverida	GRVL	415
Pickell, C W	ADSN	178
Pickell, J E	ADSN	181
Pickell, William	PKNS	183
Pickenn, Jno*	CHTN	326
Pickens, Col F W	EDFD	106
Pickens, James M	ADSN	286
Pickens, John	ADSN	248
Pickens, John	UNON	239
Pickens, Marguis	FAFD	242
Pickens, R M	ADSN	330
Pickens, Robert	ADSN	330
Pickens, S B*	CHTN	370
Pickens, T J	ADSN	253
Pickens, Thomas J	ADSN	338
Pickens, Wesley	ADSN	286
Pickens, William S	ADSN	327
Pickerall, Jonathan	ADSN	271
Pickerell, William	ADSN	272
Pickeren, John	CHTN	491
Pickering, Anne E	CHTN	430
Pickering, George	ORBG	375
Picket, C	WMBG	358
Picket, E	WMBG	358
Picket, Jas	EDFD	70
Picket, Phillip	CHTR	55
Picket, W	WMBG	358
Pickett, Daniel*	MRBO	202
Pickett, David	RHLD	50
Pickett, George W	CHTR	19
Pickett, J R	EDFD	167
Pickett, Nancy**	CHTR	32
Pickett, Sarah	RHLD	83
Pickett, Sarah	FAFD	245
Pickett, W L	KRSW	103
Pickle, O A	GRVL	403
Pickle, William	ADSN	297
Pickney, C C	CHTN	312
Pickney, H	CHTN	238
Pickney, H L	SMTR	145
Pickney, H L Jr	CHTN	220
Pickney, Harriet	CHTN	286
Pickney, Hosson	CHTN	238
Pickney, Thos	CHTN	148
Piehoof, Thomas	SPBG	227
Pieper, H	CHTN	311
Pieper, Wm H	PKNS	37
Pierce, A	WMBG	312
Pierce, A J*	DLTN	373
Pierce, Andrew M*	HORY	66
Pierce, Berry	SPBG	246
Pierce, Caroline	CLDN	195
Pierce, Ellen*	SPBG	302
Pierce, G W	GRVL	388
Pierce, George	COTN	334
Pierce, Hugh	SPBG	213
Pierce, Isham	PKNS	7
Pierce, J H*	KRSW	111
Pierce, James	GRVL	388
Pierce, Jas*	DLTN	398
Pierce, Jas W	DLTN	456
Pierce, John A	YORK	420
Pierce, Levi	SPBG	230
Pierce, M	WMBG	312
Pierce, M E**	KRSW	83
Pierce, Mary	YORK	390
Pierce, Mary	GRVL	388
Pierce, Mary B	YORK	391
Pierce, Matthew	CHTN	269
Pierce, Matthias	GRVL	391
Pierce, P B	DLTN	444
Pierce, Patrick	GRVL	388
Pierce, Peter*	CHTN	205
Pierce, Polly**	SPBG	219
Pierce, Richard	SPBG	219
Pierce, Sulivar	MARN	133
Pierce, Viney	PKNS	17
Pierce, Thos W	GRVL	378
Pierce, W H*	PKNS	28
Pierce, William	SPBG	219
Pierce, William	WMBG	312
Pierce, Wm	SMTR	184
Pierson, Adam	SPBG	265
Pierson, Cynthia	CLDN	239
Pierson, P	PKNS	74
Piesser, F P	LCTR	187
Pig, Amos	CLDN	233
Pigate, J N	CLDN	233
Pigate, Lewis	CHFD	163
Pigg, Ed	CHFD	113
Pigg, Moses	CHFD	158
Pigg, P P	LCTR	143
Pigg, Wesley*	UNON	270
Piggler, B T*	GETN	285
Piggot, Sophia	YORK	406
Pigram, Julia A*	ADSN	256
Pike, Daniela	GRVL	482
Pike, Elizah	PKNS	29
Pike, J P	GRVL	481
Pike, Jackson	GRVL	483
Pike, William	ORBG	370
Pikron, George*	ADSN	332
Pilgrim, L F	ADSN	300
Pilgrim, Sidney*	CHTN	179
Pilland, Elijah	PKNS	180
Pillgrim, Anna*	PKNS	187
Pillgrim, Jefferson	PKNS	185
Pillgrim, Jinncy	PKNS	179
Pillgrim, John	PKNS	133
Pillgrim, John	PKNS	178
Pillgrim, John E	PKNS	130
Pillgrim, Lee	PKNS	173
Pillgrim, Mary	PKNS	181
Pillgrim, Mitchel	PKNS	130
Pillgrim, Rebecca	PKNS	174
Pillgrim, Robert	PKNS	187
Pillgrim, William	RHLD	19
Pillsbury, Rebecca	LXTN	358
Pilot, Elizabeth**	LXTN	393
Pilot, John	LXTN	385
Pilot, John*	CHTN	276
Pilot, Joseph*	EDFD	191
Pilot, Josiah	CHTN	367
Pils, Edward**	CHTN	499
Pinchem, Elizabeth	CHTN	388
Pinchney, Josephine	CHTN	287
Pinckler, Henriette**	CHTN	100
Pinckney, B G	ORBG	355
Pinckney, Caroline*	COTN	254
Pinckney, Charles	CHTN	379
Pinckney, Edward	COTN	254
Pinckney, Elizth**	CHTN	410
Pinckney, Elliott	CHTN	347
Pinckney, H*	CHTN	488
Pinckney, Mary	COTN	319
Pinckney, R D Jr	CHTN	402
Pinckney, R Q	COTN	249
Pinckney, Rebecca M	RHLD	51
Pinckney, Roger	ADSN	297
Pinckney, Roger	CHTN	440
Pinckney, Rose*	CHTN	431
Pinckney, Virginia**	RHLD	57
Pinckney, William D	SPBG	248
Pinckney, Wm	CHTN	319
Pinckny, Miss S*	CHTN	314
Pincon, Midan*	ABVL	38
Pindar, Phil*		
Pindar, William	ABVL	42
Pine, N	GETN	312
Pinion, Elmina J*	CHTR	47
Pink, Mary E*	PKNS	192
Pinkney, J C*	NWBY	292
Pinks, David	FAFD	278
Pinkston, Henry	YORK	506
Pinkston, William	YORK	506
Pinkusohn, Pinkus	CHTN	198
Pinn, Jere	DLTN	380
Pinn, Jno	DLTN	380
Pinn, Zach	DLTN	380
Pinner, A M	CHTN	147
Pinner, T A	HORY	4
Pinson, Alphens*	LRNS	230
Pinson, C L*	GRVL	494
Pinson, Carolina	LRNS	295
Pinson, Ellen	LRNS	242
Pinson, Gabriel	LRNS	285
Pinson, H Y M	ABVL	74
Pinson, Harrison	LRNS	243
Pinson, J	SPBG	331
Pinson, J D*	GRVL	365
Pinson, J J Jr	SPBG	331
Pinson, Jane	ABVL	75
Pinson, Jas M	ABVL	73
Pinson, Jas T*	LRNS	237
Pinson, Jeremiah	GRVL	363
Pinson, Jno	LRNS	226
Pinson, Jno H	LRNS	237
Pinson, Joel	ABVL	71
Pinson, John	PKNS	123
Pinson, Luder	LRNS	242
Pinson, M A	GRVL	430
Pinson, Martin	SPBG	336
Pinson, Nancy	PKNS	147
Pinson, Thos J	ABVL	72
Pinson, V D*	LRNS	269
Pinson, W S	LRNS	240
Pinson, Wm*	LRNS	246
Pinson, Zinn	SPBG	331
Piper, Augustus**	CHTN	391
Piper, John	EDFD	11
Piper, Meta*	CHTN	252
Piper, Mrs E	EDFD	11
Pipkin, D J	GETN	306
Pipkin, Edward*	CHTN	147
Pipkin, Elisha	GETN	309
Pipkin, H	DLTN	403
Pipkin, Isaac	MRBO	193
Pipkin, J G	GETN	316
Pipkin, J R	DLTN	448
Pipkin, L*	SPBG	259
Pipkin, Mary*	MRBO	193
Pipkin, R H	WMBG	318
Pipkin, Wm	GETN	307
Pippen, James	BNWL	448
Pippin, Elisha	MRBO	193
Pislot, Julian*	RHLD	35
Pitcher, Saml**	CHTN	257
Pitham, V*	ORBG	408
Pitman, Charity A**	MARN	100
Pitman, Edwd	HORY	40
Pitman, H**	GETN	296
Pitman, Harris	GRVL	387
Pitman, James	GRVL	441
Pitman, John	GRVL	385
Pitman, Joshua	GRVL	387
Pitman, Mary	GRVL	387
Pitman, Mary**	CHTR	86
Pitman, Nickerson	MARN	120
Pitman, Robert	GRVL	385
Pitman, Robert	GRVL	347
Pitman, Soloman*	GRVL	507
Pitman, Thos	MARN	120
Pitman, W L**	YORK	452
Pitmon, Bennet	LCTR	188
Pitmon, Elijah*	LCTR	204
Pitmon, Labnon	LCTR	188
Pitsinger, Philip	YORK	469
Pitster, Wm**	CHTN	463
Pittman, Dennis	GRVL	383
Pittman, Jethro	KRSW	81
Pittman, Joseph	SPBG	423
Pittman, Kineth	CHFD	129
Pittman, Nancy*	CHFD	129
Pittman, Wm J	CHFD	100
Pittman, Wylie	YORK	457
Pitts, A B	NWBY	230
Pitts, Aaron	ABVL	53
Pitts, Alexr	DLTN	472
Pitts, Allen	PKNS	78
Pitts, Charles	PKNS	80
Pitts, Charles	PKNS	71
Pitts, Chas	ABVL	53
Pitts, Drayton S	LRNS	236
Pitts, Drayton	NWBY	252
Pitts, Elijah	PKNS	68
Pitts, Eliza	LRNS	306
Pitts, Ellen*	NWBY	237
Pitts, Ephraim	LRNS	353
Pitts, Francis*	BNWL	468
Pitts, H	LRNS	268
Pitts, H M	PKNS	96
Pitts, Hannah*	ADSN	267
Pitts, Henry	ABVL	33

Name	Loc	Pg	Name	Loc	Pg	Name	Loc	Pg
Pitts, Isaac**	LRNS	349	Pliler, Evan	CHFD	160	Polk, Margaret*	YORK	457
Pitts, J W	EDFD	147	Pliler, Henry	CHFD	160	Polk, Moriah	UNON	265
Pitts, Jane	CHFD	115	Pliler, Isham	CHFD	166	Polk, Nancy	COTN	277
Pitts, Jas*	LRNS	306	Pliler, Jno P	CHFD	165	Polk, Thos	COTN	285
Pitts, Jesse	ADSN	305	Pliler, P	CHFD	160	Polk, Wilson	COTN	285
Pitts, Jinson	NWBY	239	Pliler, P L	CHFD	160	Pollard, Ann*	SPBG	209
Pitts, Jno	ABVL	54	Ploger, H	CHTN	338	Pollard, B M	SPBG	196
Pitts, Joel	PKNS	83	Plouden, J A*	WMBG	364	Pollard, Edward*	RHLD	26
Pitts, John	ABVL	79	Plouden, James	WMBG	364	Pollard, Elizh	LRNS	232
Pitts, John D	PKNS	30	Plowden, E D	CLDN	244	Pollard, Hezekiah	SPBG	411
Pitts, Joseph	NWBY	238	Plowden, E J	CLDN	214	Pollard, Isaac	SPBG	428
Pitts, Keziah*	ADSN	261	Plowden, E N	CLDN	224	Pollard, J T	GRVL	369
Pitts, LeRoy	LRNS	257	Plowden, E R	CLDN	226	Pollard, Josh	DLTN	381
Pitts, Lovet*	BNWL	506	Plowden, Gabriel	CLDN	236	Pollard, Margaret	GRVL	370
Pitts, M M	NWBY	217	Plowden, J C	CLDN	246	Pollard, Perry	PKNS	174
Pitts, Mary	NWBY	239	Plowden, Jno M	CLDN	244	Pollard, W L	GRVL	329
Pitts, Mary	CHFD	119	Plowden, Jos M	CLDN	236	Pollard, Wm**	SPBG	365
Pitts, Mrs Luny	NWBY	252	Plowden, Miles H Sr	CLDN	245	Pollard, Wm	LRNS	343
Pitts, Nevin	CHFD	146	Plowden, William E	SMTR	108	Pollard, Wm M	EDFD	46
Pitts, P*	LRNS	349	Plugg, Henry**	CHTN	501	Pollerd, John R	SMTR	158
Pitts, R W	LRNS	229	Plumeau, John F	CHTN	386	Polliard, ------	YORK	390
Pitts, Rebecca*	NWBY	291	Plument, Elizabeth*	CHTN	475	Polliard, Wm	YORK	423
Pitts, Rebecca	KRSW	88	Plumer, Moses*	BNWL	449	Pollitt, Mary*	SPBG	415
Pitts, Rebecca B*	ABVL	33	Plumly, Rebecca	GRVL	386	Pollon, Z M	SPBG	227
Pitts, Reddick	BNWL	400	Plumly, William	GRVL	386	Polly, Elizabeth	FAFD	278
Pitts, Reuben G	LRNS	325	Plummer, Chas H	DLTN	457	Polly, Jane	FAFD	280
Pitts, Robt	LRNS	347	Plummer, Ebenezer	WMBG	319	Polock, Elias	RHLD	43
Pitts, T	LRNS	274	Plummer, Foster**	NWBY	268	Polock, Frances	RHLD	25
Pitts, Thomas	EDFD	2	Plummer, J M	CHTN	231	Polock, Henry C**	RHLD	31
Pitts, Thos H	LRNS	353	Plummer, Jno F	DLTN	401	Polock, Judah B	RHLD	20
Pitts, W P	PKNS	64	Plummer, M C	DLTN	457	Polsen, Amos	CHFD	109
Pitts, W W*	LXTN	412	Plummer, Wm	BNWL	418	Polson, David	MRBO	179
Pitts, Washn	LRNS	239	Plunket, C O	NWBY	231	Polson, H	CHFD	120
Pitts, William	PKNS	82	Plunket, Charles E	NWBY	241	Polson, Henry	MRBO	195
Pitts, William	NWBY	260	Plunket, Danl*	BNWL	420	Polson, James	CHFD	110
Pitts, William	SMTR	126	Plunket, Isabel	BNWL	418	Polson, Jeremiah	MRBO	191
Pitts, Wm	CHFD	119	Plunket, J D	BNWL	420	Polson, Jno	DLTN	463
Pitts, Wm	PKNS	96	Plunket, James	BNWL	420	Polson, Jno*	CHFD	120
Pitts, Wm	NWBY	240	Plunket, John	BNWL	420	Polson, Jno	CHFD	96
Pitts, Younrg	LRNS	257	Plunket, Peter	BNWL	421	Polson, Levi	CHFD	187
Pittsboro, Richd	CHTN	352	Plunket, Thos**	BNWL	415	Polson, M	CHFD	122
Piver, Rebecca J	HORY	68	Plunket, W B	BNWL	418	Polson, Mary	CHFD	95
Plane, Joseph	CHTN	289	Plunkett, C H	EDFD	10	Polson, Mourning*	MRBO	201
Plane, Louisa*	CHTN	257	Plunkett, Juda	BNWL	395	Polson, Robert	CHFD	124
Plate, Henry*	CHTN	514	Plunkett, Peter	LXTN	461	Polson, S**	CHFD	158
Plati, Louis	CHTN	447	Plylor, Molcy*	LCTN	143	Polson, W H	DLTN	464
Platt, A E	CHTN	179	Plymail, Jasper*	LXTN	372	Polson, Wm	CHFD	98
Platt, Abel	EDFD	31	Plymail, John N	EDFD	7	Polson, Wm*	MRBO	206
Platt, Catherine*	MARN	109	Plymail, Polly*	EDFD	180	Polston, Elizabeth	CHFD	108
Platt, Charles*	BNWL	488	Plymail, S*	EDFD	7	Poms, Ransom**	SPBG	205
Platt, D	BNWL	489	Plymail, Sarah	EDFD	43	Pond, Betsy	EDFD	46
Platt, Daniel	MARN	105	Plymail, W W*	LXTN	371	Ponder, A J	GRVL	394
Platt, David	COTN	363	Plymale, Adam*	EDFD	40	Ponder, Jacob	GRVL	395
Platt, Edmund	CLDN	197	Poag, Benj	YORK	382	Ponder, James M	PKNS	151
Platt, Edwin*	COTN	364	Poag, Easter	YORK	380	Ponder, Marinda*	GRVL	333
Platt, Fredrick*	CHTN	258	Poag, J M	YORK	382	Ponder, Mary	GRVL	398
Platt, Geo*	CHTN	468	Poag, James	YORK	381	Ponder, Milton	GRVL	399
Platt, John	EDFD	28	Poag, Jane	YORK	380	Ponder, Sarah	GRVL	466
Platt, John	CHTN	179	Poag, Jas C	YORK	461	Ponds, Dorcas	COTN	282
Platt, John B	COTN	364	Poag, Jno	YORK	389	Ponds, Maria J*	BUFT	62
Platt, John F	MARN	21	Poag, John	YORK	389	Pone, Mary	MARN	17
Platt, John	COTN	362	Poag, Joseph S**	YORK	588	Ponteau, Carlton	CHTN	461
Platt, Noah	COTN	363	Poag, Louiza*	YORK	378	Poo, James S	BNWL	355
Platt, Philip M*	LXTN	453	Poag, Margaret*	YORK	417	Pooag, Catharine*	YORK	417
Platt, Samuel	BUFT	38	Poag, R M*	CHTR	73	Pooag, David	YORK	417
Platt, Sarah**	CHTN	174	Poag, Robert*	RHLD	58	Pooey, George*	FAFD	204
Platt, William*	MARN	110	Poag, Salina	YORK	382	Poohr, John**	CHTN	193
Platt, Wm	COTN	367	Poag, Saml**	YORK	377	Pool, A N	SPBG	206
Platte, Charles	COTN	362	Poag, Thos	YORK	460	Pool, Adam*	ORBG	392
Platts, G W*	MRBO	193	Poag, Wm H	YORK	460	Pool, Alfred	GRVL	464
Platts, Jas T	BNWL	347	Pocard, Marie*	CHTN	209	Pool, Allan	LRNS	343
Platts, John	BNWL	480	Pocard, Robt*	YORK	253	Pool, Berry	PKNS	78
Platts, John J	BUFT	78	Poe, Ellec C	BNWL	456	Pool, C P	GRVL	503
Platts, W A	BNWL	493	Poe, Jas*	ADSN	212	Pool, Caroline*	GRVL	470
Plaxico, Henry	YORK	451	Poesey, Harrison	RHLD	26	Pool, Catherine**	UNON	279
Plaxico, Jas H*	YORK	384	Poet, Charles*	GRVL	417	Pool, Colemon	GRVL	359
Plaxico, Jas	YORK	386	Pogt, M A*	CHTN	295	Pool, D R	GRVL	326
Plaxico, Jas G	YORK	452	Poinagnon, Emil	CHTN	304	Pool, Elender*	LRNS	343
Plaxico, John	UNON	277	Poincignen, E	RHLD	16	Pool, Elihu	SPBG	228
Plaxico, John S*	YORK	451	Poindexter, Malvina*	CHTN	433	Pool, Elisha	ORBG	397
Plaxico, R M*	YORK	451	Poinsett, Kitty	CHTN	424	Pool, Elven	LXTN	368
Plaxico, William**	YORK	509	Poinsett, Paul	BUFT	2	Pool, Elzy	GRVL	412
Player, Calvin M	SMTR	135	Pointel, Charles	SPBG	228	Pool, G P	LRNS	333
Player, Christopher T	SMTR	107	Pointer, Spain	CHTN	103	Pool, Geo	GRVL	469
Player, H C	KRSW	127	Poland, Canes	CHTN	521	Pool, Green Sr	GRVL	511
Player, J G	WMBG	318	Poland, Charles**	CHTN	125	Pool, Hampton	GRVL	473
Player, J M	WMBG	318	Poland, George	CHTN	477	Pool, Hampton Sr	GRVL	402
Player, John	SMTR	107	Poland, George A	COTN	349	Pool, J P	CHTR	42
Player, John	KRSW	122	Poland, Mary*	EDFD	152	Pool, Jane**	YORK	467
Player, Joseph	DLTN	466	Polatty, George	EDFD	134	Pool, Jas	GRVL	512
Player, Lorezis D	SMTR	107	Polatty, J P	EDFD	127	Pool, Jesse	LRNS	343
Player, M	WMBG	318	Polatty, J S	EDFD	35	Pool, John	GRVL	446
Player, M E*	DLTN	378	Polatty, Jacob	CHTN	501	Pool, John F*	GRVL	483
Player, M M	CLDN	243	Polatty, Sarah*	CHTN	343	Pool, John P	YORK	467
Player, R R	KRSW	123	Polen, Joseph*	CHFD	473	Pool, M A	SPBG	259
Player, W A	DLTN	379	Polhemus, Jno**	CHFD	175	Pool, M*	DLTN	393
Player, William W	SMTR	134	Polisine, Adel*	DLTN	461	Pool, Margt*	GRVL	459
Please, C*	WMBG	300	Polk, Celia	COTN	285	Pool, Martha*	LRNS	342
Pledger, P W	MRBO	160	Polk, Elias S	COTN	270	Pool, Mary	GRVL	501
Pleger, Mary M	CHTN	414	Polk, Francis	DLTN	389	Pool, Mary	LRNS	343
Plein, H	CHTN	461	Polk, Isaac	CHFD	105	Pool, Peter	LRNS	343
Pleker, Elizabeth	CHFD	112	Polk, Jas	COTN	285	Pool, R A*	DLTN	393
Plespoher, George	CHTN	512	Polk, Jno P**	CHFD	174	Pool, R F	LRNS	343
Plessman, William	CHTN	497	Polk, John	KRSW	128	Pool, R W*	GRVL	406
Plfrey, Martha	PKNS	169	Polk, Levi			Pool, Robert	SMTR	140
						Pool, S H	GRVL	358

Name	Loc	Pg	Name	Loc	Pg	Name	Loc	Pg
Pool, Seth	GRVL	475	Pope, R J	MRBO	163	Porter, Joseph J	BUFT	6
Pool, Seth P Jr	GRVL	326	Pope, Richard	GRVL	459	Porter, Levenia**	BNWL	376
Pool, Tapley	FAFD	276	Pope, Richd	GETN	319	Porter, M	CHFD	164
Pool, Thos	CHTN	465	Pope, Richd R	BUFT	17	Porter, M J*	EDFD	101
Pool, Tilmon	ORBG	396	Pope, Saml*	HORY	5	Porter, Margaret*	RHLD	8
Pool, W P	GRVL	484	Pope, Sampson*	NWBY	304	Porter, Margret H	LCTR	162
Pool, Walter	LXTN	413	Pope, Samuel	HORY	55	Porter, Martha J	CHTR	79
Pool, Walter	LXTN	437	Pope, Silvia	SPBG	420	Porter, Mary	ORBG	401
Pool, Warren	GRVL	417	Pope, Susan*	NWBY	231	Porter, Mary**	FAFD	230
Pool, Willis*	PKNS	103	Pope, Taylor	SPBG	292	Porter, N M	CHTN	318
Pool, Wm	SPBG	361	Pope, Thso N	SPBG	235	Porter, P H	GRVL	370
Pool, Y A	ORBG	397	Pope, V B*	NWBY	294	Porter, Pincney	ORBG	395
Poole, A P	ABVL	69	Pope, William	BUFT	66	Porter, R H	LCTR	152
Poole, Carrie**	LXTN	457	Pope, William S	SPBG	235	Porter, Rev J A	CHTN	218
Poole, Draughn H	SMTR	180	Pope, Wm Jr	BUFT	17	Porter, Robt E	SPBG	287
Poole, Elizabeth	ADSN	294	Pope, Wm Sr	BUFT	18	Porter, Samuel A	PKNS	124
Poole, Elizabeth	CHTN	277	Pope, Wm T D	BUFT	57	Porter, Samuel J	PKNS	125
Poole, Irvine P	GRVL	382	Pope, Y P*	GRVL	411	Porter, Samuel J	PKNS	188
Poole, Isaac	LXTN	441	Popham, John W*	BUFT	27	Porter, Smith	PKNS	125
Poole, Isaac	CHTN	491	Popkin, Louisa A**	RHLD	94	Porter, Susan*	LCTR	154
Poole, Isaac P	PKNS	14	Poppe, Julius	RHLD	25	Porter, T M**	CHTN	379
Poole, J B	SPBG	355	Poppen, Andrew	CHTN	511	Porter, W C*	CHTN	243
Poole, J R	SPBG	429	Poppenheim, John F	CHTN	382	Porter, W L	CHFD	100
Poole, Jane	SPBG	310	Poppenheim, John L	CHTN	140	Porter, W W	WMBG	345
Poole, John	LXTN	414	Popple, Elizabeth	LXTN	363	Porter, Winney	BNWL	410
Poole, John	SPBG	229	Popwell, Richard	SMTR	127	Porter, Wm	GETN	297
Poole, Joseph A	ADSN	294	Popwell, William	SMTR	139	Porterfield, Jno*	ABVL	32
Poole, Louis N	SPBG	307	Porcher, Camilla**	CHTN	447	Porterfield, M*	ABVL	38
Poole, Luther	SPBG	218	Porcher, Catherine	CHTN	358	Porterfield, R	EDFD	126
Poole, Marinda	LRNS	261	Porcher, Charles C	CHTN	152	Portos, A T	CHTN	492
Poole, Mary	SMTR	175	Porcher, Ed	DLTN	387	Portress, Henry C	BUFT	66
Poole, Miss S*	CHTN	319	Porcher, Eliza	CHTN	199	Portweg, H*	CHTN	322
Poole, Nancy	SPBG	230	Porcher, Elizabeth S	CHTN	154	Posey, B F	GRVL	439
Poole, R C	SPBG	222	Porcher, F A	CHTN	215	Posey, B W	EDFD	5
Poole, S P	GRVL	356	Porcher, F J	CHTN	216	Posey, Berry F*	SPBG	361
Poole, T J*	SPBG	375	Porcher, F P	CHTN	401	Posey, Col S	EDFD	12
Poole, Temperance	PKNS	103	Porcher, I DuBose	CHTN	154	Posey, F M	EDFD	4
Poole, Thomas	SMTR	164	Porcher, J Stoney*	CHTN	152	Posey, Francis	EDFD	11
Poole, Thos	ORBG	322	Porcher, James	BUFT	22	Posey, Franklin	SPBG	429
Poole, William	ADSN	294	Porcher, James B	BUFT	46	Posey, H W	EDFD	18
Poole, Wm	LRNS	261	Porcher, John H	CHTN	154	Posey, Hamlton*	SPBG	303
Poole, Wm H	LRNS	261	Porcher, Julius L	CHTN	152	Posey, Henson	ADSN	193
Poor, Bailis	ADSN	171	Porcher, Maria L*	CHTN	459	Posey, J J	ORBG	318
Poor, Elizabeth	ADSN	170	Porcher, Maria*	COTN	330	Posey, Lazerous	BNWL	413
Poor, Geo	ADSN	171	Porcher, Mary	BUFT	45	Posey, M L	LXTN	368
Poor, Green B*	GRVL	403	Porcher, Mrs E L	CHTN	235	Posey, Mark	ORBG	491
Poor, Hampton	ADSN	170	Porcher, Mrs E M*	FAFD	282	Posey, Mark M	EDFD	9
Poor, Holland	ADSN	174	Porcher, Mrs I	CHTN	154	Posey, Mrs E	EDFD	5
Poor, Hugh	ADSN	169	Porcher, Mrs**	CHTN	238	Posey, P A	BNWL	413
Poor, Jackson*	GRVL	458	Porcher, Mrs C	CHTN	157	Posey, Pickens B	EDFD	9
Poor, James G	LCTR	191	Porcher, Octavius T	ABVL	2	Posey, Wm Jr	EDFD	19
Poor, James	ADSN	184	Porcher, P	CHTN	222	Posey, Wm Sr	EDFD	19
Poor, John J	ADSN	171	Porcher, P E	CHTN	110	Posey, Zehaniah	SPBG	341
Poor, John M	ADSN	170	Porcher, P J	CHTN	121	Posi, Julius	CHTN	438
Poor, John Sr	ADSN	171	Porcher, Percival R	CHTN	154	Posnaske, Gustavus**	CHTN	457
Poor, John W	ADSN	170	Porcher, Peter	CHTN	191	Posse, Julius	RHLD	25
Poor, Lucy	ADSN	169	Porcher, R S	PKNS	3	Post, Amanda*	GETN	288
Poor, Lucy	ADSN	169	Porcher, T Y*	GRVL	406	Post, Louisa	RHLD	7
Poor, Nancy	ADSN	170	Porcher, Thos C	CHTN	149	Post, Thos	GETN	319
Poor, Nina	ADSN	168	Porcher, Thos F	CHTN	157	Post, Virginia H	BUFT	67
Poor, S E	ADSN	171	Porcher, Thos W	CHTN	152	Post, William M	GETN	322
Poor, Samuel	ADSN	170	Porcher, W M	CHTN	176	Postell, Danl Jr	COTN	367
Pooser, Cephus	ORBG	385	Porcher, W**	CHTN	356	Postell, Eliza E*	GETN	316
Pooser, E H	CHTN	177	Porcher, Wm E	CHTN	154	Postell, R W*	WMBG	347
Pooser, Edw*	BUFT	9	Port, Ann	MARN	134	Postell, Sally*	CHTN	390
Pooser, Emanuel	ORBG	403	Port, Jehue	MARN	128	Postell, Wm G**	ABVL	33
Pooser, Emma	SPBG	315	Port, John	MARN	134	Poston, Alexr*	DLTN	375
Pooser, G H	ORBG	383	Port, Peter	HORY	8	Poston, Alfred	MARN	57
Pooser, J A	COTN	328	Portas, Frederick Sas	CHTN	510	Poston, Andrew	MARN	125
Pooser, James J	ORBG	405	Portee, Uriah	RHLD	89	Poston, Andrew	MARN	124
Pooser, M H	CHTN	313	Porteous, Mary F	BUFT	12	Poston, Benj	MARN	58
Pooser, Mary*	BUFT	9	Porteous, Mrs J F*	BUFT	7	Poston, Benj	MARN	125
Pooser, Mary L*	SPBG	316	Porter, Agness M	LCTR	179	Poston, Bryant	MARN	63
Pooser, S T	WMBG	325	Porter, Allen	ORBG	402	Poston, D W	MARN	58
Pooser, William C	ORBG	341	Porter, C M	FAFD	231	Poston, Daniel	MARN	56
Pope, Able	CHTR	26	Porter, David	SPBG	256	Poston, Daniel	MARN	126
Pope, Alfred	YORK	472	Porter, Delilah	SPBG	260	Poston, David	MARN	63
Pope, Benjn*	BUFT	31	Porter, Duncan J	CHFD	139	Poston, Davy**	MARN	60
Pope, C P*	NWBY	304	Porter, E A*	GETN	284	Poston, Elisha	CHFD	175
Pope, C T	SPBG	265	Porter, E J	WMBG	299	Poston, F L	MARN	60
Pope, Caroline	CHTN	307	Porter, E J	WMBG	299	Poston, Ferd	MARN	60
Pope, Carrie C*	BUFT	17	Porter, Elijah	BNWL	409	Poston, Gadsden	DLTN	399
Pope, Charles	UNON	191	Porter, Elmira**	LCTR	153	Poston, Geo W	MARN	60
Pope, Clary	WMBG	328	Porter, Emely	ORBG	386	Poston, H	MARN	64
Pope, Elisha	GETN	308	Porter, Frances	YORK	465	Poston, H B	GETN	301
Pope, F W**	ORBG	336	Porter, H F	COTN	288	Poston, Henry*	WMBG	349
Pope, Franklin P	BUFT	17	Porter, H H	MARN	51	Poston, Hugh*	DLTN	389
Pope, G W	KRSW	130	Porter, Hansford	BNWL	409	Poston, Hugh	CHFD	114
Pope, George A*	BUFT	56	Porter, Hariett*	LCTR	217	Poston, Hugh	MARN	58
Pope, Harington	NWBY	302	Porter, Henry	DLTN	381	Poston, Isaac	MARN	59
Pope, Harriet N	NWBY	260	Porter, Hugh	ABVL	67	Poston, J F	CHFD	109
Pope, Irenous*	FAFD	278	Porter, J C	MARN	42	Poston, J H	MARN	60
Pope, J J	CHTN	353	Porter, J C	EDFD	88	Poston, J J	WMBG	321
Pope, J M	WMBG	328	Porter, J H	MARN	110	Poston, J M C K	MARN	64
Pope, Jackson	SPBG	290	Porter, J J	LCTR	152	Poston, J R	MARN	60
Pope, James H	BUFT	35	Porter, J N	CHTR	1	Poston, James	MARN	60
Pope, James Sr	BUFT	17	Porter, J W C A	LCTR	158	Poston, Jas R	MARN	56
Pope, Jane*	EDFD	110	Porter, James	CHTR	3	Poston, John	CHFD	101
Pope, Jno	CHTR	29	Porter, James*	CHTN	15	Poston, L	MARN	63
Pope, John J T	BUFT	13	Porter, James M	CHTN	274	Poston, M J*	MARN	63
Pope, John S*	COTN	331	Porter, James M	PKNS	125	Poston, Nancy	CHFD	103
Pope, John W R	BUFT	17	Porter, James W	ABVL	1	Poston, Obadiah	DLTN	432
Pope, Jos D	BUFT	3	Porter, John	LCTR	151	Poston, Reddick	MARN	124
Pope, Joseph J Sr	BUFT	17	Porter, John	YORK	378	Poston, Robert	GETN	321
Pope, Martha	ABVL	128	Porter, John C	GETN	286	Poston, Robt	MARN	60
Pope, Nathaniel	RHLD	81	Porter, John T	PKNS	124	Poston, Saml	MARN	60

Name	Loc	Pg	Name	Loc	Pg	Name	Loc	Pg
Poston, Sarah*	MARN	124	Powell, Eugene*	EDFD	33	Powers, Mitchell	MARN	22
Poston, Simon*	MARN	126	Powell, Francis	FAFD	211	Powers, Nathanl	COTN	363
Poston, Thos	MARN	60	Powell, George W*	RHLD	27	Powers, Pat*	RHLD	46
Poston, Wm	GETN	301	Powell, George*	CHTN	368	Powers, Polly	LRNS	294
Poston, Wm	GETN	306	Powell, H	MARN	64	Powers, Rebecca*	MARN	86
Postten, Charles T*	RHLD	17	Powell, H A	PKNS	47	Powers, Saml	LRNS	293
Potat, Frances	CHTN	414	Powell, Henry W	RHLD	43	Powers, Stephen*	CHFD	183
Potat, William*	CHTN	508	Powell, Henry*	ABVL	27	Powers, T A	ADSN	309
Poteat, Joseph*	CHTN	465	Powell, I B	CHFD	118	Powers, Thomas	CHTN	390
Poteet, Jacob	FAFD	205	Powell, J T	CHFD	180	Powers, Thos	CHTN	503
Poteet, W*	SPBG	306	Powell, J W*	NWBY	245	Powers, W K	GRVL	407
Poter, James	UNON	220	Powell, James	MARN	57	Powers, William	CHTN	496
Poter, Jidrich	UNON	234	Powell, James	CHFD	180	Powers, William T*	RHLD	51
Poter, John M	ORBG	401	Powell, James M*	SPBG	311	Powers, Wm	LRNS	334
Poter, M S	UNON	203	Powell, Jane	MARN	52	Powers, Wm	DLTN	477
Poter, Mary	UNON	222	Powell, Jane*	MARN	18	Powers, Wm	LRNS	293
Poter, Nathan	ORBG	401	Powell, Jas	EDFD	37	Powers, Wm	DLTN	404
Poter, Rebecca*	UNON	219	Powell, Jesse S	MARN	59	Powers, Wm H*	LRNS	340
Poter, S W*	UNON	298	Powell, Jno W	MRBO	198	Powers, Y J	LRNS	295
Poter, Simpson	UNON	199	Powell, John	FAFD	254	Powers, Zaceriah	PKNS	176
Poter, Tellit	UNON	234	Powell, John W	RHLD	27	Poyas, Catharine*	CHTN	293
Potgen, Charles*	CHTN	313	Powell, L A	GETN	292	Poyas, James	CHTN	439
Pots, Mary	CHTN	363	Powell, Letitia*	CHTN	207	Poyas, John	CHTN	183
Potter, B L	LRNS	220	Powell, Lucy	RHLD	25	Poyas, Mrs*	CHTN	298
Potter, Elizabeth	SPBG	314	Powell, M B	MARN	58	Poyas, Samuel	CHTN	183
Potter, James*	WMBG	346	Powell, Margaret	MARN	123	Prager, Julius	CHTN	410
Potter, John	SPBG	225	Powell, Marion	ADSN	237	Praleau, Isaac	CHTN	412
Potter, Joshua	HORY	33	Powell, Martha	DLTN	463	Prarter, Amos	LRNS	341
Potter, L P	CHTN	342	Powell, Mary A*	RHLD	50	Prarter, H W	LRNS	341
Potter, Martha	SPBG	284	Powell, Miss A*	EDFD	37	Prassap, Josh*	CHTN	249
Potter, Moses	LRNS	420	Powell, Monis*	CHTN	192	Prater, F N	ADSN	331
Potter, Mossy*	CHTN	144	Powell, Nathnl	BNWL	475	Prater, H W	LRNS	339
Potter, Nancy	CHTN	145	Powell, R	WMBG	350	Prater, Joseph	ADSN	329
Potter, William	SPBG	218	Powell, R M	HORY	40	Prater, L C	EDFD	3
Potterfiet, Patrick	ADSN	313	Powell, R T	CHFD	183	Prater, Pressley*	EDFD	140
Potts, Allen	GRVL	380	Powell, Rachael	MARN	7	Prater, W C	EDFD	135
Potts, Felix*	GRVL	381	Powell, Robt	MARN	59	Prather, D A	LXTN	419
Potts, Henry P	GRVL	381	Powell, Robt	PKNS	81	Prather, Ellen	LXTN	419
Potts, Ira D	GRVL	380	Powell, Robt	EDFD	52	Prather, M M	LXTN	419
Potts, J M	SMTR	173	Powell, Sallie	EDFD	152	Pratt, Annie	ABVL	112
Potts, Jane*	SMTR	110	Powell, Samuel C	MARN	64	Pratt, Annie	CHTR	7
Potts, John S	SMTR	162	Powell, Sandford	LRNS	307	Pratt, Elizabeth	ABVL	124
Potts, Levi	GRVL	381	Powell, Thomas	PKNS	82	Pratt, Elizzie**	GRVL	408
Potts, M C*	RHLD	56	Powell, Thomas W	GRVL	467	Pratt, G L**	CHTN	313
Potts, Mildred*	LRNS	323	Powell, W H	PKNS	60	Pratt, Henry	YORK	445
Potts, R C	LCTR	156	Powell, W T	SPBG	234	Pratt, J C	CHTR	32
Potts, R G	SMTR	162	Powell, Wiley	EDFD	37	Pratt, James**	ABVL	99
Pou, B F	ORBG	386	Powell, William	GRVL	357	Pratt, John	ABVL	122
Pou, H P	ORBG	386	Powell, William	UNON	264	Pratt, Mary*	NWBY	278
Pou, Lewis	LXTN	423	Powell, William	ABVL	198	Pratt, Mary**	ABVL	144
Pou, S M*	RHLD	21	Powell, Wilson	MARN	59	Pratt, Mary	CHTR	25
Pou, Thomas J	ORBG	386	Powelson, M	GETN	316	Pratt, Nancy N	ABVL	124
Pou, W	ORBG	315	Power, A*	UNON	273	Pratt, R R	NWBY	294
Pou, W G W	ORBG	363	Power, E F	ABVL	120	Pratt, Robt	ABVL	122
Pougaud, Charles E**	CHTN	423	Power, John	ABVL	112	Pratt, Simeon*	NWBY	294
Poujuad, Augustus*	CHTN	238	Power, Martin	CHTN	300	Pratt, W F*	NWBY	304
Poulnot, Jos	CHTN	306	Power, T S	EDFD	142	Pratt, W S**	YORK	446
Pouncey, Ann K*	MRBO	172	Power, William I	ABVL	129	Pratt, William	CHTR	32
Pouncey, Jas	GETN	318	Powers, Adeline*	MARN	15	Pratt, William	ABVL	140
Pound, Barbara	ORBG	361	Powers, Alan	SPBG	377	Preacher, Elizabeth	CHTN	142
Pound, Jacob**	ORBG	360	Powers, Alison	MRBO	158	Preacher, George W	BUFT	30
Pound, Leueazer*	ORBG	388	Powers, Bridget*	CHTN	362	Preacher, J S*	BNWL	454
Pound, Mahala*	LXTN	456	Powers, Caroline	UNON	190	Preacher, John	COTN	278
Pound, Mahaly**	ORBG	361	Powers, Catherine	MARN	25	Preacher, Josiah G	COTN	277
Pound, Margret*	ORBG	383	Powers, Charles H S*	CHTN	427	Preacher, Lewis F	BUFT	45
Pound, Peter*	ORBG	361	Powers, Chris	DLTN	431	Preacher, Milton	COTN	278
Pound, Susanna*	ORBG	354	Powers, David**	CHTN	385	Preacher, Richard	COTN	280
Pow, J R	EDFD	165	Powers, E	CHTN	323	Preacher, Russel	BNWL	454
Pow, J S	EDFD	156	Powers, Elizabeth*	MRBO	200	Preacher, Thomas	COTN	277
Pow, J W	EDFD	84	Powers, Elizabeth	MARN	83	Preacher, William	COTN	278
Powe, James T	CHFD	127	Powers, Ellen*	CHTN	428	Preacher, Wm	BUFT	21
Powe, Joseph*	GETN	292	Powers, Gadi	MARN	26	Pregnall, Henry	CHTN	379
Powe, Thos E	CHFD	114	Powers, George*	CHTN	135	Prenge, Betsy*	CHTN	300
Powel, Abram	EDFD	128	Powers, Gideon**	MARN	22	Prentiss, Charles B*	RHLD	52
Powel, B F	YORK	403	Powers, H J W	DLTN	393	Prentiss, Mary*	RHLD	83
Powel, D A	WMBG	358	Powers, H T*	CHTN	396	Prentiss, Robert E*	CHTN	117
Powel, David*	ADSN	247	Powers, Henrietta	CHTN	386	Prentiss, Robt J*	COTN	253
Powel, E	WMBG	358	Powers, Henry	MARN	141	Prentz, Barny	CHTN	335
Powel, Edward	GRVL	511	Powers, J H**	GETN	318	Prescoat, Susan*	BNWL	365
Powel, J W	EDFD	155	Powers, J M	LRNS	273	Prescot, Danl	EDFD	66
Powel, Jackson	UNON	249	Powers, J T*	HORY	40	Prescot, Elizabeth	BNWL	492
Powel, James B	HORY	20	Powers, James**	CHTN	497	Prescot, James	CHTN	132
Powel, Jas	WMBG	343	Powers, James	CHTN	503	Prescot, M W	EDFD	83
Powel, Jefferson	UNON	261	Powers, James*	RHLD	78	Prescott, Ben	KRSW	124
Powel, John	WNBG	364	Powers, James M	CHFD	155	Prescott, Drucilla	BUFT	67
Powel, Lewis	EDFD	26	Powers, James	CHTN	472	Prescott, J B	EDFD	41
Powel, Margaret*	YORK	369	Powers, James	PKNS	188	Prescott, J H**	EDFD	35
Powel, Sampson	PKNS	131	Powers, Jas	MARN	31	Prescott, Jno B	EDFD	29
Powel, Sephen	GRVL	511	Powers, Jno	DLTN	393	Prescott, John	SMTR	118
Powel, Stephen	BNWL	436	Powers, Jno G	DLTN	391	Prescott, John	CHTN	125
Powel, Stephen	GRVL	378	Powers, Jno W	MRBO	201	Prescott, Letitia	BUFT	10
Powel, Thomas	GRVL	412	Powers, Johanna	CHTN	193	Prescott, Lewis M	BNWL	343
Powel, Thomas	WMBG	343	Powers, John	ABVL	71	Prescott, Richd	EDFD	42
Powel, W R	WMBG	345	Powers, John	LRNS	312	Prescott, Robert H	SMTR	151
Powell, Ambry	MARN	123	Powers, John	CHTN	422	Prescott, W F	EDFD	90
Powell, Annie*	CHTN	190	Powers, Levi	GETN	302	Prescott, W H	EDFD	115
Powell, C P	EDFD	45	Powers, Lewis	LRNS	272	Prescott, William	SMTR	151
Powell, Catherine*	CHTN	241	Powers, M A*	MARN	86	Prescott, William Sr	SMTR	151
Powell, Chas	EDFD	47	Powers, Mariah	PKNS	192	Presley, Aadam	UNON	187
Powell, Clemnel	SPBG	198	Powers, Martha	FAFD	238	Presley, Anna H	PKNS	170
Powell, D	EDFD	37	Powers, Mary*	GRVL	402	Presley, Berry	ADSN	296
Powell, Daniel F	MARN	124	Powers, Mary*	CHTN	473	Presley, Boswell	PKNS	11
Powell, Deleware	EDFD	47	Powers, Mary*	CHTN	428	Presley, E N	CHTR	5
Powell, E C	HORY	21	Powers, May	SPBG	367	Presley, Ed	EDFD	58
Powell, Elijah	MARN	59	Powers, Melmoth	LRNS	273	Presley, Elizabeth	PKNS	13
Powell, Elvy	PKNS	82	Powers, Michel	CHTN	230			

Name	Loc	Pg
Presley, Henry	NWBY	226
Presley, Ira	CHTR	16
Presley, J G	WMBG	303
Presley, J T	CHTR	7
Presley, James S*	CHTR	7
Presley, John S	ADSN	159
Presley, Munroe	CHTR	5
Presley, Nancy M*	YORK	390
Presley, R J*	EDFD	58
Presley, Richard	CHTR	11
Presley, T*	EDFD	112
Presley, Thomas	CHTR	7
Presley, Wm A	ABVL	115
Presly, J Shelton	YORK	443
Pressler, Peter	CHTN	252
Pressley, J B	WMBG	346
Pressley, J F	WMBG	346
Pressley, Jane*	LRNS	221
Pressley, S H	DLTN	383
Pressly, Andrew T*	ABVL	97
Pressly, Ebenezer E	ABVL	149
Pressly, Geo W	ABVL	40
Pressly, James	ABVL	152
Pressly, Jas	GETN	300
Pressly, Joseph	ABVL	37
Pressy, S H	BNWL	490
Pressy, W W	BNWL	490
Preston, Ann	YORK	451
Preston, Jacob	EDFD	192
Preston, James	CHTN	257
Preston, John	BNWL	386
Preston, John G	RHLD	51
Preston, Saml*	LXTN	432
Preston, W C*	GRVL	471
Presure, Henry	PKNS	5
Prevatt, Angus	MRBO	164
Prevatt, Peggy*	MRBO	165
Prevost, Joseph	CHTN	273
Prevost, Joseph	CHTN	116
Prewet, Elias D	ADSN	209
Prewet, Francis	ADSN	207
Prewet, Toliver	ADSN	206
Prewet, Wm	ADSN	207
Prewett, A	SPBG	342
Prewett, A Jr	SPBG	342
Prewett, J Sr	SPBG	343
Prewett, James E	SPBG	343
Prewett, John	SPBG	342
Prewett, Joshua	ADSN	207
Prewitt, Benjn	SPBG	425
Prewitt, Benjn C	SPBG	424
Prewitt, Jesse	SPBG	425
Prewitt, Jno	CHFD	128
Prewitt, John	SPBG	425
Prewitt, John	SPBG	320
Prewitt, M J	SPBG	424
Prewitt, Miss Ann	SPBG	343
Prewitt, Rud	SPBG	424
Prewitt, Wm S	SPBG	424
Preyer, Betsey*	CHTN	516
Price, Abram	EDFD	72
Price, Abram W	HORY	58
Price, Alex	YORK	385
Price, Alexr	HORY	48
Price, Alfred	CHTN	218
Price, Amanthe*	MARN	117
Price, Ann E**	GETN	319
Price, Ann*	BNWL	415
Price, Annis	MARN	138
Price, Asa	CHFD	148
Price, B G	COTN	308
Price, B J	ADSN	252
Price, Benj	SPBG	285
Price, Betsey**	CHTN	506
Price, Caroline*	CHTN	438
Price, Christian	LXTN	446
Price, Clinton	CHFD	143
Price, Cuthbert	CHTR	28
Price, Cuthbert	CHTR	25
Price, D B*	WMBG	328
Price, D R	KRSW	99
Price, Daniel**	RHLD	71
Price, Daniel	LXTN	446
Price, Delila*	FAFD	233
Price, E J	MARN	46
Price, Eber	LXTN	446
Price, Edmond	SPBG	271
Price, Edmund H	MARN	75
Price, Edmund S	MARN	22
Price, Eliza**	RHLD	73
Price, Eliza**	CHTN	403
Price, Esaw	MARN	11
Price, Fielden	SPBG	294
Price, Fielden	SPBG	274
Price, Frances	SPBG	284
Price, G W	RHLD	30
Price, G W	LXTN	446
Price, G W Sr	COTN	308
Price, Geo	COTN	367
Price, Geo	SPBG	290
Price, H R	LXTN	369
Price, Hamson	LCTR	159
Price, Hannah J*	ADSN	225
Price, Hardin	PKNS	134
Price, Henry	PKNS	107
Price, Henry	MARN	77
Price, Henry*	ABVL	19
Price, Henry L	LXTN	446
Price, Hugh**	SMTR	140
Price, Hugh	RHLD	72
Price, Hugh	MARN	46
Price, Hugh	SPBG	270
Price, Isaiah	LXTN	446
Price, J R	ADSN	220
Price, J R	LXTN	375
Price, Jacob	SPBG	270
Price, Jacob Jr	LXTN	446
Price, Jacob Sr	LXTN	446
Price, James	MARN	103
Price, James A	COTN	251
Price, Jane*	MARN	101
Price, Jas	LRNS	248
Price, Jas	CHTN	355
Price, Jeremiah	PKNS	107
Price, Jno**	CHTR	34
Price, Jno*	CHTR	70
Price, Jno	EDFD	73
Price, Jno	SPBG	293
Price, Joab	SPBG	285
Price, John	LXTN	446
Price, John*	MARN	101
Price, John	PKNS	107
Price, John	BNWL	426
Price, John	MARN	117
Price, John	MARN	46
Price, John	CHTR	25
Price, John	PKNS	95
Price, Jos	EDFD	103
Price, Joseph*	SPBG	271
Price, Joseph	PKNS	107
Price, Joseph	LXTN	369
Price, Julia*	EDFD	96
Price, L D	CHTN	184
Price, Lucy	LCTR	217
Price, M	MARN	46
Price, Malcom**	MARN	114
Price, Maria	CHTN	336
Price, Martha R	RHLD	71
Price, Martha*	CHTN	510
Price, Mary Ann*	MRBO	194
Price, Mary Y	FAFD	201
Price, Mary*	MARN	104
Price, Mary	PKNS	50
Price, Morgan	NWBY	305
Price, Mrs M	EDFD	75
Price, Nancy	ABVL	17
Price, Nancy J**	YORK	501
Price, OBrien S	COTN	257
Price, P S	CHTN	505
Price, Perry	SPBG	293
Price, Rachel*	EDFD	35
Price, Robert	SPBG	270
Price, Robert**	BNWL	392
Price, Robert	BNWL	402
Price, Robt	LXTN	426
Price, S H L**	CHTN	378
Price, Sally*	LRNS	243
Price, Saml	SPBG	405
Price, Samuel	CHTR	49
Price, Sarah	LXTN	446
Price, Sophia	CHTN	443
Price, Stephen	RHLD	72
Price, Stephen	MARN	15
Price, Tabitha*	CHTR	30
Price, Thomas	PKNS	92
Price, Thomas N	RHLD	71
Price, Thomas R	PKNS	118
Price, Thos	NWBY	268
Price, Thos	EDFD	69
Price, Thos	EDFD	51
Price, Thos J	NWBY	245
Price, Thos S*	CLDN	226
Price, Troy*	MARN	72
Price, W H	WMBG	315
Price, W O	FAFD	228
Price, W P	GRVL	416
Price, William	ABVL	44
Price, William S	COTN	359
Price, Wm*	DLTN	374
Price, Wm	LXTN	446
Price, Wm A	SPBG	293
Prichard, Jane C	RHLD	43
Prichard, Oliver J	BUFT	2
Prichard, Paul	BUFT	19
Prichard, S C*	PKNS	96
Prickett, J D	ORBG	308
Pride, Cad J	CHTR	90
Pride, H J	CHTR	79
Pride, J S	CHTN	93
Pridgen, Lawson	HORY	52
Prieleau, J Ford	CHTN	401
Priester, Andrew	BUFT	79
Priester, C**	SPBG	258
Priester, Charles	BUFT	88
Priester, D B	NWBY	241
Priester, Elizabeth	BNWL	483
Priester, Fanny	BNWL	483
Priester, G I	BNWL	483
Priester, Geo	BNWL	493
Priester, H*	SPBG	259
Priester, Hansford	BUFT	87
Priester, Herzekiah	BNWL	483
Priester, Jacob	BUFT	78
Priester, John Sr*	BNWL	482
Priester, John*	BNWL	480
Priester, John M	BUFT	79
Priester, M*	BNWL	479
Priester, Miles	BUFT	78
Priester, Nancy**	BNWL	495
Priester, Owen	COTN	273
Priester, Rebecca*	RHLD	55
Priester, Sarah	NWBY	256
Priester, Wm F	BUFT	79
Prigge, Catharine*	CHTN	292
Prigge, Clause	CHTN	106
Prigmire, Jacob	UNON	276
Prigmore, George*	UNON	283
Prigmore, M	UNON	280
Prigmore, Thomas	UNON	279
Prim, Jno*	CHTR	70
Primas, Hezekiah	BNWL	492
Primus, Barnabas	BUFT	89
Primus, Elvira*	BUFT	37
Primus, Eugene*	BUFT	37
Primus, Eugenia*	BUFT	37
Primus, Henry	BUFT	63
Primus, James	BUFT	94
Prince, A J*	EDFD	101
Prince, Alvin L	CHTN	373
Prince, Anderson	EDFD	87
Prince, Betsey*	EDFD	15
Prince, Charles	PKNS	135
Prince, E C	CHTN	372
Prince, Edward	CHTN	198
Prince, Edward	ADSN	249
Prince, Elijah J	PKNS	134
Prince, Eliza	GRVL	505
Prince, Franklin*	UNON	192
Prince, Geo	CHTN	311
Prince, Gilbert	PKNS	15
Prince, Gist	UNON	194
Prince, Harriet*	CHTN	428
Prince, Henry*	CHTN	289
Prince, Hugh M	ABVL	132
Prince, Hugh M Sr	ABVL	129
Prince, James	HORY	26
Prince, Jesse	EDFD	105
Prince, Jessey W	PKNS	124
Prince, John	HORY	21
Prince, John	PKNS	134
Prince, John	COTN	348
Prince, John	LRNS	323
Prince, John	PKNS	184
Prince, John	ADSN	247
Prince, John	BUFT	21
Prince, Johnathan	UNON	261
Prince, Johnathan	PKNS	171
Prince, Joseph	HORY	31
Prince, Joseph F*	GRVL	405
Prince, Julia*	CHTN	340
Prince, Lida	UNON	195
Prince, Lott	HORY	21
Prince, Louisa J	LRNS	323
Prince, Lucy	MRBO	176
Prince, Margaret*	GRVL	449
Prince, Mark	ADSN	229
Prince, Mary*	UNON	240
Prince, Mary	UNON	195
Prince, Mrs	CHTN	309
Prince, Mrs Ann E	MRBO	166
Prince, Mrs E	EDFD	90
Prince, N	COTN	348
Prince, Pat	ABVL	138
Prince, Polly	BNWL	432
Prince, Rebecca	PKNS	135
Prince, Rebecca*	CHTN	289
Prince, Robt	EDFD	90
Prince, Robt	EDFD	67
Prince, S	HORY	22
Prince, S D	MRBO	166
Prince, Saml*	EDFD	90
Prince, Sarah	BNWL	471
Prince, Sarah	CHTN	415
Prince, Thos	SPBG	240
Prince, Traverse	HORY	21
Prince, W F	GRVL	411
Prince, W L T	CHFD	186
Prince, W R	HORY	23
Prince, Washington	ABVL	130
Prince, Washington L	ABVL	100
Prince, Wm	ADSN	225
Prince, Young	UNON	211
Prine, William	COTN	364
Prine, Wm	COTN	364
Pringle, Edwin D	CHTN	431
Pringle, Elijah	SMTR	182
Pringle, Elijah H	SMTR	102
Pringle, Elizabeth*	SMTR	108
Pringle, Esther	LRNS	256
Pringle, James	CHTN	200
Pringle, James M	RHLD	33
Pringle, Jas R	CHTN	223
Pringle, Mary A B	SMTR	182
Pringle, Mathe A**	CHTN	212
Pringle, Mrs E F	CHTN	226
Pringle, R M*	CHTN	208
Pringle, S M*	GRVL	416
Pringle, Sarah	CHTN	264

Name	Loc	Pg	Name	Loc	Pg	Name	Loc	Pg
Pringle, Victoria	SMTR	108	Provost, Thomas	COTN	261	Purdy, LeRoy	ABVL	50
Pringle, W B	CHTN	220	Prowman, Augustus	BUFT	25	Purdy, Wm**	ABVL	124
Pringle, William J*	SMTR	108	Prowman, Elizth	BUFT	25	Purdy, Wm	ABVL	53
Pringle, Wm Alston	CHTN	233	Prowman, Margt A**	BUFT	46	Purgison, Mr	CHTN	348
Printer, Mary*	UNON	192	Prsock, John T	UNON	217	Purkins, Mary*	CHTN	348
Prioleau, Julia M*	BUFT	12	Prsock, Roxy*	UNON	197	Purnell, John	MRBO	185
Prioleau, T C	CHTN	108	Prsock, Susan	UNON	196	Purnhagen, Anne*	CHTN	252
Prioleau, T G Jr	CHTN	161	Prue, P S	CHTN	505	Purse, Eliza	CHTN	457
Prioleau, Thos G	CHTN	334	Pruet, C P	UNON	244	Purse, Iraiah	CHTN	467
Prioleau, Thos G	CHTN	161	Pruet, Nathaniel	PKNS	5	Purse, James S	CHTN	365
Prior, Jno	CHTN	334	Pruet, Pinkney	UNON	254	Purse, Madoc*	CHTN	192
Prior, Jos	LRNS	331	Pruett, Agga	GRVL	440	Purse, Maria	CHTN	280
Prior, W R T	GETN	290	Pruett, Buy*	GRVL	508	Purse, Martha	CHTN	462
Priscock, Frances	CHTR	11	Pruett, Elijah	GRVL	383	Purse, R S	CHTN	500
Priscock, David	NWBY	222	Pruett, Elisha	GRVL	438	Purse, Sarah**	CHTN	300
Prisock, Isaac	YORK	448	Pruett, Emanuel	GRVL	440	Purse, Thomas P	RHLD	23
Prisock, Wm B*	NWBY	223	Pruett, Jacob	GRVL	383	Purse, William W	RHLD	35
Prisoct, Ruth*	CHTR	11	Pruett, Joshua	GRVL	383	Purse, Wm	CHTN	348
Pritchard, C H	DLTN	379	Pruett, Mary	GRVL	440	Pursely, John T	YORK	476
Pritchard, Catharine E*	CHTN	382	Pruett, William	GRVL	440	Pursely, Malinda	YORK	483
Pritchard, Christopher C**	CHTN	295	Pruit, Martha	ADSN	248	Pursely, Mary	YORK	483
Pritchard, Edwd	BUFT	8	Pruitt, A*	EDFD	158	Purser, Steven	UNON	264
Pritchard, Frances M	BUFT	8	Pruitt, Edward	SPBG	342	Pursley, D C	ABVL	97
Pritchard, George*	CHTN	110	Pruitt, Jno M	ABVL	152	Pursley, David M	YORK	410
Pritchard, Harriet	ADSN	283	Pruitt, John*	DLTN	439	Pursley, Franklin	YORK	434
Pritchard, Henry H	RHLD	93	Pruitt, Mrs Alley	ABVL	149	Pursley, James	ABVL	97
Pritchard, J D	ADSN	283	Pruitt, Saml E	ABVL	149	Pursley, Jas	YORK	434
Pritchard, James*	SPBG	277	Pryor, B R**	CHTN	339	Pursley, Jno C	ABVL	27
Pritchard, Joseph	CHTN	110	Pryor, E*	CHTN	311	Pursley, Joseph	YORK	441
Pritchard, Josephene	CHTN	444	Pryor, Mary	ABVL	63	Pursley, P L	YORK	436
Pritchard, Josephine*	CHFD	186	Pryor, Mrs Mary	EDFD	52	Pursley, R M	YORK	417
Pritchard, Mary	ORBG	325	Pryor, Richd	EDFD	51	Pursley, Robert	YORK	432
Pritchard, Mary*	SPBG	278	Pryor, T**	CHTN	340	Pursley, Robert A	YORK	411
Pritchard, Miss Jane	BUFT	8	Pryor, W M*	CHTN	325	Pursley, Willis A	GRVL	515
Pritchard, Rebecca*	CHTN	419	Przyborowski, J*	HORY	55	Pursley, Wm	YORK	434
Pritchard, Saml	ORBG	327	Pucker, W P	GRVL	443	Pursley, Wm B	YORK	431
Pritchard, Sarah	CHTN	350	Pucket, C*	LRNS	253	Pursley, Wm O	ABVL	96
Pritchard, Thomas*	RHLD	43	Pucket, Coleman	GRVL	392	Purvis, Haynes	RHLD	29
Pritchard, Thomas W	SMTR	165	Pucket, D	LRNS	254	Purvis, Jas	EDFD	28
Pritchard, William	SMTR	165	Pucket, E	UNON	239	Puryear, Richard**	RHLD	36
Pritchard, William L	ADSN	281	Pucket, Jemima	ADSN	291	Puser, A G	CHTN	499
Pritchard, Wm*	CHTN	312	Pucket, Martha	PKNS	48	Pusley, John S	ADSN	159
Pritchard, Wm	COTN	356	Pucket, Mary T*	UNON	274	Putman, Abner	LRNS	296
Pritchell, Elias	GRVL	378	Pucket, Miles	GRVL	392	Putman, Cathe	LRNS	296
Pritchell, Sarah	GRVL	511	Pucket, William*	UNON	230	Putman, J H	PKNS	51
Pritchet, Katharine*	CHTN	275	Pucket, Wm	LRNS	254	Putman, Jas	LRNS	354
Pritchett, George E	CHTN	383	Puckett, Allen	ABVL	38	Putman, Jas	LRNS	295
Pritty, Capt Jas	CHTN	223	Puckett, Elizb*	ABVL	56	Putman, Jno	LRNS	296
Privet, K	CHFD	118	Puckett, Henry	UNON	263	Putman, Nimrod	LRNS	329
Privett, Jacob	DLTN	412	Puckett, Jas	LRNS	247	Putman, Wm	LRNS	294
Privett, Jas	DLTN	409	Puckett, Jno	LRNS	247	Putnam, Danl	LRNS	296
Privett, Jas H	DLTN	405	Puckett, John*	UNON	258	Putnam, J R	LRNS	281
Privett, Jas H	DLTN	412	Puckett, Lucinda	UNON	254	Putnam, Mary E*	ABVL	22
Privett, M R	DLTN	401	Puckett, Miles	CLDN	213	Pyatt, Jas B	GETN	297
Privett, Mary**	CHFD	174	Puckett, Sarah	UNON	263	Pyatt, John F	GETN	297
Privett, Nancy	DLTN	420	Puckett, Sarah	GRVL	460	Pyatt, M H	CHTN	375
Privett, W H	HORY	52	Puckett, Thos R	ABVL	74	Pyatt, Martha H	GETN	297
Prize, Joe*	SMTR	178	Puckett, Thos R	ABVL	74	Pye, Henry	KRSW	139
Procter, Joseph C*	CHTN	410	Puckett, W G	GRVL	427	Pye, John	CHTN	175
Proctor, Aaron	MARN	114	Puckett, William	ABVL	39	Pye, Peter	CHTN	175
Proctor, B*	COTN	347	Puckhaber, F	CHTN	367	Pye, Peter	COTN	266
Proctor, Charles	MRBO	170	Puckharber, Henry	CHTN	434	Pye, Samuel	CHTN	153
Proctor, Daniel	EDFD	143	Pudigan, A	CHTN	522	Pye, Thomas	COTN	248
Proctor, Daniel*	EDFD	133	Pue, L	WMBG	357	Pyle, Jno	LRNS	254
Proctor, Henry*	BNWL	399	Puerifoy, Archabald**	CHTN	416	Pyler, Elisha	HORY	33
Proctor, Jesse	MRBO	171	Puerify, Archabald	CHTN	421	Pyler, G W**	LCTR	146
Proctor, Jesse	MARN	61	Pug, Emilio*	CHTN	276	Pyler, Margaret	LCTR	146
Proctor, Jno	CHTR	43	Pugent, Mrs	CHTN	345	Pyles, J H	LRNS	257
Proctor, John	RHLD	94	Pugh, Ezra J	SMTR	163	Pyles, Nat	LRNS	260
Proctor, Jonathan	EDFD	143	Pugh, Phebe	NWBY	220	Pyles, Newton	LRNS	308
Proctor, Martha	BNWL	442	Pugison, Mary*	ADSN	154	Pylor, A M	LCTR	175
Proctor, Micajah	CHTR	62	Pulaski, F W	COTN	350	Pylor, Aaron	LCTR	180
Proctor, S G	COTN	351	Pulaski, George W	BUFT	84	Pylor, C A	LCTR	180
Proctor, Saml	MARN	47	Pulaski, Jacob	BUFT	31	Pylor, Daniel	LCTR	180
Proctor, Saml A	RHLD	70	Pulaski, Narcissa*	BNWL	349	Pylor, Doctor	LCTR	146
Proctor, Sarah*	EDFD	44	Pulaski, Thomas	BNWL	349	Pylor, Elisha	LCTR	174
Proctor, Thomas	CHTR	58	Pulaski, Thos	BUFT	84	Pylor, Leah	LCTR	185
Proctor, Thos A	MARN	25	Pulig, P	FAFD	215	Pylor, M L	LCTR	175
Proctor, William	EDFD	167	Pulig, Thomas	FAFD	219	Pylor, Martin	LCTR	175
Proctor, Wm	CHTR	52	Pullam, Rachel	LRNS	259	Pylor, N B	LCTR	175
Proctor, Wm	BUFT	20	Pullen, Bird	PKNS	82	Pylor, Ransom	LCTR	181
Proffit, J R	ABVL	73	Pullen, George*	PKNS	56	Pylor, W P	LCTR	184
Prong, Lucy*	CHTN	373	Pullen, William	ADSN	270	Pjutman, J P	LRNS	301
Propes, Mike*	LRNS	347	Pulley, Chas	LRNS	247	Quackenbues, T L	CHTN	248
Propst, J H	FAFD	201	Pulley, W H	LRNS	245	Quackenbush, Miss	CHTN	319
Prosser, Jas	MARN	59	Pulley, Wm B*	LRNS	245	Quaife, C F*	ABVL	25
Prosser, Job	MARN	63	Pulliam, Benjh S	ABVL	79	Quails, Andrew	ADSN	306
Prosser, John	MARN	124	Pulliam, Jno	ABVL	77	Quails, John*	ADSN	284
Prosser, Joseph	MARN	59	Pulliam, Larkin	ABVL	80	Quails, Mary	ADSN	305
Prosser, Nathan	MARN	59	Pulliam, Z C*	PKNS	49	Quails, Mary*	ADSN	290
Prosser, Thomas	MARN	125	Pullig, Philip W*	NWBY	277	Quails, Reuben	ADSN	306
Prosser, Timothy	WMBG	349	Pullig, Saml*	NWBY	283	Quale, James*	CHTN	186
Prosser, Wm	MARN	60	Pullum, R C*	GRVL	405	Qualls, David	PKNS	62
Prothro, Evan	BNWL	419	Pulse, S D	CLDN	196	Qualls, Hubbard	PKNS	62
Prothro, W E	BNWL	420	Punch, N S	SMTR	174	Qualls, Jackson	PKNS	62
Prout, Laurens*	CHTN	441	Pundt, Anna	PKNS	37	Quarles, David Jr	EDFD	66
Prout, Michl*	CHTN	523	Pundt, Augustus	CHTN	395	Quarles, David Sr	EDFD	66
Prout, Miss	CHTN	320	Pundt, John M	CHTN	290	Quarles, Geo	EDFD	73
Provence, David	FAFD	274	Puniard, Antony*	CHTN	376	Quarles, Julia**	EDFD	72
Provo, Archibal	BNWL	355	Purcel, Dennis	CHTN	248	Quarles, Mrs A	EDFD	76
Provo, Martha**	BNWL	355	Purcell, Joe	FAFD	205	Quarles, Nancy**	EDFD	82
Provo, Mary	BNWL	354	Purcell, John	FAFD	208	Quarles, Robert	EDFD	130
Provost, Archibald	COTN	304	Purcell, Mary	CHTN	408	Quarles, T P*	ABVL	46
Provost, Irvin*	COTN	304	Purcell, William*	CHTN	431	Quarles, Wm	EDFD	90
Provost, J	COTN	304	Purcill, Joseph	CHTN	218	Quarles, Wm Y	ABVL	46
Provost, Susan*	CHFD	128	Purdy, Hary	ABVL	98	Quarley, Ellen*	CHTN	208

Name	Loc	Pg	Name	Loc	Pg	Name	Loc	Pg
Quarls, Nancy	PKNS	47	Quinby, Martha M**	CHTN	366	Raborn, J W	EDFD	142
Quary, Jno**	CHTN	313	Quincy, Wm*	CHTN	355	Raborn, W M	EDFD	153
Quash, Francis	CHTN	419	Quinlan, Mary	CHTN	247	Rabun, A	KRSW	104
Quash, Martha	CHTN	344	Quinlan, Miss*	CHTN	320	Rabun, Jno	ABVL	52
Quash, Mary J**	CHTN	502	Quinless, Michael**	CHTN	395	Rabun, Ranson	CHTN	147
Quash, Mrs R	CHTN	333	Quinley, D*	CHTN	247	Rabun, Thomas	RHLD	47
Quattlebaum, Wm	CHTR	72	Quinlin, Miles*	CHTN	247	Race, A	CHFD	185
Quattlebaum, Danl	LXTN	460	Quinlish, Catharine	CHTN	447	Rachels, Wm	MRBO	189
Quattlebaum, Eml	LXTN	466	Quinlish, Thomas*	CHTN	427	Rackestraw, John	SPBG	215
Quattlebaum, H*	ABVL	44	Quinlish, William*	CHTN	427	Rackley, Benson	PKNS	148
Quattlebaum, John	LXTN	462	Quinn, A R	SPBG	325	Rackley, John	PKNS	148
Quattlebaum, John D**	RHLD	51	Quinn, Adolphus	SPBG	210	Rackley, Lewis	PKNS	77
Quattlebaum, John H	LXTN	438	Quinn, Betsey	SPBG	220	Rackley, Redin	PKNS	146
Quattlebaum, Margaret	NWBY	289	Quinn, Bridget*	CHTN	434	Rackley, Thomas	PKNS	109
Quattlebaum, Paul	LXTN	466	Quinn, Daniel*	CHTN	410	Rackley, Watter	PKNS	109
Quattlebaum, S	NWBY	215	Quinn, Daniel**	CHTN	255	Rackley, William	PKNS	109
Quattlebaum, Thomas	LXTN	438	Quinn, David	SPBG	217	Radcliff, George	BNWL	358
Quattlebaum, W	LXTN	437	Quinn, David	YORK	481	Radcliff, Vincent	ABVL	125
Quattlebaum, Z A	LXTN	465	Quinn, Dennis L	ORBG	408	Radcliffe, Archabald*	CHTN	420
Quattlebum, J	ORBG	311	Quinn, Edward	SPBG	429	Radcliffe, George L	CHTN	441
Quattlebum, J	EDFD	121	Quinn, Elivra	SPBG	229	Radcliffe, James	COTN	329
Quattlebum, J P	EDFD	71	Quinn, F J E	YORK	471	Radcliffe, Maria**	CHTN	372
Quattlebum, James*	ORBG	358	Quinn, G W	YORK	481	Radcliffe, Shepherd	COTN	331
Quattlebum, James H	ABVL	97	Quinn, James E	YORK	471	Radcliffe, Thos W	RHLD	5
Quattlebum, W	EDFD	78	Quinn, James W	SPBG	305	Radd, James	COTN	344
Quattlebum, William*	BNWL	418	Quinn, Jas E	YORK	420	Raddey, David	YORK	457
Queen, David**	SPBG	254	Quinn, Jas W	SPBG	197	Raddey, Mary J	YORK	458
Queen, Franklin*	PKNS	6	Quinn, John	SPBG	216	Radel, John	EDFD	82
Queen, John M*	MRBO	159	Quinn, John	YORK	434	Rader, Jonas	CHTR	64
Queen, Merrit	YORK	491	Quinn, John	BNWL	462	Radford, Jas	EDFD	42
Queen, Moses	SPBG	283	Quinn, John**	CHTN	255	Radford, Matilda	EDFD	25
Queen, Richard	YORK	487	Quinn, Josephus	SPBG	227	Radford, Sim	EDFD	25
Queen, Timothy	PKNS	51	Quinn, Lucinda	SPBG	227	Radford, Wm	EDFD	43
Querry, Emma**	CHTN	281	Quinn, Manuel	SPBG	328	Radford, Wm Thos	BUFT	36
Quick, A J	EDFD	116	Quinn, Martin	SPBG	261	Radinger, Peter	CHTN	202
Quick, Aaron	MRBO	159	Quinn, Mary*	ORBG	409	Radish, Andrew J*	COTN	265
Quick, Abel	MRBO	207	Quinn, Mary	CHTN	420	Radish, David	COTN	261
Quick, Anderson	MRBO	210	Quinn, Masonria	SPBG	222	Radish, Isham	COTN	261
Quick, Angus	MRBO	186	Quinn, Michael**	CHTN	255	Radish, Peter*	COTN	265
Quick, Ann	MRBO	204	Quinn, Michael	CHTN	192	Radress, John*	CHTN	202
Quick, Annie	MRBO	179	Quinn, Michael	CHTN	196	Rady, Jas*	CHTN	316
Quick, Atlas	MRBO	179	Quinn, Miss*	CHTN	320	Rae, A L M	MRBO	179
Quick, Barnabas	MRBO	205	Quinn, Patrick	BNWL	339	Rae, Thos	MRBO	144
Quick, Benjamin	MRBO	204	Quinn, Patrick	CHTN	390	Raegan, William**	SPBG	262
Quick, Benjamin*	MRBO	203	Quinn, Patrick*	CHTN	410	Raferty, Michael*	CHTN	278
Quick, Catharine	MRBO	192	Quinn, Polly	SPBG	308	Raffield, Henry A	SMTR	102
Quick, Charlotte	MRBO	151	Quinn, Ricd	FAFD	262	Raffield, John T G	SMTR	116
Quick, Diana	DLTN	406	Quinn, Robert C	SPBG	222	Raffield, T N	CLDN	216
Quick, Duncan*	MRBO	150	Quinn, Robt	YORK	471	Raffield, W W	CLDN	198
Quick, E A**	EDFD	115	Quinn, Solomon	YORK	471	Raflee, Jno	CHTN	237
Quick, Elizabeth*	MRBO	192	Quinn, Walter	YORK	419	Raford, Elizabeth	SMTR	112
Quick, Evander	MRBO	207	Quinn, Warren	YORK	506	Raford, Matthew	LXTN	450
Quick, Franky	MRBO	204	Quinn, William	SPBG	229	Ragan, Conrad	CHTN	246
Quick, Giles	MRBO	178	Quinn, William*	SPBG	221	Ragan, Thomas	WMBG	299
Quick, Henry*	MRBO	146	Quinn, William	SPBG	213	Ragan, Thomas*	WMBG	299
Quick, I J	MRBO	159	Quinn, William	SPBG	261	Ragan, W W	WMBG	303
Quick, James	MRBO	178	Quinn, William**	SPBG	222	Raggie, Henry	CHTN	511
Quick, James	MRBO	181	Quinn, Wm H	YORK	470	Ragin, C C	CLDN	206
Quick, Jas S	MRBO	183	Quintillan, Caledonia*	HORY	66	Ragin, D L	CLDN	202
Quick, Jesse**	DLTN	401	Quinton, Andrew	GRVL	325	Ragin, Eliza*	CLDN	207
Quick, John	MRBO	198	Quinton, D C	KRSW	74	Ragin, Jno J	CLDN	202
Quick, Julia	MRBO	189	Quinton, Elizabeth	CHTR	13	Ragin, Maria	CLDN	202
Quick, Leggett	MRBO	197	Quinton, Ellison	CHTR	13	Ragin, Robt J	CLDN	205
Quick, Lydia	MRBO	204	Quinton, John	CHTR	14	Ragin, Z J	CLDN	202
Quick, Malachi	MRBO	204	Quinton, Mary	YORK	508	Ragsdale, C H*	CHTN	370
Quick, Margaret*	MRBO	179	Quinton, Rebecca*	GRVL	325	Ragsdale, E C	LRNS	263
Quick, Martin D	MRBO	204	Quinton, W A	YORK	384	Ragsdale, Elisha	FAFD	255
Quick, Miss*	CHTN	320	Quinton, Wm A	CHTR	14	Ragsdale, Jno	CHTR	57
Quick, Moses	MRBO	176	Quntin, Mrs	CHTN	307	Ragsdale, Lavisa	CHTR	44
Quick, Murdock	MRBO	169	Rabb, C W	FAFD	257	Ragsdale, Matilda*	RHLD	55
Quick, Murdock	MRBO	210	Rabb, Charles	FAFD	255	Ragsdell, Danl	ADSN	193
Quick, Nelson	MRBO	200	Rabb, E A	FAFD	255	Ragsdell, Francis	ADSN	194
Quick, Nelson	MRBO	150	Rabb, J G	FAFD	224	Ragsdell, John	ADSN	194
Quick, Noah	LCTR	182	Rabb, J H	FAFD	259	Ragsdell, Samuel*	ADSN	191
Quick, Norman	MRBO	178	Rabb, Jesse	RHLD	7	Ragsdell, Wm	ADSN	189
Quick, Pethiar	MRBO	164	Rabb, Joel F	FAFD	259	Rahall, James	CHTN	388
Quick, Philip	MRBO	151	Rabb, R A	FAFD	257	Rahall, Patrick	CHTN	107
Quick, Rebecca**	MRBO	152	Rabb, T W	FAFD	257	Railey, James	CHTR	18
Quick, Robert	MRBO	210	Rabb, T W	FAFD	255	Railey, Margaret*	CHTR	16
Quick, Sarah	MRBO	159	Rabb, William	RHLD	1	Railey, Meredith	CHTR	19
Quick, Solomon	MRBO	206	Rabb, Wm S	FAFD	204	Raily, Benjamin**	LCTR	191
Quick, Stella*	MRBO	164	Rabe, Ann*	CHTN	369	Raily, Wm	LCTR	191
Quick, Stephen	MRBO	164	Rabon, A	HORY	34	Raimey, Charles	PKNS	66
Quick, Thomas	MRBO	194	Rabon, A Jr	HORY	30	Raimey, David*	PKSN	47
Quick, Thos P	MRBO	211	Rabon, A Sr	HORY	34	Rain, Miss J	CHTN	313
Quick, Travis	MRBO	165	Rabon, D	HORY	26	Rain, W T	GRVL	420
Quick, Tristrane	MRBO	164	Rabon, D	HORY	33	Rainbow, D*	GETN	293
Quick, Virgil	MRBO	159	Rabon, Daniel	HORY	41	Raines, Edwin	DLTN	427
Quick, Wesley	MRBO	159	Rabon, Frances*	HORY	27	Raines, Est Wm	FAFD	237
Quick, Wyatt	MRBO	204	Rabon, G M	HORY	34	Raines, James	FAFD	228
Quigley, Jno*	CHTN	325	Rabon, Gabriel	HORY	34	Raines, James C*	FAFD	245
Quigley, John*	FAFD	267	Rabon, George	HORY	34	Raines, Jane	CHTR	50
Quigley, Margret**	LCTR	218	Rabon, George	HORY	34	Raines, Jas G	DLTN	425
Quigley, May	RHLD	58	Rabon, George	HORY	18	Raines, John	FAFD	242
Quigley, Wm H	CHTN	349	Rabon, Hannah**	EDFD	190	Raines, Mary	FAFD	246
Quill, Edward	HORY	56	Rabon, Isaiah	HORY	27	Raines, Mary	RHLD	3
Quilt, Christr*	CHTN	194	Rabon, Jeremiah	HORY	27	Raines, Mary A*	DLTN	410
Quilty, D	CHFD	186	Rabon, Jeremiah	HORY	41	Raines, Miss Margt*	CHTR	72
Quimby, Edward**	CHTN	466	Rabon, John	HORY	34	Raines, Sallie*	FAFD	245
Quin, Charles*	CHTN	284	Rabon, Lucy	MRBO	211	Raines, Samuel	FAFD	242
Quin, James	CHTN	293	Rabon, Mary*	HORY	19	Raines, Sylvannus	CHTR	39
Quin, Mrs Mary*	CHTN	491	Rabon, Mary*	MRBO	181	Raines, Wm	FAFD	240
Quinby, Amanda*	BUFT	9	Rabon, Nancy	FAFD	238	Raines, Wm	DLTN	422
Quinby, Benjamin**	GETN	294	Rabon, Samuel	HORY	34	Rainey, Eward	GETN	291
Quinby, Jas*	CHTN	340	Rabon, Wm	HORY	34	Rainey, Hariet*	YORK	379
Quinby, L	EDFD	37	Raborn, H B	EDFD	58	Rainey, Isaac W	PKNS	66

188

Name	Loc	Pg
Rainey, Jno	CHFD	152
Rainey, Jones	CHTR	82
Rainey, Martin	GRVL	470
Rainey, Robt	YORK	445
Rainey, Saml Jr*	YORK	366
Rainey, Samuel	YORK	379
Rainey, Wm	YORK	445
Rainie, Malisca	ADSN	238
Rainie, William	ADSN	238
Rains, Ellen**	LXTN	451
Rains, H H	DLTN	408
Rains, Henry	GRVL	332
Rains, J J*	HORY	40
Rains, Jerremiah	ADSN	311
Rains, Jesse	UNON	244
Rains, John	GRVL	332
Rains, Nancy*	CHTR	24
Rains, Nancy*	PKNS	135
Rains, Peter	GRVL	340
Rains, Pinckney	GRVL	461
Rains, Sarah*	UNON	264
Rains, Stephen	GRVL	336
Rains, W J	UNON	194
Rainsford, John	EDFD	99
Rainwater, Hiram	SPBG	238
Rainwaters, D T	ADSN	288
Rainwaters, Eliza	MRBO	200
Rainwaters, James	MRBO	203
Rainwaters, Joshua	MRBO	204
Rainwaters, Simon P**	MRBO	208
Rainwaters, Wm*	MRBO	146
Rainy, Hiram	SPBG	412
Rainy, Joseph**	CHTN	278
Rais, Hanoria	ORBG	348
Raizor, Mary	BNWL	368
Rakestraw, Isaac	CHFD	182
Raleferry, C M S*	CHTN	232
Raleigh, Richard*	CHTN	110
Raley, James	CHTN	402
Ralinsky, William	CHTN	469
Rall, Jeremy	EDFD	174
Rall, Mrs Barbara*	LXTN	427
Rall, Thos	LXTN	434
Ralls, Johniphine**	COTN	311
Ralph, Jas*	CHTN	204
Ralph, John	SPBG	401
Ralph, Mary	CHTR	50
Ralston, C*	GETN	289
Ramage, B J	NWBY	301
Ramage, D W*	NWBY	304
Ramage, Edward*	NWBY	231
Ramage, J C	EDFD	169
Ramage, J F	LRNS	316
Ramage, J W	EDFD	170
Ramage, Jas*	LRNS	320
Ramage, Jas	LRNS	354
Ramage, Jos*	LRNS	308
Ramage, Nancy	LRNS	320
Ramage, R W	NWBY	238
Rambo, A J	EDFD	84
Rambo, Benaja	EDFD	41
Rambo, C J*	EDFD	135
Rambo, Emily*	EDFD	125
Rambo, John	EDFD	1
Rambo, Jos	EDFD	87
Rambo, K W	EDFD	53
Rambo, Robt	EDFD	125
Rambo, Sophronia	EDFD	125
Rambo, Warren	EDFD	125
Ramey, Caroline	PKNS	67
Ramey, Johnson	ABVL	25
Ramey, Jordan A	ABVL	59
Ramey, Martin	PKNS	64
Ramey, Mary E*	YORK	378
Ramey, Nat Jr	EDFD	108
Ramey, Thomas	PKNS	46
Ramick, Sarah	LXTN	454
Ramley, James	CHTN	290
Ramley, Martha	COTN	308
Rampley, William	ADSN	289
Rampson, Frederick	NWBY	253
Ramsay, A W	ADSN	172
Ramsay, Andrew	EDFD	57
Ramsay, Crocket	YORK	490
Ramsay, Danl	ABVL	73
Ramsay, David	CHTN	232
Ramsay, David	YORK	490
Ramsay, Henry	COTN	263
Ramsay, James Sr	COTN	263
Ramsay, James*	RHLD	41
Ramsay, James	ABVL	81
Ramsay, Jno	YORK	490
Ramsay, John	COTN	303
Ramsay, John	MARN	94
Ramsay, Josiah T	SMTR	155
Ramsay, Louis	UNON	295
Ramsay, Mary	RHLD	77
Ramsay, Miss M G*	CHTN	243
Ramsay, Mrs C F	CHTN	220
Ramsay, Nancy	RHLD	78
Ramsay, Nat*	RHLD	46
Ramsay, Pickens*	CHTR	75
Ramsay, Rose	CHTN	379
Ramsay, Saml	ABVL	134
Ramsay, Sush	ABVL	10
Ramsay, Thos	YORK	490
Ramsay, William*	ABVL	44
Ramsay, William	ABVL	134
Ramsay, William	ABVL	93
Ramsay, William*	ABVL	89
Ramsden, John	CHTN	206
Ramsey, A*	SPBG	259
Ramsey, Alexander E	PKNS	167
Ramsey, Arch	GRVL	432
Ramsey, David	SPBG	278
Ramsey, David	SPBG	266
Ramsey, E A	SMTR	169
Ramsey, Elias	GRVL	478
Ramsey, Isaac	BNWL	423
Ramsey, John	LCTR	146
Ramsey, John A	NWBY	251
Ramsey, Lucy*	CHTN	436
Ramsey, M G	SMTR	169
Ramsey, Margaret*	GRVL	366
Ramsey, Mary M	ADSN	209
Ramsey, Peter	EDFD	93
Ramsey, Rhoda	EDFD	75
Ramsey, Samuel	GRVL	362
Ramsey, Wm F*	ABVL	106
Ramsey, Wm	SPBG	278
Ramson, M A	EDFD	115
Ramson, Pinkney**	SPBG	245
Ramspeck, Charlotte	CHTN	278
Ramssley, A B*	SPBG	355
Ramssley, Elisshus	SPBG	356
Ramsy, D G	ADSN	245
Ramsy, John	PKNS	178
Ramy, Jasper	GRVL	471
Ramy, Nat Sr	EDFD	112
Ranahan, Ellen	CHTN	111
Ranahan, John*	CHTN	110
Randal, C W	EDFD	14
Randal, D J	CHTN	480
Randal, Eldred	EDFD	13
Randal, Francis	EDFD	14
Randal, Harry*	BNWL	416
Randal, Holoman	EDFD	16
Randal, Jas M*	SPBG	199
Randal, Joe	RHLD	59
Randal, Seborn	EDFD	13
Randal, Thos	EDFD	84
Randall, Alfred*	EDFD	7
Randall, Burr*	CHTR	70
Randall, Capt Thomas	HORY	66
Randall, Carver	ADSN	252
Randall, E F	EDFD	65
Randall, Emanuel	EDFD	11
Randall, Frances*	EDFD	46
Randall, G W	EDFD	154
Randall, G W	GETN	289
Randall, Geo	BNWL	464
Randall, H H	EDFD	36
Randall, Hannah	CHTN	305
Randall, Isaac	EDFD	98
Randall, Jas	DLTN	458
Randall, John R	EDFD	5
Randall, Luther	YORK	477
Randall, M	EDFD	114
Randall, Pleasant	BNWL	416
Randall, Thos	DLTN	457
Randall, Washington*	SMTR	139
Randall, Wm	EDFD	26
Randall, Wm	SMTR	119
Randel, Harreit	GRVL	489
Randel, Mary*	CHTN	473
Randell, A A*	BNWL	458
Randell, S B	BNWL	457
Randell, Salles	BNWL	459
Randell, Sarah	NWBY	292
Randell, Thornton	BNWL	461
Randelph, Jacob*	EDFD	46
Randol, D	EDFD	85
Randolf, Elizabeth*	COTN	345
Randoll, Manon*	BNWL	391
Randolph, John*	CHTN	295
Randolph, Saml*	PKNS	38
Randolph, Thos*	PKNS	40
Randolph, William J	RHLD	27
Raney, Isaac*	NWBY	241
Raney, Jno*	EDFD	64
Raney, Peter	GRVL	469
Ranker, G F	CHTN	258
Rankin, A J	NWBY	224
Rankin, David	NWBY	225
Rankin, E J	LXTN	464
Rankin, Edward	PKNS	26
Rankin, G F*	CHTN	264
Rankin, G W	ADSN	327
Rankin, George*	RHLD	58
Rankin, Mary	ADSN	327
Rankin, Thomas	ADSN	328
Rankin, Thos J	EDFD	15
Rankin, Wm	NWBY	224
Rankin, Wm	PKNS	15
Rankin, Wm Jr	LXTN	466
Rankin, Wm Sr	LXTN	466
Rankins, Geo**	NWBY	221
Rankins, John	PKNS	25
Ransay, G T	BNWL	439
Ransdale, Luther	ORBG	408
Ransey, W T	BNWL	440
Ransford, F B*	CLDN	215
Ransford, Francis P**	SMTR	181
Ransford, Henry	CHTN	373
Ransford, Jas	EDFD	57
Ransom, Demsey	MRBO	194
Ransom, John	MARN	84
Ransom, T L	PKNS	56
Ranson, Catharine	ADSN	222
Ranson, John*	PKNS	101
Ranson, R H	ADSN	216
Rantice, F C*	NWBY	296
Rantin, Alex	CLDN	210
Rantin, Joseph M	CHTN	486
Rantin, Richard	CHTN	366
Ranton, Charles*	CHTN	167
Rany, William	GRVL	471
Raoul, A**	CHTN	348
Raraday, Thomas**	CHTN	287
Rargor, Peter*	ORBG	390
Rasberry, Bryant	HORY	30
Rasco, Elizabeth**	CHFD	99
Rasco, Harris	MRBO	191
Rasco, James	MRBO	197
Rasco, Oliver	CHFD	99
Rasco, Purenton	MRBO	197
Rasco, Washington*	MRBO	199
Rasco, William	MRBO	197
Rascoe, Wash**	MRBO	191
Rascow, William	CHFD	114
Rash, Frederick	CHTN	126
Rash, Jacob	CHTN	127
Rash, James T	CHTN	134
Rash, Richd**	CHTN	193
Rasher, T W	CHTN	142
Rashler, F	CHTN	323
Rasky, J*	COTN	253
Rasor, Celesha*	ABVL	140
Rasor, Ezekil	ABVL	140
Rast, Conrad	ORBG	316
Rast, D W	DLTN	393
Rast, E**	ORBG	335
Rast, F M	ORBG	325
Rast, Fredk	LXTN	456
Rast, George D	ORBG	308
Rast, Henry	ORBG	332
Rast, J T	ORBG	313
Rast, Jesse	ORBG	333
Rast, John	CHTN	134
Rast, Joshua	ORBG	332
Rast, L W	LXTN	456
Rast, Lewis	ORBG	311
Rast, Morgan	ORBG	307
Rast, Samuel	COTN	367
Rast, William**	ORBG	333
Rasted, Jno	CHTN	214
Ratchford, Albertus**	YORK	375
Ratchford, G A	YORK	366
Ratchford, James**	YORK	409
Ratchford, Mary**	YORK	366
Ratchford, Robt	YORK	375
Ratcliff, A G	CHFD	129
Ratcliff, J B	KRSW	83
Ratcliff, W H	KRSW	83
Rateree, Alexander	CHTR	41
Rateree, Henry	CHTR	36
Rateree, Henry	CHTR	85
Rateree, James	CHTR	41
Rateree, Jno	CHTR	41
Rateree, Joseph	CHTR	46
Rateree, Leonard L	CHTR	36
Rateree, Robert	CHTR	54
Rateree, Thomas	CHTR	37
Ratherford, D W*	RHLD	21
Rathrock, John	ABVL	86
Ratliff, Saml	CHTN	119
Ratree, Wm	YORK	427
Ratteree, Thos	CHTR	89
Ratteree, Jas	YORK	453
Ratteree, John	YORK	453
Ratteree, Mary	YORK	460
Ratteree, Thos	YORK	459
Rauch, Ann	LXTN	385
Rauch, M	EDFD	170
Rauch, Smith	LXTN	385
Rauch, Uriah	LXTN	429
Ravan, B B	GRVL	393
Ravan, Benjamin	GRVL	393
Ravan, Edward	SPBG	262
Ravenal, Edward*	ABVL	2
Ravenal, William*	ABVL	2
Ravenel, D Jr	CHTN	227
Ravenel, Danl	CHTN	208
Ravenel, Edmond	CHTN	184
Ravenel, Eliza P	CHTN	212
Ravenel, H E	PKNS	3
Ravenel, H W	EDFD	36
Ravenel, Henry	CHTN	154
Ravenel, Henry*	CHTN	177
Ravenel, John	CHTN	212
Ravenel, Julia	CHTN	209
Ravenel, Mrs E C	CHTN	227
Ravenel, Philip	CHTN	421
Ravenel, Rene	CHTN	157
Ravenel, Samuel*	CHTN	177
Ravenel, Thos P	CHTN	157
Ravenel, W F	CHTN	161
Ravenel, Wm	CHTN	208

Name	Loc	Pg	Name	Loc	Pg	Name	Loc	Pg
Ravenel, Wm C	CHTN	215	Ray, William	PKNS	176	Reash, Geo	BNWL	416
Rawden, William*	RHLD	45	Ray, Wilson	GRVL	362	Reason, M E**	EDFD	11
Rawl, Benj	LXTN	390	Ray, Wilson	SPBG	378	Reasons, F R	CHTN	162
Rawl, Christian	LXTN	370	Ray, Wm	NWBY	263	Reaves, Benjn	BNWL	505
Rawl, David	LXTN	431	Ray, Wm H	SPBG	307	Reaves, Burrell	SPBG	325
Rawl, John	LXTN	391	Ray, Young	GRVL	485	Reaves, Charles	MARN	77
Rawl, Saml	LXTN	391	Ray,, Hugh M	BNWL	339	Reaves, G	UNON	259
Rawl, Sanders	LXTN	375	Rayfield, J R*	CHFD	145	Reaves, Geo W	MARN	77
Rawlinson, Abraham G	RHLD	91	Rayfield, John	CHFD	131	Reaves, Isham	SPBG	337
Rawlinson, B T	YORK	393	Rayfield, Peter	CHFD	131	Reaves, J D	BNWL	505
Rawlinson, Hezekiah	RHLD	94	Rayfield, Susan*	EDFD	182	Reaves, J Q	HORY	454
Rawlinson, Joel	YORK	383	Rayford, David	LRNS	322	Reaves, J S B	HORY	19
Rawlinson, John M	YORK	383	Rayford, Martha*	CHFD	131	Reaves, Jas H	DLTN	410
Rawlinton, Aron	CHTN	178	Raymond, Henry H	CHTN	213	Reaves, Jerry	PKNS	10
Rawlinton, James	CHTN	178	Raymond, J A	BUFT	39	Reaves, John C	ORBG	407
Rawls, Ansell*	LXTN	443	Raymond, O G	BUFT	39	Reaves, John J	HORY	68
Rawls, B	UNON	272	Raymond, W**	CHTN	520	Reaves, Malita*	UNON	259
Rawls, B H**	LXTN	381	Raynolds, Franklin	GRVL	380	Reaves, Mark	HORY	2
Rawls, Benjamin	RHLD	31	Raynolds, Ivy	LXTN	419	Reaves, Martha	BNWL	459
Rawls, Caroline*	LXTN	444	Raynolds, John	GRVL	402	Reaves, Robert H	MARN	37
Rawls, E	LXTN	443	Rayor, J C	COTN	294	Reaves, Sarah	HORY	19
Rawls, Georgianna W	RHLD	34	Rayor, J M	COTN	294	Reaves, Thomas	UNON	248
Rawls, Georgianna*	LXTN	444	Rayson, A C**	COTN	353	Reaves, W S	HORY	1
Rawls, Jas M	GETN	318	Rayson, E S	COTN	333	Reaves, William	GRVL	336
Rawls, John	CHTR	41	Rayson, J C*	COTN	335	Reaves, Z*	UNON	229
Rawls, John	FAFD	254	Rayson, Thomas	ORBG	390	Rebb, Margaret P**	CHTN	435
Rawls, John J	RHLD	26	Raysor, Henry C	BUFT	42	Rebb, Stock A*	CHTN	489
Rawls, K E*	LXTN	443	Raysor, T E*	CHTN	370	Rebmann, J	CHTN	368
Rawls, Martha	LXTN	442	Razor, Jas C	LRNS	252	Reckie, Mrs**	CHTN	315
Rawls, Peggy	LXTN	400	Rchey, John S P	PKNS	168	Recku, Mrs **	CHTN	315
Rawls, Saml E*	RHLD	91	Rea, Mary*	GRVL	380	Rector, Lewis B*	GRVL	339
Rawls, Susana	YORK	466	Reace, B	UNON	296	Rector, N G	GRVL	447
Rawls, T W	FAFD	225	Read, B H	CHTN	163	Rector, Nathaniel	GRVL	508
Rawls, Theodore	LXTN	462	Read, Bartly	BNWL	411	Red, Adolphos**	EDFD	16
Rawls, Thos	EDFD	43	Read, David	LRNS	233	Red, Alfred	EDFD	77
Raworth, Edward F	RHLD	15	Read, Elizabeth	LRNS	233	Red, Angling	BNWL	434
Raworth, G F**	BNWL	461	Read, G B	BNWL	414	Red, Hansford	BNWL	391
Raworth, H G	BNWL	461	Read, G W	WMBG	364	Red, Jefferson	BNWL	443
Rax, Jensey	SMTR	156	Read, J Harleston	GETN	316	Red, John H	BNWL	391
Ray, Alaxander	UNON	194	Read, J W	BNWL	374	Red, Lucinda*	EDFD	19
Ray, Albrems	SPBG	373	Read, James H	BNWL	474	Red, Maranda	BNWL	428
Ray, Alex	SPBG	245	Read, James*	UNON	277	Red, Reuben	BNWL	427
Ray, Alexander*	CHTN	270	Read, John	BNWL	414	Red, Scarlet	SPBG	355
Ray, Alexna*	CHTN	507	Read, Jonathan	LRNS	233	Red, Thos	SPBG	366
Ray, Amos	SPBG	378	Read, Julia L	BNWL	374	Redd, Ansel	LXTN	412
Ray, Andrew	SPBG	278	Read, Rebecca*	UNON	229	Redd, Bentley	EDFD	36
Ray, Archie*	MARN	36	Read, Samuel	BNWL	375	Redd, Jane	NWBY	285
Ray, Bengman	BNWL	386	Read, Samuel J	BNWL	374	Reddack, M H*	DLTN	374
Ray, Benjamin J	BNWL	385	Read, Vicy	BNWL	422	Reddan, B	CHTN	356
Ray, Catherine*	KRSW	122	Read, W J	COTN	292	Reddet, Sarah E*	CHTN	490
Ray, Catherine*	CHTN	256	Read, W J	BNWL	422	Reddick, Amelia*	DLTN	447
Ray, Charles	BNWL	374	Read, Washington	BNWL	423	Reddick, Dorsey*	DLTN	432
Ray, Charles B	BNWL	386	Reader, J D	DLTN	435	Reddick, Elias	SMTR	173
Ray, Charles B	BNWL	382	Reading, John*	CHTN	248	Reddick, Geo	DLTN	473
Ray, Christiana	HORY	36	Reading, R R*	CHTN	264	Reddick, Harriett*	DLTN	392
Ray, Danl	DLTN	433	Reading, Wm	CHTN	249	Reddick, Hymbric	DLTN	471
Ray, Danl	MARN	115	Readmon, Albert*	HORY	40	Reddick, J	DLTN	400
Ray, Debby S	SPBG	281	Readn, Oswell	CHTN	515	Reddick, Jno	DLTN	398
Ray, Duncan	KRSW	122	Ready, Eliza	BNWL	499	Reddick, Timothy	MARN	30
Ray, Duncan W	RHLD	92	Ready, Geo	BNWL	434	Reddick, Washn	DLTN	473
Ray, E J	GETN	319	Ready, J C	EDFD	154	Reddick, William	SMTR	173
Ray, Edward	CHTN	478	Ready, J D	BNWL	406	Reddick, Wm T**	DLTN	432
Ray, Edwin S**	SPBG	305	Ready, James	BNWL	499	Reddin, H	LRNS	249
Ray, Elias	BNWL	367	Ready, John	BNWL	440	Reddin, Jas	LRNS	248
Ray, Elijah*	UNON	272	Ready, John P	BNWL	498	Reddin, Matilda	PKNS	21
Ray, Elizabeth	YORK	431	Ready, Man*	BNWL	421	Reddin, Sanders	GRVL	438
Ray, Fred	SPBG	419	Ready, Michael	BNWL	443	Redding, Jams*	CHTN	498
Ray, George	BNWL	366	Ready, Miss*	CHTN	319	Redding, Morris	ABVL	71
Ray, Henry	PKNS	109	Ready, Susan*	BNWL	499	Reddish, Anna S*	BUFT	57
Ray, Hethey**	GRVL	441	Ready, William S*	BNWL	498	Reddy, Amos	EDFD	50
Ray, Hugh	SPBG	273	Ready, Wm J	EDFD	113	Reddy, Bazil	EDFD	49
Ray, Hugh C	BNWL	374	Reagan, Alberry J*	SPBG	263	Reddy, R W	DLTN	446
Ray, Ira*	GRVL	459	Reagan, Allen	ABVL	38	Reddy, Rebecca*	CHFD	180
Ray, J Christopher	HORY	36	Reagan, Calvin	SPBG	426	Redfern, Elizabeth**	GRVL	516
Ray, J J	BNWL	373	Reagan, Ed O	ABVL	35	Redfern, Elizabeth**	CHTN	438
Ray, James	GRVL	463	Reagan, Henry	ABVL	47	Redfern, Geo W	CHFD	126
Ray, James	ORBG	404	Reagan, Joseph	SPBG	413	Redford, Sarah	SMTR	182
Ray, James	ABVL	79	Reagan, Nancy	ABVL	46	Redgdan, Jacob*	BNWL	352
Ray, James U	BNWL	366	Reagan, Nancy	ABVL	41	Redhamer, Joshua	CHTN	470
Ray, Jas*	KRSW	122	Reagan, S L*	SPBG	307	Redin, H R	LRNS	230
Ray, Jas	SPBG	420	Reagan, Sarah	GRVL	505	Redin, Sarah	GRVL	440
Ray, Jas M	SPBG	419	Reagan, Sarah R*	ABVL	45	Redish, Rylie	LCTR	192
Ray, John	MARN	36	Reagan, Wm	SPBG	268	Redish, W H	ORBG	346
Ray, Joseph	GRVL	359	Reagin, Kerr	NWBY	230	Redlick, Gabriel	CHTN	408
Ray, Martha*	YORK	387	Reagin, Wm	NWBY	230	Redlick, Pauline*	CHTN	249
Ray, Mrs L	EDFD	89	Reams, Anna	EDFD	146	Redman, Charles*	CHTN	120
Ray, N*	SPBG	258	Reams, Leard	EDFD	146	Redman, F*	CHTN	460
Ray, Neil	MARN	36	Reams, W C	CLDN	226	Redman, Harriet*	SPBG	410
Ray, ONeil	KRSW	121	Rearden, Dennis	PKNS	43	Redman, J W D	BNWL	369
Ray, Robert	UNON	194	Rearden, Jas	EDFD	30	Redman, John	CHTN	241
Ray, Robert*	YORK	508	Rearden, L D	EDFD	56	Redman, Malachi	COTN	314
Ray, Ross	SPBG	281	Rearden, Mrs C	EDFD	33	Redman, Nancy	LXTN	456
Ray, Samuel*	GRVL	402	Rearden, Mrs M	EDFD	34	Redman, Peter J	BNWL	369
Ray, Sarah*	LRNS	230	Rearden, Mrs N	EDFD	62	Redman, Simon	LXTN	456
Ray, Sarah	SPBG	276	Rearden, Wm	EDFD	75	Redman, V V*	BNWL	482
Ray, Sarah	LRNS	284	Reardin, John*	GRVL	404	Redmon, Maranda*	PKNS	95
Ray, Shannon G	BNWL	365	Reardon, B T	EDFD	30	Redmon, Morgan	PKNS	78
Ray, Silas	ABVL	62	Reardon, D E	CLDN	226	Redmond, Andrew*	CHTN	427
Ray, Thomas	ORBG	404	Reardon, Jno J	CLDN	226	Redmond, Eliza	ABVL	52
Ray, Thomas Jr	UNON	262	Reardon, John*	GRVL	414	Redmond, Patrick*	CHTN	427
Ray, Thos	CHTN	138	Reardon, Robert*	CHTN	427	Redmond, William H*	CHTN	118
Ray, W M	UNON	263	Rease, Allen	GRVL	452	Redmond, Wm	LRNS	256
Ray, W P	SPBG	380	Rease, Benjn	SPBG	357	Redmun, Jacob	ORBG	359
Ray, W T	SPBG	380	Rease, P F	EDFD	155	Redy, Betsy	BNWL	448
Ray, William*	BNWL	367	Rease, William	EDFD	155	Redy, Shadric**	BNWL	448
Ray, William	ORBG	404				Redy, Wm*	BNWL	451

Name	Code	Num	Name	Code	Num	Name	Code	Num
Reece, Edward	ORBG	337	Reese, Elizabeth	ADSN	200	Reid, J H	ADSN	228
Reece, Eliza	ADSN	242	Reese, Henry	PKNS	24	Reid, J Robertson	BUFT	19
Reece, Jennet	ORBG	337	Reese, Jacob	GRVL	459	Reid, Jacob*	ORBG	356
Reece, Sarah	ADSN	189	Reese, James	GRVL	460	Reid, James*	CHTR	72
Reed, Alexander	GRVL	396	Reese, Jane E	CHTN	437	Reid, James	CHTN	403
Reed, Amanda	YORK	380	Reese, Jesse	RHLD	94	Reid, James	NWBY	248
Reed, Andrew*	ABVL	7	Reese, Jesse	MRBO	153	Reid, James*	BUFT	69
Reed, Andrew	ADSN	247	Reese, John	PKNS	142	Reid, James M	PKNS	164
Reed, Anna**	ORBG	309	Reese, Joseph A	RHLD	94	Reid, Jane	CHTR	76
Reed, Benj	ORBG	398	Reese, Levi	PKNS	98	Reid, Jas C	YORK	455
Reed, C*	UNON	271	Reese, Lewis	PKNS	113	Reid, Jas T	SPBG	396
Reed, C N	PKNS	49	Reese, Silas	PKNS	116	Reid, John*	ABVL	115
Reed, Edward*	CHTN	427	Reese, T B	EDFD	102	Reid, John	NWBY	249
Reed, Elizabeth*	ADSN	237	Reese, W Waties	SMTR	156	Reid, John S	ABVL	27
Reed, Elizabeth	PKNS	25	Reese, William	ORBG	312	Reid, Joseph	NWBY	262
Reed, Elkin	ADSN	210	Reese, William M	SMTR	155	Reid, Josephine*	COTN	360
Reed, Frederick	CHTN	460	Reese, Wm	PKNS	12	Reid, Lemuel	ABVL	99
Reed, G B	GRVL	422	Reeve, Nathl S*	ABVL	77	Reid, M C	CHTR	72
Reed, George	CHTN	140	Reeves, Andrew	ADSN	285	Reid, Margaret*	CHTR	46
Reed, Harrison	GRVL	511	Reeves, Ann*	FAFD	259	Reid, Mary	CHTR	40
Reed, J P	ADSN	156	Reeves, Bidget**	CHTN	403	Reid, Nathaniel	PKNS	122
Reed, J W	GRVL	424	Reeves, D R	KRSW	76	Reid, Nella	PKNS	144
Reed, Jacob	PKNS	40	Reeves, David	PKNS	114	Reid, Saml	YORK	455
Reed, James*	RHLD	22	Reeves, Denny	LRNS	255	Reid, Samuel	ORBG	354
Reed, James	ORBG	374	Reeves, Edwin	ADSN	185	Reid, Samuel	FAFD	246
Reed, James	GRVL	427	Reeves, Elizabeth*	ADSN	233	Reid, Samuel	PKNS	28
Reed, James L	LCTR	172	Reeves, Elizabeth	ADSN	186	Reid, Sarah A	ABVL	119
Reed, Jane	CHTN	262	Reeves, Elizabeth**	PKNS	115	Reid, Sarah**	SPBG	305
Reed, Jas*	ADSN	237	Reeves, Geo	ABVL	23	Reid, Sarah	PKNS	144
Reed, Jesse	ADSN	273	Reeves, George	COTN	337	Reid, Susan*	BUFT	69
Reed, John	CHTN	489	Reeves, Glenn	COTN	314	Reid, Susanna C*	NWBY	247
Reed, John	CHTN	484	Reeves, Gregor	RHLD	36	Reid, William M	SMTR	117
Reed, John B	GRVL	389	Reeves, Harriet*	NWBY	218	Reid, William R	ABVL	6
Reed, John P	CHTN	407	Reeves, J B	COTN	350	Reid, Willis	BUFT	46
Reed, John W	CHTN	515	Reeves, James*	COTN	362	Reid, Wm	LXTN	375
Reed, John*	CHTN	415	Reeves, Jefferson	COTN	317	Reid, Wright	YORK	455
Reed, John*	PKNS	74	Reeves, John*	YORK	410	Reider, August	CHTN	463
Reed, John H	PKNS	25	Reeves, John C*	ADSN	314	Reider, C W*	CHTN	301
Reed, Joseph	GRVL	438	Reeves, Jordan	SPBG	370	Reighly, Wm	CHTR	29
Reed, Joseph B	PKNS	144	Reeves, King	COTN	317	Reilley, Andrew	KRSW	90
Reed, Joseph S	PKNS	25	Reeves, Levi	PKNS	191	Reilley, B	KRSW	91
Reed, Madison	GRVL	391	Reeves, Lewis	COTN	315	Reilley, Charles	KRSW	89
Reed, Martha	GRVL	379	Reeves, Maria**	CHTN	231	Reilley, M A*	KRSW	90
Reed, Mary A*	SMTR	163	Reeves, Mathew S	CHTN	422	Reilley, M*	KRSW	90
Reed, Mary J**	ADSN	306	Reeves, Mel	PKNS	108	Reilley, Wm	KRSW	90
Reed, Mary*	LRNS	265	Reeves, Noah R	ADSN	293	Reilly, Bernard	RHLD	14
Reed, Milford	GRVL	399	Reeves, R B	CHTN	385	Reilly, Emily	CHTN	196
Reed, Moses	ADSN	273	Reeves, R W	ADSN	285	Reilly, James**	CHTN	293
Reed, Peter	ADSN	332	Reeves, Robt	KRSW	85	Reilly, James	CHTN	496
Reed, R C	GRVL	501	Reeves, Soloman	RHLD	31	Reilly, Mary*	CHTN	283
Reed, R H	SPBG	376	Reeves, Soloman L	CHTN	385	Reilly, Mary*	CHTN	490
Reed, Randol	GRVL	508	Reeves, Sterling W	RHLD	80	Reilly, Patrick	CHTN	518
Reed, Reben	GRVL	391	Reeves, Thomas*	COTN	333	Reilly, William L	RHLD	14
Reed, Reese	GRVL	463	Reeves, Thos	COTN	341	Reils, Bernard**	CHTN	421
Reed, Sarah H*	CHTN	189	Reeves, Wiley	YORK	394	Reils, William	CHTN	468
Reed, Thomas	ADSN	277	Reeves, Wiley	PKNS	127	Reily, Bartholomy**	CHTN	518
Reed, Thos	EDFD	80	Reeves, William T	ORBG	343	Reily, J H*	COTN	249
Reed, W L J	CHFD	182	Refoe, C L	EDFD	110	Reily, John*	COTN	249
Reed, William	SPBG	222	Regan, Elenor L*	CHTN	429	Reiners, Anna*	CHTN	372
Reed, William	PKNS	86	Regan, Harriet O S*	CHTN	429	Reiners, E	CHTN	331
Reed, William	LCTR	144	Regan, John B	GRVL	506	Reinhardt, H	CHTN	313
Reed, William J*	CHTN	445	Regan, John F*	CHTN	427	Reives, Barham	SPBG	213
Reed, William S*	CHTN	409	Regan, Peter S*	CHTN	427	Reives, Celey	SPBG	214
Reed, Wm A	NWBY	214	Register, Abel	DLTN	419	Reives, Moses	SPBG	214
Reed, Wm E D*	NWBY	275	Register, Calvin	DLTN	428	Relph, Jos	CHTN	344
Reed, Wm H	ORBG	387	Register, David	MARN	21	Relyea, Chas J	CHTN	195
Reed, Wm W	PKNS	21	Register, Eliz*	DLTN	472	Rembert, Catherin**	CHTN	183
Reeder, A*	CHTN	306	Register, Eliz*	DLTN	417	Rembert, E J	SMTR	160
Reeder, A M	NWBY	242	Register, Eliz**	DLTN	416	Rembert, E L	SMTR	113
Reeder, A W	NWBY	242	Register, Elizth*	BUFT	6	Rembert, Elenora	SMTR	160
Reeder, B F	PKNS	104	Register, H A*	DLTN	403	Rembert, J M**	RHLD	21
Reeder, Harriet	PKNS	57	Register, Ira	DLTN	396	Rembert, J W	SMTR	173
Reeder, J J	NWBY	242	Register, Isabel	DLTN	418	Rembert, James E	SMTR	147
Reeder, Jacob	LXTN	365	Register, Jesse	DLTN	425	Rembert, Jno	SMTR	167
Reeder, James C	PKNS	98	Register, Joe	DLTN	389	Rembert, Laurence*	SMTR	111
Reeder, Louisa	CHTN	350	Register, Julia	DLTN	391	Rembert, Robert H	SMTR	131
Reeder, M B*	CHTN	350	Register, Margt**	DLTN	420	Rembert, Thomas H**	SMTR	140
Reeder, Mary	NWBY	242	Register, Sush	DLTN	417	Remby, John	COTN	256
Reeder, Mary F*	NWBY	235	Register, Susy**	DLTN	420	Remby, William	COTN	257
Reeder, N	CHTN	326	Regnia, Bertha*	CHTN	501	Remekin, Chs*	CHTN	199
Reeder, Nancy*	NWBY	265	Rehkoff, F G	CHTN	367	Remly, Paul	CHTN	108
Reeder, Richd	LRNS	239	Rehse, John*	CHTN	514	Rempson, Charles P	RHLD	11
Reeder, S C	PKNS	94	Reicker, George	PKNS	22	Renake, Lewis	CHTN	309
Reeder, Sarah	NWBY	241	Reid, A	CHTN	351	Rend, Thomas	GRVL	391
Reeder, W D	NWBY	237	Reid, A M*	RHLD	21	Rene, Bossier	CHTN	433
Reeder, Wm	NWBY	239	Reid, Ambros	PKNS	123	Reneau, R*	CHTN	322
Reeds, Delila*	PKNS	70	Reid, Andrew	CHTN	440	Reneker, J H	CHTN	299
Reedy, E R	LXTN	439	Reid, Ann	ORBG	355	Renew, Archibald	BNWL	391
Reedy, Elmore J	LXTN	368	Reid, Arthur	ORBG	355	Renew, Geo	BNWL	422
Reedy, Jno H	CHTR	90	Reid, Caroline*	CHTN	498	Renew, Rich	BNWL	423
Reedy, Martha	LXTN	439	Reid, Caroline	ABVL	119	Renfrow, G B	SPBG	260
Reedy, Matthew	LXTN	412	Reid, Carrie	NWBY	292	Rennet, Zachariah	SPBG	323
Reekling, Henry	RHLD	31	Reid, D F	NWBY	268	Rennett, William	CHTN	272
Reeks, J G	ADSN	324	Reid, Danl G	CHTR	37	Renno, David	RHLD	29
Reeks, Sarah	ADSN	325	Reid, David H*	RHLD	53	Renton, Olivia	GETN	290
Reels, J W	WMBG	364	Reid, Deborah	BUFT	74	Renty, Charles	BNWL	344
Reems, Mary	PKNS	189	Reid, E D*	LXTN	433	Renty, Isac W	BNWL	343
Reems, Frederick S	SMTR	108	Reid, Elizabeth A	ABVL	122	Renty, Jacob	BNWL	350
Reems, Hezekiah M	SMTR	108	Reid, Elizabeth	BUFT	46	Renty, Jane	BNWL	343
Reems, Ira	SMTR	108	Reid, Emily J**	LXTN	459	Renty, John D*	BNWL	343
Reems, Mary R	SMTR	108	Reid, Francis	KRSW	103	Rentz, Aaron	COTN	270
Reese, Anna Waites*	SMTR	145	Reid, Geo B	CHTN	229	Rentz, Ann W**	CHTN	421
Reese, Arthur	LXTN	459	Reid, George	CHTN	492	Rentz, Benjn	COTN	365
Reese, David J	SMTR	121	Reid, H D*	NWBY	266	Rentz, Charles	BNWL	350
Reese, E W	NWBY	278	Reid, Hiram*	NWBY	268			
Reese, Elihu	ADSN	154						

Rentz, Charles	BNWL	350	Reynolds, R F	CHTN	167	Rhodes, Jos	DLTN	468
Rentz, Cornelius*	BNWL	349	Reynolds, Richard	COTN	293	Rhodes, Joseph	SPBG	406
Rentz, Fritz*	CHTN	250	Reynolds, Richd*	ABVL	39	Rhodes, M	ORBG	327
Rentz, G W	COTN	270	Reynolds, Richd	BUFT	2	Rhodes, M P	BNWL	456
Rentz, Jacob	BNWL	353	Reynolds, Roland	KRSW	105	Rhodes, Martin	SMTR	108
Rentz, Jacob	COTN	270	Reynolds, Sarah	LCTR	189	Rhodes, Mary*	CHTN	232
Rentz, John C	BNWL	352	Reynolds, Solomon	BNWL	501	Rhodes, Molly	SPBG	351
Rentz, Peter	COTN	283	Reynolds, W	EDFD	70	Rhodes, Morgan	LRNS	343
Rentz, Peter W	COTN	295	Reynolds, W L	CLDN	193	Rhodes, Mrs L	EDFD	25
Rentz, Rebecca*	COTN	271	Reynolds, W S	BNWL	403	Rhodes, Mrs M	EDFD	54
Rentz, S P	BNWL	377	Reynolds, William	UNON	276	Rhodes, Nancy M*	SPBG	355
Rentz, Simeon	BNWL	342	Reynolds, William	RHLD	43	Rhodes, Nathaniel	GRVL	455
Rentz, Uriah*	BNWL	495	Reynolds, William J	SMTR	130	Rhodes, Noah	NWBY	291
Rentz, W	COTN	283	Reynolds, William L**	RHLD	23	Rhodes, Rebecca*	SMTR	127
Renve, James	BNWL	423	Reynolds, Winney	DLTN	454	Rhodes, Rolin	EDFD	138
Renwick, James A	NWBY	258	Reynolds, Wm	EDFD	74	Rhodes, S R*	GETN	287
Renwick, Jas A	NWBY	279	Reynolds, Wm	DLTN	398	Rhodes, Saml	BNWL	450
Renwick, John S	NWBY	273	Reynolds, Wm	EDFD	62	Rhodes, T A	BUFT	43
Renwick, John S	NWBY	262	Reynolds, Wm	COTN	252	Rhodes, Thomas W	BUFT	97
Renwick, Sarah	UNON	185	Reynolds, Wm K	DLTN	400	Rhodes, Thos	SPBG	355
Renwick, W W	UNON	185	Reynolds, Zion	ADSN	328	Rhodes, Vance	GRVL	437
Renyolds, J Allston	BUFT	40	Reynoldson, M*	SPBG	259	Rhodes, W E	DLTN	397
Renyolds, Robert O*	BUFT	47	Reynoles, Ransom	UNON	297	Rhodes, William	GRVL	347
Rese, Sarah	CHTN	514	Rhame, B F	SMTR	123	Rhodes, Wm	SPBG	360
Resinger, Martha*	CHTN	130	Rhame, D M	CLDN	203	Rhodes, Wm H	SPBG	355
Reskestian, Austin	SPBG	231	Rhame, Dr O C	CHTN	141	Rhodus, G D	CLDN	246
Resso, Mary*	BNWL	420	Rhame, Elizabeth	CLDN	218	Rhodus, J G	CLDN	217
Reston, Samuel	GETN	294	Rhame, Elizabeth T	SMTR	123	Rhodus, John	SMTR	139
Reston, Thomas P*	GETN	292	Rhame, G W	CHTN	164	Rhodus, W H	CLDN	216
Retherford, E	EDFD	164	Rhame, J B	CHTN	135	Rhody, Catherine*	FAFD	267
Retherford, Elizabeth	SPBG	298	Rhame, Joseph*	SMTR	182	Rials, Mary	MRBO	163
Retherford, J G	EDFD	185	Rhame, L F	CLDN	203	Rian, M C*	CHTN	300
Rettica, Henry	ORBG	361	Rhame, Margt	CLDN	235	Rians, Annie B*	CHTN	425
Rettman, Mary*	CHTN	429	Rhame, S O	CLDN	235	Ribbets, Benjamin*	CHTN	457
Rettman, William*	CHTN	427	Rhame, Thos A	CLDN	196	Ribot, Joseph*	CHTN	276
Reuben, H*	FAFD	258	Rhame, Waren	CLDN	195	Ricard, Charles	LXTN	467
Reuter, John	CHTN	432	Rhame, Wm	CLDN	196	Ricard, Jane**	LXTN	433
Reutley, John	CHTN	180	Rhames, G S	SMTR	128	Ricard, Jno A	LXTN	401
Revel, Benj	DLTN	400	Rhames, Jno C	SMTR	114	Ricard, John H*	LXTN	435
Revel, G W	DLTN	443	Rhea, Ames	YORK	468	Ricardo, John*	CHTN	281
Revel, Geo W	DLTN	440	Rhea, Andrew	YORK	507	Rice, A B	UNON	189
Revel, Gideon	DLTN	440	Rhem, Fernfold	GETN	301	Rice, A E*	ADSN	230
Revel, Jas R	DLTN	440	Rheme, Zebalon*	RHLD	56	Rice, A E	ADSN	216
Revel, Michel	EDFD	85	Rhett, Barnwell	CHTN	437	Rice, Amaziah	ADSN	214
Revell, Jackson	SMTR	131	Rhett, Benjamin S	CHTN	440	Rice, Arzarah	EDFD	150
Revell, Oliver	LXTN	375	Rhett, Benjn	PKNS	27	Rice, B F	COTN	320
Revels, Geo	CHTR	24	Rhett, Edmund	BUFT	3	Rice, B H	UNON	248
Revels, Willis	MRBO	182	Rhett, H S	COTN	291	Rice, Calvin	BNWL	346
Reves, Bethena	LCTR	206	Rhett, J M	COTN	292	Rice, Charles D*	COTN	248
Reves, J B	LCTR	207	Rhett, James M	BUFT	12	Rice, Charles H	COTN	357
Reves, Margret	LCTR	171	Rhett, Miss Charlotte	CHTN	222	Rice, Charles H*	RHLD	51
Reves, Thomas J**	LCTR	206	Rhett, Roland	CHTN	222	Rice, D H	DLTN	430
Reves, W R*	LCTR	170	Rhett, Sarah C*	RHLD	61	Rice, D P	COTN	268
Reves, Wm	LCTR	173	Rhett, Thos M	BUFT	4	Rice, David H	BNWL	346
Revice, Risa	SPBG	291	Rhett, William	CHTN	451	Rice, David J*	YORK	428
Revill, Eliz	DLTN	384	Rhime, Henry J	CHTN	505	Rice, E*	SPBG	259
Revill, Martha	DLTN	384	Rhode, Catherine	COTN	338	Rice, Eliza*	LXTN	399
Reyls, Savannah*	EDFD	83	Rhode, H	CHTN	374	Rice, Elizabeth	UNON	189
Reynold, Larkin	ABVL	47	Rhode, Joseph L	ORBG	345	Rice, Elizabeth	GRVL	498
Reynolds, A*	RHLD	22	Rhode, William	COTN	345	Rice, Elizabeth	CHTN	499
Reynolds, A	EDFD	62	Rhoden, Alsey*	COTN	316	Rice, Elizh	LRNS	261
Reynolds, Anna	KRSW	105	Rhoden, Betsy	EDFD	26	Rice, Elric	UNON	288
Reynolds, Bennett	ABVL	52	Rhoden, E**	EDFD	117	Rice, Emanuel	LXTN	424
Reynolds, Betsy*	CHTN	335	Rhoden, Enoch	EDFD	24	Rice, Enoch B*	ADSN	230
Reynolds, Caleb	EDFD	62	Rhoden, Jno	EDFD	22	Rice, H W	COTN	272
Reynolds, Caroline**	HORY	56	Rhoden, Mineva**	EDFD	192	Rice, H W Jr	COTN	319
Reynolds, Daniel	SMTR	130	Rhoden, Robt	EDFD	62	Rice, Hannah*	CHTN	367
Reynolds, E H	EDFD	71	Rhoden, Susan*	EDFD	3	Rice, Harrison	MRBO	159
Reynolds, E T	EDFD	56	Rhoden, Thomas	EDFD	4	Rice, Henry W*	RHLD	53
Reynolds, Edw B*	BUFT	2	Rhoden, Thos	EDFD	3	Rice, Henry*	LXTN	404
Reynolds, Edward	CHTN	256	Rhoden, Wiley	EDFD	98	Rice, Henry B	BNWL	359
Reynolds, Edward T	COTN	292	Rhodes James	HORY	8	Rice, J A J	BNWL	368
Reynolds, Edwd Sr	DLTN	462	Rhodes, Alfred	HORY	20	Rice, J F*	NWBY	270
Reynolds, Elias	SPBG	375	Rhodes, Ann	CLDN	213	Rice, J I J	BNWL	376
Reynolds, Elijah	DLTN	451	Rhodes, Anna**	DLTN	475	Rice, Jacob**	NWBY	282
Reynolds, Elijah Jr	DLTN	461	Rhodes, Berry	SPBG	360	Rice, Jacob*	LXTN	402
Reynolds, Elizabeth	CHTN	329	Rhodes, Caleb B	DLTN	414	Rice, James	PKNS	18
Reynolds, G N	CHTN	375	Rhodes, Calvin	DLTN	382	Rice, James T	ADSN	216
Reynolds, Geo N Sr	CHTN	244	Rhodes, Curtis	DLTN	388	Rice, Jane*	BNWL	507
Reynolds, Geo T	CHTN	218	Rhodes, E M*	BNWL	449	Rice, Jasper	COTN	248
Reynolds, Green*	KRSW	108	Rhodes, Ed	EDFD	415	Rice, Jerry	EDFD	164
Reynolds, Hannah*	KRSW	105	Rhodes, Everett	DLTN	466	Rice, Joel T*	ADSN	230
Reynolds, Isham**	HORY	14	Rhodes, F H	EDFD	126	Rice, John	GETN	299
Reynolds, J	EDFD	70	Rhodes, George	BUFT	73	Rice, Jordan	PKNS	117
Reynolds, James S	RHLD	52	Rhodes, Harriet**	EDFD	18	Rice, Langdon*	ORBG	379
Reynolds, Jas	EDFD	100	Rhodes, Henry C	RHLD	15	Rice, Lift*	ADSN	230
Reynolds, Jno J	SPBG	279	Rhodes, J C	SPBG	364	Rice, Luke C	ADSN	333
Reynolds, Jno J	DLTN	461	Rhodes, J H	EDFD	31	Rice, M J	COTN	324
Reynolds, Jno J	DLTN	453	Rhodes, J T	DLTN	410	Rice, Margaret**	GRVL	420
Reynolds, Joseph*	ABVL	83	Rhodes, James	EDFD	46	Rice, Mary A	LXTN	372
Reynolds, Kathor V*	SMTR	103	Rhodes, James D	ORBG	349	Rice, R B, MD	COTN	283
Reynolds, L W**	COTN	253	Rhodes, James S*	CHTN	414	Rice, Rebecca	BNWL	346
Reynolds, Lawson	EDFD	190	Rhodes, Jas M	SPBG	360	Rice, Richard	COTN	342
Reynolds, Lewis	EDFD	61	Rhodes, Jasper*	ADSN	192	Rice, Richard B	CHTN	444
Reynolds, Lovet J**	SPBG	364	Rhodes, Jasper*	ADSN	176	Rice, Sarah	ADSN	240
Reynolds, M C	KRSW	137	Rhodes, Jno	DLTN	410	Rice, Spencer	UNON	189
Reynolds, Marcus	SMTR	156	Rhodes, Jno B	DLTN	410	Rice, Spencer	LRNS	324
Reynolds, Mark	HORY	29	Rhodes, Jno F	DLTN	408	Rice, Susan**	BUFT	4
Reynolds, Mary	DLTN	451	Rhodes, John*	CHFD	187	Rice, T O	CHTN	327
Reynolds, Mary*	COTN	316	Rhodes, John	FAFD	209	Rice, W A*	LXTN	402
Reynolds, Melender	MARN	209	Rhodes, John*	BNWL	456	Rice, W D	SMTR	172
Reynolds, Mitchell	DLTN	453	Rhodes, John	GRVL	348	Rice, W P*	CHTN	371
Reynolds, Mrs M	EDFD	76	Rhodes, John F	SPBG	355	Rice, W P	GRVL	458
Reynolds, Mrs*	CHTN	355	Rhodes, John J	BUFT	1	Rice, William	BNWL	378
Reynolds, Nancy*	EDFD	199	Rhodes, Jones	SPBG	358	Rice, William B	BNWL	346
Reynolds, Pleasant	SMTR	140				Rice, Wm*	NWBY	269

Name	Loc	Pg	Name	Loc	Pg	Name	Loc	Pg
Rice, Wm G	LRNS	256	Richardson, James*	BNWL	456	Richburg, Daniel	SMTR	153
Rice, Wm M	DLTN	394	Richardson, James	GRVL	494	Richburg, Isac A	SMTR	123
Riceland, J F*	BNWL	340	Richardson, Jas*	GRVL	475	Richburg, J E	WMBG	307
Rich, Arnetena	CHTN	410	Richardson, Jas B	CLDN	235	Richburg, Nat*	SMTR	126
Rich, Arnetina	RHLD	14	Richardson, Jesse*	FAFD	202	Richburg, Nathaniel*	SMTR	123
Rich, Bartha	RHLD	14	Richardson, Jesse	BNWL	488	Richburg, Rebecca	SMTR	123
Rich, C A	CLDN	194	Richardson, Jno P	CLDN	235	Richburg, Richard	SMTR	129
Rich, John*	PKNS	85	Richardson, John	FAFD	225	Richburg, Saml*	CLDN	213
Rich, Lewis	CHTN	499	Richardson, John M*	RHLD	54	Richburg, Susan*	SMTR	123
Rich, Lipman	ABVL	49	Richardson, John M	MARN	5	Richburg, Thomas S S*	SMTR	123
Rich, Marlin M*	CHTN	408	Richardson, John S	SMTR	152	Richburg, William H A	SMTR	124
Rich, Morris	CLDN	196	Richardson, John S Jr	YORK	372	Richburg, Wm	CLDN	245
Rich, Sarah*	GRVL	336	Richardson, Laura H	SMTR	178	Richburgh, Fletcher*	ABVL	86
Rich, W H	CHTN	247	Richardson, Louisa**	SMTR	148	Richby, Emma*	CHTN	247
Richard, Frederick	EDFD	188	Richardson, Lydia*	CHTN	379	Richer, Tobias	CHTN	414
Richard, George*	UNON	247	Richardson, M**	BNWL	351	Richetts, Resen	CHFD	131
Richard, Henry**	ABVL	5	Richardson, M A	FAFD	215	Richey, Andrew	ABVL	151
Richard, Henry	UNON	206	Richardson, Margaret	BNWL	455	Richey, Ann*	ADSN	315
Richard, John*	RHLD	58	Richardson, Martha	CHTN	377	Richey, Annie**	ABVL	147
Richard, John*	UNON	198	Richardson, Mary	RHLD	15	Richey, Antoineth*	ABVL	149
Richard, Thos W*	YORK	428	Richardson, Mary	GRVL	423	Richey, David	PKNS	36
Richard, W T	PKNS	33	Richardson, Mary	FAFD	206	Richey, Elizabeth	ABVL	95
Richards, A F	GRVL	482	Richardson, Mary	EDFD	193	Richey, Elizb*	ABVL	142
Richards, Berry	NWBY	260	Richardson, Mary*	BUFT	57	Richey, Elmira O*	ADSN	210
Richards, D M	LRNS	344	Richardson, Mathias	ADSN	321	Richey, George B	ABVL	146
Richards, Dr W	EDFD	63	Richardson, Milly*	ABVL	102	Richey, Isaac	ABVL	139
Richards, Emily*	GRVL	435	Richardson, Mrs M	EDFD	84	Richey, J Alex	ABVL	27
Richards, Frances	SPBG	412	Richardson, Nancy	FAFD	210	Richey, Jabez	ADSN	303
Richards, Fred	CHTN	356	Richardson, Nathl	LXTN	379	Richey, James	PKNS	47
Richards, G	MARN	13	Richardson, Nelson	CHTN	380	Richey, James J	ABVL	84
Richards, G*	DLTN	412	Richardson, Noah	PKNS	182	Richey, James N	ADSN	330
Richards, Geo	LXTN	383	Richardson, O**	LRNS	223	Richey, James W	ABVL	146
Richards, George R	CHTN	456	Richardson, Parthenia**	YORK	409	Richey, Jane	NWBY	243
Richards, J E	SPBG	403	Richardson, Phillis	BNWL	461	Richey, Jane	ABVL	85
Richards, J G	KRSW	75	Richardson, R C	CLDN	247	Richey, Jas W	ABVL	50
Richards, J W	LRNS	334	Richardson, R M	RHLD	80	Richey, John	NWBY	265
Richards, James**	GRVL	344	Richardson, Reuben	FAFD	201	Richey, Lizzie*	ABVL	149
Richards, James	PKNS	77	Richardson, S C	BUFT	75	Richey, Nancy	PKNS	8
Richards, Jas A*	GRVL	403	Richardson, S C C*	CLDN	244	Richey, Oliver	ABVL	34
Richards, John D*	RHLD	27	Richardson, S F*	LRNS	222	Richey, Robt*	ABVL	87
Richards, John M	GRVL	447	Richardson, S R	EDFD	158	Richey, Saml T	ABVL	146
Richards, Joseph	ADSN	311	Richardson, Samuel M*	RHLD	53	Richey, Thomas	PKNS	76
Richards, Joshua	SPBG	286	Richardson, Sarah	KRSW	109	Richey, Virginia	ABVL	142
Richards, Mary*	GRVL	413	Richardson, Sarah*	MARN	5	Richey, Warren*	ABVL	25
Richards, Mary	GRVL	407	Richardson, Sarah A	ABVL	91	Richey, William**	ABVL	151
Richards, Mary*	CHTN	431	Richardson, Savannah**	EDFD	193	Richie, John*	GRVL	415
Richards, Mary	CHTN	297	Richardson, Sean	ADSN	323	Richman, Charles	BNWL	468
Richards, Mrs*	CHTN	306	Richardson, Sol	MARN	4	Richmond, Jacob	NWBY	262
Richards, R**	CHTN	254	Richardson, Susan	YORK	400	Richmond, John*	NWBY	263
Richards, Robt	ADSN	233	Richardson, T P	NWBY	256	Richmond, John*	LRNS	322
Richards, William T	GRVL	334	Richardson, T*	EDFD	195	Richon, Harriet*	CHTN	384
Richards, Wm	BUFT	39	Richardson, Tapley	YORK	427	Richter, C	EDFD	72
Richardson, A G	GETN	291	Richardson, Thomas	SMTR	149	Richter, E	CHTN	300
Richardson, A J	MARN	7	Richardson, Thomas	FAFD	210	Richter, Edwin	UNON	272
Richardson, Abraham G	MARN	139	Richardson, Thomas	BNWL	353	Richter, Henry*	CHTN	168
Richardson, Amelia**	LRNS	223	Richardson, Thoms	FAFD	210	Richwood, Joseph J	HORY	57
Richardson, Amos	GRVL	494	Richardson, Thos	MARN	14	Richy Samuel*	FAFD	279
Richardson, Arnold	MARN	6	Richardson, Thos	FAFD	275	Rickbarn, Caroline*	CHTN	451
Richardson, Asa	CHFD	182	Richardson, Thos	FAFD	209	Rickenbacker, Artemus	ORBG	335
Richardson, B H	MARN	4	Richardson, Thos C	CLDN	200	Rickenbacker, Elizabeth*	ORBG	342
Richardson, Bluitt	LXTN	412	Richardson, V	GETN	287	Rickenbacker, H	ORBG	314
Richardson, C	CHTN	299	Richardson, W	EDFD	193	Rickenbacker, H L	ORBG	335
Richardson, C J	LXTN	418	Richardson, W	KRSW	75	Rickenbacker, Medicus**	ORBG	343
Richardson, C M	CLDN	201	Richardson, W	GETN	316	Rickenbacker, Medicus*	RHLD	53
Richardson, Catherine*	MARN	126	Richardson, W B	LXTN	418	Rickenbacker, Ruben	ORBG	335
Richardson, Charles	GETN	291	Richardson, W F	MARN	37	Rickenbacker, V J	ORBG	335
Richardson, Charles*	GETN	287	Richardson, W J	CHTN	339	Rickenbaker, D*	ORBG	313
Richardson, Cynthia**	LCTR	153	Richardson, W T	BNWL	468	Rickenbaker, Emanuel	ORBG	332
Richardson, Danl	LRNS	238	Richardson, Walter	ABVL	72	Rickenbaker, J W	ORBG	368
Richardson, Danl	GETN	309	Richardson, Wealthy	CLDN	191	Rickenbaker, Jacob	ORBG	332
Richardson, David	MARN	140	Richardson, William S	SMTR	160	Rickenbaker, John	ORBG	331
Richardson, David	ADSN	294	Richardson, William**	EDFD	193	Rickenbaker, John	ORBG	368
Richardson, E B	SPBG	428	Richardson, Wm	MARN	6	Rickenbaker, Samuel	ORBG	331
Richardson, E D	HORY	2	Richardson, Wm	GRVL	418	Rickenbaker, W W	BUFT	5
Richardson, Edwd	CLDN	200	Richardson, Wm	FAFD	235	Ricket, Peter	ABVL	148
Richardson, Elisabeth	BNWL	364	Richardson, Wm C	SMTR	157	Rickets, Irwin*	CHFD	129
Richardson, Eliza	GETN	314	Richardson, Wm F S	SPBG	307	Rickets, John	ABVL	109
Richardson, Elizabeth	RHLD	7	Richardson, Wm H B	CLDN	247	Ricketts, Wm*	CHFD	131
Richardson, Elizabeth	SMTR	147	Richardson, Wylie	LCTR	177	Rickley, Joseph	LXTN	373
Richardson, Elizabeth*	ADSN	324	Richardson, Y D	COTN	336	Ricks, Dr John	FAFD	239
Richardson, Ervin	MARN	6	Richborn, H	BNWL	458	Ricks, Edward T	HORY	64
Richardson, Esther*	ADSN	316	Richborough, Martha*	KRSW	112	Rickter, Christian F*	RHLD	44
Richardson, F*	EDFD	165	Richbourg, Alijah	CLDN	197	Rictor, Joel	GRVL	478
Richardson, Fanny	CHTN	300	Richbourg, B D	CLDN	218	Riddel, Wm	EDFD	57
Richardson, Francis	FAFD	206	Richbourg, Benjamin	CLDN	219	Riddell, Nancy**	LRNS	287
Richardson, Galvesta**	MARN	8	Richbourg, E R	CLDN	209	Riddle, Berry	LRNS	294
Richardson, H M	MARN	109	Richbourg, Fannie**	CLDN	246	Riddle, D	LRNS	331
Richardson, Hariet N*	BNWL	364	Richbourg, G W	ABVL	198	Riddle, E A	EDFD	145
Richardson, Henry	MARN	5	Richbourg, H	CHTN	127	Riddle, F	LRNS	330
Richardson, Isabella*	YORK	395	Richbourg, J C	CHTN	127	Riddle, G L	YORK	414
Richardson, J*	KRSW	96	Richbourg, James P	RHLD	74	Riddle, H	LRNS	330
Richardson, J A	GRVL	410	Richbourg, Jas C	CLDN	205	Riddle, Jas	LRNS	294
Richardson, J C	CHTN	356	Richbourg, Jas H	CLDN	219	Riddle, Jas A	LRNS	326
Richardson, J F*	ADSN	178	Richbourg, Jno C	CLDN	209	Riddle, Jas H	LRNS	331
Richardson, J J	GETN	306	Richbourg, John E	RHLD	66	Riddle, Jesse	EDFD	146
Richardson, J M	EDFD	148	Richbourg, Jos	CLDN	217	Riddle, Jno G*	EDFD	43
Richardson, J N	LCTR	154	Richbourg, Letitia*	CHTN	152	Riddle, John	YORK	420
Richardson, J T	ADSN	263	Richbourg, Lizie	CLDN	197	Riddle, Landrum	LRNS	294
Richardson, Jacob*	COTN	301	Richbourg, Malv R*	CLDN	218	Riddle, Lewis	LXTN	373
Richardson, James	MARN	5	Richbourg, R H	CLDN	196	Riddle, Louisa	KRSW	116
Richardson, James Jr	MARN	6	Richbourg, Rufus*	CLDN	205	Riddle, M**	LRNS	331
Richardson, James S G	SMTR	115	Richbourg, S C	CLDN	203	Riddle, Mary	LRNS	294
Richardson, James W	SMTR	163	Richbourg, Sarah E*	CHTN	152	Riddle, Mary J*	YORK	414
Richardson, James*	LCTR	204	Richbourg, Unity	CLDN	197	Riddle, Milnoth	GRVL	496
Richardson, James C	BUFT	74	Richbourg, W W	CLDN	196	Riddle, N	LRNS	330
			Richburg, Columbus R	SMTR	153	Riddle, S T	LRNS	328

Name	Loc	Pg
Riddle, Silas	LRNS	286
Riddle, T L	EDFD	144
Riddle, Thomas	LRNS	297
Riddle, Thos S	LCTR	217
Riddle, William	LRNS	328
Riddle, Wm	LRNS	294
Riddlehoover, Margaret**	ORBG	366
Ridell, Richd*	SPBG	352
Rider, George	PKNS	66
Rider, John	PKNS	71
Rider, Nathaniel	PKNS	66
Rider, William	PKNS	122
Ridge, Danl	ABVL	11
Ridge, Jno*	ABVL	13
Ridge, Sarah**	ABVL	32
Ridge, Thomas	GRVL	374
Ridgedale, John	BNWL	441
Ridgedall, Ann	BNWL	378
Ridgedell, James	COTN	288
Ridgel, J P	EDFD	190
Ridgell, Joel	LXTN	421
Ridgely, Virginia	RHLD	4
Ridgeway, D C**	GRVL	426
Ridgeway, Elizah	LRNS	265
Ridgeway, Ellersta*	SMTR	183
Ridgeway, Hope	SMTR	109
Ridgeway, J J	GRVL	426
Ridgeway, S	WMBG	305
Ridgill, J F	CLDN	190
Ridgill, C M	CLDN	197
Ridgill, M A	CLDN	193
Ridgill, N A	CLDN	236
Ridgill, R A	CLDN	215
Ridgill, Wm J W	CLDN	237
Ridgway, Geo K	CLDN	222
Ridgway, Harriette*	CLDN	221
Ridgway, Jno M	CLDN	215
Ridgway, Jno S*	CLDN	219
Ridgway, Jno W	CLDN	215
Ridgway, Jos N	CLDN	197
Ridgway, L M	CLDN	218
Ridgway, M A	CLDN	223
Ridgway, R F**	CLDN	223
Ridgway, Robt F	CLDN	209
Ridgway, Saml*	CLDN	209
Ridill, R M	CLDN	190
Ridings, Drury	SPBG	209
Ridlehoofer, J	EDFD	156
Ridlehoover, J E	EDFD	168
Ridlehoover, Jack*	EDFD	169
Ridlehoover, Wm	EDFD	187
Ridlehuber, David	NWBY	283
Ridlehuber, G C	NWBY	252
Ridlehuber, H W*	NWBY	270
Ridlehuber, J M*	RHLD	57
Ridlehuber, Wm L	NWBY	266
Ridley, Bonapart	PKNS	45
Ridley, James	PKNS	45
Rieckels, Edward	CHTN	200
Ried, William H	PKNS	145
Riedy, Owen*	BUFT	74
Rieff, E*	CHTN	302
Rieley, Mary M*	COTN	288
Riels, John P	CHTN	447
Rieppe, W	CHTN	299
Rife, Jacob	RHLD	42
Rigby, Ann	COTN	335
Rigby, George*	CHTN	159
Rigdon, Benson	PKNS	113
Rigdon, Gabrell	PKNS	120
Rigdon, Mattison	PKNS	120
Riges, Wm	EDFD	15
Riggins, Nancy	YORK	457
Riggles, Hammond*	CHTN	233
Riggs, Harfin	ORBG	408
Riggs, J S	CHTN	492
Riggs, John	COTN	341
Riggs, John	COTN	333
Riggs, Lanydon E*	CHTN	445
Riggs, T John	COTN	340
Riggs, Thomas W	CHTN	421
Riggs, Thos*	CHTN	124
Riggs, W	COTN	349
Right, Catherine*	LCTR	145
Right, States	UNON	216
Righton, H Y*	CHTN	497
Righton, John H	CHTN	419
Rigins, Alexander	PKNS	126
Rigins, Sion	PKNS	116
Rigins, William	PKNS	126
Rigs, Isaac	CHTN	344
Rigsby, Catherine	ORBG	340
Rigsby, Charles**	ORBG	341
Rikard, A C*	NWBY	300
Rikard, A C	NWBY	282
Rikard, David*	NWBY	234
Rikard, David	NWBY	225
Rikard, Elizabeth	NWBY	225
Rikard, Elizabeth	NWBY	256
Rikard, Frank*	NWBY	289
Rikard, G A	NWBY	256
Rikard, Geo	NWBY	217
Rikard, H W	NWBY	262
Rikard, John*	NWBY	289
Rikard, John*	NWBY	214
Rikard, Levi	NWBY	225
Rikard, Levi*	NWBY	218
Rikard, Mary	NWBY	225
Rikard, Michael	NWBY	217
Riker, David	CHTN	452
Riker, R H	CHTN	167
Riker, Robert H**	CHTN	446
Riland, C*	GRVL	420
Rile, Mary*	GRVL	499
Rileot, Joseph*	CHTN	276
Riles, Mary*	UNON	276
Riley, Abram	EDFD	135
Riley, Abram	ADSN	323
Riley, Alexr	RHLD	36
Riley, Allen*	ORBG	384
Riley, Amanda J*	BUFT	65
Riley, B C	CHTN	346
Riley, B C*	CHTN	311
Riley, Barnard**	CHTN	267
Riley, Bartholomew	CHTN	103
Riley, Bert	ABVL	63
Riley, C*	RHLD	65
Riley, Caroline	ORBG	390
Riley, Catherine	CHTN	228
Riley, Charles	BNWL	470
Riley, Charles	BNWL	407
Riley, D B	BNWL	358
Riley, Daniel	ORBG	359
Riley, Daniel E	PKNS	16
Riley, Danl	CHTN	203
Riley, Edwd	BUFT	64
Riley, Elizabeth	BNWL	478
Riley, Elizb	ABVL	62
Riley, Elsey W*	BUFT	65
Riley, F A	PKNS	76
Riley, George	BNWL	378
Riley, Green B	ABVL	139
Riley, Harriet**	LRNS	313
Riley, Harriet*	GETN	292
Riley, Harriet**	ABVL	62
Riley, Henry	ABVL	62
Riley, Hester	BNWL	470
Riley, Isaac	EDFD	168
Riley, J*	SPBG	259
Riley, J J	GETN	289
Riley, J O**	CHTN	258
Riley, J W**	SPBG	309
Riley, J W	BNWL	483
Riley, Jacob	ORBG	360
Riley, James	EDFD	163
Riley, James H**	EDFD	137
Riley, James R*	BUFT	75
Riley, Jeremiah	ORBG	333
Riley, Jno	CHTN	268
Riley, Jno R	LRNS	224
Riley, John	EDFD	168
Riley, John F	ORBG	362
Riley, John*	ORBG	383
Riley, John R*	RHLD	48
Riley, John*	ORBG	367
Riley, L A	WMBG	311
Riley, Louisa	ORBG	333
Riley, M	EDFD	62
Riley, M H*	NWBY	258
Riley, Mark	EDFD	162
Riley, Martha E*	BUFT	75
Riley, Mary	ABVL	63
Riley, Mary*	CHTN	196
Riley, Miles A*	BUFT	71
Riley, Nett*	CHTN	277
Riley, Orsarmus D A	BUFT	75
Riley, Phillip**	CHTN	422
Riley, Richard	EDFD	8
Riley, Samuel	CHTN	109
Riley, Sarah	BNWL	472
Riley, Thomas	CHTN	302
Riley, Thomas	CHTN	269
Riley, Thos	ABVL	62
Riley, Thos J	BUFT	79
Riley, Thos J*	BUFT	70
Riley, W	COTN	288
Riley, W H	CHFD	145
Riley, William	ORBG	391
Riley, William	CHTN	398
Riley, William B	ORBG	333
Riley, William L	ORBG	333
Riley, William	BNWL	374
Riley, William	CHTN	422
Riley, William	ABVL	29
Riley, Williamson	EDFD	137
Riley, Wm	CHTN	306
Riley, Wm	CHTN	297
Riley, Wm	ADSN	180
Rilling, Rebecca S	BUFT	91
Rilly, Hattie E*	BNWL	381
Rimns, Loucinda	ADSN	232
Rims, Elijah	CHFD	137
Rims, Fred*	CHFD	137
Rims, Wm	CHFD	134
Rinehart, Church	EDFD	18
Rinehart, Wesley	EDFD	18
Rinehart, Wm	EDFD	171
Rineheart, F E	EDFD	185
Rineheart, Sarah	EDFD	186
Ring, Cornelius*	HORY	63
Ring, F C	NWBY	292
Ring, Isaac E	HORY	66
Ring, J*	UNON	274
Ring, Joseph	UNON	270
Ringer, Henry E	NWBY	281
Ringer, Jane	NWBY	267
Ringer, Minerva*	NWBY	276
Rinhart, Jno	EDFD	39
Riols, Jacob	CHTN	272
Rion, Eliza	CHFD	116
Rion, J H	FAFD	203
Rion, John B*	ABVL	62
Rion, N N	FAFD	243
Rion, Phillip	CHFD	133
Ripland, Wm	CHTN	335
Ripley, Charles*	ADSN	274
Ripley, Charlotte*	CHTN	342
Ripley, Edward L*	CHTN	415
Ripley, Geo W	CHTN	346
Ripley, Henry*	EDFD	53
Ripley, William	CHTN	419
Ripley, William W	CHTN	417
Riply, Mrs S	EDFD	12
Risden, J H*	CHFD	185
Riser, A M	NWBY	305
Riser, Christian	COTN	300
Riser, George	NWBY	289
Riser, H H	EDFD	171
Riser, J A	NWBY	255
Riser, John	NWBY	255
Riser, John*	NWBY	272
Riser, Martin	NWBY	255
Riser, William	NWBY	265
Rish, Adam Sr	LXTN	415
Rish, Andrew	LXTN	407
Rish, Andrew	LXTN	423
Rish, Andrew	LXTN	468
Rish, Barbara	LXTN	443
Rish, Elizabeth*	LXTN	443
Rish, Jacob	LXTN	366
Rish, Levi	LXTN	443
Rish, M	LXTN	425
Rish, Magdalene	LXTN	407
Rish, W B	LXTN	471
Rish, William	LXTN	407
Risher, Benjamin	COTN	302
Risher, Benjamin L	COTN	302
Risher, Benjm	CHTN	142
Risher, Benju	COTN	314
Risher, John	COTN	314
Risher, John	LXTN	384
Risher, Joseph K	COTN	263
Risher, Joseph K Jr	COTN	265
Risher, Mary R	COTN	296
Risher, Richard	COTN	296
Risher, Sarah C*	COTN	296
Risher, Silas	COTN	313
Risher, W B	COTN	295
Rishon, Louis	CHTN	290
Rising, John*	RHLD	56
Rising, Rachaell	MARN	61
Rising, Richard*	HORY	65
Risinger, Adam	LXTN	417
Risinger, Catharine	LXTN	416
Risinger, Noah	LXTN	437
Risinger, Thomas	LXTN	416
Risland, Lewis*	CHTN	257
Risley, J H	GETN	294
Rissland, Wm	CHTN	335
Rister, B	LXTN	384
Rister, Elias	LXTN	357
Rister, John A	LXTN	357
Rister, Lewis S	LXTN	384
Rister, Saml	LXTN	384
Ritchey, John	ADSN	292
Ritchey, Reuben	ADSN	292
Ritchey, Robert*	ADSN	317
Ritchie, John	CHTR	46
Ritchie, John	CHTR	35
Ritchie, R J	COTN	363
Rite, David	PKNS	189
Ritter, Charles	BNWL	358
Ritter, H G	BNWL	347
Ritter, Jacob	COTN	306
Ritter, John A	BNWL	349
Ritter, John F	CHTN	388
Ritter, John H	BNWL	347
Ritter, Josiah	BNWL	348
Ritter, Kate*	BNWL	476
Ritter, Theodore*	CHTN	158
Rittles, Richard M	BUFT	93
Ritz, John	COTN	349
Ritz, John Jr	COTN	364
River, George*	UNON	186
Rivers, A W L	BNWL	357
Rivers, Ann S	BUFT	77
Rivers, B S	COTN	248
Rivers, Benj*	BNWL	493
Rivers, C M	BNWL	359
Rivers, Constant H	CHTN	114
Rivers, David*	CHTN	274
Rivers, David	CHFD	114
Rivers, Duncan	CHFD	115
Rivers, E S	COTN	371
Rivers, E W P	SMTR	170
Rivers, Edward**	CHTN	342

Name	Loc	Pg
Rivers, Elizabeth E*	BUFT	78
Rivers, Est of John	CHTN	115
Rivers, F	CHFD	144
Rivers, Francis D	BUFT	85
Rivers, Frank*	CHTN	110
Rivers, G M	COTN	248
Rivers, G W	COTN	362
Rivers, George M	BUFT	81
Rivers, Hannah**	CHTN	351
Rivers, Hannah	CHTN	412
Rivers, Hawly*	CHFD	126
Rivers, J R	LXTN	411
Rivers, Jacob H	BUFT	22
Rivers, Jacob M	BUFT	81
Rivers, James D	BUFT	80
Rivers, Joanna Z*	CHTN	114
Rivers, John D	BUFT	21
Rivers, John F	BUFT	77
Rivers, John M	BUFT	80
Rivers, Joseph*	BUFT	76
Rivers, Lavinia	CHTN	421
Rivers, Lewis	CHFD	136
Rivers, Lydia**	CHTN	435
Rivers, Mal	CHFD	120
Rivers, Maria	CHTN	172
Rivers, Mark	CHFD	127
Rivers, Martha S	COTN	371
Rivers, Mary	CHTN	356
Rivers, Mary	CHTN	465
Rivers, Mary B	BUFT	80
Rivers, Mary H	CHTN	115
Rivers, Patsy	CHTN	299
Rivers, Preston	COTN	367
Rivers, R R	COTN	362
Rivers, Robert	COTN	358
Rivers, Ruben J*	BUFT	81
Rivers, Saml	CHFD	128
Rivers, Sarah**	CHFD	117
Rivers, Sarah A	COTN	254
Rivers, Sarah E*	CHTN	114
Rivers, Squire	CHFD	118
Rivers, Stephen	CHTN	357
Rivers, Susan*	CHTN	413
Rivers, T F	CHFD	146
Rivers, W D	CHTN	111
Rivers, W Horace	CHTN	114
Rivers, W W	CHTN	401
Rivers, William	BUFT	22
Rivers, William E	BUFT	34
Rivers, William J	RHLD	52
Rivers, WM A	CHFD	100
Rivers, Wm F	CHFD	137
Rivers, Wm J	SMTR	163
Rivers, Wm M	CHTN	355
Rives, Cad	CHTR	90
Rives, Charles	LXTN	453
Rives, James	LXTN	453
Rix, John**	CHTN	375
Rizer, M E*	RHLD	22
Roach, Betsey	ADSN	187
Roach, Carrie	YORK	477
Roach, Charles A	RHLD	93
Roach, Clarisa**	EDFD	167
Roach, E	CHTN	341
Roach, E A*	EDFD	157
Roach, Edward	CHTN	422
Roach, Edward	CHTN	457
Roach, F W**	EDFD	148
Roach, Gardner**	CHTN	413
Roach, Henry	NWBY	297
Roach, J B	SMTR	175
Roach, James	PKNS	67
Roach, Jane*	YORK	388
Roach, Jerey	PKNS	67
Roach, Jno	KRSW	77
Roach, John	PKNS	71
Roach, Lucy	YORK	457
Roach, M A	BNWL	458
Roach, Margaret	KRSW	74
Roach, Mary	CHTR	14
Roach, Morris	CHTN	495
Roach, Mrs M	CHTN	350
Roach, Paul	PKNS	122
Roach, Paul F	PKNS	119
Roach, Robert*	CHTN	425
Roach, Saml	YORK	387
Roach, Sarah M**	SMTR	182
Roach, Stark A	SMTR	149
Roach, Thomas*	ORBG	400
Roach, Thomas	CHTR	7
Roach, Thomas J	RHLD	69
Roach, Thos	KRSW	74
Roach, Thos	YORK	441
Roach, W L*	YORK	385
Roach, William*	RHLD	58
Roach, Wm	CHTN	330
Roach, Wm	PKNS	61
Roach, Wm	PKNS	67
Roach, Wm	PKNS	67
Roache, W F	MARN	13
Road, Nathaniel D	BNWL	353
Roads, John W	NWBY	243
Roads, Richard	BNWL	353
Roalo, Geo**	CHTN	229
Roan, Andrew	SPBG	376
Roan, Jas	CHTN	306
Roan, Patrick**	CHTN	267
Roane, Jas H*	CHFD	188
Roark, Charlott*	YORK	491
Roark, Joseph	YORK	491
Roath, Harris	RHLD	11
Robb, George	NWBY	272
Robb, James	CHTN	506
Robb, William	CHTN	451
Robberts, Sarah	SPBG	236
Robbin, Patsy*	EDFD	136
Robbins, Emma*	EDFD	121
Robbins, F	CHTN	261
Robbins, Frederick	MARN	102
Robbins, H K	CHFD	180
Robbins, Harriet*	KRSW	88
Robbins, Harriet	KRSW	100
Robbins, Hezekiah	SPBG	283
Robbins, Jackson	SPBG	272
Robbins, James	CHFD	154
Robbins, M	CHFD	154
Robbins, Mary	SPBG	276
Robbins, Sarah A***	DLTN	400
Robbins, Thomas	SPBG	234
Robbins, W J	ADSN	305
Robbins, William*	SPBG	235
Robbins, Wm	CHTR	11
Robbs, Agness R*	SPBG	249
Robbs, James	SPBG	249
Robbs, L C	SPBG	272
Robbs, Thomson	SPBG	289
Robele, Amelia*	CHTN	232
Robenson, John N, Trustee	RHLD	33
Robenson, Ophelia**	RHLD	15
Roberds, James M*	BUFT	60
Roberds, Susan J	BUFT	61
Roberds, William T	RHLD	51
Roberds, Wm G	BUFT	61
Roberson, Andrew*	CHTN	134
Roberson, Ann**	CHTN	277
Roberson, Aris*	CHTN	134
Roberson, C*	LRNS	349
Roberson, Christopher	UNON	220
Roberson, Columbus*	UNON	250
Roberson, David	UNON	265
Roberson, Elisha	PKNS	29
Roberson, Eliza	GRVL	363
Roberson, Francis	PKNS	38
Roberson, Iredell	HORY	54
Roberson, James	UNON	231
Roberson, James	CHTN	103
Roberson, James	PKNS	9
Roberson, John	UNON	215
Roberson, John*	CHTN	466
Roberson, John	UNON	250
Roberson, John	CHTN	483
Roberson, Joseph	UNON	245
Roberson, Julia**	CHTN	323
Roberson, Maner	UNON	250
Roberson, Margaret*	RHLD	11
Roberson, Martha Jane	CHTN	465
Roberson, Olivia	CHTN	120
Roberson, Rebecca	SPBG	288
Roberson, Richard	KRSW	96
Roberson, Robert	UNON	246
Roberson, S	GRVL	363
Roberson, Thos	CLDN	242
Roberson, Warren	PKNS	95
Roberson, William	UNON	219
Roberson, William	GRVL	387
Roberson, Wm	LRNS	333
Robert, Frank*	ORBG	318
Robert, James	CHTN	438
Roberts, A	GETN	311
Roberts, A J	YORK	450
Roberts, Adam	LXTN	429
Roberts, Adw J	CHTN	186
Roberts, Alice H*	ADSN	257
Roberts, Ann	CHTN	186
Roberts, B F	GRVL	419
Roberts, Benjamin	ADSN	257
Roberts, Benjn F	ABVL	94
Roberts, Bird	LRNS	231
Roberts, Brazzella	RHLD	2
Roberts, C B	SPBG	376
Roberts, C C*	YORK	488
Roberts, Catherine*	HORY	55
Roberts, Chatham*	RHLD	52
Roberts, D A	PKNS	109
Roberts, David	RHLD	66
Roberts, David	GRVL	90
Roberts, David	LCTR	201
Roberts, Dr E M**	ABVL	8
Roberts, Duke M	MARN	13
Roberts, Elbert	CHTR	13
Roberts, Elias	GRVL	471
Roberts, Eliza S*	CHTN	447
Roberts, Elizabeth*	GRVL	395
Roberts, Elizth	BUFT	81
Roberts, Emma C***	CHTN	416
Roberts, Fannie	CHTN	102
Roberts, Foster	RHLD	66
Roberts, G M	SPBG	403
Roberts, G W	CHTN	108
Roberts, Geo	LRNS	228
Roberts, Geo	LXTN	388
Roberts, Gracy A*	EDFD	25
Roberts, H	FAFD	280
Roberts, H	HORY	42
Roberts, H J	PKNS	109
Roberts, Hardy	ADSN	335
Roberts, Henry	KRSW	134
Roberts, Hezekiah*	BNWL	492
Roberts, I I	HORY	13
Roberts, I N	HORY	14
Roberts, Isaac	CHTN	498
Roberts, Isaac	CHTR	22
Roberts, Isaac	HORY	15
Roberts, J H	YORK	450
Roberts, J M	LXTN	432
Roberts, J S	HORY	27
Roberts, J T*	GRVL	455
Roberts, Jacob	GRVL	339
Roberts, James	LCTR	202
Roberts, James B*	BUFT	77
Roberts, James C	PKNS	126
Roberts, James L**	CHTN	35
Roberts, Jane	HORY	12
Roberts, Jane*	YORK	448
Roberts, Jane**	EDFD	24
Roberts, Jane	CHTR	28
Roberts, Jane*	PKNS	62
Roberts, Jno	CHTR	49
Roberts, John H	BUFT	71
Roberts, John J	SMTR	155
Roberts, John J	BUFT	81
Roberts, John J	LCTR	203
Roberts, John R*	LCTR	177
Roberts, John W	ABVL	12
Roberts, John*	LRNS	315
Roberts, John	MARN	71
Roberts, Johnson	ABVL	15
Roberts, Johnson	SPBG	382
Roberts, Joseph*	CHTN	421
Roberts, Julia D	GRVL	402
Roberts, Leonora	RHLD	19
Roberts, Linda	CHTR	13
Roberts, Lou	ABVL	12
Roberts, Louisa*	CHTN	425
Roberts, Lucie	CHTR	28
Roberts, M E	GETN	291
Roberts, M G*	BNWL	462
Roberts, Mabrey	FAFD	274
Roberts, Martha	HORY	30
Roberts, Martha*	NWBY	217
Roberts, Mary	LXTN	423
Roberts, Mary G	RHLD	89
Roberts, Mary J*	EDFD	64
Roberts, Mary*	CHTR	31
Roberts, Mary	FAFD	269
Roberts, Mary	CHTN	288
Roberts, Matthias	ADSN	173
Roberts, Melvina	GRVL	498
Roberts, Moses	CHTR	2
Roberts, Nancy	GRVL	473
Roberts, Nancy*	GRVL	475
Roberts, Nancy A**	CHTR	30
Roberts, Nat*	PKNS	28
Roberts, Nelson	LCTR	164
Roberts, Newman*	KRSW	124
Roberts, Owen M	RHLD	22
Roberts, Penelope	HORY	29
Roberts, Perry	GRVL	470
Roberts, R F	BUFT	15
Roberts, R I	MARN	71
Roberts, R T W	COTN	286
Roberts, Reddin	MARN	68
Roberts, Ricd	SPBG	278
Roberts, Richd C***	BNWL	481
Roberts, Rose	CHTN	266
Roberts, S	GRVL	426
Roberts, S H	CHTR	43
Roberts, Samuel T	CHTN	443
Roberts, Sarah A	HORY	29
Roberts, Sarah*	ABVL	93
Roberts, Sarah	KRSW	138
Roberts, T A*	HORY	37
Roberts, T B	GRVL	402
Roberts, Thomas	RHLD	82
Roberts, Thos J	ABVL	91
Roberts, Thos*	GRVL	12
Roberts, Tyre	GRVL	470
Roberts, W M	CHFD	159
Roberts, W W	HORY	30
Roberts, W W	CLDN	212
Roberts, W*	HORY	42
Roberts, William	CHTN	288
Roberts, William	GRVL	471
Roberts, William	GRVL	472
Roberts, William	GRVL	504
Roberts, William F	BUFT	46
Roberts, William*	LCTR	203
Roberts, William H	LCTR	203
Roberts, Wilson A	BUFT	34
Roberts, Wm	GETN	300
Roberts, Wm D	MARN	71
Roberts, Wm J C	SPBG	277
Roberts, Zary	ORBG	76
Robertson, A	GRVL	359
Robertson, A M	LRNS	243
Robertson, Alexander	CHTN	285
Robertson, Alexr**	ABVL	104
Robertson, Alexr*	RHLD	55

195

Name	Code	Pg	Name	Code	Pg	Name	Code	Pg
Robertson, Ann	CHTN	416	Robeson, James	SMTR	123	Robinson, J E	GETN	301
Robertson, B H	FAFD	212	Robeson, Jno	SMTR	123	Robinson, J P	LCTR	208
Robertson, Barnet	LRNS	302	Robeson, Sarah	SMTR	123	Robinson, J Townes*	ABVL	25
Robertson, Calvin	GRVL	438	Robhins, James	SPBG	235	Robinson, Jacob	COTN	348
Robertson, Capt D	EDFD	64	Robies, Mary	CHTN	493	Robinson, Jacob**	ORBG	386
Robertson, Charles*	LRNS	222	Robin, Benjamin	CHTN	195	Robinson, Jacob	ORBG	343
Robertson, Cornelia*	EDFD	48	Robin, Chas	EDFD	136	Robinson, James	CHTR	57
Robertson, Danl	LRNS	330	Robin, Frances*	YORK	489	Robinson, James	ADSN	207
Robertson, Danl	LRNS	302	Robin, Green	YORK	489	Robinson, James	ORBG	388
Robertson, David	ABVL	84	Robin, John	YORK	489	Robinson, James	PKNS	158
Robertson, David	SPBG	310	Robin, Thos	YORK	496	Robinson, James	PKNS	153
Robertson, Dr T G	FAFD	206	Robin, William	YORK	489	Robinson, James A	FAFD	277
Robertson, E C	EDFD	74	Robinosn, Wm S	YORK	454	Robinson, James B	COTN	251
Robertson, Edward	ABVL	19	Robins, A	CHTN	335	Robinson, James G	CHTR	10
Robertson, Elizabeth**	CHTR	71	Robins, Abel	PKNS	51	Robinson, James Jr	COTN	305
Robertson, Elizabeth***	FAFD	206	Robins, C B	CHTR	13	Robinson, James M*	RHLD	48
Robertson, Elizabeth	ABVL	117	Robins, D P*	ADSN	254	Robinson, James M	ADSN	185
Robertson, Ellen	CHTN	214	Robins, E B	CHTR	14	Robinson, James Y	FAFD	247
Robertson, Frances	ABVL	119	Robins, Joseph	CHTR	14	Robinson, Jane	ADSN	297
Robertson, Frederick L**	RHLD	51	Robins, Levi N	PKNS	107	Robinson, Jane	BNWL	445
Robertson, G W	LRNS	226	Robinson, A M D	BNWL	414	Robinson, Jane	CHTN	209
Robertson, Geo	CHTN	363	Robinson, Alex T*	ABVL	38	Robinson, Jane	BNWL	446
Robertson, George	FAFD	247	Robinson, Allen	YORK	471	Robinson, Jane	ABVL	126
Robertson, George J	COTN	267	Robinson, Allen	YORK	459	Robinson, Jane	ADSN	241
Robertson, George M	GRVL	347	Robinson, Allen	YORK	471	Robinson, Jas L	ABVL	2
Robertson, H E*	FAFD	233	Robinson, Andrew	YORK	499	Robinson, Jas**	EDFD	122
Robertson, Hanna W**	CHFD	188	Robinson, Ann	CHTN	441	Robinson, Jas	YORK	456
Robertson, Henry	FAFD	212	Robinson, Ann*	CHTN	241	Robinson, Jas K	CHTN	401
Robertson, Holly	RHLD	70	Robinson, Anna	ABVL	109	Robinson, Jas L**	CHTN	348
Robertson, Hugh	ABVL	107	Robinson, Anthony	ORBG	356	Robinson, Jas M	CHTR	70
Robertson, Isaac	GRVL	358	Robinson, Aquilla	YORK	448	Robinson, Jas T	BUFT	28
Robertson, J B*	RHLD	56	Robinson, Archy	CHTR	47	Robinson, Jeremiah	PKNS	146
Robertson, J H	EDFD	64	Robinson, Benjamin F	PKNS	125	Robinson, Jervias	CHTN	414
Robertson, J W	FAFD	247	Robinson, Benjn V	ABVL	77	Robinson, Jesse	ADSN	205
Robertson, James	FAFD	251	Robinson, Berry	GRVL	379	Robinson, Jno	EDFD	76
Robertson, James	ABVL	85	Robinson, Berry*	KRSW	136	Robinson, Jno	CHFD	156
Robertson, James E	FAFD	244	Robinson, Bessy*	CHTN	207	Robinson, Jno	CLDN	241
Robertson, Jane*	GRVL	509	Robinson, Bevings	GRVL	461	Robinson, Jno	SPBG	402
Robertson, Jane	GRVL	469	Robinson, Box Jr	COTN	305	Robinson, John	EDFD	96
Robertson, Jane*	ABVL	92	Robinson, Box Sr	COTN	305	Robinson, John	NWBY	285
Robertson, Jas L	ABVL	142	Robinson, C	EDFD	139	Robinson, John A	PKNS	146
Robertson, Jas Q	LRNS	302	Robinson, Caleb	PKNS	80	Robinson, John B	ADSN	204
Robertson, Jno	LRNS	259	Robinson, Calvin	YORK	385	Robinson, John E	CHFD	111
Robertson, John	FAFD	247	Robinson, Cathn	COTN	268	Robinson, John R	COTN	251
Robertson, John	ABVL	92	Robinson, Charles T	FAFD	278	Robinson, John*	ORBG	406
Robertson, John	FAFD	217	Robinson, Charles*	ADSN	253	Robinson, John	CHTN	381
Robertson, John A	FAFD	236	Robinson, Charlotte	ADSN	328	Robinson, John	ORBG	343
Robertson, John W	COTN	306	Robinson, Chas	GRVL	461	Robinson, John*	ADSN	260
Robertson, John W**	CHTN	290	Robinson, Clark	YORK	409	Robinson, John	FAFD	265
Robertson, Joseph*	ORBG	361	Robinson, D P	LCTR	147	Robinson, John R	RHLD	32
Robertson, Joseph	CHTN	284	Robinson, Daniel	ORBG	405	Robinson, Jos	YORK	444
Robertson, L	LRNS	281	Robinson, Dr W F*	NWBY	287	Robinson, Jos	PKNS	8
Robertson, Lewis	LRNS	301	Robinson, Drucilla	ORBG	357	Robinson, Joseph*	BUFT	61
Robertson, Lydia*	LRNS	314	Robinson, E	GETN	286	Robinson, Joseph**	CLDN	239
Robertson, M R	FAFD	204	Robinson, E A	ADSN	179	Robinson, Joseph	FAFD	277
Robertson, Martha C**	GRVL	465	Robinson, E B*	KRSW	133	Robinson, L	GETN	312
Robertson, Mary	FAFD	223	Robinson, E D*	CHTN	218	Robinson, L	CHFD	155
Robertson, Mrs	CHTN	349	Robinson, E G	KRSW	133	Robinson, L	BNWL	506
Robertson, Mrs N	EDFD	74	Robinson, E H	ADSN	194	Robinson, Larkin B	YORK	406
Robertson, Nancy	ABVL	142	Robinson, E K	GRVL	411	Robinson, Lavinia*	BUFT	28
Robertson, Nathan*	RHLD	2	Robinson, E T	CHTR	17	Robinson, Lewis*	ORBG	391
Robertson, Nathan	FAFD	213	Robinson, Eliz E	PKNS	6	Robinson, Lewis*	COTN	257
Robertson, P	LRNS	253	Robinson, Eliza*	FAFD	230	Robinson, Lewis*	ORBG	386
Robertson, R	LRNS	295	Robinson, Eliza**	ORBG	405	Robinson, Louisa	PKNS	182
Robertson, Reuben	LRNS	297	Robinson, Eliza	ADSN	156	Robinson, Louiza	YORK	415
Robertson, S A	CHTN	177	Robinson, Eliza J	LCTR	194	Robinson, Luama	ABVL	65
Robertson, S J A***	KRSW	140	Robinson, Eliza	FAFD	228	Robinson, Lucena	LCTR	213
Robertson, S W	LCTR	212	Robinson, Elizabeth	ORBG	391	Robinson, M A*	ORBG	308
Robertson, Saml	DLTN	452	Robinson, Elizabeth**	CHTR	27	Robinson, M*	SPBG	343
Robertson, Samuel*	ABVL	98	Robinson, Elizabeth	CHTN	441	Robinson, Margaret	FAFD	234
Robertson, Sarah*	ABVL	89	Robinson, Elizabeth	ADSN	240	Robinson, Margret	BNWL	397
Robertson, Scarlet	LRNS	302	Robinson, Elizb	ABVL	45	Robinson, Maria*	CHTN	412
Robertson, Stephen*	LRNS	228	Robinson, Ellen	CHTN	441	Robinson, Mariah*	ORBG	389
Robertson, Susan	CHTN	432	Robinson, Emma H*	CHTN	233	Robinson, Marion	YORK	416
Robertson, Susan	LRNS	302	Robinson, F	FAFD	277	Robinson, Martha	SPBG	400
Robertson, T G	FAFD	209	Robinson, Frank	ADSN	240	Robinson, Martha A*	YORK	429
Robertson, Tenah**	CHTN	197	Robinson, Franklin	ORBG	359	Robinson, Martha E*	BUFT	28
Robertson, Thomas	FAFD	235	Robinson, Fredk V	ABVL	34	Robinson, Martin J*	CHTN	233
Robertson, Thomas J	RHLD	24	Robinson, G G	EDFD	104	Robinson, Mary*	ADSN	223
Robertson, Thoms*	FAFD	210	Robinson, Gatsey*	LCTR	191	Robinson, Mary	ADSN	304
Robertson, Thos*	ABVL	25	Robinson, Geo**	CHTN	307	Robinson, Mary A*	CHTN	233
Robertson, Thos M	FAFD	213	Robinson, George	ABVL	2	Robinson, Mary	ABVL	38
Robertson, Thos*	FAFD	209	Robinson, George	SPBG	400	Robinson, Mary	FAFD	249
Robertson, Toliver	LRNS	301	Robinson, George F	PKNS	146	Robinson, Mary*	CHTR	29
Robertson, V B	LRNS	222	Robinson, George G	CHTR	77	Robinson, Mary**	CHTR	83
Robertson, W B	FAFD	227	Robinson, H	KRSW	93	Robinson, Mary**	CLDN	193
Robertson, W B	COTN	295	Robinson, H	FAFD	255	Robinson, Mary J*	COTN	314
Robertson, W C	EDFD	77	Robinson, H S	CLDN	240	Robinson, Mary	SPBG	404
Robertson, Wade H	ABVL	85	Robinson, Hardy*	LCTR	191	Robinson, Mary*	LXTN	359
Robertson, Wesley	ABVL	87	Robinson, Hayne*	ORBG	353	Robinson, Methius*	ORBG	385
Robertson, William*	ABVL	23	Robinson, Henny	SPBG	199	Robinson, Michael	CLDN	242
Robertson, William S	ABVL	127	Robinson, Henry*	ABVL	44	Robinson, Minere*	LCTR	179
Robertson, Wm	ABVL	141	Robinson, Henry	ORBG	406	Robinson, Mrs Ann	CHTN	233
Robertson, Wm	CHTR	55	Robinson, Henry F***	CHTN	430	Robinson, Murry	ORBG	343
Robertson, Wm	FAFD	211	Robinson, Huey	FAFD	229	Robinson, Nancy	FAFD	266
Robertson, Wm	ABVL	44	Robinson, Isaac	CLDN	241	Robinson, Nancy	YORK	509
Robertson, Wm	EDFD	31	Robinson, Isham	SPBG	366	Robinson, Nancy	CHTR	57
Robertson, Wm	LCTR	214	Robinson, Isham E	SPBG	398	Robinson, Nathaniel	FAFD	268
Robertson, Wylie	LCTR	210	Robinson, Ivey	LCTR	183	Robinson, Nicholas*	COTN	312
Robertson, Young*	FAFD	204	Robinson, J C	KRSW	93	Robinson, Peggy	YORK	430
Robesen, Thomas W	CHFD	130	Robinson, J C	BNWL	447	Robinson, Phillip	LCTR	206
Robeson, Bede*	SMTR	100	Robinson, J C	LCTR	157	Robinson, Pinckney**	GRVL	413
Robeson, Geo F	CHFD	147	Robinson, J E	BNWL	475	Robinson, R T	LCTR	147
Robeson, Hattie*	CHFD	145	Robinson, J*	CHTN	264	Robinson, Rachel	ORBG	381
Robeson, Isaac	SMTR	99	Robinson, J E	CHTR	27	Robinson, Rebecca*	ABVL	38
						Robinson, Richard	KRSW	96

Name	Loc	Pg
Robinson, Robert*	CHTN	264
Robinson, Robt M*	GETN	314
Robinson, Rose*	CHTN	431
Robinson, Rudolph**	CHTN	408
Robinson, S D	CHTN	234
Robinson, S M	ADSN	204
Robinson, S T*	EDFD	103
Robinson, Sallie**	KRSW	118
Robinson, Saml	RHLD	88
Robinson, Saml	ABVL	60
Robinson, Saml	CLDN	229
Robinson, Saml	LCTR	181
Robinson, Samuel	CHFD	156
Robinson, Samuel	ADSN	200
Robinson, Samuel	LCTR	163
Robinson, Sarah	CHTN	279
Robinson, Sarah	CHTN	499
Robinson, Sarah	CHTR	36
Robinson, Sarah	ADSN	205
Robinson, Sarah A	CHTR	38
Robinson, Sarah J**	ABVL	147
Robinson, Sarah*	CHTR	29
Robinson, Susan	ADSN	200
Robinson, Susan H**	CHTN	423
Robinson, T E	ORBG	388
Robinson, T*	LRNS	224
Robinson, Theressa**	CHTN	410
Robinson, Thomas*	EDFD	188
Robinson, Thomas	ORBG	382
Robinson, Thos*	EDFD	47
Robinson, Thos	FAFD	265
Robinson, W A	YORK	372
Robinson, W J	LCTR	147
Robinson, W K	KRSW	138
Robinson, W Lithgrow*	CHTR	73
Robinson, Washington	ORBG	381
Robinson, William	ORBG	385
Robinson, William	PKNS	173
Robinson, William J	BUFT	50
Robinson, William J	CHTN	441
Robinson, William*	ADSN	297
Robinson, William	YORK	509
Robinson, William W	PKNS	145
Robinson, Willis*	CHTR	87
Robinson, Willis	CHTR	71
Robinson, Willis	ADSN	297
Robinson, Wm	GETN	314
Robinson, Wm A	YORK	388
Robinson, Wm T	CHTR	73
Robinson, Wm*	BNWL	475
Robinson, Wm A	FAFD	266
Robinson, Wm G	YORK	452
Robinson, Wm M	CHTR	71
Robinson, Wm*	ABVL	38
Robison, Duncan**	SMTR	180
Robison, Nardy*	SPBG	365
Robison, Ross	YORK	510
Robison, Thomas	ABVL	91
Roble, William & James	CHTN	292
Roblison, Febuary	SMTR	165
Robonson, Arthur*	RHLD	53
Roboro, Eugenia*	FAFD	234
Roborough, Jane	FAFD	248
Robson, Jas L	CHTN	354
Robson, Jno*	CHTN	325
Robson, Mrs S	CHTN	342
Robuck, Elias	NWBY	259
Robuck, James N*	NWBY	258
Robuck, W S**	NWBY	301
Roby, Robt	BNWL	468
Rochan, H C	PKNS	37
Roche, Edward	ABVL	23
Roche, Henry B**	CHTN	486
Roche, Jas M*	ABVL	51
Roche, Maria	RHLD	36
Rochelle, J W**	EDFD	103
Rochester, Daniel L	PKNS	27
Rochester, H	ADSN	256
Rochester, Jincy	PKNS	25
Rochester, John Jr	GRVL	508
Rochester, John*	UNON	187
Rochester, John	GRVL	508
Rochester, Jonathan	ADSN	263
Rochester, Lucy	UNON	209
Rochester, Morgan	ADSN	297
Rochester, Nathaniel	ADSN	307
Rochester, W D	PKNS	29
Rochester, William	CHTN	266
Rochester, Wm	GRVL	517
Rochester, Wm	PKNS	26
Rockwell, E*	CHTN	266
Rocpetz, August	CHTN	490
Rodden, Matthew*	CHTN	473
Roddy, Ann*	CHTN	325
Roddy, Hannah	CHTN	450
Roddy, James	SPBG	262
Roddy, John*	SPBG	266
Roddy, Ladson	GRVL	392
Roddy, N B	GRVL	487
Roddy, Nathaniel	SPBG	262
Roddy, Patrick	CHTN	420
Roddy, Plott*	CHTR	84
Roddy, Rachel N	CHTR	85
Roddy, Rosanna**	CHTN	378
Roddy, Sarah*	CHTR	67
Roddy, Thos	CHTR	80
Roddy, W L*	CHTR	61
Rodemacher, C	PKNS	17
Roden, E	EDFD	79
Roden, Henry	BNWL	359
Roden, John*	CHTR	17
Roden, Sarah	CHTR	24
Roden, Thomas A	BNWL	339
Rodens, Winfred	BNWL	364
Rodes, Lemuel*	GRVL	481
Rodes, Pinckney	GRVL	516
Rodger, Thos L	CHTN	503
Rodgers, Allen*	BNWL	422
Rodgers, Alvin*	NWBY	268
Rodgers, Arthur	LRNS	313
Rodgers, Chesley	EDFD	191
Rodgers, E J*	WMBG	343
Rodgers, Elior	WMBG	340
Rodgers, Elly	MARN	70
Rodgers, Felix	PKNS	184
Rodgers, Harry	CLDN	202
Rodgers, Hugh	NWBY	223
Rodgers, J	GRVL	495
Rodgers, J F*	WMBG	319
Rodgers, J F*	WMBG	319
Rodgers, J L	CLDN	235
Rodgers, J W	SMTR	154
Rodgers, James	GRVL	369
Rodgers, James	EDFD	193
Rodgers, Jas	LRNS	279
Rodgers, John	CHTN	484
Rodgers, Lewis	GRVL	374
Rodgers, Ludicy C	WMBG	319
Rodgers, Maria S*	CHTN	417
Rodgers, Mrs M E	CHTN	240
Rodgers, S	LRNS	229
Rodgers, S R	WMBG	342
Rodgers, Shad	KRSW	112
Rodgers, Thos	EDFD	77
Rodgers, Thos	LRNS	278
Rodgers, Tilman	EDFD	192
Rodgers, W F	WMBG	316
Rodgers, W N G	WMBG	343
Rodgers, W W	WMBG	331
Rodgers, William K	GRVL	512
Rodgers, William Sr	EDFD	193
Rodlsperger, P*	NWBY	304
Rodman, A K	LCTR	151
Rodman, Polly**	CHTR	53
Rody, D C	YORK	385
Roe, Abraham	PKNS	154
Roe, Ann	FAFD	246
Roe, Henry*	GRVL	404
Roe, Huey*	FAFD	241
Roe, J M	GRVL	489
Roe, James	GRVL	356
Roe, Joseph J	MRBO	142
Roe, Thomas S	PKNS	129
Roe, Thos W	GRVL	512
Roe, Willmington	PKNS	128
Roebach, George	FAFD	268
Roebuck, Isaac*	LRNS	315
Roebuck, Margaret	SPBG	385
Roebuck, S S	SPBG	391
Roeder, Chas*	CHTN	211
Roempkin, Jesse L	RHLD	22
Roff, A*	NWBY	252
Roff, J W	CHTN	496
Roffia, Teressa**	CHTN	287
Rogan, James**	HORY	2
Rogen, J H	COTN	295
Roger, Ann E	UNON	268
Roger, Charles*	UNON	297
Roger, G*	UNON	200
Roger, Glover	UNON	246
Roger, J Rice	UNON	185
Roger, James	UNON	252
Roger, James	UNON	186
Roger, Jesse	UNON	268
Roger, John	UNON	204
Roger, Ledford	UNON	252
Roger, Martha	CHTN	482
Roger, Martha E	UNON	269
Roger, Nathaniel	UNON	249
Roger, Thomas*	SPBG	404
Rogers, A	PKNS	7
Rogers, A D	WMBG	344
Rogers, A T	ADSN	286
Rogers, Aaron*	SMTR	98
Rogers, Albert	LRNS	280
Rogers, Alex	MRBO	190
Rogers, Ann*	MARN	72
Rogers, Ann	MARN	51
Rogers, Anna	MARN	74
Rogers, Ansel	SMTR	152
Rogers, Armstrong	SMTR	157
Rogers, Armstrong	EDFD	192
Rogers, Artimus	ADSN	308
Rogers, Augustus	MARN	45
Rogers, B	BNWL	458
Rogers, B T	MARN	120
Rogers, Barfield	SMTR	130
Rogers, Becky	MARN	24
Rogers, Benj	CHTR	46
Rogers, Benj H	MRBO	167
Rogers, Bery**	MARN	4
Rogers, Bethel	MARN	72
Rogers, Beverly	ADSN	310
Rogers, Bigham	MARN	120
Rogers, C J*	WMBG	343
Rogers, C P	ADSN	310
Rogers, Cade	MARN	80
Rogers, Cade	MARN	16
Rogers, Capt Henry**	MARN	112
Rogers, Carey	MARN	74
Rogers, Caroline*	SMTR	115
Rogers, Caroline	SMTR	137
Rogers, Catharine**	PKNS	9
Rogers, Catharine*	CHTN	391
Rogers, Catharine	CHTN	485
Rogers, Catherine	SMTR	166
Rogers, Chas	CHTN	303
Rogers, Chesley W	ADSN	310
Rogers, Cintha	SMTR	128
Rogers, Collin	CHTR	52
Rogers, D M	KRSW	140
Rogers, Daniel	SPBG	387
Rogers, Darling	SPBG	388
Rogers, David	ADSN	169
Rogers, Dawkins*	RHLD	53
Rogers, Dicey	ADSN	311
Rogers, Dionysius M	ABVL	138
Rogers, E H	CHTN	464
Rogers, E*	SPBG	347
Rogers, E	SPBG	409
Rogers, Ebenezer	MARN	74
Rogers, Ebenezer L	MARN	101
Rogers, Edward**	MARN	80
Rogers, Edward	MARN	74
Rogers, Edwin	DLTN	400
Rogers, Elias	SPBG	388
Rogers, Elijah	MARN	80
Rogers, Elisha M	DLTN	451
Rogers, Eliz	DLTN	451
Rogers, Eliza	MRBO	175
Rogers, Elizabeth	SPBG	331
Rogers, Elizabeth	ADSN	312
Rogers, Emily J	SPBG	330
Rogers, Evans	CHFD	105
Rogers, F G	MARN	69
Rogers, F M Sr	DLTN	391
Rogers, George M	RHLD	28
Rogers, H P	MRBO	182
Rogers, H*	LRNS	285
Rogers, H B	ADSN	167
Rogers, H L	ADSN	310
Rogers, Henry	MARN	119
Rogers, Henry A	SMTR	166
Rogers, Henry J	MRBO	173
Rogers, Henry*	CHTN	280
Rogers, Herriot	MARN	102
Rogers, Hester	ADSN	308
Rogers, Hosia	ADSN	311
Rogers, Huger*	MARN	110
Rogers, J B*	ADSN	322
Rogers, J E	KRSW	120
Rogers, J M	GETN	311
Rogers, J R	BNWL	462
Rogers, J T	ADSN	310
Rogers, Jacob	ADSN	310
Rogers, Jacob F	ADSN	312
Rogers, James	RHLD	89
Rogers, James	SPBG	388
Rogers, James	MARN	51
Rogers, James	MARN	70
Rogers, James E	DLTN	451
Rogers, Jane	LRNS	352
Rogers, Jane	SPBG	331
Rogers, Jas L	MARN	4
Rogers, Jesse	HORY	23
Rogers, Jesse	MARN	111
Rogers, Jesse	DLTN	449
Rogers, Jesse	MARN	76
Rogers, Jno A	DLTN	381
Rogers, John	HORY	66
Rogers, John*	CHTN	198
Rogers, John*	MARN	134
Rogers, John	PKNS	19
Rogers, John	MARN	51
Rogers, John	MARN	68
Rogers, John	MARN	24
Rogers, John	MARN	4
Rogers, John	ADSN	312
Rogers, John H	MARN	77
Rogers, John P	ADSN	167
Rogers, John W	MARN	74
Rogers, Johnson	MARN	76
Rogers, Jos*	LRNS	318
Rogers, Jos	GETN	309
Rogers, Joseph*	SPBG	339
Rogers, Joseph	LCTR	142
Rogers, Joseph	MARN	51
Rogers, Josiah	GRVL	349
Rogers, L R	EDFD	191
Rogers, Laney D	MARN	112
Rogers, Larkin	ADSN	311
Rogers, Larkin	ADSN	310
Rogers, Leonard	PKNS	13
Rogers, Lot B	MRBO	174
Rogers, M A*	RHLD	21
Rogers, M A*	DLTN	416
Rogers, M B	BNWL	459
Rogers, M J	WMBG	359

Rogers, M R*	KRSW	134	Roland, J A	UNON	279	Roper, Aaron	GRVL	511
Rogers, Margaret	PKNS	19	Roland, John*	FAFD	204	Roper, Absolom	PKNS	137
Rogers, Margaret	CHTN	390	Roland, Jos	LRNS	307	Roper, Capt B	EDFD	64
Rogers, Margaret	GETN	309	Roland, W W	ADSN	177	Roper, Caswel	MRBO	187
Rogers, Mary*	DLTN	464	Roland, W W	ADSN	177	Roper, Charles	PKNS	181
Rogers, Mary*	YORK	484	Roler, Caty	MRBO	203	Roper, Charles	PKNS	137
Rogers, Mary	RHLD	83	Roler, Henry	MRBO	206	Roper, Crafton	PKNS	120
Rogers, Mary	SMTR	172	Roler, John	MRBO	207	Roper, Crafton E	PKNS	120
Rogers, Mary	ADSN	179	Roleter, Joseph	PKNS	45	Roper, David	PKNS	173
Rogers, Mary	MARN	101	Rolland, Jno W	ABVL	98	Roper, David	PKNS	184
Rogers, Mary R**	CLDN	235	Rollands, John	WMBG	301	Roper, Diana	CHTN	224
Rogers, Matilda	LCTR	154	Roller, James	CHFD	116	Roper, F H	EDFD	106
Rogers, Melissa*	SPBG	250	Roller, Wm	CHFD	116	Roper, G M	EDFD	79
Rogers, Michael*	CHTN	207	Rollerson, Martha	RHLD	40	Roper, George	PKNS	184
Rogers, Mollie	SMTR	114	Rollfink, John	CHTN	388	Roper, Gideon	PKNS	142
Rogers, Monlty	DLTN	471	Rollings, Nancy	DLTN	447	Roper, Hartwell	EDFD	87
Rogers, Moses	SPBG	406	Rollings, R D*	WMBG	355	Roper, Joel E	PKNS	118
Rogers, Mrs**	CHTN	348	Rollings, Wm D	DLTN	469	Roper, John*	EDFD	138
Rogers, N S	MRBO	172	Rollins, --------	DLTN	428	Roper, John	PKNS	163
Rogers, Nancy*	EDFD	76	Rollins, Alfred	CHFD	156	Roper, Malinda	PKNS	123
Rogers, Nancy A**	PKNS	18	Rollins, B-----	CHFD	112	Roper, Maria	CHTN	236
Rogers, Nathan	SPBG	282	Rollins, C	CHFD	141	Roper, Markus	PKNS	146
Rogers, Nathan	MARN	76	Rollins, Danil	SPBG	271	Roper, Martha R	CHTN	220
Rogers, Netty	SMTR	172	Rollins, Edward	SPBG	232	Roper, Mary*	CHTN	422
Rogers, Octavia**	SPBG	429	Rollins, Eliza*	SPBG	304	Roper, Miram	GRVL	336
Rogers, Owen	MARN	76	Rollins, Evan	LCTR	212	Roper, Mrs S A	EDFD	100
Rogers, Owen	MRBO	72	Rollins, G W	SPBG	282	Roper, S E	COTN	355
Rogers, P H	MRBO	172	Rollins, G W	GRVL	392	Roper, Samuel	PKNS	142
Rogers, P S	EDFD	119	Rollins, Geo W	CHFD	110	Roper, Samuel	PKNS	120
Rogers, Patton	PKNS	19	Rollins, Gregory	DLTN	460	Roper, Susan	PKNS	148
Rogers, Paul	ABVL	6	Rollins, Henry	SPBG	234	Roper, Thomas	COTN	356
Rogers, Percilla*	MARN	27	Rollins, Jacob*	WMBG	340	Roper, Tyre L	PKNS	121
Rogers, Peter	MARN	72	Rollins, L P	DLTN	392	Roper, Wm	COTN	355
Rogers, Phillip	MARN	61	Rollins, Lewis	CHFD	165	Ropp, J L	LRNS	345
Rogers, Pinkney D	CHTN	475	Rollins, Noble C	SPBG	217	Ropp, Katharine	NWBY	266
Rogers, Purvis*	CLDN	191	Rollins, P R	DLTN	398	Ropp, Mary	NWBY	284
Rogers, R	WMBG	356	Rollins, R	DLTN	393	Ropp, Wm H	NWBY	266
Rogers, R	DLTN	381	Rollins, R D F	DLTN	389	Rorson, Susan*	CHTN	256
Rogers, R P	SPBG	347	Rollins, Rebecca	CHFD	166	Rosa, David D	GETN	323
Rogers, R R	MARN	69	Rollins, Robt	SPBG	428	Rosamond, Jane	ADSN	333
Rogers, Rebecca*	SPBG	340	Rollins, Sarah*	SPBG	262	Rosboro, J A	CHTR	67
Rogers, Rebecca*	LRNS	246	Rollins, Sarah A**	CHFD	113	Rosboro, R R	FAFD	233
Rogers, Reuben	HORY	23	Rollins, Solomon	SPBG	224	Rosboro, W H	CHTR	89
Rogers, Robert	MARN	51	Rollins, T Jeff	SPBG	244	Rosborough, Jane B	RHLD	33
Rogers, Robert	ADSN	324	Rollins, William	CHTN	386	Rosborough, Matilds*	RHLD	83
Rogers, Robert*	ADSN	286	Rollins, Wm	CHFD	110	Rosborough, W*	CHTR	88
Rogers, Robt	MARN	75	Rollisin, B G	ADSN	177	Rosch, Amelia*	CHTN	428
Rogers, Robt	MARN	78	Rollison, James*	NWBY	237	Roscoe, Minda	CHFD	94
Rogers, Robt	MARN	76	Roloffe, Auga	CHTN	366	Rose, A B	CHTN	450
Rogers, S H	EDFD	188	Rolong, Jane	CLDN	227	Rose, A G	CHTN	362
Rogers, S Jackson	MARN	4	Romane, Paul*	CHTR	76	Rose, Alex	LRNS	297
Rogers, S L	WMBG	343	Romans, Jas	ABVL	45	Rose, Alexander**	CHTN	395
Rogers, Sally	KRSW	130	Romans, John	ABVL	79	Rose, Amelia	CHTN	440
Rogers, Saml	MARN	72	Romans, Wm B	ABVL	91	Rose, Amos	FAFD	241
Rogers, Sarah*	COTN	341	Romanstine, Mary	RHLD	66	Rose, Calvin	KRSW	117
Rogers, Shadrick M*	SMTR	128	Rome, J*	CHTN	219	Rose, Calvin	RHLD	65
Rogers, Silas	MARN	4	Romedy, Wm	FAFD	209	Rose, Eliza H	CHTN	447
Rogers, Sophronia	SPBG	426	Romeinsky, Theodore*	ORBG	348	Rose, F A	CHTN	465
Rogers, T	MARN	73	Romulat, Miss**	CHTN	322	Rose, Henry	CHTN	99
Rogers, T	LRNS	313	Ron, Andrew C*	RHLD	68	Rose, Henry M	COTN	366
Rogers, T W**	KRSW	139	Ronan, William	CHTN	389	Rose, Isabella	CHTN	377
Rogers, Theo A	ABVL	10	Roncy, Robt*	BNWL	410	Rose, J C	FAFD	209
Rogers, Thomas	SMTR	165	Rone, Donald C	ORBG	369	Rose, J H	KRSW	108
Rogers, Thomas J	MARN	127	Rone, Hugh*	RHLD	50	Rose, J H	SPBG	409
Rogers, Thomas**	GRVL	367	Rone, J S	LCTR	163	Rose, James L	CHTN	423
Rogers, Thomas	MARN	8	Rone, L K	LCTR	152	Rose, James W	RHLD	30
Rogers, Thomas A	PKNS	133	Roney, Darling**	BNWL	470	Rose, Jas	CHTN	238
Rogers, Thomas	CHTR	62	Roney, Robert*	CHTR	81	Rose, John	DLTN	460
Rogers, Thos G	GETN	317	Roney, Thos	CHTR	81	Rose, Magna	CHTN	287
Rogers, Vandiver	SPBG	387	Ronzone, Caroline*	SMTR	148	Rose, Margaret*	CHTN	490
Rogers, W	HORY	23	Roof, D J	LXTN	454	Rose, Mary E	RHLD	12
Rogers, W D	PKNS	8	Roof, Danl	LXTN	441	Rose, Ozella O*	SPBG	362
Rogers, W L*	ADSN	322	Roof, George	ADSN	274	Rose, S T	CLDN	228
Rogers, W W	ADSN	310	Roof, Henry	LXTN	355	Rose, Samuel	FAFD	235
Rogers, Washington	SPBG	391	Roof, Isaiah	LXTN	454	Rose, Samuel	UNON	268
Rogers, William	CHTN	170	Roof, Jesse	LXTN	454	Rose, Sarah	CHTN	199
Rogers, William	ADSN	309	Roof, Jesse M	LXTN	394	Rose, Sarah R	BUFT	12
Rogers, Willis	SPBG	331	Roof, John	LXTN	453	Rose, T C	SPBG	362
Rogers, Willis	SPBG	388	Roof, Martin	LXTN	454	Rose, T W	FAFD	246
Rogers, Winney	SMTR	114	Roof, Reuben	LXTN	429	Rose, Thomas	FAFD	243
Rogers, Wm	SMTR	95	Roof, Saml M	LXTN	454	Rose, Virginia*	CHTN	206
Rogers, Wm	CHTN	198	Roof, Simion	EDFD	169	Rose, W A	FAFD	242
Rogers, Wm	MARN	78	Rook, A	ORBG	312	Rose, W E	LRNS	336
Rogers, Wm	MARN	61	Rook, Artemus*	ORBG	312	Rose, W N*	YORK	371
Rogers, Wm	CLDN	190	Rook, Calvin*	ORBG	311	Rose, William	GRVL	402
Rogers, Wm C	MARN	141	Rook, Caroline**	GRVL	445	Rose, Wm J*	CHTN	101
Rogers, Wm G	MARN	72	Rook, Franklin	SPBG	355	Rose, Wm L*	CLDN	243
Rogers, Wm Jr	HORY	55	Rook, J K	LRNS	335	Roseboro, J L*	CHTN	197
Rogers, Wm M	ABVL	1	Rook, Jas	SPBG	355	Roseboro, R A	FAFD	230
Rogers, Z	SPBG	339	Rook, L*	SPBG	259	Roseboro, S Y	FAFD	234
Rogers, Zadoe	SPRG	389	Rook, Saml	LRNS	319	Roseboro, Thos	FAFD	231
Rogerson, H	GETN	307	Rook, Thos	LRNS	318	Roseborough, Ellen	YORK	446
Rogerson, H	GETN	308	Rook, Wm	LRNS	318	Roseborough, J C	FAFD	235
Roges, Jos	DLTN	429	Rooke, Amos	ORBG	354	Roseborough, M	FAFD	205
Roghignes, B A	CHTN	321	Rooks, Caroline**	BNWL	499	Roseheins, Jacob	CHTN	129
Rogin, Mrs C**	CHTN	239	Rooks, Dicey	BNWL	496	Roseman, James	GRVL	339
Rohde, Dedrick***	CHTN	467	Rooks, John*	BNWL	497	Roseman, Jesse	DLTN	470
Rohde, George*	CHTN	400	Rooks, Stephen	BNWL	499	Roseman, P W	DLTN	469
Rohde, Mina	CHTN	374	Rooks, William J*	GRVL	406	Rosemond, W A	GRVL	414
Rohletter, John	PKNS	36	Rooney, Edwd	ABVL	139	Rosenband, M*	ABVL	25
Roiser, Daniel	ORBG	315	Rooney, John	ABVL	70	Rosenbaum, Henry*	CHTN	104
Roiser, Eliza*	ORBG	318	Rooney, Michael*	CHTN	260	Rosenkings, John	CHTN	496
Roiser, Mary	ORBG	315	Rooney, Thos	BUFT	26	Roseknee, C*	CHTN	247
Roland, Ferabee	ORBG	320	Rooper, Jno	CHTN	311	Rosenmeyer, M*	CHTN	249
Roland, Henry	LXTN	365	Root, Mary E	RHLD	12	Rosenspike, Geo	ABVL	44
			Root, T	EDFD	108			

Name	Loc	Pg
Rosenstine, Myer	BUFT	10
Rosenthall, Ernst*	CHTN	410
Roses, Mathew*	CHTN	473
Rosie, Thos	CHFD	159
Rosier, Elizabeth*	BNWL	433
Rosier, Hansford	BNWL	340
Rosier, J M	EDFD	19
Rosier, John	BNWL	450
Rosin, Henry	CHTN	505
Rosis, Joseph	CHTN	246
Ross, A W	MARN	32
Ross, Absolom	BNWL	489
Ross, Allice*	CHTN	112
Ross, Ann*	ORBG	311
Ross, Anthony	ADSN	296
Ross, Austin*	SPBG	257
Ross, B A	EDFD	133
Ross, D B	SPBG	288
Ross, Ebr	ABVL	66
Ross, Frank	CHTR	9
Ross, G C	SPBG	424
Ross, Gaines F	ABVL	66
Ross, Goshen	GRVL	509
Ross, Harriet	CHTN	470
Ross, Henry W	BNWL	489
Ross, J J	KRSW	109
Ross, J*	YORK	370
Ross, J T	LCTR	152
Ross, J W	SPBG	256
Ross, Jacob	ORBG	320
Ross, James M	SMTR	124
Ross, Jane	SPBG	296
Ross, Jas	KRSW	108
Ross, Jesse	GRVL	476
Ross, Jesse	DLTN	397
Ross, Jno	DLTN	384
Ross, Jno M	YORK	437
Ross, John	ABVL	66
Ross, John*	CHFD	118
Ross, John	PKNS	14
Ross, John	LCTR	155
Ross, John	GETN	296
Ross, John Jr	PKNS	15
Ross, John P	GRVL	392
Ross, Mallory	ABVL	67
Ross, Marcus S	SPBG	286
Ross, Marion*	CHTN	112
Ross, Martha**	DLTN	471
Ross, Martha M	LCTR	142
Ross, Mary*	SPBG	423
Ross, Miss M	CHTN	347
Ross, Nicholas*	CHTN	112
Ross, Penelope**	CHFD	177
Ross, Phillip	SPBG	424
Ross, R J	FAFD	243
Ross, Rev R A	YORK	441
Ross, Richard	GRVL	476
Ross, S S**	SPBG	301
Ross, Saml	YORK	464
Ross, Sarah*	CHFD	107
Ross, Sarah*	CHFD	108
Ross, Thos	LRNS	262
Ross, Tilman	GRVL	476
Ross, W*	LRNS	349
Ross, Waneberry	BNWL	383
Ross, Wiley W	GRVL	543
Ross, William	SMTR	124
Ross, William	BNWL	489
Ross, Willis	EDFD	133
Ross, Wm	LCTR	142
Ross, Wm*	DLTN	383
Ross, Wm	CHTR	39
Rossa, M*	CHTN	325
Rossman, F	CHTN	310
Rossow, William*	CHTN	367
Rosswell, John*	SPBG	348
Rostein, Jno*	CHTN	306
Roswell, J C*	DLTN	429
Roswell, Philip	CHTN	175
Roten, Mariah*	EDFD	37
Roth, Henry C	BUFT	88
Rothel, C	PKNS	66
Rothel, James	PKNS	48
Rothel, Joseph	PKNS	70
Rothel, Wm	PKNS	62
Rother, H	CHTN	517
Rothmahler, E B	GETN	288
Rothrock, D B	CHTR	73
Rothrock, Jacob	CHTR	72
Rothschild, Benjn*	ABVL	10
Roton, Sarah*	ADSN	305
Rotten, Thos L	ORBG	353
Rottenberry, John	BNWL	496
Rottenberry, M*	ORBG	307
Rottenburg, Nancy*	ORBG	342
Rotton, Charles*	EDFD	140
Rotton, D L	EDFD	153
Rotton, Franklin*	EDFD	136
Rotton, Henry*	EDFD	140
Rotton, John	EDFD	152
Rotton, M	EDFD	136
Rotton, William*	EDFD	137
Rouark, Margaret*	CHTN	354
Rouch, Wesley**	LXTN	394
Rouck, Mrs E	CHTN	262
Rouke, E	CHTN	260
Roulain, T Eliza*	ABVL	21
Rould, Saml	CHTN	248
Roullain, Ann G*	ABVL	21
Roullain, Robert	CHTN	434
Roullain, Teresa*	ABVL	21
Roumellat, Adeline	CHTN	482
Roumelliat, Julius	CHTN	447
Roumerlat, A	CHTN	322
Round, George H*	ABVL	82
Roundtree, A J	EDFD	94
Roundtree, D	EDFD	94
Roundtree, James	SPBG	252
Roundtree, Jane	BNWL	442
Roundtree, Mary	BNWL	460
Roundtree, Moses	KRSW	100
Roundtree, R J	BNWL	503
Roundtree, Turner	UNON	218
Roundtree, Turner	SPBG	342
Rountree, A M	BNWL	442
Rountree, Edward	BNWL	451
Rountree, Elizabeth*	BNWL	478
Rountree, Geo B**	BNWL	450
Rountree, J D	BNWL	442
Rountree, Job	BNWL	397
Rountree, John**	BNWL	396
Rountree, Judson	BNWL	450
Rountree, Mary	BNWL	442
Rountree, R M*	BNWL	442
Rountree, T J	BNWL	478
Rountree, Thos*	BNWL	438
Rountree, W C**	BNWL	438
Rountree, W D	EDFD	126
Rountree, William	BNWL	397
Roupe, Henry	SPBG	280
Roupe, Henry	SPBG	281
Roupe, James	SPBG	276
Roupe, Jas	SPBG	281
Roupe, John	SPBG	282
Roupe, Reny E	SPBG	281
Roupe, William	SPBG	281
Rouquie, S W	GETN	284
Rour, Thomas	BUFT	46
Rourk, Saml W	CHTN	152
Rourk, Samuel	CHTN	149
Rourke, Mary	CHTN	367
Rourke, O'Brian	CHTN	385
Rourke, Patrick	CHTN	398
Rourke, Patrick**	CHTN	283
Rouse, Anna	ABVL	5
Rouse, Becky*	ABVL	133
Rouse, Corey A	ABVL	92
Rouse, Danl	CHTN	203
Rouse, E R**	GETN	292
Rouse, Ellen	ABVL	7
Rouse, Hannah	ADSN	211
Rouse, Israel	ABVL	37
Rouse, James	BUFT	75
Rouse, James	ABVL	104
Rouse, Jane*	ABVL	4
Rouse, Jno*	ABVL	1
Rouse, John	ABVL	37
Rouse, Lucy*	ABVL	7
Rouse, Nelly	CHTN	218
Rouse, Peter*	ABVL	107
Rouse, Prissilla	BNWL	443
Rouse, R A	DLTN	405
Rouse, Rebecca	BNWL	505
Rouse, Sarah	CHTN	445
Rouse, Thos*	ABVL	4
Rouse, William	ABVL	7
Rouse, William R	BUFT	66
Rouse, Wm	BNWL	505
Rouse, Wm	CHTN	322
Rousum, Barbra	BNWL	449
Roux, Francis	CHTN	101
Row, Harriett C*	CLDN	201
Row, John	FAFD	259
Rowan, William	RHLD	24
Rowand, E	CHTN	224
Rowe, A G*	ORBG	408
Rowe, Andrew	EDFD	168
Rowe, Caroline	FAFD	206
Rowe, Cornius	EDFD	159
Rowe, Donald C	ORBG	362
Rowe, E B	WMBG	314
Rowe, Edward	GETN	292
Rowe, Eliza**	KRSW	80
Rowe, Ervin	MARN	22
Rowe, Harriet	CHTN	379
Rowe, Henry	GETN	298
Rowe, Henry J	ORBG	342
Rowe, J N**	GETN	298
Rowe, James	GETN	303
Rowe, James C*	EDFD	17
Rowe, Jas	KRSW	100
Rowe, Jas L	CLDN	215
Rowe, Jno M*	CLDN	203
Rowe, John	FAFD	260
Rowe, John C	ORBG	408
Rowe, Joseph	CHFD	102
Rowe, Kitty	KRSW	100
Rowe, Luke	FAFD	201
Rowe, Mary*	CLDN	192
Rowe, Mary	EDFD	14
Rowe, Mary	EDFD	152
Rowe, Nancy*	EDFD	43
Rowe, Peter	LXTN	468
Rowe, Reuben	EDFD	186
Rowe, Richard*	EDFD	19
Rowe, Robt*	CHTN	111
Rowe, Ruben	EDFD	189
Rowe, S R	EDFD	119
Rowe, Sarah A**	EDFD	19
Rowe, Simps	EDFD	16
Rowe, T W*	CHFD	102
Rowe, Thomas N	HORY	69
Rowe, Thos E	CHFD	114
Rowe, W J	EDFD	156
Rowe, W T	GETN	302
Rowe, William S*	ORBG	408
Rowe, Wm T	GETN	306
Rowel, Andrew	LCTR	174
Rowel, Atalina	BNWL	395
Rowel, B A	BNWL	377
Rowel, Benjamin	YORK	381
Rowel, Cornelius D	MARN	140
Rowel, D	MARN	46
Rowel, David J	MARN	4
Rowel, Derril	ORBG	370
Rowel, Elihu	LCTR	186
Rowel, George	CLDN	245
Rowel, Henry	LCTR	175
Rowel, James H	LCTR	186
Rowel, James*	COTN	317
Rowel, Jas V	MARN	46
Rowel, John	MARN	46
Rowel, Jones	LCTR	181
Rowel, Leah	MARN	46
Rowel, Mary	YORK	382
Rowel, Mary A	COTN	317
Rowel, Saml	LCTR	186
Rowel, Sarah	BNWL	384
Rowel, Val	MARN	42
Rowel, Wm	LCTR	175
Rowel, Wm L	MARN	137
Rowell, Alfred	BUFT	34
Rowell, Ann**	DLTN	380
Rowell, C J*	RHLD	56
Rowell, Clara**	BUFT	30
Rowell, Delilah	BUFT	33
Rowell, Delilah L	BUFT	66
Rowell, Elizabeth*	COTN	267
Rowell, H*	WMBG	310
Rowell, Jas	MARN	7
Rowell, Jeremiah	MARN	109
Rowell, John	MARN	62
Rowell, Jonas	BUFT	25
Rowell, Martha E*	BUFT	90
Rowell, Mary*	CHTN	122
Rowell, Mary	CHTR	79
Rowell, O A**	GETN	290
Rowell, S H	WMBG	311
Rowell, Thos*	WMBG	313
Rowell, W B	MARN	110
Rowell, Willis	MARN	109
Rowell, Wm J*	BUFT	90
Rowen, Venus*	CHTN	236
Rowhitt, Charles	ADSN	259
Rowk, Sophia*	ORBG	317
Rowland, Alexander	ADSN	304
Rowland, Amon	ADSN	305
Rowland, C R	LRNS	334
Rowland, Elizh	LRNS	334
Rowland, Elsey	ADSN	291
Rowland, Emily	GRVL	420
Rowland, Harriet	LRNS	292
Rowland, Henry	ADSN	304
Rowland, J L	LRNS	289
Rowland, Jeremiah	PKNS	169
Rowland, John	ADSN	296
Rowland, John	PKNS	169
Rowland, John G	PKNS	190
Rowland, Manda*	PKNS	129
Rowland, Marcus	SPBG	202
Rowland, Nancy*	SPBG	245
Rowland, Riley	ADSN	296
Rowland, Samuel	ADSN	286
Rowland, Thomas*	PKNS	133
Rowland, William	ADSN	304
Rowland, William	ADSN	304
Rowland, Wm R*	SPBG	252
Rowlen, Eliza*	PKNS	181
Rowley, Mary**	GRVL	412
Rowlin, Starlin	PKNS	162
Roy, Elizabeth**	YORK	511
Roy, Jno B	CHFD	113
Roy, Jno S	CHFD	113
Roy, John D	ORBG	335
Roy, W*	CHTN	314
Royal, D J	HORY	3
Royall, Croskeys	CHTN	115
Royall, E M	CHTN	108
Royals, Asa	HORY	16
Royals, B	HORY	3
Royals, D A	HORY	31
Royals, Margaret	HORY	4
Royals, Margaret	HORY	4
Royals, W R*	HORY	3
Royea, N A	CHTN	254
Royle, Richard	CHTN	107
Royston, G W	SPBG	196
Rozier, Isham	BNWL	500

Name	Loc	Pg
Rozier, John	MARN	102
Rozier, Joseph	BUFT	68
Rozier, Robert A**	BUFT	68
Ruben, John*	CHTN	271
Ruck, F	CHTN	303
Rucker, Amos	LXTN	458
Rucker, D J	LXTN	457
Rucker, E M	ADSN	258
Rucker, Geo	LXTN	458
Rucker, H L	LXTN	456
Rucker, Jacob	ORBG	355
Rucker, Margaret	ORBG	362
Rucker, Rufus	LXTN	456
Rucker, Uriah*	ORBG	361
Rucker, William	LXTN	457
Rud, Gilbert	GRVL	367
Rud, James	BNWL	449
Rud, James	GRVL	427
Rud, Joseph**	GRVL	408
Rud, Thomas*	GRVL	474
Rudd, Armstrong	LRNS	236
Rudd, G W	COTN	322
Rudd, George	COTN	345
Rudd, Jacob	CHTN	137
Rudd, Sidney*	BNWL	499
Ruddock, Joseph**	CHTN	445
Ruddock, Samuel*	EDFD	71
Ruddock, Thos	CHTN	344
Ruddy, George	CHTN	522
Ruddy, Thos*	RHLD	8
Rudecil, Jno N	SPBG	240
Rudere, Raphael**	CHTN	282
Rudicil, Henry C	SPBG	239
Rudicil, Wylie	CHTR	36
Rudisil, N	UNON	275
Rudkin, J N C*	SPBG	347
Rudolph, Leonora	CHTN	475
Rudolph, Mrs Jane	CHTN	222
Ruff, B W	FAFD	211
Ruff, D W	FAFD	222
Ruff, David	LXTN	436
Ruff, Dr J M	NWBY	277
Ruff, Geo	CHTR	7
Ruff, Hannah	LRNS	344
Ruff, Henry L	NWBY	289
Ruff, J H*	NWBY	305
Ruff, Jane E	RHLD	71
Ruff, John	LXTN	434
Ruff, Joseph*	ABVL	20
Ruff, Joseph**	CHTR	3
Ruff, Lucretia	ABVL	127
Ruff, Martha	ABVL	37
Ruff, Max H*	NWBY	277
Ruff, Miss Lavinia C	NWBY	270
Ruff, P B	NWBY	300
Ruff, R**	CHTN	318
Ruff, Silas	FAFD	220
Ruff, Thos E	LXTN	434
Ruff, W G*	LXTN	431
Ruff, William H	NWBY	277
Ruff, Zachariah*	CHTR	7
Ruffia, Charles	CHTN	515
Ruffin, H*	MARN	69
Rugg, A J	DLTN	376
Rugg, K A	DLTN	378
Rumley, Mrs C	EDFD	38
Rumley, Mrs M	EDFD	38
Rumodt, Lewis	CHTN	523
Rumoff, David J	ORBG	357
Rumoff, Margaret	ORBG	353
Rumpel, G H	CHTN	463
Rumph, Ann	COTN	258
Rumph, Christian	COTN	327
Rumph, Geo H*	CHTN	471
Rumph, H P	COTN	347
Rumph, J L	COTN	353
Rumph, John	COTN	344
Rumph, Louisa	COTN	347
Rumph, S D	COTN	336
Rumph, Thomas	COTN	558
Rumpkeller, Adam*	CHTN	464
Rumple, Elizabeth*	SPBG	324
Rumple, John S	SPBG	324
Runels, John	UNON	264
Runels, L A*	MARN	64
Runken, Henry	CHTN	204
Runken, John*	CHTN	196
Runkin, John	CHTN	100
Runnalds, Thomas*	GRVL	470
Runnell, Annie	FAFD	245
Runnells, Elizabeth	FAFD	237
Runnells, James	FAFD	245
Runnells, Rachal*	FAFD	246
Runnells, Thomas	FAFD	246
Runnels, Hamilton	SPBG	372
Runnels, Jno	SPBG	298
Runnels, Linny**	BNWL	498
Runnels, Little	FAFD	273
Runnels, Major	PKNS	119
Runnels, Mary	SPBG	429
Runnels, Pelly	SPBG	291
Runnels, Pierce	PKNS	156
Runnels, Riley	SPBG	381
Runnels, William	PKNS	118
Runnels, Willis	SPBG	381
Runnels, Wm	SPBG	380
Runnion, J M	GRVL	356
Ruple, Manah	ORBG	541
Rupp, P M*	LXTN	432
Rus, G W	SPBG	416
Rus, J S	SPBG	416
Ruse, Levi	SPBG	416
Ruse, R M	CLDN	243
Rusel, J S	NWBY	298
Rusell, Wm W	BUFT	16
Rush, A M	CLDN	235
Rush, Alvin*	CLDN	228
Rush, Anna	ORBG	329
Rush, Calvin	ORBG	330
Rush, Catharine	ORBG	336
Rush, Charles C*	BNWL	384
Rush, David	EDFD	79
Rush, David	EDFD	93
Rush, E	LXTN	454
Rush, Eliza*	ORBG	316
Rush, Eliza B**	CHTN	512
Rush, H J	EDFD	78
Rush, Henry	EDFD	78
Rush, Henry	EDFD	93
Rush, J W	KRSW	107
Rush, J W	BNWL	365
Rush, Jacob	EDFD	93
Rush, Jacob	EDFD	93
Rush, James*	COTN	363
Rush, John	EDFD	76
Rush, John	ORBG	336
Rush, John J*	KRSW	79
Rush, John*	CHTN	427
Rush, L B*	BNWL	381
Rush, L G	ADSN	156
Rush, Lewis J E	CHTN	180
Rush, Martha*	CHFD	151
Rush, Mary	ORBG	329
Rush, Mary	SMTR	184
Rush, Mary	SMTR	113
Rush, Mary*	ADSN	329
Rush, Mathias D	CHTN	180
Rush, Miss	CHTN	314
Rush, Mrs E	ORBG	312
Rush, Nancy	KRSW	89
Rush, Nancy	LXTN	453
Rush, Nancy**	LCTR	159
Rush, Paul	ORBG	313
Rush, R H	KRSW	107
Rush, Thomas*	CHTN	427
Rush, W H*	EDFD	72
Rush, Wade	ORBG	336
Rushheister, Wm*	CHTN	270
Rushing, B G*	CHTN	371
Rushing, Cathn A	BUFT	28
Rushing, Dickson	CHFD	135
Rushing, Elijah	CHFD	182
Rushing, George W	BUFT	67
Rushing, H L	MARN	13
Rushing, J Martin	BUFT	44
Rushing, Jane H*	BUFT	61
Rushing, Jas	CHFD	158
Rushing, Jerusha	CHFD	133
Rushing, John P	CHFD	133
Rushing, Joseph H	BUFT	61
Rushing, Joseph J	BUFT	44
Rushing, Luisa	CHFD	158
Rushing, Rebecca*	CHFD	184
Rushing, Rich E	BUFT	42
Rushing, Stephen B	BUFT	47
Rushing, Ulysses J	BUFT	58
Rushing, Wm**	BNWL	468
Rushton, Benj	EDFD	154
Rushton, Davis	EDFD	165
Rushton, J R	EDFD	154
Rushton, James	EDFD	188
Rushton, Jas	EDFD	59
Rushton, John	EDFD	166
Rushton, S M*	EDFD	133
Rushton, William	EDFD	158
Rusk, John	ADSN	191
Russ, Danl P	MARN	3
Russ, James	MARN	3
Russ, John	MARN	78
Russ, Nancy*	MARN	47
Russ, Thos	HORY	8
Russ, Thos B*	MARN	13
Russ, Thos W	HORY	8
Russ, Wm	HORY	11
Russel, A J**	CHTN	245
Russel, Abner	PKNS	76
Russel, Anna	PKNS	168
Russel, Creasy*	RHLD	93
Russel, David	PKNS	54
Russel, David	YORK	389
Russel, Elizabeth*	ABVL	93
Russel, Hannah	CHTN	469
Russel, Henry L	PKNS	176
Russel, James	COTN	353
Russel, Jas	ADSN	242
Russel, M	YORK	441
Russel, Malinda	PKNS	168
Russel, Mary A	ABVL	110
Russel, Mrs E	EDFD	43
Russel, Munroe	SPBG	201
Russel, Osburn	CHTR	82
Russel, Penny*	SMTR	139
Russel, Robt Y	YORK	450
Russel, William P	CHTN	295
Russel, Wm T*	SPBG	312
Russell, A	KRSW	100
Russell, Abraham	ABVL	153
Russell, Amassa	CHTN	176
Russell, Areluis	CHTN	176
Russell, Bryan	BUFT	52
Russell, Carrie	ABVL	26
Russell, Chas**	CHTN	197
Russell, David	BUFT	52
Russell, Edith O	ABVL	130
Russell, Emaly*	FAFD	200
Russell, H H	LXTN	402
Russell, H P	CHTN	237
Russell, Henry R	ABVL	40
Russell, Iasiah*	ABVL	119
Russell, J B*	LXTN	401
Russell, J Holland	BUFT	52
Russell, J R*	FAFD	204
Russell, James B	CHTN	489
Russell, Jas	ABVL	40
Russell, Jno	CHTN	364
Russell, Jno A	DLTN	404
Russell, Jno J	DLTN	373
Russell, John	BUFT	53
Russell, John*	ABVL	15
Russell, Jorden S	BUFT	72
Russell, Jos	CHTN	344
Russell, L F*	NWBY	255
Russell, Lou H*	ABVL	25
Russell, Lucy A**	ABVL	19
Russell, M W	CHTR	35
Russell, Malaska	FAFD	216
Russell, Manda E*	PKNS	192
Russell, Mary E*	ABVL	129
Russell, Mary M*	RHLD	22
Russell, Mrs S*	CHTN	342
Russell, Nancy A	BUFT	52
Russell, Nehemiah	BUFT	53
Russell, Osmond	FAFD	240
Russell, Penelope*	SMTR	107
Russell, R R	LRNS	310
Russell, Rebecca	BUFT	32
Russell, Richard	CHTN	136
Russell, S O	CHTN	139
Russell, Sam	BUFT	53
Russell, Samuel	ABVL	124
Russell, Sarah*	BUFT	72
Russell, Sarah*	BUFT	28
Russell, Sarah*	ABVL	41
Russell, Sarah	ABVL	60
Russell, Stephen D	CHTN	157
Russell, T*	FAFD	215
Russell, Theodore	CHTN	176
Russell, Thomas H	ADSN	329
Russell, Timothy*	ABVL	39
Russell, Wash W	ABVL	57
Russell, Wiley	PKNS	192
Russell, William	GRVL	435
Russell, William	BUFT	71
Russell, William	ADSN	252
Russell, William	BUFT	52
Russell, William H*	ABVL	129
Russell, William*	CHTR	15
Russell, Wm	ABVL	29
Rust, Mary	CHTN	504
Rustig, William*	CHTN	291
Rutger, A G	CHTN	305
Ruth, Ellen*	CHTN	494
Ruth, John*	CHTN	427
Ruth, Jos	MARN	10
Ruth, Margaret	BUFT	67
Ruth, Mary E	BUFT	65
Ruth, Mary E	BUFT	67
Ruth, Thomas*	CHTN	427
Ruthemer, John**	CHTN	191
Rutherford, A**	EDFD	107
Rutherford, C*	CHTN	318
Rutherford, Dr Thos B	NWBY	272
Rutherford, John*	UNON	189
Rutherford, Katharine	NWBY	278
Rutherford, Lucy	CHTN	440
Rutherford, Mary	ADSN	291
Rutherford, Miss	CHTN	321
Rutherford, W D*	NWBY	305
Ruthing, Rebecca*	ORBG	368
Ruthven, Daniel	CHFD	104
Rutland, Abramham	EDFD	193
Rutland, Calvin	FAFD	237
Rutland, E W*	EDFD	2
Rutland, Henry	BNWL	374
Rutland, J M	FAFD	207
Rutland, J M, adm Peay Est	FAFD	207
Rutland, Jos	CHTN	207
Rutland, L P	EDFD	3
Rutland, Sarah M A*	LCTR	149
Rutland, William	BNWL	389
Rutledge, A	PKNS	39
Rutledge, Benj H	CHTN	230
Rutledge, Caroline*	CHTN	215
Rutledge, Drusilla	LCTR	210
Rutledge, Frederick	CHTN	147
Rutledge, J E	LCTR	210
Rutledge, James	PKNS	41
Rutledge, John*	PKNS	6
Rutledge, John	CHTN	454
Rutledge, L B	PKNS	24

Name	Loc	#
Rutledge, Mrs E L**	CHTN	233
Rutledge, Phil S	ABVL	24
Rutledge, Porter**	CHTN	396
Rutledge, R R	CLDN	204
Rutledge, Robert*	PKNS	191
Rutledge, Valentino*	CHTN	224
Rutlin, Edwin	ORBG	371
Rutlin, Edwin	ORBG	382
Rutlin, Emily**	ORBG	373
Ryal, Rebecca**	CHTN	129
Ryall, Martha	CHTN	292
Ryall, Thomas	CHTN	292
Ryalls, Wm	GETN	292
Ryals, Hardy	DLTN	394
Ryals, John	MRBO	154
Ryals, Tho	DLTN	461
Ryan, Alica A*	CHTN	428
Ryan, Ann	CHTN	498
Ryan, Ann S**	CHTN	473
Ryan, Augustus	CHTN	278
Ryan, B G	EDFD	41
Ryan, B J	EDFD	106
Ryan, Bridget*	CHTN	263
Ryan, Bridget*	CHTN	420
Ryan, Cornelious	CHTN	514
Ryan, E M*	CHTN	132
Ryan, Elizabeth*	CHTN	403
Ryan, Ellen*	COTN	331
Ryan, Henry	CHTN	434
Ryan, J J	BNWL	467
Ryan, J L	CHTN	224
Ryan, J S	CHTN	362
Ryan, James*	CHTN	427
Ryan, Jane*	RHLD	22
Ryan, John	CHTN	519
Ryan, John P*	RHLD	27
Ryan, John*	CHTN	427
Ryan, John	CHTN	226
Ryan, John*	CHFD	184
Ryan, Julia	CHTN	440
Ryan, Julius*	EDFD	89
Ryan, Mary*	RHLD	22
Ryan, Mary*	CHTN	187
Ryan, Mary T	CHTN	191
Ryan, Mary*	CHTN	247
Ryan, Mary*	CHTN	264
Ryan, Mary*	CHTN	408
Ryan, Mary*	CHTN	330
Ryan, Mary***	CHTN	128
Ryan, Mary L	CHTN	189
Ryan, Mathew	CHTN	455
Ryan, Michael	CHTN	481
Ryan, Michl	CHTN	501
Ryan, Miss*	CHTN	320
Ryan, Mrs S	EDFD	23
Ryan, P B F**	EDFD	66
Ryan, P H	BNWL	466
Ryan, Pat*	CHTN	368
Ryan, Patk*	CHTN	207
Ryan, Patrick	HORY	57
Ryan, Patrick	CHTN	226
Ryan, Patrick	CHTN	402
Ryan, Peter	CHTN	521
Ryan, S B	EDFD	41
Ryan, S S	SPBG	360
Ryan, Thomas A*	CHTN	479
Ryan, Thomas*	CHTN	349
Ryan, Thomas	CHTN	285
Ryan, Thos	CHTN	305
Ryan, Thos*	CHTN	471
Ryan, W	CHTN	469
Ryan, Walter*	CHTN	199
Ryan, William**	CHTN	262
Ryan, William	CHTN	210
Ryan, William R	CHTN	441
Ryan, Winifred**	CHTN	395
Ryans, John	COTN	306
Ryburn, Mary A*	CHTN	425
Ryden, Jo Berry*	GRVL	462
Ryder, Anderson	SPBG	388
Ryder, Margaret*	SPBG	381
Rye, Alexander*	MRBO	202
Ryfield, Dianah	YORK	495
Ryfield, Sallie	YORK	495
Rykard, Jacob	ABVL	62
Rykard, L Harris	ABVL	51
Rykard, Peter	ABVL	56
Rykard, S P	ABVL	38
Rymer, Andrew	FAFD	248
Sabor, P A	COTN	327
Sachtleben, A	CHTN	233
Sack, W M	CHTN	513
Sackael, Sally*	ORBG	310
Saddler, D F	ADSN	242
Saddler, David	ADSN	247
Saddler, E M*	SPBG	316
Saddler, Geo M	LRNS	249
Saddler, Isaac	ADSN	205
Saddler, J H	ADSN	242
Saddler, J V	EDFD	183
Saddler, Mariah	ADSN	210
Saddler, Sarah	EDFD	149
Saddler, Willis	ABVL	71
Sadler, Wm	ADSN	215
Sadler, Elijah	BNWL	467
Sadler, Elizh*	LRNS	226
Sadler, Geo W	LRNS	306
Sadler, James*	RHLD	45
Sadler, Jno	ABVL	71
Sadler, John	ADSN	291
Sadler, L P	YORK	384
Sadler, Margaret	YORK	382
Sadler, Martha	LRNS	306
Sadler, Mary F*	ABVL	25
Sadler, Richard	YORK	388
Sadler, Rocinda*	YORK	441
Sadler, Sarah	YORK	383
Sadler, Silas	NWBY	240
Sadler, Stantifer	YORK	366
Sadler, W C	LCTR	218
Safar, J J**	CHTN	479
Saffran, Patrick	CHTN	469
Sager, Mrs	CHTN	344
Sahlman, C	PKNS	33
Sailor, D W	ADSN	206
Sailor, J N Jr	ADSN	211
Sailor, Sarah	ADSN	206
Sailor, W J	ADSN	206
Sailors, Isaac	ADSN	199
Sailot, V V	LXTN	457
Sails, M E*	MARN	34
Salas, Edwin	CHTN	238
Salcedo, A	CHTN	299
Sale, Johnson	ABVL	67
Sale, Martha	ABVL	67
Sale, W W	CHTN	494
Sale, Wm A	ABVL	67
Salinas, A J	CHTN	355
Salisbury, J	COTN	322
Salisbury, T W	COTN	323
Sallat, Max	EDFD	114
Salley, A A*	ORBG	367
Salley, H A	ORBG	401
Salley, Howel J	LXTN	445
Salley, J J	ORBG	393
Salley, J J	ORBG	393
Salley, J M	ORBG	397
Salley, Jacob	ORBG	395
Salley, John A	ORBG	402
Salley, John J	ORBG	391
Salley, Rufus	ORBG	392
Salley, T G	LXTN	445
Sallin, Maggie*	SPBG	316
Sally, Alex**	ORBG	352
Sally, Donal	ORBG	376
Sally, H F	ORBG	367
Sally, N W	ORBG	390
Sally, Nat	ORBG	376
Salman, Bennett*	CHTN	196
Salmon, Sallie*	MARN	92
Salmond, Griffin	RHLD	87
Salmond, Lizzie	RHLD	87
Salmond, Thos	RHLD	87
Salmons, David D	MARN	95
Salmons, Dudley C	GRVL	339
Salmons, Saml J	MARN	94
Salmons, W H	GRVL	340
Salsbury, Allen	COTN	345
Salsbury, John*	COTN	339
Salter, Edward*	CHTN	471
Salter, J C	EDFD	192
Salter, J M	EDFD	196
Salter, J M	EDFD	1
Salter, Joanna C	CHTN	384
Salter, John Sr	EDFD	192
Salter, Peter**	CHTN	471
Salter, S J	EDFD	188
Salters, Isaac H*	RHLD	48
Salters, J A	WMBG	301
Salters, L	EDFD	196
Salters, Phillip	CHTN	465
Saltns, F W	CHTN	307
Saltns, John*	CHTN	211
Salvo, Frances	CHTN	423
Salvo, Madm	CHTN	501
Salvo, Vincent M	CHTN	484
Sambert, Ann	CHTN	167
Sambry, A*	CHTN	323
Samer, Jno	CHTN	311
Sammons, Daniel	CHTR	19
Sammons, Frankin*	GRVL	513
Sammons, George	CHTR	17
Sammons, Joseph M	GRVL	378
Sammons, Nancy	CHTR	20
Sammons, Rob	DLTN	453
Sammons, Susan	DLTN	453
Sammons, Wm D*	CHTR	23
Samons, Israel	FAFD	239
Sampboll, T B	CHTN	258
Sample, John B	ABVL	80
Sample, Nancy	EDFD	161
Sample, Peter	CHFD	112
Sampson, Jacob*	GETN	285
Sampson, Joseph	GETN	289
Sampson, Joseph**	CHTN	240
Sampson, Saml	CHTN	365
Sampson, Samuel	CHTN	283
Sams, C A	CHTN	109
Sams, C C	BUFT	3
Sams, D D	CHTN	236
Sams, F F	BUFT	7
Sams, H H	BUFT	6
Sams, H Y*	CHTN	370
Sams, Lewis R	BUFT	8
Sams, M M	BUFT	14
Sams, M W	BNWL	460
Sams, Miles B	BUFT	2
Sams, R R	BUFT	5
Sams, Rev Mr	CHTN	164
Sams, Richard F*	BUFT	1
Sams, Sarah F	BUFT	4
Sams, Stanhope A*	BUFT	1
Sams, Thos F*	BUFT	1
Sams, Wm B**	COTN	371
Samson, Sam	SPBG	342
Samuel, M	EDFD	99
Samuel, W A	EDFD	41
Samuels, Morris*	GRVL	405
Samuels, Mrs E	EDFD	99
Samuels, Mrs R	EDFD	90
Samuels, Sue*	GRVL	402
Samuels, W G	EDFD	100
Samuels, William	EDFD	141
San Guinette, John	LXTN	423
Sandal, D J	ORBG	351
Sandal, Henry*	ORBG	317
Sandal, I I	ORBG	343
Sandal, Mary	ORBG	351
Sander, James	COTN	249
Sander, Melton	UNON	274
Sanderlin, Patrick	GRVL	451
Sanderlin, William E*	SMTR	114
Sanderline, Demsey	GRVL	342
Sanders, A J	PKNS	97
Sanders, Agustus	SMTR	151
Sanders, Alp--	ABVL	83
Sanders, Andrew	UNON	292
Sanders, Andrew	CHTR	5
Sanders, Augustus*	CHTN	309
Sanders, B C	SMTR	114
Sanders, B L*	KRSW	137
Sanders, Benj	EDFD	146
Sanders, Benjamin	ORBG	374
Sanders, Benjamin	COTN	256
Sanders, Burrell	COTN	269
Sanders, C	SMTR	177
Sanders, C W	CHTR	5
Sanders, Charles	BNWL	480
Sanders, D	CHFD	166
Sanders, David	PKNS	52
Sanders, David	BUFT	31
Sanders, David*	CHTN	173
Sanders, Ed B	COTN	252
Sanders, Edward W	BUFT	21
Sanders, Edward*	CHTR	7
Sanders, Edward W*	BNWL	373
Sanders, Elijah	MRBO	196
Sanders, Elizabeth	UNON	298
Sanders, Elizabeth	CHTN	403
Sanders, Elizabeth*	EDFD	5
Sanders, Ellen*	RHLD	50
Sanders, Ellen	KRSW	107
Sanders, Ellen R*	BNWL	346
Sanders, Ezekiel	CHTR	5
Sanders, F*	CHTN	159
Sanders, G B	GRVL	336
Sanders, Gaines**	SMTR	147
Sanders, George	BUFT	31
Sanders, George	GETN	317
Sanders, George W	RHLD	34
Sanders, Griffin G	COTN	252
Sanders, H E P	DLTN	375
Sanders, Hannah	PKNS	51
Sanders, Hennetta	UNON	286
Sanders, Henry*	NWBY	268
Sanders, Hugh	GETN	288
Sanders, Irvin	SPBG	296
Sanders, Isaac	MRBO	180
Sanders, J B	COTN	311
Sanders, J B E	PKNS	83
Sanders, J C	WMBG	310
Sanders, J H	COTN	326
Sanders, J H	EDFD	72
Sanders, J K	BNWL	483
Sanders, J M	BNWL	447
Sanders, J M	DLTN	431
Sanders, J M	BNWL	483
Sanders, J W	PKNS	98
Sanders, J W	HORY	3
Sanders, Jabez	COTN	257
Sanders, Jackson	BNWL	387
Sanders, Jackson	LXTN	453
Sanders, Jacob	ORBG	385
Sanders, Jacob*	LXTN	449
Sanders, James	YORK	395
Sanders, James	PKNS	98
Sanders, James	BNWL	385
Sanders, James A*	CHTR	5
Sanders, James Sr	BNWL	497
Sanders, Jared Y*	RHLD	52
Sanders, Jas	NWBY	240
Sanders, Jas	MRBO	199
Sanders, Jeff	CHFD	112
Sanders, Jno**	EDFD	46
Sanders, Jno	CHTR	89
Sanders, Jno	CHTN	330
Sanders, Job D D	ORBG	407
Sanders, John	YORK	503

Name	Code	Num	Name	Code	Num	Name	Code	Num
Sanders, John	RHLD	65	Sandfer, Francis J	BNWL	377	Sarton, Mary*	LCTR	207
Sanders, John	SMTR	151	Sandfer, Henry A	BNWL	377	Sarvis, C B	HCRY	10
Sanders, John	CHTR	14	Sandfer, Jane	BNWL	381	Sarvis, Daniel*	HORY	35
Sanders, John	BNWL	367	Sandfer, Littleton	BNWL	346	Sarvis, Hugh	HORY	34
Sanders, John	ABVL	32	Sandford, Hezekiah	PKNS	62	Sarvis, J M	HORY	35
Sanders, John	GETN	313	Sandford, J W	PKNS	72	Sarvis, John F Sr	HORY	12
Sanders, John D	BUFT	90	Sandford, Mary	PKNS	70	Sarvis, Rhoda	HORY	22
Sanders, John O	COTN	260	Sandford, Sarah	PKNS	72	Sarvis, Wm J	HORY	21
Sanders, John T	BNWL	357	Sandifer, A J	BNWL	346	Sasportas, Cecilia*	CHTN	197
Sanders, John*	COTN	343	Sandifer, Adaline*	CHTR	42	Sass, J K	CHTN	338
Sanders, John*	LCTR	146	Sandifer, Dr	YORK	383	Sass, R H	LCTR	180
Sanders, John*	KRSW	132	Sandifer, F J	BNWL	358	Sassard, J	CHTN	228
Sanders, John B**	SPBG	314	Sandifer, George W	BNWL	361	Sassard, J	CHTN	218
Sanders, Joseph	EDFD	5	Sandifer, J W	BNWL	352	Satcher, Caroline	LXTN	427
Sanders, Joseph	CHTN	435	Sandifer, James	BNWL	360	Satcher, G W*	EDFD	15
Sanders, Joseph M	SMTR	114	Sandifer, James J	BNWL	361	Satcher, H M	EDFD	193
Sanders, Joseph T	CHTN	455	Sandifer, Jas	YORK	374	Satcher, Ira H	EDFD	196
Sanders, L Ann	COTN	256	Sandifer, Joseph	BNWL	361	Satcher, Jesse	EDFD	8
Sanders, Laura*	BNWL	478	Sandifer, L G	YORK	384	Satcher, Julius	EDFD	2
Sanders, Lawrence	COTN	251	Sandifer, Lucious S	BNWL	361	Satcher, Margaret**	EDFD	7
Sanders, Lewis	PKNS	98	Sandifer, Mary*	YORK	445	Satcher, Robt	EDFD	4
Sanders, Lucinda	PKNS	97	Sandifer, P	YORK	383	Satcher, Walter**	EDFD	155
Sanders, Lucy	EDFD	75	Sandifer, Phil	YORK	438	Satcher, Willis	EDFD	2
Sanders, M	SPBG	411	Sandifer, Robert	CHTR	54	Saterfield, Cath	SPBG	224
Sanders, M N	BNWL	483	Sandifer, Robert G	YORK	439	Saterfield, Daniel D	PKNS	164
Sanders, M R	DLTN	389	Sandifer, W B	BNWL	361	Saterfield, Jefferson**	SPBG	225
Sanders, M T	GETN	287	Sandler, John	YORK	389	Saterfield, Mary*	PKNS	149
Sanders, Margaret*	NWBY	239	Sandlin, Andrew	YORK	504	Saterfield, Mary A	PKNS	164
Sanders, Margaret	KRSW	117	Sandlin, Iva	YORK	465	Saterfield, Sarah	PKNS	150
Sanders, Marion	SMTR	151	Sandlin, Johnathan	YORK	504	Saterwhite, Ellen	CHTR	14
Sanders, Martha**	MRBO	170	Sandlin, Johnathan	YORK	504	Satterfield, A J	GRVL	330
Sanders, Martin	CHTN	201	Sandlin, Nancy	YORK	504	Satterfield, Alfred	GRVL	329
Sanders, Mary	BNWL	447	Sandreth, Peter*	DLTN	374	Satterfield, B W	GRVL	456
Sanders, Mary	CHTR	89	Sandrum, Trahethala	RHLD	67	Satterfield, Caswell	PKNS	140
Sanders, Mary*	GETN	310	Sands, Adaline A*	HORY	57	Satterfield, Eliza	GRVL	499
Sanders, Mary	UNON	249	Sandsbury, S A*	DLTN	441	Satterfield, J W	SPBG	392
Sanders, Mary*	GETN	301	Sanford, Ham	ORBG	408	Satterfield, Jackson*	GRVL	408
Sanders, Milley*	UNON	214	Sanford, Jesse	ORBG	374	Satterfield, James	GRVL	456
Sanders, Milton*	FAFD	257	Sanford, Jesse	ORBG	373	Satterfield, Jeremiah	ADSN	335
Sanders, Moses	MRBO	171	Sanford, Jno	LXTN	394	Satterfield, Sarah	GRVL	417
Sanders, Mr F	EDFD	4	Sanford, John	MRBO	185	Satterfield, William	GRVL	409
Sanders, Mrs C*	CHTN	109	Sanford, John*	SPBG	305	Satterwhite, J	NWBY	241
Sanders, Nancy*	CHTR	87	Sanford, Lewis**	ORBG	374	Satterwhite, John F*	NWBY	252
Sanders, Nancy**	LXTN	453	Sanford, Thos	SPBG	240	Satterwhite, P O*	YORK	501
Sanders, Patience	CHTR	4	Sanford, William	LXTN	453	Satterwhite, Pascal*	CHTR	22
Sanders, Patrick	SPBG	285	Sangarne, J*	SMTR	122	Satterwhite, R S	NWBY	240
Sanders, Polet	KRSW	140	Sanger, Henry E**	CHTN	193	Satterwhite, Wm	NWBY	240
Sanders, R T*	BNWL	486	Sangs, Gottlieb	LXTN	355	Saul, Aroulis	CHTN	416
Sanders, Rabecca	CHTR	10	Sangster, Geo	CHTN	299	Saul, J W*	GETN	304
Sanders, Richard	RHLD	76	Sankers, William*	RHLD	32	Sauls, Abram	BUFT	45
Sanders, Richard*	GETN	318	Sannier, P**	CHTN	322	Sauls, Abram	BUFT	48
Sanders, Roger**	CHTN	306	Sansburg, Danl	DLTN	382	Sauls, Benjn	BUFT	75
Sanders, S D	CHFD	126	Sansburg, E F	DLTN	420	Sauls, Caleb	COTN	258
Sanders, S J	MRBO	160	Sansburg, Eliz	DLTN	447	Sauls, Christiana	BUFT	77
Sanders, S J	PKNS	97	Sansburg, Jno H	DLTN	472	Sauls, E S	WMBG	344
Sanders, Sallie	MRBO	196	Sansburg, Rosanna*	DLTN	473	Sauls, Elizth	BUFT	79
Sanders, Saml*	COTN	271	Sansburg, Rosanna*	DLTN	448	Sauls, F E*	BUFT	77
Sanders, Samuel	CHTN	185	Sansbury, D J W	DLTN	392	Sauls, Gideon A	BUFT	47
Sanders, Samuel	BNWL	387	Sansbury, Elias	DLTN	401	Sauls, H Martin	BUFT	77
Sanders, Samuel	ADSN	260	Sansbury, J D	DLTN	449	Sauls, Holady	WMBG	320
Sanders, Sarah M	CHTN	177	Sansbury, J L	DLTN	449	Sauls, Isaac	COTN	258
Sanders, Simon	CHTN	210	Sansbury, Jas	DLTN	449	Sauls, James*	COTN	267
Sanders, Smith	YORK	503	Sansbury, Jas M	DLTN	449	Sauls, John**	BUFT	28
Sanders, Susan	CHTN	183	Sansbury, Thos	DLTN	373	Sauls, John Sr	COTN	307
Sanders, Swepson H	SMTR	151	Sansbury, W A	DLTN	393	Sauls, John*	BUFT	46
Sanders, T A*	DLTN	375	Sansbury, Wm	DLTN	468	Sauls, John A	COTN	308
Sanders, T C	COTN	258	Sansbury, Wm W	DLTN	468	Sauls, John E	BUFT	81
Sanders, Temperance	LCTR	189	Sansey, Michael*	ADSN	212	Sauls, John Jr	COTN	307
Sanders, Thomas	FAFD	221	SanSing, Nancy**	YORK	409	Sauls, Nancy	BUFT	77
Sanders, Thomas L*	CHTN	429	Sanssy, David	BUFT	41	Sauls, Orsborn**	BUFT	79
Sanders, Thomas P**	SMTR	150	Santan, M*	CHTN	310	Sauls, Osburn	BUFT	78
Sanders, Thos	CHTR	91	Santford, Gustavus	RHLD	36	Sauls, P E	WMBG	343
Sanders, Thos B	CHFD	118	Sanyards, Washington*	CHTN	229	Sauls, Robert	BUFT	47
Sanders, Tobias	MARN	87	Sapage, Robert	CHTN	477	Sauls, Shadrack	COTN	279
Sanders, W	KRSW	134	Sapp, J C*	BNWL	444	Sauls, Stephen C	BUFT	62
Sanders, W B	GRVL	336	Saps, R H	LCTR	180	Sauls, Theophilus	BUFT	30
Sanders, W B	EDFD	57	Sapshie, A	CHFD	147	Sauls, Washington	BUFT	45
Sanders, W L	BNWL	339	Sarat, Ann	FAFD	223	Saulsbury, Eliza**	CHTN	136
Sanders, W S	BNWL	480	Sargant, Ephraim	PKNS	193	Saunders, A S	ADSN	240
Sanders, W T*	GETN	296	Sargant, Henry	PKNS	176	Saunders, Charity	NWBY	275
Sanders, Wesley	UNON	298	Sargant, Jesse	PKNS	166	Saunders, Elias	ADSN	240
Sanders, William	PKNS	98	Sargant, Rachel*	PKNS	193	Saunders, Elizh	LRNS	259
Sanders, William	RHLD	65	Sargant, William H	PKNS	76	Saunders, Hiram	SPBG	248
Sanders, William	SMTR	114	Sargent, Abram	ADSN	294	Saunders, J B	GETN	305
Sanders, William	COTN	249	Sargent, J*	EDFD	114	Saunders, J C	BNWL	454
Sanders, William	UNON	213	Sargent, Mrs J**	CHTN	334	Saunders, J W	NWBY	277
Sanders, William	EDFD	4	Sarigan, Daniel	CHTN	168	Saunders, J W	BNWL	452
Sanders, William	LXTN	370	Sarncel, Lucia P**	BNWL	478	Saunders, Jas	KRSW	107
Sanders, William A	SMTR	151	Sarratt, Anthony	SPBG	288	Saunders, Lenora	RHLD	16
Sanders, William T	CHTN	404	Sarratt, Gilbert	SPBG	287	Saunders, Mary A	FAFD	222
Sanders, Willington	NWBY	262	Sarratt, Green	SPBG	294	Saunders, Milton*	FAFD	222
Sanders, Willis	EDFD	5	Sarratt, Henry	SPBG	296	Saunders, Mollie**	NWBY	275
Sanders, Wilson	BNWL	482	Sarratt, Irvin	SPBG	284	Saunders, Moses	BNWL	490
Sanders, Wilson	BNWL	480	Sarratt, Jas M	SPBG	287	Saunders, Nancy	SPBG	248
Sanders, Wilson	EDFD	5	Sarratt, Jno M	SPBG	289	Saunders, Peter	MARN	39
Sanders, Wm	PKNS	96	Sarratt, L H*	SPBG	289	Saunders, Sarah Ann*	RHLD	54
Sanders, Wm	PKNS	51	Sarratt, Margaret*	SPBG	277	Saunders, Simpson	SPBG	248
Sanders, Wm	PKNS	10	Sarrot, W W*	BNWL	462	Saunders, Thomas	MARN	3
Sanders, Wm	PKNS	95	Sarter, Dr	UNON	270	Saunders, Thomas	ABVL	100
Sanders, Wm B	PKNS	103	Sarter, J H	UNON	206	Saunders, Thomas O	SMTR	124
Sanders, Wm F	BUFT	26	Sarter, J W	UNON	209	Saunders, Wade	NWBY	275
Sanders, Wm J	BNWL	480	Sarter, John P	UNON	201	Saunders, William	SMTR	124
Sanders, Wood	LRNS	317	Sarter, T J	UNON	209	Saunders, William	ADSN	233
Sanderson, Daniel	MARN	16	Sarter, Thomas	UNON	206	Sausman, John**	CHTN	519
Sanderson, Daniel	MARN	101	Sarter, W H	UNON	208	Savad, Frank	CHTN	268
Sanderson, John	COTN	302	Sarter, William*	UNON	201	Savage, Abram**	UNON	198

Name	Loc	Pg
Savage, Archd*	COTN	313
Savage, B*	UNON	199
Savage, Danl*	MARN	10
Savage, Fabrel	CHTN	303
Savage, George A	BUFT	18
Savage, J W	COTN	251
Savage, James	UNON	221
Savage, James	GRVL	421
Savage, John	UNON	198
Savage, John	COTN	307
Savage, Margaret	UNON	298
Savage, Morgan*	UNON	221
Savage, P	CHTN	226
Savage, Susan	COTN	256
Savage, Susan*	CHTN	496
Savage, Susan	CHTN	226
Savage, William	UNON	287
Savage, William Sr	COTN	273
Saver, Rufus	LCTR	211
Savignigh, L	CHTN	330
Savil, Robert	YORK	404
Saville, H M	YORK	396
Savins, Bridget*	CHTN	471
Sawner, John W	CHTN	399
Sawyer, Anselm	LXTN	462
Sawyer, Elizabeth	LXTN	463
Sawyer, Frederick**	CHTN	438
Sawyer, Geo	LXTN	471
Sawyer, Geo B	LXTN	462
Sawyer, J H*	GETN	321
Sawyer, James P*	RHLD	29
Sawyer, John	MARN	135
Sawyer, John	MARN	130
Sawyer, John V	LXTN	462
Sawyer, Levi	MRBO	171
Sawyer, M H	GETN	321
Sawyer, S B	BNWL	373
Sawyer, T N	LXTN	423
Sawyer, Thos	MARN	25
Sawyer, W E	LXTN	461
Sawyer, W S	LXTN	463
Sawyer, Willis	MARN	137
Sawyers, Jane*	PKNS	175
Sawyers, Lewis	EDFD	180
Sawyers, Lewis	EDFD	182
Sawyers, William*	EDFD	169
Saxe, Mrs	CHTN	333
Saxon, C A	LRNS	269
Saxon, Charlotte*	CHTN	434
Saxon, Jacksn	LRNS	247
Saxon, John	SPBG	358
Saxon, Joshua	LRNS	347
Saxon, Mary R**	LRNS	334
Saxon, Plug	ABVL	86
Saxon, Sally	LRNS	247
Saxon, T B	LRNS	251
Saxson, Jno*	LRNS	245
Saxton, Foster*	LRNS	255
Saxton, Jane A*	SPBG	357
Saxton, Jno	LRNS	251
Saxton, N J*	GRVL	409
Saxton, Pearson	ABVL	80
Saxton, Saml	SPBG	353
Saxton, Thomas	GRVL	402
Saxton, William	GRVL	499
Saye, Jas H	CHTR	64
Sayers, Martha**	ABVL	93
Saylor, Elizabeth*	ADSN	210
Sayre, Nathan*	LRNS	221
Sazre, Augustus*	RHLD	53
Scaff, C*	DLTN	448
Scaff, J*	DLTN	403
Scaff, Jno	DLTN	395
Scaff, Mathew	DLTN	446
Scaff, Riley	DLTN	460
Scaif, F	UNON	267
Scaif, W J	UNON	267
Scaife, C T	CHTR	15
Scaife, Jas H	CHTR	10
Scaife, L*	SPBG	258
Scales, A G*	SPBG	316
Scales, John	UNON	220
Scales, Mary*	CHTN	372
Scales, Samuel	UNON	220
Scales, Thomas	UNON	222
Scales, William	UNON	220
Scales, William*	UNON	284
Scalf, Henry	GRVL	341
Scalla, Mixy	CHTN	389
Scalp, Martha*	GRVL	504
Scalp, Rebecca*	GRVL	449
Scalp, Sarah	GRVL	453
Scanes, J C	UNON	205
Scanlan, Charles	CHTN	274
Scanlan, Henrietta*	CHTN	223
Scanlan, John	CHTN	192
Scanlan, Michael**	CHTN	470
Scanlan, Mrs	CHTN	240
Scanlan, S Ellis**	BUFT	9
Scanlan, Timothy	CHTN	369
Scanlen, Michael	CHTN	455
Scanlin, H C*	NWBY	268
Scanling, Chas*	ABVL	26
Scanlon, Joseph*	CHTN	496
Scarboro, Nancy	KRSW	113
Scarborough, Alfred	SMTR	118
Scarborough, B A	KRSW	85
Scarborough, F J	SMTR	118
Scarborough, Fannie**	SMTR	158
Scarborough, Frances	SMTR	127
Scarborough, H G*	SMTR	95
Scarborough, H H	SMTR	119
Scarborough, H R	CLDN	223
Scarborough, Hardy	SMTR	127
Scarborough, J J	WMBG	311
Scarborough, J L	DLTN	452
Scarborough, Jarvis	SMTR	118
Scarborough, Lewis	ORBG	324
Scarborough, N B	SMTR	101
Scarborough, Sarah A	SMTR	133
Scarborough, Susan H	SMTR	140
Scarborough, William H	RHLD	10
Scarborough, Wm	CHFD	181
Scarlet, John	KRSW	130
Scates, A J	SPBG	260
Scboot, Boyce	SPBG	346
Schacahte, William	CHTN	415
Schackte, Jno	CHTN	313
Schafer, F	CHTN	249
Schafer, Leo	CHTN	201
Schaffrott, Lewis	PKNS	39
Schaller, Henry*	RHLD	44
Schaller, John*	CHTN	111
Schally, John	CHTN	252
Schamaier, D	CHTN	234
Schanboe, F L	CHTN	340
Schanott, M*	CHTN	315
Scharfer, Henry	CHTN	289
Scharff, Herr	CHTN	374
Scharlock, Alex	CHTN	102
Schaubb, Henry	CHTN	159
Scheffersee, Mrs	CHTN	301
Schell, J B	GRVL	344
Scheltin, Jacob*	RHLD	44
Scheper, J H	CHTN	376
Scheper, William*	CHTN	366
Scherlon, Francis	CHTN	522
Scheves, Jacob	BUFT	26
Schewerin, Julius S	SMTR	175
Schieferdeckn, J*	CHTN	249
Schiller, A	EDFD	115
Schiller, Charles*	CHTN	415
Schimmer, Miss Mina*	BUFT	3
Schimmerman, Louisa	CHTN	259
Schipman, B M*	CHTN	370
Schipman, Elizabeth	CHTN	173
Schirmer, Elizabeth*	CHTN	107
Schirmer, F M*	CHTN	370
Schirmer, Miss C**	CHTN	346
Schivers, Fredka*	CHTN	198
Schlegel, M	LXTN	458
Schleister, Henry	ABVL	19
Schlockee, Elza	CHTN	501
Schloker, J P**	WMBG	300
Schlouboom, Louis	CHTN	462
Schlyer, Henry H	CHTN	509
Schmedt, W A	BNWL	457
Schmelgeman, M**	CHTN	521
Schmetzer, G L	CHTN	519
Schmidt, Albert	CHTN	288
Schmidt, J D	LXTN	380
Schmidt, John*	CHTN	102
Schmidt, John	CHTN	101
Schmidt, John H	CHTN	468
Schmidt, M	COTN	253
Schmidt, Richard*	SPBG	311
Schmidt, Rose*	CHTN	102
Schmitt, Nicholas	NWBY	293
Schmitz, John*	PKNS	21
Schmitzor, George S	CHTN	452
Schmkull, Anna*	CHTN	186
Schmkull, Fk*	CHTN	186
Schneider, Adam*	CHTN	483
Schneider, George	CHTN	464
Schneider, J	CHTN	301
Schnell, C	CHTN	297
Schnell, L*	CHTN	301
Schnelmeyor, Christian*	CHTN	448
Schnept, Eliza	CHTN	448
Schnerlie, Jno	CHTN	353
Schnibbe, Carsten A	CHTN	196
Schnibbe, Henry*	CHTN	196
Schnider, A*	CHTN	301
Schodair, Louis	RHLD	11
Schoenthall, Joseph	SPBG	305
Scholer, Terressa*	CHTN	500
Scholl, John	CHTN	205
Schooler, Thomas*	FAFD	267
Schooley, D F	YORK	426
Schooley, Nancy R	YORK	394
Schopig, Fredk	RHLD	3
Schoppwil, -------*	SPBG	311
Schorb, J R	YORK	370
Schramel, W	CHTN	236
Schreieker, Mr G**	CHTN	239
Schreiner, John H	CHTN	286
Schrever, Mary*	CHTN	380
Schrimble, Louis**	CHTN	386
Schroastz, M	WMBG	300
Schrock, J A	KRSW	131
Schroda, Lucy*	COTN	368
Schroder, Betsey*	CHTN	228
Schroder, Dorothy	CHTN	366
Schroder, Fernand	CHTN	518
Schroder, H W	CHTN	347
Schroder, Harman	CHTN	391
Schroder, Henry	CHTN	245
Schroder, Henry*	CHTN	367
Schroder, Henry C	CHTN	451
Schroder, Jacob	PKNS	28
Schroder, Jno C*	CHTN	345
Schroder, Jno M*	CHTN	235
Schroder, Johanna*	CHTN	354
Schroder, Lewis*	CHTN	110
Schroder, M*	BNWL	458
Schroder, P C	CHTN	328
Schroder, Peter*	CHTN	468
Schroder, Sophie*	CHTN	213
Schroder, W H	COTN	354
Schrody, Eliza	CHTN	103
Schrooder, Andrew*	CHTN	260
Schrooder, F*	CHTN	261
Schrveerem, Frank	BNWL	457
Schuaars, Fredk	CHTN	200
Schubner, Eugene	CHTN	110
Schuchert, G	CHTN	382
Schuitz, Anna*	CHTN	313
Schulte, J W	CHTN	356
Schultz, C*	CHTN	324
Schultz, Charles	RHLD	47
Schultz, Charles w**	RHLD	47
Schultz, Henry	CHTN	198
Schultz, John P*	RHLD	80
Schultz, Lilly	CHTN	290
Schultz, Mary S	COTN	331
Schultz, Rosa*	COTN	331
Schultz, Rosalz*	CHTN	461
Schumaker, Thomas	CHTN	101
Schumpert, J K	NWBY	264
Schumpert, Martha*	RHLD	42
Schwake, Augs*	CHTN	367
Schwake, Miss*	CHTN	322
Schwarts, F	BNWL	464
Schwartz, A	MARN	13
Schwartz, Adam	LXTN	398
Schwartz, Frederick*	CHTN	473
Schwartz, G	UNON	270
Schwartz, G H	LXTN	398
Schwartz, H M	BNWL	463
Schwartz, Harmon	CHTN	504
Schwartz, Phil*	RHLD	48
Schwartz, S D	BNWL	462
Schwartze, Amanda M	LXTN	404
Schwartze, Henry	LXTN	404
Schwitzer, Otto	CHTN	314
Schynder, James	YORK	389
Scirven, Wm	CHTN	462
Scofield, Wm	LXTN	414
Scoggins, William	ABVL	111
Scoott, Jane*	SPBG	346
Scot, Benjamin	UNON	227
Scot, Charles	UNON	228
Scot, Ebenezer	YORK	421
Scot, Gemia	UNON	227
Scot, John	UNON	297
Scot, Joseph	UNON	228
Scot, Lee	UNON	288
Scot, Lida	UNON	269
Scot, Mary	YORK	459
Scot, Mary*	UNON	258
Scot, O H P	EDFD	84
Scot, Rebecca	UNON	268
Scot, Saml	YORK	441
Scot, Solomon	UNON	247
Scot, Thomas	UNON	279
Scot, Wm	YORK	441
Scots, Duncan Edward*	MRBO	146
Scott, A W	WMBG	331
Scott, Abram	BNWL	436
Scott, Albert	WMBG	348
Scott, Alex	ORBG	327
Scott, Alex*	BNWL	437
Scott, Alex	BNWL	436
Scott, Andrew	MRBO	157
Scott, Andrew	MRBO	198
Scott, Ann	CHTN	165
Scott, Ann	BUFT	37
Scott, Ann*	CHTN	511
Scott, B F	CHTN	183
Scott, Bartimeus	BUFT	47
Scott, Benj	BNWL	435
Scott, Benj F Jr*	BUFT	7
Scott, Benjamin	MRBO	203
Scott, Benjn	BNWL	505
Scott, Biedy*	MARN	102
Scott, Brantley*	CHTN	166
Scott, Bridget*	CHTN	196
Scott, Canada	SPBG	346
Scott, Caroline	LXTN	350
Scott, Caroline A*	SMTR	145
Scott, Caroline J*	RHLD	59
Scott, Catherine*	MARN	93
Scott, Charles	NWBY	237
Scott, Charles	BUFT	54
Scott, Charlton	BUFT	52
Scott, Christiana	CHTN	416
Scott, Christina*	CHTN	299
Scott, Cynthia	DLTN	425

Name	Loc	Pg	Name	Loc	Pg	Name	Loc	Pg
Scott, Danl	FAFD	217	Scott, Mrs Mary	ABVL	3	Scudday, Dr Henry H	ABVL	111
Scott, David	RHLD	91	Scott, Mrs R L	YORK	376	Sculling, John*	CHTN	238
Scott, David	CHTN	144	Scott, Mrs V	EDFD	92	Sculling, Mrs*	CHTN	239
Scott, David	CHTN	180	Scott, N*	WMBG	305	Scullion, Jane*	CHTN	229
Scott, David	BNWL	436	Scott, Nancy W	RHLD	59	Scurry, F	EDFD	158
Scott, E B	COTN	357	Scott, Nancy*	BNWL	426	Scurry, Gideon*	WMBG	338
Scott, E*	CHTN	371	Scott, Narcissa*	ADSN	286	Scurry, Jno C	CLDN	233
Scott, E M**	CHTN	149	Scott, Newman	SMTR	126	Scurry, R M	EDFD	158
Scott, E M**	EDFD	36	Scott, Newton	ADSN	154	Scurry, S M	WMBG	347
Scott, Edwin J	RHLD	17	Scott, P*	SPBG	259	Scwettmann, F	CHTN	321
Scott, Eldredge	BUFT	52	Scott, Patience	BNWL	411	Sea, James	PKNS	5
Scott, Eli	MARN	117	Scott, Patrick*	NWBY	304	Seaborn, B E*	ADSN	254
Scott, Elisha	FAFD	235	Scott, Peggy	MRBO	191	Seaborn, George	ADSN	262
Scott, Eliza*	COTN	258	Scott, Penny	MRBO	196	Seaborn, Gideon*	YORK	511
Scott, Eliza	CHTN	328	Scott, Phenby**	CHFD	185	Seaborn, Henning	PKNS	17
Scott, Elizabeth	CHTN	481	Scott, Polly	SMTR	125	Seaborn, Robt	YORK	505
Scott, Elizabeth**	BNWL	412	Scott, Polly*	CHTN	180	Seaborn, Sarah	YORK	464
Scott, Ellen*	SPBG	392	Scott, R C	ADSN	201	Seaborn, William*	ADSN	254
Scott, Ellen	RHLD	14	Scott, Rachel	CHTN	332	Seaborough, Sarah	BUFT	39
Scott, Ellen*	GETN	314	Scott, Robert	PKNS	127	Seabourn, James	PKNS	192
Scott, Emeline**	EDFD	31	Scott, Robert	WMBG	300	Seabrook, A**	CHTN	372
Scott, Ervin	MARN	101	Scott, Robert	GRVL	431	Seabrook, A H	BUFT	11
Scott, Eupem	CHTN	193	Scott, Robert	GRVL	426	Seabrook, B*	CHTN	371
Scott, F	ORBG	325	Scott, Rosanna	RHLD	79	Seabrook, Benjn W	BUFT	23
Scott, Frances	RHLD	22	Scott, Rufus C	CHTN	153	Seabrook, Cato A**	RHLD	53
Scott, Frances*	BNWL	397	Scott, S A	WMBG	303	Seabrook, E M	BUFT	19
Scott, Frank	KRSW	119	Scott, Saml	BUFT	59	Seabrook, E M	COTN	321
Scott, Fred J*	RHLD	35	Scott, Sarah E*	CHTN	444	Seabrook, E M*	CHTN	371
Scott, G G	NWBY	293	Scott, Sarah E*	CHTN	447	Seabrook, E W	COTN	324
Scott, Gandis	BNWL	399	Scott, Stephen	BNWL	436	Seabrook, Elizabeth	CHTN	150
Scott, Garret	BNWL	391	Scott, Thomas B	ABVL	1	Seabrook, Elizabeth	COTN	320
Scott, George	WMBG	303	Scott, Thomas*	SPBG	308	Seabrook, Ella*	CHTN	190
Scott, Harriet	MRBO	187	Scott, Thos	BUFT	36	Seabrook, Eva*	CHTN	190
Scott, Harrison**	GRVL	425	Scott, Thos J*	DLTN	375	Seabrook, G W Jr	COTN	370
Scott, Henry	SMTR	125	Scott, Thos Jr	ADSN	170	Seabrook, George W	COTN	371
Scott, Henry	SMTR	132	Scott, Thos Sr	ADSN	170	Seabrook, J C	COTN	371
Scott, Henry	EDFD	3	Scott, Toliver	SPBG	345	Seabrook, J E	COTN	320
Scott, Henry	CHTN	153	Scott, W	ORBG	325	Seabrook, J L*	CHTN	371
Scott, Henry E	RHLD	17	Scott, W	CHTN	103	Seabrook, James B	BUFT	19
Scott, Hosea	LCTR	191	Scott, W B	SPBG	336	Seabrook, John A	BUFT	21
Scott, Hugh*	ABVL	68	Scott, W M	SMTR	118	Seabrook, Kateline*	RHLD	42
Scott, Ira	FAFD	251	Scott, W M	ADSN	180	Seabrook, Mrs E M	COTN	322
Scott, Isham	SMTR	132	Scott, W P	BNWL	419	Seabrook, Paul H	BUFT	20
Scott, J	GRVL	495	Scott, W T	FAFD	252	Seabrook, R F E*	CHTN	371
Scott, J E	WMBG	335	Scott, W T	EDFD	45	Seabrook, Revd J D	COTN	362
Scott, J H	BNWL	419	Scott, Wade	COTN	366	Seabrook, S E	COTN	355
Scott, J W	WMBG	361	Scott, Washington	SMTR	125	Seabrook, W H	COTN	371
Scott, James*	RHLD	84	Scott, William	NWBY	287	Seabrook, W J*	BUFT	20
Scott, James	SMTR	132	Scott, William H	RHLD	18	Seabrook, William**	CHTN	230
Scott, James	SMTR	141	Scott, William*	CHTN	509	Seabrook, William B	CHTN	115
Scott, James	MARN	117	Scott, William E	CHTN	421	Seabrook, Wm*	COTN	358
Scott, James	SPBG	342	Scott, William*	CHTN	165	Seabrook, Wm	COTN	322
Scott, James	LCTR	189	Scott, William	ABVL	56	Seabrook, Wm	CHTN	149
Scott, James A	BUFT	54	Scott, William	ADSN	318	Seabrook, Wm C	COTN	362
Scott, James B	BUFT	53	Scott, Winniford*	BNWL	482	Seabrook, Wm E	COTN	320
Scott, Jane*	CHTN	245	Scott, Wise	BNWL	437	Seabrook, Wm Jr	COTN	321
Scott, Jenkins	CHTN	498	Scott, Wm	LRNS	249	Seaford, M H*	FAFD	206
Scott, Jesse	ABVL	113	Scott, Wm	MARN	101	Seagers, Dicy	CHFD	172
Scott, Jesse	MARN	101	Scott, Wm B	ABVL	102	Seaghan, Jas*	CHTN	325
Scott, Jno C	ABVL	10	Scott, Wm C	DLTN	385	Seah, Mary*	ABVL	92
Scott, Jno J	ABVL	135	Scott, Wm Clark	ABVL	1	Seal, Thomas*	ABVL	98
Scott, Joe	CHTN	124	Scoville, Warren**	ORBG	408	Seal, William T	SMTR	145
Scott, John	PKNS	16	Scovy, Delpha Ann*	SPBG	201	Sealey,, J G	CHTR	24
Scott, John	ORBG	371	Screen, Charlotte*	COTN	360	Seals, James	MRBO	154
Scott, John	RHLD	94	Screeven, Elizabeth*	CHTN	289	Seals, James	ABVL	65
Scott, John	COTN	359	Screplin, C	LRNS	304	Seals, Jas R	ABVL	65
Scott, John L	SMTR	127	Screven, John H	BUFT	26	Seals, Martin	MRBO	192
Scott, John N	SMTR	132	Screven, Richd E	CHTN	213	Seals, Thomas	MRBO	198
Scott, John S*	RHLD	47	Screven, Thos E	BUFT	26	Seals, William*	MRBO	194
Scott, John S*	RHLD	53	Screven, Thos E	BUFT	25	Sealy, David**	CHTR	71
Scott, John T	WMBG	334	Scrimp, Geo	ADSN	217	Sealy, J W	EDFD	116
Scott, John	UNON	292	Scriven, Betsy	CHTN	485	Sealy, James	CHTR	17
Scott, John	GRVL	427	Scriven, John**	CHTN	288	Sealy, Jno S	CHTR	6
Scott, John A*	BUFT	59	Scriven, John J	CHTN	481	Sealy, M*	LRNS	344
Scott, John A P	BUFT	8	Scriven, Maud A	BUFT	24	Sealy, Robert*	GRVL	419
Scott, John**	BNWL	437	Scrivens, Rebecca	CHTN	466	Sealy, W T	CHTR	71
Scott, John	FAFD	216	Scroder, John	ABVL	111	Sealy, Will**	GRVL	351
Scott, John J*	MARN	94	Scroggins, Caroline	YORK	506	Seamore, Hiram	SMTR	109
Scott, Jon Jr	MRBO	191	Scroggins, D B	YORK	371	Seamore, Laurence	SMTR	109
Scott, Joseph	WMBG	300	Scruggs, Allen	GRVL	416	Sean, Washington*	NWBY	262
Scott, Joseph*	WMBG	303	Scruggs, C S W	SPBG	277	Seare, M L*	NWBY	296
Scott, Joseph**	GRVL	419	Scruggs, Chester	SPBG	278	Searight, Mary*	ADSN	244
Scott, Joseph	ADSN	167	Scruggs, Cluff	FAFD	217	Searle, Wm	CHTN	343
Scott, Josiah	SMTR	131	Scruggs, D	SPBG	277	Searles, E	EDFD	96
Scott, L	SPBG	259	Scruggs, Dillard	SPBG	276	Searles, E,Adm Searles Est	EDFD	96
Scott, L A P*	COTN	362	Scruggs, Drury	SPBG	276	Searls, E M*	CHFD	188
Scott, Lewis*	CHTN	519	Scruggs, J P	SPBG	281	Searls, Levi*	MARN	50
Scott, Lindsey	ABVL	101	Scruggs, J W	SPBG	276	Sears, William	ADSN	299
Scott, Louisa C	CHTN	411	Scruggs, Jesse	SPBG	270	Searson, Penelope*	BUFT	92
Scott, M	GRVL	494	Scruggs, Jno T	SPBG	279	Searson, Thos E	BUFT	91
Scott, M Louisa*	CHTN	159	Scruggs, Lemuel	SPBG	276	Searson, Zach Z	BUFT	89
Scott, Manda*	CHTN	509	Scruggs, Mary	LRNS	316	Seary, Sand	SPBG	206
Scott, Manning	SMTR	126	Scruggs, Mary	GRVL	370	Seas, John L	NWBY	213
Scott, Margaret	SMTR	158	Scruggs, Richd	SPBG	276	Sease, J A	EDFD	43
Scott, Margaret*	CHTN	456	Scruggs, Robg	SPBG	292	Sease, John	BNWL	485
Scott, Margt**	CHTN	204	Scruggs, Robt	NWBY	282	Sease, John L	BNWL	356
Scott, Mary	CHTN	497	Scruggs, Robt S	SPBG	280	Sease, Saml	EDFD	42
Scott, Mary	ADSN	274	Scruggs, Ruth	GRVL	368	Seastrunk, Daniel	LXTN	376
Scott, Mary**	CHTN	140	Scruggs, Stovel	SPBG	279	Seastrunk, Luke	RHLD	79
Scott, Mary A	ABVL	56	Scruggs, Susan	GRVL	271	Seats, John	UNON	292
Scott, McBride	WMBG	346	Scruggs, W L M A*	GRVL	406	Seawright, A*	EDFD	185
Scott, Michael	ADSN	288	Scruggs, W N	SPBG	278	Seawright, Isaac C	ABVL	141
Scott, Mildred	ORBG	330	Scruggs, Walton	SPBG	279	Seawright, James	ABVL	146
Scott, Miles	LRNS	327	Scruggs, William	SPBG	280	Seawright, Jas S	ADSN	201
Scott, Moses	BUFT	49	Scruggs, William	SPBG	271	Seawright, Jno N	ABVL	140
Scott, Mrs Elizb	ABVL	56	Scrugs, Hiram	PKNS	83	Seawright, John H	ADSN	201

Name	Loc	Pg	Name	Loc	Pg	Name	Loc	Pg
Seawright, Margaret	ADSN	202	Seigler, Wm Y*	FAFD	237	Senn, Zach	NWBY	232
Seawright, Mary	ORBG	355	Seigler, Wylie	RHLD	73	Senninger, J	EDFD	113
Seawright, Robt	ABVL	141	Seiglor, Geo	FAFD	282	Sentell, Jno	ABVL	66
Seawright, William	ADSN	327	Seigness, Martha E*	SPBG	303	Sentell, Jno C	EDFD	21
Seawright, Wm	ABVL	146	Seignous, Charles W	CHTN	286	Sentell, Robt	ABVL	65
Seay, Alfred	SPBG	244	Seignous, Martha**	CHTN	286	Senterfeit, Henry	LXTN	492
Seay, Allen	SPBG	246	Seigorious, Frances P	EDFD	446	Senterfeit, John	LXTN	421
Seay, Allen	LXTN	433	Seily, Jas	EDFD	113	Sentill, Nancy*	EDFD	131
Seay, Angeline*	SPBG	318	Seinas, B M*	GETN	290	Separd, Michael	YORK	412
Seay, Ann*	LXTN	368	Seitch, W Y**	CHTN	244	Sepaugh, Philip	YORK	478
Seay, Catharine	LXTN	434	Seiver, Michl	CHTN	486	Seres, Peter J	CHTN	492
Seay, Danl E	LXTN	464	Seixas, Mrs H**	CHTN	341	Sergeant, Mary A	CHTN	491
Seay, Danl P	LXTN	416	Selby, M A	RHLD	56	Sersey, Richard R	YORK	386
Seay, Elizabeth*	RHLD	83	Selby, Martha	ABVL	63	Service, Thos W	SPBG	272
Seay, Elizabeth	SPBG	244	Selby, R H	CHTN	163	Sesions, T R	GETN	290
Seay, Elmira	SPBG	233	Seld, D P	EDFD	95	Sesser, M	ADSN	257
Seay, G W	LXTN	418	Seley, Thos	EDFD	83	Sessford, William K	RHLD	20
Seay, Harley	LXTN	389	Self, J M*	EDFD	96	Sessions, B T	HORY	32
Seay, Harman	LXTN	417	Self, J P	EDFD	75	Sessions, Benj E	HORY	70
Seay, Henry	LXTN	389	Self, Jacob	SPBG	296	Sessions, Elizabeth	SMTR	104
Seay, Hilliard	LXTN	429	Self, Jane	RHLD	82	Sessions, Elizabeth J	HORY	33
Seay, J K	SPBG	207	Selits, Catherine*	CHTN	358	Sessions, F J	HORY	9
Seay, James H	RHLD	86	Sell, Thos H	CHTN	460	Sessions, G W	HORY	17
Seay, James R	SPBG	268	Sella, Julius*	GETN	287	Sessions, George K*	HORY	60
Seay, Jerome B	LXTN	434	Sellars, B C	CHFD	125	Sessions, J G	KRSW	107
Seay, Jesse	LXTN	387	Sellars, Bennett	CHFD	144	Sessions, Lawson D	HORY	60
Seay, John	SPBG	326	Sellars, Eliza	CHFD	130	Sessions, Lonn P*	HORY	56
Seay, John J	LXTN	387	Sellars, Elizabeth	CHFD	177	Sessions, Mary F	HORY	56
Seay, Kindred	SPBG	274	Sellars, Flora	CHFD	147	Sessions, P W*	MARN	131
Seay, Kinsman Jr	SPBG	343	Sellars, G W	BNWL	379	Sessions, R R	HORY	17
Seay, Levi	LXTN	433	Sellars, Henry	BNWL	381	Sessions, S M	HORY	25
Seay, Lucinda**	LXTN	424	Sellars, J D	CHFD	147	Sessions, S N	HORY	32
Seay, Mountain	LXTN	389	Sellars, Matilda*	COTN	281	Sessions, Silas*	HORY	63
Seay, Rial B	SPBG	227	Sellars, Sampson	BNWL	402	Sessions, T D*	WMBG	332
Seay, Ruben	SPBG	204	Sellars, Thos H	CHFD	114	Sessions, Thos	KRSW	78
Seay, Sally	SPBG	247	Sellars, W R*	CHFD	174	Sessions, Thos J	GETN	316
Seay, Sarah*	SPBG	347	Sellars, W*	CHFD	144	Sesst, Edward W*	RHLD	27
Seay, T H	SPBG	233	Selle, Mrs**	CHTN	318	Sethgoe, George*	CHTN	485
Seay, W J	SPBG	197	Seller, Bryant J	MARN	21	Sethwood, Jesse	SPBG	385
Seay, William	LXTN	387	Seller, W B	CHFD	140	Setser, Alfred	CLDN	213
Seay, Williamson	SPBG	232	Sellers, Aaron	CHFD	107	Settlemeyer, J W*	SMTR	162
Seay, Willson	SPBG	263	Sellers, Benjn T	BUFT	94	Setzlar, M	LRNS	324
Sebaties, Leon	CHTN	294	Sellers, Edney	HORY	56	Setzler, Adam*	NWBY	270
Seber, Frederick	CHTN	518	Sellers, Etta	SPBG	328	Setzler, Amanda L**	COTN	334
Sebring, Edward	CHTN	454	Sellers, Hardy	CHFD	138	Setzler, Ann	NWBY	270
Sebring, Joseph**	CHTN	439	Sellers, Ida*	CHFD	136	Setzler, Catharine*	LXTN	383
Seckendorf, Myer	CHTN	195	Sellers, J A	HORY	28	Setzler, Dr G A	NWBY	266
Secrest, A J	CHTR	70	Sellers, James	ORBG	327	Setzler, G A	LXTN	401
Secrest, John C	LCTR	217	Sellers, Jerusha*	CHFD	137	Setzler, George A	NWBY	254
Sedford, Mary	CHTN	337	Sellers, Joel	HORY	28	Setzler, Henry T	NWBY	283
See, Elijah	UNON	254	Sellers, John	ORBG	306	Setzler, J T	LXTN	381
Seeba, C F	PKNS	16	Sellers, John Jr	ORBG	306	Setzler, Jacob	NWBY	266
Seeber, Christ*	CHTN	249	Sellers, John P	BUFT	96	Setzler, Jacob	LXTN	399
Seedorff, H C	CHTN	382	Sellers, Jos	GETN	295	Setzler, Marion*	NWBY	300
Seedorff, John	CHTN	294	Sellers, L J	HORY	36	Setzler, Mary	SPBG	238
Seegers, John C	RHLD	59	Sellers, Lavinia*	CHFD	126	Setzler, Sallie	NWBY	266
Seel, Lewis	CHTN	487	Sellers, Lida	UNON	295	Setzler, Susanah	NWBY	270
Seel, William	CHTN	522	Sellers, M C	CHFD	155	Setzler, Wade H	NWBY	247
Seele, Charles	CHTN	495	Sellers, Mary	MARN	111	Seuls, Peter	MRBO	181
Sefrin, Michael	CHTN	291	Sellers, Mary E	CHFD	140	Sevatsky, John M	CHTN	466
Sega, John**	CHTN	287	Sellers, Michael	HORY	58	Severance, Hester G	DLTN	451
Segars, Aaron	CHFD	152	Sellers, S A	GETN	294	Severance, Jo J	DLTN	452
Segars, B W	MRBO	160	Sellers, S D	CHFD	149	Severance, P S	DLTN	470
Segars, Edney	DLTN	438	Sellers, Sarah*	BNWL	352	Severance, R M Jr	DLTN	458
Segars, J R	DLTN	407	Sellers, T B	CHFD	148	Severance, Rob M	DLTN	452
Segars, Jno	DLTN	377	Sellers, W W	MARN	21	Severance, Saml G	DLTN	452
Segars, M J*	DLTN	448	Sellers, William	COTN	281	Severance, Tho G	DLTN	458
Segers, Wm G*	LCTR	189	Sellick, Pruella*	BUFT	58	Sevier, Adolph*	CHTN	202
Seggler, Rebecca*	UNON	263	Sellin, Morris	CHTN	202	Sevlin, Rosa*	CHTN	306
Segil, A	LXTN	379	Sellmann, Charles*	CHTN	110	Seward, Thomas**	YORK	386
Segler, James	UNON	262	Sellors, Calvin	SPBG	228	Sewell, Miss	CHTN	221
Segligman, Morris	CHTN	440	Sellors, Jane*	ORBG	369	Sexton, A M	CHTN	496
Sego, E W	EDFD	79	Seltzer, Geo A	SPBG	224	Sexton, A W	DLTN	396
Sego, Emily*	KRSW	89	Sembler, J R	YORK	395	Sexton, Atha	GRVL	439
Sego, S A*	EDFD	125	Sembler, Susan*	LCTR	157	Sexton, Benjamin	UNON	264
Segrest, W D	ORBG	372	Semken, John*	CHTN	275	Sexton, C T	UNON	189
Segriel, Seviardie**	CHTN	275	Semmis, William*	RHLD	58	Sexton, Cornelius	CHTR	84
Segus, Amanda*	KRSW	88	Sempke, John E	CHTN	294	Sexton, Cornelius	CHTR	79
Sehorn, Danl	YORK	463	Seneath, Anne*	COTN	258	Sexton, Daniel	CHTR	64
Seibels, Henry	LXTN	458	Seneath, Peter	COTN	254	Sexton, David	CHTR	37
Seibert, Robert	LRNS	222	Senken, Diederich*	CHTN	191	Sexton, E T	UNON	264
Seibles, Ann B	RHLD	58	Senn, D A	NWBY	300	Sexton, Easter*	YORK	455
Seibles, E W	EDFD	189	Senn, David*	NWBY	234	Sexton, Jacob	BNWL	350
Seide, M**	SPBG	259	Senn, Dedrick	NWBY	217	Sexton, Jane	SPBG	349
Seigle, N S*	EDFD	198	Senn, Eliza	LXTN	453	Sexton, Jane	CHTR	81
Seigler, Chas*	CHTN	202	Senn, Henry	LXTN	449	Sexton, Jas	YORK	460
Seigler, D J	FAFD	235	Senn, Jacob	EDFD	33	Sexton, John	SPBG	400
Seigler, Demps	EDFD	34	Senn, Jacob	LXTN	449	Sexton, Lourena	PKNS	122
Seigler, Eli	EDFD	94	Senn, Jacob	NWBY	233	Sexton, M A	DLTN	373
Seigler, Eril	COTN	333	Senn, James	LXTN	440	Sexton, Matilda	CHTR	84
Seigler, G H	EDFD	71	Senn, James	NWBY	233	Sexton, Ruth	SPBG	349
Seigler, Henry	EDFD	71	Senn, Jesse	NWBY	239	Sexton, William**	CHTR	77
Seigler, Iron	COTN	333	Senn, John	NWBY	233	Sexton, Wm	SPBG	351
Seigler, James S	LXTN	378	Senn, John P*	LXTN	436	Sexton, Wm H	DLTN	397
Seigler, Jno	EDFD	13	Senn, Lovick*	NWBY	233	Seybet, George L F	ABVL	86
Seigler, John	FAFD	226	Senn, Martin*	LXTN	453	Seyle, Florance O	CHTN	486
Seigler, John	ADSN	250	Senn, Martin	LXTN	448	Seyle, Francis G*	CHTN	486
Seigler, Joseph	ABVL	35	Senn, Rev Conrad	RHLD	8	Seyle, Susan	CHTN	506
Seigler, Martha**	EDFD	68	Senn, Rufus D	LXTN	424	Seymore, A*	DLTN	445
Seigler, Mrs J E	EDFD	71	Senn, Saml	EDFD	44	Seymore, Julia	CHTN	327
Seigler, Mrs M	EDFD	71	Senn, Samuel E**	LXTN	454	Seymore, R W	CHTN	329
Seigler, Tandy	EDFD	73	Senn, Sarah*	EDFD	22	Seymoun, J E	UNON	267
Seigler, W	EDFD	71	Senn, Thos	RHLD	22	Seymour, G N	FAFD	266
Seigler, William	LXTN	378	Senn, Virginia**	NWBY	239	Seymour, Jerome*	EDFD	47
Seigler, Wm	ABVL	39	Senn, W R*	LXTN	454	Seymour, Kate**	RHLD	9
Seigler, Wm A	ABVL	19				Seymour, L	CHTN	110

Name	Loc	Pg
Seymour, M L	GETN	296
Seymour, Mariam	CHTN	422
Seymour, Mrs Ann	CHTN	223
Seymour, Sarah	CHTN	290
Seymour, W W	CHTN	236
Sezdell, Charles	RHLD	40
Shackelford, E S	CHTN	333
Shackelford, John	MARN	7
Shackelford, John*	SPBG	356
Shackelford, John B	MARN	141
Shackelford, Margaret	HORY	70
Shackelford, Margt A*	SPBG	358
Shackelford, R W	GETN	310
Shackelford, S W	HORY	61
Shackelford, Sarah*	SPBG	364
Shackelford, Thos*	HORY	16
Shacker, James	PKNS	76
Shackford, Ellen	CHTN	189
Shackford, Georginana*	CHTN	189
Shackford, Hannah*	CHTN	189
Shackford, Julia H*	CHTN	189
Shackleford, G W	MARN	8
Shackleford, J	SPBG	345
Shackleford, W*	CHTN	258
Shackow, W S	GRVL	353
Shackston, C G	GRVL	355
Shackston, H S	GRVL	349
Shackston, T M	GRVL	350
Shad, Mary	YORK	386
Shadd, T W M	BUFT	40
Shade, Anna*	CHTN	167
Shadoway, Sarah*	ABVL	40
Shadrach, Jno B*	ABVL	67
Shadrack, W S	EDFD	139
Shadrick, Thos	EDFD	61
Shaffer, C Geo	CHTN	509
Shaffer, Charlie*	LXTN	445
Shaffer, Elizabeth	CHTN	437
Shaffer, Jas	EDFD	123
Shaffer, Rosa*	CHTN	132
Shakelford, W W	GETN	289
Shallekan, Dan*	CHTN	295
Shalloe, M*	CHTN	339
Shalloe, M*	CHTN	311
Shamley, Jacob	PKNS	20
Shampny, Louisa**	CHTN	334
Shanahan, Ann**	CHTN	508
Shanahan, Catharine*	PKNS	4
Shanahan, James	CHTN	505
Shanahan, M R*	ORBG	408
Shanahan, Michl	CHTN	508
Shanahan, Wm	ADSN	158
Shand, P F*	SPBG	339
Shand, Peter J	RHLD	9
Shands, A C	SPBG	352
Shands, G D*	SPBG	309
Shands, Harvey	SPBG	324
Shands, Madilla*	SPBG	348
Shands, Mary	SPBG	344
Shands, Rosa J**	SPBG	335
Shands, Thos	SPBG	334
Shands, Thos H	SPBG	334
Shanes, M*	UNON	272
Shaning, James	UNON	208
Shank, M A	EDFD	126
Shanklin, J V	ADSN	256
Shanks, Jas J	ABVL	33
Shannahan, D R*	ORBG	392
Shannon, Ann*	KRSW	79
Shannon, Bartlett**	RHLD	4
Shannon, C J	KRSW	140
Shannon, Charles J	SMTR	173
Shannon, David	RHLD	63
Shannon, E*	CHTN	324
Shannon, Hiram	CHTN	33
Shannon, John*	LCTR	150
Shannon, John	CHTN	294
Shannon, Michael*	RHLD	27
Shannon, Michael	COTN	363
Shannon, Pat*	RHLD	4
Shannon, Pat*	RHLD	4
Shannon, Reuben	HORY	51
Shannon, S D	KRSW	125
Shannon, Saml	KRSW	77
Shannon, T E	KRCW	125
Shannon, Terence	ABVL	90
Shannon, Thomas	CHTR	33
Shannon, W M	KRSW	125
Shannon, Wm	EDFD	96
Shanon, Hannah	CHTN	194
Shanon, J	CHTR	32
Shanon, Moses	CHTR	33
Shanon, Nancy M*	CHTR	32
Shans, Franklin	UNON	242
Shapird, Louis D*	BUFT	89
Shappard, D	EDFD	161
Shappo, Thomas*	CHTN	105
Sharan, Joseph*	LXTN	452
Sharbut, S Z*	GRVL	431
Sharder, Carolina*	CHTN	467
Sharkey, Ann	CHTN	197
Sharla, Danl*	CHTN	522
Sharlock, George	COTN	371
Sharmon, Mary	KRSW	80
Sharp, Bethany*	ORBG	373
Sharp, Charles	UNON	218
Sharp, Elizabeth	UNON	219
Sharp, Enoch M	ABVL	88
Sharp, Floyd	FAFD	270
Sharp, Giles	UNON	268
Sharp, H P	LRNS	302
Sharp, Henry	ABVL	100
Sharp, Jacob	FAFD	270
Sharp, John D	NWBY	258
Sharp, Levi	RHLD	79
Sharp, Levina	UNON	222
Sharp, M E*	UNON	233
Sharp, Marshall	ABVL	139
Sharp, Michael J	RHLD	72
Sharp, Michael R	RHLD	35
Sharp, Mrs Annie	ABVL	151
Sharp, Nimrod	UNON	212
Sharp, Ophelia**	EDFD	27
Sharp, Robt C	ABVL	151
Sharp, Robt Jr	ABVL	128
Sharp, William	ABVL	151
Sharp, Z	UNON	269
Sharpe, Annie	RHLD	60
Sharpe, C M	PKNS	76
Sharpe, Calvin	LXTN	363
Sharpe, David	LXTN	355
Sharpe, Elam	PKNS	24
Sharpe, Elizabeth	ADSN	255
Sharpe, Elizabeth*	LXTN	456
Sharpe, Elizabeth*	FAFD	231
Sharpe, Emanuel	LXTN	440
Sharpe, Frances	LXTN	355
Sharpe, Frances F	PKNS	28
Sharpe, Franklin	LXTN	355
Sharpe, Henry	LXTN	366
Sharpe, J D	LXTN	440
Sharpe, J G	EDFD	28
Sharpe, Jacob	LXTN	359
Sharpe, Jacob	LXTN	358
Sharpe, James	LXTN	459
Sharpe, Jeremiah	FAFD	232
Sharpe, Jerome J	BUFT	82
Sharpe, John	PKNS	40
Sharpe, Leonora*	LXTN	430
Sharpe, Michael	LXTN	470
Sharpe, Reuben	LXTN	440
Sharpe, Reuben	LXTN	459
Sharpe, Thomas	FAFD	232
Sharpe, Uriah	LXTN	366
Sharpe, W P	CHTN	344
Sharpe, W S	ADSN	258
Sharpe, W W	LXTN	358
Sharps, Ann	CHTN	502
Sharpton, A Jr	EDFD	92
Sharpton, A Sr	EDFD	102
Sharpton, B F	EDFD	102
Sharpton, Butler	BNWL	392
Sharpton, Elizabeth*	BNWL	412
Sharpton, Geo	EDFD	35
Sharpton, Jno	EDFD	90
Sharpton, S	EDFD	85
Shaughness, Malachy**	CHTN	259
Shaver, Elizabeth	EDFD	137
Shaver, Hulda**	EDFD	128
Shaver, Jacob	GRVL	373
Shaver, James*	EDFD	129
Shaver, Jas S	LCTR	165
Shaver, John	EDFD	129
Shaver, Nancy	EDFD	137
Shaver, William	EDFD	129
Shaver, William	ABVL	44
Shavors, Elizabeth*	FAFD	203
Shaw, A J	ADSN	206
Shaw, A J	GETN	284
Shaw, Andrew	YORK	387
Shaw, B F	LRNS	231
Shaw, B F	ADSN	206
Shaw, Benj*	MARN	44
Shaw, Caln	ABVL	106
Shaw, Col Wm	ADSN	243
Shaw, Cynthia	LRNS	266
Shaw, D C	CLDN	246
Shaw, D L	EDFD	99
Shaw, Daniel	CHFD	121
Shaw, Daniel	CHFD	170
Shaw, Daniel	MARN	41
Shaw, Danl M*	MARN	118
Shaw, Edward	ADSN	221
Shaw, Elizabeth*	YORK	431
Shaw, Elizabeth*	CHFD	173
Shaw, Ellen*	CHFD	185
Shaw, Ervin J	SMTR	108
Shaw, Frank**	RHLD	46
Shaw, G W	KRSW	139
Shaw, Gilbert	YORK	411
Shaw, H A	EDFD	100
Shaw, H D	WMBG	304
Shaw, H D	GETN	293
Shaw, Hiser*	CHFD	107
Shaw, J C	SMTR	102
Shaw, J D	MARN	9
Shaw, J M	COTN	300
Shaw, J R	KRSW	84
Shaw, James	SPBG	348
Shaw, James H*	SMTR	178
Shaw, James*	ABVL	135
Shaw, Jane*	CHTN	429
Shaw, Jas H	ABVL	145
Shaw, Jesse A*	CHTN	429
Shaw, John	EDFD	105
Shaw, John	FAFD	271
Shaw, John H*	FAFD	202
Shaw, John J	SMTR	140
Shaw, John M	KRSW	121
Shaw, Johnathan	SPBG	343
Shaw, Joseph*	ADSN	235
Shaw, Leander A	SMTR	101
Shaw, M	CHFD	122
Shaw, Malvina*	CHTN	429
Shaw, Margt	FAFD	200
Shaw, Margt	CHTN	494
Shaw, Martha	MARN	53
Shaw, Martin	LRNS	231
Shaw, Mary	CHFD	171
Shaw, Mary*	CHFD	120
Shaw, Mary*	CHTN	429
Shaw, Mary*	ADSN	231
Shaw, Nancy	ABVL	123
Shaw, Nanette	GETN	293
Shaw, Oliver*	MARN	10
Shaw, Peter	ABVL	10
Shaw, Pleasant	LRNS	263
Shaw, R	CHFD	122
Shaw, R H	WMBG	364
Shaw, R W	YORK	410
Shaw, Robert	UNON	282
Shaw, S Leroy	SMTR	140
Shaw, Sallie A*	SPBG	316
Shaw, Samuel	ABVL	107
Shaw, Sarah	BNWL	348
Shaw, Stephen	EDFD	100
Shaw, Thomas M	SMTR	140
Shaw, Thos	MARN	21
Shaw, Thos	MARN	21
Shaw, Vincent	ADSN	192
Shaw, William	SMTR	140
Shaw, William	ABVL	107
Shaw, William H	RHLD	86
Shaw, William R	SMTR	141
Shaw, Winafred	ABVL	7
Shaw, Wm	ABVL	114
Shay, Jno*	CHTN	306
Shaylor, Saml	KRSW	78
Shcrnell, Thos F*	CHFD	112
Shea, Mathew**	CHTN	471
Sheafin, Fredk	CHTN	500
Sheales, Robt O	ADSN	185
Sheales, Seaborn O	ADSN	185
Shealey, Abraham	EDFD	173
Shealey, Andrew	LXTN	419
Shealey, J A	EDFD	173
Shealey, Martin	EDFD	173
Shealey, Mrs E L	NWBY	262
Shealey, Noah	EDFD	173
Shealey, William	EDFD	174
Shealy Henry	LXTN	415
Shealy, A O*	LXTN	420
Shealy, Adam	LXTN	405
Shealy, Adam	LXTN	466
Shealy, Amos	LXTN	178
Shealy, Amos	EDFD	174
Shealy, Anderson	LXTN	466
Shealy, Andw	LXTN	383
Shealy, Axey	LXTN	371
Shealy, B H	EDFD	174
Shealy, Daniel	LXTN	408
Shealy, Danl Sr	LXTN	406
Shealy, David	EDFD	174
Shealy, David C	LXTN	421
Shealy, Eli	LXTN	371
Shealy, Elizabeth	LXTN	403
Shealy, Elizabeth	LXTN	371
Shealy, Emanuel	LXTN	371
Shealy, Ephram	EDFD	173
Shealy, Ervin	LXTN	419
Shealy, G W	LXTN	409
Shealy, Henry	LXTN	371
Shealy, Irby	LXTN	419
Shealy, Isaiah	LXTN	416
Shealy, J M	LXTN	385
Shealy, Jacob	LXTN	420
Shealy, Jacob	LXTN	425
Shealy, Jas D	NWBY	225
Shealy, Jefferson	LXTN	364
Shealy, Jesse	EDFD	31
Shealy, Jno	LXTN	364
Shealy, Jno N	LXTN	404
Shealy, Jno T	LXTN	415
Shealy, John A	LXTN	397
Shealy, Joseph	LXTN	398
Shealy, Joshua	LXTN	407
Shealy, Levi	LXTN	423
Shealy, Levi	EDFD	172
Shealy, Lewis	LXTN	415
Shealy, Littleton	EDFD	174
Shealy, M W	EDFD	178
Shealy, Mary Ann*	LXTN	394
Shealy, Mathias	EDFD	174
Shealy, Michael	LXTN	84
Shealy, Noah	LXTN	420
Shealy, Peter	LXTN	393
Shealy, Rev D	LXTN	385
Shealy, S R	EDFD	174
Shealy, Saml	LXTN	402

Name	Loc	Pg	Name	Loc	Pg	Name	Loc	Pg
Shealy, Simon**	LXTN	425	Shemar, John W	ADSN	203	Shibra, S C*	EDFD	76
Shealy, Solomon	LXTN	408	Sheorn, Duncan	KRSW	138	Shick, Levi	LXTN	381
Shealy, Thos	LXTN	405	Sheorn, Levi	KRSW	97	Shider, J D	COTN	301
Shealy, Uriah	LXTN	392	Sheorn, Sarah**	KRSW	101	Shider, Thomas	COTN	295
Shealy, W M	LXTN	425	Sheorn, W	KRSW	97	Shieder, Rebecca*	RHLD	55
Shealy, W R	EDFD	174	Shepard, Levi	NWBY	248	Shields, Amos O*	ADSN	300
Shealy, Wiley	LXTN	420	Shepard, Margaret*	NWBY	248	Shields, C C	CHTN	518
Shearer, Gillum	ADSN	282	Shepard, Mary**	CLDN	209	Shields, David	SPBG	268
Shearer, Harriet*	ADSN	327	Shephard, Jno	ABVL	87	Shields, David A	SPBG	236
Shearer, J M	YORK	446	Shephard, Susan J	BUFT	93	Shields, E P	SPBG	244
Shearer, Richard	YORK	451	Shepheard, C H*	BUFT	92	Shields, Martha	SMTR	103
Shearer, Walker	YORK	445	Shepheard, Susan	BUFT	11	Shields, Paschal O	ADSN	174
Shearer, Wm	YORK	447	Shepheard, V W	LCTR	165	Shields, Thos A	SPBG	274
Sheares, Arlinasta	ADSN	184	Shepherd, Cynthia*	LCTR	163	Shields, Thos M	SPBG	268
Shearman, Avery**	ADSN	334	Shepherd, Jas*	PKNS	21	Shields, Wm	KRSW	73
Shearman, Samuel	ADSN	325	Shepherd, John	ADSN	154	Shields, Wm	SPBG	268
Shecham, Patrick*	CHTN	237	Sheppard, Ann*	EDFD	5	Shiell, Elizabeth	RHLD	13
Shecut, Mary	CHTN	127	Sheppard, Benj	EDFD	161	Shiell, George A	RHLD	57
Shed, George S	PKNS	62	Sheppard, D	CHTN	145	Shier, C P**	CHTN	339
Shed, Jessie P*	SMTR	153	Sheppard, Daniel T	PKNS	20	Shier, Geo**	CHTN	228
Shed, Joel	PKNS	22	Sheppard, Eli	NWBY	223	Shier, John	LXTN	432
Shed, John*	PKNS	191	Sheppard, Elizabeth*	NWBY	218	Shier, R T	CHTN	121
Shed, Milly A*	PKNS	67	Sheppard, Frances**	ABVL	72	Shiever, Mary	CHTN	256
Shed, Thomas	PKNS	35	Sheppard, Frances	EDFD	72	Shiletto, Andrew W	ABVL	61
Shed, Urbone	YORK	444	Sheppard, G J	NWBY	220	Shiletto, James	ABVL	26
Shedd, George	FAFD	266	Sheppard, H	NWBY	220	Shiletto, Jas A*	ABVL	25
Shedd, J A	FAFD	208	Sheppard, J R	RHLD	51	Shiletto, John	ABVL	60
Shedd, John	KRSW	111	Sheppard, James A*	RHLD	26	Shiletto, William A*	ABVL	20
Shedd, Miss M*	FAFD	207	Sheppard, John*	NWBY	301	Shillinglaw, Andrew	YORK	426
Shedd, Wm	FAFD	281	Sheppard, John*	EDFD	148	Shillinglaw, George	YORK	441
Sheedy, Daniel*	ABVL	30	Sheppard, John	CHTN	349	Shillinglaw, John	YORK	426
Sheedy, Patrick	CHTN	458	Sheppard, Mrs A*	EDFD	5	Shillinglaw, W A	YORK	465
Sheehan, Henry*	SPBG	290	Sheppard, Mrs S	EDFD	109	Shinault, J Sr	EDFD	115
Sheeler, James	CHTN	519	Sheppard, Mrs S L	COTN	275	Shinger, A J	ADSN	185
Sheeley, Henry	RHLD	43	Sheppard, Robert	NWBY	221	Shingler, Ann*	ORBG	326
Sheely, Caroline*	NWBY	257	Sheppard, Saml**	NWBY	227	Shingler, E A	CHTN	128
Sheely, Eliz C*	NWBY	226	Sheppard, Sarah	CHTN	417	Shingler, Frank**	ORBG	330
Sheely, Frank	NWBY	217	Sheppard, Thomas C	GRVL	374	Shingler, G W	CHTN	128
Sheely, Geo	NWBY	213	Sheppard, William	GRVL	330	Shingler, Georgia*	GRVL	413
Sheely, Henry	NWBY	254	Sheppard, Wm	GRVL	478	Shingler, John M	CHTN	128
Sheely, Jacob	NWBY	254	Sheppard, Wm G*	CHTN	229	Shingler, Sarah Ann*	ORBG	361
Sheely, John A	NWBY	257	Shepper, S H	GRVL	481	Shinualt, J Jr	EDFD	116
Sheely, Michael	NWBY	219	Shepperd, Jas A*	BNWL	507	Shipes, David	BNWL	407
Sheely, William	NWBY	213	Shepperd, Jos	CHTN	518	Shipes, Jacob	BUFT	81
Sheffield, Louisa*	RHLD	54	Shepperd, Joseph J**	ADSN	241	Shipes, James B*	BNWL	489
Shehan, Julia	CHTN	390	Sherard, D J	ADSN	247	Shipes, John	BUFT	86
Shehane, Franklin*	GRVL	334	Sherard, Jane	ADSN	247	Shipes, Perry	BUFT	56
Shehen, Alex	LCTR	187	Sherard, Jas	ADSN	241	Shipes, Wm D	BUFT	86
Shehen, Alfred	LCTR	186	Sherard, S A	ADSN	236	Shipley, George P*	COTN	353
Shehen, D F	LCTR	175	Sherard, W Y	ADSN	247	Shipman, Stephen	GRVL	380
Shehen, Fredrick	LCTR	175	Sherard, William	ADSN	184	Shipp, A M	SPBG	316
Shehen, Jackson	LCTR	208	Sheras, Luanzy*	CHTN	247	Shipping, Jeanette	SPBG	251
Shehen, Nancy	LCTR	204	Sherbermeyer, E*	SPBG	248	Shirer, Edward*	CHTN	463
Shehen, Phillip	LCTR	174	Sherbert, Dicey	SPBG	315	Shirer, Hariot	CHTN	507
Shehen, Sarah A*	LCTR	205	Sherbert, Mary S*	SPBG	210	Shirer, J A	ORBG	320
Shehon, M D*	FAFD	239	Sherbert, Samuel	CHTN	369	Shirer, J H	ORBG	317
Shelan, Thomas*	ABVL	19	Sherdon, Henry*	ADSN	235	Shirer, Jesse	ORBG	319
Shelby, R H	CHTN	144	Sherere, Andrew	YORK	462	Shirer, John	ORBG	359
Sheldon, Mary*	PKNS	58	Sherers, Hugh	YORK	462	Shirer, John E	CHTN	507
Sheldon, Mary*	ADSN	262	Sherers, L B	CHTN	240	Shirer, Paul	ORBG	331
Shell, Absolum	NWBY	286	Sheridan, ------**	COTN	317	Shires, John B**	CHTN	487
Shell, Allen S	NWBY	286	Sheridan, Catherine*	CHTN	393	Shirey, Jacob	EDFD	29
Shell, Benjamin	UNON	196	Sheridan, Elizabeth**	COTN	317	Shirey, Martha*	KRSW	116
Shell, G M*	LRNS	284	Sheridan, Hugo G	CHTN	513	Shirley, A Y	ADSN	277
Shell, H	LRNS	284	Sheridan, James	CHTN	471	Shirley, Aaron	ADSN	305
Shell, J H	LRNS	273	Sheridan, James*	CHTN	383	Shirley, Amaziah N	ABVL	148
Shell, J W	LRNS	223	Sheridan, John	CHTN	369	Shirley, Burrell	DLTN	406
Shell, Jno E	LRNS	283	Sheridan, Margaret	CHTN	321	Shirley, Caleb	CHTR	29
Shell, Mark	NWBY	286	Sheridan, Miss*	CHTN	471	Shirley, Caleb	CHTR	26
Shell, N*	LRNS	349	Sheridan, Patrick*	RHLD	58	Shirley, David	DLTN	421
Shell, Nancy*	UNON	247	Sheridan, Stephen*	CHTN	461	Shirley, Elijah*	CHTR	25
Shelley, Alexander	HORY	6	Sheridan, Wm*	PKNS	159	Shirley, Elijah	CHTN	29
Shelley, Phillip	HORY	14	Sheriff, Annet	PKNS	174	Shirley, Geo	LRNS	248
Shelley, Wiley*	HORY	8	Sheriff, Fair	PKNS	160	Shirley, George	ABVL	109
Shellhouse, Jacob	BNWL	415	Sheriff, John	PKNS	130	Shirley, J J	ADSN	177
Shelling, Henry	CHTN	198	Sheriff, Nathaniel	PKNS	173	Shirley, James	ABVL	147
Shelly, Daniel	HORY	19	Sheriff, Thomas	PKNS	160	Shirley, James	ADSN	316
Shelly, David	MARN	7	Sheriff, Washington	PKNS	160	Shirley, James M	ADSN	203
Shelly, Joseph G	MARN	132	Sheriff, William	CHTR	12	Shirley, Jas E	DLTN	436
Shelly, Lewis	MARN	139	Sherity, Miss*	CHTN	320	Shirley, John	ADSN	202
Shelly, Noah	MARN	133	Sherland, Charles*	CHTN	427	Shirley, John W	ABVL	107
Shelly, Stephen*	MARN	133	Sherm, Chas	CHTN	316	Shirley, Martha*	CHTR	30
Shelly, Thos	MARN	132	Sherman, Bradford	GETN	283	Shirley, Mary*	ADSN	284
Shelly, Willis	MARN	134	Sherman, Cyrus L	GRVL	407	Shirley, Meridus*	YORK	386
Shelly, Zilpha	MARN	131	Sherman, J B	GRVL	405	Shirley, Obediah	ADSN	202
Sheltin, Lucy H	NWBY	259	Sherman, Martha*	ADSN	318	Shirley, Richard	ADSN	175
Sheltlesworth, W*	ADSN	263	Sherman, Mary*	ADSN	324	Shirley, Sophia	CHTR	40
Shelton, Augustus	GRVL	467	Sherrar, John W	ADSN	203	Shirley, Stephen	ADSN	197
Shelton, D H	UNON	261	Sherrill, Ezekial	CHFD	102	Shirley, Thaddeus*	CHTR	53
Shelton, D U*	UNON	186	Sherrison, Susan	CHTN	455	Shirley, Thomas	ADSN	187
Shelton, Dave*	GRVL	385	Sherrod, Richard	MARN	113	Shirley, William*	CHTR	29
Shelton, Elender	GRVL	467	Sherry, John*	CHTN	471	Shirley, Wm	ABVL	108
Shelton, H S*	CHTN	218	Sherson, Lewis*	CHTN	120	Shirs, H*	CHTN	309
Shelton, J W	BNWL	472	Sherwood, Elizah L**	SMTR	179	Shirtliff, Elizabeth	CHTN	400
Shelton, John	EDFD	102	Sherwood, Elvira*	MARN	141	Shitle, Martin*	CHTR	36
Shelton, John	GRVL	465	Sherwood, T**	CHTN	245	Shiver, C J	KRSW	119
Shelton, John W	ADSN	168	Shetland, Henry	CHTN	118	Shiver, Columbus**	KRSW	131
Shelton, Joseph R	PKNS	94	Shetland, Sissan	CHFD	149	Shiver, Elisha*	RHLD	46
Shelton, Marshall	GRVL	510	Shettlesworth, D	PKNS	30	Shiver, George*	CHTN	417
Shelton, Perry*	GRVL	435	Shettlesworth, A	UNON	186	Shiver, Jacob	RHLD	67
Shelton, Ralcom A	RHLD	31	Shettlesworth, Abner	PKNS	52	Shiver, John	SMTR	129
Shelton, Sarah	FAFD	262	Shettlesworth, Gazaway	UNON	205	Shiver, Robert C	RHLD	25
Shelton, Thomas R	PKNS	94	Shettlesworth, Joseph	UNON	187	Shiver, Sarah	KRSW	129
Shelton, Thos	ADSN	166	Sheyhall, Alfred*	CHTN	210	Shiver, T L	KRSW	136
Shelton, William*	UNON	188	Shibly, L D*	EDFD	71	Shiver, William	RHLD	22
Shelton, Wm	FAFD	262				Shivers, Calvin	LXTN	363

Shivers, Robt	LXTN	358	Shuler, George	ORBG	327	Sibert, Jas L	ABVL	46
Shivers, Wm	LXTN	357	Shuler, George	ORBG	324	Sibley, Charles R	CHTR	77
Shives, Rebecca	BUFT	53	Shuler, Hamilton	ORBG	330	Sibley, Jere*	DLTN	387
Shmecke, Chs Hy	CHTN	207	Shuler, Henry W	ORBG	351	Sibley, M T*	CHTN	401
Shoate, Elihu	LCTR	197	Shuler, Irvin	ORBG	334	Sibley, Rich	BNWL	436
Shockey, John	GRVL	431	Shuler, J Lowry	ORBG	374	Sickman, C F*	CHTN	234
Shockley, J M	LRNS	223	Shuler, J W	ORBG	333	Siddlle, John	ADSN	334
Shockley, J P	GRVL	331	Shuler, Jack*	CHTN	120	Side, A S**	DLTN	384
Shockley, J W	LRNS	289	Shuler, James	ORBG	324	Side, A S	DLTN	436
Shockley, Mary*	LRNS	261	Shuler, James*	CHTN	120	Side, Evan J	DLTN	415
Shockley, Mary*	GRVL	332	Shuler, John W	ORBG	362	Side, R H*	CHFD	186
Shockley, Nancy	LRNS	298	Shuler, Joseph	CHTN	140	Sides, Henry W*	LCTR	152
Shockley, Sarah	GRVL	516	Shuler, Lewis H**	ORBG	341	Sidney, T***	CHTN	314
Shockley, Spartan	GRVL	513	Shuler, Mary*	CHTN	563	Siebel, Catherine	CHTN	348
Shockley, Thomas	GRVL	535	Shuler, Mary A***	LXTN	430	Siebert, F	LRNS	223
Shockley, W	LRNS	282	Shuler, O B	ORBG	324	Siebert, Lewis*	CHTN	196
Shockley, William	GRVL	340	Shuler, Oliver	ORBG	323	Siedenburg, Friederich	CHTN	294
Shockly, Elizabeth*	GRVL	484	Shuler, Owen	ORBG	525	Siegler, Henry*	CHTN	479
Shockly, John	GRVL	513	Shuler, Peter F	ORBG	550	Siegling, Jno	CHTN	316
Shoder, John	COTN	351	Shuler, Peter*	LXTN	373	Siegwald, Louisa**	CHTN	466
Shoe, John M	LCTR	206	Shuler, Pinckney	ORBG	529	Sieling, Fred*	CHTN	250
Shoemacher, Fredrick*	CHTN	476	Shuler, Preston	ORBG	324	Siffel, George	PKNS	23
Shoemake, S**	DLTN	380	Shuler, R E	CHTN	130	Siffley, Josh	ORBG	409
Shoemake, Saml	DLTN	470	Shuler, Rebecca	ORBG	341	Sifley, Henrietta*	CHTN	375
Shoemaker, Andw*	ABVL	36	Shuler, Rebecca	CHTN	133	Sigesmond, Bertha**	RHLD	44
Shoemaker, H*	CHTN	254	Shuler, Richard	ORBG	333	Sightler, George*	RHLD	48
Shoemaker, J T	ORBG	374	Shuler, Sarah	ORBG	328	Sightler, George	RHLD	48
Shoemaker, John*	CHFD	173	Shuler, T G	ORBG	323	Sightler, George W	RHLD	89
Shoemaker, L Oliver	ABVL	96	Shuler, Timothy	CHTN	127	Sightler, M	ORBG	321
Shoemaker, M	CHTN	300	Shuler, V A*	RHLD	21	Sights, Catharine	LXTN	379
Shoemaker, M E*	CHFD	130	Shuler, W A	ORBG	312	Sights, H W	LXTN	379
Shoemaker, Sarah**	CHFD	144	Shuler, Wad	ORBG	324	Sigman, Jesse*	NWBY	231
Shokes, Elizabeth**	CHTN	108	Shuler, Wade A	ORBG	406	Sigwald, Christian	CHTN	408
Shokes, Frances	CHTN	388	Shuler, William	ORBG	336	Sigwald, Henry W	CHTN	492
Shokes, George	CHTN	474	Shull, Adam	LXTN	436	Sigwald, John C	CHTN	432
Shokes, George	CHTN	289	Shull, B L	EDFD	159	Sigwald, Thomas	CHTN	384
Shokes, Henry	CHTN	466	Shull, B R	EDFD	172	Sigwald, Walter H*	CHTN	458
Shokes, James	CHTN	144	Shull, Conrad	LXTN	454	Sikes, Bassel	SMTR	177
Shokes, John C	CHTN	470	Shull, David	LXTN	436	Sikes, David	LXTN	370
Shokes, Washington	CHTN	144	Shull, Henry	LXTN	436	Sikes, Martha L*	FAFD	240
Sholtz, Martin**	CHTN	516	Shull, James	LXTN	441	Sikes, R*	CHFD	145
Sholtz, William*	CHTN	502	Shull, John Sr	LXTN	385	Silcox, Henry*	CHTN	427
Shomer, H	CHTN	304	Shull, Martin A	LXTN	448	Silk, Jno	CHTN	305
Shook, Noah	PKSN	47	Shull, Rebecca*	LXTN	454	Silks, James	ABVL	55
Shoolbred, Augustus	CHTN	148	Shull, Sarah*	LXTN	367	Sill, Edward	RHLD	24
Shooter, B A**	MARN	73	Shull, Wesley	LXTN	367	Sill, James M	RHLD	31
Shooter, Geo W	MARN	116	Shull, William	LXTN	448	Sill, Jane	KRSW	140
Shooter, W P*	MARN	18	Shull, Wm B*	LXTN	448	Sillas, Michael*	CHTN	426
Shorbe, J G	FAFD	205	Shultze, E	CHTN	259	Silliman, Levi C*	RHLD	44
Shores, J H	SPBG	393	Shum, John	KRSW	123	Silliman, Mrs E**	CHTN	351
Shormaker, E	CHFD	172	Shumake, M	DLTN	414	Sills, Robt**	LRNS	262
Short, Griffin	LCTR	161	Shumaker, A A	ORBG	313	Sillsman, Charles	SPBG	238
Short, John	LCTR	149	Shumaker, Jacob	ORBG	314	Silvey, George	CHTN	267
Short, Wm	CHFD	128	Shumaker, M F	ORBG	314	Simason, Robert	ADSN	295
Shortenberg, Mary**	CHTN	202	Shuman, Harriet	BUFT	58	Simes, J N	UNON	186
Shorter, D G	CLDN	198	Shuman, J J J	BUFT	43	Simes, J Starke	UNON	258
Shorter, Martha*	ABVL	113	Shuman, James A	BUFT	58	Simes, James L	UNON	207
Shorter, Rebecca*	CLDN	198	Shuman, Wm H	BUFT	43	Simes, John A	ABVL	109
Shorter, Sarah	CLDN	210	Shumate, J J	LRNS	264	Simes, Lany	GRVL	432
Shorter, Wm	CLDN	210	Shumate, S H	GRVL	432	Simes, Mary	UNON	206
Shortt, V*	RHLD	22	Shumate, William T*	GRVL	402	Simes, Spencer*	UNON	187
Showmaker, J*	CHTN	495	Shumpert, Dan P	LXTN	365	Simes, T P	UNON	207
Shrewsbury, Edward C	MARN	98	Shumpert, E K	NWBY	228	Simes, Thos B	CHTN	131
Shrink, Jonis	UNON	251	Shumpert, Geo	NWBY	227	Simes, W Gilmore	BNWL	356
Shroder, Frek E	CHTN	186	Shumpert, J J	NWBY	227	Simes, W H	UNON	225
Shroeder, Henry*	RHLD	59	Shumpert, J P	EDFD	169	Simes, W W	UNON	187
Shubert, A	SPBG	341	Shumpert, Jene	NWBY	212	Simes, William	UNON	196
Shubert, Aaron C	SPBG	355	Shumpert, John	NWBY	228	Simes, William	GRVL	432
Shubert, Benj	LRNS	343	Shumpert, John F*	LXTN	447	Simions, Sarah A*	YORK	472
Shubert, C	SPBG	343	Shumpert, Joseph	NWBY	252	Simionton, Jane S	FAFD	277
Shubert, Elizabeth**	SPBG	226	Shumpert, Mary E**	LXTN	467	Simkens, W S*	CHTN	370
Shubert, John*	LRNS	342	Shumpert, Noah	NWBY	220	Simkins, Col A	EDFD	42
Shubert, Robert*	LRNS	342	Shumpert, Osburn	NWBY	304	Simkins, Eldred*	BUFT	4
Shubrick, Edward	ADSN	296	Shumpert, Peter	LXTN	425	Simkins, Martha*	BUFT	4
Shucke, Henry*	CHTN	194	Shumpert, S A	LXTN	425	Simkins, Stuart*	BUFT	4
Shuflan, John*	CHTN	292	Shumpert, Saml	NWBY	229	Simkley, S G	WMBG	326
Shuford, J L	KRSW	139	Shunate, Ann	ADSN	219	Simkons, Beathe	BNWL	352
Shuford, Jacob	YORK	482	Shur, Bernhard	CHTN	273	Simmermon, V*	CHTN	252
Shuford, Sidney A*	SPBG	297	Shurbatt, Samuel	SPBG	215	Simmes, Arthur	ADSN	208
Shuler, Alexander	ORBG	337	Shurbert, J W**	SPBG	349	Simmes, E	WMBG	303
Shuler, Alfred	CHTN	134	Shurbert, Perry	SPBG	351	Simmes, Gustavus T	PKNS	169
Shuler, Alice*	CHTN	140	Shurbright, Joseph	CHTN	174	Simmes, Simpson	ADSN	172
Shuler, Allen	ORBG	323	Shurbutt, Aaron	SPBG	215	Simmes, Thos B	ADSN	208
Shuler, Allen	ORBG	337	Shurldnight, George*	CHTN	164	Simmons, A T*	SPBG	309
Shuler, Allen	ORBG	374	Shurley, Elizabeth A*	RHLD	55	Simmons, A W T	SPBG	329
Shuler, Barbara	ORBG	533	Shurley, John R**	YORK	393	Simmons, Alfred	SPBG	369
Shuler, Barbary*	ORBG	330	Shurley, Lucretia*	YORK	426	Simmons, Allen	COTN	344
Shuler, Bennett	ORBG	323	Shurley, Sarah J	FAFD	269	Simmons, Amos	COTN	252
Shuler, Caroline*	ORBG	334	Shurley, Smiley**	FAFD	223	Simmons, Amy*	RHLD	4
Shuler, Catharine	ORBG	330	Shurlmight, Jane	ORBG	307	Simmons, Andrew	PKNS	120
Shuler, Catharine	ORBG	323	Shurlmight, Lewis*	ORBG	328	Simmons, Andrew J	PKNS	138
Shuler, Colistia M*	ORBG	404	Shurlock, Thos	ORBG	317	Simmons, Ann*	LRNS	334
Shuler, D A*	CHTN	126	Shurly, William	EDFD	44	Simmons, Ann	BNWL	406
Shuler, D M	ORBG	331	Shury, Ann*	CHTN	473	Simmons, Asa	BUFT	78
Shuler, Daniel J	ORBG	322	Shute, E W John	LCTR	175	Simmons, B F	ORBG	409
Shuler, David	ORBG	328	Shute, Frankey	LCTR	175	Simmons, C W	CHTN	167
Shuler, David**	ORBG	333	Shute, H H	LCTR	177	Simmons, Charles*	LRNS	341
Shuler, E C*	ORBG	327	Shuterumfff, John*	ORBG	407	Simmons, Charles	ADSN	264
Shuler, Edwel Y	ORBG	328	Shuttleworth, Thos	FAFD	255	Simmons, Charles H	ADSN	264
Shuler, Elizabeth	LXTN	373	Shwlbred, Jane**	CHTN	293	Simmons, Chas	LRNS	303
Shuler, Elly	CHTN	127	Shy, Nancy**	DLTN	465	Simmons, David	ADSN	267
Shuler, Elza	ORBG	328	Sian, A A W	GETN	317	Simmons, E	CHTN	326
Shuler, Erastus	ORBG	328	Sian, Eliza	GETN	283	Simmons, E A	COTN	253
Shuler, Franklin	ORBG	330	Sian, L E**	GETN	283	Simmons, Eliza	BNWL	459
Shuler, Frederic**	ORBG	327	Sibert, Geo	ABVL	42	Simmons, Ellender*	BUFT	81
Shuler, Frederick	CHTN	139				Simmons, Elmore B	BUFT	84

Name	Code	Page
Simmons, Ervin	PKNS	127
Simmons, Frances*	ADSN	278
Simmons, Franklin*	PKNS	124
Simmons, George	SPBG	334
Simmons, George H	BNWL	352
Simmons, George T	COTN	338
Simmons, H	MARN	54
Simmons, Henry	RHLD	14
Simmons, Hiram	GRVL	412
Simmons, Hugh*	HORY	1
Simmons, Isaac	GRVL	469
Simmons, Isaac E C	BUFT	83
Simmons, Isaac T	ADSN	205
Simmons, Isom	PKNS	124
Simmons, J B	LRNS	265
Simmons, James	ABVL	109
Simmons, James	COTN	252
Simmons, James	ADSN	264
Simmons, Jane	CHTN	191
Simmons, Jas A	LRNS	260
Simmons, Jerdan	ADSN	278
Simmons, Jesse	MARN	112
Simmons, Jessey	PKNS	137
Simmons, Jessie**	CHTN	480
Simmons, Jno	LRNS	302
Simmons, Jno**	ABVL	8
Simmons, John	LRNS	221
Simmons, John	PKNS	127
Simmons, John	PKNS	131
Simmons, John*	COTN	337
Simmons, John	COTN	306
Simmons, John	BUFT	89
Simmons, John	BNWL	401
Simmons, John	BNWL	479
Simmons, John S	COTN	363
Simmons, Jos P*	LRNS	259
Simmons, Joseph	PKNS	53
Simmons, Joseph A	CHTN	403
Simmons, K L	CHTN	359
Simmons, Lavicey	BUFT	84
Simmons, Leah*	HORY	67
Simmons, Lewis	RHLD	11
Simmons, Lewis	PKNS	139
Simmons, Luvania	BUFT	84
Simmons, M*	COTN	355
Simmons, M J	LXTN	433
Simmons, Martin L	GRVL	491
Simmons, Mary*	CHTN	358
Simmons, Mary	COTN	252
Simmons, Mary*	CHTN	359
Simmons, Micah*	BUFT	31
Simmons, Mrs H S	ABVL	56
Simmons, N D*	LRNS	243
Simmons, Nat*	LRNS	222
Simmons, Permillia	COTN	252
Simmons, Peyton	SPBG	321
Simmons, R Jr	CHTN	152
Simmons, Reuben*	PKNS	54
Simmons, Richd W	BUFT	97
Simmons, Riland*	GRVL	441
Simmons, Robt C	LRNS	354
Simmons, S B	BNWL	351
Simmons, Saml G	BUFT	74
Simmons, Sarah*	COTN	256
Simmons, T	ORBG	392
Simmons, T H	PKNS	58
Simmons, T Y	CHTN	343
Simmons, Thos	CLDN	235
Simmons, Tully	ADSN	290
Simmons, W C	COTN	361
Simmons, W Dr	COTN	329
Simmons, W E	COTN	359
Simmons, Warren	PKNS	136
Simmons, Washington	BUFT	83
Simmons, William	ABVL	88
Simmons, William	COTN	252
Simmons, Wm	LRNS	303
Simmons, Wm	BUFT	83
Simmons, Wm J	BUFT	85
Simms, Daniel	GRVL	389
Simms, Edwd L	COTN	366
Simms, Jesse	SPBG	375
Simms, Jno W	CHFD	124
Simms, John	GRVL	389
Simms, John	FAFD	241
Simms, L**	EDFD	166
Simms, Richard	COTN	366
Simms, S*	EDFD	166
Simms, Sarah**	FAFD	263
Simms, Thomas	FAFD	241
Simms, W H	FAFD	249
Simms, William*	CHTN	262
Simms, William G	CHTN	438
Simms, Wm Gilman*	GRVL	406
Simon, Alex	EDFD	114
Simon, Otenia**	CHTN	317
Simonand, Eliza*	CHTN	249
Simond, Andrew**	ABVL	36
Simond, Andrew	ABVL	26
Simons, Abraham	CHTN	395
Simons, Allen**	CHTN	498
Simons, Augustus	CHTN	360
Simons, B B	CHTN	185
Simons, Calvin	CHTN	391
Simons, Catharine	CHTN	411
Simons, Cloyd	LCTR	166
Simons, Dennis J	CHTN	429
Simons, Elizabeth	LCTR	166
Simons, Francis W*	RHLD	51
Simons, H	GETN	317
Simons, Hickmon	YORK	509
Simons, Isabella	CHTN	437
Simons, J	CHTN	266
Simons, J Hume	CHTN	439
Simons, James	CHTN	515
Simons, James**	CHTN	419
Simons, James**	CHTN	232
Simons, James	CHTN	374
Simons, James	CHTN	225
Simons, Jane	CHTN	382
Simons, Jas H*	CHTN	216
Simons, Jno C	CHTN	352
Simons, Jno H	CHTN	360
Simons, Jos	KRSW	114
Simons, Katharine*	CHTN	276
Simons, Lewis	CHTN	160
Simons, M*	CHTN	305
Simons, Margret*	LCTR	215
Simons, Maria	CHTN	104
Simons, Maria	BUFT	14
Simons, Martha Y	CHTN	413
Simons, Martha**	CHTN	273
Simons, Mary	ORBG	393
Simons, Mary	CHTN	504
Simons, Mary A*	SPBG	300
Simons, Maurice*	CHTN	214
Simons, Milton	ORBG	393
Simons, Minda*	YORK	510
Simons, Miss Mary*	CHTN	242
Simons, Mordon	CHTN	483
Simons, Moris**	CHTN	249
Simons, Moses	ORBG	358
Simons, Moses Jr	ORBG	358
Simons, Mrs R	CHTN	235
Simons, Phebe	CHTN	416
Simons, R R	YORK	418
Simons, Rebecca	LXTN	442
Simons, S M	EDFD	153
Simons, Saml	CHTN	497
Simons, Susan	LCTR	159
Simons, Susan	CHTN	510
Simons, Susan R*	RHLD	54
Simons, T G	CHTN	358
Simons, T G Sr	CHTN	353
Simons, Thos Y	CHTN	223
Simons, Wm	KRSW	111
Simons, Wm T**	CHTN	336
Simonton, Boyce*	FAFD	204
Simonton, Charles	CHTN	416
Simonton, John	FAFD	277
Simpkins, A A	BNWL	439
Simpkins, H*	SPBG	259
Simpkins, John	NWBY	251
Simpson, A H	ADSN	163
Simpson, Alex	SPBG	224
Simpson, Alex	LRNS	298
Simpson, Alexr	ADSN	162
Simpson, Anderson	SPBG	369
Simpson, Ann*	CHTN	396
Simpson, Arcabald	ADSN	250
Simpson, Bartley*	LCTR	150
Simpson, Charlotte	CHTR	26
Simpson, D A	LRNS	283
Simpson, Daniel	COTN	334
Simpson, Danl	LRNS	274
Simpson, Danl	LRNS	298
Simpson, David	LRNS	338
Simpson, David	ADSN	227
Simpson, E G	LRNS	232
Simpson, Elizabeth	UNON	217
Simpson, G C	LRNS	336
Simpson, George	FAFD	224
Simpson, George	CHTR	23
Simpson, George*	FAFD	210
Simpson, H	LRNS	352
Simpson, H	LRNS	352
Simpson, H Z	PKNS	131
Simpson, Heleaner	ADSN	225
Simpson, Hugh	YORK	459
Simpson, Hugh	LRNS	325
Simpson, Hugh**	CHTR	74
Simpson, Hugh	CHTR	62
Simpson, Isabella*	FAFD	252
Simpson, J B	ADSN	160
Simpson, J R	LRNS	300
Simpson, J S	ADSN	255
Simpson, J Wester	LRNS	225
Simpson, James	COTN	251
Simpson, James	CHTR	17
Simpson, James H	ADSN	305
Simpson, Jane	ABVL	135
Simpson, Jane	ABVL	95
Simpson, Jane**	CHTR	79
Simpson, Jas*	LRNS	350
Simpson, Jas	ADSN	247
Simpson, Jas A*	ADSN	178
Simpson, Jas L	FAFD	233
Simpson, Jesse	FAFD	277
Simpson, Jesse	CHTR	25
Simpson, Jessee	FAFD	260
Simpson, Jno	ADSN	227
Simpson, Jno	LRNS	271
Simpson, Jno	LRNS	270
Simpson, Jno	CHTR	69
Simpson, Jno**	CHTR	25
Simpson, Jno	SPBG	296
Simpson, Jno	CHTR	73
Simpson, Jno W	LRNS	222
Simpson, Jno Wells	LRNS	222
Simpson, John*	LRNS	353
Simpson, John	SPBG	317
Simpson, John	ADSN	241
Simpson, John	ADSN	174
Simpson, John F	ABVL	124
Simpson, John*	UNON	273
Simpson, Joseph	SPBG	321
Simpson, M	COTN	334
Simpson, M J*	LRNS	336
Simpson, Margt	LRNS	294
Simpson, Maria C*	COTN	296
Simpson, Martha*	CHTN	323
Simpson, Mary	LRNS	274
Simpson, Mary	ABVL	124
Simpson, Mary	CHTR	26
Simpson, Mary	CHTN	419
Simpson, Mary E**	FAFD	211
Simpson, Mary J**	CHTR	85
Simpson, Mary T*	ADSN	178
Simpson, Matthew	ADSN	220
Simpson, Nancy	LRNS	232
Simpson, P J	NWBY	257
Simpson, R F	ADSN	287
Simpson, R W**	SPBG	309
Simpson, Richard	ADSN	288
Simpson, Robert	ADSN	295
Simpson, Robert	ABVL	118
Simpson, Robt	FAFD	233
Simpson, Robt*	LRNS	225
Simpson, Robt	ADSN	225
Simpson, Robt	ABVL	150
Simpson, S P	UNON	267
Simpson, Saml	SPBG	384
Simpson, Saml	LRNS	299
Simpson, Samuel	KRSW	81
Simpson, Sarah*	CHTN	323
Simpson, T L	LRNS	325
Simpson, Thomas	CHTR	59
Simpson, Thos E	CHTR	86
Simpson, W D	LRNS	288
Simpson, W J	ADSN	250
Simpson, William	ABVL	152
Simpson, William	ADSN	234
Simpson, William	ABVL	32
Simpson, William	ADSN	262
Simpson, William	ADSN	240
Simpson, Wm	LRNS	282
Simpson, Wm	LRNS	269
Simpson, Wm	CHTR	58
Simpson, Wm A**	ABVL	27
Simpson, Wm B	CHTR	73
Simpson, Wm H*	CHTN	325
Simpson, Wm	CHTR	85
Simpson, Wm	CHTN	307
Simpson, Wm*	CHTR	72
Simril, H H	YORK	411
Simril, James	YORK	407
Simril, Jno D**	CHTR	73
Simril, W N	YORK	392
Simril, Wm D	YORK	392
Simrill, Frances	YORK	366
Simrill, John*	YORK	366
Sims, A G**	CHTN	503
Sims, Amanda**	LCTR	210
Sims, Ann H	ABVL	75
Sims, C**	SPBG	258
Sims, Charles E	RHLD	44
Sims, Charles W	NWBY	263
Sims, Charles*	SPBG	256
Sims, Chas	SPBG	316
Sims, Davis	RHLD	20
Sims, Delilah	SPBG	245
Sims, Doris*	NWBY	260
Sims, Dr Newton	ABVL	86
Sims, Duke	LXTN	451
Sims, Edward	CHTN	141
Sims, Eliz Sr	DLTN	427
Sims, Elizabeth*	LCTR	169
Sims, Ervin**	YORK	396
Sims, G	LRNS	241
Sims, Garrison	ADSN	166
Sims, Gertrude L*	DLTN	476
Sims, Irvin Sr	LCTR	206
Sims, J M	EDFD	28
Sims, James C	RHLD	84
Sims, James Y	RHLD	23
Sims, James*	DLTN	451
Sims, Jarret	LCTR	179
Sims, Jarret T	LCTR	179
Sims, Jas D	LRNS	322
Sims, Jefferson	LCTR	204
Sims, John C	LCTR	179
Sims, John F	NWBY	286
Sims, John S	UNON	213
Sims, Julia	LRNS	232
Sims, M	LCTR	158
Sims, M D C	NWBY	260
Sims, Martha C*	LRNS	241
Sims, Michael	LCTR	169

Name	Loc	Pg	Name	Loc	Pg	Name	Loc	Pg
Sims, Nathan	LRNS	246	Simpson, Wm	CHTN	307	Singletary, J B	CHTN	159
Sims, R M	LCTR	149	Simpson, Wm*	CHTR	72	Singletary, J D	WMBG	347
Sims, Rocinda**	YORK	507	Simril, H H	YORK	411	Singletary, J D	WMBG	348
Sims, Samuel*	ADSN	157	Simril, James	YORK	407	Singletary, J Dod	WMBG	348
Sims, Sarah*	LCTR	162	Simril, Jno D**	CHTR	73	Singletary, J F	WMBG	348
Sims, Sol	LRNS	234	Simril, W N	YORK	392	Singletary, J H**	WMBG	361
Sims, William	LCTR	206	Simril, Wm D	YORK	392	Singletary, J W	MARN	13
Sims, William S	CHTN	457	Simrill, Frances	YORK	366	Singletary, Jno*	CLDN	240
Sims, William*	CHTN	191	Simrill, John*	YORK	366	Singletary, John	SMTR	140
Sims, Wm	YORK	426	Sims, A G**	CHTN	503	Singletary, John*	CHTN	149
Sims, Wm	DLTN	395	Sims, Amanda**	LCTR	210	Singletary, John J	CHTN	158
Simson, Ella P**	CHTN	416	Sims, Ann H	ABVL	75	Singletary, M J	WMBG	347
Sinah, Betsey*	BUFT	71	Sims, C**	SPBG	258	Singletary, Marenoi*	CHTN	388
Sinclair, A C	MRBO	179	Sims, Charles E	RHLD	44	Singletary, Nancy**	CHTN	123
Sinclair, A O*	GETN	284	Sims, Charles W	NWBY	263	Singletary, Ralston*	WMBG	337
Sinclair, D J**	KRSW	86	Sims, Charles*	SPBG	256	Singletary, S	MARN	60
Sinclair, David C	MARN	95	Sims, Chas	SPBG	316	Singletary, S D	WMBG	348
Sinclair, Duncan	MRBO	184	Sims, Davis	RHLD	20	Singletary, S T	WMBG	321
Sinclair, Edward*	UNON	298	Sims, Delilah	SPBG	245	Singletary, Thomas	COTN	367
Sinclair, George	LCTR	164	Sims, Doris*	NWBY	260	Singletary, W S	WMBG	345
Sinclair, James*	KRSW	87	Sims, Dr Newton	ABVL	86	Singleterry, J S	WMBG	310
Sinclair, James	UNON	221	Sims, Duke	LXTN	451	Singleton, Alexr*	HORY	56
Sinclair, John	CHFD	167	Sims, Edward	CHTN	141	Singleton, Ann*	WMBG	335
Sinclair, John K	MARN	96	Sims, Eliz Sr	DLTN	427	Singleton, Armsted	ABVL	86
Sinclair, John*	LCTR	214	Sims, Elizabeth*	LCTR	169	Singleton, Benj W	HORY	10
Sinclair, M H*	DLTN	397	Sims, Ervin**	YORK	396	Singleton, Benjn J	HORY	56
Sinclair, Mrs Jennate	MRBO	185	Sims, G	LRNS	241	Singleton, Caleb	CHTN	479
Sinclair, Peter	BUFT	84	Sims, Garrison	ADSN	166	Singleton, Edmond**	PKNS	144
Sinclair, Susan	UNON	221	Sims, Gertrude L*	DLTN	476	Singleton, Gardina	BNWL	461
Sinclair, William	UNON	221	Sims, Irvin Sr	LCTR	206	Singleton, H M	HORY	28
Sinclear, Rebecca	CHTN	431	Sims, J M	EDFD	28	Singleton, Henry M	PKNS	164
Sinder, Leonard*	PKNS	22	Sims, James C	RHLD	84	Singleton, J M	HORY	4
Sindler, Eliz	NWBY	227	Sims, James Y	RHLD	23	Singleton, J P S	GETN	322
Sineath, F R M	COTN	331	Sims, James*	DLTN	451	Singleton, Jesse	GRVL	452
Sineath, Joseph**	CHTN	483	Sims, Jarret	LCTR	179	Singleton, John	GRVL	359
Sineath, Josiah	CHTN	461	Sims, Jarret T	LCTR	179	Singleton, John W	PKNS	144
Sineath, L J	COTN	283	Sims, Jas D	LRNS	322	Singleton, Katharine**	NWBY	282
Simpson, Jas*	LRNS	350	Sims, Jefferson	LCTR	204	Singleton, L C	CLDN	205
Simpson, Jas	ADSN	247	Sims, John C	LCTR	179	Singleton, M L*	WMBG	301
Simpson, Jas A*	ADSN	178	Sims, John F	NWBY	286	Singleton, Martha**	CHTN	383
Simpson, Jas L	ADSN	233	Sims, John S	UNON	213	Singleton, Mary	HORY	12
Simpson, Jesse	FAFD	277	Sims, Julia	LRNS	232	Singleton, Mary L	RHLD	62
Simpson, Jesse	FAFD	260	Sims, M	LCTR	158	Singleton, Mattie R	RHLD	80
Simpson, Jesse	CHTR	25	Sims, M D C	NWBY	260	Singleton, Miles	PKNS	147
Simpson, Jessee	ADSN	227	Sims, Martha C*	LRNS	241	Singleton, Miles P	PKNS	164
Simpson, Jno	LRNS	271	Sims, Michael	LCTR	169	Singleton, Mrs Eliza	HORY	59
Simpson, Jno	LRNS	270	Sims, Nathan	LRNS	246	Singleton, Prudence	HORY	11
Simpson, Jno	CHTR	69	Sims, R M	LCTR	149	Singleton, R L*	CHTN	264
Simpson, Jno**	CHTR	25	Sims, Rocinda**	YORK	507	Singleton, Richd	COTN	365
Simpson, Jno	SPBG	296	Sims, Samuel*	ADSN	157	Singleton, Robt	EDFD	24
Simpson, Jno	CHTR	73	Sims, Sarah*	LCTR	162	Singleton, S H	HORY	4
Simpson, Jno W	LRNS	222	Sims, Sol	LRNS	234	Singleton, Samuel*	GRVL	507
Simpson, Jno Wells	LRNS	222	Sims, William	LCTR	206	Singleton, T R M	GETN	317
Simpson, John*	LRNS	353	Sims, William S	CHTN	457	Singleton, Thomas	PKNS	145
Simpson, John	SPBG	317	Sims, William*	CHTN	191	Singleton, William B	PKNS	155
Simpson, John	ADSN	241	Sims, Wm	YORK	426	Singleton, Wm	HORY	10
Simpson, John	ADSN	174	Sims, Wm	DLTN	395	Singley, Ann*	NWBY	266
Simpson, John F	ABVL	124	Simson, Ella P**	CHTN	416	Singley, Francis A*	NWBY	257
Simpson, John*	UNON	273	Sinah, Betsey*	BUFT	71	Singley, G M	NWBY	257
Simpson, Joseph	SPBG	321	Sinclair, A C	MRBO	179	Singley, George M	NWBY	253
Simpson, M	COTN	334	Sinclair, A O*	GETN	284	Singley, H M	NWBY	253
Simpson, M J*	LRNS	336	Sinclair, D J**	KRSW	86	Singley, Isabella	NWBY	283
Simpson, Margt	LRNS	294	Sinclair, David C	MARN	95	Singley, Jacob	NWBY	212
Simpson, Maria C*	COTN	296	Sinclair, Duncan	MRBO	184	Singley, John F	NWBY	267
Simpson, Martha*	CHTN	323	Sinclair, Edward*	UNON	298	Singley, Martin	FAFD	266
Simpson, Mary	LRNS	274	Sinclair, George	LCTR	164	Singley, Mathis	NWBY	257
Simpson, Mary	ABVL	124	Sinclair, James*	KRSW	87	Sings, J W	CLDN	216
Simpson, Mary	CHTR	26	Sinclair, James	UNON	221	Sings, John	LCTR	208
Simpson, Mary	CHTN	419	Sinclair, John	CHFD	167	Sinkler, Anna L	CHTN	159
Simpson, Mary E**	FAFD	211	Sinclair, John K	MARN	96	Sinkler, Charles	CHTN	159
Simpson, Mary J*	CHTR	85	Sinclair, John*	LCTR	214	Sinkler, Mrs M H	CHTN	239
Simpson, Mary T*	ADSN	178	Sinclair, M H*	DLTN	397	Sinkler, Wm	CHTN	155
Simpson, Matthew	ADSN	220	Sinclair, Mrs Jennate	MRBO	185	Sires, Francis	CHTN	458
Simpson, Nancy	LRNS	232	Sinclair, Peter	BUFT	84	Sires, Francis	CHTN	133
Simpson, P J	NWBY	257	Sinclair, Susan	UNON	221	Sires, Saml W	COTN	313
Simpson, R F	ADSN	287	Sinclair, William	UNON	221	Sistare, A J	LCTR	162
Simpson, R W**	SPBG	309	Sinclear, Rebecca	CHTN	431	Sistare, J H	LCTR	175
Simpson, Richard	ADSN	288	Sinder, Leonard*	PKNS	22	Sistare, James	LCTR	175
Simpson, Robert	ADSN	295	Sindler, Eliz	NWBY	227	Sistare, Mary	LCTR	175
Simpson, Robert	ABVL	118	Sineath, F R M	COTN	331	Sistare, Rebecca*	LCTR	146
Simpson, Robt	FAFD	233	Sineath, Joseph**	CHTN	483	Sister Agath*	CHTN	319
Simpson, Robt*	LRNS	226	Sineath, Josiah	CHTN	461	Sister Agnes*	CHTN	319
Simpson, Robt	ADSN	225	Sineath, L J	COTN	283	Sister Aloysins*	CHTN	319
Simpson, Robt	ABVL	150	Sineath, Peter	COTN	264	Sister Alphonsa*	CHTN	319
Simpson, S P*	UNON	267	Sineath, Peter*	COTN	315	Sister Ann*	CHTN	319
Simpson, Saml	SPBG	384	Sineath, William Taylor	CHTN	461	Sister Antonio*	CHTN	319
Simpson, Saml	LRNS	299	Sineth, Joseph	MARN	138	Sister Augustine*	CHTN	319
Simpson, Samuel	KRSW	81	Sineth, Kate M*	SPBG	315	Sister Baptiste*	CHTN	319
Simpson, Sarah*	CHTN	323	Sineth, Mrs M*	CHTN	239	Sister Bennaro*	CHTN	316
Simpson, T L	LRNS	325	Sing, J S	DLTN	408	Sister Chanlies*	CHTN	319
Simpson, Thomas	CHTR	59	Sing, James	HORY	10	Sister Dechantel*	CHTN	319
Simpson, Thos E	CHTR	86	Sing, John	CHTN	182	Sister Desalies*	CHTN	319
Simpson, W D	LRNS	288	Sing, Margaret*	HORY	60	Sister Elizabeth*	CHTN	319
Simpson, W J	ADSN	250	Sing, S	HORY	10	Sister Evangela*	CHTN	319
Simpson, William	ABVL	152	Sing, Wm	HORY	59	Sister Frances*	CHTN	319
Simpson, William	ADSN	234	Singelterry, D M	CHTN	168	Sister Gertrude*	CHTN	319
Simpson, William	ABVL	32	Singlatary, E J	WMBG	342	Sister Gonzago*	CHTN	319
Simpson, William	ADSN	262	Singletary, Benjn	CHTN	123	Sister Helena*	CHTN	319
Simpson, William	ADSN	240	Singletary, Calvin	WMBG	348	Sister Ignasius*	CHTN	319
Simpson, Wm	LRNS	282	Singletary, Clifton*	DLTN	460	Sister Joseph*	CHTN	319
Simpson, Wm	LRNS	269	Singletary, Daniel	CHTN	117	Sister M Regis*	CHTN	319
Simpson, Wm	CHTR	58	Singletary, E*	CHTN	126	Sister Martha*	CHTN	319
Simpson, Wm A**	ABVL	27	Singletary, Elizabeth	SMTR	104	Sister Patrick*	CHTN	319
Simpson, Wm B	CHTR	73	Singletary, George	CHTN	123	Sister Petres*	CHTN	319
Simpson, Wm H*	CHTN	325	Singletary, H M	GETN	307	Sister Sanislaus*	CHTN	319
Simpson, Wm**	CHTR	85	Singletary, Henry	MARN	32	Sister Veronia*	CHTN	319

Name	Code	No.
Sister Xavies*	CHTN	319
Sistrunk, David	COTN	296
Sistrunk, Elizabeth	LXTN	427
Sistrunk, George G S	ORBG	356
Sistrunk, Margaret	LXTN	454
Sistrunk, S O	COTN	353
Sistrunk, T J	COTN	349
Sitgraves, Jno S**	CHTR	90
Sitgraves, A J*	CHTN	370
Sitgraves, Col J S	NWBY	278
Sitgraves, Fred*	CHTR	70
Sitrunks, J W	PKNS	176
Sitton, John B	ADSN	254
Sitton, John P	ADSN	330
Sitton, W D	ADSN	532
Sitton, William	ADSN	532
Sives, Joseph S	CHTN	419
Sizemore, Bean	ADSN	202
Sizemore, E J	SPBG	427
Sizemore, Edward	GRVL	334
Sizemore, Ephraim	ADSN	529
Sizemore, Epraim	ADSN	314
Sizemore, Frances	PKNS	175
Sizemore, Henry	ADSN	301
Sizemore, John	BNWL	428
Sizemore, Julia*	BNWL	428
Sizemore, Lany**	GRVL	328
Sizemore, Lavina*	ADSN	328
Sizemore, Lucinda	PKNS	143
Sizemore, Margaret	BNWL	429
Sizemore, Rebecca*	ADSN	291
Sizemore, Richd	SPBG	398
Sizemore, Rowland	ADSN	327
Sizemore, Thomas	GRVL	328
Sizemore, Thomas	ADSN	314
Sizemore, Thomas	ADSN	314
Sizemore, Walter	BNWL	428
Sizemore, William	BNWL	428
Sizemore, William	SPBG	266
Sizemore, William	GRVL	487
Sizemore, Wise	BNWL	428
Sizer, Bela	LCTR	155
Sizer, Wm*	FAFD	224
Skates, David	YORK	483
Skeen, Henry	DLTN	420
Skeham, Thomas*	CHTN	207
Skelly, Mary	RHLD	4
Skelton, A B	ADSN	230
Skelton, A J	GRVL	330
Skelton, Elisha	PKNS	154
Skelton, James O	ADSN	274
Skelton, John	UNON	272
Skelton, John	ADSN	282
Skelton, William	PKNS	154
Skelton, William	PKNS	145
Skelton, William	UNON	209
Skelton, Zadoc	PKNS	14
Skilling, M E*	COTN	270
Skillman, Alphus*	FAFD	201
Skilman, Alphus*	FAFD	206
Skinner, B F	DLTN	424
Skinner, E	CLDN	193
Skinner, E*	CHTN	311
Skinner, H M	ABVL	38
Skinner, Harvey	CLDN	195
Skinner, J	DLTN	409
Skinner, J W	DLTN	409
Skinner, Jas C	SPBG	389
Skinner, Joseph E*	BNWL	475
Skinner, Maria*	KRSW	88
Skinner, Matilda	SMTR	98
Skinner, N	GETN	322
Skinner, Nancy*	DLTN	409
Skinner, Oscar*	RHLD	35
Skinner, Pinckney	SMTR	97
Skinner, Rob Z	DLTN	424
Skinner, S	DLTN	404
Skinner, Sutton	GETN	321
Skinner, V C	CLDN	190
Skinner, W M*	GETN	293
Skinner, Wm	SPBG	362
Skins, Elizabeth**	CHTN	498
Skipper, A B	HORY	39
Skipper, A B	HORY	14
Skipper, A B	GETN	305
Skipper, A H	HORY	39
Skipper, Ann	HORY	15
Skipper, Daniel	MRBO	202
Skipper, E	HORY	35
Skipper, Esther*	SPBG	357
Skipper, F A D	HORY	14
Skipper, G L	HORY	10
Skipper, G W	GETN	292
Skipper, Gilbert	DLTN	475
Skipper, Isaac	HORY	39
Skipper, Isaac	CHTN	181
Skipper, J B	HORY	39
Skipper, Jas M*	MRBO	202
Skipper, John*	HORY	14
Skipper, Joseph E*	HORY	14
Skipper, Jreen	MRBO	192
Skipper, M R	HORY	37
Skipper, Priscilla	HORY	37
Skipper, Rebecca	HORY	15
Skipper, Roswell	CHTN	147
Skipper, Saml*	MARN	5
Skipper, W*	HORY	13
Skipper, Wm*	HORY	29
Skipper, Z P	MRBO	202
Sklarke, Henry*	MARN	19
Skoggins, James	YORK	488
Skrine, T C	CHTN	181
Skurry, James T	SMTR	138
Skurry, Mary	SMTR	138
Skurry, Mary J	SMTR	136
Slack, Jno*	CHTN	339
Slacks, Thos	ADSN	237
Slagg, Andrew	SPBG	403
Slagg, Isaac	SPBG	403
Slaten, John D	BNWL	339
Slaten, Reuben	GRVL	394
Slater, Christian	PKNS	23
Slater, Edward	PKNS	26
Slater, Elizabeth*	COTN	365
Slater, J D	BNWL	329
Slater, Mary A*	ORBG	406
Slatery, James**	CHTN	509
Slatery, Margaret*	CHTN	338
Slathery, John	CHTN	199
Slathery, John	CHTN	199
Slaton, John C	ADSN	318
Slaton, Mathew	ADSN	324
Slaton, Richard	GRVL	506
Slaton, Thomas	ADSN	318
Slator, J A	BNWL	429
Slatten, James	PKNS	21
Slatten, Thomas*	PKNS	141
Slattery, B J	CHTN	322
Slattery, Caroline	NWBY	259
Slattery, Kate*	CHTN	433
Slattery, Margaret*	CHTN	429
Slaven, John*	CHTN	427
Slawson, Hambleton**	CHTN	303
Slawson, Hamilton	BUFT	6
Slawson, Levi	NWBY	236
Slawson, Mrs**	CHTN	303
Slaymaker, Charles	FAFD	237
Sledge, Cynthia*	LRNS	238
Sledge, Hartwell	CHTR	69
Sledge, Nancy	SMTR	102
Sledge, Wm A*	CLDN	244
Sleigh, John	COTN	251
Sleigh, Wm	CHTN	294
Slemmermeyer, Carsten*	CHTN	468
Slendorf, Henry*	CHTN	464
Sley, Jimmy*	CHTN	275
Slice, D G	LXTN	398
Slice, Elias	LXTN	396
Slice, Elizabeth	LXTN	397
Slice, Geo A	LXTN	398
Slice, John*	LXTN	411
Slice, John	LXTN	398
Slice, Mary A	LXTN	397
Slice, Michl	LXTN	398
Slico, J	LXTN	384
Slider, Y T*	NWBY	292
Slier, Henry*	CHTN	468
Sligh, C F	NWBY	258
Sligh, D B*	NWBY	235
Sligh, David	NWBY	290
Sligh, Emaline*	NWBY	249
Sligh, Emanuel	NWBY	280
Sligh, G A	NWBY	270
Sligh, G S	NWBY	279
Sligh, Geo P	NWBY	235
Sligh, Hillery	NWBY	290
Sligh, J A*	NWBY	305
Sligh, Jacob	NWBY	248
Sligh, Jacob	NWBY	242
Sligh, John	NWBY	252
Sligh, John Y	RHLD	71
Sligh, Joseph A*	LXTN	378
Sligh, Mary M*	LXTN	378
Sligh, Nancy A	NWBY	288
Sligh, Nancy*	NWBY	243
Sligh, Philip	NWBY	283
Sligh, Thomas*	NWBY	300
Sligh, W H**	NWBY	219
Sloan, Andrew J	PKNS	20
Sloan, Archibald	NWBY	246
Sloan, B F	ADSN	262
Sloan, B F Jr	ADSN	297
Sloan, B Frank	ADSN	254
Sloan, Calvin W	FAFD	268
Sloan, David	LRNS	346
Sloan, Douglas*	ADSN	262
Sloan, Edward	CHTR	32
Sloan, Eleanor	KRSW	140
Sloan, Elizabeth	PKNS	20
Sloan, Elizabeth	FAFD	266
Sloan, George S	ADSN	262
Sloan, H Thos	ABVL	37
Sloan, Herin E	SMTR	147
Sloan, Isabella*	CHTN	420
Sloan, J B E	ADSN	254
Sloan, J Berry	ADSN	257
Sloan, James	SPBG	220
Sloan, James	NWBY	248
Sloan, James Sr	NWBY	246
Sloan, Jane*	YORK	394
Sloan, Jane	NWBY	262
Sloan, Jane L**	FAFD	251
Sloan, Jno	CHTR	39
Sloan, John B	ADSN	258
Sloan, John J	YORK	382
Sloan, John S	PKNS	20
Sloan, John T	ADSN	256
Sloan, M	LRNS	348
Sloan, Margaret*	FAFD	255
Sloan, Nancy E	ADSN	256
Sloan, Paul E	ADSN	253
Sloan, Robt	FAFD	247
Sloan, Ruth*	YORK	422
Sloan, Thos	FAFD	255
Sloan, Thos J	PKNS	57
Sloan, Thos M	LRNS	338
Sloan, Thos M	ABVL	10
Sloan, W W	LRNS	350
Sloan, William	ADSN	253
Sloan, Wm	FAFD	255
Sloan, Wm M	LRNS	326
Sloane, E B	ADSN	155
Sloman, Benj W	BUFT	5
Sloman, John	CHTN	187
Slone, Margaret**	EDFD	8
Sloop, ------	YORK	404
Sloop, M**	CHTN	365
Slowman, E B	CHTN	495
Slowman, P A*	COTN	249
Slowman, Sarah F	BUFT	11
Sly, John	CHTN	454
Sly, S	EDFD	176
Smalgmeyer, Margt*	CHTN	518
Small, A C	NWBY	268
Small, A J	LCTR	178
Small, Allen	LCTR	176
Small, Andrew	ABVL	22
Small, Anna M	CHTN	425
Small, Benjn	BUFT	22
Small, Catharine	CHTN	431
Small, Chapman	LCTR	177
Small, Christopher	LCTR	176
Small, Eisar	CHTN	486
Small, Elizabeth	LCTR	199
Small, Frances*	GETN	301
Small, Henrietta**	CHTN	467
Small, Heriot	CHTN	509
Small, J	CHTN	317
Small, J C	LCTR	178
Small, J J	LCTR	176
Small, J M	LCTR	176
Small, Jacob	CHTN	354
Small, James	LCTR	200
Small, James	CHTN	278
Small, Jane	CHTN	436
Small, Jane E	GETN	305
Small, Jas P	LCTR	199
Small, Joel B	LCTR	177
Small, John	HORY	42
Small, John D	LCTR	176
Small, John S	LCTR	177
Small, John S	CHTN	425
Small, John Sr	HORY	43
Small, Joseph	LCTR	179
Small, Joseph*	CHTN	381
Small, M A*	MARN	76
Small, M A	BNWL	461
Small, M C	GETN	305
Small, Mary	LCTR	177
Small, Moody*	LCTR	177
Small, R	HORY	43
Small, Richard	CHTN	281
Small, S Y	LCTR	176
Small, Sam**	CHTN	288
Small, Thomas R	CHTN	489
Small, Thos	LCTR	177
Small, Thos*	LCTR	176
Small, Uriah	WMBG	310
Small, W*	HORY	43
Small, W	HORY	44
Small, William	CHTN	374
Small, Wm M	LCTR	176
Small, Wm T	LCTR	199
Smarr, J D	YORK	449
Smarr, J M	YORK	502
Smart, Abner	BUFT	30
Smart, B*	SPBG	259
Smart, Catherine	CHFD	124
Smart, Comos	BNWL	502
Smart, Eliza A*	BUFT	62
Smart, Frances**	CHTN	519
Smart, Griffin	CHTN	458
Smart, Henry	CHTN	509
Smart, J C	BNWL	502
Smart, James	BUFT	62
Smart, Margt A	BUFT	62
Smart, Rebecca*	PKNS	2
Smart, Reuben H	BUFT	27
Smart, Robt N	FAFD	226
Smart, S	HORY	7
Smart, Samuel	HORY	7
Smart, Sarah*	RHLD	54
Smart, Selden	FAFD	203
Smart, Thos H*	FAFD	258
Smart, W G	YORK	376
Smart, William*	PKNS	177
Smeller, Jas**	CLDN	230

Name	Loc	Pg	Name	Loc	Pg	Name	Loc	Pg
Smight, Ann T*	CHTN	489	Smith, C B, MD	COTN	279	Smith, Eliza*	CHTN	334
Smiley, Ann*	COTN	358	Smith, C C**	MARN	13	Smith, Eliza	CHTN	485
Smiley, Martha*	FAFD	232	Smith, C M	ADSN	331	Smith, Eliza	EDFD	147
Smiling, Elizabeth	SMTR	172	Smith, C W	HORY	47	Smith, Eliza M**	CHTN	214
Smiling, James	SMTR	171	Smith, C*	CHTN	131	Smith, Eliza*	CHTN	429
Smith, A	GRVL	431	Smith, Caleb	ADSN	337	Smith, Eliza*	MARN	69
Smith, A B	CHFD	119	Smith, Calven*	ORBG	389	Smith, Elizabeth*	RHLD	72
Smith, A B	EDFD	59	Smith, Calvin	MRBO	208	Smith, Elizabeth	RHLD	32
Smith, A B	EDFD	59	Smith, Calvin G	YORK	431	Smith, Elizabeth**	NWBY	278
Smith, A C	GRVL	413	Smith, Caroline E*	RHLD	23	Smith, Elizabeth	NWBY	247
Smith, A D	CHFD	146	Smith, Carrie M*	ABVL	70	Smith, Elizabeth	PKNS	141
Smith, A G	YORK	488	Smith, Caspter*	SPBG	316	Smith, Elizabeth	MRBO	162
Smith, A H	GRVL	457	Smith, Cath	CHTN	208	Smith, Elizabeth*	ORBG	334
Smith, A J	GRVL	382	Smith, Catherine B*	CHTR	39	Smith, Elizabeth	MRBO	206
Smith, A J**	GETN	291	Smith, Catherine*	COTN	366	Smith, Elizabeth*	YORK	493
Smith, A J	MARN	40	Smith, Celia	HORY	62	Smith, Elizabeth	UNON	250
Smith, A K	SPBG	223	Smith, Charles*	MRBO	146	Smith, Elizabeth*	CHTN	197
Smith, A M	ADSN	178	Smith, Charles	CHTN	495	Smith, Elizabeth	FAFD	209
Smith, A S	CHFD	119	Smith, Charles B	CHTR	15	Smith, Elizabeth*	GRVL	380
Smith, A S	UNON	290	Smith, Charles B Jr	CHTR	2	Smith, Elizabeth	CHTN	374
Smith, A W	CHTR	1	Smith, Charles H	EDFD	169	Smith, Elizabeth	LXTN	462
Smith, A*	CHTN	239	Smith, Charles*	BNWL	356	Smith, Elizabeth	LXTN	355
Smith, A	SPBG	344	Smith, Charles*	ABVL	83	Smith, Elizabeth	LXTN	377
Smith, A E	SPBG	285	Smith, Charles*	BUFT	24	Smith, Elizabeth	CHTN	188
Smith, A J	ADSN	288	Smith, Charles R	LCTR	155	Smith, Elizabeth*	LXTN	410
Smith, A M	LRNS	235	Smith, Charley	BNWL	426	Smith, Elizabeth	CHTN	124
Smith, A W	ADSN	195	Smith, Charlotte	FAFD	213	Smith, Elizabeth	SPBG	254
Smith, Aaron*	ADSN	316	Smith, Chas*	CHTN	197	Smith, Elizh	GRVL	492
Smith, Aaron	ADSN	286	Smith, Chas	CHTN	246	Smith, Elizth*	CHTN	250
Smith, Aaron M	SPBG	342	Smith, Chris	PKNS	66	Smith, Elizth	BUFT	65
Smith, Abegail	SPBG	331	Smith, Christian E**	RHLD	53	Smith, Elizth W	BUFT	55
Smith, Abner	MRBO	208	Smith, Christifer	ABVL	86	Smith, Ellen*	CHTN	317
Smith, Abraham	HORY	47	Smith, Christina*	PKNS	66	Smith, Elvira	LRNS	253
Smith, Acy	UNON	258	Smith, Christopher	BNWL	356	Smith, Emily	CHTN	438
Smith, Acy	UNON	244	Smith, Claibon M*	YORK	402	Smith, Emily H*	ADSN	263
Smith, Ada E	BNWL	498	Smith, Clark	LRNS	302	Smith, Emily*	LCTR	167
Smith, Adam	ORBG	318	Smith, Clayton	HORY	26	Smith, Emma	HORY	59
Smith, Adam	LXTN	425	Smith, Col T	PKNS	63	Smith, Emma J*	CHTN	169
Smith, Adel*	CHTN	473	Smith, Colin M**	MARN	20	Smith, Emma*	CHTN	363
Smith, Adolp P*	COTN	279	Smith, Curtis**	HORY	59	Smith, Enas	MRBO	156
Smith, Alberti*	LRNS	283	Smith, Cyntha*	GRVL	445	Smith, Enoch H	SFBG	336
Smith, Alex*	YORK	373	Smith, D***	SPBG	313	Smith, Ephraim	ADSN	331
Smith, Alex	DLTN	432	Smith, D A*	CHTN	371	Smith, Ester J*	CLDN	213
Smith, Alexander	GRVL	382	Smith, D A*	FAFD	221	Smith, Esther*	CLDN	218
Smith, Alexr	CHTN	415	Smith, D A	FAFD	209	Smith, Eveline	CHTN	467
Smith, Alexr L	ABVL	90	Smith, D A E**	FAFD	230	Smith, Ex	LRNS	347
Smith, Alfred	SPBG	243	Smith, D B	CHFD	140	Smith, Ezekial P*	PKNS	164
Smith, Alfred	MARN	49	Smith, D H	UNON	213	Smith, F D	SPBG	345
Smith, Alfred	SPBG	317	Smith, D L	SPBG	338	Smith, F H*	CLDN	214
Smith, Allen	ORBG	336	Smith, D M**	COTN	297	Smith, F H	CHFD	94
Smith, Allen	ABVL	97	Smith, Daniel	WMBG	338	Smith, F H	DLTN	445
Smith, Allison	DLTN	473	Smith, Daniel	EDFD	82	Smith, F L N	WMBG	313
Smith, Ambros J	PKNS	177	Smith, Daniel	GRVL	502	Smith, F*	WMBG	313
Smith, Amos	GRVL	387	Smith, Daniel*	CHTN	427	Smith, F L*	EDFD	106
Smith, Amos**	CHTN	214	Smith, Daniel**	CHTR	9	Smith, F P	GRVL	500
Smith, Anderson	ADSN	336	Smith, Daniel	ADSN	304	Smith, Fannie	EDFD	166
Smith, Anderson	ADSN	164	Smith, Danl	SPBG	404	Smith, Fielden	GRVL	430
Smith, Andrew	PKNS	39	Smith, Danl	MARN	74	Smith, Flecher	PKNS	39
Smith, Andrew	ABVL	92	Smith, Danl B**	ABVL	23	Smith, Foster	PKNS	145
Smith, Andrew N*	YORK	406	Smith, Danl T*	RHLD	54	Smith, Frances*	PKNS	17
Smith, Andrew**	CHTN	287	Smith, Darkus	PKNS	152	Smith, Frances	UNON	242
Smith, Andrew	FAFD	265	Smith, David	SPBG	365	Smith, Frances	GRVL	443
Smith, Andrew	ADSN	337	Smith, David	EDFD	147	Smith, Frances	EDFD	147
Smith, Andrew M	ADSN	337	Smith, David	HORY	8	Smith, Francis*	CHTN	415
Smith, Angus	CHTN	309	Smith, David	UNON	277	Smith, Francis*	CHTN	360
Smith, Ann	WMBG	340	Smith, David H	MARN	63	Smith, Francis*	CHTN	334
Smith, Ann	YORK	488	Smith, David H	GETN	289	Smith, Frank**	MRBO	192
Smith, Ann*	GETN	314	Smith, Dawson	GRVL	477	Smith, Franklin	GRVL	409
Smith, Ann*	ABVL	123	Smith, Diannah	GRVL	479	Smith, Fredrick J	PKNS	175
Smith, Ann M	BUFT	55	Smith, Dickson	SPBG	372	Smith, G H	NWBY	297
Smith, Ann T	CHTN	291	Smith, Dorcas	CHTN	137	Smith, G H	CHTR	15
Smith, Anna*	CHTN	102	Smith, Dr Ira T	FAFD	221	Smith, G M	KRSW	125
Smith, Anna F	SPBG	340	Smith, Drayton	UNON	249	Smith, G T	LRNS	261
Smith, Archd K	COTN	358	Smith, Drayton	LXTN	361	Smith, G W	EDFD	144
Smith, Archy	LRNS	342	Smith, Dresden*	ADSN	156	Smith, G Washington	BUFT	65
Smith, Asa	FAFD	263	Smith, Duncan	CHFD	146	Smith, Gatwell	SPBG	354
Smith, Augt M	ABVL	35	Smith, E	WMBG	353	Smith, Gavin	PKNS	162
Smith, Augusta G	BNWL	468	Smith, E	GRVL	456	Smith, Geo	PKNS	4
Smith, B	WMBG	321	Smith, E	MARN	70	Smith, Geo*	CHTN	197
Smith, B B	COTN	358	Smith, E B*	MARN	19	Smith, Geo	LXTN	425
Smith, B F	GETN	287	Smith, E B*	CHTN	258	Smith, George	MRBO	208
Smith, B F	EDFD	42	Smith, E C	GETN	298	Smith, George	COTN	357
Smith, B F*	ADSN	156	Smith, E D	COTN	356	Smith, George	GRVL	459
Smith, B*	CHTN	179	Smith, E H	GRVL	495	Smith, George	CHTN	136
Smith, Baily	UNON	234	Smith, E J**	FAFD	244	Smith, George	MARN	49
Smith, Basil	ADSN	329	Smith, E W	GRVL	456	Smith, George	ADSN	326
Smith, Baylis	GRVL	477	Smith, Ebry*	UNON	202	Smith, George H	BUFT	57
Smith, Bella*	CHTN	190	Smith, Ed	CHFD	106	Smith, George L	ORBG	331
Smith, Ben	EDFD	46	Smith, Edith A*	ADSN	263	Smith, George W	RHLD	73
Smith, Ben**	CHTN	123	Smith, Edmund	GRVL	431	Smith, George W	BUFT	65
Smith, Benajah	ABVL	134	Smith, Edward	SPBG	393	Smith, Gideon	COTN	251
Smith, Benj	DLTN	410	Smith, Edward	PKNS	37	Smith, Gillam	NWBY	278
Smith, Benjamin	COTN	299	Smith, Edward C	RHLD	9	Smith, Gillam	NWBY	251
Smith, Benjamin	GRVL	328	Smith, Edward*	COTN	345	Smith, Green L	GRVL	477
Smith, Benjamin	GRVL	367	Smith, Edward	BNWL	463	Smith, Griffin	ADSN	325
Smith, Benjamin F	PKNS	188	Smith, Edward	MARN	134	Smith, H G	MARN	80
Smith, Benjamin*	ADSN	289	Smith, Edwd*	DLTN	403	Smith, H H	CHTR	6
Smith, Benjn*	ABVL	140	Smith, Eli	CHTR	1	Smith, H J*	ADSN	183
Smith, Benjn F*	BUFT	57	Smith, Elias	SMTR	103	Smith, H K	EDFD	143
Smith, Benjn F	ABVL	77	Smith, Eliha J*	FAFD	204	Smith, H M	CHFD	152
Smith, Bennett	SPBG	339	Smith, Elihu P	SPBG	340	Smith, H S	LXTN	467
Smith, Berry	PKNS	71	Smith, Elisha	CHTN	139	Smith, H*	CHTN	316
Smith, Blanch*	ADSN	325	Smith, Eliza	MARN	17	Smith, H H	FAFD	241
Smith, Bridget*	CHTN	256	Smith, Eliza	YORK	502	Smith, H*	SPBG	258
Smith, Bryce	GRVL	405	Smith, Eliza*	WMBG	309	Smith, Hanley	CHFD	177
Smith, Buck	FAFD	228	Smith, Eliza**	GRVL	329	Smith, Hannah*	CHTR	63

Name	Loc	Pg	Name	Loc	Pg	Name	Loc	Pg
Smith, Hanorah*	CHTN	424	Smith, Jacob	CHTN	180	Smith, Joel A*	FAFD	259
Smith, Harbord	HORY	13	Smith, James	LXTN	361	Smith, Joel E	GRVL	459
Smith, Hariet*	BNWL	354	Smith, James	UNON	226	Smith, Joel F	LRNS	251
Smith, Harper	ADSN	317	Smith, James	UNON	292	Smith, John	NWBY	221
Smith, Harriet*	BNWL	499	Smith, James	ABVL	59	Smith, John	YORK	398
Smith, Harriett	BNWL	460	Smith, James D	ADSN	178	Smith, John	SPBG	399
Smith, Harry	CHFD	187	Smith, James R	RHLD	1	Smith, John E*	PKNS	162
Smith, Harvey*	CHTR	70	Smith, James	YORK	488	Smith, John F	SPBG	371
Smith, Hawkins	GRVL	335	Smith, James	PKNS	155	Smith, John F Sr	SPBG	371
Smith, Helena*	GRVL	501	Smith, James H*	PKNS	186	Smith, John J*	RHLD	46
Smith, Hellena	ADSN	182	Smith, James*	YORK	407	Smith, John M	HORY	59
Smith, Henrietta M*	COTN	330	Smith, James	MARN	3	Smith, John N	PKNS	182
Smith, Henrietta**	CHTN	463	Smith, James	PKNS	68	Smith, John P*	SPBG	215
Smith, Henritta*	BNWL	353	Smith, James	PKNS	72	Smith, John P	MRBO	148
Smith, Henry	MRBO	188	Smith, James	SPBG	223	Smith, John P	HORY	60
Smith, Henry	NWBY	272	Smith, James	YORK	489	Smith, John S	GRVL	484
Smith, Henry	SMTR	118	Smith, James M	RHLD	71	Smith, John W	ORBG	322
Smith, Henry	GRVL	401	Smith, James W	RHLD	25	Smith, John**	ORBG	327
Smith, Henry	LXTN	467	Smith, James*	ADSN	258	Smith, John	RHLD	48
Smith, Henry	FAFD	236	Smith, James	COTN	261	Smith, John	PKNS	69
Smith, Henry	BNWL	470	Smith, James	FAFD	269	Smith, John	RHLD	75
Smith, Henry	BUFT	66	Smith, James D	MARN	78	Smith, John	SMTR	162
Smith, Henry A	PKNS	169	Smith, James E	ADSN	330	Smith, John	MRBO	165
Smith, Henry A*	RHLD	51	Smith, James F	SPBG	328	Smith, John	PKNS	140
Smith, Henry M	GRVL	478	Smith, James G**	BUFT	65	Smith, John	RHLD	36
Smith, Henry*	CHTN	272	Smith, James H	GRVL	485	Smith, John	RHLD	76
Smith, Herbert	MRBO	192	Smith, James H	SPBG	339	Smith, John	YORK	444
Smith, Herbert	MRBO	208	Smith, James R	BUFT	56	Smith, John	YORK	488
Smith, Hester*	PKNS	25	Smith, James*	CHTN	445	Smith, John C*	YORK	400
Smith, Hester A**	CHTR	89	Smith, James	GRVL	429	Smith, John G	MARN	134
Smith, Holland	DLTN	407	Smith, James	GETN	313	Smith, John J	YORK	370
Smith, Holman R	SPBG	252	Smith, James	GRVL	399	Smith, John W	SMTR	170
Smith, Howell	EDFD	171	Smith, James	CHTR	57	Smith, John*	HORY	43
Smith, Hugh	CHTN	121	Smith, James	CHTN	451	Smith, John A	RHLD	70
Smith, Hugh	CHTN	132	Smith, James	GRVL	432	Smith, John C	YORK	491
Smith, Hugh	MARN	80	Smith, James*	CHTN	258	Smith, John C*	RHLD	86
Smith, Hugh H	MARN	134	Smith, James*	CHTN	250	Smith, John D	MARN	23
Smith, I	BNWL	468	Smith, James	CHTN	127	Smith, John D	RHLD	94
Smith, Isa	FAFD	229	Smith, James#	CHTN	201	Smith, John*	CHTR	57
Smith, Isaac	CHTR	2	Smith, James	BNWL	377	Smith, John B	GRVL	477
Smith, Isaac*	CHTN	200	Smith, James	ABVL	124	Smith, John L	CHTN	518
Smith, Isaac T	SPBG	339	Smith, James	ADSN	295	Smith, John S	UNON	250
Smith, Isabel**	CHTN	190	Smith, James W*	FAFD	270	Smith, John W	GRVL	456
Smith, Isabella**	BNWL	387	Smith, James	ABVL	70	Smith, John	BUFT	68
Smith, Isabella**	BUFT	89	Smith, Jane O	RHLD	2	Smith, John	CHTN	193
Smith, Isac	SPBG	340	Smith, Jane	CHTN	381	Smith, John*	CHTN	197
Smith, Isham	NWBY	248	Smith, Jane S O*	YORK	388	Smith, John	UNON	294
Smith, Isreal	RHLD	12	Smith, Jane	DLTN	409	Smith, John A	GRVL	477
Smith, J	GETN	318	Smith, Jane	LRNS	347	Smith, John H	CHTN	211
Smith, J A*	WMBG	318	Smith, Jane**	CHTR	6	Smith, John H	EDFD	149
Smith, J A**	LXTN	400	Smith, Jane**	BUFT	65	Smith, John J	BUFT	8
Smith, J B	YORK	375	Smith, Jane T	BUFT	33	Smith, John L*	BUFT	45
Smith, J B	FAFD	256	Smith, Jarrared	NWBY	291	Smith, John*	BNWL	363
Smith, J B	EDFD	43	Smith, Jas A	YORK	408	Smith, John	UNON	198
Smith, J Berry	ADSN	307	Smith, Jas A**	YORK	453	Smith, John	UNON	288
Smith, J D	ADSN	255	Smith, Jas E	YORK	368	Smith, John	LXTN	395
Smith, J D	LXTN	361	Smith, Jas M**	YORK	396	Smith, John	KRSW	113
Smith, J E	CHTN	348	Smith, Jas S	MRBO	203	Smith, John	COTN	269
Smith, J F*	MARN	51	Smith, Jas W*	MARN	22	Smith, John	GRVL	500
Smith, J F	EDFD	157	Smith, Jas W	YORK	401	Smith, John	EDFD	172
Smith, J F*	SPBG	426	Smith, Jas*	YORK	491	Smith, John	GRVL	396
Smith, J F	LXTN	425	Smith, Jas	CHTN	324	Smith, John	HORY	34
Smith, J G*	CHTN	264	Smith, Jas	CHTN	205	Smith, John	COTN	299
Smith, J G	ADSN	304	Smith, Jas E	CHTN	348	Smith, John	COTN	357
Smith, J G	BNWL	478	Smith, Jas T	CHTN	359	Smith, John	COTN	276
Smith, J G	ADSN	188	Smith, Jas W**	LXTN	456	Smith, John	ADSN	165
Smith, J H	EDFD	7	Smith, Jas	LRNS	258	Smith, John	CHTR	59
Smith, J H	FAFD	225	Smith, Jasper*	FAFD	263	Smith, John	ADSN	182
Smith, J J	DLTN	443	Smith, Jasper	ADSN	259	Smith, John A	CHFD	145
Smith, J J	PKNS	50	Smith, Jasper	GRVL	418	Smith, John A	COTN	310
Smith, J Jeremiah	BUFT	41	Smith, Jefferson	GRVL	478	Smith, John A	GRVL	453
Smith, J K	FAFD	228	Smith, Jefferson**	GRVL	417	Smith, John*	ADSN	303
Smith, J L	EDFD	159	Smith, Jeffery	UNON	244	Smith, John	CHTN	125
Smith, J M	MARN	10	Smith, Jehiel M	GRVL	477	Smith, John	CHTN	267
Smith, J*	NWBY	261	Smith, Jenk*	LRNS	250	Smith, John	SPBG	398
Smith, J B*	NWBY	304	Smith, Jepthah	PKNS	13	Smith, John**	SPBG	305
Smith, J D	ORBG	388	Smith, Jeremiah**	SPBG	369	Smith, John*	LXTN	430
Smith, J H	MARN	12	Smith, Jeremiah F	BUFT	22	Smith, John	SPBG	422
Smith, J L N	PKNS	168	Smith, Jerry	ADSN	308	Smith, John	MARN	139
Smith, J M	WMBG	336	Smith, Jerusha	CHTN	201	Smith, John	MARN	78
Smith, J M*	CHTN	407	Smith, Jesse	RHLD	74	Smith, John	SPBG	341
Smith, J M	ADSN	300	Smith, Jesse	PKNS	43	Smith, John	LRNS	248
Smith, J N	PKNS	4	Smith, Jesse R	ADSN	155	Smith, John	ADSN	334
Smith, J N	ADSN	259	Smith, Jesse W***	BUFT	75	Smith, John	ABVL	123
Smith, J P	CHTN	370	Smith, Jesse**	BNWL	496	Smith, John A	LXTN	437
Smith, J R	GETN	310	Smith, Jesse	BNWL	493	Smith, John A	PKNS	159
Smith, J R	GRVL	430	Smith, Jesse	CHTN	170	Smith, John B	MARN	65
Smith, J R S	GETN	290	Smith, Jesse	EDFD	196	Smith, John B	CHTN	115
Smith, J S	GRVL	490	Smith, Jesse B	CLDN	231	Smith, John B	ADSN	334
Smith, J S	DLTN	377	Smith, Jesse*	ADSN	292	Smith, John H	MARN	139
Smith, J V	ADSN	273	Smith, Jessie P	SMTR	103	Smith, John L	MARN	80
Smith, J W	FAFD	227	Smith, Jno	CHTR	23	Smith, John M	MARN	93
Smith, J W	EDFD	153	Smith, Jno E	MARN	17	Smith, John N	ADSN	275
Smith, J W	EDFD	171	Smith, Jno*	CHTN	305	Smith, John O**	BUFT	65
Smith, J W	LXTN	437	Smith, Jno**	CHTN	309	Smith, John R	BUFT	55
Smith, J W	BUFT	44	Smith, Jno	CLDN	241	Smith, John S*	ADSN	258
Smith, J Wm	SPBG	341	Smith, Jno	CHTR	75	Smith, John Sr	SPBG	399
Smith, Jacob	NWBY	279	Smith, Jno B*	LXTN	361	Smith, John W	BUFT	22
Smith, Jacob	ORBG	311	Smith, Jno E	CHTN	214	Smith, Joicey*	EDFD	161
Smith, Jacob	LXTN	366	Smith, Jno J M	SPBG	262	Smith, Joiliet E*	RHLD	16
Smith, Jacob	LXTN	467	Smith, Jno S*	DLTN	438	Smith, Jones	CHFD	180
Smith, Jacob	CHTR	46	Smith, Job	CHTN	335	Smith, Jos	CHFD	146
Smith, Jacob	BUFT	72	Smith, Joe*	ADSN	330	Smith, Jos	ADSN	229
Smith, Jacob	EDFD	138	Smith, Joel	YORK	376			
Smith, Jacob	BNWL	421	Smith, Joel	ADSN	201			
Smith, Jacob	BNWL	361						

Name	Loc	Pg	Name	Loc	Pg	Name	Loc	Pg
Smith, Jos W	FAFD	265	Smith, Mary	SMTR	153	Smith, Peter	CHTN	211
Smith, Jos*	LRNS	260	Smith, Mary	YORK	507	Smith, Peter	MARN	93
Smith, Joseph	MRBO	167	Smith, Mary	MRBO	166	Smith, Peter B	RHLD	31
Smith, Joseph	PKNS	183	Smith, Mary	RHLD	12	Smith, Peter T	MRBO	166
Smith, Joseph	SPBG	377	Smith, Mary	SMTR	103	Smith, Phely	UNON	243
Smith, Joseph P	SPBG	314	Smith, Mary	SMTR	118	Smith, Philip	MRBO	208
Smith, Joseph W	YORK	488	Smith, Mary	BNWL	462	Smith, Philip P	ADSN	299
Smith, Joseph W**	GRVL	408	Smith, Mary B*	BNWL	345	Smith, Phoeby and others	EDFD	199
Smith, Joseph*	ABVL	106	Smith, Mary G*	CHTN	373	Smith, Pinckney*	ADSN	295
Smith, Joseph*	GRVL	426	Smith, Mary	CHTN	205	Smith, Polly**	LXTN	467
Smith, Joseph*	GRVL	459	Smith, Mary	CHTR	38	Smith, Polly	SPBG	429
Smith, Joseph	CHTN	369	Smith, Mary A	COTN	288	Smith, R	SPBG	403
Smith, Joseph	HORY	30	Smith, Mary*	CHTR	48	Smith, R	SPBG	403
Smith, Joseph	GETN	289	Smith, Mary A**	ABVL	50	Smith, R A**	EDFD	166
Smith, Joseph*	ADSN	156	Smith, Mary	HORY	9	Smith, R B	HORY	23
Smith, Joshua	PKNS	38	Smith, Mary*	UNON	219	Smith, R B	SPBG	340
Smith, Joshua E	CHTN	433	Smith, Mary	UNON	225	Smith, R C	CHTN	354
Smith, Josiah	GETN	306	Smith, Mary	ADSN	199	Smith, R C*	CHFD	102
Smith, Josiah	UNON	235	Smith, Mary**	BNWL	449	Smith, R J	EDFD	161
Smith, Josiah*	GRVL	511	Smith, Mary	BNWL	462	Smith, R M*	SPBG	333
Smith, Judy*	BNWL	499	Smith, Mary A	CHTN	443	Smith, R P	HORY	54
Smith, Julia*	SPBG	236	Smith, Mary A*	CHTN	190	Smith, R P Sr	COTN	311
Smith, Karen	YORK	436	Smith, Mary E N	ADSN	263	Smith, R R	DLTN	409
Smith, Katherine*	HORY	60	Smith, Mary J*	CHTN	429	Smith, R S	WMBG	335
Smith, Katy	LXTN	382	Smith, Mary	MARN	41	Smith, R S	ADSN	201
Smith, Kimmey S	BUFT	34	Smith, Mary	SPBG	415	Smith, R T	YORK	366
Smith, L B	EDFD	13	Smith, Mary	ADSN	288	Smith, R T	SPBG	308
Smith, L M	EDFD	168	Smith, Mary E*	SPBG	315	Smith, R W*	EDFD	171
Smith, Lanford	SPBG	321	Smith, Mary J*	SPBG	327	Smith, R W	MARN	128
Smith, Laura L*	CHTN	233	Smith, Matilda	YORK	373	Smith, Rachel R	BUFT	66
Smith, Laura*	BNWL	385	Smith, Matilda*	PKNS	188	Smith, Ralph	SPBG	330
Smith, Laura R	SPBG	399	Smith, Matilda*	RHLD	41	Smith, Rebecca*	BUFT	97
Smith, Laurance	CHTN	133	Smith, Matilda*	CHTR	78	Smith, Rebecca	ABVL	123
Smith, Lawrence*	EDFD	2	Smith, Melissa	SPBG	275	Smith, Rebecca	ADSN	173
Smith, Lawson	CHTR	57	Smith, Micajah	GRVL	382	Smith, Rebecca	CHTN	146
Smith, Lawson	CHTR	6	Smith, Michael	SPBG	399	Smith, Rebecca	CHTN	271
Smith, Leanda**	CHTN	500	Smith, Michell	ADSN	185	Smith, Reddick	DLTN	453
Smith, Lee L*	SPBG	307	Smith, Milas	YORK	431	Smith, Relay	CHFD	129
Smith, Lemond	SPBG	340	Smith, Milledge**	EDFD	13	Smith, Reuben D	RHLD	72
Smith, Leonard	ADSN	336	Smith, Milly	EDFD	67	Smith, Reuben J	GRVL	327
Smith, Levi*	RHLD	10	Smith, Milton	ADSN	336	Smith, Reubin	GRVL	486
Smith, Levi	LXTN	387	Smith, Minor C**	CHTR	6	Smith, Reubin E*	GRVL	483
Smith, Levi	SPBG	291	Smith, Miss S*	NWBY	301	Smith, Rev A P	CHTN	132
Smith, Levi	SPBG	277	Smith, Miss	CHTN	320	Smith, Rev H A	LXTN	420
Smith, Lewis*	YORK	374	Smith, Miss	CHTN	347	Smith, Rev James F	ABVL	82
Smith, Lewis	PKNS	175	Smith, Miss E*	FAFD	209	Smith, Rev Theo**	FAFD	275
Smith, Lewis	BNWL	443	Smith, Miss Julia*	CHTN	231	Smith, Rhoda	SMTR	161
Smith, Lewis	ABVL	57	Smith, Mity	EDFD	153	Smith, Rhoda	DLTN	443
Smith, Lewis	ADSN	175	Smith, Molky	GRVL	427	Smith, Richard	MRBO	181
Smith, Lina*	GRVL	491	Smith, Moses	PKNS	79	Smith, Richard	CHTN	309
Smith, Linsey	ADSN	171	Smith, Moses	ABVL	105	Smith, Richard	DLTN	452
Smith, Littleton	EDFD	168	Smith, Mrs	CHTN	305	Smith, Richd	GETN	291
Smith, Louisa**	SPBG	355	Smith, Mrs D	EDFD	30	Smith, Riley	SPBG	206
Smith, Louisa*	GRVL	460	Smith, Mrs E	EDFD	12	Smith, Riley	PKNS	108
Smith, Louisa	ADSN	316	Smith, Mrs E	CHTN	342	Smith, Rob W	DLTN	427
Smith, Lucinda	SPBG	366	Smith, Mrs E A	CHTN	443	Smith, Robert	YORK	366
Smith, Lucretia*	ADSN	327	Smith, Mrs E C**	CHTN	491	Smith, Robert	PKNS	174
Smith, Luke	YORK	502	Smith, Mrs E L	CHTN	346	Smith, Robert	ADSN	262
Smith, Luke	EDFD	179	Smith, Mrs J*	CHTN	342	Smith, Robert	BNWL	356
Smith, Lurana	PKNS	181	Smith, Mrs Jane*	CHTR	80	Smith, Robert E	CHFD	134
Smith, M R	YORK	507	Smith, Mrs Middleton	CHTN	238	Smith, Robert N	PKNS	162
Smith, M S*	WMBG	305	Smith, Mrs*	CHTN	311	Smith, Robert P	UNON	227
Smith, M W D*	ORBG	311	Smith, N	UNON	243	Smith, Robt B	YORK	468
Smith, M*	CHTN	325	Smith, N H	SPBG	338	Smith, Robt*	ABVL	70
Smith, M	LRNS	354	Smith, N M*	ORBG	313	Smith, Robt	LXTN	361
Smith, M	UNON	289	Smith, Nain*	UNON	295	Smith, Robt B	FAFD	246
Smith, M	MARN	57	Smith, Nancy B	CHTR	1	Smith, Robt I*	MARN	27
Smith, M A*	EDFD	128	Smith, Nancy E***	PKNS	122	Smith, Robt J	ABVL	135
Smith, M A*	EDFD	181	Smith, Nancy M*	GRVL	334	Smith, Robt L	ADSN	186
Smith, M A**	GETN	294	Smith, Nancy*	ADSN	258	Smith, Robt*	CHFD	183
Smith, M E	GRVL	382	Smith, Nancy	BNWL	447	Smith, Robt R	SPBG	340
Smith, M F	SPBG	398	Smith, Nancy	GRVL	394	Smith, Rose	CHTN	439
Smith, M P*	EDFD	198	Smith, Nancy	EDFD	136	Smith, Rosey C	SPBG	394
Smith, M R	EDFD	161	Smith, Nancy	GRVL	487	Smith, Rosina**	CHTN	417
Smith, Madison*	RHLD	63	Smith, Nancy*	SPBG	272	Smith, Ruth*	ABVL	110
Smith, Madison	BNWL	451	Smith, Nathan	MARN	130	Smith, Ruth J	FAFD	225
Smith, Malachi	MRBO	209	Smith, Nathaniel	SPBG	369	Smith, S	UNON	275
Smith, Marcilla J*	COTN	297	Smith, Nathl	BUFT	63	Smith, S A	GETN	290
Smith, Marcus	PKNS	84	Smith, Neely	CHTR	3	Smith, S D M*	WMBG	352
Smith, Margaret	ORBG	396	Smith, Nervin S	CHFD	94	Smith, S F	NWBY	292
Smith, Margaret	PKNS	108	Smith, Netta*	ADSN	156	Smith, S J	SPBG	405
Smith, Margaret	ABVL	107	Smith, Newel	UNON	220	Smith, S L	YORK	404
Smith, Margaret	BNWL	446	Smith, Newton	PKNS	59	Smith, S M	EDFD	169
Smith, Margaret	CHTN	106	Smith, Nicholas*	MRBO	160	Smith, S* L	CHFD	145
Smith, Margaret	CHTN	422	Smith, Nimrod	ADSN	304	Smith, S L	LXTN	395
Smith, Margaret S*	COTN	312	Smith, Noah	UNON	227	Smith, S M	GRVL	429
Smith, Margaret*	FAFD	218	Smith, Noah	MARN	57	Smith, S M	ADSN	199
Smith, Margaret*	FAFD	219	Smith, Noah H*	RHLD	56	Smith, Sallie V*	ABVL	53
Smith, Margaret*	ADSN	290	Smith, Nora*	CHTN	383	Smith, Sallie**	FAFD	228
Smith, Margret	LCTR	213	Smith, O B	HORY	37	Smith, Sam	PKNS	4
Smith, Maria	ADSN	316	Smith, Obed	EDFD	170	Smith, Sam*	EDFD	46
Smith, Maria*	CHTN	485	Smith, Oliver F	PKNS	166	Smith, Sam C	GRVL	395
Smith, Marion C	CHTN	346	Smith, Oliver H C	PKNS	147	Smith, Saml	YORK	408
Smith, Mark	EDFD	139	Smith, Owens	GRVL	373	Smith, Saml	SPBG	369
Smith, Marten**	SPBG	361	Smith, P F	CHTN	343	Smith, Saml	ADSN	197
Smith, Martha*	RHLD	50	Smith, P J	ADSN	302	Smith, Saml	MARN	76
Smith, Martha E	CHTR	1	Smith, P J	ADSN	303	Smith, Saml	SPBG	337
Smith, Martha M*	SMTR	112	Smith, P W	LXTN	462	Smith, Saml B	ABVL	19
Smith, Martha*	ADSN	289	Smith, Pagson*	CHTN	284	Smith, Saml F**	SPBG	255
Smith, Martha	HORY	71	Smith, Pamela*	LRNS	312	Smith, Saml M	CLDN	241
Smith, Martha	UNON	217	Smith, Patsy	MRBO	199	Smith, Saml Sr	ADSN	213
Smith, Martha J*	ADSN	193	Smith, Perry L**	SPBG	213	Smith, Samuel	PKNS	177
Smith, Martha Z*	SPBG	395	Smith, Peter	PKNS	162	Smith, Samuel	ABVL	91
Smith, Martin	ADSN	237	Smith, Peter	ABVL	19	Smith, Samuel	ADSN	175
Smith, Martin H	BNWL	343	Smith, Peter	ADSN	325	Smith, Samuel	CHFD	181
Smith, Martin**	SPBG	314				Smith, Samuel	COTN	316

Name	Loc	Pg	Name	Loc	Pg	Name	Loc	Pg	Name	Loc	Pg
Smith, Samuel W	ADSN	286	Smith, W G	ADSN	288	Smith, Wm*	CHTN	205			
Smith, Sanford	SPBG	414	Smith, W G	COTN	358	Smith, Wm	CHTR	50			
Smith, Sarah	NWBY	244	Smith, W H	BNWL	447	Smith, Wm	DLTN	432			
Smith, Sarah*	YORK	435	Smith, W H*	EDFD	164	Smith, Wm	EDFD	147			
Smith, Sarah	YORK	488	Smith, W H	CHTN	159	Smith, Wm	FAFD	227			
Smith, Sarah	SPBG	214	Smith, W I	LRNS	260	Smith, Wm	HORY	23			
Smith, Sarah	ORBG	314	Smith, W J*	CHTN	463	Smith, Wm	HORY	55			
Smith, Sarah	COTN	286	Smith, W Joel	GRVL	428	Smith, Wm	LRNS	311			
Smith, Sarah K	SMTR	182	Smith, W M	ABVL	75	Smith, Wm A	ABVL	19			
Smith, Sarah*	CHTR	2	Smith, W M	CHTN	371	Smith, Wm B	CHFD	152			
Smith, Sarah	CHTR	57	Smith, W M	GRVL	398	Smith, Wm B	CHTN	138			
Smith, Sarah A*	CHTN	429	Smith, W M	GRVL	500	Smith, Wm*	CHTN	473			
Smith, Sarah S*	CHTN	455	Smith, W N	PKNS	194	Smith, Wm	FAFD	212			
Smith, Sarah V*	ABVL	70	Smith, W P	GRVL	459	Smith, Wm	SPBG	366			
Smith, Sarah*	CHTR	65	Smith, W R	GRVL	477	Smith, Wm A	FAFD	246			
Smith, Sarah N	GETN	309	Smith, W T	GRVL	494	Smith, Wm T	GRVL	481			
Smith, Sarah*	COTN	278	Smith, W W	WMBG	309	Smith, Wm W	ABVL	83			
Smith, Sarah*	CHFD	141	Smith, W W	WMBG	353	Smith, Wm**	CHTN	245			
Smith, Selina*	COTN	279	Smith, W W	EDFD	172	Smith, Wm*	CHTN	309			
Smith, Shelton	UNON	245	Smith, W W	BNWL	475	Smith, Wm*	COTN	364			
Smith, Sherrod H	ABVL	57	Smith, W W*	BNWL	499	Smith, Wm*A	FAFD	242			
Smith, Silas*	PKNS	29	Smith, W W	COTN	354	Smith, Wm*	CHTN	254			
Smith, Simeon	ADSN	337	Smith, W W**	DLTN	409	Smith, Wm	SPBG	351			
Smith, Simeon	EDFD	140	Smith, W Walton	CHTN	399	Smith, Wm	SPBG	339			
Smith, Soloman	PKNS	160	Smith, Wailey	BUFT	98	Smith, Wm J	LRNS	260			
Smith, Somerfield*	LRNS	259	Smith, Waldo*	EDFD	107	Smith, Wm	SPBG	330			
Smith, Stephen	MARN	24	Smith, Walker*	CHTR	71	Smith, Wm S	SPBG	336			
Smith, Stephen	PKNS	76	Smith, Walter D	BUFT	29	Smith, Wright	FAFD	229			
Smith, Stephen	PKNS	129	Smith, Walton	GRVL	499	Smith, Wyatt	ADSN	317			
Smith, Stephen	GRVL	367	Smith, Warren	ORBG	376	Smith, Wyatt	GRVL	478			
Smith, Stephen	LXTN	373	Smith, Warren A	PKNS	180	Smith, Wyles	BNWL	354			
Smith, Stephen E	CHTN	512	Smith, Warren*	ADSN	307	Smith, Z D	YORK	412			
Smith, Suma	BNWL	410	Smith, Washington	PKNS	163	Smith, Zachariah	ADSN	333			
Smith, Susan	PKNS	64	Smith, Washington	ADSN	324	Smith, Zack*	MARN	19			
Smith, Susan M	ADSN	213	Smith, Washn	SPBG	270	Smith, Zepheniah	PKNS	178			
Smith, Susan	BNWL	375	Smith, Wesley	ABVL	96	Smithart, Julia	ORBG	397			
Smith, Susan*	CHTR	44	Smith, Wesley*	EDFD	26	Smithdeal, J L	NWBY	298			
Smith, Susan*	LRNS	245	Smith, Wesley	LRNS	235	Smithe, Sally	SPBG	231			
Smith, T	UNON	227	Smith, Whiteford Sr	GRVL	420	Smithers, Geo	CHTN	211			
Smith, T A	WMBG	300	Smith, Whitfield	EDFD	158	Smithey, G W	MARN	109			
Smith, T Agier	CHTN	341	Smith, Whitford Jr	GRVL	327	Smithhat, Mary*	ORBG	390			
Smith, T H	KRSW	128	Smith, Wilder	DLTN	410	Smithson, C E	PKNS	89			
Smith, T J	UNON	232	Smith, Wiley	GRVL	480	Smithson, D E	PKNS	90			
Smith, T L	EDFD	189	Smith, William	PKNS	180	Smithson, M F	PKNS	92			
Smith, T L	LXTN	365	Smith, William	ORBG	370	Smoak, Adam	ORBG	342			
Smith, T W	EDFD	178	Smith, William	UNON	246	Smoak, J W H	CHTN	503			
Smith, T W B	KRSW	109	Smith, William	UNON	266	Smoak, John H	ORBG	354			
Smith, Tabitha	SMTR	162	Smith, William	UNON	271	Smoak, Wesley*	ORBG	409			
Smith, Theo D*	CHTN	205	Smith, William	COTN	298	Smoke, A F	ORBG	384			
Smith, Theo H	CHTN	346	Smith, William C	DLTN	511	Smoke, A W	BNWL	356			
Smith, Theodore	RHLD	7	Smith, William H	SMTR	103	Smoke, Aaron	ORBG	308			
Smith, Thomas	LXTN	364	Smith, William H	CHTN	452	Smoke, Abram	ORBG	562			
Smith, Thomas	KRSW	120	Smith, William J	PKNS	180	Smoke, Adam	ORBG	384			
Smith, Thomas G	PKNS	171	Smith, William J	PKNS	110	Smoke, Andrew	ORBG	380			
Smith, Thomas L	SMTR	153	Smith, William L	PKNS	150	Smoke, Andrew	COTN	257			
Smith, Thomas**	RHLD	48	Smith, William R	CHTN	447	Smoke, Ann*	ORBG	320			
Smith, Thomas	SMTR	118	Smith, William S	PKNS	158	Smoke, Barnet	COTN	273			
Smith, Thomas	PKNS	69	Smith, William S**	CHTN	290	Smoke, Benjamin	ORBG	375			
Smith, Thomas	YORK	366	Smith, William T	PKNS	169	Smoke, C E*	GETN	300			
Smith, Thomas W	PKNS	180	Smith, William*	YORK	508	Smoke, Charles	COTN	249			
Smith, Thomas*	CHTN	412	Smith, William	GRVL	372	Smoke, Daniel	ORBG	383			
Smith, Thomas	DLTN	416	Smith, William	GRVL	393	Smoke, Daniel	COTN	262			
Smith, Thomas*	CHTN	382	Smith, William	GRVL	477	Smoke, Daniel F	BNWL	361			
Smith, Thomas	ABVL	31	Smith, William	UNON	201	Smoke, Danl E	COTN	305			
Smith, Thomas	COTN	266	Smith, William J	CHTN	451	Smoke, David	ORBG	379			
Smith, Thomas	GRVL	339	Smith, William J	GRVL	450	Smoke, David	BNWL	353			
Smith, Thomas	MARN	134	Smith, William*	UNON	229	Smoke, David	COTN	265			
Smith, Thomas W	ABVL	83	Smith, William	GRVL	391	Smoke, David	BNWL	353			
Smith, Thos	MRBO	208	Smith, William H*	CHTN	427	Smoke, David	BNWL	353			
Smith, Thos	PKNS	69	Smith, William*	BUFT	46	Smoke, Derril	ORBG	383			
Smith, Thos	CHTN	205	Smith, William	BUFT	71	Smoke, E A*	RHLD	22			
Smith, Thos	CHTN	196	Smith, William	ADSN	325	Smoke, E T R	ORBG	345			
Smith, Thos	LRNS	245	Smith, William	CHTN	412	Smoke, Elisabeth	BNWL	353			
Smith, Thos A	MARN	14	Smith, William	ABVL	133	Smoke, George	ORBG	385			
Smith, Thos*	YORK	458	Smith, William	ADSN	301	Smoke, George	ORBG	362			
Smith, Thos*	SPBG	389	Smith, William	ADSN	317	Smoke, George W	BNWL	361			
Smith, Thos M	BUFT	68	Smith, William	ADSN	325	Smoke, Henry	ORBG	308			
Smith, Thos N*	BUFT	72	Smith, William	ABVL	62	Smoke, Henry L	ORBG	385			
Smith, Thos P	CHTN	346	Smith, William	LCTR	148	Smoke, J D	ORBG	374			
Smith, Thos W*	GRVL	406	Smith, William	SPBG	285	Smoke, Jacob	COTN	273			
Smith, Thos	DLTN	460	Smith, Willis	MARN	8	Smoke, James	BNWL	352			
Smith, Thos	HORY	9	Smith, Willis	ABVL	49	Smoke, James	BNWL	352			
Smith, Thos*	SPBG	345	Smith, Willis	SPBG	286	Smoke, James D	BNWL	352			
Smith, Tom N*	ABVL	47	Smith, Winn	SPBG	340	Smoke, James D Jr	BNWL	352			
Smith, Tom*	EDFD	141	Smith, Winslow	HORY	57	Smoke, Jesse	COTN	288			
Smith, Travis	PKNS	174	Smith, Wm	MRBO	167	Smoke, John	ORBG	310			
Smith, Turner	GRVL	501	Smith, Wm	NWBY	238	Smoke, John	ORBG	375			
Smith, Urian	SMTR	138	Smith, Wm	YORK	378	Smoke, John	BNWL	353			
Smith, Valentine*	SPBG	362	Smith, Wm	ADSN	175	Smoke, John	BNWL	353			
Smith, Venus*	CHTN	304	Smith, Wm	CHTN	123	Smoke, Levicy	COTN	256			
Smith, Violet	YORK	444	Smith, Wm	CHTN	308	Smoke, Lewis	ORBG	384			
Smith, W	EDFD	178	Smith, Wm	SPBG	409	Smoke, M	ORBG	311			
Smith, W	FAFD	248	Smith, Wm	LCTR	150	Smoke, M E	ORBG	311			
Smith, W	CLDN	203	Smith, Wm	MARN	8	Smoke, Margaret	BNWL	352			
Smith, W	SPBG	322	Smith, Wm*	MARN	22	Smoke, Patsy*	COTN	265			
Smith, W A	SMTR	167	Smith, Wm	MARN	22	Smoke, R Chd M	CHTN	509			
Smith, W A*	CHFD	183	Smith, Wm	YORK	405	Smoke, Rachel	ORBG	389			
Smith, W A	LXTN	437	Smith, Wm B	MARN	22	Smoke, Richard	ORBG	379			
Smith, W B*	MRBO	163	Smith, Wm B	CHTN	222	Smoke, Robert	BNWL	353			
Smith, W B	YORK	367	Smith, Wm C	ABVL	36	Smoke, Samuel	ORBG	354			
Smith, W B	DLTN	409	Smith, Wm H	CLDN	214	Smoke, Wiley	BNWL	242			
Smith, W B	CHFD	184	Smith, Wm H	MARN	71	Smoke, William**	COTN	298			
Smith, W B	GETN	297	Smith, Wm Jr	FAFD	227	Smoke, Wm	ORBG	385			
Smith, W E	GRVL	479	Smith, Wm W	ORBG	369	Smoke, Wm F	ORBG	379			
Smith, W E	CHTN	401	Smith, Wm*	PKNS	64	Smoot, Allison	DLTN	384			
Smith, W E A*	WMBG	341	Smith, Wm*	PKNS	83						

Name	Loc	Pg	Name	Loc	Pg	Name	Loc	Pg
Smoot, B L*	CHFD	183	Snipes, J C	PKNS	43	Sommers, L*	KRSW	132
Smoot, Calvin*	DLTN	387	Snipes, James	MARN	134	Sommers, Sarah	CHTN	414
Smoot, David	DLTN	382	Snipes, James	LCTR	180	Sondley, Col Jno R	NWBY	288
Smoot, Joshua*	DLTN	383	Snipes, James	CHFD	164	Sondley, D R	ABVL	21
Smoot, Tho W	DLTN	408	Snipes, Jas	MARN	28	Sondley, Dr C H	NWBY	288
Smoothes, Alfred	CHFD	104	Snipes, John	LCTR	174	Sondley, Dr Wm C	NWBY	288
Smoothes, Richd	CHFD	104	Snipes, Maberry	ADSN	161	Sondly, David M*	NWBY	266
Smoothes, W W	CHFD	104	Snipes, Mathew*	ADSN	244	Sonergan, Catharine*	CHTN	428
Smothers, James	CHFD	175	Snipes, Mike	MARN	37	Sonergan, Mary*	CHTN	428
Smothers, Jas	DLTN	464	Snipes, Moses	MARN	11	Sonis, Satiza	CHTN	347
Smothers, John	CHFD	175	Snipes, Peter**	CHFD	112	Sonley, Richard*	UNON	185
Smothers, Moses	CHFD	175	Snipes, Phillips	LCTR	180	Sonly, Lucinda	SPBG	210
Smull, Robt F*	KRSW	135	Snipes, Richd	MARN	37	Sonny, Ellen	NWBY	237
Smyer, J R	GRVL	371	Snipes, Rough*	ADSN	293	Soseby, John	SPBG	226
Smyer, Joseph**	CHTR	39	Snipes, Susan	COTN	319	Sotherlin, James*	GRVL	326
Smyers, M A	GRVL	372	Snipes, Thos	MARN	130	Sotherlin, Phillip*	GRVL	347
Smyler, A J	GRVL	329	Snipes, Wilson	MARN	130	Sotherlin, Willson	GRVL	401
Smyley, A J	EDFD	42	Snipes, Wm	MARN	138	Sotherling, Pena*	GRVL	384
Smyley, Joseph	COTN	266	Snipes, Wm	KRSW	74	Sou Car R Road Co	CHTN	396
Smyly, J C	EDFD	153	Snipes, Wm	EDFD	7	Souis, Satiza	CHTN	347
Smyly, J H**	EDFD	122	Snips, Asa	LCTR	182	Souk, Rebecca*	GRVL	398
Smyly, J S	EDFD	122	Snips, Robt	LCTR	201	Sousteadt, Henry	CHTN	517
Smyrl, John*	KRSW	97	Snoddy, Ellie P	SPBG	400	Souter, F A*	NWBY	296
Smyrl, Margaret	KRSW	127	Snoddy, Jane	SPBG	396	Souter, Louisa	LXTN	433
Smyrl, Robt	KRSW	78	Snoddy, John*	SPBG	386	South, Benj	LRNS	259
Smyser, Henry	CHTN	294	Snoddy, Laura A**	SPBG	306	South, Danl	LRNS	259
Smyth, J Adger	CHTN	186	Snoddy, Laura*	SPBG	325	South, E W	LRNS	261
Smyth, John**	CHTN	415	Snoddy, S M	SPBG	418	South, E W	ABVL	102
Smyth, R H	CHTN	410	Snodely, James	SPBG	367	South, Nancy	LRNS	276
Smyth, Rev T	CHTN	186	Snodely, John	SPBG	392	South, Nelly	LRNS	261
Smythe, Catherine E*	ABVL	83	Snodely, R P	SPBG	392	Southall, Alfred*	CHTN	500
Smythe, John	RHLD	60	Snody, Margaret	YORK	444	Southall, Angeline	RHLD	14
Smythe, John	CHTN	132	Snooks, W R*	CHTN	258	Southerland, Andrew	ABVL	114
Smythe, Mandel	SMTR	130	Snow, Andy	LRNS	246	Southerland, Elizabeth	PKNS	120
Smythe, Sarah E A*	SMTR	123	Snow, Charles	LRNS	349	Southerland, Elizabeth	PKNS	120
Snard, Robt	EDFD	78	Snow, D*	WMBG	330	Southerland, Frances	ABVL	133
Snares, J E	CHTN	326	Snow, Elizh**	LRNS	242	Southerland, James	PKNS	120
Snead, B R*	CHTN	371	Snow, Elvira	NWBY	231	Southerland, James K	PKNS	123
Snead, J B	MARN	118	Snow, Emma**	CHTN	304	Southerland, James W	PKNS	120
Snead, Jas**	CHTN	315	Snow, Frost*	ADSN	201	Southerland, John B	PKNS	145
Snead, John	LRNS	341	Snow, J H	GRVL	492	Southerland, Julia A	PKNS	119
Snead, R R	COTN	291	Snow, J R	GRVL	492	Southerland, Laura F*	ADSN	194
Snead, R R	COTN	271	Snow, James	GETN	305	Southerland, Lythe A*	PKNS	123
Snead, Sarah**	MARN	118	Snow, Jno	LRNS	242	Southerland, M	SPBG	307
Snead, Warren	CHTN	445	Snow, Thos B	GRVL	492	Southerland, Samuel	PKNS	120
Snead, Wm T	EDFD	32	Snowden, Charles	CHTN	153	Southerland, Sarah	PKNS	121
Sneade, J B*	HORY	49	Snowden, Dr Wm**	CHTN	188	Southerland, Sarah I*	ADSN	194
Sneath, Wm	CHTN	121	Snowden, Isabella	GRVL	413	Southerland, Silas	CHTN	277
Snediker, W H	BUFT	11	Snowden, J B*	WMBG	325	Southerland, William F*	ADSN	194
Sneed, Jarvis*	CHFD	134	Snowden, L M	CHTN	178	Southerland, William M**	ABVL	1
Sneed, Martha*	PKNS	14	Snowden, Peter G	CHTN	149	Southerland, William*	ABVL	6
Sneed, Philip	PKNS	13	Snowden, S J	WMBG	331	Southern, Gipson	GRVL	340
Snelgrove, Benj	LXTN	369	Snowden, T G**	CHTN	405	Southern, John W	GRVL	329
Snelgrove, Cary P*	LXTN	431	Snowdonn, Robert H*	RHLD	51	Southern, Miles	GRVL	340
Snelgrove, Elizabeth**	LXTN	393	Snyder, ------- *	RHLD	56	Southern, Peter	GRVL	340
Snelgrove, Ezra	LXTN	386	Snyder, A	GRVL	499	Southern, Peter T*	RHLD	10
Snelgrove, Hepsebah	LXTN	455	Snyder, Thos*	LRNS	258	Southern, William	GRVL	346
Snelgrove, Joshua*	LXTN	452	Soar, Richard	SPBG	231	Southwell, R G	BNWL	485
Snelgrove, Mary*	EDFD	130	Sobsinger, Rudolph	CHTN	167	Sow, Andrew	EDFD	5
Snelgrove, Rosanna	LXTN	392	Soesby, Jas Riley	SPBG	232	Sowel, J N	LCTR	191
Snelgrove, Wm F	LXTN	391	Soesby, Martha	SPBG	232	Sowel, Rebecca	GRVL	500
Snell, Absalom	ORBG	337	Soesby, Sampson	SPBG	232	Sowell, Gillam	KRSW	92
Snell, David W	ORBG	337	Soggey, Abner	EDFD	30	Sowell, Gillam	KRSW	90
Snell, Henry	ORBG	336	Sojonier, David E	BNWL	375	Sowell, Lewis	KRSW	90
Snell, Jacob	ORBG	329	Sojonier, John	BNWL	375	Sowell, Russell	KRSW	92
Snell, Valentine	ORBG	337	Soldway, Robt	CHTN	210	Sowell, Wm	KRSW	90
Snell, Washington	ORBG	327	Solee, Caroline A*	CHTN	381	Sox, Conrad	LXTN	440
Snellgrove, Anna	EDFD	172	Sollee, H	CHTN	299	Sox, D M	LXTN	440
Snellgrove, Chelsey	EDFD	174	Solman, J C*	CHTN	264	Sox, Daniel	LXTN	367
Snellgrove, Henry	EDFD	3	Solmons, Catherine*	CHTN	241	Sox, Henry E	LXTN	367
Snellgrove, John	PKNS	189	Solomans, E**	SMTR	175	Sox, Jacob	LXTN	367
Snellgrove, T W	EDFD	172	Solomon, Abram L**	RHLD	18	Sox, Jesse	LXTN	367
Snelling, J A	BNWL	426	Solomon, H	WMBG	330	Sox, Leah	LXTN	436
Snelling, James*	BNWL	396	Solomon, H	GETN	287	Sox, Rufus	LXTN	367
Snelling, Jeremah	BNWL	396	Solomon, H	EDFD	115	Sox, Samuel	LXTN	436
Snelling, John B	BNWL	499	Solomon, Henry E	BUFT	60	Sox, Samuel**	LXTN	427
Snelling, Mary	BNWL	396	Solomon, Jones	CHTN	155	Soybt, Robert*	CHTN	447
Snelling, W W**	BNWL	479	Solomon, Louis	GETN	285	Spain, Albertus C	SMTR	184
Snelling, William H	BNWL	395	Solomon, Saml	BUFT	70	Spain, John	CHTN	484
Snelling, Wm	BNWL	500	Solomons, A A	SMTR	175	Spake, Samuel	SPBG	220
Snider, E	ORBG	314	Solomons, Ann*	CHTN	214	Spalding, Mary*	CHTN	207
Snider, George E	BUFT	77	Solomons, C T*	RHLD	21	Spam, S*	DLTN	373
Snider, H Jefferson	BUFT	75	Solomons, Elliott G	BUFT	72	Spann, Hartwell H**	RHLD	42
Snider, Isaac	PKNS	46	Solomons, Henry*	RHLD	55	Spann, Henry	SMTR	170
Snider, Jacob	ORBG	328	Solomons, John G	BUFT	72	Spann, J N	CLDN	216
Snider, John	NWBY	255	Solomons, S S	CHTN	402	Spann, James	EDFD	176
Snider, John	LXTN	388	Solon, Danl	DLTN	375	Spann, James G**	SMTR	154
Snider, Laura*	ORBG	341	Someiser, William*	CHTN	283	Spann, James R	SMTR	152
Snider, Orel	PKNS	46	Someril, B Maria	LRNS	225	Spann, John C*	RHLD	54
Snider, Saml	BUFT	75	Someril, Bluford	LRNS	351	Spann, John*	EDFD	175
Snider, Sarah*	GRVL	440	Someril, F*	LRNS	286	Spann, Laurence M	SMTR	145
Snider, W J*	ORBG	331	Someril, Jas	LRNS	225	Spann, Leonora	SMTR	154
Snider, Wm	PKNS	46	Someril, Jessy	LRNS	286	Spann, M E**	KRSW	80
Snidley, William*	CHTN	214	Someril, Oliver	LRNS	292	Spann, Martha A	SMTR	154
Snipe, Jane*	EDFD	196	Someril, Sandford B*	LRNS	295	Spann, Mrs E	EDFD	108
Snipes, Allen*	MARN	18	Someril, Thos	LRNS	351	Spann, Nathaniel T	SMTR	160
Snipes, Ann	CHTN	297	Somerly, E*	FAFD	228	Spann, Philip C	LXTN	420
Snipes, Benj	EDFD	196	Somernec, Samuel	UNON	263	Spann, Rev H H	LXTN	420
Snipes, C P	DLTN	435	Somers, Amelia*	CHTN	304	Spann, S Robt	SMTR	173
Snipes, Chesley*	DLTN	446	Somers, E	CHTN	318	Spann, Sarah S	SMTR	152
Snipes, Danl	MARN	136	Somers, E	CHTN	311	Spann, T H	BUFT	8
Snipes, Drury	ADSN	224	Somers, John W	LRNS	318	Spann, Tire D	SMTR	152
Snipes, Elisabeth	LCTR	190	Somers, M	CHTN	300	Spann, Willis	SMTR	160
Snipes, Elisha	ADSN	283	Sommer, Charles	CHTN	468	Spannick, Elizth	CHTN	260
Snipes, Elizabeth	ADSN	244	Sommer, Edward	CHTN	410	Spargs, James	SPBG	230
			Sommers, Elizabeth	CHTN	414	Spark, Garey	LRNS	324

Name	Loc	Pg
Spark, Stewart	SPBG	217
Sparkman, Geo*	MARN	118
Sparkman, J R	GETN	300
Sparkman, Levi	MARN	111
Sparkman, Mary A E	CHTN	433
Sparkman, P F	CHTN	179
Sparkman, Pinckney	MARN	112
Sparks, A D	MRBO	166
Sparks, Austin	SPBG	427
Sparks, B O*	GRVL	408
Sparks, Basom	UNON	214
Sparks, Betsy*	CHTN	336
Sparks, Carpenter	UNON	190
Sparks, Catharine*	UNON	241
Sparks, Charles**	CHTN	430
Sparks, Drury	LRNS	308
Sparks, J C*	GRVL	420
Sparks, James	LXTN	465
Sparks, Jane	DLTN	384
Sparks, Jesse	LRNS	335
Sparks, Jesse	UNON	190
Sparks, John	UNON	191
Sparks, Junius	UNON	283
Sparks, Levi	UNON	191
Sparks, M M*	LRNS	350
Sparks, Matthew*	SPBG	305
Sparks, Miles*	ABVL	152
Sparks, Moby	UNON	214
Sparks, Samuel	MRBO	181
Sparks, Sarah	UNON	296
Sparks, Sarah	UNON	192
Sparks, Shelton	UNON	297
Sparks, Stewart	SPBG	230
Sparks, T	LRNS	309
Sparks, Tabitha*	ADSN	315
Sparks, Thos	SPBG	392
Sparks, Thos*	ABVL	152
Sparks, William	UNON	246
Sparks, William	UNON	215
Sparks, Wm	SPBG	423
Sparrow, Alonzo	DLTN	465
Sparrow, Fletcher*	KRSW	111
Sparrow, Jas H	DLTN	383
Sparrow, Jno R*	DLTN	376
Sparrow, Margaret*	SPBG	346
Sparrow, Mary Alice*	SMTR	142
Sparrow, Nicey	SPBG	381
Sparrow, Thos	SPBG	381
Spasm, Eleanor*	RHLD	22
Spaulding, Richard	LXTN	459
Spavin, Rebecca*	UNON	187
Speaks, Wm T	BUFT	68
Spear, Jos	CHTN	196
Spear, Martha	GETN	292
Spearman, Benjamin	ADSN	314
Spearman, David	ADSN	314
Spearman, Derrick	ADSN	318
Spearman, Edward	ADSN	301
Spearman, Elias	ADSN	227
Spearman, Frances*	NWBY	237
Spearman, G M	EDFD	156
Spearman, Graves	NWBY	250
Spearman, J R	NWBY	232
Spearman, J W*	NWBY	257
Spearman, James	NWBY	231
Spearman, James	PKNS	109
Spearman, James	ADSN	227
Spearman, John	ADSN	314
Spearman, Margaret	NWBY	261
Spearman, Margaret	ADSN	227
Spearman, Mary	ADSN	329
Spearman, Nancy	ADSN	322
Spearman, Patrick	RHLD	5
Spearman, Saml	NWBY	230
Spearman, T A	ADSN	322
Spearman, Virginia*	ADSN	260
Spearman, Wm	ADSN	228
Spears, Abigal*	SMTR	183
Spears, Benj	KRSW	137
Spears, C H	PKNS	35
Spears, Caroline*	CHTN	440
Spears, Elizabeth*	HORY	29
Spears, Elizh	LRNS	350
Spears, Emily*	SMTR	177
Spears, Harris N	MRBO	147
Spears, Henry**	SMTR	178
Spears, Jahese	UNON	276
Spears, James	MRBO	176
Spears, James	HORY	34
Spears, James	UNON	277
Spears, James*	CHTN	105
Spears, Jas A	MRBO	148
Spears, Jas E	MRBO	176
Spears, Jshan	BNWL	376
Spears, Lewis	MRBO	147
Spears, Lewis*	ABVL	25
Spears, Lucy	HORY	70
Spears, Mrs Nancy	MRBO	147
Spears, Sarah	YORK	461
Spears, Sarah	BNWL	471
Spears, Thos	KRSW	138
Spears, William	UNON	277
Spears, Wm	LRNS	307
Speck, Delicia C	RHLD	44
Speck, Ferman*	CHTN	488
Speck, Rhoda*	SPBG	295
Speed, Ezekiel	ABVL	113
Speed, Samuel D	ABVL	101
Speed, Terrel	PKNS	73
Speer, John	ABVL	118
Speer, John C	ABVL	117
Speer, Mary C	GRVL	414
Speer, William	ABVL	120
Speers, Abuy	ADSN	290
Speers, Andrew S*	NWBY	243
Speers, Jesse	NWBY	232
Speers, Robert*	NWBY	291
Speers, Robt	NWBY	236
Speers, Sarah*	PKNS	63
Speidelberg, M*	CHTN	372
Speights, A M	COTN	248
Speights, Ann	COTN	290
Speights, Elex	WMBG	348
Speights, Eliza*	MRBO	197
Speights, Fannie*	MRBO	146
Speights, J M	WMBG	348
Speights, James	WMBG	348
Speigner, Daniel F	ORBG	311
Speigner, E	ORBG	317
Speikes, H'y M	ABVL	67
Speilman, John	CHTN	384
Speir, Eligah H	ABVL	117
Speirman, Edd	LRNS	232
Speisegger, L P	CHTN	349
Speissegger, Thos W	CHTN	462
Spell, A M D*	COTN	294
Spell, Allen W**	COTN	312
Spell, Benjamin T	COTN	318
Spell, David*	COTN	336
Spell, E B	COTN	296
Spell, Eldred*	COTN	317
Spell, Gilliam	CHFD	122
Spell, H Mc F	COTN	294
Spell, Henry	COTN	312
Spell, James E	COTN	365
Spell, John	CHTN	478
Spell, Maria	COTN	304
Spell, Mrs K	COTN	296
Spell, R B	COTN	302
Spell, Sarah	COTN	295
Spell, William	COTN	307
Spellers, Elizabeth*	SPBG	423
Spelman, Andrew	CHTN	250
Speltn, Jas	SPBG	355
Speltn, Margt*	SPBG	355
Speltz, Robt	LRNS	322
Spence, Chris	LRNS	268
Spence, Ellen	ABVL	42
Spence, James	NWBY	244
Spence, James**	ABVL	96
Spence, John C	NWBY	231
Spence, Leland*	NWBY	292
Spence, M E*	DLTN	403
Spence, Martha*	DLTN	429
Spence, Mary	NWBY	226
Spence, Mary J**	CHTR	47
Spence, Milton	NWBY	244
Spence, Robert	NWBY	257
Spence, Saml	ABVL	38
Spence, Samuel	ADSN	181
Spence, Sarah	NWBY	257
Spence, William*	RHLD	41
Spencer, -----	ABVL	24
Spencer, Albert R*	CHTN	427
Spencer, Catharine	CHTN	432
Spencer, Cecilia	SMTR	236
Spencer, Charles	SMTR	95
Spencer, Delilah	SPBG	229
Spencer, Elisha	SMTR	161
Spencer, Eliza*	CHTN	333
Spencer, G W	CHFD	126
Spencer, Geo	CHTN	321
Spencer, Geo M	SPBG	253
Spencer, George	UNON	209
Spencer, Henry*	SPBG	212
Spencer, Honora*	CHTN	471
Spencer, Isaac	YORK	397
Spencer, J	UNON	284
Spencer, J F	MARN	40
Spencer, J M	NWBY	298
Spencer, Jacob*	CHTN	427
Spencer, James	CHTN	436
Spencer, Jas	CHTN	331
Spencer, Jas M	PKNS	84
Spencer, Jesse	YORK	453
Spencer, John	PKNS	151
Spencer, John	SPBG	301
Spencer, John	UNON	284
Spencer, John**	CHTN	315
Spencer, Mary	YORK	461
Spencer, Mrs**	CHTN	310
Spencer, O H	CHFD	130
Spencer, Robert Jr	ADSN	320
Spencer, Robt	PKNS	84
Spencer, S*	CHTN	336
Spencer, Sarah	SPBG	199
Spencer, Sarah	CHTN	209
Spencer, Selina	PKNS	151
Spencer, Seth*	CHTN	205
Spencer, Thomas	YORK	506
Spencer, Thomas	UNON	284
Spencer, Thomas*	CHTN	473
Spencer, Thos	YORK	458
Spencer, Thos	SPBG	252
Spencer, W H**	SMTR	161
Spencer, William	PKNS	84
Spencer, William	PKNS	152
Spencer, William	SPBG	252
Spencer, William	GRVL	489
Spencer, William P*	ORBG	405
Spencer, Z F	SPBG	344
Spencer, Robert Sr	ADSN	319
Spenke, George	NWBY	291
Spense, John*	CHTR	56
Sperrin, Mary**	CHTN	304
Sperry, Catharine*	CHTN	473
Sperry, David A	GETN	284
Sperry, E C	EDFD	130
Spersegger, W*	CHTN	307
Spicer, Berrel	ORBG	401
Spicer, Jas*	EDFD	113
Spicer, Mary*	EDFD	1
Spier, Josephus	DLTN	410
Spierman, Robt	LRNS	234
Spierman, Thos	LRNS	235
Spiers, J B*	MARN	53
Spiers, Wise*	DLTN	425
Spigener, Ben F	RHLD	86
Spigener, John	ORBG	309
Spigener, William P	RHLD	61
Spigner, Paul	ORBG	310
Spillers, Daniel	UNON	242
Spillers, George	GRVL	362
Spillers, J R	ADSN	302
Spillers, Lewis	NWBY	272
Spillers, Mary**	SPBG	416
Spillers, Peter	GRVL	441
Spillers, Rachael*	NWBY	247
Spillers, W F	GRVL	363
Spincken, Henry*	CHTN	419
Spires, Amos	LXTN	423
Spires, Andw	LXTN	356
Spires, Ann	BNWL	427
Spires, Anthony	LRNS	355
Spires, Charles	ORBG	373
Spires, Dedrick	LXTN	356
Spires, Eliza	LXTN	356
Spires, H	EDFD	117
Spires, Hamilton	LXTN	356
Spires, Henry	LXTN	356
Spires, Isham	LXTN	444
Spires, John**	LXTN	440
Spires, Mary	LXTN	440
Spires, Michl	LXTN	356
Spires, Mrs*	EDFD	115
Spires, Nelson	LXTN	456
Spires, Rebecca	BUFT	53
Spires, Wm	EDFD	117
Spiscker, Edwin	CHTN	511
Spivey, Charles	MARN	102
Spivey, H E*	WMBG	335
Spivey, Isaac	MARN	111
Spivey, Robt W	HORY	58
Spivey, W A	HORY	12
Spivy, E	HORY	28
Splink, Alonzo	CHTN	469
Spoffard, P T*	CHFD	134
Spolk, Mary**	MARN	26
Spon, Cornelius**	CHTN	277
Spoon, Jno	LRNS	247
Spoon, Milton	ADSN	291
Spoon, Sarah	LRNS	278
Spoon, Wm	LRNS	303
Spoonall, Lewis	PKNS	22
Spooner, R A**	GETN	292
Spooner, S	GETN	292
Sport, Bogan	MRBO	174
Sport, John	MRBO	174
Sports, Geo	MRBO	167
Spradley, B F	EDFD	199
Spradley, James	KRSW	114
Spradley, Sarah**	LXTN	421
Spradley, Washington	LXTN	465
Spradly, L G	EDFD	106
Sprat, Thos D	YORK	404
Spratt, Isabella	LCTR	153
Spratt, Louis F	CHTN	294
Spratt, Margret*	EDFD	62
Spratt, Miss Mary	EDFD	56
Sprawler, John*	ORBG	386
Sprawls, Drury	BNWL	388
Sprawls, Mary A*	BNWL	472
Sprawls, Thomas	RHLD	32
Spray, Henry	YORK	458
Spray, Mary S	YORK	456
Spreoull, Wm S	ABVL	91
Sprewel Chloe E*	ABVL	145
Sprewell, Simeon	ADSN	304
Sprigener, Reuben W	RHLD	57
Sprigg, Horace V*	RHLD	57
Sprigg, R**	CHTN	462
Spring, A C	CHTN	496
Spring, J	WMBG	350
Spring, John**	CHTN	498
Spring, R	WMBG	359
Spring, T	WMBG	359
Springer, J M*	KRSW	131
Springer, Mary*	CHTN	223

Name	Loc	Pg	Name	Loc	Pg	Name	Loc	Pg
Springfield, Henry H	GRVL	468	Stackhouse, Wesley	MARN	114	Stancell, Ellen*	ABVL	84
Springfield, Nancy	GRVL	344	Stackley, Jacob	KRSW	131	Stancell, Thos	BNWL	408
Springfield, Pinckney	GRVL	454	Stacks, P	ADSN	247	Stancell, W S	GRVL	424
Springfield, Thos	GRVL	377	Stacks, Thos	ADSN	237	Stancill, W C	CHFD	180
Springfield, W J*	GRVL	356	Stacks, Wm	ABVL	119	Standenmayer, L H	CHTN	244
Springs, A B	YORK	397	Stacy, A J	CHTR	90	Standland, Drisel	HORY	54
Springs, G W	WMBG	329	Stacy, Chester	SPBG	295	Standley, J F	HORY	14
Springs, Joseph	GETN	288	Stacy, Oliver	CHFD	185	Standley, Stephen	HORY	14
Springs, M L	CLDN	200	Stacy, Peter B	CHFD	113	Standridge, Isaac	PKNS	65
Springs, R	CHTN	131	Stacy, Seriah	HORY	56	Standridge, Jos	PKNS	69
Springs, R A	YORK	462	Stadler, George	RHLD	11	Standridge, Saml	PKNS	66
Springs, R F	SPBG	347	Stafford, Andrew J*	MRBO	196	Stanfield, Ann*	CHTN	398
Springs, Robt	WMBG	346	Stafford, Ann	BUFT	57	Stanfield, Elizabeth*	LXTN	451
Springs, Wm**	MARN	31	Stafford, Christopher	BNWL	414	Stanfield, J M	COTN	293
Sprinkle, Hiram	FAFD	200	Stafford, D	CHFD	186	Stanfield, Thos*	CHTN	324
Sprinkle, Thos*	FAFD	203	Stafford, George	BUFT	70	Stanfill, James	COTN	257
Sprinkle, W J	FAFD	230	Stafford, George R*	BUFT	69	Stanfill, Martha*	COTN	288
Sprott, Jos	CLDN	212	Stafford, Henry R	CHTN	480	Stanfill, Randal	COTN	257
Sprott, Thos**	BUFT	24	Stafford, James C	SMTR	111	Stangraves, Nancy	COTN	365
Sprouce, A W	YORK	502	Stafford, Jane	MARN	48	Stanlan, C C	COTN	292
Sprouce, Joel	YORK	501	Stafford, Richard	BUFT	58	Stanley, Alexr	BUFT	91
Sprouce, William	GRVL	489	Stafford, Sarah	MARN	91	Stanley, Chars	CHFD	158
Sprouce, Wm*	ABVL	30	Staford, Cornelia**	CHTN	489	Stanley, Cynthia	BUFT	34
Sprouell, C W	ABVL	65	Stagg, Herrot*	CHTN	486	Stanley, Dempsey	BUFT	86
Sprouell, Jesse	ABVL	14	Staggers, J W	WMBG	308	Stanley, Dempsey Jr	BUFT	87
Sprouell, Mary C*	ABVL	145	Staggers, James	WMBG	299	Stanley, E	CHTN	315
Sprouil, Jas	LRNS	266	Staggers, James	WMBG	299	Stanley, E A*	MARN	27
Sprouse, Alfred	SPBG	228	Staggers, Wm	WMBG	308	Stanley, George	BUFT	81
Sprouse, Culine	SPBG	231	Staggs, John	SPBG	415	Stanley, J D	KRSW	74
Sprouse, H H	GRVL	366	Staggs, Thos	SPBG	399	Stanley, James	BUFT	86
Sprouse, Hiram	UNON	284	Staggs, Walton	GRVL	391	Stanley, Jno T	DLTN	390
Sprouse, James	SPBG	238	Staggs, Wm	SPBG	422	Stanley, John	BUFT	87
Sprouse, James	SPBG	253	Staley, William	ORBG	386	Stanley, John	BUFT	32
Sprouse, Jas**	SPBG	429	Stakeley, John	CHTN	463	Stanley, Lucy	RHLD	7
Sprouse, Jesse	SPBG	230	Staler, Martha*	GRVL	422	Stanley, Matthew B	MARN	135
Sprouse, Jno S*	SPBG	287	Staley, Casper	ORBG	399	Stanley, Richard	BUFT	86
Sprouse, John	UNON	237	Staley, Christenah	ORBG	362	Stanley, T E*	MARN	19
Sprouse, Lemuel	UNON	238	Staley, Elizabeth	ORBG	359	Stanley, Thomas**	CHTN	501
Sprouse, Lida	UNON	234	Staley, Ellen*	ORBG	357	Stanley, Timothy	MARN	5
Sprouse, Mahala	SPBG	238	Staley, Hilliard	ORBG	362	Stanley, W P	COTN	341
Sprouse, Mandi	LRNS	267	Staley, Rachael	ORBG	362	Stanley, William	BUFT	87
Sprouse, Sarah	UNON	234	Staley, Samuel*	ORBG	362	Stanley, William B	RHLD	16
Sprouse, Walter	UNON	281	Staley, Samuel	ORBG	344	Stanly, B F	GRVL	420
Sprouse, William	UNON	234	Stall, John R	COTN	326	Stanly, E E*	CHFD	151
Sprowel, Wm F*	NWBY	239	Stall, Laura A**	COTN	330	Stanners, Walter**	GETN	285
Spruiell, Josephine*	LXTN	370	Stall, Saml A	COTN	332	Stansel, Sarah C*	PKNS	74
Spruill, J T*	GRVL	365	Stall, Thomas**	GRVL	411	Stansel, William	PKNS	64
Spruill, Rev S	LXTN	393	Stall, Thomas D	GRVL	412	Stansell, Edwin	BNWL	469
Spurgeon, Nancy	LRNS	315	Stall, W C	CHTN	463	Stansell, Jane*	ADSN	182
Spurrier, Marion*	FAFD	209	Stall, Wm F	COTN	326	Stansell, Julia A	BNWL	404
Spurrier, Reson	FAFD	209	Stalling, John	BNWL	398	Stansell, M M	ADSN	180
Spurrier, Thos J	FAFD	211	Stallings, A J*	BNWL	441	Stansell, W	BNWL	469
Squatter, James H	COTN	294	Stallings, Countsell	BNWL	394	Stanton, A J	MRBO	158
Squers, Margaret	GETN	306	Stallings, Eveline	BNWL	438	Stanton, A T	MRBO	182
Squier, Abraham C	RHLD	16	Stallings, G W	BNWL	434	Stanton, C B	ADSN	171
Squires, Ann	CHTN	511	Stallings, James	BNWL	433	Stanton, Charles	MRBO	198
Squires, H	HORY	27	Stallings, Joseph	BNWL	402	Stanton, Daniel	MRBO	188
Squires, H D	MARN	11	Stallings, S H**	BNWL	421	Stanton, Evander	MRBO	185
Squires, J H	HORY	27	Stallworth, Amon	EDFD	133	Stanton, Geo	MRBO	191
Squires, John	HORY	17	Stallworth, W H	EDFD	130	Stanton, Godfrey	MRBO	182
Squires, N*	CHTN	168	Stalnaker, Augustus**	EDFD	69	Stanton, Handa	MRBO	205
Squires, R H	HORY	27	Stalnaker, Ben*	EDFD	72	Stanton, Harris	MRBO	182
Sribeck, J*	CHTN	311	Stalnaker, D*	EDFD	118	Stanton, Hester*	RHLD	80
St Amand, A	CHTN	265	Stalnaker, F*	EDFD	76	Stanton, J G	YORK	419
St Amand, Mary	CHTN	412	Stalnaker, Joseph	EDFD	139	Stanton, Johanna*	CHTN	233
St Clair, Daniel	CHTN	107	Stalnaker, Mrs A	EDFD	85	Stanton, John*	CHTN	473
St Jarliendo, Mary*	CHTN	177	Stalnaker, Permelia*	EDFD	69	Stanton, John	FAFD	210
St John, J M*	PKNS	39	Stalnaker, Richard	EDFD	94	Stanton, John H	MRBO	178
St John, John	UNON	277	Stalnaker, Robt*	EDFD	70	Stanton, Judith	ADSN	335
St John, Thos	YORK	501	Stalnaker, S	EDFD	130	Stanton, Mary**	CHTN	203
St John, William*	UNON	253	Stalnaker, Thos	EDFD	67	Stanton, Mary*	ADSN	335
St John, William*	UNON	257	Stalnaker, W	EDFD	78	Stanton, Matthias	ADSN	171
St Mark, William	CHTN	374	Stalvey, A T*	GETN	323	Stanton, Rebecca*	ADSN	335
Staaus, B	CHTN	316	Stalvey, Bently J	HORY	61	Stanton, Robt	MRBO	183
Stabler, David	ORBG	360	Stalvey, C E	GETN	321	Stanton, Sarah*	ADSN	335
Stabler, Druetter*	ORBG	362	Stalvey, Catherine	HORY	61	Stanton, Sarah*	FAFD	258
Stabler, Georgianna*	ORBG	361	Stalvey, Cathine	GETN	321	Stanton, Thomas	MRBO	181
Stabler, Henry	ORBG	360	Stalvey, Duff G	HORY	61	Stanton, Valentine	COTN	249
Stabler, Jacob	ORBG	309	Stalvey, George	HORY	61	Stapleton, Crawford	CHTN	470
Stabler, Mary	ORBG	360	Stalvey, Isaiah	HORY	61	Star, Ann*	RHLD	55
Stabler, Vastine	ORBG	360	Stalvey, James	GETN	313	Star, Elija*	BNWL	420
Stables, Vastine	LXTN	458	Stalvey, James	GETN	291	Star, H T	BNWL	420
Stacey, James	ORBG	404	Stalvey, Jeremiah	HORY	62	Star, John Jr	YORK	389
Stacey, Thomas	ABVL	81	Stalvey, John P	HORY	62	Star, John Sr	YORK	388
Stack, A E*	RHLD	22	Stalvey, Joseph	GETN	323	Star, Richd C*	ABVL	26
Stack, David	ORBG	377	Stalvey, Peter U	HORY	61	Starasky, M*	CHTN	311
Stack, David	ORBG	308	Stalvey, Saml E	GETN	291	Stark, Adolph	NWBY	279
Stack, Godfrey	LXTN	395	Stalyes, Christina*	CHTN	499	Stark, Julia	SPBG	316
Stack, Jacob	LXTN	395	Stampfer, W*	WMBG	299	Stark, Juliet	ABVL	133
Stack, James	ABVL	119	Stancel, Albert	PKNS	125	Stark, R L*	CHTN	370
Stack, John	RHLD	73	Stancel, Eli	PKNS	115	Stark, Sally	ABVL	133
Stack, John	ORBG	308	Stancel, Elias*	RHLD	56	Starke, Margaret	KRSW	104
Stack, Mrs M E	ORBG	308	Stancel, Harvel	PKNS	116	Starkey, William A	PKNS	155
Stack, Rebecca	LXTN	395	Stancel, Harvey J**	PKNS	112	Starkey, William*	PKNS	127
Stack, Sarah	RHLD	69	Stancel, Jessey	PKNS	115	Starki, Wm P	CLDN	199
Stack, Sarah*	RHLD	92	Stancel, Jessey	PKNS	112	Starling, Gabriel R	RHLD	47
Stack, William	RHLD	75	Stancel, John	MRBO	207	Starling, Jackson	RHLD	3
Stack, William	CHTN	272	Stancel, John H	GRVL	458	Starling, Jane*	BNWL	385
Stackhouse, E T	MARN	62	Stancel, Lial	PKNS	116	Starling, Seth	RHLD	62
Stackhouse, J W*	MARN	22	Stancel, Melender	PKNS	116	Starnes, Caswell	LCTR	144
Stackhouse, Lysias	MARN	62	Stancel, Millon	PKNS	116	Starnes, Claiborne B	YORK	480
Stackhouse, M C	MARN	113	Stancel, Robert	PKNS	116	Starnes, J P	YORK	480
Stackhouse, Nancy*	MARN	62	Stancel, William	PKNS	115	Starnes, Jane**	YORK	386
Stackhouse, R I B*	MARN	13	Stancel, William	PKNS	113	Starnes, John	YORK	397
Stackhouse, Trestram	MARN	47	Stancel, William	PKNS	111	Starnes, John	YORK	480
Stackhouse, W R	MARN	62	Stancell, A L	BNWL	490	Starnes, Joseph	YORK	406

Name	Code	Num
Starnes, Margaret*	LCTR	146
Starnes, Marshall	LRNS	237
Starnes, R C	LRNS	237
Starnes, Robert	YORK	410
Starnes, Thomas*	LRNS	342
Starnes, Wesly	FAFD	227
Starns, Paul	ORBG	395
Starns, W*	UNON	273
Starns, Wesley	ORBG	395
Starr, Emma**	CHTN	237
Starr, Miss Emma**	CHTN	224
Starr, Robert	CHTN	468
Starr, W W	CHTN	494
Statan, J	SPBG	415
State, Henry	ABVL	80
States, John*	CHTN	517
Statler, William	ORBG	353
Statlin, John	GRVL	371
Statmaker, Mary	ABVL	114
Statmaker, Mrs	EDFD	25
Statt, Simeon*	ORBG	408
Statton, C V	EDFD	117
Stauber, Jno	EDFD	13
Staunton, E	FAFD	220
Staunton, J D	FAFD	256
Staunton, James	FAFD	262
Staunton, Jas	MARN	92
Staunton, W J	FAFD	220
Staunton, W J	FAFD	222
Staux, M P	CHTN	218
Steadham, D	CLDN	209
Steadham, G D	CLDN	236
Steading, George F	PKNS	133
Steading, M C	SPBG	406
Steadman, A G	CHTR	88
Steadman, Bryson H	SPBG	205
Steadman, E	CHTR	88
Steadman, E B*	SPBG	307
Steadman, Edward	CHTR	61
Steadman, Elias	SPBG	234
Steadman, Hannah	SPBG	275
Steadman, J B*	UNON	273
Steadman, J T	CHTR	84
Steadman, James	SPBG	402
Steadman, John	CHTN	435
Steadman, Lilly	SPBG	272
Steadman, Martha	CHTR	60
Steadman, Nancy	CHTR	61
Steadman, P P**	SPBG	429
Steadman, Sarah E	SPBG	234
Steadman, W B	CHTN	477
Steadman, Warren*	ADSN	254
Steadman, Wm	YORK	399
Steads, Ella	CHTN	413
Steagall, J W	CHFD	181
Steamer, Henry	CHTN	167
Stean, Catharin	BNWL	453
Stean, Elisha	CHFD	166
Stean, Elizabeth	CHFD	175
Stean, F B	CHFD	151
Stean, John	CHFD	151
Steat, Gadi	MRBO	203
Stechman, H*	CHTN	324
Stedeman, James H*	SPBG	306
Stediman, Samuel	SMTR	183
Stedman, Elizabeth*	CHTN	183
Stedman, Henry*	CHTN	213
Stedman, Miss*	CHTN	298
Stedman, Mr R*	CHTN	341
Stedman, Sylvia	CHTN	194
Stedman, Thos**	CHTN	241
Stedman, W K	CHTN	347
Steed, Wm G*	MRBO	187
Steedly, Charles	BNWL	344
Steedly, Edward	BNWT	356
Steedly, James	BNWL	355
Steedly, Lucious*	BNWL	356
Steedly, Moses	BNWL	353
Steedly, R J	BNWL	353
Steedly, William	BNWL	356
Steedman, A	LXTN	465
Steedman, Alice*	YORK	373
Steedman, G E	BNWL	458
Steedman, Geo	LXTN	468
Steedman, J G	BNWL	458
Steedman, J M	LXTN	465
Steedman, N B*	ORBG	393
Steedman, Reuben	LXTN	468
Steedman, S D*	CHTN	370
Steel, Ann	CHTN	120
Steel, Caroline	LXTN	448
Steel, Isaiah	LXTN	385
Steel, J J*	WMBG	326
Steel, J J	WMBG	356
Steel, J T	WMBG	326
Steel, James C*	NWBY	243
Steel, John*	RHLD	55
Steel, John	LXTN	427
Steel, Joseph	YORK	385
Steel, Robt*	CHTN	265
Steel, Shade	EDFD	173
Steel, T S*	WMBG	322
Steel, William*	CHTN	265
Steel, Willie	NWBY	301
Steel, Wm G*	YORK	381
Steel, Wm R	LXTN	411
Steele, A F	YORK	404
Steele, Alex	LCTR	175
Steele, Anna	YORK	453
Steele, Archibald	YORK	380
Steele, C	CHTN	305
Steele, D J**	GETN	290
Steele, E C	CHTN	356
Steele, Eliza*	KRSW	137
Steele, George	YORK	375
Steele, George E M	YORK	386
Steele, Hariet K**	RHLD	27
Steele, Henry	FAFD	256
Steele, Henry*	DLTN	394
Steele, Hiram	FAFD	249
Steele, J H*	CHTN	316
Steele, J T	PKNS	8
Steele, James	YORK	395
Steele, James	YORK	460
Steele, James	ADSN	278
Steele, James	LCTR	145
Steele, James S	LCTR	151
Steele, Jane C*	CHTR	38
Steele, Jas	DLTN	456
Steele, Jas B	YORK	394
Steele, John	LCTR	143
Steele, John M	YORK	388
Steele, John Sr	YORK	394
Steele, Joseph	YORK	389
Steele, Joseph	LCTR	145
Steele, Joseph A	YORK	394
Steele, Joseph Sr	YORK	388
Steele, M L	MARN	44
Steele, M S*	RHLD	21
Steele, Margaret	PKNS	39
Steele, Margt	FAFD	219
Steele, Mary	LXTN	452
Steele, Mary	LCTR	143
Steele, Mary M	GETN	284
Steele, Mary*	ADSN	226
Steele, Mary*	CHTN	387
Steele, Newton A	YORK	387
Steele, R J M*	LCTR	142
Steele, Robert A	ADSN	287
Steele, Robert E	PKNS	107
Steele, Robt	YORK	388
Steele, S Alexr**	DLTN	443
Steele, Saml	YORK	388
Steele, Saml J*	MARN	19
Steele, W N	CHTN	318
Steele, William	LCTR	146
Steele, Wm	PKNS	77
Steele, Wm	CHTN	472
Steele, Wm	CHTN	131
Steele, Wm B	YORK	365
Steele, Zed	LXTN	464
Steems, Wilson	KRSW	86
Steen, Allen*	MRBO	179
Steen, Colson	MRBO	198
Steen, Eli	MRBO	204
Steen, George*	UNON	273
Steen, James*	MARN	113
Steen, Mary	UNON	204
Steen, Mary A*	MRBO	183
Steen, Nathan	UNON	251
Steen, Thomas	UNON	197
Steen, Thomas	GRVL	411
Steen, William	UNON	268
Steen, Wm	MRBO	165
Steenhouse, Thomas	CHTN	274
Steenson, Sarah	CHTN	271
Stefel, Margaret*	EDFD	79
Steffens, Clause*	CHTN	515
Steffens, G W	CHTN	311
Stegal, J J	LCTR	154
Stegall, John	PKNS	157
Stegall, Sarah	GRVL	329
Stegall, Sarah*	PKNS	159
Stegall, Spencer	PKNS	157
Stegin, John	CHTN	415
Stehle, Edward	CHTN	272
Steidham, J C	EDFD	137
Steidham, John	EDFD	137
Steidham, Rosa	EDFD	137
Steidman, Newton W*	RHLD	51
Steifer, Geo F	ABVL	132
Steiffer, Jas S**	ABVL	47
Stein, Ann*	CHTN	205
Stein, Capt J T*	CHTN	235
Steinbach, Chas*	CHTN	313
Steinberg, Claus	CHTN	198
Steiner, Joe	CHTN	168
Steinmeyer, Ann	CHTN	469
Steinmeyer, J H	CHTN	351
Steinmeyer, Jno H	CHTN	351
Steinmeyer, John F	CHTN	445
Steitz, Henry	CHTN	367
Stelges, Adelade*	CHTN	418
Steller, Mary*	CHTN	469
Stellges, John	CHTN	251
Stelling, E F	CHTN	245
Stelling, Gerd*	CHTN	168
Stemmerman, C	CHTN	361
Stemmerman, Herman	CHTN	470
Stender, Henry	CHTN	470
Stenhouse, A	GRVL	365
Stenhouse, Ebenezer	RHLD	32
Stenhouse, G E*	SPBG	333
Stenhouse, John	GRVL	368
Stenhouse, John T*	GRVL	421
Stenhouse, Mary	GRVL	366
Stenken, Henry	CHTN	480
Stenman, J A	LCTR	218
Stenman, J E*	LCTR	218
Stenman, P A H*	KRSW	131
Stenman, S B*	LCTR	164
Stenmeyer, John F	CHTN	424
Stennson, Stacy A	SPBG	305
Stennson, William	SPBG	505
Stent, Anna	CHTN	505
Stent, Marion	CHTN	435
Stents, Mrs	CHTN	219
Stephel, Mrs A	EDFD	93
Stephen, Ester*	EDFD	90
Stephen, Simpson	SPBG	333
Stephen, Tracel	SPBG	326
Stephen, William	SPBG	326
Stephens, A B	ORBG	409
Stephens, A S	PKNS	56
Stephens, Ada	SPBG	326
Stephens, Amelia	CHTN	350
Stephens, Andrew	ADSN	256
Stephens, Annie	CHTN	328
Stephens, Atha	KRSW	121
Stephens, B M*	ADSN	259
Stephens, Benj	HORY	24
Stephens, Berry*	COTN	285
Stephens, C G	BNWL	476
Stephens, Calvin	SPBG	332
Stephens, Chancy	ADSN	256
Stephens, Cyrus	ADSN	252
Stephens, David	LCTR	208
Stephens, Dora*	GRVL	413
Stephens, E*	CHTN	266
Stephens, Edward	NWBY	250
Stephens, Edward B	CHTN	412
Stephens, Eli	RHLD	33
Stephens, Elisa*	CHTN	304
Stephens, Elisha	SPBG	394
Stephens, Emma*	ORBG	343
Stephens, Erwin	SPBG	333
Stephens, Harriet*	SPBG	385
Stephens, Isaac	HORY	24
Stephens, J	SPBG	333
Stephens, J J	CHFD	173
Stephens, J W	CHFD	173
Stephens, J W (MD)	COTN	303
Stephens, Jackson	SPBG	390
Stephens, James	COTN	332
Stephens, James R	CHTN	430
Stephens, James*	COTN	358
Stephens, Jane*	CHTN	418
Stephens, Jas*	EDFD	66
Stephens, Jas A*	DLTN	470
Stephens, Job	MARN	127
Stephens, John	CHFD	173
Stephens, John	SPBG	396
Stephens, John C	PKNS	55
Stephens, John W	CHTN	443
Stephens, Joshua	HORY	21
Stephens, Julia	CHTN	339
Stephens, Lucy	NWBY	234
Stephens, M E*	RHLD	21
Stephens, Mahalda	SPBG	326
Stephens, Manerva*	GRVL	407
Stephens, Mary**	CHTN	361
Stephens, Mary*	CHTN	280
Stephens, Moses	PKNS	22
Stephens, N	PKNS	1
Stephens, R	CHTN	323
Stephens, Reuben	LRNS	258
Stephens, Reubin	COTN	281
Stephens, Robert	ADSN	281
Stephens, Wm M	SPBG	389
Stephenson, A**	ADSN	306
Stephenson, Christopher	COTN	309
Stephenson, David	YORK	471
Stephenson, Elbert	ADSN	248
Stephenson, George	ADSN	242
Stephenson, Jas	ADSN	251
Stephenson, Jesse*	ORBG	372
Stephenson, John	ADSN	251
Stephenson, John H	YORK	441
Stephenson, Margaret	ADSN	247
Stephenson, Marin	ADSN	250
Stephenson, Mary	ADSN	239
Stephenson, Robert	ADSN	291
Stephenson, Thos	ADSN	247
Stephenson, Thos	DLTN	470
Stephenson, Wm	YORK	469
Stephenson, Wm	BNWL	453
Stepp, A C	GRVL	425
Stepp, John	GRVL	375
Stepps, G W*	HORY	49
Sterkey, Lewis	ORBG	358
Sterling, G P*	LRNS	324
Sterling, John	NWBY	239
Stern, Andrew*	CHTN	253
Stern, Getty*	CHTN	462
Sternes, Arba**	RHLD	19
Sternes, Thomas P*	FAFD	221
Sternmeyer, A B	CHTN	490
Sterzengger, Mrs S	EDFD	52

Name	Loc	Pg	Name	Loc	Pg	Name	Loc	Pg
Steth, L B	HORY	52	Stevenson, Mary L*	ABVL	122	Stewart, Josiah	NWBY	236
Stevens, John	CHTN	455	Stevenson, Narle*	KRSW	74	Stewart, L W	FAFD	240
Steven, Catherine	UNON	260	Stevenson, R B	YORK	464	Stewart, Littleton	ADSN	227
Steven, Clary	UNON	208	Stevenson, Robert	FAFD	278	Stewart, Louisa*	LCTR	189
Steven, Joseph*	UNON	260	Stevenson, Robt	FAFD	277	Stewart, M E*	DLTN	470
Steven, Margaret*	YORK	406	Stevenson, Robt	FAFD	278	Stewart, Mah	UNON	203
Stevender, David	ORBG	361	Stevenson, S H	FAFD	273	Stewart, Malcom	CHFD	120
Stevender, Elinora	BNWL	469	Stevenson, S M	MARN	25	Stewart, Margaret**	YORK	469
Stevens, Allen	MARN	104	Stevenson, Samuel	FAFD	273	Stewart, Margret*	LCTR	192
Stevens, B F	EDFD	121	Stevenson, Sarah	SPBG	207	Stewart, Martha	COTN	310
Stevens, B J	EDFD	121	Stevenson, Susan*	ABVL	122	Stewart, Martha	LCTR	162
Stevens, Baylus	PKNS	132	Stevenson, Thomas*	SPBG	203	Stewart, Mary	CHFD	189
Stevens, Benj	EDFD	145	Stevenson, Thos	ABVL	127	Stewart, Mary	GRVL	452
Stevens, Benj	HORY	31	Stevenson, Thos	EDFD	109	Stewart, Mary C*	FAFD	250
Stevens, Bryant	BUFT	49	Stevenson, William	ORBG	398	Stewart, Mary E**	FAFD	208
Stevens, C H	CHTN	483	Stevenson, William	CHTR	45	Stewart, Mary E*	EDFD	26
Stevens, Clara	KRSW	87	Stevenson, Wm	CHTR	29	Stewart, Miss*	CHTN	302
Stevens, D A	COTN	356	Stevenson, Wm	CHTR	55	Stewart, Mrs Jane	CHTN	235
Stevens, Daniel R	HORY	67	Stevenson, Wm	FAFD	278	Stewart, Nimrod W	ABVL	69
Stevens, Dicene	PKNS	132	Stevenson, Wm J	ABVL	125	Stewart, P R	CLDN	213
Stevens, E	EDFD	46	Stevenson, Wm J*	FAFD	235	Stewart, Peter	LCTR	188
Stevens, E	EDFD	136	Steveson, William	BNWL	496	Stewart, Polena	CHTN	494
Stevens, E L	KRSW	87	Steward, Ellen**	FAFD	208	Stewart, R	NWBY	301
Stevens, Elias	ABVL	134	Steward, Frank*	CHTN	192	Stewart, R	LRNS	332
Stevens, Elihu	EDFD	144	Steward, Jno J	CHTR	61	Stewart, R J	LRNS	332
Stevens, Ellinor*	HORY	31	Steward, Jos*	CHTN	325	Stewart, R P*	MARN	22
Stevens, Flemuel H	PKNS	192	Steward, Noel	KRSW	96	Stewart, Rebecca	PKNS	14
Stevens, Green	PKNS	189	Steward, Robert	CHTN	417	Stewart, Richard*	LCTR	189
Stevens, Green W	PKNS	176	Steward, S	PKNS	71	Stewart, Robert	PKNS	134
Stevens, Henry L	CHTN	154	Steward, Saml	LRNS	344	Stewart, Robert	PKNS	134
Stevens, J A	EDFD	120	Steward, William	CHTN	279	Stewart, Robert	RHLD	78
Stevens, J L	COTN	356	Steward, Wm	KRSW	98	Stewart, S A	YORK	398
Stevens, J W	WMBG	305	Stewart, Abel	PKNS	112	Stewart, Samuel	FAFD	253
Stevens, James W	HORY	64	Stewart, Abel	DLTN	398	Stewart, Sarah	PKNS	107
Stevens, Jas F	GETN	285	Stewart, Abel	DLTN	453	Stewart, Sarah	PKNS	127
Stevens, John	CHTN	100	Stewart, Abner	PKNS	132	Stewart, Sarah	GETN	297
Stevens, John	RHLD	27	Stewart, Agnes*	GRVL	471	Stewart, Simpson	YORK	479
Stevens, John	BUFT	49	Stewart, Alex	YORK	436	Stewart, Susan	RHLD	39
Stevens, John B*	PKNS	176	Stewart, Alex	CHTN	239	Stewart, T J*	LRNS	319
Stevens, John B	PKNS	155	Stewart, Alfred	GRVL	347	Stewart, Thomas	PKNS	117
Stevens, Jos W	MARN	22	Stewart, Amelia*	DLTN	435	Stewart, W A	LRNS	310
Stevens, Joseph	MARN	130	Stewart, Andrew J	PKNS	112	Stewart, W C*	LRNS	340
Stevens, Lamb	CHTN	139	Stewart, Andrew*	YORK	417	Stewart, W G	LCTR	160
Stevens, Lazarus*	ORBG	382	Stewart, Anthony	PKNS	132	Stewart, W H	LRNS	314
Stevens, Lizzie*	RHLD	9	Stewart, Asberry*	DLTN	392	Stewart, W W	GRVL	355
Stevens, Louisa***	PKNS	150	Stewart, B G	GRVL	399	Stewart, Washington	PKNS	128
Stevens, Mary	CHTR	52	Stewart, Berryman	GRVL	366	Stewart, Whitfd*	NWBY	229
Stevens, Mary E*	BUFT	74	Stewart, C B	GRVL	366	Stewart, Widow	LRNS	352
Stevens, Mary*	ABVL	116	Stewart, Caroline**	FAFD	271	Stewart, William	ABVL	118
Stevens, Munro	HORY	46	Stewart, Catharine	NWBY	229	Stewart, William A	PKNS	112
Stevens, Nelly	MARN	138	Stewart, Catherine**	CHTN	363	Stewart, William M	PKNS	132
Stevens, P F	CHTN	369	Stewart, Charles	CHFD	152	Stewart, William	GRVL	404
Stevens, Redden	PKNS	112	Stewart, Clark W	LRNS	329	Stewart, William*	RHLD	46
Stevens, S N	CHTN	121	Stewart, Constance**	LXTN	375	Stewart, William	GRVL	395
Stevens, Samuel	PKNS	132	Stewart, Danl	NWBY	231	Stewart, William	PKNS	135
Stevens, Samuel	EDFD	126	Stewart, David	YORK	463	Stewart, William	YORK	495
Stevens, Samuel	PKNS	177	Stewart, Donald	CHTN	147	Stewart, William	PKNS	127
Stevens, Samuel	PKNS	166	Stewart, Dorcas*	LCTR	198	Stewart, Wm	LRNS	326
Stevens, Sarah*	CHTN	139	Stewart, Dr J H	YORK	396	Stewart, Wm	LRNS	316
Stevens, Sarah	BUFT	49	Stewart, Dr Jas A	ABVL	86	Stewart, Wm S	LRNS	312
Stevens, Susan M*	CHTN	154	Stewart, Elizabeth*	YORK	373	Stewert, Margret	LCTR	171
Stevens, Thos	HORY	65	Stewart, Elizabeth	YORK	395	Sticking, W W*	CHTN	263
Stevens, W L	EDFD	122	Stewart, Elom	DLTN	471	Stickney, Asa	CHTN	398
Stevens, W L	COTN	355	Stewart, Francis*	YORK	402	Stidham, Marshall	EDFD	259
Stevens, Wesley*	EDFD	150	Stewart, Franklin*	LCTR	190	Stieble, John*	CHTN	259
Stevens, William	PKNS	124	Stewart, Geo	CHTN	245	Sties, Susan	CHTN	258
Stevens, William	EDFD	199	Stewart, George	YORK	485	Stigall, Hensley	LCTR	199
Stevens, William*	CHTR	47	Stewart, George	CHTN	394	Stiles, C H*	GRVL	411
Stevens, William	PKNS	135	Stewart, George	CHFD	155	Stiles, C W	CHTN	494
Stevens, Wm	HORY	67	Stewart, George	YORK	491	Stiles, Copeland	SMTR	176
Stevens, Wm	MARN	104	Stewart, George	GRVL	451	Still, Ann	BNWL	500
Stevens, Wm	LCTR	217	Stewart, Hansford D	BNWL	378	Still, Barnett M	BNWL	368
Stevenson, Alex	ABVL	27	Stewart, Harriet	COTN	266	Still, Charles	BNWL	367
Stevenson, Andrew	ABVL	124	Stewart, Henry	KRSW	89	Still, Charles L	BNWL	372
Stevenson, Andrew*	MARN	29	Stewart, Henry W	COTN	254	Still, Darline P	BNWL	367
Stevenson, B P	HORY	30	Stewart, Hester A	PKNS	110	Still, Elias	BNWL	367
Stevenson, Benj*	ORBG	403	Stewart, Isaac	PKNS	112	Still, Elijah	EDFD	140
Stevenson, Betsy	CHTR	56	Stewart, Isabella	PKNS	114	Still, Elizabeth*	RHLD	83
Stevenson, Calvin	ORBG	372	Stewart, J C	NWBY	237	Still, F E	BNWL	475
Stevenson, D W	FAFD	271	Stewart, J M	YORK	413	Still, Hansford	BNWL	371
Stevenson, Daniel R	CHTR	45	Stewart, J P	FAFD	280	Still, Hudson	BNWL	368
Stevenson, Elizabeth*	ABVL	122	Stewart, J R	DLTN	399	Still, Isac	BNWL	384
Stevenson, Emeline*	ORBG	364	Stewart, J S	FAFD	201	Still, James	EDFD	129
Stevenson, George	BUFT	23	Stewart, J W*	WMBG	342	Still, James	BNWL	500
Stevenson, Hamilton*	ABVL	122	Stewart, J W	YORK	487	Still, James L	BNWL	371
Stevenson, Harmon	ABVL	30	Stewart, Jackson	PKNS	112	Still, James T	BNWL	386
Stevenson, Horace W*	RHLD	54	Stewart, James	FAFD	236	Still, John	FAFD	265
Stevenson, Hugh	CHTR	30	Stewart, James	CHTN	390	Still, Joseph	BNWL	371
Stevenson, J E*	MARN	14	Stewart, James	ADSN	273	Still, Louis	CHTN	483
Stevenson, James	ABVL	125	Stewart, James M*	PKNS	134	Still, Martin	BNWL	387
Stevenson, James	ORBG	398	Stewart, James R	FAFD	240	Still, Marvil	BNWL	585
Stevenson, James	FAFD	265	Stewart, Jane	NWBY	265	Still, Samuel H	BNWL	374
Stevenson, James C	ABVL	125	Stewart, Jane	UNON	236	Still, Starling	BNWL	385
Stevenson, James N*	MARN	13	Stewart, Jas	YORK	462	Still, Thomas	BNWL	367
Stevenson, Jas	FAFD	265	Stewart, Jesse	GRVL	452	Still, Thos	FAFD	265
Stevenson, Jesse	ORBG	396	Stewart, Jno F	LRNS	313	Still, Tobias	BNWL	367
Stevenson, Jesse B*	ORBG	372	Stewart, Jno W	ABVL	47	Still, William	EDFD	129
Stevenson, Jno	CHTR	42	Stewart, John	PKNS	194	Still, William	BNWL	371
Stevenson, John	ADSN	277	Stewart, John	YORK	398	Stilling, Henry	RHLD	14
Stevenson, John	FAFD	270	Stewart, John	FAFD	264	Stillinger, David**	ORBG	316
Stevenson, John	FAFD	271	Stewart, John	FAFD	239	Stillinger, Emanuel*	ORBG	306
Stevenson, Joseph	LXTN	414	Stewart, John*	SMTR	113	Stillman, Arthur	CHTN	416
Stevenson, L B	KRSW	74	Stewart, Jonathan	YORK	484	Stillman, Wm*	ABVL	17
Stevenson, Luther E*	ABVL	134	Stewart, Jons	CHTN	521	Stillwell, Harrison*	PKNS	22
Stevenson, Lydda*	ORBG	396	Stewart, Jos	CHTN	197	Stillwell, Hiram*	PKNS	21
Stevenson, Malachi	ORBG	372	Stewart, Joseph E	YORK	406	Stillwell, Sallie*	PKNS	21

Name	Loc	Pg	Name	Loc	Pg	Name	Loc	Pg
Stilwell, A*	YORK	373	Stokes, J W	EDFD	118	Stone, John	ADSN	277
Stilwell, Edwd	ABVL	65	Stokes, J W	SMTR	97	Stone, John	PKNS	129
Stilwell, Jas	NWBY	234	Stokes, James	ORBG	343	Stone, John	ORBG	355
Stilwell, T T	NWBY	227	Stokes, James F**	GRVL	492	Stone, John	ORBG	328
Stimans, Nancy	CHTN	377	Stokes, Jane	RHLD	17	Stone, John T	ADSN	164
Stimet, Reachel**	CHTN	521	Stokes, Jas G*	DLTN	394	Stone, John**	CHTN	104
Stindemay, George*	NWBY	304	Stokes, Jas N	DLTN	393	Stone, John	LXTN	422
Stinebeck, A	BNWL	461	Stokes, Jefferson	BNWL	353	Stone, John	SPBG	323
Stinemetz, Mary	CHFD	188	Stokes, Joel	DLTN	413	Stone, Joseph	GRVL	426
Stinges, Julia**	CHTN	122	Stokes, John	CHTR	22	Stone, Katharine	NWBY	289
Stinson, Daniel G	CHTR	83	Stokes, John	COTN	348	Stone, L O	GRVL	426
Stinson, John	ADSN	228	Stokes, John J**	CHTN	463	Stone, Labon	ADSN	202
Stinson, Joseph	YORK	430	Stokes, John R	BUFT	68	Stone, Leander	SPBG	352
Stinson, R L	KRSW	75	Stokes, John W	GRVL	413	Stone, Levi	SPBG	363
Stinte, Frederick	CHTN	101	Stokes, Laura I*	ABVL	77	Stone, M	EDFD	187
Stinton, Thomas*	CHTN	369	Stokes, Lira J	SMTR	98	Stone, M*	EDFD	103
Stirling, Elizabeth	FAFD	249	Stokes, Lucy	GRVL	493	Stone, M*	LRNS	349
Stirling, Emily**	CHTR	4	Stokes, Marcus	SMTR	97	Stone, Madison	SPBG	355
Stirling, James	CHTR	35	Stokes, Martha*	COTN	341	Stone, Malchi**	ABVL	82
Stirling, S A	CHTR	37	Stokes, Mary	BNWL	375	Stone, Margaret	CHTN	450
Stirling, S R	FAFD	208	Stokes, Mary**	DLTN	413	Stone, Margaret	CHTR	28
Stirling, Saml	CHTR	36	Stokes, Mary	UNON	200	Stone, Margaret	GRVL	426
Stirling, Samuel	FAFD	249	Stokes, Mary	DLTN	473	Stone, Maria	GRVL	499
Stirling, Wm	CHTR	36	Stokes, P D	DLTN	373	Stone, Mary	ABVL	142
Stirrosski, John	CHTN	257	Stokes, Penelope	DLTN	413	Stone, Mary J	NWBY	289
Stivendce, Alex	LXTN	456	Stokes, Peter Dr	COTN	296	Stone, Mary*	SPBG	229
Stoaks, Warren*	LCTR	187	Stokes, Robert M	RHLD	25	Stone, Master	GRVL	431
Stoan, Charley	GRVL	493	Stokes, Sarah*	COTN	296	Stone, Micajah	ADSN	304
Stoan, Mary**	GRVL	492	Stokes, Singleton	GRVL	484	Stone, Micajah	ADSN	287
Stoan, Richard	GRVL	490	Stokes, Sylvanus	DLTN	423	Stone, Micajah	GRVL	456
Stobard, John*	CHTN	483	Stokes, T H	GRVL	428	Stone, Michl	CHTN	522
Stock, Jno G	CHTN	352	Stokes, T H	DLTN	393	Stone, Mrs E**	EDFD	74
Stock, Louis*	CHTN	367	Stokes, T P	ORBG	341	Stone, Mrs H*	EDFD	74
Stocker, F W*	CHTN	312	Stokes, Theo S*	RHLD	55	Stone, Naomi	LRNS	283
Stocker, James M	CHTN	293	Stokes, Thos B	NWBY	278	Stone, P H	SPBG	318
Stocker, Louisa	CHTN	303	Stokes, Thos L	GRVL	473	Stone, P M*	WMBG	361
Stocker, M	CHTN	310	Stokes, W R	BNWL	455	Stone, Patilla	SPBG	392
Stockfirt, Anna*	CHTN	465	Stokes, W W	KRSW	112	Stone, Phillip	MARN	58
Stockhouse, H M*	SPRG	313	Stokes, Willaim A	GRVL	487	Stone, Presilla	SPBG	204
Stocking, David	CHTN	188	Stokes, William	COTN	296	Stone, Pricilla	SPBG	420
Stocking, Henry*	CHTN	375	Stokes, William	BUFT	52	Stone, R G	CHTN	354
Stockman, Ann L	CHTN	408	Stokes, William	LCTR	199	Stone, R J	ADSN	224
Stockman, Beltin	NWBY	216	STokes, William E	BNWL	360	Stone, R T	SPBG	204
Stockman, Cath*	NWBY	220	Stokes, William M*	BNWL	400	Stone, R W	GRVL	408
Stockman, E	NWBY	214	Stokes, Winney	SMTR	98	Stone, Rebecca	LXTN	422
Stockman, Eliza*	NWBY	230	Stokes, Wm H	GRVL	484	Stone, Robt*	ORBG	320
Stockman, Elizabeth	NWBY	221	Stokes, Wm*	DLTN	378	Stone, S G	WMBG	361
Stockman, H	NWBY	221	Stokes, Wm M*	RHLD	56	Stone, Saml	MARN	58
Stockman, J P*	NWBY	218	Stokes, Young	DLTN	377	Stone, Sarah	HORY	32
Stockman, J P	NWBY	221	Stoll, Charles**	CHTN	288	Stone, Sarah	SPBG	377
Stockman, J W	NWBY	214	Stoll, H C	CHTN	340	Stone, Sarah H**	CHTR	26
Stockman, Jno H	ABVL	62	Stoll, H C	CHTN	340	Stone, Silas	PKNS	129
Stockman, John G*	NWBY	229	Stoll, J C*	CHFD	177	Stone, Silas	PKNS	129
Stockman, John John H	NWBY	216	Stoll, John*	CHTN	175	Stone, Stephen C*	MARN	58
Stockman, Mattie J*	SPBG	316	Stoll, John T	CHTN	175	Stone, Thomas*	BNWL	462
Stodard, William R*	RHLD	48	Stoll, Mary	ADSN	266	Stone, Thomas	ADSN	263
Stoddard, A R	LRNS	354	Stoll, Miss Mary	CHTN	218	Stone, Thomas	WMBG	333
Stoddard, Andy	LRNS	314	Stolze, C F	CHTN	513	Stone, Thomas	RHLD	77
Stoddard, David	LRNS	273	Stone, Abner	SPBG	350	Stone, Thomas	PKNS	129
Stoddard, David	LRNS	281	Stone, Adam*	ORBG	312	Stone, W A	SPBG	362
Stoddard, David	LRNS	272	Stone, Amanda*	LRNS	353	Stone, W L	EDFD	187
Stoddard, F	LRNS	272	Stone, Asariah	EDFD	174	Stone, William*	RHLD	27
Stoddard, G B	CHTN	255	Stone, Austin	WMBG	349	Stone, William	PKNS	129
Stoddard, John	BUFT	15	Stone, B H	WMBG	330	Stone, William	CHTN	180
Stoddard, Mary*	NWBY	293	Stone, Banister	ADSN	274	Stone, William H	HORY	65
Stoddard, Wm	ADSN	215	Stone, Benjn M	BUFT	61	Stone, Wm	CHTR	19
Stoddard, Wm	EDFD	31	Stone, Benjn R*	BUFT	61	Stone, Wm	LRNS	343
Stoddard, Wm	LRNS	272	Stone, Berry	COTN	284	Stone, Wm B	SPBG	230
Stofford, Nancy*	CHTN	211	Stone, Calvin	CHFD	115	Stone, Wm C	PKNS	30
Stogner, Caty	MRBO	195	Stone, Caroline	FAFD	210	Stone, Wm C	MARN	125
Stogner, Elenor*	LCTR	178	Stone, Charles B	GRVL	412	Stone, Wm D	ABVL	142
Stogner, John	MRBO	193	Stone, Danl D	NWBY	288	Stone, Wm*	FAFD	264
Stogner, Martha*	LCTR	186	Stone, Datson	MARN	58	Stone, Wm C*	ADSN	189
Stogner, Mary	CHFD	189	Stone, Dempsey	BUFT	60	Stone, Wm D	BUFT	62
Stogner, Saml H	LCTR	178	Stone, E S	MARN	57	Stone, Wm H	ADSN	171
Stogner, W J	LCTR	179	Stone, Elias	SPBG	420	Stone, Wm Henry	SPBG	204
Stokes, A Dixon	SMTR	98	Stone, Elijah*	ADSN	302	Stone, Wm H	LRNS	284
Stokes, A J*	GRVL	327	Stone, Elijah	LXTN	422	Stonemire, David	CHTN	127
Stokes, A*	CHTN	141	Stone, Elizabeth**	CHTR	19	Stoner, Jane	GRVL	409
Stokes, Ann	COTN	358	Stone, Elizabeth*	SPBG	392	Stoner, Perry*	GRVL	489
Stokes, Anna C*	ABVL	77	Stone, Enoch	SPBG	345	Stoner, Thomas*	GRVL	407
Stokes, Arthur	UNON	269	Stone, Ephraim	BUFT	65	Stones, M A	CHTN	510
Stokes, Benjn	COTN	294	Stone, F A*	MARN	58	Stoney, George M*	RHLD	54
Stokes, Benjn	COTN	256	Stone, F R	WMBG	329	Stoney, J J	BUFT	20
Stokes, Bishop	DLTN	423	Stone, Fk*	LRNS	260	Stoney, James	BUFT	17
Stokes, E J	KRSW	86	Stone, G C	GRVL	427	Stoney, P G	CHTN	159
Stokes, Eliz	DLTN	385	Stone, G Mc D	SMTR	169	Stoney, P G	CHTN	133
Stokes, Elwood*	RHLD	56	Stone, George	ADSN	327	Stoney, Samuel	CHTN	286
Stokes, Enoch R	RHLD	20	Stone, Gid G	ABVL	142	Stoney, Sarah B	BUFT	1
Stokes, Ephram	KRSW	121	Stone, H D*	YORK	411	Stoney, Theo	CHTN	221
Stokes, Evander	MARN	26	Stone, H E	CHTR	91	Stoney, W E*	CHTN	370
Stokes, Ezekiel	BUFT	30	Stone, Hampton	ADSN	166	Stony, John	EDFD	193
Stokes, Frances*	ABVL	77	Stone, Henry D	GRVL	407	Stopelbein, Mrs*	CHTN	354
Stokes, G D	UNON	207	Stone, Henry M	NWBY	283	Stopplebean, Lorentz	CHTN	439
Stokes, Gabriel	DLTN	413	Stone, J B	EDFD	73	Storch, Henry	CHTN	398
Stokes, George W	BNWL	356	Stone, J K	GRVL	374	Storch, John*	CHTN	468
Stokes, George*	UNON	210	Stone, Jacob	CHTR	21	Storcke, Anna C*	CHTN	374
Stokes, H Y	GRVL	349	Stone, James	FAFD	225	Stork, Abraham**	RHLD	11
Stokes, Harriet E*	ABVL	77	Stone, James*	PKNS	81	Stork, John	RHLD	11
Stokes, Himbrick	KRSW	86	Stone, James	ADSN	189	Stork, Theodore	RHLD	6
Stokes, Hiram	KRSW	113	Stone, Jas	LRNS	260	Storm, J S*	ORBG	407
Stokes, J A	KRSW	84	Stone, Jefferson	SPBG	245	Storment, Mary*	CHTR	36
Stokes, J B	BNWL	454	Stone, Jesse	GRVL	453	Storn, Alexander	BNWL	380
Stokes, J J	KRSW	113	Stone, Jessee	EDFD	98	Storn, John A	CHTN	182
Stokes, J L	KRSW	111	Stone, Jno	CLDN	199	Storn, Mariah*	SPBG	363
			Stone, Joel P	ADSN	162	Story, Ann**	SPBG	396

Story, Arthur	GRVL	355	Strauss, Margaret*	RHLD	55	Strock, David	ORBG	313
Story, Geo*	LRNS	331	Strauss, Maurice	ABVL	82	Strock, Gabriel	ORBG	328
Story, J F*	GRVL	496	Strawhorn, James	ABVL	94	Strock, Henry	ORBG	330
Story, Jasper	EDFD	197	Strawhorn, Thomas	ABVL	94	Strock, W	ORBG	313
Story, Jesse*	GRVL	352	Strawhorn, Wm	ABVL	86	Strohan, Benj S	BUFT	48
Story, John	EDFD	193	Strawinski, Bella*	RHLD	83	Strohecker, Charles	CHTN	286
Story, Kindred*	EDFD	197	Streeble, Joseph*	ORBG	311	Strohecker, H	CHTN	361
Story, Lucretia**	EDFD	29	Streefuss, John F	CHTN	413	Strohman, Abraham	ORBG	332
Story, Margaret*	GRVL	349	Street, Burrel	CHFD	111	Strohman, Catharine	ORBG	333
Story, T J*	GRVL	494	Street, Edward*	ORBG	336	Strohman, Elizabeth	ORBG	332
Story, Thomas*	UNON	249	Street, Henry T	CHTN	209	Stroll, Thomas	CHTN	99
Story, Thos P	SPBG	337	Street, James*	FAFD	279	Strom, B F	EDFD	60
Story, William**	CHTN	512	Street, Jefferson*	CHTR	30	Strom, G W	EDFD	61
Story, William	CHTN	516	Street, Jos*	CLDN	216	Strom, Hiram	EDFD	61
Story, William	EDFD	2	Street, Joseph	COTN	351	Strom, J C*	EDFD	58
Story, Wm	YORK	390	Street, M L	COTN	323	Strom, J H	EDFD	61
Stott, D M	ADSN	316	Street, S P	EDFD	165	Strom, S B	EDFD	73
Stott, Whitfield, *	ADSN	316	Street, W F	EDFD	125	Strom, S C	EDFD	61
Stoudmeyer, Geo	LXTN	399	Street, Wm	CHTR	25	Strom, Wm Sr	EDFD	66
Stoullymire, Peggy	MARN	64	Streighter, Elizabeth*	KRSW	115	Stroman, Albert P	ORBG	341
Stout, John	YORK	510	Stribling, D S	PKNS	56	Stroman, C J	ORBG	367
Stoutamire, David	CHTN	127	Stribling, J W	PKNS	56	Stroman, Calaway	ORBG	337
Stoutamire, Jacob B	CHTN	135	Stribling, James*	SPBG	343	Stroman, Emanuel	ORBG	354
Stoutamire, John	CHTN	137	Stribling, M S	PKNS	96	Stroman, Jacob	ORBG	367
Stoutamire, John	CHTN	135	Stribling, Sarah	SPBG	343	Stroman, Joshua	ORBG	337
Stoutamire, John Sr**	CHTN	137	Stribling, Sedjasman	ADSN	183	Stroman, N	ORBG	308
Stoutamire, Julia*	CHTN	155	Stribling, T M	PKNS	105	Stroman, P A*	ORBG	383
Stoutamire, Wm	CHTN	135	Stribling, Thomas	ADSN	287	Stroman, Paul	ORBG	337
Stoutmai, Ann*	CHTN	175	Stribling, W W	PKNS	87	Strong, Andrew	CHTR	36
Stovall, J E D*	LXTN	432	Stribling, Wm H	PKNS	106	Strong, Charles	CHTN	507
Stover, Elizabeth	KRSW	77	Stricken, B	CHFD	143	Strong, George	CHTN	464
Stover, J C	KRSW	74	Stricken, N D	CHFD	182	Strong, Isaac	WMBG	303
Stover, J M*	NWBY	296	Stricker, Jas A	CHTR	71	Strong, James	BUFT	30
Stover, N T	KRSW	74	Stricklan, Ezekial	ADSN	238	Strong, James	CHTR	34
Stover, Thos B	LCTR	169	Strickland, A G	HORY	46	Strong, Jane	CHTR	30
Stover, William J	LCTR	167	Strickland, A P	HORY	46	Strong, Martha*	CHTR	39
Stowe, S D	YORK	419	Strickland, Ann	COTN	307	Strong, Matilda	CHTR	54
Stoy, John W	CHTN	375	Strickland, Ansel	ADSN	294	Strong, S T**	WMBG	320
Stracck, Charles*	CHTN	227	Strickland, B	DLTN	455	Strong, T J*	WMBG	303
Stradley, Saml	GRVL	418	Strickland, Benj	SPBG	235	Strong, Theo*	CHTN	211
Strahan, Nancy	ABVL	101	Strickland, Benjn	ADSN	215	Strong, W	COTN	253
Strahan, Nicholas*	CHTN	199	Strickland, Catharine	COTN	298	Strop, Joseph	ORBG	407
Strain, Alex	YORK	415	Strickland, Eliza**	LXTN	360	Strothecker, H F	CHTN	485
Strain, Andrew	ADSN	335	Strickland, F	EDFD	142	Strother, D R	EDFD	54
Strain, Archibald*	CHTR	30	Strickland, Henry	COTN	265	Strother, Dorsey*	CHFD	111
Strain, Harrit*	LCTR	147	Strickland, Irvin	HORY	46	Strother, E P*	CHFD	107
Strain, J C	LRNS	232	Strickland, Jane C*	COTN	262	Strother, Elizabeth*	NWBY	267
Strain, James	CHTN	503	Strickland, John*	BUFT	87	Strother, Frank*	ABVL	9
Strain, Jno L*	CHTR	30	Strickland, John	BUFT	85	Strother, G J	EDFD	148
Strain, John	LCTR	208	Strickland, John	RHLD	3	Strother, Hannah	ABVL	28
Strain, Joseph*	YORK	388	Strickland, John B	ABVL	106	Strother, Howard	ABVL	82
Strain, Joseph	LCTR	148	Strickland, Joseph	MARN	79	Strother, Jno B	CHFD	186
Strain, Malinda*	LRNS	238	Strickland, Laban	HORY	46	Strother, Jno*	ABVL	10
Strain, Margret*	LCTR	158	Strickland, M W	ABVL	35	Strother, John C	SMTR	174
Strain, P R*	LCTR	142	Strickland, Mary	ABVL	27	Strother, Margt*	DLTN	403
Strain, Rachel	CHTR	35	Strickland, Mathew	ADSN	201	Strother, Margt	ABVL	31
Strain, Rachel J	BUFT	45	Strickland, Nathl*	BUFT	88	Strother, Phebe	ABVL	9
Strain, W W	LCTR	208	Strickland, Pickney	ADSN	185	Strother, Sarah	DLTN	474
Strain, Wm	CHTN	305	Strickland, S	HORY	46	Strother, Thomas E	CHTN	481
Strainer, Wm*	CHTN	204	Strickland, Samuel	RHLD	65	Strother, W A	EDFD	157
Strait, Franky	YORK	380	Strickland, Sarah	LXTN	470	Strother, Wm	CHFD	187
Strait, G L*	CHTR	51	Strickland, Seaborn	ADSN	202	Strother, Wm	CHFD	186
Strait, Hugh	CHTR	61	Strickland, Spencer J	MRBO	162	Stroud, Elias	SPBG	359
Strait, Jacob J	CHTR	91	Strickland, W*	DLTN	448	Stroud, Elizh	LRNS	341
Strait, Jno	CHTR	67	Strickland, Wm	ADSN	215	Stroud, George	HORY	44
Strait, John T	YORK	380	Strickland, Wm	DLTN	415	Stroud, Henry*	GRVL	327
Strait, Lawrence	YORK	377	Stricklen, Cleariey	ORBG	394	Stroud, J	HORY	44
Strait, Nancy	YORK	379	Stricklen, Henry*	CHFD	107	Stroud, James	CHTR	54
Strait, Richard R	YORK	375	Stricklen, J J	ORBG	395	Stroud, James H	CHTR	57
Strait, S L	LCTR	216	Stricklin, Mary**	CHFD	173	Stroud, James*	EDFD	78
Strait, William	CHTR	67	Stricklin, Nath*	CHFD	170	Stroud, Jane	GRVL	360
Strait, Wm	YORK	379	Stricklin, Oliver	SPBG	268	Stroud, Jas S	SPBG	359
Straiter, Ed*	CHTR	3	Stringer, L D	ADSN	308	Stroud, Jno H	CHTR	53
Strand, Sarah**	EDFD	62	Stringer, Mary*	CHTN	473	Stroud, John	CHTR	44
Strandt, Henry*	CHTN	110	Stringfellow, Edwin	CHTR	67	Stroud, John	GRVL	376
Strange, Adaline	SPBG	359	Stringfellow, I*	SPBG	259	Stroud, John	SPBG	359
Strange, Henry*	CLDN	224	Stringfellow, Leroy	BNWL	389	Stroud, Joseph	CHTR	54
Strange, Henry J T	RHLD	88	Stringfellow, R H	CHTR	91	Stroud, Leroy	CHTR	54
Strange, J H	BNWL	500	Stringfellow, W A	LCTR	154	Stroud, Martha*	GRVL	515
Strange, James	ADSN	176	Stringfellow, William	BNWL	389	Stroud, Mary E C	LRNS	347
Strange, Jas C	CLDN	223	Stringfield, Edmond**	BNWL	432	Stroud, Nancy*	GRVL	466
Strange, John A	SPBG	244	Stringfield, Edmond	BNWL	427	Stroud, Pinkney	SPBG	359
Strange, Jos D	CLDN	224	Stringfield, Frances*	BNWL	392	Stroud, Saml	SPBG	359
Strange, L W*	LCTR	218	Striplin, M	LRNS	319	Stroud, T	LRNS	333
Strange, Loucinda	ADSN	243	Strobel, B M	CHTN	168	Stroud, Thompson	KRSW	129
Strange, Martha	BNWL	415	Strobel, Benjamin	CHTN	276	Stroud, W T	GRVL	360
Strange, Mary	BNWL	503	Strobel, Charles	CHTN	520	Stroud, William	GRVL	466
Strange, Mary*	BUFT	41	Strobel, Sarah*	CHTN	381	Stroud, William	CHTR	43
Strange, Memory*	SPBG	335	Strobell, Mary G	EDFD	26	Stroud, Wm	LCTR	195
Strange, Pery*	SPBG	408	Strobhart, Cathn O	BUFT	18	Stroud, Wm	EDFD	124
Strange, Sarah E	BNWL	452	Strobhart, E Hamilton	BUFT	25	Stroudemeyer, A J	LXTN	400
Strange, Thomas W	RHLD	88	Strobhart, James A	BUFT	23	Stroudemeyer, Adam	LXTN	400
Strange, W	SPBG	334	Strobhart, Wm L*	BUFT	42	Stroudemeyer, David	LXTN	400
Strange, Wesley	CLDN	223	Stroble, Ann**	CHTN	411	Stroudemeyer, Elias	LXTN	400
Strange, William	BNWL	503	Stroble, D P	BNWL	477	Stroudemeyer, Margt	LXTN	400
Strange, William	ADSN	235	Stroble, Danl	COTN	349	Stroudtermer, Charles	ORBG	318
Strange, Wm	CLDN	222	Stroble, Elvira**	COTN	340	Stroudtermer, Henry*	ORBG	318
Strange, Wm*	SPBG	256	Stroble, J G	BNWL	476	Stroudtermer, James	ORBG	320
Stranger, Nicholas	COTN	329	Stroble, John	CHTN	124	Stroudtermer, Mary	ORBG	320
Strater, A M	CHFD	129	Stroble, John*	COTN	341	Stroudtermer, Mary	ORBG	318
Strathan, Robt	ABVL	90	Stroble, John	SPBG	336	Stroug, William	CHTR	58
Stratton, J H	CHTN	482	Stroble, Mary	CHTN	363	Strout, A C	YORK	498
Stratton, Margt W	RHLD	58	Stroble, Robert H	CHTN	451	Strowman, John D	ORBG	335
Stratton, Wm	CHTN	327	Stroble, Sarah	COTN	347	Strowman, John J	ORBG	351
Strauss, George	CHTN	409	Stroble, William	COTN	346	Strowman, M P	ORBG	335
Strauss, Charles	NWBY	289				Strowman, Zacariah	ORBG	335

Struble, Daniel	ORBG	334	Sturgis, Jas A	YORK	425	Suggs, P A*	MARN	24
Struss, Eibe	CHTN	198	Sturgis, John	YORK	394	Suggs, Tho A	DLTN	418
Stuard, Desdemonia	EDFD	161	Sturgis, Matthew	CHTR	56	Suggs, Wiley	GRVL	506
Stuart, A*	DLTN	412	Sturgis, Samuel	YORK	387	Suggs, Wm E	HORY	67
Stuart, Adam	ADSN	239	Sturgis, Wm	CHTR	84	Suggs, Wm	DLTN	464
Stuart, Benj R	RHLD	41	Sturgis, Wm	YORK	426	Suggs, Wm	HORY	22
Stuart, George	ADSN	239	Sturgus, Joseph	MRBO	162	Sugrua, Michael**	CHTN	383
Stuart, George	ADSN	245	Sturken, Friederich**	CHTN	294	Suitherwith, John	COTN	333
Stuart, Henry M	BUFT	5	Sturkey, Jeff	EDFD	96	Sulivan, James	LCTR	146
Stuart, Henry M	BUFT	3	Sturkey, Moses B	ABVL	3	Sulivan, Julia*	CHTN	462
Stuart, Henry M*	RHLD	53	Sturkey, Russell	LXTN	471	Sulivan, Rebecca*	LCTR	146
Stuart, Jas	ADSN	239	Sturkie, Andrew*	ORBG	402	Sulivan, Wm	LCTR	145
Stuart, Jas	MRBO	168	Sturkie, Ann*	LXTN	358	Suller, John*	CHTN	229
Stuart, Jas H*	MRBO	188	Sturkie, Ben	LXTN	359	Sullivan R W	GETN	301
Stuart, John	ADSN	240	Sturkie, Conrad	LXTN	357	Sullivan, C P	LRNS	224
Stuart, John	ADSN	241	Sturkie, David	ORBG	381	Sullivan, Chas B	GRVL	502
Stuart, John	ADSN	239	Sturkie, Gabriel	ORBG	388	Sullivan, D*	CHTN	300
Stuart, John	NWBY	247	Sturkie, Green	ORBG	389	Sullivan, D C	GRVL	502
Stuart, Mary	CHTR	41	Sturkie, Julia Ann	ORBG	371	Sullivan, Daniel**	CHTN	395
Stuart, Mary B	BUFT	12	Sturkie, Lewis	ORBG	382	Sullivan, Dennis	ADSN	298
Stuart, Middleton	BUFT	20	Sturkie, Richd	LXTN	358	Sullivan, Dunk	LRNS	262
Stuart, Mrs Mary H	BUFT	2	Sturm, H W L	BUFT	18	Sullivan, E	CHTN	300
Stuart, Polly*	MRBO	199	Sturppl, Levi	SPBG	297	Sullivan, G W	LRNS	269
Stuart, Robert	CHTN	460	Stutts, David	COTN	345	Sullivan, H	GRVL	431
Stuart, Robert	CHTR	40	Stutts, M M	COTN	341	Sullivan, J C	GRVL	432
Stuart, S J	LXTN	432	Stutts, M M	COTN	341	Sullivan, J D	GRVL	502
Stuart, Samuel D*	RHLD	43	Stutts, S A	COTN	333	Sullivan, J M	GRVL	432
Stuart, Small	CLDN	213	Stutts, Wesley	CHTN	141	Sullivan, J P*	ADSN	156
Stuart, Susan*	SPBG	316	Stygall, Alfred*	CHTN	415	Sullivan, James**	CHTN	251
Stuart, T S	WMBG	302	Styles, Emily	GRVL	449	Sullivan, Jas B	EDFD	107
Stuart, Thomas	ABVL	75	Styles, Jackson	GRVL	449	Sullivan, Jas*	GRVL	431
Stuart, Thomas	CHTR	40	Styles, Leander	GRVL	469	Sullivan, Jno	LRNS	288
Stuart, William	ADSN	240	Styles, Rebecca	SPBG	390	Sullivan, Jno	EDFD	105
Stuart, Wm N*	CHTR	36	Styles, Simeon	GRVL	358	Sullivan, Jno H	LRNS	269
Stubb, J J**	MARN	123	Styron, C*	EDFD	125	Sullivan, John*	CHTN	192
Stubb, James M	MARN	94	Styron, Mrs M	CHTN	66	Sullivan, John	COTN	310
Stubb, John J	MARN	122	Styron, Thomas**	EDFD	125	Sullivan, John	CHTN	295
Stubblefield, Henry	PKNS	79	Suabia, George*	CHTN	434	Sullivan, John**	CHTN	251
Stubblefield, Joseph	PKNS	77	Suares, Abr*	CHTN	473	Sullivan, Kelly	ADSN	241
Stubblefield, Lemuel	PKNS	80	Suares, Benjamin	CHTN	280	Sullivan, M T*	CHTN	485
Stubbs, Alexander	MRBO	190	Suares, Elizabeth	CHTN	422	Sullivan, Martin**	CHTN	194
Stubbs, Ann	MRBO	190	Suber, A H	ADSN	279	Sullivan, Martin**	CHTN	251
Stubbs, Charles	MARN	91	Suber, C H*	NWBY	304	Sullivan, Mary*	CHTN	338
Stubbs, Clarissa*	MRBO	194	Suber, Capt E	NWBY	277	Sullivan, Morrison	CHFD	111
Stubbs, Drusilla	MRBO	186	Suber, Christian	NWBY	283	Sullivan, N K	ADSN	253
Stubbs, Emma	RHLD	2	Suber, D C	LRNS	319	Sullivan, Nimrod	PKNS	74
Stubbs, Jackson	MRBO	198	Suber, Danl	NWBY	276	Sullivan, Patrick G	SMTR	182
Stubbs, Jno W	MRBO	190	Suber, David F	NWBY	267	Sullivan, Patrick**	CHTN	389
Stubbs, Jno W	CHFD	182	Suber, David**	NWBY	265	Sullivan, Peter	CHTN	294
Stubbs, John B	MRBO	151	Suber, Drayton	NWBY	279	Sullivan, R L	COTN	350
Stubbs, Martin	MRBO	160	Suber, E B*	FAFD	260	Sullivan, R W***	EDFD	108
Stubbs, Mrs D C**	MRBO	146	Suber, Effie*	NWBY	294	Sullivan, R W	CHTN	181
Stubbs, Ther P	MRBO	190	Suber, Emanuel	NWBY	277	Sullivan, Rev T*	CHTN	236
Stubbs, Thos A	MRBO	155	Suber, Francis M*	FAFD	266	Sullivan, S	EDFD	64
Stubbs, Thos E	MRBO	158	Suber, G A*	NWBY	254	Sullivan, S***	CLDN	194
Stuble, Henry*	EDFD	144	Suber, H F	ADSN	279	Sullivan, Sally*	ADSN	317
Stublefield, Wm	PKNS	60	Suber, Ivy M	NWBY	275	Sullivan, Sarah*	GRVL	501
Stuck, Harmon*	CHTN	515	Suber, J A	GRVL	343	Sullivan, Thomas O	CHTN	285
Stuck, Michl	LXTN	400	Suber, J H	NWBY	276	Sullivan, Thomas O	CHTN	278
Stuck, T B	LXTN	399	Suber, J J*	NWBY	258	Sullivan, Thos A	LRNS	261
Stuck, U J	LXTN	400	Suber, Jacob	NWBY	282	Sullivan, Ulysses	BNWL	421
Stucke, Henry	PKNS	34	Suber, James M	NWBY	259	Sullivan, W J*	DLTN	381
Stuckey, A Furman*	SMTR	173	Suber, Jim*	NWBY	270	Sullivan, W R	GRVL	502
Stuckey, A*	KRSW	83	Suber, Joel W	RHLD	84	Sullivan, Warren P*	RHLD	53
Stuckey, A H	DLTN	453	Suber, Micajah D	NWBY	267	Sullivan, William P	ABVL	38
Stuckey, Ben N*	DLTN	438	Suber, Middleton*	NWBY	282	Sullivan, Wm	CHFD	111
Stuckey, Daniel S	SMTR	101	Suber, Miller	NWBY	282	Sullivan, Wm	CHTN	215
Stuckey, Edmund	SMTR	101	Suber, Mitchell S	NWBY	278	Sullivant, A	CHFD	169
Stuckey, Edmund Jr	SMTR	102	Suber, Peter	LXTN	403	Sullivant, Elizabeth	BUFT	80
Stuckey, Erastus	SMTR	128	Suber, Presley C	ABVL	104	Sullivant, H	CHFD	155
Stuckey, Hardy	SMTR	101	Suber, Rebeca*	NWBY	261	Sullivant, J	CHFD	169
Stuckey, Hardy C	SMTR	101	Suber, Samuel*	NWBY	305	Sullivant, John	CHFD	169
Stuckey, Howell	SMTR	140	Suber, Susannah*	NWBY	288	Sullivant, John*	CHFD	175
Stuckey, J W	SMTR	96	Suber, Thos J	NWBY	266	Sullivant, Joseph	CHFD	167
Stuckey, John J	SMTR	97	Suber, Wade W	NWBY	280	Sullivant, Julia	CHFD	167
Stuckey, Laura J*	DLTN	439	Suber, Whitfield H	NWBY	277	Sullivant, M	CHFD	169
Stuckey, Margt	DLTN	421	Suber, William*	NWBY	285	Sullivant, Stephen	CHFD	175
Stuckey, Robt	ABVL	131	Suber, William	NWBY	278	Sullivant, Thomas	CHFD	155
Stuckey, Sarah A*	SMTR	143	Sudam, Alexr	HORY	17	Sullivant, Wm	CHFD	169
Stuckey, T H	SMTR	100	Sudbury, E*	EDFD	141	Sulliven, Jno*	EDFD	114
Stuckey, Thos	ADSN	246	Suddath, H T**	EDFD	184	Sultan, Robert	NWBY	217
Stuckey, Wiley D	DLTN	424	Suddath, Lewis	GRVL	477	Sulzbacher, William**	NWBY	304
Stuckey, Wm J	DLTN	474	Sudden, Hainess*	CHTN	294	Sumay, Peter	ADSN	187
Studds, Lovet*	CHTN	519	Suddoth, Wm L	NWBY	263	Sumeford, Lucinda*	YORK	468
Studley, N*	COTN	283	Sudduth, Andrew	GRVL	400	Sumeral, Henry	PKNS	192
Stukes, C W*	CLDN	217	Sudduth, Fielding	GRVL	399	Sumerall, Mrs M	EDFD	91
Stukes, Frank*	CLDN	195	Sudduth, Joseph	GRVL	400	Sumeril, Marcus	LRNS	227
Stukes, Hannah*	CLDN	207	Sudduth, P F	GRVL	404	Sumeril, Owen	LRNS	225
Stukes, Henry	CLDN	201	Sudduth, Peter	GRVL	400	Sumford, Wm*	LRNS	304
Stukes, Jas L	CLDN	222	Sudduth, Peter*	GRVL	407	Summer, A J	LXTN	400
Stukes, Jos H	CLDN	213	Sudduth, Reuben	GRVL	342	Summer, Adam*	NWBY	270
Stukes, Jos N	CLDN	198	Sudduth, Reuben Jr	GRVL	400	Summer, Elizabeth	LXTN	381
Stukes, M A	CLDN	217	Suder, E M	CHTN	381	Summer, G R	ORBG	367
Stukes, R W	CLDN	218	Suder, Mary Jane*	CHTN	478	Summer, G W	LXTN	402
Stults, Mary J**	YORK	380	Suder, William	CHTN	484	Summer, Geo M*	LXTN	402
Sturcken, Herman	CHTN	444	Suferford, Isaac	YORK	468	Summer, Henry	NWBY	297
Sturgeon, J D*	WMBG	337	Suggs, Arthur C	HORY	65	Summer, J F	LXTN	400
Sturgeon, W J	CLDN	232	Suggs, C W	HORY	21	Summer, J P	LXTN	402
Sturges, Ann*	MARN	121	Suggs, Cornwell*	HORY	50	Summer, Jacob	LXTN	384
Sturges, M R*	DLTN	380	Suggs, Ezekiel A	HORY	67	Summer, Jas	DLTN	396
Sturges, Mary	YORK	456	Suggs, J M	DLTN	418	Summer, Jno W	LXTN	399
Sturges, Thos	YORK	456	Suggs, J S	MARN	20	Summer, John	LXTN	381
Sturgess, J M*	WMBG	324	Suggs, Jas	DLTN	418	Summer, John*	CHTN	252
Sturgess, Stokely	MRBO	168	Suggs, Micajah	DLTN	406	Summer, Joseph	LXTN	382
Sturgess, W A	MRBO	167	Suggs, Michael	DLTN	420	Summer, Martha	UNON	190
Sturgis, George	YORK	384				Summer, Mary M	NWBY	270

Name	Loc	Pg
Summer, Mary**	LXTN	399
Summer, Mary**	DLTN	414
Summer, Nancy	LXTN	381
Summer, Nicholas*	NWBY	290
Summer, Pinkney R*	NWBY	270
Summer, Samuel*	SPBG	347
Summer, W A	LXTN	402
Summer, Wm	LXTN	383
Summer, Wm	LXTN	381
Summerer, Geo**	CHTN	202
Summerfield, Wm	CHFD	153
Summerford, B	DLTN	375
Summerford, Betsey*	MARN	30
Summerford, J R	DLTN	431
Summerford, Joseph**	MARN	49
Summerford, Moses	MRBO	175
Summerford, Noah*	DLTN	435
Summerford, Thomas	MRBO	174
Summerford, Wm	MARN	29
Summeril, Wm	LRNS	225
Summers, Benj F	NWBY	269
Summers, David A F	ORBG	344
Summers, Francis	COTN	347
Summers, Frank M*	NWBY	282
Summers, Henry	NWBY	293
Summers, Jacob	NWBY	290
Summers, John	NWBY	222
Summers, M B*	NWBY	262
Summers, Mary	ORBG	350
Summers, Polly	LXTN	584
Summers, R H*	COTN	341
Summers, Robert	UNON	296
Summers, Sallie*	NWBY	293
Summers, Sarah	NWBY	225
Summers, Senfy*	NWBY	261
Summers, William S	ORBG	350
Summery, Adolph**	GRVL	407
Summey, William	GRVL	386
Summy, Herman	GRVL	407
Sumner, Andrew	UNON	242
Sumner, James*	DLTN	446
Sumner, Madison*	UNON	241
Sumner, Nolen	UNON	241
Sumner, Richd	DLTN	464
Sumner, Samuel	UNON	241
Sumner, Will	UNON	242
Sumpter, Charlotte	CHTN	386
Sumter, Fanny**	CHTN	480
Sumter, Francis	SMTR	180
Sumter, Sebastian	SMTR	145
Sumter, Thomas D	SMTR	145
Sumy, D N	NWBY	252
Suppo, Phillip	MARN	77
Suran, Joseph*	RHLD	34
Surard, A	GETN	286
Suratt, Obadiah	YORK	481
Sureau, F	CHTN	337
Surgstoe, Charlotte**	CHTN	509
Surles, Marten*	RHLD	10
Surls, Archd	MARN	48
Surls, Chloe*	MARN	116
Surls, E E	MARN	46
Surls, Edward	MARN	46
Surls, Liley	MARN	45
Surrat, Anna	GRVL	390
Surry, E M	CLDN	235
Surtick, David	LXTN	360
Sussman, Julius*	ABVL	128
Susy, Marn	SMTR	114
Sutcliffe, Dorcas T**	CHTN	158
Suther, M J*	SPBG	347
Sutherland, Alexr	MRBO	188
Sutherland, Elisha	ABVL	114
Sutherland, J F	KRSW	133
Sutherland, Thos D	ABVL	114
Sutherland, Wm	ABVL	114
Sutherland, Wm*	CHTN	229
Sutphen, John C	RHLD	18
Sutten, Edmun	LCTR	189
Sutten, Mary**	LCTR	189
Sutten, Zachariah	LCTR	188
Sutter, James	CHTN	145
Sutter, Samuel	CHTN	170
Sutters, Julia*	CHTN	500
Suttle, George J	SPBG	428
Suttle, Wm	LCTR	150
Suttles, John*	PKNS	32
Suttles, John	PKNS	60
Suttles, John	PKNS	54
Sutton, A C	YORK	402
Sutton, B F	LCTR	204
Sutton, Danl J*	LXTN	398
Sutton, George*	CHTN	195
Sutton, Hannah	CHTN	197
Sutton, J F*	KRSW	89
Sutton, J L	YORK	462
Sutton, James	GRVL	340
Sutton, Jas	MARN	9
Sutton, Jas M	YORK	463
Sutton, John	MARN	136
Sutton, John D*	YORK	398
Sutton, John J	KRSW	115
Sutton, Joseph	LXTN	406
Sutton, M	WMBG	364
Sutton, Marshall*	CHFD	118
Sutton, Mary**	YORK	462
Sutton, Mary A*	LXTN	456
Sutton, Michl	LXTN	406
Sutton, Mortimer	YORK	400
Sutton, Nancy*	COTN	361
Sutton, S P	YORK	399
Sutton, Tollie	KRSW	89
Sutton, Wm C	MARN	48
Swafford, James	PKNS	61
Swafford, Jas	SPBG	291
Swafford, Jno	PKNS	7
Swafford, Joab	PKNS	64
Swafford, Moses	PKNS	61
Swafford, Wash	PKNS	62
Swaills, Joseph	DLTN	423
Swails, Taylor*	DLTN	441
Swain, Benj	GETN	307
Swain, Charles*	YORK	574
Swain, E*	WMBG	312
Swain, John	SPBG	267
Swaine, James A	ABVL	124
Swan, Charles	BNWL	506
Swan, Et*	YORK	382
Swan, Hugh*	YORK	377
Swan, J M*	YORK	375
Swan, John B	YORK	377
Swan, Martha	FAFD	249
Swan, Miram	UNON	230
Swan, Molly	LRNS	334
Swandale, Simon	GRVL	403
Swann, James	FAFD	277
Swaringer, Benj*	GRVL	412
Swark, Selden	FAFD	203
Swartz, Mrs M	FAFD	207
Swartz, Wm	FAFD	231
Swearengen, Jas Jr	EDFD	17
Swearengen, Jas Sr	EDFD	18
Swearengen, Jno	EDFD	42
Swearengen, Joseph	EDFD	20
Swearengen, Lark	EDFD	17
Swearengen, Mrs M	EDFD	41
Swearengen, Mrs N	EDFD	44
Swearingen, Kissy	EDFD	15
Swearinger, Wm*	EDFD	14
Swearingin, Ansel	ABVL	101
Sweat, Alfred*	CHTR	10
Sweat, Annie	CHTR	18
Sweat, Benjamin	MRBO	203
Sweat, Danl	CHTN	136
Sweat, David*	ORBG	327
Sweat, David	YORK	425
Sweat, David	MARN	49
Sweat, David**	CHTN	136
Sweat, Delila	LCTR	169
Sweat, Elizabeth	MRBO	169
Sweat, Ellen C*	CHTN	132
Sweat, Fred	COTN	342
Sweat, G A	BNWL	447
Sweat, George	MARN	50
Sweat, George	LCTR	183
Sweat, Green*	CHTR	85
Sweat, H M	COTN	329
Sweat, Henrietta*	RHLD	55
Sweat, Henry	MRBO	200
Sweat, Hollie**	MARN	93
Sweat, J B	BNWL	446
Sweat, J W	GETN	311
Sweat, James	MRBO	147
Sweat, James	ORBG	326
Sweat, James	CHTR	32
Sweat, James	CHTR	7
Sweat, James T	BUFT	57
Sweat, Jno	CHTR	32
Sweat, Jno A	MRBO	206
Sweat, John**	MRBO	200
Sweat, John Lorenz*	MRBO	207
Sweat, Laurence J*	RHLD	53
Sweat, Marry	CHTN	131
Sweat, Mary	RHLD	60
Sweat, Middleton	COTN	343
Sweat, Morgan	COTN	337
Sweat, Nathan	MRBO	203
Sweat, R E	BUFT	40
Sweat, Robert	MRBO	211
Sweat, S	ORBG	325
Sweat, Saml*	YORK	427
Sweat, Sarah	CHTR	77
Sweat, Thos G	MRBO	207
Sweat, W W*	DLTN	475
Sweat, Washington	COTN	343
Sweat, William	CHTR	10
Sweat, Wish	SMTR	172
Sweat, Wm	MRBO	206
Sweat, Wm K	MRBO	203
Sweatman, A**	CHTN	129
Sweatman, A	CHTN	129
Sweatman, Capers	CHTN	122
Sweatman, S A	CHTN	134
Sweeney, Danl*	CHTN	514
Sweeney, E C	MARN	19
Sweeney, Elisabeth	CHTN	267
Sweeney, Francis**	CHTN	388
Sweeney, John	CHTN	201
Sweeney, Maria	CHTN	248
Sweeny, Ann	CHTN	288
Sweeny, Bridget**	CHTN	282
Sweeny, James	CHTN	285
Sweeny, John**	CHTN	394
Sweeny, Miss*	CHTN	320
Sweet, B S	BNWL	356
Sweet, Ebenezer	GETN	305
Sweet, Elizabeth	MARN	305
Sweet, John W	MARN	36
Sweet, M H	MARN	42
Sweet, Pearce*	BNWL	352
Sweney, Mrs*	CHTN	327
Swet, Alfred	YORK	456
Swet, Margaret**	YORK	456
Swet, Mary A*	YORK	428
Swet, Thos	CHFD	96
Swetenburg, Adam*	LXTN	402
Swetenburg, D R	LXTN	382
Swetenburg, J W	LXTN	382
Swetenburg, Wm	LXTN	382
Swetman, G W	FAFD	234
Swett, J W	DLTN	377
Swett, Wesley	DLTN	386
Swicord, Geo T*	BNWL	449
Swift, Cornelius	CHTN	417
Swift, E T*	CHTN	312
Swift, William*	CHTN	205
Swigert, J J	LXTN	430
Swigert, Jacob	LXTN	381
Swigert, Jesse	LXTN	430
Swigert, Jesse	LXTN	430
Swigert, John S	LXTN	375
Swigert, Margt*	LXTN	395
Swilling, Frances*	ADSN	215
Swilling, James Z H*	ABVL	103
Swilling, Kate*	ADSN	266
Swilling, Matilda*	ADSN	266
Swindle, Josiah*	EDFD	43
Swindler, Dr R C	NWBY	275
Swindler, J W	LXTN	402
Swiney, Jane*	YORK	412
Swing, Thomas*	GRVL	363
Swinney, J F	CHFD	146
Swinton, A G**	KRSW	137
Swinton, Ann E*	GETN	292
Swinton, Edward A	CHTN	113
Swinton, Eliza*	COTN	361
Swinton, H R	CHTN	342
Swinton, H Ralph	CHTN	114
Swinton, Mary	CHTN	393
Swinton, Mary**	GETN	290
Swinton, Nelly	GETN	293
Swinton, S	WMBG	310
Swinton, Thos L	CHTN	113
Swittenberg, John	NWBY	243
Switzelmyer, Julius A**	SPBG	313
Switzer, D O	SPBG	387
Switzer, Eliza J*	SPBG	304
Switzer, Frances	SPBG	387
Switzer, Jno R	LRNS	290
Switzer, John D	SPBG	389
Switzer, Saml	SPBG	405
Switzer, William*	SPBG	305
Swords, Martha	ADSN	296
Swyer, Joseph**	CHTR	39
Swygert, C Z	LXTN	416
Swygert, John	LXTN	455
Swygert, Luther*	NWBY	298
Swygert, O H	LXTN	401
Swyggert, Samuel D	RHLD	8
Syfan, Geo W	ABVL	23
Syfiett, I W*	COTN	337
Sykes, Betty*	GRVL	412
Sykes, Charles	LRNS	256
Sykes, Oliver	CHFD	136
Sykes, Peter	CHFD	143
Sykes, Saml	LXTN	455
Syle, Philip W	GRVL	403
Sylvester, Ailse	FAFD	213
Sylvester, Lucius**	RHLD	29
Syme, Jno W*	ABVL	26
Symes, Frances*	PKNS	47
Symes, George	CHTN	504
Symes, John	PKNS	171
Symmes, G H	ADSN	253
Symmes, George	PKNS	48
Symmes, Jacob	PKNS	48
Symmes, John	PKNS	48
Symmes, John B*	CHTN	461
Symmes, Mary*	ADSN	253
Symmes, Whitner*	ADSN	253
Symms, James	PKNS	48
Symons, John	CHTN	266
Tab, Bill	SMTR	98
Tableman, A*	CHTN	301
Tableman, Christ*	CHTN	252
Tabor, William R	CHTN	412
Tackwell, Rachel	ABVL	121
Tadlock, Thos	CHFD	157
Tadlock, Wm J*	CHFD	150
Taff, Thos	GRVL	418
Taff, W W	SPBG	424
Taff, Willis	GRVL	415
Taffilly, M*	ORBG	311
Taft, A R	CHTN	342
Taft, Augustus	CHTN	276
Tag, Hugh	FAFD	231
Taggart, Dr Wm*	ABVL	120

Name	Loc	Pg	Name	Loc	Pg	Name	Loc	Pg
Taggart, James	ABVL	27	Tant, Jermima	BNWL	443	Tayler, Washington	GRVL	451
Taggart, Jas	ABVL	27	Tant, John	BNWL	360	Tayler, William	COTN	302
Taggart, John	ABVL	84	Tant, Lucius A	COTN	257	Taylor, A	LRNS	280
Taggart, Moses C	ABVL	47	Tant, S G	COTN	259	Taylor, A J	LCTR	175
Taggart, Wm H	ABVL	27	Taphaelle, Adolphe*	RHLD	83	Taylor, A J	LCTR	158
Tagno, Alize	CHTN	187	Tapp, Jas	SPBG	394	Taylor, A R	RHLD	47
Tailor, Hariet	CHTN	336	Tapp, Joshua R	SPBG	394	Taylor, A S	LRNS	307
Tailor, J C*	CHTN	344	Tapps, Pinkey	SPBG	244	Taylor, A W	COTN	326
Tailor, Lehtia	CHTN	358	Tara, J*	CHTN	299	Taylor, Aaron	LXTN	392
Tailor, Mary*	CHTN	355	Tarboro, Mary*	GETN	291	Taylor, Abigal*	CHTN	467
Tailor, Mrs	CHTN	364	Tarboro, S B	GETN	290	Taylor, Abraham	CHTN	466
Tailor, Mrs*	CHTN	302	Tarborough, Heimer	SPBG	363	Taylor, Adam	LXTN	364
Tailor, Robt	LRNS	299	Tarborough, John	SPBG	352	Taylor, Agness	LCTR	175
Tait, Wm	MRBO	192	Tarbox, John W	GETN	283	Taylor, Alfred	GRVL	335
Talbert, Arminta*	LCTR	204	Tarlhis------, Wm	CHFD	153	Taylor, Allen P	CHTN	152
Talbert, Benjn	ABVL	14	Tarns, Sarah*	CHTN	207	Taylor, Amas	LXTN	365
Talbert, Col B M	EDFD	73	Tarrant, Absolem	ADSN	182	Taylor, Andrew	LXTN	364
Talbert, Elizabeth	CHFD	147	Tarrant, B F Jr	GRVL	424	Taylor, Ann	MARN	47
Talbert, Geo W	ABVL	47	Tarrant, Benj	GRVL	423	Taylor, Ann F	CHTN	153
Talbert, Isabella M	ABVL	94	Tarrant, J W*	SPBG	307	Taylor, Ann J	CHTN	103
Talbert, J L	EDFD	76	Tarrant, J W	BNWL	406	Taylor, Austin	UNON	292
Talbert, J*	ABVL	18	Tarrant, James	GRVL	424	Taylor, Benj	YORK	392
Talbert, J A	EDFD	74	Tarrant, Jno R	ABVL	53	Taylor, Benjamin	MRBO	210
Talbert, James T	ABVL	94	Tarrant, Marion	ABVL	76	Taylor, Benjamin	LRNS	254
Talbert, Jas F	CHFD	146	Tarrant, Mary J	BNWL	396	Taylor, Bolen	KRSW	81
Talbert, Jno	ABVL	68	Tarrant, W W	GRVL	423	Taylor, C*	SMTR	122
Talbert, Jno F	EDFD	69	Tarrar, J Frank*	RHLD	35	Taylor, Calvin S*	NWBY	252
Talbert, Joseph	NWBY	216	Tarrent, John C	BNWL	396	Taylor, Can	NWBY	215
Talbert, L*	CHTN	110	Tart, Fanny	MARN	84	Taylor, Charles	RHLD	38
Talbert, Michael S	ABVL	12	Tart, Gadi	MARN	84	Taylor, Charlott S	PKNS	173
Talbert, Rebecca*	ABVL	13	Tart, Henry	MARN	27	Taylor, Chas	MARN	80
Talbert, Robt R	ABVL	67	Tart, James	MARN	88	Taylor, Christopher	MARN	29
Talbert, Samuel	UNON	283	Tart, John W	MARN	88	Taylor, D	HORY	43
Talbert, Susan*	EDFD	69	Tart, Thos E	MARN	79	Taylor, D G	LRNS	251
Talbert, Wm K*	ABVL	52	Tarter, Washington*	UNON	189	Taylor, D T	ADSN	252
Talbird, Franklin	BUFT	4	Tarver, Jane*	GRVL	513	Taylor, David	LXTN	369
Talbird, Leon*	BUFT	14	Tary, J R	LCTR	212	Taylor, David	LCTR	146
Talbird, Mrs C H	BUFT	1	Tasker, Robert O*	CHTN	427	Taylor, David	HORY	42
Talbird, W H*	GRVL	335	Tassaro, Francisco*	ADSN	254	Taylor, Dozier	MRBO	165
Talbot, Ann	SMTR	151	Tassarro, J Baptiste*	ADSN	254	Taylor, E	MARN	45
Talbot, Dolly	CHFD	174	Tate, Alfred	GRVL	514	Taylor, E M**	CHTN	178
Talbot, Eliza*	CHTN	511	Tate, Andrew	YORK	417	Taylor, E M	LXTN	447
Talbot, Margret*	LCTR	197	Tate, Ann*	UNON	241	Taylor, Edward	FAFD	270
Talbot, Samuel	UNON	287	Tate, Anna*	SPBG	315	Taylor, Edward	FAFD	246
Talbott, C	KRSW	97	Tate, David	UNON	286	Taylor, Edward G	SPBG	425
Talbott, Jas*	KRSW	88	Tate, E J	ORBG	403	Taylor, Edwd*	ABVL	132
Talbott, Olley	KRSW	100	Tate, Grief	ADSN	224	Taylor, Edwin*	LXTN	355
Talcot, C R*	SPBG	259	Tate, Hannah	ADSN	219	Taylor, Edwin	CHFD	112
Talcott, C J**	CLDN	189	Tate, Henry	UNON	287	Taylor, Edwin J	ABVL	25
Talevast, Nancy	DLTN	421	Tate, Henry P	UNON	297	Taylor, Elias	LXTN	185
Talford, Margaret	CHTR	53	Tate, Hugh	YORK	411	Taylor, Elias	LCTR	185
Taliford, Elizabeth*	SPBG	307	Tate, James	SPBG	282	Taylor, Elijah	ADSN	220
Tallents, James	RHLD	1	Tate, Jno*	CHTN	306	Taylor, Eliz**	DLTN	385
Talley, Alexr N	RHLD	26	Tate, John G	UNON	276	Taylor, Eliza*	ABVL	121
Talley, C G	SPBG	305	Tate, John H	GRVL	510	Taylor, Elizabeth**	CHTN	195
Talley, Edwd*	EDFD	87	Tate, John M	GRVL	514	Taylor, Elizabeth*	BNWL	458
Talley, Ester	GRVL	466	Tate, John O	UNON	209	Taylor, Elizabeth	ABVL	120
Talley, Lucretia	GRVL	465	Tate, L C*	GRVL	371	Taylor, Elizh	LRNS	333
Talley, Mrs N	EDFD	65	Tate, Louisa R*	COTN	326	Taylor, Ellen	LXTN	424
Talley, Nicholas	RHLD	10	Tate, Martin L	YORK	416	Taylor, Emily*	COTN	271
Talley, Reuben	GRVL	465	Tate, Mary**	YORK	366	Taylor, F*	RHLD	22
Talley, S B	GRVL	360	Tate, Obidiah	UNON	296	Taylor, F A	DLTN	452
Talley, S Olin**	RHLD	10	Tate, S C*	YORK	390	Taylor, Fanny*	ABVL	143
Talley, William H	RHLD	9	Tate, S G	GRVL	512	Taylor, Flora*	CHTN	144
Tallon, Bridget*	CHTN	387	Tate, T R	EDFD	85	Taylor, Francis*	MARN	17
Tallon, Edwd	CLDN	190	Tate, Thomas*	UNON	208	Taylor, Franklin	PKNS	120
Tally, Dudley	GRVL	409	Tate, Tilman	ADSN	221	Taylor, Frederick	CHTN	166
Tally, Dyer	PKNS	20	Tate, W F	GRVL	445	Taylor, G A	PKNS	7
Tally, Edward*	EDFD	92	Tate, W M*	ADSN	154	Taylor, G B	LRNS	258
Tally, Sarah*	YORK	398	Tatum, James A*	COTN	301	Taylor, G W	MRBO	154
Talmage, John A	PKNS	189	Tatum, John	ORBG	383	Taylor, G W	ADSN	184
Talman, Moses O	ABVL	153	Tatum, Richard	MRBO	142	Taylor, Gabriel	CHTN	166
Talman, Thos W*	ABVL	46	Tatum, William T	ABVL	7	Taylor, Geo*	CHTN	204
Talon, Jane	SMTR	133	Taval, Harriet**	CHTN	440	Taylor, Geo	BNWL	416
Tamples, T T	GETN	286	Tavall, Susan M**	CHTN	477	Taylor, George	LCTR	184
Tamplet, Paul	GETN	289	Tavean, Augustine L	COTN	359	Taylor, George	CHTN	512
Tanant, A M*	RHLD	21	Tavel, Augustus	CHTN	273	Taylor, George	CHFD	114
Tanant, W F*	NWBY	304	Tavell, L D**	CHTN	502	Taylor, George H	NWBY	257
Tandy, George**	CHTN	263	Tavell, A	EDFD	52	Taylor, George W	PKNS	175
Tanery, A W	PKNS	92	Tavell, Harriet*	CHTN	475	Taylor, Green	ADSN	188
Tanery, John A	PKNS	92	Tayler, D T	GRVL	490	Taylor, H*	COTN	251
Tank, M G	CHFD	189	Tayler, David	NWBY	215	Taylor, H P	LRNS	265
Tanker, Fritz*	CHTN	236	Tayler, David Jr	LXTN	424	Taylor, Harriet	SMTR	131
Tankesley, Berry	GRVL	382	Tayler, E	EDFD	145	Taylor, Harriet	RHLD	24
Tankesley, John A	GRVL	382	Tayler, Eugenia*	SPBG	358	Taylor, Henry H	MARN	118
Tanlanson, A	CHTN	322	Tayler, Geo*	EDFD	20	Taylor, Hilliard	LXTN	468
Tann, J C	COTN	251	Tayler, Geo	CHFD	147	Taylor, Hiram	LRNS	323
Tann, John	CHTN	124	Tayler, Geo W	LXTN	424	Taylor, Hugh	LRNS	304
Tanner, A F	WMBG	311	Tayler, Isham G*	LXTN	365	Taylor, Isaac P	GETN	296
Tanner, Andrew**	SPBG	224	Tayler, J N	GRVL	360	Taylor, Isabella C*	LCTR	174
Tanner, David	ABVL	121	Tayler, Jackson	LXTN	362	Taylor, Isham W	ADSN	203
Tanner, James	MARN	52	Tayler, James	CHFD	187	Taylor, J B	NWBY	294
Tanner, Jane*	MARN	52	Tayler, James H**	LXTN	423	Taylor, J B	LXTN	423
Tanner, John	MARN	54	Tayler, Jas	LXTN	357	Taylor, J E	LXTN	447
Tanner, Lewis	MARN	52	Tayler, Jeremiah	CHFD	111	Taylor, J E	LXTN	426
Tanner, Mary E	RHLD	26	Tayler, Jesse	GRVL	340	Taylor, J L	CHTN	370
Tanner, Robeson	MARN	53	Tayler, Jonathan	CHFD	104	Taylor, J M	NWBY	221
Tanner, T*	YORK	372	Tayler, Moses	CHFD	166	Taylor, J N	LCTR	147
Tanner, T	WMBG	333	Tayler, Nancy	EDFD	13	Taylor, J R	LXTN	447
Tanner, Thos	MARN	38	Tayler, Randel	GRVL	340	Taylor, J R	HORY	17
Tannery, S P	PKNS	92	Tayler, Robt	EDFD	33	Taylor, Jackson*	CLDN	203
Tanstall, Saml	CLDN	233	Tayler, Thomas*	UNON	185	Taylor, James	MARN	28
Tanswell, James*	RHLD	55	Tayler, Thomas	LXTN	358	Taylor, James*	EDFD	159
Tanswell, Mrs*	CHTN	328	Tayler, Thomas	GRVL	340	Taylor, James	SMTR	115
Tant, Henry	COTN	256	Tayler, W F	GRVL	359	Taylor, James	CHTN	277
Tant, James C	BNWL	376	Tayler, W J	LXTN	424	Taylor, James	ADSN	216

Name	Loc	#	Name	Loc	#	Name	Loc	#
Taylor, James	ABVL	144	Taylor, Robert*	SMTR	127	Teel, Ch	DLTN	420
Taylor, James F	RHLD	12	Taylor, Robert*	CHTN	26	Teems, James	KRSW	106
Taylor, James R	ORBG	326	Taylor, Robert**	CHTN	192	Teesdale, James L	SMTR	109
Taylor, Jane	CHTN	57	Taylor, Robert R	SMTR	162	Teets, Martin*	CLDN	196
Taylor, Jane*	LRNS	304	Taylor, Robt	MARN	34	Teibles, Emmet	EDFD	111
Taylor, Jane	ABVL	121	Taylor, Rosa	UNON	207	Teidermann, W	CHTN	521
Taylor, Jas	SPBG	360	Taylor, S*	WMBG	309	Teigue, J N	CHTN	493
Taylor, Jas	LRNS	350	Taylor, S A*	MARN	118	Teincken, Henry W	CHTN	451
Taylor, Jas	LRNS	280	Taylor, S B*	WMBG	305	Teinken, Henry W	CHTN	451
Taylor, Jas*	LRNS	262	Taylor, S H	LCTR	175	Teitgen, Louisa M	CHTN	448
Taylor, Jas	MARN	29	Taylor, S K	LRNS	307	Telbert, Wm	CHFD	113
Taylor, Jas	LRNS	303	Taylor, S*	SPBG	259	Telford, George	ADSN	174
Taylor, Jas H	CHFD	136	Taylor, S	MARN	35	Telford, Jas H	ADSN	174
Taylor, Jasper*	RHLD	81	Taylor, Sabra*	LRNS	254	Telford, John*	ADSN	157
Taylor, Jno	DLTN	463	Taylor, Sallie*	ORBG	369	Telford, Merab*	PKNS	19
Taylor, Jno	CHFD	152	Taylor, Sallie W	RHLD	83	Telford, Robt	ADSN	174
Taylor, Joel	LXTN	372	Taylor, Saml	LRNS	304	Telford, Saml S*	ADSN	196
Taylor, Joel A	LXTN	447	Taylor, Saml H	ADSN	225	Telford, William J	RHLD	76
Taylor, John	RHLD	4	Taylor, Samuel	CHFD	187	Telford, Wm	ADSN	173
Taylor, John*	FAFD	282	Taylor, Simeon	NWBY	214	Tellinghurst, John*	SPBG	315
Taylor, John	UNON	204	Taylor, Simon	RHLD	86	Temple, Clark*	ADSN	269
Taylor, John	PKNS	18	Taylor, Solomon	SPBG	222	Temple, Frederick*	SPBG	312
Taylor, John	MRBO	175	Taylor, Solomon	BUFT	15	Temple, Mary A	EDFD	7
Taylor, John	MARN	28	Taylor, Stanmore*	NWBY	219	Temple, Rachel**	EDFD	12
Taylor, John	LRNS	349	Taylor, Susan**	MARN	79	Templeman, Aaron	SPBG	228
Taylor, John	LCTR	174	Taylor, Susan	BNWL	415	Templeman, James	SPBG	227
Taylor, John	FAFD	270	Taylor, T B	CHTN	315	Temples, Sebe	EDFD	6
Taylor, John	FAFD	237	Taylor, Thomas	CHTN	172	Templeton, A E	GRVL	349
Taylor, John	DLTN	459	Taylor, Thos	MARN	46	Templeton, Alexandre	BNWL	368
Taylor, John	COTN	303	Taylor, Thos	CHTN	316	Templeton, B	LRNS	348
Taylor, John	ADSN	197	Taylor, Thos J	NWBY	250	Templeton, Cintha	PKNS	179
Taylor, John	ABVL	146	Taylor, Thos T	LRNS	265	Templeton, D C	LRNS	303
Taylor, John D	CHTN	378	Taylor, W B	LXTN	382	Templeton, D C*	LRNS	338
Taylor, John E*	MARN	1	Taylor, W C**	MARN	19	Templeton, Ellen	FAFD	251
Taylor, John M	LCTR	147	Taylor, W J	LRNS	348	Templeton, Geo	LRNS	306
Taylor, John R	PKNS	179	Taylor, W R	KRSW	136	Templeton, George	LRNS	340
Taylor, John T	CHTN	475	Taylor, W T	FAFD	270	Templeton, Hellen*	CHTN	247
Taylor, Johnson	ADSN	210	Taylor, W W*	ORBG	345	Templeton, J C	SPBG	346
Taylor, Jonathan	LXTN	364	Taylor, Wesley**	ADSN	229	Templeton, J G	YORK	436
Taylor, Jos A	BUFT	40	Taylor, Wesly*	CHFD	112	Templeton, John	LRNS	340
Taylor, Joseph	RHLD	29	Taylor, William*	CHTN	483	Templeton, John	LRNS	306
Taylor, Joseph	MARN	80	Taylor, William R	ABVL	82	Templeton, John	LRNS	303
Taylor, Joseph	CHTR	57	Taylor, William	CHTN	192	Templeton, L E*	LRNS	350
Taylor, Joseph	CHTN	496	Taylor, William H	UNON	242	Templeton, M	LRNS	349
Taylor, Joshua	LXTN	364	Taylor, William J	CHTN	116	Templeton, Martha**	LRNS	304
Taylor, Julia*	NWBY	228	Taylor, Wm	RHLD	75	Templeton, Oliver	LRNS	349
Taylor, L M	LRNS	258	Taylor, Wm	KRSW	91	Templeton, Richard*	BNWL	372
Taylor, L P C	LXTN	365	Taylor, Wm	EDFD	36	Templeton, Saml	LRNS	303
Taylor, Levi	MARN	35	Taylor, Wm J*	HORY	57	Templeton, Saml	LRNS	301
Taylor, Levi	PKNS	172	Taylor, Wm M	COTN	355	Templeton, Sarah	YORK	437
Taylor, Levi	LCTR	187	Taylor, Wm T	ADSN	210	Templeton, T T	LRNS	340
Taylor, Levi M	PKNS	179	Taylor, Wm*	CHTN	136	Templeton, W H B	BNWL	369
Taylor, Lewis	SPBG	281	Taylor, Wm	DLTN	387	Templeton, W J	FAFD	251
Taylor, Lewis	MRBO	174	Taylor, Wm	MARN	90	Templeton, William L	RHLD	43
Taylor, Lewis	MARN	122	Taylor, Wm	MARN	36	Templeton, Wm*	LRNS	344
Taylor, Louanna*	FAFD	224	Taylor, Wm	CHFD	155	Templeton, Wm	LRNS	340
Taylor, Lucinda	PKNS	173	Taylor, Wm	LCTR	172	Tempton, Mary A	NWBY	231
Taylor, Luke	ADSN	216	Taylor, Wm	ADSN	216	Tenagin, Mary**	CHTN	200
Taylor, M	SPBG	352	Taylor, Wm	ADSN	195	Tenant, M P**	FAFD	249
Taylor, Manah*	SPBG	314	Taylor, Wm B**	SPBG	352	Tenant, R	CHTR	84
Taylor, Margaret*	CHTN	146	Taylor, Wm L	LXTN	434	Tenant, Wm	CHTR	33
Taylor, Margaret	NWBY	221	Taymore, Ellen	CHTN	497	Tenbrook, Emily	CHTN	247
Taylor, Margret	LCTR	186	Teabeg, A	EDFD	114	Tench, D'M O	UNON	286
Taylor, Marion	BNWL	415	Teagan, Edward	MRBO	165	Tench, Thos A	SPBG	326
Taylor, Martha*	SPBG	349	Teague, A G	EDFD	111	Tencke, Harman*	CHTN	380
Taylor, Martha*	MARN	108	Teague, A W	LRNS	222	Tenghl, Branch	GRVL	378
Taylor, Mary*	LCTR	158	Teague, Charles	NWBY	227	Tenhet, J R N*	MARN	3
Taylor, Mary*	FAFD	270	Teague, Drucilla*	YORK	501	Tennant, J K	GRVL	476
Taylor, Mary*	CHTR	85	Teague, Elijah	ADSN	275	Tennent, William	ABVL	9
Taylor, Mary	CHTN	516	Teague, Elizh	LRNS	304	Tennent, William	CHTN	405
Taylor, Mary	CHTN	510	Teague, F M*	CHTR	26	Tenner, M	LCTR	203
Taylor, Mary	CHTN	398	Teague, Henry	SPBG	292	Tenneson, Robert	SPBG	263
Taylor, Mary**	CHTN	155	Teague, Jackson	NWBY	230	Tenney, L C*	SPBG	259
Taylor, Mary	PKNS	119	Teague, Jesse	LRNS	230	Tennison, Zacheriah	SPBG	208
Taylor, Mary	NWBY	219	Teague, Kerby	YORK	417	Tensly, James M*	SPBG	217
Taylor, Matty*	SPBG	316	Teague, L K	LRNS	243	Teppe, Frederik	CHTN	278
Taylor, McKenzy	LCTR	156	Teague, M	LRNS	309	Teppe, Wm	CHTN	328
Taylor, Micajah*	ADSN	220	Teague, Monroe	YORK	501	Terbyfield, W O*	UNON	270
Taylor, Michael	ABVL	129	Teague, Robt	SPBG	363	Teressa, Mary*	CHTN	422
Taylor, Middleton*	ORBG	331	Teague, Wm	YORK	422	Terrall, Jas	CHFD	147
Taylor, Milly*	WMBG	320	Teague, Wm C	LRNS	311	Terrel, Aaron	PKNS	93
Taylor, Minerva	GRVL	359	Teal, B F	CHFD	118	Terrel, Gracy*	GRVL	476
Taylor, Molley	KRSW	130	Teal, Calvin*	DLTN	413	Terrel, John	MRBO	148
Taylor, Monro	PKNS	150	Teal, James*	CHFD	130	Terrel, Mary*	ADSN	274
Taylor, Mrs Ann T**	CHTN	221	Teal, Jno	DLTN	401	Terrel, Mary	PKNS	93
Taylor, Mrs Mary	CHTN	225	Teal, Wm	CHFD	130	Terrel, Massey	CHTR	82
Taylor, Munroe*	FAFD	271	Tealor, Miss*	CHTN	320	Terrel, Nelson	CHTR	56
Taylor, N A	MARN	80	Teals, John M	BUFT	8	Terrel, Sarah*	ADSN	273
Taylor, N F	CHTN	163	Team, Ariam	KRSW	110	Terrel, Wm G	PKNS	93
Taylor, Nancy	LRNS	350	Team, J W	KRSW	110	Terrell, C	DLTN	374
Taylor, Nancy	ADSN	253	Team, Sallie*	KRSW	110	Terrell, John C*	MRBO	159
Taylor, Nancy*	LCTR	183	Teams, Fred	RHLD	19	Terrell, Wm	MRBO	158
Taylor, Ned	CHTN	432	Tearant, Joseph H	CHTN	511	Terril, Eliza	RHLD	33
Taylor, Pamela*	LXTN	369	Teasdale, R H*	CHTN	398	Terril, R R	KRSW	89
Taylor, Pickney	ADSN	202	Teasdale, Robert	SMTR	109	Terrry, Wesley	LRNS	264
Taylor, Polly	NWBY	215	Teat, William	ADSN	236	Terry, Ann	CHFD	174
Taylor, Porter*	PKNS	56	Teate, Jasper	ADSN	215	Terry, C	CHFD	108
Taylor, Priscilla	LRNS	258	Teate, John C	ADSN	186	Terry, C	GRVL	364
Taylor, Rebecca	CHTN	289	Teddar, Jas J**	DLTN	472	Terry, C C	PKNS	38
Taylor, Rebecca	MRBO	169	Teddar, Jno	DLTN	435	Terry, Calvin	CHFD	135
Taylor, Redden	MARN	123	Teddar, Wm	DLTN	472	Terry, Charles M	BUFT	82
Taylor, Richard	ABVL	110	Teddard, Danl F	ABVL	67	Terry, Elizabeth	GRVL	363
Taylor, Richard A	BUFT	82	Tedder, Benj*	DLTN	446	Terry, Esau L**	CHTN	414
Taylor, Richd	LRNS	303	Tedder, Enoch E	DLTN	439	Terry, G	GRVL	365
Taylor, Robert*	UNON	292	Tedder, W E*	DLTN	404	Terry, G W	WMBG	309
Taylor, Robert*	MRBO	210	Tedder, Wiley**	DLTN	435	Terry, Henry	ADSN	284

Name	Loc	Pg	Name	Loc	Pg	Name	Loc	Pg
Terry, J H	EDFD	59	Thigpen, Reddin	SMTR	136	Thomas, Jas	CHTR	88
Terry, J H	CHFD	150	Thigpen, Wm	BUFT	27	Thomas, Jas	CLDN	231
Terry, J Miles	BUFT	81	Thinney, Joseph*	CHTN	327	Thomas, Jas	WMBG	314
Terry, J N	LRNS	337	Thinney, Susan*	CHTN	327	Thomas, Jas A	DLTN	418
Terry, Jacob A	BUFT	82	Thode, E*	CHTN	315	Thomas, Jas A	CHTR	60
Terry, James*	RHLD	46	Thode, Elis	CHTN	196	Thomas, Jas*	MRBO	162
Terry, James	SMTR	183	Thode, H P	PKNS	41	Thomas, Jas C	MRBO	157
Terry, James M	SPBG	315	Thole, C F	CHTN	328	Thomas, Jas*	EDFD	73
Terry, Jane	KRSW	89	Thomas, A*	SPBG	258	Thomas, Jesse	CLDN	231
Terry, Jas E	CHFD	108	Thomas, A	COTN	311	Thomas, Jno	CHFD	139
Terry, Jas M**	EDFD	91	Thomas, A	CHTN	101	Thomas, Jno*	CHTR	10
Terry, Jemmy	LRNS	247	Thomas, A B	MARN	52	Thomas, Jno	DLTN	417
Terry, John M	BUFT	82	Thomas, A M	YORK	463	Thomas, Jno P	BNWL	483
Terry, Jos W*	CHTN	197	Thomas, Aaron*	SPBG	305	Thomas, Jno W	CHTR	88
Terry, Joseph	CHTN	209	Thomas, Alex	MARN	82	Thomas, Joe	MRBO	199
Terry, Joseph*	ABVL	3	Thomas, Alex	MRBO	163	Thomas, John	CHTN	136
Terry, L*	DLTN	387	Thomas, Alexander	SPBG	303	Thomas, John*	CHTN	207
Terry, M*	CHTN	318	Thomas, Ann*	EDFD	70	Thomas, John P	UNON	265
Terry, Martin E	BUFT	94	Thomas, Anna*	PKNS	46	Thomas, John*	SPBG	367
Terry, Nancy C	BUFT	80	Thomas, Armesa*	CHTN	111	Thomas, John*	SPBG	363
Terry, Philip	BUFT	55	Thomas, Baldwin	ADSN	278	Thomas, John*	PKNS	116
Terry, Reny C*	BUFT	82	Thomas, Benagah	BUFT	85	Thomas, John*	LXTN	431
Terry, Rollin	EDFD	69	Thomas, Bennet	ORBG	369	Thomas, John	SPBG	333
Terry, S A*	KRSW	89	Thomas, C H	FAFD	230	Thomas, John T	MRBO	177
Terry, Sarah A**	ADSN	255	Thomas, C M	EDFD	65	Thomas, John*	SPBG	319
Terry, Sarah A**	ADSN	255	Thomas, Cade	MARN	126	Thomas, John	FAFD	212
Terry, Sarah E	SMTR	181	Thomas, Catherine	CHTR	4	Thomas, John	HORY	4
Terry, Susan F*	RHLD	55	Thomas, Cinthia	HORY	67	Thomas, John	SPBG	300
Terry, T J	EDFD	57	Thomas, D	WMBG	313	Thomas, John	SPBG	344
Terry, Tandy	LRNS	263	Thomas, D A*	UNON	199	Thomas, John	WMBG	341
Terry, Thos	EDFD	70	Thomas, D A*	UNON	273	Thomas, John	YORK	433
Terry, W D	WMBG	318	Thomas, D H	DLTN	437	Thomas, John H	CHFD	181
Terry, W H	LRNS	284	Thomas, D W	EDFD	56	Thomas, John L	CHTN	152
Terry, W S, Agent	EDFD	125	Thomas, Danel J	BNWL	374	Thomas, Jos	NWBY	231
Terry, Wm	LRNS	264	Thomas, Daniel*	CHTN	427	Thomas, Joseph*	COTN	284
Tetstone, Darling	BNWL	380	Thomas, Daniel	ORBG	324	Thomas, Joseph*	MRBO	176
Tew, Emily J	CHTN	110	Thomas, Daniel	GETN	313	Thomas, Joseph	YORK	388
Tew, H S	CHTN	109	Thomas, Danl	GETN	311	Thomas, Joseph	ORBG	368
Teythgoe, G*	YORK	374	Thomas, Dave*	CHTR	24	Thomas, Joseph	MRBO	197
Thacker, Edmond	PKNS	81	Thomas, David	SPBG	358	Thomas, Joseph	MARN	52
Thacker, Joseph	PKNS	102	Thomas, David	UNON	207	Thomas, Joseph A	YORK	433
Thackham, Thomas**	RHLD	44	Thomas, David E	YORK	463	Thomas, Joshua	PKNS	124
Thackston, William	GRVL	478	Thomas, Delany*	BUFT	92	Thomas, Josiah**	COTN	252
Thackston, Wm F*	GRVL	492	Thomas, Derril*	ORBG	368	Thomas, L E*	UNON	200
Thackston, Z	GRVL	478	Thomas, Drury	MARN	126	Thomas, Laura A*	BNWL	355
Thackum, F Postell	CHTN	228	Thomas, E	SPBG	337	Thomas, Lavina*	BUFT	85
Thairan, T C	CHTN	494	Thomas, E	WMBG	314	Thomas, Leander	ADSN	304
Thames, C C	CLDN	215	Thomas, E Jr	SPBG	337	Thomas, Lemual	PKNS	107
Thames, Charles S	BUFT	74	Thomas, Edward	CHTN	129	Thomas, Levy	CHTN	101
Thames, Elizabeth A**	CLDN	198	Thomas, Edwd	NWBY	289	Thomas, M*	SPBG	259
Thames, F	CLDN	198	Thomas, Elen**	MRBO	156	Thomas, M	WMBG	335
Thames, Francis W	BUFT	81	Thomas, Eliza	NWBY	225	Thomas, M	SPBG	346
Thames, J R	CLDN	205	Thomas, Elizabeth**	ORBG	350	Thomas, M A	ORBG	346
Thames, J T L	CLDN	212	Thomas, Elizabeth**	UNON	200	Thomas, M C	GETN	283
Thames, Jas L	CLDN	191	Thomas, Elizabeth	BNWL	491	Thomas, Margaret A	ORBG	339
Thames, John E**	CHTN	413	Thomas, Elizabeth	COTN	340	Thomas, Marry	CHTN	130
Thames, Marry	CLDN	213	Thomas, Elizb	ABVL	97	Thomas, Martha	YORK	463
Thames, R B*	CHTN	339	Thomas, Elizth J*	BUFT	1	Thomas, Martha	YORK	504
Thames, R M	CLDN	217	Thomas, Enoch	SPBG	386	Thomas, Mary*	GETN	288
Thames, R R	CLDN	193	Thomas, F A	MARN	13	Thomas, Mary	ADSN	249
Thames, S N	CLDN	208	Thomas, F B	EDFD	65	Thomas, Mary	BNWL	507
Thames, Thos L	CLDN	207	Thomas, Frances	ADSN	285	Thomas, Mary	DLTN	453
Thames, Thos S	CLDN	215	Thomas, G*	GETN	311	Thomas, Mary	PKNS	105
Thames, Wm S	CLDN	197	Thomas, G W	PKNS	49	Thomas, Mary*	CHFD	129
Thanes, Christopher C	SMTR	155	Thomas, Gemia	UNON	206	Thomas, Mary*	CHTN	376
Tharin, E C	CHTN	483	Thomas, Geo	LRNS	314	Thomas, Mary	CHTR	4
Tharin, Marion C*	CHTN	463	Thomas, Griffin*	NWBY	230	Thomas, Mary*	CHTR	60
Tharp, Charles	HORY	67	Thomas, H B	WMBG	342	Thomas, Mary	DLTN	425
Tharp, James	MARN	93	Thomas, H H	WMBG	342	Thomas, Micajah	DLTN	437
Tharp, Jno J	ABVL	53	Thomas, Hardy	DLTN	435	Thomas, Milledge*	BNWL	446
Tharp, S J	WMBG	325	Thomas, Harriet*	ABVL	14	Thomas, Miss*	CHTN	298
Tharpe, F E*	WMBG	325	Thomas, Hartwell*	RHLD	55	Thomas, Mitchell	SPBG	334
Tharpe, Susan P D*	FAFD	203	Thomas, Henry	CHTN	282	Thomas, N*	EDFD	37
Thaum, J A	CHTN	263	Thomas, Henry	NWBY	223	Thomas, N	MARN	51
Thaxton, N	LRNS	316	Thomas, Henry*	CHTR	4	Thomas, N H	DLTN	396
Thayer, E	CHTN	308	Thomas, Henry P*	CHTN	427	Thomas, Nancy	SPBG	345
Thayer, L B**	EDFD	73	Thomas, Hester	KRSW	128	Thomas, Nancy	CHTR	22
Thayer, Thos H	CHTN	208	Thomas, Hillard	SPBG	217	Thomas, Nancy M*	DLTN	419
Thayer, William	CHTN	399	Thomas, Honoror	NWBY	279	Thomas, Nathan	BNWL	481
Thayer, William W**	CHTN	430	Thomas, Hugh	SPBG	214	Thomas, Neely*	CHTR	8
Theadosia, Miller*	SPBG	247	Thomas, Iley E*	DLTN	417	Thomas, P K	MARN	40
Thee, John H	CHTN	279	Thomas, J*	SPBG	259	Thomas, Patrick	MARN	21
Theebeaux, Emily**	RHLD	13	Thomas, J A W	MRBO	169	Thomas, Peter*	RHLD	27
Thees, Henry	CHTN	196	Thomas, J C	WMBG	339	Thomas, Philip	BUFT	86
Theile, Henry*	SPBG	313	Thomas, J C	WMBG	339	Thomas, Philip	MRBO	171
Theilling, Henrich*	CHTN	422	Thomas, J D	WMBG	314	Thomas, Philip S	MRBO	153
Theilling, William*	CHTN	415	Thomas, J E	COTN	270	Thomas, Phillip	GETN	310
Therman, J W*	EDFD	70	Thomas, J F M*	CHTN	130	Thomas, R D	KRSW	140
Therrel, David	CHFD	139	Thomas, J M	WMBG	342	Thomas, R S	UNON	208
Theu, Daniel	CHTN	373	Thomas, J M	CHTR	15	Thomas, Rachel*	ORBG	308
Theus, Catharine*	CHTN	293	Thomas, J M	COTN	270	Thomas, Rachel	CHFD	189
Theus, James T	BUFT	15	Thomas, J M*	DLTN	422	Thomas, Rachel**	MRBO	150
Thief, Edward	CHTN	288	Thomas, J P**	CHTN	369	Thomas, Rebecca	CHTN	178
Thiele, John	CHTN	277	Thomas, J P*	GETN	288	Thomas, Renatur	RHLD	75
Thieling, Fritz	CHTN	500	Thomas, James*	SPBG	351	Thomas, Reuben	LRNS	289
Thielling, Frederick	CHTN	444	Thomas, James	UNON	200	Thomas, Rhody	MARN	52
Thies, Frederic*	ORBG	406	Thomas, James	UNON	206	Thomas, Richard	ORBG	369
Thigpen, Dennis	CLDN	229	Thomas, James	BUFT	92	Thomas, Robert	CHTR	4
Thigpen, Elizabeth	SMTR	136	Thomas, James	RHLD	89	Thomas, Rosannah*	CLDN	230
Thigpen, Elizabeth S**	SMTR	136	Thomas, James	ORBG	389	Thomas, Rowan	MARN	38
Thigpen, Harvey	SMTR	166	Thomas, James	FAFD	227	Thomas, Ruth*	CHTR	58
Thigpen, Hugh	CLDN	228	Thomas, James	SPBG	214	Thomas, S	CHTN	363
Thigpen, James J	SMTR	136	Thomas, James	MARN	52	Thomas, S**	EDFD	73
Thigpen, Jno	CLDN	200	Thomas, James E	MRBO	175	Thomas, S*	DLTN	409
Thigpen, John J	SMTR	136	Thomas, Jane	CHTR	29	Thomas, Saml	SPBG	346
Thigpen, Mary	CLDN	206	Thomas, Jane	CHTR	64	Thomas, Saml	EDFD	18
			Thomas, Jane F	FAFD	234	Thomas, Saml B	MARN	11

Thomas, Samuel	FAFD	222
Thomas, Samuel	MARN	126
Thomas, Samuel R	MRBO	150
Thomas, Sarah	HORY	70
Thomas, Sarah	FAFD	212
Thomas, Sarah	ADSN	278
Thomas, Simpson	SPBG	358
Thomas, T A	MRBO	150
Thomas, Thomas	BUFT	85
Thomas, Thos	SPBG	358
Thomas, Thos	PKNS	8
Thomas, Timothy	EDFD	172
Thomas, Vincent	BUFT	83
Thomas, W	CLDN	223
Thomas, W F	YORK	463
Thomas, W H	WMBG	339
Thomas, Wesley*	MARN	38
Thomas, Whit*	EDFD	5
Thomas, Wiley J	BUFT	55
Thomas, William*	ORBG	352
Thomas, William	SPBG	300
Thomas, William	RHLD	32
Thomas, William	RHLD	63
Thomas, William	COTN	295
Thomas, William R	UNON	199
Thomas, Wm*	CLDN	205
Thomas, Wm*	COTN	365
Thomas, Wm*	ABVL	19
Thomas, Wm*	KRSW	81
Thomas, Wm*	CHTR	26
Thomas, Wm	MRBO	205
Thomas, Wm	SPBG	364
Thomas, Wm	BNWL	433
Thomas, Wm C	BNWL	492
Thomas, Wm M	GRVL	413
Thomas, Zerah	SPBG	285
Thomason, Cyntha	YORK	406
Thomason, Dr Harper*	YORK	384
Thomason, Frances	GRVL	353
Thomason, G B	GRVL	364
Thomason, H C	YORK	429
Thomason, Jas	YORK	429
Thomason, Jas F*	YORK	416
Thomason, John	CHTN	132
Thomason, John M	YORK	434
Thomason, Jos	YORK	429
Thomason, M**	SPBG	258
Thomason, Martin M**	CHTN	458
Thomason, Newton	SPBG	286
Thomason, S S	GRVL	353
Thomason, Thomas**	YORK	392
Thomason, Thos	GRVL	364
Thomason, W B	WMBG	319
Thomason, W F	GRVL	364
Thomason, W J*	WMBG	319
Thomason, W M	WMBG	319
Thomason, Wm P	YORK	388
Thomason, Wm*	YORK	406
Thomason, Wm	YORK	430
Thomburg, Jas M	GRVL	419
Thomison, J S	GRVL	352
Thomlison, Joseph*	CHTN	110
Thomlinson, J Relph	CHTN	344
Thomlison, Sarah T	SPBG	303
Thompkins, James*	GRVL	328
Thompson, A	GRVL	497
Thompson, A A*	DLTN	433
Thompson, A D	UNON	285
Thompson, A H	CLDN	234
Thompson, A M	SPBG	413
Thompson, A N*	DLTN	400
Thompson, A P	GETN	308
Thompson, A W	CHFD	168
Thompson, A W	UNON	275
Thompson, Aaron	GRVL	330
Thompson, Amy	ORBG	349
Thompson, Ann	BNWL	353
Thompson, Ann F	RHLD	31
Thompson, Anne*	RHLD	11
Thompson, B J T*	GETN	297
Thompson, B S	GETN	317
Thompson, Balaam	GRVL	509
Thompson, Benjn*	BUFT	60
Thompson, Beverly	ADSN	320
Thompson, C P	GETN	292
Thompson, Catharine	NWBY	247
Thompson, Catherine**	DLTN	463
Thompson, Cathn W	BUFT	60
Thompson, Charles	LCTR	200
Thompson, Charles	PKNS	168
Thompson, Charles	NWBY	281
Thompson, Charles	SPBG	217
Thompson, Charlotte R***	CHTN	440
Thompson, Chas	CHTN	246
Thompson, D W	BNWL	359
Thompson, D*	CHTN	313
Thompson, D**	FAFD	265
Thompson, Daniel	CHTN	443
Thompson, Danl G	RHLD	3
Thompson, Davis	SPBG	231
Thompson, Dr A E	ADSN	238
Thompson, Dr T W	NWBY	305
Thompson, Drucilla	GRVL	516
Thompson, E	LRNS	328
Thompson, Elisabeth	LCTR	160
Thompson, Elisabeth*	BNWL	361
Thompson, Eliza	GRVL	418
Thompson, Elizabeth**	COTN	367
Thompson, Elizabeth	UNON	280
Thompson, Elizh	LRNS	282
Thompson, F	CHTN	104
Thompson, F F	CHTN	461
Thompson, Francis	CHTN	104
Thompson, G T	GRVL	458
Thompson, G W	CHTN	161
Thompson, Ged*	RHLD	56
Thompson, George	GRVL	361
Thompson, George	ORBG	373
Thompson, H*	CHTN	258
Thompson, H	LRNS	330
Thompson, H	LRNS	328
Thompson, H M	BNWL	472
Thompson, H T	GRVL	471
Thompson, Hannah	CHTN	353
Thompson, Harriet**	FAFD	263
Thompson, Harriet*	ADSN	273
Thompson, Harris	GRVL	425
Thompson, Harrison	GRVL	458
Thompson, Henry	LRNS	236
Thompson, Henry H*	RHLD	52
Thompson, Henry**	CHTN	343
Thompson, Hugh	CHTR	17
Thompson, Hugh	GRVL	418
Thompson, Hugh S	GETN	313
Thompson, Isaac	UNON	257
Thompson, J A	LRNS	304
Thompson, J A	EDFD	159
Thompson, J B	CLDN	214
Thompson, J C	LCTR	149
Thompson, J C	HORY	6
Thompson, J H	KRSW	73
Thompson, J J**	DLTN	413
Thompson, J L	KRSW	122
Thompson, J P	ORBG	405
Thompson, J P	WMBG	321
Thompson, J P	EDFD	188
Thompson, J R*	LRNS	279
Thompson, J R	HORY	31
Thompson, J T	MARN	69
Thompson, Jack	GRVL	419
Thompson, James*	GRVL	501
Thompson, James	RHLD	73
Thompson, James	UNON	247
Thompson, James	GRVL	458
Thompson, James	GRVL	440
Thompson, James	CHTN	292
Thompson, James	ADSN	214
Thompson, James	CHTN	508
Thompson, James	HORY	57
Thompson, James A	LCTR	148
Thompson, James A	CHTN	508
Thompson, James C	PKNS	168
Thompson, Jane M**	CHTN	353
Thompson, Jane*	COTN	269
Thompson, Jas	CHTR	85
Thompson, Jas A*	DLTN	372
Thompson, Jess R	ORBG	348
Thompson, Jesse H	MARN	12
Thompson, Jno	CHTR	87
Thompson, Jno	KRSW	77
Thompson, Joberry	GRVL	508
Thompson, John*	CHTN	168
Thompson, John*	SMTR	179
Thompson, John W F	PKNS	35
Thompson, John*	CHTN	110
Thompson, John	KRSW	125
Thompson, John P	GRVL	430
Thompson, John	NWBY	294
Thompson, John	RHLD	77
Thompson, John	FAFD	269
Thompson, John	GETN	314
Thompson, John	GRVL	439
Thompson, John	CHTN	523
Thompson, John	COTN	305
Thompson, John	COTN	265
Thompson, John A	ADSN	180
Thompson, John D**	BNWL	353
Thompson, Joseph	COTN	313
Thompson, Joseph	HORY	4
Thompson, Julia E*	MRBO	144
Thompson, L F	BNWL	342
Thompson, Lodwick	LCTR	206
Thompson, Louisa	CHTN	414
Thompson, M	GETN	291
Thompson, M B	GRVL	420
Thompson, M J*	BNWL	455
Thompson, Margret	LCTR	147
Thompson, Martha	UNON	285
Thompson, Martha*	FAFD	216
Thompson, Martha	MARN	78
Thompson, Mary	SPBG	197
Thompson, Mary*	CHTN	435
Thompson, Mary*	FAFD	278
Thompson, Miss*	CHTN	304
Thompson, Monro	PKNS	61
Thompson, Mrs D	CHTN	328
Thompson, N	ORBG	327
Thompson, N J	MARN	55
Thompson, N J**	UNON	242
Thompson, Nancy	RHLD	6
Thompson, Nancy*	KRSW	102
Thompson, Nancy*	LRNS	234
Thompson, Nancy*	FAFD	281
Thompson, Nancy	EDFD	143
Thompson, O R	FAFD	208
Thompson, P W	UNON	287
Thompson, R A	PKNS	49
Thompson, R R	LCTR	148
Thompson, R V	GRVL	432
Thompson, Rachael**	ORBG	327
Thompson, Rachel	COTN	261
Thompson, Raymon	CHTR	69
Thompson, Redding	LCTR	214
Thompson, Richard	COTN	269
Thompson, Richard M	ORBG	348
Thompson, Richard***	KRSW	140
Thompson, Richd F	BNWL	481
Thompson, Robert	GRVL	484
Thompson, Robt	CHTR	58
Thompson, Robt*	LRNS	297
Thompson, S	HORY	36
Thompson, S K	WMBG	332
Thompson, S T	LCTR	153
Thompson, Sallie*	ADSN	273
Thompson, Saml*	CHFD	102
Thompson, Samuel	CHFD	116
Thompson, Samuel	FAFD	279
Thompson, Sarah**	CHTN	278
Thompson, Seabon	COTN	273
Thompson, Solomon	CHTR	84
Thompson, Solomon	FAFD	233
Thompson, Susan P*	ADSN	203
Thompson, T	CHTN	365
Thompson, T B	UNON	190
Thompson, T B	GRVL	414
Thompson, T J	COTN	275
Thompson, Tabitha	LCTR	207
Thompson, Thomas	COTN	358
Thompson, Thos	NWBY	304
Thompson, Thos J	NWBY	247
Thompson, Thos J	MRBO	157
Thompson, Thurza	SPBG	198
Thompson, W R*	GRVL	509
Thompson, W R	ORBG	316
Thompson, W T	UNON	298
Thompson, W	LCTR	161
Thompson, W	LRNS	300
Thompson, W P*	LRNS	261
Thompson, Waddy	GRVL	471
Thompson, Waddy	UNON	278
Thompson, Wallace	UNON	298
Thompson, Washington*	COTN	264
Thompson, William	BNWL	354
Thompson, William	ORBG	372
Thompson, William K*	RHLD	54
Thompson, William R	SPBG	231
Thompson, William**	GRVL	412
Thompson, William	GRVL	458
Thompson, William	UNON	271
Thompson, William O	BNWL	353
Thompson, Wm	SPBG	198
Thompson, Wm M	MARN	70
Thompson, Wm*	LRNS	337
Thompson, Wm F	GETN	314
Thompson, Wm S	BUFT	39
Thompson, Wm T	DLTN	469
Thompson, Wm	BUFT	43
Thompson, Wm	HORY	63
Thompson, Wm	MARN	24
Thompson, Wm	CHTN	196
Thompson, Wm	LRNS	238
Thompson, Wm	LRNS	281
Thompson, Wm	LRNS	335
Thompson, Wm B	CHTN	341
Thomsan, Jennet*	LCTR	164
Thomson, Alice*	CHTN	209
Thomson, Allen	SPBG	218
Thomson, Charles**	CHTN	200
Thomson, Charles	SPBG	308
Thomson, Charles	ORBG	317
Thomson, D L	BUFT	12
Thomson, Danl	CHTN	134
Thomson, David*	CHTN	216
Thomson, E D	YORK	413
Thomson, E**	YORK	492
Thomson, Frank**	ABVL	54
Thomson, G C	SPBG	218
Thomson, H*	WMBG	353
Thomson, Hennetta*	BNWL	352
Thomson, J H	BNWL	467
Thomson, J S	ORBG	318
Thomson, James W	SPBG	301
Thomson, James*	WMBG	320
Thomson, Jas	CHTN	216
Thomson, Jas P	CHTN	209
Thomson, John	SPBG	302
Thomson, John F	ABVL	79
Thomson, John L*	YORK	393
Thomson, John S	SPBG	393
Thomson, Joseph	SPBG	399
Thomson, Joseph	WMBG	331
Thomson, Joseph A	COTN	330
Thomson, Margaret	YORK	485
Thomson, Mary A**	ABVL	71
Thomson, Mildred	SPBG	313
Thomson, Reggey	SPBG	215
Thomson, S	CHFD	138
Thomson, S A	WMBG	349

Name	Place	Page	Name	Place	Page	Name	Place	Page
Thomson, Sarah*	SPBG	244	Thurston, Pheobe*	GRVL	435	Timmerman, D	EDFD	65
Thomson, Thomas	ABVL	24	Thurston, Robert	CHTN	284	Timmerman, E	EDFD	55
Thomson, W H	BNWL	475	Thurston, Rufus*	CHTN	175	Timmerman, Ed	EDFD	55
Thomson, Warren	SPBG	310	Thurston, William	CHTN	179	Timmerman, Ella*	ORBG	333
Thomson, William A	SPBG	306	Thweatt, W L	CHTN	164	Timmerman, F A	EDFD	123
Thomson, Wm	WMBG	349	Thwing, J E	BNWL	464	Timmerman, Frances	EDFD	137
Thomson, Wm A	CHFD	137	Thwing, Jas	DLTN	434	Timmerman, Frank	EDFD	56
Thomwell, J H**	GRVL	420	Thyne, Miss*	CHTN	321	Timmerman, Herman**	CHTN	463
Thorn, Edwin	SPBG	276	Thyne, Miss*	CHTN	320	Timmerman, J B	EDFD	66
Thorn, Henry	KRSW	121	Tibbits, Mrs*	CHTN	419	Timmerman, J C	EDFD	127
Thorn, James	YORK	405	Ticken, Jno	CHTN	308	Timmerman, J H	EDFD	127
Thorn, James R	KRSW	119	Tickersny, Julia M*	EDFD	58	Timmerman, Jack	EDFD	55
Thorn, John**	CHTN	432	Tidman, Betsy*	CHTR	15	Timmerman, Jas	EDFD	55
Thorn, Philip	CHTN	378	Tidwell, Andrew A	SMTR	132	Timmerman, John*	CHTN	473
Thorn, Rebecca	CHTN	430	Tidwell, Austin*	FAFD	228	Timmerman, M**	EDFD	55
Thorn, W	FAFD	253	Tidwell, B N	FAFD	254	Timmerman, Mary	EDFD	121
Thorn, W T	SPBG	236	Tidwell, Catherine	FAFD	235	Timmerman, Mary**	EDFD	43
Thornal, C M*	DLTN	445	Tidwell, E*	EDFD	29	Timmerman, Mrs E	EDFD	54
Thornal, R	DLTN	390	Tidwell, Eliza A	SMTR	132	Timmerman, Peter	EDFD	55
Thornborough, E	DLTN	394	Tidwell, Ellen*	KRSW	106	Timmerman, R	EDFD	56
Thornby, Emma*	FAFD	212	Tidwell, F A	KRSW	101	Timmerman, R H	ORBG	306
Thorne, Henry	CHTN	176	Tidwell, F A	KRSW	117	Timmerman, S	EDFD	129
Thorne, Mary	ORBG	349	Tidwell, Graham H	LCTR	166	Timmerman, Sarah**	EDFD	61
Thornhill, Amanda	DLTN	385	Tidwell, J P	SMTR	131	Timmerman, Talbert	EDFD	53
Thornhill, James	SMTR	103	Tidwell, Jackson	CHTR	48	Timmerman, Thos	EDFD	55
Thornhill, John	DLTN	388	Tidwell, Jane	FAFD	204	Timmerman, Thos H	ORBG	306
Thornley, John**	COTN	316	Tidwell, Mary	FAFD	281	Timmerman, W	EDFD	76
Thornley, Saml W	CHTN	157	Tidwell, Nancy	LCTR	162	Timmerman, Wm	EDFD	54
Thornton, E M	EDFD	132	Tidwell, Saml	FAFD	204	Timmerman, Wm	EDFD	56
Thornton, Jno G	ABVL	46	Tidwell, Strother	FAFD	237	Timmermon, F L*	GRVL	417
Thornton, John	RHLD	79	Tidwell, Troy	CHTR	48	Timmins, Alice*	CHTN	519
Thornton, John	SPBG	215	Tidwell, W T	LCTR	162	Timmons, Benj	SPBG	204
Thornton, Lucinda*	ABVL	66	Tidwell, William R F	SMTR	131	Timmons, C A	MARN	126
Thornton, M*	COTN	353	Tidwell, Wm	FAFD	252	Timmons, Clara A**	SPBG	303
Thornton, Mary**	SPBG	219	Tiedeman, O	CHTN	400	Timmons, E	MARN	56
Thornton, Samuel	SPBG	215	Tiencken, H	CHTN	380	Timmons, Elizabeth	WMBG	329
Thornton, Thorogood	RHLD	79	Tiencken, John*	CHTN	401	Timmons, Elizabeth**	CLDN	223
Thornton, Wm	ABVL	44	Tiencken, John	CHTN	389	Timmons, H	MARN	54
Thornton, Wm	LRNS	250	Tier, John*	CHTN	279	Timmons, H H	CLDN	223
Thornwell, James H	RHLD	57	Tierney, Julia*	CHTN	429	Timmons, Henry	DLTN	456
Thoroman, Ann	COTN	290	Tierney, Martin	CHTN	407	Timmons, I I	CHTN	174
Thorton, Eli	ABVL	27	Tierney, Sarah*	CHTN	429	Timmons, Isaac John*	CHFD	132
Thrailkill, Frances	LXTN	423	Tierney, William*	CHTN	427	Timmons, J R	MARN	56
Thrailkill, Jno	CHTR	80	Tiesdale, Hamilton*	CHTN	482	Timmons, Jesse H	CLDN	223
Thrailkill, Levi	EDFD	198	Tiesdale, R	CHTN	167	Timmons, Jn M	DLTN	415
Threadgill, J M	CHFD	186	Tieterman, John N	CHTN	433	Timmons, John	GRVL	467
Threat, Alex	CHFD	162	Tietgen, John*	CHTN	464	Timmons, John B	CHFD	127
Threat, Benj*	CHFD	112	Tietgsn, Claus	CHTN	515	Timmons, Jos A	MARN	37
Threat, Burrill	CHFD	165	Tietjen, Diederich*	CHTN	281	Timmons, L R	MARN	55
Threat, Elisabeth	LCTR	186	Tietz, John G	SMTR	146	Timmons, M V	WMBG	327
Threat, Elizabeth	CHFD	162	Tiffny, David	SPBG	372	Timmons, Margaret	SPBG	313
Threat, Evan	CHFD	165	Tift, Anna W*	CRTN	380	Timmons, Mary	CLDN	191
Threat, Evan	CHFD	111	Tift, Louisa**	CHTN	208	Timmons, Mary	SPBG	377
Threat, Evan	CHFD	164	Tighe, Bernard	CHTN	487	Timmons, Morgan	MARN	34
Threat, H	CHFD	157	Tighe, Francis	CHTN	489	Timmons, Nancy	SPBG	365
Threat, J	CHFD	143	Tighe, Owen	COTN	330	Timmons, R M	MARN	56
Threat, James A	CHFD	154	Tignee, Barney*	CHTN	169	Timmons, S D	CHFD	116
Threat, James W	CHFD	154	Tigner, Jas P**	MARN	3	Timmons, S M	WMBG	318
Threat, Jno*	CHFD	163	Tiler, Wm*	CHTN	324	Timmons, Saml	CLDN	193
Threat, John A	CHFD	111	Till, Elizabeth*	COTN	260	Timmons, Sarah	CHFD	115
Threat, Martha	CHFD	162	Till, John	ORBG	403	Timmons, Thos M	CLDN	224
Threat, Mary	CHFD	159	Till, Lovy	ORBG	332	Timmons, W B	DLTN	393
Threat, Neal	CHFD	154	Till, Rebecca*	COTN	310	Timmons, W J	CLDN	223
Threat, P L	CHFD	165	Till, Wesley	ORBG	333	Timmons, William	GRVL	344
Threat, Stephen	CHFD	159	Tiller, Allen B	CHFD	171	Timmons, Wm H	SPBG	314
Threat, Thomas	CHFD	154	Tiller, Irwin	CHFD	172	Timmons, Wm R	SPBG	411
Threldkeld, W D	GRVL	378	Tiller, J J	KRSW	84	Timms, Ann	ADSN	316
Thriff, Geo*	NWBY	239	Tillison, Landrin**	SPBG	380	Timms, Anna	ADSN	316
Thrift, Allen	PKNS	61	Tillman, B P	EDFD	65	Timms, Charles	FAFD	223
Thrift, John*	NWBY	241	Tillman, Benjn A	HORY	59	Timms, Isaac	ADSN	316
Thrift, Loranza D	PKNS	191	Tillman, G D*	EDFD	106	Timms, Jesse	ADSN	316
Thrift, Pleasant M*	SPBG	260	Tillman, John M	HORY	59	Timms, John	PKNS	33
Thrift, Robert*	NWBY	284	Tillman, Kittie	ABVL	120	Timms, Lydia	ADSN	313
Thrift, Thomas	PKNS	61	Tillman, Mrs S A	EDFD	86	Timms, Thos T	CHTR	25
Thrift, William	NWBY	295	Tillotson, Mahala	SPBG	269	Timms, William	ADSN	316
Thrift, Wm H	PKNS	61	Tillotson, Ren	SPBG	228	Timno, E M	ADSN	278
Thrower, A	CHTN	121	Tillotson, Richard F	SPBG	310	Timns, John L*	YORK	395
Thrower, E L	CHTN	122	Tillue, W A	BNWL	435	Timons, Abraham	GRVL	473
Thrown, James	CHTN	497	Tilly, George D	ORBG	307	Timroe, Henry*	BUFT	19
Thruston, Bart	GRVL	441	Tilly, I S*	GETN	286	Tims, Elijah	ADSN	316
Thruston, Mary*	GRVL	466	Tilly, James*	BNWL	504	Tims, Garrison	ADSN	166
Thruston, Phebe*	GRVL	360	Tilly, Mary	ADSN	234	Tims, Joseph	CHTR	1
Thruwitts, J H	LXTN	459	Tilly, Washington*	GRVL	420	Tims, Madison*	YORK	376
Thule, John	CHTN	277	Tilmon, Charott	LCTR	172	Tims, Wm**	YORK	427
Thuling, Fritz	CHTN	500	Tilmon, John L	LCTR	149	Tinan, B*	CHTN	307
Thunderburk, Henry	CHFD	112	Tilton, H W	GETN	315	Tinchell, A H*	SPBG	213
Thunderburk, J C	CHFD	112	Tilton, J J*	WMBG	327	Tindal, David O	ORBG	318
Thurlkill, Jno*	EDFD	5	Tilton, Theodore W	CHTN	454	Tindal, Elizabeth	HORY	7
Thurlkill, Newton	PKNS	33	Tilton, Theodore W**	CHTN	293	Tindal, J G	HORY	10
Thurlow, William*	LCTR	167	Tilton, W J	WMBG	333	Tindal, Jackson	HORY	12
Thurman, Elisabeth	LCTR	143	Timanus, Emma E*	LRNS	244	Tindal, John	HORY	4
Thurman, Jno	CHFD	147	Timberlake, B	YORK	372	Tindal, Mary*	HORY	11
Thurmond, E	EDFD	104	Timberlake, Easter*	YORK	369	Tindal, Rebecca*	ORBG	367
Thurmond, G W	EDFD	64	Timberland, Chas*	CHTN	325	Tindal, Sam	BNWL	475
Thurmond, L**	EDFD	103	Timer, Stephen	NWBY	250	Tindal, Z A	BNWL	475
Thurmond, P D	EDFD	90	Timerans, W H	EDFD	8	Tindall, A J	CLDN	244
Thurmond, R M	EDFD	90	Times, Justin	SPBG	304	Tindall, A P*	CHTN	162
Thurmond, T O	EDFD	90	Timmans, Dr F R	EDFD	105	Tindall, Asa W	SPBG	301
Thurmond, Thos	EDFD	104	Timme, W O	CHTR	72	Tindall, B M	CLDN	197
Thurston, E M	CHTN	235	Timmerman, A J	EDFD	56	Tindall, Eliza	SMTR	155
Thurston, Eveline*	GRVL	435	Timmerman, B M	EDFD	121	Tindall, Emanuel	MARN	2
Thurston, Henry	BNWL	346	Timmerman, B W	EDFD	55	Tindall, H E	CLDN	196
Thurston, J W	CHTN	178	Timmerman, Ben	EDFD	55	Tindall, Hansford	LXTN	32
Thurston, J*	CHTN	370	Timmerman, C	EDFD	55	Tindall, Henry F	BNWL	358
Thurston, John*	RHLD	46	Timmerman, Capers*	ORBG	307	Tindall, J H	CLDN	204
Thurston, L W	GRVL	404	Timmerman, Capt J B	EDFD	54	Tindall, J W	ORBG	364

Name	Loc	Pg
Tindall, Jas S	CLDN	192
Tindall, Jno J	CLDN	211
Tindall, R E	CHTN	162
Tindall, Samuel J	CHTN	118
Tindall, Solomon	MARN	3
Tindol, Nehemiah	BUFT	56
Tindoll, Burrell*	CHTN	138
Tiner, Dorcas	CHFD	130
Tiner, Hugh	CHFD	105
Tiner, John C*	ADSN	187
Tines, Henry	NWBY	269
Tines, Henry*	RHLD	15
Tines, Jenny*	RHLD	43
Tinken, C A**	CHTN	514
Tinkler, H M	CHTR	57
Tinkler, H M	FAFD	214
Tinkler, Margaret	FAFD	264
Tinkler, Sarah	CHTR	57
Tinnies, Jeremiah	ADSN	176
Tinnies, John	ADSN	181
Tinsley, Abigal	GRVL	380
Tinsley, Brackins	GRVL	376
Tinsley, E C**	LRNS	222
Tinsley, Elijah	GRVL	462
Tinsley, Elizabeth	GRVL	376
Tinsley, Isaac	SPBG	349
Tinsley, Isaac C	SPBG	307
Tinsley, James	SPBG	347
Tinsley, John	GRVL	375
Tinsley, John W	GRVL	377
Tinsley, Margt**	LRNS	238
Tinsley, Neily	LRNS	243
Tinsley, Oney	SPBG	419
Tinsley, Perry	GRVL	376
Tinsley, R S	UNON	273
Tinsley, Read*	UNON	262
Tinsley, Samuel	CHTN	368
Tinsley, Samuel	GRVL	376
Tinsley, Sherwood	LRNS	227
Tinsley, T	SPBG	416
Tinsley, Waddy	GRVL	376
Tinsley, William	COTN	327
Tinsly, M W	SPBG	424
Tinsly, S P	SPBG	422
Tinson, Martha C*	GRVL	457
Tipper, Riley	BNWL	487
Tippins, J C	YORK	377
Tippins, Pleasant	GRVL	333
Tirner, James**	LCTR	214
Tisdale, Christopher C	SMTR	136
Tisdale, D M**	SMTR	173
Tisdale, J H	WMBG	321
Tisdale, Jno J	WMBG	520
Tisdale, M J	SMTR	167
Tisdale, Miss*	CHTN	327
Tisdale, S S	WMBG	320
Tisdale, Susan	SMTR	136
Tisdale, W T	WMBG	319
Tison, John A	BUFT	43
Tison, Reuben H	BUFT	72
Tison, William M	BUFT	70
Titmash, W*	WMBG	318
Titrell, Ellen*	CHTN	199
Tobia, Edmund	CHTN	511
Tobia, Mrs V	CHTN	350
Tobias, Augustus	CHTN	457
Tobias, E M	CLDN	219
Tobias, Friendly	CLDN	220
Tobias, Henry	CLDN	220
Tobias, J L	CHTN	219
Tobias, Jos**	CHTN	353
Tobias, T E	CLDN	220
Tobias, Th E	CLDN	221
Tobias, Thos N	CLDN	219
Tobias, Wm M	CLDN	217
Tobin, C F	BNWL	466
Tobin, Cornelius	BNWL	438
Tobin, Edmond	CHTN	511
Tobin, Jno E	BNWL	475
Tobin, John	CHTN	248
Tobin, John*	CHTN	255
Tobin, Mary*	CHTN	255
Tobin, Richard	CHTN	481
Tobins, Jno B**	CLDN	197
Todd, A	ADSN	221
Todd, A G	HORY	31
Todd, Andy	LRNS	351
Todd, Ann**	LRNS	245
Todd, Archibald	ADSN	259
Todd, Camilla*	CHTN	303
Todd, Chesnut	HORY	68
Todd, D W	HORY	1
Todd, Daniel A*	RHLD	49
Todd, Delia*	EDFD	82
Todd, Dorcas C*	HORY	10
Todd, Drury	NWBY	248
Todd, Eliza	HORY	9
Todd, Elizabeth*	NWBY	247
Todd, Elizabeth	PKNS	26
Todd, H D	LCTR	211
Todd, H J	HORY	18
Todd, Henry	HORY	63
Todd, J D	HORY	21
Todd, J R	HORY	19
Todd, James	ADSN	161
Todd, James	CHTN	434
Todd, James	PKNS	15
Todd, James A	PKNS	176
Todd, Jas	LRNS	299
Todd, Jas	LRNS	346
Todd, Jno H	LRNS	291
Todd, John G	RHLD	14
Todd, John S	SPBG	407
Todd, John W	HORY	51
Todd, Jos J	HORY	56
Todd, Jos R	HORY	32
Todd, Joseph	HORY	23
Todd, Joseph	HORY	52
Todd, L	HORY	9
Todd, L F	HORY	3
Todd, Margt	LRNS	243
Todd, Mary	ADSN	197
Todd, Mary	PKNS	78
Todd, N	LRNS	350
Todd, N C	LRNS	351
Todd, Olive	ADSN	221
Todd, Paul*	CHTN	303
Todd, R	HORY	32
Todd, R M	HORY	2
Todd, R P	LRNS	223
Todd, R W	ADSN	182
Todd, Robert F	PKNS	176
Todd, Robt	ADSN	246
Todd, S A	LRNS	351
Todd, Saml	LRNS	351
Todd, Saml R	LRNS	223
Todd, Sarah	RHLD	12
Todd, Silas	HORY	56
Todd, Solomon	HORY	31
Todd, Stephen	PKNS	182
Todd, T D	HORY	16
Todd, T F	LRNS	221
Todd, Thos L	LRNS	350
Todd, W G	HORY	18
Todd, W H	HORY	2
Todd, W S	HORY	3
Todd, W W	HORY	2
Todd, W W*	HORY	3
Todd, Wesley	HORY	48
Todd, William	LCTR	211
Todd, William	PKNS	19
Todd, William	PKNS	20
Todd, William A	SMTR	179
Todd, Wm P	ADSN	197
Todd, Wm	YORK	7
Toder, Caroline*	ABVL	51
Toglay, Ann*	CHTN	106
Toglay, Emily*	CHTN	106
Toland, Hugh	LRNS	344
Tolar, Hugh M*	MARN	132
Tolar, J H	KRSW	112
Tolar, R M	HORY	38
Tolar, Stephen	MRBO	164
Tolar, Thos B	MARN	132
Tolar, W J	HORY	38
Tolbert, Essey	LCTR	214
Tolbert, Joanna**	LCTR	203
Tolbert, Nancy	LCTR	203
Tolbert, Samuel	LCTR	205
Tolbert, Thomas	LCTR	204
Tolbert, Tilman**	LCTR	206
Toler, Philip	MRBO	190
Toler, R E	DLTN	372
Tolerson, John	UNON	279
Tolerson, Kasiah	UNON	279
Tolerson, Moses W	UNON	283
Tolerson, Tompson	PKNS	96
Tolin, David	ADSN	184
Tolin, Jacob	ORBG	356
Tolin, Walter H	ADSN	184
Tollar, Chas*	CHTN	255
Tolle, John	CHTN	505
Toller, Adam	CHTN	101
Tolles, Miss S	EDFD	97
Tolleson, Alfred	SPBG	311
Tolleson, Daniel	CHTR	31
Tolleson, James*	SPBG	222
Tolleson, Josephus	SPBG	313
Tolley, Mary E	CHTN	382
Tollis, Susan*	ADSN	284
Tollison, Daniel	GRVL	455
Tollison, Edward	GRVL	460
Tollison, Elizabeth	GRVL	370
Tollison, Hamp	GRVL	369
Tollison, Isaac	GRVL	424
Tollison, James	PKNS	31
Tollison, John	GRVL	457
Tollison, Martin	SPBG	318
Tollison, Stephen	GRVL	460
Tollison, Thomas	GRVL	460
Tollison, Thos	GRVL	458
Tollison, Wilson	GRVL	460
Tolloson, Amos	GRVL	459
Tolly, G F	ADSN	260
Tollz, G F	ADSN	260
Tolmie, Christie	KRSW	100
Tolson, Chas*	DLTN	383
Tolson, Geo W	MARN	25
Tolson, Jno	DLTN	394
Tolston, Book*	SMTR	107
Tomas, E*	WMBG	312
Tomas, E*	WMBG	313
Tomas, Edward	YORK	439
Tomas, John*	PKNS	114
Tomason, F B	YORK	426
Tomason, Pollard	YORK	410
Tomby, John L	ADSN	259
Tomilson, John J*	YORK	370
Tomlin, Jno	LRNS	278
Tomlin, Joel F	LRNS	293
Tomlin, John	YORK	369
Tomlin, Leander*	YORK	408
Tomlin, Silas	LRNS	301
Tomlins, W	LRNS	274
Tomlinson, Arthur	SMTR	104
Tomlinson, Ira	SMTR	106
Tomlinson, John C C	SMTR	106
Tomlinson, Jos	CHTN	343
Tomlinson, Lorenza	SMTR	138
Tomlinson, Martha**	CHFD	187
Tomlinson, Mary*	YORK	402
Tomlinson, Peggy*	YORK	409
Tomlinson, R	CLDN	230
Tomlinson, Samuel	SMTR	106
Tomlinson, Sarah	SMTR	106
Tomlinson, T H	CHFD	181
Tomlinson, Wm	YORK	409
Tomly, Joseph R	CHTN	176
Tompkins, Aaron	HORY	37
Tompkins, Cochran	HORY	15
Tompkins, Col J W	EDFD	97
Tompkins, D O	EDFD	120
Tompkins, E B	HORY	16
Tompkins, Eli	HORY	18
Tompkins, Gabriel	HORY	18
Tompkins, I	HORY	15
Tompkins, James	EDFD	103
Tompkins, John	ADSN	334
Tompkins, John*	EDFD	145
Tompkins, Kenneth	HORY	13
Tompkins, Lavinia*	HORY	37
Tompkins, Loveless	HORY	28
Tompkins, M	GETN	311
Tompkins, Nicey	HORY	58
Tompkins, S	EDFD	115
Tompkins, S S	EDFD	109
Tompkins, Saml G	HORY	55
Tompkins, Samuel*	EDFD	137
Tompkins, Sarah*	HORY	14
Tompkins, Thomas	PKNS	149
Tompkins, Thomas	HORY	64
Tompkins, Willis	HORY	28
Tompkins, Willis	HORY	30
Tompkins, Wm	EDFD	96
Tompson, Edwin J	SMTR	106
Tompson, Elizabeth	SMTR	150
Tompson, Mahala**	HORY	18
Tompson, Mary	HORY	18
Tompson, Oliver	PKNS	86
Toney, G J	BNWL	413
Toney, Geo*	EDFD	106
Toney, Mrs R	EDFD	3
Toney, Saml	LXTN	462
Toney, William	SPBG	245
Toney, William	EDFD	17
Tonges, John J*	CHTN	433
Tonley, J A*	CHFD	181
Tons, Henry**	CHTN	476
Toohy, Miss*	CHTN	319
Tool, Ann	BNWL	429
Tool, C D	BNWL	431
Tool, David	BNWL	435
Tool, Elizabeth	BNWL	432
Tool, G L	BNWL	424
Tool, Gerry	BNWL	432
Tool, Jasper	BNWL	427
Tool, Manning	BNWL	431
Tool, Merit	BNWL	430
Tool, Stephen Jr	BNWL	431
Tool, Stephen Sr	BNWL	431
Tool, Tabitha	BNWL	433
Tool, Walter T	BNWL	401
Tool, Warren	BNWL	432
Toole, Stephen*	BNWL	468
Tooley, Mrs Martha*	CHTN	241
Tooly, Ellen	GRVL	440
Toomer, A V	CHTN	112
Toomer, E O	CHTN	397
Toomer, Hennitta*	CHTN	325
Toomer, Henry L	CHTN	459
Toomer, John R	BUFT	96
Toomer, Joshua	CHTN	112
Toomer, M E**	CHTN	383
Toomer, M P**	CHTN	397
Toomer, Martha*	CHTN	325
Toomer, Mrs A	CHTN	353
Toomer, Mrs E	CHTN	327
Toomer, N L	CHTN	104
Toomer, Robt	CHTN	347
Topin, W	CHTN	226
Toppin, John*	BNWL	375
Torbett, Jas*	EDFD	97
Torbit, John	CHTR	38
Torbit, T	CHTR	56
Tore, Salvo*	CHTN	246
Tork, J H	CHTN	356
Torlay, Joseph A	CHTN	383
Torley, Jno	CHTN	305

Name	Loc	Pg	Name	Loc	Pg	Name	Loc	Pg
Torpe, James**	CHTN	294	Trammell, Daniel	GRVL	441	Tripp, Ann	ADSN	167
Torpy, Ellen	CHTN	251	Trammell, Flemming	GRVL	345	Tripp, Burnett*	CHTN	190
Torrain, Alonzo**	YORK	372	Trammell, Hannah*	GRVL	389	Tripp, Elizabeth	GRVL	367
Torrance, Sarah	RHLD	78	Trammell, Jakial	GRVL	346	Tripp, Harvey	ADSN	182
Torrence, Betcy*	YORK	437	Trammell, Jeremiah	GRVL	441	Tripp, J A	COTN	355
Torrence, M O*	CHTR	73	Trammell, Jeremiah Jr	GRVL	347	Tripp, Joseph J*	RHLD	53
Torrent, John	CHTN	294	Trammell, Jesse	GRVL	346	Tripp, Nicholas	ADSN	321
Torrent, Miss*	CHTN	320	Trammell, Medida*	GRVL	345	Tripp, O R	GRVL	513
Torrents, Lucinda	RHLD	58	Trammell, Merrel*	GRVL	345	Tripper, Tristram	CHTN	190
Torry, Miss Ann	CHTN	229	Trammell, Milton	SPBG	415	Trist, John C	CHTN	206
Touch, Caroline	CHTN	255	Trammell, Wilson	GRVL	345	Trittan, Geo H	BUFT	9
Touchberry, H F	CLDN	194	Trampus, G W	SPBG	329	Trobridge, S F**	GRVL	422
Touchberry, T J	CLDN	195	Trandman, Jos	CHTN	197	Trocet, Wm	COTN	329
Touchberry, T T	CLDN	195	Trane, Olin	SPBG	334	Trollenger, Ellen	SPBG	236
Touchstone, Ann*	COTN	268	Trantham, Effie	CHFD	108	TRollinger, Elizabeth	SPBG	199
Touchstone, John	COTN	314	Trantham, J T	KRSW	77	Trollinger, William	SPBG	211
Tower, Eli*	RHLD	46	Trapier, Julia	GETN	315	Trott, E M	CHTN	239
Tower, Torontes	RHLD	35	Trapier, Paul	KRSW	137	Trott, Mrs**	CHTN	233
Towers, A B	ADSN	258	Trapier, R S	COTN	370	Trott, S E**	KRSW	131
Towers, Leonard	PKNS	37	Trapmann, Wm H	CHTN	230	Trott, S F*	FAFD	276
Towhile, Daniel	CHTN	258	Trapp, C O	FAFD	211	Trotte, S W	BNWL	445
Towhy, Michael*	CHTN	248	Trapp, John	EDFD	131	Trotter, Elizabeth*	PKNS	124
Towles, R S	EDFD	140	Trapp, L K	FAFD	215	Trotter, H	EDFD	184
Townes, Caroline*	GRVL	408	Trapp, Mary	FAFD	225	Trotter, Henry	PKNS	122
Townes, G F	GRVL	416	Trapp, Mary	FAFD	214	Trotter, Henry	PKNS	194
Townes, S A	GRVL	350	Trapp, N W	KRSW	111	Trotter, Hiram	PKNS	19
Townes, W A	GRVL	328	Trapp, Thomas C	RHLD	71	Trotter, J M	EDFD	184
Townes, Wm	ADSN	199	Trapp, W C	FAFD	215	Trotter, James*	GRVL	415
Townley, John	RHLD	13	Trapp, W H	FAFD	215	Trotter, James	PKNS	137
Towns, E W	BNWL	500	Trapp, Wm	FAFD	232	Trotter, Jane	PKNS	155
Towns, Jno	CHFD	153	Trash, Sarah A*	SPBG	366	Trotter, Jane E	PKNS	155
Townsend, A F	EDFD	141	Traux, Maria*	KRSW	123	Trotter, John R	PKNS	155
Townsend, A H	SPBG	243	Travers, Susan	BUFT	50	Trotter, Mary	EDFD	156
Townsend, A W*	RHLD	21	Traxler, David*	COTN	343	Trotter, Milledge**	EDFD	51
Townsend, Benj	GRVL	424	Traxler, George	COTN	338	Trotter, Milly*	EDFD	144
Townsend, C Pinckney	MRBO	197	Traxler, John	COTN	339	Trotter, Nancy	PKNS	139
Townsend, Charlotte	MARN	17	Trayham, Thos	ADSN	177	Trotter, Robert	PKNS	119
Townsend, D J	COTN	370	Trayinhan, N	GRVL	425	Trotter, Robert	PKNS	122
Townsend, Daniel	COTN	370	Traylor, Louisa	ABVL	45	Trotter, W P*	EDFD	185
Townsend, Danl	MARN	39	Trayman, Frances	ADSN	301	Trotter, William	PKNS	138
Townsend, Eleanor**	MRBO	199	Traynaham, C	GRVL	431	Troublefield, Cath	CHTN	504
Townsend, Elias	MARN	137	Traynaham, W T	GRVL	426	Troublefield, John*	HORY	10
Townsend, Elizabeth	GRVL	501	Traynahan, Ely	GRVL	431	Trout, Thomas B	CHTN	418
Townsend, Frank	MRBO	156	Traynahan, R S	GRVL	431	Troutman, James	ORBG	307
Townsend, Henry	MRBO	153	Traynham, Jno G	LRNS	224	Troutman, Paul	NWBY	248
Townsend, J N	MRBO	158	Treadaway, Geo W*	PKNS	57	Trowbridge, M	GRVL	457
Townsend, Jacob R	MARN	113	Treadaway, Harriet	ADSN	269	Trowell, Adelaid*	ADSN	260
Townsend, James Albert	MRBO	154	Treadaway, Wm H*	PKNS	57	Trowell, Johnathan	COTN	286
Townsend, Joel W	ABVL	83	Treadwell, William	ORBG	406	Trowell, Jonas	COTN	362
Townsend, John	COTN	322	Treadwell, Wm	SPBG	384	Trowell, Mary P E*	BUFT	67
Townsend, John H*	RHLD	53	Treawick, C L	MRBO	177	Trowell, Sarah E	BUFT	74
Townsend, Light	MRBO	167	Tredaway, Iverson	BNWL	426	Trowell, Thos	BUFT	58
Townsend, Lucius*	MRBO	158	Tredaway, Missouria*	BNWL	426	Troy, Edmund*	ABVL	70
Townsend, M A	RHLD	22	Tredaway, Wm	BNWL	413	Troy, James	RHLD	30
Townsend, M S	COTN	325	Tredway, Mrs S	EDFD	24	Troy, Thomas*	CHTN	418
Townsend, Maj B D	MRBO	161	Treeman, J*	COTN	280	Truck, Clarane A	CHTN	447
Townsend, Mary*	MRBO	142	Tremder, Charles*	CHTN	270	True, Saml	FAFD	216
Townsend, Mary C***	RHLD	83	Tremnel, William	SMTR	131	True, Thos	FAFD	214
Townsend, R E	MRBO	154	Trenholm, E L	CHTN	355	Truelock, Ebeneaser B	SMTR	104
Townsend, Rachel	MRBO	156	Trenholm, George A	CHTN	449	Truelock, George W**	SMTR	104
Townsend, S J	MRBO	152	Trenholm, L M*	DLTN	381	Truelock, John	SMTR	104
Townsend, S W	GRVL	460	Trenholm, P C	CHTN	355	Truelock, John T	SMTR	104
Townsend, Samuel	RHLD	31	Trenton, Henry F*	RHLD	88	Truemane, L L	CHFD	126
Townsend, Susan E*	RHLD	54	Trescot, Hariot	CHTN	502	Truesdale, David	CHTN	103
Townsend, Susan**	CHTN	346	Trescott, Ann*	BUFT	4	Truesdel, B	KRSW	96
Townsend, W H*	BNWL	466	Trescott, Boquet*	BUFT	4	Truesdel, D	KRSW	100
Townsend, William	MRBO	156	Trescott, Elvira	BUFT	4	Truesdel, J*	KRSW	96
Townsend, Wm L*	MRBO	189	Trescott, L E**	CHTN	218	Truesdel, J H	KRSW	96
Townson, J T	SPBG	347	Trescott, Lewis	CHTN	218	Truesdel, Jesse	KRSW	96
Toy, Andrew	CHTN	427	Tresvant, J D	ORBG	317	Truesdel, Jesse E	KRSW	95
Toy, James*	CHTN	427	Trevet, Lewis H	RHLD	40	Truesdel, Jesse T	KRSW	100
Toy, Joseph*	CHTN	427	Trevett, J*	FAFD	204	Truesdel, S J	KRSW	95
Toy, Mary*	CHTN	429	Trevett, L M	FAFD	209	Truesdel, Wm M***	KRSW	97
Toy, Mary J*	CHTN	429	Trezevant, Duriah*	CHTN	240	Truesdell, John	YORK	395
Toy, Rose*	CHTN	473	Trezvant, D H	RHLD	57	Truet, Clinton*	BNWL	476
Toy, Thomas*	CHTN	427	Trezvant, George S	RHLD	24	Truett, J C	BNWL	443
Toy, William H	RHLD	58	Tribble, A K	NWBY	270	Truitt, Amos	DLTN	472
Toy, William*	CHTN	427	Tribble, C W	NWBY	238	Truitt, Danl	DLTN	426
Toyer, Richard*	RHLD	45	Tribble, E F	ADSN	270	Truitt, E M J	DLTN	428
Toyes, Lewis	CHTN	514	Tribble, E K	LRNS	318	Truitt, Eliz	DLTN	419
Tracey, william	UNON	217	Tribble, Elijah	LRNS	305	Truitt, Eliz*	DLTN	445
Tracy, Carlos	COTN	318	Tribble, Geo T	LRNS	304	Truitt, Hannah	DLTN	427
Tracy, Franklin*	UNON	227	Tribble, J R	LRNS	318	Truitt, Hannah	DLTN	428
Tracy, Frederick S*	GRVL	402	Tribble, R O	PKNS	55	Truitt, Henry	DLTN	440
Tracy, G B	UNON	220	Tribble, Richardson	ADSN	270	Truitt, Henry	DLTN	473
Tracy, George*	CHTN	471	Trible, Dr Geo W*	ABVL	88	Truitt, Jno C	DLTN	389
Tracy, J D*	BNWL	460	Trible, Ezekiel	ABVL	24	Truitt, Rebecca	DLTN	428
Tracy, Thos**	CHTN	214	Trible, John	ADSN	210	Truitt, Thomas	DLTN	474
Tradewell, Francis A	RHLD	39	Trible, John	LRNS	308	Truitt, Williams	ABVL	42
Tradewell, James D	RHLD	25	Trible, Mary E**	ABVL	108	Truluck, Jas P	CLDN	233
Tradewell, Mary E*	EDFD	56	Trible, S W	ADSN	206	Trum, Delesta P*	CHTN	231
Trager, Henry	PKNS	37	Trible, Samuel W	ABVL	122	Truman, Wm**	SPBG	420
Trahy, Alice*	CHTN	305	Trible, Stephen M	ABVL	148	Trumbo, C C	CHTN	230
Trailor, Nancy B	FAFD	268	Trier, William*	CHTN	253	Trumbull, Jas	CHTN	199
Train, H*	CHTN	264	Triler, G W*	GRVL	468	Trusdal, Jas R	LCTR	209
Train, Hugh F	BUFT	19	Trimgle, Jaems	RHLD	92	Trusdal, Mary A	LCTR	211
Trainum, Jackson*	PKNS	146	Trimmell, Wiley	SMTR	129	Trusdal, Mary M	LCTR	213
Trainum, Jeremiah	PKNS	147	Trimnal, Robt	KRSW	111	Trusdal, Rebecca	LCTR	209
Trainum, Willis	PKNS	151	Trimnel, Joseph B	SMTR	123	Trusdel, Jesse	KRSW	73
Tralock, Lucy*	CHFD	134	Trimnel, Thomas	SMTR	151	Truslow, William	BUFT	52
Tralor, Thos W*	FAFD	261	Trip, Elias	PKNS	162	Trussel, J J	CHTN	464
Traly, T	LXTN	375	Trip, Richard H	PKNS	166	Trussel, Wm	CHTR	32
Trammel, Pinckney	PKNS	107	Triplet, M	EDFD	117	Trussill, Rhodam	ADSN	192
Trammel, Rachel	PKNS	187	Triplet, M A	EDFD	117	Tryley, Joshwa	BNWL	394
Trammell, C P	GRVL	344	Triplet, Milchea	CHTR	16	Tubberville, J D*	GETN	296
Trammell, Claborn	GRVL	466	Triplet, Thos A	CHTR	2	Tubeville, T*	MARN	39

Name	Loc	Pg	Name	Loc	Pg	Name	Loc	Pg
Tuck, John	SPBG	205	Turbeville, Hannah	MARN	60	Turner, Elizabeth	GRVL	390
Tuck, Robt E*	SPBG	213	Turbeville, J M*	MARN	40	Turner, Elizabeth	SPBG	345
Tuck, W J	SPBG	198	Turbeville, Jno	DLTN	458	Turner, Elizabeth	SPBG	346
Tuck, William	SPBG	198	Turbeville, John	MARN	12	Turner, Elizabeth*	EDFD	159
Tucken, Anna*	ORBG	406	Turbeville, John	MARN	122	Turner, Elliott	SPBG	280
Tucker, Ann	CHTN	521	Turbeville, Joseph J*	HORY	71	Turner, Ellis	PKNS	68
Tucker, Ann A	CHTN	477	Turbeville, Mary	MARN	80	Turner, Emanuel	LXTN	462
Tucker, Ann	CLDN	198	Turbeville, Peter*	MARN	51	Turner, Everett	CLDN	208
Tucker, B F	SPBG	422	Turbeville, R	MARN	53	Turner, F	CHFD	180
Tucker, Bartley	ABVL	112	Turbeville, Rebecca	MARN	51	Turner, F S	SPBG	284
Tucker, Bartley S	ABVL	113	Turbeville, Richard	MARN	67	Turner, Fanny*	CHTN	304
Tucker, Campbell	ADSN	251	Turbeville, Robt**	MARN	40	Turner, Francis	SPBG	209
Tucker, Caroline*	ABVL	2	Turbeville, Saml	MARN	83	Turner, G M	KRSW	103
Tucker, Catharine	CHTN	411	Turbeville, Sol*	MARN	52	Turner, G W	ADSN	169
Tucker, Charles*	ABVL	2	Turbeville, Solomon	MARN	129	Turner, Geo	EDFD	14
Tucker, D	ADSN	225	Turbeville, Thos	MARN	9	Turner, Geo**	SPBG	298
Tucker, D Sr	ADSN	228	Turbeville, Thos T*	HORY	62	Turner, George	YORK	425
Tucker, Daniel	GETN	300	Turbeville, Willis	MARN	40	Turner, George W	BNWL	380
Tucker, Elijah	UNON	245	Turbeville, Willis*	MARN	128	Turner, H A	HORY	49
Tucker, Elizabeth**	FAFD	264	Turbeville, Wm	MARN	7	Turner, H F**	BNWL	489
Tucker, F M.	SPBG	356	Turbeville, Wm	MARN	18	Turner, H M	EDFD	53
Tucker, Gabe	CLDN	198	Turbeville, Wm	HORY	71	Turner, H R*	EDFD	53
Tucker, Geo*	CHTN	258	Turbwells, M D	CLDN	241	Turner, Henry M	SPBG	254
Tucker, Geo	LRNS	345	Turk, Martin	CHTN	242	Turner, Henry*	NWBY	264
Tucker, George	UNON	207	Turkett, Allan	FAFD	219	Turner, Henry	PKNS	118
Tucker, George Jr	UNON	207	Turlis, Capt F	CHTN	227	Turner, Henry F	SPBG	201
Tucker, George*	COTN	350	Turman, Augusta	ABVL	7	Turner, Hugh	NWBY	271
Tucker, H M**	CHTN	483	Turman, Betsey*	ABVL	4	Turner, Hugh	MARN	33
Tucker, Hamilton*	EDFD	98	Turman, David*	ABVL	7	Turner, Isham	MARN	36
Tucker, Harriet*	COTN	353	Turman, George*	ABVL	4	Turner, Isham	MRBO	200
Tucker, Harrison	ADSN	228	Turman, Jacob	ABVL	7	Turner, J B	SPBG	421
Tucker, Henry M	GETN	322	Turman, Susan**	ABVL	2	Turner, J B	ADSN	181
Tucker, Hudson	ABVL	85	Turman, Tempa	ABVL	6	Turner, J C	BNWL	441
Tucker, Isaac R	ORBG	405	Turman, Willis	ABVL	6	Turner, J C	MARN	100
Tucker, J H	GETN	300	Turn, Mary**	CHTN	194	Turner, J C C	GRVL	403
Tucker, James	ADSN	219	Turnage, A C	CHFD	116	Turner, J C C*	NWBY	262
Tucker, James	COTN	276	Turnage, Bethy	CHFD	103	Turner, J D	EDFD	12
Tucker, James A	UNON	206	Turnage, Betsy*	CHFD	43	Turner, J D	MARN	58
Tucker, James*	ORBG	347	Turnage, Henry	ABVL	18	Turner, J G	BNWL	426
Tucker, Jas	SPBG	426	Turnage, James	CHFD	139	Turner, J H	SPBG	409
Tucker, Jerry*	ABVL	2	Turnage, Jno	CHFD	108	Turner, J L	WMBG	315
Tucker, Jno L	YORK	493	Turnage, Luisa	CHFD	107	Turner, J R	BNWL	380
Tucker, Joel T	RHLD	65	Turnage, Luke	MRBO	185	Turner, J W	LRNS	253
Tucker, John J	ABVL	113	Turnage, Ohika*	CHFD	102	Turner, James*	MRBO	200
Tucker, John T	ADSN	225	Turnage, Robt	CHFD	108	Turner, James	HORY	42
Tucker, John W S	BNWL	355	Turnage, Wm**	CHFD	108	Turner, James	SPBG	269
Tucker, Jos R	GETN	300	Turnblestone, Henry	COTN	342	Turner, James	MARN	131
Tucker, Joseph**	COTN	350	Turnbull, Andrew	CHTN	435	Turner, James	EDFD	169
Tucker, Joseph	COTN	357	Turnbull, Ennet	CHTN	289	Turner, James	MARN	23
Tucker, Louis**	CHTN	458	Turnbull, Henry*	PKNS	161	Turner, James	EDFD	3
Tucker, Margaret	GRVL	381	Turnbull, Mrs Maria	CHTN	230	Turner, James A	LCTR	150
Tucker, Maria	ABVL	119	Turnbull, Robin*	ABVL	93	Turner, Jane	SPBG	244
Tucker, Mary**	RHLD	55	Turnbull, Robt*	CHTN	297	Turner, Jas	MARN	33
Tucker, May*	SPBG	379	Turnegine, Frank*	CHFD	184	Turner, Jas	SPBG	208
Tucker, Nancy*	RHLD	54	Turner, A*	MARN	88	Turner, Jas A	ADSN	248
Tucker, R	CHFD	156	Turner, A G	EDFD	16	Turner, Jas C	SPBG	300
Tucker, Rebecca J*	GRVL	382	Turner, A P	PKNS	18	Turner, Jas M*	SPBG	199
Tucker, Reddin	BNWL	365	Turner, A R	SPBG	288	Turner, Jas W*	EDFD	52
Tucker, Robert A	ABVL	107	Turner, A Y	FAFD	264	Turner, Jeptha	SPBG	377
Tucker, Robt	PKNS	100	Turner, Adam	DLTN	431	Turner, Jerry*	YORK	409
Tucker, Saml*	ABVL	2	Turner, Adophus	SPBG	210	Turner, Jesse	EDFD	149
Tucker, Saml W	SPBG	364	Turner, Alberry	SPBG	227	Turner, Jno	CHFD	105
Tucker, Sarah*	CLDN	222	Turner, Alex	BNWL	425	Turner, Jno	CHFD	142
Tucker, T	EDFD	98	Turner, Alexr	ABVL	78	Turner, Jno	EDFD	15
Tucker, T, Adr J Blackwell	EDFD	98	Turner, Alfred	BNWL	440	Turner, Jno	EDFD	26
Tucker, Thos M	ABVL	112	Turner, Alfred	GRVL	347	Turner, Jno	SPBG	287
Tucker, W Hyn	GETN	322	Turner, Alfred	SPBG	403	Turner, Jno H**	SPBG	257
Tucker, W J T	UNON	208	Turner, Allen	EDFD	144	Turner, Joel	MARN	86
Tucker, W M*	CHTN	370	Turner, Andrew	NWBY	264	Turner, John	SPBG	199
Tucker, W P	GRVL	443	Turner, Ann	CHTN	491	Turner, John K	MARN	63
Tucker, Wesley	ABVL	119	Turner, Ann	PKNS	152	Turner, John M*	BNWL	398
Tucker, William A	ABVL	4	Turner, Aren	CHFD	105	Turner, John Sr	EDFD	11
Tucker, William H	BUFT	31	Turner, Arthur N	SPBG	296	Turner, John*	GRVL	403
Tucker, William J	RHLD	25	Turner, B	WMBG	356	Turner, John L	GRVL	471
Tucker, Willis	UNON	242	Turner, Barbara	YORK	504	Turner, John*	EDFD	192
Tucker, Wm	ADSN	215	Turner, Barbary*	SPBG	299	Turner, John	KRSW	83
Tucker, Woodem	RHLD	93	Turner, Benj	MARN	33	Turner, John*	HORY	56
Tuckett, Turner	FAFD	211	Turner, Benj J	KRSW	119	Turner, John	YORK	504
Tuffnell, Elizabeth*	ADSN	291	Turner, Benj W	MARN	64	Turner, John	GRVL	435
Tulley, John	COTN	316	Turner, Benson	PKNS	69	Turner, John	LRNS	241
Tulley, T	EDFD	98	Turner, Bernard	RHLD	30	Turner, John	MARN	55
Tullis, Elisha*	ABVL	5	Turner, Berry	PKNS	152	Turner, John	MRBO	143
Tullis, Sabry*	ABVL	6	Turner, Betsy	CHTN	304	Turner, John	PKNS	133
Tully, Mary*	CHTN	244	Turner, C C	EDFD	15	Turner, John	ABVL	92
Tully, Robert*	GRVL	414	Turner, C P	SPBG	257	Turner, John	UNON	216
Tumblestone, Charles A	COTN	368	Turner, C W	UNON	272	Turner, John	FAFD	264
Tumblestone, Henry	COTN	369	Turner, Calvin	SPBG	200	Turner, John	CHTN	383
Tunno, E M	ADSN	278	Turner, Can	FAFD	238	Turner, John D*	SMTR	165
Tunno, Jane	GETN	291	Turner, Caroline*	DLTN	375	Turner, Jonathan	GRVL	437
Tunno, Margarit*	CHTN	107	Turner, Carter	GRVL	471	Turner, Joseph	BNWL	426
Tunstall, Margt	CLDN	234	Turner, Clary	GRVL	517	Turner, Joseph	GRVL	379
Tunstall, Mary F**	HORY	13	Turner, D L	EDFD	30	Turner, Joseph	UNON	198
Tupper, James	CHTN	373	Turner, Daniel	MARN	129	Turner, Joseph	YORK	416
Tupper, S Y	CHTN	373	Turner, Daniel	BNWL	425	Turner, Joseph*	LXTN	448
Tupper, Tristano	CHTN	225	Turner, Danl	EDFD	4	Turner, Joshua	ABVL	78
Tupper, Tristram	CHTN	190	Turner, David	COTN	342	Turner, Kinsey	SPBG	243
Tupperfield, S H	GRVL	395	Turner, David E	YORK	435	Turner, Kitsey**	MARN	15
Turbeville, Allard*	HORY	61	Turner, E J	MARN	34	Turner, L A	SPBG	218
Turbeville, Ann*	MARN	52	Turner, E W	SPBG	197	Turner, L L*	SPBG	202
Turbeville, Asa	MARN	5	Turner, Edith	SPBG	200	Turner, Lafayette	LRNS	244
Turbeville, Bethel	MARN	38	Turner, Edward	YORK	480	Turner, Lemuel	PKNS	122
Turbeville, Celia*	MARN	9	Turner, Elias	GRVL	437	Turner, Levi	MRBO	143
Turbeville, Damaris*	HORY	62	Turner, Elias D	DLTN	434	Turner, Lindsay*	MARN	24
Turbeville, Elisabeth	MARN	38	Turner, Elisabeth*	MARN	130	Turner, Loney	SMTR	164
Turbeville, Eliza	MARN	17	Turner, Eliz	DLTN	434	Turner, Lucy	PKNS	161
Turbeville, Geo	MARN	38	Turner, Elizabeth	BNWL	380	Turner, Lydia	MARN	81

Name	Loc	Pg	Name	Loc	Pg	Name	Loc	Pg
Turner, M A	EDFD	119	Turner, Wm	BNWL	419	Ufferhart, T	CHTN	297
Turner, M W	MARN	85	Turner, Wm M	EDFD	189	Ul, Dargen*	ADSN	223
Turner, Marcus	BNWL	443	Turner, Zeddie	EDFD	151	Ul, Martha*	ADSN	224
Turner, Martha	EDFD	147	Turney, John	YORK	410	Uldric, Elizabeth*	ABVL	113
Turner, Martha*	EDFD	92	Turnipseed, Abner	FAFD	218	Uldrick, John D	ABVL	102
Turner, Martha*	YORK	509	Turnipseed, Adam F	RHLD	68	Uldrick, John E**	ABVL	100
Turner, Martin	MARN	50	Turnipseed, B R	RHLD	70	Ulme, P H	CHTN	352
Turner, Martin	EDFD	11	Turnipseed, Edward B	RHLD	70	Ulmer, B D*	ORBG	313
Turner, Mary	SMTR	164	Turnipseed, Felix	RHLD	70	Ulmer, Ellen*	ORBG	408
Turner, Mary*	CHFD	166	Turnipseed, James	RHLD	70	Ulmer, Elnora*	ORBG	322
Turner, Mary*	RHLD	6	Turnipseed, Mary S*	RHLD	68	Ulmer, Ephraim	BNWL	482
Turner, May*	CHTN	306	Turnipseed, Pottey	RHLD	71	Ulmer, F	ORBG	307
Turner, Milledge	EDFD	145	Turnipseed, George	NWBY	278	Ulmer, G P	ORBG	307
Turner, Miss C*	ABVL	68	Turnipseed, Owens**	NWBY	300	Ulmer, George J**	ORBG	313
Turner, Miss Lizzie*	NWBY	270	Turns, Mary	CHTN	213	Ulmer, Henry D	BUFT	88
Turner, Moses	SPBG	269	Turpin, J M A	GRVL	516	Ulmer, Irvin*	ORBG	332
Turner, Mrs H*	EDFD	25	Turpin, Louisa	CHTN	418	Ulmer, J B	COTN	279
Turner, N	CHFD	105	Turpin, Rachel**	CHTN	381	Ulmer, John B	BUFT	76
Turner, Nancy	SPBG	200	Turpin, Rosalie*	GRVL	412	Ulmer, Mary E	ORBG	359
Turner, Nancy	CHFD	154	Turpin, Thomas	GRVL	470	Ulmer, Massey	ORBG	348
Turner, Nancy	KRSW	101	Turpin, Toney*	CHTN	121	Ulmer, Melton	ORBG	342
Turner, Nancy	BNWL	424	Turpin, Wm	CHTN	121	Ulmer, Milton	COTN	279
Turner, Nancy**	SPBG	267	Turridge, Henry	ABVL	18	Ulmer, Olin*	ORBG	322
Turner, Nancy	UNON	188	Turridge, Jas	ABVL	17	Ulmer, Peter	BNWL	364
Turner, Nathan	PKNS	181	Tustan, H T	ADSN	178	Ulmer, Rebecca A	BUFT	92
Turner, Newton*	ABVL	143	Tuten, A Green	BUFT	59	Ulmer, Thos M	BUFT	91
Turner, P	MARN	57	Tuten, Burwell	BUFT	87	Ulmer, Wm T	BNWL	486
Turner, P M	WMBG	354	Tuten, C A S*	BUFT	55	Umphres, Burnice*	LCTR	178
Turner, P W	SPBG	288	Tuten, Felix W	BUFT	87	Umphrey, Wm	MARN	102
Turner, Peggy	ABVL	72	Tuten, Fredk J	BUFT	41	Umphries, Joseph	YORK	421
Turner, Priscilla*	RHLD	45	Tuten, George W	BUFT	59	Umth, Charles	CHTN	197
Turner, Prisha	GRVL	442	Tuten, Isaac	BUFT	19	Underlick, E E*	CHTN	218
Turner, R	EDFD	188	Tuten, Jasper T	BUFT	56	Underwood, Avalina	SPBG	322
Turner, R	MARN	57	Tuten, Jerry N	BUFT	49	Underwood, Harvy	SPBG	317
Turner, R K*	SPBG	281	Tuten, John A	CHTN	116	Underwood, Isabel*	CHTN	372
Turner, R M	KRSW	114	Tuten, John A J	BUFT	32	Underwood, Jane**	ABVL	151
Turner, Rachael**	MARN	88	Tuten, Jonathan	BUFT	32	Underwood, Jefferson	GRVL	395
Turner, Raiford*	ABVL	70	Tuten, Joseph J	BUFT	32	Underwood, Milton	GRVL	394
Turner, Rebecca	SPBG	314	Tuten, Louisa*	BUFT	67	Underwood, Polly	YORK	407
Turner, Reuben R	BUFT	61	Tuten, Martha	BUFT	56	Underwood, Richard	PKNS	160
Turner, Richard*	BUFT	41	Tuten, Thomas*	COTN	366	Underwood, Wm	SPBG	423
Turner, Richardson	CHTN	373	Tuten, Thos T	BUFT	84	Unger, David W*	LXTN	430
Turner, Richd	SPBG	199	Tuten, W H	BUFT	44	Unger, Sally	LXTN	430
Turner, Robinson	YORK	394	Tuten, William P	BUFT	56	Unzell, Jas	KRSW	121
Turner, Robt	YORK	423	Tuten, Wm J	BUFT	32	Upperman, Wm	PKNS	22
Turner, Robt	EDFD	56	Tuten, Wm R	BUFT	88	Upson, Holly*	CHTR	76
Turner, Robt	MARN	86	Tutle, Obadiah	COTN	357	Upson, J D*	EDFD	126
Turner, Robt A*	YORK	472	Tutt, C G	BNWL	444	Uptegrove, W G	GETN	296
Turner, Robt F	CLDN	206	Tutt, E F	BNWL	344	Uptegrove, Wm J	GETN	295
Turner, Robt*	MARN	41	Tuttle, Robert	CHTN	177	Upton, David*	COTN	267
Turner, Robt Sr	MARN	86	Tuttle, Susan W	GETN	290	Uray, Harman*	CHTN	379
Turner, Rosanna*	NWBY	229	Tweed, Thomas*	CHFD	188	Ursry, John	GRVL	512
Turner, Rutha	MRBO	176	Tweed, Susannah*	KRSW	132	Usery, Sarah C*	LCTR	189
Turner, S C	CHTN	490	Tweed, Thomas*	UNON	231	Usher, Charles*	MRBO	155
Turner, Sally	BNWL	443	Tweedy, Wm*	CHTN	479	Usher, J W	LCTR	163
Turner, Sally	LRNS	235	Twetman, Henry*	CHTN	102	Usher, James	MRBO	154
Turner, Saml*	CHTN	514	Twigs, Dr J D*	EDFD	84	Usher, James*	CHTN	427
Turner, Saml	SPBG	396	Twitty, Adaline	GRVL	389	Usher, John	LCTR	162
Turner, Samuel	MRBO	206	Twitty, C R	GRVL	408	Usher, John	MRBO	155
Turner, Sarah	EDFD	146	Twitty, Eli	KRSW	76	Usher, John C	MRBO	155
Turner, Sarah A**	EDFD	53	Twitty, L	SPBG	308	Usher, John W	LCTR	163
Turner, Sarah**	GRVL	330	Twitty, M	SPBG	259	Usher, M J	EDFD	118
Turner, Sasmuel	ABVL	79	Twity, Agness*	LCTR	206	Usher, Memucan	MRBO	154
Turner, Silas	MRBO	159	Twity, John W	LCTR	166	Usher, Noah	MRBO	154
Turner, Silas H	GRVL	423	Twity, Nancy M*	LCTR	170	Ussery, D M	LCTR	210
Turner, Simon	GRVL	468	Twity, Peter	LCTR	202	Ussery, G W	BNWL	388
Turner, Solomon	MARN	127	Twity, W B	LCTR	171	Ussery, OBarron	BNWL	396
Turner, Sophy*	EDFD	17	Twohy, Louisa*	CHTN	196	Utsey, D J	COTN	335
Turner, Starlin	EDFD	146	Tyce, William	CHFD	150	Utsey, D M	COTN	333
Turner, Startin H	PKNS	152	Tygard, S	UNON	185	Utsey, D R	COTN	335
Turner, Steven	MARN	130	Tygart, Reuben	FAFD	261	Utsey, Danl Sr	COTN	335
Turner, Susan	RHLD	78	Tygart, Ubin*	FAFD	264	Utsey, Geo C	COTN	252
Turner, Susan**	EDFD	188	Tylee, Nathaniel	CHTN	397	Utsey, Isaac	COTN	353
Turner, Teney	SPBG	314	Tyler, A	HORY	45	Utsey, Jacob	COTN	351
Turner, Thomas	SMTR	167	Tyler, Charles A	CHTN	132	Utsey, Jacob*	COTN	352
Turner, Thomas J	SPBG	264	Tyler, D S	ORBG	372	Utsey, Jesse	ORBG	351
Turner, Thos**	EDFD	26	Tyler, Elias	HORY	48	Utsey, Mary E*	ORBG	341
Turner, Thos	GRVL	330	Tyler, Henry	ORBG	390	Utsey, Susan	COTN	352
Turner, Thos	LRNS	238	Tyler, J C	BNWL	434	Utsey, W S	COTN	351
Turner, Thos	YORK	423	Tyler, J G	HORY	22	Utsey, Wm M	COTN	334
Turner, Thos**	CHTN	339	Tyler, J J	BNWL	433	Uttermahl, Mrs O	CHTN	337
Turner, W	KRSW	132	Tyler, J J	BNWL	493	Utys, Margaret*	CHTN	429
Turner, W A	EDFD	119	Tyler, Jacob	BNWL	433	Vacant, Dougherty	CHTN	238
Turner, W A*	EDFD	153	Tyler, Levi S	ORBG	368	Vaignem, Sarah*	BUFT	18
Turner, W J	EDFD	22	Tyler, Lewis	HORY	33	Vaignem, Stephen H	BUFT	17
Turner, W K	FAFD	266	Tyler, Lewis*	HORY	45	Vain, John A	CHTN	130
Turner, W P	MARN	35	Tyler, Martha	MARN	132	Valaskie, Jacob	ABVL	141
Turner, W P	GRVL	467	Tyler, Moses	HORY	33	Valentine, Amanda	CHTN	381
Turner, W S	UNON	272	Tyler, Sarah	MARN	1	Valentine, Amaritta**	NWBY	269
Turner, Willey	PKNS	136	Tyler, T B	ORBG	400	Valentine, Andrew*	ABVL	23
Turner, William	YORK	504	Tyler, T W	ORBG	368	Valentine, Andrew	ABVL	136
Turner, William	PKNS	16	Tyler, Thomas	MARN	1	Valentine, Borneau	COTN	307
Turner, William*	GRVL	442	Tyler, Trecy	BNWL	433	Valentine, Castor	COTN	333
Turner, William	GRVL	401	Tyler, W W	BNWL	434	Valentine, Charles	CHTR	65
Turner, William F	RHLD	92	Tyler, W*	EDFD	46	Valentine, Danl W	COTN	357
Turner, William M	PKNS	143	Tyler, William	ORBG	390	Valentine, Eliza	GRVL	492
Turner, William*	CHTN	482	Tyler, Wm*	BNWL	506	Valentine, Hagen*	ABVL	135
Turner, Willis	MARN	86	Tylor, John R	ORBG	355	Valentine, Henry*	NWBY	268
Turner, Wm	MARN	130	Tyner, Aler	DLTN	465	Valentine, James*	CHTR	73
Turner, Wm	YORK	404	Tynes, Samuel	CHTN	161	Valentine, Jane	LXTN	444
Turner, Wm	YORK	418	Tyrell, Edmon	CHTN	182	Valentine, Malinda**	CHTR	21
Turner, Wm	BNWL	441	Tyson, George	RHLD	88	Valentine, Richard	ADSN	178
Turner, Wm J	SPBG	200	Tyson, W H G*	YORK	392	Valentine, Sarah	GRVL	492
Turner, Wm N*	ADSN	192	Tzealy, Joseph T	RHLD	18	Valentine, Sarah A	ABVL	136
Turner, Wm	EDFD	82	Udson, Christr	CHTN	191	Valentine, Sergeant*	CHTN	201
Turner, Wm	MRBO	200	Uffaihoslet, Chas	CHTN	496			

Name	Loc	Pg	Name	Loc	Pg	Name	Loc	Pg
Valentine, Susan*	ABVL	129	Vann, Wm	DLTN	446	Vaughn, Isham	SMTR	136
Valentine, Thos*	NWBY	236	Vannelson, Ann*	CHTN	181	Vaughn, Isom	UNON	222
Valentine, William**	ABVL	129	Vanness, J K*	CHTN	339	Vaughn, J H	KRSW	81
Valentine, Wm	CLDN	241	Vanness, P*	CHTN	314	Vaughn, James	UNON	250
Valines, Amelia	LCTR	160	Vanness, W*	CHTN	311	Vaughn, James T*	NWBY	252
Vallentine, Ann	GRVL	487	Vanness, Wm	MARN	118	Vaughn, Jas	EDFD	35
Vallentine, James*	COTN	276	Vanning, Thos M*	BUFT	19	Vaughn, Jas	EDFD	115
Vallentine, Wm	ORBG	376	Vanoy, Mary E*	CHTN	446	Vaughn, Jesse*	ABVL	75
Vallt, Anna*	CHTN	445	VanPatton, N V	SPBG	382	Vaughn, Joel L	PKNS	10
Van Hollen, John	CHTN	266	Vanpill, Rudolph	MARN	113	Vaughn, John	GRVL	483
Van Santen, F	CHTN	101	Vansant, A	EDFD	194	Vaughn, John	GRVL	476
Van Sinda, D S*	ABVL	48	Vansant, Anderson*	LXTN	416	Vaughn, John H	LCTR	213
Van Swinden, Mary*	CHTN	466	Vansant, H E	EDFD	193	Vaughn, Katharine	ADSN	262
Vanapaux, J H	CHTN	493	Vansant, Isaac	LXTN	394	Vaughn, Kindrick	GRVL	503
VanBurean, Jacob	EDFD	82	Vansant, Isiah	LXTN	394	Vaughn, Louis	SPBG	383
Vance, Allen	ABVL	52	Vansant, John	LXTN	394	Vaughn, Lucinda	SPBG	370
Vance, David	LRNS	306	Vansant, M*	EDFD	197	Vaughn, Lucy	LCTR	214
Vance, George	EDFD	91	Vansant, Meta	LXTN	417	Vaughn, M*	MARN	28
Vance, Geroge C*	UNON	205	Vansant, Sardelia*	LXTN	370	Vaughn, Mary	EDFD	133
Vance, Hannah*	SPBG	337	Vanse, Eliza	SMTR	133	Vaughn, Mary	FAFD	224
Vance, Harrison*	ABVL	85	Vanse, G W	DLTN	394	Vaughn, Mary*	GRVL	478
Vance, James	COTN	357	Vanse, R M	WMBG	333	Vaughn, Mary	GRVL	373
Vance, John	ABVL	153	Vant, David	CHTR	30	Vaughn, Mary	SPBG	214
Vance, Joseph K	ABVL	90	Vantasset, James*	ORBG	409	Vaughn, Mary*	MARN	131
Vance, Laura E*	SPBG	329	Vantien, Mary*	CHTN	509	Vaughn, Mary	SPBG	340
Vance, Mary*	RHLD	83	Vantine, Miss*	CHTN	320	Vaughn, N	LRNS	283
Vance, Penelope*	UNON	256	VanWart, Walter	RHLD	42	Vaughn, Nancy	LRNS	265
Vance, Robt	LRNS	310	VanWyck, William	ADSN	296	Vaughn, P E*	ABVL	10
Vance, Sallie E*	NWBY	262	Vardell, A A*	EDFD	109	Vaughn, Patrick	CHTN	268
Vance, Saml	LRNS	309	Vardell, W G	CHTN	338	Vaughn, R H	LRNS	314
Vance, Thomas	UNON	207	Varn, Aaron E	COTN	276	Vaughn, Richd	SPBG	369
Vance, W C*	CHTN	370	Varn, Aaron Sr	COTN	276	Vaughn, Robert	UNON	222
Vance, W G	GRVL	433	Varn, Daniel R	BNWL	343	Vaughn, Robert	GRVL	476
Vance, W Y	LRNS	222	Varn, Gabriel	COTN	276	Vaughn, Robert	UNON	222
Vancorich, S	CHTN	249	Varn, George	BNWL	377	Vaughn, Robert E	SMTR	101
Vanderford, A A	CHFD	180	Varn, H D	BNWL	345	Vaughn, Robt*	DLTN	424
Vanderford, D*	UNON	222	Varn, Isaac	BNWL	350	Vaughn, Robt*	DLTN	424
Vanderford, Drucilla	UNON	222	Varn, J D	COTN	280	Vaughn, Ryly*	GRVL	448
Vanderford, Elizabeth	UNON	222	Varn, James	COTN	277	Vaughn, Ryly*	GRVL	448
Vanderford, Frances*	UNON	233	Varn, M P	COTN	294	Vaughn, Sallie*	FAFD	244
Vanderford, H	UNON	222	Varn, Mary*	COTN	270	Vaughn, Sanford*	ADSN	279
Vanderford, James	UNON	221	Varn, T B	COTN	276	Vaughn, Sanford*	ADSN	279
Vanderford, Martha	UNON	220	Varn, W	COTN	284	Vaughn, Sarah A	KRSW	128
Vanderford, Sarah	UNON	249	Varnadore, Henry	COTN	276	Vaughn, Thomas*	COTN	308
Vanderford, Victoria*	UNON	269	Varnadore, Henry	NWBY	281	Vaughn, Thomas**	COTN	308
Vanderford, William*	UNON	221	Varndeau, Miles	COTN	273	Vaughn, Thos J	EDFD	87
Vanderhorst, Agnes*	CHTN	381	Varner, Elihu	SPBG	329	Vaughn, W J	LCTR	150
Vanderhorst, E	CHTN	405	Varner, Henry	CHTN	307	Vaughn, W P	GRVL	479
Vanderhorst, Ellen	CHTN	387	Varner, J B	CHTN	123	Vaughn, W P	GRVL	479
Vanderhorst, John	BNWL	417	Varner, Jeff	SPBG	341	Vaughn, Wiley	SPBG	377
Vanderhorst, Petsi*	CHTN	250	Varner, John	CHTN	142	Vaughn, William	UNON	199
Vanderhorst, R**	CHTN	308	Varner, John	CHTN	137	Vaughn, William	FAFD	225
Vanderhorst, Richard*	CHTN	287	Varner, M C	CHTN	123	Vaughn, William	UNON	251
Vanderhorst, Saml**	CHTN	393	Varner, Mary	SPBG	340	Vaughn, William	GRVL	493
Vanderlippe, David*	COTN	329	Varner, P L	CHTN	137	Vaughn, William	ADSN	273
Vanderpole, Mr*	CHTN	310	Varner, Peter F	CHTN	153	Vaughn, William	UNON	251
Vandiford, Eli	PKNS	53	Varner, Wm	CHTN	135	Vaughn, William	UNON	199
Vandiver, A F	EDFD	118	Varnes, William	ORBG	368	Vaughn, William	GRVL	493
Vandiver, A W	ADSN	162	Varnidore, Adam	CHTR	31	Vaughn, William	FAFD	225
Vandiver, Aaron	ADSN	198	Varnidore, Mary**	BUFT	88	Vaughn, William	ADSN	273
Vandiver, Ama	PKNS	135	Varnidore, Nancy*	BUFT	65	Vaught, Addeline**	HORY	68
Vandiver, Amanda*	PKNS	52	Varnidore, Robert	CHTR	35	Vaught, Anzy	HORY	68
Vandiver, Edward	ADSN	186	Varnidore, Saml	CHTR	29	Vaught, Peter Sr	HORY	63
Vandiver, Elam	ADSN	186	Varnidore, Wm*	BUFT	63	Vaught, Thos	HORY	39
Vandiver, Eli*	ADSN	263	Varns, John	ORBG	384	Vaught, Thos	HORY	39
Vandiver, Elizb	ABVL	2	Vasser, Eliza*	RHLD	55	Vaugn, Amos	GRVL	463
Vandiver, Esther*	ADSN	187	Vasser, Joshua	CLDN	239	Vaugn, Amos iam	ABVL	6
Vandiver, H R	ADSN	265	Vasser, R F	CLDN	240	Vaulin, Antonia	CHTN	269
Vandiver, Harbin	ADSN	162	Vasser, Thos Z	CLDN	239	Veal, Cordelia C**	RHLD	17
Vandiver, Harris	ADSN	162	Vassey, George	SPBG	300	Veal, Dennis*	CHTN	473
Vandiver, Ibzan	ADSN	300	Vassey, Levi	SPBG	300	Veal, John	RHLD	17
Vandiver, Jas M	ABVL	143	Vassey, Thos	SPBG	280	Vehorn, Wm	SPBG	357
Vandiver, Jep	PKNS	58	Vaugh, D*	UNON	275	Vehume, William*	ADSN	164
Vandiver, John	ADSN	175	Vaughan, Branch	GRVL	343	Veimers, Fred	ORBG	399
Vandiver, John	SPBG	430	Vaughan, Franklin	UNON	227	Velencia, John*	CHTN	253
Vandiver, John	SPBG	321	Vaughan, Griffin	GRVL	334	Velie, Charles S*	RHLD	35
Vandiver, Mathew	ADSN	293	Vaughan, Jane B**	LCTR	161	Venable, B*	YORK	432
Vandiver, Oliver	SPBG	348	Vaughan, L B	GRVL	448	Venable, Charles	RHLD	52
Vandiver, Susan*	ADSN	265	Vaughan, Robert	UNON	205	Venable, Charles R*	RHLD	64
Vandiver, Sylvana*	PKNS	147	Vaughan, Samuel	UNON	216	Venable, Hugh	YORK	470
Vandiver, Tabitha	PKNS	71	Vaughan, Thomas	UNON	219	Venanlt, Jules	CHTN	211
Vandiver, William	CHTR	34	Vaughn, A N*	KRSW	129	Vencent, Harmon*	CHTN	513
Vandiver, William	PKNS	163	Vaughn, Alla	GRVL	481	Vener, H*	CHFD	108
Vandiver, Wm	ADSN	186	Vaughn, Ann	CHTN	308	Venning, B F	CHTN	184
Vandyke, G*	SPBG	306	Vaughn, Ann	GRVL	367	Venning, Eliza	CHTN	109
Vandyke, Jas H	SPBG	395	Vaughn, Anne*	SMTR	182	Venning, Eliza	CHTN	109
Vandyme, Miss*	CHTN	221	Vaughn, Archy	GRVL	479	Venning, H L	CHTN	184
Vaney, Betsey**	SPBG	237	Vaughn, B H	SPBG	412	Venning, Harriet M*	RHLD	54
Vangelet, John*	CHTN	473	Vaughn, Benjn	GRVL	492	Venning, Henry	CHTN	276
Vanham, Saml	ABVL	115	Vaughn, Burrel	CLDN	213	Venning, J M	CHTN	399
Vanhorn, Elias	SPBG	421	Vaughn, C	UNON	222	Venning, J R F*	COTN	326
Vanhorn, Jane*	SPBG	424	Vaughn, C C	CHTR	87	Venning, M M	CHTN	112
Vanhorn, John L	SPBG	415	Vaughn, Calvin	EDFD	183	Venning, W C	CHTN	111
VanIhzen, Harman	CHTN	202	Vaughn, D T	NWBY	252	Venning, Wm C	ABVL	53
VAnlandingham, J T C	LCTR	170	Vaughn, D Y*	GRVL	489	Veno, John*	CHTN	142
Vanlandingham, John	LCTR	170	Vaughn, Daniel	UNON	222	Veno, Martha	BNWL	461
Vanlandingham, N B	LCTR	170	Vaughn, David	GRVL	481	Venters, A	WMBG	330
Vanlandingham, W	LCTR	170	Vaughn, David H	ABVL	8	Venters, Amy*	RHLD	55
Vanlew, H D	UNON	203	Vaughn, David L	GRVL	481	Venters, H W	WMBG	333
Vanlew, Sophia*	UNON	197	Vaughn, E H	DLTN	403	Venters, L F	WMBG	329
Vann, Elizabeth*	SPBG	421	Vaughn, Eleanor	SPBG	383	Venters, W D	WMBG	333
Vann, Elizb*	ABVL	63	Vaughn, Elizabeth	KRSW	129	Venters, Wm	GETN	304
Vann, Josiah T*	DLTN	435	Vaughn, F C*	CHTR	18	Veohoe, M M*	CHTN	495
Vann, Mills	DLTN	435	Vaughn, Garner	GRVL	421	Verdier, Alex G	BUFT	16
Vann, Robert	RHLD	71	Vaughn, George P	PKNS	107	Verdier, Augustus	COTN	317
Vann, William	ORBG	402	Vaughn, H G	GRVL	354	Verdier, C B	COTN	269

Name	Loc	Pg	Name	Loc	Pg	Name	Loc	Pg
Verdier, Caroline H	BUFT	5	Vinningham, Hundy	CHTN	474	Wade, David*	ADSN	186
Verdier, Elizabeth*	RHLD	83	Vinsant, C E	EDFD	175	Wade, E W	LRNS	235
Verdier, F H	BUFT	20	Vinsant, G W	PKNS	77	Wade, G T	LCTR	161
Verdier, Geo L	BUFT	2	Vinson, Andrew*	RHLD	93	Wade, Guss	SPBG	383
Verdier, James r	BUFT	6	Vinson, Ann J	ABVL	68	Wade, Henry	PKNS	152
Verdier, Wm John*	BUFT	19	Vinson, Caroline	UNON	233	Wade, J C	BNWL	414
Verdiers, William J*	RHLD	53	Vinson, Harriet E*	ABVL	68	Wade, J H W	GRVL	465
Verdon, Allen	GRVL	485	Vinson, J W	UNON	217	Wade, J T	LCTR	161
Verdon, William	GRVL	485	Vinson, Jesse	SPBG	210	Wade, John	GRVL	379
Vereen, Daniel**	HORY	62	Vinson, John	UNON	218	Wade, Margt*	LRNS	252
Vereen, Joseph D	HORY	68	Vinson, John*	ABVL	68	Wade, Maria L*	RHLD	18
Vereen, Joseph J	HORY	70	Vinson, Josiah	LCTR	209	Wade, R L	BNWL	424
Vereen, Mary S*	HORY	68	Vinson, Margaret*	UNON	234	Wade, Reuben	GRVL	465
Vereen, Sarah	HORY	70	Vinson, Mary E	LCTR	207	Wade, Rufus D*	NWBY	268
Vereen, W H	HORY	5	Vinson, Thomas	UNON	231	Wade, Sally*	ADSN	317
Vereen, W J	CHFD	180	Vinson, W*	GRVL	433	Wade, Sarah	PKNS	44
Vereen, Wm H	HORY	67	Vinson, Willey	UNON	229	Wade, Soloman	PKNS	152
Vermillion, Jas M	ADSN	160	Vinson, Wm	LCTR	207	Wade, Stephen	SPBG	413
Vermillion, Rachael*	ADSN	185	Vinson, Wm D*	ABVL	68	Wade, Temperance	BNWL	415
Vermillion, Thos	ADSN	160	Vintem, Vici*	RHLD	9	Wade, Thomas H	RHLD	34
Vermillion, William	ABVL	142	Vintrs, Ann	GETN	297	Wade, W D	CHTR	18
Verner, David	PKNS	90	Viohl, Henry*	CHTN	450	Wade, Wm	CHTR	18
Verner, E P	PKNS	90	Violet, Servt*	RHLD	55	Wadimier, W	CHTN	323
Verner, S Anna	GETN	284	Virden, Paul J	GRVL	479	Wadkey, Joseph	PKNS	64
Verner, S J	PKNS	95	Visage, James	PKNS	71	Wadkins, Andrew	EDFD	143
Vernon, C M	LRNS	222	Viscouski, Gorson A	ABVL	128	Wadkins, Dan	LRNS	235
Vernon, James J	SPBG	313	Vise, Mary*	YORK	367	Wadkins, David	ADSN	299
Vernon, Mary	GETN	288	Vizorick, Lewis**	CHTN	514	Wadkins, Ed*	DLTN	410
Vernon, Mary*	ADSN	233	Vocelle, Leon	CHTN	203	Wadkins, George	PKNS	74
Vernon, Rose	CHTN	211	Vogel, T	BNWL	467	Wadkins, Henry	PKNS	66
Vernon, Thos O P	SPBG	316	Vogh, Rececca	CHTN	130	Wadkins, Jenie	NWBY	230
Vernor, James A	SPBG	264	Vogle, Theodore	RHLD	29	Wadkins, John	NWBY	251
Veronce, Edward**	CHTN	508	Voglesong, M J	CHTN	352	Wadkins, John C	PKNS	168
Veronce, Geo	CHTN	196	Vogt, A*	SPBG	259	Wadkins, L*	LRNS	349
Veronce, Georgia**	CHTN	372	Vogt, Anna*	ORBG	331	Wadkins, Lewis	DLTN	409
Veronce, James	CHTN	372	Vogt, C*	SPBG	258	Wadkins, P	SPBG	279
Veronce, S J B	CHTN	500	Vogt, F G	ORBG	329	Wadkins, R A	EDFD	78
Veronce, Saml	CHTN	507	Vohries, Maria	CHTN	245	Wadkins, Rebecca	CHTN	440
Verone, C B	FAFD	202	Voight, J	PKNS	36	Wadkins, S W	CHFD	141
Verrell, Ellen*	ABVL	70	Voigts, John*	CHTN	492	Wadkins, Thos	PKNS	70
Verrell, Jas F	ABVL	71	Volatin, Josephine**	EDFD	144	Wadkins, Tolleson	PKNS	66
Verrell, Martha*	ABVL	70	Volentine, Simon*	PKNS	18	Wadkins, W*	DLTN	386
Verrell, William M	ABVL	79	Volgar, J F	CHTN	245	Wadkins, Wm	CHFD	173
Verrill, Anna*	LRNS	252	Volger, Adeline*	CHTN	328	Wadkins, Wm	GRVL	419
Verstille, Charlotte L	BUFT	70	Volger, Christian	RHLD	11	Wadrop, Margaret*	GRVL	483
Vest, James	ABVL	78	Volger, Wm*	EDFD	113	Wadsworth, B	DLTN	448
Vice, Godfrey	ORBG	355	Volingtin, James	GRVL	349	Wadsworth, D S	CHFD	134
Vice, James E	SPBG	333	Vollmer, Christopher	CHTN	483	Wadsworth, Daniel	CHFD	144
Vice, Jane E*	SPBG	336	Volmore, John**	CHTN	500	Wadsworth, George*	NWBY	277
Vice, John	SPBG	343	Volrath, John	PKNS	22	Wadsworth, George*	LRNS	223
Vice, Mary*	ORBG	375	Voluntine, Jack	LRNS	237	Wadsworth, Jane	LRNS	320
Vice, Melessa C***	SPBG	361	Von Dohlen, Albert	CHTN	281	Wadsworth, Jane	NWBY	302
Vicery, George	PKNS	107	Von Glahn, Carstein	CHTN	433	Wadsworth, Jane*	NWBY	230
Vick, A	CHFD	143	Von Glahn, Frederick*	CHTN	427	Wadsworth, Jas*	DLTN	462
Vick, Benj	CHFD	158	Von Glahn, Martin	CHTN	419	Wadsworth, Jas*	LRNS	318
Vick, Benj Jr	CHFD	159	Von Hadeln, P	PKNS	39	Wadsworth, Jemima*	NWBY	269
Vick, Jane**	CLDN	235	Von Hadlin, C	CHTN	310	Wadsworth, Jim*	LRNS	317
Vick, John	LCTR	143	Von Hagen, Mary*	CHTN	159	Wadsworth, Jno H	CHFD	115
Vick, Richd*	CHFD	102	Von Harten, Louis	CHTN	167	Wadsworth, John	RHLD	42
Vick, Susan	LCTR	160	Von Hassen, Augustus	CHTN	397	Wadsworth, John	NWBY	277
Vick, T S	CHFD	143	Von Hollen, H W	CHTN	254	Wadsworth, John C	CHFD	185
Vickers, Alexr	GRVL	484	Von Kohlnetz, Henry	CHTN	417	Wadsworth, Josephus	LRNS	325
Vickers, H	FAFD	232	Von Leke, J C	PKNS	27	Wadsworth, Lewis H	CHFD	115
Vickers, Sarah**	YORK	438	Von Lintig, Henry	CHTN	199	Wadsworth, Lisey	LRNS	320
Vickers, Thomas	GRVL	408	Von Oven, Wm*	CHTN	245	Wadsworth, M*	LRNS	310
Vickery, William	PKNS	107	Von Soosten, Martin	CHTN	418	Wadsworth, Malissa	LRNS	321
Vicks, James	SMTR	128	Von Spracken, F	CHTN	253	Wadsworth, Mary	LRNS	321
Vicory, Ruthy*	LCTR	166	Von Stanten, F	CHTN	309	Wadsworth, Mary	LRNS	325
Vidal, James	CHTN	280	Von, Mary*	RHLD	37	Wadsworth, Minerva	LRNS	317
Vigfall, Francis*	CHTN	284	Vondelken, Martha	CHTN	460	Wadsworth, Misouri	NWBY	276
Vihorne, Siss*	GRVL	358	Voreen, Samuel P	HORY	55	Wadsworth, Rachel	LRNS	320
Villanene, J H	CHTN	132	Vose, Alice*	CHTN	482	Wadsworth, W T	DLTN	394
Villard, Sarah C*	ABVL	28	Vreden, Catherine M*	CHTN	512	Wadsworth, Willis	LRNS	342
Villard, Wm B	BUFT	71	Wachmier, W	CHTN	323	Wadworth, Eliza	LRNS	339
Ville Ponteaux, Benj	CHTN	163	Wacter, Mary A	LXTN	458	Wadworth, H	LRNS	317
Ville Ponteaux, Eliza	CHTN	162	Wactor, Raefie C	SMTR	146	Wagener, J A	CHTN	341
Ville, Burno*	CLDN	214	Waddel, E J	LRNS	335	Wagener, W*	CHTN	322
Villepigue, B F	KRSW	133	Waddel, Nancy	SPBG	396	Wagers, Elihu	CHTR	30
Villepigue, Elizabeth	KRSW	128	Waddel, Phillip	SPBG	387	Wagers, Jas	CHTR	30
Villepigue, J J	KRSW	140	Waddell, Carinna	LRNS	345	Wagers, Nicholas	CHTR	32
Villepigue, M E*	KRSW	139	Waddell, E J	CHFD	182	Wagers, William	CHTR	32
Villepontaux, Mary*	CHTN	135	Waddell, Geo H	ABVL	72	Wages, Adrian*	FAFD	268
Vincant, Eliz	PKNS	65	Waddell, Jos B	LRNS	323	Wages, Ben	RHLD	77
Vince, T G	CHTN	310	Waddell, L J	GRVL	423	Wages, Benj	FAFD	268
Vincent, Benj	SPBG	301	Waddell, Mary	GRVL	402	Wages, Celia	LXTN	423
Vincent, Daniel**	CHTN	278	Waddell, Mary W	RHLD	33	Wages, Celia	LXTN	440
Vincent, Frederick*	CHTN	415	Waddell, Saml	LRNS	329	Wages, Daniel	RHLD	38
Vincent, Hugh E	CHTN	212	Waddell, Samuel**	RHLD	44	Wages, Edmund	KRSW	109
Vincent, John*	CHTN	254	Waddell, William	EDFD	177	Wages, Elizabeth**	CHTR	25
Vincent, Margret	LCTR	213	Waddell, Wm K	CHFD	181	Wages, Ellen	RHLD	72
Vincent, Saml J	LCTR	213	Waddill, John C	GRVL	334	Wages, Harman	LXTN	440
Vincent, Wm	PKNS	14	Waddill, Noel	GRVL	331	Wages, Jacob	SPBG	215
Vincent, Wm	SPBG	257	Waddill, Tolbert E	GRVL	331	Wages, John	KRSW	109
Vincin, Elizabeth*	LCTR	167	Waddington, Thos	NWBY	261	Wages, John	KRSW	109
Vincomb, Martha	CHTN	124	Waddle, Acacneos	PKNS	178	Wages, John	RHLD	87
Vinegar, Louisa*	RHLD	31	Waddle, Andrew	SPBG	386	Wages, John Sr	RHLD	87
Vines, Jabe	EDFD	142	Waddle, Elizabeth*	ADSN	291	Wages, Mean A	FAFD	279
Vines, James	EDFD	142	Waddle, Franklin	PKNS	178	Wages, Mose	KRSW	109
Vines, John	EDFD	158	Waddle, Kirt	SPBG	429	Wages, Nancy	RHLD	1
Vines, Mary	EDFD	158	Waddle, N F*	SMTR	178	Wages, Patrick	EDFD	193
Vines, W B*	GETN	299	Waddle, Richard	UNON	208	Wages, Wade	KRSW	109
Vines, W P	EDFD	139	Waddle, William	ADSN	331	Wages, Wm	FAFD	268
Vinesett, Jno	SPBG	294	Waddle, William	SPBG	381	Waggoner, J*	UNON	268
Vingard, John*	GRVL	402	Waddle, Wm	SPBG	362	Wagner, Chas*	CHTN	202
Vining, Thos S	MRBO	163	Wade, Christiana**	CHTN	295	Wagner, Effingham	CHTN	440
Vinnegray, Ellen*	CHTN	279						

Name	Loc	Pg	Name	Loc	Pg	Name	Loc	Pg
Wagner, Friederich	CHTN	285	Waldrope, J	ADSN	305	Walker, J H	EDFD	64
Wagner, Louis J*	CHTN	478	Waldrum, E	SPBG	405	Walker, J Manley*	ABVL	70
Wagner, M E*	EDFD	142	Waldrup, Asa	SPBG	356	Walker, J N	BNWL	451
Wagner, S A*	GETN	301	Waldrup, Jas	SPBG	356	Walker, J S	ADSN	328
Wagner, Thos M	CHTN	111	Waldrup, Lewis	SPBG	391	Walker, J W	ORBG	368
Wagner, W H**	CHTN	234	Waldrup, Martha	SPBG	429	Walker, Jack*	BUFT	97
Wagnor, Tho D	CHTN	491	Waldrup, Robt	SPBG	363	Walker, Jacob C	PKNS	83
Wagstaff, J J	CHTR	71	Waldrup, Thos	SPBG	356	Walker, Jadeth	UNON	250
Wagstaff, James	FAFD	215	Walick, David	SPBG	413	Walker, James	EDFD	23
Wagstaff, Wm	ADSN	203	Walke, John*	BNWL	368	Walker, James	GETN	311
Wald, E W**	EDFD	116	Walke, Mary	BNWL	369	Walker, James R	COTN	291
Wait, Jno	ABVL	74	Walker, A	EDFD	64	Walker, James*	ORBG	379
Wait, Jno T	LRNS	257	Walker, A E	SPBG	306	Walker, James	PKNS	125
Wait, Sarah	LRNS	253	Walker, A F	CHTR	77	Walker, Jane*	ABVL	43
Wait, T J	LRNS	253	Walker, A J*	CHTR	77	Walker, Jane*	YORK	436
Waites, Jno F**	ABVL	64	Walker, A O	UNON	277	Walker, Jas*	CHTR	70
Waites, Mary	SMTR	156	Walker, A W	SPBG	302	Walker, Jas	EDFD	20
Waites, Miss*	CHTN	356	Walker, Abner	GRVL	481	Walker, Jas H	ABVL	58
Waites, Percilla	SMTR	156	Walker, Abraham	COTN	301	Walker, Jesse	DLTN	421
Waits, Benj	NWBY	217	Walker, Adam	CHTR	92	Walker, Jno	LRNS	259
Waits, David	EDFD	140	Walker, Adam F*	CHTR	90	Walker, Jno A G	CHTR	82
Waits, Drayton	NWBY	217	Walker, Adjer**	CHTN	443	Walker, Jno C	ABVL	49
Waits, Emanuel	NWBY	217	Walker, Alex*	FAFD	257	Walker, Jno F**	CHTN	329
Waits, Henry	EDFD	141	Walker, Alex J	CHFD	126	Walker, Jno T	CHTR	92
Waits, J S	NWBY	216	Walker, Alexander	CHTR	24	Walker, Jno W	CHTR	74
Waits, Mark	NWBY	216	Walker, Alexander D	CHTR	2	Walker, John	COTN	281
Waits, Samuel	EDFD	140	Walker, Allen	CHTR	12	Walker, John	BNWL	380
Waits, William	NWBY	217	Walker, Ann	CHTN	278	Walker, John	BNWL	450
Wakefield, Abner	SPBG	377	Walker, Ann	ABVL	9	Walker, John	CHTN	507
Wakefield, Alex	SPBG	377	Walker, Anna*	CHTN	310	Walker, John	YORK	430
Wakefield, Alexander	SPBG	375	Walker, Asa	GETN	310	Walker, John	PKNS	83
Wakefield, Andrew	ADSN	236	Walker, B A	CLDN	214	Walker, John A	BNWL	378
Wakefield, Ann	SPBG	378	Walker, B H*	LCTR	174	Walker, John C	RHLD	16
Wakefield, Cinthia A*	ABVL	125	Walker, Ben	GETN	292	Walker, John H	GRVL	481
Wakefield, Conard	ABVL	105	Walker, Betsey	CHTN	239	Walker, John H	SPBG	352
Wakefield, J M	SPBG	376	Walker, Bryan	EDFD	179	Walker, John L	GRVL	483
Wakefield, John	ADSN	216	Walker, C A	CLDN	208	Walker, John P	BNWL	472
Wakefield, M P	SPBG	377	Walker, C Bruce	RHLD	14	Walker, John T*	RHLD	53
Wakefield, Saml	ADSN	216	Walker, C J*	CHTN	370	Walker, John T	PKNS	111
Wakefield, Thomas	UNON	238	Walker, Caroline*	BNWL	354	Walker, John W	PKNS	160
Walbern, John*	CHTN	389	Walker, Charles	EDFD	132	Walker, John*	FAFD	208
Walch, Miss*	CHTN	321	Walker, Charles J	COTN	291	Walker, Jos T	CHTR	69
Wald, Frederick	PKNS	27	Walker, Charles**	CHTN	439	Walker, Joseph	EDFD	133
Wald, Patrick	CHTN	471	Walker, Charles**	CHTN	513	Walker, Joseph*	SPBG	312
Walden, Alfred*	SPBG	339	Walker, Chesley	ABVL	16	Walker, Joseph	SPBG	316
Walden, Arther	CLDN	200	Walker, Chester	ADSN	277	Walker, Joseph F	CHTN	451
Walden, Caroline*	SPBG	416	Walker, Col T	LRNS	242	Walker, Joseph R	BUFT	6
Walden, Elizabeth*	KRSW	107	Walker, Col Wm	CHTR	72	Walker, Joshua	CHTR	90
Walden, Henry	SPBG	392	Walker, Coleman B	RHLD	59	Walker, Julia*	ABVL	134
Walden, John	CHFD	162	Walker, Cynthia	BNWL	472	Walker, Kate*	CHTN	310
Walden, John	GRVL	389	Walker, D A	CHTN	266	Walker, L D	CHTN	435
Walden, Louisa*	LRNS	321	Walker, D J	EDFD	48	Walker, Laura A*	LRNS	293
Walden, M	SPBG	415	Walker, Daniel*	BUFT	94	Walker, Lawrence**	COTN	353
Walden, W A	CHTN	175	Walker, Daniel	COTN	287	Walker, Lucas	CHTN	235
Walden, Wm	SPBG	426	Walker, Daniel	BNWL	425	Walker, M*	GETN	293
Waldheim, E	EDFD	113	Walker, David	SPBG	345	Walker, M J**	YORK	370
Walding, Elizabeth	FAFD	227	Walker, Dr A**	ABVL	111	Walker, M M*	SPBG	259
Walding, P	FAFD	227	Walker, E D	CHTR	90	Walker, Maj Jno	CHTR	75
Waldness, Abernathy	SPBG	363	Walker, Edmund	ABVL	66	Walker, Malinda	RHLD	30
Waldo, Dr B	EDFD	112	Walker, Edw T	BUFT	7	Walker, Malinda	RHLD	10
Waldridge, Berry	GRVL	478	Walker, Edwd J	ABVL	51	Walker, Margaret	GRVL	414
Waldrip, A	GRVL	356	Walker, Edwin	COTN	272	Walker, Margt	CHTN	498
Waldrip, A J	GRVL	386	Walker, Eldred*	EDFD	133	Walker, Maria*	CHTN	507
Waldrip, Abner	GRVL	386	Walker, Eliza A**	BNWL	373	Walker, Maria*	RHLD	50
Waldrip, Elizabeth*	SPBG	228	Walker, Elizabeth	BNWL	427	Walker, Marion	DLTN	421
Waldrip, Elize*	SPBG	262	Walker, Elizabeth*	BNWL	375	Walker, Marion	LRNS	308
Waldrip, Garvin*	GRVL	444	Walker, Elizabeth	GRVL	481	Walker, Martha	CHTR	32
Waldrip, J N	GRVL	356	Walker, Elizabeth	RHLD	60	Walker, Martha A	ABVL	90
Waldrip, James	UNON	261	Walker, Elizabeth	RHLD	3	Walker, Mary B	SPBG	315
Waldrip, John*	GRVL	391	Walker, Elizb	ABVL	15	Walker, Mary*	ABVL	127
Waldrip, John L	SPBG	213	Walker, Em**	SPBG	258	Walker, Mary	EDFD	139
Waldrip, Johnson*	SPBG	242	Walker, Emma*	YORK	366	Walker, Matilda	PKNS	169
Waldrip, Mary*	GRVL	504	Walker, Evaline	CLDN	208	Walker, Micajah	ADSN	308
Waldrip, Nancy*	GRVL	390	Walker, F L	BNWL	418	Walker, Milton*	EDFD	57
Waldrip, Sarah*	GRVL	444	Walker, F M	YORK	471	Walker, Milton*	EDFD	132
Waldrip, Thomas	GRVL	443	Walker, Fannie	RHLD	37	Walker, Miranda	KRSW	127
Waldrip, Tilman	GRVL	505	Walker, Felix	SPBG	279	Walker, Mr	CHTN	310
Waldrip, Wm**	SPBG	373	Walker, Felix	GRVL	444	Walker, Mrs	CHTN	324
Waldron, A	CHTN	311	Walker, Frances	CHTN	379	Walker, Mrs E*	EDFD	100
Waldron, E M*	WMBG	326	Walker, George	COTN	303	Walker, Mrs J C	CHTN	231
Waldron, E T	EDFD	104	Walker, George	PKNS	83	Walker, Mthers	BNWL	429
Waldron, J W	WMBG	326	Walker, George E	RHLD	50	Walker, N G W	BNWL	507
Waldron, John*	CHTN	249	Walker, George H**	CHTN	388	Walker, N P	SPBG	346
Waldron, Miss*	CHTN	320	Walker, George W**	CHTN	437	Walker, Nancy	UNON	277
Waldron, T*	CHTN	251	Walker, Griffin	LCTR	168	Walker, Nancy	LCTR	162
Waldrop, Alfred	GRVL	379	Walker, H A C	SPBG	315	Walker, Nathan A	BNWL	375
Waldrop, Anderson	LRNS	315	Walker, H P	CHTN	438	Walker, Nathaniel	BNWL	429
Waldrop, Caswell	GRVL	480	Walker, H*	CHTN	325	Walker, Nathaniel D*	BNWL	374
Waldrop, Drayton	NWBY	229	Walker, H**	GETN	284	Walker, Neagil	WMBG	360
Waldrop, Edmund	GRVL	363	Walker, H P*	CHTN	371	Walker, Nelson	SPBG	273
Waldrop, Elihu	NWBY	251	Walker, Halbert	ADSN	285	Walker, Newton J	BUFT	40
Waldrop, Frances*	GRVL	475	Walker, Harrison**	CHTR	74	Walker, O A*	NWBY	252
Waldrop, J A	GRVL	480	Walker, Hester*	SPBG	316	Walker, Peter L	ADSN	165
Waldrop, Jane	NWBY	229	Walker, Hobert	ADSN	289	Walker, R D	COTN	251
Waldrop, Jas F	NWBY	229	Walker, Hogan	LRNS	240	Walker, R E	BNWL	429
Waldrop, John	GRVL	463	Walker, I M	EDFD	131	Walker, R S	BNWL	452
Waldrop, Jonathan	GRVL	480	Walker, I N*	BNWL	406	Walker, R T	CHTN	404
Waldrop, Lilia A	GRVL	480	Walker, Isaac	RHLD	39	Walker, R W	FAFD	269
Waldrop, M G*	LRNS	237	Walker, Isaac W	GRVL	480	Walker, R W	BNWL	421
Waldrop, M J	NWBY	239	Walker, Isham	COTN	303	Walker, Ramsey	EDFD	277
Waldrop, Mary	LRNS	230	Walker, Isreal	BNWL	380	Walker, Ranson	SPBG	353
Waldrop, Miles	GRVL	379	Walker, J A	EDFD	198	Walker, Rebecca	CHTR	80
Waldrop, Pinkney*	NWBY	238	Walker, J A**	SPBG	306	Walker, Rebecca*	SPBG	424
Waldrop, Pitts	NWBY	252	Walker, J B	FAFD	230	Walker, Riley	PKNS	112
Waldrop, Robt	LRNS	241	Walker, J C*	EDFD	126	Walker, Robert	CHTR	3
Waldrop, W W	NWBY	232	Walker, J Felix	UNON	277	Walker, Robert	ORBG	392

Name	Loc	Pg
Walker, Robt	FAFD	233
Walker, Robt	BNWL	429
Walker, Robt	ABVL	9
Walker, S S	UNON	277
Walker, Sallie D	FAFD	235
Walker, Sanders	ABVL	15
Walker, Sarah	CHTN	432
Walker, Sarah A*	PKNS	112
Walker, Sarah*	CHTN	429
Walker, Sarah E	YORK	430
Walker, Sarah J*	ABVL	119
Walker, Sarah**	BNWL	415
Walker, Silas	NWBY	251
Walker, Susan*	SPBG	325
Walker, T A	EDFD	66
Walker, T M*	EDFD	133
Walker, Tandy*	GRVL	391
Walker, Thomas	FAFD	234
Walker, Thomas	CHTR	80
Walker, Thos	SPBG	275
Walker, Thos A	GRVL	479
Walker, Tralisa	UNON	203
Walker, Valentine	EDFD	21
Walker, W A	CHTR	75
Walker, W G	EDFD	54
Walker, W J	EDFD	86
Walker, W L	EDFD	78
Walker, W M	CHTR	83
Walker, W P	BNWL	406
Walker, W S	BNWL	425
Walker, W W	GETN	283
Walker, W W*	ABVL	47
Walker, Warren D	GRVL	340
Walker, Whit	NWBY	272
Walker, William*	CHTN	111
Walker, William	SPBG	304
Walker, William	CHTR	24
Walker, William	COTN	281
Walker, William*	CHTN	488
Walker, William	LCTR	214
Walker, William	RHLD	41
Walker, William W	CLDN	208
Walker, Wm	SPBG	353
Walker, Wm Jr	EDFD	36
Walker, Wm M	YORK	369
Walker, Wm Y	ABVL	109
Walker, Wm**	CHTR	90
Walker, Wm	EDFD	32
Walker, Wm	BNWL	473
Walker, Wm H	CHTN	201
Walker, Wm J	ABVL	66
Walkins, C	LRNS	273
Walkins, Elizabeth	PKNS	64
Walkins, Henry	PKNS	64
Wall, Amanda A	BUFT	27
Wall, C A**	MARN	9
Wall, Cathn A	BUFT	35
Wall, Charles	BUFT	44
Wall, Charlotte B	BUFT	13
Wall, Clark	SPBG	207
Wall, David*	CHTN	248
Wall, E Benjn	BUFT	35
Wall, Edw P	CHTN	467
Wall, Elias	SPBG	207
Wall, Elisha C	BUFT	27
Wall, Francis	MARN	9
Wall, H G	MARN	9
Wall, H Gideon	BUFT	35
Wall, Hampton	BUFT	27
Wall, Hardy	BNWL	390
Wall, Hardy	BNWL	390
Wall, Harrit*	CHTN	174
Wall, Isaiah	MARN	141
Wall, J L*	BUFT	16
Wall, James	BNWL	388
Wall, James E	BUFT	50
Wall, Jas	GETN	310
Wall, Jason	SPBG	204
Wall, John C	BUFT	28
Wall, Joseph	BUFT	35
Wall, Julia*	MARN	58
Wall, L F	CHTN	377
Wall, Laz	BNWL	471
Wall, Lazarus	BNWL	390
Wall, Lydia	GETN	306
Wall, Martha*	MARN	131
Wall, Olivia	MARN	131
Wall, Oney	SPBG	261
Wall, P	EDFD	69
Wall, R J F	SPBG	264
Wall, Robt*	SPBG	268
Wall, Thos T	MARN	136
Wall, Timothy	SPBG	207
Wall, W W	MARN	9
Wall, William	BNWL	390
Wall, William	BNWL	394
Wall, Wm	CHTR	56
Wall, Wm	GETN	306
Wall, Wm M	SPBG	243
Wallace W	CHTR	38
Wallace, A N	YORK	413
Wallace, A S	YORK	470
Wallace, A T	YORK	496
Wallace, Alex	YORK	436
Wallace, Aley*	MARN	108
Wallace, Alonzo	SPBG	424
Wallace, Andrew	RHLD	62
Wallace, Ann K	DLTN	417
Wallace, Ann*	GRVL	413
Wallace, Ann*	UNON	271
Wallace, Anna*	CHTN	506
Wallace, Augustus*	ADSN	293
Wallace, Barnabas	MRBO	189
Wallace, Barney	WMBG	302
Wallace, Benjn	SPBG	366
Wallace, Bennett	NWBY	241
Wallace, Brumfield	YORK	510
Wallace, C D	CHFD	189
Wallace, Calvin	CHTR	48
Wallace, Daniel	YORK	490
Wallace, David	COTN	262
Wallace, David	YORK	492
Wallace, David	YORK	425
Wallace, David	YORK	414
Wallace, Dr J	FAFD	218
Wallace, E R J**	YORK	405
Wallace, Eda*	YORK	447
Wallace, Eliza	RHLD	78
Wallace, Elizabeth*	CHTR	49
Wallace, Elizabeth*	SPBG	426
Wallace, Elizth J	BUFT	2
Wallace, Ellen*	BUFT	19
Wallace, Emly N	UNON	257
Wallace, Esther	YORK	508
Wallace, Francis	BUFT	92
Wallace, G F	YORK	416
Wallace, Genet	UNON	246
Wallace, Geo	ABVL	142
Wallace, H J	LCTR	142
Wallace, Harret	CHFD	102
Wallace, Hellen*	CHTN	338
Wallace, Henry	YORK	468
Wallace, Hugh B**	CHTR	49
Wallace, Hugh B	YORK	418
Wallace, Ivy J	MARN	3
Wallace, J G	CHTN	179
Wallace, J G	DLTN	397
Wallace, J Randolph	YORK	424
Wallace, J T	ADSN	210
Wallace, Jackson	CHFD	94
Wallace, James	GRVL	499
Wallace, James	CHTN	455
Wallace, James	YORK	507
Wallace, James A*	GRVL	418
Wallace, Jane	ABVL	140
Wallace, Jane*	MARN	30
Wallace, Jane	YORK	506
Wallace, Jane*	YORK	471
Wallace, Jas	YORK	417
Wallace, Jas H	YORK	473
Wallace, Jas M	YORK	436
Wallace, Jno*	MRBO	163
Wallace, John	BUFT	68
Wallace, John**	CHTN	251
Wallace, John	LRNS	306
Wallace, John	YORK	438
Wallace, John	RHLD	75
Wallace, John T*	RHLD	78
Wallace, John W	MRBO	146
Wallace, Jonathan	LCTR	142
Wallace, Joseph	YORK	417
Wallace, Joseph S*	CHTN	427
Wallace, Lally	ADSN	293
Wallace, Laura*	UNON	268
Wallace, Lucinda	DLTN	472
Wallace, M*	SPBG	258
Wallace, Maj J M	YORK	377
Wallace, Maj John	YORK	389
Wallace, Martha**	RHLD	50
Wallace, Martin	LRNS	294
Wallace, Mary	CHTN	423
Wallace, Mary	CHTR	48
Wallace, Mary*	UNON	284
Wallace, Mills	YORK	496
Wallace, Mrs Ann	MRBO	189
Wallace, Mrs Bethethla	NWBY	251
Wallace, Murrah*	MRBO	148
Wallace, Nancy	CHTR	39
Wallace, P N*	UNON	273
Wallace, R C	GETN	287
Wallace, R M	EDFD	147
Wallace, Robt*	CHTR	90
Wallace, Robt	LCTR	143
Wallace, Robt M	YORK	467
Wallace, Ruth	CHFD	174
Wallace, S J*	LCTR	174
Wallace, Sally B*	SPBG	303
Wallace, Saml H	BUFT	73
Wallace, Sarah**	YORK	496
Wallace, Stephen*	CHTN	427
Wallace, Stephen	MRBO	150
Wallace, Susan*	CHTN	500
Wallace, Susan*	YORK	507
Wallace, Terrina	YORK	410
Wallace, Thos J	MRBO	196
Wallace, V L	YORK	367
Wallace, W N	UNON	268
Wallace, W*	GRVL	412
Wallace, W D	GRVL	355
Wallace, W S*	WMBG	328
Wallace, Washington*	MRBO	171
Wallace, Wesley	UNON	261
Wallace, Wilkerson	LRNS	296
Wallace, William	CHFD	94
Wallace, William	GRVL	499
Wallace, William	KRSW	131
Wallace, William*	NWBY	272
Wallace, William	RHLD	62
Wallace, Willis	LRNS	282
Wallace, Wm	CHTR	49
Wallace, Wm L	BUFT	60
Wallace, Wm L	GETN	306
Wallace, Wm*	YORK	471
Wallace, Wm	YORK	425
Wallae, Thos	CHTN	310
Wallance, B A*	EDFD	108
Wallaw, William	CHTN	430
Wallax, Geo*	CHTN	324
Wallen, Benjn P	COTN	313
Waller, C M**	ADSN	157
Waller, George	MARN	138
Waller, Henry	MARN	129
Waller, Jane E	ABVL	53
Waller, Joseph	MARN	87
Waller, Josias G	HORY	63
Waller, Nancy	ABVL	68
Waller, Pelens A	ABVL	52
Waller, R H*	CHTN	167
Waller, Saml J	HORY	63
Waller, William W	ABVL	51
Waller, Wm M	HORY	69
Wallers, Rebecca*	ADSN	218
Walles, Edmund	CHTN	286
Wallester, George	CHTN	483
Wallin, William	ORBG	370
Walling, Abigail	BNWL	372
Walling, Henry	COTN	360
Walling, Jane A*	BNWL	381
Walling, John W	CHTN	157
Walling, Paul	COTN	273
Walling, R T	CHTN	158
Wallington, W S H	EDFD	194
Wallis, E	GRVL	418
Wallis, Eliza*	CHTN	211
Wallis, John*	CHTN	211
Wallis, Juliet T*	CHTN	293
Wallis, Nancy	EDFD	98
Wallis, Patk	CHTN	215
Wallis, Wm*	CHTN	211
Walls, Catherine*	CHTN	263
Walls, James	CHTN	139
Walls, John E	BUFT	40
Walls, Mrs M	EDFD	63
Walls, Robt	CHTN	139
Walls, William	ADSN	297
Walls, Wm E	BUFT	22
Walpold, H E	CHTN	505
Walpole, Evelina*	COTN	355
Walpole, J B L	COTN	355
Walpole, James L	COTN	355
Walser, A P	COTN	360
Walsh, A C*	CHTN	257
Walsh, Edmund F	BUFT	96
Walsh, Edmund*	RHLD	46
Walsh, John	CHFD	101
Walsh, Jos T	HORY	55
Walsh, Michael	CHTN	253
Walsh, Michael	RHLD	36
Walsh, Rebecca	RHLD	34
Walsh, Sarah	CHTN	477
Walsh, Stephen P	CHTN	489
Walsh, Thomas H	RHLD	41
Walsh, Thomas V	SMTR	176
Walsh, Thos J	ORBG	354
Walston, Saml	CHTN	496
Walter, Anton*	CHTN	282
Walter, B F*	RHLD	21
Walter, C*	CHTN	317
Walter, E W	CHTN	346
Walter, Elisabeth F**	MARN	95
Walter, Eliza*	CHTN	105
Walter, George H	CHTN	485
Walter, Henry*	CHTN	111
Walter, J M*	GRVL	410
Walter, J W	BNWL	428
Walter, Rachel P*	RHLD	55
Walter, Sarah A**	COTN	313
Walter, Sarah*	CHTN	346
Walter, Sarah T*	RHLD	16
Walter, T A Jr	GRVL	402
Walter, Tristram B	MARN	114
Walter, William	PKNS	23
Walter, William T	RHLD	19
Walter, Wm*	CHTN	131
Walters, Abram	MRBO	163
Walters, Andrew	MRBO	164
Walters, Banister*	ADSN	287
Walters, Caroline*	ORBG	395
Walters, Carter	ADSN	248
Walters, Elvira	ADSN	287
Walters, Falima	ADSN	285
Walters, H J	WMBG	312
Walters, J J	WMBG	321
Walters, J W	DLTN	411
Walters, Mary*	ADSN	296
Walters, Nathan	MRBO	164
Walters, R B	WMBG	321
Walters, R W	DLTN	421

Name	Loc	Pg
Walters, Wm	DLTN	411
Waltes, Hariet*	CHTN	175
Waltgen, E*	CHTN	322
Walthier, R*	BUFT	10
Walton, Elizabeth	EDFD	149
Walton, J B	GRVL	406
Walton, J C	EDFD	163
Walton, J F	EDFD	137
Walton, J M	CHTN	355
Walton, Jacob*	EDFD	143
Walton, Joel	EDFD	27
Walton, John	EDFD	149
Walton, M P	EDFD	163
Walton, Miss*	CHTN	319
Walton, Samuel	EDFD	137
Waltrip, John	FAFD	268
Waltz, Laura*	ORBG	307
Waltzer, Ernst*	CHTN	250
Walworth, Ernest*	RHLD	53
Wamback, Adam*	CHTN	272
Wamer, Mary	CHTN	214
Wanaker, Levessa**	CHTN	497
Wanamaker, Julia*	CHTN	409
Wanerite, Luck*	SMTR	128
Wanless, Lissy	CHTN	511
Wannamaker, A N	ORBG	353
Wannamaker, Absolem*	ORBG	335
Wannamaker, Adam	ORBG	340
Wannamaker, Amanda	ORBG	327
Wannamaker, Brantly**	ORBG	335
Wannamaker, D B	LXTN	457
Wannamaker, David	LXTN	457
Wannamaker, E	ORBG	321
Wannamaker, F M	ORBG	314
Wannamaker, Fed	ORBG	338
Wannamaker, Harriet	ORBG	356
Wannamaker, Hayne C	ORBG	353
Wannamaker, J J	ORBG	309
Wannamaker, Jacob G	ORBG	352
Wannamaker, M	ORBG	328
Wannamaker, Nathan E	ORBG	356
Wannamaker, Peter	ORBG	340
Wannamaker, Thos E	RHLD	50
Wannamaker, W	ORBG	328
Wannamaker, W W	ORBG	314
Wansley, Leanal	ADSN	248
War, Eliz*	DLTN	460
Ward, Absalom	UNON	229
Ward, Adaline	BNWL	489
Ward, Andrew J	GRVL	389
Ward, Ann*	COTN	294
Ward, Bartlet*	PKNS	128
Ward, Benj N	HORY	67
Ward, C E**	DLTN	433
Ward, Cath	ABVL	5
Ward, Catherine*	CHTN	233
Ward, Charles	wmbg	327
Ward, Christian*	MARN	136
Ward, D C	PKNS	93
Ward, David	HORY	65
Ward, Drusilla**	BUFT	79
Ward, Eleanor	CHTN	442
Ward, Eleanor**	DLTN	440
Ward, Elizabeth	CLDN	193
Ward, Elizabeth**	KRSW	89
Ward, Elizabeth	ADSN	319
Ward, Ellen	RHLD	2
Ward, Enoc B	MARN	104
Ward, Evanline	GRVL	440
Ward, F Victoria*	RHLD	9
Ward, G W	HORY	16
Ward, Harriett	PKNS	93
Ward, Henry	PKNS	90
Ward, Henry	GRVL	331
Ward, Hesekiah	CLDN	207
Ward, I J	GRVL	517
Ward, Irvine	GRVL	439
Ward, Isaac	HORY	17
Ward, Isabella*	CHTN	272
Ward, J B	DLTN	386
Ward, J B	GRVL	437
Ward, J D	CHTN	389
Ward, J L*	CHTN	144
Ward, J M	CHTN	258
Ward, J M*	CHTN	264
Ward, J M	CHTN	183
Ward, J M	NWBY	294
Ward, J W	DLTN	448
Ward, James	COTN	366
Ward, James	PKNS	89
Ward, James	BUFT	86
Ward, James Sr	GRVL	476
Ward, Jane	CHFD	187
Ward, Jasper	GRVL	447
Ward, Jefferson	UNON	228
Ward, Jefferson	GRVL	442
Ward, Jno	CHTN	312
Ward, John	BNWL	365
Ward, John	GRVL	331
Ward, John	GRVL	438
Ward, Joseph	PKNS	169
Ward, Joshua	GETN	322
Ward, Levi	GRVL	389
Ward, Louanna	CLDN	233
Ward, Louisa*	RHLD	43
Ward, M B	EDFD	113
Ward, M S	DLTN	433
Ward, Mary	GRVL	488
Ward, Mary*	CLDN	191
Ward, Mary	CHTN	200
Ward, Mary A*	SPBG	209
Ward, Mary C	UNON	267
Ward, Mary G	SPBG	344
Ward, May	LXTN	444
Ward, Mayham	GETN	322
Ward, Miss S	CHTN	356
Ward, Mrs M	CHTN	334
Ward, Mrs M	EDFD	34
Ward, N	UNON	253
Ward, Nathaniel	PKNS	89
Ward, R J P	PKNS	73
Ward, Robert	GRVL	517
Ward, Robert	UNON	257
Ward, Saml	SPBG	428
Ward, Saml	PKNS	53
Ward, Samuel	UNON	228
Ward, Sarah*	HORY	39
Ward, Sarah	LRNS	235
Ward, Selina*	PKNS	85
Ward, Seline**	CHTN	290
Ward, Thom*	GRVL	411
Ward, Thomas	CHTN	376
Ward, W E	SPBG	427
Ward, W H	CHTN	506
Ward, W M*	GETN	296
Ward, W W	WMBG	303
Ward, Wade	CLDN	210
Ward, Wade*	RHLD	94
Ward, Wilburn	YORK	410
Ward, Wiley	UNON	228
Ward, William	GRVL	401
Ward, William	UNON	257
Ward, William	GRVL	348
Ward, William	YORK	486
Ward, Wm	GETN	309
Ward, Wm	SPBG	335
Ward, Wm	MARN	136
Ward, Wm	GETN	296
Ward, Wm	LRNS	235
Ward, Wm B*	SMTR	105
Wardell, T	GRVL	413
Warden, Anna J C	MRBO	168
Warden, Workey	SMTR	171
Wardlaw, A B	KRSW	123
Wardlaw, Allen*	EDFD	107
Wardlaw, D M	ABVL	29
Wardlaw, David	ADSN	302
Wardlaw, David J	ABVL	13
Wardlaw, David L	ABVL	20
Wardlaw, Dr H C**	ABVL	62
Wardlaw, Elujah	ADSN	302
Wardlaw, Hon F H	EDFD	108
Wardlaw, Hugh H	ADSN	165
Wardlaw, Hugh M	ABVL	64
Wardlaw, Hugh M	ABVL	92
Wardlaw, J M	ADSN	302
Wardlaw, James W**	RHLD	52
Wardlaw, Jas A	ABVL	25
Wardlaw, Jesse	ADSN	302
Wardlaw, Jos J	ABVL	25
Wardlaw, Mrs M	ABVL	14
Wardlaw, Robert B*	RHLD	16
Wardlaw, Robt H	ABVL	22
Wardlaw, S W	KRSW	76
Wardlaw, Thomas D*	RHLD	53
Wardlaw, W A	CHTN	348
Wardlaw, William	RHLD	12
Wardle, Jas P	LRNS	329
Wardsworth, Parhant	NWBY	244
Wardsworth, Thos*	NWBY	244
Ware, Emanuel**	EDFD	89
Ware, Geo H	MRBO	172
Ware, George N	GETN	307
Ware, H L	KRSW	89
Ware, Hugh*	RHLD	50
Ware, J H	LRNS	254
Ware, Jas R	YORK	386
Ware, Jerome	CHTN	46
Ware, Mary	CHTR	78
Ware, Mary	YORK	29
Ware, Nathl	ABVL	144
Ware, P G	GRVL	460
Ware, T E	GRVL	416
Ware, Thos	LRNS	320
Ware, William	CHTR	78
Ware, William A	ABVL	88
Wareham, John**	CHTN	211
Waring, A H	DLTN	414
Waring, Benjamin	CHTN	416
Waring, Clark	RHLD	44
Waring, Harry*	COTN	329
Waring, J H	COTN	326
Waring, John B	CHTN	160
Waring, M A	COTN	362
Waring, Martin	CHTN	418
Waring, Mary S	COTN	132
Waring, Mary S	COTN	327
Waring, Miss C*	CHTN	357
Waring, Morton	CHTN	157
Waring, P H	COTN	359
Waring, P H	DLTN	405
Waring, Sarah	RHLD	12
Waring, Tho S**	DLTN	387
Waring, Thomas R	CHTN	452
Waring, Thos	CHTN	352
Warley, Benj M	CHTN	154
Warley, Charles	COTN	318
Warley, E**	CHTN	308
Warley, Felix*	CHTN	213
Warley, J H*	DLTN	372
Warley, John C	CHTN	154
Warley, Miss A*	CHTN	356
Warley, Sophia	ADSN	255
Warlie, Catherine	YORK	465
Warlie, Wm	YORK	465
Warling, Benjamin	ORBG	311
Warling, James	ORBG	311
Warling, James D**	ORBG	347
Warling, Joseph*	ORBG	351
Warling, Joshua	ORBG	315
Warling, Mrs P**	ORBG	310
Warling, Nathan	ORBG	315
Warling, P	ORBG	311
Warling, Rachael	ORBG	310
Warling, Rachel	ORBG	311
Warmoth, J R*	SPBG	257
Warnecke, Henry	CHTN	467
Warner, Frederica E*	CHTN	429
Warner, G W*	CHTN	258
Warner, Geo*	CHTN	311
Warner, Isaiah	LXTN	391
Warner, Jacob	NWBY	257
Warner, Jane*	CHTN	425
Warner, Leopold	COTN	251
Warnich, A B	YORK	493
Warniker, Henry C	CHTN	508
Warnka, William	CHTN	417
Warnock, Charles*	CHTN	129
Warnock, David A	BUFT	61
Warnock, John M	BUFT	60
Warnock, Mary	BUFT	58
Warnock, Robt F	BUFT	21
Warnock, S	CHTN	127
Warns, H**	CHTN	314
Warr, A	DLTN	389
Warr, J Robt	DLTN	470
Warr, James	DLTN	476
Warr, Noah	DLTN	415
Warren, Adam*	LXTN	437
Warren, Allen	KRSW	128
Warren, Amanda*	CHTN	404
Warren, Anna*	YORK	423
Warren, Anna	YORK	409
Warren, B J	YORK	403
Warren, Caroline	BNWL	487
Warren, Carson	EDFD	39
Warren, Charles	LXTN	415
Warren, Daniel	COTN	307
Warren, Deliah H	BNWL	340
Warren, Delila	COTN	304
Warren, Dred	EDFD	188
Warren, Elizabeth	EDFD	153
Warren, Ellen*	EDFD	82
Warren, Elred	COTN	265
Warren, Emma**	YORK	365
Warren, Geo	COTN	261
Warren, Gillum	DLTN	438
Warren, Hamilton	CHTN	420
Warren, Henry	COTN	297
Warren, Hugh	YORK	390
Warren, J F	LXTN	420
Warren, J W	KRSW	126
Warren, Jacob	COTN	272
Warren, James*	BNWL	425
Warren, Jane E*	BNWL	502
Warren, Jas S	YORK	413
Warren, Jas T	YORK	417
Warren, Jesse	EDFD	178
Warren, John*	BNWL	491
Warren, John*	BUFT	80
Warren, John	COTN	332
Warren, John	KRSW	103
Warren, John	ADSN	181
Warren, John A	COTN	312
Warren, John D	COTN	312
Warren, John J	RHLD	44
Warren, Joseph	COTN	306
Warren, Joseph	MRBO	163
Warren, M W	HORY	47
Warren, Mahalla**	BNWL	341
Warren, Mary	COTN	251
Warren, Mary*	COTN	316
Warren, Mrs E C	EDFD	31
Warren, Nancy	DLTN	463
Warren, Needham	HORY	47
Warren, Paul	COTN	265
Warren, Pemaliah	BNWL	453
Warren, Rachel	YORK	410
Warren, Rebecca*	EDFD	193
Warren, Richard	BNWL	341
Warren, Richard G	BNWL	341
Warren, Sophy	BNWL	487
Warren, T J	KRSW	136
Warren, Thos W	BUFT	74
Warren, Thos*	BUFT	83
Warren, Vincent	ABVL	77
Warren, W B	BNWL	453

Name	Loc	Pg	Name	Loc	Pg	Name	Loc	Pg
Warren, W D	EDFD	178	Watford, Elijah	DLTN	454	Watson, J D	EDFD	182
Warren, William*	COTN	291	Watford, Eliza*	DLTN	427	Watson, J E	LRNS	297
Warren, William D*	RHLD	53	Watford, J N	DLTN	399	Watson, J E*	RHLD	22
Warren, Wm	COTN	312	Watford, Jared N	DLTN	457	Watson, J M	CHFD	125
Warren, Wm	DLTN	438	Watford, Jas W	DLTN	426	Watson, James*	ABVL	31
Warrington, I D	BUFT	48	Watford, Jesse	DLTN	450	Watson, James	CHTN	445
Warrless, L ssy	CHTN	511	Watford, Jno	DLTN	453	Watson, James	GRVL	483
Warthman, Anna M*	CHTN	429	Watford, Kineon	DLTN	461	Watson, James	GRVL	512
Warthman, Carl H*	CHTN	427	Watford, Louisa**	DLTN	426	Watson, James	SMTR	95
Wartman, Theodore*	CHTN	409	Watford, Mary A	DLTN	454	Watson, James	MARN	20
Warwick, Simpson	CHFD	136	Watford, Middn*	DLTN	425	Watson, James F	GRVL	481
Wasdin, Mary E**	GETN	283	Watford, R G	DLTN	420	Watson, James F*	RHLD	49
Wash, Mrs A	EDFD	68	Waties, Ann E	RHLD	18	Watson, Jas E	MARN	6
Washburn, A S	DLTN	406	Waties, John	RHLD	45	Watson, Jas F	ABVL	64
Washburn, Jos	SPBG	293	Watkins, A	GRVL	400	Watson, Jesse Jr	GRVL	326
Washington, Anne	LRNS	257	Watkins, A	EDFD	184	Watson, Jesse Sr	GRVL	326
Washington, Charlotte*	CHTN	467	Watkins, Baylis	ADSN	304	Watson, Jessie	SMTR	100
Washington, Harriett*	CHTN	188	Watkins, Ben F**	RHLD	5	Watson, Jno	LRNS	241
Washington, James**	CHTN	466	Watkins, Caleb	LXTN	438	Watson, Jno K*	ABVL	150
Washington, James	CHTN	496	Watkins, Catharine	CHTN	402	Watson, Johathan	MRBO	142
Washington, John B	CHTN	440	Watkins, David	UNON	208	Watson, John	WMBG	334
Washington, Maria	CHTN	441	Watkins, David	ADSN	333	Watson, John	SMTR	99
Washington, Narccsis**	CHTN	284	Watkins, David	KRSW	114	Watson, John	PKNS	2
Washington, W A*	DLTN	387	Watkins, David	ADSN	299	Watson, John L	YORK	406
Washington, Willis	LRNS	257	Watkins, E H	ADSN	302	Watson, John M	ADSN	289
Wasson, G W	ADSN	176	Watkins, Edwin	DLTN	437	Watson, John*	ADSN	337
Wasson, Geo	COTN	255	Watkins, Felix	ADSN	297	Watson, John	CHFD	120
Wasson, Geo Jr	COTN	255	Watkins, G	EDFD	170	Watson, John	GRVL	396
Wasson, J	LRNS	274	Watkins, H H	LRNS	267	Watson, John	ADSN	163
Wasson, Mary B	GRVL	362	Watkins, J A	EDFD	184	Watson, John	CHTN	492
Waston, Alexr*	CHTN	205	Watkins, J J	LRNS	279	Watson, John**	LCTR	153
Waston, Chs*	CHTN	205	Watkins, James	UNON	201	Watson, John B	ADSN	258
Watcher, Laurence*	ADSN	266	Watkins, Jemmima*	NWBY	234	Watson, John*	MARN	80
Watchtel, M*	CHTR	69	Watkins, Jeptha	ADSN	302	Watson, John Sr	GRVL	328
Waterbury, Wm C	CHTN	208	Watkins, Jno	LRNS	279	Watson, Johnson S*	ABVL	67
Waterfel, Caspar	CHTN	111	Watkins, John C	ORBG	390	Watson, Jos	LRNS	322
Waterman, E*	CHFD	130	Watkins, L	LRNS	285	Watson, Jos B*	ABVL	46
Waterman, E Jr	GETN	290	Watkins, L	KRSW	86	Watson, Joseph*	CHTN	432
Waterman, Eleazer	GETN	283	Watkins, Lucy*	ABVL	6	Watson, Joseph	YORK	395
Waterman, John*	CHTN	260	Watkins, Nancy*	EDFD	188	Watson, Jubal	ABVL	78
Waterman, T H*	GETN	293	Watkins, Osborn	ADSN	326	Watson, Kate*	RHLD	83
Watermann, C	CHTN	494	Watkins, T C	ADSN	297	Watson, Kinean	MARN	85
Waters John A	GRVL	489	Watkins, Warren	ADSN	299	Watson, L A*	EDFD	109
Waters, A S	SPBG	291	Watkins, William	EDFD	127	Watson, L A	LCTR	209
Waters, Alex	LCTR	184	Watkins, William	ADSN	297	Watson, L W	GRVL	328
Waters, Alfred	SPBG	369	Watkins, William	ORBG	390	Watson, Lucy A*	ABVL	64
Waters, C F	SPBG	354	Watkins, Willis C	ADSN	300	Watson, M E	RHLD	21
Waters, Caroline*	CHTN	437	Watkins, Wilson	ABVL	34	Watson, M M	FAFD	280
Waters, David	CHTR	52	Watkins, Wylie	KRSW	80	Watson, Margaret**	YORK	411
Waters, David P	CHTR	52	Watley, A M*	EDFD	188	Watson, Margaret	YORK	505
Waters, Edward	SPBG	252	Wats, Alfred	UNON	236	Watson, Margaret Y	YORK	410
Waters, Edward	YORK	453	Wats, Arch	LCTR	144	Watson, Maria	ADSN	303
Waters, Elijah	LCTR	181	Wats, Archable T	LCTR	150	Watson, Marion	YORK	409
Waters, Eliza	BUFT	69	Wats, Catharine*	UNON	282	Watson, Mark	MARN	67
Waters, Eliza	BUFT	54	Wats, Clinton	LCTR	152	Watson, Mary	YORK	434
Waters, Elizabeth**	GRVL	328	Wats, George**	YORK	386	Watson, Mary	YORK	407
Waters, Ellis	LXTN	437	Wats, Marion**	LCTR	184	Watson, Mary	SMTR	184
Waters, Ely	MARN	98	Wats, Robt*	LCTR	148	Watson, Mary E**	ABVL	42
Waters, H A	SPBG	375	Wats, Wm	LCTR	158	Watson, Mary*	BNWL	382
Waters, Hariot J	CHTN	493	Wats, Wm*	LCTR	185	Watson, Mary	ADSN	244
Waters, Harvey*	CHTN	162	Wats, Wylie	LCTR	187	Watson, Mary*	KRSW	127
Waters, Isaac P*	CHTN	427	Watsell, Wm*	CHTN	327	Watson, Mary	ABVL	33
Waters, James**	LXTN	419	Watsin, Sarah*	NWBY	258	Watson, Mary	ABVL	30
Waters, James**	ABVL	116	Watson, A J	GRVL	481	Watson, Matthew	MARN	20
Waters, James	COTN	295	Watson, A P	ADSN	300	Watson, Meredith	MARN	67
Waters, John	CHTR	51	Watson, A W	YORK	422	Watson, Michael*	CHFD	125
Waters, John	SPBG	373	Watson, Alfred H*	ABVL	46	Watson, Michael	KRSW	130
Waters, John	LXTN	437	Watson, Alfrod H*	RHLD	53	Watson, Michael	LXTN	450
Waters, John C	ABVL	87	Watson, Ambrose	SPBG	355	Watson, Mrs Juliana**	CHTN	237
Waters, Joshua	LCTR	181	Watson, Amos	EDFD	190	Watson, Mrs T	EDFD	2
Waters, L	SPBG	354	Watson, Archy	EDFD	196	Watson, Nancy	LCTR	153
Waters, Levicy**	ORBG	334	Watson, Artha A	BNWL	376	Watson, Nelson	CHFD	180
Waters, Malinda	ADSN	282	Watson, B	MARN	67	Watson, Noah*	MARN	91
Waters, Margaret A**	SMTR	172	Watson, B R	BNWL	376	Watson, O A	LRNS	310
Waters, Margt A*	SPBG	356	Watson, Bigio H*	ABVL	90	Watson, Pamelia	ABVL	90
Waters, Mary J*	CHTN	429	Watson, Briant	SMTR	95	Watson, Perry*	SPBG	354
Waters, Mary**	CHTN	280	Watson, C E	ABVL	46	Watson, Peter A	SMTR	167
Waters, Moses	CHFD	123	Watson, C E*	CHTN	371	Watson, Pierce	GRVL	451
Waters, Moses*	LCTR	181	Watson, Calvin	EDFD	196	Watson, Pleasant	LRNS	305
Waters, Phil*	SPBG	350	Watson, Catherine A*	ABVL	48	Watson, R B	EDFD	182
Waters, Phila D*	GRVL	443	Watson, Cloe	EDFD	199	Watson, Rebecca	BNWL	370
Waters, Philip	COTN	354	Watson, Coleman	MRBO	201	Watson, Richard**	GRVL	329
Waters, R L	SPBG	354	Watson, D A A	YORK	406	Watson, Richd*	ABVL	64
Waters, R M	COTN	337	Watson, D A	LRNS	224	Watson, Robert*	HORY	57
Waters, Rachel	COTN	337	Watson, D A*	LRNS	222	Watson, Robt	SPBG	362
Waters, Reuben	MRBO	197	Watson, Daniel	ADSN	243	Watson, S	CHFD	148
Waters, Richard	RHLD	2	Watson, David M	ADSN	290	Watson, S J	EDFD	194
Waters, Ruben*	MRBO	201	Watson, Dempsey	SMTR	95	Watson, Sallie	MARN	99
Waters, Samuel	CHTN	453	Watson, E D	EDFD	1	Watson, Saml L	YORK	422
Waters, Sarah*	LXTN	440	Watson, Eli	PKNS	136	Watson, Saml M*	ABVL	64
Waters, Spencer	MRBO	199	Watson, Elihu	LRNS	301	Watson, Samuel	SMTR	177
Waters, Stephen*	ORBG	409	Watson, Elihu W	BUFT	25	Watson, Samuel	SMTR	100
Waters, T T	SPBG	350	Watson, Elijah	EDFD	199	Watson, Samuel	MARN	11
Waters, Thomas**	CHTR	52	Watson, Elizabeth M	RHLD	32	Watson, Sarah**	MARN	6
Waters, Wesley	SPBG	375	Watson, Elizabeth*	SPBG	353	Watson, Sarah*	PKNS	36
Waters, Wiley	ADSN	219	Watson, Evans	YORK	454	Watson, Sarah*	LRNS	249
Waters, William	GRVL	476	Watson, F C	CHFD	177	Watson, Soln	DLTN	408
Waters, William*	UNON	275	Watson, Gaston*	DLTN	444	Watson, Soloman	PKNS	120
Waters, William	RHLD	6	Watson, Geo Mc D	ABVL	47	Watson, Solomon	SMTR	100
Waters, Willis	MARN	98	Watson, Henry	GETN	290	Watson, Stephen	CHFD	133
Waters, Wm	KRSW	87	Watson, Hon T	EDFD	2	Watson, Stephen B	PKNS	183
Waters, Wm	SPBG	285	Watson, Isaac	SMTR	99	Watson, Susan	GETN	311
Watertherm, John	CHTN	409	Watson, Isaac	SMTR	99	Watson, T	EDFD	197
Wates, Jake	SPBG	347	Watson, Isham	MARN	87	Watson, T P*	SPBG	302
Wates, Mary	LCTR	157	Watson, Isham H	MARN	24	Watson, Thomas	GRVL	447
Watford, D A*	DLTN	389	Watson, J C	YORK	433	Watson, Thomas	PKNS	164

Watson, Thomas	NWBY	263	Watts, Warren D	SMTR	178	Weaver, James	MARN	135
Watson, Thos A*	ABVL	47	Watts, William	RHLD	3	Weaver, James	YORK	372
Watson, Thos A*	RHLD	53	Watts, William B*	RHLD	48	Weaver, James A	BUFT	17
Watson, W A	ADSN	161	Watts, William T	SMTR	152	Weaver, Jerry	WMBG	329
Watson, W B	ADSN	220	Watts, Wm	KRSW	134	Weaver, John	GRVL	443
Watson, W C	CHTN	466	Watts, Wm	KRSW	118	Weaver, John	YORK	486
Watson, W H	GRVL	403	Wattze, S S	ORBG	306	Weaver, John	WMBG	327
Watson, W I	CHTN	466	Wattze, W*	ORBG	307	Weaver, John W	LCTR	208
Watson, William	SMTR	101	Way, A D	COTN	345	Weaver, Joshua	CHTN	167
Watson, William H	GRVL	483	Way, Ann*	ORBG	323	Weaver, Mary E**	FAFD	249
Watson, William*	EDFD	123	Way, Benjn*	COTN	358	Weaver, R	WMBG	327
Watson, William M	RHLD	25	Way, David A	ORBG	323	Weaver, Rachel*	YORK	490
Watson, Willis	SMTR	142	Way, James F*	ORBG	323	Weaver, Richard	RHLD	32
Watson, Wm	CHFD	102	Way, Jesse I	ORBG	323	Weaver, Samuel	ADSN	262
Watson, Wm**	CHFD	148	Way, Lewis	CHTN	135	Weaver, T W*	DLTN	402
Watson, Wm	CHTN	195	Way, M P	ORBG	312	Weaver, Thos	YORK	465
Watson, Wm	MARN	12	Way, Manning*	CHTN	516	Weaver, W*	WMBG	327
Watson, Wm H	ABVL	64	Way, Martha	COTN	308	Weaver, Wiley W	DLTN	474
Watson, Zilpha	CHFD	133	Way, May	ORBG	327	Weaver, William C*	BNWL	503
Watt, Ann E	CLDN	207	Way, Rebecca*	CHTN	124	Weaver, William G*	BNWL	501
Watt, Elisha**	CHTN	266	Way, Richard	ORBG	380	Weaver, William K	SMTR	103
Watt, Evans	YORK	395	Way, S*	CHTN	128	Webb, Alexr	MRBO	162
Watt, Harriet	LRNS	232	Way, T A	CLDN	203	Webb, Alonzo	BNWL	492
Watt, James	ABVL	62	Way, T B	CHTN	136	Webb, Arther	BNWL	401
Watt, James	PKNS	40	Way, Thomas	COTN	350	Webb, C W**	CHTN	252
Watt, Jas	ADSN	241	Way, Thos B*	RHLD	56	Webb, Charles*	COTN	258
Watt, Jno	CLDN	237	Way, W	ORBG	331	Webb, Charles G	ADSN	312
Watt, John	ADSN	240	Way, W G	COTN	336	Webb, Clark	WMBG	299
Watt, John	ADSN	241	Way, Wm	COTN	336	Webb, D H	ADSN	317
Watt, John C	FAFD	216	Wayne, Daniel G	CHTN	485	Webb, David	YORK	390
Watt, John D	FAFD	216	Wayne, Francis A	MARN	131	Webb, David	MRBO	154
Watt, Joseph	PKNS	40	Wayne, G I	MARN	14	Webb, Ed J	COTN	248
Watt, Joseph L	ADSN	250	Wear, M J	WMBG	363	Webb, Edmund	ADSN	257
Watt, Julius	CLDN	225	Weather, Americus	SPBG	219	Webb, Elijah	ADSN	257
Watt, Nancy K	FAFD	216	Weatherby, Thos J	MARN	96	Webb, Elisha	ADSN	294
Watt, Sam	ADSN	241	Weatherford, A	CHTN	119	Webb, Elizabeth	ADSN	312
Watt, Thos	ADSN	240	Weatherford, Benj	CHTN	150	Webb, Elizabeth	PKNS	42
Watt, William	ORBG	320	Weatherford, C K*	DLTN	435	Webb, Hammond*	ADSN	293
Watters, Armstead*	ADSN	227	Weatherford, Calvin H	DLTN	439	Webb, Hannah*	ABVL	149
Watters, Jacob	CHTN	124	Weatherford, Cas	BNWL	426	Webb, J H*	CHTN	321
Watters, John	GRVL	359	Weatherford, Charles	CHTN	136	Webb, James	ADSN	289
Watters, Mary*	GRVL	443	Weatherford, Elly	CHTN	135	Webb, Jane	EDFD	191
Watters, Mary	ADSN	249	Weatherford, H F	SPBG	426	Webb, Jas D	MARN	26
Watters, Rebecca*	ADSN	218	Weatherford, J*	DLTN	396	Webb, Jno	DLTN	399
Watters, Thos*	KRSW	129	Weatherford, J N	CHTN	126	Webb, John	CHTN	499
Wattham, A*	SPBG	258	Weatherford, James	CHTN	150	Webb, John	KRSW	88
Watton, H C	CHTN	495	Weatherford, James	SPBG	244	Webb, John	ABVL	147
Watton, John	CHTN	492	Weatherford, Jas	MRBO	143	Webb, John H	BUFT	96
Watts, Ada	RHLD	73	Weatherford, Jno	CHFD	103	Webb, John N*	ADSN	201
Watts, Adelphius*	FAFD	232	Weatherford, John	CHTN	138	Webb, Mary M	CHTN	393
Watts, Agnes	SMTR	142	Weatherford, John E	CHTN	139	Webb, Narcissus*	SPBG	214
Watts, Alfred*	HORY	42	Weatherford, L*	EDFD	115	Webb, Nelson	MRBO	157
Watts, Anderson	ABVL	104	Weatherford, M E	CHTN	159	Webb, Newell	RHLD	58
Watts, B	HORY	31	Weatherford, Mary**	EDFD	18	Webb, Saml M	ADSN	222
Watts, Charlotte	RHLD	4	Weatherford, Moses	DLTN	439	Webb, Samuel	EDFD	151
Watts, Col B T	LRNS	238	Weatherford, Mrs R	EDFD	113	Webb, Samuel	KRSW	115
Watts, Daniel	FAFD	242	Weatherford, Nancy	DLTN	476	Webb, Sarah	COTN	257
Watts, David	KRSW	107	Weatherford, Peter	DLTN	381	Webb, Susan P*	COTN	310
Watts, Dempsey	HORY	36	Weatherford, Rhoda	SPBG	244	Webb, Thos	ADSN	257
Watts, Elizh	LRNS	293	Weatherford, S B	MARN	83	Webb, Thos L	CHTN	490
Watts, Ellen**	KRSW	107	Weatherford, S*	CHTN	135	Webb, Thos*	CHTN	485
Watts, Ellen*	NWBY	284	Weatherford, Thos	SPBG	429	Webb, Watter	CHTN	241
Watts, Eveline*	HORY	33	Weatherford, Wm	CHTN	149	Webb, William	EDFD	150
Watts, F D	GETN	290	Weatherford, Wm	DLTN	472	Webb, William A	CHTN	293
Watts, G W	KRSW	78	Weatherly, Cornelius	MRBO	161	Webb, William L	CHTN	494
Watts, George W	GETN	316	Weatherly, Erasmus	MRBO	161	Webber, Charles G	YORK	481
Watts, H T	KRSW	118	Weatherly, Erasmus	MRBO	147	Webber, Drury	SPBG	254
Watts, Hampton	SMTR	102	Weatherly, Erasmus Jr	MRBO	161	Webber, Frank	NWBY	227
Watts, James*	CHFD	115	Weatherly, Isaac	MRBO	158	Webber, Jas	YORK	481
Watts, James	FAFD	237	Weatherly, Jobe	MRBO	142	Webber, Jno	YORK	481
Watts, James	FAFD	232	Weatherly, Mary	MRBO	161	Webber, Jno G	YORK	481
Watts, James**	RHLD	54	Weatherly, Robt T*	MRBO	153	Webber, John	CHTN	242
Watts, James	NWBY	251	Weatherly, Thos C	MRBO	145	Webber, John E**	CHTN	444
Watts, Jno*	CLDN	230	Weathers, B H	FAFD	271	Webber, John T*	RHLD	10
Watts, Jno	LRNS	232	Weathers, Wm R	COTN	341	Webber, John W	SPBG	303
Watts, John	KRSW	117	Weathersbee, Delilah	BNWL	433	Webber, Joseph G	YORK	481
Watts, John	YORK	397	Weathersbee, Emma*	BNWL	398	Webber, William	SPBG	301
Watts, John	RHLD	4	Weathersbee, H D	BNWL	459	Webber, William W	SPBG	257
Watts, John	ORBG	316	Weathersbee, J	BNWL	471	Weber, Alonso L	BNWL	455
Watts, John D	SPBG	359	Weathersbee, John*	BNWL	471	Weber, Alonzo	BNWL	496
Watts, Joseph	ORBG	316	Weathersbee, Johnson	BNWL	434	Weber, James	CHTN	287
Watts, Levi	HORY	50	Weathersbee, L J	BNWL	434	Weber, Samuel*	ABVL	90
Watts, Lewis*	KRSW	118	Weathersbee, Levi Sr*	BNWL	432	Weber, W N	UNON	278
Watts, Louisa	LRNS	238	Weathersbee, Levi*	BNWL	432	Webster, Amanda**	SPBG	251
Watts, M W	LRNS	227	Weathersbee, Lewis	BNWL	435	Webster, Belinda	MRBO	169
Watts, Maj	FAFD	215	Weathersbee, Margaret	BNWL	398	Webster, Charles	MRBO	181
Watts, Martha S*	CLDN	225	Weathersbee, Riley	BNWL	435	Webster, Chas*	CHTN	517
Watts, Mary	CHFD	133	Weathersbee, Thos	BNWL	433	Webster, Chas	MARN	41
Watts, Mary P*	NWBY	285	Weathersbee, Thos *	BNWL	435	Webster, David	MARN	127
Watts, Mgenia*	NWBY	305	Weathersbee, Warren*	BNWL	365	Webster, Ewd	MARN	41
Watts, Nancy J*	CHTR	39	Weathersbee, William T*	BNWL	398	Webster, Isabel*	CHTN	331
Watts, Owen	MARN	115	Weathersby, A J	BNWL	473	Webster, J R	MRBO	148
Watts, Richd	LRNS	238	Weathersby, E**	BNWL	474	Webster, James	MRBO	169
Watts, Richd	LRNS	227	Weathersby, James A	KRSW	119	Webster, Jane	ADSN	192
Watts, Sally*	EDFD	118	Weathersby, Thos	KRSW	103	Webster, John*	CHTN	413
Watts, Simeon	CHFD	164	Weathersford, Wm	DLTN	430	Webster, John	MRBO	156
Watts, Stephen A	GETN	316	Weaver, Adam	YORK	435	Webster, Joseph*	MARN	101
Watts, T H**	GETN	312	Weaver, Adam*	YORK	375	Webster, Malissa**	CHTR	60
Watts, Thomas	CHFD	168	Weaver, Ann*	RHLD	55	Webster, Mary	MRBO	205
Watts, Thos*	CHFD	165	Weaver, Cathine	GETN	299	Webster, Noah	SPBG	250
Watts, Thos	BNWL	441	Weaver, Daniel*	MARN	121	Webster, S C	CHTN	365
Watts, Thos H	CHFD	141	Weaver, Henriette	BNWL	504	Webster, Thos	MRBO	157
Watts, Thos J	ORBG	354	Weaver, Henry	LCTR	209	Webster, W H	MRBO	149
Watts, W D	LRNS	300	Weaver, J A	BNWL	503	Webster, William	SPBG	221
Watts, W R	KRSW	136	Weaver, J M	WMBG	345	Wech, Sarah E*	LCTR	180
Watts, Warren	CHTR	66	Weaver, J W	GRVL	443	Wedekind, Frederica*	CHTN	444

Wedemeyer, Bertha	CHTN	272	Welch, Anthony**	CHTN	348	Wells, Absolom	CHTN	170
Wederman, David	LRNS	311	Welch, Benj	COTN	370	Wells, Amilia	GRVL	414
Weding, C B	UNON	292	Welch, Bridget*	RHLD	30	Wells, B W*	SPBG	307
Wedonfellow, Aaron	RHLD	13	Welch, C W	ADSN	209	Wells, Barbary	BUFT	88
Weed, Alfred	CHTN	433	Welch, D H*	CLDN	227	Wells, Benjn	LRNS	240
Weed, Andw J	ABVL	39	Welch, David	RHLD	76	Wells, C W	CLDN	202
Weed, J C	LXTN	394	Welch, E W	EDFD	68	Wells, Catherine*	ABVL	9
Weed, J T	LXTN	373	Welch, Ebb**	CLDN	233	Wells, Chip	EDFD	97
Weed, Martha	LXTN	373	Welch, Edmund	CHTN	111	Wells, Clement	LRNS	252
Weed, Mrs E	ABVL	124	Welch, Elijah	CLDN	242	Wells, Clemt	LRNS	240
Weed, Reuben*	ABVL	47	Welch, Eliza A**	CLDN	233	Wells, Daniel	GETN	294
Weed, Thomas	ADSN	200	Welch, Elizabeth	ADSN	277	Wells, Daniel	LCTR	169
Weekley, Absalom	BUFT	62	Welch, Ellen*	CHTN	330	Wells, E J	EDFD	160
Weekley, T Jefferson	BUFT	63	Welch, Eugenia*	CHTN	175	Wells, E M	CHFD	180
Weekley, W K	BNWL	347	Welch, Frederick*	SMTR	139	Wells, Elizabeth*	BNWL	359
Weekley, Wm	BUFT	91	Welch, George	FAFD	223	Wells, Elizh	LRNS	239
Weekley, Wm E	BUFT	91	Welch, Henry	CHTN	175	Wells, F G F	CHFD	180
Weekly, W K	BNWL	486	Welch, Henry	CHTN	179	Wells, G G*	CHTN	370
Weekly, Washington	BNWL	493	Welch, Henry	CLDN	242	Wells, Gaines*	BUFT	78
Weeks, A M	BNWL	410	Welch, Henry	MARN	44	Wells, Geo B*	CHTN	218
Weeks, Allen	ABVL	16	Welch, Honora*	CHTN	317	Wells, Geo F	NWBY	251
Weeks, Arther	BNWL	432	Welch, Irvin	LCTR	180	Wells, Geo H	MARN	35
Weeks, Benjaman	SMTR	181	Welch, Isabella*	GRVL	417	Wells, Hagan*	CHTN	380
Weeks, D	ORBG	322	Welch, J	CHTN	239	Wells, Henry	CHTN	170
Weeks, Emily	SMTR	168	Welch, J F	WMBG	345	Wells, Henry H	SMTR	167
Weeks, Frances*	BNWL	424	Welch, J J	FAFD	221	Wells, J D	SMTR	115
Weeks, Hiram	BNWL	412	Welch, J R	LCTR	193	Wells, J E	EDFD	12
Weeks, J B	ORBG	320	Welch, Jacob V	BUFT	23	Wells, J P	EDFD	66
Weeks, J D	CLDN	199	Welch, James	CHTN	100	Wells, J S	SMTR	115
Weeks, Jacob	COTN	352	Welch, James	CLDN	232	Wells, Jacob H	RHLD	29
Weeks, James*	UNON	243	Welch, James	GETN	313	Wells, James**	CHTN	285
Weeks, James	COTN	314	Welch, James	CLDN	242	Wells, James	BUFT	18
Weeks, James	CLDN	217	Welch, James*	RHLD	27	Wells, James H	RHLD	26
Weeks, Joel	UNON	233	Welch, James A	NWBY	266	Wells, Jane**	GRVL	414
Weeks, John	BNWL	424	Welch, Jas	DLTN	455	Wells, Jane H	SMTR	113
Weeks, John T	UNON	267	Welch, Jefferson R	SMTR	113	Wells, Jeremiah	RHLD	77
Weeks, Jonathan	SPBG	322	Welch, Jessie D	SMTR	134	Wells, Jesse	COTN	299
Weeks, Joseph C	BNWL	376	Welch, Jno	CLDN	233	Wells, Jno	CHTR	80
Weeks, Joshua	BNWL	413	Welch, Jno	CLDN	242	Wells, Jno	CHTN	298
Weeks, Lewis**	ORBG	318	Welch, Joanna*	ABVL	53	Wells, Jno W*	ABVL	150
Weeks, M H	EDFD	100	Welch, Johannah*	CHTN	106	Wells, Jno W	CLDN	202
Weeks, Martha G*	ORBG	399	Welch, John	ADSN	262	Wells, John	ADSN	274
Weeks, Mary A**	EDFD	23	Welch, John**	ADSN	161	Wells, John A	BUFT	15
Weeks, Philip	COTN	314	Welch, John*	CHTN	415	Wells, John*	RHLD	56
Weeks, R S	COTN	315	Welch, John	BNWL	373	Wells, John	SMTR	184
Weeks, S H	BNWL	417	Welch, John*	CHTN	136	Wells, John A	SMTR	112
Weeks, S S*	EDFD	105	Welch, John	CHTN	443	Wells, Josiah	ABVL	1
Weeks, S W	EDFD	14	Welch, John D	RHLD	81	Wells, L	BNWL	505
Weeks, Saml	BNWL	412	Welch, John R	ORBG	405	Wells, Louisa	CHTN	421
Weeks, Saml	ABVL	45	Welch, Levi	WMBG	346	Wells, M J	EDFD	97
Weeks, Sirena	UNON	269	Welch, M M	CLDN	226	Wells, Mary A	CLDN	221
Weeks, Thomas	COTN	268	Welch, M W	WMBG	305	Wells, Mary*	KRSW	128
Weeks, Thomas	BNWL	376	Welch, Mich*	RHLD	50	Wells, Mary	EDFD	161
Weeks, Thorton	BNWL	413	Welch, Michael	CHTN	454	Wells, Mary	CHTN	272
Weeks, Warren	COTN	268	Welch, Miss E*	CHTN	321	Wells, Mary	ABVL	76
Weeks, Wesley**	CLDN	199	Welch, Morris*	CHTN	246	Wells, Miss*	CHTN	322
Weeks, William*	EDFD	100	Welch, N F	CLDN	232	Wells, Nancy*	GRVL	402
Weeks, Wm B	COTN	268	Welch, Nancy*	FAFD	215	Wells, Nicholas	ADSN	278
Weeks, Wm*	CLDN	193	Welch, Nelson	CHTN	120	Wells, Osburn	NWBY	292
Weems, O*	RHLD	21	Welch, Nixon	LCTR	195	Wells, R W	KRSW	125
Wehman, F	CHTN	322	Welch, Polly*	FAFD	223	Wells, Richard F	SMTR	167
Weideman, Elijah	NWBY	267	Welch, R E	CLDN	233	Wells, Robert	CHTN	416
Weignes, Susan*	CHTN	425	Welch, R J	CLDN	232	Wells, Robert	YORK	498
Weihan, Bernard*	CHTN	433	Welch, R M	CHTN	332	Wells, Robert*	NWBY	246
Weily, Jane	FAFD	248	Welch, Richard	MRBO	207	Wells, Robt F	CLDN	207
Weimar, Elizabeth*	COTN	239	Welch, Richard	MRBO	179	Wells, S M*	WMBG	312
Weimar, J D P	COTN	349	Welch, Richd Jr	MRBO	207	Wells, Sarah	GRVL	374
Weimar, Joel	COTN	337	Welch, Rueben	SMTR	107	Wells, Sarah*	LCTR	173
Weinberg, B A	CHTN	367	Welch, S G*	NWBY	230	Wells, Sarah J**	RHLD	48
Weinberg, Diedrich**	CHTN	462	Welch, Sallie*	MARN	138	Wells, T L	CHTN	161
Weinges, Cabot	CHTN	442	Welch, Saml B	CHTN	215	Wells, Theodosia	CLDN	202
Weinges, Catherine*	CHTN	429	Welch, Susan	CHTN	174	Wells, Thomas	ADSN	274
Weinges, Henry W*	CHTN	218	Welch, Tabitha	LCTR	189	Wells, Thomas	LXTN	439
Weinges, Mary	CHTN	429	Welch, Thomas	MRBO	207	Wells, Thomas B*	RHLD	49
Weinges, Melvina*	CHTN	105	Welch, Thomas Jr	SMTR	104	Wells, Thomas J	BUFT	13
Weinges, Sarah*	CHTN	425	Welch, Thomas Sr*	SMTR	134	Wells, Thomas L	SMTR	112
Weinges, Susan*	CHTN	429	Welch, W A	CLDN	240	Wells, W A	LRNS	232
Weir, D S	FAFD	203	Welch, W H	CLDN	239	Wells, Warren S	SMTR	166
Weir, David	CHTR	52	Welch, W T	SMTR	106	Wells, William	SMTR	116
Weir, David	CHTR	51	Welch, William	CHTN	175	Wells, Willis*	PKNS	18
Weir, David	FAFD	269	Welch, William H	CHTN	420	Wells, Wm B	BUFT	42
Weir, Eliza	FAFD	281	Welch, William*	RHLD	44	Wels, Saml*	CHTN	363
Weir, James	CHTR	51	Welch, Wincy Ella*	MRBO	206	Welsch, Elizabeth*	CHTN	466
Weir, James	UNON	277	Welch, Wm	MARN	133	Welsch, Evergenia*	CHTN	466
Weir, Jane	ABVL	123	Welch, Wm	PKNS	44	Welsch, M C	CHTN	470
Weir, Jane**	CHTR	51	Welden, Ella*	ORBG	318	Welsh, C C*	CHFD	176
Weir, John A	ABVL	21	Welden, Joseph	CHTN	494	Welsh, Edward*	CHTN	136
Weir, Lucy	FAFD	279	Weldon, Daniel	SMTR	147	Welsh, Francis	CHFD	133
Weir, M	UNON	277	Weldon, John	CHTN	293	Welsh, George	CHFD	154
Weir, Mary	CHTR	29	Weldon, John**	CHTN	388	Welsh, James J	RHLD	81
Weir, Mary J*	RHLD	37	Weldon, Martha**	CHTN	136	Welsh, Jane*	SMTR	103
Weir, Matthew	CHTR	29	Weldon, Sarah*	SMTR	154	Welsh, Patrick*	CHTN	270
Weir, Matthew	CHTR	31	Weldon, Wm	FAFD	247	Welsh, Peter**	CHTN	254
Weir, Sarah*	CHTR	51	Welkins, Nancy*	YORK	373	Welsh, Richd*	DLTN	457
Weir, Sarah J*	FAFD	203	Well, Ervin	DLTN	465	Welsh, Richd*	DLTN	394
Weir, Tansey	FAFD	279	Well, Nancy	FAFD	252	Welsh, Samuel	SMTR	97
Weir, Wm S	FAFD	278	Well, R S	CLDN	245	Welsh, Thomas	CHTN	462
Weis, J B*	YORK	372	Weller, Charles*	CHTN	242	Welsh, Thos**	CHTN	193
Weiskoff, Leapold	CHTN	415	Welling, Edwin	CHTN	374	Welsh, Walter	CHTN	393
Weiters, John	CHTN	393	Welling, Eugenia*	CHTN	206	Welsh, Williams	NWBY	252
Weithrim, H*	DLTN	392	Welling, John	ORBG	308	Welsman, Jas	CHTN	206
Welborn, A F	ADSN	181	Welling, Margaret	CHTN	480	Welton, William	SMTR	131
Welburn, T M*	EDFD	115	Welling, Samuel	CHTN	397	Welton, M*	CHTN	302
Welch, Aily J*	CLDN	239	Wells, A H*	CHTN	263	Wencey, Johns S	CHTN	499
Welch, Alice*	CHTN	136	Wells, A P*	CHTN	313	Wendelken, D	CHTN	375
Welch, Ann*	CHTN	306	Wells, Aaron	LRNS	239	Wendelkin, M C	PKNS	39

Name	Loc	Pg
Were, John	WMBG	300
Wernecke, Louis	CHTN	271
Werner, C	CHTN	337
Werner, D	CHTN	307
Werner, H	CHTN	261
Werner, Theodore	ADSN	253
Wert, Presley*	NWBY	231
Werts, Beltin	NWBY	230
Werts, D H	NWBY	257
Werts, David	NWBY	230
Werts, David	NWBY	230
Werts, Elizabeth A	NWBY	276
Werts, Henry	NWBY	230
Werts, Henry	NWBY	257
Werts, Jacob	NWBY	227
Werts, John	EDFD	144
Werts, Johnathan	NWBY	231
Werts, L E	EDFD	146
Werts, Michl	NWBY	234
Werts, Sarah*	NWBY	232
Werts, W H	NWBY	271
Werts, William	NWBY	214
Wertz, Ansley	EDFD	140
Wertz, J W	EDFD	170
Wescoat, J J	COTN	320
Wescoat, Jabez J R	COTN	321
Wescoat, John S	COTN	320
Wescot, Jas	CHTN	511
Wescott, G W*	CHTN	371
Wescott, J R*	CHTN	371
Wescott, J*	CHTN	298
Wescott, Robert	RHLD	67
Wescott, Thomas	RHLD	67
Wescott, Wm	COTN	361
Wesendorf, C H*	CHTN	508
Wesley, Jno*	LRNS	256
Wesley, Ruben*	PKNS	145
Wesley, Wm R	BNWL	487
Wesner, Henry*	CHTN	365
Wessel, J	CHTN	158
Wessels, H	BNWL	457
Wessen, J D	HORY	70
Wesser, James	RHLD	64
Wessinger, Ann	LXTN	390
Wessinger, Barbara	LXTN	440
Wessinger, David	LXTN	409
Wessinger, Eli	LXTN	387
Wessinger, Elizabeth	LXTN	409
Wessinger, Elizabeth	LXTN	440
Wessinger, H M	LXTN	409
Wessinger, Henry J*	LXTN	408
Wessinger, Isaiah	LXTN	387
Wessinger, J J	LXTN	409
Wessinger, Jacob	LXTN	409
Wessinger, Jacob	LXTN	409
Wessinger, James	LXTN	409
Wessinger, Jno	LXTN	401
Wessinger, Leah	LXTN	409
Wessinger, Michl	LXTN	390
Wessniger, Louisa**	ORBG	346
Wesson, Cynthia	LRNS	322
Wesson, F	LRNS	319
Wesson, Frank*	SPBG	320
Wesson, Fred J	NWBY	263
Wesson, Henry	SPBG	320
Wesson, Johnson	LRNS	319
Wesson, Johnson	LRNS	321
Wesson, Leanora	NWBY	242
Wesson, Sarah	LRNS	322
West, A	UNON	244
West, A	PKNS	43
West, A J	SPBG	405
West, A P	EDFD	170
West, Arthur	EDFD	171
West, B	KRSW	96
West, B P	GRVL	372
West, Benj**	LRNS	343
West, Charles H Jr	CHTN	349
West, Chs H	CHTN	189
West, D H	GRVL	374
West, Danl	SPBG	339
West, Deniza*	NWBY	287
West, Dr W T	EDFD	71
West, E	UNON	243
West, E G	CHTR	69
West, E P	EDFD	170
West, Eli	KRSW	96
West, Eugene**	CHTN	349
West, F*	KRSW	97
West, Garven	ORBG	393
West, George	EDFD	28
West, H***	WMBG	314
West, Hannah	ADSN	198
West, Henry**	CHTN	488
West, Henry	KRSW	95
West, Isaac	SPBG	342
West, Isaac	SPBG	397
West, J W	SPBG	335
West, J*	UNON	275
West, J B	GETN	304
West, J N	GRVL	374
West, J T	GRVL	370
West, J T	EDFD	26
West, James	CHFD	163
West, James*	CHTR	87
West, Jas P	SPBG	421
West, Jas S	ADSN	198
West, Jermina*	COTN	350
West, Joel	CHTN	177
West, John	SPBG	327
West, John	EDFD	22
West, John	GRVL	476
West, John*	SPBG	320
West, John W	PKNS	44
West, Joseph	GETN	307
West, Joseph	UNON	243
West, Joseph	CHFD	156
West, Levi	KRSW	96
West, M B	SPBG	405
West, M J	SPBG	405
West, Martha	UNON	243
West, Mary M	SPBG	339
West, Mathew	SPBG	263
West, Matthew	KRSW	97
West, Moses	BNWL	344
West, Mrs Jane	EDFD	24
West, Newton	SPBG	339
West, P H	GRVL	371
West, P M	SPBG	405
West, Perry	SPBG	328
West, Preston	CHTN	348
West, R C	CHTR	68
West, Robt	ADSN	198
West, Robt N	SPBG	333
West, Robt W	ADSN	214
West, S	SPBG	341
West, S M**	GRVL	351
West, Saml	SPBG	344
West, Saml M	SPBG	266
West, Sarah A E*	COTN	327
West, sarah*	YORK	459
West, Sion	HORY	62
West, Solomon	PKNS	44
West, Stephen	CHTN	158
West, T A	HORY	2
West, T M	LRNS	221
West, Thomas	UNON	243
West, Thos	ADSN	246
West, Thos S	CHTN	126
West, W H	COTN	257
West, W J	GRVL	372
West, Wade	ABVL	85
West, Wiley*	ORBG	392
West, William	ADSN	237
West, William	GRVL	468
West, William	SPBG	339
West, William	ORBG	401
West, William	UNON	243
West, William E	RHLD	10
West, William H*	UNON	248
West, William Jr	UNON	248
West, William Sr	CHTN	142
West, Wm	SPBG	423
West, Wm	SPBG	426
West, Wm B	SPBG	239
West, Zilphy*	FAFD	263
Westberry, Ann	CHTN	148
Westberry, B F	GETN	306
Westberry, J A	ORBG	379
Westberry, W J	GETN	293
Westbrook, Arthur	CHTR	91
Westbrook, Catherine	CHTR	45
Westbrook, David	EDFD	53
Westbrook, Elizabeth	CHTR	59
Westbrook, John*	CHTR	45
Westbrook, John	YORK	453
Westbrook, Rebecca	SPBG	291
Westbrook, S G	YORK	453
Westbrook, Thos	SPBG	292
Westbrook, Wm	SPBG	270
Westbrooks, Charles**	YORK	387
Westbrooks, James	SPBG	281
Westburg, Johnathen**	SMTR	154
Westbury, J	COTN	337
Westbury, Johnathan	COTN	344
Westbury, Jonathen	SMTR	122
Westbury, Lewis	COTN	336
Westbury, Thomas	COTN	344
Westdorff, Capt	CHTN	243
Westendoff, Chas**	CHTN	322
Westendorff, James S	CHTN	294
Westenforff, C W**	CHTN	220
Westerland, Charles	CHTN	289
Western, Elijah M	BUFT	96
Westervelt, John J	CHFD	180
Westfield, D G	GRVL	415
Westfield, Edwd	ABVL	26
Westfield, John	GRVL	422
Westfield, Sarah	GRVL	422
Westmarlle, Hartwell*	YORK	464
Westmore, C*	SPBG	258
Westmoreland, Andrew	SPBG	381
Westmoreland, Bluford	SPBG	381
Westmoreland, D	LRNS	316
Westmoreland, J B	GRVL	349
Westmoreland, J H	GRVL	356
Westmoreland, J L	GRVL	357
Westmoreland, J L Jr	GRVL	357
Westmoreland, J R	SPBG	381
Westmoreland, John	SPBG	382
Westmoreland, L D	GRVL	339
Westmoreland, Margaret	GRVL	445
Westmoreland, Peterson	YORK	490
Westmoreland, Robt	SPBG	381
Westmoreland, S L	ADSN	310
Westmoreland, S R	GRVL	349
Westmoreland, W D**	YORK	498
Westmoreland, W T**	SPBG	381
Weston, Anthony	CHTN	376
Weston, Bentley*	RHLD	54
Weston, Eliza*	CHTN	464
Weston, Francis	CHTN	477
Weston, Francis	GETN	319
Weston, Furman	CHTN	379
Weston, G W	CLDN	195
Weston, Isaac T	RHLD	94
Weston, Jacob	CHTN	332
Weston, Maria	CHTN	302
Weston, Plowden C J	GETN	323
Weston, S	MARN	57
Weston, S	CHTN	307
Weston, Sarah	CHTN	389
Weston, Sarah*	CHTN	378
Weston, William	RHLD	93
Wetherall, Geo*	LRNS	251
Wetheren, Simon*	CHTN	249
Wetherhan, P*	CHTN	322
Wetherhorn, S	CHTN	311
Wethers, Cynthia**	FAFD	212
Wethers, Daniel	CHTN	173
Wethers, Elizh*	LRNS	287
Wethers, Gabriel	CHTN	172
Wethers, Jas	LRNS	288
Wethers, Nancy	SPBG	214
Wethers, Sarah*	COTN	337
Wethers, Thomas*	SPBG	238
Wethers, William	CHTN	473
Wethersbee, Bryant	BNWL	401
Wethersbee, Sarah	BNWL	401
Wethersby, Caroline*	FAFD	209
Wethersby, S	BNWL	472
Wetherspoon, D W	CLDN	191
Wetler, Eliza	CHTN	211
Wetsil, David E	ORBG	339
Wetsil, Joel B	ORBG	339
Wetsil, John	ORBG	340
Wetsil, John J	ORBG	339
Wetterford, W*	ORBG	327
Wetterhahn, Selig	CHTN	271
Wever, Dr L B	EDFD	85
Wever, Genl J R	EDFD	36
Wever, Geo Mc D	EDFD	40
Wever, Jane	EDFD	187
Wever, Lydia*	EDFD	188
Wever, M B	EDFD	39
Wever, Milly	EDFD	13
Wever, Wm	EDFD	13
Weyman, Lucy	CHTN	336
Wezer, Jacob	PKNS	22
Wezer, John	PKNS	22
Whaland, Johanah**	ADSN	158
Whale, Charles D**	CHTN	393
Whalen, Patrick	ABVL	77
Whaley, B J	CHTN	334
Whaley, B S	COTN	370
Whaley, Benjamin	CHTN	141
Whaley, D A*	ABVL	53
Whaley, E M	COTN	321
Whaley, Ed C	COTN	320
Whaley, Edward	BNWL	368
Whaley, Eliza*	ABVL	51
Whaley, Frank M	COTN	370
Whaley, George P	CHTN	156
Whaley, George*	ORBG	350
Whaley, J S	COTN	370
Whaley, James E	COTN	322
Whaley, John	BNWL	383
Whaley, John B	COTN	356
Whaley, John C	BNWL	470
Whaley, John C	COTN	361
Whaley, John H	MARN	135
Whaley, John*	CHTN	391
Whaley, Joseph Sr	COTN	320
Whaley, Lem	EDFD	22
Whaley, Manly	MARN	6
Whaley, Martha M	COTN	322
Whaley, Mary	CHTN	106
Whaley, Mrs Charles*	CHTN	240
Whaley, R S	NWBY	305
Whaley, Rebecca H**	CHTN	418
Whaley, Sydney**	BUFT	50
Whaley, W J	COTN	320
Whaley, W L	COTN	356
Whaley, W S	COTN	355
Whaley, Wm	CHTN	126
Whalin, Patrick*	CHTN	168
Whalley, Jno C*	CHTN	339
Whaly, John**	BNWL	470
Wham, Jos	LRNS	279
Wham, Robt	LRNS	279
Wham, Robt	LRNS	251
Wharton, George C	CHTN	476
Wharton, J R	LRNS	245
Wharton, James	ABVL	48
Wharton, Jane	CHTN	369
Wharton, William	ADSN	247
Wharton, Wm	LRNS	228
Whatley, E L	EDFD	81

Name	Loc	Pg	Name	Loc	Pg	Name	Loc	Pg
Whatley, Edmund	ABVL	65	Whitaker, Harris	KRSW	81	White, Henry	SPBG	208
Whatley, Ellen	EDFD	67	Whitaker, Jas	LXTN	456	White, Henry	ADSN	275
Whatley, M	EDFD	101	Whitaker, John	KRSW	124	White, Henry W	YORK	479
Whatley, Mrs E R	EDFD	81	Whitaker, John**	KRSW	130	White, Hiram	SPBG	335
Whatley, Mrs L	EDFD	89	Whitaker, L L	KRSW	124	White, Hiram	ADSN	161
Whatley, Orion	EDFD	37	Whitaker, L L Jr	KRSW	124	White, Hosea	CHFD	101
Whatley, T W	EDFD	81	Whitaker, Levi	CHFD	161	White, Hugh	CHTR	49
Whatly, S B	EDFD	58	Whitaker, Manerva	EDFD	66	White, Hugh M	YORK	403
Whattey, N H	EDFD	134	Whitaker, Marion	YORK	430	White, Isaac B	CLDN	221
Whattey, P A	EDFD	134	Whitaker, Mrs S	EDFD	67	White, Isam	YORK	491
Whayley, Thomas B	ORBG	409	Whitaker, R L	KRSW	108	White, J J	YORK	395
Wheat, Beckham**	LXTN	452	Whitaker, Reilly	KRSW	130	White, J M*	ORBG	393
Wheat, Delia	LXTN	450	Whitaker, Samuel*	ADSN	159	White, J R*	WMBG	305
Wheat, Jane**	LXTN	450	Whitaker, Sarah	LCTR	184	White, J T H	CHTN	405
Wheat, T R	FAFD	258	Whitaker, T J	EDFD	38	White, J W	SPBG	322
Wheate, Hiram	KRSW	98	Whitaker, Thomas*	RHLD	53	White, J W	UNON	244
Wheate, John	KRSW	101	Whitaker, Wm B	YORK	430	White, J*	CHTN	141
Wheate, Sarah*	KRSW	102	Whitcofsky, J F	ORBG	346	White, J E	CHTR	91
Wheaton, Daniel	GRVL	500	Whitcover, Samuel	MARN	19	White, J M	EDFD	60
Wheatstone, N W	ORBG	375	White, A	SMTR	102	White, James	SPBG	261
Wheeler, A S	SPBG	427	White, A & Son	SMTR	101	White, James*	LCTR	171
Wheeler, Amanda*	CHTN	380	White, A G	SPBG	401	White, James	PKNS	159
Wheeler, B T	YORK	371	White, A G	EDFD	71	White, James	YORK	509
Wheeler, Catharine	LXTN	384	White, A J	CHTN	141	White, James	PKNS	193
Wheeler, Clara	MARN	18	White, A J	CLDN	221	White, James B	RHLD	41
Wheeler, David*	NWBY	297	White, Albert*	SPBG	357	White, James S*	RHLD	54
Wheeler, F**	LRNS	319	White, Alexander*	PKNS	19	White, James*	ADSN	254
Wheeler, G C*	WMBG	347	White, Alexander	UNON	290	White, James	COTN	364
Wheeler, H B	MARN	14	White, Alfred	CHTN	516	White, James	COTN	278
Wheeler, Handy*	NWBY	214	White, Alfred	CHFD	174	White, James	CHTN	128
Wheeler, J	EDFD	146	White, Allen	YORK	509	White, James	CHTN	118
Wheeler, Jacob	NWBY	213	White, Alonso	CHTN	293	White, James	CHTN	472
Wheeler, James	PKNS	57	White, Alvena	CLDN	195	White, James	EDFD	4
Wheeler, Jane	SPBG	415	White, Andrew C	MARN	135	White, James	CHTN	148
Wheeler, Jno	SPBG	398	White, Ann**	YORK	386	White, James	CHFD	116
Wheeler, Jno	SPBG	415	White, Ann	CHTN	274	White, James	ABVL	40
Wheeler, Jno S	LXTN	405	White, Ann*	CHTN	159	White, James	BNWL	497
Wheeler, L S	NWBY	214	White, Anna	CHTN	394	White, James Jr	CHFD	116
Wheeler, Laura*	EDFD	168	White, Anthony*	LRNS	329	White, James M	ABVL	118
Wheeler, Luther	EDFD	147	White, Anthony	SMTR	175	White, Jane	CHFD	128
Wheeler, M*	SPBG	258	White, Arch	YORK	462	White, Jane M	CHTN	332
Wheeler, Margaret	NWBY	287	White, B B	DLTN	372	White, Jane*	EDFD	26
Wheeler, Martin	LRNS	308	White, Baly*	UNON	215	White, Jas	DLTN	418
Wheeler, R E	CLDN	243	White, Bartholomew	ADSN	294	White, Jas H	CHTN	340
Wheeler, Richard M	SMTR	120	White, Benj*	YORK	459	White, Jas H	CHTR	77
Wheeler, Rosanna	EDFD	168	White, Benjamin F	PKNS	179	White, Jas L	ABVL	49
Wheeler, S	EDFD	168	White, Benjamin T*	SMTR	160	White, Jas M	CHTR	12
Wheeler, William	EDFD	141	White, Benjn	ABVL	91	White, Jasper	SPBG	200
Whelchel, John	SPBG	259	White, Berry	EDFD	72	White, Jenkins C	SPBG	338
Whelchel, William	SPBG	260	White, C A	SPBG	416	White, Jenn	SPBG	392
Whelden, W G	CHTN	494	White, C C	GETN	285	White, Jerry	SPBG	200
Wherle, B*	EDFD	114	White, C G	CHTN	154	White, Jesse	ADSN	337
Wherry, Andrew	YORK	454	White, C H	PKNS	75	White, Jno C	CLDN	222
Wherry, Elizabeth	YORK	453	White, C J	MARN	10	White, Jno F	CHFD	126
Wherry, J F	CHTR	87	White, Caroline*	CHTN	284	White, John*	HORY	43
Wherry, Margaret	YORK	457	White, Caroline	CHTN	421	White, John	GRVL	355
Wherry, Thos	YORK	461	White, Cassey	DLTN	392	White, John	PKNS	159
Whetsel, Joel M	COTN	335	White, Chas	LRNS	354	White, John	YORK	498
Whetsel, Wm	COTN	339	White, Clarence*	CHTN	382	White, John D	MARN	136
Whetsell, John W	COTN	338	White, Clarissa	LRNS	280	White, John*	RHLD	46
Whetsell, M E M**	COTN	340	White, Cynthia	ADSN	284	White, John	YORK	447
Whetson, Saml N	GRVL	412	White, Daniel**	CHTN	368	White, John	SPBG	203
Whetson, S M	ORBG	397	White, Danl	DLTN	441	White, John	RHLD	57
Whetstone, Absalom	ORBG	361	White, David*	CHFD	117	White, John	EDFD	143
Whetstone, J M	BNWL	363	White, David	ADSN	261	White, John B	PKNS	28
Whetstone, John	BNWL	362	White, Dennis**	CHTN	453	White, John G	SMTR	123
Whetstone, V C**	ORBG	349	White, Duncan	COTN	286	White, John K	SMTR	170
Whetstone, Wm E	ORBG	306	White, E	ABVL	24	White, John M	YORK	403
Whicker, Elizabeth	MRBO	192	White, E B	CHFD	114	White, John*	GETN	317
Whilden, B W	COTN	253	White, E J	CHTN	253	White, John**	CHTN	380
Whilden, Benjamin F	CHTN	429	White, Edin	SPBG	202	White, John A	EDFD	73
Whilden, Elias	CHTN	108	White, Edw B	CHTN	223	White, John G	CHFD	116
Whilden, George	CHTN	109	White, Edw B	CHTN	169	White, John Jr	CHTN	71
Whilden, J*	CHTN	370	White, Edward	SPBG	419	White, John**	CHTN	245
Whilden, L A	CHTN	147	White, Edward	CHTN	317	White, John	ADSN	312
Whilden, W H	CHTN	101	White, Eley**	CHFD	113	White, John	ABVL	45
Whilden, W H	CHTN	109	White, Elias	ADSN	254	White, John	ADSN	203
Whilled, Levi	FAFD	206	White, Elisabeth	LCTR	151	White, John	ABVL	23
Whippey, Chs F*	CHTN	205	White, Eliza J*	CHTN	454	White, John W**	CHTN	472
Whipple, Jas	CHTN	219	White, Elizabeth	SPBG	424	White, Jos*	CHTN	202
Whisenant, Adam	GRVL	410	White, Elizabeth*	PKNS	192	White, Joseph	PKNS	24
Whisenant, Alvin	YORK	497	White, Elizabeth*	MARN	52	White, Joseph	CHTN	365
Whisenant, Aran W	YORK	486	White, Elizabeth	CHFD	128	White, Joseph	CHTN	520
Whisenant, B	PKNS	85	White, Elizabeth	CHFD	116	White, Joseph	CHTR	47
Whisenant, C C	PKNS	82	White, Ester	CHTR	44	White, Joseph B	SMTR	138
Whisenant, Davidson	YORK	484	White, Ezra A	DLTN	441	White, Joseph B Jr	SMTR	181
Whisenant, Elizabeth	YORK	486	White, Felicity**	CHTN	243	White, Joseph T	YORK	404
Whisenant, Geo	PKNS	2	White, Frances	NWBY	251	White, Julia	KRSW	130
Whisenant, Henderson	YORK	478	White, Frances*	ADSN	283	White, L A*	GETN	306
Whisenant, John N	YORK	487	White, Francis	EDFD	158	White, L E	MARN	126
Whisenant, Joseph	YORK	485	White, Francis T	ABVL	38	White, L J	GETN	291
Whisenant, Martha**	YORK	488	White, Frank	SPBG	327	White, Lavinia*	ADSN	291
Whisenant, Ross	YORK	485	White, Franklin*	ADSN	255	White, Lecy*	PKNS	34
Whisenant, Rufus	YORK	484	White, G*	CHTN	264	White, Leonard	SMTR	102
Whisenant, Thos	YORK	487	White, Garner	CHTR	50	White, Lindon	BNWL	365
Whisenant, William	YORK	486	White, George	GRVL	500	White, Lucy	CHTN	189
Whisenhunt, Calvin	YORK	506	White, George*	RHLD	45	White, M	YORK	446
Whistle, Miss Birt	EDFD	94	White, George	PKNS	109	White, Margaret	UNON	221
Whit, Merit	YORK	366	White, George*	PKNS	56	White, Margaret*	PKNS	4
Whitaker, Allen	LCTR	180	White, George	PKNS	24	White, Margaret	COTN	286
Whitaker, D A	YORK	430	White, George V	ADSN	265	White, Margaret*	EDFD	68
Whitaker, D L	ADSN	159	White, H E	DLTN	445	White, Margaret*	BNWL	368
Whitaker, Duncan	KRSW	124	White, H**	LRNS	274	White, Margt	ABVL	40
Whitaker, E L	GRVL	420	White, H T	CLDN	221	White, Mariah H	SMTR	170
Whitaker, Emily**	YORK	469	White, Harriet*	PKNS	3	White, Mary	SPBG	391
Whitaker, H H	ADSN	203	White, Henry	YORK	492	White, Mary B*	MARN	122

Name	Loc	Pg	Name	Loc	Pg	Name	Loc	Pg
White, Mary*	CHTN	197	White, Wm	YORK	452	Whitlock, William	GRVL	403
White, Mary*	CHTN	322	White, Wm	YORK	447	Whitlock, Winfry	BNWL	418
White, Mary*	ADSN	293	White, Wm*	LRNS	335	Whitlock, Wm	EDFD	20
White, Mary	UNON	247	White, Wm	YORK	430	Whitman, Arabella*	CHTN	189
White, Mary*	BUFT	24	White, Z L	NWBY	296	Whitman, Christopher	NWBY	242
White, Mathew	ADSN	295	Whitecomb, J H**	EDFD	101	Whitman, David	ADSN	219
White, Mathew	CHFD	117	Whitefield, Martha	ADSN	154	Whitman, David*	NWBY	266
White, Matthew	CHTR	68	Whitefield, Wm*	ABVL	107	Whitman, Davis	SPBG	410
White, Mc J	CLDN	193	Whiteford, Cathe	LRNS	237	Whitman, Ella*	CHTN	189
White, Mrs K*	CHTN	132	Whiteford, David	LRNS	238	Whitman, Elva	NWBY	224
White, Mrs**	CHTN	317	Whiteford, Patsey	LRNS	239	Whitman, H P	EDFD	185
White, Mrs E	CHTN	233	Whiteford, Patsey*	LRNS	234	Whitman, J R	GETN	307
White, Mrs E A	EDFD	74	Whiteford, Rachael	LRNS	287	Whitman, Jacob	ADSN	220
White, N C*	CHTN	367	Whitehead, A T	HORY	37	Whitman, John	NWBY	256
White, N J	MARN	39	Whitehead, Benj	SPBG	265	Whitman, John	NWBY	224
White, Nancy C	PKNS	40	Whitehead, D D	UNON	220	Whitman, M M	EDFD	171
White, Nancy*	UNON	283	Whitehead, Elizabeth	UNON	245	Whitman, Mary	EDFD	171
White, O H	CLDN	212	Whitehead, G W**	CLDN	201	Whitman, Rebecca**	EDFD	195
White, Oliver	UNON	259	Whitehead, J J**	CLDN	212	Whitman, Thos	NWBY	242
White, Osborn	ADSN	295	Whitehead, James*	UNON	240	Whitman, W J	SPBG	350
White, Patrick	CHTN	395	Whitehead, Marion	CHTN	280	Whitmere, Jerimiah	GRVL	473
White, Patrick*	CHTN	202	Whitehead, N M**	WMBG	306	Whitmere, L J	GRVL	511
White, Patty	LRNS	233	Whitehead, Ransom	UNON	240	Whitmere, Martin	GRVL	436
White, R	CHTR	35	Whitehead, Rebecca	MARN	75	Whitmere, Michael	GRVL	436
White, R G	GETN	283	Whitehead, S P	BUFT	40	Whitmere, Robt G	GRVL	474
White, R J	CHTR	53	Whitehead, Sarah	MARN	79	Whitmere, Waddy	GRVL	436
White, R P	YORK	454	Whitehead, Tabitha	SPBG	424	Whitmire, Baruch	NWYB	286
White, R P	CLDN	194	Whitehead, William*	BNWL	426	Whitmire, Daniel	PKNS	10
White, Rebecca	CHTR	85	Whitehead, William H	SMTR	106	Whitmire, Henry	NWBY	286
White, Reubin	SPBG	322	Whiteman, Amelia*	CHTN	510	Whitmire, John	PKNS	9
White, Richard	CHTN	194	Whiteman, John T	CHTN	228	Whitmire, John H	NWBY	263
White, Richd	CHFD	106	Whiteman, M*	GETN	287	Whitmire, Jordan	PKNS	25
White, Richd M	ABVL	52	Whiten, James	PKNS	85	Whitmire, Jos	LRNS	317
White, Richd	ABVL	55	Whiten, Nancy	UNON	195	Whitmire, Michel*	PKNS	146
White, Robert	CHTN	407	Whitener, B M	FAFD	277	Whitmire, Nathan	NWBY	272
White, Robt	SPBG	320	Whitener, S F*	NWBY	294	Whitmire, Sally**	UNON	191
White, Robt	CHTR	84	Whites, Catharine	LXTN	380	Whitmire, Wm	PKNS	13
White, Robt J*	CHTR	83	Whites, E	LXTN	380	Whitmore, C	CHTN	167
White, Robt J**	ABVL	20	Whites, John	LXTN	379	Whitmore, R J	ORBG	311
White, Rufus	SPBG	335	Whites, S H	LXTN	379	Whitmore, Simar B*	CHTN	167
White, S E*	WMBG	353	Whitesides, Ben	CHTN	108	Whitmore, Wm	SPBG	353
White, S R	GRVL	349	Whitesides, Calvin	YORK	428	Whitner, J N	ADSN	155
White, S W	MARN	10	Whitesides, Eliza	YORK	411	Whitner, Jas N	MARN	34
White, Sabine	CHTN	280	Whitesides, George	CHTN	107	Whitner, Moses	ADSN	185
White, Sallie**	EDFD	108	Whitesides, Hannah**	CHTN	100	Whitner, W H*	SPBG	308
White, Sally	SPBG	325	Whitesides, Isabella*	YORK	468	Whitney, Daniel*	BNWL	430
White, Sally*	YORK	492	Whitesides, J A*	CHTR	61	Whitney, Elizabeth*	BNWL	419
White, Saml	SPBG	329	Whitesides, J R**	YORK	384	Whitney, F H	CHTN	384
White, Saml*	ABVL	2	Whitesides, James	SMTR	180	Whitney, Fannie*	RHLD	19
White, Samuel P	CHFD	118	Whitesides, John	YORK	470	Whitney, O L	COTN	264
White, Sarah	PKNS	30	Whitesides, John B	YORK	507	Whitney, Renda*	SPBG	375
White, Sarah	ABVL	54	Whitesides, John T	YORK	501	Whitney, Sarah	BNWL	431
White, Sarah	ADSN	293	Whitesides, John**	YORK	465	Whitney, T A	CHTN	168
White, Sarah*	CHTN	284	Whitesides, Joseph M*	YORK	453	Whitney, W I D	CHFD	99
White, Silas	MARN	7	Whitesides, M M*	YORK	368	Whitney, William	CHTN	291
White, Steel*	EDFD	113	Whitesides, Meek	YORK	506	Whitridge, A C*	COTN	353
White, Stephen	MARN	40	Whitesides, Moses	CHTN	108	Whitridge, J B	COTN	371
White, Stephen*	SPBG	339	Whitesides, Rebecca*	CHTN	102	Whitsell, John	CHTN	438
White, Stephen	DLTN	441	Whitesides, Robert*	YORK	505	Whitsell, Josiah M	COTN	340
White, Susan	ADSN	295	Whitesides, Robin	YORK	496	Whitsell, R	BNWL	475
White, Susan**	COTN	260	Whitesides, Rufus	YORK	506	Whitt, Calvin	SPBG	235
White, Sylvester	MARN	54	Whitesides, Thomas*	UNON	259	Whitt, David	ADSN	188
White, T A	PKNS	75	Whitesides, Thos	YORK	489	Whitt, Elias	ADSN	321
White, Thomas	PKNS	187	Whitesides, Thos	YORK	508	Whitt, James	ADSN	173
White, Thomas	CHTR	85	Whitesides, Thos	YORK	425	Whitt, Nancy	ADSN	174
White, Thomas E	SMTR	123	Whitesides, Thos**	YORK	473	Whittaker, Mary	CHTN	417
White, Thos**	YORK	458	Whitesides, Y P	YORK	471	Whitte, Elizabeth*	CHTN	410
White, Thos G	BUFT	14	Whitfield, Benjn	PKNS	53	Whitted, H N	GRVL	472
White, Thos M	ADSN	159	Whitfield, Jephtha	PKNS	56	Whitten, Asa	ABVL	45
White, Thrashly	CHFD	117	Whitfield, John	ADSN	264	Whitten, Austin	ADSN	297
WHite, Tobe*	SPBG	208	Whitfield, John C	ADSN	261	Whitten, C T*	EDFD	95
White, W Andrew	CHTR	39	Whitfield, John L	CHTN	160	Whitten, Green B	ADSN	287
White, W C	GETN	322	Whitfield, Lewis	ADSN	268	Whitten, Isaac	UNON	213
White, W G	EDFD	141	Whitfield, O H	WMBG	320	Whitten, Joel	ABVL	19
White, W R	CLDN	222	Whitfield, Peter	ADSN	268	Whitten, Lizzie	NWBY	286
White, W R	CLDN	213	Whitfield, Rebecca	ADSN	265	Whitten, Malechive	ADSN	287
White, W S	MARN	109	Whitfield, William*	ADSN	279	Whitten, Patsey*	NWBY	265
White, W T	CHTN	159	Whitfield, Wm	PKNS	56	Whitten, Pinckey	PKNS	181
White, W**	CHTN	306	Whitford, J*	CHTN	258	Whitten, Zack	PKNS	105
White, W B	PKNS	75	Whiting, B A	LRNS	311	Whittey, Ben	CHTN	182
White, W R	PKNS	41	Whiting, Cornelius G	CHTN	454	Whittimore, Cephas	CHTN	414
White, Walter*	FAFD	208	Whiting, E M	CHTN	404	Whitting, W*	CHTN	248
White, Wesley	MARN	38	Whiting, Mary	CHTN	264	Whittington, Amy	MARN	89
White, Wildy	RHLD	39	Whitley, Frances*	ABVL	84	Whittington, Chs W*	MARN	61
White, William	UNON	229	Whitley, Samson*	ABVL	84	Whittington, Edward O	RHLD	47
White, William	COTN	279	Whitley, Thomas	ABVL	73	Whittington, Jno	DLTN	402
White, William A	PKNS	171	Whitley, Wm	ABVL	86	Whittington, Levi	MARN	89
White, William A	PKNS	165	Whitlock, F*	UNON	297	Whittington, Moses	MARN	15
White, William D*	ADSN	265	Whitlock, Elizabeth	GRVL	424	Whittington, Nancy	MRBO	204
White, William R	COTN	289	Whitlock, F	CHTR	22	Whittington, Nathaniel	MARN	89
White, William*	CHTN	214	Whitlock, Felix G	CHTR	22	Whittington, Rachel**	CHFD	117
White, William*	CHTN	263	Whitlock, Frances	EDFD	20	Whittington, W G	MARN	99
White, William	SMTR	101	Whitlock, George*	EDFD	14	Whittle, Alford	EDFD	180
White, William N	SMTR	170	Whitlock, Jackson	GRVL	379	Whittle, Ambrose	EDFD	180
White, Willis	YORK	476	Whitlock, James*	EDFD	17	Whittle, E	EDFD	183
White, Wm	LRNS	314	Whitlock, Jefferson	UNON	228	Whittle, E	EDFD	195
White, Wm	SPBG	347	Whitlock, John	UNON	199	Whittle, Emanuel	EDFD	180
White, Wm	CHTR	87	Whitlock, John	UNON	229	Whittle, F*	EDFD	195
White, Wm	DLTN	392	Whitlock, Lesly H	ABVL	144	Whittle, Hartwell	EDFD	191
White, Wm	EDFD	68	Whitlock, Mary	UNON	260	Whittle, Ira	EDFD	181
White, Wm	EDFD	73	Whitlock, Mrs E	EDFD	20	Whittle, J M	EDFD	177
White, Wm C	ABVL	75	Whitlock, Mrs M	EDFD	20	Whittle, James*	EDFD	179
White, Wm M	CHFD	146	Whitlock, N D	UNON	272	Whittle, John	EDFD	193
White, Wm R	ABVL	222	Whitlock, Nancy	UNON	251	Whittle, John	EDFD	180
White, Wm T	CHTN	332	Whitlock, Nancy*	LRNS	225	Whittle, John	EDFD	191
White, Wm**	YORK	458	Whitlock, W H	ADSN	183	Whittle, M B	EDFD	180

Name	Place	Page
Whittle, M*	NWBY	305
Whittle, O	EDFD	186
Whittle, S	EDFD	195
Whittle, Sarah**	EDFD	29
Whittle, Sophia	EDFD	190
Whittle, Weda	EDFD	28
Whittle, Wesley	EDFD	178
Whittle, William	EDFD	190
Whittle, Willis	EDFD	177
Whittle, Willis Jr	EDFD	177
Whittle, Willis Sr	EDFD	177
Whittley, Geo	KRSW	95
Whittlock, William	UNON	258
Whitty, Patrick*	CHTN	453
Whitworth, C H	PKNS	54
Whitworth, J	ABVL	102
Whitworth, J S	CLDN	243
Whitworth, R H*	PKNS	54
Whlen, Michael	CHTN	407
Whoopaugh, John*	FAFD	273
Whoopaugh, W A*	FAFD	273
Whorton, Thomas J*	CHTN	485
Wibder, John	CHTN	180
Wickenberg, Emile*	CHTN	210
Wickenberg, F R	CHTN	210
Wicker, A M	NWBY	296
Wicker, Abram	NWBY	244
Wicker, Anderson	NWBY	282
Wicker, Christian	NWBY	248
Wicker, Danl	NWBY	270
Wicker, David	NWBY	285
Wicker, David	NWBY	245
Wicker, David Sr	NWBY	267
Wicker, Drayton*	NWBY	255
Wicker, Elizabeth*	NWBY	255
Wicker, Ephraim	NWBY	267
Wicker, H R	NWBY	256
Wicker, Jacob	NWBY	281
Wicker, Jacob	NWBY	264
Wicker, Mathias*	NWBY	298
Wicker, Micheal	NWBY	283
Wicker, P T J	NWBY	247
Wicker, Thomas V	NWBY	271
Wicker, W R**	CHFD	182
Wicker, Walter W*	NWBY	283
Wicker, William	NWBY	273
Wickert, Jacob R	SPBG	312
Wickinan, Albert	COTN	248
Wickliff, Wm	ABVL	104
Wickliffe, Isaac	PKNS	49
Wickliffe, Robt*	GRVL	420
Wickliffe, William E	GRVL	341
Wickman, Henry	COTN	287
Wicks, Wm R	CHTR	22
Wideman, A Tatom	ABVL	33
Wideman, Adam*	ABVL	13
Wideman, Adam	ABVL	35
Wideman, Frank	ABVL	43
Wideman, Harry	ABVL	43
Wideman, Henry	SMTR	184
Wideman, Jas H	ABVL	46
Wideman, John	ABVL	34
Wideman, Joshua	ABVL	13
Wideman, Margt	ABVL	12
Wideman, Mrs Ann	ABVL	67
Wideman, Mrs Sarah	ABVL	43
Wideman, Ned	ABVL	43
Wideman, Saml*	ABVL	43
Wideman, Saml	ABVL	43
Widener, Isaac	BNWL	431
Widner, Jacob	BNWL	431
Widner, Sarah*	CHTR	30
Widner, Wm**	FAFD	272
Wiebens, F	PKNS	36
Wiebens, Henry	CHTN	289
Wiecke, Carsten*	CHTN	272
Wiecken, Fred*	CHTN	308
Wiedeous, Jacob	CHTN	514
Wieland, David	CHTN	167
Wienges, C	CHTN	299
Wienges, J*	CHTN	350
Wienges, John**	CHTN	480
Wienges, W**	CHTN	346
Wienholtz, Fred	CHTN	195
Wienke, Augusta*	CHTN	463
Wier, Jane	ABVL	123
Wier, Jas W	YORK	470
Wier, Sarah	ABVL	123
Wiess, Julianna	CHTN	307
Wiess, Julius**	CHTN	211
Wiess, Sallie	EDFD	12
Wigfall, Arthur	BUFT	23
Wigfall, Eliza W*	CHTN	439
Wigfall, Harriet*	CHTN	112
Wigfall, John	CHTN	113
Wigfall, Nancy	RHLD	37
Wigfall, Paul	CHTN	191
Wigfall, Sally	ABVL	72
Wigg, Elizabeth**	CHTN	504
Wigg, Susan**	CHTN	411
Wiggens, Britten	UNON	189
Wiggens, Lazaras	UNON	262
Wiggingham, Jane*	CHTN	179
Wiggington, Jas	GRVL	463
Wiggington, John	ADSN	327
Wiggington, John	GRVL	512
Wiggins, Abram	UNON	262
Wiggins, Andrew	SPBG	407
Wiggins, Ann*	ABVL	22
Wiggins, B	MARN	52
Wiggins, Benjamin	COTN	309
Wiggins, Benjn	GETN	321
Wiggins, Burrell	BUFT	37
Wiggins, C*	MARN	86
Wiggins, Calvin	MARN	92
Wiggins, Charles	MARN	104
Wiggins, Charlotte*	CLDN	197
Wiggins, Charlotte	SMTR	169
Wiggins, D	GETN	310
Wiggins, Elias	MARN	52
Wiggins, Emma	MARN	9
Wiggins, Hamilton	MARN	109
Wiggins, Howell D*	SPBG	305
Wiggins, Isaac	MARN	83
Wiggins, J B Dr	COTN	346
Wiggins, James	COTN	335
Wiggins, James	CHTN	130
Wiggins, James	MARN	50
Wiggins, Jared	LXTN	407
Wiggins, John	MARN	101
Wiggins, John	COTN	270
Wiggins, John	MARN	79
Wiggins, Julian	MARN	52
Wiggins, Lewis*	CHTN	517
Wiggins, Lewis	COTN	270
Wiggins, Lewis	BNWL	487
Wiggins, Louis	MARN	39
Wiggins, Luke*	GRVL	396
Wiggins, M J	LRNS	350
Wiggins, Mary	MARN	39
Wiggins, Mary A*	CHTN	151
Wiggins, Mary E**	GETN	317
Wiggins, Massa	UNON	264
Wiggins, Micajah	MARN	9
Wiggins, Nancy	UNON	262
Wiggins, R M*	GETN	317
Wiggins, Sarah Ann	MARN	40
Wiggins, Sarah S*	CHTN	177
Wiggins, Stephen	MARN	140
Wiggins, Stephen	CHTN	175
Wiggins, Susan	MARN	8
Wiggins, T J	LRNS	300
Wiggins, Thos	GETN	310
Wiggins, Thos*	CHTN	137
Wiggins, W*	LRNS	347
Wiggins, Warren*	CHTN	137
Wiggins, Wesley	MARN	43
Wiggins, William	COTN	327
Wigginton, E G	ADSN	337
Wigginton, Elihu	ADSN	327
Wiggs, G W	MRBO	198
Wiggs, Henry J*	SPBG	244
Wiggs, Washington*	MRBO	155
Wightman, John T	RHLD	42
Wightman, Mrs A	EDFD	82
Wigington, Dudley	PKNS	188
Wigington, Robt	PKNS	12
Wigington, William	GRVL	467
Wigo, Wm J	SPBG	308
Wihers, Henry*	CHTN	328
Wilbanks, Elijah	PKNS	67
Wilbanks, J S	LRNS	278
Wilbanks, James*	RHLD	48
Wilbanks, Zadoc	PKNS	71
Wilbern, R H	ADSN	168
Wilbon, Mary*	COTN	333
Wilborn, Aaron	ADSN	320
Wilborn, James	ADSN	321
Wilborn, James	ADSN	302
Wilborn, James Y	ADSN	320
Wilborn, L H	ADSN	305
Wilborn, Sarah	ADSN	312
Wilborn, Thomas	ADSN	317
Wilborn, W W	ADSN	322
Wilborn, William	PKNS	135
Wilbourn, Elbert	PKNS	172
Wilbourn, James	LRNS	240
Wilbur, J	CHTN	286
Wilbur, William W	EDFD	45
Wilburn, Betsy**	NWBY	269
Wilcox, A E	LRNS	243
Wilcox, Danl	CHTN	473
Wilcox, Henry*	CHTN	453
Wilcox, Jane E*	ADSN	159
Wilcox, Jas W	MARN	13
Wilcox, John	EDFD	47
Wilcox, R*	ORBG	404
Wilcox, William	LRNS	244
Wilcut, Jas	ABVL	73
Wilcut, Jno*	LRNS	334
Wilden, Lewis	SMTR	173
Wilden, Sarah	CLDN	235
Wilder, Arthur	WMBG	314
Wilder, B	CLDN	244
Wilder, C A	SMTR	113
Wilder, Emily	CLDN	212
Wilder, Harriett*	CHTN	191
Wilder, Hiram	GETN	312
Wilder, J V	CHTN	161
Wilder, J W	GETN	312
Wilder, Jackson	SMTR	167
Wilder, Jackson	GETN	312
Wilder, James D*	SMTR	182
Wilder, Josiah M	SMTR	181
Wilder, L E*	WMBG	309
Wilder, Rebecca	SMTR	182
Wilder, Richard S	SMTR	178
Wilder, S	WMBG	310
Wilder, Thos	CHTN	138
Wilder, W J	WMBG	309
Wilder, William M	SMTR	112
Wilder, Wm	LRNS	345
Wilderson, Mathew	ORBG	398
Wildman, Thomas**	GRVL	409
Wildman, Thomas**	ADSN	259
Wilds, Elizabeth	CHTN	470
Wilds, Evan	PKNS	151
Wilds, Julia F	DLTN	391
Wilds, S H	DLTN	401
Wiles, Elizabeth	ORBG	312
Wiles, Hanah*	YORK	417
Wiles, Henry	YORK	469
Wiles, J T	ORBG	312
Wiles, James H	ADSN	228
Wiles, John J	YORK	387
Wiles, Martin	ORBG	319
Wiles, P	ORBG	328
Wiles, R W	BNWL	477
Wiles, Robert H	ORBG	408
Wiles, Wm	ORBG	311
Wiley, Ann	ADSN	241
Wiley, David	PKNS	6
Wiley, Ephraim	LXTN	392
Wiley, Henry	PKNS	6
Wiley, James	CHTN	515
Wiley, James	CHTN	497
Wiley, John	BUFT	82
Wiley, Martin B	BUFT	82
Wiley, Mary	CHTN	416
Wiley, R R*	EDFD	115
Wiley, Samuel	CHTN	416
Wiley, Thomas	CHTN	294
Wiley, W G	CHTN	353
Wiley, William*	RHLD	48
Wiley, Wm	YORK	463
Wilfong, Alex	CHTR	85
Wilfong, J W	CHTR	78
Wilgns, S E	BUFT	50
Wilhight, P A	ADSN	157
Wilken, Mr	CHTN	316
Wilkening, G	CHTN	252
Wilkens, J R	SPBG	248
Wilkenson, Allen*	ORBG	368
Wilkenson, Edward	CHTN	431
Wilkenson, Elizabeth J*	CHTN	429
Wilkenson, Frances S	CHTN	431
Wilkenson, James M*	CHTN	427
Wilkenson, Margaret*	CHTN	429
Wilkenson, Mary	CHTN	355
Wilkenson, Richard	CHTN	431
Wilkerson, Charles E	YORK	469
Wilkerson, Charlotte	CHTN	382
Wilkerson, Elizabeth*	MRBO	166
Wilkerson, J*	LCTR	205
Wilkes, Davis	CHTR	12
Wilkes, Elias	CHFD	171
Wilkes, Hardy	RHLD	88
Wilkes, Hardy*	CLDN	240
Wilkes, Jno Wm	DLTN	388
Wilkes, John W	CHTR	19
Wilkes, Joseph F	CHFD	127
Wilkes, S E**	DLTN	401
Wilkes, S M	ADSN	261
Wilkes, Thos C	LRNS	220
Wilkes, William S	RHLD	86
Wilkes, Wm	DLTN	379
Wilkie, Ann	CHTN	264
Wilkie, Jas	CHTN	546
Wilkie, O	CHTN	327
Wilkins, B G	CHTN	403
Wilkins, E L*	CHFD	180
Wilkins, Eliza B	CHTN	223
Wilkins, Frances	SPBG	263
Wilkins, G*	GETN	304
Wilkins, George	SPBG	326
Wilkins, Gov---	BUFT	24
Wilkins, Harriet	MRBO	161
Wilkins, Henry*	CHTN	368
Wilkins, James	SPBG	261
Wilkins, Jane	SPBG	251
Wilkins, Jane	SPBG	218
Wilkins, Jno N*	CHFD	183
Wilkins, John	SPBG	250
Wilkins, John T	SPBG	250
Wilkins, Nancy	DLTN	401
Wilkins, R Y*	UNON	279
Wilkins, Robert S*	YORK	406
Wilkins, Robt S	SPBG	250
Wilkins, Saml B	DLTN	471
Wilkins, T T	SPBG	218
Wilkins, Temp	SPBG	252
Wilkins, Wm T	SPBG	269
Wilkins, Wm W	SPBG	251
Wilkinson, A	CHTN	460
Wilkinson, Charles*	CHTN	491
Wilkinson, Chas	CHTN	519
Wilkinson, D J	COTN	361
Wilkinson, Elisabeth	BNWL	364
Wilkinson, Eliz	CHTN	378

Name	Loc	Pg
Wilkinson, Eliza	CHFD	124
Wilkinson, Francis L	COTN	361
Wilkinson, G H	LCTR	210
Wilkinson, H E	YORK	449
Wilkinson, Henry	ABVL	64
Wilkinson, J H	LRNS	237
Wilkinson, J M	COTN	361
Wilkinson, James	MARN	86
Wilkinson, Jane	DLTN	425
Wilkinson, Jinny	LCTR	209
Wilkinson, Jno	ABVL	70
Wilkinson, Jno*	CHFD	138
Wilkinson, John O	CHTN	486
Wilkinson, M W	MARN	66
Wilkinson, Margaret A	COTN	322
Wilkinson, Mrs E	EDFD	36
Wilkinson, Nancy	DLTN	413
Wilkinson, P H	COTN	361
Wilkinson, S*	CHTN	303
Wilkinson, Sam	CHFD	124
Wilkinson, W	LCTR	218
Wilkinson, W C**	ABVL	58
Wilkinson, William	SMTR	100
Wilkinson, Wm	LCTR	156
Wilkinson, Wm*	COTN	365
Wilkison, Claibourn	PKNS	162
Wilkison, Elizabeth	PKNS	163
Wilkison, Henry W*	LCTR	166
Wilkison, Lucinda	YORK	504
Wilks, Abner	CHTR	15
Wilks, Daniel	MRBO	151
Wilks, Eli*	CHTR	40
Wilks, Eli C	CHTR	22
Wilks, Elijah	MRBO	151
Wilks, Elizabeth	CHFD	106
Wilks, Hazle	CHTR	20
Wilks, J W	CHTR	22
Wilks, James	MARN	83
Wilks, Jno W	CHTR	23
Wilks, John*	CHTN	473
Wilks, John	CHFD	100
Wilks, M A	WMBG	351
Wilks, Nancy**	CHTR	21
Wilks, Richard	CHTR	22
Wilks, Sol	CHFD	138
Wilks, T F	WMBG	351
Wilks, Thomas	CHTR	20
Wilks, W T	FAFD	256
Will, Henry*	CHTN	111
Will, Nancy	ABVL	67
Willaford, C R	ADSN	234
Willaford, Samuel	ADSN	235
Willaford, Sarah	ADSN	243
Willamson, Jane R	DLTN	388
Willard, Addiline*	UNON	293
Willard, C	GETN	292
Willard, C Y**	UNON	199
Willard, Calib	UNON	275
Willard, Channcey	HORY	63
Willard, Cornelias*	UNON	246
Willard, Cornelias	UNON	203
Willard, Elijah	SPBG	430
Willard, Elijah	SPBG	310
Willard, Elizabeth*	UNON	249
Willard, Emly*	UNON	216
Willard, Fair	UNON	212
Willard, Jackson	UNON	297
Willard, Jackson	UNON	241
Willard, James	UNON	216
Willard, James	UNON	199
Willard, Jane	UNON	287
Willard, Jane*	UNON	274
Willard, Jas	ABVL	14
Willard, John	UNON	256
Willard, John	UNON	211
Willard, John	LRNS	343
Willard, Mal---*	UNON	252
Willard, Martha	UNON	210
Willard, Mary*	UNON	209
Willard, Nixon	ABVL	12
Willard, Presedent	UNON	186
Willard, Ruth	LRNS	245
Willard, S	LRNS	334
Willard, Saml J	ABVL	14
Willard, Sarah**	LPNS	247
Willard, Sarah	UNON	245
Willard, Shelton	UNON	270
Willard, Stephen F	HORY	58
Willard, Susan	UNON	202
Willard, Thomas E	PKNS	180
Willard, W R	UNON	215
Willard, William*	UNON	203
Willard, William	UNON	247
Willard, William	UNON	202
Willbanks, F	UNON	264
Willbanks, Harrison	GRVL	501
Willbanks, J S	GRVL	417
Willbanks, Sarah A	SPBG	234
Willborn, Elijah	UNON	193
Willborn, Hiram	UNON	191
Willborn, Joshua	UNON	215
Willborn, Prissitta	UNON	202
Willborn, Sarah	UNON	190
Willborn, William*	UNON	215
Willbourn, Harvey	PKNS	160
Willcox, Charles	BUFT	4
Willer, Henry*	CHTN	466
Willes, Edward	CHTN	493
Willes, James*	CHTN	290
Willfong, Danl E	YORK	460
Williams, -----Mrs	BUFT	97
Williams, A*	SPBG	258
Williams, A	KRSW	98
Williams, A	SPBG	393
Williams, A E Dr	COTN	317
Williams, A E*	SPBG	316
Williams, A H	CHTR	48
Williams, A J	ORBG	394
Williams, A J D*	SPBG	349
Williams, A L	DLTN	435
Williams, A M**	HORY	9
Williams, A W	WMBG	342
Williams, Abraham*	CHTN	510
Williams, Ada*	EDFD	95
Williams, Adeline*	BUFT	32
Williams, Adolphus*	ABVL	25
Williams, Afa	GETN	314
Williams, Albert	LRNS	224
Williams, Alex	MRBO	207
Williams, Alex H	CHFD	103
Williams, Alexander	ADSN	285
Williams, Alice*	CHTN	429
Williams, Allen	BNWL	444
Williams, Amanda*	ORBG	345
Williams, Amelia*	CHTN	346
Williams, Anderson	MRBO	206
Williams, Anderson*	KRSW	119
Williams, Andrew	LCTR	192
Williams, Andrew*	SPBG	305
Williams, Andrew	ADSN	297
Williams, Ann	CHTN	379
Williams, Ann E	GETN	318
Williams, Ann*	CHTN	295
Williams, Ann*	GETN	293
Williams, Ann	FAFD	240
Williams, Ann*	BNWL	455
Williams, Ann*	RHLD	12
Williams, Ann*	MRBO	145
Williams, Ann	MARN	3
Williams, Anne C**	COTN	255
Williams, Annice**	LXTN	460
Williams, Augustus	PKNS	144
Williams, Austin	ADSN	181
Williams, B	CHFD	156
Williams, B F	LCTR	183
Williams, B F	YORK	448
Williams, B L	COTN	271
Williams, Barbary*	CHTN	112
Williams, Barney*	NWBY	241
Williams, Bell*	RHLD	19
Williams, Benajah	PKNS	183
Williams, Benj	BNWL	410
Williams, Benj	BNWL	438
Williams, Benj	EDFD	197
Williams, Benj	GETN	299
Williams, Benjamin	COTN	318
Williams, Benjamin	COTN	318
Williams, Benjamin J	PKNS	142
Williams, Benjn W	ABVL	130
Williams, Betsey	BUFT	36
Williams, Betsy	EDFD	38
Williams, Butler	EDFD	60
Williams, C	EDFD	116
Williams, C D	LCTR	198
Williams, C H	LCTR	197
Williams, Caroline*	CHTN	368
Williams, Charles	FAFD	203
Williams, Charles	GETN	284
Williams, Charles*	ORBG	346
Williams, Charley*	ORBG	388
Williams, Charlott*	LCTR	183
Williams, Charlott	PKNS	173
Williams, Chas	LRNS	297
Williams, Christopher	MARN	21
Williams, Cintha	ORBG	394
Williams, Clarkey	MRBO	207
Williams, Clary*	LCTR	180
Williams, Col Jno D	LRNS	236
Williams, Columbia J*	BUFT	60
Williams, Crayton	KRSW	75
Williams, D A*	LCTR	181
Williams, D C T	EDFD	62
Williams, D J*	DLTN	405
Williams, D J	EDFD	74
Williams, D K	CHTN	111
Williams, D Taylor*	BUFT	29
Williams, Dan C	YORK	366
Williams, Daniel	GETN	299
Williams, Daniel	CHFD	102
Williams, Daniel	YORK	474
Williams, Darling	EDFD	1
Williams, David*	MRBO	207
Williams, David	LCTR	198
Williams, David	CHTN	144
Williams, David*	UNON	274
Williams, David O	PKNS	32
Williams, Donsilla	ABVL	139
Williams, Dora*	ABVL	26
Williams, Drury	SPBG	291
Williams, E	KRSW	95
Williams, E	LXTN	463
Williams, E C*	CHTN	258
Williams, E E*	FAFD	276
Williams, E G	CHTR	69
Williams, E H	CHTN	329
Williams, E J	BNWL	444
Williams, E J	LCTR	160
Williams, E*	ORBG	317
Williams, E	ORBG	317
Williams, Edgar*	CHTN	179
Williams, Edgar	YORK	367
Williams, Edward	BNWL	444
Williams, Edward**	CHTN	288
Williams, Edwd*	ORBG	405
Williams, Eli	PKNS	168
Williams, Elias	LXTN	440
Williams, Elijah	ADSN	185
Williams, Eliza E	GETN	318
Williams, Eliza T**	GRVL	419
Williams, Elizabeth	ADSN	332
Williams, Elizabeth	HORY	54
Williams, Elizabeth	SPBG	277
Williams, Elizabeth	HORY	11
Williams, Elizabeth	CHTN	373
Williams, Elizabeth G**	COTN	296
Williams, Ella*	EDFD	62
Williams, Emerson	SMTR	111
Williams, Emma	CHTN	302
Williams, Enoch	ORBG	366
Williams, Ephraim	GRVL	450
Williams, F*	EDFD	115
Williams, Fanny	GRVL	446
Williams, Fereba	COTN	255
Williams, Fountain	ORBG	365
Williams, Frances*	CHTN	124
Williams, Frances*	CHTN	130
Williams, Frank*	CHTN	116
Williams, Franklin*	SPBG	429
Williams, Fredk	BUFT	5
Williams, G W	FAFD	200
Williams, Geo A*	EDFD	35
Williams, Geo F	DLTN	402
Williams, Geo P	CHTN	328
Williams, Geo W	CHTN	335
Williams, George	YORK	371
Williams, George	YORK	370
Williams, Georgeanna	CHTN	432
Williams, Georgianna*	BNWL	434
Williams, Grandison**	CHTR	17
Williams, Green K	RHLD	94
Williams, H	EDFD	60
Williams, H D**	GETN	318
Williams, H H	CHTN	340
Williams, H S B	MARN	14
Williams, Hannah	GETN	314
Williams, Hansford	BNWL	452
Williams, Harriet*	BUFT	32
Williams, Henry C*	GRVL	415
Williams, Henry L	HORY	68
Williams, Henry*	CHTN	513
Williams, Henry	EDFD	12
Williams, Henry	FAFD	208
Williams, Henry J	BUFT	31
Williams, Henry*	EDFD	38
Williams, Henry	COTN	263
Williams, Henry	CHTN	472
Williams, Henry	ADSN	310
Williams, Henry	CHTN	482
Williams, Henry	PKNS	145
Williams, Henry	PKNS	21
Williams, Henry D	ORBG	372
Williams, Hester	BNWL	453
Williams, Hiram	LXTN	460
Williams, Hugh	YORK	472
Williams, Humphrey	ADSN	193
Williams, Ira C	ADSN	185
Williams, Isaac*	RHLD	86
Williams, Isaac	PKNS	144
Williams, Isaiah	HORY	9
Williams, Isiah	ORBG	397
Williams, J A	PKNS	34
Williams, J B	GRVL	429
Williams, J C	GETN	302
Williams, J D**	WMBG	363
Williams, J F*	SPBG	308
Williams, J H	LCTR	275
Williams, J H	NWBY	301
Williams, J J	CHTN	163
Williams, J L	BNWL	453
Williams, J L	GRVL	428
Williams, J M	BNWL	482
Williams, J M*	UNON	274
Williams, J N	KRSW	98
Williams, J P	NWBY	237
Williams, J W	COTN	313
Williams, J W	HORY	9
Williams, J*	KRSW	96
Williams, J	GETN	318
Williams, J A	DLTN	440
Williams, J A C*	FAFD	207
Williams, J B	EDFD	60
Williams, J C	BNWL	359
Williams, J G	EDFD	123
Williams, J J*	MARN	44
Williams, J L	SPBG	329
Williams, J M	LXTN	465
Williams, J W	BNWL	482
Williams, J W	CHTN	165

Name	Loc	Pg
Williams, J Y H	LRNS	336
Williams, Jackson	SPBG	222
Williams, James	HORY	12
Williams, James	SPBG	314
Williams, James	CHFD	153
Williams, James	COTN	335
Williams, James	LCTR	198
Williams, James	PKNS	162
Williams, James C	ADSN	202
Williams, James D	BNWL	481
Williams, James E	COTN	296
Williams, James*	CHTN	142
Williams, James	ABVL	58
Williams, James	ORBG	404
Williams, James	ORBG	372
Williams, James	ORBG	366
Williams, James	ORBG	365
Williams, James B	CHTN	403
Williams, James T	GRVL	345
Williams, Jane*	DLTN	476
Williams, Jane E**	EDFD	51
Williams, Jane	ABVL	30
Williams, Janie*	LCTR	180
Williams, Jarasha*	RHLD	83
Williams, Jas	NWBY	265
Williams, Jas H*	BNWL	472
Williams, Jas M*	LRNS	319
Williams, Jas*	YORK	367
Williams, Jas	CHTN	313
Williams, Jas	YORK	376
Williams, Jas	LRNS	237
Williams, Jas D*	YORK	386
Williams, Jas G*	MARN	4
Williams, Jas G	LRNS	229
Williams, Jasper	ADSN	169
Williams, Jenet*	YORK	417
Williams, Jesse	LCTR	145
Williams, Jesse	CHTR	11
Williams, Jesse	HORY	12
Williams, Jno C	EDFD	59
Williams, Jno C	ABVL	153
Williams, Jno G	LRNS	234
Williams, Jno M	BNWL	482
Williams, Jno S	ABVL	64
Williams, Jno W	DLTN	402
Williams, Jno W	SPBG	260
Williams, Jno*	CHFD	109
Williams, Jno	EDFD	27
Williams, Jno H	CHFD	106
Williams, Jno N	DLTN	402
Williams, Jno Sr	EDFD	52
Williams, Joel	RHLD	94
Williams, John*	UNON	275
Williams, John	GRVL	458
Williams, John	GETN	314
Williams, John	BUFT	22
Williams, John	CHFD	125
Williams, John J	CHTN	157
Williams, John*	LCTR	218
Williams, John	CHTN	196
Williams, John	HORY	49
Williams, John	LCTR	197
Williams, John	LXTN	471
Williams, John	BNWL	390
Williams, John	ADSN	263
Williams, John B*	LCTR	177
Williams, John B	LCTR	176
Williams, John C	LCTR	192
Williams, John G	BUFT	70
Williams, John J	PKNS	164
Williams, John*	RHLD	56
Williams, John*	RHLD	48
Williams, John	YORK	446
Williams, John A	MARN	10
Williams, John H	NWBY	250
Williams, John P	RHLD	67
Williams, John*	SPBG	223
Williams, John	RHLD	4
Williams, John	ORBG	365
Williams, John	ORBG	307
Williams, John	NWBY	232
Williams, Jonathan	RHLD	1
Williams, Jos**	LXTN	456
Williams, Jos*	LRNS	257
Williams, Joseph	MARN	53
Williams, Joseph J	CHTN	173
Williams, Joseph*	SPBG	429
Williams, Joseph	KRSW	95
Williams, Joseph T*	CHTN	369
Williams, Joseph*	BUFT	75
Williams, Joseph	EDFD	1
Williams, Joseph	ADSN	285
Williams, Joseph	BNWL	447
Williams, Josephine*	CHTN	434
Williams, Joshua	LCTR	165
Williams, Joshua P	BUFT	84
Williams, Josiah	COTN	277
Williams, Julia*	YORK	371
Williams, Kendrick	SMTR	136
Williams, L	SPBG	259
Williams, L A	ADSN	184
Williams, L K	ORBG	364
Williams, L W	BNWL	479
Williams, L**	EDFD	115
Williams, Laban	ORBG	372
Williams, Laben	BNWL	382
Williams, Laura A	KRSW	121
Williams, Laurence*	ORBG	346
Williams, Lawrence**	GRVL	411
Williams, Lem	LRNS	291
Williams, Leonard	GRVL	416
Williams, Leroy**	LCTR	155
Williams, Levi	NWBY	263
Williams, Lewis	GRVL	444
Williams, Lidia	BNWL	459
Williams, Lindsay	ABVL	119
Williams, Liney	GRVL	347
Williams, Lotty	BNWL	439
Williams, Lucinda	KRSW	134
Williams, Lucus*	CHTN	130
Williams, Lucy*	DLTN	466
Williams, Lucy	LXTN	439
Williams, Luke	EDFD	78
Williams, Lydia	EDFD	8
Williams, Lydia*	ORBG	405
Williams, M	YORK	456
Williams, M	HORY	38
Williams, M A*	GETN	292
Williams, M E*	RHLD	22
Williams, M W	BNWL	463
Williams, Madrid	LCTR	193
Williams, Malsy	CHTN	345
Williams, Margaret*	KRSW	127
Williams, Margaret*	YORK	433
Williams, Margt**	CLDN	237
Williams, Maria	GRVL	499
Williams, Martha	GETN	314
Williams, Martha*	BNWL	498
Williams, Martha C*	SPBG	228
Williams, Martin	BNWL	353
Williams, Martin	ORBG	365
Williams, Mary	BNWL	494
Williams, Mary	EDFD	154
Williams, Mary	GRVL	458
Williams, Mary*	YORK	366
Williams, Mary A	BNWL	384
Williams, Mary*	ADSN	260
Williams, Mary A	BUFT	42
Williams, Mary A**	SPBG	291
Williams, Mary A	BNWL	455
Williams, Mary	YORK	365
Williams, Mary	BUFT	64
Williams, Mary	BNWL	482
Williams, Mary	CHFD	123
Williams, Mary	LRNS	314
Williams, Mary*	COTN	263
Williams, Mary	EDFD	52
Williams, Mary	BNWL	374
Williams, Mary	BUFT	60
Williams, Mary A*	GRVL	390
Williams, Mastine	ABVL	90
Williams, Matthu	CHTR	89
Williams, Mattie*	FAFD	206
Williams, Mehela*	CHTN	507
Williams, Melinda	CLDN	235
Williams, Micajah	ADSN	312
Williams, Milly*	LCTR	145
Williams, Mily	BNWL	491
Williams, Miss H*	CHTN	346
Williams, Molton R	COTN	260
Williams, Moses	LRNS	288
Williams, Moses*	ORBG	396
Williams, Mr R*	CHTN	342
Williams, Mrs E	EDFD	80
Williams, Mrs Eliza	ABVL	86
Williams, Mrs F K**	ABVL	51
Williams, Mrs G A	YORK	376
Williams, Mrs M*	EDFD	31
Williams, Mrs Margaret	NWBY	251
Williams, Mrs Rebecca	MRBO	200
Williams, N	ADSN	160
Williams, N	SPBG	349
Williams, Nancy**	CHTN	204
Williams, Nancy**	EDFD	42
Williams, Nancy	EDFD	150
Williams, Nancy	LCTR	204
Williams, Nancy	ORBG	365
Williams, Nancy	ORBG	330
Williams, Nathaniel C*	PKNS	158
Williams, Ned	CHTN	400
Williams, Nelly	LCTR	179
Williams, Nicholas	MRBO	145
Williams, Ninetta	LXTN	468
Williams, Noah	SPBG	293
Williams, Noah	SPBG	241
Williams, O P	COTN	254
Williams, Owie	RHLD	1
Williams, P A M	COTN	302
Williams, P M	EDFD	62
Williams, P M	LXTN	422
Williams, P*	CHTN	324
Williams, P	ORBG	314
Williams, P L	BNWL	487
Williams, P W	YORK	440
Williams, Paris	CHTN	452
Williams, Patience	LRNS	288
Williams, Patsy**	BNWL	477
Williams, Paulina	CHTR	11
Williams, Phillisy*	CHFD	127
Williams, Pinkney	BNWL	453
Williams, Pinkney	BNWL	503
Williams, R A	ORBG	347
Williams, R H	BNWL	484
Williams, R H	LRNS	336
Williams, R L	ADSN	172
Williams, R R	LCTR	213
Williams, Rams**	CHTN	283
Williams, Rhoda	HORY	8
Williams, Richard	BNWL	494
Williams, Richd	MARN	53
Williams, Richd A	BUFT	60
Williams, Robert	GETN	318
Williams, Robert	GRVL	378
Williams, Robt	KRSW	100
Williams, Robt	SPBG	345
Williams, Robt W*	ABVL	133
Williams, Robt*	LRNS	259
Williams, Roger L	ABVL	129
Williams, Rosnna*	CHFD	106
Williams, Rothey A	BUFT	59
Williams, S B	CHTN	141
Williams, S B	GETN	308
Williams, S B*	SPBG	209
Williams, S H	YORK	374
Williams, S N**	ADSN	183
Williams, S T H	ADSN	178
Williams, S T	LRNS	224
Williams, S V	CHTN	494
Williams, S W	CHTN	130
Williams, Sallie*	LXTN	387
Williams, Sallie C*	SPBG	316
Williams, Sally*	GRVL	475
Williams, Sally	ORBG	364
Williams, Saml	BUFT	45
Williams, Saml	ABVL	30
Williams, Saml	EDFD	70
Williams, Saml	MRBO	153
Williams, Sampson	LXTN	356
Williams, Sarah	UNON	252
Williams, Sarah	BNWL	370
Williams, Sarah**	CHFD	114
Williams, Sarah**	COTN	255
Williams, Sarah	BNWL	487
Williams, Sarah	GETN	299
Williams, Sarah	GETN	299
Williams, Sarah	CHFD	107
Williams, Sarah*	RHLD	94
Williams, Silas	GRVL	395
Williams, Stephen	LCTR	159
Williams, Stephen	BUFT	37
Williams, Steven	ORBG	384
Williams, Susan	BUFT	51
Williams, Susan A	SPBG	291
Williams, T	KRSW	98
Williams, T D	LXTN	356
Williams, T F	EDFD	129
Williams, T H	EDFD	1
Williams, T R	EDFD	61
Williams, Tarlton	BNWL	370
Williams, Temperance	BNWL	359
Williams, Thomas	CHTR	21
Williams, Thomas	COTN	293
Williams, Thomas A**	CHTN	484
Williams, Thomas A*	CHTN	432
Williams, Thomas**	MARN	126
Williams, Thomas P	PKNS	172
Williams, Thomas R	COTN	265
Williams, Thomas*	GRVL	378
Williams, Thomas	ORBG	373
Williams, Thomas	ORBG	365
Williams, Thos	EDFD	51
Williams, Thos	FAFD	272
Williams, Thos	CHTN	111
Williams, Thos R	SPBG	328
Williams, Thos*	RHLD	48
Williams, Thos	MRBO	145
Williams, Thos G	YORK	440
Williams, Ulysee	UNON	242
Williams, Uriah	LCTR	204
Williams, Van B	PKNS	122
Williams, W A*	NWBY	292
Williams, W B	HORY	6
Williams, W*	KRSW	83
Williams, W	EDFD	157
Williams, W	SPBG	271
Williams, W B	CLDN	214
Williams, W B	BNWL	482
Williams, W B	YORK	371
Williams, W C	EDFD	62
Williams, W D	CLDN	199
Williams, W G	GETN	318
Williams, W J	BNWL	463
Williams, W R	BNWL	481
Williams, W T M	UNON	229
Williams, W W	BNWL	482
Williams, Webb	CHTN	182
Williams, Wesley M	CHFD	132
Williams, West	CHTN	126
Williams, West C	CHTN	134
Williams, Willaim	BNWL	460
Williams, William*	CHTN	342
Williams, William M	UNON	242
Williams, William	CHTN	130
Williams, William	GRVL	408
Williams, William	ADSN	271
Williams, William	ABVL	147
Williams, William J	LCTR	192
Williams, William S	PKNS	175
Williams, William*	CHTN	488

Williams, William	PKNS	122
Williams, Wilson	CHTR	75
Williams, Wm	GETN	318
Williams, Wm	SPBG	293
Williams, Wm	EDFD	99
Williams, Wm	EDFD	139
Williams, Wm	GRVL	417
Williams, Wm	CHTN	119
Williams, Wm W	HORY	65
Williams, Wm*	ORBG	392
Williams, Wm	LXTN	443
Williams, Wm	LXTN	439
Williams, Wm P	SPBG	201
Williams, Zeth	NWBY	242
Williamsen, Charles	CHTN	476
Williamson, A S	FAFD	214
Williamson, Angeline*	LXTN	439
Williamson, Aug*	BNWL	443
Williamson, B P	DLTN	388
Williamson, Barnabus	ORBG	405
Williamson, Benjamin*	BNWL	392
Williamson, C	ORBG	392
Williamson, Catharine	CHTN	592
Williamson, Charles B	RHLD	68
Williamson, Charlotte	LXTN	451
Williamson, Chas	LXTN	469
Williamson, Curtis	HORY	49
Williamson, D A	ORBG	382
Williamson, D R	MARN	11
Williamson, David	LXTN	469
Williamson, David**	ORBG	396
Williamson, Eliz**	DLTN	399
Williamson, Elizabeth	MARN	25
Williamson, Elizabeth*	WMBG	340
Williamson, Francis	MARN	12
Williamson, Franklin*	ORBG	393
Williamson, G L	DLTN	443
Williamson, Geo**	DLTN	395
Williamson, George	ORBG	400
Williamson, H	DLTN	429
Williamson, Harvey	YORK	382
Williamson, Hiram	FAFD	270
Williamson, J A	DLTN	377
Williamson, J D	COTN	272
Williamson, J T	LXTN	469
Williamson, James	HORY	48
Williamson, James	CHTN	398
Williamson, James	ADSN	197
Williamson, James	BNWL	436
Williamson, James E	BUFT	75
Williamson, Jane	LRNS	280
Williamson, Jane	FAFD	228
Williamson, Jane*	CHTN	216
Williamson, Jas	SPBG	240
Williamson, Jno	ABVL	70
Williamson, Jno D*	CHTR	1
Williamson, John	CHTN	167
Williamson, John B	MARN	128
Williamson, John*	YORK	385
Williamson, John*	ORBG	401
Williamson, John C	ORBG	401
Williamson, John D	BUFT	90
Williamson, Jos	BNWL	413
Williamson, Joseph	MARN	141
Williamson, Julia*	BNWL	392
Williamson, L B	LCTR	148
Williamson, Leonard S	MARN	11
Williamson, Louisa**	LCTR	152
Williamson, Louisa R**	SMTR	147
Williamson, Lucius**	RHLD	55
Williamson, Lucy**	FAFD	200
Williamson, Margaret	RHLD	71
Williamson, Martha	DLTN	473
Williamson, Martha*	ADSN	280
Williamson, Mary	BNWL	507
Williamson, Mary J**	DLTN	381
Williamson, Mastin	ADSN	196
Williamson, Mollie**	MRBO	148
Williamson, N**	MARN	65
Williamson, Nancy	BNWL	440
Williamson, Nathl	LXTN	404
Williamson, Priscilla	LXTN	375
Williamson, R L*	MARN	18
Williamson, S L	DLTN	378
Williamson, S W	DLTN	402
Williamson, Samp	EDFD	3
Williamson, Samuel	ORBG	400
Williamson, Samuel*	ORBG	400
Williamson, Sarah	ORBG	397
Williamson, Sarah	CLDN	233
Williamson, Sarah*	CHTN	216
Williamson, Sol M	MARN	78
Williamson, Sol M	MARN	12
Williamson, Stephen	BUFT	93
Williamson, Sylvanius	YORK	378
Williamson, Thos Jr	LXTN	359
Williamson, Thos Sr	LXTN	469
Williamson, V J*	BNWL	467
Williamson, W L**	DLTN	388
Williamson, Wade	LXTN	375
Williamson, Wesley*	DLTN	399
Williamson, Wm	LXTN	359
Williamson, Wm	PKNS	4
Williamson, Wm	ORBG	387
Williamson, Wm D	MARN	134
Williamston, Sanders*	ABVL	144
Williet, Jesse*	UNON	266
Williford, Emily	SMTR	153
Williford, Jas M	YORK	455
Williford, Richd	MARN	121
Williford, Robt	MARN	30
Williford, Wm	YORK	455
Williman, A	GRVL	499
Williman, A B	CHTN	260
Williman, C	CHTN	233
Williman, Christ	COTN	365
Williman, John	GRVL	499
Williman, William*	GRVL	415
Willimans, Jacob	CHTN	190
Willimston, Catherine	ABVL	89
Willin, Lawrence	EDFD	21
Willingham, A P	ADSN	165
Willingham, B F	BNWL	506
Willingham, Edward G	BUFT	67
Willingham, J*	SPBG	259
Willingham, J C*	GRVL	411
Willingham, James	LXTN	379
Willingham, John	NWBY	286
Willingham, John	FAFD	217
Willingham, John	ADSN	187
Willingham, John H	NWBY	276
Willingham, Joseph*	GRVL	419
Willingham, Mary	FAFD	217
Willingham, Pleasant	NWBY	284
Willingham, Thomas	BUFT	67
Willingham, Tustis	NWBY	285
Willingham, W	NWBY	236
Willingham, W W	KRSW	103
Willingham, Zechariah	NWBY	275
Willington, A S	CHTN	229
Willis, Abraham	COTN	317
Willis, Alfred	COTN	368
Willis, Ann	BNWL	471
Willis, C	SPBG	347
Willis, Calvin*	SPBG	261
Willis, Charles A*	BNWL	394
Willis, D W	BNWL	472
Willis, Daniel	SPBG	198
Willis, Daniel	EDFD	3
Willis, E O	CHTN	225
Willis, Edenton	LXTN	421
Willis, Edward H	SPBG	400
Willis, Eliza*	MRBO	198
Willis, Elizabeth	EDFD	164
Willis, Ellen E**	BNWL	507
Willis, F M	GRVL	364
Willis, G W	LRNS	295
Willis, Geo*	COTN	315
Willis, Geo	BNWL	420
Willis, Georgiane*	CHTN	467
Willis, Greenberry	LRNS	272
Willis, Henry	SPBG	283
Willis, Henry	CHTN	478
Willis, Henry	CHTN	523
Willis, Henry	CHTN	464
Willis, Herald*	GRVL	408
Willis, Israil	SPBG	198
Willis, J H	BNWL	471
Willis, J W	GRVL	365
Willis, James J	SPBG	233
Willis, James*	ABVL	44
Willis, Jane	EDFD	80
Willis, Jas B	MRBO	186
Willis, Jessy*	CHTN	139
Willis, John	SPBG	197
Willis, John H*	CHTN	447
Willis, Kezekiah	SPBG	248
Willis, M	LRNS	281
Willis, Margaret	EDFD	199
Willis, Mary A	BNWL	394
Willis, Mary J*	RHLD	55
Willis, Michael	BNWL	407
Willis, Milby	MRBO	183
Willis, Mitchell	SPBG	395
Willis, Mrs	CHTN	240
Willis, R A	COTN	315
Willis, R F	BNWL	473
Willis, R M	BNWL	409
Willis, Sallie	LXTN	439
Willis, Smith*	SPBG	333
Willis, Stephen	ABVL	45
Willis, Sterling	SPBG	391
Willis, Tilda	GRVL	373
Willis, W W	BNWL	406
Willis, Wiley	SPBG	229
Willis, William*	SPBG	210
Willis, William	SPBG	217
Willis, Wm	LRNS	281
Willis, Wright	GRVL	361
Willison, C*	UNON	273
Willison, Wm	MARN	94
Williston, Theresa	CHTN	201
Willkite, J B	EDFD	74
Willkite, T T*	EDFD	74
Willoughby, Henry	CHFD	186
Willoughby, James P*	MRBO	185
Willoughby, Joseph	HORY	42
Willoughby, Wrial	MARN	43
Willowby, Richard*	MARN	95
Willowby, Richd*	MRBO	183
Wills, Emanuel	ORBG	314
Wills, James*	SMTR	137
Wills, Robert C	SMTR	113
Willson, Albert*	BNWL	364
Willson, Amanda*	FAFD	242
Willson, Ann	FAFD	243
Willson, Berry	GRVL	444
Willson, Bill	YORK	409
Willson, David	FAFD	251
Willson, Elias	FAFD	242
Willson, Elizabeth	PKNS	159
Willson, G M	FAFD	228
Willson, Gorge	YORK	476
Willson, J E*	CHTN	123
Willson, J J	COTN	352
Willson, J O*	CHTN	123
Willson, J W	FAFD	241
Willson, James	GRVL	448
Willson, John	PKNS	184
Willson, John	FAFD	250
Willson, John	FAFD	235
Willson, John H	PKNS	146
Willson, John S	HORY	71
Willson, John W	PKNS	174
Willson, Joseph	PKNS	153
Willson, Lyda**	PKNS	119
Willson, M H	WMBG	334
Willson, Malissa	GRVL	393
Willson, Manda**	PKNS	132
Willson, Mannel	PKNS	152
Willson, Minor	FAFD	252
Willson, Ralph	FAFD	241
Willson, Rebecca**	HORY	58
Willson, Richard G	HORY	70
Willson, Robet	PKNS	189
Willson, S T	WMBG	326
Willson, Saml W	HORY	57
Willson, Saml W	CHTN	139
Willson, Samuel S	PKNS	191
Willson, Sarah	UNON	268
Willson, Sarah*	PKNS	133
Willson, Thomas*	NWBY	260
Willson, Thomas	PKNS	146
Willson, Thomas	FAFD	248
Willson, Wallace	YORK	510
Willson, William	BNWL	424
Willson, William	UNON	190
Willson, William	FAFD	251
Willson, William	GRVL	448
Willson, William J*	PKNS	147
Willson, Wm	FAFD	250
Willy, D*	CHTN	324
Wilman, B	BNWL	467
Wilmouk, Anna*	CHTN	487
Wilsin, F W*	WMBG	313
Wilson C H	COTN	371
Wilson, Jim*	YORK	429
Wilson, A	SPBG	415
Wilson, A A	SPBG	256
Wilson, A B**	CHTN	441
Wilson, A J**	CHFD	181
Wilson, A S	DLTN	374
Wilson, A*	RHLD	21
Wilson, A C	GRVL	358
Wilson, A F	SMTR	121
Wilson, A W	YORK	415
Wilson, Abasalom	SMTR	116
Wilson, Abby	ADSN	299
Wilson, Abraham	CHTN	456
Wilson, Ames	RHLD	87
Wilson, Andrew	PKNS	7
Wilson, Andrew T	GRVL	377
Wilson, Anna*	ABVL	55
Wilson, B H	GETN	284
Wilson, B J	GETN	298
Wilson, Barnett	SPBG	374
Wilson, Belle*	LRNS	253
Wilson, Benjaman	SMTR	139
Wilson, Benjamin F	SMTR	120
Wilson, Bennett	SPBG	370
Wilson, Betsy*	CHTN	415
Wilson, C H	MARN	26
Wilson, C**	CHTN	259
Wilson, C	BUFT	52
Wilson, C A*	SMTR	175
Wilson, C P	BUFT	48
Wilson, Charles	COTN	321
Wilson, Charles	GRVL	390
Wilson, Charles*	CHFD	185
Wilson, Charles	NWBY	235
Wilson, Charles*	YORK	426
Wilson, Charlotte	RHLD	2
Wilson, Christene**	EDFD	22
Wilson, Chs	EDFD	20
Wilson, Cintha E*	SMTR	121
Wilson, Conrad*	RHLD	76
Wilson, Courtney*	SMTR	126
Wilson, Cyntha	CHTR	42
Wilson, D D	WMBG	335
Wilson, D E	WMBG	346
Wilson, D H*	CHTR	70
Wilson, D--- A*	ABVL	60
Wilson, David	ABVL	59
Wilson, David	CHTR	88
Wilson, David	LXTN	453
Wilson, David H	FAFD	275
Wilson, Delany T*	ABVL	128
Wilson, Delphia*	RHLD	54

Name	Loc	Pg	Name	Loc	Pg	Name	Loc	Pg
Wilson, Donald*	ABVL	55	Wilson, James	RHLD	1	Wilson, M	WMBG	313
Wilson, Dorcas	RHLD	94	Wilson, James	NWBY	258	Wilson, M A*	CHTN	499
Wilson, Dr John R*	YORK	404	Wilson, James B	NWBY	244	Wilson, M H	DLTN	378
Wilson, Duff*	ADSN	300	Wilson, James H**	CHTN	284	Wilson, M R	ADSN	200
Wilson, E	GETN	291	Wilson, James L*	ABVL	106	Wilson, Manirva*	NWBY	282
Wilson, E R	DLTN	379	Wilson, James P*	ADSN	308	Wilson, Margaret*	CHTN	47
Wilson, E R	GETN	288	Wilson, James R	NWBY	279	Wilson, Margaret*	GRVL	414
Wilson, E W	EDFD	50	Wilson, James W	BUFT	69	Wilson, Margart	SPBG	329
Wilson, Edward	CHTR	44	Wilson, James*	ADSN	315	Wilson, Margaret*	ABVL	61
Wilson, Edwin	YORK	432	Wilson, James*	CHTN	196	Wilson, Margt R	ABVL	148
Wilson, Eliza*	CHTR	6	Wilson, Jane	KRSW	79	Wilson, Maria L	YORK	435
Wilson, Elizabeth	LXTN	381	Wilson, Jane*	KRSW	133	Wilson, Martha	SPBG	275
Wilson, Elizabeth*	CHTN	409	Wilson, Jane	LRNS	304	Wilson, Martha H	HORY	70
Wilson, Elizabeth	GRVL	426	Wilson, Jane	CHTN	201	Wilson, Martha*	ABVL	12
Wilson, Elizabeth	ADSN	320	Wilson, Jane	CHTR	74	Wilson, Martha	ABVL	13
Wilson, Elizabeth	RHLD	6	Wilson, Jane	COTN	304	Wilson, Martha	ADSN	255
Wilson, Elizabeth	NWBY	301	Wilson, Jane	FAFD	240	Wilson, Martha	LXTN	452
Wilson, Elizb N	ABVL	57	Wilson, Jane	ABVL	36	Wilson, Martha M**	BNWL	497
Wilson, Ellen	NWBY	261	Wilson, Jane	ABVL	30	Wilson, Martin	EDFD	146
Wilson, Elmira**	YORK	428	Wilson, Jane T	GETN	283	Wilson, Marvin	SPBG	372
Wilson, Elvira**	MRBO	173	Wilson, Jane W*	ABVL	128	Wilson, Mary	LXTN	381
Wilson, Ephraim	CHTR	55	Wilson, Jane*	NWBY	246	Wilson, Mary	BNWL	452
Wilson, Esther*	ADSN	331	Wilson, Jane**	CHTN	305	Wilson, Mary	RHLD	66
Wilson, Ezra A	ABVL	120	Wilson, Jas A	ABVL	28	Wilson, Mary	YORK	429
Wilson, F E	DLTN	439	Wilson, Jas B	CLDN	241	Wilson, Mary	YORK	462
Wilson, Fanny*	ABVL	55	Wilson, Jas F*	CHTN	225	Wilson, Mary K	EDFD	43
Wilson, Fanny	YORK	429	Wilson, Jas M	CHTN	244	Wilson, Mary K	YORK	396
Wilson, Frances E**	ABVL	60	Wilson, Jas M	CLDN	233	Wilson, Mary R*	CHTN	418
Wilson, Francis P*	CHTN	116	Wilson, Jas P	DLTN	435	Wilson, Mary S*	DLTN	428
Wilson, Frank A**	ABVL	135	Wilson, Jas*	YORK	410	Wilson, Mary*	CHTN	212
Wilson, G C	COTN	371	Wilson, Jas	SPBG	375	Wilson, Mary	DLTN	388
Wilson, Geo	BNWL	452	Wilson, Jasper	GRVL	424	Wilson, Mary	DLTN	416
Wilson, Geo	DLTN	372	Wilson, Jemima	SPBG	240	Wilson, Mary	CHTN	273
Wilson, Geo W	ADSN	196	Wilson, Jesse	DLTN	412	Wilson, Mary**	CHTN	398
Wilson, George	CHTN	199	Wilson, Jim*	NWBY	251	Wilson, Mary	ADSN	309
Wilson, George B	GETN	321	Wilson, Jno	DLTN	402	Wilson, Matilda	BNWL	496
Wilson, George	FAFD	261	Wilson, Jno B*	ABVL	61	Wilson, May*	KRSW	132
Wilson, George	BNWL	496	Wilson, Jno E	ABVL	31	Wilson, Miles	PKNS	15
Wilson, George*	NWBY	259	Wilson, Jno H	ABVL	61	Wilson, Milly	CHTN	421
Wilson, Georgianna*	RHLD	54	Wilson, Jno H	ABVL	26	Wilson, Miss G*	CHTN	357
Wilson, Gilbert	ORBG	404	Wilson, Jno J	CLDN	241	Wilson, Miss	CHTN	302
Wilson, Gipson	ADSN	248	Wilson, Jno O	DLTN	402	Wilson, Miss Eliza S*	ABVL	0
Wilson, H C	NWBY	245	Wilson, Jno Ragsdale	CHTR	57	Wilson, Moreton	CHTN	405
Wilson, H H	SMTR	121	Wilson, Jno S	ABVL	9	Wilson, Moultrie R	SMTR	121
Wilson, H W	YORK	407	Wilson, Jno S**	CHTR	88	Wilson, Mrs M*	CHTN	321
Wilson, Hagar	GETN	289	Wilson, Jno W	ABVL	31	Wilson, Mrs S F S	CHTN	441
Wilson, Hamilton	YORK	478	Wilson, Joel	COTN	364	Wilson, N N	KRSW	123
Wilson, Hannah	CHTN	270	Wilson, John	KRSW	128	Wilson, N*	CHTN	370
Wilson, Harvey	DLTN	457	Wilson, John	SPBG	430	Wilson, Nancey*	SMTR	123
Wilson, Henry A	LXTN	374	Wilson, John A	HORY	70	Wilson, Nancy	FAFD	244
Wilson, Henry*	ABVL	24	Wilson, John B	LCTR	150	Wilson, Nancy	YORK	479
Wilson, Henry*	CHTR	7	Wilson, John B	LCTR	152	Wilson, Nancy A	ABVL	35
Wilson, Henry	BNWL	453	Wilson, John*	CHTN	245	Wilson, Nancy C	ABVL	84
Wilson, Henry	SMTR	151	Wilson, John	CHTN	366	Wilson, Nancy E*	YORK	402
Wilson, Henry L	SMTR	161	Wilson, John	CHTN	522	Wilson, Nancy*	NWBY	245
Wilson, Hiram	FAFD	248	Wilson, John	CHTN	215	Wilson, Nancy*	NWBY	253
Wilson, Hosea	SMTR	139	Wilson, John	ADSN	202	Wilson, Newton	YORK	422
Wilson, Hugh	ABVL	30	Wilson, John	ADSN	159	Wilson, Noah	SPBG	205
Wilson, Hugh	ADSN	314	Wilson, John	ADSN	167	Wilson, Oliver*	ABVL	12
Wilson, Hugh	SMTR	121	Wilson, John	BNWL	496	Wilson, Oney	GRVL	329
Wilson, Hugh Jr	CHTN	401	Wilson, John C*	BUFT	45	Wilson, Patsy	ADSN	331
Wilson, Hugh Sr	CHTN	492	Wilson, John J	YORK	415	Wilson, Peter**	DLTN	476
Wilson, Hugh*	ABVL	24	Wilson, John P*	RHLD	53	Wilson, Peter	YORK	367
Wilson, Hugh	ADSN	167	Wilson, John W*	CHTN	116	Wilson, Peter	PKNS	16
Wilson, Idsom	SPBG	368	Wilson, John*	BNWL	492	Wilson, Polly*	SMTR	125
Wilson, Isaac M**	CHTN	440	Wilson, John	GRVL	420	Wilson, R B	BNWL	445
Wilson, Isaac N	CHTN	146	Wilson, John R	ABVL	148	Wilson, R B	SMTR	121
Wilson, Isaac R	COTN	359	Wilson, John**	FAFD	227	Wilson, R C	HORY	11
Wilson, Isaac R	COTN	356	Wilson, John	GETN	287	Wilson, R C*	LXTN	432
Wilson, Isabella	ADSN	234	Wilson, John	GRVL	377	Wilson, R H	CHTR	36
Wilson, Isabella	CHTN	411	Wilson, John G	ABVL	23	Wilson, R H	WMBG	325
Wilson, Isabella*	RHLD	6	Wilson, John J	CHFD	186	Wilson, R L	DLTN	416
Wilson, Ishom	SPBG	372	Wilson, John N	ADSN	317	Wilson, R P	ADSN	331
Wilson, J	GETN	293	Wilson, John R F*	ABVL	95	Wilson, R P	LRNS	254
Wilson, J C	CLDN	200	Wilson, John**	YORK	400	Wilson, R S	YORK	404
Wilson, J C	WMBG	346	Wilson, John S	NWBY	251	Wilson, Rachel A	HORY	69
Wilson, J D	DLTN	383	Wilson, John*	PKNS	47	Wilson, Ralph	FAFD	240
Wilson, J D	MRBO	151	Wilson, John	YORK	476	Wilson, Rebecca	HORY	5
Wilson, J F	ADSN	223	Wilson, John	PKNS	16	Wilson, Rebecca*	ABVL	24
Wilson, J F	PKNS	20	Wilson, John	LXTN	454	Wilson, Rebecca	BNWL	94
Wilson, J H*	FAFD	240	Wilson, John C	YORK	384	Wilson, Reddin	CHTR	452
Wilson, J H	EDFD	50	Wilson, Joseph	KRSW	108	Wilson, Richard	CHTR	57
Wilson, J J	BNWL	445	Wilson, Joseph	SPBG	368	Wilson, Richard	SMTR	127
Wilson, J J	ADSN	315	Wilson, Joseph	PKNS	17	Wilson, Riley	ABVL	9
Wilson, J J	LRNS	223	Wilson, Josephine*	GETN	291	Wilson, Robert	CHTN	181
Wilson, J J	YORK	424	Wilson, Joshua	CHTN	468	Wilson, Robert	GETN	287
Wilson, J Louis	YORK	478	Wilson, Judith*	SMTR	126	Wilson, Robert A	ABVL	96
Wilson, J M	LXTN	401	Wilson, Kelin	BNWL	503	Wilson, Robert E	SMTR	117
Wilson, J M	PKNS	37	Wilson, Ketcham*	LXTN	453	Wilson, Robt*	LCTR	155
Wilson, J M*	NWBY	268	Wilson, L J	ABVL	35	Wilson, Robt	LRNS	289
Wilson, J P	FAFD	244	Wilson, Laton B*	CHTN	415	Wilson, Robt	ADSN	248
Wilson, J W*	KRSW	111	Wilson, Laura*	LRNS	337	Wilson, Robt C	ABVL	48
Wilson, J*	DLTN	414	Wilson, Lawrence*	YORK	377	Wilson, Robt H	ABVL	135
Wilson, J S	NWBY	245	Wilson, Leroy	BNWL	347	Wilson, Robt J	BUFT	11
Wilson, J W	PKNS	11	Wilson, LeRoy C	ABVL	95	Wilson, Robt M	YORK	414
Wilson, James	CHTR	82	Wilson, Levi	RHLD	87	Wilson, Rossler	YORK	487
Wilson, James B	SPBG	326	Wilson, Levy	YORK	400	Wilson, S A E	DLTN	378
Wilson, James H	SPBG	304	Wilson, Lewis	ABVL	36	Wilson, S E	SMTR	121
Wilson, James*	GRVL	406	Wilson, Lewis J	LRNS	336	Wilson, S R	DLTN	381
Wilson, James	GRVL	477	Wilson, Liz	YORK	370	Wilson, Saml	CHTN	229
Wilson, James	COTN	363	Wilson, Liza*	YORK	377	Wilson, Saml A	ABVL	48
Wilson, James	ADSN	158	Wilson, Lizza*	ABVL	21	Wilson, Saml I	HORY	69
Wilson, James	ADSN	202	Wilson, Lucy P*	YORK	416	Wilson, Samuel*	ADSN	303
Wilson, James	ADSN	260	Wilson, Lydia*	YORK	440	Wilson, Samuel	ADSN	300
Wilson, James	ADSN	321	Wilson, M*	LRNS	308	Wilson, Samuel	SMTR	138
						Wilson, Samuel T**	SMTR	111

Name	Loc	Pg
Wilson, Sarah	CHTN	422
Wilson, Sarah	GRVL	424
Wilson, Sarah	YORK	451
Wilson, Sarah	YORK	415
Wilson, Sarah	NWBY	284
Wilson, Sarah A	ABVL	8
Wilson, Sarah A	ABVL	60
Wilson, Sarah**	CHFD	100
Wilson, Sarahh	CHTR	3
Wilson, Seaborn	COTN	263
Wilson, Shade	RHLD	85
Wilson, Silas	FAFD	240
Wilson, Sophia E**	CHTN	445
Wilson, St Julian A	CHTN	441
Wilson, Stephen	EDFD	50
Wilson, T Augustus	ABVL	61
Wilson, Taun*	COTN	271
Wilson, Tho J	DLTN	402
Wilson, Thomas	EDFD	52
Wilson, Thomas	CHTR	4
Wilson, Thomas D	SMTR	174
Wilson, Thos	KRSW	135
Wilson, Thos	SPBG	399
Wilson, Thos	NWBY	246
Wilson, Thos J*	ABVL	60
Wilson, Ulicius	EDFD	52
Wilson, Vincent	ADSN	290
Wilson, W	CHTN	506
Wilson, W B	YORK	374
Wilson, W G	CHTR	3
Wilson, W O	BNWL	452
Wilson, W T	KRSW	110
Wilson, William	KRSW	116
Wilson, William	ADSN	330
Wilson, William	UNON	185
Wilson, William	CHTN	283
Wilson, William	ABVL	83
Wilson, William*	ABVL	7
Wilson, William*	ADSN	304
Wilson, William	BNWL	498
Wilson, William	CHTR	57
Wilson, William	RHLD	85
Wilson, William**	SMTR	126
Wilson, William M	RHLD	76
Wilson, William W	SMTR	122
Wilson, Wilson	ABVL	140
Wilson, Wm	SPBG	398
Wilson, Wm T	MARN	25
Wilson, Wm*	DLTN	413
Wilson, Wm	EDFD	52
Wilson, Wm	CHTR	36
Wilson, Wm	CHTR	47
Wilson, Wm A	CHTR	82
Wilson, Wm A H	YORK	416
Wilson, Wm J	YORK	451
Wilson, Wm M	CHTN	212
Wilson, Wm N	ADSN	205
Wilson, Wm**	YORK	409
Wilson, Wm	SPBG	374
Wilson, Wm	PKNS	23
Wilson, Wm	LRNS	270
Wilson, Wm	LRNS	254
Wilson, Wm H	SMTR	112
Wilson, Wm L*	NWBY	259
Wilson, Wright	MRBO	191
Wilson, Zad	SPBG	373
Wilsons, S E	BUFT	50
Wilsten, W D	SPBG	309
Wilt, Henry*	GRVL	411
Wiltberger, John	CHTN	276
Wilton, Olivia**	CHTN	200
Wilzenki, M	ADSN	156
Wimberly, Addy*	ORBG	398
Wimberly, David	COTN	341
Wimberly, Edwd	LXTN	368
Wimberly, George	COTN	338
Wimberly, Lewis*	COTN	338
Wimberly, Miss M*	EDFD	80
Wimberly, R E*	BNWL	444
Wimpa, Levi	PKNS	149
Wimpley, Mahala*	ADSN	312
Win, Jane	COTN	269
Winadore, David	ADSN	214
Winans, Nancey*	SMTR	183
Winbourn, W B	HORY	52
Winburn, Frances	DLTN	382
Winburn, Joseph	DLTN	467
Winburn, Wm	DLTN	476
Winbush, Alexr P	ABVL	102
Winbush, John	ABVL	120
Winchester, James	PKNS	115
Winchester, Jones	PKNS	45
Winchester, Joseph	PKNS	114
Windelkin, Carson	PKNS	74
Windham, A	DLTN	398
Windham, Caroline*	DLTN	426
Windham, Danl	DLTN	471
Windham, Danl	DLTN	382
Windham, David R	SMTR	114
Windham, Eli	DLTN	470
Windham, Elias	DLTN	449
Windham, Eliza**	WMBG	299
Windham, Ezh	SMTR	162
Windham, H F*	DLTN	433
Windham, Harriet	COTN	368
Windham, Harvey	SMTR	114
Windham, J J	DLTN	396
Windham, J M*	CHTN	162
Windham, Jas C	DLTN	470
Windham, Jas Jr	DLTN	427
Windham, Jno	DLTN	461
Windham, Jno W	DLTN	474
Windham, Jno W	DLTN	426
Windham, Jno Wes	DLTN	450
Windham, Jno	WMBG	307
Windham, John**	DLTN	450
Windham, Ledwell	CHTN	172
Windham, M J*	CHTN	162
Windham, M S*	CLDN	246
Windham, Mary B*	CLDN	245
Windham, Neighbor	CHTN	162
Windham, R C	MRBO	172
Windham, Rosalie*	CHTN	162
Windham, S D	CLDN	245
Windham, Saml	DLTN	454
Windham, Saml*	CLDN	226
Windham, Sylvester	COTN	364
Windham, W J	DLTN	426
Windham, Wm	DLTN	427
Windhorn, Dederick*	RHLD	16
Windhorn, Dedrich*	RHLD	48
Windhorn, John	RHLD	74
Windhorn, Theodore	RHLD	74
Windhors, L*	CHTN	315
Windle, Jno H	ABVL	152
Windle, John*	SPBG	316
Windom, Jesse*	CHFD	188
Windsor, Elizabeth*	CHTN	343
Windsor, J J	CHTN	482
Windsor, James	RHLD	4
Winebremer, George	LRNS	185
Winebrimer, Elmira*	UNON	270
Winfrey, Mary*	CHFD	106
Wing, Francis W	RHLD	43
Wingard, A E**	LXTN	455
Wingard, Abbegail	LXTN	429
Wingard, Absalom	LXTN	429
Wingard, Albert*	LXTN	454
Wingard, Artemissia	LXTN	390
Wingard, Deborah	LXTN	387
Wingard, Elijah	LXTN	428
Wingard, Esther*	LXTN	454
Wingard, Geo	LXTN	434
Wingard, H S**	NWBY	296
Wingard, Isaiah	BNWL	460
Wingard, Jacob	LXTN	411
Wingard, Jacob	LRNS	355
Wingard, Jacob	LXTN	428
Wingard, James S	LXTN	387
Wingard, Jesse	LXTN	428
Wingard, Jno*	LXTN	433
Wingard, Job F	LXTN	411
Wingard, Margaret	LXTN	387
Wingard, Margaret*	LXTN	434
Wingard, Mary	LXTN	462
Wingard, Mary	LXTN	429
Wingard, Mary L*	LXTN	367
Wingard, Matthias	LXTN	428
Wingard, Nancy	LXTN	452
Wingard, Reuben	LXTN	376
Wingard, Saml	LXTN	388
Wingard, Saml	LXTN	428
Wingard, Sarah J*	LXTN	437
Wingard, Simon P	LXTN	410
Wingard, Thomas	LXTN	429
Wingard, W F	LXTN	411
Wingate, J A	DLTN	389
Wingate, J E	DLTN	386
Wingate, John E	SMTR	160
Wingate, Middleton B	SMTR	152
Wingate, R**	DLTN	375
Wingate, Thomas	GETN	292
Wingate, W H	DLTN	374
Wingate, W T	DLTN	373
Winges, John A O	COTN	341
Wingo, A J	SPBG	410
Wingo, A J	SPBG	411
Wingo, Alexander	SPBG	304
Wingo, Anderson	SPBG	417
Wingo, Burrell	SPBG	411
Wingo, Coleman	SPBG	411
Wingo, D L	SPBG	394
Wingo, Elizabeth*	SPBG	395
Wingo, J W	SPBG	393
Wingo, John	SPBG	411
Wingo, John	SPBG	392
Wingo, John W	SPBG	410
Wingo, Oras*	SPBG	429
Wingo, Paschal	SPBG	417
Wingo, Ranson	SPBG	420
Wingo, Robt	SPBG	428
Wingo, Sampson	SPBG	418
Wingo, T W	SPBG	404
Wingo, Thos A	SPBG	410
Wingo, Thos C	SPBG	411
Wingo, Wilson	SPBG	410
Wingoe, Simpson*	RHLD	56
Wings, Monroe	YORK	491
Winkerman, Herman	CHTN	231
Winkler, C**	CHTN	297
Winkler, Edwin	SMTR	187
Winkles, Lorenzo D*	SMTR	179
Winkles, Martha	SMTR	167
Winkles, William*	SMTR	179
Winn, Allison	BUFT	56
Winn, Andrew	ABVL	100
Winn, Barnaby*	BUFT	48
Winn, Catherine	BUFT	56
Winn, Charles L*	RHLD	35
Winn, Charlotte**	DLTN	382
Winn, David J	SMTR	177
Winn, H	EDFD	194
Winn, Henry M	ABVL	99
Winn, Isaiah	DLTN	384
Winn, J M	LRNS	347
Winn, Jane	BUFT	29
Winn, Jane*	BUFT	55
Winn, Josiah	UNON	258
Winn, Mary A C	ABVL	100
Winn, Minor	BUFT	30
Winn, Molly	FAFD	281
Winn, Mrs F	EDFD	70
Winn, Robert H*	ABVL	100
Winn, Robert T	RHLD	74
Winn, S E*	DLTN	387
Winn, Thos*	BUFT	71
Winn, U W	LRNS	347
Winn, Washington	LRNS	242
Winn, Wm F	BUFT	18
Winningham, Edward*	COTN	363
Winningham, Isaac	COTN	368
Winningham, J E	CHTN	166
Winningham, Josiah*	CHTN	149
Winningham, Lewis	CHTN	99
Winningham, Lydia*	CHTN	166
Winningham, Martha A	BUFT	37
Winningham, Mary	CHTN	150
Winningham, Middleton*	CHTN	149
Winningham, Thomas	COTN	352
Winningham, Tobias**	COTN	368
Winningham, Wm	ORBG	392
Winred, Sarah	CHTN	396
Winsler, Zelrin	RHLD	35
Winslow, E	CHTN	329
Winslow, Edward*	GETN	290
Winslow, Elisa	CHTN	307
Winson, George**	GETN	306
Winstock, Benjn M	ABVL	25
Winstock, Moses	ABVL	128
Winter, A S	CHTN	120
Winter, B J	CLDN	194
Winter, D McCants	CHTN	122
Winter, H S	CHTN	135
Winter, James	CHTN	122
Winter, John	CHTN	286
Winter, John	CHTN	123
Winter, Robt L	CHTN	122
Winter, Saml*	CHTN	309
Winter, Samuel	CHTN	101
Winter, Susan*	CHTN	122
Winter, Thos H	CHTN	140
Winters, Hugh	RHLD	40
Winters, J G	DLTN	380
Winters, Jas C	ADSN	236
Winthrop, H	CHTN	233
Winthrop, Jno	CHTN	236
Winthrop, Jos A	CHTN	234
Wintle, Elize*	CHTN	324
Wirth, Mary*	CHTN	508
Wisanant, Pery	UNON	202
Wise, A J*	CLDN	192
Wise, Addison*	LXTN	458
Wise, Alfred	CHTN	487
Wise, Anny*	PKNS	17
Wise, C D	EDFD	15
Wise, Catharine*	CHTN	99
Wise, Daniel	CHTR	23
Wise, David	LXTN	457
Wise, David	EDFD	175
Wise, Elizabeth	MRBO	162
Wise, Emaline	EDFD	180
Wise, F G	MARN	15
Wise, Garret	BNWL	459
Wise, Geo	NWBY	219
Wise, Gilbert	HORY	48
Wise, H H	MARN	56
Wise, Israel**	CHTN	442
Wise, Israel	CHTN	473
Wise, J C	MARN	82
Wise, J G	LXTN	458
Wise, J W	EDFD	177
Wise, Jackson	EDFD	15
Wise, Jacob	LXTN	458
Wise, Jacob	EDFD	15
Wise, Jacob A	CHTN	484
Wise, James*	NWBY	265
Wise, James	CLDN	191
Wise, James**	UNON	228
Wise, James	CHTN	515
Wise, Jemma	CLDN	237
Wise, Jeremiah	LXTN	357
Wise, Jeremiah	EDFD	176
Wise, Jesse	NWBY	219
Wise, Jno	CHTR	23
Wise, Jno A	EDFD	40
Wise, Jno M	CLDN	197
Wise, Joel	NWBY	219
Wise, John	HORY	45

Name	Loc	Pg
Wise, John	LXTN	388
Wise, John	LXTN	457
Wise, John	NWBY	219
Wise, John	MRBO	144
Wise, John	NWBY	218
Wise, John H	RHLD	89
Wise, John T	BNWL	393
Wise, Joseph	EDFD	169
Wise, Logan*	NWBY	265
Wise, M A	ORBG	409
Wise, M M*	CLDN	197
Wise, Mary*	CLDN	219
Wise, Mary B	CLDN	220
Wise, Michael	LXTN	357
Wise, Moses	MARN	128
Wise, Mourning*	MARN	99
Wise, Oliver**	LXTN	458
Wise, Patrick	NWBY	217
Wise, Reese	MRBO	162
Wise, S H*	WMBG	310
Wise, S S	BNWL	470
Wise, Shiver*	RHLD	88
Wise, Shiver*	RHLD	93
Wise, Simon	GRVL	329
Wise, Solomon	UNON	251
Wise, T	CHFD	151
Wise, Thos	MRBO	162
Wise, W	EDFD	79
Wise, W H	BNWL	458
Wise, William	ORBG	310
Wise, William H	BNWL	393
Wise, William Jr	SMTR	170
Wise, William Sr	SMTR	166
Wise, Wm D	MRBO	162
Wise, Wm D	CLDN	198
Wiseman, Ann	EDFD	157
Wisheit, Jackson	YORK	490
Wisher, Mary	UNON	223
Wisher, Walter	UNON	224
Wishmans, Thos*	CHTN	111
Wisningham, G W	BUFT	19
Wison, E A	EDFD	72
Wiss, Emanuel	ABVL	54
Wissenhunt, Catherine	ORBG	306
Witchen, Claus**	CHTN	389
Witcher, George	EDFD	185
Witcover, Adolpheus	DLTN	394
Witcowsky, Johanna	CHTN	463
Witherow, Wm H*	MARN	25
Withers, Allen	YORK	509
Withers, Caroline	CHTN	187
Withers, Elisabeth	CHTN	269
Withers, Emma**	CHTN	500
Withers, Jeferson	YORK	396
Withers, Jno N*	YORK	374
Withers, John T	YORK	396
Withers, John W	YORK	372
Withers, Marg	DLTN	385
Withers, R B	YORK	481
Withers, T B	YORK	403
Withers, T J	KRSW	137
Witherspoon, Alice**	WMBG	325
Witherspoon, Ann	YORK	366
Witherspoon, Ann E	DLTN	426
Witherspoon, C L	CLDN	227
Witherspoon, D W	DLTN	426
Witherspoon, Eliza C***	DLTN	452
Witherspoon, G H	LCTR	218
Witherspoon, G Mc	LCTR	217
Witherspoon, Hamilton G	SMTR	163
Witherspoon, Henry K	RHLD	23
Witherspoon, J B	SMTR	115
Witherspoon, J C	WMBG	361
Witherspoon, J W	DLTN	426
Witherspoon, Jake R	KRSW	116
Witherspoon, James E	SMTR	121
Witherspoon, Jane	RHLD	33
Witherspoon, Jef	CLDN	211
Witherspoon, Jno	MRBO	151
Witherspoon, John A*	RHLD	53
Witherspoon, M E	DLTN	409
Witherspoon, Meredith*	FAFD	274
Witherspoon, Miss Sarah	CHTN	221
Witherspoon, R J	CLDN	226
Witherspoon, S*	SPBG	259
Witherspoon, Sarah	WMBG	322
Withington, Henry	CHTN	414
Withington, Mrs*	CHTN	308
Withington, Wm	CHTN	308
Witpen, Fredrick	CHTN	484
Witschen, Metta*	CHTN	467
Witsell, Caroline G	COTN	256
Witsell, Charles Dr	COTN	292
Witsell, D E	COTN	259
Witsell, Frederick	COTN	291
Witsell, L J	COTN	250
Witsell, Thomesina S	COTN	330
Witsell, Walter H	COTN	310
Witsell, Walter H	COTN	269
Witt, D J	EDFD	130
Witt, Hessy*	LXTN	411
Witt, J M	EDFD	149
Witt, Jacob F	ORBG	387
Witt, Jno M	EDFD	110
Witt, Johanna*	CHTN	429
Witt, John*	CHTN	194
Witt, Lavina	LXTN	417
Witt, Lydia*	LXTN	370
Witt, M H*	NWBY	294
Witt, Michael	EDFD	149
Witt, Mrs E**	ABVL	54
Witt, Rebecca A*	BNWL	359
Witt, Soloman	NWBY	225
Witt, Warrenton*	LXTN	416
Witt, William P	ORBG	387
Wittcken, Henry	CHTN	252
Witter, Rose*	CHTN	372
Witterham, M	CHTN	249
Witthongon, M**	CHTN	316
Wittimore, Mrs	CHTN	298
Wittschen, John	CHTN	194
Wittschen, John F	CHTN	260
Witzgen, Henry*	CHTN	225
Witzman, W	CHTN	110
Wofford, B E	SPBG	386
Wofford, B H	SPBG	383
Wofford, Benjamin	SPBG	364
Wofford, Eleanor	SPBG	386
Wofford, Harvey	SPBG	345
Wofford, Hosea	GRVL	390
Wofford, J	SPBG	345
Wofford, J L	SPBG	199
Wofford, Jas B	SPBG	320
Wofford, John H	SPBG	388
Wofford, John H	SPBG	388
Wofford, John T H	SPBG	389
Wofford, N J	SPBG	341
Wofford, Sallie*	SPBG	380
Wofford, Thomas	GRVL	390
Wofford, W H	SPBG	242
Wohlers, John c	CHTN	434
Wohlken, Henry	CHTN	400
Wohlkens, Fanny	CHTN	399
Wohltman, J*	CHTN	301
Wolcott, Jno	CHTN	301
Wolf, Elizabeth	SPBG	207
Wolf, James R	COTN	338
Wolf, John F	SPBG	207
Wolf, Noah*	SPBG	243
Wolf, S N	UNON	269
Wolf, Simon	NWBY	241
Wolfe, A T	FAFD	207
Wolfe, Anne J*	RHLD	54
Wolfe, Anthony	BNWL	455
Wolfe, C W	CLDN	222
Wolfe, Caroline A	LXTN	363
Wolfe, D C	LCTR	157
Wolfe, David	ORBG	359
Wolfe, Ellen	ORBG	316
Wolfe, Eva*	CHTR	69
Wolfe, J G	LXTN	363
Wolfe, Jacob A	ORBG	403
Wolfe, Jacob*	CHTR	60
Wolfe, Jacob	ORBG	377
Wolfe, James D	LCTR	151
Wolfe, Joseph**	ORBG	309
Wolfe, M V*	RHLD	21
Wolfe, Palina*	CHTN	515
Wolfe, Richard	ORBG	307
Wolfe, Salem	FAFD	201
Wolfe, Sarah	ORBG	375
Wolfe, W T	ORBG	544
Wolfe, William**	ORBG	586
Wolfe, William	ORBG	359
Wolfe, William	ORBG	311
Wolfe, Z M**	ORBG	406
Wolfes, J R D	ORBG	395
Wolff, Eugene	SMTR	148
Wolff, Julius M*	CHTN	461
Wollers, Michael**	CHTN	271
Wolling, James M	ORBG	404
Wolve, T C*	RHLD	21
Womach, Jno B	CHTN	228
Wood, Agness	SPBG	249
Wood, Allen	BNWL	499
Wood, Andrew	SPBG	373
Wood, Ann*	BNWL	396
Wood, Ann	YORK	499
Wood, Argy	UNON	237
Wood, Augustin	UNON	234
Wood, Benj	UNON	403
Wood, Benjamin*	GRVL	493
Wood, Burrel	SPBG	368
Wood, Caroline*	GRVL	343
Wood, Catharine	CHTN	377
Wood, Charles	GRVL	516
Wood, Charles*	UNON	277
Wood, Columbus	UNON	237
Wood, D G	DLTN	379
Wood, Daniel	GRVL	448
Wood, David	SPBG	368
Wood, David**	BUFT	33
Wood, E H*	LRNS	251
Wood, E J C	BNWL	458
Wood, Eli H	PKNS	126
Wood, Eliza	SMTR	110
Wood, Elizabeth	NWBY	221
Wood, Elizabeth A*	COTN	368
Wood, Elizabeth***	GRVL	448
Wood, Ellen	CHTN	288
Wood, F C	EDFD	69
Wood, Frances**	CHTN	264
Wood, Francis**	CHTN	253
Wood, Frank*	CHTN	193
Wood, Geo G S	SPBG	255
Wood, Geo*	BNWL	449
Wood, Geo	BNWL	406
Wood, George	CHTN	118
Wood, George	BNWL	504
Wood, George	BNWL	371
Wood, H	GRVL	374
Wood, Henry	DLTN	413
Wood, Hez	EDFD	68
Wood, Isham	SPBG	368
Wood, J A	BNWL	449
Wood, J B	BNWL	505
Wood, J D	SPBG	368
Wood, J E	GRVL	491
Wood, J J	SPBG	343
Wood, J N S	UNON	280
Wood, J P	SPBG	387
Wood, J R L	LRNS	253
Wood, J S L	MARN	90
Wood, J W	SPBG	370
Wood, James	PKNS	159
Wood, James	ADSN	198
Wood, James	NWBY	215
Wood, James	UNON	255
Wood, James M	GRVL	490
Wood, James W	PKNS	20
Wood, Jane*	CHTN	169
Wood, Jane	LRNS	241
Wood, Jas	EDFD	67
Wood, Jesse	LXTN	460
Wood, Jno	LRNS	261
Wood, Jno L	LRNS	254
Wood, John	MARN	82
Wood, John	GRVL	354
Wood, John	UNON	293
Wood, John	SPBG	368
Wood, John	LXTN	443
Wood, John J	KRSW	78
Wood, John W	GRVL	403
Wood, Joseph	YORK	497
Wood, Joseph*	BNWL	499
Wood, Joseph	GRVL	491
Wood, Josephine*	GRVL	413
Wood, Josiah	CHFD	123
Wood, Julia A*	BNWL	499
Wood, Labon	SPBG	373
Wood, Landy**	LCTR	218
Wood, Lipscomb	SPBG	222
Wood, M D	EDFD	94
Wood, M D**	COTN	251
Wood, Maggie**	CHFD	110
Wood, Mahala	SPBG	368
Wood, Malisa	UNON	281
Wood, Marcus	SPBG	260
Wood, Margaret	CHTR	76
Wood, Margaret	GRVL	493
Wood, Mary	YORK	482
Wood, Mary	NWBY	221
Wood, Mary A*	RHLD	47
Wood, Mary*	BNWL	383
Wood, Mary*	COTN	362
Wood, Mary	CHTN	495
Wood, Perry	SPBG	380
Wood, Rachel*	YORK	418
Wood, Rev J A	EDFD	24
Wood, Robert	BNWL	450
Wood, Robert I	BUFT	46
Wood, Robt	ADSN	211
Wood, Saml J*	NWBY	280
Wood, Sarah	KRSW	110
Wood, Sarah*	GRVL	492
Wood, Sarah**	CHFD	113
Wood, Siby E	FAFD	270
Wood, Stephen	BNWL	450
Wood, Strake	UNON	293
Wood, Susan	SPBG	428
Wood, T C	GRVL	491
Wood, Thomas	GRVL	443
Wood, Thomas S	RHLD	19
Wood, Thos**	LRNS	303
Wood, Thos	SPBG	369
Wood, Thos C	SPBG	336
Wood, W*	LRNS	260
Wood, W C**	CHTN	241
Wood, W G	GRVL	354
Wood, W R	BNWL	447
Wood, Wiley	UNON	234
Wood, William	UNON	237
Wood, William	COTN	364
Wood, William G	RHLD	42
Wood, William*	CHTR	85
Wood, Wm J**	SPBG	280
Wood, Wm W	BUFT	94
Wood, Wm	YORK	417
Wood, Wm H	LRNS	233
Wood, Y A	LRNS	332
Woodall, Pinckney	PKNS	63
Woodall, Wm	PKNS	63
Woodard, Charles	CHFD	138
Woodard, Isaac	CHFD	147
Woodard, Jas	CHFD	136
Woodard, Jessie	SMTR	100
Woodard, Lewellyn	RHLD	92

Name	Loc	Pg
Woodard, Margt	CHFD	140
Woodard, S	CHFD	149
Woodard, William	CHFD	173
Woodberry, F R**	GETN	284
Woodberry, M E*	WMBG	334
Woodbery, S B	CHTN	361
Woodburn, John A*	RHLD	49
Woodbury, G W	MARN	1
Woodbury, John	MARN	129
Woodbury, Jos W A	MARN	3
Woodbury, Sarah B	MARN	2
Woodbury, Wm	MARN	2
Wooden, A	PKNS	36
Wooden, W M	PKNS	36
Woodfin, Mary*	PKNS	135
Woodham, Asa	DLTN	407
Woodham, H M	DLTN	407
Woodham, J	DLTN	407
Woodham, Jno E	DLTN	400
Woodham, Jno W	DLTN	407
Woodham, Stephen	DLTN	407
Woodhurst, Andw J	ABVL	84
Woodhurst, Geo W*	ABVL	52
Woodin, Austin*	ADSN	223
Woodle, Henry	MRBO	153
Woodle, Mark	MRBO	166
Woodle, McKay*	MRBO	190
Woodley, J C	MRBO	161
Woodley, James	MRBO	151
Woodley, James	CHTN	476
Woodley, Nancy	MRBO	151
Woodlow, Tempe	RHLD	10
Woodman, Cathe	CHTN	498
Woodman, Catherine	CHTN	495
Woodman, Gesna	CHTN	498
Woodriff, A B	SPBG	390
Woodrow, J N C	MARN	36
Woodrow, John	MARN	36
Woodruff, C P	SPBG	385
Woodruff, G W	PKNS	28
Woodruff, Harriet*	PKNS	42
Woodruff, Isabel*	CHTN	372
Woodruff, James	PKNS	28
Woodruff, John	CHTN	256
Woodruff, John*	RHLD	48
Woodruff, Julien S	RHLD	92
Woodruff, Mary**	SPBG	362
Woodruff, Mavis	SPBG	390
Woodruff, R S	SPBG	407
Woodruff, Richd	SPBG	390
Woodruff, Samuel	EDFD	137
Woodruff, Thomas	GRVL	334
Woods, A	YORK	369
Woods, A H	DLTN	374
Woods, Andrew M	SMTR	107
Woods, C D*	YORK	411
Woods, Catherine**	CHTN	351
Woods, Catherine*	BUFT	45
Woods, Charlotte	CLDN	237
Woods, Deleshin	CLDN	237
Woods, Dennis	BUFT	47
Woods, Frans	DLTN	471
Woods, Henry J	SPBG	393
Woods, Hugh	LRNS	272
Woods, James	ADSN	191
Woods, James*	CHTR	92
Woods, Jno G	DLTN	377
Woods, John**	CHTR	20
Woods, John	LRNS	354
Woods, Johnson	BUFT	47
Woods, Johnston*	CHTR	70
Woods, Joshua**	BUFT	27
Woods, Kellett*	LRNS	271
Woods, Martha	LRNS	279
Woods, Martin	LRNS	279
Woods, Martin	LRNS	264
Woods, Mary	BUFT	27
Woods, Mary	BUFT	47
Woods, Mary A	BUFT	47
Woods, Miss E*	CHTN	133
Woods, P E*	KRSW	135
Woods, R M	LRNS	275
Woods, Richard	CHTR	18
Woods, Richd M*	SPBG	357
Woods, Robin	LRNS	272
Woods, Rosana*	WMBG	301
Woods, S A	DLTN	374
Woods, S R	ADSN	303
Woods, Salina**	LCTR	143
Woods, Thomas	YORK	386
Woods, Thomas J	CHTN	417
Woods, William H	BUFT	47
Woods, Wm	SPBG	395
Woods, Wm	LRNS	264
Woods, Wm	CHTR	63
Woods, Wm R	DLTN	434
Woodside, James D	GRVL	364
Woodside, John L	GRVL	364
Woodside, Samuel	CHTN	282
Woodsides, J L	GRVL	501
Woodsides, T L	GRVL	497
Woodsides, W H	GRVL	497
Woodson, Allen	ADSN	335
Woodson, David A	ADSN	155
Woodson, Isaiah	GRVL	502
Woodson, John*	CHTN	143
Woodson, Murry	GRVL	452
Woodson, Robert	UNON	250
Woodson, Tucker	ADSN	284
Woodson, William	ADSN	335
Woodward, A*	EDFD	130
Woodward, A D	BNWL	422
Woodward, Charles	BNWL	422
Woodward, E J	BNWL	472
Woodward, Elbert W	BNWL	387
Woodward, Elisabeth S	MARN	139
Woodward, Elizabeth**	MARN	24
Woodward, Elizabeth	BNWL	424
Woodward, Elizabeth C	BUFT	18
Woodward, Elizabeth*	BNWL	462
Woodward, Furman*	BNWL	421
Woodward, G W	FAFD	203
Woodward, Henry	CHTN	432
Woodward, Isabel*	BNWL	475
Woodward, Isabella	YORK	496
Woodward, J A	BNWL	410
Woodward, J C	BNWL	423
Woodward, J J	BNWL	414
Woodward, J J	GETN	322
Woodward, J M	HORY	10
Woodward, J M	BNWL	440
Woodward, J O A	CHTN	472
Woodward, J W*	DLTN	372
Woodward, James G	HORY	4
Woodward, Jane*	MARN	32
Woodward, Jeff	LXTN	442
Woodward, Joel	FAFD	268
Woodward, John	HORY	7
Woodward, JOhn A	BNWL	402
Woodward, John J	GETN	323
Woodward, Joseph	ADSN	319
Woodward, Joshua	LXTN	465
Woodward, Judson	BNWL	424
Woodward, M	MARN	22
Woodward, Martin	BNWL	422
Woodward, Miss S*	FAFD	204
Woodward, Mrs E*	FAFD	204
Woodward, O	FAFD	200
Woodward, Oliver	BNWL	423
Woodward, Peter	CHTN	287
Woodward, Priscilla	GETN	285
Woodward, R C	FAFD	202
Woodward, Rich	BNWL	424
Woodward, S R	BNWL	423
Woodward, Samuel E	BNWL	387
Woodward, Sarah	FAFD	260
Woodward, T	SPBG	342
Woodward, T W	FAFD	209
Woodward, W	GETN	307
Woodward, W B	FAFD	250
Woodward, W C	BNWL	423
Woodward, W J	MARN	22
Woodward, W J	BNWL	424
Woodward, W L	BNWL	422
Woodward, W W	BNWL	406
Woodward, Wiley	BNWL	423
Woodward, William	BNWL	423
Woodward, William	BNWL	394
Woodward, William	BNWL	402
Woodward, Willis	BNWL	424
Woodwind, Philip**	EDFD	110
Woodworth, Eliza	CHTN	517
Woody, Elizabeth*	ADSN	262
Woody, J M	SPBG	245
Woof, E N	UNON	187
Wooland, J B**	CHFD	106
Wooland, N*	CHTN	135
Woolbanks, Elijah	PKNS	68
Woolbanks, John	UNON	262
Woolbanks, John	UNON	195
Woolbright, Celron	UNON	236
Woolbright, Eliz*	PKNS	53
Woolbright, J P	PKNS	98
Woolbright, Jesse	PKNS	53
Woolbright, Wm	PKNS	53
Woolbright, Zelons	UNON	237
Wooler, Terman	UNON	207
Wooley, Allan	BNWL	408
Wooley, Andy**	BNWL	408
Wooley, Beedy	BNWL	412
Wooley, Erby	BNWL	409
Wooley, George	EDFD	46
Wooley, Jas	EDFD	29
Wooley, John	BNWL	409
Wooley, Mrs K	EDFD	46
Wooley, Reason	BNWL	409
Woolf, Ann	BNWL	424
Woolf, Geo	LRNS	291
Woolf, Jno S	LRNS	270
Woolf, Milton G	LRNS	291
Woolf, Saml C*	RHLD	35
Woolf, Simon**	CHTN	410
Woolf, William	RHLD	36
Woolley, Eli*	BNWL	474
Woolley, John	EDFD	34
Woolly, A	BNWL	473
Woolly, Nathan*	BNWL	394
Woolsey, Ellen	EDFD	25
Woolybright, Milley	UNON	226
Wooten, Aaron	EDFD	145
Wooten, Alexander*	ADSN	304
Wooten, Amos	PKNS	3
Wooten, Benjamin	GRVL	388
Wooten, Benjamin Jr	GRVL	398
Wooten, Cathe	LRNS	320
Wooten, Daniel	RHLD	67
Wooten, E D	SPBG	309
Wooten, Esther	FAFD	232
Wooten, George	PKNS	191
Wooten, Hampton	FAFD	227
Wooten, J A	FAFD	232
Wooten, Jackson*	SPBG	244
Wooten, Jackson	PKNS	194
Wooten, James	SPBG	227
Wooten, James	ADSN	266
Wooten, Jas	EDFD	145
Wooten, Jesse	GRVL	508
Wooten, Jessee	PKNS	194
Wooten, John	KRSW	124
Wooten, John	FAFD	232
Wooten, John W	PKNS	192
Wooten, Joseph W	SPBG	303
Wooten, Josiah*	BUFT	65
Wooten, Marion	RHLD	56
Wooten, Mary	DLTN	444
Wooten, Matthew Y	RHLD	68
Wooten, Moses	CHTR	67
Wooten, Rachal*	FAFD	225
Wooten, Sarah	PKNS	193
Wooten, Solomon	PKNS	1
Wooten, William*	PKNS	147
Wooters, Joseph*	RHLD	91
Wooton, Enoc	PKNS	107
Wooton, John	EDFD	145
Wooton, Shadrick*	BNWL	403
Wooton, William J	SPBG	198
Wootten, Amy*	PKNS	98
Wootten, Balis	PKNS	105
Word, Arthur	LRNS	226
Word, Sarah	LRNS	226
Workman, A F	NWBY	237
Workman, Austin	LRNS	342
Workman, Harrison*	NWBY	231
Workman, Hugh	SPBG	411
Workman, J*	NWBY	234
Workman, J	LRNS	349
Workman, Jas	YORK	388
Workman, Jas E	LRNS	346
Workman, John	KRSW	138
Workman, John	YORK	453
Workman, John F	LRNS	305
Workman, John*	KRSW	131
Workman, John F	YORK	388
Workman, Jos	LRNS	342
Workman, L M*	LRNS	226
Workman, M F	NWBY	238
Workman, Mary	LRNS	316
Workman, Pinkney*	CHTR	89
Workman, Reece W	YORK	388
Workman, Robt	NWBY	252
Workman, Robt P**	YORK	453
Workman, Robt	LRNS	230
Workman, Robt	YORK	388
Workman, Sallie	SPBG	385
Workman, Saml	LRNS	318
Workman, T J*	KRSW	131
Workman, W C	KRSW	132
Workman, W H R	KRSW	134
Workman, Wm A**	YORK	388
Worley, F F	DLTN	373
Worley, P C*	DLTN	373
Worley, William	GRVL	437
Worley, Willis	CHFD	152
Wormic, Jas R	YORK	385
Wornock, John	ADSN	160
Worrell, Charles**	CHTN	271
Worrell, Elizabeth**	MARN	27
Worrell, Jas	MARN	26
Worsham, P S	CLDN	225
Worster, Sampson	BUFT	39
Worth, David*	CHTR	85
Worth, John	CHTN	409
Worth, Robert*	BNWL	340
Wortham, James I	HORY	71
Worthey, Agnes*	CHTR	1
Worthey, F B	CHTR	18
Worthey, Henry	CHTR	18
Worthey, John	CHTR	18
Worthey, Mary A	CHTR	16
Worthey, Mary*	CHTR	20
Worthey, Susan	CHTR	18
Worthey, Thompson	CHTR	18
Worthington, Almida	NWBY	230
Worthington, C C	EDFD	78
Worthington, Jas	LRNS	287
Worthington, L	GRVL	404
Worthington, Wallace	LRNS	287
Worthy, Daniel	UNON	241
Worthy, Feriba	UNON	227
Worthy, George	UNON	234
Worthy, Mary*	UNON	226
Worthy, Mrs Margaret	NWBY	258
Worthy, Richard	UNON	234
Worthy, Wade	CHTR	10
Worthy, William	UNON	226
Worthy, William	UNON	226
Worts, Andrew	EDFD	189
Wotten, Anne E*	CHTN	430

Name	Loc	Pg	Name	Loc	Pg	Name	Loc	Pg
Wragg, Catharine	CHTN	404	Wright, John G	MARN	106	Wyatt, James	PKNS	174
Wragg, Diana	CHTN	221	Wright, John P	SPBG	255	Wyatt, John	SPBG	310
Wragg, Jas	LRNS	321	Wright, John*	ADSN	297	Wyatt, John	SPBG	313
Wragg, W M F	CHTN	232	Wright, John**	ADSN	329	Wyatt, John	SPBG	216
Wragg, William*	CHTN	459	Wright, John	CHTN	182	Wyatt, John G*	PKNS	174
Wray, A*	EDFD	116	Wright, John	SPBG	386	Wyatt, Lutha	SPBG	216
Wray, Gaines	LRNS	324	Wright, John	EDFD	152	Wyatt, Nelly A	ADSN	331
Wray, John	LRNS	322	Wright, Jona	DLTN	433	Wyatt, Peter	SPBG	277
Wray, Wm*	LRNS	339	Wright, Jonah W	SMTR	140	Wyatt, Redmon	ADSN	332
Wreden, Benjn*	CHTN	507	Wright, Jones M**	ABVL	139	Wyatt, Sires	CHTN	275
Wreden, Henry*	CHTN	209	Wright, Joseph	UNON	278	Wyatt, T W	SPBG	322
Wren, A*	YORK	457	Wright, L H	PKNS	55	Wyatt, William	UNON	287
Wren, Bates	EDFD	125	Wright, L W	CHTR	1	Wyatt, William	UNON	193
Wren, Benjamin	CHTN	175	Wright, Latsy	KRSW	140	Wyett, Joseph*	LCTR	155
Wren, Caroline	CHTN	174	Wright, Leander	YORK	440	Wyley, John	FAFD	244
Wren, Elizabeth	CHTR	84	Wright, Levi	LCTR	213	Wyley, M	FAFD	252
Wren, Elizabeth*	YORK	457	Wright, Lorenza	ABVL	152	Wyley, W W	FAFD	244
Wren, J A	YORK	458	Wright, Lucid*	ABVL	123	Wylie, A P	CHTR	76
Wren, John J	CHTN	164	Wright, Lucinda*	SPBG	379	Wylie, Antonia*	YORK	365
Wren, Joseph*	CHTR	91	Wright, Lydia*	YORK	495	Wylie, DeKalb	CHTR	66
Wren, Steven	EDFD	125	Wright, Malinda	GRVL	394	Wylie, Feriba*	YORK	455
Wren, Wm*	RHLD	56	Wright, Margret	LCTR	178	Wylie, I N**	CHTR	80
Wrentz, Joseph	ORBG	406	Wright, Martha	LCTR	165	Wylie, J D	YORK	505
Wrifford, Chas	ABVL	26	Wright, Martha A*	PKNS	135	Wylie, Jane	CHTR	3
Wriggs, Joshua	CHFD	134	Wright, Martha*	BNWL	415	Wylie, Jane*	YORK	485
Wright, Absolom	DLTN	430	Wright, Martha	SPBG	379	Wylie, Jas	YORK	482
Wright, Alex*	LCTR	206	Wright, Martha	YORK	389	Wylie, Jas B	CHTR	44
Wright, Alex	CHFD	160	Wright, Martha	BUFT	49	Wylie, Jefferson	CHTR	43
Wright, Ally*	LCTR	199	Wright, Martha	ADSN	266	Wylie, Jno	CHTR	88
Wright, Amanda*	ADSN	203	Wright, Mary	YORK	367	Wylie, Jno L	YORK	490
Wright, Ann E	YORK	503	Wright, Mary	EDFD	177	Wylie, John J	YORK	504
Wright, B	CHFD	164	Wright, Mary S*	YORK	401	Wylie, Jonathan	CHTR	53
Wright, Banks**	ADSN	239	Wright, Mary*	YORK	456	Wylie, Jos	CHTR	61
Wright, Barba**	BNWL	423	Wright, Mathew	BNWL	416	Wylie, Joseph	CHTR	49
Wright, Bedford	CHTR	25	Wright, Melton	LCTR	195	Wylie, Margaret**	YORK	505
Wright, Benjamin	RHLD	36	Wright, Mrs Eliza	CHTN	241	Wylie, Nancy	CHTR	43
WRight, Betsy	LCTR	206	Wright, N	CHTN	240	Wylie, Nancy S	YORK	475
Wright, Betsy*	CHTR	6	Wright, N	LRNS	330	Wylie, Oscar F*	CHTR	51
Wright, C E	ADSN	202	Wright, N C	CHTR	21	Wylie, Philip	LCTR	216
Wright, C F	GETN	291	Wright, Nancy	YORK	369	Wylie, R E	CHTR	24
Wright, Cameron	MRBO	190	Wright, Nancy	NWBY	298	Wylie, Robert	YORK	457
Wright, Caroline**	YORK	492	Wright, Polly A*	LCTR	204	Wylie, Saml	CHTR	51
Wright, Caroline	SPBG	379	Wright, Purdy	DLTN	458	Wylie, Saml	CHTR	77
Wright, Caroline F	CHTN	415	Wright, R	SPBG	259	Wylie, Saml A	CHTR	38
Wright, Catharine*	CHTN	424	Wright, R C	NWBY	296	Wylie, Samuel	CHTR	37
Wright, Catharine*	SPBG	394	Wright, R H*	NWBY	304	Wylie, Samuel	YORK	480
Wright, Catherine	EDFD	152	Wright, R N	ADSN	201	Wylie, Sarah	CHTR	38
Wright, Charles	COTN	260	Wright, Rebecca*	UNON	263	Wylie, T M	CHTN	370
Wright, D H*	NWBY	286	Wright, Robt	LCTR	211	Wylie, Thomas G	YORK	504
Wright, D Z	EDFD	86	Wright, Robt**	YORK	440	Wylie, Thompson	CHTR	86
Wright, Daniel	GRVL	397	Wright, S E*	NWBY	301	Wylie, Thos	YORK	473
Wright, Delphy	CHTR	72	Wright, S*	CHTN	301	Wylie, Thos J*	YORK	462
Wright, Delphy*	CHTR	57	Wright, Samuel	CHTN	171	Wylie, W*	CHTR	70
Wright, Douglas**	CHTN	469	Wright, Sarah	DLTN	458	Wylie, Wm*	YORK	456
Wright, E W	DLTN	430	Wright, Sarah	CHTR	25	Wylie, Wm	CHTR	78
Wright, Eli	LCTR	195	Wright, Sarah*	BNWL	433	Wylie, Wm	CHTR	64
Wright, Elijah	FAFD	276	Wright, Sarah	CHTR	27	Wyllener, Emma*	BNWL	400
Wright, Elijah E	UNON	258	Wright, Sarah	BNWL	425	Wyman, Benjn F**	BUFT	83
Wright, Eliz*	EDFD	119	Wright, Sarah	UNON	298	Wyman, Joel W	BUFT	83
Wright, Eliza	SPBG	255	Wright, Sarah M B*	NWBY	256	Wyman, Wm H**	BUFT	83
Wright, Eliza J*	RHLD	54	Wright, Sarah*	NWBY	246	Wymes, Andrew	PKNS	176
Wright, Eliza S*	ABVL	22	Wright, Solomon	DLTN	430	Wymes, Mary A	RHLD	6
Wright, Elizabeth	SPBG	306	Wright, Stephen	MARN	51	Wymes, Thomas H	PKNS	176
Wright, Elizabeth	ADSN	297	Wright, T F*	LRNS	332	Wyneman, Jas	EDFD	63
Wright, Elizabeth	NWBY	247	Wright, T L*	LCTR	215	Wynn, Alexr	ABVL	137
Wright, Esther*	LCTR	202	Wright, T S	EDFD	193	Wynn, Isaac	MRBO	157
Wright, F C	HORY	52	Wright, T T	ADSN	211	Wynn, Mary S**	SPBG	315
Wright, F*	CHTN	314	Wright, Thomas	CHTN	488	Wynn, William	GRVL	514
Wright, Fany*	SPBG	303	Wright, Thomas	CHTR	25	Wynn, Wm J	MRBO	143
Wright, Francis	MARN	51	Wright, Thomas*	CHTR	72	Wynn, Wm Sr	MRBO	144
Wright, Frank P	RHLD	87	Wright, Thomas	CHTN	407	Wynne, Charles	GRVL	342
Wright, George W	RHLD	40	Wright, Thos	MRBO	195	Wynne, Clemans	GRVL	517
Wright, George**	YORK	438	Wright, W B	CHTR	27	Wynne, Franklin	ADSN	334
Wright, H H	HORY	4	Wright, W H	KRSW	127	Wynne, Jas B	GRVL	517
Wright, H T	EDFD	112	Wright, W H	EDFD	57	Wynne, Malinda*	PKNS	57
Wright, Hariet*	YORK	483	Wright, W J	NWBY	297	Wynne, William	ADSN	334
Wright, Harry	YORK	378	Wright, W S	FAFD	263	Wyse, B R	LXTN	411
Wright, Harva	UNON	277	Wright, Wash*	SPBG	213	Wyse, Jacob	LXTN	409
Wright, Henry	LCTR	210	Wright, Wesley	UNON	237	Wyse, John	LXTN	445
Wright, Henry	UNON	278	Wright, William	LCTR	208	Wyse, John H	LXTN	430
Wright, Henry	COTN	273	Wright, William*	LCTR	213	Wysinger, J J*	BNWL	353
Wright, Henry	GRVL	325	Wright, William F	SMTR	131	Yancey, Caro*	RHLD	83
Wright, Hugh	SPBG	387	Wright, William**	YORK	495	Yancey, H L*	CLDN	226
Wright, Isaac	GRVL	383	Wright, William	CHTN	414	Yancy, Frances*	ORBG	346
Wright, Isaac	SPBG	386	Wright, William	ABVL	130	Yarber, Catharine	EDFD	83
Wright, J C	BNWL	415	Wright, William	ADSN	266	Yarbor, Arch	ORBG	400
Wright, J L	YORK	411	Wright, William	ADSN	290	Yarbor, Henry	UNON	266
Wright, J M	EDFD	80	Wright, William	LCTR	213	Yarborg, Lucinda	PKNS	100
Wright, J P	EDFD	182	Wright, Wm*	YORK	390	Yarborgh, Jane*	FAFD	266
Wright, J Wesley*	EDFD	119	Wright, Wm**	LRNS	230	Yarborgh, Wm	FAFD	258
Wright, Jackson	NWBY	286	Wright, Wm	SPBG	386	Yarborgh, Mary*	FAFD	255
Wright, Jackson	NWBY	293	Wright, Wm	BNWL	424	Yarborough, A*	NWBY	285
Wright, Jacob	EDFD	152	Wright, Z	CHFD	164	Yarborough, D T	WMBG	356
Wright, James A*	ADSN	177	Wright, Zaccheus	NWBY	272	Yarborough, Edwd*	ABVL	6
Wright, James C	MARN	96	Wrighton, Asley	CHTN	474	Yarborough, J	WMBG	351
Wright, James C	ADSN	211	Wundrum, Samuel S	CHTN	446	Yarborough, J C**	MRBO	167
Wright, Jane	CHTN	475	Wurstopher, Crawford	CHTN	178	Yarborough, Jas M	ABVL	42
Wright, Jane*	FAFD	254	Wurstopher, Samuel	CHTN	178	Yarborough, Jno E	CLDN	230
Wright, Jas M	LRNS	352	Wyatt, Addeline*	UNON	258	Yarborough, John	FAFD	260
Wright, Jas S	YORK	407	Wyatt, Cynthia**	CHTR	79	Yarborough, John	FAFD	216
Wright, Jas W	ADSN	221	Wyatt, D	SPBG	327	Yarborough, L	LRNS	340
Wright, Jno	DLTN	458	Wyatt, Franklin	ADSN	332	Yarborough, M R	KRSW	102
Wright, John	LCTR	182	Wyatt, Frederick	YORK	492	Yarborough, Martha	FAFD	213
Wright, John	UNON	231	Wyatt, Haner*	UNON	226	Yarborough, Matt*	EDFD	168
Wright, John	UNON	256	Wyatt, Harrison	SPBG	364	Yarborough, Melinda**	CHTR	9
Wright, John D	SPBG	306	Wyatt, J F	ADSN	332			

Name	Loc	Pg
Yarborough, Neadom*	CLDN	230
Yarborough, R T	FAFD	259
Yarborough, T L	DLTN	426
Yarborough, Thos	FAFD	216
Yarborough, W Y	WMBG	355
Yarborough, Wm	FAFD	280
Yarborough, Wm G	FAFD	220
Yarbro, Wm*	CHFD	171
Yarbrough, Dr Littleton	ABVL	120
Yarbrough, G M	EDFD	189
Yarbrough, Gilson	EDFD	159
Yarbrough, Hiram	SPBG	348
Yarbrough, Mary	LCTR	151
Yarbrough, Y J M	LCTR	152
Yarby, J C	COTN	254
Yarn, Betsey	ADSN	191
Yarn, P T	ADSN	218
Yasn, Betsey	ADSN	191
Yates, Amelia L*	CHTN	425
Yates, C E T J*	CHTN	238
Yates, Caroline E**	CHTN	168
Yates, Charley	GRVL	337
Yates, Elliot	PKNS	186
Yates, H*	MARN	83
Yates, Henry	SMTR	109
Yates, J L	KRSW	119
Yates, J Legare**	CHTN	212
Yates, Jerry	CHTN	109
Yates, Jessie	SMTR	109
Yates, John A	SMTR	123
Yates, John*	ADSN	255
Yates, Jos*	CHTN	306
Yates, Jos A	CHTN	189
Yates, Joseph	CHTN	112
Yates, Martha	KRSW	111
Yates, Martha M	RHLD	39
Yates, Nancy	PKNS	167
Yates, Robert S	SMTR	141
Yates, Sarah C*	CHTR	35
Yates, Thos R	BUFT	96
Yates, W J	CHTN	310
Yates, William	CHTN	169
Yates, William T	SMTR	147
Yates, Willis*	KRSW	117
Yates, Wilson	CHTN	109
Yates, Winney*	SMTR	101
Yates, Wm	MARN	87
Yates, Wm B	CHTN	203
Yats, B*	MARN	50
Yeaden, Richard	EDFD	36
Yeadon, Mary L*	CHTN	161
Yeadon, Miss L*	CHTN	341
Yeadon, Richard	CHTN	343
Yeadon, Stedman	CHTN	474
Yeagler, G J J*	ORBG	310
Yeargin, B F	GRVL	370
Yeargin, C R	GRVL	480
Yeargin, D W*	GRVL	403
Yeargin, Edward	ADSN	218
Yeargin, Gideon	LRNS	275
Yeargin, J W	ADSN	228
Yeargin, Jarret	GRVL	371
Yeargin, Jno	LRNS	283
Yeargin, Nathan	ADSN	246
Yeargin, Nathan	ADSN	224
Yeargin, Permelia	GRVL	480
Yeargin, Rufus*	ADSN	247
Yeargin, Sam	ADSN	245
Yeargin, Sam	ADSN	238
Yeargin, Stehen	GRVL	480
Yeargin, Thomas**	GRVL	363
Yeargin, Thos	ADSN	250
Yeargin, Thos	ADSN	223
Yeargin, Thos	ADSN	228
Yeargin, W M	GRVL	370
Yeargin, William A**	GRVL	485
Yeargin, Wm	GRVL	486
Yearwood, W**	YORK	430
Yeates, Wm	MARN	40
Yedecue, Fredk	CHTN	253
Yeldell, J H	EDFD	73
Yerken, Henry	CHTN	275
Yerton, J R*	CHTR	86
Yglesias, Y**	CHTN	208
Yon, B A	ORBG	391
Yon, Dempsey	PKNS	34
Yon, Elizabeth	PKNS	105
Yon, Isaac	ORBG	392
Yon, James*	ORBG	364
Yon, James E	ORBG	403
Yon, John	ORBG	392
Yon, John Sr	LXTN	382
Yon, Lavitha*	ORBG	365
Yon, M A	ORBG	392
Yon, Nancy	ORBG	392
Yon, Susanah	ORBG	392
Yon, Uriah*	ORBG	392
Yon, William	ORBG	365
Yonce, Abm	EDFD	8
Yonce, Danl	EDFD	4
Yonce, Geo	LXTN	358
Yonce, Mrs S	EDFD	8
Yonce, Silas	EDFD	8
Yonce, Wm	EDFD	8
Yonen, Mrs	CHTN	303
Yong, Wiatt	ORBG	390
Yonge, A*	LRNS	273
Yonge, Andrew	FAFD	277
Yongue, Drucilla	FAFD	273
Yongue, Edward	FAFD	246
Yongue, H J B	FAFD	273
Yongue, H W	FAFD	249
Yongue, Hun	FAFD	223
Yongue, J A	FAFD	234
Yongue, J A	FAFD	243
Yongue, J L	FAFD	249
Yongue, James**	FAFD	260
Yongue, James V	CHTR	47
Yongue, James Y	FAFD	276
Yongue, Jane*	CHTR	21
Yongue, Jane M	FAFD	275
Yongue, Jas	CHTR	30
Yongue, Jno	CHTR	53
Yongue, Jno	CHTR	47
Yongue, Jno	CHTR	49
Yongue, Jno T	CHTR	41
Yongue, Lucretia	CHTR	44
Yongue, Martin	FAFD	276
Yongue, Rachel	CHTR	46
Yongue, Robert*	FAFD	205
Yongue, Sarah	FAFD	253
Yongue, Serena	CHTR	82
Yongue, W M	FAFD	272
Yongue, William*	FAFD	245
Yost, James	GRVL	408
You, Mary L*	CHTN	393
Youiner, Mrs M	EDFD	31
Youman, Honor E	BUFT	55
Youman, James P	BUFT	59
Youman, John N	BUFT	43
Youman, M Alice*	BUFT	34
Youman, William	BUFT	34
Youmans, J Jeremiah	BUFT	55
Youmans, J R*	BNWL	505
Youmans, J Ried	BUFT	92
Youmans, John J	BUFT	28
Youmans, Leroy F	BUFT	29
Youmans, Levi D	BUFT	93
Youmans, Reuben B C	BUFT	75
Youmans, Richard E**	BUFT	75
Youmans, Robert	BUFT	16
Youmans, Robert M	BUFT	93
Youmans, Stephen**	BUFT	95
Youmans, Thomas	BUFT	75
Youmans, William H*	RHLD	53
Younce, Andrew	EDFD	8
Younengers, Noah*	RHLD	79
Young, A	KRSW	99
Young, A J	KRSW	96
Young, A	GRVL	401
Young, A R	LRNS	305
Young, Abner*	ABVL	39
Young, Ailcey	SPBG	267
Young, Alexr	EDFD	23
Young, Allen	KRSW	115
Young, Alsey	LRNS	324
Young, Amos	PKNS	115
Young, Amos N	PKNS	117
Young, Andrew*	ABVL	5
Young, Anna M	BNWL	488
Young, Anna R**	CHTN	190
Young, Archibald	PKNS	165
Young, Benjamin F*	RHLD	56
Young, Birt*	ADSN	250
Young, C M	BNWL	454
Young, Catura	PKNS	182
Young, Charles	CHFD	111
Young, Charles	UNON	247
Young, Christopher*	UNON	211
Young, Col**	CHTN	298
Young, Daniel F	ORBG	369
Young, E A	FAFD	255
Young, Elias M	PKNS	182
Young, Elizabeth	KRSW	135
Young, Elizabeth	BNWL	494
Young, Eugene A**	LCTR	163
Young, F	KRSW	99
Young, Frances*	ABVL	38
Young, Frank	BNWL	504
Young, Gabriel	BNWL	504
Young, Geo	ABVL	41
Young, George	UNON	211
Young, Green*	BNWL	447
Young, H B	KRSW	80
Young, H C	LRNS	303
Young, Henry	ORBG	373
Young, Henry	ABVL	41
Young, Henry A**	RHLD	26
Young, Henry B	LRNS	305
Young, Hugh	KRSW	79
Young, Isaac	SPBG	200
Young, J	KRSW	95
Young, J	WMBG	358
Young, J A	KRSW	99
Young, J B	MARN	19
Young, J E*	UNON	273
Young, J M	LRNS	305
Young, J P	CHFD	145
Young, J S	PKNS	64
Young, Jackson	GETN	298
Young, Jacob	KRSW	137
Young, James	PKNS	54
Young, James C*	ABVL	128
Young, James D	YORK	480
Young, James M	ABVL	115
Young, James W	GRVL	517
Young, James	CHTN	509
Young, James	ABVL	104
Young, Jane**	LCTR	172
Young, Jane	ABVL	41
Young, Jane	RHLD	55
Young, Jane W*	ABVL	55
Young, Jas*	CHTN	314
Young, Jerh M	LRNS	305
Young, Jessie	CHTN	304
Young, Jessy	WMBG	310
Young, Jno*	CHTN	314
Young, Jno*	ABVL	8
Young, Jno	DLTN	474
Young, Jno D	DLTN	392
Young, Jno L	SPBG	256
Young, Jno N	ABVL	152
Young, Joel	DLTN	436
Young, John	ABVL	41
Young, John C	ABVL	73
Young, John D*	FAFD	217
Young, John L	UNON	273
Young, John Sr	YORK	480
Young, Joseph	PKNS	164
Young, Joseph*	PKNS	188
Young, Joseph	ABVL	115
Young, Josiah	PKNS	132
Young, Julia*	ABVL	34
Young, Julia	BUFT	53
Young, Julius	SPBG	386
Young, Katharine*	CHTN	288
Young, L	LRNS	309
Young, Lewis C	PKNS	156
Young, Lewis*	LXTN	453
Young, Lorenza*	ABVL	114
Young, M	LRNS	313
Young, M A F**	LRNS	352
Young, M C	LRNS	295
Young, M P*	KRSW	79
Young, Mardacia	BNWL	507
Young, Margaret	UNON	209
Young, Margt*	ABVL	39
Young, Maria	CHTN	99
Young, Martha*	RHLD	39
Young, Mary	UNON	211
Young, Mary**	LRNS	321
Young, Mary R	KRSW	127
Young, Mary	UNON	209
Young, Mary	ADSN	252
Young, Mary A	DLTN	427
Young, Mike	DLTN	379
Young, Mordica	BNWL	446
Young, Mrs	CHTN	298
Young, Nancy*	ABVL	114
Young, Newton	LRNS	337
Young, Onley	BNWL	449
Young, Peggy A**	YORK	430
Young, Richd	KRSW	99
Young, Robert	BNWL	445
Young, Robert*	PKNS	49
Young, S	KRSW	98
Young, S H	KRSW	79
Young, Sallie**	LXTN	453
Young, Saml	LRNS	321
Young, Samuel	KRSW	115
Young, Samuel	RHLD	67
Young, Samuel	ABVL	34
Young, Samuel H	SMTR	151
Young, Sarah	LRNS	305
Young, Sarah B	LRNS	305
Young, Silas*	PKNS	125
Young, Sirias	PKNS	117
Young, T	DLTN	444
Young, Thompson	NWBY	225
Young, Thompson	NWBY	225
Young, Thos	BNWL	447
Young, Thos D	ABVL	150
Young, Valentine	ABVL	139
Young, W	KRSW	96
Young, W A	WMBG	355
Young, W B	KRSW	73
Young, W C	WMBG	300
Young, W D	GETN	305
Young, W J	GRVL	406
Young, W P*	YORK	458
Young, W W	DLTN	459
Young, Washington T**	BNWL	355
Young, William*	GRVL	472
Young, William	ABVL	113
Young, William	ABVL	115
Young, William A	RHLD	91
Young, William H*	RHLD	10
Young, William J	PKNS	117
Young, William L	ABVL	108
Young, Wm	ADSN	226
Young, Wm	KRSW	96
Young, Wm	LRNS	321
Young, Wm	LRNS	323
Young, Wm D	SPBG	372
Young, Wm G	CHTN	188
Young, Wm H	DLTN	427
Young, Wm Yates	CHTN	188

Name	Location	Page
Young, Zimri	YORK	427
Youngblood, A W	EDFD	199
Youngblood, Catharine**	GRVL	446
Youngblood, Charlotte**	CHTN	441
Youngblood, Christopher*	BNWL	470
Youngblood, Curtis	CHTN	518
Youngblood, Davis	BNWL	437
Youngblood, E H	EDFD	198
Youngblood, E J	EDFD	58
Youngblood, J C	BNWL	408
Youngblood, J W	BNWL	423
Youngblood, J*	EDFD	111
Youngblood, J W	YORK	415
Youngblood, James	PKNS	113
Youngblood, Jas*	EDFD	112
Youngblood, Jasper*	CHTN	432
Youngblood, Joel	GRVL	464
Youngblood, John	EDFD	135
Youngblood, Lewis	EDFD	198
Youngblood, Mathew	PKNS	181
Youngblood, Miss E*	EDFD	110
Youngblood, Reason	BNWL	408
Youngblood, S M	BNWL	472
Youngblood, Saml	BNWL	410
Youngblood, Saml G	YORK	446
Youngblood, T W	BNWL	472
Youngblood, Thos W*	YORK	406
Youngblood, W A	PKNS	1
Youngblood, W W	EDFD	131
Youngblood, William	EDFD	135
Youngblood, William*	GRVL	402
Youngblood, Wm O	YORK	406
Youngblooed, Eliza S**	COTN	249
Younger, Elizabeth	SPBG	263
Younger, Jas	SPBG	203
Younger, John H	SPBG	202
Younger, Wm R	SPBG	267
Younginer, A D	LXTN	388
Younginer, A J	LXTN	365
Younginer, Elizabeth*	LXTN	355
Younginer, Godfrey	LXTN	366
Younginer, John	LXTN	427
Younginer, Joseph*	LXTN	430
Younginer, Simion	LXTN	375
Younginer, W*	LXTN	375
Yount, M A*	DLTN	438
Zabler, Jacob M	BUFT	92
Zabler, James G	BUFT	93
Zachael, Abram	ORBG	309
Zachael, Allen	ORBG	356
Zachal, M A	ORBG	309
Zachariah, Selig	CHTN	462
Zacharias, E	CHTN	407
Zackarias, Moses	CHTN	514
Zahler, F H	COTN	292
Zainer, George	ABVL	32
Zainer, Nancy*	ABVL	34
Zainer, Saml	ABVL	28
Zanoguera, S**	CHTN	208
Zeagler, A C	ORBG	368
Zeagler, Anna D**	ORBG	362
Zeagler, Caroline	ORBG	308
Zeagler, Catharin	BNWL	417
Zeagler, D J	ORBG	318
Zeagler, Daniel	ORBG	317
Zeagler, David	ORBG	319
Zeagler, David	ORBG	310
Zeagler, David Jr	ORBG	310
Zeagler, Emeline*	BNWL	418
Zeagler, Fed	ORBG	356
Zeagler, Fed*	ORBG	311
Zeagler, J G	ORBG	368
Zeagler, J J	ORBG	310
Zeagler, J P	BNWL	417
Zeagler, Jacob	ORBG	353
Zeagler, James	BNWL	417
Zeagler, Jeff**	ORBG	334
Zeagler, John	ORBG	311
Zeagler, John A	ORBG	405
Zeagler, Joseph*	ORBG	323
Zeagler, Joshua	BNWL	418
Zeagler, Joshua	BNWL	417
Zeagler, Lewis	ORBG	379
Zeagler, Lewis	ORBG	355
Zeagler, Martin	BNWL	418
Zeagler, Mary	ORBG	311
Zeagler, Mary*	ORBG	359
Zeagler, R E**	ORBG	318
Zeagler, Rollin	ORBG	333
Zeagler, W*	ORBG	359
Zeagler, Wil*	ORBG	323
Zeagler, William*	ORBG	355
Zeagler, William	ORBG	357
Zealy, Wm P	BUFT	24
Zeby, Chas C*	CHTN	506
Zehe, John	CHTN	409
Zehe, William	CHTN	467
Zeigler, Ann	BNWL	377
Zeigler, H M	ORBG	374
Zeigler, Hugh F	BNWL	373
Zeigler, John	ORBG	398
Zeigler, John A	BNWL	362
Zeigler, John A	BNWL	373
Zeigler, Lewis A	ORBG	355
Zeigler, M Govan	ABVL	78
Zeigler, M W	CHTN	329
Zeigler, Mary	RHLD	42
Zeigler, Sarah	BNWL	361
Zeigler, William H	BNWL	357
Zeigley, Washington B	BNWL	377
Zeke, William	NWBY	269
Zemken, William	CHTN	385
Zemp, F L	KRSW	133
Zerbst, F H*	CHTN	366
Zerbst, George H	CHTN	430
Zerbst, Mina*	CHTN	194
Zerbst, Theodore*	CHTN	433
Zergler, Martha A	BNWL	377
Zettes, B M*	NWBY	296
Zilkss, Dolly*	DLTN	402
Zimmerman, A R**	RHLD	22
Zimmerman, Carrie*	ABVL	12
Zimmerman, Chas	RHLD	42
Zimmerman, D	SPBG	325
Zimmerman, D A**	DLTN	390
Zimmerman, D R	SPBG	325
Zimmerman, Daniel*	RHLD	52
Zimmerman, J*	RHLD	21
Zimmerman, Jacob	SPBG	402
Zimmerman, Jno P	DLTN	436
Zimmerman, John C	SPBG	328
Zimmerman, Mrs C*	ABVL	23
Zimmerman, Nathan	COTN	335
Zimmerman, Peter	ABVL	46
Zimmerman, R H	SPBG	306
Zimmerman, Saml	SPBG	325
Zimmerman, Saml	EDFD	64
Zimmerman, T D*	SPBG	309
Zimmerman, W	ORBG	332
Zimmerman, W E*	DLTN	476
Zimmerman, Wm	CHTN	335
Zimmermon, J H	PKNS	88
Zink, Conrod	PKNS	191
Zinn, Sarah*	BNWL	490
Zinnomns, J	SPBG	307
Zisset, Chas**	BNWL	468
Zoab, A	ORBG	343
Zoab, Daniel	ORBG	345
Zobel, Wm**	NWBY	268
Zobels, Julus*	NWBY	268
Zonig, Berry N	SPBG	358
Zonig, Thos	SPBG	358
Zorn, George	BNWL	381
Zorn, Jane	BNWL	381
Zorn, Johnson*	BNWL	383
Zorn, Johnson B	BNWL	381
Zorn, Rebecca L	BNWL	381
Zorn, William	BNWL	381
Zorn, William L	BNWL	364
Zurcher, John M	YORK	368
Zwingman, A*	CHTN	379
Zyurnse, Elizabeth*	RHLD	11

www.ingramcontent.com/pod-product-compliance
Lightning Source LLC
Chambersburg PA
CBHW081146230426
43664CB00018B/2820